EXPLANATORY NOTES
UPON
THE NEW TESTAMENT

웨슬리 신약성경주석

EXPLANATORY NOTES
UPON
THE NEW TESTAMENT

웨슬리
신약성경주석

한국웨슬리학회 편역

한국웨슬리학회

번역자 (가나다 순)
김민석 (Garrett–Evangelical Theological Seminary, Ph. D. / 배화여자대학교)
김영택 (Drew University, Ph. D. / 성결대학교)
박창훈 (Drew University, Ph. D. / 서울신학대학교)
오광석 (Southern Methodist University, Ph. D. / 감리교신학대학교)
이근수 (감리교신학대학교, Ph. D. cand. / 감리교신학대학교)

교정위원
장영주 (감리교신학대학교, Ph. D. / 구세군사관대학원대학교)

감수위원
김진두 이후정 임승안

한국웨슬리학회 임원
명예회장 : 조종남
회　　장 : 이후정
부 회 장 : 박창훈
총　　무 : 김영택
서　　기 : 오광석
회　　계 : 김민석
출판부장 : 장영주

한국웨슬리학회 후원이사

김상현 (부광감리교회 담임목사)	김상식 (성결대학교 총장)
김영국 (새에덴성결교회 담임목사)	노윤식 (주님앞에제일교회 담임목사)
류우열 (복된성결교회 담임목사)	박노훈 (신촌성결교회 담임목사)
박동찬 (일산광림교회 담임목사)	배상도 (신촌은혜로운교회 담임목사)
유기성 (선한목자교회 담임목사)	이선목 (숭의감리교회 담임목사)
이성민 (성은감리교회 담임목사)	황덕형 (서울신학대학교 총장)

일러두기

1. 번역 원자료

본 『웨슬리 신약성경주석』은 한국웨슬리학회 소속 교수들이 John Wesley's **Explanatory Notes upon the New Testament** (London: Printed by William Bowyer, 1755)를 번역하여 내놓은 것이다.

2. 성경본문

성경본문 번역은 '개역개정'을 사용하였다. 단, 웨슬리가 당시 흠정역성경(King James Version)을 사용하였기에 개역개정의 성경본문과 차이가 나는 부분이 있기도 한 데, 그 경우에는 각주나 ( )에 부연설명을 제공하여 해설하였다.

성경본문은 굵은 글씨체로 표기하였으며, 장절은 약어 표기하였다.

3. 고전어

헬라어나 라틴어의 경우 괄호 안에 원어를 병기하였다.

발간사

주님의 크신 축복과 평강을 기원합니다.

금번에 저희 한국웨슬리학회에서 〈웨슬리신약성경주석〉을 출간하게 된 것을 진심으로 감사드리며 하나님께 영광을 돌립니다. 우리가 잘 알고 있듯이, 존 웨슬리는 성경을 가장 사랑하고 귀하게 여긴 위대한 경건과 영성의 사람이었습니다. 비록 그가 성경 이외의 수많은 책들을 읽었으며, 그 시대의 가장 박학한 사람들 중 하나였지만, 자신을 가리켜 한 책의 사람이라고 지칭하기를 원했던 것처럼 성경 한 권이 그의 정신, 마음, 감정, 나아가서는 삶 전체를 지배하는 더(The) 책, 즉 책 중의 책이었습니다.

오늘날 우리는 너무 많은 정보와 지식의 홍수 속에서 살아가고 있습니다. 그럴수록 우리의 가치와 삶의 원리는 혼돈에 빠지기 쉽고, 그 모든 것을 하나로 일치, 통합시키기가 어렵게 되었다고 생각됩니다. 결과적으로 우리 인격과 삶은 여러 갈래로 분열되고 균형과 조화는 점점 더 사라지게 됩니다. 이러한 상황에서 하나님의 말씀인 성경이 모든 것을 통괄하고 질서를 주면서 우리 삶의 최종적인 규범과 길잡이가 되어야 한다는 것은 너무나 중요한 사실일 것입니다.

웨슬리의 신약성경주석은 매우 간편하고 실제적인 주해입니다. 좀 더 학문적이고 상세한 도움을 주는 많은 주석서들이 있지만, 웨슬리 자신의 목적은 평범하고 지식이 많지 않은 신도들의 영적 생활을 위해 도움이 되는 책을 편집한 것입니다. 다른 경건하고 심오한 저술가들의 글을 부분적으로 사용하였지만 자신의 독창적인 방식으로 구성하면서 웨슬리는 성도들의 매일 묵상에 쉽게 사용되면서 효과를 발휘할 수 있는 지침서를 기획하게 되었습니다.

웨슬리에 의하면 성경은 진리의 가장 확고하고 고귀한 채널이며, 하나님께서 하늘로부터 보내주신 계시와 지혜의 원천인 것입니다. 그에게 가장 사랑받고 애호된 성경은 성령의 감동으로 신령한 저자들에 의해 기술된 진리의 보고입니다. 하지만 웨슬리는 성경을 지식적으로만 보는 것을 반대했습니다. 오히려 성경은 마음으로, 총체적으로 지식, 감정 혹은 정감, 의지 전체로써 읽고 은혜를 받아야 합니다. 하나님의 헤아릴 수 없는 생각과 뜻을 우리가 성경에서 찾게 될 때, 말할 수 없는 기쁨과 경이 속에 사로잡히게 됩니다. 그와 같은 경이로운 신비 앞에서 우리가 경배하고 지고하신 하나님께 찬양과 영광과 기도를 드리게 되는 것이 성경의 사명인 것입니다.

이와 같은 성경에 들어가는 올바른 문들을 위해 이 성경주석이 큰 도움을 주게 되길 간절히 소망하며 기대합니다. 아주 오래 전에 번역된 적이 있지만, 오늘날 한국에서 구할 수 없게 된 이 귀중한 책이 웨슬리학회에 의해 번역, 출판됨으로써, 목회자와 신학도 뿐만 아니라 많은 한국의 신도들의 영성생활에 새로운 격려가 되었으면 합니다. 코로나 시대를 지나면서, 우리의 삶에 더 큰 치유와 위로가 절실해졌습니다. 한국교회를 깨우는 회개와 부흥의 시대를 더욱 갈망하게 되었습니다. 하나님께서 그분의 위대하신 말씀을 통해 어떤 다른 것으로도 할 수 없는 하나님의 놀라운 위대한 구원의 역사를 이 나라와 민족 위에 가져오시길 기도하고 있습니다. 번역, 출간에 참여하여 수고해 주신 모든 분들의 노고에 깊은 감사를 드립니다.

이후정
한국웨슬리학회 회장, 감리교신학대학교 총장

추천사

존 웨슬리의 주해는 간결하고 명료하여 누구든 이해하기 쉬우면서도 그 깊이가 느껴지며 그 속에 주의 말씀에 대한 사랑과 열정을 담고 있습니다. 성경을 사랑하는 한국의 목회자와 신학생들뿐만이 아니라, 모든 그리스도인들에게 〈웨슬리신약성경주석〉을 기쁜 마음으로 추천합니다.

김동진 (구세군사관대학원대학교 총장)

종교개혁의 근원은 사실 성경해석에서 비롯된 것으로 종교개혁의 표지인 " 오직 성경" 속에 그 의미가 담겨 있습니다. 그 시대 교회를 개혁했던 일 또한 존 웨슬리의 성경해석에서 시작되었습니다. 그런 웨슬리의 신학사상이 담긴 책이 바로 신약성경주석입니다. 웨슬리의 신약성경주석은 기독교 고전으로서 동서양을 넘어 소중한 신학유산입니다. 웨슬리안 계통의 교회뿐만이 아니라 기독교 전통을 공유하는 모든 교회들에게 신약성경주석은 그동안 성경의 올바른 이해와 해석을 위한 중요한 자료로서 역할을 해왔습니다. 이렇게 귀한 저술을 한국어로 접할 수 없는 한국교회 성도들을 위해서 금번에 한국웨슬리학회가 번역 출판하여 매우 기쁘게 생각합니다. 창조적 신앙과 개혁을 갈망하는 모든 교회 지도자와 성도 여분들에게 〈웨슬리신약성경주석〉을 적극 추천합니다.

김상식 (성결대학교 총장)

십자가의 구속의 은총을 체험하고 하나님의 나라를 향한 순례의 길을 복음전도자로 살았던 웨슬리가 저술한 〈웨슬리신약성경주석〉은 사명자로 살아가려는 목회자와 성도들에게 귀한 지혜를 주리라 확신합니다.

김상현 (부광감리교회 담임목사, 감리교신학대학교 이사장)

〈웨슬리신약성경주석〉이 우리말로 번역 출간된 것은 참 뜻 깊은 일입니다. 웨슬리의 영감이 가득한 설교와 복음 사역의 백미를 비로소 우리도 쉽게 접할 수 있게 되었기 때문입니다. 본서의 출간을 통해 함께 말씀을 연구하고 적용하는 건강한 학습모임들이 곳곳에서 활성화되기를 기대합니다. 이 놀라운 말씀의 잔치에 모두를 초대합니다.

박노훈 (신촌성결교회 담임목사)

존 웨슬리의 탁월한 목회 방법론과 조직력, 그리고 영혼에 대한 열정과 신학적 깊이는 웨슬리를 연구하는 사람들에게 항상 큰 감탄을 자아내게 합니다. 이번에 발간된 〈웨슬리신약성경주석〉 역시 성경을 해석하는 그의 탁월한 능력을 여지없이 보여주고 있습니다. 이 주석서를 통해 웨슬리의 성경적 견해가 잘 소개되어서 한국교회 발전에 귀한 밑거름이 될 수 있기를 기대하며 추천합니다.

박동찬 (일산광림교회 담임목사, 한국웨슬리안교회지도자협의회 회장)

금번 한국웨슬리학회에서 〈웨슬리신약성경주석〉을 번역 출판하게 되었음을 축하합니다. 목회와 강의 등 바쁜 일정 속에서도 귀한 사역을 위해 수고한 웨슬리학회의 번역위원들의 헌신에 감사합니다. 독자들께서 웨슬리 목사님의 글을 통해 성화에 이르는 축복 있기 기원합니다.

성기호 (전 성결대학교 총장)

〈웨슬리신약성경주석〉은 '한 책의 사람' 웨슬리가 신약성경을 이해하려는 평범한 사람들을 돕기 위해 저술된 책으로서 성경을 가르치는 교회 사역자들이나 성경을 읽고 그 뜻을 알기 원하는 평신도 신앙인들에게 꼭 추천해 드리고 싶은 매우 유익한 성경 주석서입니다.

조진호 (전 구세군사관대학원대학교 총장)

〈웨슬리신약성경주석〉이 주님의 은혜 가운데 번역되어 이제 우리 한국교회 전체의 웨슬리연구와 한국 교회의 영성을 더 심화시키는 발전의 계기를 갖게 되었습니다. 웨슬리가 성경을 어떻게 이해하고 있는지 그리고 그의 신학적 사상이 어떻게 성서적 근거를 가지고 있는지를 살필수 있는 귀한 자료입니다. 우리 모든 한국교회의 커다란 은총이 아닐 수 없습니다. 수고하신 분들에게 감사하고 하나님께 영광을 돌립니다.

황덕형 (서울신학대학교 총장)

차 례

발간사 .7

추천사 .9

서언 .14

마태복음 주해 .19

마가복음 주해 .101

누가복음 주해 .126

요한복음 주해 .180

사도행전 주해 .248

로마서 주해 .322

고린도전서 주해 .377

고린도후서 주해 .432

갈라디아서 주해 .463

에베소서 주해 .487

빌립보서 주해 .511

골로새서 주해 .526

데살로니가전서 주해 .538

데살로니가후서 주해 .549

디모데전서 주해 .554

디모데후서 주해 .571

디도서 주해 .580

빌레몬서 주해 .588

히브리서 주해 .591

야고보서 주해 .625

베드로전서 주해 .638

베드로후서 주해 .653

요한일서 주해 .663

요한이서 주해 .679

요한삼서 주해 .682

유다서 주해 .684

요한계시록 주해 .689

서 언

1. 나는 수년 동안, 읽거나, 생각하거나, 대화하면서 마음에 떠오르는 것들을 정리하여, 배움의 기회는 없었지만 신약성경을 이해하려는 진지한 사람들을 도울 수 있기를 원했다. 그러나 나는 이러한 작업을 하기에 나 자신이 배움에 있어서 뿐만 아니라, 경험과 지혜도 부족하다고 깊이 느껴왔기에 계속 미루어 왔다. 그리고 이 이유가 종종 그러한 생각을 그만두게 했다. 간청에 못 이겨 다시 시작하게 되었을 때, (하나님을 기쁘시게 하는 것이라면) 나의 작업과 내 인생을 함께 끝내도록 최대한 미루려고 하였다.

2. 그러나 최근에 하나님으로부터, 일어나 나아가라는 커다란 초청을 받아서, 이러한 종류의 일을 시도하려면 더는 지체하지 말아야 한다는 확신을 얻게 되었다. 나의 날은 많이 지났고, 자연적으로도 밤의 그림자가 점점 다가오고 있다. 그리고 나는 여행과 설교로 인한 현재의 약함으로 인해 다른 것은 할 수 없기에, 이 방법으로 오히려 조금이라도 해야겠다는 결론에 도달한다. 그러나 하나님의 은혜로, 아직도 나는 읽고, 쓰고, 생각할 수 있다. 하나님께 영광이 있기를!

3. 이미 말한 것처럼, 그리고 더욱이 주석 자체로부터도, 이것은 원칙적으로 다른 많은 도움을 받는 학식이 있는 사람들을 위해 계획하지 않았고, 하나님의 방법과 말씀에 대해 오랫동안 깊은 체험을 한 사람들을 위한 것도 아니라는 것

을 쉽게 알 수 있을 것이다. 내가 그들의 발치에 가까이 가서 배우고 싶을 뿐이다. 그러나 나는 모국어만을 이해하는 평범하고 학식이 없는 사람들이지만, 하나님의 말씀에 대한 존경과 사랑을 갖고서 자신의 영혼을 구하기 원하는 사람들을 위해 주로 쓴다.

4. 가능한 한 이것을 어느 정도 따르기 위해, 첫째, 나는 일반적으로 내가 보기에 최선이라 판단되는 일상 영어로 번역된 본문 자체를 전체적으로 적어놓을 것이다. 그러나 몇 군데에서, 나는 원문에 가까이 가는 것이 불필요하다고 말하는 것은 아니다. 더군다나 이 번역본이 따르고 있는 헬라어 사본이 항상 전적으로 옳다는 것을 긍정하지도 않을 것이다. 그러므로 자유롭게 필요한 경우에, 몇몇 군데 약간의 개역을 할 것이다.

5. 나는 이것이 반대, 아니 꽤 상반되는 종류의 반대를 맞으리라는 것을 잘 알고 있다. 누군가는 아마도 본문이 너무 많이 개역되었다고 생각할 것이고, 다른 사람들은 너무 적게 개역되었다고 생각할 것이다. 전자에 대해서는, 내가 아는 한 첫째, 그 의미가 더 낫고, 강하며, 명확하여, 맥락과 일관성이 있는 경우, 둘째, 그 의미가 동일하면서, 그 구절이 더 낫거나 원문에 가까운 것, 그 이상으로 개역을 위한 개역을 하지는 않을 것이라고 말할 것이다. 개역이 너무 적다고 생각하며, 그 번역에 여전히 가깝다고 할 후자에 대해서는, 나는 그렇다고 대답하며 그럴 것을 안다. 그러나 본문에 명확함도 강함도 더하지 않을 정도의 사소한 개역을 만드는 것이 그토록 가치 있는 목적이라고 대답할 수 있을까? 여기서 내가 아는 한, 우리 번역의 옛 언어에 특별히 엄격하고 권위가 있다고 생각하지는 않기에, 내가 최소한으로 해야 한다는 생각에 사로잡혀 있는 것은 아니다. 그러면 이것은 잘못된 이해이며, 인간의 연약함의 예라고 가정해 보라. 그러나 우리가 오랫동안 익숙했던 것에 부득이하게 할애하여, 하나님께서 종종 우리 영혼을 강하게 하고 위로하시던 바로 그 단어를 사랑하는 것은 변호할 수 있는 연약함이 아닌가?

6. 배우지 못한 독자들을 돕고자 하는 나의 주요 목적에 따라, 이 주석이 모호해지거나 본문 자체를 넘어서지 않도록, 가능한 한 설명을 짧게 그리고 가능한 한 평이하게 하려 노력했다. 이러한 이유로, 나는 호기심을 일으키려는 비평적인 질문이나 모든 현학적인 언어의 사용은 피했을 뿐만 아니라, 평범한 사람

들에게 낯선 설명방법이나 표현양식도 피했다. 마찬가지 이유로, 나는 오히려 반대하거나 반대에 대답하는 것보다는 그것을 불필요하게 하여, 결국 평범한 독자들이 이해하지 못하는 것을 피하고자, 여러 가지 어려운 문제에 깊이 빠지는 것을 의도적으로 줄였다.

7. 일단 나는 영감 있는 작가들 외에는 다른 누구의 글도 참고하지 않고, 거의 내 마음에 생각나는 대로 쓰려고 하였다. 그러나 기독교 세계의 빛인 (최근에 작고한) 벵엘리우스(Bengelius)를 알게 되고서 나는 생각을 바꾸어, 신약성경에 대해 많은 책을 쓰는 것보다, 그의 『신약성경 지침』(Gnomen Novi Testamenti)을 그저 번역하는 것이 종교의 명분에 대해 더 좋을 것이라 완전히 확신하게 되었다. 그러므로 그의 탁월한 많은 설명을 번역하였는데, 순수한 비평 부분은 생략하고, 나머지의 본질적인 부분은 남기면서, 더 많은 부분은 요약하였다. 마찬가지로 그가 광대한 고대 사본과 그에 대한 번역본들을 가지고 있음을 보인 다양한 책들을 나는 주저하지 않고 그 본문과 연결했다. 그의 방법을 따라, (다양한 설명에 유용한 장과 절에 따른 일반적인 나눔을 생략하지 않으면서) 의미가 통하는 한, 크거나 작은 단락을 두어, 그것이 포함하는 내용에 따라 나누었다.

8. 또한 몇 가지 유용한 관점은 헤일린 박사(Dr. Heylyn)의 "신학강의"(Theological Lectures)에, 그리고 더 많은 부분은 가이즈 박사(Dr. Guyse)와 경건하고 해박한 故도드리지 박사(Dr. Doddridge)의 "가정 해석가"(Family Expositor)에 빚을 지고 있다. 특히 저자의 말을 풀어 쓴 것도 있고 더 많은 부분은 요약한 것임을 생각할 때, 이분들에게서 취한 각 설명에 대해, 그 저자들의 이름을 부연해야 하는 것은 아닌지 한동안 고민했다. 그러나 좀 더 고려하고서 어느 이름도 밝히지 않기로 했는데, 어느 것도 독자들의 마음이 관점에 집중하지 못하게 하거나, 오직 그 본래의 가치에 따라서 읽은 것을 받아들이는 것에서 벗어나지 않기 위해서였다.

9. (위에서 언급한 저자 중 한 사람의 말을 사용한다면) 이렇게 어려운 일에서 내가 실수를 하지 않았다고 생각할 만큼 자만할 수는 없다. 그러나 나 자신의 양심은 성경의 어느 한 구절이라도 의도적으로 잘못 설명하거나, 혹은 그리스도인들의 마음이 서로 대립하도록 자극하려는 목적으로 한 줄이라도 쓰지 않았음을 밝힌다. 하나님께서는 내가 가장 관대하고 자비로운 예수의 말씀을 그런 독약을 옮

기는 수단으로 사용하는 것을 허락하지 않으신다. 하나님이시여, 기독교 세계를 나누는 모든 분파와 비성경적 구문이나 형식들은 잊혀지고, 우리 모두 함께 겸손하고 사랑스러운 제자로서 동일하신 주님의 발아래에 함께 앉아, 그분의 말씀을 듣고, 그분의 영을 받아들이며, 그분의 삶을 우리 자신의 삶 속에 드러내시기를!

10. 일반적으로 성경에 관해서, 첫 족장들을 인도하셨던 살아계신 하나님의 말씀은 모세의 때에 기록되도록 위임되었다고 말할 수 있다. 여기에, 몇몇 다음 세대에, 다른 선지자들의 영감 어린 글들이 덧붙여졌다. 그 후, 하나님의 아들이 설교한 것과 성령이 사도들을 통해 말씀한 것을 사도들과 복음서 기자들이 기록했다. 이것이 우리가 성경이라고 하는 것이다. 이것이 "영원히 남아있는 하나님의 말씀이며," "하늘과 땅이 사라지더라도 일점일획도 없어지지 않을 것이다." 그러므로 구약과 신약의 성경은 하나님 진리의 가장 확고하고 고귀한 체계이다. 그러므로 각 부분은 신적이며, 모두 함께 하나의 완전한 몸이며, 그 안에는 어떤 결핍도 과도함도 없다. 성경은 하늘 지혜의 샘이며, 이를 맛본 사람은 아무리 지혜롭고, 학식이 있고, 거룩한 사람의 그 어떤 책들보다 좋아하게 된다.

11. 영감을 받은 기자들 안에는 정확한 진리의 지식이, 정확하고 규칙적인 논점으로, 그 의미의 소중한 표현으로, 그리고 적절한 감정이 있는 고유한 열정으로 함께 한다. 각 권에서 일련의 논점은 앞부분의 목차에 간략하게 나타나는데, 전체를 포함하고 있기에 각 장에 대한 논점을 미리 제시하는 그 이상으로 쓸모가 있을 것이다. 신약성경을 장으로 구분한 것은 중세 암흑기에 된 것으로 매우 부정확하여서, 종종 긴밀히 연결된 것이 떨어져 있기도 하고 서로 완전히 구별되는 것들이 연결되기도 하였다.

12. 성경의 언어에 있어서, 우리는 가장 심오하면서도 매우 쉽다는 것을 발견한다. 그 어떤 인간적인 평정심에 의한 고상한 표현들도 성경 앞에서는 아무것도 아니다. 하나님께서는 사람으로서가 아니라 하나님으로서 말씀하신다. 그분의 생각은 매우 깊고, 그래서 그분의 말씀은 한없는 덕이 있다. 그리고 그분의 메신저들의 언어 또한 최고로 정확하다. 왜냐하면, 그들에게 전달된 말씀은 그들의 마음에 새겨진 생각에 정확하게 대응하기 때문이다. 그래서 루터는 "신학이란 오직 성령의 언어의 문법이다"라고 말했다. 이것을 정확하게 이해하기 위해

서, 우리는 각 단어에 있는 강조점 즉, 각 기자에 의해서 거기 표현된 거룩한 감정과 기질에 주목해야 한다. 그러나 후자와 관련하여서는 놀랍게도 신약성경 전체에 퍼져 있고, 실제로 행동하고 말씀하고 글을 쓴 그분의 계속된 위임에도 불구하고, 거의 주목받지 않는다!

13. 신약성경은 모두가 새로운 약속 또는 언약이 묘사된 성경이다. 앞 부분은 복음서 기자들과 사도들의 글을 포함한다. 마지막 부분은 예수 그리스도의 계시록이다. 앞 부분에는 우선 예수 그리스도의 역사, 즉 육체로 오심으로부터 하늘로 올리심까지이며, 그다음은 그분의 승천으로부터 기독교 교회의 설립과 역사이다. 계시록은 그리스도, 교회, 우주와 관련하여 모든 것이 완성될 때까지 앞으로 될 일을 전달한다.

브리스톨(Bristol), 호트웰스(Hot-Wells)
1754년 1월 4일

마태복음 주해

이 복음서(즉 좋은 소식)는 예수 그리스도에 의한 우리의 구원이라는 복음을 포함하고 있는 책을 의미한다.

마가는 그의 복음서에서 마태복음을 전제하고 있으며, 마태복음에 생략된 부분을 제공하고 있다. 누가는 앞의 두 복음서에 생략된 부분을 제공하고 있다. 요한은 세 복음서 전체에서 생략된 부분을 제공하고 있다.

마태는 유대인의 유죄판결을 통해 특별히 예언의 완성을 지적한다. 마가는 짧은 요약본을 썼지만, 특별히 사도들이 부르심을 받은 직후 그들에 관하여, 마태가 생략한 주목할 만한 많은 정황을 더했다. 누가는 주로 그리스도의 사역을 거의 역사적 방법으로 다루었다. 요한은 그리스도의 신성을 부정하는 자들을 반박한다. 각자는 글을 쓸 시대와 그 수신자들에게 가장 적합한 것들 위에서보다 더 전체적으로 다루고자 한다.

마태복음은 다음을 포함한다.

I. 그리스도의 탄생과 그다음으로 곧 일어난 일들

a. 그분의 족보 1:1–17
b. 그분의 탄생 1:18–25
c. 동방박사의 등장 2:1–12
d. 그분의 이집트로의 피신과 돌아옴 2:13–23

II. 도입

a. 세례 요한 3:1–12
b. 그리스도의 세례 3:13–17
c. 그분의 시험과 승리 4:1–11

III. 그리스도께서 자신이 그리스도이심을 증명하신 행동과 말씀

a. 가버나움에서 우리는 다음을 주목할 수 있음 4:12–16

1. 그분의 설교 4:17
2. 안드레와 베드로, 야고보와 요한을 부르심 4:18–22
3. 많은 무리와 함께 설교와 치유 4:23–25
4. 산상수훈 5–7
5. 문둥병자를 고치심 8:1–4
6. 백부장의 하인을 고치심 8:5–13
7. 베드로의 장모를 고치심 8:14–15
8. 다수의 병자를 고치심 8:16–17

b. 바다 건너로 여행 (그곳에서 그를 따르겠다는 두 사람에 대한 훈계)
1. 바람과 바다에 대한 통치 8:18–27
2. 사람에게서 나온 귀신이 돼지 떼로 들어감 8:28–34

c. 다시 가버나움에서 9장
1. 중풍병자를 치료하시다 9:1–8
2. 마태를 부르시고, 세리들과 죄인들과 대화를 변호하시다 9:9–13
3. 금식에 관하여 대답하시다 9:14–17
4. (혈루증을 치료하신 후) 야이로의 딸을 살리시다 9:18–26
5. 두 맹인의 눈을 뜨게 하시다 9:27–31
6. 귀신을 쫓으시다 9:32–34
7. 도시로 지나가셔서, 일꾼들을 위해 기도하시다 9:35–38
8. 일꾼을 보내시고, 지시하시며, 스스로 설교하시다 10:1–11:1
9. 요한의 메시지에 대답하시다 11:2–6
10. 요한을 칭찬하시고, 믿지 않는 도시를 꾸짖으시며, 짐 진 자들을 초대 하시다 11:7–30
11. 제자들이 이삭을 자르는 것을 변호하시다 12:1–8
12. 손 마른 사람을 고치시다 12:9–13
13. 바리새인들이 잠복한 곳으로부터 피하시다 12:14–21
14. 귀신들린 자를 치료하시자 사람들이 놀라고, 바리새인들의 신성모독을 반박하시다 12:22–37
15. 표적을 구하는 이들을 꾸짖으시다 12:38–45
16. 누가 자신의 친척인지 선언하시다 12:46–50
17. 비유로 가르치시다 13:1–52

d. 나사렛에서 13:53–58

e. 또 다른 곳에서
1. 요한을 죽인 헤롯이 예수에 대하여 의심하다. 떠나신 예수를 사람들이 찾다 14:1–13

2. 병자를 고치고, 5천 명을 먹이다 14:14–21
3. 게네사렛 땅에서 그분의 항해와 기적들 14:22–36
4. 씻지 않은 손 15:1–20
5. 가나안 여인 15:21–28
6. 많은 병자가 고침을 받음 15:29–31
7. 4천 명을 먹이시다 15:32–38
8. 표적을 구하는 사람들이 책망을 받다 15:39, 16:1–4
9. 바리새인들의 누룩 16:5–12

IV. 그분의 죽음과 부활에 대한 예언
a. 첫 예언
1. 자신이 그리스도임을 확인함으로 그것을 준비하시다 16:13–20
2. 예언과 베드로에 대한 책망 16:21–28
b. 둘째 예언
1. 변형되심과 아무에게도 이르지 말 것을 명하시다 17:1–13
2. 귀신들린 아이를 고치시다 17:14–21
3. 예언 17:22–23
4. 성전세를 내시다 17:24–27
5. 그리스도의 나라에서 가장 큰 사람 18:1–20
6. 용서받은 우리 형제의 의무 18:21–35
c. 셋째 예언
1. 예수가 갈릴리로부터 떠나시다 19:1–2
2. 이혼과 독신에 대하여 19:3–12
3. 작은 아이들에 대한 그분의 부드러우심 19:13–15
4. 부자 청년의 돌아섬 19:16–22
부자의 구원에 대하여 19:23–26
그리스도를 따름에 대한 보상 19:27–30
나중 된 자와 먼저 된 자 20:1–16
5. 예언 20:17–19
6. 야고보와 요한의 부탁, 그리고 겸손할 것을 명하시다 20:20–28
7. 두 맹인이 고침을 받다 20:29–34

V. 수난 이전에 예루살렘에서의 활동
a. 주일,
그분의 예루살렘 입성 21:1–11

그분의 성전을 청결 21:12–17

월요일,

마른 무화과나무 21:18–22

화요일, 활동들

성전에서

1. 요한의 세례에 관한 질문과 비유로, 대제사장과 장로들을 반박하심 21:23–27
   두 아들에 관한 비유 21:28–32
   포도원에 관한 비유 21:33–44
2. 그분을 잡고자 하다 21:45–46
3. 혼인잔치 비유 22:1–14
4. 그분이 질문을 받으시다 세금 내는 것에 대하여 22:15–22
   부활에 대하여 22:23–33
   가장 큰 계명에 대하여 22:34–40
5. 다윗의 주에 관한 그리스도의 질문 22:41–46
   서기관들과 바리새인들에 대한 경고 23:1–12
   그들에 대한 혹독한 책망 23:13–36
   예루살렘에 대한 책망 23:37–39

성전 밖에서

1. 예루살렘의 멸망과 세상의 마지막에 대한에 대한 그분의 말씀 24:1–51
2. 10명의 처녀와 달란트, 최후의 심판에 대한 그분의 말씀 25:1–46

VI. 그분의 수난과 부활

A. 그분의 수난, 죽음, 장사

a. 수요일,

그분의 예언 26:1–2

대제사장과 장로의 모임 26:3–5

유다가 그분을 배반하다 26:6–16

b. 목요일,

1. 낮에,
   유월절이 준비되다 26:17–19
2. 저녁에,
   반역자가 알려지다 26:20–25
   주의 만찬 26:26–29
3. 밤에,

1) 예수가 사도들의 비겁함을 예언하다 26:33–35

2) 예수가 고통 가운데 있다 26:36–46

3) 예수가 체포되시고, 베드로와 무리를 책망하시고, 모두에게 버림을 받으시다 26:47–56

4) 예수가 가야바에게 끌려가서, 거짓으로 기소되어, 스스로 하나님의 아들임을 시인하고, 유죄판결을 받고, 비웃음을 받다 26:57–68

5) 베드로가 그분을 부인하고 울다 26:69–75

c. 금요일,

1. 그분의 수난의 극치

아침에,

1) 예수가 빌라도에게 인계되다 27:1–2

2) 유다의 죽음 27:3–10

3) 예수의 나라와 침묵 27:11–14

4) 빌라도가 부인의 경고에도 불구하고 그분에게 유죄판결을 내리다 27:15–26

5) 그분이 희롱을 당하고, 밖으로 인도되다 27:27–32

제삼 시에,

쓸개 탄 포도주, 십자가형, 그의 겉옷을 나눔, 십자가의 죄패, 두 강도, 신성모독 27:33–44

제육 시부터 제구 시까지,

어둠, 그의 마지막 고통 27:45–49

2. 그분의 죽음 27:50

휘장의 균열, 커다란 지진 27:51–53

3. 그분의 장사 27:57–61

d. 토요일

경비가 된 무덤 27:52–66

B. 그분의 부활

1. 천사에 의해 여인에게 증언되다 28:1–8

그분 자신에 의해서 여인에게 증언되다 28:9, 10

2. 그의 적들에 의해 부인되다 28:11–15

3. 그의 사도들에게 증명되다 28:16–20

마태복음 1장

1:1 예수 그리스도의 계보 – 즉 엄격히 말해서 그분의 탄생과 족보에 대한 설명이다. 그러므로 이 제목은 바로 다음에 오는 말씀들과 당연히 연결되어 있으나, 이것이 때로 한 인간의 역사를 의미한다면, 그런 의미에서 전체 마태복음에 해당할 수도 있다. 이 족보나 누가에 의해 주어진 족보에 어려움이 있고 그 어려움을 쉽게 해결하기 힘들다면, 그것은 복음서 기자들에 대한 신뢰성보다는 유대인 족보에 더 영향을 미칠 것이다. 왜냐하면, 복음서 기자들은 공적으로 허락된 기록에 근거해서 이 족보를 기록한 역사가들의 역할을 했기 때문이다. 그러므로 복음서 기자들은 자신이 찾은 그대로 족보들을 다루려고 했다. 그래서 잘못된 것이 있더라도 그것을 수정할 필요가 없었다. 이 표현은 족보가 인용되는 목적에 충분한 대답을 주고 있기 때문이다. 족보들은 의심할 여지없이 커다란 관점, 즉 예수가 약속된 자손으로 오리라고 한 그 가문이었다는 것을 증명한다. 그리고 영감 자체에 의해 수정되는 것보다는 이 목적에 따라 족보들은 유대인들에게 중점을 두고 있다. 그러한 수정은 족보와 우리 주님의 제자들 사이에 끝없는 논쟁을 일으킬 것이기 때문이다. **아브라함과 다윗의 자손.** 그분은 특별히 이렇게 약속되었고, 이렇게 메시야가 태어나리라 자주 예언되었기 때문에, 그렇게 불렸다.

1:3 다말에게서 – 마태는 신성한 역사에서 주목할 만한 여인들의 이름을 더하고 있다.

1:4 나손 – 이스라엘 백성이 가나안으로 들어갈 때, 유다지파의 왕자였다.

1:5 오벳은 이새를 낳고 – 하나님의 섭리가 특별히 여기서 나타나는데, 살몬, 보아스, 오벳 각자는 여기 기록된 아들이 태어날 때 거의 100살이 되었을 것임이 틀림없다.

1:6 다윗 왕 – 그의 왕위가 메시야에게 부여될 것이기에, 특별히 이 인물 아래에 기록되었다.

1:8 요람은 웃시야를 낳고 – 살룸(여호야하스), 요아스, 아마샤가 그사이에 온다. 그래서 그리스도가 간접적으로 다윗과 아브라함의 아들인 것처럼, 요람은 웃시야를 간접적으로 낳았다고 했다. 그리고 수 세대가 흐른 후, 히스기야의 자녀는 "네게서 태어날 자손 중에서 몇이"라고 불렸다(사 39:7).

1:11 요시야는 여고냐를 낳고 – 중간에 여호야김이 사이에 온다. **그의 형제를** – 즉, 그의 삼촌을. 유대인들은 모든 친족을 형제라고 부른다. **바벨론으로 사로잡혀 갈 때에** – 여호야긴의 출생 이후 얼마 되지 않아서 일어난 일이다.

1:16 마리아의 남편 – 예수께서는 일반적으로 요셉의 아들이라 여겨진다. 이를 믿는 사람들에게 요셉이 다윗의 자손이라는 사실을 아는 것이 필요하다. 그렇지 않으면, 그들은 예수를 그리스도라고 여기지 않을 것이다. **그리스도라 칭하는 예수** – 예수라는 이름은 아브라함에게 부여된 축복의 약속과 주로 관련된다. 그리스도라는 이름은 다윗에게 부여된 메시야 나라의 약속과 관련된다.

헬라어 그리스도라는 단어와 히브리어 메시야라는 단어는 "기름부음을 받은 자"를 의미하며, 메시야에 합당한 예언자적이고, 제사장자적이며, 왕적인 특성을 암시한다. 유대인들 사이에, 기름부음은 예언자들, 제사장들, 왕들이 그들의 직분을 시작할 때 맞이하는 의식이었다. 우리 자신을 살펴본다면, 우리는 이 모든 세 측면에서 그리스도가 필요함을 발견할 것이다. 우리는 본래 하나님으로부터 떨어져 있었으며, 그분에게 자유롭게 다가갈 수 없었다. 그래서 우리는 중보자, 중재자, 즉 제사장 직분을 담당하는 그리스도가 필요하다. 이것은 하나님의 측면에서, 우리의 상태를 나타낸다. 그리고 우리 자신의 측면에서, 우리는 하나님과 하나님의 일을 완전히 어두워, 보지 못하며, 무지하다는 것을 발견하게 된다. 이제 우리는 예언자의 직분에서 그리스도를 필요로 하는데, 그분은 우리 마음을 밝혀서 전적인 하나님의 뜻을 가르친다. 우리는 또한 우리 안에서 성향과 열정이 이상하게 잘못 통치되고 있음을 발견한다. 이것들에 대해서, 우리는 그리스도를 왕적인 직분에서 필요로 하는데, 그분은 우리의 마음을 통치하고 모든 것을 그분께 복종하게 한다.

1:17 그런즉 모든 대 수가 – 세 번의 14대를 완성하기 위하여, 다윗이 첫째 14대를 마무리하며, 둘째 14대를 시작한다(바벨론으로 사로잡혀 갈 때까지 지속한다). 예수는 셋째 14대를 마무리한다.

우리가 이런 세대들의 일련을 살펴볼 때, "나무의 잎들처럼," 어떻게 "한 세대는 가고 다른 세대가 오는지"는 자연스럽고 명백하다. 그러나 "땅은 여전히 남아있다." 그리고 그것과 함께, 세대에서 세대로 역사하시는 주님의 선하심은 부모들과 자녀들의 공통된 소망이다.

이전에 땅에 살면서 아마도 가장 두드러진 인물 중에 그들과 함께 사라진 이름들이 얼마나 많았을 것이며, 그 이름 가운데서도 얼마나 그 이름만 남았겠는가! 그러므로 우리도 그렇게 사라지고 있다. 그리고 우리는 금세 잊힐 것이다. 우리가 사람으로서는 잊히지만, 하나님에 의해 기억된다면 얼마나 행복할 것인가! 땅에서는 잊히지만, 우리의 이름이 마침내 생명책에 기록된 것으로 발견된다면!

1:19 의로운 사람이라 – 율법을 엄격하게 준수하는 사람이기에 그녀를 지키는 것이 옳다고 생각하지 않았다.

1:21 예수 – 즉, 구원자. 이것은 (그분의 모형으로서) 여호수아와 같은 이름이며, "구원하시는 주님"을 정확히 나타낸다. **자기 백성을** – 이스라엘 백성. 그리고 하나님의 모든 이스라엘.

1:23 그의 이름은 임마누엘이라 하리라 – 히브리어 어법에 의하면, "불린다는 것"은 즉 이름은 그 불리는 사람이 실제로 그리고 사실상 그가 불리는 대로 된다는 것이며, 현실적으로 그 이름을 이룬다는 뜻이다. 그리하여 "한 아이가 우리에게 났고 … 그리고 그 이름은 기묘자라, 모사라, 전능하신 하나님이라, 평강의 왕이라 할 것임이라." 즉, 그분은 명목상으로가 아니라 실제로 그리고 사실상 그런 이름들이 될 것이

다. 그래서 그분은 이처럼 임마누엘이라 불리는데, 그분이 성육신한 하나님이고 그분의 영으로 그분의 백성들의 마음에 거하시면서, 그 이름은 그리스도의 일반적인 이름이 아니라 그분의 본성적이고 직분적인 것을 나타낸다.

이사야의 말씀은 "너는"(즉 그의 어머니는) "부를 것이다"이지만, 여기서는 **그들이** – 즉, 모든 백성이, **부를 것이다** – 그분이 임마누엘, 즉 하나님이 우리와 함께하심을 알 것임에 주목할 필요가 있다. **이를 번역한 즉** – 이것은 마태가 그의 복음서를 히브리어가 아니라, 헬라어로 썼다는 분명한 증거이다.

1:25 아들을 낳기까지 동침하지 아니하더니 – 이것으로부터, 이후 그가 그녀와 동침했다고 추론할 수는 없다. 사무엘하 6:23의 "미갈이 죽는 날까지 그에게 자식이 없으니라" 표현으로부터, 이후에 그녀는 아이들을 가졌다는 정도를 추론할 수 있다. 뒤따라오는 "첫째" 아들이라는 단어가 상황을 바꾸는 것도 아니다. 왜냐하면, 이후에 아이들이 없을지라도 "첫째"라는 단어가 사용된 곳이 많기 때문이다.

마태복음 2장

2:1 유대 베들레헴 – 스불론 지파에도 또 다른 베들레헴이라는 곳이 있다. **헤롯왕 때에** – 일반적으로 아슈칼론에서 태어난 헤롯 대왕으로 불렸다. 이때는 왕위가 유다를 떠나는 시점이었다. 그의 아들 가운데는 22절에 언급된 아켈라오, 14장에 언급된 안티파스, 그리고 누가복음 3장에 언급된 빌립이 있다. 사도행전 12장에 언급된 헤롯 아그리파는 그의 손자이다. **박사들** – 이방인의 첫 열매이며, 아마도 그들은 이방인 철학자들일 것이다. 하나님의 도우심을 통하여, 이들은 한 분 진정한 하나님에 대한 지식으로 인도하는 수단으로써 자연에 대한 지식을 발전시켰다. 아브라함의 족속이 아닌 멜기세덱, 욥, 그리고 몇몇 사람들에게 하나님께서 하신 것처럼, 그분께서 스스로 어떤 특별한 계시로 그들에게 호의를 베풀었다는 것을 가정하는 것은 불합리한 것이 아니다. 그 정도로 그분은 결코 자신의 호의를 절대적으로 제한하려고 하지 않았다. 원문에서 그들에게 붙여진 호칭은 고대에 모든 철학자, 즉 학식 있는 사람들로 특별히 자연현상에 대해 연구하고 천체의 운동을 관찰하는 호기심을 지닌 사람들이었다.

동방으로부터 – 그래서 아라비아가 성경에 자주 언급된다. 유대 동쪽으로 황금, 유향, 몰약으로 유명했다. **우리가 그의 별을 보고** – 의심할 바 없이 그들은 전에 발람의 예언을 들었을 것이다. 그리고 아마도 이 이상한 별을 보았을 때, 이 예언이 이루어진 것이라고 그들에게 계시가 되었다. **동방에서** – 즉, 우리가 동쪽에 있을 때.

2:2 경배하러 – 그분 앞에서 땅에 절함으로 명예를 표하는 것으로, 동방의 나라들이 자신들의 군주들에게 하는 것이다.

2:4 대제사장 – 즉, 이전에 직분을 책임진, 대제사장과 그의 부관뿐만 아니라, 역대

상 24:4–18에서처럼, 제사장 연합체가 24개로 구분된 단위 각각의 대표들도 포함되었다. 서기관들의 특별한 업무는 성경을 백성들에게 설명하는 것이었다. 그들은 공적인 설교자들이었으며 모세의 율법을 해설하였으며, 그들 가운데 수장은 율법의 박사라고 불렸다.

2:6 너는 유대 고을 중에서 가장 작지 아니하도다 – 즉, 유대의 방백들이나 천부장들에 속하였던 도시들 가운데. 구약성경에서 인용된 이 인용과 다른 인용들을 원문과 비교하면, 사도들은 언급된 그대로 옮겨 적을 필요가 있다고 항상 생각하지는 않았지만, 다양한 언어를 통해서도 일반적인 의미를 전달하는 것으로 만족했던 것으로 나타난다. "작을지라도"라는 미가의 단어는 "작지 아니하도다"로 다루어질 수 있다. 그래서 예언자와 복음서 기자 사이의 있을 수 있는 차이는 사라진다.

2:8 찾거든 내게 고하여 – 아마도 헤롯은 그분이 태어났음을 믿지 않았을 것이다. 그렇지 않으면, 방백이 즉시로 그것을 처리해야 할 정도로 의심하지 않았던 것일까?

2:10 별을 보고 – 아이가 태어난 곳에 멈추었다.

2:11 예물로 드리니라 – 그들이 방문한 위대한 분에게 선물을 드리는 것은 관례적이었다. 여행자들이 그런 것처럼, 당시 동방 나라들에서도 그렇게 하였다. 황금과 유향과 몰약 – 아마도 이것들은 그들의 나라에서 가장 귀한 것이었으며, 그 선물은 대개 위대한 분에게 바쳐졌다. 이것은 애굽으로 가는 길고 경비가 많이 드는 여행에 대한 가장 적절한 도움이었으며, 그들은 완전히 낯선 그곳에 상당히 오랜 기간을 머물렀다.

2:15 이루려 하심이라 – 즉, 그로 인해 예언이 이루어지는 시점이다. 원문의 단어는 자주 어떤 행동의 계획이 아니라, 거의 그로 인한 결과와 사건을 암시한다. **주께서 선지자들을 통하여 말씀하신 바** – 다시 말해: **애굽으로부터 내 아들을 불렀다** – 이것은 이제 새로운 것처럼 이루어졌는데, 바로 그리스도는 그 말이 원래 언급된 이스라엘보다도 더 높은 의미로 하나님의 아들이다.

2:16 이에 헤롯이 박사들에게 속은 것을 알고 – 그가 자신 백성들의 웃음거리가 되었듯이 그의 자만심으로 인해 이러한 행동을 취하게 되었다. **사람을 보내어** – 군대. 그 모든 지경 안에 있는 – 라마가 포함된 그 이웃 지역들 안에.

2:17 이루어졌느니라 – 매우 적절하게 적용되는 한 사건이 일어났을 때, 예언적으로나, 역사적으로나, 시적으로 성경의 구절은 신약성경의 언어로 성취된다.

2:18 라헬이 그 자식을 위하여 애곡하는 것이라 – 라마에서 거주한 베냐민 지파는 그녀에게서 나왔다. 그녀는 그 가까운 곳에 묻혔으며, 여기 이른바 무덤에서 부활하여 그녀의 잃은 아이들을 위해 울고 있는 것으로 훌륭하게 묘사되었다. **그가 자식이 없으므로** – 즉, 죽었다. 이러한 파괴로부터 예수를 보호한 것은 커다란 위험에서 자신의 자녀를 돌보시는 하나님의 모습을 생각할 수 있을 것이다. 하나님께서는, 그렇게 하실 수 있으시지만, 그 대적자들을 한 방에 잘라내 버리지 않으신다. 그러나 그분은 자신의 백성들을 위한 피할 곳을 제공하시며, 드러나게는 아니지만 충분히 효

과적인 방법으로, 적들이 홍수처럼 올 때도, 멸절하는 것으로부터 보호하신다.
2:22 거기로 가기를 무서워하더니 – 유대로 그래서, **갈릴리 지방으로 떠나가** – 아켈라오의 통치지역이 아닌 이스라엘 지역 가운데 하나이다.
2:23 나사렛이란 동네에 가서 사니 – (그가 베들레헴으로 가기 전에 살던 곳이다) 비난거리가 될 정도로 경멸받는 지역이다. 그래서 아무도 다음의 말을 하지는 않았지만, 실제로 몇몇 예언자들이 말한 것이 성취되었다. **나사렛 사람이라 칭하리라** – 즉, 그분은 "경멸을 받고 배척될 것이며," 공적인 비난과 모욕의 표적이 될 것이다.

마태복음 3장

3:1 그 때에 – 즉, 예수께서 그곳에 사실 때. **유대 광야에서** – 이곳은 정확히 말해 황무지이며, 거칠고 불모이며 황량한 장소이다. 그리고 우리 주님께서 시험을 당하신 곳이다. 그러나 일반적으로 말해서, 신약성경에서 광야는 초원과 경작지와는 반대되는 일상적으로 미개발된 곳이다.
3:2 천국 – 그리고 하나님의 나라는 동일한 의미의 두 구절이다. 두 구절은 단순히 하늘에서의 미래의 행복한 상태만이 아니라, 이 땅에서 향유되는 상태를 의미하며, 하늘의 영광을 소유한다는 것보다는 그에 합당한 성품을 의미한다. **가까이 왔느니라** – 다니엘(2:44과 7:13, 14)이 말한 하늘의 하나님 나라, 그 나라를 하나님께서 이제 막 세우기 시작했다는 것으로 말하는 것 같다. 여기서 복음의 섭리, 즉 백성들이 하나님의 아들에 의해 하나님께로 모이고, 그들의 공동체가 만들어지며, 먼저는 이 땅에서 그리고 후에는 하나님과 영광 중에 지속할 것임을 나타낸다. 성경의 몇몇 군데에서 이 구절은 특별히 이 땅에서의 상태를 더 암시하며, 또 다른 곳에서는 영광의 상태만을 의미하기도 하지만, 이 구절은 일반적으로 둘 모두를 포함한다. 유대인들은 이것을 현세적인 나라로 생각했는데, 그 위치는 예루살렘이 될 것이며, 그 나라의 왕권은 인자에게 있을 것이라고 다니엘로부터 배웠다.

세례요한과 그리스도는 그 구절, 즉 **천국**이라는 단어를 발견하여 채택했고, 유대인들이 제대로 배우려고 하지도 않고 이해하지도 못했지만, 이를 단계적으로 가르쳤다. 이에 앞서 회개를 요구하는 것은 바로 이것이 영적인 나라임을 드러내는 것이며, 아무리 정치적이고, 용감하며, 학식이 있더라도 사악한 사람은 이 나라의 백성이 될 수 없다는 것을 보인다.
3:3 주의 길 – 그리스도의 길. **그가 오실 길을 곧게 하라** – 그분의 자비로운 모습에 방해가 되는 것들은 모두 제거함으로.
3:4 이 요한은 낙타 털 옷을 입고 – 그의 성격과 가르침에 맞는 거칠고 단호한. **가죽 띠** – 엘리야의 "영과 능력"으로 그가 왔다. **음식은 메뚜기와 석청이었더라** – 레위기 11:22에서 메뚜기는 깨끗한 음식들 가운데 언급된다. 그러나 이것들은 항상 구할 수

는 없었다. 그래서 이것들이 없을 때, 그는 야생 꿀을 먹었다.

3:6 자기들의 죄를 자복하고 – 자발적으로, 자유롭게 그리고 공개적으로. 그토록 많은 사람이 모두 물에 온몸을 담그고 세례를 받았을 리가 없고, 그로 인해 갈아입을 옷을 받았으리라 생각할 수도 없는데, 이러한 일은 그와 같은 엄청난 무리에게는 거의 실행하기가 어려웠을 것이다. 그리고 그들이 공손하게 옷을 벗고 물에 들어가거나 안전하게 옷을 입고 물에 들어갈 수는 없었을 것이다. 그러므로 그들은 강가에서 줄을 지어 서 있고, 요한이 그들 앞으로 지나가면서 그들의 머리나 얼굴에 물을 뿌렸을 것이다. 그렇게 하여 그는 하루에 수천 명에게 세례를 줄 수 있었을 것이다. 그리고 이러한 방법은 요한이 물로 세례를 주며 미리 보이며 말한 것처럼 자연스럽게 그들에게 "성령과 불"로 주시는 그리스도의 세례를 상징했다. 이것은 불의 혀와 불꽃의 모양으로 제자들에게 성령이 임하면서 분명하게 성취되었다.

3:7 바리새인들 – 이는 아주 오래된 유대교 종파이다. 그들은 스스로 다른 사람들과 구별되었기 때문에, **구별하다**라는 뜻의 히브리 단어로부터 그들의 이름을 택했다. 그들은 겉으로는 율법을 엄격하게 지켜서, 자주 금식을 하며, 긴 기도를 하고, 안식일을 철저히 지키고, 모든 종류의 십일조, 즉 박하, 회향, 근채의 십일조까지 바쳤다. 그래서 그들은 사람들에게 높은 존경을 받았다. 그러나 안으로는 자만심과 위선으로 가득 찼다.

사두개인들 – 이들은 또 다른 유대교 종파이지만, 바리새인만큼 많지는 않았다. 그들은 천사의 존재나 영혼의 불멸성을 부정했고, 그 결과 몸의 부활도 부정했다. **독사의 자식들아** – 같은 방식으로 약삭빠른 헤롯은 "여우"라 불렸고, 사람의 마음을 보시는 그분에 의해, 음흉한 사람, 게걸스러운 사람, 야비한 사람, 방탕한 성향의 사람 등은 각각 "독사, 개, 늑대, 돼지" 등으로 불렸는데, 이 개념들은 우발적인 감정적인 단어들이 아니라, 그 개념들을 통해 의미 되는 사람들에 대해 신중하게 고안된 것이다. 왜냐하면, 다른 사람들에게 주의를 주거나 그들 자신에게 경고를 주고자 할 때, 그와 같은 사람들을 지적하는 것은 적절했기 때문이다.

3:8 회개 – 회개에는 두 가지 종류가 있는데, 하나는 율법적인 것이라 불리며, 또 하나는 복음적인 것이라 불린다. 전자는 여기서 말하는 것과 같은 것으로 죄에 대한 철저한 깨달음이다. 후자는 모든 죄에서 벗어나 모든 성결로 향하는 마음의 변화(결과적으로 삶의 변화)이다.

3:9 아브라함이 우리의 조상이라고 – 아브라함과의 관계에 대해서, 유대인들이 얼마나 크게 확신하는지 놀라울 뿐이다. 그들의 유명한 격언 가운데 하나인 "아브라함은 지옥 근처에 앉아서 유대인들은 아무도 그곳에 들어가지 않도록 애를 쓴다"라는 말이 있다. **생각하지 말라** – 원문의 단어는, 거칠게 "생각하지 말라"로 번역되는데, 여기서 그리고 다른 여러 곳에서, 함께 쓰인 단어의 힘을 줄이려는 것이 아니라 오히려 더하는 것처럼 보인다. **내가 너희에게 이르노니** – 이 서두는 항상 그다음에 오는 것

의 중요함을 나타낸다. **이 돌들로도** – 아마도 그들 앞에 놓인 것들을 가리킬 것이다.
3:10 이미 도끼가 나무뿌리에 놓였으니 – 즉, 그와 같이 무가치한 가식을 취할 여유가 없다. 회개하지 않는 자들에 대해서 신속한 처형을 결정하였다. 이 비유는 도끼를 놓고, 외투를 벗고, 바로 나무를 자르려는 나무꾼으로부터 택한 것 같다. 이것은 7절의 "임박한 진노"를 언급한다. **찍혀** – 즉각적으로, 더는 지체하지 말고.
3:11 그는 성령과 불로 너희에게 세례를 베푸실 것이요 – 그분은 성령으로 너희를 충만하게 하실 것이며, 많은 물로도 끌 수 없는 사랑의 불로 너희 마음을 타오르게 하실 것이다. 그리고 이것은 불과 같이 눈에 보이는 모습으로 오순절 날 성취되었다.
3:12 손에 키를 들고 – 즉, 복음의 말씀으로. **자기의 타작마당** – 즉, 현재는 알곡과 가라지가 혼합되어 덮여있는 그분의 교회. 알곡은 모아 곳간에 들이고 – 진정으로 선한 자들은 하늘에 올려놓으실 것이다.
3:15 모든 의를 이루는 것이 합당하니라 – 모든 하나님의 사자들은 그분의 모든 의로운 계명을 지켜야 한다. 그러나 우리 주님의 특별한 의미는 자신이 하나님의 의로운 율법의 모든 부분을 완전히 수행하고 그분이 자신에게 주신 명령을 수행하기 위하여 (내가 세례를 받고, 당신이 세례를 주는 것) 하라는 것 같다.
3:16 예수께서 세례를 받으시고 – 우리는 주님의 세례 받으심을 통하여, 순수하게 하나님의 명령으로 인해 지켜야 할 제도를 준수하는데 거룩한 엄격함을 배울 수 있다. 그러므로 분명히 그분의 모든 추종자는 모든 의로움을 지켜야 한다.

예수께서는 씻으실 죄가 없으셨다. 그런데 세례를 받으셨다. 그리고 하나님께서는 자신의 규례를 만드셨는데, 그를 통해 성령이 그분에게 임하는 계기가 되었다. 하나님의 약속에 겸손하게 참여하는 것 외에, 어디서 우리가 이러한 신성한 유출을 기대할 수 있겠는가? 하늘이 열리고 **하나님의 성령이 … 보시더니** – 누가는 "형체로"를 더했다. 아마도 영광스러운 불의 모습으로, 아마도 비둘기의 모습으로, 그분에게 내려앉기까지 맴도는 모습으로 내려왔을 것이다. 이것은 복된 성령의 은밀한 역사에 대한 보이는 표지이며, 이를 통해 그분은 특별한 방법으로 기름부음을 받았고, 이것은 그분의 공적인 사역에 아주 적합했다.
3:17 소리가 있어 – 우리는 여기서 영원히 복된 삼위일체의 은혜로운 나타나심을 본다. 성부는 하늘로부터 말씀하시고, 성자에게 말씀하시며, 성령은 그분 위에 내려오신다. **내 기뻐하는 자라** – 이 얼마나 놀라운 찬사인가! 다른 모든 종류의 찬양은 얼마나 미천한가! 하나님의 즐거움과 기쁨이 되는 것 이것이 찬양이다! 이것이 진정한 영광이며, 덕이 나타낼 수 있는 가장 고귀하고 가장 밝은 빛이다.

마태복음 4장

4:1 그 때에 – 그분의 아버지 사랑이 영광스러운 증거로 나타난 후에, 그분은 전투

를 위해 완전하게 무장되었다. 그리하여, 가장 선명한 빛과 가장 강력한 위로 후에, 가장 예리한 시험을 있을 것을 예상하게 한다. **성령에게 이끌리어** – 아마도 강력한 내적 충동을 통하여.

4:2 금식하신 후에 – 여기서 의심할 바 없이 그분은 하나님으로부터 더 풍성한 영적 힘을 받았다. **사십 일** – 율법을 전한 모세와 율법을 회복한 엘리야처럼. **주리신지라** – 그리고 이렇게 첫 시험이 준비되었다.

4:3 예수께 나아와서 – 보이는 형태로, 아마도 그분이 메시야라는 증거를 더 알기를 원하는 사람처럼 인간의 모습으로.

4:4 기록되었으되 – 그리하여 그리스도는 마귀의 모든 제안에 대해 대답하셨기에, 우리도 대답할 수 있다. **하나님의 입으로부터 나오는 모든 말씀으로** – 즉, 하나님께서 그분을 지탱하도록 명령하신 모든 것을 통하여. 그러므로 아버지의 의지가 드러나지 않는다면, 그분이 빵을 만드는 기적을 할 필요는 없었다.

4:5 거룩한 성 – 예루살렘이 일반적으로 그렇게 불렸고, 하나님께서 자신을 위해 특별히 선택하신 장소였다. **성전 꼭대기에** – 아마도 왕의 회랑 너머로, 너무나 높아서 누구나 그 꼭대기에서 아래를 본다면 현기증이 일어날 것이다.

4:6 그들이 손으로 – 즉, 매우 조심스럽게.

4:7 너의 하나님을 시험하지 말라 – 이미 그분이 충분히 분명하게 밝힌 증거를 더 요구하는 것.

4:8 천하 만국과 … 보여 – 눈에 보이는 종류로 묘사하면서.

4:9 만일 내게 엎드려 경배하면 – 여기서 사탄은 분명히 자신이 누구인지 보인다. 결과적으로 그리스도는 이 제안에 대답하면서, 이전에는 그렇지 않았지만, 그를 그 자신의 이름으로 부른다.

4:10 사탄아 물러가라 – 조금 다른 상황에서 그분이 베드로에게 마땅치 않다는 것을 말씀하셨던 "내 뒤로 물러가라" 즉, 네 마땅한 자리로 가라가 아니다.

4:11 천사들이 나아와서 수종드니라 – 그분에게 음식을 공급하고, 그분의 승리를 축하하기 위해서이다.

4:12 갈릴리로 물러가셨다 – 이 여행은 시험 이후 바로 이루어진 것은 아니었다. 처음 그분은 유다로부터 갈릴리로(요한복음 1:43, 2:1), 그다음 다시 유대로, 그리고 예루살렘에서 유월절을 지내셨다(요한복음 2:13). 요한이 애논에서 세례를 베푸는 동안 그분은 유대에서 세례를 베풀었다(요한복음 3:22, 23). 이때 요한은 자유로웠다(24절). 그러나 바리새인들은 불쾌하게 생각하였고(요한복음 4:1), 요한은 감옥에 갇혔으며, 그때 그분은 이렇게 갈릴리로 여행했다.

4:13 나사렛을 떠나 – 즉, 그들이 그분의 말씀을 완전히 배척하고, 심지어 그를 죽이고자 하였을 때(누가복음 4:29).

4:15 이방의 갈릴리 – 요단강 너머의 갈릴리 영역은 그렇게 불렸는데, 많은 수의 이

방인들, 즉 이교도들이 살았기 때문이었다.

4:16 여기 멋진 점강법이 있다. 처음 그들은 "걸었고," 그다음 그들은 "흑암에 앉았고," 마지막에는 "사망의 땅과 그늘"에 앉았다.

4:17 이때부터 예수께서 비로소 전파하여 이르시되 – 그분은 이전에 유대인과 사마리아인에게 설교를 하셨다(요한복음 4:41, 45). 그러나 이때부터 그분의 엄숙하고 명시적인 설교가 시작되었다. **회개하라 천국이 가까이 왔느니라** – 사람들의 마음에 하늘나라를 세우는 것이 그리스도의 특별한 사역이었음에도 불구하고, 그분은 세례요한과 같은 말로 설교를 시작하셨음을 주목할 필요가 있다. 왜냐하면, 요한이 가르친 회개는 그 내적인 나라를 준비하기 위해 필요한 것이었고, 계속 필요할 것이기 때문이다. 그러나 이 구절은 그 안에 하늘나라가 세워진 개인들에 관하여 사용되었을 뿐만 아니라, 기독교 교회 즉, 전 신자들의 공동체에 관해서도 사용된다. 전자의 의미로 회개와 다르고, 후자의 의미로 모세의 시대와 다르다.

4:23 천국 복음 – 복음 즉, 기쁜 메시지는 우리 기독교의 마땅한 이름이다. 복음을 신실하게 받아들이고, 끈기 있게 끌어안는 사람 안에서 이것이 충분히 증명될 것이다.

4:24 온 수리아에 – 유대인들의 지역은 작은 부분이기에 전 지역에. **귀신 들린 자** – 마귀에게 사로잡힌 자. **간질하는 자, 중풍병자들** – 마비되는 병을 앓는 사람들로 다른 모든 것 가운데 이 경우가 가장 비참하고 희망이 없었다.

4:25 데가볼리 – 갈릴리 바다 동편 지역으로 여기에 서로 인접한 10개의 도시가 있었다.

마태복음 5장

5:1 무리를 보시고 – 모든 지역으로부터 그들이 그분에게 오는 것을 거리를 두고 보고 있었다. 산에 올라가 – 가까이에 산이 있었고, 거기에 그들 모두를 위한 공간이 있었다. **제자들이** – 그분의 열두 제자뿐만 아니라, 그분에게 배우고 싶은 사람 모두.

5:2 입을 열어 – 정해지고 엄숙한 강의를 말한다. **가르쳐 이르시되** – 사람을 축복하고, 사람을 행복하게 만드는 것은 우리 주님께서 세상에 오신 커다란 이유이다. 그리고 결과적으로 그분은 여기서 팔복을 선포하시며, 그것들을 기독교에 있는 여러 단계에 추가하였다. 행복이 우리의 공통의 목적이며 타고난 본능이 우리에게 행복을 추구하도록 하는 것을 아시고, 그분은 가장 친절한 방법으로 행복을 본능에 적용하고 그것을 타당한 목적으로 제시하신다.

행복은 모든 사람이 원하는 것이지만, 거의 얻지 못하는데, 그것은 그들이 찾을 수 없는 곳에서 찾기 때문이다. 그러므로 우리 주님께서는 신적인 형식, 즉 완전한 행복의 기술을, 들을 귀가 있는 사람들 앞에 행복을 얻을 수 있는 참된, 유일하고 참된 방법을 제시하면서, 시작하신다.

우리 주님의 자비로운 겸손을 보라. 말하자면, 그분은 우리의 친구이자 구세주인 그분의 역할을 더 잘 수행하기 위해 우리 입법자로서의 최고의 권위를 제쳐두고 있는 것 같다. 그분은 고상한 스타일을 사용하는 대신, 긍정적인 명령으로 더 부드럽고 매력적인 방식으로 그분의 의지를 따르는 행복한 사람들을 부름으로써 자신의 의지와 우리의 의무를 암시한다.

5:3 가난한 자는 복이 있나니 – 다음 이야기에는 1. 참된 성결과 행복으로의 달콤한 초대, 3절~12절; 2. 그것을 다른 사람들에게 나누어 주도록 하는 설득, 13~16절; 3. 참된 그리스도인의 성결에 대한 설명, 17절; 4. 결론; 진정한 길에 대한 확실한 표지; 거짓 선지자에 대한 경고; 성결을 따를 것에 대한 권면. **심령이 가난한 자** – 거짓 없이 회개하는 사람들; 진정으로 죄를 인정하는 사람들; 본성상 자신이 처한 상태를 보고 느끼며, 자신의 죄, 죄책감, 무력감을 깊이 인식하는 사람들: **천국이 그들의 것임이요** – 현재 내적인 나라; 즉 그들이 끝까지 견디면 영원한 나라뿐만 아니라, 성령 안에서의 의와 평화와 희락까지.

5:4 애통하는 자 – 자신의 죄나 다른 사람의 죄를 위해 꾸준히 습관적으로 진지한 사람들. 그들이 위로를 받을 것임이요 – 이 세상에서, 영원히, 그리고 천국에서도 더 견고하고 깊이 있게.

5:5 온유한 자는 복이 있나니 – 모든 열정과 애정을 조화롭게 유지하는 사람들. **그들이 땅을 기업으로 받을 것임이요** – 그들은 생명과 경건에 정말로 필요한 모든 것을 갖게 될 것이다. 그들은 여기서 하나님께서 그들에게 주신 몫을 누릴 것이며, 차후에 의가 거하는 새 땅을 얻을 것이다.

5:6 의에 주리고 목마른 자 – 여기에 묘사된 성결을 따르는 자. **그들이 배부를 것임이요** – 의로움으로.

5:7 긍휼히 여기는 자 – 부드러운 마음을 가진 사람들; 모든 사람을 자신처럼 사랑하는 사람들. **그들이 긍휼히 여김을 받을 것임이요** – 우리가 하나님으로부터 어떠한 자비라도 원한다면, 마찬가지로 우리는 우리의 형제들에게 자비를 베풀어야 한다. 하나님께서는 우리가 하나님으로 인해 다른 사람들에게 베푼 사랑을 천 배로 갚아주실 것이다.

5:8 마음이 청결한 자 – 성화된 사람들; 마음을 다해 하나님을 사랑하는 사람들. **그들이 하나님을 볼 것임이요** – 여기서는 모든 만물 가운데서 보고, 이후에는 영광 중에 볼 것이다.

5:9 화평하게 하는 자 – 하나님과 사람에 대한 사랑으로부터 모든 사람에게 가능한 한 선을 행하는 사람들. 성경적 의미에서 평화는 순간적이고 영원한 것을 포함한 모든 축복을 암시한다. **그들이 하나님의 아들이라 일컬음을 받을 것임이요** – 하나님과 사람들에 의해 그렇게 인정을 받을 것이다. 사람들은 이러한 부드러운 성질과 행동을 하는 사람이 사람들의 사랑을 받을 것이라 여길 것이다. 그러나 우리 주님께

서는 사탄이 세상의 주관자인 한 그렇지 않으리라는 것을 잘 아신다. 그래서 주님께서는 **의를 위하여 핍박을 받는 자는 복이 있나니**라고 바로 추가하시면서, 그분의 자취를 따르려고 결심한 사람들이 받을 대우에 대하여 미리 경고하신 것이다.

이러한 모든 설교를 통하여, 우리는 생각할 수 있는 모든 정확한 방법에 주목할 수밖에 없다. 모든 문단과 모든 문장은 그 앞에 있는 것과 그 뒤에 따르는 것에 긴밀히 연결되어 있다. 그리고 이것은 모든 그리스도인 설교자들을 위한 형태가 아니겠는가? 만약 어떤 사람이 미리 알지 못하고 이러한 형태를 따를 수 있다면 좋다. 그러나 그렇지 않다면, 이러한 형태를 미리 알지 않고 감히 설교를 해서는 안 된다. 말하는 것이 진실이든 거짓이든 생각나는 대로 또는 모순되게 말하는 것은 그리스도의 영으로부터 오는 것이 아니다.

5:10 의를 위하여 – 즉, 그들이 지니고 있거나 따르고 있기에 여기서 의로운 자들이라고 기술된 것이다. 진정으로 의로운 자이고, 애통하는 자이며, "청결한 자"이고, "그리스도 안에서 경건하게 살고자 박해를 받는" 모든 사람들(딤후 3:12). 세상은 항상 "땅으로부터 그러한 사람들을 쫓아버리라!"고 말한다. "그들은 우리의 생각을 비난하려고 있는 사람들이다. 그들은 우리를 쳐다만 봐도 애석해 한다. 그들의 삶은 다른 사람들과 다른데, 왜냐하면, 그들의 방식이 또 다른 형태이기 때문이다"(지혜서 2:14, 15).

5:11 욕하고 – 너희들이 있을 때. **모든 악한 말을 할 때** – 너희들이 없을 때.

5:12 너희의 상 – 성결로부터 자연스럽게 그리고 직접적으로 오는 행복 그 이상의 것.

5:13 너희 – 사도나 목회자들만이 아니라, 성결한 사람 모두. **세상의 소금이니** – 다른 사람들을 이롭게 하는 것.

5:14 너희는 세상의 빛이라 – 너희들이 이처럼 거룩하다면, 하늘의 태양처럼 너희를 더 이상 감출 수가 없을 것이다. 그것은 **산 위의 동네**를 숨길 수 없는 것과 같다 – 아마도 반대편 언덕비탈을 가리키면서 말씀하셨을 것이다.

5:15 아니, 너희에게 이 빛을 주신 하나님의 바로 그 계획은 빛을 비추는 것이다.

5:16 그들이 보고 … 영광을 돌리게 하라 – 즉, 그들이 너의 선한 행실을 보고 같은 방식으로 하나님을 사랑하고 섬기게 되도록 말이다.

5:17 생각하지 말라 – 상상하거나, 두려워하거나, 희망하지 말라. **내가 온 것** – 너희 선생들처럼, **율법이나 선지자를 폐하러** 온 것으로 여기지 말라. **나는 폐하러 온 것이 아니요** – 도덕법을 폐하러 온 것이 아니다. **완전하게 하려 함이라** – 나의 생명과 가르침을 통해 그 도덕법의 본래 의미를 설정하고, 조명하며, 설명하려는 것이다.

5:18 천지가 없어지기 전에는 – 명령한 것이든 예언한 것이든 다 이루어진다. 왜냐하면, 율법은 그 교훈에 순종하는 때와 마찬가지로, 보상과 그에 부과된 벌이 주어질 때 결과가 나타나기 때문이다.

5:19 지극히 작은 것 하나라도 – 사람들에게는 그렇게 보일 것이다: **가르치는 자** –

말로나 예를 들면서; 지극히 작다 일컬음을 받을 것이요 – 즉, 천국에 속하지 않을 것이다.

5:20 서기관들과 바리새인들의 의로움 – 이 설교에 이어서 설명되고 있다.

5:21 살인하지 말라 – 그들은 이것을 다른 계명들과 마찬가지로, 거의 외적인 행위로만 해석을 했다. **심판** – 유대인들에게는 죄인에게 교수형을 언도할 수 있는 23명으로 구성된 법원이 각 도시에 있었다. 그러나 (예루살렘에 위치하며 72명으로 구성된 최고위원회인) 산헤드린만이 더 끔찍한, 돌로 쳐 죽이는 형을 언도할 수 있었다. 전자를 "심판"이라 부르며, 후자는 "공회"이다. **너희가 들었으나** – 서기관들로부터, 율법을 암송하는 것을 말함.

5:22 나는 너희에게 이르노니 – 어느 선지자가 이렇게 말했을까? 그들의 언어는 "주님께서 말씀하셨다"였다. 이 언어를 사용할 권위를 가진 분은 누군가? 오직 그 율법을 주신 분이 아니라면, 그것을 지키거나 폐할 수 있는 분은 과연 누군가? **형제에게 노하는 자마다** – 어떤 사본에는 "근거 없이"라는 말이 붙어있지만, 이것은 우리 주님의 설교의 범위나 어감에는 아주 이질적이다. 그분이 이유 없이 화를 내는 것만 금하는 것이라면, "나는 너희에게 이르노니"처럼 엄숙한 선언을 할 필요는 없었을 것이다. 왜냐하면 서기관들과 바리새인들은 이렇게 말하였기 때문이다. 그들도 "이유 없이" 화를 내지 말라고 가르쳤다. 그래서 이 의로움은 그들의 의로움을 "넘어서지" 않는다. 그러나 그리스도는 어떤 이유에서라도 사람을 "라가" 또는 "바보"라고 부를 만큼 화를 내서는 안 된다고 가르친다. 우리는 어떤 이유에서라도 죄를 지은 사람에게 화를 내서는 안 되며, 오직 그 자신의 죄에 대해서만 분노해야 한다. 행복한 세상에서는 이러한 평범하면서도 필연적인 구별이 철저하게 이해되고, 기억되고, 실천된다! "라가"는 어리석은 사람, 빈둥거리는 사람을 의미한다. **미련한 놈이라 하는 자** – 누군가를 욕하고 심하게 비난하는 사람이다. 우리 주님께서는 3단계의 살인을 구분하신다. 각각은 사람으로부터가 아니라 하나님으로부터 더 심한 징벌을 받게 된다. **지옥 불** – (그 단어의 원래의 뜻이 유래된 된) 힌놈의 골짜기에서 아이들을 산채로 몰록에게 번제로 드렸다. 후에 그 도시의 쓰레기 집합소가 되었고, 여기는 쓰레기를 태우기 위해 불이 계속 피워져 있었다. 그리고 아마도 죄수가 산채로 태워질 경우, 이 저주받아 끔찍한 장소에서 시행되었을 것이다. 그러므로 전자의 경우나 후자의 경우 모두 지옥의 상징으로 맞아 떨어진다. 산채로 화형을 시키는 것이 교수형이나 돌로 쳐 죽이는 것보다 더 끔찍한 것처럼, 앞의 두 경우에 해당하는 징벌 보다 더 끔찍하게 미래의 징벌의 정도를 상징하는 것이 분명하다.

5:23 네 형제에게 원망들을 만한 일 – 앞의 설명 중 하나에 대해서, 모든 불친절한 생각이나 말, 즉 사랑에서 우러나지 않은 모든 것.

5:24 예물을 제단 앞에 두고 먼저 가서 – 네 선물이나 네 기도가 네 사랑의 결핍을 속량하지 못하는데, 이는 둘 모두 하나님 앞에 가증한 것이 되기 때문이다.

5:25 너를 고발하는 자와 … 급히 사화하라 – 네가 기분을 상하게 한 사람에게 대해서; **함께 길에 있을 때에** – 즉시, 그 자리에서, 헤어지기 전에. **그 고발하는 자가 너를 재판관에게 내어 주고** – 그가 그의 일을 하나님께 맡기지 않도록 하라.
5:26 한 푼이라도 남김이 없이 다 갚기 전에는 – 즉, 네가 행할 수 없는 것이기에 영원히.
지금까지 말한 것은 온유함에 관한 것이다. 그 다음은 마음의 순결함에 대한 것이 따라온다.
5:27 간음하지 말라 하였다 – 그리고 이것은 여섯째 십계명과 함께, 서기관들과 바리새인들이 외적인 행위만을 해석한 것이다.
5:29,30 어떤 사람이 오른 눈만큼 사랑스럽고 혹은 오른손만큼 유용한 사람이라 할지라도 너를 단지 마음속에서만이라도 죄를 범하게 하는 원인이 된다면.

아마도 여기는 성경에서 자주 발견되는 일종의 치환의 예라 할 수 있다. 그래서 29절은 27절과 28에 대하여 언급하고, 30절은 21절과 22절에 대한 언급이라 할 수 있다. 너희가 지니고 있는 것 때문에 죄를 피할 수 없다면, 아무리 사랑스럽고 유용하다 하더라도, 그 부분을 자르라고 말하는 것 같다. 네가 너무 열정적인 성격을 지니고 있어서 형제를 해치는 것을 금할 수 없다면 너의 오른 손을 자르기까지 하라는 것이다. 너희가 여인들을 보고 음란한 생각을 금할 수 없다면 너의 눈을 빼어 버리라는 것이다.
5:31 이혼 증서를 줄 것이라 – 서기관들과 바리새인들은 어떤 사소한 경우라도 그렇게 할 것을 허락했다.
5:32 이는 그로 간음하게 함이요 – 그녀가 다시 결혼을 할 경우.
5:33 우리 주님은 "마음이 청결한 자"에게 주어진 약속, 즉 모든 것 가운데 하나님을 보는 것을 언급하였으며, 서기관들이 하나님을 보지 못했기 때문에 일어난 잘못된 교리를 지적한다.

그분은 우리에게 1. 어떤 피조물로나 2. 일상의 대화에서 맹세하는 것을 절대고 금하는 것이다. 두 경우에 대해서 서기관들과 바리새인들은 완전히 무죄라고 가르쳤다.
5:36 네가 한 터럭도 희고 검게 할 수 없음이라 – 여기서 이것조차도 너의 것이 아니라 하나님의 것임이 나타난다.
5:37 너희 말은 옳다 옳다 아니라 아니라 하라 – 즉, 단순한 말로 긍정하거나 부정하라.
5:38 눈에는 눈, 이에는 이로 – 이것은 쓰디쓴 복수를 조장하는 것으로 해석된다. 하였다는 것을 – 율법에서, 판사에 대한 지시로, 폭력적이고 야만적인 공격의 경우에. **너희가 들었으나** – 우리 주님은 서기관들과 바리새인들이 전혀 알지 못했던, (5장 마지막까지 수행하고 있는) 의를 위해 핍박을 받는 자들에게 대한 온유와 사랑을 계속 강조한다.

5:39 나는 너희에게 이르노니 악한 자를 대적하지 말라 – 그러므로, "대적"으로 번역된 헬라어 단어는 "전투행렬에 서서" 승리를 위해 애쓰는 것을 의미한다. **누구든지 네 오른편 뺨을 치거든** – 악을 악으로 갚지 말라. **왼편도 돌려대며** – 스스로 복수하지 말라.

5:40,41 손해가 크지 않다면 가해자의 심한 박해에 대해서 "눈에는 눈으로" 요구하기 보다는, 이로 인해 반복될 가능성이 있어도, 그것을 견디는 것을 선택하라. 문장 전체의 의미는 그 잘못이 단순히 개인적일 때는 악에 대해 악으로 갚는 것보다는 다른 사람이 신체적으로 피해를 입혔을 때 곧바로 그것을 감수하고, 또 내 소유물들을 요구하면 곧바로 주고, 강제적인 요구도 곧바로 용납하라는 것 같다. 그 말씀이 문자적으로 이해되지 말아야 하는 것은 우리 주님 자신의 행동에서 나타난다(요 18:22, 23).

5:42 폭력에 대한 당신의 행동처럼, 더 가벼운 방법을 사용하는 사람들의 경우에, **구하는 자에게 주며** – 너의 채권자와 가족과 믿음의 형제들에게 (하나님은 스스로 결코 모순되지 않기에 그 이상이 아니라) 너의 의무를 감당할 수 있는 범위 내에서 주고 빌려주라.

5:43 네 이웃을 사랑하고 네 원수를 미워하라 – 하나님께서는 앞부분을 말하셨고, 서기관들이 뒷부분을 부연했다.

5:44 너희를 박해하는 자를 위하여 기도하라 – 너희를 욕하고 비방하는 자들에 대하여 할 수 있는 데로 좋은 말을 하라. 너희를 미워하여 말과 행동으로 표현하는 사람들에게 생각과 말과 행동에서 사랑으로 갚아라.

5:45 아들이 되리니 – 즉, 사람들과 천사들 앞에서 계속 그렇게 나타날 것이다. **하나님이 그 해를 … 비추시며** – 그분의 손에 있는 그러한 축복을 그들이 받을 것처럼, 그분은 그들에게 주신다. 그들은 영적인 축복을 받지 못할 것이다.

5:46 세리도 – 세금징수원, 농부, 또는 공적자금의 수취인이었으며, 로마인들에 의해 그들이 정복한 나라들에 부과한 세금과 관세를 징수하기 위해 고용된 사람이었다. 이들은 일반적으로 그들의 착취와 압제로 인해 증오스러웠고, 유대인들에 의해 땅의 쓰레기처럼 간주되었다.

5:47 또 너희가 너희 형제에게만 문안하면 – 우리 주님은 아마도 서로 다른 종파가 서로 대립되는 편견을 보신 것 같다. 그래서 자신을 따르는 사람들은 그러한 협소한 생각을 받아들이지 말라고 암시한다. 하나님께 맹세코, 그분의 교회를 무너뜨린 그 불행한 분열과 재분열 사이에서 이 일에 더 주의를 기울였더라면, 어떤 당이나 교파에 속했더라도 그리스도 안의 우리 형제들을 진심으로 포용할 수 있는 정도로 우리가 최소한 전진할 수 있게 되었을 텐데!

5:48 그러므로 하늘에 계신 너희 아버지의 온전하심과 같이 너희도 온전하라 – 그래서 원문은 앞의 절에서 묘사된 모든 성결을 언급하는데, 이 장의 시작 부분에서

우리 주님은 이것을 행복으로 그리고 끝부분에서 완전함으로 추천하신다.

요약하여 말하자면, 그의 모든 계명을 약속, 즉 복음의 정당한 약속으로 인봉하여, 그분은 그 율법을 "우리 마음에 두시고 우리 마음에 쓰실" 것이기에 얼마나 지혜롭고 은혜로운 일인가! 그분은 우리의 불신앙이 얼마나 준비되어 있는지 잘 알고 계셨기에 이것은 불가능하다! 그러므로 모든 것이 가능하신 그분의 모든 능력과 진리와 신실하심이 그 위에 달려있다.

마태복음 6장

6:1 계속되는 장에서 우리 주님은 특별히 내적인 성결의 특성을 기술했다. 여기서는 그분은 내적인 순수함이 없다면 우리의 그 어떤 외적인 행동도 성결하지 않다고 묘사한다. 이 장은 4개의 부분을 포함한다: 1. 구제를 하는 옳은 의지와 방법, 1–4절; 2. 기도에 대한 옳은 의지, 방법, 형태, 조건, 5–15절; 3. 금식하는데 옳은 의지와 방법; 4. 부자가 되려는 욕망이나 세상적인 염려 그리고 결핍의 공포와 섞이지 않는 모든 것에 있어서 순수한 의도의 필요성, 19–34절.

이 절은 우리의 선행에 대한 헛된 영광에 대한 일반적인 주의이다. 이 모든 것은 여기서 포괄적인 의미에서 의로움이란 단어로 요약된다. 우리 주님이 연이은 절에서 이 일반적인 주의를 3개의 주요 줄기로 적용한다: 이웃과 관련하여, 1–4절; 하나님과 관련하여, 5–6절; 우리 자신과 관련하여, 16–18절.

보이려고 – 우리가 이러한 일을 하는 동안 겨우 보이려는 것은 순수하게 무관심한 상황이다. 그러나 이러한 관점으로, 보이려고 존경받으려고 행하는 것은 우리 주님께서 정죄하시는 것이다.

6:2 외식하는 자가 … 하는 것 같이 – 많은 서기관들과 바리새인들은 가난한 사람들을 함께 부르는 척하면서, 이렇게 했다. **그들은 자기 상을 이미 받았느니라** – 이것이 그들이 받을 것이다. 왜냐하면 그들은 하나님으로부터 아무 것도 받지 못할 것이기 때문이다.

6:3 오른손이 하는 것을 왼손이 모르게 하여 – 비밀리에 어떤 일을 하는 것을 표현하는 속담. 1. 어쨌든 그 일을 하면서, 2. 가장 효과적인 방법으로 그 일을 하면서, 일관성이 있는 한 은밀하게 하라.

6:5 회당 – 이곳은 백성들이 모여 공동기도와 성경낭독과 해설을 듣는 곳이었다. 그것들은 바벨론 포로 때부터 각 도시에 있었고, 일주일에 3일 하루 3회씩 예배가 있었다. 회당마다 슬기롭고 지혜로운 사람들의 모임이 있고, 그 위에 회당장이라 하는 의장이 있었다. 그러나 여기의 단어는 다른 많은 텍스트에서와 마찬가지로 공개집회의 장소를 의미한다.

6:6 네 골방에 들어가 – 즉, 네가 할 수 있는 한 은밀하게 그것을 하라.

6:7 중언부언하지 말라 – 의미 없이 단어를 반복하는 것은 확실히 헛된 반복이다. 그러므로 우리는 모든 기도에서 우리가 말하는 것을 의미하도록 극도로 주의해야 하며, 마음 속 깊은 곳에서 우리가 의미하는 바만 말해야 한다. 우리가 여기서 경고받고 있는 헛되고 이교도적인 반복은 가장 위험하지만 매우 흔한 것이다. 이것이 여전히 신앙을 고백하는 그토록 많은 사람들이 종교의 명예를 더럽히는 주된 원인이다. 사실 세상의 모든 말은 하나의 거룩한 갈망에 적합하지 않다. 그리고 가장 좋은 기도는 마음의 언어가 아니면 헛된 반복에 불과하다.

6:8 너희에게 있어야 할 것을 하나님 너희 아버지께서 아시느니라 – 우리의 필요를 하나님께 알리기 위해 기도하는 것이 아니다. 전지전능한 그분은 이전에 알지 못했던 어떤 것에 대한 정보를 필요로 하지 않으며, 항상 기꺼이 그것들을 해결해 주었다. 우리에게 가장 필요한 것은 그분의 은혜와 축복을 받기에 합당한 성향이다. 결과적으로, 기도의 한 가지 위대한 임무는 우리 안에 그러한 성향을 만들어 내는 것이다. 즉, 하나님께 의지하는 법을 훈련하며, 우리가 구하는 것들에 대한 우리의 갈망을 증가시키면서, 그리고 우리의 부족함을 너무나 잘 알도록 하여 우리가 승리하여 축복을 받을 때까지 씨름을 결코 멈추지 않도록 하는 것이다.

6:9 그러므로 너희는 이렇게 기도하라 – 우리가 무엇을 위해 기도해야 하는지, 어떻게 기도해야 하는지, 무엇을 갈망하는지, 어떤 방식으로 기도해야 좋아하시는지, 우리에게 가장 좋은 것이 무엇인지 가장 잘 아시는 분은 여기서 우리에게 가장 완전하고 보편적인 기도의 형식을 말씀하신다. 우리에게 진정으로 필요한 것을 이해하고, 우리의 모든 합법적인 갈망을 표현하는 것이며, 이것은 우리 자신의 모든 헌신에 대한 완전한 목록이며, 온전한 훈련이다.

그러므로 – 이러한 것들에 대하여; 때때로 이러한 말로; 적어도 이런 방식으로, 짧게, 친숙하게, 온전히.

이 기도는 서언, 청원, 결론 이렇게 3부분으로 구성되어 있다. **하늘에 계신 우리 아버지여** – 서언은 기도에 대한 일반적인 기초를 놓는다. 우리가 들으실 것이라는 확신으로 기도할 수 있기 전에, 우선 하나님을 알아야 하는 것을 포함하는 것이다. 마찬가지로, 우리가 기도로 하나님께 나아가는데 믿음, 겸손, 하나님과 인간에 대한 사랑을 우리에게 지시한다.

I. (1) **6:9 하늘에 계신** – 하늘과 땅 양쪽의 모든 것을 돌보시며, 모든 피조물과 각 피조물의 모든 일과 영원부터 영원까지 모든 가능한 일들을 아시며, 모든 것을 감찰하시고 운영하시는 전능하신 주님이며 모든 것의 통치자. **하늘에** – 분명하게 그곳에 있지만, 그곳만이 아니라, 당신이 하늘과 땅에 채우신 것을 아신다. **우리 아버지여** – 모두에게 선하시고, 우리의 창조자이시며, 우리의 보호자가 되시는 분. 우리 주님의 아버지이시며, 그분 안에서 우리의 아버지가 되시며, 양자됨과 은혜로 자신의 자녀들의 아버지가 되신 분. 지금 당신에게 부르짖는 나의 아버지만이 아니라, 우주와

천사들과 인간들의 아버지.

II. (1) **이름이 거룩히 여김을 받으시오며** – 오 아버지여, 모든 지적 존재들에게 그 지식에 합당한 애정으로 알려지시기를 원합니다. 하늘과 땅에 있는 모든 천사와 모든 인간이 당신을 합당하게 존경하고 사랑하고 경외하게 하소서!

6:10 (2) 나라가 임하시오며 – 당신의 은혜의 나라가 속히 임하여 땅의 모든 나라를 삼키게 하옵소서. 오 그리스도여, 온 인류가 당신을 왕으로 영접하고 당신의 이름을 진정으로 믿고, 의와 평화와 기쁨으로 충만하게 하소서. 성결과 행복으로, 그들이 여기에서 당신의 영광의 나라로 옮겨져 당신과 함께 영원히 다스리게 하소서.

6:10 (3) 뜻이 하늘에서 이루어진 것 같이 땅에서도 이루어지이다 – 땅에 사는 모든 사람들이 거룩한 천사들처럼 당신의 뜻을 행하게 하소서. 그들의 자발적인 봉사가 어떤 것으로부터도 방해받지 않고 완전하게, 거룩한 천사들처럼 끊임없이 봉사하게 하소서! 은혜의 성령이시여, 영원한 언약의 피를 통하여 당신의 뜻을 행하는 모든 선한 일속에서 그들을 완전케 하시며, 당신이 보시기에 기쁨이 되는 모든 일을 그들 안에서 이루소서!

6:11 (4) 우리에게 … 주시옵고 – 오 아버지여 (우리에게 주장할 권리는 없고, 오직 당신의 한없는 자비만 구하기에). **오늘** – (우리에게 내일에 대한 생각은 없기에). **일용할 양식** – 우리의 영혼과 몸에 필요한 모든 것으로, "사라지는 고기"만이 아니라, 성례전의 빵과 당신의 은혜인 "영원한 생명으로 지속되는" 음식도 포함한다.

6:12 (5) 우리가 우리에게 죄 지은 자를 사하여 준 것 같이 우리 죄를 사하여 주시옵고 – 오 주님, 당신의 보혈로 우리에게 구속을 허락하시고, 죄를 용서하소서. 당신이 우리로 모든 사람을 값없이 완전하게 용서하도록 하신 것처럼, 우리의 모든 죄를 용서하소서.

6:13 (6) 우리를 시험에 들게 하지 마시옵고 다만 악에서 구하시옵소서 – 우리의 연약함을 도우시는 당신이시여, 우리가 유혹을 받을 때마다 우리를 "시험에 들지" 않게 인도하소서. 거기서 상실을 극복하고 견뎌내게 하시고, 우리에게 피할 길을 내서, 당신의 사랑을 통하여 모든 죄와 그 결과를 정복하는 자가 되게 하소서. 이제 그리스도인의 마음에 가장 중요한 갈망은 하나님의 영광이며(9–10절), 자신과 형제를 위하여 원하는 모든 것은 (동물적이고 영적인 생명을 유지하는) 영혼과 육체의 "일용할 양식"이며, 죄의 용서와 죄의 권세 및 마귀로부터의 구원이기에(11–13절), 그리스도인이 원하는 것은 이것 외에는 없다. 그러므로 이 기도는 그의 모든 갈망을 포함한다. 영생은 성결의 분명한 결과이며 완성이다.

III. **나라와** – 창조된, 그리고 이제껏 창조된 모든 것에 대한 최고의 권리. **권세와** – 당신의 영원한 나라에서 모든 것을 통치하는 실제적인 권한. **영광이** – 이 찬양은 모든 피조물의 의무이다. 왜냐하면 당신의 권세와 당신의 아름다운 사역과 당신 나라의 강력함은 모든 세대를 넘어 영원에서 영원으로 지속되기 때문이다. 이 기도의 청원뿐만 아니라 축도를 통하여 삼중적인 것으로, 아버지, 아들, 성령이 특징적으로 나타난다. 그러나 전체는 각각의 위격에 적용되며 영원한 복이신, 나뉘지 않는 삼위일체에도 적용된다.

6:16 금식할 때 – 우리 주님께서는 금식이나 구제나 기도를 명하시지는 않았다. 이 모든 것은 하나님의 교회가 완전히 설립되기 전에 있었던 의무들이다. **슬픈 기색** – 엄숙한 겸비의 때에 하듯이 그들의 머리에 먼지와 재를 뒤집어씀으로.

6:17 머리에 기름을 바르고 – 유대인들이 자주 그렇게 하듯이, 보통 때처럼 옷을 입어라.

6:19 너희를 위하여 보물을 땅에 쌓아 두지 말라 – 우리 주님께서는 종교적 행동에서 일반적인 행동으로 이동하고 있으며, 또 다른 함정, 즉 칭찬에 대한 사랑처럼 의도의 순수성에 조화되지 못하는 돈에 대한 사랑에 대해 우리에게 경고한다. **거기는 좀과 동록이 해하며** – 모든 것이 사멸하고 변하는 곳.

마찬가지로, 그분은 이 말씀 안에서 더 나아간 관점으로, 이 땅에서 자신의 재물을 쌓는 것에까지 경계를 하시는 것 같다. 왜냐하면 우리의 마음을 그것에 두면 그것은 마땅히 우리의 재물이 되기 때문이다.

6:22 눈은 몸의 등불이니 – 눈의 몸에 대한 관계는 의도의 영혼에 대한 관계와 같다. 우리는 주님이 세상적인 갈망과 세상적인 염려 사이에, 의도의 순수성을 두신 것은 매우 적합한 것이라는 것을 살펴볼 수 있는데, 이 둘은 의도의 순수성을 직접적으로 파괴하는 경향이 있기 때문이다. **눈이 성하면** – 하나님과 하늘에 시선을 두면, 너의 모든 영혼이 성결과 행복으로 가득할 것이다.

6:23 눈이 나쁘면 – 한 곳을 바라보지 않고, 다른 곳을 바라보면.

6:24 재물 – 부유함, 돈, 즉 하나님과 관계없이 사랑하거나 추구하는 것들.

6:25 네가 하나님을 섬긴다면, 아무 것도 걱정할 것이 없다. **그러므로 염려하지 말라** – 즉, 애타게 염려하지 말라. 세상의 염려를 주의하라, 왜냐하면 이러한 것들은 세상의 욕망처럼 하나님에 대한 진정한 헌신과 조화되지 못하기 때문이다. **너희는 이것들보다 귀하지 아니하냐** – 하나님께서 보다 큰 선물을 주신다면, 더 작은 것은 거절하지 않겠느냐?

6:27 너희 중에 – 네가 그렇게 염려를 한다면, 네 생명의 한 순간이라도 더할 수 있는가? 이것은 지금까지 그 말씀에 대한 가장 쉽고 자연스러운 의미인 것 같다.

6:29 솔로몬의 모든 영광으로도 입은 것이 이 꽃 하나만 같지 못하였느니라 – 그렇게 순백의 옷을 입은 것이 아니다. 동방의 군주들은 흔히 흰옷을 입었다.

6:30 아궁이에 던져지는 – 이것이 본문의 자연스러운 의미이다. 왜냐하면, 풀이나 꽃은 잘린 다음 날 아궁이에 넣어야 한다고 생각하기는 어렵기 때문이다. 더군다나 그것들이 가장 빨리 건조되는 가장 더운 나라에서 그것들로 아궁이를 가열하는 것은 일반적이지 않다. **들풀** – 허브와 꽃들을 포함한 일반적인 표현이다. **하나님이 이**

렇게 입히시거든 – 이 단어는 사방에서 몸을 둘러싸는 완전한 드레스를 입는 것을 의미한다. 그리고 식물의 부드러운 조직을 단번에 장식하고 날씨의 손상으로부터 보호하는 (인체의 피부와 같은) 외막을 아름답게 표현한다. 꽃을 보는 모든 현미경은 이 텍스트에 대해 생생한 설명을 제공한다.
6:31 그러므로 염려하여 이르기를 … 하지 말라 – 이 말씀의 핵심은 스스로 해를 끼치지 말라는 것이니, 이 교훈은 얼마나 친절한 말씀인가! 그분께서 자비롭게 제거하신 걱정스러운 짐으로 우리의 마음을 괴롭히고 억눌러서, 그분께 감사하지 아니하고 오히려 우리 자신을 상처 입히는 일이 없도록 하자. 각 구절들은 우리의 이해력과 감정에 곧 바로 말한다. 그러므로 우리는 이런 불필요하고 무용하며 해로운 염려에 빠지지 말아야 한다. 우리는 내일의 걱정과 절망을 가져와서 오늘의 것들을 증폭시키지 말아야 한다. 오히려 우리는 우리에게 이러한 것들이 필요하다는 것을 아시며, 음식보다 중요한 생명을 우리에게 주시고, 의복보다 더 중요한 몸을 주신 하늘의 아버지께 우리 자신을 기쁘게 맡겨야 한다. 그리하여 하늘의 스승의 철학을 배우게 되면, 우리는 공중의 모든 새와 들의 모든 꽃들에서 믿음과 기쁨의 교훈을 배우게 될 것이다.
6:33 그의 나라와 그의 의를 구하라 – 이것에만 목표를 두면, 너의 마음을 통치하는 하나님께서 위에서 언급한 의로움으로 채우실 것이다. 그리고 사실 이것을 먼저 찾는 사람은 누구나 곧 이것만 찾으려고 할 것이다.
6:34 내일 일은 내일이 염려할 것이요 – 즉, 내일은 내일이 되었을 때 염려하라. 괴로움 – 사람의 방식으로 말한다면, 모든 문제는 궁극적으로 정말 좋은 것이다. 그것은 하나님께서 각자의 필요와 힘에 따라 그분의 자녀들에게 날마다 나누어 주시는 좋은 약이다.

마태복음 7장

우리 주님께서 이제 성결의 주요 방해물에 대하여 경고하신다. 그리고 어떤 점에서 젊은 회심자들은 좋은 목적을 위해 그들에게 주어진 열심을 도리어 남을 비판하는데 쓰기 쉽기에, 주님께서 비판의 문제로부터 시작하신 것은 얼마나 지혜로운 일인가!
7:1 비판하지 말라 – 완전하고, 명백하며, 확실한 지식이 없다면, 또는 절대적인 필요가 없다면, 친절한 사랑이 없다면, 어떠한 사람에 대해서도.
7:2 너희가 비판하는 그 비판으로 너희가 비판을 받을 것이요 – 끔찍한 말씀이다! 그러므로 말하자면, 우리는 하나님이 우리에게 가혹할 것인지 자비를 베푸실 것인지 스스로 선택할 수 있다. 하나님과 사람은 솔직하고 인애를 좋아하지만 긍휼을 베풀지 않은 자들은 무자비한 심판을 기대해야 한다.
7:3 특별히 너는 더 큰 죄를 스스로 짓고도 네 형제의 어떤 실수에도 눈을 크게 뜨

고 있느냐? **티** – 이 단어는 나무 조각이나 파편을 의미하는 것이다. 이것과 들보는 반대의 의미로, 유대인들은 전자를 작은 연약함을, 후자는 크고 명백한 실수를 의미하는 경구로 썼다.

7:4 어찌하여 형제에게 말하기를 – 무슨 낯으로 그렇게 말할 수 있는가?

7:5 외식하는 자여 – 우리 자신에 대해서는 아무 것도 하지 않으면서, 다른 사람을 교정하려는 열정을 나타내는 위선이다. **그 후에야** – 너의 시선을 방해하는 것을 제거하고 난 후에.

7:6 이 구절은 위치가 바뀐 또 다른 실례이다. 즉, 두 가지가 제시되었고, 후자는 먼저 다룬 부분이다. **개에게 주지 말며 … 돼지 앞에 던지지 말라. 그들이 그것을 발로 밟고 돌이켜 너희를 찢어 상하게 할까 염려하라.**

그러나 "들보"가 "너의 눈으로부터 제거되었을 때라도," **주지 말며** – 즉, 죄 가운데 허우적거리는 사람에게는 하나님에 관한 깊은 것을 말하지 말라. 또한 하나님께서 너희의 영혼을 위해서 하신 위대한 것을 불경스럽고, 사나우며, 박해하는 사람들에게 선언하지 말라. 예를 들어 전자에게는 완전에 대해서 말하지 말고, 후자에게는 너 자신의 체험을 말하지 말라. 그러나 우리 주님은 경우에 따라, 전자와 후자에게 책망까지 금하신 것은 전혀 아니다.

7:7 그러나 **구하라** – 너희 자신을 위해서 뿐만 아니라, 그들을 위해서도 기도하라. 이렇게 하는 데는 어떠한 위험도 없다. **찾으라** – 네가 구한 것에 네 자신의 부지런한 노력을 더하라. 그리고 **두드리라** – 그 부지런함을 꾸준히 계속하라.

7:8 구하는 이마다 받을 것이요 – 그가 옳은 것을 구하고, 하나님의 뜻에 일치하는 것을 구한다면.

7:11 구하는 자에게 – 그러나 다른 사람들이 너에게 해주기를 바라는 것처럼 모두에게 행동함으로, 네가 그분의 선하심의 예를 따른다는 조건이 있다.

7:12 이것이 율법이요 선지자니라 – 이것이 모든 것의 종합이며, 정확히 17절에 대한 대답이다. 전체는 하나의 단어, 사랑의 하나님을 닮으라는 것에 포함된다.

지금까지는 설교의 교리적인 부분을 다루었다. 다음 절에서 그것을 실천하라는 권면이 시작된다.

7:13 좁은 문 – 앞선 장에서 언급한 성결. 그리고 그것은 **좁고 협착한 길**이다. **크고 그 길이 넓어 그리로 들어가는 자가 많고** – 그들은 이것을 구할 필요가 없다. 왜냐하면 당연히 거기에 이르게 되기 때문이다. **그리로 들어가는 자가 많고** – 다른 문은 좁기 때문이다. 그러므로 그들은 좁은 문에는 관심을 갖지 않고, 넓은 문을 좋아한다.

7:15 거짓 선지자들을 삼가라 – 그들의 설교에서, 하늘로 향하는 넓은 길을 설명하는 이들. 여기서 주된 의미는 그들이 걸어가고 있다는 것이라기보다는 그들의 **예언**과 **가르침**이 넓은 길이라는 것이다. 우리 주님께서 여기서 언급하신 것 외에 다른 길을 가르치는 모든 사람들은 거짓 선지자들이다. **양의 옷을 입고** – 외적이 종교와 매

끈한 사랑의 고백을 하면서. **이리** – 영혼을 먹이는 것이 아니라, 파괴한다.
7:16 그들의 열매로 그들을 알지니 – 거짓 선지자로부터 참 선지자를 알아보는 간단하고, 용이하며, 쉬운 규칙이며, 이는 깊은 이해력에 익숙하지 않은 보통의 능력을 가진 사람들에게 적용될 수 있을 것이다. 참 선지자는 죄인들을 하나님께 회개하도록 하든가, 적어도 회심한 자들을 확신하게 만들고 강화시킨다. 거짓 선지자들은 그렇지 않다. 진정한 진리를 말하지만, 하나님의 영으로부터 보내심을 받아 선언하지 않고, 자신의 이름으로 온 자들도 역시 거짓 선지자들이다. 그들의 분명한 표시는 "인간들을 사탄의 권세로부터 하나님께로 돌리지 않는 것이다."
7:18 좋은 나무가 나쁜 열매를 맺을 수 없고 못된 나무가 아름다운 열매를 맺을 수 없느니라 – 여기서 언급된 좋은 것과 나쁜 것은 개인적인 성격이 아니라, 교리적인 것임이 분명하다. 왜냐하면, 나쁜 사람들도 여기서 말한 좋은 교리를 설교함으로 때로는 죄인을 하나님께로 회심하게 하는 도구가 되기 때문이다. 그러나 나는 모두가 진리를 말하는 참 선지자여서 죄인들을 회심하게 하는 것을 단언하는 것이 아니라, 진리를 말하지 않는 참 선지자는 없다는 것만을 확인하는 것이다.
7:19 아름다운 열매를 맺지 아니하는 나무마다 찍혀 불에 던져지느니라 – 어떠한 죄인도 하나님께로 인도하지 못하는 그런 선생들의 상태가 얼마나 끔찍한가!
7:21 나더러 주여 주여 하는 자마다 다 … 들어가는 것이 아니요 – 나와 나의 종교에 대해서 단순히 고백을 한다고 해서. **자마다 다** – 즉, 아무도 들어가지 못한다. **들어가는 것이 아니요** – 그들의 거짓 선생들이 아무리 그 반대로 보증한다고 해도. **하늘에 계신 내 아버지의 뜻대로 행하는 자** – 여기서 내가 선언하는 것과 같다. 준수하라: 여기서 부족한 것은 "주여, 주여"라는 말뿐이다.
7:22 우리가 … 선지자 노릇하며 – 우리가 당신의 나라의 신비를 선포하고, 탁월한 설교를 했습니다. **주의 이름으로 많은 권능을 행하지 아니하였나이까** – 기적을 행하는 사역이라도 구원의 믿음에 대한 어떤 증거도 될 수 없다.
7:23 내가 너희를 도무지 알지 못하니 – 내가 너희를 한 번도 인정한 적이 없다. 왜냐하면, 그들이 구원한 그 많은 영혼에도 불구하고, 자신들의 죄로부터 그들 자신은 구원받지 못했기 때문이다. 주님, 이것이 저의 경우입니까?
7:29 그 가르치는 것 – 무리를 가르치는 것. **권위 있는 자와 같고** – 위대한 입법자로서 자신에게 특별한 권위와 권세로 그리고 성령의 드러남과 권능으로. **그들의 서기관들과 같지 아니함일러라** – 생명력이 없고 비효과적인 방법으로 또 다른 율법을 설명만 하는 자들.

마태복음 8장

8:2 한 나병환자가 나아와 – 그 지방에서는 중풍병이나 정신이상처럼 나병도 자연

적인 방법으로 치료할 수 없는 병이었다. 아마도 이 나병환자는 사람들과 섞여 있을 수는 없었지만, 떨어져서 우리 주님의 소리를 들었을 것이다.

8:4 삼가 아무에게도 이르지 말고 – 아마도 우리 주님은 나병에 대하여 조사하기로 되어 있는 제사장에게 네 자신을 보이기 전까지는 말하지 말라고 의미하셨을 것이다. 그러나 다른 여러 사람들에게는 그분이 그들에게 행한 기적에 대하여 아무 것도 말하지 말라고 단언하여 명령하셨다. 그분이 이렇게 하신 것은 다음의 몇 가지 이유 때문일 것이다: 1. 마가복음 1:45에서처럼, 무리들이 자신에게 몰려드는 것을 막기 위하여. 2. 그분이 자랑하거나 과시하지 않을 것이라는 이사야 42:2의 예언을 이루기 위하여, 이 이유를 마태복음에서는 12:17이하에서 할애하고 있다. 3. 억지로 임금을 삼으려는 것을 피하기 위하여, 요한복음 6:15. 4. 피치 못한 경우가 아니고는 자기를 심하게 대적하는 대제사장, 서기관, 바리새인들의 분노를 일으키지 않기 위해서였다. 마태복음 16:20, 21. **그들에게** – 그렇지 않다면 증거부족을 주장할 대제사장들에게. **입증하라** – 내가 메시야인 것을.

8:5 한 백부장이 나아와 – 100명의 로마 군사를 거느리는 부대장이다. 아마 그는 그분에게 가까이 왔다가 되돌아갔을 것이다. 그는 자기가 직접 갈 자격이 없다고 생각했기에, 사자를 보내서 말을 하게 하였다. 그의 명령에 의해 수행된 일이나 이야기한 말을 그 자신이 한 것으로 여기는 것은 모든 언어에서 드문 것이 아니며, 히브리어에서는 특히 자주 있는 것이다. 따라서 마태는 백부장의 명령에 의해 다른 사람이 말한 것을 그 자신이 이 말한 것으로 언급한다. 같은 종류의 예를 세베대의 자녀들의 경우에서 볼 수 있다. 우리는 마가복음 10:35, 37에서 그들이 그렇게 말한 그 말을 한 사람은 마태복음 20:20에서 그들의 어머니인 것을 알 수 있다. 왜냐하면, 그녀는 그들의 입에 불과했기 때문이다.

그러나 13절에서 집으로 "가라"고 한 것으로 보아 그가 직접 온 것 같다. 아마도 그가 생각했던 것보다 예수가 자신의 집에 가까이 있다는 것을 듣고는 친구들에게 두 번째 메시지를 전할 때 온 것 같다.

8:8 백부장이 대답하여 – 두 번째 사자를 통하여.

8:9 나도 남의 수하에 있는 사람이요 – 저는 하급 장교에 불과하지만, 제가 명령한 것은 제가 없더라도 수행됩니다. 모든 것의 주님이 되시는 당신이 명령하신 것은 얼마나 더 분명하겠습니까!

8:10 이스라엘 중 아무에게서도 이만한 믿음을 보지 못하였노라 – 왜냐하면 그 백부장은 이스라엘 사람이 아니었기 때문이다.

8:11 많은 사람 – 땅 끝으로부터 온 사람들이 아브라함과 함께 세운 복음의 언약의 조건과 상급을 누릴 것이다. 그러나 처음에 그러한 권리를 소유했던 유대인들은 그 잔치, 즉 여기서는 은혜요 이후로는 영광으로부터 쫓겨날 것이다.

8:12 바깥 어두운 데 – 우리 주님은 여기서 고대인들이 밤에 잔치를 하던 관습을 암

시한다. 아마도 그분이 이렇게 말하는 동안 그 백부장이 직접 왔을 것이다.
8:14 베드로의 … 장모 – 이 때 다른 사도들처럼, 베드로는 젊은이였다.
8:17 이는 선지자 이사야를 통하여 하신 말씀에 … 함을 이루려 하심이더라 – 그는 보다 고양된 의미로 말을 했다. 복음서 기자는 여기서 이 말이 그대로도 실행되었을 암시한다. 이러한 예는 성경에 자주 나오는데, 이것은 불완전함이 아니라 우아함이다. 그분은 나무에서 자신의 몸으로 우리의 죄를 담당하심으로 이 말을 최고의 의미로 완수하였고, 우리의 슬픔을 동감하고, 죄의 결과로 생긴 질병을 치료함으로 보다 낮은 의미를 이루셨다.
8:18 건너편으로 가기를 명하시니라 – 자신과 사람들이 모두 조금 쉬기 위하여.
8:20 인자 – 이 표현은 다니엘 7:13에서 차용한 것으로, 그리스도가 보통 스스로에게 부여한 명칭이다. 이 세상에서 그분의 평범한 모습과 관련하여 겸손한 표현으로 말한 것 같다. **머리 둘 곳이 없다** – 그러므로 순간적인 이익을 얻기 위하여 나를 따르지 말라.
8:21 제자 중에 또 한 사람이 – 나는 그러한 관점에서 당신을 따른 것이 아닙니다. 나는 먼저 나의 일을 하도록 해 주십시오. 그의 아버지가 이미 죽었는지는 확실치 않다. 아마도 그의 아들은 그의 아버지가 아주 늙어서 죽기까지 그와 함께 있기를 원했을 것이다.
8:22 예수께서 이르시되 – 하나님께서 부르실 때, 세상의 일은 하나님에 대하여 죽은 자들에게 맡겨라.
8:24 배가 물결에 덮이게 되었으되 – 이처럼, 인간의 한계는 하나님의 기회이다.
8:26 어찌하여 무서워하느냐 – 그리고 **바람과 바다를 꾸짖으시니** – 우선 그분은 그들의 마음을 가라앉히고, 그 다음 바다를 가라앉히셨다.
8:28 가다라 지방 – 혹은 가다린(Gadarenes)지방. 가다라와 가다린은 서로 가까운 마을이다. 그래서 그 사이에 있는 지방을 때로는 전자로 하기도 하고, 후자로 하기도 했다. **귀신 들린 자 둘이 … 예수를 만나니** – 마가와 누가는 아마도 둘 중에 더 난폭하며 우리 주님에게 먼저 말한 한 사람만을 언급한다. 그래서 이것은 마태가 전하는 설명과 전혀 모순되지 않는다. 무덤 – 틀림없이 그 사악한 영이 무덤과 같은 죽음과 멸망의 상징을 좋아했다. 그 당시 무덤들은 대개 마을로부터 떨어진 황무지에 있었고, 종종 바위와 산에 있는 동굴 사이에서 만들어졌다. **아무도 그 길로 지나갈 수 없을 지경이더라** – 안전하게.
8:29 우리가 당신과 무슨 상관이 있나이까 – 이것은 당신이 왜 우리에게 관심을 갖습니까라는 것을 의미하는 히브리어의 구문이다. 사무엘하 16:10. **때가 이르기 전에** – 심판의 날.
8:30 많은 돼지 떼가 먹고 있는지라 – 유대인들에게는 기르는 것이 불법이었다. 그러므로 우리 주님은 정당하고 자비롭게 그들이 죽도록 허락한 것이다.

8:32 가라 하시니 – 허락의 말일 뿐 명령은 아니다.
8:34 그 지방에서 떠나시기를 간구하더라 – 그들은 자기들의 영혼보다 돼지를 훨씬 더 사랑했다. 이런 마음을 가진 이들이 얼마나 많은가!

마태복음 9장

9:1 본 동네 – 가버나움, 4:13.
9:2 그들의 믿음을 보시고 – 중풍병자의 믿음과 그를 데리고 온 사람들의 믿음. **작은 자야** – 이것은 부드럽고 정중한 칭호이다.
9:3 이 사람이 신성을 모독하도다 – 하나님께만 속하는 권세(죄를 용서하는 권세)를 자기 자신에게 돌리기에.
9:5 어느 것이 쉽겠느냐 – 이 두 말은 다 하나님의 권세에 대해서 논하는 것이 아닌가? 그러므로 내가 그의 병을 고칠 수 있다면 나는 그의 죄를 용서할 수 있다, 특별히 그의 병이 그의 죄의 결과인 경우에 말이다. 그러므로 만약에 그렇다면 죄와 병은 무도 제거되어야 한다.
9:6 세상에서 – 내가 낮아진 이 때에도.
9:8 그래서 서기관들에게는 신성모독이라고 생각되는 일이 군중들에게는 하나님께 찬양을 드리는 자극이 되었다.
9:9 마태라 하는 사람이 … 보시고 – 겸손하게 자신을 이렇게 불렀다. 다른 복음서 기자들은 그를 더 명예로운 이름인 레위라고 부른다. **세관에** – 세금을 받는 건물이나 장소. **앉은 것을** – 한 창 용무 중에 있을 때.
9:10 예수께서 마태의 집에서 앉아 음식을 잡수실 때에 – 마태는 자기의 많은 친구들을 초대하여 잔치를 베풀었다(막 2:15). 그 자신은 그것을 말하지 않지만 큰 잔치를 베풀었다. **세리와** – 또는 유대인들이 로마인들에게 바치는 세금을 거두어들이는 사람들. 그들은 불법적인 가혹한 징세 때문에 욕을 먹었다. **죄인들** – 악명 높은 죄인들.
9:11 바리새인들이 보고 그 제자들에게 이르되 어찌하여 너희 선생은 세리와 죄인들과 함께 잡수시느냐 – 그들은 일반적으로 우리 주님에게는 왜 당신의 제자들이 이렇게 하느냐고 물었고, 제자들에게는 왜 너희 선생이 그렇게 하느냐고 물었다.
9:13 가서 … 배우라 – 다른 사람들을 가르치려면 너희들부터 배우라. **내가 긍휼을 원하고 제사를 원하지 아니하노라** – 즉, 나는 제사보다 자비를 구할 것이다. 나는 제사 자체보다 자비의 행위를 더 사랑한다.
9:14 그 때에 – 그분이 식사하실 때.
9:15 혼인집 손님들 – 신랑의 친구들. **슬퍼할** – 대개 슬픈 일이 있을 때 금식을 한다. 그분은 다음과 같은 뜻으로 말씀하신 것 같다. 내가 그들과 함께 있는 동안은 잔치 시간이다. 기뻐할 때이지 슬퍼할 때가 아니다. 그러나 내가 떠난 후에 나의 모든

제자들이 그와 같이 "자주 금식할 것이다."
9:16 그들이 금식하지 않는 한 가지 이유는 지금이 금식하기에 적당한 때가 아니기 때문이다. 또 다른 이유는 그들이 금식하리만큼 성숙하지 못했기 때문이다. **생베** – 원래 의미하는 뜻은 축융업자의 손을 거치지 않은 천을 뜻한다. 빨았거나 닳은 것보다 더 단단하다. 그러므로 원래 옷감보다 부드럽지 못하므로 꿰매놓은 가장 자리를 찢게 된다.
9:17 새 – 발효 중인 포도주는 곧 부풀어 낡은 가죽부대로 만든 술병을 터뜨리게 될 것이다. 이 단어는 염소가죽으로 만들어진 부대를 뜻하며, 그들은 예전에 (어떤 나라에서는 오늘날까지도 그렇게 한다) 여기에 포도주를 넣어서 이 곳에서 저 곳으로 운반했다. **새 포도주는 새 부대에** – 교리를 받아들일 수 있는 만큼 건강한 이들에게 어려운 교리를 전하라.
9:18 방금 죽었사오나 – 그가 딸이 숨을 거두는 순간 떠나 왔다(막 5:23). 아마도 그는 그녀가 죽었다는 소식을 이제 전달받았을 것이다.
9:20 뒤로 와서 – 부끄러움과 겸손함으로 인해
9:22 안심하라 – 아마도 그분이 돌아서서 그녀를 돌아보았을 때 겁을 먹었을 것이다(막 5:33, 눅 8:47), 왜냐하면 그녀는 자기가 그분의 옷을 혼자 만짐으로써 그분을 괴롭히지 않으려고 했기 때문이고, 더군다나 그녀는 율법에(레 15:25) 따르면 불결하였기 때문이었다.
9:23 피리 부는 자들 – 음악가들. 원어는 피리연주자들을 뜻한다. 이방인들만이 아니라 유대인들도 죽은 자를 위한 애가를 부를 때, 부드럽고 엄숙한 곡조로 살아 있는 친구들의 슬픔을 달래기 위하여 악기를 사용했다. 그리고 이것을 직업으로 하는 사람들이 있었는데, 다른 사람들은 그들의 음악에 따라 노래를 불렀다. 피리는 특히 어린이들의 죽음에 사용되었으며, 성인들의 죽음에는 소리가 큰 악기들이 사용되었다.
9:24 물러가라 – 너희들은 지금 필요 없다. **이 소녀가 죽은 것이 아니라** – 이 소녀의 생명은 끝난 것이 아니다. **잔다** – 감각과 동작이 잠시 동안 멈춘 것이기에, 죽었다고 하기보다는 잔다고 해야 한다.
9:25 소녀의 손을 잡으시매 일어나는지라 – 그리스도는 죽은 사람을 세 사람 살리셨다. 이 아이와 과부의 아들과 나사로였다. 하나는 막 죽었을 때, 또 하나는 상여에서, 셋째는 무덤에서 냄새가 날 때였다. 이것은 우리에게 어떤 정도의 죽음도 그분의 도움이 미치지 못할 만큼 절망적이지 않다는 것을 보여준다.
9:33 이스라엘 가운데서 – 그토록 많은 기적이 나타난 곳.
9:36 목자 없는 양과 같이 – 사실 그들에게 많은 선생들이 있었는데, 도시마다 서기관들이 있었다. 그러나 그들의 영혼을 돌보는 사람이 전혀 없었고, 그러고 싶어도 "구원을 베풀" 능력이 있는 사람이 전혀 없었다. 그들에게는 하나님의 마음을 따르는 목회자가 없었다. **고생하며** – 몸에 대한 것이라기보다는 영혼에 대한 것.

9:37 추수할 것은 많되 – 그리스도가 세상에 오신 때는 바로 추수 때였다. 그 전까지는 파종기였을 뿐이다. **일꾼이 적으니** – 하나님이 보내신 거룩하고 죄인들을 회개시킬 사람들. 그 외에는 많다.
9:38 추수하는 주인에게 – 그의 고유한 사역과 직분은 이것이며, 그분만이 이것을 할 수 있다. **추수할 일꾼들을 보내주소서** – 왜냐하면 그것은 혈육을 기쁘게 하는 일이 아니고, 온갖 비난과 수고와 위험과 시험이 있어서 본성적으로 그 일을 싫어할 것이기 때문이다. 이것을 느끼지 못하는 사람은 결코 그리스도의 추수에서 일꾼이 되는 것이 무엇을 의미하는지 알지 못한다. 그분은 성령으로 그들을 불러서, 사역을 위한 은혜와 은사를 그들에게 부여하고, 그곳에서 일할 길을 그들을 위해 내시면서, 그들을 보내신다.

마태복음 10장

10:1 열두 제자 – 그분은 이미 제자들 가운데 선택한 것으로 보이며 이후로 그분은 그들을 사도라고 부르신다. 이 숫자는 이스라엘의 12족장과 12지파와 관련이 있는 것 같다.
10:2 시몬을 비롯하여 – 안드레가 시몬보다 그분을 먼저 만났으나, 그리스도를 항상 따르도록 부름 받은 첫 사람.
10:3 다대오(Lebbeus) – 보통 유다라 불린 야고보의 형제.
10:4 가룟 – 그가 태어난 곳 이스카리옷으로부터 따왔으며, 사마리아에 가까운 에브라임 지파의 도시이다.
10:5 이 열둘을 내보내시며 – 하나님께서 모든 것들에 대하여 하시듯, 이렇게 그분의 최고의 권위를 행사하셨다. 하나님만이 사람들에게 그분의 말씀을 선포할 권세를 주실 수 있다. **가지 말고** – 그들의 임무가 이때는 이렇게 제한되었다. 이교도들에 대한 부르심은 오순절 날 성령의 충만함 이후로 연기되었기 때문이다. **들어가지 말고** – 설교하지 말고, 그들이 부족한 것을 살 수는 있을 것이다(요 4:8).
10:8 귀신을 쫓아내되 – 어떤 학자가 복음서에서 귀신의 작용 탓으로 돌린 질병들이라는 것이 실은 정신이상이나, 간질병이나, 경련과 같은 자연적 질병과 같은 증상이라는 것이라 주장하는 것을 안다면, 복음서가 진리일 수 일 수 있을까라고 두려워하는 어떤 불신자에게는 큰 위안이 될 것이며, 그래서 그는 귀신이 그런 환자들에게 작용하는 것이 아니라고 쉽게 그리고 기꺼이 결론을 내릴 것이다.

그러나 잠시 멈추어 생각해 보는 것이 좋을 것이다. 인간 스스로 자연적으로 얻은 질병과 똑같은 질병을 악령이 인간에게 사용하도록 하나님께서 힘을 허락했다고 가정해 보자. 그리고 악령이 그 힘을 실제로 사용했다고 가정해 보자. 그렇다면 어떤 사람이 스스로 자연적으로 구부러진 것과 같은 방식으로 그 사람의 등이 구부러졌기 때문에, 귀신이 그 사람에게 손을 대지 않았다고 우리가 단언할 수 있겠는가?

그리고 하나님께서 악령에게 뇌 안에 있는 신경기점에 영향을 끼칠 더 큰 능력을 즉시로 주어서, 신경들이 난폭한 행동을 하도록 하거나, 그것들이 전혀 동작을 못하도록 만든다고 가정해 보자. 또한 그 증상이 정신착란이나, 간질이나, 경련과 같이 과도한 긴장 신경에 관한 것이거나 또는 중풍병의 경우처럼 신경마비와 같다고 가정하자. 그렇다면 거기서 우리가 귀신은 그들에게 아무런 손을 대지 않았다고 결론을 내릴 수 있을까? 하나님께서 어쨌든 그와 같은 능력을 악령에게 줄 수도 없고 주지도 않으리라고 누가 확신할 수 있을 것인가? 혹은 자연적인 원인으로 생길 수 있는 것들과 같은 그와 같은 결과들이 초자연적으로 만들어질 수 없다고 누가 확신할 수 있을 것인가? 이것이 가능하다면, 그래서 어떤 특별한 경우에 가능했다고 확신하는 사람이 가능한 것의 실재를 단순히 확신한다고 해서, 거짓이라고 비난하는 것은 정당하지 못하다. 그러나 복음서 기자들은 무엇보다도 복음의 진리를 두려워하는 그런 불행한 사람들에 의해 이런 방식으로 취급을 받고 있다. 그것이 사실이라면, 그들이 모든 사람들 가운데 가장 불행한 사람들이기 때문이다.

너희가 거저 받았으니 – 모든 것들, 특히 기적을 행하는 능력. 거져 주라 – 너희들이 가는 곳마다 그 능력을 베풀어라.

10:9 가지지 말고 – 강조점은 이 말에 있는 것 같다. 그들은 이미 준비한 것은 사용해도 되지만, 더 이상 준비하려고 한 순간도 머물러서는 안 되며, 그것에 대해 염려해도 안된다. 또한 그들은 정말로 필요한 것 이외에는 아무것도 가져서는 안된다. 1. 그것이 그들을 더디게 하지 않도록 하며, 2. 여기서 그들이 온갖 앞으로의 위급한 일에도 하나님을 의지하는 것을 배울 수 있기 때문이다.

10:10 배낭이나 – 일용품을 넣을 자루나 가방. **지팡이를** – 마가복음 6:8에서 우리는 "지팡이 외에 아무것도 가지지 말라"고 읽는다. 지팡이를 가지고 있는 자는 가져도 좋다. 그러나 가지지 않은 자들은 준비해서는 안 된다. **이는 일꾼이 자기의 먹을 것을 받는 것이 마땅하다** – 이 말은 9절과 10절에 언급된 모든 것. 즉 그들에게 필요한 경우, 그들 스스로를 위하여 가지고 다니지 말라고 금한 모든 것.

10:11 합당한 자를 찾아내어 – 복음을 받을 마음의 준비가 된 사람과 함께 거하기 위하여. 거기서 머물라 – 너희가 그 마을을 떠날 때까지 그 집에.

10:12 평안하기를 빌라 – 유대인의 일상적인 형식으로, "이 집에 평화가 있기를"(즉 모든 축복이 있기를)

10:13 그 집이 이에 합당하면 – 합당하면 하나님께서 네가 기도한 평화를 그들에게 주실 것이다. 합당하지 않으면 하나님께서 그들이 거부한 것을 너에게 줄 것이다. 우리가 받을 가치가 없는 사람을 위해 기도할 때도 이와 같다.

10:14 너의 발의 먼지를 떨어 버리라 – 유대인들은 이스라엘 땅은 특별히 거룩하다고 생각해서, 그들이 이방 지역으로부터 집으로 돌아올 때 거룩한 땅을 더럽히지 않

기 위해서, 경계지역에 멈추어서 발에 묻은 먼지를 털거나 씻어 버렸다. 그러므로 여기서 명한 행동은 복음을 거부하는 유대인은 더 이상 거룩하지 않고, 이방인이나 우상숭배자와 같은 정도라고 실제적으로 알리는 것이다.

10:17 그러나 너희가 결백하고 지혜가 있다고 해서, 박해를 피할 수 있으리라고 생각지 말라. **그들의 회당에서 채찍질하리라** – 여기서 유대인들은 시민적인 문제와 교회적인 문제에 대한 법정을 열었다.

10:19 **염려하지 말라** – 갑작스럽게 소환되는 이런 경우에, 우리는 어떻게 또는 무엇을 대답할지 염려할 필요가 없다.

10:22 **모든 사람에게** – 하나님을 모르는 모든 사람에게.

10:23 **이스라엘의 모든 동네를 다 다니지 못하여서** – 서둘러야 할 것을 하라. **인자가 오리라** – 그들의 성전과 나라를 파괴하기 위하여.

10:25 **하물며** – 이것은 비난과 박해를 양적으로 언급한 것이 아니라(왜냐하면 여기서 종이 상전보다 위에 있을 수 없기 때문이다), 다만 그 확실성에 대해서 언급한 것이다.

10:26 **그런즉 그들을 두려워하지 말라** – 왜냐하면 너희가 너희 주님과 똑같은 취급을 받는 것에 불과하기 때문이다. **감추인 것이 드러나지 않을 것이 없고** – 그들이 지금 아무리 너희들을 중상할지라도 너희 결백이 마침내는 드러날 것이다.

10:27 **내가 너희에게 어두운 데서 이르는 것을** – 비밀로 오래 간직되지 않고 공개적으로 알려질 것이다. **너희가 귓속말로 듣는 것을 집 위에서 전파하라** – 유대인들의 두 가지 관습이 여기에 언급된 것 같다. 그들의 박사들은 다른 사람들에게 큰 소리로 선포하는 것을 자기 제자들의 귓속에는 속삭이곤 했다. 그들의 집은 낮고 평평한 지붕이었기에, 그들은 때때로 지붕 위에서 사람들에게 설교했다.

10:28 **두려워하지 말고** – 너희들이 그것을 선포하기 때문에 받게 될 고통을. **오직 몸과 영혼을 능히 지옥에 멸하실 수 있는 이를 두려워하라** – 이 때문이라도 그리고 이런 개념으로, 우리 주님이 하나님을 사랑하는 사람들에게, 여전히 하나님을 두려워하라고 명령하시는 것은 주목할 만하다.

10:29,30 너희가 사람을 두려워할 필요가 없는 또 다른 이유는 하나님의 특별한 섭리 때문이다. 왜냐하면 이 섭리는 가장 작은 것에까지 미치고 있기 때문이다. 그리고 그분이 아주 보잘 것 없는 피조물을 그렇게 돌보신다면(너희가 "사람들 앞에서 그분을 고백하고," 진리에 대한 강력한 적들 앞에서 고백한다면), 너희를 이생에서 뿐만 아니라 저승에서도 얼마나 더 잘 돌보시겠느냐!

10:32 **누구든지 사람 앞에서 나를 시인하면** – 공개적으로 나를 약속된 메시야라고 인정하면. 그러나 이 고백은 그분의 모든 교리를 받아들이고(막 8:38), 그분의 모든 명령에 순종하는 것을 암시한다.

10:33,34 **누구든지 사람 앞에서 나를 부인하면** – 너희가 가장 강력하게 시험받게 될 것에 대하여. **내가 … 온 줄로 생각하지 말라** – 즉, 우주적인 평화가 나의 옴의

즉각적인 결과일 것이라고 생각하지 말라. 오히려 그 반대이다. 나의 복음이 능력 있게 나가는 곳마다 공적이고 개인적인 분열이 따를 것이다. 그러나 이런 일이 생긴다고 해도, 이것은 마귀와 인간의 대립으로 인한 것이며, 그분께서 오시는 계획에 의한 것은 아니다.

10:36 사람의 원수 – 나를 사랑하고 따르는 사람의.

10:37 아버지나 어머니를 나보다 더 사랑하는 자 – 이 모두가 그의 임무를 방해할 때, 이 모두를 포기할 준비가 되어 있지 않은 사람.

10:38 자기 십자가를 지고 나를 따르지 않는 자 – 즉, 악을 행하지 않거나 선을 행하려면, 어떤 고통과 불편이라도 피할 수 없다.

10:39 자기 목숨을 얻는 자는 잃을 것이요 – 나를 부인함으로써 자기 목숨을 구하는 사람은 영원히 목숨을 잃을 것이다. 그리고 나를 시인함으로써 목숨을 잃는 사람은 목숨을 영원히 구할 것이다. 그리고 너희가 그렇게 보상을 받는 것과 같이, 나로 인하여 너희를 대접한 사람들은 그에 따라 보상을 받을 것이다.

10:41 선지자의 이름으로 – 즉, 그도 선지자이기에, 그의 상을 나누어 가질 것이다.

선지자를 영접하는 자는 – 즉, 복음 설교자.

10:42 이 작은 자 중 하나에게 – 가장 보잘 것 없는 그리스도인.

마태복음 11장

11:1 그들의 여러 동네에서 – 이스라엘의 다른 도시들.

11:2 요한이 … 제자들을 보내어 – 그가 스스로 의심해서가 아니라, 그들의 믿음을 확신키기 위하여.

11:3 오실 그이 – 메시야.

11:4 너희가 가서 듣고 보는 것을 요한에게 알리되 – 실제로 듣고 보는 것이 단순한 주장보다 내가 메시야라는 것에 대한 더 강한 증거들이다.

11:5 가난한 자에게 복음이 전파된다 – 모든 것들 가운데 가장 큰 자비.

11:6 누구든지 나로 말미암아 실족하지 아니하는 자는 복이 있도다 – 내가 메시야라는 이러한 증거들에도 불구하고.

11:7 그들이 떠나매 예수께서 무리에게 요한에 대하여 말씀하시되 – 그들이 있었다면 아마도 그에 대하여 그토록 칭찬하지 않았을 것이다. **바람에 흔들리는 갈대냐** – 아니. 그 어느 것도 진리에 대하여 증언하는 것에서 요한을 흔들 수가 없을 것이다. 이 표현은 격언적인 표현이다.

11:8 부드러운 옷 입은 사람이냐 – 아양과 아첨에 익숙한 나약한 신하. 너희는 그와 같은 특성을 지닌 사람들을 궁전에서 볼 수 있지, 광야에서가 아니다.

11:9 선지자보다도 더 나은 – 왜냐하면 선지자는 나와는 멀리 떨어져서 가리켰을 뿐

이지만, 요한은 나의 직접적인 선구자이기 때문이다.

11:11 그러나 천국에서는 극히 작은 자라도 그보다 크니라 – 한 고대의 저자는 이와 같이 설명했다: "요한처럼 율법에 있어서 완전한 자라도 '그리스도의 죽음으로 세례를 받은' 자에 비해서는 열등하다. 왜냐하면 '그리스도와 함께 장사되고' '그리스도와 함께 연합해서 살아나게 된' 것이 천국이기 때문이다. 요한은 당시 여인에게서 난 다른 모든 사람들보다 더 위대했다. 그러나 그는 천국이 주어지기 전에 죽임을 당했다." 그는 아마도 현재적이며 내적인 천국을 구성하고 있는 의와 평화와 기쁨을 의미한 것 같다. "요한은 '율법에 의한 의에 있어서는' 흠이 없다. 그러나 그리스도 안에 있는 생명의 영에 의해 완전하게 된 사람들에게는 미치지 못한다. 그러므로 그리스도인의 중생에 의해, '천국에서 극히 작은 자'일지라도 율법의 의만을 얻은 사람보다 더 크다. '율법은 아무것도 완전하게 하지 못하기' 때문이다." 이 구절은 다음의 의미도 있을 것 같다. 즉, 진정한 그리스도인은 가장 작은 자라도 복음이 완전히 나타난 것을 보기 전에 죽은 요한보다 예수 그리스도와 그의 구원과 나라에 대해서 더 완전한 지식을 가지고 있다는 것이다.

11:12 요한의 때부터 – 즉, 요한이 사역을 수행한 때로부터 사람들은 마치 마을을 습격하여 탈취하는 자들처럼 강력하게 나의 나라에 달려든다.

11:13 모든 선지자와 율법이 예언한 것은 요한까지니 – 왜냐하면 모든 율법과 예언서에 기록된 것은 지금 성취되는 것을 거리를 두고 예언했을 뿐이기 때문이다. 요한에게서 옛 세대는 끝나고, 새로운 세대가 시작되었다.

11:15 귀 있는 자는 들을지어다 – 이야기 한 것에 깊이 있는 주의를 요청하는 격언적인 표현가운데 하나.

11:16 이 세대 – 즉, 이 시대의 사람들. 아무리 해도 기뻐하지 않는다고 그 친구들이 불평을 하는 고집 센 아이들과 같다.

11:18 요한이 와서 먹지도 않고 마시지도 아니하매 – 엘리야처럼 엄격하고 금욕적인 방법으로. 그들이 말하기를 귀신이 들렸다 – 악령의 영향으로 우울하다고.

11:19 인자는 와서 먹고 마시매 – 자유롭고 친밀한 방법으로 대화하면서. 지혜는 그 행한 일로 인하여 옳다함을 얻느니라 – 즉, 나의 지혜는 진정으로 지혜로운 사람들에 의해서 비로소 인정을 받는다.

11:20 고을들이 회개하지 아니하므로 그 때에 책망하시되 – 그분은 이전에 그것들을 결코 책망하지 않으셨음을 주목할 만하다. 사실 처음에 그것들은 특별히 가버나움은 기쁘게 그분을 받아들였다.

11:21 화 있을진저 고라신아 – 즉, 너는 비참해지리라. 왜냐하면, 일반적으로 생각하듯, 이것은 저주나 악담이 아니라, 그들 스스로 초래한 비극에 대한 엄숙하고 동정적인 선언이기 때문이다. 고라신과 벳새다는 게네사렛 호수가에 있는 갈릴리의 동네들이다. 두로와 시돈은 해변에 있는 페니키아의 도시들이다. 그 거주자들은 이방인들

이다.

11:22,24 내가 너희에게 이르노니 – 그 완고한 불신자들이 당할 화에 대한 일반적인 경고 외에, 그들의 불행의 정도는 두로와 시돈, 그리고 소돔의 불행보다 더 심할 것이다.

11:23 가버나움아 네가 하늘에까지 높아지겠느냐 – 즉, 나의 현존과 기적에 의해 높이 영광을 받아서.

11:25 예수께서 대답하여 – 이 말은 항상 어떤 대답이 주어지는 형태로 말해진 것을 의미하는 것은 아니다. 이것은 가끔 앞서는 어떤 행동이나 상황에 관해서 말하는 것일 뿐이다. 뒤따라 나오는 말에서 그리스도는 위에서 언급한 도시들의 경우에 관하여 말씀하신다. **숨기시고** – 즉, 당신께서는 다른 면에서 지혜롭고 사려있는 사람들에게는 이것들을 애써 감추시고, 반면에 하나님을 향해서만 지혜가 있으며 약한 이해력을 지닌 사람들에게는 그것들을 나타내셨기 때문입니다. **감사하나이다** – 즉, 나는 당신의 경륜의 정의와 자비를 인정하고 기쁘게 영광을 돌립니다.

11:27 모든 것을 내게 주셨으니 – 우리 주님은 여기서 제자들에게 말씀하시며, 왜 다른 일에는 현명한 사람들이 이것은 알지 못하는가를 보여주셨다. 즉, 그분이 그것을 드러내 준 사람들 이외에는 아무도 자연적인 이성으로는 그것을 알 수 없기 때문이다.

11:28 수고하고 – 하나님 안에서 안식을 찾는. **무거운 짐진 자들아** – 죄책과 죄의 권세로. **내게로 오라** – 여기서 그분은 이것들을 누구에게 제시하시고 싶어하는가를 보여주셨다. 즉, 지치고 무거운 짐을 진 자들에게다. **내가 너희를 쉬게 하리라** – 나만이(왜냐하면 나 외에는 아무도 할 수 없기 때문에) 너희에게 칭의를 통해 죄책으로부터, 성화를 통해 죄의 권세로부터 안식을(너희가 살 수 없는 것을) 거저 줄 수 있다.

11:29 나는 마음이 온유하고 겸손하니 – 모든 사람들에 대하여 온유하고, 하나님을 향하여 겸손하니. **나의 멍에를 메고** – 나를 믿으라. 나를 너희의 선지자와 제사장과 왕으로 받아들여라. **너희 마음이 쉼을 얻으리니** – 그러므로 누구든지 영혼의 안식을 발견하지 못한 사람은 온유하고 겸손한 자가 아니다. 잘못은 그리스도의 멍에에 있는 것이 아니라, 그것을 받아들이지 못한 그대들에게 있다. 또한 온유와 겸손이 부족한 사람을 빼고는 어느 누구나 만족하게 될 수 있다.

11:30 내 멍에는 쉽고 – 아니 오히려 은혜롭고, 달콤하며, 온화하고, 즐거우며. **내 짐** – 사람들의 것과는 달리, 쉽고 자유로우며 영광스럽다.

마태복음 12장

12:1 제자들이 시장하여 이삭을 잘라 먹으니 – 현재의 필요를 충족시킬 것만. 마른 밀은 유대인들 가운데 일상적인 음식이었다.

12:3 다윗이 … 한 일을 읽지 못하였느냐 – 그리고 보다 상위의 경우에 필요는 율법을 범하는 것에 대한 충분한 변명이 되었다.

12:4 그가 하나님의 전에 들어가서 – 성막에 들어가서. 성전은 아직 지어지지 않았다. **진설병** – 그들은 그 주간을 담당한 제사장이 성소에 있는 금상위에 안식일마다 주님 앞에 놓는 빵을 그렇게 불렀다. 그 빵은 12개였고 이스라엘 12지파를 대표했다. 새것을 가져올 때, 이전 것은 치워져서 제사장들만이 먹을 수 있었다.

12:5 제사장들이 성전 안에서 안식을 범하여도 – 즉, 이날도 평일과 마찬가지로, 물건을 정결히 하고 제물을 준비하는 등 그들의 일상적인 일을 행한다.

12:6 성전보다 더 큰 이 – 그러므로 안식일이 성전에 양보한다면, 그것은 더더구나 나에게 양보해야 한다.

12:7 나는 자비를 원하고 제사를 원하지 아니하노라 – 즉, 둘이 서로 충돌할 때, 나는 정해진 제도의 문제보다, 또한 모든 의식적인 제도들보다, 항상 자비의 행위를 더 선호한다. 이것들은 종교의 수단이기 때문에, 종교가 목표로 하는 사랑과 충돌하는 상황이 발생한다면, 당연히 유보된다.

12:8 인자 – 그러므로 이 경우에, 그들이 나의 권위로 행동하며 제사장들이 성전에서 하나님을 섬기듯이 나의 사역에 있어서 나를 섬겼다면 그들은 무죄하다. **안식일의 주인이니라** – 이것은 분명히 안식일이 가장 특별히 중요한 제도였음을 암시한다. 또한 이것은 아마도 이후에 그리스도께서 안식일을 주중의 일곱째 날에서 첫째 날로 바꾸는데 발휘한 권위의 상징적인 행동을 언급하는 것이기도 하다. 만약 여기서 7절과 8절의 위치가 바뀌었다고 생각한다면 8절은 6절에 대한 증거이다.

12:12 안식일에 선을 행하는 것이 옳으니라 – 짐승을 살리는 것 더군다나 사람을 살리는 것.

12:18 그가 심판을 이방에 알게 하리라 – 즉, 그가 그들에게도 자비로운 복음을 알릴 것이다. 히브리어는 자비와 공의를 의미한다.

12:19 그가 다투지도 아니하며 들레지도 아니하리니 아무도 길에서 그 소리를 듣지 못하리라 – 즉, 그는 논쟁적이지도, 요란스럽지도, 잘난 채하지도 않을 것이며, 오히려 예의바르고, 조용하며, 겸손할 것이다. 여기서 우리는 각각의 단어가 점차로 더 높은 겸손과 예의를 표시하고 있음을 알 수 있을 것이다.

12:20 상한 갈대 – 확정적 죄인. 죄의 무게로 상처받은 사람. **꺼져가는 심지** – 선한 욕망이 거의 없는 사람. 은혜의 불꽃이 거의 없는 사람. **심판하여 이길 때까지** – 즉, 그분이 모든 적들에 대해 완전히 승리하는 의를 이룰 때까지.

12:21 그의 이름 – 즉, 그분 안에서.

12:22 귀신 들려 눈멀고 말 못하는 사람 – 많은 사람들이 의심없이 이런 장애는 단순히 자연적인 것이라 생각했다. 그러나 하나님의 영은 다르게 보았으며, 그 장애와 치료에 대해 참된 설명을 했다. 지금도 자연적인 것처럼 보이는 다른 많은 장애가 얼

마나 많이 그와 같은 원인에 의한 것이겠는가!

12:23 이는 다윗의 자손이 아니냐 – 즉, 메시야.

12:25 예수께서 그들의 생각을 아시고 – 그들은 마음속으로만 그것을 말하고 있었던 것 같다.

12:26 어떻게 그의 나라가 서겠느냐 – 그 교활한 영이 이것이 자기의 나라를 세우는 방법이 아니라는 사실을 못하겠느냐?

12:27 너희의 아들들은 누구를 힘입어 – 즉, 너희 제자들은. **귀신을 쫓아내느냐** – 스게와의 아들들은 쫓아낼 수 없었지만, 그들 가운데 몇몇은 그리했던 것 같다. **그들이 너희의 재판관이 되리라** – 사탄이 사탄을 쫓아내는지 그들에게 물어보라. 이 문제에 있어서는 그들이 재판관이 되도록 하라. 그렇게 하면 내 안에 있는 것은 바알세불에게 돌리고, 그들에게 있는 것은 너희가 하나님께 돌리는 너희의 완고성과 편파성을 알게 될 것이다. 게다가 내가 그를 정복하기 전에 어떻게 그의 종들을 빼앗을 수 있겠는가?

12:28 하나님의 나라가 이미 너희에게 임하였느니라 – 예상하기도 전에 알지 못하는 사이에, 단어는 그것을 의미한다.

12:29 사람이 먼저 강한 자를 결박하지 않고서야 어떻게 그 강한 자의 집에 들어가 그 세간을 강탈하겠느냐 – 그러므로 분명히 강한 자의 집, 사탄의 집이었던 세상에 그리스도께서 오심으로 그를 묶고 그리고 그의 전리품을 빼앗았다.

12:30 나와 함께 아니하는 자는 나를 반대하는 자요 – 왜냐하면 이 전쟁에서 중립자는 없기 때문이다. 누구든지 그리스도와 함께 하든지 그를 반대하든지 또는 충성스러운 신하가 되든지 반역자가 되든지 둘 중의 하나임에 틀림없다. 그리고 땅 위에서 그분의 나라를 촉진하지도 않고 방해하지도 않는 자는 없다. 왜냐하면 영혼들을 하나님께 모으지 않는 자는 하나님으로부터 그들을 흩뜨리는 자이기 때문이다.

12:31 성령을 모독하는 것 – 이와 관련하여 얼마나 많은 혼란이 있었던가? 이것에 대한 얼마나 많은 설교와 책들이 있었던가! 그러나 성경 안에 이 이상 분명한 것은 없다. 그것은 바로 그리스도께서 성령의 능력으로 행한 그와 같은 기적들을 악마의 능력이라고 하는 것 바로 그것이다.

12:32 누구든지 말로 인자를 거역하면 – 어떠한 측면에서라도. **사하심을 얻되** – 그의 진정한 회개에 대하여. **누구든지 말로 성령을 거역하면 이 세상과 오는 세상에서도 사하심을 얻지 못하리라** – 이 말은 결코 있을 수 없는 일에 대한 유대인들의 경구적인 표현이다. 여기서는 더 나아가, 그 사람은 이 세상에서도 내세에서도 그 벌을 피할 수 없다는 뜻이다. 하나님의 심판이 여기서 뿐만 아니라 이후로도 그에게 닥칠 것이다.

12:33 나무도 좋고 열매도 좋다 하든지 나무도 좋지 않고 열매도 좋지 않다 하든지 하라 – 즉, 너희는 둘 다 좋다든가 둘 다 나쁘다든가 시인해야 한다. 왜냐하면, 열

매가 좋으면 나무도 좋고, 열매가 나쁘면 나무도 나쁘기 때문이다. **그 열매로 나무를 아느니라** – 다름과 같은 뜻으로 말씀하신 것 같다. 그러므로 너희는 나의 열매로 나를 알 수 있을 것이다. 내가 죄인들을 하나님께 회개하도록 하는 것에서 너희는 하나님께서 나를 보내신 것을 알 수 있을 것이다.

12:34 그 열매로 나무를 알 수 있는 또 다른 경우, 즉 대화를 통한 마음으로.

12:36 너희는 하나님께서 너희의 말을 그토록 중요시하지 않는다고 생각할 수도 있을 것이다. **내가 너희에게 이르노니** – 하나님을 모독하는 말이나 속된 말에 대해서뿐만 아니라, **사람이 무슨 무익한 말을 하든지** – 신중함이나 주의의 부족에 대해서, 하나님의 영광에 도움이 되지 않는 모든 주장에 대해서, **심판 날에 … 심문을 받으리니.**

12:37 (네 성품과 행위뿐만 아니라) **네 말로 의롭다함을 받고 네 말로 정죄함을 받으리라** – 너희의 행위뿐만 아니라 말도 너희가 진정한 신자였던가를 입증하는데, 너희에게 유리하거나 불리한 증거가 될 것이다. 그리고 그 위대한 날에, 그 증거에 따라서 너희가 무죄판결을 받거나 유죄판결을 받을 것이다.

12:38 우리에게 표적 보여 주시기를 원하나이다 – 그렇지 않으면 우리가 이것을 믿지 않을 것입니다.

12:39 음란한 세대 – 하나님을 자기들의 남편이라고 고백은 하지만, 그들의 마음은 하나님에게서 떠난 자들. 그와 같이 음란한 자들은 세상을 사랑하는 모든 사람들이고, 세상을 벗하고자 하는 모든 사람들이다. **표적을 구하나** – 그들의 마음이 하나님을 떠나지 않고 결국 진리에 반대하지 않았더라면, 그들을 확신시킬 충분한 것을 그들이 이미 지니고 있음에도 불구하고. **요나의 표적** – 여기서 그리스도의 모형이 되는 인물.

12:40 밤낮 사흘 동안 – 24시간이라는 자연적인 날의 일부를 하루전체로 계산하는 것은 동방국가들의 관습이었다. 따라서 그들은 마지막으로 언급 된 것으로부터 3일 혹은 7일째 되는 날에 생겼을 경우, 3일 혹은 7일에 생긴 것처럼 말하곤 했다. 이런 경우가 열왕기 20:29과 다른 많은 곳에서 볼 수 있다. 그리고 히브리어에는 자연적인 날을 표현하는 말이 없기 때문에 이를 위해 그들은 낮밤 또는 밤낮이라고 사용했다. 그래서 그들에게 어떤 일이 밤낮 사흘 후에 생겼다고 말하는 것은 3일 후에 생겼다고 말하는 것이나 3일째 날에 생겼다고 말하는 것은 같은 것이다. 에스더 4:1; 5:1; 창세기 7:4, 12; 출애굽기 24:18;34:28을 보라.

12:42 그가 … 땅 끝에서 왔음이거니와 – 그녀가 떠나온 아라비아 지역은 바다로 둘러싸인 땅 끝 지역이었다.

12:43 그러나 그들이 나를 반대한 결과가 얼마나 끔찍할 것인가! **더러운 귀신이 … 나갔을 때에** – 그보다 강한 이에 의해서 자발적으로가 아니라 강제적으로. **물 없는 곳으로** – 메마르고, 황량하며, 황폐한 곳. 혹은 아직 복음으로 젖지 않은 곳. **다니**

며 – 여기저기로 배회하며. **쉬기를 구하되 쉴 곳을 얻지 못하고** – 그 자신이 지옥을 지니고 다니는데, 어떻게 구하겠는가? 그리고 그의 자녀들도 같은 경우가 아니겠는가? 독자여, 이것이 당신의 경우는 아닌가?
12:44 내가 나온 내 집 – 마치 그는 자기가 동의해서 나온 것처럼 말하는데, 그의 자만심을 보라! **와 보니 그 집이 비고** – 하나님, 그리스도, 성령이 없음. **청소되고** – 사랑, 겸손, 온유와 성령의 모든 열매들. **수리되었거늘** – 경솔함과 안일함으로 그래서 그를 막는 것은 없고, 그를 받아들이는 것은 많다.
12:45 저보다 더 악한 – 이로 보아, 귀신들 그 자체에도 악함의 등급이 있는 것 같다. **귀신 일곱** – 즉, 꽤 많이, 어떤 숫자는 불확정한 수를 뜻한다. **들어가서 거하니** – 하나님께 버림받은 자 안에 영원히. **이 악한 세대가 또한 이렇게 되리라** – 그렇다. 모든 세대의 배교자들도.
12:46 동생들 – 그분의 친척들. 그들은 그분의 이모이며, 글로바 혹은 알페오의 부인인 메리의 아들들이었다. 그 때 그들은 "그가 정신이 나갔다"고 "그를 붙들려고" 왔다(막 3:21).
12:48 대답하여 이르시되 – 우리 주님은 그들이 온 이유를 아셨기에, 그들을 무시한 듯한 모습은 충분히 정당화된다.
12:49,50 가장 가혹하심과 가장 선하심을 보라! 그분의 혈육의 친척에게는 가혹하시며 그의 영적인 친척에게는 선하시다. 그의 하늘의 아버지의 뜻에 반대하는 전자는 거부하시고, 그에 복종하는 후자는 승인하신다.

마태복음 13장

13:2 예수께서 배에 올라가 – 그분이 해변에 계실 때, 항상 대기하고 있었다.
13:3 비유로 – 이 말은 여기서 그 본래의 의미, 즉 적절한 직유나 비교로 사용되었다. 이러한 화법은 동방국가에서 매우 흔했던 것으로, 많은 사람들의 주의를 끌거나 집중시켰으며, 겸손하고 진지한 청취자에게는 보다 깊이 묻힌 진리를 전달하였다. 동시에, 그 속에 공의와 자비를 놀랍게 혼합함으로써, 교만하고 부주의한 사람에게는 그것을 감추었다.

이 장에서 우리 주님은 일곱 개의 비유를 말씀하셨는데, 앞의 넷은 일반적인 관심에 속하는 것으로 모든 사람들을 향하여 말씀하셨고, 뒤의 셋은 제자들에게 하신 것이다.

씨를 뿌리는 자가 – 이 비유가 나머지 모든 비유들에 대한 서론이 되기에 얼마나 정교하게 적절한가! 여기서 우리 주님은 매우 명백하고 아주 중요한 질문에 대답하신다. 씨뿌리는 자, 즉 그리스도와 그가 보낸 설교자들은 항상 동일한 씨를 뿌린다. 왜 항상 동일한 결과가 나오지 않는 것일까? 들을 귀가 있는 사람은 들어라!

13:4 뿌릴새 더러는 길 가에 떨어지매 새들이 와서 먹어버렸고 – 우리 주님께서 우리가 열매를 맺지 못하게 하는 큰 장애에 대하여 그 발생하는 순서에 따라서 지적하고 있음은 주목할 만하다. 첫째 위험은 새가 씨앗을 먹어버리는 것이다. 이것을 피할 수 있다면, 또 다른 위험이 있다. 즉, 시들어 말라죽게 되는 것이다. 가시가 자라서 좋은 씨앗을 질식시키는 것은 이 후 오래 지나서이다.

하나님의 말씀을 들은 자들 거의 대다수는 길 가의 경우와 같다. 새들에게 씨를 잃지 않은 자들 중 다수는 돌밭의 경우와 같다. 더 좋은 땅에서 씨를 받는 자들 중 다수는 자라나서 질식시키는 가시의 고통을 당한다. 결국 이들 가운데 아주 소수가 끝까지 견디고, 완전함의 열매를 맺는다. 그런데 이 모든 경우에 막아서는 것들은 하나님의 뜻이 아니라, 그들 자신의 자발적인 삐뚤어짐이다.

13:8 좋은 땅 – 길 가와는 달리 부드럽다. 돌밭과는 달리 깊다. 가시떨기와는 달리 깨끗하다.

13:11 천국의 비밀을 아는 것이 … 허락되었으나 – 혈육은 드러낼 수 없는, 내적이고 현재적인 하늘나라에 속하는 깊은 것들. **너희에게는** – 이를 소유한. **그들에게는 아니되었나니** – "그러므로 나는 비유로 말한다." 그들은 이해하지 못하지만, 너희는 이해할 수 있도록.

13:12 무릇 있는 자 – 즉, 주신 분의 계획에 따라, 그가 가진 것을 개선하고 주어진 은혜를 사용하여. **받아 넉넉하게 되되** – 점점 그 개선한 것과 비례해서. **없는 자** – 그것을 개선하지 않는 자. **그 있는 것도 빼앗기리라** – 여기에 하나님께서 사람의 자녀들을 다루시는 큰 규칙, 즉 하늘의 기둥처럼 고정된 규칙이 있다. 이것이 그분의 모든 섭리적인 경륜에 대한 열쇠이며, 이것은 그 날에 인간과 천사들에게 드러날 것이다.

13:13 그러므로 내가 그들에게 비유로 말하는 것은 그들이 보아도 보지 못하며 – 이 일반적인 규칙을 수행하면서, 나는 이 민중에게 더 많은 지식을 주지 않는데, 그들은 자기들이 이미 가진 것을 사용하지 않기 때문이다. 보고, 듣고, 이해하는 모든 수단을 가지고 있지만, 그들은 그것들 중 아무 것도 사용하지 않는다. 그래서 그들은 어떤 것도 효과 있게 보거나, 듣거나, 이해하지 못한다.

13:14 너희가 듣기는 들어도 깨닫지 못할 것이요 – 즉, 너희가 확실히 들을 것이고, 모든 가능한 수단이 너희에게 주어질 것이다. 그러나 그것들이 너희에게 아무런 유익이 못 될 것이다. 왜냐하면 너희 마음이 관능적이고, 미련하며, 무감각하기 때문이다. 너희의 영적인 감각들은 닫혀 있다. 뿐만 아니라, 너희는 빛에 대하여 너희의 눈을 감았다. 하나님의 일을 이해하려고 하지 않으며, 그분이 너희를 고치실까봐 두려워하고, 바라지도 않는 것 같다.

13:16 그러나 너희 눈은 … 복이 있도다 – 왜냐하면 너희는 보고 이해하기 때문이다. 너희는 너희에게 주어진 빛을 소중히 여기는 방법을 알고 있다.

13:19 아무나 천국 말씀을 듣고 깨닫지 못할 때는 – 열매를 맺지 못하는 첫 번째 일반적인 이유는. **악한 자가 와서** – 마음을 다른 것들에 대한 생각으로 채우면서 내적으로 오거나, 그의 대리인에 의해서. 사람들이 자신들이 들은 것을 생각하고 있어야 할 때에, 다른 주제를 끌어들이는 자들이 모두 그런 자들이다.

13:20 돌밭에 뿌려진 씨는 그러므로 씨가 깊이 묻히지 않았기 때문에 곧 싹이 나온다(5절). **기쁨으로 받되** – 아마도 황홀경과 무아경과 함께 진리의 아름다움에 충격을 받아 하나님의 선행적 은총에 이끌려서.

13:21 그 속에 뿌리가 없어 – 은혜의 깊은 사역이 없다. 그의 마음의 기반에 아무 변화가 없다. 아니, 그는 죄에 대한 깊은 자각을 지니고 있지 않다. 이것을 지니고 있지 않고, 선한 의욕도 곧 시들어 버린다. **넘어지는 자요** – 그는 그 좁고 거친 길을 버리는데 대해 수천 가지의 그럴 듯한 핑계를 찾는다.

13:22 가시떨기에 뿌려졌다는 것은 말씀을 들으나 – 사탄과 그의 모든 대리인들에도 불구하고, 뿐만 아니라 "자신 안에 뿌리가 깊어" 깊은 죄의 자각을 얻고 내적으로 크게 변화되어 그는 "환난이나 핍박이 일어날 때"도 물러서지 않을 것이다. 그러나 좋은 씨와 함께 그 안에서 가시가 자란다(7절). 아마 그것들이 점점 자라서 씨의 성장을 막을 때까지는 느끼지 못하나, 그 모든 생명과 능력을 파괴시켜 **결실하지 못하게 된다.**

가난한 자들에게는 염려가 가시이고 부자들에게는 재물이 가시이며, 모든 자들에게는 다른 것에 대한 욕망이 가시다. **재물의 유혹** – 정말로 유혹한다. 왜냐하면 재물은 웃지만 배반하고, 입 맞추지만 지옥으로 넘어뜨리기 때문이다. 그것들은 눈을 어지럽히고, 마음을 완고하게 하며, 하나님의 모든 생명을 훔친다. 영혼을 자만심과 분노와 세상에 대한 사랑으로 채운다. 사람들을 그리스도의 십자가와 원수가 되게 만든다. 재물은 하나님이 계시다고 믿는 사람들에 의해서도 계속해서 열렬히 욕망하게 되고 격렬하게 추구하는 된다!

13:23 어떤 것은 백 배, 어떤 것은 육십 배, 어떤 것은 삼십 배 – 즉, 다양한 비율로 어떤 사람은 다른 사람보다 더 많이.

13:24 또 비유를 들어 – 그분은 이 비유에서 결실하지 못한 청중의 예를 더 설명하신다. **천국** – (앞에서 살펴본 것처럼) 때로는 영원한 영광을 뜻한다. 때로는 그리로 가는 길, 즉 내적 종교를 뜻한다. 때로는 여기서처럼 복음의 경륜을 뜻한다. 또한 이 말은 이것들과 관계되는 사람이나 일에 대해서도 사용된다. 여기서 이 말은 **좋은 씨를 제 밭에 뿌린 사람과 같으니,** 즉 복음을 전하는 그리스도를 의미한다. "같으니"라는 표현은 여기서와 다른 몇 곳에서는, 단지 말한 것이 뒤따르는 유사한 것에 의해 설명될 수 있다는 것을 의미한다. **좋은 씨를 제 밭에 뿌린 사람** – 하나님께서는 자기의 모든 창조물에 좋지 않은 것은 뿌리지 않으셨다. 그리스도는 자신의 교회에 좋은 진리의 씨만을 뿌리셨다.

13:25 사람들이 잘 때에 –그들은 지켜보았어야 했다. 밭의 주님은 주무시지 않는다. **그 원수가 와서 … 가라지를 덧뿌리고** – 이것은 밀과 아주 비슷하고, 보통 다른 곡식보다는 밀 사이에서 자란다. 그러나 완두나 야생완두는 콩과에 속하는데 밀과 비슷하지 않다.

13:26 싹이 나고 결실할 때 가라지도 보이거늘 – 전에는 구별이 안 되었다. 좋은 씨가 뿌려진 그 순간에는 거의 나타나지 않는다. 모든 것이 처음에는 평화, 사랑, 기쁨인 것 같이 보인다.

13:27 밭에 좋은 씨를 심지 아니하였나이까 그런데 가라지가 어디서 생겼나이까 – 선하신 부모로부터 나온 것이 아님. 이교도조차도 다음과 같이 말했다.

> "어떤 악도 당신께로부터 나올 수 없습니다.
> 그것은 용납될 뿐이지 명령된 것은 아닙니다.
> 어두움이 태양에서 나오지 아니하듯이
> 그리고 태양이 지나갈 때까지 그늘이 드리우지
> 못하듯이 말입니다."

13:28 주인이 이르되 원수가 이렇게 하였구나 – 악의 기원에 대한 중요한 질문에 대한 평범한 대답. 하나님께서 천사를 만들 때처럼, 인간을 지성적인 피조물로 만드셨고, 결국 선을 선택하든 악을 선택하든 자유롭게 만드셨다. 그러나 하나님께서는 인간 영혼에는 아무 악도 심지 않으셨다. "원수"가 인간의 도움을 받아 "이렇게 했다."

교회 안의 가라지란 외형상의 그리스도인들이며, 이들은 경건의 모양은 있지만 능력이 없다. 모양도 없고 능력도 없이 밝으로 드러난 죄인들은 가라지라기보다 엉겅퀴와 가시덤불이다. 그래서 이것들은 지체없이 뿌리 뽑혀야 한다. 그리고 기독교 공동체 안에 용납되어서는 안 된다. 그렇지만 타락하기 쉬운 인간이 가라지를 뽑으려고 시도한다면 종종 곡식까지 뽑게 될 것이다.

13:31 또 비유를 들어 – 앞의 비유들은 주로 결실이 없는 청중들과 관계가 있다. 뒤따르는 비유들은 좋은 결실을 맺는 자들에 관한 것이다. **천국** – 복음의 경륜과 내적인 나라이다.

13:32 모든 씨보다 작은 것 – 가장 작은 것들 중 하나, 이것은 유대인들 사이에서 극히 관용적으로 말하는 방법이다. **나무가 되매** – 그 지역의 나라에서는 아주 크고 높게 자란다. 기독교 교리는 그렇게 세상에 퍼질 것이며, 그리스도의 생명은 영혼 속에 퍼질 것이다.

13:33 서 말 – 이것은 대개 그들이 한 번에 구울 수 있는 양이었다. **전부 부풀게** – 이렇게 복음이 세상을 발효시킬 것이며, 은혜가 그리스도인들을 발효시킬 것이다.

13:34 비유가 아니면 아무 것도 말씀하지 아니하셨으니 – 즉, 그 때는 아니하셨다. 그러나 다른 때에는 비유가 아니라도 말씀하셨다.

13:38 좋은 씨는 천국의 아들들이요 – 즉, 하나님의 자녀들, 의로운 사람들.

13:41 그들이 … 모든 넘어지게 하는 것과 … 거두어 내어 – 하나님의 자녀들을 방해하거나 힘들게 하는 모든 것. 그리스도가 뿌리신 좋은 씨가 뿌리를 내리거나 열매를 맺는 것을 방해하는 그 어떤 일이나 사람들. 이 헬라어는 "모든 스캔들"이다.

13:44 뒤 따르는 3개의 비유는 무리들에게가 아니라 특별히 사도들에게 전하신 것이다. 이것들 중 앞의 둘은 복음을 받는 자들에게 관계되고, 세 번째는 복음을 받는 자와 설교하는 자에게 모두 관계된다. **천국은 마치 밭에 감추인 보화와 같으니** – 우리 안에 있는 하나님 나라는 정말로 보화이다. 그러나 보화는 세상에는 감추어져 있고, 세상에서 가장 현명하고 사려 깊은 자들에게도 감추어져 있다. (아마도 그가 찾고 있지 않았을 때) 이 보화를 발견한 자는 그것을 자기 마음 속 깊이 감추고, 그것을 위해 모든 다른 행복을 포기한다.

13:45 천국 – 즉, 천국을 열심히 찾는 사람. 47절에서 천국은 모든 종류의 것을 모으는 그물과 같이 복음이 선포되는 것을 의미한다. 복음처럼, 전파되는 곳마다 처음에는 선한 사람과 나쁜 사람을 다 모으며, 그들은 한동안 칭찬을 가득히 받고 좋은 의욕으로 불타오른다. 그러나 기독교 교훈과 강하고 친근한 권면으로 인해 이 세상에서 분리가 시작된다. 그리고 이 분리는 다가오는 세상에서 하나님의 천사들에 의해 완성될 것이다.

13:52 천국의 제자된 서기관마다 – 즉, 올바르게 준비된 복음 선포자는 신적 지식의 곳간을 가지고 있다. 그는 거기에서부터 온간 종류의 교훈을 꺼낼 수 있다. **곳간**이라는 말은 무엇이 되었건 물건의 수집을 뜻하기도 하며, 그 수집물이 보관된 장소를 뜻하기도 한다.

13:53 예수께서 … 그 곳을 떠나서 – 가버나움으로부터 호수를 건너셨다.

13:54 고향으로 돌아가사 – 나사렛. 그러나 그분이 그곳에 있을 때보다 조금이라도 더 성공한 것은 없었다. **이 사람(HE) … 어디서 났느냐** – 강조점이 어디 있는지를 모르기 때문에 많는 본문들이 분명히 파악되지 못하며, 강조점을 잘못 두었기에 완전히 오해가 되기도 한다. 이것을 어느 정도 방지하기 위해 여기서는 강조적인 말을 대문자로 표시했다.

13:55 그 목수의 아들 – 헬라어로는 목공, 금공, 또는 석공을 다 의미한다. **그 형제들** – 또는 친척들. 그들은 동정녀의 여동생이며, 클레오파스 또는 알패오의 아내인 마리아의 아들들이었다. **야고보** – 바울은 "주의 형제"(갈 1:19)라고 말했다. **시몬** – 가나안인이라는 별명이 붙은 사람.

13:57 예수를 배척한지라 – 그들은 예수를 초라하고, 무식하며, 주목할 가치가 없는 사람으로 보았다.

13:58 그들이 믿지 않음으로 말미암아 거기서 많은 능력을 행하지 아니하시니라 – 수많은 강력한 일들이 지금 일어나지 않는 이유는 도처에 믿음이 심어지지 않고, 불신이 만연되어 있기 때문이다.

마태복음 14장

14:1 그 때에 – 우리 주님이 공적인 사역으로 약 1년을 보냈을 때. **분봉 왕** – 그의 아버지의 영토의 1/4을 다스리는 왕.
14:2 그가 죽은 자 가운데서 살아났으니 – 헤롯은 사두개인이었다. 사두개인들은 죽은 자의 부활을 부인했다. 그러나 사두개인주의도 양심이 깨어있다면 흔들린다.
14:3 그 동생 빌립의 아내 – 그는 여전히 살아 있었다.
14:4 당신이 그 여자를 차지한 것이 옳지 않다 – 그들 중 누가 그녀를 차지하든 불법이다. 왜냐하면 그녀의 아버지 아리스토불루스(Aristobulus)는 그들의 형제였기 때문이다. 요한의 말은 그의 옷차림만큼 거칠었다. 그는 왕에게까지 부드러운 말을 사용함으로, 진리의 힘을 깨려고 하지 않았다.
14:5 헤롯이 요한을 죽이려 하되 – 그의 열정이 나타날 때도, 군중에 대한 두려움 때문에, 그리고 후에는 그에 대한 존경심 때문에 자제했다.
14:6 헤로디아의 딸 – 이렇게 시작된 일에 들어맞는 그녀 삶은 이 후에 악명이 높았다.
14:8 제 어머니의 시킴을 듣고 – 그녀가 청원할 문제와 방법 모두에 대하여. **이르되 … 여기서 내게 주소서** – 헤롯이 생각할 틈을 가지면 그것을 하지 않을까 염려하면서. **세례 요한의 머리를 소반에 얹어** – 큰 접시나 큰 사발.
14:9 왕이 근심하나 – 요한이 좋은 사람임을 알았기에. **자기의 맹세한 것** – 그는 양심이 아주 약했기에 결백한 사람을 죽였다.
14:10,11 사람을 보내어 옥에서 요한의 목을 베어 … 그 머리를 … 그 소녀에게 주니 – 그토록 거룩한 사람의 생명이 그렇게 악명 높은 손들에 넘겨진 섭리가 얼마나 신비한가! 버림받은 매춘부의 악독에, 헛된 소녀의 보챔에, 그리고 예언자의 머리를 춤의 보상으로 준 어리석고 아마도 취했을 왕의 경솔함에, 그 생명이 희생이 되게 하다니! 그러나 우리는 전능자께서 자기의 종들이 이 세상에서 고통당한 그 어떤 것에 대하여도 저 세상에서 갚아 주실 것을 확신한다.
14:13 예수께서 … 빈 들에 가시니 – 1. 헤롯을 피하기 위하여, 2. 군중이 그를 떠밀기 때문에(막 6:32), 그리고 3. 하던 일로부터 다시 돌아온 제자들과 이야기하기 위하여(눅 9:10). **따로** – 제자들만 남기고 모두로부터.
14:15 때도 이미 저물었으니 – 보통의 식사 시간.
14:22 예수께서 즉시 제자들을 재촉하사 – 그들은 예수를 떠나기를 싫어했다.
14:23 저물매 – 학자들에 의하면 유대인들에게는 두 저녁이 있었다고 한다. 첫째는 오후 3시에 시작되며, 둘째는 해질 때에 시작된다. 그렇다면 여기서는 후자를 의미한다.
14:25 사경 – 로마인들처럼 유대인들도 밤을 3시간으로 구성되는 사경으로 나누었

다. 일경은 6시에, 이경은 9시에, 삼경은 12시에, 사경은 오전 3시에 시작되었다.
14:28 만일 주님이시거든 – "당신이기에"와 동일한 뜻이다. 접속사 "만일"은 우리말(영어)뿐만 아니라 다른 모든 언어에서도 종종 이런 의미를 갖는다. 요 13:14,17도 그와 같은 뜻이다. 베드로는 의심하지 않았는데, 의심했더라면 그는 배를 떠나지 않았을 것이다.
14:30 무서워 – 그는 바다에 익숙했으며 탁월하게 수영을 잘 했다. 그러나 그런 일은 자주 생긴다. 은혜가 작용하기 시작하면 자연스런 용기와 힘이 따라간다.
14:33 하나님의 아들이로소이다 – 그들은 메시야라고 의미했다.

마태복음 15장

15:2 장로들 – 유대인들 가운데 박사나 교사들. **떡 먹을 때에 손을 씻지 아니하나이다** – 히브리어로는 대개 음식을 떡이라고 불렀다. 그래서 떡을 먹는다는 것은 식사를 한다는 것과 같은 의미이다.
15:4 네 부모를 공경하라 – 이것은 부모들이 필요로 하는 모든 도움을 의미하는 것이다.
15:5 내가 드려 유익하게 할 것이 하나님께 드림이 되었다 – 즉, 당신들이 나로부터 받을 수 있었을 것을 나는 성전의 금고에 드렸거나, 적어도 드리려고 한다.
15:7 이사야가 너희에 관하여 잘 예언하였도다 일렀으되 – 즉, 이사야가 너희 조상들에 대하여 묘사한 것이 너희에게 정확하게 적용된다. 그러므로 그들에 관한 묘사인 이 말들은 너희에 관한 예언이다.
15:8 마음은 내게서 멀도다 – 이것이 없는 모든 외적 예배는 단순히 하나님께 대한 조롱이다.
15:9 사람의 계명으로 … 가르치니 – 하나님의 계명과 동등하게, 아니 더 우월하게, 무엇이 더 가증한 죄일 수 있을까?
15:13 심은 것마다 – 즉, 모든 교리.
15:14 그냥 두라 – 그들은 참으로 "맹인의 맹인 지도자들"라면 그냥 두고, 그들에 대해 마음을 두지 말라. 그와 같은 자들에 관해서 행동해야 할 분명한 지시사항.
15:16 너희도 아직까지 깨달음이 없느냐 – 이 거룩한 역사가들은 얼마나 공정하고 솔직한가! 자기 자신들의 결점을 감추지도 핑계대지도 않는다.
15:19 먼저 **악한 생각**, 다음이 살인, 그리고 나머지 것들. **비방** – 헬라어는 모든 욕설과 험담과 악담을 포함한다.
15:22 가나안 여자 – 가나안은 수리아라고 불리는 것이 맞지만, 수리아와 바닷가에 가까운 뵈니게 사이에 있었기에 수로보니게라고도 불렸다. **소리질러** – 멀리서부터. **주 다윗의 자손이여** – 그래서 그녀는 약속된 메시야에 관해 어느 정도 알고 있었다.

15:23 예수는 한 말씀도 대답하지 아니하시니 – 그분은 때때로 같은 방법으로 우리의 믿음을 시험하신다.
15:24 나는 … 보내심을 받지 아니하였노라 – 우선순위가 아니다. 아직은 아니다.
15:25 여자가 와서 – 그분이 지금 계신 집으로 들어와.
15:28 네 믿음 – 하나님의 능력과 선하심에 대한 너의 신뢰.
15:29 갈릴리 호숫가 – 유대인들은 큰 호수에 바다의 이름을 붙였다. 길이가 100펄롱이고 폭이 40펄롱이었다. 디베랴 바다라고도 불렸다. 그것은 갈릴리 경계에 있었으며 그 서안에 디베랴 시가 있었다. 또한 이것은 게네사렛 호수라고도 불렸는데, 고대에 긴네렛이라고 불리던 것이 전와된 것 같다(민 34:11).
15:32 나와 함께 있은 지 이미 사흘이매 – 지금 그들이 온 이후 세 번째 날이다.
15:36 그 음식에 **축사하시고**, 혹은 **축복하시고** – 즉, 그분은 음식에 대해 하나님께 감사하고, 그것에 축복의 기도를 하셨다.

마태복음 16장

16:1 하늘로부터 오는 표적 – 그렇게 그들은 사탄이 속일 수 없을 것이라 생각했다.
16:3 시대의 표적 – 이 때가 메시야의 때임을 분명히 보이는 표적.
16:4 악하고 음란한 세대 – 너희의 사악함과 그리고 영적인 간음인 세상에 대한 사랑이 너희의 이해를 눈멀지 않게 했다면, 너희는 표적을 더는 구하지 않았을 것이다.
16:6 바리새인과 사두개인들의 누룩을 주의하라 – 즉, 그들의 거짓 교리. 이것은 완곡하게 말한 것이다. 왜냐하면 누룩이 음식에 퍼지듯이 그것이 영혼 또는 교회에 퍼지기 때문이다.
16:7 제자들이 서로 논의하여 – 그렇다면 우리가 떡을 가지고 오지 않았기에, 떡을 구하기 위해 무엇을 해야 할까.
16:8 어찌 … 논의하느냐 – 너희가 왜 이것에 관하여 걱정하느냐? 그렇게 필요하다면 내가 말로 너희들에게 공급할 능력이 없느냐?
16:11 어찌 … 깨닫지 못하느냐 – 게다가, 바리새인과 사두개인의 누룩이라는 말로 떡을 의미하는 것이 아님을 너희는 이해하지 못하느냐?
16:13 예수께서 이르러 – 이제까지 말한 것과 다음에 오는 이야기 사이에는 큰 시간적 간격이 있었다. 다음의 구절들은 우리 주님께서 고난을 받기 조금 전 일이었다.
16:14 예레미야나 선지자 중의 하나 – 메시야가 오기 전에 예레미야나 다른 고대 선지자가 다시 나타날 것이라는 전승이 그 당시 유대인들 사이에 있었다.
16:16 베드로 – 대개 앞서서 말하곤 한 사람.
16:17 혈육 – 즉, 네 자신의 이성이나 어떤 자연적인 능력.
16:18 이 반석 위에 – 바위라는 뜻인 그의 이름을 언급하면서, 즉 네가 지금 고백한

신앙 위에. **내 교회를 세우리니** – 그러나 아마도 우리 주님께서 이 말씀을 하실 때, "이 성전을 헐라"(요 2:19)고 말씀하실 때 자기 몸의 성전을 의미한 것과 같은 방식으로, 자기 자신을 가리키셨을 것이다. 그리고 성경에서 그분을 교회의 유일한 기초라고 한 것처럼, 또한 사도들이나 복음서 기자들도 선포하는 것에 기초로 두었던 것이 이것임은 확실하다. (베드로만이 아니라) 열 두 사도들의 이름이 하나님의 도성의 열두 기초 위에 동등하게 새겨진 것은(계 21:10) 이런 기초에 관련한 것이다. **음부의 권세** – 성문과 성벽이 그 도시의 힘인 것처럼, 그리고 재판정이 그 문에서 열리듯이, 이 말은 분명히 사탄의 권세와 정책, 그리고 그의 도구를 의미한다. **이기지 못하리라** – 보편적인 교회를 멸망시키려고 대적할 수는 없을 것이다. 또한 과거에도 결코 그렇지 못했다. 모든 세대에 소수의 남은 자들이 있었다.

16:19 내가 천국 열쇠를 네게 주리니 – 사실은 그에게만이 아니지만(왜냐하면 이것은 모든 사도들에게 동시에 똑같이 주었기 때문이다. 요 20:21–23), 그에게 교리와 규율의 열쇠를 처음 주었던 것이다. 우리 주님의 부활 후 그는 처음 사도직을 수행했다(행 1:15). 그리고 그는 처음으로 유대인들(행 2장)과 이방이들(행 10장) 모두에게 설교를 통해 천국을 열었다.

"맴"과 "품"이라는 말에는 베드로와 그 형제들이 사도로서 수행한 모든 규율의 행위들이 포함된다. 그리고 틀림없이 그들이 땅 위에서 행한 것을 하나님께서 하늘에서 확증하셨을 것이다.

16:20 이에 제자들에게 경고하사 자기가 그리스도인 것을 아무에게도 이르지 말라 하시니라 – 예수 자신이 그분의 사도들에게도 명백하게 말씀하지 않으셨으나, 그분의 교리와 기적을 통해 그들이 그것을 유추해 내도록 남겨두었다. 또한 사도들도 그것에 대한 큰 증거인 그분의 부활 전에 이것을 공개적으로 말하는 것은 올바르지 않았다. 만약 그들이 말했더라면 그들을 믿는 자들은 그분을 왕으로 삼으려고 더 열심히 노력했을 것이다. 그리고 그들을 믿지 않는 자들은 그런 메시야를 더욱 격렬하게 거부하고 반대했을 것이다.

16:21 이 때로부터 예수 그리스도께서 자기가 … 많은 고난을 받고 … 것을 제자들에게 비로소 나타내시니 – 아마도 이 시작했다(나타내시기 시작했다)는 표현은 항상 그분이 단호하고 진지한 말씀에 임하셨음을 암시한다. 이 전까지 그분은 주로 그분이 그리스도라는 한 가지 사실을 가르치셨다. 이때부터 그분은 그들에게 다른 것, 즉 그리스도께서 고난과 죽음을 통해 그분의 영광으로 들어가야 함을 가르치셨다. **장로들** – 가장 영예스럽고 경험이 많은 사람들. **대제사장들** – 가장 종교적이라고 여겨지는 사람들. **서기관들** – 그 나라에서 가장 학식이 많은 집단. 이들이 그분을 가장 먼저 받아들일 것이라 기대하지 않았을까? 그러나 "많은 지혜로운 자나 많은 고귀한 자"는 부름을 받지 못했다.

16:22 그리 마옵소서 – 우리 주님을 따르는 자 모두에 대한 세상과 육과 마귀의 조언.

16:23 사탄 – 우리 주님이 어떠한 경우라도 그와 같은 날카로운 책망을 다른 제자들에게 하신 기록이 없다. 그분은 방금 주어진 칭찬으로 우쭐해진 베드로의 자만심에 대해 그럴 필요가 있다고 보셨다. 아마도 사탄이라는 말은 단순히 당신은 스스로 나의 친구처럼 생각하지만 당신은 나의 원수라는 의미뿐만이 아니라, 인류의 구원을 방해하려고 시도하고 지옥의 심연으로부터 나온 끔찍한 조언을 하는 것으로 당신은 사탄의 일을 하고 있다는 것도 의미한다. **내 뒤로 물러가라** – 내 눈앞에서 꺼지라. 그분을 막기 위해 베드로가 아마도 그분 앞으로 나아왔을 것이다. **네가 … 생각하지 아니하고** – 좋아하거나 원하지 않는다. 우리는 여기서 다음을 배울 수 있다. 1. 이런 경우에 우리에게 "그리 마옵소서"라고 말하는 사람은 누구이든 마귀의 역할을 하고 있다는 것, 2. 이런 조언자에 대한 적당한 대답은 "내 뒤로 물러가라"는 것, 3. 그렇지 않으면, 그는 우리에게 "공격자"가 되어, 떨어내지 않으면 우리를 넘어지게 하는 계기가 될 것이라는 사실, 4. 이런 조언은 항상 하나님의 일을 좋아하지 않고 인간의 일을 생각하는 것으로부터 나온다는 사실이다. 그렇다. "그리 마옵소서"라는 조언은 그리스도인에게 하거나 받는 것으로 마땅하지 않은 것이기에, 누구라도 그리스도를 따르고자 한다면 그의 첫 걸음은 자신을 부정하고 포기하여, 하나의 행동원리로서 자기 자신의 의지의 자리에 하나님의 뜻으로 대체하는 것이다.

16:24 누구든지 나를 따라 오려거든 – 아무도 강요받지는 않지만, 누구라도 그리스도인이 되려면, 이 조건이 되어야 한다. **자기를 부인하고 자기 십자가를 지고** – 아무리 지켜도 지나치지 않는 규칙. 모든 것에서 아무리 기뻐도 자기 자신의 의지를 부인하고, 아무리 고통스러워도 하나님의 뜻을 따르도록 하라.

우리는 모든 십자가, 즉 혈육에 고통이 되는 모든 일들이 실제로는 우리의 의지를 희생하고 하나님의 뜻을 부여안는 기회로 생각해야 하지 않겠는가? 그리고 결과적으로 이것을 우리가 완전을 향해 나아가는 수많은 계단으로 생각해야 하지 않겠는가? 우리가 이 일을 수행하는 신실하다면, 우리는 영적 생활에 빠른 진보를 이룰 수 있을 것이다. 십자가는 그 횟수가 잦은 것이므로 십자가를 유익한 것으로 여기는 자는 큰 이득을 얻게 될 것이다. 큰 십자가들은 큰 발전의 계기들이다. 그리고 매일, 심지어 시간마다 다가오는 작은 십자가는 중량감에서 부족한 부분을 횟수로 채우는 것이다. 우리는 이 매일 그리고 시간의 십자가를 통해, 우리의 의지를 하나님께 효과적으로 드릴 수 있다. 이 봉헌은 자주 반복하게 되어, 곧 상당한 양이 될 것이다. 그렇다면 (이는 아무리 가르쳐도 부족한 것인데) 하나님은 모든 사건의 창조라라는 사실과 어느 누구도 하나님의 주의나 지시를 피할 수 있을 만큼 작거나 사소하지 않다는 사실을 기억하자. 그러므로 모든 사건은 우리에게 하나님의 뜻을 선언하는 것이며, 우리는 이렇게 선언된 그분의 의지를 진심으로 받아들여야 한다. 우리는 그분의 의지를 받아들이기 위해서 우리 자신의 것을 포기해야 한다. 우리는 그분이 우리에게 최선의 것이라 보장하며 선택한 것을 받아들이고 선택해야 한다. 여기서 우리는 계속해서 우리 자신을 훈련시켜야 하며, 이것이 하루 종일 우리의 실천이어야 한다. 우리는 겸손하게 우리에게 부여된 작은 십자가가 우리의 약함에 가장 적합한 것으로 받아들여야 한다. 이 작은 것들을 적어도 하나님을 위해서 지도록 하자. 그리고 사소한 문제들에 있어서도 우리 자신의 의지보다 하나님의 뜻을 선호하도록 하자. 그러면 그분의 선하심이 이 작은 봉헌을 받아주실 것이다. 왜냐하면 그분은 작은 것들의 날을 무시하지 않기 때문이다.

16:25 누구든지 제 목숨을 구원하고자 하면 – 자기의 양심을 희생하면서, 누구라도 최상의 경우, 즉 생명 자체에 대한 것에서 자기 자신을 포기하지 않는 사람은 영원히 잃을 것이다. 그러나 가장 작은 것에서 그럴 수 없다면, 그가 그렇게 자신을 포기할 것이라고 누가 기대할 수 있겠는가? **누구든지 … 제 목숨을 잃으면 찾으리라** – 그가 땅 위에서 잃은 것을 하늘에서 찾을 것이다.

16:27 인자가 … 오리니 – 왜냐하면 하나님의 의의 심판을 피할 길이 없기 때문이다.

16:28 그리고 이것에 대한 상징으로, 여기에 있는 몇 사람은 메시야가 와서, 자기의 교회를 확장시키고 성전과 도시와 유대인 정부를 파괴함으로, 큰 권세와 영광과 함께 자기의 중보적 인 나라를 세우는 것을 살아서 볼 것이다.

마태복음 17장

17:1 높은 산 – 아마 타보르 산.

17:2 변형되사 – 또는 변화되사. 내적인 신성이 그분의 육체의 장막을 통하여 그 빛을 밖으로 보냈다. 그리고 그 초월적인 광채로 그분은 더 이상 종의 형체를 지닐 수 없게 되었다. 그분의 얼굴은 태양의 강렬함처럼 신적인 위엄으로 빛났다. 그리고 그분의 온 몸이 그것에 의해 너무 빛나므로, 그분의 옷은 그 영광을 감출 수는 없었으나, 옷처럼 자신을 덮은 바로 그 빛으로 희고 반짝이게 되었다.

17:3 모세와 엘리야가 … 보이거늘 – 예수에 대한 그들의 믿음을 확증하기 위해서, 율법의 수여자 모세, 모든 선지자들 중 가장 열성적이었던 엘리야, 그리고 하늘로부터 말씀하는 하나님, 이 모두가 그분에 대해 증거했다.

17:4 초막 셋을 짓되 – 황홀한 놀라움의 말. 그는 여섯이 아니라 셋이라고 말한다. 사도들은 그들의 주님과 함께 있고 싶었기 때문이었다.

17:5 너희는 그의 말을 들으라 – 모세나 선지자들보다도 더 뛰어난. 신 18:17을 보라.

17:7 두려워하지 말라 – 그리고 분명히 동시에 그들에게 용기와 힘을 주셨다.

17:9 인자가 … 살아나기 전 – 부활이 그것을 믿을 수 있게 하고 그것에 대한 그들의 증언을 확증할 때까지. **본 것을 아무에게도 이르지 말라** – 나머지 다른 제자들에게 말하지 말라. 그들이 이 광경을 보도록 허락받지 못했기 때문에 슬퍼하거나 낙심하지 않도록. 또한 다른 사람들에게 말하지 말라. 그것으로 인해 몇몇 사람들이

더욱 화를 내지 않도록 하고, 그분이 고난에 이르는 것으로 또 다른 사람들이 그것에 대한 불신을 갖지 않도록.

17:10 어찌하여 서기관들이 엘리야가 먼저 와야 하리라 하나이까 – 메시야 이전에, 아무도 그분의 오심에 대해서 알지 못하게 되어 있다면? 오히려 우리는 모든 사람에게 엘리야가 왔으며, 그가 당신을 메시야로서 증거하는 것을 우리가 보았다고 말해서는 안 될까요?

17:11 모든 일을 회복하리라 – 그리스도의 오심을 위하여.

17:12 엘리야가 이미 왔으되 – "유대인들이 요한에게 물어 네가 엘리야냐 하니 그가 대답하여 나는 아니다"(요 1장)라고 했을 때, 그의 뜻은 나는 세상에 다시 온 디셉사람 엘리야가 아니라는 것이었다. 그러나 그는 말라기가 엘리야로 예언한 바로 그 사람이었다.

17:15 그가 간질로 – 이 경우는 거의 초자연적인 것이지만, 이 단어는 아주 적절하게 사용되었다. 틀림없이 달의 변화가 뇌와 신경에 영향을 주는 것을 악령이 이용했을 것이기 때문이다.

17:17 믿음이 없고 패역한 세대여 – 이것은 원칙적으로 우리 주님께서 그분의 제자들에게 하신 말씀이다. **내가 얼마나 너희와 함께 있으며** – 너희가 신실하게 믿기 전까지?

17:20 너희 믿음이 작은 까닭이니라 – 이 특정한 사안에 그들에게 믿음이 없었기 때문에. **만일 너희에게 믿음이 겨자씨 한 알 만큼만 있어도** – 즉, 최소량의 믿음. 그러나 여기서 언급된 믿음은 항상 구원에 이르는 믿음을 의미한 것은 아니라는 것이 분명하다. 많은 사람들이 믿음을 가지고 그래서 마귀들을 쫓아내지만, 마침내는 그들과 운명을 같이한다. 하나님께서 그 시간에 그를 통해서 역사하시는 것은 인간에게 주신 초자연적인 힘을 통해서 일 뿐이다. "내가 산을 옮길 만한 이 모든 믿음을 가지고 있을 지라도" "사랑으로 역사하는 믿음"을 가지고 있지 않다면, 나는 아무것도 아니다.

"산을 옮긴다는 것"은 유대인들 사이의 속담적인 구문이며, 지금도 매우 어려운 일을 표현할 때와 불가능하게 보이는 것에 대해 그들의 문장에서 사용된다.

17:21 기도와 금식이 아니면 이런 유의 귀신은 나가지 아니하느니라 – 이것은 금식과 함께 열정적으로 기도할 때 그 효과가 크다는 놀라운 증언! 이전에 사도들은 금식하지 않고 다른 마귀들을 쫓아냈었다.

17:24 가버나움에 이르니 – 가버나움은 지금 우리 주님이 사시는 곳이다. 이것이 그분이 거기로 오실 때까지 그분께 세금에 대해서 질문하러 그들이 기다리고 있었던 이유이다. **너의 선생은 반 세겔을 내지 아니하느냐** – 이것은 특별한 종류의 세금이나 지불이었으며, 액수는 반 세겔(대략 15펜스)이었는데, 각 가정의 가장이 성전의 의식을 위해, 즉 소금이나 그밖에 제공되지 않는 사소한 물건을 사기 위해 매년 지불하곤 했

다. 율법에 의한 것이라기보다는 관습에 의해서 제정된 자발적인 것으로 보인다.
17:25 예수께서 먼저 – 베드로가 그분께 물으려고 하는 바로 그 때에. **자기 아들에게냐 타인에게냐** – 즉, 자기의 가족에게는 그와 같이 하지 않는다.
17:26 그렇다면 아들들은 세를 면하리라 – 그 뜻은 이것은 하나님의 집에서 사용하고자 하는 세금이라는 것이다. 그러나 나는 하나님의 아들이다. 그러므로 나는 내 아버지에게 이것을 드리는 그 어떤 의무로부터도 면제된다.
17:27 그러나 우리가 그들이 실족하지 않게 하기 위하여 – 그것을 요구할 아무런 권한도 없는 불의하고 불합리한 자들일지라도, 그것을 가지고 그들과 다투지 말라. 평화나 사랑을 깨기보다는 오히려 그들의 요구에 응하라. 오, 사랑의 영혼을 가진 사람이 평화를 위해 하지 않는 것이여! 하나님의 말씀에서 명백하게 금지하지 않는 그것. **돈 한 세겔** – 원어는 2실링이나 6펜스의 가치가 있는 1스타터(stater)이며, 마침 요구하는 총액이었다. **나와 너를 위하여 주라** – 베드로는 자신의 가족이 있었고, 나머지 제자들은 예수의 가족이었다.

여기서 우리 주님께서 드러내신 지혜와 능력이 얼마나 큰가! 지혜는 심지어 바다 아래로 이 생물에게까지 관통하며, 능력은 그 자신은 멀리 떨어져서 바로 이 물고기가 베드로의 낚시에 걸리도록 하는 것이었다. 이것이 그분과 그의 형제들에게 하나님의 섭리를 굳건하게 의지하도록 하는데 얼마나 큰 격려가 되었겠는가!

마태복음 18장

18:1 천국에서는 누가 크니이까 – 우리 가운데 누가 너희의 수상이 될 것인가? 그들은 여전히 세상적인 나라를 꿈꾸고 있다.
18:2 예수께서 한 어린 아이를 불러 – 이는 이그나티우스인 것 같고, 그는 현자이며 좋은 황제라고 하던 트라야누스가 로마의 들짐승들에게 던져 넣으라고 판결하였다.
18:3 너희가 돌이키지 … 아니하면 – 은혜의 나라에 들어가는 첫 단계는 바로 어린 아이처럼 되는 것이다. 즉, 자신의 무지와 비참함을 알고, 하늘에 계신 자신의 아버지께 자신이 필요한 것을 공급하시도록 온전히 매달리는 겸손한 마음. (이 본문이 많은 것을 의미하는지는 의심스럽지만) 우리는 다음과 같이 더 주장할 수 있을 것이다. 너희가 어둠에서 빛으로, 사탄의 권세로부터 하나님께로 돌아서지 않으면, 너희가 완전히 내적으로 변화하여 하나님의 형상으로 새롭게 되지 않으면, 너희는 영광의 나라에 들어갈 수 없다. 그러므로 모든 사람은 이생에서 회개해야 한다. 그렇지 않으면 결코 영원한 생명으로 들어갈 수 없다. **너희가 … 결단코 … 들어가지 못하리라** – 천국에서 큰 자가 될 수 없다.
18:5,18:6 이런 의미에서 작은 아이들은 모두 나에게 말로 할 수 없이 사랑스럽다. 그러므로 마치 그들이 개인적으로 나 자신인 것처럼 최선을 다해 도와라. 그리고 너

희가 그들을 실족하게 하지 않나 보라. 즉, 너희가 그들을 바른 길에서 벗어나게 하지 말고, 또한 그들이 바른 길로 가는 것을 막지도 마라.

18:7 실족하게 하는 일들이 있음으로 말미암아 세상에 화가 있도다 – 즉, 말로 할 수 없는 비극이 그것들로 인하여 세상에 있을 것이다. **실족하게 하는 일이 없을 수는 없으나** – 그것은 사물의 본성이며, 인류의 약함과 어리석음과 악독이기에 그것들은 일어날 수밖에 없다. **실족하게 하는** – 실족하게 하는 일은 어떤 사람을 하나님의 길에서 벗어나게 하거나 그리로 들어가는 것을 막는 모든 것들이다. **그 사람에게는 화가 있도다** – 즉, 그 사람은 비참하다.

18:8,18:9 만일 네 손이나 네 발이 너를 범죄하게 하거든 – 가장 좋아하는 일이나 가장 사랑하고 유용한 사람이 너희로 그 길에서 벗어나게 하거나 그리고 들어가는 것을 막거든. 이것은 어려운 말이 아니지 않은가? 그렇다. 너희가 혈과 육의 권고를 따르면.

18:10 삼가 이 작은 자 중에 하나도 업신여기지 말라 – 그들이 너희에게 보잘 것 없는 것처럼. 그리스도에 대한 믿음이 약한 자들을 받아들이며, 그들을 실족시키지 말라. 왜냐하면 이들 중 어떤 사람들은 아주 사소하게 너희에게 나타나지만, 바로 하나님의 천사들의 특별하게 그들을 보살피고, 지존자의 보좌에 항상 등장하는 최고의 존재들이기 때문이다. **내 아버지의 얼굴을 항상 뵈옵느니라** – 그분의 보좌 가까이에서 시중을 드는 것을 의미하는 것 같고, 이것은 지상의 궁전에서 매일 그들의 군주들과 대화하는 주요 장관들의 사역을 비유하는 것 같다.

18:11 너희가 그들을 경멸하지 말아야 할 또 다른 커다란 이유는 내 자신이 그들을 구하러 이 세상에 왔기 때문이다.

18:14 너희 아버지의 뜻이 아니니라 – 내 아버지도 그들 가운데 가장 작은 자를 경멸하지 않으신다. 점층법, 즉 천사들, 성자, 성부를 주목하라!

18:15 그러나 우리가 어떻게 어떤 사람을 실족하게 하거나 혹은 다른 사람에게서 실족하게 되는 것을 피할 수 있을까? 특별히 그들이 분명히 잘못하고 있다고 가정해 보자. 즉, 그들이 드러난 죄를 짓고 있다고 생각해 보자. 우리 주님은 여기서 어떻게 할 것이지를 우리에게 가르쳐 주신다. 그분은 실족하게 하는 모든 일을 피할 확실한 방법을 보이신다. 이 세 규칙을 잘 지키는 사람은 누구든지 다른 사람을 거의 실족하게 하지 않을 것이며, 자기 자신도 결코 실족되지 않을 것이다. 누군가 잘못된 일을 행하는 것을 너희가 눈이나 귀로 목격했을 때, 주님은 다음과 같이 하라고 말씀하신다. **네 형제가** – 같은 신앙공동체 구성원 가운데 하나. 죄를 범하거든 –

(1) **가서 너와 그 사람과만 상대하여 권고하라** – 가능하면 개인적으로, 불가능하면 너의 사자를 보내거나 편지도 좋다. 우리 주님은 이 단계를 생략하거나, 다음 단계로 대체할 자유를 주지 않으셨다는 점을 주목하라. 이것이 성공하지 못하면,

18:16 (2) 한 두 사람을 데리고 가서 – 그 사람이 존경하거나 사랑하는 사람들, 그들은 네가 말하는 것을 확인해 주고 강화시켜 줄 수 있다. 그리고 후에, 필요할 경우

무슨 이야기가 있었는지 증언해 줄 것이다. 이것조차도 성공하지 못하면, 그 후로는

18:17 (3) 교회에 말하고 – 너희와 그 사람의 영혼을 돌보는 자들 앞에 모든 문제를 공개하여라. 만약 이 모든 일이 쓸데없게 되면 더 이상 그 사람과 교제하지 말고, 이방인들처럼 대하라.

어떤 것이 이보다 더 분명할 수 있을까? 그리스도는 여기서 형제가 악을 행하는 것을 보는 모든 그리스도인들에게 바로 이 길을 택하고, 이 순서를 따를 것을 분명히 명령하신다. 이 명령은 아버지와 어머니를 영화롭게 하라고 명령하실 때만큼이나 분명하다.

그러나 그렇다면, 그리스도인들은 어떤 나라에서 살고 있는가?

우리가 사람과 사람의 개인적인 행동으로부터 보다 공적인 성격의 절차로 진행한다면, 어느 기독교 나라의 교회징계가 이러한 규칙에 상응하는가? 이것이 교황의 세계에서나 개신교의 세계에서, 교회재판이 보이는 형태인가? 이러한 것들이 자신들의 판결을 확정하기 위하여 그리스도의 권위를 가장 크게 자랑하는 이들에 의해 사용되는 방법인가? 그리스도인의 이름에 대한 이 불명예를 씻어버리고, 공통의 인간성이 그런 엄숙한 조롱으로 파괴되지 않도록 주님의 이름으로 간절히 기도하자!

이방인과 … 같이 여기라 – 그들에게 너희는 여전히 신실한 선의와 인도적인 의무를 베풀어야 하다.

18:18 무엇이든지 너희가 땅에서 매면 – 그리스도의 영과 능력으로 선포되는 파문에 의해서. **무엇이든지 땅에서 풀면** – 그 선고를 사면함으로, 초대교회에서 사면은 단지 교회의 징계를 해제하는 것을 의미했다.

18:19 다시 … 이르노니 – 그리고 회개자를 위한 너희 중보기도뿐만 아니라 너희의 모든 합심기도도 들으신다. 그렇다면 연합된 기도의 능력은 얼마나 크단 말인가? **너희 중에 두 사람이** – 남편과 그의 아내를 생각하라.

18:20 두세 사람이 내 이름으로 모인 곳에는 – 즉, 나를 예배하는 곳. **나도 그들 중에 있느니라** – 그 기도를 살리고, 조언자들을 인도하며, 간구에 응답하기 위하여 나의 영으로.

18:22 일곱 번을 일흔 번까지라도 – 즉, 일이 일어날 때마다 자주. 구체적인 숫자가 불확실함을 위해 사용되었다.

18:23 그러므로 – 이러한 측면에서.

18:23 만 달란트 빚진 자 하나를 데려오매 – 보통의 계산법에 따라, 만약 이것들이 금 달란트라면, 7천 2백만 파운드일 것이다. 만약 은 달란트라면, 4백 40만 파운드일 것이다. 여기서 우리 주님께서는 하나님에 대한 우리의 범죄의 엄청난 수와 무게를 암시하고, 우리가 그분을 만족시키는 것은 전혀 불가능하다는 것을 암시한다.

18:25 갚을 것이 없는지라 주인이 명하여 … 다 팔아 갚게 하라 하니 – 이것은 고대의 몇몇 나라에서 채무능력이 없는 채무자에 대해서 채권자가 지녔던 권한이었다.

18:30 그와 함께 재판관 앞에 **가서 그가 빚을 갚도록** 거기에 놓아 둘 것을 요구하면서 **옥에 가두거늘**

18:34 주인이 … 그를 옥졸들에게 넘기니라 – 동방국가들에서는 우리나라보다 투옥이 보다 심각한 형벌이다. 특히 국가범죄자가 그 형벌을 받았을 때, 아주 극심하게 거의 아무 것도 주어지지 않을 뿐만 아니라, 자주 족쇄와 무거운 멍에가 매어져서, 그들은 쉽게 눕거나 앉을 수가 없었다. 그리고 잦은 채찍질과 간헐적인 고문으로 이른 사망을 가져왔다. **그 빚을 다 갚도록** – 즉, 놓여날 희망이 없이. 왜냐하면 그는 이것을 결코 할 수 없기 때문이었다.

우리 주님이 여기서 끌어낸 위대한 추론과 이 전체 이야기는 얼마나 주목할 만한가! 1. 빚진 자가 값없이 완전히 용서를 받았다. 2. 그가 의도적으로 한심하게 잘못을 저질렀다. 3. 그의 용서가 취소되어 그의 모든 빚이 요청되었으며, 그 죄인은 옥졸들에게 영원히 넘겨졌다. 우리는 우리가 한 번 값없이 완전히 사죄를 받으면, 우리의 사죄가 결코 취소될 수 없다고 여전히 말할 수 있겠는가! 진실로 내가 너희에게 이르노니, **너희가 각각 마음으로부터 형제를 용서하지 아니하면 나의 하늘 아버지께서도 너희에게 이와 같이 하시리라.**

마태복음 19장

19:1 떠나 – 이 때부터는 더 이상 갈릴리로 오시지 않았다.

19:2 무리가 따르거늘 예수께서 거기서 그들의 병을 고치시더라 – 즉, 그들이 그분을 따라오는 곳마다.

19:3 바리새인들이 예수께 나아와 그를 시험하여 – 그분이 모세와 모순을 일으키도록 노력하면서. **어떤 이유가 있으면** – 즉, 왜냐하면 그가 아내를 싫어하기 때문에. 서기관들을 이것을 허락했다.

19:4 예수께서 대답하여 가라사대 … 읽지 못했느냐 – 그래서 모세와 모순을 일으키는 대신에, 우리 주님은 바로 모세의 말로 그들을 논박한다. **사람을 지으신 이가 본래 그들을 남자와 여자로 지으시고** – 적어도 모세가 말하는 창조 때부터. 그리고 어디서 다른 것을 읽을 수 있는가? 하와를 하나님께서 만드신 것은 그분의 원래 계획의 한 부분이었지, 아담이 타락하고 난 결과가 아니었다는 것이 나오지 않는가? 그들을 한 남자와 한 여자로 만드심으로 그분은 일부다처제를 정죄하셨고, "한 몸"으로 만드심으로 이혼을 정죄하셨다.

19:5 말씀하시기를 – 아담의 입을 통해, 그가 그 말을 했다.

19:7 어찌하여 모세는 … 명하였나이까 – 그리스도께서는 다음과 같이 대답하셨다. "모세는 허락했지," 명령하지 않았으며, 이는 "너희의 마음이 완악하기 때문이다." 너희 조상이나 너희가 더 나은 길을 감당할 수 없었기 때문이었다.

19:9 내가 너희에게 말하노니 – 나는 오늘부터 그런 방종을 철폐한다. 그래서 이제부터는 누구든지 …

19:11 예수께서 이르시되 – 이것이 보편적으로 옳은 것은 아니다. 모든 사람에 대한 것이 아니라, 오히려 이 특별한 하나님의 은사가 "주어진 사람에게만" 관련된 것이다. 그런데 이것은 세 종류의 사람에게 주어진다. 어떤 사람들에게는 그들이 선택이 아니라 자연적인 체질에 의해서, 다른 사람들에게는 선택에 반한 폭력에 의하여, 또 다른 사람들에게는 그들의 선택과 함께 은사에 의해서, 따라서 그들은 그들의 자연적인 충동을 꾸준히 거스르며, 흐트러짐 없이 하나님을 섬길 수 있다.

19:12 천국을 위하여 스스로 된 고자도 있도다 – 하나님과 더 가까이 동행하기 위하여 결혼을 삼가는 (그것을 정죄하거나 경멸하지 않지만) 자들은 행복하도다. **이 말을 받을 만한 자는 받을지어다** – 이 은혜로운 명령(그것은 분명하다. 그런 사람은 독신으로 살아갈 수 있다고 말하는 것은 아무런 의미가 없기 때문이다. 누가 이것을 의심하겠는가?)은 모두에게 주어진 것이 아니다. "그것을 받을 수 있는" 극소수의 사람들에게만 계획된 것이다. 오, 이들이 기쁘게 받아들이길!

19:13 예수께서 안수하고 – 이것은 매우 초기부터 젊은 사람들에게 축복기도를 할 때 사용되던 의식이었다(창 48:14–20).

제자들이 꾸짖거늘 – 즉, 그들을 데리고 온 사람들을. 아마도 그와 같은 행동이 자신들의 주님의 위엄에 어울리는 않는 것으로 생각하면서.

19:14 천국이 이런 사람의 것이니라 – 어린 아이들은 자연적인 의미나 영적인 의미에 있어서 나의 나라에 들어갈 권리가 있다.

19:16 어떤 사람이 주께 와서 – 다수의 가난한 사람들이 처음부터 그분을 따랐다. 마침내 한 부자가 왔다.

19:17 어찌하여 선한 일을 내게 묻느냐 – 너희가 하나의 인간이라고만 생각한 나를. **선한 이는 오직 한 분이시니라** – 절대적으로, 근본적으로, 오직 하나님만. **네가 생명에 들어가려면 계명들을 지키라** – 사랑하는 믿음의 원리로부터. 믿어라, 그리고 그것으로부터 사랑하고 복종하라. 그리고 이것이 의심할 바 없이 영생으로 가는 길이다. 그러므로 우리 주님은 역설적으로 대답하지 않으신다. 그렇게 하는 것은 분명히 그분의 특성에 어울리지 않는 것이다. 오히려 진지한 질문에 대해서 분명하고, 직접적이며, 진지하게 대답하신다.

19:20 그 청년이 가로되 이 모든 것을 내가 지키었사온대 – 그렇게 그는 생각했다. 그리고 아마 문자에 따라서 그는 그렇게 했을 것이다. 그러나 우리 주님께서 즉각적으로 보이신 영적인 것에 관해서 아니었다.

19:21 네가 온전하고자 할진대 – 즉, 진정한 그리스도인이 되려고 한다면. **네 소유를 팔아** – 마음을 읽으시는 그분께서는 세상을 사랑하는 것이 그의 마음의 죄인 것을 아셨다. 그리고 그가 그것을 문자 그대로 버리지 않으면, 이것에서부터 구원받을 수

없다는 것을 아셨다. 그러므로 그에게 이 특별한 지시를 주셨으나, 그분은 결코 이 것을 일반적인 규칙으로 계획하신 것은 아니었다. 그에게는 이것이 구원에 있어 필수적이었나, 우리에게는 그렇지 않다. 모든 것을 파는 것이 그에게는 절대적인 의무였으나, 우리들 중 다수에게는 그것이 절대적인 죄가 될 것이다.

19:22 그 청년이 … 가니라 – 그토록 비싼 대가로 구원을 받고 싶지 않아서.

19:24 낙타가 바늘귀로 들어가는 것(속담적인 표현)**이 부자가** 그 좁은 문으로 들어가는 **것보다 쉬우니라** 즉, 인간적으로 말해서 그것은 절대적으로 불가능하다. 부자여, 두려워 떨라. 이 불가능함을 느껴라, 그렇지 않으면 너는 영원히 버림받을 것이다!

19:25 제자들이 듣고 몹시 놀라 이르되 그렇다면 누가 구원을 얻을 수 있으리이까 – 부자가 그의 유리한 조건을 가지고도 그렇게 된다면, 누가? 가난한 사람, 농부, 거지, 이와 같은 수만의 사람들이 부유한 사람보다 더 빨리 구원을 얻을 수 있다.

19:26 예수께서 그들을 보시며 – 그들의 조급한 마음을 진정시키기 위하여. 오 여기에 얼마나 소중한 말씀이 드러나는가! **이르시되** – 가장 부드럽게. **사람으로는 할 수 없으나** – 그분께서 말씀하신 것을 철회하지 않고, 정도에 있어 하나도 완화하지 않으면서, 부자의 구원은 전능자의 최고의 노력임을 보임으로, 오히려 강화하고 계신 것을 주목할 만하다.

19:28 새롭게 되어 – 모든 것이 최후로 새롭게 될 때. **너희도 … 앉아** – 심판이 시작될 때 그들이 설 것이다(고후 5:10). 그리고 면제된 후에, 그들은 심판자와 함께 앉을 것이다(고전 6:2). **영광의 보좌에** – 그렇게 우리 주님은 아무런 조건을 말씀하지 않으시고 약속하셨다. 그렇다. 말씀이 절대적인 만큼, 아무것도 설명되지 않은 많은 말씀처럼 조건이 암시되었음이 확실하다. 이것의 결과로, 이 열둘이 그 열 두 보좌에 앉지는 못했다. 왜냐하면 유다의 보좌는 다른 사람이 취했고, 그는 그 위에 결코 앉지 못했기 때문이다.

19:29 자마다 – 모든 세대와 모든 나라. 너희 나의 사도들만이 아니라. **집이나 형제나 … 자식이나 전토를 버린** – 그들이 깨끗한 양심으로 보유할 수 없을 때는 그들 중 어떤 것을 포기하고, 또는 의도적으로 그것들을 얻기를 자제함으로. **여러 배를 받고** – 가치에 있어서 같은 종류는 아니지만, 이 세상에서도.

19:30 먼저 된 자 – 먼저 부름을 받은 자 다수. 나중 되고 – 가장 작은 보상을 받게 될 것이다. 그들 뒤에 온 자들이 먼저 발탁될 것이다. 그러나 아마도 먼저 온 자나 나중에 온 자 모두 구원을 받을 것이다. 영광의 정도는 다르겠지만.

마태복음 20장

20:1 먼저 부름을 받은 자들 중 어떤 이들은 나중이 될 수 있다는 것을 우리 주님은 다음에 오는 비유를 통해 확증하신다. 그 중 첫째 장면은 다수의 유대인들이 거부

되고 다수의 이방인들이 받아들여질 것임을 보이는 것이다. 둘째는 이방인들 중 다수의 먼저 회심한 자들이 영광의 나라에서는 마지막이 되고 가장 낮게 되며, 다수의 나중에 회심한 자들이 거기서 먼저 되고 가장 높이 될 것을 보이는 것이다. **천국은 … 같으니** – 즉, 하나님이 그 나라에서 진행하는 방법이 집주인과 유사하다. **품꾼을 얻어 포도원에 들여보내려고** – 그리스도인이라고 고백하는 모든 사람들은 이런 의미에서 일꾼이며, 그들이 살 동안 하나님의 포도원에서 일하기로 되어 있다. **아침에** – 6시, 로마인과 유대인들은 일시라고 했다. 그때부터 저녁 9시를 삼시, 12시를 육시, 오후 3시를 구시, 5시를 십일시라고 불렀다.

20:2 로마의 데나리온은 영국 돈으로 약 7펜스 반 페니이다. 당시 이것은 대개의 하루노임이었다.

20:6 제십일시에 – 즉, 아주 늦게, 나머지 사람들이 부름을 받은 지 오랜 후에.

20:8 저물매 – 생애나 세상의 저녁에.

20:9 제십일시에 온 자들 – 이것은 유대인들이 포도원, 즉 그리스도의 교회에 들어온 후 오랜 후에 부름을 받은 이방인들이나, 아니면 인생의 날이 다해갈 때 비로소 복음의 부름을 듣거나 이해한 모든 세대의 사람들. 이러한 의미 가운데, 비유의 어떤 상황은 전자에 가장 적합한 것 같고, 어떤 상황은 후자에 적합한 것 같다.

20:10 먼저 온 자들이 와서 더 받을 줄 알았더니 – 아마도 여기서 "먼저 온 자들"은 유대인들을 의미할 것이다. 그들은 항상 자기들이 이방인들보다 먼저 발탁된다고 여겼다.

20:12 그들을 … 우리와 같게 하였나이다 – 그래서 베드로는 분명히 다음과 같이 말한다. 하나님께서 "믿음으로 그들의 마음을 깨끗이 하사 그들이나(이방인) 우리나(유대인) 차별하지 아니하셨느니라."(행 15:9) 그리고 여기서 동일하게 거룩한 자들은 그들이 언제 부름을 받았든지 이후로도 동일하게 행복해 질 것이다.

20:14 이방인들 가운데 **나중 온 이 사람에게** 유대인들 중에서 부름을 받은 **너와 같이 주는 것이 내 뜻이니라.** 그렇다. 그리고 오래 전에 부름을 받은 사람들에게처럼 나중에 회심한 세리들과 죄인들까지도.

20:15 내 것을 가지고 내 뜻대로 할 것이 아니냐 – 그렇다. 틀림없다. 그 받을 만한 것보다 무한히 더 큰 상을 유대인이나 이방인에게 주는 것. 그러나 자비로운 영혼의 아버지께서

> "태어나지 않은 영혼을 지옥에 보내거나
> 인간을 모태로부터 저주하는 것이"

정당하거나 가능하다는 것을 여기에서 끌어낼 수 있겠는가? **내가 선하므로 네가 악하게 보느냐** – 내가 은혜로워서 너희는 질투하느냐? 여기 이기적이고 질투하는 기질을 가진 일꾼이 일반적으로 지닌 해로운 측면에 대한 분명한 암시가 있다.

20:16 이와 같이 나중 된 자로서 먼저 되고 먼저 된 자로서 나중 되리라 – 유대인들

과 이방인들에 관하여 뿐만 아니라, 다른 수천의 경우에도. (**많은 자들이 부름 받았다** – 복음을 들은 모든 사람들. **그러나 소수가 선택받았다** – 그것에 복종하는 자들만.)

20:20 그 때에 세베대의 아들의 어머니가 … 예수께 와서 – 그분께서 방금 말씀하신 것을 생각하면, 이보다 더 시기에 맞지 않은 일이 있었을까? 아마도 세베대 자신은 죽었거나 아니면 그리스도의 추종자가 아니었을 것이다.

20:21 주의 나라에서 – 아직 그들은 세상적인 나라를 기대했다.

20:22 내 나라에 들어가는 것이 의미하는 것과 거기에 반드시 미리 요청되는 것을 **너희가 알지 못하는도다** – 내 나라를 공유하는 모든 자들은 먼저 내 고난을 공유해야 한다. 너희가 이것을 할 수 있으며, 또 하고 싶어 하는가? "잔"과 "세례"라는 이 두 표현은 그분의 고난과 죽음으로 이해될 수 있다. 이와 같은 표현들은 유대인들 가운데 흔하다.

20:23 내 좌우편에 앉는 것은 – 그리스도는 제자들이 너무 어리석어서 땅의 영광으로 이해한 것을 하늘의 영광에 적용하신다. 그러나 이것이 그분의 부여하는 권한임을 부인하지 않는다. 하나님으로서 그리고 인자로서, 가장 엄밀한 타당성으로 부여하는 것은 그분의 권한이다. 그분은 본래 준비된 자들에게만 그것을 부여할 것이라고 강조하신다. 즉, "사랑으로 역사하는 믿음"으로 끝까지 견디는 자들에게.

20:25 이방인의 집권자들이 그들을 임으로 주관하고 … 알거니와 – 그리고 너희는 내 나라의 지도자도 그들처럼 하리라고 상상하지만, 거기서는 전혀 다를 것이다.

20:26 너희를 섬기는 자 – 즉, 너희의 종.

20:30 맹인 두 사람이 … 소리 질러 – 마가와 누가는 그들 중 하나만, 즉 맹인 바디메오를 언급한다. 그는 둘 가운데 더 탁월해서, 자신들을 위해 말했던 것 같다.

20:31 무리가 꾸짖어 잠잠하라 하되 – 그리고 그들은 다윗의 자손 뒤에서 부르짖으려는 모든 사람에 대해서 그렇게 할 것이다. 그러나 그분이 필요하다고 느끼는 자들은 더 부르짖게 하여라. 그렇지 않으면 그들은 치료를 받지 못할 것이다.

마태복음 21장

21:5 시온 딸 – 즉, 예루살렘의 거주님들. 이 문장의 첫 단어는 이사야 62:11에서 인용된 것이며, 그 다음은 스가랴 9:9에서 인용된 것이다. 고대 유대인 박사들은 이 예언을 보통 메시야에게 적용했다. **나귀 … 탔도다** – 평화의 왕은 전쟁의 동물인 말을 타지 않았다. 그러나 그분은 머지않아 말을 타실 것이다(계 19:11). 족장시대에는 걸출한 사람이 이 동물을 사용하는 것이 치욕이라고 생각하지 않았으나, 티베리우스 통치기간이 되어서야 이런 견해가 만연되거나 계속되었던 것 같다. 우리 주님께서 그렇게 나타나신 것은 천한 태도였을까? 천하고 경멸할 만한 것인가? 나는 그렇다고 생각하며, 그것에 영광을 돌린다. 그것은 내 영혼의 평안을 위한 것이고, 그분

의 겸손에 대한 명예를 위한 것이며, 모든 세상적인 화려함과 장대함을 철저하게 혼란시키기 위한 것이다.

21:7 예수께서 그 위에 타시니 – 즉, 옷 위에.

21:8 무리의 대다수는 그들의 겉옷을 길에 펴고 – 왕의 즉위식에서 보통의 관습(왕하 9장).

21:9 무리가 소리 높여 이르되 – 아마 신적인 충동으로부터, 왜냐하면 그들 중 대부분은 분명히 자기들이 하는 말을 이해하지 못했기 때문이다. **호산나** – "주여 우리를 구원하소서"는 유대인들 사이에서 자주 사용되던 엄숙한 말이다. 그 의미는 "우리는 다윗의 자손에게 호산나를 부른다. 주의 메시야이신 그는 복되도다. 구원하소서. 당신은 지극히 높은 하늘에 계시나이다"이다. 우리 주님은 지금까지 사람들에게 모든 공적인 명예를 표시하는 것을 금지시켰는데, 이는 때가 오기 전에 그분의 원수들이 그의 설교를 방해하는 일이 없도록 하기 위해서였다. 그러나 이 이유는 끝났으며, 그분은 그들의 환호를 용인하셨는데, 이는 4, 5일 뒤에 "그를 십자가에 못 박으소서!" "그를 십자가에 못 박으소서!"라고 외칠 그 사람들의 사악함에 반하는 공적인 증언이 될 수 있기 때문이었다. 다른 복음서 기자들에 의해 기록한 표현은 다소 이것과 다르다. 그러나 그 모두는 틀림없이 군중들 가운데서 사용되었을 것이다.

21:11 나사렛에서 나온 선지자 예수라 – 이 얼마나 대단한 걸림돌인가! 그분이 나사렛 출신이라면, 그분은 메시야일 수가 없다. 그러나 그 사실을 진지하게 알고자 한 사람들은 그 때 걸려 넘어지지 않을 것이다. 왜냐하면, 조사한다면(조사를 못하지는 않을 것이기에), 그들은 그분이 나사렛이 아니라 베들레헴 출신임을 발견했을 것이기 때문이다.

21:12 성전 안에서 – 즉, 이방인들이 예배를 드리던 그 바깥들에서. **매매하는 모든 사람들을 내쫓으시며** – 제사를 위한 비둘기와 소. 그분은 3년 전(요 2:14) "장사하는 집을 만들지 말라"고 금하면서, 그들을 쫓아 내셨다. 같은 죄악이 되풀이되는 것에 대해서, 그분은 더 날카로운 단어를 사용하셨다. **돈 바꾸는 사람들** – 외국 화폐를 그곳의 동전으로 교환해 주는 사람들이며, 멀리 떨어진 지역에서 온 사람들은 성전 제사를 위해 헌금하기를 원했을 것이다.

21:13 강도의 소굴 – 사악한 사람들이 머무는 곳에 대한 속담식 표현.

21:20 제자들이 보고 – 다음 날 그들이 그 옆을 지날 때.

21:21 예수께서 대답하여 이르시대 … 만일 너희가 믿음이 있고 – 이 기적에서 우리 주님의 첫 번째 커다란 목적은 그들의 믿음을 확증하고 증진시키기 위한 것이고, 또 하나는 그들에게 열매가 없는 것에 대해 경고하기 위한 것임을 우리는 여기서 배울 수 있다.

21:23 예수께서 성전에 들어가 … 대제사장들과 … 나아와 – 예수께서 자기들의 권한을 침해했다고 생각한 사람들. 백성의 장로들 – 아마도 산헤드린 의원들이며, 그

들에게 그 칭호가 가장 당연하게 붙여졌다. 그들은 성전을 정화하였던 그리스도의 최근의 행동을 자연스럽게 인지하였던 사람들이었기 때문에 그 가능성이 더 있다. 대제사장들과 함께, 이들은 자기들의 말에 더 무게를 주고, 그리고 필요한 경우, 그분에 대해서 연합 증언을 펴기 위하여, 일부러 여러 명으로 나타난 것 같다. **가르치실새** – 그들은 또한 그분이 제사장도, 레위인도, 서기관도 아니기에, 그럴 권한이 없다고 생각한 것 같다. (제사장으로서가 아닐지라도) 어떤 제사장들과 모든 서기관들은 선생이 될 권한이 있었다. **무슨 권위로 이런 일을 하느냐** – 공적으로 사람들을 가르치고, 성전 바깥에서 매매하라고 우리가 허락한 자들을 쫓아내느냐?

21:24 나도 한 말을 너희에게 물으리니 – 나에게 많은 것을 물었던 사람들에게.

21:25 요한의 세례 – 즉, 요한의 전체 사역. **하늘로부터냐 사람으로부터냐** – 무슨 권세로 그가 행동하고 가르쳤느냐? 그에게 그 권위를 사람이 주었느냐, 하나님이 주었느냐? 하나님이 아니냐? 그러나 만일 그렇다면 결론은 분명하다. 왜냐하면 요한은 예수께서 그리스도라고 증언했기 때문이다. **어찌하여 그를 믿지 아니하였느냐** – 이것을 증언하는데.

21:27 너희에게 이르지 아니하리라 – 분명한 표현으로, 더 이상은 아니다. 그분은 이전에 그들에게 종종 대답하셨다. 그러나 그들이 그분을 믿으려고 하지 않았다.

21:29 대답하여 이르되 아버지 가겠나이다 하더니 가지 아니하고 – 서기관과 바리새인들이 바로 그랬다. 그들은 하나님을 섬기는 일에 대해 가장 큰 준비와 열정을 고백했지만, 그것은 그들의 모든 행동과는 반대되는 말뿐이었다.

21:32 요한이 의의 도로 너희에게 왔거늘 – 그것을 가르칠 뿐만 아니라, 그 안에서 나아가면서. **세리와 창녀** – 가장 악명이 높은 죄인들이 처음에는 "싫소이다"하고 말했지만 변화되었다. **너희는 이것을 보고도** – 그들 안에 일어난 놀라운 변화를 보고, 처음에는 너희가 "아버지 가겠나이다"하고 말했을 지라도. **끝내 뉘우쳐 믿지 아니하였도다** – 전보다 더 확신을 갖지 않았다. 오, 이 말씀이 오늘날에는 어떻게 성취되고 있는가!

21:33 한 집 주인이 포도원을 만들어 – 하나님께서 교회를 가나안에 두셨다. **산울타리로 두르고** – 처음에는 율법으로, 다음에는 그분의 특별한 섭리로. **즙짜는 틀을 만들고** – 아마도 그것은 예루살렘을 의미할 것이다. **망대를 짓고** – 성전. **타국에 갔더니** – 즉, 그 포도원의 지기들에게 어느 정도 선하게 보이는 대로 행동하도록 맡겼다.

21:34 자기 종들을 … 보내니 – 그의 특별한 사자 즉, 선지자들. **농부들** – 유대인 가운데 보통의 설교자들이나 사역자들.

21:41 그들이 말하되 – 아마도 대제사장이나 바리새인이 아니라, 옆에 서있던 사람들. **그들은 누가가 기록한 것처럼** "그렇게 되지 말아지어다"(눅 20:16)라고 말했다.

21:42 건축자들 – 교회를 세우는 것이 그들의 직책인 서기관들과 제사장들. **모퉁이의 머릿돌이 되었나니** – 또는 주춧돌. 그분은 교회의 기초가 되시며, 그 위에 전 건

물이 의지한다. 한 집의 모퉁이의 머릿돌이 두 면을 지지하고 서로 연결시키듯, 교회의 중요한 모퉁이의 머릿돌은 이방인들을 교회로 결합시킨다.

21:43 그러므로 – 너희가 이 모퉁이의 머릿돌을 거부하기 때문에. **하나님의 나라** – 즉, 복음.

21:44 이 돌 위에 떨어지는 자는 깨어지겠고 – 그리스도에 걸려 넘어지는 자는 많은 상처를 받을 것이다. 복음을 들었으나 믿지 않는 자는 이 돌 위에 떨어지는 자라고 말한다. **이 돌이 사람 위에 떨어지면** – 보복으로, 그것은 그를 완전히 파괴할 것이다. 그리스도께서 구름 가운데 오실 때 그것이 모든 불신자들 위에 떨어질 것이다.

마태복음 22장

22:1 예수께서 … 대답하여 이르시되 – 즉, 방금 있었던 일에 대해서 말씀하셨다.

22:2 자기 아들을 위하여 혼인 잔치를 베푼 어떤 임금 – 자기의 맏아들을 세상에 보내실 때, 하나님께서 그렇게 하셨다.

22:3 청한 사람들 – 즉, 유대인들.

22:4 살진 짐승 – 살진 가축이나 가금들.

22:5 한 사람은 자기 밭으로, 한 사람은 자기 사업하러 가고 – 한 사람은 자기가 가진 소유를 염두에 두어야 했다. 또 다른 한 사람은 자기가 원하는 것을 얻어야 했다. 얼마나 많은 사람들이 정당한 일을 오용함으로 멸망하는가!

22:7 임금이 … 군대를 보내어 – 하나님께서 그 목적으로 사용하신 로마 군대들. **그 살인한 자들을 진멸하고** – 우선적으로 유대인들.

22:9 네거리 길에 가서 – 이 말은 엄밀하게 골목길이나 갈림길을 의미한다.

22:10 모두 데려오니 – 모든 것에서 설교함으로.

22:11 손님들 – 보이는 교회의 교인들.

22:12 예복 – 그리스도의 의로움. 처음에는 전가된 의 그리고는 심겨진 의. 이것은 주의 만찬과는 관계가 없으나, 마지막 날 하나님께서 수행하실 일과 관계가 있는 것임을 쉽게 알 수 있을 것이다.

22:14 청함을 받은 자는 많되 택함을 입은 자는 적으니라 – 많은 사람들이 들으나 적은 사람들이 믿는다. 그렇다. 많은 사람들이 보이는 교회의 교인이지만, 적은 사람들이 보이지 않는 교회의 교인이다.

22:16 헤롯 당원들은 헤롯과 특별히 관련된 사람들의 무리였고, 따라서 로마 정부를 위한 일에 열성적이었는데, 로마 정부는 그의 가문의 권위와 왕권의 주요 지원자였다. **당신은 … 사람을 외모로 보지 아니하심이니이다** – 당신은 어떤 사람도 그 부유함이나 탁월함으로 선호하지 않으신다.

22:17 가이사에게 세를 바치는 것이 옳으니이까 – 만일 그분이 그렇다고 말했다면,

바리새인들은 자기 나라의 자유를 팔아버리는 자라고 군중들에게 비난했을 것이다. 만일 그분이 그렇지 않다고 말했다면, 헤롯 당원들이 그분을 로마 총독에게 고발했을 것이다.

22:18 외식하는 자들아 – 양심의 가책을 받은 척하는.

22:19 세금 – 가이사의 머리가 새겨진 로마 화폐이며 대개 세금을 지불하는 데에 사용되었다.

22:21 이르되 가이사의 것이니이다 – 그들이 가이사의 화폐를 받았으므로, 그들이 가이사의 통치 하에 있음을 분명히 인정하는 것이다. 그리고 참으로 이것은 준용 규칙이다. 모든 국가의 통화 화폐는 그 국가의 최고 통치자가 누구인지를 보여 준다. **그런즉** – 너희 바리새인들, **가이사의** 것이라고 너희가 인정하는 **것은 가이사에게** 그리고 너희 헤롯 당원아, 너희가 가이사를 위해 열성이 있듯이, **하나님의 것은 하나님께 바치**는 것을 알라.

22:25 우리 중에 칠 형제가 있었는데 – 이 이야기는 일종의 상투적인 반론이었던 것 같고, 이것은 틀림없이 그들이 모든 경우에 제기했던 것이다.

22:29 너희가 성경도 – 그것은 분명히 부활을 주장한다. **하나님의 능력도 알지 못하는 고로 오해하였도다** – 하나님의 능력은 그것을 가능하게 할 수 있다. 동일한 출처로부터 얼마나 많은 잘못이 나오는가!

22:30 천사들과 같으니라 – 부패하지 않고 죽지 않는 존재. 그렇게 하나님의 능력이 그들 안에서 나타난다! 그들은 결혼할 필요가 거의 없다!

22:32 나는 아브라함의 하나님이요 – 이 주장은 다름과 같다. 하나님은 죽은 자의 하나님이 아니라 산 자의 하나님이다. 왜냐하면 "너희 하나님"이라는 표현은 하나님에게서 인간에게 오는 이로움과 인간에게서 하나님에로 가는 의무를 함축하고 있기 때문이다. 그러나 그분은 아브라함과 이삭과 야곱의 하나님이시다. 그러므로 아브라함과 이삭과 야곱은 죽지 않고 살아 있다. 따라서 영혼은 몸과 함께 죽지 않는다. 사두개인들은 그렇게 생각했으며, 이 근거에서 그들은 부활을 부인했다. **읽어 보지 못하였느냐** – 사두개인들은 모세오경에 특별한 가치를 둔다. 그러므로 우리 주님은 그것들로부터 그들과 논쟁하신다.

22:33 그의 가르치심에 – 그분의 대답의 명료함과 분명함에.

22:35 한 율법사가 예수를 시험하여 묻되 – 어떤 나쁜 의도를 가지고 그런 것 같지는 않다. 단지 그분께서 사두개인들을 침묵시키면서 보이셨던 그 지혜를 더 시험해 보려고.

22:43 다윗이 성령에 감동되어 어찌 – 영감으로. **그리스도를 주라 칭하여** – 만약 그분이 단순히 다윗의 아들(자손)이라면, 그분이, 너희가 생각하듯이, 단순히 사람이고 사람의 아들이라면?

22:44 주께서 내 주께 이르시되 – 다윗 자신도 복종하던 이러한 그분의 지배는 천

상의 왕의위엄과 그분의 나라의 특성을 보여 준다. **내 우편에 앉아 있으라** – 즉, 최고의 권위와 능력에 머물라.
22:46 감히 그에게 묻는 자도 없더라 – 그분을 시험에 빠뜨리거나 유혹하려는 방식은 없었다.

마태복음 23장

23:1 이에 – 그분의 대적들과의 대화를 모두 마치고, 그분께서는 지금 그들의 마음의 완악함을 그대로 두셨다.
23:2 서기관들과 … 모세의 자리에 앉았으니 – 즉, 모세의 율법을 읽고 설명하였다. 그들은 무리들의 임명받은 교사들이다.
23:3 그러므로 무엇이든지 – 그들이 율법에서 읽고, 그것으로부터 강조하는 것.
23:5 그 경문 띠 – 유대인들은 "이것이 네 손의 기호와 네 미간의 표가 되리라"(출 13:16), "너는 또 그것을 네 손목에 매어 기호를 삼으며 네 미간에 붙여 표를 삼고"(신 6:8)라는 말씀을 문자적으로 이해해서, 그들의 손목과 미간에 묶을 수 있는 작은 종이 두루마리나 양피지 쪽지를 부착하곤 했다. 이것이 일종의 부적으로 그들을 위험에서 보호하리라고 생각했다. 그래서 그것들은 경문 혹은 방부제라고 불렸던 것 같다.
옷술 – 그것은 하나님께서 그들에게 모든 계명을 지키는 것을 기억하도록 부착하라고 명한 것이다(민 15:38). 바리새인들은 이것과 부적을 다른 사람들보다 더 넓고 더 크게 만들어 부착하기를 좋아했다.
23:8–23:10 유대 랍비들은 또한 그들의 제자들에 의해 아버지 혹은 선생이라고 불렸다. 랍비들은 제자들에게 1. 자기들이 주장한 것은 더 이상의 이유를 묻지 말고 맹목적으로 믿을 것과 2. 자기들이 명하는 것은 더 이상의 권위를 묻지 말고 절대적으로 복종할 것을 요구했다. 그러므로 우리 주님은 우리에게 랍비나, 선생이나, 아버지라는 칭호를 주거나 받지 말라고 금하시면서, 그런 존경을 받거나 혹은 하나님 외에 어느 누구에게도 그런 존경을 바치는 것을 금하신다.
23:12 누구든지 자기를 높이는 자는 낮아지고 누구든지 자기를 낮추는 자는 높아지리라 – 다른 어떤 우리 주님의 말씀도 이것만큼 자주 되풀이된 것은 없다는 것이 주목할 만하다. 복음서에는 거의 같은 모양으로 이 말씀이 10회 이상이나 나타난다.
23:13 화 있을진저 – 우리 주님은 산 위에서 팔복을 선언하셨다. 그분은 여기서 8개의 비통함을 선언하신다. 이것은 저주라기보다는 이 완고한 죄인들이 스스로 만들어내는 비극에 대한 엄숙하고 동정적인 선언이다. **너희도 들어가지 않고** – 왜냐하면 너희들은 심령이 가난하지 않기 때문에. 그리고 너희는 심령이 가난하게 되려는 자들을 방해한다.
23:16 화 있을진저 눈 먼 인도자여 – 이전에 그분은 그들을 인격적인 성격에 따라

위선자라고 이름 붙였다. 이제 그분은 다른 사람들에 대한 그들의 영향의 측면에서 다른 이름을 붙이신다. 이 두 별명은 23절과 25절에서 비판적으로 함께 사용된다. 그리고 이 비판성은 33절에서 최고조에 이른다. **성전의 금** – 거기에 보관된 보물. 누구든지 … 지킬지라 – 그의 맹세를 지킨다.

23:20 제단으로 맹세하는 자는 제단과 그 위에 있는 모든 것으로 맹세함이요 – 예물뿐만 아니라, 제단의 거룩한 불과 제물에 의해서도. 그리고 무엇보다도 그것들이 속한 하나님에 의해서. 피조물에 의한 모든 맹세는 하나님께 대한 호소를 함축하고 있으므로.

23:23 정의 – 즉, 공정. **믿음** – 이 단어의 여기서의 의미는 신실함이다.

23:24 맹인 된 인도자여 – 다른 사람에게 너희 자신이 행하는 것처럼 하라고 가르치는 자. **하루살이는 걸러 내고** – 너희가 마시려고 하는 음료로부터. **낙타는 삼키는 도다** – 의미가 완전히 바뀐 "작은 일에 구애되다"라는 분명하게 눈에 띄는 오자가 우리 영어 번역본 전체에 있는 것은 이상하다.

23:25 탐욕과 방탕으로 가득하게 하는도다 – 통속적인 의미에서의 방탕을 의미하면서, 이 비난은 이중적이 된다. 이 비참한 인간들은 자기들이 방탕하게 사용하는 것을 부정한 방법으로 얻었다. 많은 이들이 가슴 아픈 경험을 통해 발견하듯이, 그렇게 제공된 식탁이 함정이 되는 것은 당연하다. 그러므로 사치는 불의한 열매로 질병을 키우는 한편, 이렇게 부정을 벌하기도 한다. 그런데 방탕은, 완전한 의미에서, 특히 먹고 마시는 것을 포함해서 온갖 종류의 외부적 방탕뿐만 아니라, 명예나 이익이나 감각적 향락에 대한 무절제하고 과도한 모든 욕망도 의미한다.

23:29 너희는 선지자들의 무덤을 만들고 – 그리고 그 것이 전부이다. 왜냐하면 너희들은 그들의 말을 지키지도 않고, 그들의 행위를 본받지도 않기 때문이다.

23:30 우리가 … 참예하지 아니하였으리라 – 너희 조상들처럼, 너희가 말은 잘 한다.

23:31 스스로 증명함이로다 – 악마적인 행동뿐만 아니라, 부드러운 말로도 너희는 너희 조상들의 진짜 후손이다. 너희 조상들은 지난 시대의 선지자들에 대해서는 최대의 존경을 고백하면서, 자기들 당대의 선지자들을 죽였다.

3절에서 30절까지는 이 세상에서 보통 종교로 통용되는 모든 것이 폭로되어 있다. 이것에 의해 종교인인체 하는 사람들은 자기 자신들과 다른 사람들이 하나님 나라에 들어가지 못하게 한다. 즉, 참된 기독교만이 존재할 수 있는 그런 기질을 얻지도 심지어 구하지도 못하게 한다. 1. 공적 기도나 사적 기도에 출석하는데 정확함(4–14절). 2. 이전보다 종교의 정신은 적게 지니고 있으면서, 자기들의 의견과 모임에 개종자를 가입시키려는 열정(15절). 3. 그들을 거룩하게 하는 그분에 대해서는 어떤 존경도 없이, 거룩한 장소나 물건에 대한 미신적인 숭배(16–22절). 4. 공의, 자비, 믿음은 무시하면서, 사소한 규칙에는 꼼꼼한 정확성(23–24절). 5. 내적인 순결에 대해서는 어떤 관심도 없으면서, 외적인 행동을 깨끗하게 하는 데는 세심한 주의(25–26

절). 6. 가장 깊은 위선과 악을 은폐하는, 덕과 경건으로 가장한 얼굴(27–28절). 7. 자기들이 살고 있는 당대의 훌륭한 사람들을 제외하고, 모든 훌륭한 사람들에 대한 드러낸 존경(29–30절).

23:32 너희가 … 채우라 – 허락의 말이지 명령의 말이 아니다. 그분은 다음과 같이 말씀하신 것 같다: 나는 더 이상 너희와 다투지 않는다. 나는 너희를 그대로 둔다. 너희가 이겼다. 지금 너희는 너희 뜻대로 해도 좋다. **너희 조상의 분량** – 사악함. 너희는 지금 그들처럼 사악한 것 같다.

23:33 뱀들아 – 지금 이 모든 것을 다시 요구하실 모든 소망을 잃고, 우리 주님은 다른 사람들이 그와 같은 죄를 두려워하도록 말씀하신다.

23:34 그러므로 – 너희는 그 살인자들의 진짜 후손이며, 그들의 불법을 이을 자격이 있는 것 같다. **내가 … 보내며** – 이것은 권위가 있는 자로서 하는 말이 아닌가? **선지자들** – 초자연적인 신임장을 가진 사람들. **지혜 있는 자들** – 자연적인 능력과 경험을 모두 가진 사람들. **서기관들** – 학식있는 사람들이지만 모두가 쓸모가 없을 것이다.

23:35 성전과 – 즉, 안쪽 성전. **제단 사이에** – 바깥뜰에 서 있는 것이었다. 우리 주님께서 다른 것보다 이 경우를 언급하셨는데, 이것은 그분이 유대인들의 악함을 책망한 것으로 그들에 의해서 죽은 선지자들 중 기록에 남은 마지막 선지자이기 때문이며, 아벨의 피와 함께, 하나님께서 이 피를 요구하시는 것이 특별히 성경에서 주목을 끌기 때문이다. **너희가 죽인** – 너희가 그것을 흉내 내어, 너희 조상들의 그 살인을 너희 자신의 것으로 만들었다. **바라갸의 아들 사가랴** – 여호야다라고도 불렸으며, 이 이야기는 대하 24:20에 기록되어 있다. **너희에게 돌아가리라** – 그렇게 되는 것이 그 결과다. 즉, **땅 위에서 흘린** 모든 **의로운 피**의 보복이 너희에게 돌아갈 것이다.

23:38 보라 너희 집 – 성전, 그러나 그것은 지금 너희 집이지 하나님의 집이 아니다. **버려진바 되리라** – 우리 주님께서 성전에서 나오실 때 마지막으로 이렇게 말씀하셨다. **황폐하여** – 하나님과 그리스도에게서 버린바 되어, 철저한 멸망의 선고를 받은.

23:39 너희는 – 유대인 일반, 특별히 예루살렘 사람들. **이제부터 … 나를 보지 못하리라** – 이것은 그분의 죽음까지의 짧은 기간을 포함한다. 황폐와 비극의 오랜 기간이 지난 후, 너희가 **찬송하리로다 주의 이름으로 오시는 이여**라고 말하기까지. **찬송하리로다 주의 이름으로 오시는 이여** – 너희는 기쁘고 감사한 마음으로 나를 맞을 것이다. 이것도 그 정해진 시기에 이루어질 것이다.

마태복음 24장

24:2 돌 하나도 돌 위에 남지 않고 – 이것이 그대로 이루어졌다. 왜냐하면 성전을 불태운 뒤에 로마 장군 티투스(Titus)가 그 기초까지 파서 올리라고 명령했고, 그 후

에 투르누스 루푸스(Turnus Rufus)에 의해 성전이 서있던 토대는 쟁기로 갈아엎어졌기 때문이다.

24:3 예수께서 감람산 위에 앉으셨을 때에 – 거기로부터 그들은 성전의 전체 모습을 볼 수 있었다. **어느 때에 이런 일이 있겠사오며 또 주의 임하심과 세상 끝에는 무슨 징조가 있사오리까** – 제자들은 당황스럽게 물었다. 1. 성전이 파괴될 때에 관해서. 2. 그리스도의 오심과 세상의 종말의 표적에 관해서. 그들은 이 둘이 같은 것이라고 생각한 것 같다.

우리 주님께서는 다음과 같이 구별해서 대답하신다. 1. 성전과 도시의 파괴와 그 앞에 일어날 표적(4, 15절). 2. 그분 자신의 오심과 세상의 종말과 그것의 표적(29–31절). 3. 성전파괴의 때(32절). 4. 세상의 종말의 때(36절).

24:4 너희가 사람의 미혹을 받지 않도록 주의하라 – 이 주의는 특히 이 후에 올 그리스도인들을 위한 것이며, 여기서 사도들이 그들을 대표한다. 내가 오는 첫 표적은 거짓 선지자의 출현이다. 그러나 이것들 중 많은 것이 아직 일어나지 않은 더 중요한 사건에 대해 언급하고 있다는 것이 아주 확실하다.

24:5 많은 사람이 내 이름으로 와서 – 첫째는 거짓 그리스도들, 다음으로는 거짓 선지자들(11절), 결국 둘 모두(24절). 그리고 사실 예루살렘이 멸망하기 전 수 년 동안 세상에서 사기꾼들이 가장 많이 나타났는데, 이것은 유대인들이 대개 메시야를 기대하던 때였기 때문이다.

24:6 난리 – 가까이서. **난리 소문** – 멀리서. **이런 일이 있어야 하되** – 영원한 평안을 위한 기초로서. **끝은** – 너희가 묻는 것에 관해서. **아직 … 아니니라** – 그것으로부터 멀다. 이것은 단지 슬픔의 시작이다.

24:9 그 때에 사람들이 너희를 환난에 넘겨주겠으며 – 마치 너희가 이 모든 악의 원인인 것처럼. **너희가 … 모든 민족에게 미움을 받으리라** – 모든 다른 종파와 당을 용납하는 사람들까지, 그러나 어느 나라에서도 악마의 자녀들은 하나님의 자녀들을 용납하지 않을 것이다.

24:10 그 때에 많은 사람이 실족하게 되어 – 믿음과 깨끗한 양심이 철저하게 좌초되는 것처럼. 그러나 거짓 선지자들에도 불구하고 너희는 굳건한 믿음을 지녀라(11절). 불법과 범죄가 기승을 부려도(12절) 사랑하라. 그리고 끝까지 소망하라(13절). 그렇게 하는 자는 불로부터 구원을 받을 것이다.

24:12 많은 사람의 사랑이 식어지리라 – 에베소 교회처럼(계 2:4), 하나님을 사랑하는 자들의 대부분은 그들의 처음 사랑을 버릴 것이다.

24:14 이 천국복음이 … 온 세상에 전파되리니 – 전반적인 것은 아니다. 이것은 아직도 이루어지지 않았다. 유대지역만이 아니고 대개 세계의 몇몇 지역에도. 그리고 이것은 예루살렘이 멸망되기 전에, 바울과 다른 사도들에 의해서 이루어졌다. **그제야 끝이 오리라** – 그 도시와 성전의 끝.

요세푸스의 『유대전쟁사』는 이 장에 대한 가장 좋은 주석이다. 직접적인 목격자이며, 유대인으로 살다죽은 그가 아주 특별한 방법으로 보호를 받아 중요한 사실의 수집물을 우리에게 전해 주었다. 그리고 이것이 거의 모든 상황에서 이 영광스런 예언을 정확하게 예시하고 있다는 것은 하나님의 섭리의 놀라운 사례이다.

24:15 너희가 … 멸망의 가증한 것이 … 보거든 – 다니엘의 용어는 "황폐하게 하는 가증한 것"(11:31)이다. 즉, 황폐하게 하는 군대의 깃발이며, 그 깃발 위에는 그들의 가증한 우상의 형상이 그려져 있었다. **거룩한 곳에 선 것을** – 성전과 그것이 서 있는 산뿐만 아니라, 예루살렘 전 도시와 그 둘레에 있는 땅 수 평방 마일이 거룩하게 여겨졌다. 특히 우리 주님이 지금 앉아 계시며, 후에 로마인들이 그 위에 자기들의 깃발을 두었던 산. **읽는 자는 깨달을진저** – 다니엘의 그 예언을 읽는 자마다 그것을 깊이 생각하게 하라.

24:16 그 때에 유대에 있는 자들은 산으로 도망할지어다 – 그리스도인들은 이렇게 도망하여 보호를 받았다. 로마인들이 케스티우스 갈루스(Cestius Gallus)의 지휘하에 처음 예루살렘을 향해 진군을 했다가 뜻밖에도 무리하게 갑자기 다시 물러간 것은 주목할 만하다. 그리스도인들은 이것을 도망갈 신호로 여겼고, 그들 중 어떤 이들은 펠라(Pella)로, 또 다른 이들은 리바누스(Libanus)산으로 도망했다.

24:17 지붕 위에 있는 자는 집안에 있는 물건을 가지러 내려가지 말려 – 그들의 층계는 대개 집 바깥쪽에 있었음을 기억할 필요가 있다.

24:19 아이 밴 자들과 젖 먹이는 자들에게 화가 있으리로다 – 그들은 빨리 피할 수 없기 때문이다.

24:20 너희가 도망하는 일이 겨울에나 – 그들이 그렇게 기도했고, 그들은 봄에 도망했다. **안식일에 되지 않도록 기도하라** – 안식일은 부자유스런 일이 많았고, 게다가 이날 많은 사람들은 멀리 여행하는 것을 꺼렸다. 왜냐하면 유대인들은 안식일에 2천 걸음(2마일) 이상 걷는 것을 불법이라고 생각했기 때문이었다.

24:21 그 때에 큰 환난이 있겠음이라 – 막 13장과 눅 21장뿐만 아니라 이 장에서 언급된 많은 것들이 지금까지 이루어진 것보다 훨씬 더 큰 의미를 가지고 있지 않은가?

24:22 그 날들을 감하지 아니하면 – 예상했던 것보다 더 빨리 예루살렘을 점령함으로, 모든 육체가 구원을 얻지 못할 것이나 – 전 민족이 멸망될 것이다. **그러나 택하신 자들을 위하여** – 즉, 그리스도인을 위하여.

24:24 할 수만 있으면 택하신 자들도 미혹하리라 – 그러나 하나님께서 그리스도인들의 모임이 그렇게 미혹을 당하도록 허락하시지는 않을 것이다.

24:27 번개가 … 나서 – 왜냐하면 그리스도의 재림은 번개처럼 빠를 것이고, 그래서 사전 경고를 할 시간이 없을 것이기 때문이다.

24:28 주검이 있는 곳에는 독수리들이 모일 것이니라 – 그들이 어떤 거짓 구원자도 경청하지 말아야 한다는 또 다른 이유에서 우리 주님이 이것을 말씀하신다. 다음

과 같은 의미로 말씀하신 것 같다. 유대 민족의 구원자를 기대하지 말라, 왜냐하면 그들은 멸망에 던져졌기 때문이다. 그들은 하나님 앞에 이미 죽은 시체이며, 로마의 독수리가 곧 그것을 삼킬 것이다.

24:29 그 날 환난 후에 즉시 – 여기서 우리 주님은 자기의 최후의 오심에 대해서 말씀하기 시작하신다. 그러나 그분은 인간의 언어로가 아니라 하나님의 언어로 말씀하시는데, 그분과 함께 하면 천 년이 하루와 한 순간이다. 초대 그리스도인들 중 많은 사람들은 이것을 주의하지 않고, 이 말의 일상적 의미에서 그분이 곧 올 것이라고 생각했다. 바울은 데살로니가후서에서 이 잘못을 제거하려고 노력했다. 하늘의 권능들 – 아마도 천체의 영향들.

24:30 그 때에 인자의 징조가 하늘에서 보이겠고 – 그분 자신이 내려오시기 직전인 것 같다. 태양과 달과 별들이 사라지고(아마도, 우리 태양계만이 아니라), 인자의 표시(아마도, 십자가)가 주의 영광 중에 나타날 것이다.

24:31 그들이 그의 택하신 자들을 … 모으리라 – 즉, "사랑으로 역사하는 믿음" 안에서 끝까지 견딘 모든 자들.

24:32 비유를 배우라 – 우리 주님은 사도들이 질문한 두 개의 큰 사건들 앞에 있을 표적들에 관해서 말씀하신 후, 여기서는 그 사건들의 때에 관해서 말씀하시기 시작한다. 그리고 3절에서 질문한 예루살렘 멸망의 때에 관한 질문에 대해서는 34절에서 대답하시고, 세상 종말의 때에 관해서는 36절에서 대답하신다.

24:34 지금 살아 있는 사람들의 **이 세대가 지나가기 전에 이 일이 다 일어나리라** – 이 표현은 그 세대의 대부분은 죽을 것이지만, 전체가 그러지는 않을 것이라는 것을 암시한다. 바로 그렇게 되었는데, 왜냐하면 그 도시와 성전은 39년 내지 40년 후에 멸망되었기 때문이다.

24:36 그러나 그 날 – 심판의 날. **아무도 모르나니** – 우리 주님께서 세상에 계시는 동안은 모른다. 그러나 이후에 사도 요한에게 이와 일치되게 계시되었다.

24:40 한 사람은 데려가고 – 하나님의 직접적인 보호 속으로. **한 사람은 버려둠을 당할 것이요** – 전반적인 재난을 함께 겪도록. 우리 주님께서는 그분의 눈앞에서 전체적인 일이 일어나는 것처럼 말씀하신다.

24:41 두 여자가 맷돌질을 하고 있으매 – 이 일은 당시 여인들이 보통 하던 일이었다.

24:42 어느 날에 너희 주가 임할는지 너희가 알지 못함이니라 – 너희에게서 너희 영혼을 요구하거나, 이 민족에게 보응하기 위해서.

24:45 충성되고 지혜 있는 종이 되어 – 너희 중 누가 그분의 성품을 갈망하는가? **충성되고** – 그 확신에 부합하는 방법으로 계속 생각하고 말하고 행동하는 것. **지혜 있는** – 매 순간 자기가 지금 가지고 있는 전부가 청지기로서 자기에게 맡겨진 것에 불과하다는 명확한 확신을 가지고.

24:48 만일 그 악한 종이 – "믿음과 선한 양심을 버렸기" 때문에, 지금은 사악한.

24:51 외식하는 자가 받는 벌에 처하리니 – 그가 한 때는 올바르고 신실했으나, 최악의 죄인.

여기서 성직자들을 우선적으로 의미한 것이라면, 이 표현은 특별히 적절하다. 왜냐하면, 우리가 탐욕과 야망과 육욕의 노예이면서 스스로 그리스도의 성직자라고 부르는 것보다 그 어떤 위선도 더 추할 수는 없기 때문이다. 그런 자들이 발견되는 곳마다 하나님께서는 그분의 은혜로 그들을 개혁시키거나, 그들이 계속 하나님을 불명예스럽게 하고 자기 자신들의 저주를 더 가중시키도록 악용하는 그 능력과 영향력을 그들에게서 빼앗으소서.

마태복음 25장

이 장에는 우리 주님이 제물로 바쳐지기 전에 말씀하신 마지막 공적인 말씀이 포함되어 있다. 앞에서는 그분께서 모든 불법 사역자들의 몫이 무엇인가를 자주 선언하셨다. 그렇다면 해되는 일을 하지 않은 자들은 어떻게 되는가? 정직하고, 악의가 없으며, 선한 사람들은? 우리는 여기서 이 중요한 질문에 대한 분명하고 완전한 대답을 얻는다.

25:1 그 때에 천국은 – 즉, 천국의 지원자들. **열 처녀와 같다** – 결혼식 날 밤에 신부의 들러리 처녀들은 손에 등불이나 횃불을 들고, 신랑이 오는 것을 기다리기 위하여 신부가 있는 집으로 가곤 하였다. 신랑이 가까이 오면, 그들은 신랑을 만나고 그를 신부에게로 인도하기 위하여 등불을 가지고 나아갔다.

25:3 미련한 자들은 … 기름을 가지지 아니하고 – 현재를 위해서만 등불을 켰을 뿐 그 이상은 없었다. 그들의 장래의 부족한 것을 제공하거나, 그들의 등불이 꺼지는 것을 보충할 사람은 아무도 없었다. 등은 믿음이다. 등과 그 안의 기름은 사랑으로 역사하는 믿음이다.

25:4 슬기 있는 자들은 그릇에 기름을 담아 – 그들의 마음속에 있는 사랑. 그리고 그들은 자신들의 믿음이 완전해질 때까지, 매일 신선한 영적인 능력의 공급을 얻으려고 했다.

25:5 신랑이 더디 오므로 – 즉, 그들이 그를 맞이하라는 소리를 듣기 전에. **다 졸며 잘새** – 그들은 편안하고 조용했으며, 슬기 있는 자들은 참된 평화를, 미련한 자들은 거짓 평화를 누리고 있었다.

25:6 밤중에 – 전혀 생각지 않은 시간에.

25:7 그 처녀들이 … 등을 준비할새 – 그들은 자신을 점검하고, 그들의 하나님을 만날 준비를 했다.

25:8 우리 등불이 꺼져가니 너희 기름을 좀 나눠 달라 – 우리 믿음이 죽었다. 그것이 죽음의 시간이나 또는 심판의 시간을 의미하든지 간에, 이 사실을 발견한 때라

니! 그 때 "당신은 성인들 중 누구에게 의지할 수 있겠는가?" 그런 때에 누가 당신을 도와줄 수 있는가?

25:9 슬기 있는 자들이 대답하여 이르되 우리와 너희가 쓰기에 다 부족할까 하노니 – 아름답고 통명스런 문장을 시작하면서. 아주 오랫동안 자신들의 영혼뿐만 아니라 그들을 속여 온 이 가련하고 불쌍한 사람들의 상태에 놀라움을 나타내듯이. **부족할까** – 부족한 것이 확실하다. 왜냐하면, 아무도 자기 자신에게 충분한 성결을 지니고 있지 않기 때문이다. **차라리 파는 자들에게 가서** – 돈과 대가 없이. 즉, 하나님에게로, 그리스도에게로. **사라** – 너희가 할 수 있다면. 오, 아니다! 시간은 지나갔고 더 이상 돌아오지 않는다.

25:13 그런즉 깨어 있으라 – 깨어 있는 자는 등불만이 아니라, 그의 용기에 기름도 가지고 있다. 그가 잘 때조차 그 마음은 깨어 있다. 그는 평안하지만 안전하지 않다.

25:14 우리 주님은 계속해서 무해한 사람이 받을 최종적인 보상에 대하여 (가능한 한) 더 분명한 비유로써 선언하신다. 하나님께서 그런 모든 자들에게 지금 그들의 날에 그것을 들을 귀와 이해할 마음을 주시기를! **타국** – 즉, 하늘의 왕, 그리스도.

25:15 그 재능대로 – 이 구절을 "그 자신의 능력에 따라"라고 더 문자적으로 번역할 수 있다. **한 사람에게는 금 다섯 달란트를, 한 사람에게는 두 달란트를, 한 사람에게는 한 달란트를 주고** – 모든 상황을 고려해 본다면, 가장 많이 받은 자와 가장 적게 받은 자의 달란트에서 이보다 더 큰 불균형이 있는지 누가 알겠는가? **떠났더니** – 하늘로.

25:18 한 달란트 받은 자는 – 다른 자들보다 자신이 달란트를 적게 받은 것을 더 활용하지 않은 것에 대한 핑계로 삼아. **가서 … 그 주인의 돈을 감추어 두었더니** – 독자여, 너희도 이와 같이 하고 있는가? 너희는 하나님께서 너희에게 빌려주신 달란트를 숨겨두고 있는가?

25:24 당신은 굳은 사람이라 … 줄을 내가 알았으므로 – 아니다. 너희는 그분을 모른다. 그분을 굳은 주인으로 생각하는 자는 하나님을 결코 알지 못한다. **심지 않은 데서 거두고** – 즉, 당신께서 우리에게 이행할 힘을 주신 것 이상으로 우리에게 더 요구하시에. 그래서 이런 저런 종류의 모든 완고한 죄인들은 자기 자신의 죄에 대한 책임을 하나님께 둔다.

25:25 두려워하여 – 내가 나의 재능을 활용했다면, 책임질 것이 더 많지 않을까. 이 두려움 때문에 어떤 이는 읽으려고도 하지 않고, 또 다른 이는 설교를 들으려고도 하지 않을 것인가!

25:26 네가 알았느냐 – 내가 불가능한 일을 요구하는 것으로, 이것은 그 비난에 인정이 아니라 강한 부정이다.

25:27 그러면 네가 마땅히 – 바로 그 이유 때문에, 그리고 너 자신의 그 가정에 근거하여, 나의 달란트를 가능한 한 활용했어야 했다.

25:29 무릇 있는 자는 받아 – 그토록 정확히 하나님께서는 세상의 시작에서 끝까지 이 정해진 규칙을 지키신다.
25:30 이 무익한 종을 바깥 어두운 데로 내쫓으라 – 왜? 그가 무엇을 했는가? 그가 선을 행하지 않은 것은 사실이다. 그러나 해로운 일을 했다고 책망 받은 것도 아니다. 이 이유 때문에, 단순히 아무 해로운 일을 하지 않았기 때문에, 그는 바깥 어두운 데로 보내졌다. 그가 게으르고 무익한 종이었기 때문에, 악한 자로 선언된 것이다. 단순한 무해함, 그것으로 많은 사람들은 구원을 받으리라는 소망을 가지지만, 그것이 그의 파멸의 원인이라니! **거기서 슬피 울며** – 부주의하고 사려 깊지 않은 죄인에 대하여. **이를 갈리라** – 교만하고 완고한 자에 대하여.

소극적인 선과 같은 것이란 없다는 동일한 큰 진리가 이 장에 세 번 나타난다. 1. 처녀들의 비유에서. 2. 달란트를 받은 종들에 대한 더 분명한 비유에서. 3. 우리 주님께서 마지막 날에 수행하실 방법에 대한 직접적이고 비유가 아닌 선언에서. 이들 각각의 몇 부분은 정확히 서로에 대해 응답하고 있는데, 단지 각각은 앞에 있는 것을 보다 발전시키고 있다.
25:31 인자가 자기 영광으로 모든 천사와 함께 올 때에 – 우리 주님께서 여기서 얼마나 위엄과 권위를 가지고 자신에 대해서 말씀하시는가! 진정으로 숭고한 것에 대한 가장 고귀한 예를 우리에게 주신다. 사실 성경에서 어떤 묘사도 그 자체로 이와 대등한 것은 많지 않은 것 같다. 생각하건대, 이것이 묘사하는 무서운 심판대 앞에 있는 우리 자신을 상상하지 않고서 우리는 이것을 결코 읽을 수 없다.
25:34 너희를 위하여 예비된 – 너희를 위한 목적에서. 인간이 단순히 타락한 천사들의 자리를 채우기 위하여 창조된 것은 아니라는 사실이 아마도 여기로부터 추론될 수 있지 않겠는가? **나라를 상속하라** – 사랑으로 역사하는 믿음을 가지고 나를 믿는 모든 자들을 위하여 나의 피로써 산.
25:35 내가 주릴 때에 너희가 먹을 것을 주었고 목마를 때에 마시게 하였고 – 이 모든 외적인 자비의 일(works of outward mercy)은 믿음과 사랑을 전제하고, 또한 영적인 자비의 일과 동반되어야 할 필요가 있다. 그러나 심판자는 이런 종류의 일들을 동일한 방식으로 말할 수는 없을 것이다. 내가 잘못했는데 너희가 나로 진리를 깨닫게 했다거나, 나는 죄 가운데 있었는데 너희가 나를 회개로 이끌었다고 그분이 말할 수는 없을 것이다.
25:36 옥에 – 죄수들은 대개 고독하고, 세상의 다른 사람에게서 버림받았기 때문에, 다른 모든 사람들보다 더욱 방문이 필요하다.
25:37 이에 의인들이 대답하여 – 의인들이나 악인들이 바로 이 말대로 대답할 수는 없다. 우리가 여기로부터 알 수 있는 것은 그들 중 아무도 심판주가 평가하는 것처럼 자기 자신의 일을 평가하지 않는다는 사실이다.
25:40 너희가 여기 내 형제 중에 지극히 작은 자 하나에게 한 것이 곧 내게 한 것이

니라 – 여기서 믿음의 권속들을 돕는 것이 얼마나 큰 격려가 되는가! 그러나 마찬가지로 "모든 사람들에게 선을 행하는 것"을 기억하자.

25:41 떠나 마귀와 그 사자들을 위하여 예비된 영원한 불에 들어가라 – 본래 너희를 위한 것이 아니었는데, 너희는 영원한 불로 들어간 침입자이다.

25:44 그들도 대답하여 – 그렇게 악한 자들은 그 날까지도 스스로를 정당화하는 노력을 할 것이다.

25:46 그들은 영벌에, 의인들은 영생에 들어가리라 – 그러므로 벌이 엄격하게 영원하거나 혹은 상이 영원하지 않거나 하다. 동일한 표현이 후자에게처럼 전자에게도 적용된다. 심판주는 먼저 의인들에게 악인들이 듣는 데서 말씀하실 것이다. 그 다음에 악인들은 의인이 보는 데서 영원한 불로 들어갈 것이다. 그래서 천벌을 받은 자는 영원한 생명을 보지 못할 것이다. 그러나 의인은 불경건한 자의 벌을 볼 것이다. 여기서 특히 주목할 수 있는 것은 1. 벌도 상만큼 오래 계속된다는 사실뿐만 아니라, 2. 이 벌은 세상이 끝나도 중지되지 않고, 세상의 끝이 비로소 이 때부터 시작된다는 사실이다.

마태복음 26장

26:1 예수께서 이 말씀을 다 마치시고 – 그분이 하셔야 할 말씀을 다 말했을 때. 그 때까지 그분은 수난에 들어가려고 하지 않았고, 이제 더 이상 그것을 지연하려고 하지 않으셨다.

26:2 이틀을 지나면 유월절이라 – 이렇게 기념하는 방식을 통해 뒤에 오는 몇몇 상황을 훨씬 쉽게 이해할 수 있게 된다. 가장은 포도주 잔으로 잔치를 시작하는데, 엄숙하게 축복한 후 손님들에게 나누었다(눅 22:17). 그리고 나서 저녁식사가 무교병과 쓴 나물과 함께 시작되었다. 그들 모두가 먹고 나면, 참석한 어린아이 하나가 출 12:26에 따라 그 의식의 이유를 묻는다. 이렇게 알림, 즉 그 선언이 시작되는데, 우리가 "주의 죽으심을 전하는 것"(고전 11:26)이라는 구절을 읽는 것이 그것에 대한 암시이다. 그래서 주인이 일어나서 양고기를 먹기 전에, 다른 잔을 집어 든다. 만찬 후에 그는 얇은 빵조각이나 과자를 들고 그는 그것을 쪼개어 식탁에 앉은 모두에게 나누어 주고, 대개 감사의 잔이라고 불리는 잔도 같은 방식으로 나눈다. 그가 첫 잔을 마시고 다음에 모든 손님들이 마신다. 우리 주님께서 자기의 죽음에 대한 분명한 기념으로 성별하신 것은 바로 이 떡과 이 잔이다.

26:3 대 제사장들과 백성의 장로들 – 가문의 대표들. 이들이 함께 산헤드린, 혹은 공회를 구성했으며, 이것이 시민적 사안이나 종교적 사안에 최고의 권위를 가졌다.

26:5 말하기를 … 명절에는 하지 말자 하더라 – 이것은 인간적인 지혜의 결과였다. 그러나 유다가 왔을 때 그들은 자신들의 목적을 바꾸었다. 하나님의 의도는 이렇게

수행되었고, 진정한 유월절 양은 유월절 의식의 큰 날에 바쳐졌다.
26:8 제자들이 보고 분개하여 이르되 – 아무도 가룟 유다만큼 열을 내지는 않았지만, 그들 중 몇 명은 화를 내며 말했던 것 같다.
26:11 가난한 자들은 항상 너희와 함께 있거니와 – 이것은 하나님의 지혜롭고 은혜로운 섭리이기에, 우리가 그들의 부족함을 구제하고, 그렇게 우리 자신을 위해 하늘에 보물을 쌓아 둘 수 있는 기회는 항상 있다.
26:12 이 여자가 … 내 장례를 위하여 함이라 – 이것은 내 몸의 냄새를 위한 것이 때문이다. 사실 이것이 그녀의 계획은 아니었지만, 우리 주님께서 그것에 대해 이러한 해석을 하신 것은 전에 그분의 제자들에게 자신의 임박한 죽음에 관해서 말씀하신 것을 여기서 확증하기 위해서였다.
26:13 이 복음 – 즉, 복음적 역사의 이 부분.
26:15 그들이 은 삼십을 달아주거늘 – 대략 3파운드 15실링. 노예 한 명의 값(출 21:32).
26:17 무교절의 첫날 – 목요일이 되는 첫째 달의 14일(출 12:6, 15).
26:18 선생님 말씀이 내 때가 가까이 왔으니 – 즉, 나의 고난의 시간.
26:23 나와 함께 그릇에 손을 넣는 그 – 바로 그 때 유다가 하고 있었던 것. 이 접시는 식초가 가득찬 그릇이었으며, 그 안에 그들은 쓴 나물을 찍어 먹었다.
26:24 인자는 … 가거니와 – 고난을 통해 영광으로, **자기에 대하여 기록된 대로** 하지만 이것은 그가 그분을 배반한 것에 대한 핑계가 되지는 않는다. 그 사람은 불행할 것이다. **그 사람은 차라리 태어나지 아니하였더라면 제게 좋을 뻔하였느니라** – 끝내는 멸망하게 되는 모든 사람에게 같은 것을 말할 수 있지 않을까? 그러나 이것이 유다에게만 사실이라 하더라도, 누가 이것을 보편구원설과 조화시킬 수 있겠는가?
26:25 네가 말하였도다 – 즉, 그것은 네가 말한 것과 같다.
26:26 예수께서 떡을 가지사 – 유월절 음식을 먹은 뒤에 가장이 나누어 주곤 하던 빵이나 과자. 우리 주님께서는 이제 이 관습을 더 고귀한 용도로 바꾸셨다. 즉, 성경 기자의 문체에 따라, **이것은**(빵)은 **내 몸**을 의미하거나 대표한다. 이를테면, 창 40:12, "세 가지는 사흘이라." 또한 갈 4:24에서 바울이 사라와 하갈에 대하여 말하면서, "이것들은 두 언약이니"라고 말한다. 또 우리 주님의 커다란 예표로 출 12:11에서 하나님께서는 유월절 양에 대하여, "이것은 주의 유월절이다"라고 말씀하신다. 이제 그리스도는 성만찬으로 유월절을 대체하면서, 구약성경의 형태를 따르고 유대인들이 유월절을 기념하는데 사용했던 동일한 표현을 사용하신다.
26:27 또 잔을 가지사 – 유대인들이 "감사의 잔"이라고 부른 것이며, 이것은 가장이 같은 식으로 저녁식사 후에 각 사람에게 주곤 하던 것이다.
26:28 이것은 나의 피의 표시이이며, 이것에 의해 새 약속 또는 언약이 확증된다. **많은 사람을 위하여 흘리는바** – 아담으로부터 나온 만큼 많은.

26:29 내가 포도나무에서 난 것을 이제부터 내 아버지의 나라에서 새 것으로 너희와 함께 마시는 날까지 마시지 아니하리라 – 즉, 내가 내 아버지의 영광스러운 나라에서 전혀 다른 종류의 포도주를 마실 때까지 나는 더 이상 포도주를 마시지 않을 것이다. 그리고 여기에 너희도 역시 나와 함께 참여할 것이다.

26:30 그들이 찬미하고 – 유월절 마지막에 계속 불리던 것. 그것은 시편 113편에서 118편까지 6편의 시편으로 구성되었다. **감람산** – 성전과 마주한 건너편에 있었으며, 예루살렘으로부터 약 2마일 정도였다.

26:31 너희가 다 나를 버리리라 – 나를 버림으로 너희를 죄에 빠지게 만드는 무슨 일인가 나에게 일어날 것이다.

26:32 그러나 – 이러한 일에도 불구하고. **내가 살아난 후에 너희보다 먼저** (그의 양 앞에 있는 목자처럼) **갈릴리로 가리라** – 너희가 나를 버릴지라도, 이것 때문에 나는 너희를 버리지 않을 것이다.

26:34 닭 울기 전에 네가 세 번 나를 부인하리라 – 즉, 오전 세 시 이전. 이것이 대개 닭이 우는 시간이다. 베드로가 그의 주님을 처음 부인한 후에 닭 한 마리가 우는 것이 들리긴 했지만.

26:35 모든 제자도 그와 같이 말하니라 – 그러나 우리 주님은 온유하셨기에, 그분은 어떤 대답을 함으로써 그들의 죄를 가중시키지 않으려고 하였다.

26:36 이에 예수께서 … 겟세마네라 하는 곳에 이르러 – 즉, 비옥함의 골짜기. 이 동산은 아마도 그 토양과 환경으로부터 그 이름을 가져온 것 같으며, 감람산을 둘러싸고 있는 많은 언덕 가운데 둘 사이에 있는 작은 골짜기에 놓여 있었다.

26:37 베드로와 세베대의 두 아들을 데리고 – 모든 것에 대한 증인들이 되도록. **고민하고 슬퍼하사** – 아마도 하나님께서 "우리 모두의 불법을 그 위에 놓으실 때," 전능자의 화살이 그분의 영혼을 강하게 찌르는 느낌으로부터. 하나님의 직접적인 손이 그때 그분에게 가해진 감각이 얼마나 고통스럽고 무서웠을까를 누가 말할 수 있는가? 원어로 전자의 단어는 가장 뚜렷한 슬픔으로 관통된 것을 뜻하며, 후자의 단어는 완전히 침체되어 무게에 압도된 것을 뜻한다.

26:39 조금 나아가사 – "돌을 던질 만큼의 거리"(눅 22:41). 그래서 사도들은 여전히 그분을 보고 들을 수 있었을 것이다. **할 만하시거든 이 잔을 내게서 지나가게 하옵소서** – 그리고 그것은 그분으로부터 빨리 지나갔다. 그분이 "하나님께 큰 소리와 눈물로 부르짖으실 때, 그분이 두려워하는 것을 들어 주셨다." 하나님께서는 그 내적인 갈등의 공포와 괴로움을 제거하셨다.

26:41 마음 – 너희의 영혼. 너희 자신들. **육신** – 너희의 본성. 특별히 우리 주님 자신의 마음이 슬픔으로 그토록 무거운 때, 이것은 얼마나 부드러운 책망이며 얼마나 친절한 변호인가!

26:45 할 수 있다면 **이제는 자고 쉬라** – 너희가 나를 더 섬기기 위하여.

26:50 고난의 전체 기간 중에 복되신 예수의 영웅적인 행동은 모든 주의 깊은 눈에 목격될 것이며, 모든 경건한 마음에 느껴질 것이다. 비록 거룩한 역사가들이, 그들의 평범하지만 놀라운 단순함으로, 그것에 관해 아무 찬사를 하지 않았지만 말이다. 그분은 얼마나 태연하게 배신자를 받아 주었던가! 얼마나 침착하게 악의적인 입맞춤을 받았는가! 얼마나 위엄 있게 자신을 그분의 적의 손에 내어주었던가! 그러나 그들에 대한 그분의 우월성을 분명히 보이면서, 소위 "포로된 몸이 포로를 이끌고 가셨다."
26:51 … 자 중에 하나가 … 대제사장의 종을 쳐 – 아마 예수를 처음 붙잡은 사람. **그 귀를 떨어뜨리니** – 그의 목을 베려고 했던 것 같다. 그러나 숨은 섭리의 방해로, 그는 그 공격에 머리를 숙였다.
26:52 칼을 가지는 자는 다 – 하나님께서 그것을 그들에게 주시지 않았다면. 충분한 권위가 없다면.
26:53 지금 열 두 군단 더 되는 천사를 보내시게 – 아마도 그들 가운데 가장 작은 자도 땅을 뒤엎고, 그 위의 모든 거민들을 멸망시킬 수 있을 것이다.
26:57 예수를 잡은 자들이 그를 끌고 … 가야바에게로 가니 – 처음에 그들이 그분을 끌고 간, 가야바의 장인인 안나스의 집에서부터.
26:58 베드로가 멀찍이 예수를 따라 – 갈등에 찬 열정에 의해 혼란스럽게 이끌려. 사랑으로 인해 그는 그의 선생을 따랐으나, 두려움으로 그분을 멀리서 따랐다. **들어가 하인들과 함께 앉아 있더라** – 이 사건에 나타나는 것처럼, 하인들은 어울리지 않는 동료들이다.
26:60 거짓 증인이 많이 왔으나 얻지 못하더니 – 그들의 증언에 근거해서 그들은 그분에게 사형을 선고할 수 있었다. **후에 두 사람이 와서** – 그들이 말한 것이 일부는 사실이기는 하지만 그들은 거짓 증인이었다. 왜냐하면 그들의 말 가운데는 우리 주님이 전혀 하지 않은 말도 있었고, 그 어떤 것도 이 의미는 아니었기 때문이다.
26:64 이 후에 인자가 … 보리라 – 그분은 3인칭으로 겸손히 그러나 분명히 말씀하신다. **권능의 우편에 앉아 있는 것과** – 즉, 하나님의 우편. **하늘구름을 타고 오는 것** – 그분이 다니엘에 의해 묘사된 것처럼(7:13, 14). 지금 우리 주님은 전혀 그 사람처럼 보이지 않았지만, 아무것도 이 경고보다 더 무섭고, 더 권위가 있으며, 그와 같은 상황에 맞는 것은 없었을 것이다.
26:65 이에 대제사장이 자기 옷을 찢으며 – 다른 사람들에게 그것이 허락되는 경우에도 대제사장은 옷(즉, 그의 윗옷)을 찢지 못하게 되어 있었음(레 21:10)에도 불구하고. 그러나 신성모독이나 공적인 재난의 경우에는 그래도 된다고 생각되었다. 그래서 가야바는 가장 극적인 방법으로 그런 통탄할만한 신성모독을 들었다는 자신의 불쾌함을 표현하였다.
26:67 이에 – 그분이 자신이 하나님의 아들이라고 선언한 후에, 산헤드린은 어떻게 할는지를 의논하고 있는 동안 분명히 그분을 데리고 나가라고 명령했을 것이다. 그

리고 그 때 그분을 지킨 군인들이 그분에게 이런 모욕을 하기 시작했던 것이다.

26:72 베드로가 맹세하고 또 부인하여 – 우리 주님께서 그를 부르기 전에 아마도 그에게 익숙하던 것.

26:73 너도 진실로 그 도당이라 네 말소리가 너를 표명한다 – 말고는 이보다 더 강한 증거를 댈 수 있었을 것이다. 그러나 그것은 강권적인 하나님의 섭리로서, 결국 세상은 가장 열정적으로 대개는 하나님의 자녀들에 반대하는 것 가운데 가장 미미한 논쟁에 집착한다.

26:74 그가 저주하며 맹세하여 – 이제는 통제력과 자신의 자제력을 완전히 잃고.

마태복음 27장

27:1 새벽에 – 산헤드린은 성전의 법정들 가운데 한 곳에서 모이곤 했는데, 성전은 밤에는 결코 열려있지 않기에, 그들이 그분을 사형에 처할 의결을 규정대로 진행하기 전 아침까지 기다려야 했다.

27:2. 결박하여 – 그분께서 처음 체포되었을 때도 그들은 그분을 결박했었다. 그러나 그분이 예루살렘 거리를 지나갈 때 도주의 위험을 없애기 위해서, 이제 그들은 다시 새롭게 결박했다.

27:3 그 때에 … 유다가 그의 정죄됨을 보고 – 유다는 아마 그리스도가 기적으로 보호를 받으리라고 생각했을 것이다.

27:4 그들이 이르되 그것이 우리에게 무슨 상관이 있느냐 – 이 얼마나 쉽게 그들이 결백한 피를 짜낼 수 있었던가! 그러나 그들도 양심은 있었다!

27:5 산헤드린이 모였던 성전의 한 부분 안에 있는 **성소에.**

27:6 성전고에 넣어 둠이 옳지 않다 – 그러나 결백한 자를 죽이는 것은 적법하다니!

27:7 이것으로 토기장이의 밭을 사서 – 그 이름으로 잘 알려진 땅인 것 같다. 이것은 예루살렘 근방 밭에 비하면 적은 가격이었다. 그러나 그 땅은 아마 토기장이가 토기를 만들기 위하여 파졌을 것이기에, 이제 경작지로도 목장지로도 적합하지 않고, 결국 가치가 낮았을 것이다. **나그네** – 특히, 당시 예루살렘에 상당한 수가 있었던 이방인들.

27:9 이에 … 이루어졌나니 – 옛날에 상징적으로 표현된 것이 지금은 실제로 이루어졌다. **선지자 예레미야를 통하여 하신 말씀** – 예레미야라는 단어는 후대 사본에 첨가되어 여러 번역 속에 들어갔지만, 분명히 잘못된 것이다. 왜냐하면 마태가 여기서 인용하거나 또는 풀어쓴 것을 말한 사람은 예레미야가 아니라 스가랴이기 때문이다.

27:10 주께서 내게 명하신 바와 같으니라 – 쓰고, 기록한.

27:11 네가 유대인의 왕이냐 – 예수께서 가야바 앞에서는 자신이 그리스도라고, 빌라도 앞에서는 왕이라고 시인하셨다. 여기서 그분의 대답은 어떠한 두려움으로부터

도 아님이 분명하게 보인다.

27:15 명절을 – 매년 유월절 명절에.

27:18 그가 그들의 시기로 예수를 넘겨 준 줄 앎이러라 – 악의와 복수뿐만 아니라, 그들이 그분을 시기하였는데, 이는 사람들이 그분을 찬양했기 때문이었다.

27:22 그들이 다 이르되 십자가에 못박혀야 하겠나이다 – 바라바에게 마땅한 벌. 그리고 이것이 아마도 그들로 하여금 그것이 생각나게 했을 것이다. 그러나 그들은 자신들의 악의로 인해, 얼마나 위험한 선례를 로마 총독에게 제공하는가를 알지 못했다. 그리고 실제로 몇 년이 되지 않아서, 그것은 끔찍하게 자신들에게 돌아왔다.

27:24 빌라도가 … 물을 가져다가 … 손을 씻으며 – 이것은 유대인들 가운데서 뿐만 아니라, 이방인들 가운데서도 결백함의 표시로 자주 행하던 습관이었다.

27:25 그 피를 우리와 우리 자손에게 돌릴지어다 – 이 저주는 유대 민족이 즉시 맞은 멸망과 불쌍한 백성이 겪은 재난 속에서 무섭게 응답되었는데, 특별히 로마 장군 티투스에 의해서 예루살렘이 포위된 동안 유대인들을 사로잡음으로 이루어졌다. 그토록 많은 사람들이 끔찍한 방법으로 매질을 당하고 도시 전체에서 십자가형을 받았기에, 얼마동안 성벽 부근에는 십자가를 나란히 세워 둘 공간도 없었다. 아마도 이것은 여기서 이 외침에 동참한 군중들 가운데 닥쳤을 것이고, 그들의 자녀들 중 다수에게도 그랬을 것이다. 그러므로 하나님의 바로 그 손가락은 그분의 아들을 십자가형에 처한 그들의 죄를 가리키고 있었다.

27:26 십자가에 못 박히게 넘겨 주니라 – 십자가형을 받은 사람은 십자가를 땅 위에 놓고, 양손은 최대한대로 벌리게 하고 양발은 나란히 하여 십자가에 못 박힌다. 그리고 십자가를 세워, 준비하여 파놓은 구멍 속으로 거친 충격이 가해지도록 십자가의 아래쪽을 밀어 넣었다. 이 거친 충격으로 인해 몸은 찢어졌고, 이 엄청난 고통으로 그 사람의 숨이 끊어질 때까지 몸의 전 체중이 못에 걸려있었다. 이런 종류의 처형은 로마인들에 의해서만 사용되었다. 그리고 로마인들도 노예들과 극악한 죄인들에게만 이형을 부과했다.

27:27 온 군대 – 혹은 보병대. 이것은 총독의 산하에 있는 보병대로서, 특히 장엄한 의식이 있을 때에 무질서와 소동을 막기 위하여 편성된 것이었다.

27:28 홍포를 입히며 – 왕과 장군들이 입었던 것과 같이, 아마도 낡고 헤어진 것.

27:32 그에게 예수의 십자가를 억지로 지워가게 하였더라 – 그분은 십자가 아래에 쓰러질 때까지 직접 십자가를 지셨다(요 19:17).

27:33 골고다 즉 해골의 곳이라는 곳 – 골고다는 시리아어로 해골이나 머리를 의미한다. 그것은 아마도 이 때부터 그렇게 불렸을 것이다. 갈보리산 위의 언덕이었고, 왕의 정원으로부터 멀지 않는 곳이었다.

27:34 쓸개 탄 포도주를 예수께 주어 – 경멸하는 의미로. 구역질이 나게 하는 것이었지만 그분은 그것을 받아서 맛보셨다. 마가는 그분에게 주었던 다른 혼합된 포도

주, "몰약을 탄 포도주"에 대해서도 말한다. 이것은 죽어가는 죄인들이 그들의 고통을 덜 느끼도록 관습적으로 주던 것이었다. 그러나 그분의 모든 아픔을 겪기로 결심하고 우리 주님은 거절하셨다.

27:35 그 옷을 … 나누고 – 이것은 로마인들의 관습이었다. 그 군인들이 형을 집행하는 일을 수행했고, 자기들끼리 죄인의 물품을 나누었다. **그 옷** – 즉, 나의 속옷.

27:45 제육시로부터 온 땅에 어두움이 임하여 제구시까지 계속되더니 – 이교도 철학자도 이것을 보고, 이것이 보름 때였고 세 시간 지속되었기 때문에 자연일식일 수 없다는 것을 알았고, "자연의 하나님이 고통을 당하시든가, 아니면 세상의 틀이 해체되는 것이다"라고 외쳤을 정도다.

이 암흑으로 하나님께서는 그때 저질러지고 있던 사악함에 대한 그분의 증오를 선언하셨다. 마찬가지로 그것은 하나님의 정의와 흑암의 모든 권세 사이에 있던 그리스도의 쓰라린 갈등을 암시했다.

27:46 제구시 쯤에 예수께서 크게 소리 질러 – 우리 주님의 커다란 고통은 아마도 이 세 시간 동안 계속되었을 것이고, 그분은 하나님 자신으로부터 말할 수 없는 고통을 당하면서 그 마지막에 외쳤다. **나의 하나님, 나의 하나님, 어찌하여 나를 버리셨나이까** – 우리 주님은 여기서 단번에 하나님에 대한 자신의 신뢰와 자신에게 임한 흑암의 권세를 허락하심에 대한 비통한 감정을 표현했다. 이는 하나님의 현존에 대한 위로의 모습이 사라지고, 자신의 영혼에는 자신이 감당하고 있는 죄로 인한 진노의 무서운 의식으로 가득하였기 때문이었다.

27:48 한 사람이 … 해면을 가져다가 신 포도주에 적시어 – 식초와 물은 로마 군인들의 일상적인 음료였다. 이것은 경멸의 의미로 그분에게 주어진 것이 아니라, 오히려 친절한 마음에서 엘리야가 오기 전에 그분이 죽지 않도록 한 일인 것 같다.

27:50 예수께서 다시 크게 소리 지르시고 – 그분의 생명이 아직 그분 안에 온전하다는 것을 보이기 위하여. **영혼이 떠나시니라** – 원래의 표현이 문자적으로 번역된다면, "이를 내게서 빼앗는 자가 있는 것이 아니라 내가 스스로 버리노라"(요 10:18)고 하신 주님의 말씀에 잘 부합되는 표현이다. 그분은 자기 자신의 자발적인 행위로, 자신에게 특별한 방법으로 죽으셨다. 존재했던 모든 인간들 중에 그분만이 원하신다면 가장 커다란 고통 가운데서도 생존할 수 있었을 것이며, 그분이 적합하다고 생각될 때에는 언제고 몸으로부터 떠나가실 수도 있었을 것이다. 그리고 이것은 그분이 자신의 죽음에서 나타내신 사랑이 얼마나 컸던가를 드러내고 있지 않은가! 그분은 십자가에 달리자마자 그분의 살인자들의 잔인함에 감각이 없는 싸늘한 시체만을 남기고 몸을 포기할 능력을 사용하지 않고, 확고한 결심으로 적당한 때까지 몸 안에 계속 머물러 계셨다. 그리고 다른 어떤 죽음에서도 결코 볼 수 없었고 또한 볼 수 없을 위엄과 품위를 지니고 몸으로부터 물러가셨다. 다음과 같이 표현할 수 있다면, 생명의 군주처럼 죽으셨다.

27:51 그분의 죽음 직후 태양이 아직 어두울 때 **성소 휘장** – 지성소를 제사장의 성소로부터 구별하며, 비싸고 질긴 직물로 만들어졌음에도 **위로부터 아래까지 찢어져 둘이 되고**. 그래서 제사장이 황금단에서 제사를 드리고 있는 동안, 보이지 않는 능력으로 지성소가 완전히 드러났다. 그렇게 하나님께서는 유대교의 의식을 제거하고 구분하는 벽을 허물어 버리셨음을 나타내었으며, 그 결과 유대인들과 이방인들에게 동등한 특권을 허락하고 모든 믿는 자들이 그분의 몸 휘장을 통해서 지성소로 가는 길을 열어주셨다. **땅이 진동하며** – 주로 예루살렘 근방이지만, 지구 전체를 통해 전반적인 지진이 있었다. 거기서 하나님께서는 유대인들이 저지르고 있는 끔찍한 불경건 때문에, 유대 민족에 대한 그분의 진노를 나타내셨다.

27:52 지진에 의해 **무덤들** 중에 몇몇은 부서지고 **열렸다**. 그리고 무덤들이 계속 열려 있는 동안 (율법에 의하면 무덤을 닫는 것을 허락하지 않았기에, 무덤은 안식일 하루 종일 열려있었을 것이다), **성도의 몸이 많이 일어나되** – 아마도 시므온, 사가랴, 세례 요한, 그리고 그리스도를 믿은 다른 사람들이었을 것이고, 예루살렘의 많은 사람들에게 잘 알려진 사람들이었을 것이다.

27:53 예수의 부활 후에 저희가 무덤에서 나와서 거룩한 성, 즉 예루살렘**에 들어가 많은 사람에게 보이니라** – 아마도 전에 그들을 알고 있던 사람들. 여기서 하나님께서는 그리스도가 죽음을 정복하셨고, 정해진 때에 그분의 모든 성도들을 일으키실 것을 나타내신다.

27:54 백부장 – 경비병을 지휘하는 장교. **및 함께 예수를 지키던 자들이 … 이르되 이는 진실로 하나님의 아들이었도다 하더라** – "그의 말이 나는 하나님의 아들이라 하였도다"(43절)고 한 대제사장들과 서기관들의 말을 언급하면서.

27:56 야고보 – 작은 야고보, 다른 야고보. 즉 요한의 형제 야고보와 구별하기 위하여 그는 작은 야고보라고 불렸다. 아마도 그가 키가 더 작았기 때문인 듯하다.

27:57 저물었을 때 – 즉, 3시 후에. 3시부터 6시까지를 그들은 저녁이라고 불렀다.

27:62 그 이튿날은 준비일 다음 날이라 – 준비일은 안식일 전날이었고, 그날 그들은 안식일을 지킬 준비를 해야 했다. 그 다음날은 유대인들에 따르면, 안식일이었다. 그러나 복음서 기자는 유대인의 안식일이 폐지되었음을 보이기 위하여, 우회적으로 그것을 표현한 것 같다.

27:63 저 속이던 자가 살았을 때에 말하되 내가 사흘 후에 다시 살아나리라 – "그는 성전된 자기 육체를 가리켜 말씀하신 것이라"(요 2:19, 21)가 아니라면, 우리는 그분께서 이것을 그들에게 말씀하신 것을 찾아볼 수 없다. 그런데 만약 그들이 여기서 그때 그분이 말씀하신 것을 언급한 것이라면, 그분께서 공회 앞에서 심문받을 때, 이 말에 대한 그들의 설명은 얼마나 사악하고 부정한가!(마 26:61). 그 때 그들은 그것을 이해하지 못한 것 같다!

27:65 너희에게 경비병이 있으니 – 안토니아(Antonia) 탑에 있는 너희 자신들의 경

비병. 거기에 성전봉사를 위해 배치되었다.
27:66 그들이 경비병과 함께 가서 돌을 인봉하고 무덤을 굳게 지키니라 – 그들은 돌 위에 둔 빗장에 빌라도의 도장 또는 산헤드린의 공식 직인을 찍었다. 그리고 이 모든 비정상적인 주의는 이후 그리스도의 부활에 대한 가장 강력한 증거가 되도록 하나님의 섭리에 의해 뒤엎어진 것이다. 왜냐하면, 아무 다른 시체가 없는 새 무덤에서 그분의 몸이 부활하신 것이 발견되었을 때, 사기라는 일말의 의심도 있을 여지가 없었기 때문이다. 이 무덤은 돌을 절단하여 만들었고, 그 입구는 큰 돌로 막혀있으며, 인봉되었고, 경비병들이 지키고 있었다.

마태복음 28장

28:2 주의 천사가 … 돌을 굴려내고 그 위에 앉았는데 – 누가와 요한은 나타난 두 천사에 대해서 말한다. 그러나 그들 중 하나만 무덤에서 떨어진 돌 위에 나타나 앉아 있었던 것 같다. 그리고 안으로 들어갔을 때 또 다른 천사가 보였는데, 하나는 머리 있던 곳에 다른 하나는 발 있던 곳에 앉아 있었다.
28:6 와서 그가 누우셨던 곳을 보라 – 아마도 그분이 부활하셨다고 말하면서, 여인들보다 앞에서 무덤 속으로 들어가면서 와서 보라고 말했을 것이다. 이것은 분명히 요한이 말한 것(요 20:12)과 일치한다. 이 천사는 거기서 언급된 두 천사 가운데 하나이다.
28:7 거기서 너희가 뵈오리라 – 그들 모두가 함께 있는 곳에 그분이 엄숙하게 나타나실 때. 그러나 그들의 은혜로운 주님은 그렇게 오랫동안 부재하시지는 않을 것이다. 그분은 그전에 몇 번 그들에게 나타나셨다. **보라 내가 너희에게 일렀느니라** – 이것은 그분께서 말씀하신 것에 대한 엄숙한 확증이다.
28:9 평안하뇨 – 원래 의미로, 이 단어는 "기뻐하라"를 의미한다. 그것에서 파생된 더 일상적인 의미는 "행복이 당신에게 있기를"이라는 뜻이다.
28:10 가서 내 형제들에게 … 가라하라 – 그들이 바로 얼마 전에 나를 부인하고 버렸을지라도, 나는 여전히 그들을 소유하고 있다.
28:13 말하기를 그의 제자들이 밤에 와서 우리가 잘 때에 그를 도적질하여 갔다 하라 – 지각이 있는 사람이라면 이렇게 조잡하고 얄팍한 모순을 그대로 받아들이는 것이 가능한가? 만약 너희가 깨어 있었다면, 왜 제자들이 그분을 훔쳐 가게 했느냐? 만약 자고 있었다면, 그들이 훔쳤는지를 너희가 어떻게 아느냐?
28:16 예수께서 지시하신 산에 – 이것은 아마도 타보르(Tabor) 산이었을 것이다. 그분이 이전에 변모되셨다고 흔히 생각되는 곳이다. 여기가 또한 오백 명이 넘는 형제들에게 그분이 한 번에 나타나셨던 곳이었던 것 같다.
28:18 모든 권세를 내게 주셨으니 – 인간으로서도. 하나님으로서 그분은 영원부터

모든 권세를 가지고 계셨다.

28:19 모든 민족을 제자를 삼아 – 그들을 나의 제자로 만들어라. 이것은 그리스도께서 위임하신 전체 계획을 포함한다. 세례를 주는 것과 가르치는 것은 이 전반적인 계획의 두 개의 큰 가지이다. 그리고 이것들은 상황에 따라 결정되어야 한다. 성인 유대인들이나 이방인들에게 세례를 줄 때는 세례주기 전에 가르치는 것이 필요했다. 그들의 자녀들을 제자로 삼을 때는 가르치기 전에 세례를 주는 것이 필요했다. 그것은 모든 세대의 유대인 아이들은 먼저 할례를 받고, 그리고 난 후에 하나님께서 그들에게 명하신 모든 것을 행하도록 가르침을 받았던 것과 같다.

마가복음 주해

이것은 다음을 포함한다.

I. 복음의 시작

a. 세례 요한이 길을 준비하다 1:1–8

b. 예수에게 세례를 주다. 그분은 하나님의 아들로 선포되다 1:9–11

c. 사탄으로부터 시험을 받고 천사들이 수종을 들다 1:12–13

II. 복음 그 자체

A. 갈릴리에서: 여기서 우리는 3시기를 볼 수 있다

a. 세례 요한이 감옥에 갇힌 후

일반적으로,

1. 그분의 설교 장소와 주제 1:14–15
2. 몇몇 사도들의 소명 1:16–20

특별히,

1. 그분의 적들에 의해 비난 받지 않은 행동들
   1. 그분이 권위 있게 가르치시다 1:21–22
   2. 귀신 들린 사람을 고치시다 1:23–28
   3. 많은 병자를 고치시다 1:29–34
   4. 기도하시다 1:35
   5. 모든 장소에서 가르치시다 1:36–39
   6. 나병환자를 깨끗하게 하시다 1:40–45
2. 그들에 의해 비난 받은 행동들

여기서 일어난 일은,

1. 중풍병자가 용서받고 고침을 받다 2:1–12
2. 레위를 부름, 세리들 그리고 죄인들과 식사하심 2:13–17
3. 금식에 관한 질문에 대답하심 2:18–22
4. 밀 이삭을 자름 2:23–28

5. 마른 손이 회복되다. 함정이 놓이다 3:1–6

3. 우리 주님의 물러나심

1. 바다에서 3:7–12

2. 산에서, 제자들을 부르심 3:13–19

3. 집에서, 바리새인들의 신성모독에 반박하고, 그분은 누가 자신의 어머니이며 자신의 형제들인지 보이심 3:20–35

4. 배에서, 여러 비유들 4:1–34

5. 바다에서, 그리고 그 너머에서 4: 35–41, 5:1–20

6. 바다 이쪽에서, 다시 야이로, 혈루증을 앓은 여인 5:21–43

7. 나사렛에서, 그분의 고향 사람들이 배척함 6:1–6

8. 제자들이 보냄을 받다 6:7–13

b. 세례 요한의 죽음 후에

1. 헤롯이 예수에 대해서 듣고, 그분을 판단함 6:14–29

2. 그리스도는 사도들과 물러나고, 이제 돌아오심 6:30–32

3. 백성들의 신실함; 그리스도의 연민; 오천 명을 먹이심 6:33–44

4. 그분이 바다 위로 걸으심 6:45–52

5. 그분이 게네사렛에서 많은 사람들을 고치심 6:53–56

6. 그리고 사람을 더럽히는 것을 가르치심 7:1–23

7. 두로와 시돈 해안에서 귀신이 쫓겨나다 7:24–30

8. 갈릴리 바다에서, 귀먹고 말 더듬는 사람이 고침을 받다; 사천 명을 먹이심 7:31–37, 8:1–9

9. 그분이 달마누다 지방으로 오심, 그리고 하늘로부터 오는 표적에 대해 대답하시다 8:10–13

10. 배 안에서, 그분이 그들에게 사악한 누룩에 대해 경고하시다 8:14–21

11. 벳새다에서, 병자를 고치시다 8:22–26

c. 하나님의 아들로 인정되신 후

1. 베드로의 고백, 그분은 제자들에게 침묵을 명하고, 고난을 예언하고, 베드로를 책망하고, 자신을 따르라고 권하시다 8:27–38, 9:1

2. 변화되시고, 귀신을 쫓아내시고, 그의 고난을 예언하시다 9:2–32

3. 제자들을 책망하고 가르치시다 9:33–50

B. 유대에서

a. 변경에서 10:1

1. 그분이 이혼에 대해여 가르치시다 10:2–12

2. 어린아이들에 대하여 10:13–16

3. 삶에 입문하는 것과 재물의 위험에 대하여 10:17–31

b. 예루살렘으로 가는 그분의 길에서
  1. 그분이 자신의 고난을 세 번째로 예언하시다 10:32–34
  2. 야고보와 요한에게 대답하시고, 그들 모두에게 지시하시다 10:35–45
  3. 여리고에서, 바디매오가 볼 수 있게 하시다 10:46–52
  4. 예루살렘에서 11:1
    a. 그분의 왕적인 입성 11:2–11
    b. 다음날, 무화과나무를 저주하심 11:12–14
       성전을 깨끗케 하심 11:15–19

c. 다음 다음 날
  1. 무화과나무 주위에서 그분이 믿음의 능력을 보이시다 11:20–26
  2. 성전에서,
    1. 그분의 권위를 변호하심 11:27–33
    2. 악한 농부들의 비유 12:1–12
    3. 가이사에게 세금을 바치는 것에 대하여 12:13–17
    4. 부활에 대하여 12:18–27
    5. 가장 큰 계명에 대하여 12:28–34
    6. 다윗의 주님에 대하여 12:35–37
    7. 그분이 사람들에게 서기관에 대하여 경고하시다 12:38–40
    8. 가난한 과부를 칭찬하시다 12:41–44
  3. 감람산에서, 그분이 도시와 성전이 무너짐과 종말을 예언하시다 13:1–37

d. 유월절 이틀 전; 그분의 적들이 가룟 유다와 협상하다 13:1–11

e. 무교절의 첫날,
  1. 유월절이 준비됨 13:12–16
  2. 주의 만찬을 제정하심 13:17–25
  3. 찬미 후, 제자들의 배신과 베드로의 부인이 예언하심 13:26–31
  4. 겟세마네에서,
     예수께서 기도하시다, 제자들을 깨우시다 13:32–42
     배반당하시고; 잡히시고; 모두로부터 버림받으시다 13:42–52
  5. 대제사장의 집에서,
     그분이 사형선고 받으시다 13:53–65
     베드로에 의해 부인되시다 13:66–72

f. 금요일
  일어난 일
  1. 빌라도의 궁전에서 15:1–20
  2. 가는 길에서 15:21

3. 골고다에서 15:22

1. 포도주와 몰약이 제공됨 15:23
2. 십자가, 그분의 겉옷이 조각남 15:24–25
3. 명패 15:26
4. 두 강도들 15:27–28
5. 조롱 15:29–32
6. 어둠; 예수의 외침; 비웃음; 신 포도주; 그분의 죽음; 성소 휘장이 찢어짐 15:33–38
7. 백부장의 말; 여인들이 멀리서 바라보다 15:39–41

4. 저녁에, 매장 15:42–47

g. 일요일,
우리 주님의 부활이 선포되다

1. 천사에 의해 16:1–8
2. 본인의 의해,
막달라 마리아에게 16:9–11,
시골로 가는 두 제자에게 16:12–13,
음식을 먹는 열한 제자에게 16:14

III. 복음

1. 그리스도께서 부활하신 후 사도들에게 맡기시다 16:15–18
2. 승천 후 확증되다 16:19–20

마가복음 1장

1:1 예수 그리스도의 복음의 시작 – 복음 전도자는 매우 적절하게 말한다. 왜냐하면, 복음의 시작은 첫 번째 단락에 포함된 세례 요한의 기록에 있고, 복음 자체는 책의 나머지 부분에 포함되어 있기 때문이다.

1:4 회개의 세례를 전파하니 – 즉, 회개를 설교하면서, 그리고 그 표시와 수단으로 세례를 주면서.

1:7 그의 신발끈을 풀기도 감당하지 못하겠노라 – 즉, 그분에게 가장 하찮은 봉사를 하기에도.

1:12 성령이 곧 예수를 광야로 몰아내신지라 – 그러므로 하나님의 모든 자녀들 가운데, 그분이 베푸신 특별한 은혜가 있은 뒤에는 엄청난 시험이 뒤따를 것이다.

1:13 광야에서 사십 일을 계시면서 사탄에게 시험을 받으시며 – 보이지 않게, 그 후 마태가 언급한 가시적인 형태로 그에게 유혹이 뒤따랐다. **들짐승과 함께 계시니** – 그것들이 그분을 헤칠 능력이 없었지만. 마가는 마태복음의 개요를 제공할 뿐만 아니라, 다른 복음서 기자들이 생략한 몇 가지 중요한 사항들도 제공한다.

1:15 때가 찼고 – 다니엘이 예언하고 너희가 기대한 내 나라의 때가 완전히 다가왔다.

1:18 곧 그물을 버려 두고 따르니라 – 이때부터 그들은 일을 그만두고, 계속해서 그분을 따랐다. 첫 번째 부름에서 그리스도를 따르는 사람들은 행복하다!

1:26 큰 소리 – 왜냐하면 그가 말하는 것이 금지되었기 때문이다. 그리스도는 그 악한 영들이 반대하는 말을 하는 것이나, 그를 찬성하는 것도 허락하지 않았다. 그분은 그들의 증언이 필요하지도 않았고 그것을 조장하지도 않았다. 아무도 그분이 그들과 협력하여 행동했다고 추론하지 못하도록 하기 위해서였다.

1:32 해 질 때 – 그 결과, 일몰부터 일몰까지 계산한 안식일이 끝났다.

1:33 온 동네가 그 문 앞에 모였더라 – 오, 이 얼마나 정확한 장면인가! 그 때 이 모든 꽃들이 열매 없이 죽을지 누가 상상할 수 있었을까?

1:34 귀신이 자기를 알므로 그 말하는 것을 허락하지 아니하시니라 – 즉, 미드(Mead) 박사의 (성경의 귀신 들린 사람은 병든 사람일 뿐이다) 가설에 따르면, "그분은 질병을 앓고 있는 자들이 그분을 안다고 말하는 것을 허락하지 않으셨다!"

1:35 새벽 아직도 밝기 전에 예수께서 일어나 – 그렇게 그분은 밤낮으로 우릴 위해 일하셨다.

1:44 삼가 아무에게 아무 말도 하지 말고 – 그러나 복되신 그분은 우리에게 그런 책임을 주시지 않는다. 그분께서 우리를 죄의 나병에서 깨끗하게 하셨다면, 우리는 그것을 숨기라는 명령을 받지 않는다. 오히려 우리 은인의 명예를 위해, 그리고 죄에 지친 다른 이들이 같은 은혜를 구하고 소망하도록 널리 알리는 것이 우리의 의무이다. **가서 네 몸을 제사장에게 보이고 네가 깨끗하게 되었으니 모세가 명한 것을 드려**

그들에게 입증하라 하셨더라 – 제사장들이 그를 보고 깨끗하다고 선언하고(레 13:17, 23, 28, 37), 모세가 명령한 대로(레 14:2–7) 제사를 드리도록 허락한 것은 그들에 대한 반론이 되어 그들은 그 나병환자가 깨끗하지 않다고 결코 말하지 않을 것이다. 깨끗하게 된 사람이 자신의 나음에 대해서 너무 많이 말을 하여 그 이야기가 그가 직접 방문하기 전에 그들의 귀에 들어가면, 율법에 따라 자기 자신을 내보일 때, 우리 주님에 대한 질투나 악의로 그들은 말할 준비가 되어 있었을 것이다. 이것이 우리 주님께서 이 사람에게 아무 말도 하지 말라고 명하신 이유이다.
1:45 그러므로 예수께서 다시는 드러나게 동네에 들어가지 못하시고 – 우리 주님께서 그에게 침묵을 명하신 것도 이런 불편을 막기 위해서였다.

마가복음 2장

2:1 다시 – 한 동안 사막에 있다가, 그분은 은밀히 그 도시로 돌아왔다. **집에** – 베드로의 집에.
2:2 많은 사람이 모여서 – 지금까지 그들의 마음에 일반적인 인상을 남겼다. 지금까지 가버나움에서도 들은 사람은 모두 기쁜 마음으로 그 말씀을 받았다.
2:4 지붕을 뜯어 – 또는, 그들의 집 위의 평지붕 덮개, 격자창 또는 통풍문을 뜯었을 것이다. 그리고 너비가 충분하지 않은 것을 발견하고, 침상을 내려놓으려고 통로를 더 넓게 부쉈다.
2:6 어떤 서기관들이 거기 앉아서 마음에 생각하기를 – 첫 번째 공격이 어디에서 오는지 보라! 평범한 문맹의 사람들 중 누구도 아직은 실족하지 않았다. 이 학식있는 자들이 와서 어두움 대신에 빛을, 빛 대신에 어두움을 둘 때까지, 그들은 모두 빛 속에서 기뻐했다. 이런 눈먼 안내자들에게 화가 있을 지어다! 그들이 태어나지 않았더라면 이들에게 좋았을 텐데. 오 하나님, 내가 당신의 순수한 자들 중 한 사람도 실족하지 않게 하소서! 그렇지 않으면, 내 혀가 내 입천장에 붙게 하십시오!
2:12 그들이 다 놀라 – 서기관들 자신도 잠시 동안.
2:13 큰 무리가 나왔거늘 – 즉, 바닷가에서. **예수께서 그들을 가르치시니라** – 거기서 마치 그들이 회당에 있는 것처럼.
2:15 많은 세리와 악명 높은 죄인들이 예수와 그의 제자들과 함께 앉았으니 – 그들 중 일부는 틀림없이 마태의 초대를 받았을 것이며, 그는 죄 중에 있는 옛 동료들에게 동정심을 느꼈을 것이다. 그러나 그 다음 구절, **이는 그러한 사람들이 많이 있어서 예수를 따름이러라**는 그 중 많은 사람들은 그분의 은혜스러운 말씀과 그분의 행동의 부드러움에 고무되어, 더 듣고 싶어 참을 수 없어서, 초청을 받지 않고도, 그분을 좇아가서, 그분에게 가능한 한 가까이 있었다는 것을 암시하는 것 같다.
2:16 바리새인의 서기관들이 예수께서 죄인 및 세리들과 함께 잡수시는 것을 보고

그의 제자들에게 이르되 – 그래서 이제 현명한 사람들이 세상의 성도들과 합세하여, 우리 주님에 대한 편견을 일으키데 조금 더 나아갔다. 그분은 가혹하지 않게, 조용하고 차분한 논법만으로 대답하신다.
2:17 나는 의인을 부르러 온 것이 아니요 – 그러므로 이들이 의롭다면, 나는 그들을 부르지 말아야 한다. 그러나 지금은 그들이 내가 구하러 온 바로 그 사람들이다.
2:26 아비아달 대제사장 때에 – 아비아달의 아버지 아비멜렉이 그 때에 대제사장이었다. 아비아달도 얼마 뒤에야 대제사장이 되었다. 그러므로 이 구절은 훗날 대제사장이 된 아비아달의 시대를 의미하는 것이다.
2:27 안식일이 사람을 위하여 있는 것이요 – 그러므로 인간의 필요에 양보해야 한다.
2:28 이러므로 인자는 안식일에도 주인이니라 – 최고의 입법자이기 때문에, 그분은 자신의 법을 제공할 수 있는 능력을 가지고 있다. 그리고 특별히 이 경우에.

마가복음 3장

3:1 예수께서 다시 회당에 들어가시니 – 같은 날 가버나움에서.
3:2 그리고 그들은 – 서기관들과 바리새인들이. **예수를 고발하려 하여 … 주시하고 있거늘** – 교만, 분노, 수치가 아주 자주 억눌렸으나, 이제 악의로 무르익기 시작했다.
3:4 생명을 구하는 것과 죽이는 것 – 그분은 그들이 그렇게 할 기회를 찾고 있다는 걸 알고 있었다. **그들이 잠잠하거늘** – 그들은 설득되지는 않았지만, 당황하였다.
3:5 탄식하사 노하심으로 그들을 둘러 보시고 – 죄에는 분노하고, 죄인에게는 슬퍼하는 것, 이것이 그리스도인의 분노의 진정한 기준이다. 그러나 누가 죄에 대한 분노와 죄인에 대한 분노를 구분할 수 있는가? 오직 그리스도에 대한 진정한 신자뿐이다.
3:6 바리새인들이 나가서 – 아마도 서기관들이 그분을 가만히 지켜보도록 내버려두고. **헤롯당과 함께 … 의논하니라** – 그들은 대개 서로에게 적대적이었다.
3:8 이두매와 – 그 원주민들은 150년 이상 유대교 신앙을 고백했었다. **두로와 시돈 근처에서 많은 무리가** – 그 해안에 살던 이스라엘 사람들.
3:10 병이나 **재앙**(그리스 단어는 정확하게 의미한다)은 죄에 대한 재앙이나 형벌로 하나님께서 자주 보내시거나 적어도 허락하신 매우 아프고 고통스럽고 질환으로 보인다.
3:12 예수께서 자기를 나타내지 말라고 많이 경고하시니라 – 때가 아니었고, 그들은 적합한 설교자도 아니었다.
3:13 자기가 원하는 자들을 부르시니 – 인간의 영원한 상태와 관련하여, 하나님께서는 항상 공의롭고 자비롭게 행동하신다. 그러나 그 밖의 수많은 것들과 관련하여, 그분은 우리에게 단순한 주권자처럼 행동하는 것처럼 보인다.
3:17 이 둘에게는 보아너게 곧 우레의 아들이란 이름을 더하셨으며 – 그들의 영혼의

따뜻함과 격렬함, 그들의 열정적인 설교방식, 그리고 그들의 말씀의 능력과 관련하여.
3:20 식사 – 즉, 생계유지.
3:21 예수의 친족들 – 그분의 어머니와 그분의 형제들(31절). 그러나 그들이 그분에게 가까이 오기까지는 시간이 조금 걸렸다.
3:22 예루살렘에서 내려온 서기관들과 바리새인들(마 12:22) – 일부러 악마의 심부름으로. 그리고 성공적이었다. 왜냐하면 보통사람들은 이 학식이 있고, 훌륭하고, 명예로운 사람들로부터 독을 마시기 시작했기 때문이다. **그가 바알세불이 지폈다** – 그의 수중에 있으며, 그와 연합하여. **귀신의 왕을 힘입어 귀신을 쫓아낸다** – 학식이 있는 사람이 얼마나 쉽게 하나님의 사역에 대한 가장 강력한 증거를 받아들이지 않을 수 있는가! 그가 어떻게 하나님을 문제 삼지 않고 모든 사건을 쉽게 단정할 수 있겠는가!
3:30 이는 그들이 말하기를 더러운 귀신이 들렸다 함이러라 – 이 말씀을 읽어 본 사람들이 성령을 모독하는 것이 무엇인지 의심하는 것은 놀라운 일이 아닌가? 그 어떤 말이 "그리스도가 성령의 능력으로 일으키신 그런 기적을 악마의 능력으로 돌리는 것"보다 더 분명하게 선언할 수 있겠는가?
3:31 그 때에 예수의 어머니와 동생들이 와서 – 마침내 무리를 헤치고 문 앞으로 나아갔다. 그분의 형제들은 그분을 데려가려는 계획에서 첫째이자 가장 열렬한 사람으로 여기서 처음 언급된다. 왜냐하면 "그분의 형제들 아무도 그분을 믿지 않았기" 때문이었다. **사람을 보내어 예수를 부르니** – 그들은 한 사람을 집으로 들여보냈고, 그가 그분의 이름을 큰소리로 불렀다.
3:34 둘러 앉은 자들을 보시며 – 최고의 다정함으로. **이르시되 내 어머니와 내 동생들을 보라** – 그분의 진정한 제자들과 심지어 단순히 육체의 어머니로 생각되는 동정녀 마리아에게 대한 사랑에서, 그분은 그들에 대한 높고 소중한 애정을 보여줄 뿐만 아니라, 또한 후세에 그녀에게 돌려질 것으로 예견된 과도한 우상숭배를 의도적으로 방지하려는 것으로 보인다.

마가복음 4장

4:2 예수께서 여러 가지를 비유로 가르치시니 – 동방 나라들의 통상적인 방식을 따라, 그분의 지시를 그들에게 더 듣기 좋게 만들고, 주의 깊게 듣는 사람들에게 더 깊은 인상을 주기 위함이다. 비유는 직유나 비교, 그리고 때로는 속담뿐만 아니라, 영적인 것들을 자연적인 것으로 설명하고 묘사하는 모든 종류의 교훈적인 연설도 의미한다. "잠언과 비유와 지혜 있는 자의 말과 그 오묘한 말을 깨달으리라"(잠 1:6) – 잠언은 문자적이고, 해석은 영적이다. 문자적인 의미에 머무르는 것은 죽이는 것이지만, 영적인 것은 살리는 것이다.

4:3 들으라 – 이 말은 아마도 그분이 소음을 멈추고 사람들을 재촉하기 위해 큰 목소리로 말했을 것이다.

4:10 예수께서 홀로 계실 때에 – 즉, 무리들로부터 떠나 있을 때.

4:11 외인에게는 – 유대 사람들은 이방인이라고 불렀다. 그래서 우리 주님께서는 모든 완고한 불신자들을 부르신다. 왜냐하면 그들은 그분의 나라에 들어가지 못하고, 바깥 어둠 속에서 지내야 하기 때문이다.

4:12 그들로 보기는 보아도 알지 못하며 – 그들이 전에는 보지 않으려고 했고, 이제는 볼 수가 없으니, 하나님이 그들이 택한 무지함에 내버려 두셨기 때문이다.

4:13 이 비유를 알지 못할진대 – 내가 이제부터 말하려고 하는 것들의 이른바 기초가 되는 것인데, 이해할 수 있을 정도로 쉬우냐?

4:19 기타 욕심이 … 말씀을 막아 – 심오하고 중요한 진실! 하나님 안에서의 행복으로 인도하는 것 이외의 모든 것에 대한 욕망은 직접적으로 영혼의 황폐함을 초래한다. **들어와** – 이전에는 그들이 없었던 곳이다. 그러므로 그 말씀을 받아들이고 간직한 사람은 아마도 그 때까지 그가 알지 못했던 것들과 같은 다른 욕망이 들어오지 않도록 주의하도록 하라. **결실하지 못하게** – 열매가 거의 완벽하게 자란 후에.

4:21 또 그들에게 이르시되 사람이 등불을 가져오는 것은 – 그분은 다음과 같이 말씀하시는 것 같다. 내가 너희에게 이 빛을 주노니, 감추기 위해서가 아니라 남에게 전하기 위해서이다. 그리고 내가 지금 너희에게서 무언가를 숨긴다면, 그것은 앞으로 더 효과적으로 드러날 것이다.

4:24 스스로 삼가라 – 즉, 너희가 듣는 것에 주의를 기울여라. 그러면 그것이 너희에게 올바른 영향을 줄 것이다. **그 헤아림으로** – 즉, 너희가 들은 것을 발전시키면 더 많은 도움이 주어질 것이다. **너희가 무엇을 듣는가** – 즉, 발전과 함께.

4:25 있는 자 – 그가 받은 것이 무엇이든지, 자신의 영혼뿐만 아니라 다른 사람들의 유익을 주도록 발전시키는 자.

4:26 하나님의 나라 – 내면의 나라는 **사람이 … 땅에 뿌린** 씨앗과 같다. 복음을 전파하는 자가 이것을 마음에 뿌리는 것이다.

4:27 그가 밤낮 자고 깨고 – 즉, 그는 그것을 계속 생각하고 있다. **씨가 나서 자라되 어떻게 그리 되는지를 알지 못하느니라** – 그것을 뿌린 자도 어떻게 자라는지 설명할 수가 없다. 왜냐하면 가장 위대한 철학자들이 이해할 수 없는 신기한 기계처럼, 땅이 자발적으로 먼저 싹을, 그리고 이삭을, 그 다음에 이삭에 가득 찬 곡식을 내듯이, 영혼은 설명할 수 없는 방식으로, 처음에는 약한 은혜를, 그리고 더 강해지고, 그 다음에 완전한 성결을 가져오기 때문이다. 그리고 이 모든 것은 기계처럼, 그 자체 안에 운동의 원동력이 있다. 그런데 그 비교의 놀라운 정확성을 보라. 사람의 보살핌과 노력, 그리고 하늘의 선한 영향이 없이는, 영혼이 성결을 거둘 수 없듯이, 곡식을 낼 수 없다.

4:29 낫을 대나니 – 하나님께서는 곡식을 베고 창고에 모으신다.
4:33 그들이 알아들을 수 있는 대로 말씀을 가르치시되 – 그분의 청중의 능력에 맞게 조정하며, 그들을 불쾌하게 하지 않게 최대한 분명하게 말했다. 남을 가르치는 사람은 절대 잊지 말아야 할 법칙이다.
4:36 예수를 배에 계신 그대로 모시고 – 그들은 그분이 사람들에게 복음을 전파하던 그 배에 즉시 그분을 싣고 갔다.
4:38 베개를 베고 – 그분이 누워있는 키 근처의 선박의 특정 부분에 대한 적절한 영어식 표현이 없기 때문에, 그것을 그렇게 번역했다.
4:39 잠잠하라 – 동요를 멈추라. **고요하라** – 너의 포효를 멈추라. 문자 그대로, "너는 재갈을 물어라."

마가복음 5장

5:2 더러운 귀신 들린 사람이 무덤 사이에서 나와 예수를 만나니라 – 마태는 두 사람을 언급한다. 아마도 여기에서 특히 언급되는 이 사람은 더 사납고 통제불능이었을 것이다.
5:9 내 이름은 군대니 우리가 많음이니이다 – 그러나 이 모두는 한 지휘관 아래 있었던 것 같으며, 그에 따라 그들과 자기 자신 모두를 위해 계속 말한다.
5:15 두려워하더라 – 그렇지 않으면 그들이 폭력은 아니더라도 약간의 행패를 부렸을 것이다.
5:19 주께서 네게 어떻게 큰 일을 행하사 … 네 가족에게 알리라 – 그리스도가 직접 가지 않으신 그곳에서는 특히 필요했다.
5:20 그가 … 데가볼리에 전파하니 – 가정뿐 아니라, 예수 자신이 직접 가시지 않은 그 모든 지역에서.
5:22 회당장 중의 하나 – 모든 회당의 일을 관리하기 위해 종교적인 사람들의 회의가 있었다. 그 위에는 회당의 대표가 있었고, 회당장이라고 불렸다. 때로 한 회당에 한 명의 회당장이 있었다.
5:37 야고보의 형제 요한 – 마가가 우리 주님의 승천 후 얼마 지나지 않아 기록했을 때, 최근에 참수된 야고보에 대한 기억이 너무 생생해서, 그의 이름이 요한 자신보다 더 많이 알려졌다.
5:40 자기와 함께 한 자들을 – 베드로, 야고보, 요한.
5:43 예수께서 이 일을 아무도 알지 못하게 하라고 … 경계하시고 – 그분이 헛된 영광의 모든 출현을 피하고, 너무 많은 사람들이 모이는 것을 막고, 더 이상 그분에게 대항하는 서기관과 바리새인들의 분노를 사지 않으려고. 그리고 그분이 죽음과 그분의 영광이 온전히 나타나실 때가 아직 이르지 않았다. **소녀에게 먹을 것을 주라**

하시니라 – 따라서 즉각적인 기적에 의해서라도 자연적인 생명이나 영적 생명이 회복되었을 때, 그 생명을 보존하기 위해 모든 적절한 수단이 사용되어야 한다.

마가복음 6장

6:3 이 사람이 … 목수가 아니냐 – 의심의 여지가 없지만, 그분은 젊었을 때 그분의 아버지로 생각되는 요셉과 함께 일했다.

6:5 아무 권능도 행하실 수 없어 – 그분의 지혜와 선함에 일치하지 않아서. 그분의 위대한 목적을 촉진할 수 없는 곳에서 일하는 것은 그분의 지혜와 일치하지 않는다. 그리고 그분의 선함으로, 그분은 그의 동족들이 그들에게 제공될 수 있는 어떠한 증거라도 거부할 것을 잘 알고 있었다. 그러므로 그들에게 더 많은 증거가 주어졌다면 그들의 저주만 가중되었을 것이다.

6:6 이상히 여기셨더라 – 인간으로서. 그분은 하나님이었기 때문에, 그분에게 놀라울 것은 아무 것도 없었다.

6:8 명하시되 여행을 위하여 … 아무 것도 가지지 말며 – 그들이 방해받지 않고 항상 자유롭게 움직일 수 있도록. **지팡이 외에는** – 가지고 있는 사람은 그것을 가져갈 수 있지만, 가지지 못한 자는 준비하지 말아야 한다(마 10:10).

6:9 신만 신고 – 늘 그렇듯이. 신은 튼튼한 가죽이나 나무로 만든 것으로, 발바닥 아래에 줄로 묶여있으며, 현대의 나막신처럼 생겼다. 마태복음에서 착용이 금지된 신발은 짧은 장화의 일종으로, 다리 중간보다 약간 위쪽에 닿았고, 여행에서 흔히 사용되었다. 우리 주님께서는 이 사명을 통해 그들을 사도적 사역에 참여하게 하려고 하셨다. 그리고 그들이 가진 모든 것을 두고, 그런 여행을 위해 아무 것도 준비하지 않고 떠났을 때, 하나님께서 그들에게 베푸신 보살핌을 되새기는 것은 틀림없이 평생 동안 그들에게 격려가 되었을 것이다. 이 견해에 따라, "내가 너희를 전대와 배낭과 신발도 없이 보내었을 때에 부족한 것이 있더냐?"(눅 22:35)라고 물으실 때, 우리 주님 자신은 이것을 생각하도록 그들을 인도하신다.

6:13 많은 병자에게 기름을 발라 – 야고보가 일반적인 지침으로 준 것, "주님께서 그를 일으키시리라"(약 5:14,15)라는 단호한 말과 함께. 그는 기름의 자연적인 효능이 아니라, 하나님의 초자연적인 축복으로 건강을 회복할 것이다. 그리고 이것은 기독교 교회에서 아주 오래 전부터, 이것과 거의 유사함이 없는 극단적인 도유가 사용되거나 전해지기 훨씬 전에, 절박한 질병을 치유하는 가장 중요한 상비 수단이었던 것 같다. 전자(기름 바름)는 건강의 수단으로만 쓰이고, 후자(도유)는 삶이 절망할 때에만 쓰인다.

6:15 그가 선지자니 옛 선지자 중의 하나와 같다 – 고대 선지자들 가운데 하나보다 열등하지 않다.

6:16 헤롯은 듣고 – 그분에 대한 그들의 여러 판단에 대하여, 이르되 … 요한 그라고 말했다.
6:20 보호하며 – 헤로디아의 모든 악의와 계략에 대하여. **또 그의 말을 들을 때에** – 아마도 1년 반 동안 감옥에 갇혀있을 때 가끔 그를 불렀을 것이다. **달갑게 들음이러라** – 헤로디아가 그의 품에 누워있는 동안의 헛된 기쁨!
6:21 마침 기회가 좋은 날이 왔으니 – 그녀의 목적에 용이한. **대신들과 천부장들과 갈릴리의 귀인들** – 궁정과 군대와 지방의 위인들.
6:23 내 나라의 절반까지라도 – 속담 같은 표현.
6:26 자기가 맹세한 것과 그 앉은 자들로 인하여 – 헤롯의 명예는 대제사장들의 양심과 같았다(마 27:6). 무고한 피를 흘리는 것은 어느 쪽도 상처를 입히지 않았다.
6:32 갈새 – 개울이나 호수 모퉁이를 건너서.
6:34 나오사 – 배에서.
6:40 떼로 … 앉은지라 – 이 단어는 정원의 화단이나 텃밭을 의미한다. 비유하자면, 질서정연한 한 무리의 사람들. 백 명씩 또는 오십 명씩 – 즉, 항으로 50, 오로 100이다. 100에 50을 곱하면 바로 5천이 된다.
6:43 차게 – 떡으로.
6:45 예수께서 즉시 제자들을 재촉하사 – 그분 없이 가는 것을 좋아하지 않았던 사람들.
6:48 보시고 – 왜냐하면, 어둠은 그분에게서 아무것도 감추지 못했기 때문이다. **지나가려고 하시매** – 즉, 그분이 지나가는 것처럼 걸었다.
6:52 그 마음이 둔하여졌음이러라 – 그러나 그들은 타락한 사람들은 아니었다. 그건 단지 그들이 이해력이 느리고 둔했다는 것을 의미한다.

마가복음 7장

7:1 예루살렘에서 와서 – 아마도 그에게 불리한 기회를 찾으려고 일부러.
7:4 잔과 주발과 놋그릇을 씻음이러라 – 헬라어 baptism은 구분 없이 씻거나 흩뿌린다는 뜻이다. 잔과 주발과 그릇은 씻었고, 식탁에는 흩뿌렸다.
7:5 장로들의 전통 – 너희 조상들로부터 전해져 내려온 규칙.
7:15 무엇이든지 밖에서 사람에게로 들어가는 것은 능히 사람을 더럽게 하지 못하되 – 비록 그것이 사실이지만, 사람은 건강을 해치는 것을 먹음으로, 또는 육류나 음료수를 과도하게 섭취함으로, 도덕적 타락인 죄책을 스스로 자초할 수 있다. 그러나 심지어 여기서도 타락은 마음의 악함에서 발생하며, 그에 비례한다. 그리고 이것이 우리 주님께서 주장하시는 것이다.
7:19 모든 음식물을 깨끗하다 – 아마도 화장실 좌석은 보통 흐르는 물 위에 위치했

을 것이다.

7:22 악독 – 이 단어는 악한 본성, 잔인성, 비인간성, 그리고 모든 악의적인 감정을 의미한다. **우매함** – 생각과 담론의 냉철함과는 정반대되는. 모든 종류의 엉뚱한 상상과 지나친 열정.

7:26 그 여자는 헬라인이요 – 즉, 이방인이며, 유대인이 아니다. **수로보니게 족속**, 또는 가나안 사람이다. 가나안은 시리아라고 불려야 마땅한대, 시리아와 뵈니기아 사이에 놓여 있어 수로보니게라고도 불렸다.

7:33 손가락을 그의 양 귀에 넣고 – 아마도 이 사람을 데려온 사람들이 하려고 했던 것처럼 우리가 그분을 제한하지 않아야 하고, 비록 사용된 수단과 그에 따라 생기는 결과 사이에 관계나 유사성이 없을지라도, 그분이 기뻐하는 모든 방법으로 그분의 축복을 기대해야함을 우리에게 가르치기 위한 것이다.

7:34 에바다 – 이것은 최고 주권자의 말씀이며, 치유할 권능을 하나님께 구하는 말씀이 아니다. 그런 말은 불필요하다. 왜냐하면, 그리스도께서는 죽은 자들을 살리시는 데까지 그분이 원하시면 언제나 모든 기적을 일으킬 권능의 영원한 근원이 자기 안에 있었기 때문이다(요 5:21, 26).

7:36 그들에게 – 눈먼 사람(귀먹고 말 더듬는 자?)과 그를 데려온 사람들.

마가복음 8장

8:8 배불리 먹고 – 이 기적은 그리스도께서 하늘에서 내려온 참 떡이심을 나타내기 위한 것이다. 왜냐하면, 자연적 생명을 부양할 수단 없이도 떡을 만들 수 있는 전능하신 분이 영적 생명을 부양할 수단 없이 떡을 만들 능력이 부족할 수는 없기 때문이다. 그리고 이 하늘의 떡을 우리는 매순간 필요하여 의지하기에, 우리는 하늘의 떡을 "주님, 이 떡을 우리에게 항상 주소서"라고 늘 기도해야 한다.

8:11 그를 시험하여 – 즉, 그분을 함정에 빠뜨리려고.

8:12 어찌하여 이 세대가 – 즉, 이 서기관들과 바리새인들이. **표적을 구하느냐** – 신실함에서가 아니라, 위선으로부터.

8:15 바리새인들의 누룩과 헤롯의 누룩을 주의하라 – 또는 사두개인들의. 정반대의 두 극단.

8:17,18 우리 주님은 여기서 모든 사도들에게 단언하신다(왜냐하면, 그 질문은 확언과 같기 때문이다). **아직도 알지 못하며 깨닫지 못하느냐 너희 마음이 둔하냐 너희가 눈이 있어도 보지 못하며 귀가 있어도 듣지 못하느냐 또 기억하지 못하느냐** – 마태복음 13장에 나오는 것과 똑같은 표현이다. 그럼에도 불구하고 그들이 결정적으로 굳어있지는 않은 것이 분명하다. 그러므로 이러한 모든 강력한 표현은 현재의 영적 이해력의 부족 그 이상을 필연적으로 의미하지는 않는다.

8:23 마을 밖으로 데리고 나가사 – 벳새다 주민들의 불신앙으로 인해 그들에게 아주 불쾌하셨기에, 우리 주님께서는 그들 가운데서 더 이상 기적을 행하지 않으시고, 심지어 고침을 받은 사람이 그 성으로 들어가거나 그 안에 있는 누구에게든지 그것을 말하는 것을 허락하지 않았다.
8:24 사람들이 보이나이다 나무 같은 것들이 걸어 가는 것을 보나이다 – 그는 움직임으로 사람을 나무와 구별했다.
8:30 그분은 그들에게 당분간 침묵을 명했다. 1. 사람들이 자신을 임시 왕으로 세우라고 부추기지 않도록. 2. 이는 서기관들과 바리새인들을 격노하게 하여 때가 오기 전에 자기를 죽이지 못하도록. 3. 그분의 부활 후에 그분의 신성에 대해 주어질 보다 분명한 증거를 미리 앞서지 않으려고.
8:32 드러내 놓고 이 말씀을 하시니 – 또는 명시적인 말로. 이제까지 그분은 그들에게 그것을 암시했다. **베드로가 예수를 붙들고** – 아마도 팔이나 옷을 붙잡고.
8:33 제자들을 보시며 – 그분이 베드로에게 하신 말씀을 그들이 더욱 잘 지키도록.
8:34 무리와 제자들을 불러 이르시되 – 마지막 중요한 진리이며 그들 모두에게 똑같이 관계되는 것을 듣기 위하여. **자기를 부인하고** – 크고 작은 모든 것에 있어서 아무리 즐거울지라도 계속해서 자기 자신의 의지를 (부인하고), **자기 십자가를 지고** – 아무리 고통스럽더라도, 매일, 매시간, 지속적으로 하나님의 뜻을 받아들여라. 그리하면 그는 영광에 이르기까지 성결하게 **나를 따를 수** 있다.
8:38 누구든지 … 나와 내 말을 부끄러워하면 – 즉, 내가 말한 모든 것, 특히 자기 부정과 매일의 십자가를 말과 행동으로 시인하는 것을 (부끄러워하면).

마가복음 9장

9:1 하나님의 나라가 권능으로 임하는 것을 볼 자들도 있느니라 – 그것이 오순절 날에 시작되었는데, 이때 삼천 명이 한꺼번에 하나님께로 회심했다.
9:2 그들 – 즉, 무리들과 구별되는. **따로** – 다른 사도들로부터. **변형되사** – 그 헬라어 단어는 바울이 빌 2:6,7에서 언급한, "하나님의 형상"과 "종의 형상"을 언급하는 것 같다. 내주하는 하나님께서 이 경우에 발산한 하나님의 빛은 이 형상들 중 하나에서 다른 형태로 영광스러운 변화를 만들었다.
9:3 그렇게 희게 할 수 없을 만큼 매우 희어졌더라 – 자연이나 인공으로 이룰 수 없을 정도로.
9:4 엘리야 – 그들이 기대한 사람. 모세 – 그들이 기대하지 않은 사람.
9:7 밝고 빛나는 **구름이 와서 그들을 덮으며** – 이것은 유대인 저술가들이 관찰한 바와 같이 모세가 죽었을 때 떠났던, 광야에서 이스라엘과 함께 한 영광의 구름이었던 것 같다. 그러나 모세가 예시한 교회의 위대한 선지자인 우리 주님을 기리기 위해 다

시 나타났다. **너희는 그의 말을 들으라** – 모세와 엘리야보다도.

9:12 엘리야가 과연 먼저 와서 모든 것을 회복하거니와 어찌 인자에 대하여 기록하기를 – 즉, 그분은 그들에게 어떻게 기록되었는지를 말했다. 그분은 다음과 같이 말한 것 같다. 엘리야의 재림이 나의 고난과 모순되지 않는다. 그가 왔지만, 나는 고난을 받을 것이다. 이 구절의 첫 부분은 엘리야에 관한 그들의 질문에 답하고, 두 번째 부분은 메시아의 고난이 영원히 계속된다는 그들의 오류를 논박한다.

9:15 온 무리가 곧 예수를 보고 매우 놀라며 – 그분의 오심은 그렇게 갑자기, 그렇게 적절하게, 그렇게 예기치 않게 찾아왔을 때, 아마도 그분의 얼굴에 아직 남아 있는 특별한 위엄과 영광의 빛으로 인해.

9:17 무리 중의 하나가 대답하되 – 서기관들은 우리 주님의 질문에 아무 대답도 하지 않았다. 그들은 그분의 제자들에게 한 말을 되풀이하려고 하지 않았다. **말 못하게 귀신 들린** – 그의 언어 능력을 빼앗는 귀신이다.

9:20 예수를 보고 – 그 아이가 그리스도를 보았을 때, 그의 구원이 임박했을 때이다. **그 아이로 심히 경련을 일으키게** – 그를 파괴하기 위해 마지막으로 큰 노력을 기울였다. 사탄이 오랫동안 소유해 온 영혼에서 쫓겨나기 전에는 일반적으로 그렇지 않은가?

9:22 그러나 무엇을 하실 수 있거든 – 너무나 절망적인 상황에서. **우리를 불쌍히 여기사** – 그뿐만 아니라 나도.

9:23 믿는 자에게는 능히 하지 못할 일이 없느니라 – 그분은 이렇게 말씀하신 것 같다. 그 일은 나의 능력이 아니라 너희의 믿음에 달려있다. **나는** 모든 것을 할 수 있다. **너희는** 믿을 수 있느냐?

9:24 나의 믿음 없는 것을 도와 주소서 – 나의 믿음이 너무 작아서 오히려 불신앙이라 칭할 수 있을지라도 나를 도와주세요.

9:25 말 못하고 못 듣는 귀신아 – 그가 아이를 그렇게 만들었기 때문에 그렇게 부르는 것이다. 그분이 말씀하실 때 아이는 듣지 못했을지라도 귀신은 들었다. **내가 네게 명하노니** – 지금은 제자들이 아니라, 나 자신이.

9:26 아이로 심히 경련을 일으키게 하고 – 하나님께서 사탄에게서 영혼을 구원하러 오실 때 육신도 때로는 고통을 겪는다.

9:30,31 갈릴리 가운데로 지날새 – 도시를 통과해서가 아니라 그것들을 둘러서, 아주 비밀리에. **예수께서 아무에게도 알리고자 아니하시니 이는 제자들을 가르치시며** – 그분은 자신의 고난에 관해 그들에게 충분히 가르치시기 위해 그들과 어느 정도 그들과만 보내기 원하셨다. **인자가 … 넘겨져** – 마치 이미 이루어진 것처럼 확실하다.

9:32 제자들은 이 말씀을 깨닫지 못하고 – 그들은 우리 구세주의 죽음(또한 결국 그분의 죽음을 전제한 그분의 부활도)을 그분의 세상적인 나라에 대한 그들의 생각과 어떻게 조화시킬지 몰랐다.

9:34 누가 크냐 하고 쟁론하였음이라 – 그분 나라의 수상.

9:35 누구든지 첫째가 되고자 하면 뭇 사람의 끝이 되며 뭇 사람을 섬기는 자가 되어야 하리라 – 그가 자신을 가장 낮추도록 하라.

9:37 어린 아이 하나를 – 나이에 있어서나 마음에 있어서.

9:38 요한이 예수께 여짜오되 – 그분은 이렇게 말씀하신 것 같다. 그러나 그분을 따르지 않는 사람들을 우리가 받아들여야만 할까? **선생님 … 어떤 자가 주의 이름으로 귀신을 내쫓는 것을 우리가 보고** – 아마도 이는 예수를 믿었지만 아직 우리 주님의 제자들과 교제하지 않은 세례 요한의 제자 중 한 사람이었을 것이다. **우리를 따르지 아니하므로 금하였나이다** – 우리 안에서도 같은 기질이 얼마나 자주 발견되는가! 우리도 얼마나 빨리 "시기에 차는가!" 그러나 어떻게 그 마음으로 인자하신 예수의 제자가 되며, 더욱이 사역자가 될 수 있겠는가? 바울은 그의 개인적인 원수들에 의해서도 그리스도가 전파되는 것을 기뻐했을 때 더 나은 기질을 습득했다. 그러나 우리를 따르는 자들에게 종교를 국한시키는 것은 우리가 피하고 혐오해야 할 편협한 정신이다.

9:39 예수께서 이르시되 – 그리스도는 솔직함과 절제의 아름다운 예를 우리에게 보여주신다. 그분은 의심스러운 사건들에 대해 최선의 판단을 내리고, 원수로 공언하지 않은 자들을 친구로 대했다. 아마도 이 경우 나머지 편견을 극복하고, 이 사람들의 믿음과 순종에 부족한 것을 완전하게 하는 수단이었을 것이다. **금하지 말라** – 죄인을 사탄의 권세에서 하나님께로 인도하는 사람을, 그가 의견이나, 예배방식, 또는 종교의 본질에 영향을 미치지 않는 다른 어떤 것에서 "우리를 따르지 아니하므로," 직접적으로나 간접적으로 낙담시키거나 방해하지 말라.

9:40 우리를 반대하지 않는 자는 우리를 위하는 자니라 – 우리 주님은 전에 "나와 함께 있지 않은 자는 나를 반대하는 것이다"라고 말씀하셨다. 그러므로 그분께서는 듣는 이들에게 그분과 사탄의 전쟁에서 중립은 인정되지 않으며, 그분께 무관심한 사람들은 결국 원수로 취급될 것이라고 충고하셨다. 그러나 또 다른 관점에서, 그분은 다른 속담을 사용했는데, 그의 추종자들에게 가장 공정한 방식으로 사람들의 특징을 판단하고, 그분의 명분에 반대하지 않는 사람들은 호의를 가지고 있는 것으로 관대하게 여기라고 가르치셨다. 전반적으로 우리는 자신을 판단할 때는 엄격해야 하고 서로를 판단할 때는 공정해야 한다.

9:41 누구든지 너희가 … 물 한 그릇이라도 주면 – 요한에게 대답하신 후, 그분은 여기에서 37절에서 단절된 이야기를 다시 시작하신다.

9:42 반대로, 가장 작은 그리스도인을 **누구든지 … 실족하게 하면.**

9:43 네 손이 너를 범죄하게 하거든 – 이 이야기는 실족하게 하는 것에서 실족되는 사례로 옮겨간다. 너희에게 손이나 눈처럼 유용하거나 소중한 사람이 하나님의 길에서 너희를 방해하거나 게을러지게 한다면, 그와의 모든 교제를 중단해야한다. 이것

은 주로 사람들과 관련되고 이차적으로 사물과 관련된다.

9:48 구더기 – 영혼을 갉아먹는 것(자만, 자기 의지, 욕망, 악의, 시기, 수치, 슬픔, 절망). **죽지 않고** – 영혼 자체와 마찬가지로. 몸을 괴롭히는 (물질적이거나 무한히 나쁜) **불도** 영원히 **꺼지지 아니하느니라**.

9:49 사람마다 – 범죄하는 지체를 잘라내지 않고 결과적으로 지옥에 던져지는 사람은 말하자면 **소금치듯 함을 받으리라** – 그것에 의해 소멸되지 않고 유지된다. 반면에, 용납되는 모든 희생은 다른 종류의 소금으로 소금치듯 함을 받을 것이다. 이는 곧 하나님의 은혜의 소금으로 영혼을 정화하고 (자주 고통스럽긴 하지만) 부패하지 않도록 보존한다.

9:50 소금은 좋은 것이로되 – 내가 너희를 이 세상의 소금이라고 불렀다는 측면에서 매우 유익하다. 다른 사람을 양념하는 **소금이 그 맛을 잃으면 무엇으로 이를 짜게 하리요** – 이것을 조심하라. 즉, 너희의 맛을 유지하고 그 증거로 **서로 화목하라**.

이 불명확한 본문은 다음과 같이 풀어서 설명할 수 있을 것이다.

모든 번제물을 소금에 절여서 제단 불 속에 던지듯이, 손이나 눈을 내주지 않는 사람은 모두 하나님의 의로움에 대한 제물이 되어, 지옥 불에 던져질 것이다. 그 불은 그를 소멸되지 않고, 존재가 끊어지지도 않게 한다. 그리고 한편, 자기를 부인하고 자기 십자가를 지면서 하나님에 대한 산제사로서 자신을 드리는 자는 누구든지 은혜로 양념될 것이다. 그것이 소금처럼 그를 풍미롭게 하고, 영원히 멸망으로부터 지킬 것이다.

소금이 고기를 보존하고 풍미를 돋우는데 좋듯이, 너희가 은혜로 양념되는 것이 좋다. 너희의 마음과 삶을 정화하며, 너희 자신의 영혼과 너희가 가는 어디에서나 나의 지식의 풍미를 전파하는데 좋다. 그러나 소금이 짠 맛을 잃으면 아무 쓸모가 없는 것과 같이, 너희도 믿음과 사랑을 잃으면 아무 쓸모가 없고 오직 멸망할 뿐이다. 그러므로 은혜가 너희 안에 거하는지 주의하고, 누가 가장 큰 사람이 될 것인가로 더 이상 다투지 않도록 주의하라.

마가복음 10장

10:1 예수께서 거기서 떠나 – 갈릴리로부터.

10:6 창조 때로부터 – 그러므로 창세기 1장에서 모세는 우리에게 창조의 시작부터의 사물에 대한 설명을 제공한다. 모세가 묘사한 것 이전에 창조가 없었다는 것이 분명하게 도출되지 않는가? **사람을 남자와 여자로 지으셨으니** – 그러므로 아담은 처음에는 두 성별을 모두 자기 안에 담지 않았으며, 하나님은 아담이 처음 창조되었을 때 남자로만, 하와는 여자로만 만들었다. 그리고 이 남자와 여자를 그분은 순결한 상태에서 남편과 아내로 함께 하도록 했다.

10:11,12 일부다처제는 여기서 완전히 정죄된다.
10:14 예수께서 보시고 노하시어 – 그들은 책망 받을 것이 없는 사람들을 비난하며, 아이들이 축복받는 것을 방해하려고 애쓰는 것에. **하나님의 나라** – 내가 세상에 세우러 오는 나라의 구성원들은 어린아이 같은 성품의 어른들 뿐만 아니라 바로 이와 같은 이들이다.
10:15 누구든지 하나님의 나라를 어린 아이와 같이 받들지 않는 자는 – 마치 생후 일주일밖에 안 된 것처럼, 모든 가치와 적합성을 완전히 부인함으로.
10:20 여짜오되 선생님이여 – 그는 책망을 받고 이제 "선한"이라는 말을 뺐다.
10:21 예수께서 그를 보시고 – 그리고 그의 마음을 들여다보시고. **사랑하사** – 의심할 여지 없이 그분이 그에게서 선한 가능성을 보시고. **네게 아직도 한 가지 부족한 것이 있으니** – 하나님의 사랑이 없으면 모든 종교는 죽은 시체이다. 그러기 위해서는, 그것에 큰 방해가 되는 것을 버려야한다. 너의 커다란 우상인 재물을 포기하라. **가서 네게 있는 것을 다 팔아야** 한다.
10:24 예수께서 … 대답하여 이르시되 얘들아 – 그분께서 가혹한 진실을 부드럽게 전달하지만, 그럼에도 불구하고 작은 부분 하나라도 철회하거나 약화시키지 않는 것을 보라. **하나님의 나라에 들어가기가 얼마나 어려운지** – 보호나 행복이나, 또는 삶이 지속적으로 노출되어 있는 수천 가지 위험으로부터의 구원을 위해 (재물을 의지하는 사람들). 그러나 이들이 하나님의 영광스러운 나라에 들어갈 수 없다는 것은 분명하며 부정할 수 없다. 그러나 "낙타가 바늘귀로 나가는 것"이 많은 재물을 가지고 있으면서 그것을 의지하지 않는 것보다 쉽다. 그러므로 "낙타가 바늘귀로 나가는 것이 부자가 하나님의 나라에 들어가는 것보다 쉽다."
10:28 보소서 우리가 모든 것을 버리고 – 그 젊은이는 그러지 않았지만.
10:30 집과 … 백 배나 받되 – 같은 종류가 아니다. 왜냐하면 일반적으로 **박해를 겸하여** 받을 것이기 때문이다. 그러나 가치 면에서, 어느 하나 또는 이 모든 것이 제공하는 것보다 백 배나 더 큰 행복이다. 그러나 박해와 함께 그것을 받아들이는 자 외에는 아무도 이 행복을 누릴 자격이 없다는 것에 주목하라.
10:32 예루살렘으로 올라가는 길에 예수께서 그들 앞에 서서 가시는데 그들이 놀라고 – 그분이 거기서 마주해야 할 것을 그들에게 말한 것을 생각해 볼 때, 그분의 용기와 담대함에. **따르는 자들은 두려워하더라** – 그분과 그들 자신을 위해. 그럼에도 불구하고 그분은 그들에게 앞으로 일어날 일을 더 구체적으로 말함으로써 그들을 준비시키는 것이 최선이라고 판단했다.
10:35 여짜오되 – 그들의 어머니에 의해. 그 말을 한 것은 그들이 아니라 그녀였다.
10:38 너희는 너희가 구하는 것을 알지 못하는도다 – 너희는 영광으로 가는 길을 놓는 데 필요한 것이 고난을 구하는 것임을 모른다. **잔** – 내적인. **세례** – 외적인 고난. 우리 주님은 내면이 고난으로 가득 차셨고, 외면도 고난으로 덮였다.

10:40 준비되었든지 그들이 얻을 것이니라 – "참고 선을 행하여 영광과 존귀와 썩지 아니함을 구하는" 자들에게. 이들에게만 영원한 생명이 **준비**되었다. 이들에게만 그날에 그분께서 주실 것이며, 모든 사람에게 자신의 수고에 따라 자신의 상을 주실 것이다.

10:45 많은 사람의 대속물 – 그러한 대속물이 필요한 수많은 영혼들을 위해서도(고후 5:15).

10:50 겉옷을 내버리고 – 기쁨과 열망을 가지고.

마가복음 11장

11:1 감람 산 벳바게와 베다니에 – 베다니의 경계는 감람산에 닿았고, 벳바게의 경계와 합쳐졌다. 벳바게는 예루살렘 교외의 일부였고, 감람산에서부터 도시성벽까지 이르렀다. 우리 주님은 이제 베다니와 벳바게의 경계가 만나는 곳에 오셨다.

11:13 무화과의 때가 아님이라 – 이른바 무화과가 좋은 해가 아니었다. 적어도 봄에 혼자 그렇게 빨리 익는 종류는 아니었다.

"무화과의 때가 아니었다"라는 말을 무화과를 모으는 시기로 생각한다면, 그것은 "때가 아직 아니었다"는 의미이다. 그래서 (괄호 안에 "가서 보신즉 잎사귀 외에 아무것 없더라"를 괄호로 넣으면) 그것은 문장의 앞부분을 언급하는 것일 수 있고, 그리스도께서 나무에 무화과가 있는지 알아보러 가시는 이유로서 생각할 수 있다. 또한 괄호 안의 그 구절을 읽은 몇몇 사람들은 다음의 말, "그분이 있었던 곳은 무화과의 계절이었기 때문에"를 번역한다. 그리고 이 말의 의미는 비유의 훌륭한 의도와 가장 잘 부합한다는 것이 분명한데, 유대교가 열매를 가장 기대할 수 있는 바로 그 계절에 결실을 맺지 못한 것에 대해 질책하는 것이다.

11:16 아무나 물건을 가지고 성전 안으로 지나다님을 허락하지 아니하시고 – 우리 주님은 상대적인 성결에 대해서도 아주 강한 개념을 가지고 계셨는데, 특별히 하나님께 바쳐진 장소들(시간들과 마찬가지로)에 대한 것이다.

11:18 이는 무리가 다 그의 교훈을 놀랍게 여기므로 – 그분의 교리의 탁월함과 그분이 가르친 위엄과 권위 모두에서. **그를 두려워함일러라** – 즉, 그들은 소란이 일어나지 않도록 폭력적으로 그분을 체포하는 것을 두려워하였다.

11:22 하나님을 믿으라 – 만물의 창조주이자 소유주가 그분의 입의 말 한마디로 수천의 무생물을 파괴한다면, 그것이 이 중요한 교훈을 불멸의 한 영혼에게 더 깊이 각인시키는 것뿐이라면, 누가 잘못을 찾을 수 있을까?

11:25 서서 기도할 때에 – 서는 것은 그들이 기도할 때의 평소 자세였다. **용서하라** – 그리고 이 조건에 대해서, 분노나 의심 없이 너희가 요구하는 모든 것을 너희가 얻게 될 것이다.

마가복음 12장

12:12 무리를 두려워하여 – 모든 것을 그분의 자녀들의 유익을 위해 사용하시는 하나님의 섭리는 얼마나 놀라운가! 일반적으로 군중은 그들의 통치자들에 대한 두려움 때문에 그들을 나누지 못한다. 그리고 여기에서는 통치자들 자신들이 군중을 두려워하여 그렇게 하지 못한다.
12:17 그들이 예수께 대하여 매우 놀랍게 여기더라 – 그분의 지혜로운 대답에.
12:25 사람이 죽은 자 가운데서 살아날 때에는 남자들은 **장가도 아니가고** 여자들은 **시집도 아니 가고 하늘에 있는 천사들과 같으니라.**
12:27 하나님은 죽은 자의 하나님이 아니요 산 자의 하나님이시라 – 즉, 논쟁을 길게 제기한다면, 어떤 사람의 하나님이라는 그분의 존재의 특성은 죽은 것이 아니라 살아 있는 존재로 그들과의 관계를 분명히 암시하기 때문에, 그리고 그들이 완전히 죽었다면 그분은 현재 그들의 하나님이라고 말할 수 없고, 만약 그들의 육체가 영원한 죽음에 거한다면 아브라함, 이삭, 야곱과 같이 영혼과 육체로 구성된 인간의 하나님이 아니기 때문에, 미래의 축복의 상태와 그 안에 영혼이 함께 하는 몸의 부활이 있어야 한다.
12:28 모든 계명 중에 첫째가 무엇이니이까 – 지켜야 할 가장 중요하고 필요한 것.
12:29 주 곧 우리 하나님은 유일한 주시라 – 이것이 첫째 계명의 기초이자 모든 계명의 기초이다. 주 우리의 하나님, 주님, 만인의 하나님은 본질적으로 세 위격이지만 한 하나님이다. 하나님의 이러한 일체성으로부터 오직 그분께만 우리의 모든 사랑을 빚지고 있다.
12:30 힘을 다하여 – 즉, 너희의 이해력, 의지, 애정의 모든 힘과 능력.
12:31 둘째는 이것이니 – 동일한 포괄적인 성격을 지니며, 첫째가 하나님에 대한 우리 전체의 의무인 것과 같이, 동료–창조물에 대한 우리의 전체 의무를 구성한다. **이보다 더 큰** 도덕적인 계명이 없느니라.
12:33 힘을 다하여 하나님을 사랑하는 것 – 최고의 열정으로 영혼의 모든 힘을 다해 그분을 사랑하고 섬기는 것. **이웃을 자기 자신과 같이 사랑하는 것** – 동일한 환경에서 우리가 그들로부터 우리를 향해 바라듯이, 모든 사람에게 평등하고 자비로운 기질과 행동을 유지하는 것이 가장 고귀하고 값비싼 희생을 바치는 것보다 더 필요하고 중요한 의무이다.
12:34 예수께서 그가 지혜 있게 대답함을 보시고 이르시되 네가 하나님의 나라에서 멀지 않도다 하시니 – 독자여, 너희도 그렇지 않은가? 그렇다면 계속하여, 진정한 크리스천이 되라. 그렇지 않다면 너희는 멀리 떨어져 있는 편이 나았을 것이다.
12:39 서기관들을 삼가라 – 이런 반복된 주의가 절대적으로 필요했다. 왜냐하면, 그분에 대한 그들의 고질적인 편견을 고려할 때, 그분에 대한 구제불능의 모독자들

이 마땅한 모욕을 당하기 전에는 결코 일반인들이 복음을 받을 것이라고 생각할 수 없었기 때문이다.

그러나 그분은 이러한 방식으로 말하는 것이 곧 어떤 결과를 가져올지 알기에 고난이 있기기 직전까지 지체했다. 이것은 우리에게 선례도 아니다. 왜냐하면, 우리는 동일한 권한을 부여받지 않았기 때문이다.

12:41 무리가 어떻게 헌금함에 돈 넣는가를 보실새 – 이 헌금함으로 명절에 온 신도들의 자발적인 헌금을 모았다. 그것은 제단에 쓸 목재와 다른 방법으로 제공되지 않는 필수품을 사는 데 쓰였다.

12:43 너희에게 이르노니 이 가난한 과부는 … 모든 사람보다 많이 넣었도다 – 모든 것의 심판관이 가장 그럴듯하고 겉으로 드러나는 행동에 대해 어떤 판단을 내리는지 보라. 그리고 자기부정의 사랑에서 나오는 가장 작은 것이 어떻게 그분에게 받아들여질 수 있다니!

마가복음 13장

13:4 여기에 두 가지 질문이 제기된다. 첫째는 예루살렘의 멸망에 관한 것이고 둘째는 세상의 종말에 관한 것이다.

13:11 성령이 너희를 도울 것이다. 그러나 다른 어떤 도움도 의존하지 말아야한다. 왜냐하면, 가장 가까운 관계는 모두 끊어질 것이기 때문이다.

13:14 서지 못할 곳에 – 성스러운 용도로 따로 구별된 곳.

13:19 그 날들이 환난의 날이 되겠음이라 … 창조하신 시초부터 … 후에도 없으리라 – 이것이 아직 완전히 성취되지 않았다는 의심의 여지는 없는가? 이 고통이 아직 많이 남아 있지 않은가?

13:20 택하신 자들 – 그리스도인들. **자기가 택하신 자들** – 즉, "성령의 성화와 진리에 대한 믿음을 통해" 세상 밖으로 나가거나 세상으로부터 구별되어졌다는 것이다. **감하셨느니라** – 즉, 확실히 단축될 것이다.

13:24 그 때에 – 세상의 종말 바로 앞에. **환난 후** – 위에서 설명한.

13:29 인자가 가까이 – 인자.

13:30 이 일 – 성전과 그 도시에 관하여.

13:32 그 날 – 심판의 날은 종종 성경에서 그 날이라고 강조되어 있다. **아들도 모르고** – 인간으로서는 모른다. 인간으로서 그분은 전지하지도 편재하지도 못하다. 그러나 하나님으로서 그분은 모든 상황을 알고 계신다.

13:34 사람이 집을 떠나 타국으로 갈 때 – 이 세상을 떠나 아버지께 가려고 하실 때, 그분은 모든 종들이 각자의 여러 처소에서 수행할 봉사를 지정하신다. 이것은 주로 심판 날에 사역자들에게 관계된 것으로 보이지만, 모든 사람에게 그리고 죽음

의 때에 적용될 수 있다.

마가복음 14장

14:4 어떤 사람이 화를 내어 – 유다에 의해 자극받아서. **말하되** – 아마도 그 여자에게.

14:10 유다가 … 대제사장들에게 가매 – 이 비난이 있은 직후, 분노가 그의 탐욕에 더해졌다.

14:13 성내로 들어가라 그리하면 … 사람을 만나리니 – 우리 주님께서 모든 것을 아신다는 것과, 사람의 마음에 준 영향에 대한 추가적인 증거를 그들에게 주신 것은 매우 적절했다.

14:15 자리를 펴고 – 이 단어는 원래 양탄자를 깐다는 의미이다.

14:24 이것은 … 나의 피 곧 언약의 피니라 – 즉, 나는 이것을 나의 피에 대한 영원한 표식이자 기념으로 삼는데, 새로운 언약을 세우기 위해 흘리는 것으로, 나를 믿는 모든 사람은 그 은혜로운 약속을 받을 수 있다.

14:25 내가 포도나무에서 난 것을 하나님 나라에서 새 것으로 마시는 날까지 다시 마시지 아니하리라 하시니라 – 즉, 죽기 전에는 더 이상 마시지 않을 것이다. 다음에 내가 마시는 포도주는 지상이 아니라 천국이 될 것이다.

14:27 이 밤 – 그들의 날 계산에 있어서 유대인들은 저녁과 아침을 첫째 날이라고 불렀던 모세의 계산법에 따라 저녁부터 시작했다(창 1:5). 그래서 일몰 후에 여기서 **이 밤**이라 불린 것은 30절에서 **오늘**이라고 불렸다. 이 표현은 특히 의미심장하다. "내가 진실로 네게 이르노니," 24시간 안이라도, "오늘," "이 밤," 즉 해가 뜨기 전, "닭이 두 번 울기 전에," 새벽 3시전에, 네가 그토록 신뢰하는 너 자신인 "네가 세 번 나를 부인하리라." 우리 주님은 닭이 평소 닭 우는 시간보다 먼저 한 번 울 것이라는 사실을 알고 있는 것처럼 매우 단호하고 분명하게 말씀하셨다. 13:35에 따르면, 새벽 3시에 끝나는 밤 삼경은 일반적으로 닭이 우는 것으로 표현된 것으로 보인다.

14:33 심히 놀라시며 – 원어는 슬픔과 뒤섞인 가장 충격적인 놀라움을 의미한다. 그리고 다음 구절의 단어인 **고민하여**는 그분이 사방에 슬픔으로 둘러싸여 있고, 그분의 몸으로부터 영혼을 분리시키려는 폭력이 그분에게 들이닥쳤다는 것을 암시한다.

14:36 아빠 아버지여 – 마가는 설명을 위해 아버지라는 단어를 추가한 것 같다.

14:37 베드로에게 말씀하시되 – 열성적이고 자신감 있는 베드로.

14:44 내가 입맞추는 자가 그이니 – 아마도 우리 주님은 아주 친절하게 (유대인의 관습에 따라) 그분의 제자들이 얼마간 자리를 비운 후에 돌아오면, 이렇게 하도록 허락하곤 했던 것 같다.

14:51 한 청년 – 그가 그리스도의 제자 중 한 사람이었던 것 같지는 않다. 아마도 이

상한 소리를 듣고 정원에서 멀지 않은 잠자리에서 일어나 홑이불만 둘러쓴 채 무슨 일인지 알아보기 위해 뛰쳐나왔을 것이다. **무리에게 잡히매** – 오직 그리스도의 제자로 의심받았을 뿐, 실제로 그런 사람은 건드리지 못했다.

14:55 온 공회가 … 증거를 찾되 얻지 못하니 – 그들의 권위와 그들이 제공할 수 있는 보상을 고려할 때, 그에게 어떤 중죄라도 고발할 일관된 증인 두 명을 구하지 못했다는 것은 이 얼마나 놀라운 하나님의 압도적인 섭리의 증거인가!

14:56 그 증언이 서로 일치하지 못함이라 – 헬라어 문자 그대로 번역된 단어는 **해당하지 않음**이다. 중범죄 혐의에 해당하지 않음. 이것은 59절에서도 동일한 단어이다.

14:58 우리가 그의 말을 들으니 – 그들이 잘못 표현한 말은 적어도 3년 전에 그리스도께서 말씀하신 것임을 주목할 만하다(요 2:19). 그들이 고소하기 위해 먼 일을 되돌아본 것은 그분의 공적사역 전반에 걸쳐 그분이 행하신 일반적인 방법을 말없이 보여주는 영광스러운 증언이었다.

14:72 울었더라 – 이는 애도하는 사람들의 일반적인 관습으로, 슬픔과 수치심을 적절하게 표현한 것.

마가복음 15장

15:7 민란 – 로마 총독들, 특히 빌라도가 더 우려하고 처벌하는데 주의를 두었던 범죄였다.

15:9 너희는 내가 유대인의 왕을 너희에게 놓아 주기를 원하느냐 – 이 비참한 사람은 어떤 것을 제일로 드러내려하는가? 정의, 용기, 또는 상식에 대한 결핍이다. 이 가엾은 겁쟁이는 대중의 소란에 정의를 희생하고, **유대인의 왕**이라는 칭호를 너무나 부적절하게 반복함으로써 자신이 달래고자 하는 사람들을 화나게 한다. 그 칭호가 그들에게 매우 모욕적임을 알 수만 있었다면.

15:16 브라이도리온 – 로마의 치안관리인 집정관(Praetor)이 재판을 하던 내부 건물이다. 그러나 요한은 전체 관저를 이 이름으로 부른다.

15:17 자색 – 왕실의 예복은 보통 자주색과 주홍색이었기 때문에, 마가와 요한은 이것을 자주색 예복, 마태는 주홍색 예복이라고 부른다. 두로의 자줏빛은 주홍색과 크게 다르지 않았다고 한다.

15:21 알렉산더와 루포의 아버지 – 이들은 후에 두 명의 저명한 그리스도인이었으며 마가가 글을 썼을 때 유명했을 것이다.

15:24,25 마가는 그들이 먼저 그분을 십자가에 못 박고, 그분의 겉옷을 나누고, 그리고 난 후에 십자가를 일으켰다고 암시하는 것 같다.

15:34 나의 하나님, 나의 하나님 어찌하여 나를 버리셨나이까 – 그러므로 하나님을 자신의 하나님으로 주장하면서, 그분이 우리의 죄를 감당하는 동안 자신의 아버지

가 사랑의 징표를 거두어 적으로 취급하는 것을 한탄하고 있다.
15:41 따르며 섬기던 자들 – 그에게 필수품을 제공했던 이들.
15:42 이 날은 … 안식일 전날이므로 – 안식일에는 시체가 매달려 있을 수 없어서, 그들이 서둘러 내리게 했다.
15:43 존경 받는 – 인품과 명성을 가진 사람. **공회원** – 산헤드린의 일원. **하나님의 나라를 기다리는 자** – 그것이 지상에 세워지는 것을 볼 것이라고 기대하는 사람.
15:46 돌을 굴려 무덤 문에 놓으매 – 그의 종들에 의해. 그가 스스로 굴리기에는 너무 컸다.

마가복음 16장

16:2 해 돋을 때에 – 그들은 “아직 어두울 때” 출발하여 돌이 굴려진 것을 분별할 수 있을 만큼 밝아졌을 때 처음으로 무덤이 보이는 곳에 이르렀다(마 28:1; 눅 24:1; 요 20:1). 그러나 마리아가 베드로와 요한을 불러, 그들이 무덤을 보았을 때에는 해가 떠오르고 있었다.
16:3 누가 우리를 위하여 무덤 문에서 돌을 굴려 주리요 – 이것이 그들이 파악한 유일한 어려움인 것 같다. 그래서 그들은 빌라도가 돌을 봉인하고 거기에 군인들을 세웠다는 사실을 전혀 알지 못했다.
16:7 베드로 – 그가 그의 주님을 그토록 자주 부인했음에도 불구하고. 이 얼마나 놀라운 은혜의 하나님이신가!
16:13 역시 믿지 아니하니라 – 그들은 베드로의 증언에 덧붙여진 이들의 증언에 어느 정도 감동을 받았다(눅 24:34). 그러나 그들은 아직 완전히 믿지 않았다.
16:15 너희는 온 천하에 다니며 만민에게 복음을 전파하라 – 우리 주님은 아무런 한계나 제한 없이 말씀하신다. 그러므로 모든 시대의 모든 피조물이 그 소리를 듣지 못하였으면, 전파해야 할 사람이나 그 말을 들었어야 할 사람, 또는 둘 다 여기에서 하나님의 권고를 지키지 않은 것이다.
16:16 세례를 받는 사람 – 그 표시로. 믿는 사람마다 세례를 받았다. **믿지 않는 사람** – 세례를 받았든 받지 않았든 영원히 멸망할 것이다.
16:17 믿는 자들에게는 이런 표적이 따르리니 – 한 저명한 저자는 “앞 절에서 언급한 바로 그 믿음으로 믿는“ 이라고 덧붙였다. (사람이 기적을 행하고 구원하는 믿음이 없다는 것이 확실할지라도, 마 7:22, 23) “바울이 구원받은 믿음과 기적을 행한 것이 서로 다른 믿음이 아니었다. 오늘날에도 모든 신자의 믿음에는 잠재적인 기적의 능력이 있다. 비록 많은 경우, 사람들이 자신의 믿음이 적기 때문에 그리고 세상이 그만한 자격이 되지 않아서 그 능력이 발휘되지 않을지라도, 기도의 모든 효과는 기적이다. 기적은 처음에 믿음에 도움을 주었지만, 이제는 믿음의 대상이기도 하다. 레온베르

크(Leonberg)에서, 우리 선조들이 전하는 바에 의하면, 학장이 바로 이 본문에 대해 설교하는 동안 목발로 거의 움직일 수 없었던 장애자가 한 순간에 완전해졌다." **따르리니** – 말씀과 믿음이 선행되어야 한다. **내 이름으로** – 그들에게 위임된 나의 권한에 의해. 죽은 자를 되살리는 것은 언급되지 않았다. 그래서 우리 주님은 약속하신 것보다 더 많은 일을 하셨다.

16:18 무슨 독을 마실지라도 – 그러나 자신의 선택에 의한 것은 아니다. 하나님은 결코 그런 실험을 하라고 우리를 부르지 않으신다.

16:19 주 – 그분이 이 칭호로 불리는 것이 얼마나 적절한가! **예수께서 말씀을 마치신 후** – 40일 동안.

16:20 제자들이 나가 두루 전파할새 – 마가가 글을 썼을 때, 사도들은 이미 알려진 모든 세상으로 나갔으며(롬 10:18), 그들 각자는 자기가 설교한 그 곳에서 알려졌다. 그리스도의 이름만이 온 세상에 알려졌다.

누가복음 주해

누가는 먼저 서문을 제시한 후 그리스도께서 세상에 오신 때부터 승천하실 때까지 그리스도의 역사를 기술한다.

여기서 우리는 다음과 같은 내용을 볼 수 있다.

I. 시작: 여기에는 다음과 같은 내용이 있다.

1. 요한의 잉태, 1:5–25
2. 그리스도의 잉태, 26–56
3. 요한의 출생과 할례; 사가랴의 찬송; 요한의 어린 시절, 57–80
4. 그리스도의 탄생, 2:1–20
   할례와 이름, 21
   성전에서 드려짐, 22–38
   동네와 성장, 39–40

Ⅱ. 중간: 예수께서 열 두 살일 때와 그 후. 41–52

Ⅲ. 역사의 과정.

A. 도입부, 여기에는 세례 요한, 그리스도의 세례와 시험이 기술되어 있다.
   3, 4:1–13

B. 갈릴리에서 환영받던 시기,
   a. 나사렛에서 말씀하심, 14–30
   b. 실제로 보이심.
      I. 가버나움과 그 인근에서: 여기서 우리는 다음과 같은 내용을 볼 수 있다.
         1. 비난받지 않은 행동들, 예수께서.
            ⑴ 권위를 가지고 가르치시다, 31–32
            ⑵ 귀신을 쫓아내시다, 33–37
            ⑶ 많은 병자를 치유하시다. 38–41
            ⑷ 도처에서 가르치시다. 42–44

(5) 베드로를 부르시다; 그 다음에 야고보와 요한을 부르시다. 5:1–11
(6) 나병 환자를 깨끗하게 하시다, 12–16
2. 비난받은 행동들. 더욱 더 심하게, 여기에서 일어난 것은
(1) 중풍병자를 치유하심, 17–26
(2) 레위를 부르심; 세리들과 죄인들과 함께 식사하심, 27–32
(3) 금식에 관한 질문, 33–39
(4) 곡식 이삭을 따다, 6:1–5
(5) 손이 오그라든 사람이 회복되다: 덫을 놓다. 6–11
3. 여러 사람들에게 여러 영향을 끼친 행동들
(1) 사도들에게, 12–16
(2) 다른 청중들에게, 17–49
(3) 백부장에게, 7:1–10
(4) 요한의 제자들에게;
때: 청년을 살리셨을 때, 11–18
메시지와 대답, 18–23
요한을 믿지 않는 자들을 책망하시다. 24–35
(5) 시몬과 회개한 죄인에게, 36–50
(6) 예수께 시중들던 여인들에게, 8:1–3
(7) 사람들에게, 4–18
(8) 자신의 어머니와 형제들에게, 19–21
Ⅱ. 바다 위에서 22–26
그리고 바다 건너에서, 27–39
Ⅲ. 다시 이쪽에서;
1. 야이로와 혈루증 병자, 40–56
2. 사도들을 보내시다, 9:1–6
3. 헤롯이 의아해하다, 7–9
4. 사도들이 예수께 전하다, 10
5. 사람들의 열성; 우리 주님의 인자하심; 오천 명을 먹이심, 11–17

C. 예수의 수난 준비,
a. 자신의 인성에 관한 가르침을 반복하심; 자신의 수난을 예고하심, 18–27
b. 예수의 변용; 미치광이가 치유 받음; 자신의 수난을 다시 예고하심;
겸손하라고 명하심, 28–50
c. 예루살렘을 향한 대 여행. 이것을 우리는 18개의 구간으로 나눌 수 있다.
1. 불친절한 사마리아인들을 참으심, 51–57
2. 도중에 부적당한 추종자들을 물리치심; 적당한 이들에게는 재촉하심, 57–62

3. 그 후에 70인을 보내시고, 다시 영접하심, 10:1-24
그리고 서기관에게 선한 사마리아 사람의 보기를 들어 이웃을 사랑하라고 가르치심, 25-37
4. 베다니에서 마리아를 마르다보다 더 칭찬하심, 38-42
5. 어떤 장소에서. 제자들에게 기도하도록 가르치심, 11:1-13
귀신을 쫓아내심. 그리고 그 행동을 변호하심, 14-26
여인의 환호를 시정하심, 27-28
표적을 바라는 이들을 책망하심, 29-36
6. 어떤 집에서. 서기관들과 바리새인들을 비난하심, 37-54
7. 우리 주님이 주시는 말씀
자신의 제자들에게, 12:1-12
자신의 말을 가로막는 자에게, 13-21
다시 제자들에게, 22-40
베드로에게, 41-53
사람들에게, 54-59
8. 회개의 필요성을 보여주심, 13:1-9
안식일에 한 여인을 치유하심, 10-21
9. 구원을 받는 자가 적음, 22-30
10. 헤롯을 여우라 부르심; 예루살렘을 책망하심, 31-35
11. 바리새인의 집에서. 예수께서 안식일에 수종병자를 치유하시다. 14:1-6
그리고 겸손을 가르치시다. 7-11
친절을 가르치시다. 12-14
큰 잔치의 성격을 가르치시다. 15-24
자기 부인의 필요성을 가르치시다. 25-35
12. 회개한 죄인들에 대한 기쁨을 변호하시고, 15:1-10
탕자의 이야기로 예증하심, 11-32
불의하나 자기 세대에는 현명한 청지기, 16:1-13
바리새인들을 책망하심; 14-18
그리고 부자와 나사로의 이야기로 경고하심, 19-31
추문에 대해 조심할 것 17:1-4
사도들의 신앙이 커짐, 5-10
13. 사마리아와 갈릴리의 경계에서, 예수께서 열 명의 나병환자를 낫게 하시다. 11-19
14. 언제 하나님의 나라가 올 지를 묻는 질문에 관한 대답, 20-37
끊임없이 기도하라고 명하시다. 18:1-8

바리새인과 세리의 이야기로 겸손을 권면하시다. 9–14

15. 어린 아이들을 축복하시다. 15–17
    부자 청년에게 대답하시다. 18–27
    그리고 자기가 무엇을 가져야하는지를 묻는 베드로에게 대답하시다. 28–30
16. 세 번째 자신의 수난을 예고하시다. 31–34
17. 여리고 인근에서, 맹인을 치유하시다. 35–43
18. 여리고에서, 삭개오를 구원하시다. 19:1–10
    자신의 나라의 갑작스러운 임재를 언급하시면서 대답하시다. 11–28

D. 예루살렘에서 일어난 일들

a. 대주간의 첫 4일:

1. 왕처럼 입성하심, 29–44
2. 성전의 오용을 시정하심, 45–46
   그 사용을 회복하심, 그리고 47–48
   번호하심, 20:1–8
3. 예수께서 성전에서 하신 말씀:
   (1) 농부의 비유, 9–19
   (2) 세금 바치는 것에 관한 대답, 20–26
       그리고 부활에 관한 대답, 27–40
   (3) 다윗의 자손에 관한 질문, 41–44
   (4) 제자들을 훈계하심, 45–47
   (5) 가난한 과부의 헌금을 칭찬하심, 21:1–4
4. 성전과 도시와 세상의 끝에 관한 예언, 5–38
5. 유다와 대제사장들의 합의, 22:1–6

b. 목요일:

1. 베드로와 요한이 유월절을 준비하다. 7–13
2. 주의 만찬; 그 후 설교, 14–23
3. 그들 중 누가 가장 큰 가를 논쟁함, 24–30
4. 베드로와 다른 사도들에게 경고하심, 31–38
5. 감람산 위에서:
   (1) 예수께서 기도하심; 고뇌 가운데 계심; 천사가 힘을 줌; 제자들을 깨우심, 39–46
   (2) 배반당하심; 시의적절하지 않게 호위를 받으심, 47–53
   (3) 대제사장의 집으로 데리고 감, 54
       베드로가 부인함, 55–62
       조롱받으심, 63–65

c. 금요일:

1. 예수의 수난과 죽음; 일어난 일들,

(1) 공회에서, 66–71

(2) 빌라도와 함께, 23:1–5

(3) 헤롯과 함께, 6–12

(4) 다시 빌라도와 함께, 13–25

(5) 길 위에서, 26–32

(6) 골고다에서. 거기서

십자가형과 예수의 기도, 33–34

예수의 겉옷을 나눔, 34

희롱; 십자가 위의 명패, 35–39

회개하는 도적, 40–43

비범한 일들과 예수의 죽음, 44–46

그것을 본 사람들, 47–49

2. 무덤에 넣어둠: 50–53

d. 금요일 저녁과 토요일, 54–56

e. 예수의 부활이 알려지다,

1. 여인들에게, 24:1–12

2. 시골로 가던 두 사람과 시몬에게, 13–35

3. 다른 사도들에게, 36–45

f. 사도들에게 주신 가르침; 예수의 승천, 46–53

누가복음 1장

1:1-4 이러한 짧고, 무게감 있으며, 꾸밈없고, 솔직한 헌정사는 누가복음뿐 아니라 사도행전에도 있다. **붓을 든 사람이 많은지라** – 이는 누가가 마태나 마가를 가리킨 것이 아니다; 그리고 요한도 그렇게 일찍부터 기록하지는 않았다. 이들 자신이 눈으로 직접 목격한 사람들이며, 말씀의 사역자들이기 때문이다.
1:3 차례대로 써 보내는 것 – 누가는 먼저 그리스도의 행적을 시간 순으로 기술한다. 즉 예수의 잉태, 탄생, 유아기, 세례, 이적, 말씀 선포, 수난, 부활, 승천 순으로 기술한다. 그 다음에 사도들의 행적을 기술한다. 그러나 다른 많은 보다 작은 상황들에 관해서는 꼭 시간 순으로 기술하지는 않았다. **데오빌로 각하**(Most excellent Theophilus) – 각하는 보통 로마 총독에게 드린 칭호였다. (고대인들이 우리에게 알려주고 있듯이) 데오빌로는 알렉산드리아(Alexandria)에 있던 뛰어난 자질을 가진 사람이었다. 사도행전 1장 1절에서는 누가가 그에게 이 칭호를 사용하지 않고 있다. 아마 그때는 그가 사인(私人, private man)[1]이었던 것 같다.
1:5 아비야 반열(The course of Abia) – 제사장들은 24반열로 나뉘어져 있었는데, 그 중 아비야 반열은 여덟 번째 반열이다(대상 24:10). 각 반열은 차례대로 7일간, 즉 한 안식일에서 다른 안식일까지 일했다. 당번이 된 반열에 속한 각 제사장들은 성전 봉사를 위해 해야 하는 자신의 몫을 가지고 있었는데, 이는 추첨에 의해서 할당되었다.
1:6 모든 (도덕적인) **계명과** (의식적인) **규례대로 흠이 없이 행하더라** – 참으로 칭찬할 만한 인물이도다! 우리의 행동이 그렇게 흠이 없고, 우리의 순종이 그렇게 신실하고 완전했으면!
1:10 백성은 그 분향하는 시간에 밖에서 기도하더니 – 경건한 유대인들은 그와 같이 끊임없이 기도했다. 그리고 기도하는 그 우아한 모습 때문에 성서에서 기도가 자주 향에 비교되곤 한다. 아마도 기도하며 향을 피우는 이유 가운데 하나는 그 향과 함께 기도가 상달되는 것을 암시하고자 함일 것이다. 또한 그렇게 함으로 예배자들은 자신들을 위해 "하나님께 드려졌던" "달콤한 향기의 제사"를 상기하게 되고, 계속 "성도의 기도와 합하여 보좌 앞 금 제단에 드려지는" 그 향에 대해 생각하게 된다(계 8:3-4).
1:12 사가랴가 보고 놀라며 – 사가랴는 하나님과 대화하는 것에 익숙해 있었지만, 하나님의 말씀을 전달하는 천사가 나타났을 때 그가 크게 놀라고 있음을 보게 된다. 그의 자연적 본성은 감히 그 광경을 감당할 수 없었기 때문이다. 그렇다면 이와 같이 하늘의 영들이 우리를 위해 하는 일들을 우리가 일반적으로 볼 수 없는 것도 하나님의 지혜뿐 아니라 하나님의 선하심을 보여주는 하나의 사례가 아니겠는가?

---

1) 역자 주. 총독의 직책에서 물러나서.

1:13 너의 간구함이 들린지라 – 경건한 예배자들의 기도가 하나님 앞에 상달된다는 사실을 기쁨으로 관찰하자. 하나님께는 아무리 값비싼 향료라도 올바른 마음의 향기만큼 향기롭지 못하다. 여기서 평강의 응답은 상황이 아주 절망적인 것처럼 보일 때 왔다. 그러니 인내하며 주를 기다리자. 그리고 주께서 우리에게 나타나실 때와 방법을 주님의 지혜에 맡겨두자. **그 이름을 요한이라 하라.** – "요한"은 "여호와의 은혜와 호의(favour)"를 뜻한다. 이후에 하나님의 호의를 아주 크게 받고 풍성한 은혜를 받았던 사람에게 잘 어울리는 이름이다. 그는 메시야 왕국에서 은혜를 받을 수 있는 최상의 길을 열어 준 사람이다. 그러니 사가랴가 이전에 아이를 하나 달라고 드렸던 기도와 그가 백성의 대표자로서 바로 이 시간에 메시야의 출현을 위해 드리고 있었을 기도는 메시야의 선구자가 태어남으로 분명히 응답되었다.

1:15 그가 주 앞에 큰 자가 되며 – 하나님 아버지 앞에. 성령과 성자에 대해서는 바로 다음에 언급된다. **포도주나 독한 술을 마시지 아니하며** – 절제나 자기부정의 본보기가 될 것이다. 그래서 성령으로 더욱 더 충만해질 것이다.

1:16 이스라엘 자손을 많이 돌아오게 하겠음이니라 – 그러므로 아무도 세례 요한처럼 설교하는 일을 부끄러워할 필요가 없다. **주 곧 그들의 하나님께로** – 그리스도께로.

1:17 엘리야의 심령과 능력으로 주(그리스도) **앞에 먼저 와서** – 엘리야와 똑같은 진실함과 용기와 금욕과 열정을 가지고. 그리고 엘리야와 똑같이 그의 말을 들으시는 하나님의 능력을 가지고. **아버지의 마음을 자식에게 돌아오게 하고** – 불화한 자들을 화해하게 하며, 가장 가까운 관계에 있는 사람들 사이에서도 자주 있는 가장 격렬한 다툼을 끝내게 하고. **거스르는 자를 의인의 슬기에 돌아오게 하고** – 가장 완고한 죄인들을 참된 지혜에로 돌아오게 하고. 그러한 지혜는 하나님 앞에서 의로운 자들만이 가지고 있다.

1:18 사가랴가 천사에게 이르되 내가 이것을 어떻게 알리요 – 복 받은 동정녀가 "어찌 이 일이 있으리이까?"하고 말한 것과는 전혀 다른 마음으로, 사가랴는 그 사실을 믿지 않았다. 마리아는 그 일에 대해 전혀 의심하지 않았다. 다만 그 방법에 대하여 물은 것이었다.

1:19 나는 하나님 앞에 서 있는 가브리엘이라 – 일곱 천사가 하나님 앞에 서 있다. (계 8:2) 그들은 모든 천사들 중 가장 높은 천사들일 것이다. 사가랴의 불신앙의 죄가 더 심해지도록 하는 말에는 뚜렷한 단계적 변화가 있는 것 같다. 마치 그 천사는 이렇게 말하는 것 같다. 나는 가브리엘, 하나님의 거룩한 천사다. 그렇다, 최고위층의 하나이다. 그뿐만 아니라 지금 특별히 하나님께로부터 보내심을 받았다. 그리고 특별히 네게 메시지를 가지고 온 자다. 아니 그보다는 가장 큰 기쁨으로 그리고 기꺼이 받아들여야 할 기쁜 소식을 네게 보여주기 위해서 왔다.

1:20. 네가 말 못하는 자가 되어 – 그리스어로는 "벙어리"인 동시에 "귀머거리"를 의미한다. 그는 분명히 말할 수도 없고 들을 수도 없었던 것 같다. 그의 친구들이 그가

알 수 있도록 그에게 손짓으로 표시해야 했기 때문이다(62절).

1:21 백성들이 기다리며 – 보통 때처럼 그가 와서 그들을 축복하며 해산하기를 기다리며.

1:24 숨어 있으며 – 그녀[엘리사벳]는 하나님의 놀라운 자비에 대해 기뻐하고 하나님을 찬양할 보다 많은 여유 있는 시간을 가지기 위해 사람들에게서 떠나있었다.

1:25 주께서 나를 돌보시는 날에 사람들 앞에서 내 부끄러움을 없게 하시려고 – 불임은 유대인들에게 있어서 큰 비난거리였다. 왜냐하면 의인은 생육하고 번성하도록 약속되어 있었기 때문이다.

1:26 여섯째 달에 – 엘시사벳이 잉태한 후.

1:27 약혼한 – 결혼하는 사람이 결혼을 하기 조금 전에 증인들 앞에서 약혼을 하는 것은 유대인들의 관습이었다. 그리고 그리스도가 순수한 처녀에게서 태어나기로 되어 있었기 때문에 하나님의 지혜가 약혼한 사람에게 이를 명하신 것이다. 이는 육신적으로 명망 있는 아버지를 가지게 함으로써 비난을 피하도록 막기 위해서였다.

1:28 은혜를 받은 자여 평안할지어다 주께서 너와 함께 하시도다 – '평안할지어다'는 우리 주님께서 부활하신 후에 여인들에게 한 인사이다. '너는 크게 은혜를 받았다.' 혹은 '하나님께 은혜를 입었느니라'(30절)는 말은 노아, 모세, 그리고 다윗에게 말한 것 그 이상이 아니다. '주께서 너와 함께 하시도다'는 기드온에게도 말하였다(삿 6:12). 그리고 '여인들 중에 복받을 것이다'는 야엘에 대해서도 한 말이다(삿 5:24). 이 인사는 동정녀에게 경의를 표할 어떤 구실의 여지도 주지 않는다. 또한 이 인사 속에는 그녀에게 어떤 형태의 기도나 예배를 드리라는 암시가 없다.

1:32 그가 지극히 높으신 이의 아들이라 일컬어질 것이요 – 이 점에 있어서도 인간이 이든 천사든 그 누구보다 더 타당하게 그는 그렇게 불릴 수 있다. **주 하나님께서 그 조상 다윗의 왕위를 그에게 주시리니** – 즉, 영적인 나라를 주시리니, 다윗의 왕국은 그 유형의 하나이다.

1:33 야곱의 집을 왕으로 다스리실 것이며 – 그 집안에는 모든 참된 신자가 포함된다.

1:35 성령이 네게 임하시고 지극히 높으신 이의 능력이 너를 덮으시리니 – 하나님의 능력이 이 일에 있어서 직접적인 신적 행위자인 성령에 의해서 발휘되었다. 그래서 성령은 그 자신의 능력으로 지극히 높으신 이의 능력을 발휘하신다. 성령은 성부와 성자와 함께 지극히 높으신 하나님이시다. **이러므로** – 예수께서는 영원부터 하나님이셨을 뿐만 아니라, 또한 이 때문에도 그는 **하나님의 아들이라 일컬어지리라.**

1:36 보라 네 친족 엘리사벳도 – 부계로 보면 엘리사벳은 아론의 가문에 속했고 마리아는 다윗의 가문에 속했다. 하지만 모계로 보면 그들은 서로 관계가 있었을 것이다. 왜냐하면 율법은 단지 상속녀일 경우에만 다른 지파와 결혼하는 것을 금했기 때문이다. 그래서 다른 이들은 다른 지파끼리 서로 결혼했다. 특별히 다윗 가문과 레위 가문이 그렇게 했다.

1:38 마리아가 이르되 주의 여종이오니 – 그 동정녀가 겸손한 신앙과 동의와 기대를 가진 이 시간이 바로 그녀가 잉태한 시간이었을 것으로 보는 것은 개연성이 있다.
1:39 유대 한 동네 – 아마도 헤브론일 것이다. 헤브론은 유대의 언덕지방에 위치해 있었으며, 아론의 집에 속해 있었다.
1:41 엘리사벳이 마리아가 문안함을 들으매 – 마리아가 천사가 말했던 것에 대해 이야기를 하면서 엘리사벳에게 인사했을 때, 그 대화가 그녀의 영혼을 기쁘게 했고, 그리고 그 영혼의 기쁨이 그녀의 몸에 영향을 끼쳐 태중에 있는 아기가 이상한 방법으로 마치 기뻐 뛰듯이 움직였다.
1:45 믿은 그 여자에게 복이 있도다 – 아마도 엘리사벳이 사가랴의 불신앙을 마음에 두고 한 말일 것이다.
1:46 마리아가 이르되 – 예언적 충동에 의해서, 그녀는 아마도 자신이 충분히 이해하지 못했을 몇 가지를 말했다.
1:47 내 마음이 하나님 내 구주를 기뻐하였음은 – 마리아는 이때 자신에게서 태어날 그리스도에게로 자기의 생각을 돌린 것 같다. 천사가 그녀에게 말한 것처럼, 그는 지극히 높으신 이의 아들로, 그의 이름은 예수, 곧 구주이시다. 그리고 그녀는 구주에 대한 신앙으로 말미암아 구원의 희망 중에 기뻐했다. 이는 마리아에게 있어서 특별한 영예였던 그녀가 육체를 따라 구주의 어머니가 되었다는 점 보다는 모든 참 신자들에게 주신 공통적인 복이다. 그리고 마리아도 우리와 똑같이 구주이신 하나님을 기뻐할 이유가 있었다. 왜냐하면 그가 **그의 여종의 비천함을 돌보셨기 때문이다.** 마찬가지로 그는 우리의 비천함을 돌보셨다. 그리고 우리가 죄와 불행의 비참한 상태에 처하게 되었을 때, 그는 그녀와 우리에게 오셔서 구원을 허락해 주셨다.
1:51 그의 팔로 힘을 보이사 – 즉, 그가 자신의 넘치도록 큰 힘을 보이셨다. 그녀는 하나님께서 그 메시야를 통해 하시려고 하는 일들이 이미 이루어진 것처럼 예언적으로 말한다. **교만한 자들을 흩으셨고** – 눈에 보이는 자들과 보이지 않는 자들 모두.
1:52 권세 있는 자를 내리치셨으며 – 천사와 인간들 모두.
1:54 그 종 이스라엘을 도우사 – 메시야를 보내심으로.
1:55 그 자손에게 – 그의 영적인 자손; 모든 참 신자들.
1:56 마리아가 집으로 돌아가니라 – 그리고 그 후 곧 베들레헴으로 갔다.
1:60 그 어머니가 이르되 – 분명히 계시, 즉 하나님께서 특별히 충동을 주셔서.
1:66 주의 손 – 하나님의 특별한 능력과 복
1:67 사가랴가 예언하여 – 곧 뒤따를 일들에 대해서. 그러나 그가 주로 그리스도에 대해서 말하고 있는 것을 볼 수 있다. 있는 그대로 요한에 대해서는 다만 부수적으로 말하고 있다.
1:69 뿔 – 영광, 풍요, 힘을 상징한다. **구원의 뿔** – 즉, 영화롭고 능력 있는 구주.
1:70 예로부터 거룩한 선지자의 – 처음부터 선지자들이 있었기 때문에.

1:75 두려움이 없이 섬기게 하리라 – 어떠한 종의 두려움도 없이. 바로 여기에 우리가 항상 거룩하고 항상 행복하리라는 위대한 약속의 실체가 있다. 즉, 우리가 사탄과 죄로부터 그리고 모든 불안하고 불경스러운 생각으로부터 건짐을 받았기 때문에, 모든 생각과 말과 행위로 하나님을 기쁘게 사랑하고 섬기게 될 것이라는 약속이다.
1:76 이 아이여 – 그는 지금 요한에게 말하고 있다. 하지만 부모로서가 아니라 선지자로서 말하고 있다.
1:77 죄 사함으로 말미암는 구원을 알게 하리니 – 우리가 죄 사함을 받았다는 것을 아는 것은 현재와 영원한 구원의 큰 방편이 된다(히 8:11–12). 그러나 이 말의 직접적인 의미는 그 죄 사함으로 말미암는 구원이라는 복음 교리를 그들에게 전한다는 뜻인 것 같다.
1:78 돋는 해 – 혹은 떠오르는 태양. 즉, 그리스도.

누가복음 2장

2:1 천하로 다 호적하라 하였으니 – 로마 제국 내에 있는 모든 도시의 모든 주민들은 남녀 할 것 없이 가족과 재산과 함께 등록해야 했다.
2:2 구레뇨가 수리아 총독이 되었을 때에 – 푸블리우스 술피키우스 퀴리누스(Publius Sulpicius Quirinus)가 시리아 지역의 총독이 되었을 때. 당시 유대는 시리아 지역에 편입되어 있었다.
2:6 거기 있을 그 때에 해산할 날이 차서 – 마리아는 아기가 예언에 따라 베들레헴에서 태어나야 함을 알고 있었던 것 같지 않다. 그러나 하나님의 섭리는 그것을 이루셨다.
2:7 구유에 뉘었으니 – "외양간에"라고 번역하는 편이 나을 수도 있다. 그들은 많은 사람이 모여들 때에 가난한 손님들을 위해 마련해 둔 소 외양간(ox–stall)에 묵었다. **여관에 있을 곳이 없음이러라** – 지금도 좀처럼 여관에는 그리스도를 위한 방이 없다.
2:11 너희를 위하여 – 목자들, 이스라엘, 인류를 위하여.
2:14 지극히 높은 곳에서는 하나님께 영광이요 땅에서는 하나님이 기뻐하신 사람들 중에 평화로다 – 무리의 외침은 일반적으로 짧은 문장들로 쪼개어진다. 이 기쁨의 칭송은 하늘의 영들의 경건과 어진 마음을 강력하게 표현하고 있다. 그들이 말한 바와 같이, 지극히 높은 하늘에서는 하나님께 영광이 있으리라. 모든 천군천사들이 하나님을 찬양하는 소리로 가득하게 하라. 왜냐하면 구주의 탄생과 함께 평화와 온갖 행복이 땅 위에 내려와 머물기 때문이다. 그렇다. 넘치는 하나님의 선한 뜻과 가호가 이제 인간을 향해 실행되었다.
2:20 들은 그 모든 것으로 인하여 – 마리아에게서 들은 것. **자기들에게 이르던 바와 같이** – 천사들이 그들에게 말한 바와 같이.

2:21 할례할 – 이는 모든 율법을 지켜야 한다는 의무를 부여하는 거룩한 예식으로, 이를 통해 그가 "율법 아래에 있다"는 것을 가시적으로 표현하는 것이다. 또한 이를 통해 그는 아브라함의 자손임을 인정받으며. 그리고 하나님께 자녀를 바치는 엄숙한 일에 영예가 주어진다.

2:22 날이 차매 – 규정된 40일(레 12:2–4).

2:24 산비둘기 한 쌍이나 혹은 어린 집비둘기 둘로 – 가난한 자들은 이와 같은 제물을 바치는 것으로 충분했다.

2:25 이스라엘의 위로 – 메시야를 가리키는 흔한 표현이었다. 메시야는 하나님의 이스라엘의 영원한 위로가 되실 분이었다. **성령이 그 위에 계시더라** – 즉, 그는 선지자였다.

2:27 성령의 감동으로 – 성령에게서 오는 특별한 계시나 충동으로.

2:30 주의 구원 – 당신의 그리스도. 당신의 구주.

2:32 주의 백성 이스라엘의 영광 – 이방인들이 깨달은 뒤에 '온 이스라엘이 구원을 받을 것이기' 때문에.

2:33 그의 부모가 그에 대한 말들을 놀랍게 여기더라 – 그들이 아직 그 말을 완전히 이해하지 못했기 때문에.

2:34–35 시므온이 그들에게 축복하고 – 요셉과 마리아에게. **이는 이스라엘 중에 많은 사람을 패하거나 흥하게 하며** – 다시 말해, 그가 어떤 사람들 곧 불신자들에게는 '죽음을 맛보게 하는 자(a savour of death)'일 것이고, 다른 이들 곧 신자들에게는 '생명을 맛보게 하는 자(a savour of life)'일 것이다. **비방을 받는 표적이 되기 위하여** – 하나님께로부터 왔으나 사람들이 거절하였던 표적. 그러나 아직 전반적으로 이를 선포할 때가 되지 않았다. **여러 사람의 마음의 생각을 드러내려 함이니라** – 이러한 사건은 그와 같이 서로 모순이 되게 하는 방법으로 여러 사람의 속생각이, 좋은 것이든 나쁜 것이든, 드러나게 될 것이라는 말이다.

2:35 칼이 네 마음을 찌르듯 하리니 – 예수께서 고난을 받으셨을 때도 그러했다. 특별히 그가 십자가에 달리셨을 때.

2:37 팔십사 세 – 이것은 그녀가 과부였던 기간만이 아니라 그녀의 생애를 가리키는 연수이다. **이 사람이 성전을 떠나지 아니하고** – 그녀는 정해진 기도 시간에 언제나 성전에 있었다. **금식하며 기도함으로 섬기더니** – 심지어 그 많은 나이에. **주야로** – 즉, 낮에만이 아니라 밤의 많은 시간을 성전 안에서 보내면서.

2:38 속량을 바라는 모든 사람에게 – 왕의 홀[권세]이 지금 유다에게서, 실제로는 일어나지는 않았더라도, 떠나가는 것 같아 보였다. 다니엘이 말한 시기가 분명히 가까이 왔다. 그리고 세례 요한과 예수의 탄생과 관련된 기억할 만한 사건들과 함께 예언의 영이 다시 일어나는 이 때에 경건한 사람들의 기대가 고무되고 촉진되었을 것이다.

그들과 같이 백발의 머리가 '의의 길에서 발견되고' 있기에 '영광의 면류관'이 되는 자들이 이 노령의 성도들의 본을 보고 자극을 받도록 합시다. 곧 무덤에서 잠잠해질 그 덕망 있는 입술들이 이제 구주를 찬양하는 데 사용되게 합시다. 그들이 뒤에 오는 사람들에게 이를 남기도록 애쓰게 합시다. 그리스도가 자신들에게 존귀했던 것처럼 후세 사람들에게도 존귀하게 될 것이다. 그들이 하나님의 구원을 누리기 위해 가버리고 나면, 후세 사람들도 그 구원을 기다리게 될 것이다.

2:40 아기가 자라며 – 신체적인 힘과 체격이 자라며. **(정신이) 강하여지고** – 그의 인간적 정신의 능력이 날마다 더 좋아졌다. **지혜가 충만하며** – 내주하시는 성령의 빛에 의해서. 그 성령께서는 점진적으로 그의 영혼 속에 스스로를 나타내셨다. **하나님의 은혜가 그의 위에 있더라** – 즉, 하나님의 특별한 가호가 지금 인간으로서 계신 그의 위에 머물러있었다.

2:43 아이 예수 – 누가는 예수를 시간 순서대로 '태중의 열매'(1:42), "'아기'(an infant, 2:12), '어린 아이'(a little child, 40절), 그리고 여기서는 '아이'(a child)라고 기술하고, 이후로는 '사람'(a man)으로 기술한다. 이렇게 주님은 인간 생애의 모든 단계를 거치셨고, 그 단계마다 그 시기를 거룩케 하셨다. 그는 노년기만 갖지 못하셨다.

2:44 동행 중에 있는 줄로 생각하고 – 남자와 여자는 보통 따로 동행을 이루어 여행했기 때문에.

2:46 사흘 후에 – 첫 날은 그들이 여행하며 보냈고, 둘째 날은 예루살렘으로 돌아오는 데에 보냈고, 셋째 날은 예루살렘에서 그를 찾는 데 보냈다. **성전에서 만난즉** – 성전의 한 방에서 그를 찾았다. **선생들 중에 앉으사** – 그가 그들과 논쟁했다는 말은 한 마디도 없다. 다만 그가 묻고 질문에 대답했다는 말만 있다. 그것은 이와 같은 집회들에서 아주 흔히 있는 일이며, 실로 이 집회의 본 목적이기도 하다. 예수가 다른 사람들과 함께, 학습자들이 일반적으로 그런 것처럼, 이 선생들의 발치에 앉아 있었는데, 그는 선생들 가운데 앉으라는 말을 들었을 것이다. 왜냐하면 선생들은 청중과 제자들보다 높은 위치에 놓인 반원형의 의자에 앉아 있었기 때문이다.

2:49 어찌하여 나를 찾으셨나이까 –예수께서는 자기를 잃어버린 것에 대해 뭐라고 하는 것이 아니라 찾아야 할 필요가 있다고 생각한 것에 대해 나무라고 계신다. 그는 그들이 자신을 아무 곳에서도 잃어버리거나 찾을 수 없으며, 단지 자신이 보다 높으신 아버지의 뜻을 행하고 있을 뿐이라는 사실을 암시하고 있다.

2:50 요셉은 이 때 이후로는 언급되지 않는다. 따라서 그가 그 뒤로 오래 살지 못했다고 추측해 볼 수 있다.

2:52 예수는 지혜가 자라가며 – 그의 인성(human nature)에 관한 말씀이다. **하나님에게 사랑스러워 가시더라** – 그의 성장에 비례해서 그러했다는 것이다. 이는 당연히 다음과 같은 사실을 말해준다. 즉, 그리스도가 순수하셨을 때조차 그러하셨듯이 한 인간이 순수하다고 하더라도 여전히 성결에 있어 더 자랄 여지가 있으며, 그리고 그

에 따라서 하나님의 사랑과 또한 가호 안에서 더 자랄 여지가 있다는 것이다.

누가복음 3장

3:1 디베료(Tiberius) **황제가 통치한 지 열다섯 해** – 아우구스투스(Augustus)가 그를 로마제국의 협동 통치자로 삼았을 때부터 계산하여. **헤롯이 갈릴리의 분봉 왕으로** – 헤롯 대왕의 영토는 그가 죽은 뒤에 네 부분으로, 즉 사분통치로 나누어졌다. 그의 아들인 이 헤롯은 헤롯 대왕의 영토였던 지역의 사분의 일을 다스리던 갈릴리의 분봉 왕이었다. 그의 형제가 다른 사분의 일 가운데 둘을 다스렸는데, 곧 이두래(Ituraea) 지역과 드라고닛(Trachonitis) 지역이었다. 드라고닛 지역은 요단강 건너편 지대인데, 예전에는 므낫세 지파의 땅이었다. 그리고 **루사니아**(Lysanias)가 남은 부분, 즉 **아빌레네**(Abilene)의 **분봉 왕**이었다. 루사니아는 아마도 몇 해 전에 그 지방의 총독이었던 같은 이름을 가진 군주의 아들이었던 것 같다. 아빌레네는 시리아의 큰 도시였다. 시리아의 영토는 레바논과 다메섹까지 이르렀고, 유대인이 많이 살고 있었다.

3:2 안나스와 가야바가 대제사장으로 있을 때에 – 엄격히 말하면, 한 번에 하나의 대제사장만이 있을 수 있다. 안나스가 당시 대제사장이었고, 가야바는 안나스의 대리인이었다.

3:5 모든 골짜기가 메워지고 – 즉, 모든 장애물이 제거될 것이다.

3:6 하나님의 구원하심 – 구주, 메시야.

3:8 속으로 아브라함이 우리 조상이라 말하지 말라 – 즉, 보이는 교회의 교인임을 의지하거나, 혹은 무엇이 되었든 간에 어떤 외적인 특권을 의지하지 말라. 왜냐하면 하나님은 지금 마음의 변화를 요구하시기 때문이다. 그것도 지체 없이 변화되기를 요구하신다.

3:11 대답하여 – 우리 자신이 어떻게 그리스도에게로 나아갈까, 그리고 어떻게 회개하는 죄인들이 그리스도에게 나아가도록 지도해서 그리스도께서 그들에게 주시는 안식을 얻도록 할까 하는 문제에 대해 답을 주시며, 우리를 가르치는 이는 요한이 아니라 성령이다. 이것을 종합해서 말하면, '악을 행하기를 삼가고 선을 행하기를 배우라'는 것이다. 이것이 '회개에 합당한' 열매들이다.

3:20 요한을 옥에 가두니라 – 이와 같은 상황은 나중에 일어난 일이다. 하지만 우리 주님께서 요한에게 세례를 받기 전임에도 여기에 기록되어 있다. 이는 (먼저 요한의 역사를 끝맺고 나서) 예수의 역사를 중단 없이 이어지게 하기 위해서 일 것이다.

3:21 예수도 기도하실 때에 하늘이 열리며 – 기도하고 있는 동안이든 아니면 그 직후든, 성부께서 그리스도께 증언하는, 하늘에서부터 선포하는 소리가 세 번 있었음을 볼 수 있다(눅 9:29, 35; 요 12:28 참조).

3:23 예수께서 – 요한의 시작은 군주의 연대에 의해서 계산되었다. 하지만 우리 구

주의 시작은 보다 더 존엄한 해인 그 자신의 생애의 연수에 의해 계산되었다. **삼십세쯤** – 흔히 번역에서 소개하고 있듯이, 그가 지금 30세에 들어선 것은 아니다. 하지만 지금 그는 공적 사역을 시작하셨다. 이는 모세의 율법이 요구하는 나이였다. 우리의 위대한 선생은 34세도 끝마치지 못하신 것 같다. 하지만 그 짧은 제한된 시간 안에 참으로 영광스러운 성취를 이루셨다! 적절하게 열심을 가지고 생의 큰 사업을 시작하는 종은 행복할 것이다. 그리고 만약 그의 인생의 태양이 정오에 지면 훨씬 더 행복할 것이다. 왜냐하면 시간을 드려 한 수고로 인해 없어진 기간은 영원한 보상이 주어질 때 추가될 것이기 때문이다. **요셉의 위는 헬리요** – 요셉은 헬리의 사위였다. 헬리는 마리아의 아버지였기 때문이다. 마태는 다윗에서 솔로몬으로 내려오는 요셉의 족보를 기록하였다. 그런데 누가는 다윗에서 나단으로 내려오는 마리아의 족보를 기록한다. 마태가 인용한 요셉의 족보에는 마리아의 족보가 내포되어 있다. 유대인의 관습에서는 결혼으로 그들 자신의 가계에 들어오기 때문이다.
3:38 아담이요 그 위는 하나님이시니라 – 아담의 자손은 자신의 인간적 부모에게서 받는 것을 아담은 죄와 불행을 제외하고는 하나님에게서 직접 받았다.

누가복음 4장

4:1 광야 – 어떤 이들은 유대에 있는 광야였을 것이라고 추측한다. 그러나 어떤 이들은 호렙(Horeb) 혹은 시내(Sinai)의 큰 사막이었을 것으로 추측하기도 한다. 그 곳에서 이스라엘 자손들이 40년 동안 연단을 받았으며, 모세와 엘리야가 40일 동안 금식하기도 했다.
4:6 내가 원하는 자에게 주노라 – 사탄아, 그렇지 않다. 사람을 낮추고 높이는 이는 네 가 아니라 하나님이시다. 비록 이따금 사탄이 하나님의 허락을 받고 세상에서 큰 혁명을 일으키는 경우가 있다고 하더라도 그렇다.
4:13 얼마 동안(A convenient season) – 겟세마네 동산에서(눅 22:53) 다시 나타날 때까지.
4:14 예수께서 성령의 능력으로 돌아가시니 – 그가 사탄과 싸우고 난 후 훨씬 더 강해져서.
4:15 뭇 사람에게 칭송을 받으시더라 – 하나님께서는 보통 강하게 시험을 하신 후에는 큰 환대를 주신다. 그러나 그들의 칭찬이 오래 가지도 않았고, 예수께서 이때 누리셨던 외적인 평온이 오래 지속되지도 않았다.
4:16 서시매 – 예수께서 일어서심으로써 회중에게 성서를 읽을 뜻이 있음을 보이시면서. 그 때 그가 책을 받으셨다. 유대인의 관습은 읽는 것은 서서하고 설교는 앉아서 하는 것이었다.
4:17 찾으시니 – 하나님의 특별한 섭리에 의해서 그곳이 펼쳐진 것 같다.

4:18 내게 기름을 부으시고 – 성령으로 기름을 부으시고. 하나님께서 내 안에 거하는 성령의 능력으로 이 일을 위해 나를 따로 세우셨다. **가난한 자에게 복음을 전하게 하시려고** – 문자 그대로 그리고 영적으로도.

참으로 성 삼위일체 교리는 별로 기대하지 않았던 성서 가운데서도 찾아볼 수 있다! 바로 다음의 몇 마디에 그 위대한 삼위일체에 대한 선포가 참으로 분명하게 나타나 있다! **주의 성령이 내게 임하셨으니, 포로 된 자에게 자유를, 눈 먼 자에게 다시 보게 함을 전파하며, 눌린 자를 자유롭게 하고** – 여기에서 점차 심화되어 가는 아름다운 표현을 본다. 인간의 영적인 상태를 포로 된 자들의 비참한 상태, 즉 감옥에 투옥되었을 뿐만 아니라 시드기야처럼 눈이 뽑히고 쇠사슬을 잔뜩 지고 짓눌려 있는 상태에 비유하고 있다.

4:19 은혜의 해 – 채무자와 종들이 모두 자유롭게 되는 희년을 분명히 암시하고 있다.

4:21 이 글이 오늘 너희 귀에 응하였느니라 – 너희들이 내가 말하는 것을 들음으로.

4:22 그 입으로 나오는 바 은혜로운 말을 – 영적 분별력이 있는 사람은 우리 주님의 모든 말씀에서 특유의 감미로움과 묵직함과 적절함을 발견할 수 있을 것이다. 이를 사도들의 말씀조차도 그와 같은 정도로는 갖고 있지 못하다.

4:23 너희가 반드시 말하기를 – 즉, 지금은 너희의 칭찬이 너희의 편견보다 우세하나, 그리 오래 가지는 않을 것이다. 너희는 곧 묻게 될 것이다. 왜 나의 사랑이 고향에서 시작되지 않는가? 왜 내가 가버나움보다 오히려 여기서 기적을 행치 않는가? 그것은 너희의 불신앙 때문이다. 또한 내가 고향에서 멸시를 받는 것은 전혀 새로운 일이 아니다. 엘리야와 엘리사도 그러했으니, 그들이 쫓겨나서 이스라엘에서보다는 오히려 이교도들 가운데서 기적을 행하였다.

4:24 선지자가 고향에서는 환영을 받는 자가 없느니라 – 즉, 자기 이웃 가운데서는 환영을 받지 못한다. 일반적으로 하나님께서 보내신 선생은 낯선 사람들에게서만큼 자기 이웃들에게서 환영을 받지 못하는 법이다. 집안이 천하거나 환경이 좋지 않기 때문에 그의 직책이 멸시를 받는다. 그들은 전에는 자신들과 같았거나 아래에 있던 사람이 지금은 더 우수한 사람이라는 것을 견딜 수 없어 한다.

4:25 하늘이 삼 년 육 개월간 닫히어 – 하나님이 그를 보내셨다는 그와 같은 증거를 그들은 갖고 있었다. 왕상 18:1에는 "제삼년에 여호와의 말씀이 엘리야에게 임하여"라고 했다. 즉, 가뭄의 시작으로부터 계산한 것이 아니라 엘리야가 사렙다 과부의 집에 머무르기 시작한 때로부터 계산한 것이다. 이보다 앞서 엘리야가 그릿 시내에 머물고 있을 때 일 년 동안 가뭄이 있었다. 그래서 가뭄의 기간은 다해서 (야고보 사도도 그렇게 보았듯이) 삼년 육개월이었다.

4:28 회당에 있는 자들이 다 크게 화가 나서 – 주님의 말씀의 취지를 깨닫고. 다시 말해, 그들이 멸시했던 복이 이방인들에게 주어질 것이고, 이방인들이 그것을 받을 것이라는 말씀의 의미를 파악하고는 화가 나서. 악한 사람들의 마음은 그토록 변덕스

럽다! 그들의 사랑의 시작이란 것이 의지하기에는 너무나 하잘 것 없는 것이다! 그들은 자기들이 극구 칭찬한 말씀조차도 실천할 수 있는 능력이 그토록 없었던 것이다!

4:30 그들 가운데로 지나서 가시니라 – 아마도 보이지 않게 지나서 가셨을 것이다. 혹은 그들이 위압당해서 보긴 했어도 그에게 손을 댈 수가 없었을 것이다.

4:31.가버나움 동네에 내려오사 – 나사렛에서 주거를 완전히 옮겨 가버나움에 머무셨다.

4:34 우리가 당신과 무슨 상관이 있나이까 – 당신의 현재의 일은 인간과 관계가 있지 귀신과는 상관이 없다. **나는 당신이 누구인 줄 아노니** – 그러나 확실히 그는 얼마 전에는 예수께서 '영원히 복받으신 만물 위에 계신 하나님'임을 알지 못했다. 알았다면 감히 예수께 '이 모든 권세가 내게 넘겨졌으니 내가 원하는 자에게 주노라'고 말하지 못했을 것이다. **하나님의 거룩한 자** – 이 고백은 공포 때문에 ('귀신도 믿고 두려워 떨기' 때문에) 그에게서 나왔거나, 혹은 그리스도의 성품에 의혹을 제기하기 위해 계획적으로 그랬거나 둘 중 하나이다. 바리새인들이 "그는 귀신의 왕에 의해서 귀신을 쫓아낸다"고 말할 기회를 찾은 것이 이때부터였을 것이다.

4:40 해 질 무렵에 – 따라서 안식일이 끝났다. 그들은 해 질 때부터 해 질 때까지를 안식일로 계산하였다.

누가복음 5장

5:6 그물이 찢어지는지라 – 찢어지기 시작했다.

5:8 나를 떠나소서 나는 죄인이로소이다 – 그러므로 당신 앞에 있을 자격이 없나이다.

5:11 그들이 모든 것을 버려 두고 예수를 따르니라 – 그들은 전에도 예수를 따랐으나(요 1:43) 모든 것을 버려 두고 따르지는 않았다. 지금까지 그들은 자신들이 일상적인 부르심을 받은 곳에서 일하고 있었다.

5:16 예수는 물러가사 – 원어의 표현으로는 예수께서 자주 그렇게 하셨음을 알 수 있다.

5:17 앉았는데 – 회중의 대부분은 서 있었으니, 그들이 회중들보다 지위가 더 높았음을 보여준다. **병을 고치는 주의 능력이 예수와 함께 하더라** – 모든 신체적 질병뿐만 아니라 그들의 영혼의 질병을 고칠 능력도 예수와 함께 하였다.

5:19 무리 때문에 들어갈 길을 얻지 못한지라. 그래서 그들이 뒷길로 돌아가서 밖에 있는 계단으로 올라가 **집**의 평평한 지붕위로 올라가서 천장에 있는 작은 문을 **통해 그를 내렸다.** 그와 같은 작은 문은 대부분의 유대인들의 집 꼭대기에 있었다. 틀림없이 그 상황에 맞게 신중하게 그와 같이 하였다.

5:26 오늘 우리가 놀라운 일을 보았다 – 죄를 사하고 기적을 행하신 일.

5:28 모든 것을 버리고 – 그의 일도 수입도.

5:29 레위가 예수를 위하여 큰 잔치를 하니 – 손님들의 숫자가 많았기 때문에 잔치가 클 수밖에 없었다.
5:33 기도하고 – 길고 엄숙한 기도.
5:34 하게 할 수 있느냐 – 축제기간 동안 엄숙하게 금식하게 하고 슬퍼하게 하는 것이 적절한가?
5:36 또 비유하여 이르시되 – 옷과 포도주 비유이다. 그러므로 잔치에 특별히 어울린다.
5:39 묵은 포도주를 마시는 자가 없나니 – 게다가 사람들은 옛 편견에서 즉시로 벗어나지 못하는 습관이 있다.

누가복음 6장

6:1 안식일에 – 유대인들은 자신의 안식일들을 유월절에서 오순절까지 계산했다. 첫 번째, 두 번째, 세 번째 그리고 그런 식으로 일곱 번째 안식일 후 둘째 날까지. 이 날이 오순절 직전으로, 오순절은 무교절 둘째 날부터 계산해서 50일째 되는 날이었다.
6:2 어찌하여 일을 하느냐 – 마태와 마가는 바리새인들이 우리 주님에게 직접 질문을 한 것으로 표현한다. 아마 그들이 제자들에게 질문을 한 것은 그 후였을 것이 다.
6:9 생명을 구하는 것과 죽이는 것 – 아마도 예수께서 바로 그 때 그들의 마음속에 자기를 죽일 계획이 일어나고 있는 것을 보았을 것이다.
6:12 하나님께 기도하시고 – 이 구절은 특별하면서도 숭고한 헌신을 암시하는 간단하면서도 강조되고 있는 구절이다.
6:15 셀롯이라는 시몬 – 열의가 넘치는 시몬. 다른 곳에서는 가나안 사람 시몬이라고 불렸다.
6:17 평지에 – 산기슭에서.
6:20 다음 구절들에서 우리 주님께서는 새로 선택된 제자들과 군중들이 듣는 가운데 이전에 산 위에 앉아서 말씀하시던 설교 중 많은 주목할 만한 구절을 평지에 서서 반복해 말씀하신다.

여기서 주님은 다시 가난한 자와 주린 자, 슬퍼하는 자와 핍박받는 자가 행복하다고 선언하신다. 그리고 부유하고 배부르며, 기뻐하고 칭찬 받는 자는 불행한 것으로 표현하신다. 왜냐하면 일반적으로 번영은 달콤한 독이며, 고난은 쓰지만 치유하는 약이 되기 때문이다. 그러한 생각이 우리로 역경을 견디게 하며, 세상이 우리에게 미소지울 때 우리가 깨어 조심하도록 만들어야 합니다. 즉, 풍성한 식탁이 우리 앞에 차려져 있을 때, 우리의 잔이 넘칠 때, 우리의 마음이 신명날 때, 그리고 (우리가 본성적으로 좋아하는 것처럼) 사람들이 우리를 칭찬하는 것을 들을 때, 깨어 조심해야 합니다. **가난한 자는 복이 있나니** – 이 말씀은 여기서 문자 그대로 받아들여야 할 것 같다. 즉, 나를 위해서 모든 것을 버린 너희는 복이 있다.

6:24 화 있을진저 너희 부요한 자여 – 너희가 그 속에서 위로와 행복을 받고 찾았다면 너희에게 화가 있을 것이다.

6:25 배부른 – 고기와 마실 것과 세상의 재물로 배부른. **웃는 자** – 경박하고 하찮은 정신을 가진 자.

6:26 모든 사람이 너희를 칭찬하면 화가 있도다! – 그러나 누가 이것을 믿을까?

6:27 그러나 너희 듣는 자에게 내가 이르노니 – 여기까지 우리 주님께서는 특별한 부류의 사람들에게만 말씀하셨다. 그러나 이제부터 그는 일반적인 모든 사람에게 말씀하기 시작하신다.

6:29 이 뺨을 치는 자에게, 네 겉옷을 빼앗는 자에게 – 이 말씀은 명예와 소유 중 가장 아파할 수 있는 것을 침해받았을 때를 의미하는 속담 표현인 것 같다. **저 뺨도 돌려대며, 속옷도 거절하지 말라** – 즉, 어떤 식으로든 그리스도인의 사랑에 어울리지 않는 방법으로 보복함으로써 울분을 달래려고 하지 말고, 오히려 그가 모욕이나 상처 주기를 반복하도록 두어라.

6:30 구하는 자에게 주며 – 친구나 원수를 가릴 것 없이. 너희가 내어줄 수 있으며 그가 정말로 원하는 것을 주라. **네 것을 가져가는 자에게** – 빌려가서. 만약 그가 갚을 수 없으면 **다시 달라 하지 말며.**

6:32 우리 주님께서는 사람이면 당연히 가지고 있는 덕목 가운데서도 최고의 경우라고 할 수 있는 것, 즉 사랑은 사랑으로 갚아야 한다는 것조차도 별로 중요하게 여기지 않으셨다는 것을 우리는 크게 주목해야 한다. 주님은 그것을 감사할 만한 것으로도 보지 않으셨다. **죄인들도 사랑하는 자는 사랑하느니라** – 하나님을 전혀 중요하게 생각하지 않는 사람들. 따라서 기독교에 한 발자국도 들어오지 않은 사람도 사랑하는 자는 사랑할 수 있다.

6:38 너희에게 안겨 주리라 – 유대인들이 입었던 망토를 암시하고 있는데, 그곳에는 많은 양의 곡식을 넣을 수 있었다. **너희가 헤아리는 그 헤아림으로 너희도 헤아림을 도로 받을 것이니라** – 참으로 놀라운 선량함이시다! 우리가 이처럼 제멋대로 해도 되도록 허락을 받았다는 말인가! 말 그대로 하나님께 우리에게 얼마만큼의 자비를 베풀어 달라 할지를 우리가 하나님께 요청할 수 있다는 것이다. 우리가 최고로 많이 자비를 베풀어 달라고 하지 않고서야 만족할 수 있겠는가? 그렇다면 당신이 하나님에게서 받으려고 하는 것만큼 다른 사람에게 주라.

6:39 비유로 말씀하시되 – 우리 주님께서는 자신의 분명하면서도 공개적인 말씀이 너무 지나치게 청중들에게 격정을 불러일으킬 것이라는 것을 아셨을 때 비유를 사용하시곤 하였다. 그 같은 이유로 그가 이 비유를 사용하고 계신다. **맹인이 맹인을 인도할 수 있느냐** – 서기관들이 자기들도 모르는 이와 같은 방법으로 가르칠 수 있

겠는가? 그들과 그들의 제자들이 함께 멸망하지 않겠는가? 그들이 제자들을 자기들보다 더 낫게 만들 수 있겠는가? 그러나 나의 제자가 될 사람들은 '모두 여호와의 교훈을 받을 것이니,' 하나님은 그들이 '그리스도의 장성한 분량이 충만한 데까지' 이르게 하실 수 있다. 너희는 그들의 제자들처럼 다른 사람을 비난하면서 자신을 고치지 않는 그런 자들이 되지 말라.

6:46 너희는 나를 불러 주여 주여 하면서도 – 거기에 부합되는 삶이 없다면 멋진 고백들이 도대체 무슨 소용이 있겠는가?

누가복음 7장

7:3 예수의 소문을 듣고 – 예수의 기적 사건들에 대해, 그리고 예수께서 가버나움에 도착했다는 소식을 듣고.

7:22 가난한 자에게 복음이 전파된다 하라 – 이것이 가장 큰 자비이며, 모든 기적 중 가장 큰 기적이다.

7:24 보낸 자가 떠난 후에 – 예수께서는 요한의 제자들이 듣는 데서 다음의 것들을 말씀을 하지 않으셨다. 이는 예수께서 요한에게 아첨하는 것처럼 보이거나 혹은 요한이 전에 자기를 증거 해 주었기 때문에 그를 칭찬하는 것처럼 보이지 않도록 하기 위해서였다. 이와 같은 모든 의심을 피하기 위해, 예수께서는 요한이 보낸 자들이 떠나갈 때까지 요한에 대한 칭찬을 미루셨다. 그 후 예수께서는, 요한이 쉽게 판단하지 못하여 제자들을 위해서가 아니라 자기 자신이 만족을 얻기 위해서 두 제자를 보냈을 것이라고 생각하는 일이 없도록 하기 위해, 이를 말씀하셨다.

7:28 요한보다 큰 자가 없도다 – 더 큰 선생이. **그러나 하나님의 나라에서는 극히 작은 자라도** – 내가 보내는 가장 작은 선생도.

7:29 모든 백성과 – 우리 주님께서 계속해서 말씀하고 계신다. **하나님을 의롭다 하되** – 그들을 회개하라고 부르며, 그리고 오시기로 되어 있었던 그 분을 그들이 준비하게 하는 데 있어 요한은 하나님의 지혜와 자비를 갖고 있었다.

7:30 바리새인과 율법교사들 – 선하고 학식 있고 존경받는다 하는 사람들. **하나님의 뜻을 저버리니라** – 하나님의 은혜로운 계획을. **그들 자신을 위한 하나님의** – 그들은 하나님의 사랑의 모든 방법을 소용없게 만들어 그것으로부터 아무 유익도 얻지 못하곤 하였다.

7:32 비유하건대 아이들이 장터에 앉아 – 너무 고집 세고 비뚤어져서 어떤 재간으로도 기쁘게 할 수 없는 아이들. 분명히 주님께서는 그들이 불평하는 아이들이 아니라 불평의 대상인 아이들과 같다고 말씀하시고 있다.

7:35 지혜는 자기의 모든 자녀로 인하여 옳다 함을 얻느니라 – 지혜의 자녀란 참으로 지혜로운 자, 즉 구원에 대해 지혜로운 자들이다. 이 모든 경륜 속에 있는 하나님

의 지혜를, 즉 죄인들에게 회개하라고 부르시는 이 여러 가지 방법을 이 모든 자들이 가지고 있으며 마음으로 인정하고 있다.

7:36 한 바리새인이 예수께 자기와 함께 잡수시기를 청하니 – 이 초대를 받아들이신 우리 주님의 허심탄회하신 모습에서, 또한 그와 같이 덫을 쳐놓은 잔치에서 보이신 주님의 온유와 빈틈없으심에서 뱀의 지혜와 비둘기의 순진함과 다정함을 겸비할 수 있는 방법을 배우도록 합시다. 우정이라고 해봐야 아주 의심스럽고, 그들이 보여주는 친밀함도 결코 확실한 것이 못되는 그런 자들이 베푸는 호의라도 무조건 거절하지 말며, 그들의 소홀함에 대해 성내지 맙시다.

7:37 한 여자 – 예수의 마지막 유월절 엿새 전에 그에게 기름을 부은 베다니의 마리아와 동일 인물이 아니다.

7:40 예수께서 이르시되 시몬아 내가 네게 이를 말이 있다 – 주님은 거만하고 비판하기 좋아하는 바리새인에게조차 이토록 다정하고 정중하게 말씀하신다.

7:42 둘 중에 누가 그를 더 사랑하겠느냐 – 그가 그들을 탕감하여 주기 전에는 둘 다 그를 사랑하지 않을 것이다. 지불능력이 없는 채무자는 채권자가 탕감하여 주기 전에는 채권자를 사랑하지 않고 오히려 도망 다닌다.

7:44 너는 내게 발 씻을 물도 주지 아니하였으되 – 관습상 유대인들은 반가운 손님에게 입맞춤으로 인사하고 발을 씻겨 주고 머리에 기름이나 좋은 향유를 부음으로써 존경과 친절을 표시했다.

7:47 그의 많은 죄가 사하여졌도다 이는 그의 사랑함이 많음이라 – 이는 그녀가 많이 용서받은 결과이다. 여기서 그녀의 사랑이 사죄의 결과요 증거이지 원인으로 언급되지 않고 있는 것을 주의 깊게 보아야 한다. 그녀는 많은 죄가 사하여졌다는 것을 알았다. 그래서 그녀는 많이 사랑했다.

7:50 네 믿음이 너를 구원하였으니 – 너의 사랑이 아니다. 사랑이 곧 구원이다.

누가복음 8장

8:2 막달라인이라 하는 마리아 – 혹은 막달라의 마리아. 막달라는 갈릴리의 한 동네로, 아마도 이 여인은 마지막 장에 나오는 사람일 것이다.

8:15 지키어 – 길 가와는 달리. **결실하는** – 가시 떨기와는 달리. **인내로** – 바위 위와는 달리.

8:16 누구든지 등불을 켜서 두지 아니하고 – 예수께서 말씀하셨듯이, 너의 좋은 열매가 공개적으로 나타나도록 하라.

8:17 감추인 것이 없느니라 – 그것을 조금이라도 감추려고 하지 말라. 너희는 아무것도 오래 감출 수 없기 때문이다.

* "인 것 같다(seemeth)"고 보통 번역되는 그 단어는 어디에 사용되든 그 의미를 약

화시키는 것이 아니라 크게 강화시킨다.

8:29 귀신이 가끔 그 사람을 붙잡으므로 – 그러므로 자비로우신 우리 주님은 더욱 서둘러 그 귀신을 쫓아내셨다.

8:31 무저갱(The abyss) – 즉, 그 바닥끝이 없는 구덩이.

8:32 그 돼지에게로 들어가게 – 그들이 돼지 안에 있는 것이 밖에 있는 것보다 더 편해서가 아니었다. 만일 그랬다면, 그들이 돼지 떼를 죽임으로 그렇게 빨리 거기서 나오지 않았을 것이다.

8:52 죽은 것이 아니라 잔다 – 그의 영혼이 몸에서 최종적으로 떠나간 것이 아니었다. 그리고 이와 같은 짧은 분리는 죽음이라기보다는 오히려 잠이라고 불리는 것이 더 맞다.

누가복음 9장

9:4 거기서 머물다가 거기서 떠나라 – 즉, 너희가 그 마을을 떠날 때까지 그 집에 머물라.

9:7 어떤 사람은 – 살았다고도 하며 – 그리고 그 뒤 곧 헤롯 자신도 그렇게 말했다.

9:8 엘리야가 나타났다고도 하며 – 엘리야는 죽지 않았기 때문에 다시 살아났다고 말할 수는 없다.

9:18 따로 – 군중들로부터. **물어 이르시되** – 예수께서 기도를 마치시고 나서, 그가 기도하시는 동안 아마도 제자들은 멀리 떨어져 머물러 있었을 것이다.

9:22 이르시되 – 너희는 이와는 전혀 다른 장면을 대비해야 한다.

9:23 자기를 부인하고 제 십자가를 지고 – 이와 같은 의무의 필요성을 그는 여러 곳에서 보여주셨다. 여기서는 그 범위를 열거하신다. **날마다** – 그러므로 십자가를 지지 않는 날은 잃어버린 날이다.

9:31 영광중에 – 그들과 이야기하고 계신 그리스도처럼.

9:32 예수의 영광을 보더니 – 요한(요 1:4)과 베드로(벧후 1:16)가 기술한 것과 똑같은 표현.

9:34 구름이 와서 그들을 덮는지라. 그들이 – 사도들이, **무서워하더니 그들이** – 모세와 엘리야가. **구름 속으로 들어 갈 때에** – 구름이 그들을 데려갔다.

9:44 이 말을 너희 귀에 담아 두라 – 즉, 이 말을 깊이 생각해보라. 기쁨 중에 십자가를 기억하라. 우리 주님은 그토록 현명하게 찬양과 고난의 균형을 유지하신다.

9:46 제자 중에서 변론이 일어나니 – 이런 종류의 변론은 항상 가장 부적당한 때라고 생각하는 시간에 일어났다.

9:48 그들에게 이르시되 – 너희들이 진실로 크고자 한다면 가장 낮은 자리에로 자신을 낮추어라. 자기 자신의 눈에 가장 작은 자가 참으로 큰 자일 것이다.

9:51 예수께서 승천하실 기약이 차가매 – 즉, 예수의 수난의 시간이 이제 가까이 왔다. 누가는 이를 통해 뒤따라 올 영광을 바라본다. **굳게 결심하시고** – 자신의 적들이나 십자가의 수치에 대해 두려워하시지 않으시며(히 12:2).

9:52 사자들을 앞서 보내시매 그들이 가서 예수를 위하여 준비하려고 – 예수와 그의 일행이 묵을 수 있는 곳과 필요한 잔치를 준비하게.

9:53 예수께서 예루살렘을 향하여 가시기 때문에 – 분명히 예수께서 성전에서 예배하러 가고 있는 것처럼 보인다. 따라서 사실상 사마리아인이 그리심산에서 예배하는 것을 정죄하는 것처럼 보인다.

9:54 엘리야가 했던 것처럼(As Elijah did)[2] – 바로 이곳이나 근처에서 엘리야가 했던 것처럼. 그리스도께서 다른 때 다른 곳에서도 그와 같은 모욕을 받으신 적이 있지만, 사도들이 여기서 그와 같은 일을 한 것은 바로 이곳에서 엘리야의 일이 있었기 때문일 것이다.

9:55 너희는 무슨 정신으로 말하는지 모르는구나 – 기독교의 정신이다. 기독교의 정신은 분노와 보복의 정신이 아니라 평화와 온유와 사랑의 정신이다.

9:58 예수께서 이르시되 – 먼저 그 말을 이해하라. 어떤 조건을 가지고 네가 나를 따르려고 하는지 생각해보라.

9:61 나로 먼저 내 가족을 작별하게 허락하소서 – 엘리야가 엘리사를 쟁기질로부터 불렀을 때 엘리사가 했던 것처럼(왕상 19:19). 우리 주님의 답변은 이것을 암시하는 것 같다.

9:62 하나님의 나라에 합당하지 아니하니라 – 하나님의 나라를 전파하거나 받기에 합당하지 않다는 것이다.

누가복음 10장

10:2 추수하는 주인에게 청하여 추수할 일꾼들을 보내 주소서 하라 – 하나님만이 이것을 하실 수 있기 때문이다. 하나님만이 이 일을 위해 사람들에게 자격을 주실 수 있고 그들을 임명하실 수 있다.

10:4 길에서 아무에게도 문안하지 말며 – 유대인들은 보통 인사하는 시간이 길었다. 그러나 이들은 아주 짧은 기간에 해야 할 일이 많았기 때문에 잠깐이라도 시간을 낼 수 없었다.

10:6 평안을 받을 사람 – 즉, 평안을 받을 만한 사람.

10:11 하나님의 나라가 가까이 온 줄을 알라 – 너희가 하나님의 나라를 받지 못할 것이지만.

---

2) 역자 주. 한글 개역개정에는 이 부분이 없다.

10:13 화 있을진저 고라신아 – 그리스도께서 얼마 전에도 같은 말을 하신 적이 있다. 지금 다시 그 말을 반복하심으로써 주님은 그 칠십 인에게 그 동네에 가서 괜히 시간을 낭비하지 말라고 경고하신다.

10:18 사탄이 – 떨어지는 것을 내가 보았노라 – 즉, 너희가 떠났을 때, 나는 높이 들림을 받던 사탄의 나라가 갑자기 급히 넘어지는 것을 보았다.

10:19 내가 너희에게 권능을 주었으니 – 즉, 내가 너희에게 권능을 계속해서 준다. **너희를 해칠 자가 결코 없으리라** – 사탄의 권능도 계교도 해칠 수 없을 것이다.

10:20 귀신들이 너희에게 항복하는 것으로 기뻐하지 말고 너희 이름이 하늘에 기록된 것으로 기뻐하라 – 독자여, 당신이 참된 신자라면 당신도 그렇게 하라. 하나님께서 기록된 당신의 이름이 결코 지워지지 않게 하시기를 바란다!

10:21 천지의 주재 – 천지에 당신의 나라는 서고 사탄의 나라는 파괴될 것이다. **아버지여 이것을 숨기시고** – 예수께서는 지혜롭고 지각 있는 자들의 멸망을 기뻐하시지 않으며, 오히려 그는 우리 구원의 모든 영광을 하나님께 돌리시고 인간의 교만을 숨기시는 방법으로 하나님의 풍성한 은혜를 다른 이들에게 보이시기를 기뻐하셨다.

10:22 아들이 누구인지 – 성부 하나님과 본체에 있어서 하나이신 분. **아버지가 누구인지** – 참으로 위대하시고, 참으로 지혜로우시며, 참으로 선하신 분이시다!

10:27 주 너의 하나님을 사랑하고 – 즉, 하나님을 가장 현명하고 신실하게 섬기기 위해 그리고 가장 열정적이고 결단성 있게 섬기기 위해 네 영혼의 모든 기능이 하나가 되게 하라. 우리가 단어 하나하나의 특별한 의미를 파악할 수는 없더라도 이 중요한 말씀이 일반적으로 뜻하는 바를 알고 있으면 된다. 그러나 각각의 단어의 특별한 의미를 알고자 한다면, 총체적인 표현인 **마음**(heart)을 다음과 같은 세 가지로 설명할 수 있을 것이다. **목숨을 다하며**(With all thy soul) – 가장 따뜻한 감정을 가지고. **힘을 다하며**(with all thy strength) – 네 의지의 최고의 노력으로. **뜻을 다하여**(with all thy mind) – 혹은 이해력(understanding)을 다하여. 네가 할 수 있는 한 가장 지혜롭고 이성적인 방법으로 네 이해력이 네 의지와 감정을 인도함으로.

10:28 네 대답이 옳도다 이를 행하라 그러면 살리라 – 여기에 반어법은 없다. 오히려 깊고 묵직한 진리가 있다. 현재의 삶에서 하나님과 이웃을 그렇게 사랑하는 사람이, 그런 자만이 영원히 살 것이다.

10:29 자기를 옳게 보이려고 – 즉, 자신이 이것을 했음을 보이려고.

10:30 예루살렘에서 여리고로 – 예루살렘에서 여리고로 가는 길은 (18마일쯤 된다) 사막과 바위가 많은 곳을 지나가야 한다. 그래서 많은 강도와 살인범들이 거기에서 범죄를 저질러서 "피투성이의 길"이라고 불렸다. 여리고는 골짜기에 위치해 있었다. 그래서 여리고로 **내려가다가** 라는 구절이 있다. 1만 2천명쯤의 제사장과 레위인들이 거기에 거주하고 있었는데, 그들은 모두 성전에서 일하던 자들이었다.

10:31 마침 – 흔히 '우연히'로 번역되는데, 이는 아주 부적절한 번역이다. 엄격히 말

해 우주에는 우연이나 운과 같은 것이 없다. **한 제사장이 그 길로 내려가다가 피하여 지나가고** – 그와 레위인은 모두 틀림없이 피하여 지나간 데 대해 핑계가 있을 것이다. 그리고 그들이 피를 흘리면서 죽어가는 형제를 남겨둔 채 자기 자신들의 구원에 대해 아마 하나님께 진지하게 감사를 드렸을지도 모른다. 이것은 아마도 일부 성직자를 포함해서 오늘날 살아있는 모든 사람들의 모습에 대한 상징이 아니겠는가? 오 레위와 아론의 가문이여, 심판 때에 덕망 있는 이교도들과 사마리아인들이 너희에게 반기를 들고 일어나는 날이 오고 있지는 않은가?

10:33 어떤 사마리아 사람은 여행하는 중 거기 이르러 – 유대인 측이 피해자가 되고 사마리아인 측이 자비를 베푸는 것으로 표현하신 것은 감탄할 만하게 좋은 선택이었다. 사례가 이렇게 제시되었기 때문에 그 서기관이 이기적인 동기에서라도 그 행동이 얼마나 인자했는지를 느낄 수 있었으며, 우리 주님이 말씀하시고자 하는 바에 열린 태도를 취하였을 것이다. 다른 식으로 제시되었다면 마음에 감명을 받기 전에 편견이 보다 쉽게 끼어들었을 것이다.

10:34 기름과 포도주를 붓고 – 이것들은 잘 배합하면 금방 생긴 상처에 아주 좋은 연고가 된다.

10:36 이 세 사람 중에 누가 강도 만난 자의 이웃이 되겠느냐 – 누가 이웃의 역할을 했느냐?

10:37 이르되 자비를 베푼 자니이다 – 이렇게 대답함으로 그는 스스로를 정죄하며 우리가 사랑을 베풀어야 할 이웃에 대해 그 자신이 가지고 있던 잘못된 개념을 뒤집게 되었지만, 그는 부끄러워서 달리 말할 수가 없었다. **가서 너도 이와 같이 하라** – 모든 사람을 우리의 도움이 필요한 우리의 이웃으로 보고 가서 이와 같이 합시다. 편협한 마음과 당파심을 버리십시다. 이는 그 정서와 실천이 우리와 매우 가까운 소수를 제외하고는 전 인류를 향해 우리가 무감각하도록 마음을 위축시킨다. 매우 가까운 사람들만을 사랑하는 것은 자기 사랑의 반사에 지나지 않는다. 마음을 솔직하게 열어 놓고 항상 인간과 인간이 서로 가족관계임을 기억합시다. 그렇게 하여 하나님께서 우리를 서로 강하게 묶어놓은 우리 본성의 본래적인 구조 안에서 행복한 본능을 발전시켜 나갑시다.

10:40 마르다는 마음이 분주한지라 – 그리스어로는 "동시에 서로 다른 두 길에 끌리는 것"을 뜻하는데, 이는 여러 가지 신경 써야 할 것들에 둘러싸여 (그 때 마르다가 그랬던 것처럼) 먼저 할 일을 알지 못하는 마음의 상태를 훌륭하게 표현하고 있다.

10:41 마르다야 마르다야 – 말을 반복하신 데는 각별한 마음과 다정함이 있다. **네가 염려하고 근심하나** – 네가 내적으로는 염려하고 외적으로는 근심한다.

10:42 마리아는 이 좋은 편을 택하였으니 – 그녀의 영혼을 구원하기로 선택하였으니. 독자여, 당신도 그것을 선택했는가?

누가복음 11장

11:1 주여 요한이 자기 제자들에게 기도를 가르친 것과 같이 우리에게도 가르쳐 주옵소서 – 유대인 선생들은 자신을 따르는 사람들에게 자신들과 특별한 관계를 가지고 있다는 표지로서 짧은 기도문을 주곤 했다. 세례 요한이 했던 것도 그와 같은 일이었을 것이다. 이런 의미에서 제자들도 지금 예수께 기도를 가르쳐 달라고 요청한 것 같다. 그에 따라 예수께서 여기서 전에 산상 설교에서 그들에게 주셨던 기도문을 되풀이하신다. 주님은 같은 제목으로 그 핵심은 여전히 같은 것을 말씀하시면서도 조금 더 확대하셔서 말씀하신다. 마음에서 우러나오는 이 기도야말로 참되고 충분한 의미에서 진정한 그리스도인의 표지이다. 진정한 그리스도인이란 하나님의 나라가 옴으로 하나님이 영광스럽게 되고 인간이 행복하게 되는 것을 가장 앞에 두고 가장 열렬하게 바라는 자가 아니겠는가? 그는 이 세상에서 일용할 양식 이상을 구하지 않으며, 반면에 하늘에서 내려오는 양식을 열망한다. 그의 유일한 소망이라고 하면 (자신이 진심으로 다른 사람을 용서한 것처럼) 자신의 죄가 용서받는 것과 성화되는 것이다.
11:2 기도할 때에 이렇게 하라 – 예수께서 그들에게 말씀하신 것은 틀림없이 우리에게도 말씀하신 것이다. 그러므로 여기서 우리는 우리의 모든 기도에서 이것을 모방할 뿐만 아니라 바로 이 기도문을 사용해야 한다.
11:4 우리가 용서하오니 우리 죄도 사하여 주시옵고 – 한 번이 아니라 계속해서. 이것은 우리의 용서가 공로가 되는 원인이 된다고 말하는 것이 아니라, 그것을 제거하지 않고는 용서 받을 수 없는 장애를 제거한다는 것을 가리킨다.
11:5 밤중에 – 가장 적당하지 않은 시간. 그러나 하나님께서 기도를 듣고 응답하시는 데는 적당하지 않은 시간이란 없다.
11:13 하물며 너희 하늘 아버지께서 – 친구, 아버지, 하나님으로 멋지게 단계적으로 변화되고 있다! **성령을 주시지** – 가장 좋은 선물이자 모든 좋은 선물을 포함하는 선물.
11:14 말 못하는 사람 – 즉, 귀신이 그 사람을 그렇게 만들었다.
11:15 그 중에 더러는 말하기를 그가 귀신의 왕 바알세불을 힘입어 귀신을 쫓아낸다 하고 – 예수께서 이들에게 대답하신다(17절). 다른 사람들은 그것이 그런가 안 그런가를 시험해 보기 위해서
11:16 하늘로부터 오는 표적을 구하니 – 예수께서 29절 이하에서 이들을 책망 하신다. **바알세불**은 "파리의 왕"이라는 뜻으로, 이교도들이 주피터에게 붙여준 이름이다. 이교도들은 주피터를 자신들의 신 중 우두머리로 여기면서도, 그가 성전에서 재물에 붙는 파리를 쫓아내는 일을 한다고 생각했다. 블레셋 사람들은 에크론의 신을 이 이름 아래 예배했다. 그리고 이것에서부터 유대인들이 그 이름을 취해서 귀신의 왕에게 사용했다.

11:17 집 – 즉, 가정.

11:20 내가 만일 하나님의 손을 힘입어 귀신을 쫓아낸다면 – 즉, 명백하게 신적인 능력으로. 아마도 이 표현에는 그 일이 아무런 수고 없이 행해졌다는 뜻도 들어 있는 것 같다. **하나님의 나라가 이미 너희에게 임하였느니라** – 예상하지 못하게 의식하지 못할 때에. 그리스어로는 그런 의미가 있다.

11:21 강한 자가 무장을 하고 – 귀신은 본래 강하며, 자기가 거하고 있는 사람의 교만과 고집과 안전함으로 무장을 하고 있다.

11:26 그 사람의 나중 형편이 전보다 더 심하게 되느니라 – 유대인들이 그리스도의 승천 이후 로마인들에 의해 마침내 멸망하기 전까지 지니고 있었던 정신과 행동에 관해 요세푸스가 쓴 슬픈 이야기를 읽어 본 사람이라면 누구나, 어떤 상징도 그들을 묘사하는 데 이 구절보다 더 적당한 것이 없음을 인정하게 될 것이다. 그들의 성정은 상상하기 어려울 만큼 악독했으며, 그들은 귀신의 군대에 사로잡힌 듯이 자신들의 멸망을 재촉했고, 극도의 광란의 행동을 했다. 그런데 이러한 일이 참된 신앙을 완전히 그리고 최종적으로 버린 모든 사람에게도 이루어질 것이다.

11:27 당신을 밴 태와 당신을 먹인 젖이 복이 있나이다 – 여인에게 있어서 이와 같은 생각은 참으로 당연하지 않겠는가! 그리고 우리 주님께서 그녀를 참으로 점잖게 나무라고 계시지 않은가!

11:28 오히려 하나님의 말씀을 듣고 지키는 자가 복이 있느니라 – 왜냐하면 예수를 밴 여인이라도 그렇게 하지 않으면 그녀가 받은 모든 축복을 잃을 것이기 때문이다.

11:29 구하되 – 원어로는 '더 구하면서'라는 뜻을 함축하고 있다. 즉, 자기가 이미 가진 것 이상을 구한다는 뜻을 함축하고 있다.

11:32 그들이 요나의 전도를 듣고 회개하였음이거니와 – 그러나 그것은 잠깐뿐이었다. 그 후에 40여 년 동안 그들은 멸망할 때까지 악에 빠져 있었다. 그 비유가 이 점을 유지하고 있다는 것을 주목해야 한다. 하나님께서는 40여 년 동안 유대인들에게 징벌을 유예해 주셨다. 그러나 그들은 여전히 계속 악에 빠져들었고 끝내는 그 정도가 다 차서 완전히 멸망하게 되었다.

11:33 그 뜻은 너희가 회개하도록 하나님께서 이 복음의 빛을 주신다는 것이다. 너희의 눈이 오직 하나님께 고정되고 그를 기쁘시게 하는 데만 목적을 두게 하라. 그러면 너희가 이렇게 하는 동안은 너희 온 영혼이 지혜와 성결과 행복으로 가득 찰 것이다.

11:34 네 눈이 나쁘면 – 네가 무엇이 되었든 다른 것에 목적을 둘 때 너는 어리석음과 죄와 불행으로 가득하게 될 것이다. 그 반대로,

11:36 네 온 몸이 밝으면 – 네가 거룩한 지혜로 충만하면. **조금도 어두운 데가 없으면** – 죄나 어리석음에 양보하지 않으면. 그러면 하늘의 원리가, 어두웠던 방을 밝히는 등불의 환한 불꽃같이, 네 모든 능력과 기능 속에 그 빛을 비출 것이다.

11:39 너희 바리새인은 – 아마도 많은 바리새인들이 그 바리새인의 집에 있었을 것이다.
11:41 그 안에 있는 것으로 – 너희가 깨끗하게 한 그릇들 안에 있는 것으로. **구제하라 그리하면 모든 것이 너희에게 깨끗하리라** – 예수께서 말씀하신 것처럼, 약탈과 악독에 정반대되는 행동으로 너희 마음이 깨끗함을 보여주어라. 그러면 이와 같이 겉을 씻을 필요가 없다.
11:42 화 있을진저 너희 – 즉, 너희는 불행하다. 본장 전체에 걸쳐 이 구절은 같은 방식으로 이해되어야 한다.
11:44 너희는 평토장한 무덤 같아서 – 아마도 이 말씀을 하실 때 우리 주님께서는 서기관들을 주시하셨을 것이다. **평토장한 무덤 같아서**(As graves which appear not) – 무덤에 풀이 무성하게 자라서 사람들이 걸려 넘어지기까지는, 혹은 다치거나 아니면 적어도 무덤에 스치는 바람에 더럽혀지기까지는 사람이 알지 못하느니라. 다른 곳에서는 그리스도께서 그들을 겉은 깨끗하나 속은 더러운 '회칠한 무덤'에 비유하셨다(마 23:27).
11:45 한 율법교사 – 즉, 서기관. 율법의 해석자.
11:48 그들은 죽이고 너희는 무덤을 만드니 – 너희는 그들과 똑같이 옛 예언자들을 크게 존경하는 척 하면서 하나님이 너희에게 보낸 자들을 죽인다. 그러므로 너희는 이러한 깊은 위선으로 그들과 똑같은 정신을 가지고 있다는 사실에 **증인이 되어** 있는 것이다.
11:49 그러므로 하나님의 지혜가 일렀으되 – 정확하게 그 말은 아니어도 성서의 여러 곳에서. **내가 선지자를 그들에게 보내리니** – 주로 구약성서 시대에. **사도들을** – 신약 시대에.
11:50 모든 선지자의 피를 이 세대가 담당하되 – 즉, 그에 대해 눈에 보이게 그리고 끔찍하게 벌을 받을 것이다.
11:51 40년 내에 지극히 놀라운 방식으로 성전과 성과 온 나라가 무시무시하게 파괴됨으로 그렇게 되었다. **제단과 성전 사이에서** – 성전 뜰에서.
11:52 너희가 지식의 열쇠를 가져가서 – 너희는 현재와 미래의 하늘나라, 곧 은혜와 영광의 나라에 들어가는 열쇠인 메시야에 대한 참된 지식을 모호하게 하고 파괴했다. **너희도 들어가지 않고** – 현재의 하늘나라에.

누가복음 12장

12:1 예수께서 먼저 제자들에게 말씀하여 이르시되 – 그러나 나중에는(54절) 무리의 모든 사람들에게 말씀하셨다.
12:4 내가 너희에게 말하노니 두려워하지 말라 – 인간에 대한 두려움 때문에 위선자

로 처신하거나 너희에게 전하라고 위임한 일을 숨기는 일이 없도록 하라.
12:5 지옥에 던져 넣는 권세 있는 그를 두려워하라 – 그리스도께서 자기의 각별한 '친구들'에게까지 이와 같이 지도하고 계신다. 그러므로 참된 신자들이라 하더라도 하나님을 지옥에 던져 넣는 권세 있는 분으로 두려워해야 한다.
12:6 참새 다섯 마리가 아니냐 – 그러나 하나님을 두려워할 뿐만 아니라 신뢰하라.
12:8 내가 또한 너희에게 말하노니 – 너희가 모든 위선을 피하고 나의 복음을 사람 앞에서 시인하면, **인자도 하나님의 사자들 앞에서 그를 시인할 것이요** – 마지막 날에.
12:10 누구든지 – 예수께서 말씀하셨듯이, 어느 정도 나를 부인했으나 참으로 회개한다면 용서를 받을 것이다. 그러나 성령을 모독할 만큼 그 정도가 지나치면 결코 용서받지 못할 것이며 회개할 여지도 없다.
12:11 염려하지 말라 – 너희가 변호할 내용이나 방법에 대해 염려하지 말라. 또한 마음에 있는 것을 어떻게 표현할까 염려하지 말라.
12:14 누가 나를 너희의 재판장으로 세웠느냐 – 세상적인 일에 있어서. 예수의 나라는 이 세상에 속하지 않는다.
12:15 그들에게 이르시되 – 아마도 두 형제에게, 그리고 그들을 통하여 무리에게. **사람의 생명** – 즉, 사람의 생명의 안위와 행복.
12:17 내가 어찌할까 – 뭔가 부족함을 나타내는 말. 무엇을 할까? 하늘에 보물을 쌓으면 된다.
12:20 어리석은 자여 – 땅의 재물로 네 영혼을 만족시키려고 생각하는 어리석은 자여! 오래 사는 것에 의존하는 어리석은 자여! 그런데 하루밖에 못사는 어리석은 자여! **그들이**[3] – 하나님께서 보내신 죽음의 사자들이 **네 영혼을 도로 찾으리니!**
12:21 하나님께 대하여 부요하지 못한 자 – 즉, 신앙과 사랑과 선행에 있어서 부요하지 못한 자.
12:25 너희 중에 누가 한 자라도 더할 수 있느냐 – (원어로는) 어떤 것에 '한 규빗(cubit)이라도 더할 수' 있느냐는 말인데, 이는 극히 작은 것을 추가한다는 일종의 속담 표현인 것 같다.
12:28 들풀 – 그리스어로는 온갖 종류의 풀과 꽃을 의미한다.
12:29 너희는 근심하지도 말라 – 원어로는 어떤 공상이나 사색 하는 것을 가리키는데, 이는 마음이 불안하여 망설이며 하늘의 유성처럼 요동치는, 즉 붕 떠 있는 상태를 가리킨다.
12:32 너희 아버지께서 그 나라를 너희에게 주시기를 기뻐하시느니라 – 하물며 음식 과 의복들이야? 너희는 그와 같은 상속을 받은 자이니 너희 땅의 소유물에 대해 염려하지 말라.

3) 역자 주. 한글 개역개정에는 이 부분이 없다.

12:33 너희 소유를 팔아 – 이것은 모든 군중들에게 지시하신 것이 아니다. (모든 그리스도인들에게 주시는 준칙은 더더욱 아니다.) 그리고 사도들에게 지시하신 것도 아니다. 사도들은 그전에 이미 모든 것을 버려두고 따랐음으로 팔 것이 없었기 때문이다. 이것은 22절과 행 1:15에 언급된 예수의 다른 제자들에게 지시하신 것이다. 특별히 칠십인에게 지시하신 것이다. 이는 그들이 모든 세상적인 속박에서 자유롭게 되도록 하기 위해서였다.

12:35 허리에 띠를 띠고 – 동방 국가들에서 입던 긴 겉옷을 가리킨다. 그들은 여행하거나 고용되어 일할 때 허리에 띠를 띠거나 옷을 접어올렸다. 또한 하인들이 결혼식 때 가지고 다니는 등불을 가리키기도 한다. 결혼식은 일반적으로 밤에 있었기 때문이다.

12:37 주인이 나아와 수종들리라 – 이는 예수께서 지극히 자신을 낮추시며 상냥한 태도로 그들에게 자신의 사랑을 보여주실 것이라는 의미이다.

12:38 유대인들은 흔히 밤을 삼경으로 나누었다. 주님은 여기서 그것을 암시하고 있는 것 같다.

12:41 주께서 이 비유를 우리에게 하심이니이까 – 즉, 사도들과 제자들에게 하는 것입니까. 혹은, **모든 사람에게 하심이니이까** – 즉, 무리에게 하는 것입니까. 이 비유가 우리에게만 관계된 것입니까? 아니면 모든 사람에게 관계된 것입니까?

12:42 지혜 있고 진실한 청지기가 누구냐 – 이러한 우리 주님의 답변은 주님께서 이 비유를 (꼭 전적으로는 아니더라도) 주로 주님의 말씀의 사역자들에게 하셨다는 것을 분명히 암시하고 있다. **주인에게 그 집을 맡아 줄** (청지기) – 그의 지혜와 진실함 때문에.

12:43 그 종은 복이 있으리로다 – 하나님께서 친히 그가 지혜롭고 진실하고 복이 있다고 말씀하신다. 하지만 우리는 그가 모든 것에서부터 떨어져서 영원히 멸망하게 될 수도 있음을 안다.

12:46 주인이 (신실하지 아니한 자의) 받는 벌에 처하리니 – 그의 영원한 몫을 받게 하실 것이다. **신실하지 아니한 자의** – 그가 한 때는 신실했더라도, 하나님 자신이 심판자이시다.

12:47 주인의 뜻을 알고도 행하지 아니한 종은 많이 맞을 것이요 – 그가 많이 알았기 때문에 벌이 적어지는 것이 아니라 더 늘어날 것이다.

12:49 내가 불을 땅에 던지러 왔노니 – 하늘의 사랑의 불이 온 땅위에 퍼지도록.

12:50 나는 받을 세례가 있으니 – 내가 내 나라를 세우려면 그 전에 먼저 고난을 받아야 한다. 그리고 내가 모든 것을 싸워 헤쳐 나갈 수 있기를 참으로 열망한다!

12:51 내가 세상에 화평을 주려고 온 줄로 아느냐 – 내가 왔다고 해서 바로 우주적인 평화가 오겠는가? 그렇지 않다. 정반대이다.

12:52 한 집에 다섯 사람이 있어 분쟁하되 셋이 둘과, 둘이 셋과 하리니 – 그리스도

의 영과 세상의 영 사이에는 화해할 수 없는 적대감이 있다.
12:53 아버지가 아들과 분쟁하리라 – 왜냐하면 나를 배척하는 자들은 나를 받아들이는 가장 가까운 관계에 있는 사람들에 대해서도 완강히 반대할 것이기 때문이다. 오늘날에도 이 성서의 말씀은 이루어지고 있다. 지금도 마찬가지여서 그리스도와 벨리알(Belial) 사이에는 화해란 없다.
12:54 또 무리에게 이르시되 – 위의 구절들에서는 예수께서 제자들에게만 말씀하셨다. **서쪽에서** – 유대에서는 서풍이 바다에서 불어오는데, 보통 비를 가지고 왔다. 남풍은 아라비아 사막에서 불어오는데 폭염을 야기했다.
12:56 어찌 이 시대는 분간하지 못하느냐 – 많은 보다 확실한 표적으로 분간할 수 있음에도 메시야의 오심을 알지 못하느냐?
12:57 어찌하여 스스로 – 아무런 외적인 표적 없이도. **옳은 것을 판단하지 아니하느냐** – 왜 너희는 내 가르침의 본질적인 탁월성을 분별하지 못하며 인정하지 못하느냐?
12:58 네가 갈 때에 – 예수께서 말씀하셨듯이, 너희는 지체할 겨를이 없다. 왜냐하면 하나님의 징벌을 집행할 자들이 가까이 왔기 때문이다. 하나님께서 일단 너희를 그들에게 넘기고 나면 너희는 영원히 되돌리지 못한다.
12:59 한 푼이라도 – 한 마이트(mite)라도. 한 마이트는 영국 화폐 파딩farthing)[4]의 약 3분의 1이다.

누가복음 13장

13:1 빌라도가 어떤 갈릴리 사람들의 피를 그들의 제물에 섞은 일로 – 유다 골로니테스(Judas Gaulonites)[5]의 일부 추종자들. 그들은 로마의 권력을 인정하기를 단호히 거부했다. 빌라도가 그들이 공적인 절기에 성전에서 예배하고 있을 때 그들을 포위하여 학살했다.
13:3 너희도 다 이와 같이 망하리라 – 갈릴리와 예루살렘의 너희 모두가 바로 그와 똑같은 방법으로 멸망할 것이다. 그리스어로는 그런 뜻이 있다. 그리고 실제로 그들은 그렇게 되었다. 이들 갈릴리 사람들의 운명과 유대 민족 주요 구성체의 운명 사이에는 상당한 유사성이 있었다. 그 정점이 유대인들이 큰 절기에 모였을 때 로마의 검에 의해 자행된 예루살렘에서의 학살이었다. 그리고 그들 중 수천 명이 바로 성전에서 죽었고 글자 그대로 성전의 폐허 아래 매장되었다.
13:6 한 사람이 무화과나무를 심은 것이 있더니 – 우리는 여기서 하나님 아버지를 포도원 주인으로 그리고 그리스도를 포도원지기로 이해해 볼 수 있을 것이다. 혹은

4) 역자 주. 파딩은 영국의 옛 화폐로 구 페니의 ¼에 해당한다.

5) 역자 주. 갈릴리의 유다라고도 불렸다(행 5:37).

그리스도 자신을 포도원 주인으로 그리고 그의 사역자들을 포도원지기로 생각할 수도 있다.
13:7 삼 년 – 그리스도는 그때 사역 3년차였다. 그러나 그것이 단지 수년을 의미하는 것일 수도 있다. 어떤 특정한 숫자가 불확실한 수를 의미하기 위해 사용되기도 하기 때문이다. **어찌 땅만 버리게 하겠느냐** – 즉, 아무 열매도 맺지 못할 뿐만 아니라 그 나무가 없었다면 그곳에서 열매를 맺을 다른 나무를 위한 땅도 차지하고 있다.
13:11 꼬부라져 조금도 펴지 못하는 한 여자가 있더라 – 그녀를 사로잡고 있는 악령이 이런 식으로 그녀를 괴롭혔다. 많은 사람에게 그것은 틀림없이 자연적인 질병처럼 보였을 것이다. 현대의 의사는 그것을 신경질환이라고 하지 않을까?
13:15 외식하는 자들아 – 회당장이 그렇게 말한 실제 동기는 시기심이었지, 그가 그런 척 하는 것처럼, 하나님의 영광을 위한 순수한 열심이 아니었기 때문이다.
13:16 이 아브라함의 딸을 안식일에 이 매임에서 푸는 것이 합당하지 아니하냐 – 소나 나귀보다 훨씬 더 귀한 인간을 그 메임에서 푸는 것이 합당하지 않겠는가? 하물며 혈통적인 의미에서 뿐만 아니라 영적인 의미에서도 **아브라함의 딸**일지도 모르는 이 여인을 **푸는 것이야 말로** 더 합당하지 않겠는가?
13:21 넣어 – 그래서 한 동안은 아무 것도 보이지 않지만.
13:24 들어가기를 힘쓰라 – 고민하라. 고민하며 노력하라. 그 말은 그런 뜻이다. 달리는 아무도 들어가지 못할 것이다. 겨우 찾고자 하는 정도로는 소용없을 것이다.
13:25 문이 닫힌 후에는 고민해도 소용없을 것이다. 그러므로 지금 신앙과 기도와 성결과 인내를 가지고 고민하라. **너희가 밖에 서서** – 그때까지 그들은 그것에 대해 생각하지 않았다. 오, 그들이 자신들의 불행을 깨닫다니 얼마나 신선한 일인가! 그러나 참으로 늦었다! 참으로 오래 계속될 것이다! **나는 너희가 어디에서 온 자인지 알지 못하노라** – 알지 못하노라. 곧, 나는 너희의 방법들을 인정하지 않는다.
13:29 하나님의 나라 잔치에 참여하리니 – 은혜와 영광의 나라.
13:30 나중 된 자로서 – 가장 늦게 부름 받은 이방인들 중 많은 이가 가장 큰 상을 받고, 먼저 부름 받은 유대인들 중 많은 이가 전혀 상을 받지 못할 것이다.
13:31 헤롯이 당신을 죽이고자 하나이다 – 아마도 그들은 선한 뜻으로 예수께 이 경고를 했을 것이다.
13:32 너희는 가서 저 여우에게 이르되 – 헤롯은 교활하고 겁이 많았으므로 그를 여우라고 부른 것은 아주 적절했다. 우리 주님의 대답의 의미는, 헤롯이 무슨 짓을 하든, 나는 내게 남은 짧은 시간 동안 나를 보내신 이의 일을 할 것이라는 뜻이다. 그 때가 오면 나는 희생 제물로 바쳐질 것이다. 그러나 여기서가 아니라 피의 도시에서 그렇게 될 것이다. **내가 귀신을 쫓아내며** – 예수께서 적들에게 얼마나 위엄 있게 말씀하시는가 보라! 그리 고 친구들에게는 얼마나 부드럽게 말씀하시는지를 보라! **제삼일에는 완전하여지리라** – 제삼일에 예수께서는 갈릴리를 떠나 예루살렘으로

출발하셨으며 거기에서 죽으셨다.

그러나 우리는 그리스도가 우리의 본이 되신 일들과 그리스도의 직임에만 속하는 일들 사이를 조심스럽게 구별하도록 합시다. 그리스도께서는 특별한 직임을 가지고 있기 때문에 악한 왕과 타락한 선생들에 대해 격한 언어를 사용해도 괜찮지만, 우리는 그런 소임을 갖고 있지 않다. 만약 우리가 그렇게 한다면, 우리가 아주 무례하게 책망했던 그 사람들은 믿음을 가지거나 개혁되기보다 오히려 자극을 받아 그저 우리 신앙에 악평을 하며 우리 자신을 파멸시키려 할 것이다.

13:33 선지자가 예루살렘 밖에서는 죽는 법이 없느니라 – 예루살렘은 하나님의 사자들을 살해하는 곳으로 잘 알려져 있다. 다른 곳에서는 그런 잔인성과 악독함을 찾을 수 없다.

13:34 내가 너희의 자녀를 모으려 한 일이 몇 번이냐 – 세례를 받은 뒤 예수께서는 이 목적을 위해 예루살렘을 세 번 정식 방문하셨다.

13:35 너희 집이 황폐하여 버린 바 되리라 – 지금은 되돌릴 수 없게 황폐하게 될 처지에 놓여 있다. **내가 너희에게 이르노니,** 곧 얼마 뒤에 너희가 그 재난을 통해 배움을 얻어, **너희가 주의 이름으로 오시는 이를 찬송하리로다** 라고 말할 준비가 되고 또한 그와 같은 마음을 가지게 될 **때까지는 나를 보지 못하리라.** 이것은 그들이 그때에 꼭 예수를 볼 것이라는 뜻이 아니다. 오히려 그들이 진지하게 메시야를 바라고, 그리고 궁지에 빠졌을 때에 메시야의 특징을 가졌다고 하면 누구든 맞이할 준비가 되어 있게 될 것이라는 사실을 의미할 뿐이다.

누가복음 14장

14:2 주의 앞에 한 사람이 있는지라 – 그가 음침한 계획을 가지고 거기에 온 것 같지는 않다. 아마도 그는 치유 받기를 바라며 왔을 것이다. 아니면 그 가족 중 하나였을 것이다.

14:3 예수께서 대답하여 이르시되 – 예수께서 그들의 마음속에 떠오르고 있는 생각을 아시고 그것에 대답하셨다.

14:7 비유로 말씀하여 – 이 뒤에 이어지는 말씀을 비유라고 한 것은 몇몇 부분을 문자대로 이해해서는 안 되기 때문이다. 그 이야기의 일반적인 범위는 혼인 잔치만이 아니라 모든 경우에 관한 것이다. '자기를 높이는 자는 낮아지고 자기를 낮추는 자가 높아지리라.'

14:12 벗이나 형제나 친척이나 부한 이웃을 청하지 말라 – 즉, 나는 네게 **네 벗이나 이웃을 청하라**고 명하지 않는다. 우리 주님은 그와 같이 인간적이고 예의를 지키는 일은 제쳐두고, 보다 더 높은 의무를 가르치신다. 그러나 여기에는 꼭 식사대접이 필요한 사람들을 도와주기 위해서는 대접이 필요하지 않은 자들에게 드는 비용을 아껴

야 하며, 그러한 불필요한 대접들에 사용되는 비용을 절약해 모두 그리로 돌려야 한다는 의미가 있지 않겠는가?
갚음이 될까 하노라 – 부가 무섭다는 것도 세상이 모르지만 이것도 무서운 것이라는 것을 세상은 모른다.
14:15 함께 먹는 사람 중의 하나가 이 말을 듣고 – 이 말에 감동되어서. **이르되 무릇 하나님의 나라에서 떡을 먹는 자는 복되도다** – 방금 말씀하신 것을 가리키면서 말씀하시고 있다. 이것은 의인들의 부활에 참여할 자를 의미한다.
14:16 이르시되 – 그 비유를 계속하시면서. **어떤 사람이 큰 잔치를 베풀고** – 예수께서 말씀하신 것처럼, 모든 사람들이 이러한 행복이 있다는 것을 아는 것은 아니다. 많은 사람들이 이 행복에 참여하고 있으면서도 그러한 행복을 원하지 않는다.
14:18 다 일치하게 사양하여 – 그들 중 한 사람은 나는 **나가 보아야 하겠으니** 라고 자기의 뜻만을 말하고 있다. 또 다른 사람은 어쩔 수 없이 가야하는 척 거짓된 필요성을 말하고, 세 번째 사람은 **가지 못하겠노라** 라고 불가능성을 말한다. 그들 모두는 26절에 언급된 거룩한 미움의 마음이 결여되어 있다. 그들 모두는 그 자체로는 정당한 일들 때문에 멸망한다. **아무래도 나가 보아야 하겠으니** – 하나님께서 완전히 값없이 구원을 주시는 바로 그 때에 가장 긴박한 세속적인 일들이 생기는 경우가 흔하다.
14:21 종이 돌아와 주인에게 그대로 고하니 – 사역자들은 이렇게 청중들의 순종과 불순종을 기도 중에 주님 앞에 고해야 한다.
14:23 사람을 강권하여 데려다가 – 사랑의 강제적인 힘과 하나님의 말씀의 힘으로 데려다가. 그리스도와 사도들은 신앙의 문제에 있어서만 이와 같이 강요하였다.
14:24 왜냐하면(For)[6]이라는 말은 **나가서**(23절)라는 말과 연결되어 사용되고 있다.
14:26 무릇 내게 오는 자가 자기 부모(와 처자와 형제와 자매와 자기 목숨까지) **미워하지 아니하면** –그리스도와 비교해서 말씀하고 있다. 실제로 밭과 소와 아내 그리고 모든 것을 포기하지 아니하면 안 된다. 또한 그리스도를 두고 다투어야 하는 상태에 있을 때는 마치 그들을 미워하는 것처럼 행동해야 한다.
14:28 너희 중의 누가 망대를 세우고자 할진대 – 즉, 너희 중의 누구든 나를 따르고자 하는 자는 먼저 이것들을 심각하게 숙고해 보라.
14:31 다른 임금 – 이것이 이 세상의 임금을 의미하는 것인가? 확실히 그는 자기 편에 더 많은 수를 가지고 있다. 그의 자녀들과 종들이 얼마나 많은가!
14:33 이와 같이 – 적과 대면하기를 두려워해서 그와 화친하려 사신을 보내는 이 사람처럼. **누구든지 자기의 모든 소유를 버리지 아니하면** – (1) 모든 피조물에 대해 애정을 거둠으로, (2) 하나님 안에서 그리고 하나님을 위해서만, 즉, 하나님께 인도

6) 역자 주. 한글 개역개정에는 이 표현이 나타나 있지 않다.

하는 방편과 한도 내에서만 소유를 누림으로. (3) 위에 언급한 의미에서 그 모두를 미워함으로. **능히 내 제자가 되지 못하리라** – 확실히 그 망대를 세우는 일을 그만 둘 수밖에 없을 것이다. 또한 그는 신앙의 선한 싸움을 싸우는 일을 견뎌내지 못할 것이다.

14:34 소금 – 모든 그리스도인. 그러나 특별하게는 모든 사역자들을 가리킨다.

누가복음 15장

15:1 모든 세리와 – 즉, 그 장소에 있던 모든 세리들. 우리 주님께서 갈릴리의 이방인들의 동네에 계셨던 것 같으며, 그 뒤에 거기서 예루살렘으로 가셨다(눅 17:2).

15:3 예수께서 이르시되 – 동일한 의미를 지닌 세 가지 비유를 말씀하셨다. 양의 비유, 은전의 비유, 잃어버린 아들의 비유, 이 모두는 바리새인과 서기관들과는 정반대로 하나님께서 어떻게 죄인을 받아들이시는가를 말해 준다.

15:4 아흔아홉 마리를 들에 두고 – 그들은 들에서 양을 쳤다. 영국의 공유지와 같은 개간되지 않은 모든 땅을 유대인들은 **들**(wilderness)이나 광야(desert)라고 불렀다. **찾아다니지 아니하겠느냐** – 있는 그대로, 하나님께서는 잃어버린 영혼을 찾는 일에 수고하신다. 그러니 여기서 우리는 죄 가운데 있는 자들을 홀로 두는 것은 비기독교적이며 비인간적이라는 사실을 배울 수 있지 않겠는가?

15:7 기뻐하는 – 엄숙하지만 유쾌한 기쁨. **하늘에서는** – 먼저 우리의 복되신 주님 자신이 기뻐하실 것이고, 그리고 나서 천사들과 의인들의 영혼이 기뻐할 것이다. 아마도 이에 대해 하나님 자신이 알려주실 것인데, 곧 그들에게 사역하였던 천사들이 알려줄 것이다. **죄인 한 사람이** – 사람들이 익히 아는 악명 높은 중죄인 하나. **회개하면** – 마음과 생활이 철저하게 변화되면. **의인 아흔아홉** – 비교적 의롭고 겉으로 보기에 나무랄 데 없는. **회개할 것 없는** – 왜냐하면 그들이 저지르지 않은 죄에 대해서는 회개할 필요도 없고 회개할 수도 없기 때문에 그렇다.

요약해 말하면, 완전히 잃어버린 자식이라고 생각했던 방탕한 자녀가 자기의 본분을 철저하게 느끼게 되었을 때 아버지가 특별히 기뻐하는 것과 같다. 혹은 없어졌다고 단념했던 것을 되찾은 사람이 그와 똑같이 소중하나 그런 위험에 있지 않은 다른 물건들보다 그 물건에서 당연히 더 보상받은 느낌을 갖는 것과 같다. 이처럼 하늘에 있는 천사들도 가장 포기했던 죄인들이 회심할 때 특별히 기뻐한다. 더구나 하나님께서는 친히 그들을 기꺼이 용서해 주시고 받아 주시니 하나님이 그 기쁨에 참여한 것으로 묘사해도 좋을 것이다.

15:12 재산 중에서 내게 돌아올 분깃을 내게 주소서 – 모든 죄의 뿌리, 즉 하나님을 의지하지 않고 제 마음대로 하고자 하는 욕망을 보라!

15:13 먼 나라에 가 – 하나님에게서부터 먼. 하나님이 그의 모든 생각 속에 있지 않

았다. **그 재산을 낭비하더니** – 그가 받은 모든 은혜를 낭비하더니.
15:14 비로소 궁핍한지라 – 세상적으로 즐거움을 찾으려는 모든 일이 실패하자 그는 자신에게 실제로 좋은 것이 없음을 점점 더 의식하기 시작했다.
15:15 그 나라 백성 중 한 사람에게 붙여 사니 – 마귀나 마귀의 자녀들 중 하나에게 붙여 사니. 하나님에게서 멀리 떨어진 그 나라의 진정한 백성들. **그가 그를 보내어 돼지를 치게 하였는데** – 그가 그를 죄의 천한 고역에 고용했다.
15:16 그가 쥐엄 열매로 배를 채우고자 하되 – 그는 기꺼이 세상적인 안락으로 만족하고자 했다. 이 얼마나 헛되고 보람 없는 수고인가!
15:17 스스로 돌이켜 – 그 때까지 그는 제 정신이 아니었다. 모든 사람이 세상에서 하나님 없이 있는 한 다 그와 같다.
15:18 내가 일어나 아버지께 가서 – 여기에 참된 회개의 첫 단계가 얼마나 정확하게 지적되어 있는가 보라!
하늘과 아버지께 죄를 지었사오니 – 하나님께 죄를 지었사오니.
15:20 이에 일어나서 아버지께로 돌아가니라 – 그는 결단한 순간 자기의 결심을 실행하기 시작했다. **아직도 거리가 먼데 아버지가 그를 보고** – 굶주리고 헐벗은 채 돌아오는 그를 보고.
15:22 아버지는 이르되 – 그가 말하려고 했던 것을 끝내기도 전에 그의 말을 막으면서. 하나님께서는 용서하시는 사랑을 보여주심으로 자주 이와 같이 진지한 고백을 줄여버리신다.
15:23 즐기자 – 여기서 그리고 신구약 어느 곳에서나 이 말은 경박한 것을 뜻하는 것이 아니라 견고하고 진지하고 종교적이면서도 진심인 기쁨을 의미한다. 실로 이것이 200년 전 우리 영어번역 성경[7])이 만들어졌을 때 그 단어가 지니고 있던 평범한 의미였다.
15:25 맏 아들은 2절에 언급된 바리새인과 서기관들을 가리키는 것 같다.
15:27 당신의 아버지가 살진 송아지를 잡았나이다 – 아마도 그가 옷이나 반지를 말하지 않고 이것을 말한 것은 음악과 춤에 더 가까운 연관성이 있기 때문일 것이다.
15:28 그가 노하여 들어가고자 하지 아니하거늘 – 우리도 얼마나 자연스럽게 이런 종류의 분노를 내고 있는지 보라!
15:29 내가 여러 해 아버지를 섬겨 – 그는 7절에 언급된 사례 가운데 하나이다. 그러니 이 비유야말로 그 주장을 얼마나 잘 확증하고 있는가! **내게는 염소 새끼라도 주어 나와 내 벗으로 즐기게 하신 일이 없더니** – 아마도 하나님께서는 보통 회개의 슬픔을 느껴 보지 못한 자들에게 많은 기쁨을 주시지 않을 것이다.
15:31 너는 항상 나와 함께 있으니 내 것이 다 네 것이로되 – 이 말씀은 하나님께서

---

7) 역자주, 흠정역(King James Version).

가장 큰 죄인에게 베푸시는 사면을 보고 불평해서는 안 되는 강력한 이유를 제시한다. 아버지가 둘째 아들을 받아들였다고 해서 맏아들의 상속권을 거둔 것이 아니었다. 마찬가지로, 하나님께서 악명 높은 죄인들을 받아들였다고 해서 하나님을 늘 섬겨온 자들에게 손해될 것이 아무것도 없을 것이다. 회개한 죄인들이 전반적으로 외적인 성결과 내적인 성결에 있어 더 큰 진보가 없다면, 하나님께서는 그들을 하나님을 늘 섬겨온 이들에게 주신 것과 똑같은 정도로 영광의 상태로 높이지는 않을 것이다.

15:32 이 네 동생은 죽었다가 살아났으며 – 부주의한 독자는 영감으로 기록된 성서 안에 있는 수많은 이와 같이 미묘한 필법을 파악하지 못할 것이다. 30절에서 맏아들은 무뚝뚝하고 퉁명스럽게 '이 당신의 아들'이라고 말했다. 아버지는 이에 대답하여 부드럽게 그를 나무라시면서 온유하게 **이 네 동생**이라고 말씀하신다. 여기에 놀라운 암시가 있다. 가장 선한 사람이라도 가장 악한 죄인들을 형제로 여겨야 한다는 것이다. 특별히 그들이 돌이킬 기미를 보일 때는 형제 관계임을 기억해야 한다.

우리 주님은 이 비유 전체에서 이방인들을 받아들인다고 해서 유대인들이 불평할 아무런 이유가 없다는 것을 보여 주고 계신다. (물론 이 점이 당시에는 직접 고려된 것은 아니다.) 하지만, 바리새인들이 스스로 생각하는 것만큼 정말 선하다면, 그들은 신실한 회심자를 친절히 다룬다고 해서 불평할 아무런 이유가 없다. 이와 같이 주님은 그들 자신의 원칙에 근거해서 그들을 정죄하심으로 변명할 여지를 주지 않으신다.

우리는 이 비유에서 죄인들이 자연적인 상태에 있을 때 그들의 상황과 행동이 어떤지에 대한 생생한 상징을 볼 수 있다. 그와 같이 그들은 위대하신 만민의 아버지의 은덕으로 부유하게 될 때에는 감사하지 못하고 그에게서 달아난다(12절). 그들이 하나님의 모든 은혜를 다 낭비할 때까지는 감각적인 향락을 열심히 추구한다(13절). 이 일이 계속되는 동안 하나님에 대한 진지한 생각은 그들의 마음에 있을 자리가 없다. 고난이 다가왔을 때조차(14절), 여전히 그들은 궁여지책을 찾으려 할 것이다. 그들은 하나님의 섭리에 따른 하나님의 은혜에 감복되어 돌아갈 생각을 하게 될 때까지 그렇게 할 것이다(15–16절).

그들이 헐벗고 궁핍하며 완전히 실패한 자신을 발견할 때에야 이성이 회복되어 작용할 것이다(17절). 그리고 나서야 자신들이 내던졌던 축복을 기억하고 스스로 자초했던 불행에 대해 생각하게 된다. 그렇게 될 때 그들은 아버지께로 돌아갈 결심을 하고, 그 결심을 즉시 실행에 옮긴다(18–19절).

하나님의 상처받은 선하심에서 그들이 얻은 그 은혜로운 영접을 놀라움과 기쁨을 가지고 보라! 그런 탕자가 아버지께 올 때, 아버지는 멀리서부터 그를 보고 계신다(20절). 아버지는 그를 불쌍히 여겨 만나서 포옹한다. 그리고 그가 호의를 다시 베푸는 표시로 아들이 잘못을 인정하는 것을 막으신다(21절). 아버지는 그를 구주의 의의 예복으로, 내적인 성결과 외적인 성결로 입혀주시며, 그가 친히 성화케 하시는 모든 은혜로 장식해 주시며, 양자로 삼으시는 사랑의 표시로써 그를 영화롭게 해주신다(22절). 그런데 이 모든 일을 아버지는 잃었던 자를 다시 찾으셨다는 이유로 말할 수 없는 기쁨으로 행하신다(23-24절).

맏형은 이 용서에 대해 불평하지 말고 탕자를 그 가정으로 다시 환영해야 한다. 그리고 이렇게 받아들여진 자들은 더 이상 방황하지 말고, 여러 해 동안 하늘 아버지를 섬겨 왔으며 그의 계명을 어기지 않아 왔던 자들의 그 지극히 엄격한 경건을 본받아야 한다.

누가복음 16장

16:1 또한 제자들에게 이르시되 – 지금까지는 예수께서 서기관들과 바리새인들에게 말씀하셨지만, 이제는 그 맏아들에게만이 아니라 둘째 아들에게도 말씀하신다. 즉, 돌아온 탕자와 같은 예수의 제자들에게도 말씀하신다. **어떤 부자에게 청지기가 있는데** – 그리스도는 여기서 지금 하나님의 사랑 속에 있는 모든 자들, 특별히 용서받은 죄인들을 가르치고 계신다. 주님은 그들에게 맡겨진 일을 현명하게 행하라고 가르치신다.

16:3 빌어 먹자니 부끄럽구나 – 속이는 것은 부끄럽지 않았단 말인가! 이것도 마찬가지로 일종의 명예감이다! '인간은 명예라고 하지만 천사는 교만이라 한다.'

16:4 내가 알았도다 – 즉, 내가 **할 일을** 결심했다.

16:8 주인이 이 옳지 않은 청지기가 일을 지혜 있게 하였으므로 칭찬하였으니 – 곧, 그가 제때에 미리 예방책을 강구했다는 점에서. 그래서 이 종의 부정직함은 싫어할 만하지만 그가 가진 현세의 이익에 대한 예지력과 주의와 수완은 더 중요한 내세의 일에 관해서 우리가 모방할 가치가 있다. **이 세대의 아들들** – 이 세상 이외에는 다른 것을 구하지 않는 자들. **더 지혜로움이니라** – 절대적으로 지혜롭지는 않다. 왜냐하면 그들은 모두 지독한 바보들이기 때문이다. 그러나 자기 자신들에게는 보다 더 일관되게 행동한다. 그들은 자신들의 원칙에 더 충실하며, 자기들의 목적을 더욱 집요하게 추구한다. 그들은 **자기 시대에 있어서는** 더 지혜롭다. – 즉, 자기 자신들의 방법에 있어서는 더 지혜롭다. **빛의 아들들보다** – 하나님의 빛이 그 마음속에 비치는 하나님의 자녀들보다.

16:9 내가 너희에게 말하노니 – 하나님께서 너희에게 맡기신 가장 낮은 재능에 대해서까지 선한 청지기가 되라. **맘몬**[8] – 재물이나 돈을 의미한다. **불의의 재물**이라고 한 것은 그것을 얻거나 사용하는 방법이 보통 불의하기 때문이다. 이것으로 가능한 모든 선을 행함으로, 특별히 하나님의 자녀들에게 선을 행함으로 친구를 사귀라. **그**

8) 역자 주. 한글 개역개정에는 그냥 '재물'로 기술되어 있다.

리하면 없어질 때에 – 너희 육체와 마음이 쇠퇴할 때, 이 땅의 장막이 무너질 때, 앞서 간 이들이 **너희를 영주할 처소로 영접하리라,** 환영하리라.

16:10 너희가 많이 가지고 있든 적게 가지고 있든, 지혜로울 뿐만 아니라 **충성된** 청지기가 되도록 하라. 모든 것 중에 가장 천한 것에, 즉 세상적인 물질에 **충성된 자**가 또한 더 고귀한 성격의 일에도 충성한다. 그리고 이 가장 낮은 은사조차 충성되지 못하게 사용하는 자는 영적인 것에서도 충성하지 못한다.

16:11 누가 참된 것으로 너희에게 맡기겠느냐 – 하나님께서 어떻게 너희에게 오직 참된 재물인 영적이고 영원한 재물을 맡기겠느냐?

16:12 너희가 만일 남의 것에 충성하지 아니하면 – 이와 같이 있다가 없어질 것 중 아무것도 너희 것이 아니다. 너희는 그것의 소유주가 아니라 청지기일 뿐이다. 하나님이 모든 것의 소유주이시다. 하나님께서 한 때 너희에게 그것들을 맡기셨으나, 여전히 그것들은 하나님의 소유이다. 부자들은 이 점을 깨닫고 생각하라. 너희의 청지기가 너희의 지시한 것 이상이나 지시와 달리 너희 (소위 인간의 언어로) 재산의 어떤 부분이라도 사용한다면, 그는 악당이다. 그는 양심도 없고 염치도 없는 자이다. 너희가 진실로 너희 것이 아니라 하나님의 것인 그 재산의 어떤 부분이라도 하나님이 지시하신 것과 달리 사용한다면, 너희도 또한 양심도 염치도 없는 자이다. **너희의 것** – 하늘나라. 즉 너희가 갖게 되면 영원히 너희의 것이 될 하늘나라.

16:13 너희가 하나님과 세상 사이에서 저울질 한다면, 너희가 하나님만을 섬기지 않는다면, 너희는 하나님께 충성한다고 할 수 없다.

16:15 예수께서 이르시되 너희는 사람 앞에서 스스로 옳다 하는 자들이나 – 전체 구절의 의미는 다음과 같다. 너희가 스스로 정당화하는 교만은 탐욕을 기르고 복음을 비웃으며(14 절) 율법을 파괴한다(18절). 이 모든 것이 하나의 무서운 실례로 예증되어 있다. **너희는 사람 앞에서 스스로 옳다 하는 자들이나** – 너희는 스스로 의롭다고 생각하며 다른 사람들도 너희를 의롭다고 생각하도록 설득하고 있다.

16:16 율법과 선지자는 그 효력이 **요한의 때까지요 그 후부터는** 복음이 일어난다. 그리고 겸손하고 정직한 사람들이 복음을 말로 다 할 수 없이 진지하게 받아들인다.

16:17 복음이 율법을 전혀 파괴하지 않기 때문에.

16:18 그런데 너희는 파괴한다. 특히 이와 같이 유명한 사례에서 보듯이.

16:19 한 부자가 있어 – 바리새인이었을 개연성이 아주 높다. 사람들 앞에서 자신을 정당화하는 사람. 명예로우면서 대단히 정직한 신사. 하지만 여기서 그의 이름을 언급하는 것은 적절하지 않다. **자색 옷과 고운 베옷을 입고** – 그리고 틀림없이 이 때문에 (아마도 그것을 판 자들에게 뿐만 아니라 그를 알고 있는 대부분의 사람들에게) 존경받았을 것이다. 상업을 촉진하고 자기의 지위에 따라 처신했기 때문이다. **날마다 호화롭게 즐기더라** – 따라서 진수성찬을 베풀며 보여주는 그의 관대함과 호의 때문에 더욱 존경받았을 것이다.

16:20 나사로라 이름하는 한 거지가 – 그리스어 발음으로는 엘레아자르. 그 이름으로 보아, 그가 지금은 그렇게 비천하게 되고 말았지만 원래는 비천한 가문에 속하지 않았으리라고 추측해 볼 수 있다. 주님이 그의 이름을 감출 이유가 전혀 없었다. 그 이름은 아마도 그 당시에 잘 알려져 있었을 것이다. 테오필락트(Theophylact)는 히브리인의 전승을 근거로 그가 예루살렘에 살았다고 본다.

16:21 심지어 개들이 와서 그 헌데를 핥더라 – 이것은 그의 모든 헌데가 가려져 있지도 싸매져 있지도 않고 그대로 드러나 있는 상황이었음을 보여주기 위해 기록된 것 같다.

16:22 이에 그 거지가 – 굶주림과 고통으로 그리고 모든 것이 결핍되어 있어 지쳤다. **죽어 천사들에게 받들려** (놀라운 장면의 변화) **아브라함의 품에 들어가고** – 유대인들은 낙원, 즉 선한 사람의 영혼이 죽어서 부활할 때까지 머무는 곳을 이렇게 불렀다. **부자도 죽어 장사되매** – 우리는 그가 안장되는 것을 읽을 수 없지만 틀림없이 충분히 성대하게 장사되었을 것이다. 그와 같이 어리석고 무의미한 화려한 행사에 대한, 즉 그와 같이 불쌍한 썩은 시체에게 행해진 충격적인 모욕에 대한 기록이 오늘 우리 계몽된 시대에까지 보존되어 온 이유를 생각해 보라!

16:23 그가 멀리 아브라함을 보고 – 그 멀리에서도 그를 알아보았다. 아브라함의 자손들이 낙원에 함께 있을 때 서로를 알아보지 못하겠는가?

16:24 아버지 아브라함이여 나를 긍휼히 여기사 – 이것으로 죽은 성인들에게 기도하는 선례가 성서 안에 있음을 부인할 수는 없을 것이다. 그러나 기도한 자는 누구이며 무슨 보람이 있겠는가? 이것을 생각해 본 사람이라면 누구나 그를 모방하려고 하지 않을 것이다.

16:25 아브라함이 이르되 얘 너는 – 육신에 따르면 아브라함의 후손임. 아브라함이 저주받은 영혼에게조차 욕하지 않으려 하고 있다는 점은 생각해 볼 가치가 있지 않겠는가? 그런데 산 자들이 서로 욕하겠는가? **너는 살았을 때에 좋은 것을 받았고** – 너는 세상적인 것들을 네 **좋은 것**으로, 네 행복으로 선택하고 받았다. 그가 왜 고통을 받는지를 몰라 난감해 할 사람이 누가 있겠는가? 다른 아무 잘못이 없다고 해도, 이 저주받은 우상숭배만으로도 지옥 맨 밑바닥으로 빠지기에 충분했다.

16:26 그뿐 아니라 너희와 우리 사이에 큰 구렁텅이가 놓여 있어 – 독자여, 당신은 그 중 어느 쪽으로 가고 싶은가?

16:28 그들로 이 고통 받는 곳에 오지 않게 – 그가 그들의 비난이 자신의 고통에 추가되지는 않을까 두려워한 것은 옳았다고 할 수 있다.

16:31 권함을 받지 아니하리라 – 참으로 회개하지 않을 것이다. 이것은 마음의 완전한 변화를 가리킨다. 천 명의 망령이 나타난다고 해도 소용없을 것이다. 하나님만이 그의 말씀으로 하실 수 있다.

누가복음 17장

17:1 실족하게 하는 것이 없을 수는 없으나 – 주로 바리새인들이 그와 같은 일들을 했었고 또한 하고 있다. 즉, 그들은 자기들이 옳다고 스스로 신뢰하며 다른 사람들을 멸시하는 사람들이다.
17:2 작은 자 – 믿음이 약한 자들.
17:3 너희는 스스로 조심하라 – 너희가 다른 사람들을 실족하게 하거나 다른 사람에 의해서 실족하게 되지 않도록 조심하라.
17:4 만일 하루에 일곱 번이라도 네게 죄를 짓고 일곱 번 네게 돌아와 내가 회개하노라 하거든 – 즉, 그가 자주 죄를 짓고 나서 진정으로 회개하는 충분한 증거를 보인다면, 그가 네게 전혀 죄를 짓지 않은 것처럼 그를 받아주라. 그러나 이 용서는 다만 참으로 회개한 사람들에게만 정당하다. 보다 더 낮은 의미로는, 우리는 회개한 사람이나 회개하지 않은 사람 모두를 용서해 주어야 한다. (우리는 가장 신실한 선의를 가지고 그들을 참아주며, 우리가 할 수 있는 모든 선을 그들에게 해주어야 한다.) 그리고 일곱 번뿐만 아니라 일흔 번씩 일곱 번까지라도 용서해야 한다.
17:5 주께 여짜오되 우리에게 믿음을 더하소서 – 우리가 그렇게 용서하며, 실족하게 하지도 않고 실족하게 되지도 않도록.
17:6 주께서 이르시되 너희에게 겨자씨 한 알만한 믿음이 있었더라면 – 너희에게 참된 신앙이 조금만이라도 있다면, 어떤 의무의 일이라도 너희에게 그리 힘들지 않을 것이다. **이 뽕나무더러 뿌리가 뽑혀 바다에 심기어라 하였을 것이요** – 이것은 일종의 속담 표현이었던 것 같다.
17:7 너희 중 누구에게 – 너희가 먼저 복종하고 그 다음에 승리하는 것이 적당한 것이 아닌가? 그렇더라도 여전히 너희는 자신이 전혀 무익함을 깊이 알고 있어야 한다.
17:9 종에게 감사하겠느냐 – 주인이 자신이 종에게 의무가 있다고 생각하겠는가?
17:10 너희도 다 행한 후에 이르기를 우리는 무익한 종이라 – 인간이 하나님께 유익을 줄 수 없기 때문이다. 자신을 무익한 종으로 판단하는 자는 복이 있다. 그러나 하나님께서 무익하다고 선언하는 자는 불행하다. 우리가 하나님께 무익하다고 하더라도, 우리가 하나님을 섬기는 것이 우리에게는 무익하지 않을 것이다. 하나님은 그의 은혜로 우리의 선한 일에 가치를 부여하시기를 기뻐하시며, 그 가치는 하나님의 약속에 따라서 우리가 영원한 상을 얻게 할 것이기 때문이다.
17:20 하나님의 나라는 볼 수 있게 임하는 것이 아니요 – 겉으로 보기에 모든 사람의 주목을 끄는 그런 장관인 모습으로 임하는 것이 아니다.
17:21 또 여기 있다 저기 있다고도 못하리니 – 내 나라가 왔다고 선포하기 위해 내가 파송되었고 또한 앞으로 파송할 자들은 이와 같이 말하지 않을 것이다. **하나님의 나라는 너희 안에 있느니라** (혹은 너희 가운데에 있느니라) – 하나님의 나라를 먼 시간

면 장소에서 찾지 말라. 그것은 지금 너희 가운데 있다. 그것은 이미 왔다. 그것은 모든 참된 신자의 영혼 속에 있다. 그것은 영적인 나라이며 내적인 원리이다. 하나님의 나라가 존재하는 곳마다 그 나라가 마음속에 있다.

17:22 너희가 인자의 날 하루를 보고자 하되 – 지금 너희가 보듯이, 자비의 하루, 곧 너희가 나와 대화할 수 있는 하루를 보고자 하되.

17:23 말하되 보라 저기 있다 보라 여기 있다 하리라 –그리스도의 현존을 이러저러한 장소에 제한하면서.

17:24 인자도 그러하리라 – 주님께서 그토록 빠르고 그토록 광범위하게 나타나실 것이다. **자기 날에** – 마지막 날에.

17:26 인자의 때에도 – 특별히 주님의 날로 기술된 날 바로 다음 날들.

17:31 그 날에 – 그 날은 너희가 예루살렘이 군대에 포위되는 것을 보게 될 웅장한 그 마지막 날일 것이다.

17:32 롯의 처를 기억하라 – 네 뒤를 돌아보지 말고 전 속력으로 피하라.

17:33 이 구절과 그 다음에 나오는 구절의 의미는 다음과 같다. 위험이 크겠지만, 너희 양심을 거슬리면서 너희 목숨을 구하려고 하지 말라. 너희가 그렇게 한다면 생명을 잃고 말 것이다. 반면에 너희가 나를 위하여 목숨을 잃는다면 영원한 생명으로 갚음을 받을 것이다. 그러나 목숨을 보존하는 가장 그럴 듯한 방법은 항상 목숨을 버릴 준비를 하는 것이다. 그때에 특별한 섭리가 너희를 보살필 것이며 너희와 다른 사람 사이에 구별을 둘 것이다.

누가복음 18장

18:1 예수께서 그들에게 비유로 말씀하여 – 이 비유와 다음 비유는 기도에 관한 치명적인 양 극단을 우리에게 경고해 준다. 전자는 미약함과 게으름을 경고하고, 후자는 자기 확신을 경고한다.

18:7 하물며 하나님께서 아니하시겠느냐 – 가장 공정하신 재판관이 그리 아니하시겠느냐. **택하신 자들의 원한을 풀어 주지 아니하시겠느냐** – 그리스도인들을 모든 적으로부터 보호하시고, 특별히 전반적인 멸망에서부터 그들을 구원하시며, 유대인의 적에게 원한을 되갚아 주시지 않겠느냐? **그들에게 오래 참으시겠느냐** – 하나님이 사악한 자들의 악이나 선인의 고통을 즉각적으로 끝내시지 않을지라도 오래 참으시지는 않을 것이다.

18:8 그러나 인자가 올 때에 세상에서 믿음을 보겠느냐 – 그의 긴 고난과 그의 의의 모든 사례에도 불구하고, 그가 이 세대에나 혹은 오는 세대에서 그들의 적에 대항하여 분명하게 나타나실 때마다 지상에는 참된 신자가 참으로 극소수일 것이다!

18:9 이 비유로 말씀하시되 – 위선자들에게 말씀하신 것이 아니다. 여기서 언급된

바리새인은 위선자도 아니고 겉으로 드러난 간음자는 더더욱 아니다. 그러나 그는 참으로 **자기를 의롭다고 믿고**, 따라서 하나님 외에는 아무도 듣지 않는 기도를 하면서 하나님께 이렇게 말하였다.

18:12 나는 이레에 두 번씩 금식하고 – 엄격한 바리새인들은 모두 매주 월요일과 목요일에 금식했다. **또 소득의 십일조를 드리나이다** – 그들 중 많은 이들이 수입의 온전한 십일조를 드렸고, 또 다른 십분의 일은 구제하는데 썼다. 이 기도 내용을 요약하면 이렇다. 나는 해롭게 하지 않습니다. 나는 모든 은총의 수단을 사용합니다. 나는 내가 할 수 있는 모든 선행을 합니다.

18:13 세리는 멀리 서서 – 지성소에서부터 멀리 서서. **감히 눈을 들어 하늘을 쳐다보지도 못하고** – 두려워서라기보다는 오히려 순진한 부끄러움에 사로잡혀서.

18:14 이 사람이 내려갔느니라 – 성전이 서 있었던 언덕에서부터. **의롭다 하심을 받고** – 이는 바리새인은 의롭다 하심을 받지 못했다는 말씀이기도 하다.

18:16 그 어린 아이들을 불러 – 어린이들을 데리고 온 자들을 불러. **하나님의 나라가 이런 자의 것이니라** – 이런 자들이 메시야 왕국의 백성이다. 메시야 왕국은 본래 이와 같은 자들의 것이다.

18:22 한 가지 부족한 것이 있으니 – 재물보다 하나님을 더 사랑하는 것. 우리 구주께서는 그의 마음을 아셨다. 그래서 곧 그를 시험하여 그가 마음을 열어 자기를 다스리는 자가 누구인지를 볼 수 있게 해주셨다. 그리고 그의 세상 사랑을 고치시기 위해 그가 가진 모든 것을 팔라고 명하셨다. 그의 세상을 사랑함은 다른 방법으로는 고칠 수가 없었기 때문이다. 그러나 주님께서 우리에게 그렇게 하라고 명하신 것은 아니다. 하지만 하나님의 영광을 위하여 모든 것을 사용하라고 명하신다.

18:34 제자들이 이것을 하나도 깨닫지 못하였으니 – 그들이 그 문자적인 의미를 이해하지 못했을 리는 없다. 그러나 이것은 그들이 메시야에 대해 이미 품고 있던 견해와 일치하지 않았기 때문에, 그들은 예수께서 자기의 수난에 대하여 말씀하시는 것을 어떤 비유적인 의미로 혹은 어떤 은유적인 의미로 해석해야 할 지 몰라서 완전히 어리둥절했다. 그들의 생각이 여전히 이 세상적인 나라에 사로잡혀 있었기 때문이다.

누가복음 19장

19:1 예수께서 여리고로 들어가 지나가시더라 – 그래서 삭개오는 틀림없이 동네 끝에 살았을 것이다.

19:2 세리장 – 우리가 세무서장이라 부르는 직책일 것이다. 많은 이익을 얻을 수 있는 자리이자 또한 매우 명예로운 자리.

19:4 앞으로 달려가서 – 큰 열성을 품고. **올라가니** – 자기의 지위를 고려하지 않고. 명예와 부끄러움을 이긴 열망.

19:5 예수께서 이르시되 삭개오야 속히 내려오라 – 주님이 자기의 이름과 자기의 마음을 알고 말씀하는 것을 들었을 때, 삭개오가 얼마나 이상한 감정의 복잡함을 느꼈겠는가!
19:7 뭇사람이 보고 수군거려 – 가까이 있던 모든 사람이. 그들 대부분은 분노보다는 놀라움에서 수군거리긴 했어도.
19:8 삭개오가 서서 – 그 자세로 자기의 신중한 목적과 준비된 마음을 보이면서. **주께 여짜오되 주여 보시옵소서 내 소유의 절반을 가난한 자들에게 주겠사오며** – 나는 즉시 그것을 행하기로 결정했습니다.
19:9 이 사람도 아브라함의 자손임이로다 – 태생적으로 유대인으로 구원의 첫 선물을 받을 권리를 가졌다.
19:11 그들은 하나님의 나라가 당장에 나타날 줄로 생각함이더라 – 영광스러운 나라가 이 세상에서 금방 나타날 줄로 생각하였다.
19:12 왕위를 받아가지고 오려고 먼 나라로 갈 때에 – 그리스도께서 하늘과 땅에 있는 모든 권위까지도 포함해서 인간으로서 가질 수 있는 최고 권세를 받기 위해 하늘로 가셨다.
19:13 내가 돌아올 때까지 장사하라 – 그 민족을 방문하기 위하여, 예루살렘을 멸망시키기 위하여, 세상을 심판하기 위하여 돌아올 때까지. 혹은 보다 더 특별한 의미에서 너희에게 영혼을 요구하기 위하여 돌아올 때까지.
19:14 그 백성 – 예루살렘 사람들이 그와 같은 자들이다. **그를 미워하여 사자를 뒤로 보내어** – 이 말은 그들이 그리스도께서 왕권을 받는 것을 반대하여 항의하기 위해 상급 법원에 사자를 보냈다는 뜻인 것 같다. 말하자면, 유대인들은 그런 엄숙한 방법으로 하나님 앞에서 그리스도가 자신들을 다스려서는 안 된다고 항의했다. **이 사람** – 그들이 예수를 경멸하며 그렇게 불렀다.
19:15 귀인이 돌아와서 – 그의 영광 중에.
19:23 이자와 함께 – 이자는 하나님의 법이나 인간의 법에 상반되는 것 같지는 않다. 그러나 이것이 고리 대금업을 변호하는 것은 아니다. 즉, 어떤 정도로든 억압이나 착취로 이자를 취하는 것은 안 된다.
19:25 그들이 이르되 – 질투해서가 아니라 감탄해서.
19:28 앞서서 가시더라 – 예수께서 고난당하실 준비가 되어 있음을 보이시면서 일행 중 제일 선두에 서서 가셨다.
19:29 감람원이라 불리는 산쪽에 있는 벳바게와 베다니에 가까이 가셨을 때에 – 감람산 밑에 있는 벳바게와 베다니의 접경 가까이에 가셨다.
19:37 온 무리가 하나님을 찬양하여 – 그들 대부분이 이해하지 못했던 말을 신적인 충동으로 바로 찬양했던 것 같다.
19:38 하늘에는 평화요 – 하나님이 인간과 화해하셨기 때문에.

19:39 당신의 제자들을 책망하소서 – 당신에게 이와 같이 부적절한 영광을 돌리는 것을.
19:40 만일 이 사람들이 침묵하면 (너희 앞에 있는) **돌들이 소리 지르리라** – 즉, 하나님께서는 그에 대한 찬양을 선포하시기 위해 전혀 의외의 수단을 사용하실 것이다. 하나님의 권능이 빈손으로 돌아오는 일은 없을 것이기 때문이다.
19:42 너도 오늘 평화에 관한 일을 알았더라면 – 네가 아주 많은 것들을 등한시한 후.
19:43 날이 – 하나님이 아직 네게 복을 주시는 날. **네 원수들이 토둔을 쌓고 너를 둘러 사면으로 가두고** – 이 모든 것이 로마 장군 티투스(Titus)에 의해 정확하게 이루어졌다.
19:44 너와 및 그 가운데 있는 네 자식들 – 유월절 기간이었기 때문에 모든 유대인들이 그 때에 함께 모였다. **돌 하나도 돌 위에 남기지 아니하리니** – 단 세 탑만이 한동안 남아있어서 그 장소의 지난날의 힘과 장대함을 보여주었다. 그러나 이것들도 마찬가지로 후에는 파괴되고 평지가 되고 말았다.

누가복음 20장

20:9 오래 있다가 – 이스라엘 사람들이 가나안에 들어간 때로부터 그리스도의 탄생까지는 오랜 시간이었다.
20:16 그 농부들을 진멸하고 – 아마도 예수께서 서기관과 대제사장과 장로들을 가리키셨을 것이다. 그들은 '그가 그 악한 자들을 진멸할 것'(마 21:41)은 허용하면서도, 그러나 이것이 자기 자신들에게 적용되는 것은 참을 수 없었다. 그들이 말하고자 한 것은 당신의 비유에서 비난하고 있는 범죄, 즉 상속자를 내어 쫓아 죽인 죄의 책임을 우리가 지는 일은 없을 것이라는 것이다. 그러나 우리 구주께서는 너희는 너희에 대해 예언된 것과 같이 그 일을 행할 것이라고 대답하신다.
20:17 그들을 보시며 – 그들의 주목을 집중시키기 위하여.
20:20 의인 – 양심이 온유한 사람. **예수의 말을 책잡게 하니** – 만일 예수께서 그들이 바라던 대로 대답을 하셨다면 책잡으려 했다.
20:21 당신은 바로 말씀하시고 – 사적으로 말씀하시고. **가르치시며** – 공개적으로 가르치시며.
20:24 데나리온 하나를 내게 보이라 – 데나리온은 로마 은전으로, 당시에 유통되던 화폐였다.
20:26 그들이 백성 앞에서 그의 말을 능히 책잡지 못하고 – 그들은 후에 산헤드린 앞에서 백성들이 없었을 때 그렇게 했다(22:67 이하)
20:34 이 세상의 자녀들 – 땅 위의 거주민들. **장가도 가고 시집도 가되** – 죽을 수밖

에 없는 운명의 법칙에 모두가 복종하고 있기에 그 종족은 계속 개선될 필요가 있다.
20:35 저 세상을 얻기에 – 저 세상은 그들이 **죽은 자 가운데서 부활함을 얻기** 전에 들어가는 세상.
20:36 그들은 하나님의 자녀임이라 – 그들이 부활할 때는 보다 더 현저한 의미에서 하나님의 자녀이다.
20:37 죽은 자가 살아난다는 것은 (다른 선지자들과 마찬가지로) **모세도 가시나무 떨기에 관한 글에서** – 즉, 모세가 하나님이 자신에 대하여 **아브라함의 하나님이요** 라고 말씀하신 그 말씀을 인용한 글에서. 하나님은 완전히 죽은 자의 하나님이라고 말하는 것은 적절하지 않다.
20:38 하나님은 죽은 자의 하나님이 아니요 – 죽은 자의 하나님은 없다. 즉, "하나님"이라는 단어는 하나님과 죽은 자 사이에는 도저히 존재할 수 없는 관계를 암시한다. 사두개인들의 의미로는 죽은 자는 소멸된 영혼이다. 죽은 자들은 하나님을 예배할 수도 없고 하나님으로부터 좋은 것을 받을 수도 없다. **하나님에게는 모든 사람이 살았느니라** – 하나님을 자기의 하나님으로 모시고 있는 모든 이들이 하나님을 위해 살고 하나님으로 인해 기뻐한다. 이 문장은 앞에서 말한 것에 대한 논증이 아니라, 증명되어야 할 바로 그 명제이다. 그리고 그 결론은 명백히 옳다. 왜냐하면 모든 신실한 자들이 아브라함의 자녀이며, "그와 그 자손에게 하나님"이 되신다는 하나님의 약속은 그들에게도 주어져 있기 때문에, 그것은 아브라함의 경우와 같이 미래의 상태에서도 계속 존재하고 행복할 것을 의미하기 때문이다. 그리고 몸은 인간의 본질적인 부분이기 때문에, 그것은 아브라함의 부활과 그들의 부활 모두를 의미한다. 그와 같이 사두개인의 교리의 모든 체계를 무너뜨리신다.
20:40 그들은 아무 것도 감히 더 물을 수 없음이더라 – 사두개인들은 감히 더 묻지 않았다. 바로 그 뒤에 서기관 중 하나가 물었다.

누가복음 21장

21:1 예수께서 눈을 들어 – 지금까지 계속 보고 있던 사람들에게서 눈을 들어.
21:5 아름다운 돌 – 현재 사용되고 있는 기계로도 운반하기 힘들며, 더욱이 서로 포개어 쌓기는 더 힘든 그런 큰 돌. 그 돌 중 어떤 것은 (최근 그것을 측량한 목격자가 쓴 바에 의하면) 길이가 45규빗이고, 높이가 5규빗이며, 넓이가 6규빗이나 되었다. 그런데 그것을 다른 지방에서 이곳으로 가져온 것이다. **헌물** – 임박한 위험에서 구원받은 사람들이 자신의 맹세를 지키며 벽과 기둥에 걸어두었던 것이다.

성전의 대리석은 너무 희어서 멀리에 있는 눈으로 뒤덮인 산과 같이 보였다. 그리고 많은 부분이 도금되어 있어서 특히나 태양이 비칠 때 가장 화려하고 아름다운 광경이 되었다.

21:8 때가 가까이 왔다 – 내가 너희를 너희 모든 적들로부터 구출할 때. 그것들은 유혹의 말이 된다.

21:9 소요 – 내분, 내란.

21:11 무서운 일과 하늘로부터 큰 징조들 – 이것에 관해서는 요세푸스가 그 상황을 자세히 설명하고 있다.

21:13 이 일이 도리어 너희에게 증거가 되리라 – 너희가 자신의 영혼을 구원했다는 증거와 그들이 핑계를 댈 수 없다는 증거.

21:18 너희 머리털 하나도 – 속담 표현. **상하지 아니하리라** – 하나님의 특별한 섭리 없이는 그렇게 될 수 없다. 하나님의 섭리에 따라 상하게 되더라도 그 기한 전에 상하는 일이 없을 것이며, 그것에 대해서 반드시 충분한 상이 있을 것이다.

21:19 너희의 인내로 너희 영혼을 얻으리라 – 조용하고 침착하며 자신의 주인이 되라. 그리고 모든 불합리하고 불안한 열정을 이겨라. 너희는 너희 정신을 계속 지배함으로 많은 불행을 피할 것이며 모든 위험에 맞서 더 좋은 것을 지켜낼 것이다.

21:21 성내에 있는 자들은 – 예루살렘이 서 있는 곳. 즉, 예루살렘 성에 있는 자들. **나갈 것이며** – 그 도시 근방에 있는 군대들이 연합하여 그들의 퇴로가 차단되기 전에. 그리고 인접한 **촌에 있는 자들은** 결코 **그리로 들어가지 말지어다.**

21:22 기록된 모든 것 – 특별히 다니엘서에 기록된 모든 것.

21:24 그들이 칼날에 죽임을 당하며 사로잡혀 가겠고 – 백 십만 명이 예루살렘이 함락될 때 죽었고, 9만 명 이상이 노예로 팔려갔다. 그래서 이 예언이 아주 끔찍하게 성취되었다. **예루살렘은 이방인들에게 밟히리라** – 즉, 이방인들이 거주하게 될 것이다. 정말 그렇게 되었다. 그 땅은 팔렸고, 유대인은 아무도 예루살렘을 구경하러 들어오지도 못했다. 그 도시의 기초가 갈아엎어졌고, 하나님의 성전이 섰던 자리에 이교 신전이 건립되었다. **이방인의 때** – 즉, 이방인들이 그 도시를 짓밟을 제한된 기간. 그것은 이방인들이 완전히 회심할 때 끝날 것이다.

21:25 징조가 있겠고 – 큰 날 전에. 예루살렘의 멸망이 그 예표였다. **징조** – 11절 이하에서 언급한 것과는 다른 징조.

21:28 이런 일이 – 8절과 10절 이하에 언급된 일. **되기를 시작하거든 일어나** – 확고한 신앙을 가지고 일어나. **머리를 들라** – 기쁨을 가지고. **너희 속량이** – 많은 문젯거리에서부터 너희 속량이. **가까웠느니라** – 너희의 인정사정없는 적들을 하나님께서 멸망시키심으로.

21:29 무화과나무와 모든 나무를 보라 – 그리스도께서는 유월절 바로 전 봄에, 즉 그때 그들이 있었던 감람산에서 모든 나무들이 싹을 내고 있을 때 이 말씀을 하셨다.

21:30 너희가 자연히 아나니 – 아무도 너희에게 가르쳐 주지 않아도.

21:31 하나님의 나라가 가까이 온 줄 알라 – 내 나라의 도래를 위한 길을 만들기 위해 그 유대의 도시와 성전과 종교가 멸망할 날이 가까운 줄 알라.

21:32 모든 일이 다 이루어지리라 – 예루살렘의 멸망에 관해서 말한 모든 것이. 7절의 질문이 이것과 관계되어 있다. 그리고 8절에서 24절까지 다루어진 모든 것이 다 이루어지리라.

21:34 너희는 스스로 조심하라. 그렇지 않으면 방탕함과 술취함과 생활의 염려로 마음이 둔하여지고 – 사도들에게도 이와 같은 죄에 대해서 경고할 필요가 있었을까? 그렇다고 하면 확실히 신앙이 강한 그리스도인에게도 바로 그와 같은 가장 역겨운 죄에 대해서 경고할 필요가 있다. 우리가 어떤 죄의 영역 밖에 있다고 생각하면, 이것은 현명한 생각이 아니다. **그 날이** – 심판이나 죽음의 날이. **너희에게 임하리라** – 이 세상에 속하지 않은 너희조차도 알지 못하게 **뜻밖에.**

21:35 거하는 – 주의하지 않고 안일하게.

21:36 이러므로 너희는 깨어 있으라 – 이것이 앞서 진술한 모든 말씀의 총결론이다. **모든 일을 능히 피하고 인자 앞에 서도록** – 이 말씀은 때로는 사도들이 '그리스도를 위하여 능욕 받는 일에 합당한 자로 여기심을'(행 5:41)이라고 했을 때처럼, 어떤 사람에게 주어진 명예를 의미한다. 또한 때로는 세례 요한이 '회개에 합당한 열매를 맺고'(눅 3:8)라고 훈계할 때처럼, 합당하거나 어울리는 것을 의미한다. 그래서 '피할 가치가 있는 것으로 여겨진다'는 것은 피할 수 있는 자격을 가지는 것과 피할 대비나 준비를 하는 것을 가리킨다. **서도록** – 기쁨과 승리로. 주님의 적들과 같이 주님 앞에서 쓰러지지 않도록

21:37 낮에는 – 낮 동안에는. **예수께서 성전에서 가르치시고** – 이것은 우리 주님이 예루살렘에 오신 후 어떻게 시간을 사용하셨는가를 보여 준다. 그러나 그것이 이 날은 예수께서 성전에 계셨고 그 다음날 아침에는 사람들이 왔다는 뜻으로 말하는 것은 아니다. 그러므로 그것이 예수께서 이후에도 계속 성전으로 가셨다는 것을 의미하지는 않는다.

21:38 모든 백성이 그 말씀을 들으려고 이른 아침에 성전에 나아가더라 – 아침잠에 빠져 침상에 누워 있는 사람들보다 이른 아침에 말씀을 듣는 제자들이 얼마나 더 행복하겠는가! 자신이 불필요한 잠에 빠져있다는 것을 함부로 부정하는 일이 없도록 합시다. 그래서 아침마다 주님의 발 앞에 앉아 그의 말씀의 교훈을 받고, 그의 성령의 교훈을 구하도록 합시다.

누가복음 22장

22:3 사탄이 들어가니 – 사탄이 나쁜 짓을 하려고 마음먹은 자들을 도와주지 않을 리가 없다.

22:4 경비대장들 – '성전의 경비대장들'(52절)이라고 함. 그들은 유대인 장교들로서 성 전에서 매일 밤 보초를 섰던 경비들을 통솔했던 자들이다.

22:15 먹기를 원하고 원하였노라 – 즉, 나는 그것을 진심으로 원했다. 예수께서 그것을 원하셨던 것은 제자들을 위해서였다. 그가 이 엄숙한 이별에서 그들에게 자신을 더 나타내기 원하셨기 때문이다. 또한 그의 교회 전체를 위해서였다. 그래서 그의 죽음에 대한 큰 기념을 제정하신 것이다.
22:16 다시 먹지 아니하리라 – 즉, 이것이 내가 죽기 전에 너희와 함께 먹는 마지막 일 것이다. **하나님의 나라**는 그의 부활 전에는 제대로 시작되지 않았다. 부활 때에 유월절로 대표되었던 것이 이루어졌다.
22:17 이에 잔을 받으사 – 유월절 행사가 시작될 때 잡는 잔을. **이르시되 이것을 갖다가 너희끼리 나누라 내가 마시지 아니하리라 하시고** – 예수께서는 다음과 같이 말씀하신 것이다. 내가 그것을 마시기를 기대하지 말아라. 나는 죽기 전에 더 이상 마시지 않을 것이다.
22:19 또 떡을 가져 – 즉, 저녁식사를 마치고 조금 뒤에. 그 식사에서 그들은 유월절 양을 먹었었다. **이것은 내 몸이라** – 유월절이라고 불리는 유월절 만찬을 이제 막 축하하신 것처럼, 같은 비유적인 언어로 말씀하신다. 예수께서는 이 떡이 자기 몸이라고 하신다. 이 상황 자체가 유월절 양을 실제로 유월절이라고 하는 것에 못지않게 이 떡이 예수의 진짜 몸이라고 생각하는 어떤 실수를 예방하기에 충분했다.
22:20 이 잔은 새 언약이니 – 여기에 부정할 수 없는 비유가 있다. 여기서 잔은 잔에 있는 포도주를 가리킨다. 그리고 이것은 그리스도의 **피로 세우는 새 언약**이라 하신다. 그런데 이 말씀은 그것이 새 언약 자체라는 뜻이 아닐 것이다. 다만 새 언약을 하사하신 것 혹은 새 언약을 확증하기 위해 흘린 그의 피를 상징하는 것이었다.
22:21 나를 파는 자의 손이 나와 함께 상 위에 있도다 – 그리스도께서 성만찬을 제정하시기 전에 이 말씀을 하신 것이 분명하다. 왜냐하면 다른 모든 복음서 기자들이 '유다가 그 조각을 받고 곧 나가니'(요 13:30) 라고 하며 떡 조각을 언급하고 있기 때문이다. (또한 그가 자기 선생을 넘겨주려고 그 동산에 오기까지는 더 이상 돌아오지 않았었다.) 고기가 식탁에 있는 동안에는 이것을 찍어먹도록 나눠줄 수가 없었다. 고기를 다 치운 후에 떡과 잔을 가져왔다.
22:24 그들 사이에 다툼이 난지라 – 이것은 마태와 마가가 언급한 것과 같은 논쟁일 가능성이 매우 높다. 따라서 그 논쟁이 여기에 나오지만, 그것은 그 이전 언제인가 일어났던 일이다.
22:25 가장 독단적인 **집권자들은** 아첨꾼들로부터 **은인이라** 헛되이 **칭함을 받으나.**
22:26 너희는 다스림으로가 아니라 섬김으로 사람들에게 은인이 되어야 한다.
22:27 이 절에서 예수께서는 자신의 모범으로 이 말씀을 입증하신다. **나는 섬기는 자로 너희 중에 있노라** – 바로 지금, 너희 눈으로 보라. 나는 위엄을 보이지 않고 너희 중 가장 낮은 자와 동등한 자리에 **너희 중에** 앉아 있다.
22:28 너희는 나의 모든 시험 중에 항상 나와 함께 한 자들인즉 – 예수의 전 생애는

그 외에 다른 것은 없었다. 특별히 공적 사역에 들어가신 후부터 그러했다.

22:29 나도 – 너희가 영광의 나라에 들어갈 때까지 너희의 모든 시험에서부터 너희를 보호할 것이다. **너희에게 맡겨** – 바로 이 말로 맡겨. 어느 한 사람에게 수위권을 맡긴 것이 아니라, 같은 조건으로 모든 사람에게 나라를 맡기신다. **내 아버지께서 나라를 내게 맡기신 것 같이** – 싸워서 정복한 나에게.

22:30 너희로 내 상에서 먹고 마시며 – 즉, 너희가 종이 아니라 손님으로서 최고의 행복을 즐기도록 하겠다. 이 표현은 일차적으로는 열 두 사도에게 하신 것으로 생각할 수 있을 것 같고, 이차적으로는 그리스도의 모든 종들과 제자들에게 한 것으로 보인다. 그들의 영력과 명예와 기쁨은 여기서는 그들이 은혜와 영광의 나라에 들어가는 것과 관계되어 비유적인 용어 로 표현되어 있다.

22:31 사탄이 너희를 요구하였으나 – 내 사도들을. **밀 까부르듯 하려고** – 너희를 극도로 시험한다.

22:32 그러나 내가 너를 위하여 기도하였노니 – 가장 큰 위험 속에 있을 너를 위하여. **네 믿음이 떨어지지 않기를** – 조금도 떨어지지 않기를. **너는 돌이킨 후에** – 네가 도망갔다가 돌아올 때. **네 형제를 굳게 하라** – 신앙이 약한 모든 자들. 아마도 네가 넘어지는 것을 보고 아연실색한 자들.

22:34 오늘 닭 울기 전에 – 아마도 보통 닭이 우는 시간(통상적으로 오전 삼시 경)이 되기 전에, 베드로가 울음소리를 들었던 그 닭이 (더 자주는 아니더라도) 두 번째 울었을 것이다.

22:35 내가 너희를 보내었을 때에 부족한 것이 있더냐 – 너희가 모든 부족함과 위험을 초월하여 견디지 않았느냐?

22:36 이르시되 이제는 – 너희가 아주 다른 상황에 놓이게 될 것이다. 너희는 모든 것 이 부족할 것이다. **검 없는 자는 겉옷을 팔아 살지어다** – 분명히 이것을 문자적으로 받아들여서는 안 된다. 이것은 다만 그 때가 극도로 위험한 때일 것이라는 의미이다.

22:37 기록된 바 내게 관한 일이 이루어져 감이니라 – 지금 기한에 가까이 가고 있다. 성취될 지점 위에 있다.

22:38 여기 검 둘이 있나이다 – 많은 갈릴리 사람들은 여행할 때 길에 들끓었던 강도나 자객에 맞서 자신을 지키기 위해 칼을 가지고 다녔다. 그러나 사도들이 그러한 방어책을 강구할 필요가 있었겠는가? **대답하시되 족하다 하시니라** – 나는 너희 각 사람이 문자 그대로 검을 가져야 한다고 말하고 있는 것이 아니다.

22:40 그 곳 – 겟세마네 동산.

22:43 힘을 더하더라 – 그 때가 되기 전에 그의 몸이 가라앉아 죽지 않도록 하기 위해서.

22:44 힘쓰고 애써 – 아마도 바로 지금 어두움의 권세와 씨름하며, 하나님의 묵직

한 진노를 느끼며, 동시에 예수의 상한 영혼을 박해하고 혼란스럽게 하기 위해 모든 힘과 악독을 행하는 힘센 마귀 왕에게 에워싸여서. **더욱 간절히 기도하시니** – 더 강하게 부르짖고 눈물까지 쏟으시며. **땀이** – 날씨가 찬만큼 찬 땀이. **떨어지는 핏방울 같이 되더라** – 그의 영혼의 격렬한 번민에 의해서 땀이 땀구멍으로부터 쏟아져 나와 크고 굵게 엉겨 큰 방울이 되어 땅에 떨어졌다.

22:48 네가 인자를 파느냐 – 네가 인자, 곧 그리스도라고 알고 있는 이를 파느냐?

22:49 그 된 일을 보고 – 그들이 예수를 곧 체포하려고 하는 것을 보고서.

22:51 이것까지 참으라 – 내가 자비의 행위를 하나 더 행하는 동안 적어도 내 손을 자유롭게 사용하도록 이것까지 참으라.

22:52 예수께서 그 잡으러 온 대제사장들과 성전의 경비대장들과 장로들에게 이르시되 – 이들은 모두 자발적으로 왔다. 그러나 군인들과 종들은 파견되어 왔다.

22:53 이제는 너희 때요 – 이전에는 너희가 나를 잡을 수 없었다. **어둠의 권세** – 사탄이 권세를 가진 때.

22:58 다른 사람이 보고 이르되 – 여기에서 여러 사람이 하나가 되어 베드로가 그리스도에게 속한 자라고 고소했다는 네 복음서 기자들의 기록과 일치되도록 하기 위해서는 다음과 같은 점들을 주목해야 한다. (1) 베드로를 들어가게 한 그 하녀가 후에 불 옆에 있는 베드로를 보고서 먼저 그에게 질문을 하고 그 다음에 그가 그리스도와 함께 있었음을 적극적으로 확언했다. (2) 또 다른 하녀가 옆에 서있는 사람들에게 베드로를 고소했으며, 여기에서 언급되고 있는 사람에게 베드로를 다시 고소할 기회를 주었다. 이 때문에 베드로가 두 번째 부인을 하였다. (3) 그 무리 중 다른 사람들이 베드로가 갈릴리 사람임을 알아 차렸으며, 말고의 친척 이 겟세마네 동산에서 베드로를 보았다고 확인함으로써 이 증언을 뒷받침했다. 이 때문에 베드로가 세 번째 부인을 하였다.

22:59 한 시간쯤 있다가 – 그는 그 시간 내내 그것을 기억하지 못했었다. 그런데 한 시간쯤 있다가.

22:64 그의 눈을 가리고 물어 이르되 너를 친 자가 누구냐 –마태와 마가는 공회가 예수를 정죄한 후에 이 일이 있었다고 기록하였다. 아마도 예수께서 정죄받기 전이나 후나 똑같은 방법으로 모욕을 당하셨을 것이다.

22:65 이 외에도 많은 말로 욕하더라 – 이 표현은 주목할 만하다. 그들은 예수께서 하나님의 아들이라고 말했기 때문에 예수를 신성모독으로 고발했다. 그러나 누가는 예수께서 정말 하나님의 아들이시기 때문에 그들이 신성모독을 하고 있다고 고발한다.

22:70 다 이르되 그러면 네가 하나님의 아들이냐 – 하나님의 아들과 인자는 둘 다 메시야라는 칭호로 알려져 있었다. 하나님의 아들은 그의 신성을 그리고 인자는 그의 인성을 강조하고 있다.

누가복음 23장

23:4 빌라도가 이르되 – 예수의 변호를 듣고 나서. **내가 보니 이 사람에게 죄가 없도다** – 나는 예수가 선동적인 일이나 가이사에게 불법적인 일을 주장하거나 시도했다는 것을 발견하지 못하였다.

23:5 갈릴리에서부터 시작하여 여기까지 와서 백성을 소동하게 하나이다 – 아마도 갈릴리 사람들이 소란과 반란으로 악명이 높았기 때문에, 그들이 빌라도를 불안하게 만들기 위해 갈릴리를 언급했을 것이다.

23:7 헤롯에게 보내니 – 헤롯을 적합한 재판관으로 보고.

23:8 헤롯이 예수를 보고자 한 지 오래였고 – 단순한 호기심에서.

23:9 여러 말로 물으나 – 아마도 예수께서 행하신 것으로 보고된 기적에 관해서 물었을 것이다.

23:11 헤롯이 예수를 업신여기며 – 예수께서 아무 대답도 안 하셨기 때문에, 아마도 예수를 바보로 판단해서 그렇게 했을 것이다. **빛난 옷을 입혀** – 왕의 옷을 입혀. 자기는 이런 왕에 대해서는 조금도 두려워하지 않는다는 것을 암시하면서 .

23:15 그가 행한 일에는 죽일 일이 없느니라 – 또한 헤롯의 재판에 따라서도 죽일 일을 한 것이 없었다.

23:16 그러므로 때려서 놓겠노라 – 여기서 빌라도는 물러나기 시작한다. 그리고는 그들이 더 적극적으로 나서도록 격려만 하고 있을 뿐이다.

23:22 빌라도가 세 번째 말하되 이 사람이 무슨 악한 일을 하였느냐 – 그리스도의 제자인 베드로는 그리스도를 세 번 부인함으로 그리스도를 불명예스럽게 했지만, 이교도인 빌라도는 그리스도를 무죄라고 세 번 인정함으로 그리스도를 명예롭게 했다.

23:31 푸른 나무에도 이같이 하거든 마른 나무에는 어떻게 되리요 – 우리 주님께서 유대인들이 자주 쓰는 속담 표현을 사용하신다. 유대인들은 선한 사람을 푸른 나무에, 그리고 악한 사람을 죽은 나무에 비유한다. 예수께서 말씀하신 것처럼, 무죄한 사람이 이와 같이 고난을 받는다면, 하물며 악한 자는 어떻게 되겠는가? 불을 기다리고 있는 마른 나무와 같이 멸망할 준비가 되어 있는 자들은 어떻게 되겠는가?

23:34 이에 예수께서 이르시되 – 우리 주님은 십자가 위에서 대부분의 시간을 침묵으로 보내셨다. 하지만 예수께서 십자가 위에서 말씀하신 일곱 마디가 네 복음서 기자들에 의해 기록되어 있다. 복음서 기자 중 어느 한 사람이 이 일곱 마디를 다 기록하지는 않았다. 그래서 네 복음서는 말하자면 네 부분이 함께 연합해서 하나의 교향곡을 이룬 것처럼 보인다. 때로는 이들 중 하나만이, 때로는 둘이나 셋이, 혹은 때로는 모두가 함께 소리를 낸다. **아버지** – 예수께서는 십자가 위에서 고난을 받으시며 그 고난의 시작과 마지막 순간 모두 이와 같이 '아버지'하고 부르신다. **저들을 사하여 주옵소서** – 이 구절은 참으로 주목할 만하다! 그들이 실제로 예수를 십자가에

못 박고 있는 동안에도, 예수께서는 그들이 자기에게 주는 상처보다 오히려 그들이 자신의 영혼에 자행하고 있는 그 손상을 더 아프게 느끼시는 것 같다. 말하자면, 예수께서는 그들의 구원에 대한 관심 때문에 자기 자신의 고통은 잊으셨던 것 같다.

그리고 그의 기도가 얼마나 훌륭하게 응답되었는가 보라! 회개한 모든 사람에게는 용서가 주어졌고, 회개하지 않은 사람일지라도 보복을 유예 받게 되었다.

23:35-37 만일 그리스도이면, 만일 유대인의 왕이면 – 제사장들은 메시야의 이름을 조롱했고, 로마 군인들은 왕의 이름을 조롱했다.

23:39 행악자 중 하나는 비방하여 – 마태는 그 행악자를 '강도들'이라고 하고, 마가는 '예수와 함께 십자가에 못 박힌 자들이 예수를 모욕했다'고 말한다. 그러므로 마태든 마가든, 가장 훌륭한 저자가 이따금 그러듯이, 단수 대신에 복수형을 사용하고 있다. 아니면 처음에는 둘이 다 예수를 모욕했지만, 이후 그들 중 하나는 "구원의 은혜의 압도적인 힘을" 느끼게 되었을 것이다.

23:40 하나는 그 사람을 꾸짖어 – 참으로 놀라울 정도의 회개와 신앙과 기타 은혜가 여기에 있다! 그리고 예수께서 그렇게 모욕적인 상황에 있고 제자들까지 동요하고 있을 때, 그 십자가에 달린 행악자 중 하나가 자기 죄를 사람들 앞에서 고백하고, 동료 범죄자를 책망하며, 그리스도를 영예롭게 증언하고 그리스도에 대해 신앙을 고백하고 있다니, 이 얼마나 선행으로 가득한 일인가! 이것은 하나님의 은혜의 힘을 보여준다. 그렇다고 이것이 아무에게도 회개를 마지막 시간까지 연기하라고 권하는 것은 아니다. 겉으로 보이는 한, 이것이 그 범죄자가 처음으로 그리스도에 대해서 무엇이 되었든 그것을 알 수 있는 기회를 가진 것이었기 때문이다. 그리고 예수의 적들은 예수를 조롱하고 제자들은 예수를 부인하거나 버렸던 그 때에, 그의 회개는 가장 낮은 상태에 계신 우리 구주께 특별한 영광을 돌리기 위해서 계획된 것이었다.

23:42 임하실 때에 나를 기억하소서 – 하늘에서. **당신의 나라에** – 그는 예수를 왕으로 인정한다. 즉, 예수께서 죽은 후에 죽은 자들을 도와줄 수 있는 왕으로 인정한다. 사도들 자신은 당시에 그리스도의 왕국에 대한 이런 분명한 개념을 갖고 있지 않았다.

23:43 낙원에 – 의로운 자들의 영혼이 죽은 다음 부활할 때까지 머무르는 장소. 예수께서 말씀하신 것처럼, 내가 그때에 너를 기억할 뿐만 아니라 바로 오늘도 너를 기억할 것이다.

23:44 온 땅에 어둠이 임하여 – 대낮의 어두움이 태양을 덮어 북반구 전체를 어둡게 했다. 그리고 남반구도 똑같이 어두워졌다. 달이 태양을 가려서 태양으로부터 아무 빛도 받지 못했기 때문이다.

23:46 아버지 내 영혼을 아버지 손에 – 성부께서는 예수의 영혼을 받으시고, 예수 자신은 신실한 자들의 영혼을 받으신다.

23:47 이 사람은 정녕 의인이었도다 – 이는 예수께서 행하시고 가르치신 모든 것을

인정하게 되었음을 암시한다.
23:48 무리도 – 이들은 여기에서 주인공들이 아니었다. **가슴을 치며 돌아가고** – 슬픔의 표시로서.

누가복음 24장

24:1 그들과 함께 어떤 다른 자들이[9] – 갈릴리에서 오지 않은 자들.
24:4 두 사람이 – 사람의 형체로 나타난 천사들. 마리아가 조금 전에 그들을 보았었다. 그들은 이 여인들이 무덤에 왔을 때 사라졌다. 그러나 이제 다시 나타났다. 마태와 누가는 그들 중 청년같이 보이는 한 사람만을 언급한다.
24:6-7 너희에게 어떻게 말씀하셨는지를 기억하라. 이르시기를 인자가 넘겨져 – 이것은 우리 주님이 수난 전에 그들에게 말씀하신 말씀의 반복에 불과하다. 그러나 예수께서 부활하신 후에는 결코 자신을 '인자'라고 부르지 않으셨다는 것을 주목해야 한다.
24:21 사흘째요 – 예수께서 다시 살아나야 할 그 날.
24:25 미련하고 – 하나님의 계획과 활동을 이해하지 못하는. **마음에 더디 믿는** – 예언자들이 상당히 많은 것을 말했음에도 믿을 준비가 되어 있지 않는.
24:26 그리스도가 할 것이 아니냐 – 만일 그리스도께서 인간을 구원하고 자기에 관한 예언을 성취한다면. **이런 고난을 받고** – 너희들의 의심을 일으킨 바로 이런 고난이 그리스도께서 메시아라는 증거이다. **자기의 영광에 들어가야** – 이것은 다른 방법으로는 행해질 수 없었다.
24:28 예수는 더 가려 하는 것 같이 하시니 – 마치 예수께서 계속 가려고 하는 것처럼 앞을 향해 걸으셨다. 그들이 그에게 머물기를 간청하지 않았더다면, 그는 계속 가셨을 것이다.
24:29 그들이 강권하여 – 성가시도록 간청함으로.
24:30 떡을 가지사 축사하시고 떼어 – 예수께서 최후의 만찬을 제정하실 때와 똑같은 방법으로.
24:31 저희 눈이 밝아져 – 즉, 초자연적인 구름이 걷혔다. **예수는 그들에게 보이지 아니하시는지라** – 보이지 않게 가버리셨다.
24:32 우리 속에서 마음이 뜨겁지 아니하더냐 – 우리가 사랑의 이상한 따뜻함을 느끼지 않더냐?
24:33 그 때로 – 시간이 늦었지만.
24:34 주께서 시몬에게 보이셨다 – 예수께서 열두 제자들에게 보이시기 전에(고전

9) 역자 주. 한글 개역개정에는 이 표현이 나타나 있지 않다.

15:5). 예수께서 어디에서 어떻게 베드로에게 보이셨는지는 기록되어 있지 않지만, 예수는 놀라운 겸손과 은혜로 그 날 오전 중에 기회를 만들어 베드로에게 보이셨다. 이는 베드로가 주님을 그토록 부끄럽게 부인했기 때문에 가지게 된 번민과 두려움을 한시 빨리 덜어주시기 위해서였다.

24:35 떡을 떼심으로 – 주의 만찬(성만찬).

24:36 예수께서 친히 그들 가운데 서서 – 그의 신적인 능력에 있어서는 아무도 모르게 문을 여는 것이 손으로 문을 열고 들어가는 것만큼이나 쉬운 일이다.

24:40 손과 발을 보이시나 – 그들이 못 자국을 보거나 느끼도록.

24:41 너무 기쁘므로 아직도 믿지 못하고 – 그들은 어떤 의미에서 믿었다. 그렇지 않다면 그들이 기뻐하지 않았을 것이다. 그러나 그들의 지나친 기쁨이 분명하고 합리적인 신앙을 방해했다.

24:43 받으사 그 앞에서 잡수시더라 – 예수께서 음식이 필요해서가 아니라 그들에게 보다 추가적인 증거를 주기 위해서.

24:44 또 이르시되 – 예수께서 승천하시는 날에. **율법과 선지자의 글과 시편에** – 메시야에 관한 예언과 예표는 (보통 율법이라 불리는) 모세의 책이나 시편이나 예언자의 글에 들어있다. 역사서에는 메시야에 관해서 직접적으로 말하는 것이 별로 없다.

24:45 이에 그들의 마음을 열어 성경을 깨닫게 하시고 – 예수께서 전에 엠마오로 가던 두 사람에게 성경을 설명하셨다. 그러나 예수께서 성령의 조명으로 그들의 마음에서 베일을 벗길 때까지는 그들은 여전히 성경을 이해하지 못했다.

24:47 예루살렘에서 시작하여 – 예루살렘을 지적하신 것은 은혜롭고 현명했다. 그것이 은혜로운 까닭은 그리스도를 살해한 자들까지도 자비에서 제외되지 않는 것을 보며 지극히 큰 죄인들도 회개할 수 있도록 용기를 주기 때문이요. 그것이 현명한 까닭은 이것으로 기독교가 더욱 풍성히 입증될 수 있었기 때문이다. 그 사실들이 일어났던 바로 그 장소에서 먼저 그 사실들이 공개되었다.

24:49 볼지어다 내가 내 아버지께서 약속하신 것을 너희에게 보내리니 – 강조하는 표현으로 성령을 말씀하신다.

24:50 예수께서 그들을 데리고 베다니 앞까지 나가사 – 베다니 동네가 아니라 베다니 지역. 베다니의 변경 내에 있던 감람산(행 1:12)으로 가심.

24:51 축복하실 때에 그들을 떠나 – 우리 주님께서 죽은 자들 가운데서 살아나신 것보다 승천하시는 것이 사도들이 보기에 훨씬 더 적절했다. 왜냐하면 그들이 '그의 수난 후에 그가 살아계심을 보았을 때' 그의 부활은 이미 입증되었기 때문이다. 그러나 그들이 땅에 계속 살고 있는 동안에는 하늘에 계신 예수를 볼 수가 없었다.

요한복음 주해

이 복음서에는 사람들 가운데 거하셨던 하나님 아들에 관한 역사가 기록되어 있다.

요한복음의 구성

Ⅰ. 본서의 전체에 대한 개요로서 태초의 날들에 관하여 서두에 언급 한다.
1장 1–14절

그리스도께서 세례를 받으신 후, 처음으로 몇몇 제자를 부르신 일에 대한 사도 요한의 증언을 언급한다. 여기에서 빠진 부분에 주목한다.

첫째 날, 15–28절
그다음 날, 29–34
그다음 날, 35–42
그다음 날, 43–52
셋째 날, 2장 1–11절
그 이후, 12절

Ⅱ. 예루살렘을 향해 가거나, 다시 돌아오는 여정에 주로 사용된 2년 동안에 대하여:

A. 유월절을 지키러 올라가는 첫 번째 여정, 13절
  a. 예루살렘 성전 안에서 상거래,
    1. 아버지의 전(殿)을 사모함, 14–22절
    2. 예수님의 권능과 지혜, 23–25절
    3. 니고데모를 가르치심, 3장 1–21절
  b. 예수께서 유대 땅에 머무르심, 세례 요한의 나머지 증거, 22–36절
  c. 사마리아를 지나서 (사마리아 여인과 대화하시고) 갈릴리로 가는 예수님의 여정, 갈릴리에서 한 귀족(왕의 신하)의 아들을 고치신다. 4장 1–54절

B. 칠칠절 절기를 지키러 올라가는 두 번째 여정. 여기에서도 상거래를 볼 수 있다.

a. 예루살렘에서, 베데스다의 38년 된 병자를 고치신다. 5장 1–47절

b. 두 번째 유월절 이전과 이후에 갈릴리에서, 주목할 수 있는 것은,

1. 그리스도께서 오천 명을 먹이심, 6장 1–14절
2. 물 위를 걸으심, 15–21절
3. 자신을 생명의 떡이라고 설교하심, 22–59절
4. 이 말씀에 반대하는 자들을 책망하심, 60–65절
5. 많은 사람의 변절, 그리고 열두 제자들의 확고함, 66–71절
6. 갈릴리에서 계속 다니심, 7장 1절

C. 초막절(장막절) 절기를 지키러 올라가는 세 번째 여정, 2–13절
여기서도 상거래를 목격할 수 있다.

a. 예루살렘에서,

1. 초막절의 중간에 그리고 마지막에, 14–53절, 8장 1절
여기에서 주목할 것은,
1) 음행 중에 잡힌 여인, 2–12절
2) 예수께서 자신의 교리를 설교하고 정당성을 입증하심, 13–30절
3) 유대인들이 틀렸음을 입증하고, 그들에게서 벗어나심, 31–59절
4) 날 때부터 눈먼 사람을 치료하심, 9장 1–7절
5) 그 사건에 관한 몇 가지 대화, 8–41절
6) 양의 문(門)이시며 또한 양의 목자이신 그리스도, 10장 1–18절
7) 그리스도에 관한 서로 다른 견해들, 19–21절

2. 수전절 절기에
1) 그리스도께서 유대인들과 논쟁하심, 22–38절
2) 유대인들의 격노에서 벗어나심, 39절

b. 요단강 건너편에서, 40–42절

Ⅲ. 그리스도의 마지막 날들에 대하여,

A. 그 위대한 주간 이전에,
여기에서 주목해야 할 것은,

a. 그리스도께서 유대 지역에서 떨어져 지내시는 동안, 나사로가 병들어 죽음, 11장 1–6절

b. 유대로 가는 여정, 나사로를 일으키심, 가야바의 권고, 에브라임에 머무신 예수님, 예수님의 대적들이 받은 명령, 7–57절

c. 유월절 엿새 전날, 베다니에서 저녁 식사, 예수께 향유를 부음, 12장 1–11절

B. 세 번째 유월절 절기에 해당하는 그 위대한 주간에 일어난 일들은,

a. 전반 3일 동안, 그리스도가 왕처럼 예루살렘 입성하심, 헬라인들이 예수를 뵙고자 함, 유대인들의 완고함, 하늘로부터 예수님께 주어진 증언, 12–50절

b. 넷째 날에, 제자들의 발을 씻기심, 배반자를 밝히심, 유다가 밤에 밖으로 나간다. 13장 1–30절

c. 다섯째 날에,

1. 그리스도의 담화,

1) 유월절 식사 전에, 31–38절, 14장 1–31절

2) 유월절 식사 후에, 15장, 16장

2. 그리스도의 기도, 17장 1–26절

3. 그리스도 고난의 시작,

1) 동산에서, 18장 1–11절

2) 가야바의 집에서, 12–27절

d. 여섯째 날에,

1. 빌라도 관할(管轄)하에 받은 그리스도의 고난

1) 빌라도 관저에서, 28절

2) 십자가에 관하여, 17–30절

2. 그리스도의 죽음, 30–37절

3. 그리스도의 장례, 38–42절

C. 그 엄청난 주간이 지나고,

a. 부활하신 날에 관하여, 20장 1–25절

b. 부활 이후 팔일 동안, 26–31절

c. 그 후에, 그리스도께서

1. 디베랴 바다에 제자들에게 나타나셔서, 21장 1–14절

2. 베드로에게 당신의 양들과 어린 양들을 먹이라고 명령하시고, 15–17절

3. 베드로가 당할 죽음의 방식을 예언하시고, 사도 요한에 대한 베드로의 궁금함을 질책하신다. 18–23절

4. 결구(結句), 24–25절

요한복음 1장

1:1 태초에 – (창세기 1장 1절과 잠언 8장 23절과 관련이 있다) 만물이 말씀으로 창조되기 시작했을 때, 즉 하늘과 땅, 그리고 모든 피조물의 골격이 시작되었을 때, 말씀은 어떠한 시작도 없이 존재했다. 시작이 있든 없든, 그 말씀은 만물이 존재하기 시작할 때, 이미 존재하고 있었다. **말씀** – 시편 33편 6절("여호와의 말씀으로 하늘이 지음이 되었으며, 그 만상을 그의 입 기운으로 이루었도다.")에서 그리고 70인 역에서와 아람어 구약성경 표현에서도 빈번하게 그렇게 불린다. 그러니까 사도 요한은 이 "말씀"이라는 표현을 필로(c20 B.C. – A.D. c50: 알렉산드리아의 유대계 신학자이자 그리스 철학자)에게서 혹은 어떤 이교도 작가로부터 차용(借用)한 것이 아니었다. 그 "말씀"은 아직 '예수' 혹은 '그리스도'라고 칭하지 않았다. 하나님 아버지께서 영원으로부터 낳으셨거나, 혹은 영원으로부터 말씀하신 그분이 바로 "말씀"인 것이다. 그분에 의해서 아버지께서 말씀으로 만물을 창조하셨으며, 또한 그분은 아버지를 우리에게 말씀하셨다. 우리는 18세기 표현으로 말씀에 대한 참된 서술뿐만 아니라 그분이 말씀으로 불리는 이유를 간직하고 있다. "그는 아버지가 낳은 유일한 아들이며, 그는 아버지의 가슴속에 있으며, 아버지를 선포했다." **이 말씀이 하나님과 함께 계셨으니** – 그러므로 "이 말씀"은 하나님 아버지와 구별된다. "함께(with)"가 더해진 "말씀"은, 말하자면, 본질의 연합(聯合)에 있어서 영원한 성향을 나타낸다. 그는 오직 하나님과 함께 계셨다. 왜냐하면 그때에는 하나님 이외에 어떤 것도 존재하지 않았기 때문이었다. **이 말씀은 곧 하나님이시니라** – 지고하고, 영원무궁하며, 스스로 계신 하나님이시다. 어떤 피조물도 존재하지 않았다. 그러한 점에서 볼 때, 상대적인 의미에서 그분은 하나님이라고 칭함을 받을 수 있었을 것이다. 메시아로서 하나님(성자 하나님)이 구약성경에도 분명하게 드러나 있는바(예레미야 23:6, 호세아 1:7, 시편 23:1, 등), 다른 복음서 저자들도 이러한 목적으로 참된 사람 예수가 메시아였다는 사실을 증언하려는 것이다. 그러나 종래 어떤 사람들이 여기서부터 예수가 하나님이심을 의심하기 시작하였을 때, 사도 요한은 그것을 명확하게 천명(闡明)하였으며, 요한계시록 속에 구약 예언서들에 대한 보충 내용을 기록한 것처럼, 복음서들에 대한 추가 내용을 이 책 속에 기록하였다.

1:2 그가 태초에 하나님과 함께 계셨고 – 이 구절은 1절에서 언급했던 세 가지 요점을 반복하면서 한 가지로 축약한다. 그가 말씀하셨던 것처럼, 하나님이셨던 이 말씀은 태초에 계셨으며, 하나님과 함께 계셨다.

1:3 하나님 이외의 모든 **만물**이 창조되었으며, 창조된 모든 "만물"이 그 말씀으로 지어진 것이다. 1절과 2절에는 창조 이전의 상태가 묘사되었으며, 3절에서는 창조의 때를, 4절에서는 인간이 죄가 없는 상태를, 그리고 5절에서는 인간이 타락한 시기를 서술한다.

1:4 그 안에 생명이 있었으니 – "그"는 존재하는 모든 것에 대한 존재의 근원일 뿐만 아니라 모든 살아있는 것에 대한 생명의 근원이었다. **이 생명은 사람들의 빛이라** – 본질적인 생명이시며, 또한 살아있는 모든 존재에게 생명의 공급자이신 그는 또한 "사람들의 빛"이었다. 그리고 그는 인간 본래의 상태에서 인간에게 지혜와 거룩함과 행복의 근원이셨다.

1:5 빛이 어둠에 비치되 – 심지어 타락한 인간에게 비추시는 빛이었다. **어둠이 깨닫지 못하더라** – 죄와 어둠에 빠진 자들은 "그 빛은 깨닫지 못하였다."

1:6 사람이 있으니 – 사도 요한은 앞의 다섯 절에서 언급했던 "그 빛"에 대해 증언했던 사람에게로 향한다.

1:7 그가 증언하러 (즉, 증언을 제시하기 위하여) **왔으니** – 사도 요한은 고상한 여담들을 사용하여 자기 자신의 증언을 세례 요한의 증언과 가장 강력하고 부드러운 애정으로 짜 맞춘다. 거기서 그는 세례 요한의 직무를 설명한다. 부분적으로는 전술한 말로, 그리고 부분적으로는 추가한 말로, 그의 짧은 문장들에 대해 더 깊은 설명을 한다. 마태와 마가, 그리고 누가가 이전에 제기된 약속이라는 관점에서 복음(福音)이라고 말한 것을 사도 요한은 보통 증언(證言)이라고 칭한다. 그럼으로써 화자(話者)의 지식을 넌지시 알린다. "곧 빛에 대하여, 즉 그리스도에 대하여 증언하는" 것이다.

1:9 각 사람에게 비추는 빛 – 그 빛을 통속적으로 타고난 양심이라고 칭하며, 그것은 적어도 선과 악의 일반적인 경계선을 가리킨다. 그리고 만약 인간이 막지 않는다면, 이 빛이 더욱더 많이 비추어 완벽한 낮이 될 것이다.

1:10 그가 세상에 계셨으며 – 심지어 창조 때부터 "그가 세상에 계셨으며"

1:11 그가 오시매 – 때가 차서, "그가 오시매," **자기 백성에게**(땅에) – "자기" 나라에, 도시에, 성전에, **자기 백성이 영접하지 아니하였으나** – 사람들이 "영접하지 아니하였으나"

1:12 그분을 받아들인 자 – 유대인들이든 혹은 이방인들이든, "그분을 받아들인 자," **그 이름을 믿는 자들에게는** – 다시 말해서, 그를 "믿는 자들에게는." 그들이 믿자마자, 그들은 아들이 된다. 그리고 "그들이 아들이므로, 하나님이 그 아들의 영을 그들의 마음 가운데 보내사, 아빠 아버지라 부르게 하셨느니라"(갈 4:6).

1:13 (하나님에게서) **태어난 자들이니라.** – 하나님의 아들이 된 자들이니라. **혈통으로 나지 아니하고** – 아브라함의 혈통(가문)으로부터 나지 아니하고, **육신의 뜻으로 나지 아니하고** – 자연적인 발생으로 나지 아니하고, **사람의 뜻으로 나지 아니하고** – 그들을 입양하여 나지 아니하고, **하나님께로부터** – 하나님의 영으로부터

1:14 육신은 때때로 '타락한 본성'을 나타내거나, 때로는 '몸'을 의미하거나, 때때로 여기에서처럼 '온전한 사람'을 나타낸다. **우리가 그의 영광을 보니** – 우리는 그의 사도들로서 "그의 영광을 보니." 특히 베드로, 야고보, 그리고 요한을 말한다(누가복음 9:32). **은혜와 진리** – 우리는 모두 본질상 거짓말쟁이며, 또한 분노의 자녀들이다. 왜

냐하면 우리에게는 은혜와 진리 둘 다 알려지지 않기 때문이다. 그러나 우리가 그 사랑하는 분을 통해 받아들여질 때, 우리는 은혜와 진리를 분여(分與) 받은 자들이 된다.

이 구절 전체를 다음과 같이 다른 말로 바꾸어 표현할 수 있다. "그런데" 우리를 이러한 위엄과 행복으로 들어 올리기 위하여, 영원한 "그 말씀이" 매우 놀라운 낮아지심으로 "육신이 되어," 그 모든 순결한 연약함을 가지고 자기 자신을 우리의 비참한 본성에 연합하셨다. "그리고" 그는 우리를 일시적으로 방문하신 것이 아니라, 이 땅에서 "우리 가운데 거하시매," 옛적에 모세의 장막에서 보이신 것보다 훨씬 더 탁월한 방식으로 그의 영광을 드러내 보이셨다. "그리고" 지금 이러한 일들을 기록하고 있는 "우리가" 매우 엄격하게 주의를 기울여 "그의 영광을 보니," 그것은 모든 면에서 "아버지의 독생자의 영광"이 된 그런 영광이었다고 우리가 증언할 수 있다. 왜냐하면 그 영광은 변화산에서의 변용(變容)과 그의 거듭되는 표적들에서 뿐만 아니라, 그의 모든 성품과 모든 사역, 그리고 그의 삶 전체 과정에 걸친 그의 모든 행동에서 밝게 빛을 발했기 때문이다. 그는 모든 것에서 "은혜와 진리가 충만하였다." 그는 본질적으로 자비롭고 공정하였으며, 모세의 율법으로도 할 수 없는 죄인들에 대한 풍성한 용서가 드러나게 하셨으며, 또한 "율법은 장차 올 좋은 일의 그림자일 뿐"(히브리서 10:1)이지만, 그는 가장 본질적인 축복을 실제로 보이셨다.

1:15 요한이 외쳐 – 기쁨으로 확신을 하고 "요한이 외쳐," **내가 언급한 분이 곧 이분이라** – 세례 요한은 주님이 세례를 받으시기 전에 이 말을 했었다. 비록 그는 그때 직접 우리 주님을 알지 못했지만, 세례 요한은 주님이 세례받으실 때 처음으로 주님을 보았으며, 그 후에 "내가 언급한 분이 곧 이분이다."라고 외쳤다. **그분이 나보다 앞서신 것은** – 그의 직무(職務)에 있어서 "나보다 앞서신 것은," **그분께서 나보다 먼저 계셨기 때문이라** – 그의 본성(本性)에 있어서 "나보다 먼저 계셨기 때문이라."

1:16 그리고 – 여기에서 사도 요한은 세례 요한의 말을 확증한다. 즉, 마치 그가 말했던 것처럼, 그분은 실제로 당신을 앞서신다. 우리는 그렇게 경험했다. **우리가 다** – 믿음을 가진 "우리가 다" **받으니**(받았으니) – 우리가 누리는 모든 것은 "그의 충만한 데서 받았으니" 그래서 특별히, **은혜 위에 은혜** – 한 축복 위에 또 하나의 축복, 측량할 수 없는 은혜와 사랑.

1:17 율법은 – 진노를 작동시키고, 그림자를 담고 있다. **주어진 것이요** – 어떤 철학자나, 어떤 시인이나, 혹은 어떤 웅변가도 사도 요한만큼 그렇게 정확하게 자신의 말을 선택한 적이 없었다. 사도 요한은 "율법은 모세로 말미암아 주어진 것이요, 은혜는 예수 그리스도로 말미암아 온 것이라"라고 말했다. 각각의 단어를 다음과 같이 놓는 이유를 살펴보라. "모세의 율법"은 모세 자신의 소유가 아니었으나, "그리스도의 은혜"는 그분 자신의 소유였다. "그리스도의 은혜"는 율법의 "진노"와 정반대였다. "그리스도의 진리"는 "그림자 같은" 율법 의식(儀式)들과 정반대였다. **예수** – 사도 요

한은 일단 성육신에 관해 언급하였으나(14절), 그의 복음서 전체에서 더는 "말씀"이란 명칭을 사용하지 않는다.

1:18 본래 하나님을 본 사람이 없으되 – 육체의 눈으로는 "하나님을 본 사람이 없다." 그러나 신자들은 믿음의 눈으로 하나님을 본다. **아버지 품속에 있는 독생하신 하나님이 나타내셨느니라** – 이 표현은 최상의 연합과 가장 친밀한 앎을 보여준다.

1:19 유대인들 – 아마도 유대 공의회가 "예루살렘에서 제사장들과 레위인들을 요한에게 보냈을" 것이다.

1:20 나는 그리스도가 아니라 – 왜냐하면 많은 사람은 세례 요한을 그리스도라고 생각했기 때문에, 그가 이렇게 말했다.

1:21 네가 엘리야냐 – 세례 요한은 그들이 말하는 그 엘리야(갈릴리 디셉 사람, 왕상 17:1)가 아니었다. **네가 그 선지자냐** – 모세가 언급했던 "그 선지자냐"(신명기 18:15).

1:23 그가 이르되 – "나는 선지자 이사야의 말과 같이" 그리스도의 전주자(前走者)이다. **나는 소리로다** – 세례 요한이 말했던바, 나는 결코 그리스도가 아니며, 또한 심지어 엘리야도 아니다. "나는" 단지 "소리로다." 즉, 생각의 표지(標識)인 소리(음성)가 어떤 생각을 표현한 것처럼 그렇게 빠르게 공중으로 사라져서 더는 알 수 없는 소리이다.

1:24 그들은 바리새인들이 보낸 자들이라 – 어떤 혁신자가 신적 권위에 대한 의심할 여지 없는 증거들을 보이지 않는 한, "그들은" 옛 관습에 이상할 정도로 집착하며, 또한 (그들 자신의 서기관들이 도입한 것을 제외하고) 어떠한 획기적인 것도 질투하였다.

1:25 그들이 그에게 묻되, 어찌하여 세례를 베푸느냐? – 산헤드린으로부터 어떠한 위임을 받지 않고서, "어찌하여 세례를 베푸느냐?" 그리고 단지 (그들이 할례를 허락받기 전에, 항상 세례를 받았던) 이방인들뿐만 아니라 유대인들까지도 "어찌하여 세례를 베푸느냐?

1:26 요한이 대답하되, 나는 물로 세례를 베풀거니와 – 메시아를 위해 준비하기 위해서, 그리고 이방인들뿐만 아니라 유대인들은 반드시 그리스도께 개종해야 한다는 사실을 알게 하려고, 또 유대인들뿐만 아니라 이방인들도 그들의 죄로부터 씻음을 받을 필요가 있는 처지라는 것을 알게 하려고, "나는 물로 세례를 베풀거니와"

1:28 요한이 세례 베풀던 곳 – 다시 말해서, 전에 세례를 베풀곤 했던 곳.

1:29 요한이 예수께서 자기에게 나아오심을 보고, 이르되, 보라. 어린 양이로다 – 순결한 "어린 양," 제물로 바쳐진 "어린 양," 이사야 선지자가 예언한 "도수장으로 끌려가는 어린 양,"(사 53:7) 그 전형(典型)은 유월절 어린 양과 매일의 희생 제물이다. **하나님의 어린 양** – 하나님이 주시고, 승인하시고, 받아주신 "어린 양," **지고 가는(제거하시는)** – 속죄(贖罪)하시는, **죄** – 다시 말해서, 모든 "죄," **세상(의)** – 온 인류의. '죄'와 '세상'은 같은 범주(範疇)에 해당한다.

1:31 나도 그를 알지 못하였으나 – 그가 세례받으러 오실 때까지, "나도 그를 알지

못하였으나." 그들이 얼마나 가까운 친척이며, 또한 둘의 임신과 출생이 얼마나 놀라운 일이었는지 생각해볼 때, 이것은 얼마나 놀라운 일인가! 그러나 나사렛에서 그의 유아기부터 세례에 이르기까지 우리 구세주의 삶에서 볼 수 있는 특별한 섭리가 있었다. 세례 요한은 나사렛으로부터 144Km 이상 떨어진 유대 광야("빈 들," 눅 1:80)에서 내내 은둔자의 삶을 살고 있었다. 이로 인해, 그 면식(面識)의 기회가 막혀있었다. 그 까닭은, 그러한 면식으로 그리스도에 대한 세례 요한의 증거가 의심받게 만들 수도 있었기 때문이다.

1:34 내가 보고 – 다시 말해서, 성령이 그에게 내려와 머무는 것을 "내가 보고," (그리고) **증언하였노라** – 그때부터 "증언하였노라"

1:37 그들이(그 두 제자가) **예수님을 따르거늘** – 그들이 예수님을 따라 걸었으나, 예수님께 말을 걸 용기가 없었다.

1:41 그가 먼저 자기의 형제 시몬을 찾아 – 아마도 (예수님을 따랐던) 그 두 사람이 "시몬"을 찾았을 것이다. **메시아는 번역하면 그리스도라.** – 이것은 38절에 "랍비는 번역하면 선생이라"와 마찬가지로 이 복음서 저자 요한이 추가한 부분이다.

1:42 네가 요한의 아들 시몬이니 – 누구도 우리 주님께 이러한 이름들을 말한 적이 없으므로, 이것은 베드로를 생각나게 할 수밖에 없었다. **게바는** (번역하면) **베드로라** – "게바"는 시리아어(아람어)로 그리스어 "베드로"와 같은 의미이다. 베드로는 이른바 '반석'을 의미한다.

1:45 나사렛 예수 – 빌립이 "모세가 율법에 기록하였고, 여러 선지자가 기록한 그이를 우리가 만났으니, 요셉의 아들 나사렛 예수니라"라고 추론한 것은 예수님이 베들레헴에서 출생하신 것을 몰랐기 때문이었다. 나다나엘은 아마도 바돌로매, 곧 '돌로매의 아들'과 같은 사람일 것이다. 마태는 바돌로매와 빌립을 연결한다(마 10:3). 그런데 사도 요한은 마치 바돌로매로 대치된 것처럼(행 1:13) 나다나엘을 사도들 한가운데도마 바로 뒤에 놓는다(요 21:2).

1:46 나사렛에서 무슨 선한 것이 날 수 있느냐? – 우리는 대중의 편견이 생기지 않도록 얼마나 조심스럽게 주의해야 하는가? 이러한 편견들이 일단 나다나엘의 경우처럼 매우 정직한 마음을 가진 사람을 사로잡으면, 그 편견으로 인해 그 사람이 직접 신성한 예수님을 사칭(詐稱)자라고 의심하도록 호도(糊塗)한다. 왜냐하면 예수께서 나사렛에서 자라나셨기 때문이었다. 그러나 예수님의 온전하심은 그렇게 어리석은 편견들을 압도하였으며, 또한 예수님 자신을 증거의 힘에 공개적으로 드러내 놓았다. 그 까닭은, 정직한 질의자라면 그 증거가 가장 예상치 못한 폭로를 초래할 때조차도 언제나 기꺼이 그 증거를 받아들일 것이기 때문이다. **선한 것이 날 수 있느냐?** – 다시 말해서, 우리가 나사렛으로부터 메시아나 혹은 특출한 선지자를 기대할 수 있다는 성경적 근거가 있는가? **빌립이 이르되, 와서 보라** – 빌립은 그 전날 우리 주님께 그가 직접 들었던 똑같은 대답을 나다나엘에게 하였다.

1:48 네가 무화과나무 밑에 있을 때에 내가 너를 보았노라 – 아마도 "네가 무화과나무 밑에서" 기도하고 있을 때 "내가 너를 보았노라."

1:49 나다나엘이 대답하되 – 믿을 각오가 되어 있는, 즉 하나님의 은혜와 진리를 신속하게 받아들이기를 마다하지 않는 사람들은 진정 행복하다. **당신은 하나님의 아들이시오.** – 그러므로 나다나엘은 이제 그가 빌립으로부터 들었던 것 이상을 인정하고 있다. **하나님의 아들이시오, 이스라엘의 임금이로소이다** – 그리스도의 위격(位格)뿐만 아니라 그리스도의 직무(職務)에 대한 고백이다.

1:51 이후로는 너희가 보리라 – 나에 관하여 지금 나의 수모(受侮)의 상태를 믿는 너뿐만 아니라, 이 사람들 모두는 이후로 내가 그리고 나와 함께 하나님의 모든 천사가 영광중에 오는 것을 볼 것이다. 비록 "이후로는 너희가 보리라"는 말씀이 예수님의 승천(昇天)을 의미할 수 있을지라도, 이 설명이 그 말씀에 대한 가장 자연스러운 의미인 것 같다.

요한복음 2장

2:1 (그리고) **사흘째 되던 날** – 이것을(1장 51절) 말씀하신 후, "사흘째 되던 날," **갈릴리 가나에** – "가나"라는 이름을 가진 두 개의 다른 마을이 있었다. 하나는 에브라임 족속 가운데 있었고, 다른 하나는 아셀 지파 경계선에 위치하였다.

2:2 예수님과 그의 제자들도 혼인 잔치에 초대를 받았더라 – 그리스도는 인간 사회를 제거하시지 않고, 오히려 그것을 신성하게 하신다. 물은 갈증을 풀어줄 수 있을 것이지만, 우리 주님은 포도주를 용납하신다. 특히 축제의 의식절차에서 용납하신다. 그것은 먼저 그의 제자들을 모으는 데 있어서 주님의 융통성(融通性)이었다. 나중에 제자들은 더욱 힘든 방식을 겪어내야만 했다.

2:3 (그런데) **포도주가 떨어진지라** – 그 혼인 잔치가 며칠 동안 계속되었는지, 그리고 우리 주님이 몇째 날에 오셨는지, 혹은 얼마나 많은 제자가 주님을 따라왔는지 알려지지 않았다. **예수의 어머니가 예수에게 이르되, 저들에게 포도주가 없다.** – "예수의 어머니"의 말씀은 '이적을 베풀어 그들에게 포도주를 공급하라' 혹은 '필요한 포도주가 나오기 전에 떠남으로써, 다른 사람들도 가도록 하라'를 의미할 수도 있다.

2:4 예수께서 이르시되, 여자여 – 우리 주님은 19장 26절에서도 이렇게 말씀하셨다. "여자여"는 주님께서 어머니에게 계속 사용하셨던 칭호인 것으로 보인다. 예수님은 하늘의 아버지를 무엇보다 더 존중하였으며, 따라서 심지어 그의 어머니조차도 "육신을 따라 알지 아니하셨다"(고후 5:16). **나와** (당신에게) **무슨 상관이 있나이까?** – 어머니의 과도한 관심과 시기상 부적절한 개입에 대한 부드러운 책망. **내 때가 아직 이르지 아니하였나이다** – 내가 이러한 이적을 일으킬 때나, 혹은 내가 가버릴 "때가 아직 이르지 아니하였나이다."

이런 이유로, 만약 예수님 어머니께서 마치 그녀가 그의 영광의 보좌에 앉아 그에게 명령할 권리를 가지기라도 한 것처럼, 예수님의 육신의 날에 그에게 지시하려고 시도한 한 일에 대해 질책을 받았다면, 그녀에게 말을 건네는 것이 얼마나 터무니없는 일인지 우리가 깨달을 수 있지 않겠습니까? 마찬가지로 삶에서 어떤 긴급 사태가 발생했을 때 예수께서 우리를 위해서 나타나실 시간이나 방식에 대하여 예수님의 지고(至高)한 지혜를 향해 우리가 지시한다면 그것은 얼마나 적절치 못한 일입니까?

2:5 그의 어머니가 하인들에게 이르되 – "그의 어머니가" 예수님의 대답으로부터 예수께서 곧 무언가 놀라운 일을 행하실 것이라고 이해하여, "하인들에게 이르되"

2:6 유대인의 정결 예식 – 유대인들은 자주 씻음으로써, 특히 음식을 먹기 전에 자신을 정결하게 했다.

2:9 연회장(잔치를 주관하는 자) – 일반적으로 신랑이 그의 한 친구에게 그 잔치 자리에서 모든 것을 명령하도록 주선했다.

2:10 (그리고) **말하되** – 사도 요한은 간신히 그가 했던 말과 결부시킨다. 왜냐하면 그 말로 그가 그들을 인정한다고 의미하지 않기 때문이다. **사람들이 충분히 마신 뒤에** – 이 말은 결코 '그 잔치가 거의 끝나가고 있다.' 곧 '파장(罷場)에 이르렀다'라는 것을 의미하지 않는다.

2:11 (그래서) **제자들이 그를 믿으니라** – 더 확고부동하게 "그를 믿으니라."

2:14 소와 양과 비둘기 – 희생 제물로 사용되었다. (그리고) **돈 바꾸는 사람들** – 다른 나라에서 온 사람들의 편의를 위해서 외국 화폐를 예루살렘에서 통용되는 화폐로 환전해주는 사람들.

2:15 노끈으로 채찍을 만드사 – 땅에 흩뿌려져 있던 "노끈으로 채찍을 만드사," **양이나 소를 다 성전에서** (곧, 성전 뜰에서) **내쫓으시고** – 비록 예수께서 그 동물들을 치지 않으신 것으로 보이며, 하물며 그 사람 중 하나라도 결코 때리지 아니한 것으로 보이지만, 그러나 하나님으로부터 오는 두려움이 그들에게 임한 것은 분명하다.

2:18 이에 유대인들이 대답하여 – 방금 쫓겨난 사람들의 일부이거나, 혹은 그들의 친구들이 "대답하여," **무슨 표적을 우리에게 보이겠느냐?** – 따라서 유대인들은 표적을 확증하기 위해서 표적을 요구한다.

2:19 이 성전 – 의심할 여지 없이, 예수께서 이 말씀을 하시면서, 성부 하나님의 성전이자 성부 하나님이 거하시는 곳, 즉 자신의 몸을 가리키셨다.

2:20 사십육 년 동안에 – 이러한 대화를 나누는 때 이전 매우 여러 해 동안, 헤롯 대왕이 그의 가장 장엄한 성전 수리 공사를 (한 부분씩) 시작했었다. 그 공사는 그의 평생에 걸쳐 이어졌으며, 지금도 계속 진행되고 있다. 그리고 로마 제국에 의해서 국가와 도시와 성전이 파괴되기 6, 7년 이내까지, 성전 수리 공사는 36년이나 더 지속되었다.

2:22 그들은(제자들은) **성경과 예수께서 하신 말씀을 믿었더라** – 예수님의 부활에

관하여 “성경과 예수께서 하신 말씀을 믿었더라.”
2:23 많은 사람이 믿었으나 – “많은 사람이” 예수님을 하나님이 보내신 선생이라고 “믿었으나”
2:24 예수는 그의 몸을 그들에게 의탁하지 아니하셨으니 – 이로써, 우리는 경솔하게 자기 자신을 다른 사람들의 권한 아래 두지 말아야 한다고 깨달아야 한다. 우리는 보편적으로 의심이 많은 가운데서 지혜롭고 만족을 주는 중재자를 발견해야 하며, 또한 우리를 친절과 존경에 대한 권리를 주장하는 모든 사람의 재물로 만들려는 그러한 수월함을 배워야 합니다.
2:25 그가 친히 사람의 속에 있는 것을 아셨음이니라. – 예수께는 모든 것이 적나라하게 드러난다. **사람의 속에 있는 것을 아셨음이니라** – 다시 말해서, “사람의 속에 있는” 지독하게 기만적인(부정직한) 마음을 “아셨음이니라.”

요한복음 3장

3:1 지도자 – 공의회에 속한 사람.
3:2 (바로) **그가 와서** – 갈망 때문에 “그가 와서,” **밤에** – 수치스러워서 “밤에 와서,” **우리가 아나이다.** – 심지어 지도자이자 바리새인들인 “우리가 아나이다.”
3:3 예수께서 대답하여 – 네가 “거듭나지 아니하면,” 지식이 너에게 아무런 소용이 없을 것이다. **거듭나지 아니하면** – 그렇지 아니하면, 마음속의 “하나님 나라”나 혹은 눈부시게 아름다운 “하나님 나라를 볼 수 없을 것이다.” 다시 말해서, “하나님 나라”를 경험하고 누리지 못할 것이다.

이 엄숙한 담화에서 우리 주님은 몇 가지를 제시하신다. 첫째, 어떠한 외적 직업이나, 어떠한 의식 법령이나, 어떠한 출생의 특권도 메시아 왕국의 승인에 대해 아무런 자격을 부여할 수 없다. 둘째, 삶의 온전한 변화뿐만 아니라 마음의 전적인 변화가 그 목적을 위해서 필요하다. 셋째, 이러한 변화는 단지 하나님의 전능하신 능력으로 사람의 속에 빚어질 수 있다. 넷째, 이 세상에 태어난 모든 사람은 본성적으로 죄와 정죄와 고통의 상태에 놓여있다. 다섯째, 거저 주시는 하나님의 긍휼하심으로 그의 아들을 주셔서, 사람들을 죄로부터 구속하시며, 또한 그들을 복된 영원으로 들어 올리신다. 여섯째, 온 인류는, 유대인들뿐만 아니라 이방인들도, 십자가에 달리신 주님의 존재로 인하여 이러한 은택(恩澤)에 참여하고, 믿음으로 그분 안에 받아들여질 수 있다. 일곱째, 그러나 만약 그들이 그분을 거부한다면, 그들이 받을 더욱 무거운 영원한 심판만이 확실한 결과일 뿐이다.
사람이 거듭나지 아니하면 – 만일 우리 주님이 “거듭난다”라는 말로 새로운 삶을 발견하는 대신에 단지 삶의 개선(改善)을 의미하신다면, 주님은 이전엔 분명하고 명백했던 것 위에 단지 엄청난 모호함을 부여하신 것입니다.

3:4 사람이 늙으면 – 니고데모 자신이 늙은 것처럼, "사람이 늙으면,"
3:5 사람이 물과 성령으로 나지 아니하면 – 성령으로 그 엄청난 마음속의 변화를 경험하고, 그 변화에 대한 외적인 표지(標識)와 수단으로서 (세례를 어디서 받든지) 세례받지 않는다면,
3:6 육으로 난 것은 육이요 – 영이 없는 단지 육체, 게다가, 영에 적대적이다. (그리고) **영으로 난 것은 영이니** – 영의 창조주처럼, 영적이며, 천국에 속하고, 신적이다.
3:7 너희가 반드시 다시 거듭나야 하리라 – "거듭난다"라는 것은 모든 거룩함으로 모든 사악함으로부터 내적인(마음속의) 변화를 일으키는 것이다. "거듭난다"라고 말하는 것이 적절한 이유는, 세상으로 태어날 때 몸에 전달된 만큼의 엄청난 변화가 그때(거듭날 때) 영혼에 전해지기 때문이다.
3:8 바람이 불매 – 당신의 뜻에 따라서가 아니라, 바람 자체의 본성에 따라서, **네가 그 소리는 들어도** – "네가" 바람이 실제로 분다는 것을 확신하지만, "그러나" 바람이 움직이는 특정한 방식을 "설명할(알) 수 없다." **성령으로 난 사람도 다 그러하니라** – 그 사실은 자명하지만, 성령이 작동하는 방식은 설명할 수 없다.
3:11 우리는 아는 것을 말하고 – 나와 나를 인정하는 모든 사람은 "아는 것을 말하고"
3:12 땅의 일 – 땅에서 행해지는 일. 예를 들어, 신생(新生, 새로운 탄생), 하나님 자녀들의 현재 특권 등. **하늘의 일** – 아들의 영원성, 아버지와 아들과 성령의 연합 같은 "하늘의 일."
13절 (왜냐하면) **아무도 없느니라** – 왜냐하면 여기서는 너희가 나의 유일한 증언을 신뢰해야 하지만, 그곳에서는 너희가 "구름 같은 증인들"(히 12:1)을 만날 것이다. (왜냐하면) **하늘에서 내려온 자, 곧 하늘에 있는 인자 외에는 아무도 하늘에 올라간 자가 없느니라**(없기 때문이다). – 그러므로 그는 어디에나 계신다. 그렇지 않으면, 그는 하늘과 땅에 동시에 계실 수 없었을 것이다. 이것이 보통 '신적 본성(本性)'과 '인간의 성정(性情)' 사이 '속성(屬性)의 교통(交通, 또는 교류)'이라고 불리는 것에 관한 분명한 사례이다. 그래서 신적 본성에 적절한 내용이 인간의 성정에 관하여 언급되고, 또 여기서처럼 인간의 성정에 적절한 내용이 신적 본성에 대하여 언급된다.
3:14 (그리고) **모세가 광야에서 뱀을 든 것 같이** – 이 하나의 증거를 곧 너희에게서 취할 것이다. 게다가, 매우 수치스러운 방식으로 취할 것이다.
3:15 이는 그를 믿는 자마다 – 그(인자, 14절)는 반드시 "들려야 하리니"(14절), 이로써 인자는 모든 믿는 자들을 위해서 구원(救援)을 마련할 수 있다. 심지어 그 "뱀"을 쳐다본 모든 사람이 육체의 건강을 회복한 것처럼, 믿음으로 주를 바라보는 모든 사람은 영적 건강을 회복할 것이다.
3:16 그렇다. 그리고 이것이 바로 그를 세상으로 보내신 하나님 사랑의 계획이었다. **누구든지 그를 믿는 자는**(그를 믿는 자마다) – 사랑으로 작동하며, 또 자신의 처음 확신을 변함없이 끝까지 견고하게 간직하는 그런 믿음을 가지고 "그를 믿는 자마다,"

하나님이 세상을 이처럼 사랑하사 – 다시 말해서, 하늘 아래 모든 인간을, 심지어 그의 사랑을 경멸하고, 그것이 원인이 되어 마침내 멸망하게 될 모든 사람을 "하나님이 이처럼 사랑하사." 그렇지 않다면, 믿지 않는 것이 그들에게 전혀 죄가 되지 않을 것이다. 왜 사람들은 믿어야만 하는가? 그들을 위해서 그리스도를 주셨다고 그들이 믿어야 마땅한가? 그때 그들을 위해서 하나님이 그리스도를 주셨다. **하나님이 독생자를 주셨으니** – 진정으로 그리고 진심으로 "하나님이 독생자를 주셨다." 또한 진정으로 그리고 진심으로 "하나님의 아들이 (나를 위해) 자신을 주셨다."(하나님의 아들이 자기 자신을 버리셨다)(갈 2:20).

3:17 하나님이 그 아들을 세상에 보내신 것은 세상을 심판하려 하심이 아니요 – 비록 많은 사람이 그것에 대해 하나님을 비난하지만, "하나님이 그 아들을 세상에 보내신 것은 세상을 심판하려 하심이 아니요."

3:18 그를 믿는 자는 심판을 받지 아니하는 것이요 – "그를 믿는 자는" 무죄로 선고받고, 하나님 앞에 의롭게 된다. **하나님의 독생자 이름** – 사람의 이름은 종종 그 자신을 위해 주어진다. 그러나 아마도 사람의 이름은 언급된 사람이 위대하고 훌륭하다는 표현으로 더 널리 알려진다. 그리고 그러므로 하나님 아버지나 혹은 아들이라는 칭호로 표현하는 것이 일반적으로 사용된다.

3:19 그 정죄는 이것이니 – 다시 말해서, "그 정죄의" 근거는 "이것이니." 그러므로 하나님은 거리낄 게 없으시다.

3:21 진리를(즉, 참된 종교를) **따르는 자는 빛으로 나아오나니** – 그래서 심지어 니고데모도 나중에 "빛으로 나아왔다." **하나님 안에서 행한 것임을** – 다시 말해서, 하나님의 빛과 능력과 사랑 안에서 "행한 것임을"

3:22 예수께서 가서 – 수도 예루살렘으로부터 (유대 땅으로) 가서, **유대 땅으로** – 다시 말해서, "유대" 지역으로, **거기 함께 유하시며 세례를 베푸시더라** – "예수께서 친히 세례를 베푸신 것이 아니요," 그의 명령에 따라 "제자들이 베푼 것이라"(4:2).

3:23 요한도 세례를 베푸니 – 세례 요한은 세례받겠다고 나선 사람들을 쫓아 보내지 않았다. 그러나 그는 더욱 기꺼이 그들을 예수께 보냈다.

3:25 유대인들 – 유대 지역의 사람들은 지금 예수님께 세례받으러 갔으며, 세례 요한의 제자들은 주로 갈릴리 출신이었다. **정결 예식에 대하여** – 다시 말해서, 세례(洗禮)에 대하여, 즉 그들은 누구에 의해서 세례를 받아야 하는지 논쟁을 벌였다.

3:27 사람이 아무것도 받을 수 없느니라 – 그(예수님)뿐만 아니라 나(세례 요한)도 "아무것도 받을 수 없느니라." 하나님께서 예수님을 보내지 않으셨다면, 그분도 이것을 할 수 없었을 것이며, 또한 예수께서 하늘로부터 받으신 그리스도라는 호칭이나 혹은 그에 필적하는 어떠한 영광을 나는 받을 수 없다. 그들(세례 요한의 제자들)이 질투심과 분개함으로 말한 것처럼 보인다. 그러나 세례 요한은 부드러운 평정심을 가지고 대답한다.

3:29 신부를 취하는 자는 신랑이나 – "신랑"은 신부가 따르는 사람. 그러나 이제 모든 사람이 예수께로 왔다. 이런 이유로, 분명히 예수님이 신랑이다. **신랑의 음성을 듣는 친구가** – "신랑이" 신부와 대화하는 것을 "듣는 친구가," **크게 기뻐하나니** – 그러므로 결코 그것을 시기하거나 혹은 분개하지 않는다.

3:30 그는 흥하여야 하겠고 나는 쇠하여야 하리라 – 이제는 "타오르며 빛나는 등불"(5:35)인 세례 요한 같은 사람들은 (갑자기 빛을 잃지는 않더라도) 세례 요한처럼 점차 "쇠하여야"만 하고, 반면에 다른 사람들은 그들의 차례가 되었을 때, 그들은 이전 세대의 부패 한가운데서 자라면서 그들에 대하여 "흥할" 것이다. 우리는 어떻게 뜨는지 뿐만 아니라 어떻게 지는지도 알아야 한다. 그리고 그것을 통해 우리의 저물어가는 날들을 위로해야 하며, 그 가운데 우리의 사역에 있어서 우리에게 훨씬 더 큰 유용성을 열어줄 가능성이 있는 사람들을 찾아내야 한다.

3:31 이 장(章)의 마지막에 추가된 내용은 세례 요한의 말이 아니라 사도 요한의 말인 것 같다. **땅에서 난 이는** – 땅에 속한 인간에 불과한 "이"는 땅을 설명해야 하는 정신과 언어를 소유한다.

3:32 아무도 – 비교해서 말해서, "아무도," 극히 적은 수의 사람. **그의 증언을 받아들이지** – 참된 믿음으로 "그의 증언을 받아들이지."

3:33 인쳤느니라. – 증인이 그가 제시하는 증언에 자신의 인(印)을 치는 것은 유대인들 사이에서는 관행적인 일이었다. **하나님이 참되시다는 것** – 이것이 메시아가 말씀하시는 총체(總體)다.

3:34 하나님이 성령을 한량(限量)없이 주심이니라 – 하나님께서 자신의 선지자들에게 주셨던 것처럼 주시지만, 그러나 헤아릴 수 없을 정도로 주신다. 그러므로 그("하나님이 보내신 이")는 가장 완전한 방식으로 하나님의 말씀을 선포한다.

3:36 아들을 믿는 자에게는 영생이 있고 – "아들"은 "영생"을 이미 가지고 있다. 왜냐하면 그 아들이 하나님을 사랑하기 때문이다. 또한 사랑은 천국의 정수(精髓)이다. **아들에게 순종하지 아니하는 자는** – "아들을 믿지 않는" 결과로, "아들에게 순종하지 아니하는 자는"

요한복음 4장

4:1 주께서 아신지라 – 비록 아무도 그것을 주께 알려드리지 않았지만, "주께서 아신지라"

4:3 유대를 떠나사 – 바리새인들의 분개(憤慨) 결과를 피하려고 "유대를 떠나사"

4:4 사마리아를 통과하여야 하겠는지라 – 그 길이 곧장 사마리아를 관통하여 놓여 있다.

4:5 수가 – 이전에는 '시겜' 혹은 '세겜'이라고 불렸다. **야곱이 준** – "야곱"이 임종할

때 "준"(창 48:22)
4:6 예수께서 우물 곁에 그대로 앉으시니 – 예수께서 피곤하셨기 때문에 "우물 곁에 그대로 앉으시니." **때가 여섯 시쯤 되었더라** – 정오(正午, 낮 열두 시), 한낮, 한더위.
4:7 마실 물을 내게 달라 – 이 짧은 말로, 예수님은 여자가 그의 제자들이 물을 가져오기에 너무 오래 걸린다는 사실을 알게 하셨다.
4:8 이는 제자들이 그 동네에 들어갔음이러라. – 그렇지 않았다면, 예수님은 그녀에게 "마실 물을 달라"라고 요청하실 필요가 없었다.
4:9 당신은 어찌하여 – 바로 그녀의 첫 마디부터, 그녀의 열린 마음의 순박함이 드러난다. **유대인이 사마리아인과 상종하지 아니함이러라.** – "유대인은" 누구도 우정을 주고받으며 "사마리아인과 상종하지 않았다." 유대인들은 사마리아인들에게서 어떤 종류의 호의도 받아들이려 하지 않았다.
4:10 네가 만일 하나님의 선물을 알았더라면, – "네가 만일 하나님의 "생수(生水, 생명수)"를 알았더라면," **또** (네게 물 좀 달라하는 이가) **누구인 줄** – 그가 생수를 주실 수 있는 유일한 분이라는 것을, **네가 그에게 구하였을 것이요** – 강조하신 그 말씀에 관하여 "그에게 구하였을 것이요." **물** – 마찬가지로, 예수께서는 본성적으로 가장 중요하며, 가장 단순하고, 또 가장 필요하며, 가장 흔하고, 그리고 가장 유익한 것들인 "떡"(6:41, 48, 51)과 "빛"(8:12)으로써 비유(比喩)의 말씀을 하셨다. **생수** – 성령과 그 열매. 그러나 그 여인은 예수님이 뜻하신 바를 더욱더 쉽게 오해했을 것이다. 왜냐하면 유대인들 사이에서는 "생수"(living water)가 샘물(spring water)이라는 의미로 흔히 사용되었기 때문이었다.
4:12절 우리 조상 야곱이 – 그래서 그들은 야곱을 그들의 조상이라고 믿었다. 반면에 그들은 사실 앗수르 왕에 의해서 포로로 끌려간 이스라엘 사람들 대신에 그곳에 정착하였고, 많은 민족이 혼합되어 있었다(왕하 17:24). **이 우물을 우리에게 주셨고** – 이른바, 그들의 조상, 요셉에게 "우물을 주셨고," **여기서 다 마셨는데** – 그러므로 심지어 요셉도 이것과 다름없는 물을 가졌다.
4:14 목마르지 아니하리니 – 결코 비참하거나, 불만스럽거나, 억울함이 없으리니. 설령 그 갈증이 돌아오더라도, 그것은 그 물의 결함(缺陷)이 아니라 인간의 책임이 될 것이다. **내가 주는 물은** – 사랑으로 역사하는 믿음의 영은, **그 속에서 영생하도록 솟아나는 샘물이 되리라** – 마음속에 살아있는 원칙이 "되리라." **샘물** – 단지 곧 고갈되는 우물이 아니라 "샘물." **영생하도록 솟아나는 샘물** – 이것은 합류하는 하천이거나, 아니 오히려 이 샘물로부터 발생하는 바다같이 거대한 흐름이다.
4:15 내가 목마르지도 않고 – 그 여인은 여전히 일반적인 의미로 예수님 말씀을 받아들인다.
4:16 예수께서 그녀에게 이르시되 – 예수께서 이제 장애물을 제거하고, 그 여인이 요청한 것보다 더 나은 종류의 물을 그녀에게 주실 것이다.

네 남편을 불러와라 – 예수님은 곧장 그 여인의 가슴속 죄를 치신다.
4:17 네가 하는 말이 옳도다 – 우리는 주님의 대화에서 '최상의 중요함'과 동시에 '최대한의 정중함'을 볼 수 있다.
4:18 너에게 남편 다섯이 있었고 – 그들이 모두 죽었든 그렇지 않든, 이제 막 깨달은 그녀 자신은 양심의 가책을 느꼈다.
4:19 주여, 내가 보니 – 그러므로 곧 그녀의 마음이 감동되었다!
4:20 그 여인이 이것("주여, 선지자로소이다." 19절)을 감지하자마자, 그녀는 모든 질문 중에 가장 중요하다고 생각하는 것을 분명하게 말했다. **이 산에서** – "그리심산"을 가리키면서. 산발랏(느 4장)이 알렉산더 대왕의 허락을 받아 그리심산에 성전을 지었다. 대제사장 엘리아십의 손자 요야다의 한 아들이 산발랏의 딸과 결혼한 것 때문에 사제직에서 그리고 예루살렘으로부터 쫓겨났다(느 13:28). 이 그리심산 성전은 사마리아 사람들이 예루살렘에 대항하여 예배를 드렸던 장소였다. 그리고 그곳은 수가와 매우 가까워서 남자가 목소리를 내면 서로 들을 수 있었다. **우리 조상들은 예배하였는데** – 이것은 분명히 아브라함과 야곱을 가리킨다. (사마리아 사람들은 그들로부터 자신들의 가계도를 따지는 체했다) 아브라함과 야곱은 이곳에 제단을 쌓았다(창 12:6, 7; 창 33:18, 20). 그리고 아마도 이스라엘 온 회중은 그들이 가나안 땅에 들어가면, "그리심산에서 축복을 선포하라"(신 11:29)라는 지시를 받았었을 것이다. **당신들(유대인들)의 말은 예배할 곳이 예루살렘에 있다 하더이다** – 다시 말해서, "예배할 곳이" 예루살렘 "성전에 있다 하더이다."
4:21 내 말을 믿으라. – 우리 주님은 단지 한 번 이 표현을 이런 식으로 사용하셨다. 자신의 백성, 곧 유대인들에게, 주님께서 쓰신 보통의 언사(言辭)는 "나는 너희에게 이르노니"(마 5:20, 22, 28, 32, 34, 44, 등)이다. **너희가 아버지께 예배할 때,** – 사마리아인들뿐만 아니라 유대인들도 "아버지께 예배할 때," **이 산에서도 말고 예루살렘에서도 말고, 너희가 아버지께 예배할 때가 이르리라.** – 다른 장소보다 선호되는 곳으로서 "이 산에서도 말고 예루살렘에서도 말고, 너희가 아버지께 예배할 때가 이르리라." 진정한 예배는 더 이상 어떤 한 장소나 혹은 어떤 한 나라에 국한되지 않을 것이다.
4:22 너희는 알지 못하는 것을 예배하고 – 너희 사마리아인들은 예배 장소에 대해서 뿐만 아니라, 바로 예배의 목적에 대해서도 무지하다. 실제로 "그들이" 풍속을 따라서 "여호와도 경외하고," 그러나 동시에 "자기의 신들도 섬겼더라"(왕하 17:33). **구원이 유대인에게서 남이라.** – 모든 선지자가 그렇게 선포했기 때문에, 구세주가 유대 민족에게서 나와야 하며, 그리고 당연히 유대 민족으로부터 구세주에 대한 지식이 하늘 아래 열방으로 퍼져야 한다.
4:23 아버지께 참되게 예배하는 자들은(참된 예배자들은 하나님 아버지를 예배할 것이다) – "참된 예배자들은" 단지 이곳에서 혹은 다만 저곳에서가 아니라, 모든 때에 그

리고 모든 장소에서 "하나님 아버지를 예배할 것이다."

4:24 하나님은 영이시니 – "하나님은 "몸과 몸의 모든 속성으로부터 멀리 계실 뿐만 아니라 마찬가지로 모든 영적 완전함, 능력, 지혜, 사랑, 거룩함으로 충만하시다. 그래서 우리의 예배는 하나님의 성품(性品)에 적합해야만 한다. 우리는 진정으로 믿음과 사랑과 거룩함의 영적인 예배로 하나님을 예배해야 한다. 그 결과, 우리의 모든 기질, 생각, 언어, 그리고 행실에 생기(生氣)를 불어넣는다.

4:25 (그) **여자가 이르되** – 그녀가 이미 깨달은 것에 대해 기뻐서, 그리고 더 충만한 가르침을 소망하며, "여자가 이르되"

4:26 예수께서 이르시되, – 예수님의 제자들이 오기 전에, 서둘러서 그녀의 요구를 충족시키기 위해서 "예수께서 이르시되," **내가 그라.** – 우리 주님이 유대인들에게는 분명하게 이것을 말씀하시지 않았다. 왜냐하면 유대인들은 현세적인 메시아 왕국에 너무 몰두하고 있었기 때문이었다. 만약 예수께서 그렇게 말씀하셨더라면, 많은 유대인이 그의 호의를 얻으려고 무기를 들었거나, 또 어떤 유대인들은 로마 제국 총독에게 예수님을 고발했을 것이다. 그러나 비록 예수께서 그 특정한 명칭을 부인했지만, 그는 그 사실을 정말 효과적으로 선포하셨다. 왜냐하면 수많은 장소에서 예수님은 인자(the Son of man)로뿐만 아니라 하나님의 아들(the Son of God)로 자신을 드러내셨기 때문이다. 유대인들에 의해서 이 두 가지 표현은 일반적으로 메시아에 특정하게 적용되는 것으로 이해되었다.

4:27 제자들은 예수께서 여자와 말씀하시는 것을 이상히 여겼으나 – 유대인 랍비의 제자들은 "예수께서 여자와 말씀하시는 것을" 명망 있는 남자가 하기에 가증스러운 일이라고 여겼다. 마찬가지로, 예수님의 "제자들도 예수께서" 그 민족의 "여자와 말씀하시는 것을" 보고 놀랐다. 왜냐하면 그런 모습은 유대인들에게 매우 유별나고 혐오스러웠기 때문이었다. (그러나) **아무도 묻는 자가 없더라** – 그 여인에게 "무엇을 구하시나이까?" 혹은 그리스도께 "어찌하여 그녀와 말씀하시나이까?"라고 "묻는 자가 없더라."

4:28 여자가 물동이를 버려두고 – 더 작은 일을 잊고서,

4:29 내가 행한 모든 일을 내게 말한 사람 – 우리 주님은 그 여인에게 단지 몇 가지를 말씀하셨다. 그러나 주님의 말씀은 그녀의 양심을 깨웠으며, 그것으로 인해 그녀는 곧 나머지 모든 것을 깨우친 것이다. **이분은 그리스도가 아니냐?** – 그녀 자신은 그것에 대해 의심하지 않고, 사람들에 알아보라고 부추겼다.

4:31 그 사이에 – 그 마을 사람들이 오기 전에

4:34 나의 양식 – 나의 영혼의 가장 강력한 욕구를 만족시키는 것

4:35 밭들이 이미 희어져 – 주님이 말씀하셨던 것처럼, 영혼의 수확물이 이미 무르익었다. 복음에 대해 이미 무르익은 사마리아인들이 그들 주변의 땅을 뒤덮었다.

4:36 거두는 자가 – 누구든지 영혼을 구원하는 사람이, **삯도 받고** – 자기 자신에

게 고유한 축복을 "받고," (또한) **열매를 모으나니** – 많은 영혼을 "모으나니," **뿌리는 자와** – 씨앗을 심은 위대한 분인 그리스도와 "거두는 자가 함께 즐거워하게 하려 함이라."

4:37 (그) **말이** – 널리 알려진 속담이, **한 사람이 심고** – 선지자들과 그리스도께서 "심고," **다른 사람이 거둔다.** – 사도들 그리고 계속해서 일어나는 목회자들이 "거둔다."

4:38 내가 – 추수 전체의 주님이, **너희를 보내어** – 주님은 세례를 베풀 때(2절) 이미 제자들을 사용하셨다.

4:42 우리는 그가 참으로 세상의 구주신 줄 앎이라 – 단지 유대인들의 구주만이 아니라, "참으로 세상의 구주신 줄 앎이라."

4:43 예수께서 갈릴리로 가시며 – 다시 말해서, 나사렛이 아니라, 갈릴리 지역으로 "가셨다." 예수님은 단지 나사렛에서만 "높임을 받지 못하셨다"(44절, 막 6:4, 마 13:57). 그래서 주님이 다른 마을로 가셨다.

4:47 내려오셔서 – 왜냐하면 가나(북부 갈릴리의 옛 도시)는 가버나움(갈릴리 바닷가에 있던 마을)보다 훨씬 높은 지역이기 때문이다.

4:48 너희는 표적과 기사를 보지 못하면, – 비록 사마리아 사람들은 "표적(表迹)과 기사(奇事)" 없이 믿었지만, "너희는 표적과 기사(이적)를 보지 못하면, 도무지 믿으려 하지 아니하는구나."

4:52 그가 아들이 낫기 시작한 시각을 그들에게 물은즉 – 하나님의 역사(役事)를 더 정확하게 고찰할수록, 믿음이 더욱더 증가한다.

요한복음 5장

5:1 명절 – 수장절(收藏節)

5:2 예루살렘에 있는 – 이것으로 볼 때, 사도 요한은 예루살렘이 파멸되기 전에 그의 복음서를 기록했던 것처럼 보인다. 주님의 승천 이후 약 30년 즈음에 작성되었다고 추정되었다. **행각 다섯이 있고** – "다섯 행각"은 병자들이 사용하도록 세워졌다. 아마도 그 "연못"(웅덩이)은 다섯 면으로 이루어진 것 같다. "베데스다"는 '자비의 집'이라는 의미이다.

5:4 천사가 – 그러나 확실히 많은 사람은 그 전체 일이 순수하고 자연스럽다고 생각했다. **가끔** – 아마도 이 유월절 주간 동안 하루의 어떤 시간에, **내려왔다** – 그리스어로 이 말이 암시하는바, 사도 요한이 이 복음서를 기록했던 시간 이전에, 이미 천사가 내려오는 것을 멈췄다. **먼저** – "먼저 들어가는 자는 낫게 되었다." 반면에, 하나님의 아들은 단지 한 사람만이 아니라 그에게 호소하는 전체 일반 대중을 매일 치료하셨다.

5:7 병자가 대답하되 – "병자"는 그가 자신의 소원에도 불구하고 병 고침을 받지 못

했던 이유를 댔다.

5:14 다시는 죄를 범하지 말라 – 그의 이전 질병은 죄의 결과이거나 혹은 죄에 대한 형벌이었던 것 같다.

5:15 그 사람이 유대인들에게 가서, 자기를 고친 이는 예수라, 하니라. – 그가 은혜를 베푼 사람의 이름을 공개했을 때, 군중이 예수께로 몰려가서, 그의 입에서 나오는 말씀을 듣고, 또 복음의 축복을 받았을 것이라고 누군가 예상했을지 모른다. 이렇게 하는 대신에, 사람들은 적대적인 의향을 가지고 그를 둘러싼다. 그리고 그들은 심지어 그의 생명을 취할 음모를 꾀하며, 또한 의식절차에 관하여 꾸며낸 범죄로 인해 이 이스라엘의 빛을 꺼버릴 것이다. 그때 우리는 우리의 선(善)이 증명된 악(惡)인지 아닌지 궁금해하지 말아야 한다. 그때 우리는 자비보다 희생을 우선하라고 배웠던 사람들의 적대감을 해체하는지 못하는지 궁금해하지 말아야 한다. 그리고 그때 누가 진정한 복음을 혐오하면서 당연히 신앙 고백자들을, 특히 복음의 옹호자들을 비방하고 또 박해하기를 모색하는지 궁금해하지 말아야 한다.

5:17 내 아버지께서 이제까지 일하시니 나도 일한다. – 창조 때부터 지금에 이르기까지, "내 아버지께서" 쉬지 않고 "일하고 계시며," 마찬가지로 "나도 일한다." 이것이 19절에서부터 30절까지 설명되었으며, 31절과 그 이후의 절들에서 사실임이 확인되었고, 또 그 정당성이 입증된 명제(命題)이다.

5:18 자기의 친아버지 – 헬라어로는, 어떤 피조물도 말할 수 없는 그런 의미에서 "자기의 친아버지"를 의미한다. **자기를 하나님과 동등으로 삼으심** – 분명히, 모든 청중은 예수님을 그렇게 이해했으며, 또 우리 주님이 그것을 부인하신 것이 아니라, 그것을 확언하셨다.

5:19 아들이 아무것도 스스로 할 수 없나니 – 이것은 아들의 불완전함이 아니라, 아들이 아버지와 영원하고, 친밀하며, 불가분의 연합에 기인하는 아들의 영광이다. 이런 까닭에, 아들이 아버지 없이 "심판하고"(30절), "뜻대로 하며"(30절), "증언하거나"(31절), 혹은 어떤 것을 "가르치는"(7:16) 것은 절대로 불가능한 일이며, 또한 아버지로부터 분리해서 아들을 알거나 혹은 믿는 것 역시 절대로 불가능한 일이다. 그리고 여기에서 아들은 매일 아버지의 본보기에 의해서 쉬지 않고 자신이 선을 행하는 것을 옹호한다. 왜냐하면 아들은 아버지로부터 분리될 수 없기 때문이다. **이것들을 아들도 그처럼 하시느니라.** – "이것들" 모두를 그리고 단지 이것들만을 "아들도 그처럼 하시느니라." 그러므로 아들과 아버지가 한 분이라고 알게 된다.

5:20 아버지께서 자기가 행하시는 것을 다 아들에게 보이시고 – 가장 친밀한 연합의 증거. **또** (아버지께서) **그에게 보이사** – 그것들을 행함으로써 "그에게 보이사." (다른 때가 아니라) 동시에, 아버지가 보이시고, 행하시며, 그리고 아들은 보시고, 행하신다. **더 큰 일들을** – 예수께서는 종종 "자기가 행하신 것들을" 표적(表迹)이나 이적(異蹟)이라기보다 "일들"이라고 말씀하신다. 왜냐하면 그것들이 예수님 눈에는 기적(奇

蹟)이 아니었기 때문이다. **너희를 놀라게 하시리니** – 그러므로 아들이 나사로를 살리셨을 때, 그들은 놀랐다.

5:21 왜냐하면(이는) – 주님이 선포하시는바, "더 큰 일들"(20절)은 죽은 자를 살리시고 또 세상을 심판하시는 것이다. "아들이 자기가 원하는 자들을 살리시는" 권능은 "심판"의 권능에 뒤이어 나온다. "살리시고" 또한 "심판하시는" 이 두 가지가 21절과 22절에 제시되어 있다. 심판에 미리 상정(上程)되는 신자들에 대한 무죄 선고는 24절에서 다루어진다. 죽은 자들 중 일부를 "살리시는" 일은 25절에서 다루며, 그리고 전체의 부활은 28절에서 다룬다.

5:22 아버지께서 아무도 심판하지 아니하시고 – 아들이 없이 "심판하지 아니하시고," "자신이 정하신 그 사람을 통하여 세상을 의로 심판하실 터이기 때문이라"(행 17:33).

5:23 이는 모든 사람으로 아버지를 공경하는 것 같이 아들을 공경하게 하려 하심이라 – 기꺼이 "아들을 공경함으로써" 믿음으로 심판을 피하거나, 혹은 마지못해 "공경"함으로써 심판의 진노를 느끼게 된다. 이 구절은 아들과 아버지가 동등하심을 보여준다. 만일 우리 주님이 단지 직무(職務)나 임명(任命)에 의해서만 하나님이시며, 신적 본질의 연합에 있어서는 하나님이 아니시며, 그리고 신격(神格)에 있어서 모든 면이 아버지와 동등하다면, 주님은 심지어 "사람들이 아버지를 공경하는" 공경심으로, 즉 "아버지를 공경하는" 똑같은 공경심으로 공경받을 수 없을 것이다. **아들을 공경하지 아니하는 자는** – 똑같은 공경심으로 "아들을 공경하지 아니하는 자는 그를 보내신 아버지를" 크게 망신을 주는 것이다.

5:24 심판에 이르지 아니하나니 – 만약 그가 믿음을 파멸시키지 않는다면, "심판에 이르지 아니하나니"

5:25 죽은 자들이 하나님 아들의 음성을 들을 때가 오나니 – 죽었던 '회당장 야이로의 딸,' '과부의 아들,' 그리고 '나사로'가 "하나님 아들의 음성을 들었다."

5:26 아버지께서 아들에게도 생명을 주어 – 영원히 발생하는 "생명을 주어," **자기 속에 생명이 있음같이** – 절대적이고, 독자적인 "생명이 있음같이"

5:27 그가 사람의 아들이므로(인자됨으로 말미암아) – 그가 사람이 되었기 때문에, 그는 인간을 심판하도록 임명되었다.

5:28 때가 오나니 – "무덤 속에 있는" 두세 사람이 아니라, 모든 사람이 일어날 "때가 오나니"

5:29 생명의 부활로 – 영원한 "생명"으로 이어지는 "부활"

5:30 내가 아무것도 스스로 할 수 없노라. – 내가 나의 아버지로부터 분리되어 어떤 일을 하는 것은 불가능하다. **듣는 대로** – 아버지에게서 "듣는 대로" 그리고 아버지에게서 "본 대로" 나는 그렇게 판단하고, 또한 그렇게 행한다. 왜냐하면 나는 근본적으로 아버지와 연합되어 있기 때문이다(19절 참조).

5:31 내가 만일 나를 위하여 증언하면 – 다시 말해서, (실제로 그것은 불가능한 일이지만) "내가 만일" 혼자 "증언하면, 내 증언은 참되지 아니하되"

5:32 다른 분이 있는데(따로 있으니) – 아버지(37절)이시다. 또한 심지어 너희를 심판할 때도 아버지의 증언은 이론의 여지가 없는 "줄 아노라."

5:33 그가 진리에 대하여 증언하였느니라. – "그(아버지)는" 내가 그리스도라는 사실을 "증언하였느니라."

5:34 그러나 나는 사람에게서 증언을 받아들일 필요가 없다. 다만 (내가 말하는) **이러한 것들은** – 세례 요한에 관하여 "이러한 것들을" 말하는 까닭은, 너희들 자신이 그를 존경하기 때문이다. **이 말을 하는 것은 너희로 구원을 받게 하려 함이니라** – 주님은 정말로 그리고 진심으로 그들의 구원을 원하셨다. 그러나 그들은 구원받지 못했다. 전부는 아닐지라도, 그들 중 대부분은 자신들의 죄 가운데 사망했다.

5:35 요한은 타오르며 빛나는 등불이라 – 마음속에서 사랑과 열정으로 타오르며 "빛나는 등불이라." (그리고) **심지어 "너희가 한때 그 빛에 즐거이 있기를 원하였거니와** – 단지 짧은 시간 동안 "그 빛에 즐거이 있기를 원하였거니와"

5:37 아버지께서 나를 위하여 증언하셨느니라 – 즉, 내가 세례받을 때, '나를 위하여 증언하셨느니라." 나는 나의 아버지라고 여기는 요셉에 대해 말하는 것이 아니다. 너희는 내가 말하는 그분(하나님 아버지)에 대해서 전혀 아는 바가 없다.

5:38 그 말씀이 너희 속에 거하지 아니하니 – 믿는 사람 모두가 그들 "속에 거하는" (아들의 말씀과 똑같은) 아버지의 말씀을 간직하고 있다. 다시 말해서, 아버지의 말씀이 그들의 마음속 깊이 뿌리내리고 있다.

5:39 성경 기록들을 탐구하라. – 모든 사람에게 주신 분명한 명령. **너희가 그것들 안에서 영원한 생명을 얻는 줄로 생각하거니와** – 너희는 "성경 기록들"이 너희에게 영원한 생명으로 가는 길을 보여주었다고 알고 있다. 그런데 "이 성경이 곧 내게 대하여 증언하는 것이니라"

5:40 그러나 너희가 내게 오기를 원하지 아니하는도다. – 성경이 너희에게 지시하는 대로, "내게 오기를 원하지 아니하는도다."

5:41 나는 사람에게서 영광을 취하지 아니하노라. – 나는 "사람에게서" 오는 "영광"이 필요하지 않다. 나는 나 자신을 위해서 너희로부터 "영광"을 찾지 않는다.

5:42 다만 (나는) **하나님을 사랑하는 것이 너희 속에 없음을 알았노라.** – 이 빛(광선)으로 주님은 청중들의 마음을 찔렀다. 그리고 의심할 여지 없이, 주님은 가장 부드러운 연민의 마음으로 이렇게 말씀하셨다.

5:43 만일 다른 사람이 자기 이름으로 오면 – 어떤 거짓 그리스도가 "자기 이름으로 오면"

5:44 너희가 서로 영광을 취하는 (동안) – 다시 말해서, 너희가 하나님의 칭찬보다 사람의 칭찬을 구하는 동안. 수장절 축제에서는 시내산에서 주신 율법을 기념하며

지키기 위해, 그들의 설교에는 율법에 대한 찬사와 그것을 받은 사람들에 대한 찬사로 넘치곤 했다. 그러면, 모세와 그의 율법을 그렇게 크게 기뻐하는 동안, 다음 절에 나오는 주님의 말씀을 듣고 그들은 얼마나 원통해야만 하는가?

5:45 너희를 고발하는 이가 있으니, 곧 너희가 바라는 자 모세니라 – 그의 글(율법)로써 "너희를 고발하는 이가 있으니"

5:46 그가 내게 대하여 기록하였음이라 – 모세의 모든 글 어느 곳에서나, 특별히 신명기 18장 15절("네 하나님 여호와께서 너희 가운데 네 형제 중에서 너를 위하여 나와 같은 선지자 하나를 일으키시리니 너희는 그의 말을 들을지니라")과 18절("내가 그들의 형제 중에서 너와 같은 선지자 하나를 그들을 위하여 일으키고 내 말을 그 입에 두리니, 내가 그에게 명령하는 것을 그가 무리에게 다 말하리라.")에서 "내게 대하여 기록하였음이라."

요한복음 6장

6:1 이 일들 후에 – 열 달과 열한 달 사이에 대한 역사(歷史)가 복음서 저자들로부터 여기에 제공될 것이다.

6:3 예수께서 산에 오르사 – 사람들이 그를 앞지르기 전에, "산에 오르사"

6:5 예수께서 빌립에게 이르시되 – 아마도 예수께서 제자들의 가족을 위한 양식을 공급하는 일을 보살폈던 것 같다.

6:15 혼자 산으로 떠나가시니라. – 자기 제자들에게 "갈릴리 호수"(바다, 1절)를 건너가라고 명령하신 후, "혼자 산으로 떠나가시니라."

6:22 바다 건너편에 서 있던 무리가 – 그들은 어쩔 수 없이 한동안 머물러있어야 했다. 왜냐하면 그때 다른 배들이 전혀 없었기 때문이었다. 그런데 그들이 그다지 마지못해 머물렀던 것은 아니었다. 왜냐하면 그들은 예수께서 배에 오르지 않으신 것을 보았기 때문이었다.

6:26 우리 주님은 그들의 호기심을 채워주지 않으신다. 그러나 그들이 예수님을 찾는 잘못된 동기를 바로잡아주신다. **너희가 떡을 먹고 배부른 까닭이로다** – 단지 현세적인 유익을 위해서 "너희가 나를 찾는 것이다." 그때까지 그리스도는 청중을 모으려고 하셨다. 이제 그는 믿음으로 받아들여지기 위해서 자신의 고난과 그 고난의 열매에 관하여 비유가 담긴 가르침으로써 그들의 신실함을 시험하기 시작하신다.

6:27 썩어 없어지는 양식을 위해 수고하지 말고 – 육체의 양식을 위해 "수고하지 말고." '오직' 육체의 양식을 위해서나, '주로' 육체의 양식을 위해서 수고하지 말고." '전혀' 육체의 양식을 위해 "수고하지 말고," 은혜와 믿음과 사랑, 즉 "영존하는 생명에 이르도록 항상 있는 그 양식"에 종속하여 "수고하라." 이것을 위해, 곧 "영존하는 생명을 위해" 수고하라, "일하라." 그러므로 우리 주님은 "생명으로부터 일하라"라고 명령하실 뿐만 아니라 "생명을 위해서 일하라"라고 분명하게 명령하신다. 그리고 믿음

과 사랑의 원칙으로 "일하라"라고 명령하신다.
"인자는 아버지 하나님께서 인치신 자니라." – "인자"에 관한 그의 전체 증언(證言)뿐만 아니라 바로 이러한 표적으로 "아버지 하나님께서 인치신 자니라"(3:33 참조). "인을 친 것"은 어떤 작품이 진품이라는 표시이다.

6:28 하나님의 일 – 하나님께 기쁨이 되는 "일"

6:29 이것이 곧 하나님의 일이니라 – 하나님께 가장 큰 기쁨이 되는 "일" 그리고 다른 모든 것의 토대. **너희가 하나님께서 보내신 이를 믿는 것** – 주님은 먼저 적절하게 그것을 표현하시고, 나중에 비유적으로 그것을 표현하신다.

6:30 당신을 믿도록 행하시는 표적이 무엇입니까? – 놀라운 일이다. 그들이 직접 표적을 목격한 이후가 아닌가!

6:31 우리 조상들은 광야에서 만나를 먹었나이다 – 모세가 그들에게 베푼 표적. (그가) **하늘에서 그들에게 떡을 주어, 먹게 하였다** – 달 아래의 더 낮은 하늘에서, "그들에게 떡을 주어, 먹게 하였다." 예수께서 가장 높은 하늘을 그 낮은 하늘에 대비시키신다. 그런 의미로 예수님은 일곱 번이나 말씀하신다(31, 32, 33, 38, 50, 58, 62절). 예수님은 몸소 "하늘에서 내려오셨다."(3:13)

6:32 모세가 너희에게 하늘로부터 떡을 준 것이 아니라 – 너희 조상들에게 그 만나를 준 것은 모세가 아니라 "내 아버지"이셨다. 지금 "내 아버지께서 너희에게 하늘로부터 참 떡을 주시나니."

6:33 세상에 생명을 주는 분이 하나님이시라 – (만나처럼) 단지 한 민족에게만이 아니라, 온 "세상에 생명을 주는 분이 하나님이시라." 그것도 대대로 주신다. 우리 주님이 아직은 "나는 생명의 떡이다(35절)."라고 말씀하지 않으셨다. 그랬더라면, 유대인들이 예수께 매우 존경심 넘치는 대답(34절)을 하지 않았을 것이다.

6:34 이 떡을 항상 우리에게 주소서 – 그들은 이 말을 여전히 문자 그대로의 뜻으로 의미했다. 그러나 그들이 지금은 믿음으로부터 멀리 떨어져 있지 않은 것처럼 보인다.

6:35 나는 생명의 떡이니 – 생명을 누리며 또 생명을 주는 "생명의 떡이니," **내게 오는 자는** – **나를 믿는 자는** – 등가적(等價的) 표현, **결코 주리거나, 목마르지 아니하리라** – 만족할 것이며, 영원히 행복할 것이다.

6:36 내가 너희에게 이르기를 – 즉, 26절

6:37 아버지께서 내게 주시는 자는 (모두) **다** – 자기 자신이 길을 잃었으며, 그래서 아버지의 이끄심을 따르는 모든 사람을 하나님은 독특한 방식으로 아들에게 "주셨다." **내게로 올 것이요.** – 믿음으로 "내게로 올 것이요." **내게 오는 자는 내가 결코 내쫓지 아니하리라.** – 만일 그가 끝까지 인내하며 "그의 빛을 기뻐한다면," 나는 그에게 용서와 거룩함과 천국을 줄 것이다.

6:39 그분께서 이미 내게 주신 모든 자 중에서(17:6, 12 참조) – 만약 그들이 끝까지

인내한다면, "내가 하나도 잃어버리지 아니하고, 마지막 날에 다시 살리는 이것이니라." 그러나 유다는 끝까지 인내하지 못했다.

6:40 여기에 방금 말한 구절 세 개의 총합이 나온다. **나를 보내신 분의 뜻은 이것이니** – 이것이 내가 지금까지 말한 전부다. 이것이 영원하며 바꿀 수 없는 하나님의 뜻이다. 진실로 믿는 사람은 누구든지 영원한 생명을 얻을 것이다. **아들을 보고, 그를 믿는 모든 자는** – 유대인들은 "아들을 보았으나," "아들을 믿지" 않았다. **내가 그를 일으키리라** – 이것이 나를 보내신 분의 뜻이기 때문에, 나는 그것을 "효력 있게"(살전 2:13) 수행하겠다.

6:44 그들이 수군거리는 것을 살피신 그리스도께서 그가 말씀하시려는 것을 계속했다(40절). **나를 보내신 아버지께서 이끌지 아니하시면, 아무도 내게 올 수 없으니** – 하나님께서 그에게 능력을 주지 않으시면, 아무도 그리스도가 구주(救主)시라는 진리를 믿을 수 없다. 먼저 하나님께서 선한 소원으로 우리를 이끄신다. 하나님은 강요함으로나, 의지를 강제함으로써가 아니라, 강력하고 달콤하지만, 여전히 저항할 수 있는 하늘 은총의 동작으로 우리를 이끄신다.

6:45 아버지께 듣고 배운 사람마다 – 하나님의 은밀한 음성을 "들은 사람마다"

6:46 이는 아버지를 본 자가 있다는 것이 아니니라. – 아버지가 가시적(可視的)인 모습으로 나타나시기를 기다려야 한다. **오직 하나님에게서 온 자와 하나님과 함께한 자만 아버지를 보았느니라.** – 어떤 피조물보다 더욱 탁월한 방식으로 "아버지를 보았느니라."

6:50 죽지 아니하리라 – 영적으로 "죽지 아니하리라," 영원히 "죽지 아니하리라."

6:51 사람이 이 떡을 먹으면 – 다시 말해서, 나를 믿으면, **영원히 살리라.** – 다른 말로, 끝까지 믿는 자는 구원을 받을 것이다(마 24:13 "끝까지 견디는 자는 구원을 얻으리라."). **내가** (너희에게) **주고자 하는 내 살이로다** – 예수님의 살과 피에 관한 이 강화(가르침) 전체는 곧장 그의 고난(苦難)을 가리킨다. 그러나 간접적으로, 적어도 그렇다고 한다면, 최후의 만찬을 가리킨다.

6:52 (예수님의 말씀에 반응한) 정도를 살펴보라. **유대인들은** ("서로 다투어 이르되, 이 사람이 어찌 능히 자기 살을 우리에게 주어, 먹게 하겠느냐?") 여기서 시험당했다. 많은 제자는(60절: "이 말씀은 어렵도다. 누가 들을 수 있느냐?" 66절: "그의 제자 중에 많은 사람이 떠나가고, 다시 그와 함께 다니지 아니하더라."), 열두 제자들(사도들, 68~69절, "주여, 영생의 말씀이 주께 있사오니, 우리가 누구에게로 가오리이까? 우리가 주는 '하나님의 거룩하신 자'이신 줄 믿고 알았사옵나이다.")

6:53 인자의 살을 먹지 아니하면 – 영적으로 "인자의 살을 먹지 아니하면," 너희가 믿음으로 그에게서 계속되는 미덕을 끌어내지 않으면. "인자의 살을 먹는 것"은 단지 '인자를 믿는다'에 대한 또 하나의 표현이다.

6:55 참된 양식 – **참된 음료** – 마치 몸이 "양식"과 "음료"로 채워지는 것처럼, 믿는

자의 영혼은 진실로 "참된 양식"과 "참된 음료"(주님의 "살"과 "피")로 채워진다.

6:57 내가 아버지로 말미암아 사는 것 같이 – 아버지와 하나이기 때문에, "내가 아버지로 말미암아 사는 것 같이," **나를 먹는 그 사람도 나로 말미암아 살리라.** – 나와 하나가 되기 때문에. 놀라운 연합이 아닌가!

6:58 이것은 하늘에서 내려온 떡이니 – 다시 말해서, 내가 "떡"이니 – 이 떡은 너희 조상들이 먹었던 "만나"와 같지 않다. 왜냐하면 그들은 만나를 먹었음에도 죽었기 때문이다.

6:60 이 말씀은 어렵도다 – 세상의 자녀들에게는 어렵지만, 하나님의 자녀들에게는 달콤한 향기가 난다. 우리 주님이 심지어 다른 사람이 없는 데서 열두 제자들에게도 더 심하게 말씀하신 적이 좀처럼 없었다. **누가 그것을 들을 수 있느냐?** – "누가" 그것을("이 말씀을") 견딜 "수 있느냐?"

6:62 너희는 인자가 이전에 있던 곳으로 올라가는 것을 본다면 어떻게 하겠느냐? – 인자가 자기 살을 너희에게 먹으라고 주는 일이 그때 너희에게 일어난다면, 얼마나 훨씬 더 믿기 힘들겠느냐?

6:63 살리는 것은 영이니 – "살리는 것은" 이 말씀들의 영적인 의미이니, 그것으로써 하나님이 생명을 주신다. **육은** – 벌거벗고, 육욕적이며, 문자 그대로의 의미, "무익하니라." **내가 너희에게 이르는 말들은 곧 영이요** – 영적인 의미로 받아들여져야 한다. **그리고 그 말씀들이 영적인 의미로 이해될 때, 그것들은 생명이니라.** – 그것은 청중들에게 영적 생명의 방편(方便)이다.

6:64 그러나 너희 중에 믿지 아니하는 자들이 있느니라 – 그래서 그들은 어떤 생명도 받지 못한다. 왜냐하면 너희가 문자 그대로의 역겨운 의미로 그들을 받아들였기 때문이다. **이는 예수께서 처음부터 아셨기 때문이라.** – 그의 사역의 "처음부터 아셨기 때문이라." **자기를 팔 자가 누구인지** – 그러므로 분명히, 하나님께서 장차 일어날지도 모를 일을 미리 아신다. "그러나 하나님의 미리 아심은 미리 알려지지 않은 어떤 것으로 충분히 입증되었던 잘못을 초래하지 않는다."

6:65 아버지께서 오게 하지 아니하시면 – 하나님 자신의 규정대로 그것을 받아들이려고 하는 사람들만 오게 하신다.

6:66 그때부터 그의 제자 중에 많은 사람이 떠나가고 – 그래서 우리 주님이 이제 그에게 참여한 자들을 몰아내신다. 교만한 자들과 부주의한 자들이 쫓겨났으며, 그리고 주인의 사용을 위해서 갖추어진 사람들은 남아있다.

6:68 주여, 영생의 말씀이 주께 있사오니 – 주님이, 그리고 오직 주님만이 영원한 생명으로 가는 길을 보여주는 말씀을 하십니다.

6:69 (그리고) **우리는** – 처음부터 당신과 함께 있었던 "우리는" 다른 사람들이 어떻게 하더라도, **알았사옵나이다** – "주께서 그리스도이심을" 전적으로 확신합니다.

6:70 예수님께서 그들에게 응답하시되, – 그러나 심지어 너희도 지금까지 알고 있는

바에 따라 알맞게 행동한 적이 없었다. **내가 너희 열둘을 택하지 아니하였느냐?** – 그러나 그들은 심지어 주님의 선택으로부터 충성을 저버릴 것이다. **그러나 너희 가운데 하나는** – 예수께서는 이 자애로운 경고로 뉘우치게 해야만 했다. **마귀니라** – 지금 "마귀"의 영향을 받고 있다.

요한복음 7장

7:1 이 일들 후에 예수님께서 갈릴리에서 다니시고 – 다시 말해서, 주님은 두 번째 유월절 이후 몇 달 동안 계속 "갈릴리"에 계셨다. **다니려 아니하심은** – "유대에서" 계속 "다니려 아니하심은," **유대인들이 그분을 죽이려 하였기 때문이더라.** – "유대인" 중 믿지 않은 자들이, 그리고 특히 대제사장들, 서기관들, 그리고 바리새인들이 "예수님을 죽일" 기회를 "모색(摸索)하였기 때문이었다."
7:2 초막절(장막절) **명절** – 이 명절의 시기, 방식, 그리고 이유를 레위기 23장 34절 등에서 볼 수 있다.
7:3 그의 형제들이 – 유대인들이 말하는 방식에 따라서 그렇게 불렸다. 그들은 사촌들, 곧 그의 어머니 자매의 아들들이었다. **여기를 떠나** – 잘 알려지지 않은 이 지역으로부터 "떠나"
7:4 (왜냐하면) **어떤 일이라도 하지 않는 사람은 없나이다** – "은밀히" 이런 종류의 "일을 행하면서" 대중에게 "드러나게 알려지기를 바라지만, 어떤 일이라도 하지 않는 사람은 없나이다." **정말로 당신이 이것들을 행하시려거든** – 알려진 이러한 표적들을 "행하시려거든," **당신 자신을 세상에 나타내소서** – 모든 사람에게 "나타내소서"
7:6 예수께서 이르시되, 너희 때는 늘 준비되어 있느니라 – 이때 혹은 어느 때라도 너희에게는 적합할 것이다.
7:7 세상이 너희를 미워하지 아니하되 – 너희가 세상에 속하기 때문에, "세상이 너희를 미워하지 아니하되," **나를 미워하나니** – 나와 똑같은 증언을 하는 모든 사람을 "미워하나니"
7:10 예수님도 명절에 올라가시되 – 이것은 예루살렘을 향한 예수님의 마지막 여행이지만 한 차례였다. 그다음에 올라가셨을 때 예수님이 고난받으셨다.
7:11 유대인들 – 유대의 남자들, 특히 예루살렘의 남자들
7:12 무리 중에서 수군거림이 많아 – 속삭임도 많고, 먼 지역에서 온 사람들 사이에, 서로 사적인 논쟁도 많았다.
7:13 그러나 드러나게 그에 대하여 말하는 자가 없더라 – 예수님의 말씀에 찬성하여 "그에 대하여 말하는 자가 없더라." **유대인들을 두려워하므로** – 권한을 가진 "유대인들을 두려워하므로,"
7:14 이미 명절의 중간이 되어 – "명절"은 8일 동안 지속되었다. 아마도 이날은 안식

일이었던 것 같다. **예수께서 성전에 올라가사** – 다른 어떤 곳에서 멈추지 않고 곧장 "성전에 올라가사"

7:15 이 사람은 배우지 아니하였거늘 어떻게 글을 아느냐? – 어떤 배움의 장소에서 그가 성경을 결코 배운 적이 없는 점을 고려해 볼 때, 그가 대단히 적절하고 품위 있게 성경 말씀을 자세히 설명할 수 있을 만큼 그렇게 성스러운 문헌에 능통하다니, 이 어찌 된 일인가?

7:16 내 가르침은 내 것이 아니요, – 배우려는 어떤 노력으로 얻은 "것이 아니요." **나를 보내신 분의 것이니라.** – "나를 보내신 분"에 의해서 즉시 불어 넣어진 "것이니라."

7:17 사람이 그분의 뜻을 행하려 하면, 그 가르침이 하나님에게서 왔는지 혹은 내가 스스로 말하는지 알리라. – 이것이 모든 사람과 모든 가르침에 관해서는 보편적(普遍的)인 법칙이다. 철두철미하게 기꺼이 그것을 하려는 사람은 하나님의 뜻이 무엇인지 확실히 알게 될 것이다.

7:18 그 속에는 불의가 없느니라. – 속임수나 거짓됨이 "없느니라."

7:19 그런데 너희 중에 아무도 율법을 지키지 아니하는도다. – 그러나 너희는 불의한 자들이다. 왜냐하면 너희는 자신들이 그렇게 대단한 열정을 공언한 바로 그 율법을 위반하기 때문이다.

7:20 사람들이 대답하여 이르되, 당신은 귀신이 들렸도다 – 거짓말하는 영이 "들렸도다." **누가 당신을 죽이려 하느냐?** – 먼 지역에서 온 이들은 제사장들과 지도자들의 속셈을 알지 못했다.

7:21 내가 행하였는데 – 벳세다 연못에서 "행하였는데," **한 가지 일을** – 많은 일 중에서 "한 가지 일을," **너희가 다 놀라는도다.** – "너희가 다 놀랐다." 왜냐하면 내가 안식일에 "그 일을 행하였기" 때문이다.

7:22 모세가 너희에게 할례를 행했으니 – 이 말의 의미를 살펴보면, (비록 할례는 실제로 모세보다 훨씬 더 오래전에 행했지만) 모세가 너희에게 할례를 주도록 명했기 때문에, 너희는 안식일에 남자에게 할례를 베푸는 것이 전혀 해가 되지 않는다고 생각한다. 그런데 너희는 안식일에 훨씬 더 선한 일을 행한 것에 대해, 곧 사람의 몸과 마음을 치유해준 것에 대해 나에게 분노를 표출하고 있지 않은가? (이러한 분노는 지금까지 16개월 동안 지속되었다.)

7:27 그리스도께서 오실 때에는 어디서 오시는지 아는 자가 없으리라 – 그리스도의 신적 본성에 관하여 이러한 유대 전통은 사실이다. 그런 점에서, 아무도 "그의 세대를 밝히 드러낼"(사 53:8) 수 없었다. 그러나 그 전통이 그리스도의 인간 본성에 관해서는 사실이 아니다. 왜냐하면 그의 가족과 그의 출생 장소는 분명하게 예언되었기 때문이다.

7:28 그때 예수님께서 외쳐 이르시되, – 크고 진심 어린 목소리로 "외쳐 이르시되," **너희가 나를 알고 내가 어디서 온 것도 알거니와** – 너희는 정말로 내가 한 사람으로

서 "어디서 왔는지 알고 있다." 그러나 너희는 나의 신적 본성을 전혀 알지 못하며, 또한 하나님께서 나를 보내셨다는 것도 깨닫지 못한다.

7:29 내가 그분에게서 나왔고, – 영원한 출생으로 "하나님에게서 나왔고," **그분께서 나를 보내셨기 때문이라** – 그의 사역은 그의 출생으로부터 잇달아 나온다. 이 두 가지 요점은 다음의 질문에 대한 대답이다. "너희는 나를 아는가?" "너희는 내가 어디서 왔는지 아는가?"(28절 참조)

7:30 그의 때 – 그가 고난받으시는 시기

7:33 그때 예수님께서 그들에게 이르시되, – 유대인들이 방해했던 그의 가르침을 (29절부터) 계속 이어가셨다.

7:34 너희가 나를 찾아도 만나지 못할 것이요 – 너희가 지금 경멸하는 "나를 찾아도." 이 말씀은 있는 그대로 본문이다. 그래서 주님은 다음 장과 그다음 장에서 그것을 해설하신다. **내가 있는 곳** – 그의 인간 본성에 관해서는, 비록 그가 "내가 있는 곳"으로 가시는 것은 앞으로의 일이지만, 땅에 계신 동안 그리스도께서 자신이 하늘에 계신 때를 언급하는 "내가 있는 곳"을 그렇게 자주 말씀하신 까닭은 그의 신적 본성으로 그가 그곳에 영원히 계신다는 사실을 넌지시 알리기 위해서다.

7:35 그가 어디로 가기에 우리가 그를 만나지 못하리요? – 유대인들은 이방 나라들 안에, 특히 그리스 안에 널리 흩어졌다. **그렇지 않다면, 그가 이방인들을 가르칠 터인가?** – 직접 "이방인들을 가르칠 터인가?"

7:37 마지막 날, 곧 명절의 그 큰 날에 – 그날 가장 큰 군중 모임이 있으며, 또 그때 그들은 실로암 샘으로부터 물을 길어오는 관습이 있었다. 노래를 연이어 부르면서, 제사장들이 그 물을 큰 제단에 쏟아부었다. "너희가 기쁨으로 구원의 우물들에서 물을 길으리로다"(사 12:3). 마찬가지로 이날 그들은 하나님께서 기적적으로 반석에서 물을 주신 일을 기념하였으며, 그리고 계절에 맞게 비를 내려주시도록 엄숙한 기도를 올려드렸다.

7:38 나를 믿는 자는 – 이것은 "내게로 오게 하라"(37절)에 대한 설명이다. 믿음으로 그에게 오는 자는 누구든지, 그의 마음속 깊은 속에 있는 영혼이 풍성한 평화, 기쁨, 그리고 사랑이 담긴 "생수"로 가득 찰 것이다. 또한 마찬가지로 그 생수가 그에게서 다른 사람들에게로 흘러갈 것이다. **성경 기록이 말한 것같이** – "성경"의 어느 한 특정한 구절에서, 명확하게 "말한 것"은 아니다. 그러나 그러한 모든 성경 기록에 대하여 전반적으로 언급한 내용이 있다. 그것은 "물을 붓는 것"을 본떠서 메시아에 의한 "성령의 유출(流出)"을 증명한다.

7:39 아직 성령이 주어지지 아니하였더라. – 다시 말해서, 그러한 성령의 열매들이 심지어 참된 신자들에게도 아직 최대한도로 주어지지 않았다.

7:40 선지자(대언자) – 우리는 그 선지자가 메시아의 전주자(前走者)가 되기를 기대한다.

7:42 베들레헴에서 – 그리고 유대인들이 예수님이 "베들레헴에서" 탄생하셨다는 사실을 어떻게 잊을 수 있겠는가? 그들이 그것을 기억할 수 있도록 헤롯왕이 끔찍한 이유를 제공하지 않았는가?

7:48 당국자들이 그를 믿는 자가 있느냐? – 신분이 높은 사람들이나 혹은 명성을 가진 사람들이 "그를 믿는 자가 있느냐?" **혹은 바리새인 중에 그를 믿는 자가 있느냐?** – 학식이 높은 사람들이나 혹은 종교가들 가운데 그를 믿는 자가 있느냐?"

7:49 오직 율법을 알지 못하는 이 사람들은 – 이 무지한 무리는, **저주받은 자들이로다** – 그 무지함으로 인하여 유혹당할 저주에 노출된 "자들이로다."

7:50 밤에 예수님께 왔던 니고데모가 – 이제는 조금 더 큰 용기를 내서, **그중의 한 사람이 되어** – 공의회의 일원으로서 참석하여, **그들에게 말하되** – 만약 우리가 어떤 사람의 말을 듣기 전에 그에 관한 판단을 내린다면, 우리 자신은 마치 "율법을 알지 못하는"(49절) 사람처럼 행동하는 것이 아닙니까?

7:52 그들이 대답하여 – 개인적인 고찰을 통해 "그들이 대답하여," **너도 갈릴리에서 왔느냐?** – 그의 일당(一黨) 중 한 사람이냐? **갈릴리에서는 선지자가 나지 못하느니라** – 유대인들은 단지 상반되는 것을 알지 못했다. 그들은 요나 선지자가 가드 헤벨(수 19:13)에서 올라갔으며, 또 나훔 선지자가 갈릴리 또 다른 마을로부터 올랐다는 것을 알고 있었다. 게다가, 디셉 사람 엘리야의 마을, 디셉 역시 갈릴리에 자리 잡고 있다. 마찬가지로 그들은 예수님이 갈릴리에서 태어난 것이 아니라 베들레헴에서 탄생하셨다는 사실을 그곳에 있는 공적 기록부로부터도 그리고 다윗 가족의 족보들로부터 알고 있었을 것이다. 그들은 이 서투른 답변은 검토할 만한 내용이 못될 것이며, 그러므로 대답을 못 하게 하려고 조심하지 않을 것을 알고 있었다.

7:53 (그리고) 모든 사람이 자기 집으로 가니라. – 그러므로 니고데모의 짧고 평범한 그 질문이 그들의 모든 조치를 망가뜨렸으며, 또 공의회를 해산시켰다! "때에 맞게 한 말이 얼마나 좋은가!"(잠 15:23) 특히 하나님께서 우리가 하는 말에 당신의 축복을 주실 때, "때에 맞게 한 말이 얼마나 좋은가!"

요한복음 8장

8:5 모세는 율법에서 이러한 자를 돌로 치라고 우리에게 명령하였거니와 – 만약 그들이 정확하게 말했다면, 이 사람은 여자임이 틀림없었을 것이다. 왜냐하면 "한 남편에게 정혼(定婚)한" 여자는 그 결혼이 완성되기 전일지라도 이 범죄에 대한 책임이 있었다. 왜냐하면 "모세가 단지 이러한 자를 돌로 치라고 명령했기" 때문이다. 사실 모세는 다른 간음녀(姦淫女)들을 처형하라고 명령했다. 그러나 처형방식을 명시(明示)하지는 않았다.

8:6 그분을 고소하려 함이더라. – 만일 예수께서 그 여자를 정죄한다면, 재판관의

직무를 빼앗은 것에 대해 고소하든지, 혹은 만약 그가 그녀에게 무죄를 선고한다면, 율법에 대한 대적이라고 고소하려 할 것이다. **예수께서 몸을 굽히사, 손가락으로 땅에 쓰시니** – 하나님은 구약성경에서 한번 쓰셨으며, 그리스도는 신약성경에서 한번 쓰셨다. 아마도 그들이 예수께 계속해서 물었을 때, 나중에 예수께서 하신 말씀일 것이다. 이러한 무언의 행동으로, 예수께서 첫째, 그들의 양심을 일깨우기 위해서 종잡을 수 없고 재촉하는 그들의 생각을 해결하셨으며, 그리고 둘째, "내가 온 것은 세상을 심판하려 함이 아니요, 세상을 구원하려 함이로라"(요 12:47)를 나타내셨다.

8:7 죄 없는 자 – (자기 자신의 양심이 재판관 되어) 똑같은 죄를 범하지 않는 자 혹은 그 죄와 거의 비슷한 어떤 죄를 범하지 않는 자. **먼저 던지게 하라** – 증인으로서, "먼저 그녀에게 돌을 던지게 하라."

8:9 나이가 가장 많은 자로부터 시작하여 – 혹은 장로들로부터 "시작하여," **오직 예수님만 남았고** – 그 질문을 제기했던 모든 서기관과 바리새인 곁에 "오직 예수님만 남았고." 그러나 많은 다른 사람들이 남아있었다. 그래서 우리 주님은 얼마 지나지 않아 그들에게 그의 가르침을 이끌어가셨다.

8:10 아무도 너를 정죄하지 아니하였느냐? – 어떤 사법적 판결(선고)이 너에게 내려졌느냐?

8:11 나도 너를 정죄하지 아니하노니 – 나도 그러한 판결을 내리려고 나를 사용하지 않는다. 이러한 평결(評決)로 인해 너는 회개해야만 한다.

8:12 나를 따르는 자는 (절대로) **어둠 속에 다니지 아니하고** – 무지, 사악함, 고통 "속에 다니지 아니하고," **생명의 빛을 얻으리라** – 엄밀하게, 겸손하게, 견실하게 나를 따르는 자는 하나님의 빛을 얻을 것이다. 하나님의 빛은 계속해서 그에게 비추고, 그의 영혼, 지식, 거룩함, 기쁨 위에 퍼질 것이다. 마침내 그는 그 빛에 의해서 영원히 지속되는 생명에 이르기까지 보호받을 것이다.

8:13 네가 너 자신에 대하여 증언하니, 네 증언은 참되지 아니하도다. – 그들은 우리 주님이 직접 하신 말씀(5:31, "내가 만일 나를 위하여 증언하면 내 증언은 참되지 아니하되")으로 주님의 말씀을 반박했다. 그다음에 주님은 "나를 위하여 증언하시는 이가 따로 있으니"(5:32)라고 덧붙이셨다. 이와 같은 취지로, 예수께서 대답하셨다. "내가 나를 위하여 증언하여도 내 증언이 참되도다(14절)." "왜냐하면 나는 아버지와 연합되어 분리될 수 없기 때문이다."

8:14 내가 알거니와 – 그리고 나무랄 데 없는 증언은 확고하고 확실한 지식에서 비롯된다. **내가 어디에서 와서 어디로 가는지** – 그리스도에 관한 모든 교리는 이 두 가지 항목으로 회부(回附)된다. 전자는 16절 등(等)에서 다루어지며, 후자는 21절 등에서 다루어진다. **이는 나는 내가 어디에서 와서 어디로 가는지 알거니와** – 다시 말해서, "이는 내가" 하나님으로 그리고 인간으로 하나님에게서 "왔기 때문이다." 그래서 너희는 그 사실을 알지 못하지만, "나는 알고 있다."

8:15 너희는 육체를 따라 판단하나, – "육체," 곧, 타락한 본성이 지시하는 대로 "판단하나," **나는 아무도 판단하지 아니하노라.** – "육체를 따라 아무도 판단하지 아니하노라." 지금 "아무도 판단하지 아니하노라," 내가 첫 번째 왔을 때는 "아무도 판단하지 아니하노라."

8:16 이는 내가 혼자 있지 아니하고, – "내가" 심판할 때 "혼자 있지 아니한" 것처럼, 증언할 때도 "혼자 있지 아니한다." **나를 보내신 아버지께서 나와 함께 계시기 때문이라.** – 그의 "아버지가 그의 안에 계시고, 또 그가 아버지 안에 거한다."(14:10, 11) 그러므로 아버지가 아들 없이 혼자 계시지 아니한 것처럼, 아들도 아버지 없이 혼자 있지 않은 것이다(잠언 8:22, 23, 30). 그의 아버지와 그는 각각 하나님이신 것이 아니라 (비록 위격(位格)은 구별되지만) 한 하나님이시며, 그래서 서로에게서 분리될 수 없다. 그리고 비록 아들은 아버지에게서 와서, 인간 본성을 취하고, 또 메시아로서 이 땅에서 그의 직무를 수행했으며, 때때로 하나님으로서 자기 자신을 특정하게 현현(顯現)하기 위해 하늘로부터 오라고 들었지만, 그러나 그가 이 땅에 내려오라고 들었을 때, 그리스도께서 아버지를 떠나지 않은 것이나 혹은 아버지께서 그를 떠나지 않으신 것은 하나님께서 하늘을 떠나지 않으신 것과 마찬가지이다.

8:19 이에 그들이 그에게 이르되, 네 아버지가 어디 있느냐? 하니, 예수께서 대답하시되, – 그들의 질문이 정도를 벗어났음을 보여주었으며, 또한 만약 그들이 아버지를 알고 싶다면, 그들이 먼저 아들을 알아야 한다고 가르치셨다. **아버지가 계신 곳** – 여기에 대해 예수님은 23절에서 제시하신다. 그동안에 예수님은 아버지와 그는 두 증인이기 때문에 별개의 위격들이지만, 그러나 그에 속한 지식이 아버지에 속한 지식을 포함하기 때문에, 본질에 있어서 하나라고 분명하게 선포한다.

8:23 너희는 – 주님은 다시 그들의 훼방(毁謗)을 피하고, 21절에서 제기하신 것을 입증한다. **아래에서 났고** – 땅에서 "났고," **나는 위에서 났으며** – 여기서 그는 곧바로 그가 어디서 왔는지를, 곧 하늘로부터 오신 것을, 그리고 어디로 가는지를 선포하신다.

8:24 너희가 만일 내가 '스스로 있는 자'인 줄 믿지 아니하면(너희가 만일 내가 그인 줄 믿지 아니하면) – (58절에서처럼) 여기에서 주님은 하나님의 이름, '스스로 있는 자'(출 3:14)의 권리를 주장한다. 그러나 그 문장을 끝마치지 않고서, "네가 누구냐?"에 대답했다.

8:25 나는 내가 처음부터 너희에게 말한 바로 그니라. – 어떤 가르침에 있는 그대로, 내가 너희에게 처음 말한 때부터 한결같이 한 가지 취지로, 똑같은 것을 "내가 너희에게 말한 바로 그니라."

8:26 내가 너희에 대하여 말하고 판단할 것이 많으나 – 용납할 수 없는 너희의 불신앙에 관하여 "말할 것이 많으나," (그러나) **나를 보내신 분께서 참되시매,** – 너희가 믿든지 혹은 그렇지 않든지, "나를 보내신 분께서 참되시매," **내가 그분에게서 들은 그**

것들을 세상에 말하노라. – 나는 그분이 내게 맡겨주신 것을 진실로 전하노라.
8:27 그들은 깨닫지 못하더라. – 예수를 보내신 그분으로, 그가 하나님 아버지를 의미했다는 것을 "그들은 깨닫지 못하더라." 그러므로 28절과 29절에서, 그는 아버지에 대해서 분명하게 말하고 있으며, 그리고 하나님의 이름 "스스로 있는 자"라는 자신의 권리를 다시 주장한다.
8:28 그분이 인자를 들어 올린 뒤에야(너희가 사람의 아들을 들어 올린 뒤에야) – 십자가에서 "인자를 들어 올린 뒤에야," **너희는 알 것이다**(너희는 알며) – 그리고 그들 중 매우 많은 사람이 알았다. **내가 스스로 있는 자인 줄을**(내가 그인 줄을) – 모든 것 위에 계신 '하나님'인 줄을, **내가 스스로 아무것도 하지 아니하고** – 아버지와 하나이기에, "내가 스스로 아무것도 하지 아니하고"
8:29 아버지께서 나를 혼자 버려두지 아니하셨느니라. – 내가 세상으로 온 순간부터, 결코 "나를 혼자 버려두지 아니하셨느니라."
8:32 진리가 – 성령에 의해서 너희 마음에 기록된 "진리가," **너희를 자유롭게 하리라.** – 죄책, 죄, 고통, 사탄으로부터 "너희를 자유롭게 하리라."
8:33 그들이" – 그 대화의 전체 취지에서 볼 수 있듯이, (믿음을 가진 사람들이 아니라) 곁에 있던 다른 유대인들이, **우리는 결코 남의 종이 된 적이 없거늘** – 대담하고 악명 높은 거짓말. 바로 그 시기에, 그들은 로마 제국에 노예가 되어 있었다.
8:34 예수께서 대답하시되 – 먼저 자유에 관하여, 그다음에 그들이 아브라함의 자손이라는 사실에 관하여(37절 등) 그들이 반대한 각 부문에 "대답하시되." 사실, "죄를 범하는 자마다 죄의 종이다."
8:35 종은 영원히 집에 거하지 못하되 – 그 종이 아브라함의 집에서 쫓겨난 것처럼, 모든 죄인은 하나님의 집 밖으로 던져질 것이다. "그러나 아들인 나는" 그 안에 "영원히 거하느니라."
8:36 그러므로 아들이 너희를 자유롭게 하면 너희가 – 똑같은 특권을 받을 것이다. 모든 죄책과 죄에서 자유롭게 되어서, 너희는 하나님의 집에 영원히 거할 것이다.
8:37 나도 너희가 아브라함의 씨(자손)인 줄 아노라. – 너희가 반대하는 다른 부문에 관해서는, "나도 너희가" 육체를 따라 "아브라함의 씨인 줄 아노라." 그러나 영적인 의미에서 너희는 아브라함의 씨가 아니다. 너희는 아브라함의 믿음을 따르는 자들이 아니다. 너희의 마음에는 나의 말을 둘 곳이 없다.
8:41 너희는 너희 아비가 행한 일들을 하는도다. – 그는 아직 이름이 확인되지 않았다. 그러나 그들이 주제넘게 하나님을 그들의 아버지라고 부를 때, 그때 주님은 분명히 그들을 마귀라고 불렀다(44절).
8:42 내가 하나님으로부터 나서 – 하나님으로 "하나님에게서 나서," (그리고) **왔기 때문이라.** – 그리스도로 "왔기 때문이라."
8:43 알지 못함이로다 – 너희의 완고함과 자만심 때문에, "알지 못함이로다." **들을**

줄 – 받을 줄, 순종할 줄, **내 말을** – "나의 뜻을 행하려 하지" 않는다면, 너희는 나의 가르침을 이해할 수 없다(7:17).

8:44 그는 살인자요 – 성향에 있어, "그는 살인자요." **처음부터** – 그가 마귀가 된 "처음부터," **진리 안에 거하지 아니하고** – 동시에 살인과 거짓말을 시작하면서 "진리 안에 거하지 아니하고." 그리고 "그는" 세상의 "처음부터" (헬라어 단어가 적절히 의미하는 바대로) "사람들의 살인자"였다. 왜냐하면 바로 창조 때부터 그는 사람들을 파멸시키려고 계획하고 획책하였기 때문이다. **거짓말을 할 때에 제 것으로 말하나니** – 왜냐하면 그는 거짓말의 친부모이며, 말하자면, 거짓말의 창안자이기 때문이다. 단지 거짓말의 기원뿐만 아니라 전체적인 악의 기원을 살펴보라!

8:45 내가 진리를 말하므로 – 거짓말쟁이들이 몹시 싫어하는 "진리를 말하므로,"

8:46 너희 중에 누가 나를 죄로 책잡겠느냐? – 그리고 나의 삶은 나의 가르침만큼 책망할 부분이 없지 않으냐? 나의 모든 행동이 내가 가르치는 것에 대한 진실을 확증하지 않느냐?

8:47 하나님께 속한 자는 – 하나님을 사랑하는 자 혹은 하나님을 경외하는 자는, **듣나니** – 기쁨으로 그리고 경건(敬虔)하게 "듣나니," **하나님의 말씀을** – 내가 설교하는 "하나님의 말씀을"

8:48 우리가 말하는 것이 옳지 아니하냐? – 우리가 말할 근거가 있지 아니하냐? **너를 사마리아 사람이요,** – 우리 교회와 민족의 적이요, **귀신이 들렸다.** – 거만하고 거짓말하는 영에 사로잡혔다.

8:49 내가 내 아버지를 공경하거늘 – 내가 아버지의 영광을 구하거늘,

8:50 나는 내 영광을 구하지 아니하나 – 다시 말해서, 나는 메시아이기 때문에, 나 자신의 영광을 염두에 두지 않는다. 나는 그럴 필요도 없다. 왜냐하면 내 아버지께서 나의 영광을 염두에 두시고, 또 그것에 맞춰서 너희를 심판하실 것이기 때문이다.

8:51 사람이 내 말을 지키면, – 그러므로 나의 아버지께서는 나의 영광을 염두에 두신다. 우리는 믿음으로써 그의 가르침을 명심하고, 소망으로써 그의 언약을 지키고, 순종함으로써 그의 명령을 따른다. (그는) **결코 죽음을 보지 아니하리라.** – 다시 말해서, 영원한 "죽음을 보지 아니하리라." 그는 영원히 살 것이다. 이로써 그는 자신이 사마리아인이 아니라는 사실을 입증한다. 왜냐하면 사마리아인들은 일반적으로 사두개인들이었기 때문이다.

8:54 내가 내게 영광을 돌리면 – 그들의 말을 언급하면서, "너는 너 자신을 누구로 만드느냐?"(53절)

8:56 그것을(나의 날을) **보고 즐거워하였느니라** – 믿음으로, 유형(類型) 속에서, 형상(形狀) 속에서, 그리고 언약(言約) 안에서 "나의 날을 보고 즐거워하였느니라." 특히 멜기세덱에게서, 마므레 평지에서 여호와께서 아브라함에게 나타나신 데서(창 18:1), 그리고 "네 씨 안에서 땅의 모든 민족이 복을 받으리라"(창 22:18)라는 언약에서처럼,

"나의 날을 보고 즐거워하였느니라." 아마도 아브라함 또한 그리스도의 초림(初臨)이나 혹은 그의 재림(再臨)에 대해 특별한 계시를 받았을 것이다.

8:57 네가 아직 오십 세도 안 되었는데 – 기껏해야 "오십 세도 안 되었는데," **아브라함을 보았느냐?** – 만약 아브라함이 예수님을 보았더라면, 유대인들이 그것을 정확하게 추정했음이 틀림없을 것이다. 아마도 우리 주님이 지닌 외모의 엄숙함은 고통 그리고 노동과 더불어 그를 그의 실제 나이보다 더 늙어 보이게 했을 것이다.

8:58 아브라함이 나기 전부터 내가 있느니라. – 심지어 영원부터 영원까지 "내가 있느니라." 이것은 유대인들의 이의(異意)에 대한 직접적인 대답이며, 또한 자신이 "아브라함보다" 얼마나 "더 큰지를"(53절) 보여준다.

8:59 그때에 그들이 돌을 들어 – 신성 모독자로 그에게 돌을 던져 죽이려고 "돌을 들어," (그러나) **예수님께서는 자신을 숨기시고** – 아마도 눈에 보이지 않게 됨으로써 "자신을 숨기시고," **그렇게 나가시니라.** – 같은 경우로, 마치 아무도 거기에 있지 않았던 것처럼 "나가시니라."

요한복음 9장

9:2 누가 죄를 지었기에 그가 눈먼 자로 태어났나이까? 이 사람이니이까, 그의 부모이니이까? – 다시 말해서, 그 자신의 죄 때문입니까? 아니면, 그의 부모 죄 때문입니까? (비록 성경으로부터 어떠한 근거도 없지만, 많은 유대인이 그렇게 생각했던 것처럼) 그들은 그가 육체로 있기 전 상태에서, 곧 그가 세상으로 오기 전에 죄를 지었을지 모른다고 생각했다.

9:3 예수께서 대답하시되 이 사람이나 그 부모의 죄로 인한 것이 아니니라 – 백해무익한 아무런 질문에나 대답하는 것이 우리 주님의 방식은 아니었지만, 그러나 쓸데없는 호기심을 충족시키기 위해서 대답하셨다. 그러므로 주님은 이것에 관해서 아무것도 확정 짓지 않으신다. 주님의 대답 범위는 그것(눈먼 자로 태어난 것)이 그 자신의 어떤 죄도 아니고, 또한 그의 부모의 어떤 죄도 아니라, 하나님의 능력이 드러날 수 있게 함이다.

9:4 밤이 오면, – 그리스도가 빛이시다(5절). 그 빛이 물러가면, 밤이 온다. **그때는 아무도 일할 수 없느니라.** – 이번 생이 끝난 후에는, 아무도 자신의 구원을 해결하기 위하여 어떤 일도 할 수 없다. 그렇지만 그리스도는 언제나 일하실 수 있다. 그러나 단지 "낮 동안에는" 혹은 그에게 정해진 시간 동안에는, 이 땅에서 일해야만 했다.

9:5 내가 세상의 빛이로다 – 나는 나의 영을 통해서 사람들에게 하나님의 뜻이 무엇인지 내적으로 깨우치며, 또 나의 가르침을 통해서 하나님의 뜻이 무엇인지 외적으로 깨우친다. 그리고 나는 모범을 보임으로써 그들이 어떻게 그것을 해야 하는지 그들에게 보여준다.

9:6 그는 그 눈먼 사람의 눈에 진흙을 바르며 – 이렇게 함으로써 시력을 가진 사람조차 눈이 멀게 만들었을 것이다. 그러나 그것이 눈먼 사람을 치료하기 위하여 무엇을 할 수 있었을까? 그것이 우리에게 상기시키는바, 하나님은 전혀 방도가 없이 일하실 때나 혹은 방도를 가지고 일하실 때나, 그 사건으로부터 멀리 계시지 않으며, 그리고 모든 피조물은 단지 하나님이 그의 전능하신 활동으로 그들을 만드신 것에 불과하다는 사실이다.

9:7 가서 실로암 못에서 씻으라. – 아마도 우리 주님은 그 표적을 더 주목받게 하려고 생각하셨던 것 같다. 왜냐하면 구름 떼같이 많은 사람이 매우 기이한 처방 사건을 구경하려고 자연스럽게 그의 주변으로 모일 것이기 때문이다. 그리고 눈먼 자를 이끌고 간 안내인이 그 도시 대부분을 가로지르면서 그가 맡은 심부름에 대해 언급하고, 또 그를 본 사람들에게 더 많은 관심을 끌었을 가능성이 매우 크다.

예루살렘 성벽이 없는 지역에 있는 "실로암 샘"으로부터, 작은 시냇물이 그 도시로 흘러들었고, 성전 가까이에 일종의 웅덩이로 모여들었으며, 그곳이 '실로암 못'이라 불렸다.

그것은(실로암은) **번역하면 보냄을 받았다는 뜻이라.** – 그리고 메시아의 유형이 그렇다. 왜냐하면 메시아는 하나님에게서 "보냄을 받았기" 때문이다. **그가 자기 길로 가서 씻고 보게 되어 왔더라.** – 그는 믿었으며, 씻었고, 그리고 은혜를 입었다. 만약 그가 그 자신의 눈에 대해서 지혜로웠으며, 그래서 그 치료 방도의 부적절함에 대해 나아만 장군처럼 이치(理致)를 따졌다면, 당연히 그는 계속 어둠 속에 남겨졌을 것이다. 주님, 당신의 회복시키는 은혜의 방편으로 우리의 교만한 마음을 가라앉혀 주옵소서! 어떤 조건에서라도 당신의 은혜를 받는 것이 우리의 최대 관심사이기 때문에, 당신이 은혜를 어떻게 베푸실지, 당신이 선택하시는 대로 우리가 내버려 두게(순종하게) 하옵소서!

9:11 예수라 하는 사람이 – (눈이 멀었었던) 그 사람이 전에는 주님을 전혀 몰랐던 것처럼 보인다. **내 눈에 바르고** – 안식일에 어떤 종류의 약이라도 "눈에 바르는 것"은 장로들의 전통에 따라서 특별히 금지되었다.

9:16 이 사람은 하나님에게서 온 자가 아니라. – "하나님에게서" 보냄을 받은 "자가 아니라." **죄인인 사람이 어떻게 그런 기적들을 행하겠느냐?** – 다시 말해서, 고의적인 죄 가운데 사는 사람이 "어떻게 그런 기적들을 행하겠느냐?"

9:17 그가 네 눈을 열어주었으니, 너는 그에 대해 무어라 말하느냐? – 너는 여기에서 어떤 추론을 끌어내겠느냐?

9:22 누구든지 예수를 그리스도로 시인하는 자는 출교하기로 결의하였으므로 – 다시 말해서, 파문(破門)하기로 "결의하였으므로"

9:27 당신들도 그의 제자가 되고자 하나이까? – 나뿐만 아니라 "당신들도" 마침내 확신하고, "그의 제자가 되고자 하나이까?"

9:29 그가 어디서 왔는지 우리가 알지 못하노라. – 무슨 권능과 권세로 그가 이러한 일들을 행하는지 "우리가 알지 못하노라."

9:30 그 사람이 대답하여 – 비록 그는 글도 전혀 몰랐지만(불학무식(不學無識)했지만), "그 사람이 대답하여." 그런데 무슨 추론의 힘과 명료함으로 대답했겠는가? 그러므로 하나님께서 그의 육체의 눈뿐만 아니라 이해력의 눈을 열어주셨다. **참으로 이상하다. 당신들은 그가 어디서 왔는지 알지 못하는도다.** – 그 백성을 가르치는 자들과 인도하는 자들이 전에는 그와 같은 것을 결코 들어본 적도 없는 놀라운 일(기적)을 행한 사람은 틀림없이 하나님에 의해서 하늘로부터 보내졌다는 것을 "알지 못하다니, 참으로 이상하다."

9:31 우리가 아나이다. – 일반 백성에 속한 "우리가 아나이다." **하나님이 죄인의 말을 듣지 아니하시고** – 뉘우치지 않는 "죄인의 말을 듣지 아니하시고," 이런 식으로 그들의 기도에 응답하신다. 비록 그가 그 결과(22절)를 알았지만, 진리를 고수하는 데 있어서 이 사람의 정직한 용기로 인해 그는 신앙 고백자의 자격을 주장할 수 있는 권리를 부여받는다.

9:33 (그는) **아무 일도 할 수 없으리이다.** – 이러한 일은, 곧 기적적인 일은 "아무것도 "할 수 없으리이다."

9:34 죄 가운데서 나서 우리를 가르치느냐? – 그러므로 그들이 생각하기를, 눈먼 채로 태어나서 "우리를 가르치느냐?" (그들은) **그를 내쫓으니라.** – 그 회당에서 "그를 내쫓으니라." 그를 파문했다.

9:35 (예수께서) **그를 만나사** – 왜냐하면 예수께서 그를 찾으셨기 때문에,

9:36 (주님,) **그가 누구시기에, 내가 믿고자 하나이까?** – 이것은 이미 어느 정도의 믿음이 있음을 넌지시 나타낸다. 그는 무엇이든지 예수께서 말씀하시는 것을 받아들일 준비가 되어 있었다.

9:38 주여, 내가 믿나이다. – 이 사람에게 어떤 탁월한 정신이 있을까? (그가 방금 바리새인들의 당혹한 모습에 대해 보여주었던 것처럼,) 그에게는 매우 깊이 있고 강력한 이해력이 있었으며, 그리고 매우 잘 배우는 기질이 있었다.

9:39 내가 심판하려고 이 세상에 왔으니 – 다시 말해서, 내가 "이 세상에 온" 결과가 나타날 것인데, 하나님의 공의로운 심판으로 몸과 영혼으로 못 보던 자들이 그들의 시력을 받겠지만, 그들이 볼 수 있다고 자랑하는 사람들은 계속해서 이전보다 더 큰 맹목(盲目, 눈이 멀어서 못 보는 눈)에 넘겨질 것이다.

9:41 너희가 눈이 멀었다면, – 아무도 꺾을 수 없을 정도로 무지했다면, 또는 만약 너희가 매우 많은 알 수 있는 방도를 갖지 않았더라면, **죄가 없으려니와** – 비교적 지금 너희가 가진 죄에 비해 "죄가 없으려니와," **지금 너희가 본다고 말하므로** – 너희가 스스로 "본다"라고 인정함으로, **너희 죄가 그대로 있느니라.** – 변명도 없이, 치유도 없이, "너희 죄가 그대로 있느니라."

요한복음 10장

10:1 문을 통해 들어가지 아니하는 자 – 그리스도를 통해 "들어가지 아니하는 자." **양우리에** – 교회에, **그자는 도둑이며 강도이다.** – 하나님의 판단에서, "그자는 도둑이며 강도이다." 우리 주님이 방금 말씀하셨던 그 모든 선생이 그러한 사람들이었다.

10:3 문지기는 그에게 문을 열어주고 – 그리스도가 그 목자로 여겨진다(11절, "나는 선한 목자라."). 그리고 1절과 2절에서 그리스도는 "나는 양들의 문"으로 여겨진다(7절). "양들뿐만 아니라 참된 목자도 그 문을 통해 들어가기 때문에, "문"이라 불리는 것이 그리스도께 가치가 있는 만큼, "문지기"라고 불리는 것이 하나님 아버지께 가치가 있다(행 14:27, 골 4:3, 계 3:8, 행 16:13 참조). **양들은 그의 음성을 듣나니** – 이어지는 정황(情況)은 고대 동방의 목자들 관습과 정확하게 일치한다. 그 목자들은 "자기 양들을 이름으로 불러, 그들을 밖으로 인도하였으며, (그들의 앞에서 갔으며)," 그래서 "그 양들이 목자들을 따라갔다(4절)." 그러므로 참된 그리스도인들은 그리스도께서 보내신 "목자의 음성을 듣고," 귀를 기울이며, 이해하고, 순종한다. 그리고 참된 목자는 그런 그리스도인들을 어떤 친구나 혹은 형제보다 더 소중한 "자기 자신의 양들(4절)"이라고 생각한다. 그는 하나씩 이름을 부르며, 권고하고, 지시하며, 그리고 "의의 길로(시 23:3)," 곧 위로의 물가("쉴만한 물가로" 시 23:2)로 "인도해 내신다."

10:4 그들(양들) **앞에 가면** – 하나님의 모든 방식에서, 교훈으로뿐만 아니라 모범으로 모든 점에서 그들을 가르치는 방식. **양들이 그를 따라오되** – 양들은 그의 발자국을 따라갔다. (왜냐하면) **양들이 그의 음성을 알므로** – 그들 자신 안에 증거를 가지고 있어서, 그의 말씀이 "하나님의 능력과 지혜"(고전 1:24 "그리스도는 하나님의 능력과 지혜입니다.")이다. 독자들이여, 여러분은 영혼들의 목자인가? 그러면 하나님께 (그 음성에) 응답하라. 그러므로 그 음성이 여러분과 여러분의 양무리와 함께 있지 않은가?

10:5 (양들은) 낯선 자를 따르려 하지 아니하고 – 그리스도가 보낸 적이 없는 사람을, 곧 앞에 서술한 내용에 부합하지 않는 사람을 "따르려 하지 아니하고," **양들이 따르려 하지 아니하는 사람** – 그런데 누가 양들에게 "따르라고" 강요할 수 있는가? **도리어 그에게서 도망하느니라** – 전염병으로부터 "도망하는" 것처럼, "그에게서 도망하느니라." (왜냐하면) **그들은 낯선 자들의 음성은 알지 못하므로** – 양들은 낯선 자들의 음성을 기뻐할 수 없다. 그것은 양들에게 눈에 거슬리고 또한 귀에 거슬린다. 양들이 그 음성 안에서 하나님께 속한 것을 전혀 찾을 수 없다.

10:6 그들은 – 그 바리새인들은. 바로 앞 장의 마지막에서부터 등장하는 것처럼, 우리 주님은 그들에게 더욱더 직접적으로 말씀하셨다.

10:7 나는 양들의 문이니라. – 그리스도는 (양들의) "문"일 뿐만 아니라 (양들의) "목자"이며, 그리고 모든 것 되신다.

10:8 나보다 먼저 온 자들은 – 나와 관계없이, 나의 성품의 어떤 부분을 띠고, 너희의 장로들과 율법 선생들처럼 양심을 지배하는 권력자로 가장(假裝)하며, 교회에서 법을 제정하여 구원의 길로서 그들 자신의 전통을 가르치려고 시도하는 자들이다. 즉, 양 우리의 문을 통해 들어가지 않고, 내가 나의 영으로 그들을 보내주기 전에, 먼저 달려가는 그러한 모든 선지자와 하나님 말씀을 주석하는 자들이다. 우리 주님은 자기 사역을 시작한 이래로, 이러한 직무를 떠맡았던 사람들에 대해서 특별히 언급하시는 것으로 보인다. **도둑들이요** – 세속적인 이득을 그들 자신에게 훔치는 "도둑들이요," (그리고) **강도들이나** – 그 양들을 약탈하고 도살하는 "강도들이나,"

10:9 (만일) **누구든지** – 양처럼, **나를 통해 안으로 들어가면** – 믿음을 통해서 그리스도 "안으로 들어가면," (그는) **구원을 받고** – 늑대로부터, 그리고 도살하는 목자들로부터 "구원을 받고," **또 들어가고 나오며** – 계속해서 내가 보낸 목자에게 가서 함께 있으며, (그리고) **꼴을 얻으리라.** – 모든 상황에서 그의 영혼을 위한 양식(糧食)을 "얻으리라."

10:10 도둑이 오는 것은 다만 도둑질하고 죽이고 멸망시키려 함이거니와 – 다시 말해서, 다른 어떤 것도 목자가 도착한 결과는 될 수 없다. 왜냐하면 도둑은 "나를 통해 안으로 들어가지"(9절) 않기 때문이다.

10:12 (그러나) **삯꾼은** – 단지 받게 되는 삯만이 아니라 사랑스러운 삯, 그 일보다 사랑스러운 삯. 그리고 삯을 위하여 노력하는 것 때문에, 사람을 "삯꾼"이라고 부르는 것이다. (그 까닭은, "일꾼이 그 삯을 받는 것이 마땅하니라(눅 10:7, 딤 5:18, 마 10:10, 레 19:13 등)." 예수 그리스도께서 재판관이 되신다. 그렇다, 그리고 "주께서도 복음 전하는 자들이 복음으로 말미암아 살리라 명하셨느니라(고전 9:14).") 삯이 없다면, 일하지 않는 삯꾼이 된다. 삯꾼에게는 삯이야말로 일하게 되는 (유일하지 않더라도) 가장 큰 동기(動機)이다. 오, 하나님! 만일 사람이 단지 "삯을 위해서"만 일한다면, 그는 대단히 가엾은 자, 곧 "도둑과 강도"입니다. 계속 삯을 가져가지만, 전혀 일하지 않는 자는 도대체 뭐 하는 것입니까! **이리** – 강제로 혹은 속임수로 그리스도인들의 믿음이나, 자유나, 혹은 생명을 공격하는 적을 의미한다. **이리가 양들을 물어 가고, 또 헤치느니라.** – 그는 일부는 "물어 가고," 나머지는 "헤치느니라." 그리스도의 양 떼에 손상을 입히는 두 가지 방법.

10:13 삯꾼이 도망하는 것은 그가 삯꾼이기 때문이다. – 왜냐하면 삯꾼은 그 삯을 사랑할 뿐, 양을 사랑하지 않기 때문이다.

10:14 내 양들을 알고 – 소중한 배려와 특별한 보살핌으로 "내 양들을 알고," **내 양들도 나를 아노라.** – 거룩한 확신과 애정으로 "나를 아노라."

10:15 아버지께서 나를 아시고, 내가 아버지를 아는 것처럼 – 말로 표현할 수 없는 연합을 함축하는 그런 지식으로 "아버지께서 나를 아시고, 내가 아버지를 아는 것처럼," **나는 양을 위하여 목숨을 버리노라.** – 현재에 관해서 말하자면, "나는 양을 위

하여 목숨을 버리노라." 왜냐하면 주님의 삶 전체는 오직 죽음을 향해 가는 길이었기 때문이다.

10:16 다른 양들이 내게 있으므로 – 그가 이미 알고 있는 "다른 양들이," **이 우리에 속하지 않은** – 유대교나 유대 민족이 아니라 이방인에 속하는, (마찬가지로) **그들도 내가 반드시 데려오리니** – 그들의 이름이 천국에 기록되어 있는 자들의 총회(總會), 곧 나의 교회로 "반드시 데려오리니," **한 무리가 되어** – (한 "우리"가 아니다. 명백한 인쇄 오류) 타락하거나 혹은 나뉘지 않고 남아있는 양 떼, 곧 "한 무리가 되어," **한 목자** – "양을 위하여 자기 목숨을 버리며,"(16절) 또 그들 가운데 어떤 삯꾼도 남겨두지 않는 "한 목자." 양 떼와 목자의 이러한 연합은 적절한 때에 완성될 것이다. 목자는 모두를 "한 무리로 데려올" 것이며, 그리고 양 떼 전체는 그 "한 목자의 음성을 듣고"(3절) 따라올 것이다.

10:17 내가 내 생명을 다시 취하려고 그것을 버리기 때문이라. – 나는 사람들의 죄를 갚기 위해서 기꺼이 죽노라. 마지막까지 그들을 의롭게 하려고 내가 다시 살아날 것이다.

10:18 내가 스스로 그것을 버리노라. – 훗날, 나 자신의 자유로운 증거물로 "그것을 버리노라." **내게는 그것을 버릴 권능도 있고 그것을 다시 취할 권능도 있노라.** – 세상의 죄에 대해 완전한 충족이 이루어진 후에, 내게는 속죄 값으로 그것을 버릴 뿐만 아니라, 그것을 다시 취할 본래의 능력과 본래의 권한이 모두 나 자신에게 속해있노라. **나는 이 명령을 내 아버지에게서 받았느니라.** – 내가 기꺼이 실행하는 "이 명령을 내 아버지에게서 받았느니라.

주님은 자신의 고난에 대해 말하기 전에 주로 아버지에 대해서 말했으며, 그 이후에야 자기 자신의 영광에 대해서 말했다. 우리 주님이 중재자로서 이렇게 아버지로부터 위임받은 사실이 자기 생명을 내려놓았다가 다시 살릴 수 있는 그 능력의 근거로 여겨질 수 없다. 왜냐하면 주님은 아버지의 위임 전에 선행적으로 그것을 처분할 수 있는 본래의 권한을 가지고 계셨으므로, 주님께는 본질상 이런 능력이 있었기 때문이다. 그러나 아버지의 위임이 그것에 따라 자기 생명을 버릴 수 있는 그의 능력을 사용하신 이유였다. 주님은 자기 아버지께 순종하여 그렇게 했다.

10:21 이것들은 귀신 들린 자의 말이 아니니라. – 역시 원래의 말씀이 실행된다.

10:22 수전절이 이르니 – 제단과 성전이 오염된 후, 유다 마카베가 제단과 성전을 제거하고 봉헌하였을 때, 그에 의해서 "수전절"이 제정되었다(마카베오상 4:59). 그러므로 우리 주님께서는 심지어 인간이 지정한 명절도 지키셨다. 최소한 우리도 그와 같은 일을 행한다면 순결한 모습이 아닌가?

10:23 솔로몬 행각에서 – 요세푸스가 우리에게 전해주는바, 솔로몬이 성전을 지었을 때, 그는 인접한 계곡 일부분을 메우고, 그 위에 동쪽을 향하여 행각(行閣)을 세웠다. 이것은 400 규빗 높이의 벽에 의해서 지탱되는 귀중한 구조물이며, 그리고 심

지어 그리스도의 죽음 이후 수년이 지난 알비누스와 아그리파 때까지 이어졌다.
10:26 너희가 내 양들에 속하지 아니하므로, 너희가 믿지 아니하는도다. – 왜냐하면 너희가 "나를 따르지"(27절) 않기 때문에, 즉 "나를 따르지" 않으려고 고집하므로, "너희가 (나를) 믿지 아니하는도다." 왜냐하면 너희가 교만하며, 경건하지 않고, 또 칭찬을 사랑하며, 세상을 사랑하고, 그리고 즐기기를 사랑하며, 하나님께 속하지 않기 때문에, "너희가 (나를) 믿지 아니하는도다."
10:27, 28, 29 내 양들은 내 음성을 들으며 나는 그들을 알고 그들은 나를 따르느니라. 등 – 우리 주님은 여전히 이 명절 전에 그가 하셨던 가르침(설교)을 언급하신다. 그가 말씀하셨던 것처럼, "내 양들은" 첫째, 믿음으로 "내 음성을 들으며," 둘째, "나는 알고 있으며"(즉, 인정하며), 셋째, "나를 따르는," 즉 믿는 마음으로 그리고 사랑하는 마음으로 내 명령을 지키는 자들이다. 그리고 첫째로, 진실로 "믿는"(즉, 세 가지 조건에 첨부하여 세 가지 언약을 지키는) 자들에게 내가 영원한 생명을 부여한다. 주님은 '내가 줄 것이다'가 아니라 '내가 준다'라고 말씀하신다. 왜냐하면 "(그를) 믿는 자마다 영생을 얻게 하시기"(28절) 때문이다. 둘째로, 진실로 나를 사랑한다고 내가 "알고 있는"(27절) 자들은 그들이 나의 사랑 안에 거한다면, "절대로 멸망하지 않을"(28절) 것이다. 셋째로, "나를 따르는"(27절) 자들을 사람들이나 혹은 마귀들조차도 결코 "나의 손에서 빼앗지 못할 것이다."(28절) 변경할 수 없는 법령으로, 믿고 사랑하며 또 순종하는 모든 자를 "내게 주신 나의 아버지께서"(29절) 하늘이나 혹은 땅에 있는 "만물보다 크시매, 아무도 내 아버지 손에서 그들을 빼앗지 못하느니라."(29절)
10:30 나와 내 아버지는 하나이니라. – 단지 의지의 동의에 의해서뿐만 아니라 능력의 연합과 그 결과 성품의 연합에 의해서 "나와 내 아버지는 하나이니라." **이니라** – 이 단어는 위격(位格)이 복수(複數)임을 보여줌으로써 사벨리우스(3세기 로마의 크리스트교 신학자, 양태적 일위설(樣態的 一位說)을 주창)가 틀렸음을 입증한다. **하나** – 이 단어는 하나님 안에 본성의 연합을 보여줌으로써 아리우스(250?–336, 알렉산드리아의 신학자, 그리스도의 신성(神性)을 부인한 Arianism 창시자)가 틀렸음을 입증한다. 세상이 시작할 때부터 이전에 어떤 예언자도 자기 자신에 대하여 단 한 가지 표현만 사용한 사람은 결코 없었다. 왜냐하면 아마도 이러저러한 표현들이 우리 주님께서 말씀하시는 것을 들었던 모든 사람에 의해서 해석되었던 것처럼 그렇게 해석될 수 있었기 때문일 것이다. 그러므로 만약 주님이 하나님이 아니라면, 그는 사람들 가운데 가장 비열한 자였음이 틀림없었을 것이다.
10:35 만약 그분께서(하나님이) **그들을 신들이라 하셨으면, 그들에게 하나님의 말씀이 임했을 것이며,** (즉, 그들에게 하나님께서 그때 말씀하셨을 것이며,) **또 성경 기록은 깨뜨리지 못할진대** – 다시 말해서, 성경 안에 기록된 어떤 말씀도 질책당하거나 혹은 거절당할 수 없다.
10:36 아버지께서 거룩히 구별하사 세상에 보내신 자인 그에게 말하느냐? – 이 거

룩히 구별하심은(이로써 그는 근본적으로 거룩한 한 분 하나님이다) 그의 임무보다 앞선 것으로서 언급되었으며, 그리고 그것과 더불어 그리스도가 가장 높은 의미에서 그렇게 부름을 받은 구약시대 사사들보다 무한히 뛰어난 하나님이셨다는 것을 의미한다.

10:38 너희가 알고 믿는 것 – 어떤 사람들에게는, 더 정확한 지식이 선행하지만, 다른 사람들에게는 더 정확한 지식이 믿음을 뒤따른다. **아버지께서 내 안에 계시고 내가 그분 안에 있음을** – "나와 내 아버지는 하나이니라."(30절) – 이 두 문장은 서로를 설명한다.

10:40 요한이 세례를 베풀던 사막 같은 **곳에 가셔서**, 그에 대한 매우 존경할 만한 증언을 하셨다.

10:41 요한은 아무 표적도 행하지 아니하였으나, – 표적은 주님을 위해 따로 둔 영광이다. 왜냐하면 요한은 주님의 전주자(前走者)였기 때문이다.

요한복음 11장

11:1 나사로라는 어떤 사람이 – 아마도 나사로는 그의 여자 형제들보다 어렸던 것 같다. 베다니는 "마리아와 (그녀의 언니) 마르다의 마을"이라고 밝히고 있으며, 나사로라는 이름은 그들 다음에 5절에서 언급되었다. 기독교 역사에 따르면, 나사로는 이제 서른 살이었으며, 그리고 그는 그리스도께서 승천하신 후 30년을 살았다.

11:2 나중에 향유를 주님께 붓고, 자기 머리털로 그분의 발을 닦던 자가 바로 그 마리아라. – 그녀는 자기 언니 마르다보다 더 많이 알려졌으며, 그래서 마리아란 이름이 언니 마르다보다 먼저 불렸다.

11:4 이 병은 죽을병이 아니라 하나님의 영광을 위한 것이니 – "이 병"의 결과는 그 단어에 대한 보통의 의미로 죽음, 곧 그의 영혼과 몸의 최종 분리가 아니라 영광스러운 하나님의 능력을 드러내시는 계기가 될 것이다.

11:7 우리가 유대로 다시 들어가자 – 전에 유대인들이 그를 돌로 치려고 했을 때, 주님께서 얼마간 물러나 계셨던(10:39, 40) 요단강 동쪽 지방으로부터, "우리가 유대로 다시 들어가자"

11:9 낮에 열두 시간이 있지 아니하냐? – 낮이 더 길든 혹은 더 짧든, 유대인들은 항상 일출부터 일몰까지의 시간을 12 간격으로 나누었다. 그래서 그들의 낮에 해당하는 시간은 여름보다 겨울에 훨씬 더 짧지만, 일 년 내내 똑같은 숫자였다. **사람이 만일 낮에 다니면, 걸려 넘어지지 아니하되** – 마치 그가 말씀하셨던 것처럼, 하나님께서 나에게 할당해주신 그러한 시간, 곧 확정적인 시간이 있었다. 그 시간 동안에는, 나를 잡으려고 쳐놓은 모든 올가미의 한 가운데서도 내가 "걸려 넘어지지 않는다." **왜냐하면 그가 이 세상의 빛을 보기 때문에** – 그러므로 나는 나를 둘러싸고 있

는 하나님의 빛을 본다.
11:10 (만약 사람이) **밤에 다니면** – 만약 그가 하나님으로부터 오는 빛이 없다면, 즉 만약 하나님의 섭리가 더는 그를 보호하지 않는다면,
11:11 우리 친구 나사로가 잠들었도다. – 막 그가 죽었을 때, 주님께서 이 말씀을 하셨다. **잠들었도다.** – 이것이 천국의 언어로 선한 사람의 죽음이다. 그러나 제자들은 아직 이 말을 이해하지 못했다. 그리고 우리의 이해가 더딤으로 인해 성경 말씀이 종종 우리의 상스러운 언어 방식으로 전락(轉落)한다.
11:16 히브리 말로 도마는, 헬라어로 디두모라고 하는데(디두모라고도 하는 도마가), 쌍둥이를 의미한다. **그분과 함께 죽으러 가자.** – 예수님과 함께 "죽으러 가자." 이렇게 말한 이유는, 도마가 유대인들이 예수님을 죽이려 할 것으로 생각했기 때문이다. 그것은 절망의 말처럼 들린다.
11:20 마리아는 그냥 집에 앉아 있더라. – 아마도 "예수님이 오신다"라고 말한 것을 듣지 못했기 때문에, "마리아는 그냥 집에 앉아 있더라."
11:22 주께서 무엇이든 (하나님께) **구하면, 하나님께서 그것을 주께 주실 것입니다.** – 그녀가 이미 믿었으므로, 주님은 나사로를 죽음에서 일으키실 수 있었다.
11:25 나는 부활이요 – 죽은 자들의 "부활이요," (또) **생명이니** – 산 자들의 "생명이니." **나를 믿는 자는 죽어도 살겠고** – 영원한 생명으로 "살겠고,"
11:32 (마리아가) **그의 발 앞에 엎드려** – 마르다는 이렇게 하지 않았다. 그러므로 마리아는 자신이 늦게 온 것 때문에 행실(行實)을 고친다.
11:33 그는 신음하시며(비통히 여기시고) – 그래서 주님은 눈물을 참으셨다. 그러므로 그는 곧 눈물을 멈추었다(38절). **괴로워하시고(불쌍히 여기사)** – 놀라울 정도로 품격 있고, 가장 높은 예의범절로 가득한 표현. 왜냐하면 예수님의 애정은 적절한 열정이 아니라 전적으로 그 자신의 능력 안에 있는 자발적인 감정이었다. 그리고 그가 이제 자발적으로 지지하는 이 애정 어린 고뇌는 가장 높은 질서와 이성으로 가득 차 있다.
11:35 예수께서 우시더라. – 죄가 인간 본성에 일으킨 깊은 참담함에서뿐만 아니라 그의 주변으로 온통 눈물을 흘리고 있는 사람들과 더불어 안쓰러운 마음에서 "예수님께서 우시더라."
11:37 눈먼 자의 눈을 열어 준 이 사람이 그 사람은 죽지 않게 할 수 없었느냐? – 그러나 그들은 주님이 그를 다시 살리실 수 있다는 사실을 결코 꿈에도 생각지 못했다. 믿음과 불신의 얼마나 생소한 혼합인가!
11:38 그것은(그 무덤은) **동굴이며** – 아브라함, 이삭, 야곱, 그리고 라헬을 제외한 그들의 아내들은 막벨라의 동굴 안에 매장되었다(창 49:29–31). 이러한 동굴들은 보통 바위 안에 있었다. 왜냐하면 자연에 의해서 움푹 파였거나 혹은 인위적으로 쪼아서 파낸 바위가 이스라엘에 아주 많기 때문이다. 그리고 동굴의 입구는 커다란 돌로 막았다. 그런데 그 돌에는 때때로 기념비적인 명문(銘文)이 적혀있었다.

11:39 주여, 지금은 그에게서 냄새가 납니다. – 그러므로 이성과 믿음이 서로 다투었다.

11:40 내가 네게 말하지 아니하였느냐? – 이 말씀으로, 그리스도께서 앞에 기록되어 있는 것보다 마르다에게 더 많이 말씀하셨던 것으로 보인다.

11:41 예수께서 눈을 들어 우러러보시고 – 마치 예수께서 자기 아버지께 도움을 의뢰하는 것처럼 보이지는 않는다. 그런 것을 조금도 보여주지 않는다. 그는 생명과 죽음의 주인으로서 절대적인 주권을 가진 모습으로 그 기적을 행하셨다. 그러나 그것은 마치 주님께서 이렇게 말씀하셨던 것이었다. '나는 당신 섭리의 처분(處分)으로 나의 능력을 행사하고 당신께 찬양을 드릴 수 있는 이렇게 놀라운 기회에서 당신께서 나의 요청을 허용해주셔서 당신께 감사드립니다.'

11:43 큰소리로 외쳐 – 그 자리에 있던 모든 사람이 들을 수 있을 정도로 "큰소리로 외쳐," **나사로야, 나오라!** – 예수께서 마치 나사로가 단지 살아있을 뿐만 아니라, 깨어 있었던 것처럼 쉽게 그를 무덤 밖으로 부르셨다.

11:44 죽은 자가 수의로 손발이 묶인 채 나오는데 – 손과 발을 각각 감싸고 있던 "수의로 묶인 채 나오는데," **그의 얼굴은 수건으로 묶였더라.** – 만약 유대인들이 이집트 사람들이 했던 것처럼 시신을 묻었다면, 그 얼굴은 수건으로 덮지 않고, 그가 자기 길을 수월하게 볼 수 있도록 단지 그 이마 둘레와 턱 아래만을 가렸을 것이다.

11:45 많은 유대인이 그분을 믿었으나 – 그러므로 우리 주님께서 말씀하신 대로, 하나님의 아들이 영광을 받았다. "이 병은 죽을병이 아니라 하나님의 영광을 위한 것이니, 하나님의 아들이 그것으로 말미암아 영광을 받으리라."(4절)

11:46 (그러나) **그중에 어떤 사람들은 바리새인들에게 가서** – 설득력 있는 진리에 대한 얼마나 무시무시한 확인인가! "그들이 모세와 선지자들의 말을 듣지 아니하면, 비록 어떤 사람이 죽은 자들로부터 일어날지라도, 그들이 설득되지 아니하리라!"(눅 16:31)

11:47 우리가 어떻게 하겠느냐? – "어떻게 하겠느냐?" 믿으라. 맞다. 하지만 죽음이 불신보다 빨리 그리스도의 권능에 굴복하다니!

11:48 모든 사람이 그를 믿을 것이요. – 그리고 그를 메시아로 받아들일 것이요. **그러면 이것이 로마 사람들을 크게 불쾌하게 만들어서, 그들이 와서, 우리의 터전을 전복시키리라**(빼앗아 가리라). – 우리의 성전을 "전복시키리라." **민족을** – 우리의 교회뿐만 아니라 국가를. 그들(대제사장들과 바리새인들)이 정말로 이것을 두려워하고 있는가? 혹은 그것이 다만 공정한 기치(旗幟, 어떤 목적을 위하여 내세우는 태도나 주장, 역자)였는가? 분명히 그것이 더는 그렇지 않았다. 왜냐하면 그들이 죽은 자를 살린 그분이 로마 제국을 정복할 수 있었다는 사실을 알지 못할 수 없기 때문이다.

11:49 그 해 – 그리스도가 죽기로 하신 "그" 기념비적인 "해." "그 해"는 다니엘의 70주간 중 마지막이자 가장 중요한 때, 즉 예루살렘의 멸망 전 마흔 번째 해였으며, 그

리고 유대 역사에서 여러 가지 이유로 명성이 높았다. 그러므로 "그 해"는 매우 유별나게 언급되었다. 가야바는 "그 해" 이전뿐만 아니라 "그 해" 이후에도 대제사장이었다. **너희가 아무것도 알지 못하며** – 그(대제사장 가야바)는 매우 명백한 사건에서 그들의 더딘 심의(審議)를 책망한다.

11:50 한 사람이 백성을 위해 죽어야 한다는 것은 편의주의적이다.(한 사람이 백성을 위해 죽는 것이 우리에게 유익한 일이다) – 따라서 하나님께서 그(가야바)의 말을 무효화하셨다. 왜냐하면 "그는" 단지 그 자신의 영으로 "스스로 이 말을 하지 아니하고"(51절), "예언의 영으로 이 말을 하였다." 그러므로 그는 자신도 모르게 빌라도가 그리스도의 왕의 직무에 대해서 했던 것만큼 분명하게 제사장들에게 증언하였다.

11:52 그분께서 하나님의 자녀들을 함께 모아 하나가 되게 하려고 – "하나의" 교회가 ""되게 하려고, **널리 흩어진 모든 하나님의 자녀들을** – 모든 시대에 걸쳐서 그리고 모든 나라에 걸쳐서 "널리 흩어진 하나님의 자녀들을 모아 하나가 되게 하려고."

11:55 많은 사람이 자기를 정결하게 하려고 예루살렘으로 올라가니라. – 그들은 자신들이 유월절(음식)을 먹는 데(출 12:7, 8) 대한 모든 방해물을 제거하기 위해서 "자기를 정결하게 하려고 예루살렘으로 올라가니라."

요한복음 12장

12:1 유월절 엿새 전에 – 즉, 유대인들에 의해서 '대 안식일'이라고 불렸던 안식일에. 고대에는 이 일주일 전체를 '크고 거룩한 주간(週間)'이라고 칭했다. **예수님께서 이르셨는데** – 에브라임으로부터(11:54) "이르셨는데,"

12:2 다음절에서 언급된 비싼 향유로부터 뿐만 아니라, 나사로의 죽음에 대한 방문과 애도 시에 그녀와 그녀의 여동생에게 보였던 큰 존경심으로부터, 마르다가 상당한 인물이었던 것처럼 보인다. 그리고 주님이 예루살렘에서 베다니로 돌아오셨을 때, 아마도 주님 삶의 마지막 주간 동안 저녁마다 지금 들어가 계셨던 바로 그 두 자매의 집에서 주님과 제자들이 숙박했을 것이다.

12:3 그때 마리아가 매우 값진 나드 향유 한 근을 가져다가 – 그리스도께 향유를 부은 두 사람이 있었다. 한 사람은 예수님의 사역 초기에 나인 성에서 혹은 그 근처에서(눅 7:37 등) 그리고 다른 한 사람은 주님의 마지막 "유월절 엿새 전에" 베다니에서 예수께 향유를 부었다. 그 일화가 마태복음과 마가복음뿐만 아니라 여기에도 기록되어 있다.

12:7 나를 장사지낼 날을 대비하여 – 이제 가까이 다가온 "장사지낼 날을 대비하여"

12:10 대제사장들이 어떻게 나사로까지 죽일까 모의하니 – 나사로가 살아있는 동안에는, 복음서를 기록한 다른 저자들이 자신의 이야기를 들려주지 않았던 분명한 이유가 여기에 있다.

12:12 그다음 날 – 일요일에, **명절에 온 많은 사람이** – 이 군중은 예루살렘에 사는 사람들이 아니라 주로 갈릴리에서 온 사람들로 이루어졌다.

12:15 두려워하지 말라. – 왜냐하면 주님의 온유하심으로 그가 오신 목적을 방해하지 못하게 만드실 뿐만 아니라, 두려움을 불가능하게 하시기 때문이다.

12:16 그의 제자들은 처음에 이것들을 깨닫지 못하였으나 – 하나님의 섭리에 대한 믿음의 위대한 역할은 "우리가 지금은 알지 못하나, 나중에는 알게 될"(요 13:7) 그러한 것들을 받아들이는 것이다. **예수께서 영광을 받으신 뒤에** – 주님이 승천하실 때

12:17 그가 나사로를 그의 무덤에서 불러내어 – 요한 사도는 기적이 행해지는 수월함만큼이나 기적의 중대함을 얼마나 훌륭하게 표현하고 있는가? 가장 웅장한 사건들에 대해 명명하는 성경의 평이함은 모든 웅변가의 장려(壯麗)함보다 더 장엄하다.

12:18 많은 사람이 그분을 맞이하였으니, 이는 그들이 들었기 때문이더라. – 그 기적을 목격했던 사람들에게서 "들었기 때문이더라." 그러므로 잠깐 지나서, 주님의 앞에 가는 자들뿐만 아니라 주님을 따라가는 자들이 서로 합쳐졌다.

12:20 어떤 그리스 사람들이 – 이방인 교회의 전조(前兆). 이 사람들이 할례를 받았던 것 같지 않다. 그러나 그들은 이스라엘의 하나님을 "경배하기 위한" 목적으로 "올라왔다."

12:21 이 사람들이 갈릴리의 벳새다 사람 빌립에게 가서 – 아마도 그 그리스 사람들이 예루살렘을 향한 자신들 여정에서 그곳에 숙박하곤 했던 것으로 보인다. 아니면, 그들은 갈릴리 사람이 유대인보다 여기에서 자신들을 위해 기꺼이 일하리라 생각했을 것이다. **선생이여** – 그들은 자신들이 거의 아는 바가 없는 사람에 관하여 빌립에게 말을 걸었다. **우리가 예수님을 뵙기를 원하나이다.** – 겸손한 요청. 그들은 예수께서 자기들과 대화할 수 있는 시간이 좀처럼 없을 것으로 생각했다.

12:23 인자가 영광을 받을 때가 왔도다. – 아버지와 함께 그리고 모든 피조물이 보는 가운데, "인자가 영광을 받을 때가 왔도다." 그러나 그는 먼저 고난을 받아야만 한다.

12:24 한 알의 밀이 땅에 떨어져 죽지 아니하면 – 최근에 나사로의 부활은 우리 주님께서 이 주제에 관하여 언급할 자연스러운 기회를 제공하였다. 그리고 자신의 무한한 지식에 걸맞게, 주님은 그렇게 많은 셀 수 없는 씨앗들로부터 이 땅에서 죽은 거의 단 한 알만을 선택하셨다. 그러므로 그 "한 알의 밀"은 주님이 그것을 사용하는 목적에 특별하게 맞추어진 대단히 적절한 유사성이었다. 그와 같은 낟알은 수수와 큰 콩을 제외한 다른 어떤 곡물에서도 발견되지 않는다.

12:25 자기 생명을 사랑하는 자는 – 하나님의 뜻 이상으로 "자기 생명을 사랑하는 자는" 영원히 "그것을 잃을 것이요." (그리고) **자기 생명을 미워하는 자는** – 하나님의 뜻에 비교하여 "자기 생명을 미워하는 자는 그것을 간직하리라."

12:26 그는 나를 따를지니라. – 자기 생명을 미워함으로써 "나를 따를지니라." **내가**

있는 곳에 – 천국에, **어떤 사람이 나를 섬기면** – 그것 때문에, "내 아버지께서 그를 귀히 여기시리라."

12:27 지금 내 영혼이 괴로우니 – 주님께는 자신의 고난에 대하여 여러 가지 느낌이 있었다. **내가 무슨 말을 하리오?** – 내가 무엇을 선택하리오? 왜냐하면 주님의 마음은 자기 아버지의 뜻을 선택하기로 정했기 때문이다. 그러나 주님은 다음의 두 가지 구절을 말하려고 애쓰고 있었다. **이때로부터 나를 구원하여 주옵소서.** – **내가 이런 까닭으로 왔나이다.** – 세상으로 "왔나이다." 주님은 "이 (고난의) 때"를 위해서 한순간 자신의 마음을 훑어보셨던 것으로 보인다. 그러나 인간의 언어로는 그것을 그렇게 표현할 수밖에 없었다.

12:28 아버지여, 아버지의 이름을 영화롭게 하옵소서! – **내가**(하나님) **이미 그것을 영화롭게 하였고** – 내가 "이때"를 시작함으로써, "이미 그것을 영화롭게 하였고," **내가**(하나님) **다시 영화롭게 하리라.** – 내가 그것을 통과해 지나감으로써 "다시 영화롭게 하리라."

12:29 곁에 서서 그것을 들은 사람들은 – 뚜렷한 말소리는 아니지만, 그 음성을 "들은 사람들은." 가장 영광스러운 계시들 가운데 우리의 믿음을 단련하기 위하여 이해하기 힘든 것이 남아있을 수 있다. **천둥이 쳤다고도 하며** – "천둥"이 하늘에서 나는 음성에 자주 수반(隨伴)되었다. 아마도 그것은 지금도 그랬던 것 같다.

12:31 이제 – 이 순간. 그리고 이 순간부터 그리스도께서 자신의 세례가 완성될 때까지 점점 더 목이 마르신다. **이 세상에 대한 심판이 있으니** – 다시 말해서, 지금 이 세상에 관하여 주어진 심판의 때다. 세상은 심판의 대상이 될 것이다. **이제 이 세상의 통치자가** – 사탄이 "이 세상의 통치자"이다. 왜냐하면 사탄이 죄와 죽음으로 세상의 소유권을 획득했기 때문이다. **쫓겨나리라.** – 다시 말해서, 심판받고, 정죄(유죄선고) 받고, 그의 소유권으로부터 그리고 그리스도 왕국의 경계 밖으로 "쫓겨나리라."

12:32 내가 땅에서 들리면 – 이것은 죽음을 의미하는 히브리어 특유의 표현이다. 일반적으로 죽음은 거기에 보통 내포되는 모든 것이다. 그러나 우리 주님은 등가(等價)의 의미를 가진 다른 것들이 아니라, 이 구절 "내가 땅에서 들리면"을 사용하셨다. 왜냐하면 이 말이 주님의 특유한 죽음 방식에 매우 잘 어울렸기 때문이다. **모든 사람을 내게로 이끌리라.** – 유대인들뿐만 아니라 이방인들도 "내게로 이끌리라." 그리고 내가 이끌 때 따라오는 자들을 사탄이 지킬 수 없을 것이다.

12:34 너는 어찌하여, 인자가 반드시 들려야 하리라 하느냐? – 이러한 일들을 어떻게 받아들일 수 있는가? 매우 쉽다. 인자는 먼저 죽으시고, 그다음에 "영원히 거하신다." **이 인자는 누구냐?** – 그가 바로 그리스도인가?

12:35 예수께서 그들에게 이르시되, – 그들의 질문에 직접적인 대답을 하지 않으시고, 그들에게 그들이 이미 들었던 것을 제대로 활용하라고 권면하신다. **그 빛** – 나

와 나의 가르침.
12:36 빛의 자녀들 – 지혜롭고, 거룩하고, 행복한 하나님의 자녀들.
12:37 그가 이렇게 많은 기적을 그들 앞에서 행하셨음에도 불구하고 – 그래서 그들이 그 기적들을 목격할 수밖에 없었지만
12:38 주의 팔 – 그리스도의 가르침들, 표적들, 그리고 구원 사역에서 그리스도에 의해서 나타난 하나님의 권능.
12:39 그러므로 그들이 능히 믿지 못하였으니 – 다시 말해서, 진리에 대한 그들의 완강한 고집과 그들의 적대적인 태도에 대한 하나님의 공의로운 심판으로, 그들은 마침내 자기 마음의 강퍅함에 사로잡혔기 때문에, 주님의 기적들뿐만 아니라 주님의 가르침도 그들에게 어떤 감명을 줄 수 없었다.
12:41 이사야가 그의 영광을 보았을 때 – 그리스도의 "영광을 보았을 때"(사 6:1 등). 그리고 그것이 거기에서 지존하신 하나님 여호와, 곧 주의 영광에 대하여 분명하게 언급되고 있다.
12:44 예수께서 외쳐 이르시되 – 이 장의 마지막까지 이어지는 이 말은 사도 요한에게 있어서 우리 주님의 군중 설교(가르침)를 끝맺는 말이며, 또한 그 군중 설교에 대한 일종의 요점 반복이다. **나를 믿지 아니하고** – 오직 나만을 믿지 아니하고, "나를 보내신 분을 믿는다." 왜냐하면 아버지께서 아들을 보내셨기 때문이며, 그리고 아들과 아버지는 하나이기 때문이다.
12:45 나를 보는 자는 – 믿음의 눈으로 "나를 보는 자는"
12:47 내가 그를 심판하지 아니하노라. – 지금은 "그를 심판하지 아니하노라." "이는 내가 세상을 심판하러 오지 아니하였기 때문이다." 보라! 그리스도께서 마침내 멸망하게 될 자들까지도 "구원하러 오셨다!" 심지어 이들도 이 "세상"의 구성원이다. 그리스도는 그들을 위해서도 사셨고, 또 돌아가셨다.
12:50 그의 명령이 – "그의 명령"을 지키면, **영원한 생명이다.** – 다시 말해서, "영원한 생명"으로 가는 길이며, 또한 "영원한 생명"의 시작이다.

요한복음 13장

13:1 유월절 전에 – 즉, 유월절 주간의 수요일에, **자기 사람들을 사랑하시되** – 그의 제자들을 "사랑하시되," (그들을) **끝까지 사랑하시니라.** – 자기 생명의 "끝까지 사랑하시니라."
13:2 이제 넣었더라. – 아마도 "이제" 처음으로 "넣었더라."
13:3 예수께서 아시고 – 비록 자기 자신의 탁월함을 자각하고 계셨지만, 자기 자신을 낮추셨다.
13:4 겉옷을 벗어놓고 – 그를 방해할 수 있었을 "겉옷을 벗어놓았다."

13:5 대야에 – 유대인들이 저녁을 먹는 곳마다, 보통 큰 대야가 바로 이러한 목적으로 놓여있었다.

13:7 내가 하는 것을 네가 지금은 알지 못하나, 나중에는 알리라. – 우리가 "지금은" 그의 일의 어느 것도, 곧 창조나, 섭리나 혹은 은총을 완벽하게 "알지 못하나." 우리가 "지금은" 사랑하고 순종할 수 있으며, 그리고 우리가 "나중에 알게 되는" 것으로 충분하다.

13:8 내가 너를 씻어 주지 아니하면, – 만일 네가 나의 뜻을 따르지 않는다면, **네가 나와 아무 상관이 없느니라.** – 너는 나의 제자가 아니다. 좀 더 일반적인 의미에서, 이렇게 의미할 수도 있다. '만약 내가 나의 피로 너를 씻기고, 또 나의 영으로 너를 정결하게 하지 아니하면, 너는 나와 전혀 교통(交通)할 수 없으며, 또 내 왕국의 축복에서 어떤 분깃도 차지할 수 없느니라.'

13:9 주여, 내 발뿐 아니라 – 인간은 얼마나 흔쾌히 하나님보다 더 지혜로워지려 하는가! 그러나 이것이 비록 무지한 열망이지만 좋은 뜻에서 나온 것이다.

13:10 그러므로 **이미 씻은 자(너희)는 모든 곳이 깨끗하므로 발밖에 씻을 필요가 없느니라. 발을 씻는다** – 다시 말해서, 거룩하게 그리고 순결하게(더럽혀지지 않게) 걸어가도록 "발을 씻는다."

13:14 너희도 서로 발을 씻어 주는 것이 마땅하니라. – 그런데 왜 그들을 그렇게 하지 않았을까? 왜 우리는 어떤 한 제자가 다른 제자의 발을 씻어 준 적이 있다는 것에 대해 읽은 사실이 없을까? 왜냐하면 그들은 자기 주님을 더 잘 이해했었기 때문이다. 제자들은 예수께서 이것이 마땅히 문자 그대로 받아들여지기를 의도하지 않았다고 알고 있었다. 주님은 제자들에게 마음속의 정결함을 부여할 뿐만 아니라, 그들에게 겸손한 사랑에 대한 위대한 교훈을 가르치려고 의도했다. 그리고 여기에서 주님은 우리에게 두 가지를 가르쳐주신다. 첫째, 그런 정결함을 얻는 데 있어서 가능한 모든 방법으로 서로를 돕는 것이며, 둘째, 적당한 기회가 생기고 또 그들에게 어떤 불가피한 요청이 있을 때, 서로에게, 그리고 심지어 가장 천한 사람들에게 온갖 종류의 선한 직무를 수행함으로써 서로의 발을 씻어 주는 것이다.

13:16 종이 자기 주인보다 크지 못하고 – 혹은 그러므로 똑같은 일을 행하거나, 혹은 똑같은 일을 당하는 것에 대해 마땅히 중요하게 여기지 못하고.

13:18 내가 너희 모두를 가리켜 말하지 아니하노니 – 내가 너희는 행복하다고 말할 때, "내가 너희 모두를 가리켜 말하지 아니하노니." "나는 내가 택한 너희 열둘을 아노라." "너희 중의 한 사람이 나를 팔리라."(21절) 그리고 그것으로 그 성경 말씀이 성취될 것이다.

13:20 그리고 나는 나의 대사(大使)들인 너희들에게 내 명예를 건다.

13:21 너희 중의 하나가 – 처음에 이처럼 명확히 지목하지 않고 말씀하는 것은 그들 모두에게 얻는 것이 많을 수 있었다.

13:23 예수님의 품에 기대어 있으므로 – 다시 말해서, 식탁에서 예수님 옆에 앉아 있었다. 이 구절은 단지 식사 자리에서 손님들 모두가 긴 의자에 몸을 옆으로 기대는 그 당시 관습적인 자세를 표현하고 있다. 그리고 각 사람은 자신의 위쪽 옆으로 있는 사람의 "품에 기대라"고 하는 말을 듣는다. **예수께서 사랑하시는 제자 하나가** – 사도 요한은 자기 자신을 분명하게 거명(擧名)하는 것을 매우 조심스럽게 피한다. 아마도 우리 주님은 이제 그에게 이 비밀을 밝힘으로써 그의 유별난 사랑의 첫 번째 증거를 그에게 주셨을 것이다.

13:24 시몬 베드로가 – 제자들 사이에서 계신 예수님의 뒤에 있는 "시몬 베드로가"

13:25 몸을 숙이고, 그래서 예수께 은밀히 묻고 있다.

13:26 예수께서 대답하시되, – 그의 귀에 대고 "대답하시되." 주님은 (그것이 가능했다면) 심지어 유다 자신의 기분을 상하게 하지 않으려고 매우 조심하셨다. **빵 한 조각을** – 예수께서 말씀하시는 동안, 직접 들고 계셨던 "빵 한 조각을," (그가) **유다에게 주시니라.** – 그리고 아마도 다른 제자들은 유다가 유별나게 행복할 것으로 생각했다! 그러나 심지어 우리 주님의 이렇게 다정하신 모습도 그의 마음을 움직일 수 없었을 때, 그때 사탄은 그를 완전히 손아귀에 잡았다.

13:27 네가 하는 일을 속히 하라. – 이것은 허락이 아니며, 하물며 명령은 더더욱 아니다. 단지 '만약 네가 그것을 하기로 작정한다면, 왜 지연시키느냐?'라고 말씀하셨던 것으로 보인다. 이로써 주님은 자신에게 숨길 수 없음을 유다에게 표명하고, 그리고 자신이 기꺼이 고통받을 것이라고 말씀하신다.

13:28 아무도 그가 무슨 뜻으로 그에게 이것을 말씀하셨는지 알지 못하고 – 요한과 유다를 제외하고 "아무도 알지 못하고"

13:30 그(유다)**가 곧 나가니** – 대제사장들에게로 "나가니." 그는 나중에 돌아왔으며, 그리고 비록 주님의 만찬 자리에는 참여하지 않았지만, 그들이 유월절 음식을 먹을 때, 그들과 함께 있었다(마 26:20).

13:31 그가 나간 뒤에 예수께서 이르시되, – 즉, 그다음 날, 곧 목요일 아침에. 이른바, 다음 장에서 계속되는 가르침을 위한 장면이 여기에서 공개되었다. **이제** – 내가 이것을 말하는 동안, **인자가 영광을 받았고** – 인자의 영광스러운 구원 사역을 전적으로 시작하셨다. 이것은 매우 거룩하고 승리를 거두는 방식으로 주님의 고난에 속하는 영광과 명백하게 관련된다.

13:33 너희가 오지 못하리라. – 아직은 "너희가 오지 못하리라." 아직은 그것의 기회가 무르익지 않았다.

13:34 새 계명 – 본질적으로 새로운 "계명"은 아니다. 그러나 그리스도의 제자들에게는 새로운 "계명"이다. 왜냐하면 그는 결코 전에 그들에게 그것을 분명하게 가르친 적이 없었기 때문이다. 그것의 정도(程度)에 관하여, "내가 너희를 사랑한 것처럼"과 마찬가지로 새로운 "계명"이다.

13:36 시몬 베드로가 이르되, 주여, 어디로 가시나이까? – 사도 베드로는 그리스도께서 유대인들에 의해서 거부당했기 때문에, 아무 소란이 없이 그가 그리스도의 나라에 대해 가졌던 전체 견해에 따라 그가 다스릴 수 있는 이 세상의 다른 어떤 지역으로 가실 것으로 생각했던 것 같다. **네가 지금은 나를 따라올 수 없으나** – 그러나 베드로는 주님의 말씀을 믿으려 하지 않았다. 그런데 베드로는 실제로 주님을 따라갔다(18:15). 그러나 그는 멀찌감치 떨어져 있었다. 그래서 그는 큰 손실이 없지 않았다.
13:38 수탉이 울지 않을 것이다. – 다시 말해서, "네가 나를 세 번 부인할 때까지," 수탉의 울음이 그치지 않을 것이다. **네가 나를 세 번 부인할 때까지** – 그가 세 차례 부인한다고 세 번 예언되었다. 첫째, 여기에서 언급된 시간에, 둘째, 사도 누가에 의해서 언급된 시간에, 마지막으로, 사도 마태와 마가에 의해서 기록된 시간에 예언되었다.

요한복음 14장

14:1 너희는 마음에 근심하지 말라. – 내가 떠날 때, "너희는 마음에 근심하지 말라." **믿으라.** – 이것이 그의 모든 가르침의 총합이다. 왜냐하면 그들이 진실로 믿음을 가질 때까지(16:30) 모든 가르침을 주님께서 강력히 권고하셨기 때문이다. 그리고 그때 우리 주님은 기도하고 출발하신다.
14:2 내 아버지 집에 거할 곳이 많도다. – 거룩한 천사들뿐만 아니라, 너희 믿음의 선진(先進)들, 지금 믿고 있는 모든 사람, 그리고 아무도 셀 수 없는 엄청난 군중을 받아들일 정도로 충분히 "거할 곳이 많도다."
14:4 그 길을 너희가 아느니라. – 믿음의 길, 성화의 길, 고난의 길을 "너희가 아느니라."
14:5 도마가 이르되, – 총체적인 의미에서 그를 받아들이며 "도마가 이르되,"
14:6 그 길에 관한 질문에 대해서, 주님께서 **내가 곧 길이요** 대답하신다. 지식에 관한 질문에 대해서, 주님이 **내가 곧 진리요** 대답하신다. "어디로 가십니까?"라는 질문에 대해서, 주님께서 **내가 곧 생명이요** 대답하신다. 첫 번째 질문에 대해서 이 절에서 다뤄지며, 두 번째 질문은 7–17절에 다뤄지고, 그리고 세 번째 질문은 18절 등에서 다뤄진다.
14:7 너희가 나를 알았더라면 – 너희가 나를 알기 시작했더라면,
14:10 내가 아버지 안에 있고 – **내가 너희에게 이르는 말들은 내가 스스로 하지 아니하느니라.** – 다시 말해서, 나는 본질에 있어서, 말하는 데 있어서, 행동하는 데 있어서, 아버지와 하나다.
14:11 나를 믿으라. – 나 자신의 말을 "믿어라." **내가 스스로 존재하기 때문에** – 하나님이기 때문에, **그 일** – 이것은 단지 표적 자체뿐만 아니라, 그의 주권, 곧 '표적을

행하는 하나님'과 같은 방식에 관련된다.
14:12 (그가) **이것들보다 더 큰 일들도 하리니** – 그리므로 한 사도는 단지 그의 "그림자"(행 5:15)로 기적을 행했고, 또 한 사도는 "그의 몸에서 가져간 손수건"(행 19:12)으로 기적을 행했으며, 그리고 모든 사도가 방언(方言)으로 말했다. 그러나 죄인 한 사람을 변화시키는 것이 이러한 모든 것보다 더 큰 일이다(눅 15:10 참조). **이는 내가 내 아버지께로 가기 때문이라.** – 너희에게 성령을 보내주기 위하여 "아버지께로 가기 때문이라."
14:15 너희가 나를 사랑하면 내 명령들을 지키라. – 믿음을 가진 후 곧바로, 주님은 사랑과 선행을 촉구하신다.
14:16 내가 아버지께 구할 터인즉 – 21절에서는 이 절과 이전 절들 사이의 연결을 보여준다. **그분께서 다른 보혜사**(위로자)**를 너희에게 주사** – "보혜사"에 대한 헬라어 단어는 또한 '옹호자,' '교사,' 혹은 '격려자'를 가리킨다. **다른** – 왜냐하면 그리스도가 직접 한 위로자이기 때문에, **영원토록 너희와 함께 거하게** – 너희와 함께 그리고 세상 끝까지 믿음으로 너희를 따르는 자들과 함께.
14:17 진리의 영 – "진리의 영"은 진리가 예수 안에 있는 대로, 그 진리를 얻고, 드러내고, 그리고 옹호한다. **세상은 그를** – 하나님을 사랑하지 않거나 혹은 하나님을 두려워하지 않는 모든 사람이 "그를," **받아들이지 못하나니, 이는 세상이 그를 보지도 못하고** – 영적 감각이 전혀 없고, 그를 분별하는 내면적인 눈도 없으며, 또한 계속해서 "그를 알지도 못하기 때문이라." **그가 너희 속에 계실 것이기 때문이라.** – 변함없는 손님으로서. 너희의 몸과 영혼은 "너희 속에 거하시는" 성령의 전(殿)이 될 것이다.
14:18 내가 너희를 고아와 같이 버려두지 아니하고 – 사랑하는 어떤 친구를 잃은 사람들에게 고상하게 적용되는 말이다. **너희에게로 오리라.** – 마치 이미 있었던 것처럼, 우리 주님이 확실하게 그리고 신속하게 있었던 것에 대해 말씀하신다.
14:19 그러나 너희는 나를 보리니, – 다시 말해서, "너희는" 틀림없이 "나를 볼 것이다." **내가 살아 있으므로, 너희도 살리라.** – 나는 내 신적 본성으로 살아있는 자이며, 또 인간 본성으로 다시 살아나며, 그리고 천국에서 영원히 살 것이기 때문에, "너희도 살리라." 그러므로 너희는 이 땅에서 믿음과 사랑의 삶을 살아갈 것이며, 그리고 장차 영광의 삶을 살게 될 것이다.
14:20 그날에는 – 내가 부활한 후 너희가 나를 볼 때, 그러나 더욱 특별하게는 성령 강림절 날에
14:21 나의 계명을 지키는 자 – 그의 마음 판에 기록된 "나의 계명을 지키는 자," **그에게 나를 나타내리라.** – 더욱 충분히 "나를 나타내리라."
14:23 예수께서 대답하여 – 왜냐하면 너희가 나를 사랑하며, 또 나에게 순종하고, 그러나 그들은 그렇지 아니하니, 그러므로 내가 너희에게 나 자신을 드러낼 것이요, 그러나 그들에게는 드러내지 않을 것이다. **내 아버지께서 그를 사랑하실 것이요** –

누구든지 더 많이 사랑하고, 더 많이 순종하면, 하나님께서 더욱더 그를 사랑하실 것이다. **우리가 그에게 가서 우리의 거처가 그와 함께 있게 하리라.** – 이것은 신적인 임재하심과 신적인 사랑이 대단히 크게 나타남을 의미하므로, 칭의에 있어서 신적 임재(臨在)는 그것에 비하면 아무것도 아니다.

14:26 내 이름으로 – 나를 위하여, 나의 자리에서, 그리고 나의 대행자로서, **그가 너희에게 모든 것을 가르칠 것이다.** – 너희가 알아야만 하는 "모든 것을 가르칠 것이다." 이것은 사도들에게 그리고 그들의 믿음의 후계자들에게 그들의 구원을 위해서 필요한 "모든" 진리를 성령께서 "가르칠" 것이라는 분명한 약속이다.

14:27 내가 너희에게 평안을 남기노니 – 일반적으로 "평안을," 하나님과 너희 자신의 양심과 "평안을 남기노니," **나의 평안** – 특별히 내가 누리는 평안, 그리고 내가 만들어낸 그 평안, **내가 너희에게 주노니** – 바로 이 순간 "너희에게 주노니," **세상이 주는 것과 달리** – "세상이 주는 것"은 만족감을 주지 못하고, 불안정하고, 일시적이지만, 그러나 끊임없이 차분한 평온함으로 영혼을 채우는 "주님의 평안." 주여, 우리에게 이러한 평안을 더욱더 주옵소서! 모든 것이 내적으로 고요하고 조화로울 때, 가장 심하게 요동치는 인생의 현장을 얼마나 차분하게 지나갈 수 있겠습니까? 주님은 자신의 십자가 보혈로써 화평을 이루셨습니다. 그것이 영원히 지속되는 평안 속에서 흘러나올 때까지, 그 헤아릴 수 없는 은사가 존중되도록 유지하기 위해서 모든 노력을 기울이게 하옵소서!

14:28 내 아버지께서 나보다 크시니라. – 주님이 인간이었으므로, "내 아버지께서 나보다 크시니라." 하나님으로서는, 어느 분도 다른 분보다 더 크거나 혹은 더 작지 않다.

14:29 내가 너희에게 말한 것은 – 내가 가서, 다시 오는 것에 대해 "너희에게 말한 것은"

14:30 이는 이 세상의 통치자가 오기 때문이니라. – 그 자신의 오만한 공격을 감행하기 위해서 "이 세상의 통치자가 오기 때문이니라." **그러나 그는 내 안에서 아무것도 취하지 못하느니라.** – 어떤 권한이나, 어떤 권리나, 혹은 어떤 능력도 "내 안에서 취하지 못하느니라." "내 안에는" 죄책감이 전혀 없어서, 나를 지배할 능력을 그에게 내어줄 수 없으며, 또 "내 안에는" 어떠한 타락도 없으므로, 그의 유혹에 빠져들 수 없다.

14:31 그러나 나는 이처럼 그(이 세상의 통치자)가 나를 공격하는 것을 용납한다. 왜냐하면 첫째, 그것이 아버지께서 나에게 위임하신 일(10:18)이기 때문이며, 그리고 둘째, "죽기까지 복종하시면서"(빌 2:8) 아버지에 대한 나의 사랑을 세상 사람들에게 확신시키기 위해서다. **일어나라. 우리가 여기를 떠나자"** – 예루살렘 성안으로, 유월절을 위해 "떠나자." 13장 31절("이제 인자가 영광을 받았고, 하나님께서도 그 안에서 영광을 받으셨도다.")에서 언급되었던 모든 말씀이 예루살렘 성밖에서 목요일에 이루어지고

언급되었다. 그러나 본 장의 15절, 16절, 그리고 17절에 나오는 말씀은 "기드론 시내 건너편으로 나가시기"(18:1) 직전에 바로 유월절 저녁에 성안에서 선포되었다.

요한복음 15장

15:1 나는 참 포도나무요 – 그러므로 "참 빵"(6:32)이요, 가장 탁월하다.

15:2 열매를 맺는 모든 가지는 깨끗하게 하사 – "진리를 순종함으로"(벧전 1:22) 그리고 내적인 혹은 외적인 "고난을 통하여"(히 2:10) "깨끗하게 하사." 따라서 정결함과 열매 맺음은 서로를 돕는다. **그것이 더 많은 열매를 맺게 하시느니라.** – 왜냐하면 이것이 우리를 훨씬 더 거룩하게 하며, 또한 더욱 멀리 섬기고, 더욱 탁월하게 섬기는 데 적합하게 하려고, 하나님께서 이전에 순종한 행동들에 대해 수여하시는 가장 고귀한 보상들 가운데 하나이기 때문이다.

15:3 깨끗하게 되었으니 – 내가 지금 말을 건네는 너희 모두의 죄책과 죄의 능력은 깨끗이 씻겼다. **내가 일러 준 말로** – 성령에 의해 적용된 "말(씀)"은 영혼을 정화하기 위한 중요한 도구다.

15:4 내 안에 거하라. – 이제 모든 거룩함을 일으키는 살아있는 믿음으로 정화된 너희는 "내 안에 거하라." 오직 살아있는 믿음으로만 너희는 "내 안에 거할" 수 있다.

15:5 나는 포도나무요, 너희는 가지니라. – 이 구절에서 우리 주님은 그와 연합된 적이 전혀 없는 가지가 아니라, 살아있는 믿음으로 지금 연합되어 있거나, 혹은 한때 연합되었던 가지를 언급하신다.

15:6 사람이 내 안에 거하지 아니하면 – 살아있는 믿음으로 "내 안에 거하지 아니하면." 단지 교회 성찬식에 의해서만 "그리스도 안에 거하는" 것이 아니다. 그는 이처럼 그리스도 안에 거할 수 있지만, 내내 "시드나니," 그래서 마침내 "불 속에 던져진다." **그는 가지처럼 버려져서** – 포도원, 곧 눈에 보이지 않는 교회 밖으로 "버려져서." 그러므로 그는 한때 그 포도원 안에 있었다.

15:7 너희가 내 안에 거하면, 너희가 원하는 바를 구하라. – 기도자들은 그 자체로 믿음의 열매이며, 그리고 그들은 더 많은 열매를 맺는다.

15:8 이로써 너희가 내 제자가 되리라. – 제자라고 불릴 자격이 있다. 그리스도의 제자가 되는 것이 기독교의 기초일 뿐만 아니라 기독교의 절정이다.

15:9 너희는 내 사랑 안에 거하라. – "내 사랑 안에" 너희 자리를 유지하라. 너희는 그 귀중한 복을 박탈당하지 않도록 확실히 지켜라. 만약 "내 사랑 안에 거하라"라는 것이 사람들에게 불가능하다면, 그것은 정말 불필요한 경고가 아닌가?

15:10 너희도 내 계명을 지키면, 내 사랑 안에 거하리라. – 다른 어떤 것이 아니라, 바로 이러한 조건으로, 너희는 나의 특별한 사랑의 대상으로 남아있을 것이다.

15:11 내 기쁨이 너희 안에 머물러있어 – 아버지를 사랑하는 데 있어서, 그리고 그의

계명을 지키는 데 있어서, 내가 느끼는 것과 똑같은 "기쁨이 너희 안에 머물러있어"
15:12 만일 너희가 "서로 사랑하면," "너희 기쁨이 충만하게"(11절) 될 것이다.
15:13 더 큰 사랑 – 그의 친구들에 대한 "더 큰 사랑." 여기에서 주님은 단지 제자들에 대해서만 언급하신다.
15:14 무엇이든지 내가 너희에게 명령하는 것을 너희가 행하면, 너희가 나의 친구니라. – 이러한 조건으로만, "너희가 나의 친구니라." 그 외에는 안 된다. 우레와 같은 반율법주의(反律法主義)다. 그러면 하나님의 사랑은 인간의 공로에 절대 의존하지 않는다고 누가 감히 주장하겠는가?
15:15 모든 것" – 너희에게 도움이 될 수 있는 "모든 것"
15:16 너희가 나를 택한 것이 아니요, 내가 너희를 택하여 – 신성한 역사(歷史)로부터 분명하게 드러나듯이, **그리고 너희를 세웠나니, 이것은 너희가 가서 열매를 맺게 하고** – 이러한 목적으로, 곧 너희가 가서 죄인들을 회개시킬 수 있도록, 내가 "너희를 택하고" 또 "너희를 세웠나니," **또 너희 열매가 남아있게 하려 함이요.** – "너희" 수고의 "열매가" 이 세상 끝까지, 더 나아가, 영원까지 "남아있게 하려 함이요." **너희가 내 이름으로 아버지께 무엇을 구하든지** – 너희가 가서 열매를 맺은 결과로, 하나님께서 너희의 모든 기도를 들으실 것이다.
15:19 왜냐하면 너희가 세상에 속하지 아니하였으므로, 세상이 너희를 미워하느니라. – 왜냐하면 너희의 좌우명, 기질, 행동이 세상 사람들과 정반대이기 때문에, "세상이 너희를 미워하느니라." 바로 그와 똑같은 이유로, 모든 시대에 "세상은 세상에 속하지 않는 사람들을 미워한다."
15:21 이 모든 일을 너희에게 행하리니, 이는 그들이 나를 보내신 그분을 알지 못하기 때문이라. – 그리고 모든 시대에 그리고 모든 나라에서, "하나님을 알지 못하는 자들은" 이러한 이유로 하나님을 아는 사람들은 미워하고 또 박해하려고 한다.
15:22 그들에게 죄가 없었으려니와 – 이러한 점에서 "죄가 없었으려니와"
15:23 나를 미워하는 자 – 모든 불신자가 그렇듯이, "나를 미워하는 자." 왜냐하면 하나님의 사랑이 믿음에서 분리될 수 없는 것처럼, 하나님의 미움도 불신앙에서 분리될 수 없기 때문이다.
15:26 내가 아버지로부터 너희에게 보낼 보혜사, 곧 아버지에게서 나오는 진리의 영이 오실 때에, 그가 나에 대해 증언하실 것이요. – "성령이 오심," 그리고 "주님에 대해 증언하려고, 아버지에게서" 우리 주님에 의해 "보냄 받으심"에서 위격(位格)의 신분들이 나온다. 그리고 여기에서 성령은 아버지와 아들로부터 분명하게 구분된다. 그리고 "진리의 영"으로서 성령의 직함(職銜)은 그가 "아버지에게서 나온다"라는 사실과 더불어 신적 위격 이외에 누구와도 일치할 수 없다. 그리고 성령이 "아버지에게서 나왔다."만이 아니라 "아들에게서 나왔다."라는 사실은 성령이 "그리스도의 영"(벧전 1:11)이라고 불리는 칭호로부터, 그리고 성령이 "그리스도의 이름으로" 아버지에

의해 보내진다는 것뿐만이 아니라, 이 구절에서 성령이 "아버지로부터 그리스도에 의해 보내진다"라는 표현으로부터 공정하게 주장될 수 있다.

요한복음 16장

16:2 때가 이르면, 너희를 죽이는 자마다 자기가 하나님을 섬긴다고 생각하리라. – 그러나 감사하게도, 그때가 너무 먼 옛날이라서, 이제는 그리스도인이라는 이름을 지닌 사람은 일반적으로 '예배에 대한 견해와 형식이 다르다는 이유로 서로 죽임으로써 자신들이 그리스도를 진실로 섬긴다.'라고 생각하지 않는다.
16:3 그들이 아버지와 나를 알지 못하였기 때문이라. – 이것이 그 온갖 형태로 가한 박해의 진정한 원인이다.
16:4 처음에 내가 이 일들을 너희에게 말하지 아니한 것은 내가 너희와 함께 있었기 때문이니라. – 나 자신이 몸소 큰 충격을 견디기 위해서, 그리고 너희를 그것으로부터 보호하기 위해서 "처음에 내가 이 일들을 너희에게 말하지 아니하였다."
16:5 아무도 내게 묻지 아니하고 – 지금, 가장 적절한 때에, "아무도 내게 묻지 아니하고." 베드로가 전에 이것을 실제로 물었다(13:36).
16:7 내가 떠나가는 것이 너희에게 유익하니라. – 보혜사에 관해서는 7절 등, 나(주님)에 관해서는 16절 등, 그리고 아버지에 관해서는 23절 등.
16:8 그가 – 세상을 향하여(8절 등), 신자들을 행하여(23절 등) "그가" 자신의 이중 직무를 수행하시고, **꾸짖으시리라.** – "세상의" 모든 사람을 – 완고하게 저항하지 않는 세상의 모든 사람을 너희의 설교와 표적으로 "꾸짖으시리라." **죄에 대하여, 의에 대하여, 심판에 대하여** – "죄에 대하여" 확신하는 사람은 그리스도의 "의"를 받아들이거나, 혹은 사탄으로 심판받는다. 이것에 대한 풍부한 성취를 우리는 사도행전에서 볼 수 있다.
16:9 죄에 대하여 – 특별히 불신의 "죄에 대하여." 불신은 모든 죄의 결과이며, 그리고 우리에게 모든 죄를 묶어버린다.
16:10 의에 대하여라 함은, 내가 나의 아버지께로 가므로 – 그때 너희는 나를 볼 수 없지만, "의에 대하여" 성령이 증언할 것이다. 그러나 만약 내가 의롭지 않다면, 나는 아버지께 갈 수 없다.
16:11 이 세상의 통치자가 심판을 받았기 때문이라. – 그리고 심판의 결과로 권좌에서 쫓겨나서, 그렇게 오랫동안 인간들을 불법 사용했던 능력을 박탈당한다. 그러나 자신들에게 주어진 그 구원을 거절하는 자들은 계속 사탄의 종으로 남아있을 것이다.
16:12 내가 아직 너희에게 말할 것이 많으나 – 나의 고난, 죽음, 부활, 그리고 그 결과에 관하여 "아직 너희에게 말할 것이 많으나." 우리는 불확실한 전통에서가 아니

라, 사도행전, 서신서들, 그리고 요한계시록에서 이러한 사실들을 접할 수 있다. **지금은 너희가 그것들을 감당하지 못하리라.** – 너희의 믿음이 적어서 뿐만 아니라, 너희의 즉각적인 슬픔 때문에, "너희가 그것들을 감당하지 못하리라."

16:13 그가 곧 진리의 영이 오면, – 아버지, 아들, 그리고 성령이 모든 신자 안에 거한다는 것이 보편적으로 허용되었다. 그리고 성령의 내적인 대행(代行)도 일반적으로 인정되었다. 이 복음서에 제시된 아버지와 아들의 대행도 우리가 가장 깊이 고찰할 만한 가치가 있다.

16:15 아버지께 있는 것은 다 내 것이니라. – 어떤 피조물이 이렇게 말할 수 있을까?

16:16 조금 있으면 너희가 나를 보지 못하겠고, – 내가 매장되었을 때, "너희가 나를 보지 못하겠고," **다시 조금 있으면 너희가 나를 보리니,** – 내가 부활했을 때, "너희가 나를 보리니," **이는 내가 아버지께로 가기 때문이라.** – 내 아버지께로 올라가기 위하여 나는 죽고, 다시 살아나리라.

16:19 예수께서 그들에게 이르시되, – 그들의 질문을 막으시면서 "그들에게 이르시되,"

16:22 그러므로 지금은 너희에게 근심이 있으나 – 이것으로 인해, 모든 신자는 반드시 어둠의 상태로 들어가게 된다고 주장하는 어떤 권위를 우리에게 부여하지 않는다. 그들은 그들의 평안함이나 혹은 사랑이나, 또는 그들이 하나님의 자녀라는 증거를 결코 잃을 필요가 없다. 그들은 결코 이러한 것들을 잃을 수가 없다. 그러나 죄를 통해서나, 혹은 무지를 통해서나, 혹은 격렬한 유혹을 통해서나, 혹은 육체의 난동을 통해서는 이러한 것들을 잃을 수 있다.

16:23 너희가 아무것도 내게 묻지 아니하리라 – 너희가 지금 이해 못 하는 것을 나에게 물어볼 필요가 없을 것이다. 왜냐하면 너희가 모든 것을 명확하게 알게 될 것이다. **너희가 무엇이든지 아버지께 구하는 것을** – 지식이나, 사랑이나, 혹은 다른 어떤 것이든 "너희가 아버지께 구하는 것을 그(아버지)가 주실 것이다." 우리 주님은 우리에게 백지 위임장을 주신다. 신자들이여, 여러분이 원하는 것을 적으시오. 주님이 이미 말씀하셨습니다. "내가 그것을 행할 것이다"(14:13). 그 절에서 주님의 가르침은 "아버지께서 아들로 말미암아 영광을 받으시게 하려 함"에 관한 것이었습니다. 여기에서 신자들을 향한 아버지의 사랑에 대하여 말씀하시면서, 주님이 "자신이 그것을 줄 것이다"라고 말씀하셨습니다.

16:24 지금까지는 너희가 내 이름으로 아무것도 구하지 아니하였으나 – 왜냐하면 그들이 지금까지는 그들이 원하는 모든 것에 대해 주님께 직접 구하였기 때문이다.

16:26 그날에는 너희가 내 이름으로 구하리라. – 왜냐하면 참된 지식은 기도를 낳기 때문이다. **내가 너희를 위해 아버지께 기도하겠다고 말하지 아니하노니** – 이것은 주님께서 기도하지 않겠다는 것을 절대로 의미하지 않는다. 다만 이 말은 나의 중보기도뿐만 아니라 그가 너희 안에 빚으신 믿음과 사랑 때문에 아버지께서 이제 직접 너희를 사랑하신다는 의미이다.

30절 주께서 모든 것을 아시고 – 심지어 우리 마음까지도 "아시고." 주님은 어떤 질문도 받지 않더라도, 모든 사람의 생각에 대답하십니다. **이로써 주께서 하나님으로부터 오신 줄을 우리가 믿나이다.** – 제자들은 이른바 27절에서 주님이 하신 말씀("너희가 나를 사랑하였으며, 또 내가 하나님으로부터 나온 줄 믿었으므로")을 다시 기억한다. 그것은 "우리는 하나님을 믿습니다. 또한 우리는 주님을 믿습니다."라는 의미이다.

요한복음 17장

이 장에서 우리 주님이 첫째, 주님 자신을 위해서(1~5절), 둘째, 제자들을 위해서(6~19절), 그리고 다시 제자들을 위해서(24~26) 셋째, 모든 신자를 위해서(20~23절), 그리고 넷째, 세상을 위해서(21~23절) 기도하신다. 그의 기도에서 주님은 자신이 8장 31절부터 말씀하셨던 모든 것을 포함하고, 또한 과거의 일들, 현재의 일들, 그리고 다가올 일들을 바라보면서 지금까지 행하셨던 모든 일을 확인하신다. 이 장은 쉬운 말씀으로 구성되어 있지만, 성경 전체에서 가장 심오한 의미를 담고 있다. 그러나 여기에는 앞뒤가 맞지 않는 열광적인 표현이 없으며, 전체가 밀접하고 정확하게 연결되어 있다.

17:1 아버지여, – 이 호칭의 순박함으로 고귀하게 하나님의 독생자가 되었다. 그래서 신자는 자신이 사랑과 겸손한 확신으로 충만할 때, 이 진리에 가장 가까이 다가간다. **때가 이르렀사오니,** – 그 일을 위해 정해진 때가 "이르렀사오니," **아버지의 아들을 영화롭게 하사** – 아들은 자기 자신이 영화롭게 되기 이전뿐만 아니라 이후에도 아버지를 영화롭게 하였다. 그가 아버지께 말씀을 드릴 때, 그는 자신을 '인자'라고 호칭하지 않는다.
17:2 아버지께서 그에게 모든 육체를 다스리는 권능을 주셨사오니, – 이것은 "아들을 영화롭게 하신" 것에 해당한다. "그(그리스도)가 그에게 주신 모든 사람에게 영원한 생명을 주게 하려 하시려는" 것 등은 "아버지의 아들도 아버지를 영화롭게 하도록 하신"(1절) 것이다. **아버지께서 그에게 주신 모든 자에게** – 이것은 자신의 희생을 작정한 그리스도가 모든 사람에게 효력이 있다는 명백한 증거다. 그렇다. "모든 육체가," 곧 모든 사람이 영원한 생명에 참여한다는 확실한 증거인 것이다. 왜냐하면 "아버지께서 그에게 모든 육체를 다스리는 권능을 주신" 것처럼, 아들도 "모든 사람을 위하여 자기를 대속물(代贖物)로 주셨기"(딤전 2:6) 때문이다.
17:3 아는 것 – 사랑으로, 곧 거룩한 믿음으로 "아는 것," **참 하나님인 아버지** – 모든 일의 원인과 결과. 아버지가 주(主)가 되심을 제외할 수 없는 것처럼(고전 8:6), 아들과 성령을 제외하지 않는다. 그러나 이교도들의 거짓 신들은 주(主)가 되지 못한다. **예수 그리스도를** – 그들의 선지자, 제사장, 그리고 왕으로서 "예수 그리스도

를"(삼중 직), **영생은 이것이니** – "영생"은 영원히 지속되는 행복으로 가는 길일뿐만 아니라 그런 행복의 본질이다.

17:4 내가 아버지께서 내게 하라고 주신 일을 끝마쳤나이다. – 그러므로 나는 아버지를 영화롭게 하였습니다. 즉, 이 땅에 하나님 나라의 기초를 놓았습니다.

17:5 내가 아버지와 함께 가졌던 그 영광으로 – 주님은 '받았다'라고 말하지 않는다. 그의 육신의 날에 그가 그 육신에서 "자기를 비우기"(빌 2:7)까지, 항상 "주님은 그 영광을 가졌다."

17:6 내가 아버지의 이름을 나타내었나이다. – 아버지의 모든 속성을 "나타내었나이다." 그리고 특히 믿는 자들에게 아버지가 되심을 "나타내었나이다." **아버지께서 세상에서 내게 주신 사람들에게** – 제자들(사도들)에게. 그래서 "내가 그들과 함께 세상에 있을 때, 아버지의 이름으로 그들을 지켰나이다"(12절). **그들은 본래 아버지의 것이었는데** – 창조하심으로, 그리고 아브라함의 혈통으로, "아버지의 것이었는데," **아버지께서 그들을 내게 주셨으며** – 그들이 내가 선포한 것을 믿게 하심으로써 "그들을 내게 주셨으며." 그러므로 "내가 그들을 위해 기도하나이다. 내가 세상을 위해 기도하지 아니하고, 아버지께서 내게 주신 자들을 위해 기도하오니, 그들은 아버지의 것이니이다"(9절).

17:7 이제 그들은 모든 것을 알았나이다. – 내가 행하고 선포한 "모든 것을 알았나이다." **아버지에게서 나온 줄** – 따라서 올바르고 참된 줄.

17:8 그들은 그것들을 받고 – "그것들을"("아버지께서 내게 주신 말씀들을") 믿음으로 "받고"

17:9 내가 세상을 위해 기도하지 아니하고 – 단지 신자들의 상태에 알맞은 이러한 청원에서는 "세상을 위해 기도하지 아니하고"(주님은 21절("세상이 믿게 하옵소서.")과 23절("세상이 알게 하려 함이니이다.")에서 세상을 위해 기도하신다). 이것은 주님께서 제자들만을 위해서 기도하시기(6–19절) 전뿐만 아니라 그 후에도 세상을 위해 기도하신다는 사실을 입증하는 것이다. 즉, 주님께서 "그들의 말들로 인하여 나를 믿을 자들도 (곧, 아직 믿지 않는 자들도, 즉 세상도) 위해 기도하신다(20절)."라는 사실을 드러낸다.

17:10 내 것은 다 아버지의 것이요 아버지의 것은 내 것이온데 – 이것은 매우 중요하고 강력한 표현으로, 피조물에 불과한 어떤 사람이 사용하기에는 너무나 위엄이 있으며, 또한 신적 본성, 신적 완전함, 그리고 신적 활동을 포함하여 무엇이든지 모든 것은 아버지와 아들의 공동 소유물이라는 의미이다. 그리고 이것이 아버지뿐만 아니라 아들도 그 위격들 가운데 가지신 그 특별한 소유물에 대한 본래의 근거가 된다. 이 절 마지막에 언급된 것에 따라서, 곧 주님이 "그들 가운데서 영화롭게 됨"에 따라서, 다시 말해서, 그들이 주님을 믿고, 그 결과 그의 영광을 인정함에 따라서, 중재자로서 그리스도에게 그 위격이 부여되었다.

17:11 아버지께서 내게 주신 자들을 아버지의 이름으로 지키사, – "아버지의" 권능, 자비, 지혜로 "지키사," **그들도 하나가 되게 하옵소서.** – 우리와 그리고 서로서로 "하나가 되게 하옵소서." 세상으로부터 구별된 한 몸이 "되게 하옵소서." **우리와 같이** – 우리와 동등하지는 않지만, 우리와 닮음으로써

17:12 아버지께서 내게 주신 자들을 내가 지켰고, 멸망(영벌)**의 아들 외에는 그중의 하나도 잃어버리지 아니하였으니,** – 그러므로 "하나님께서 그에게 주신 자들" 중 한 사람도 "잃어버리지 아니하였다." 지금까지 심지어 그 정도로 불변하였다니! **이것은 성경 기록을 성취하려 함이니이다.** – 다시 말해서, 그것으로써 성경 말씀이 성취되었다. "죽음의 아들"(삼하 12:5), "지옥의 자식"(마 23:15), 그리고 "진노의 자녀"(엡 2:3)가 당연히 죽음, 지옥, 진노의 처벌을 면치 못할 사람들을 의미하듯이, "멸망의 아들"은 마땅히 멸망할 자를 가리킨다.

17:13 세상에서 – 다시 말해서, 내가 세상을 떠나기 전에 "세상에서," **내 기쁨** – 아버지께로 가는 것에 대해 내가 느끼는 "기쁨"

17:15 아버지께서 그들을 세상에서 데려가시라고 기도하지 아니하며, – 아직은 "그들을 세상에서 데려가시지" 말라고 "기도하며," **다만 그들을 악한 자에게서 지켜 주시라고** – 그들 안에서 지배하는 "악한 자에게서 지켜 주시라고"

17:17 아버지의 진리로 그들을 거룩히 구별하옵소서. – 그들의 직무에 아버지의 영으로 기름 부으심으로써 그들을 성별(聖別)하옵소서! 그리고 아버지의 말씀으로 그들을 성화(聖化)하심으로써 완전하게 하옵소서!

17:19 내가 그들을 위하여 나 자신을 거룩히 구별하오니 – 나는 거룩하게 구별되기 위해서 나 자신을 희생 제물로 바칩니다.

17:20 나를 믿을 자들도 위해 – 어느 세상에서나 "나를 믿을 자들도 위해"

17:21 아버지께서 내 안에 있는 것같이 – 이것도 또한 똑같음이나 동등함의 방식으로 이해하는 게 아니라 유사함의 방식으로 이해해야 한다. **세상이 믿게 하옵소서.** – 여기에서 그리스도는 세상을 위해서 기도한다. 주님의 기도 전체를 살펴보면, 첫째, 아버지의 영광 속으로 나를 받아주시고, 또 나의 영광을 받아주소서. 둘째, 나의 제자들(사도들)이 그 안에서 공유하게 하옵소서. 셋째, 그리고 모든 다른 신자들도 그 안에서 공유하게 하옵소서. 넷째, 그리고 "세상이 믿게 하옵소서."

17:22 아버지께서 내게 주신 영광을 내가 그들에게 주었사오니 – "독생자의 영광"(1:14)이 하나님의 모든 자녀에게 비친다. 그리스도인들의 위엄이 얼마나 대단한가!

17:24 여기에서 주님은 제자들을 향해 돌아서서, **내가 원하옵나이다** – 응답받을 수 있는 권한을 가졌으므로, 주님은 요청하시고, 또 종으로서가 아니라 아들로서 기도하신다. **나의 영광을 그들이 보게 하시기를** – 이것이 천국의 행복이다. "사랑하는 자들아, 이제 우리는 하나님의 아들들이니라. 우리가 앞으로 어떻게 될지는 아직 나타나지 아니하였으되, 그분께서 나타나시면, 우리가 그분과 같게 될 줄 아노니, 이는

우리가 그분을 지금 계시는 그대로 볼 것이기 때문이라."(요일 3:2)

17:25 의로우신 아버지여, – 신자들이 그리스도를 통하여 하나님께로 들어감은 심지어 하나님의 의로우심에서 흘러나온다.

17:26 내가 아버지의 이름을 그들에게 밝히 드러내었고, – 아버지의 새롭고 제일 좋은 사랑의 이름을 "그들에게 밝히 드러내었고," **아버지께서 나를 사랑할 때 보여주신 그 사랑이** – **그리고 나도** – 아버지와 "아버지의 사랑"과 나와 나의 사랑이, **그들 안에 있게 하려 함이니이다.** – 그들이 그러한 사랑으로 나를 사랑하게 하려는 것입니다.

요한복음 18장

18:1 동산 – 아마도 주님의 친구들 가운데 한 사람이 소유한 "동산"인 것 같다. 주님께서 이렇게 사적인 장소로 물러나신 까닭은, 은밀히 기도할 수 있는 유익을 위해서뿐만 아니라, 자신이 체포당할 때 사람들이 놀라지 않도록 또는 제자들의 열정이 처음으로 분출함으로써 소란스러운 방법으로 그를 구하기 위해 시도하지 않게 하려는 것으로 보인다. 예루살렘과 "감람산" 사이 예루살렘의 동편에 접해 있는 "기드론"은 (그 이름이 의미하는 바대로) 어둡고 그늘이 드리워진 계곡이었다. 그 계곡을 통하여 작은 시냇물이 흘렀으며, 그것으로부터 그 이름을 따왔다. 바로 이 시내가 그리스도의 전형(典型)인 다윗 왕이 압살롬에게서 도피할 때 그의 백성들과 함께 건넜던 곳이다.

18:3 병사들(관속들, 아랫사람들) **한 부대를** – 한 무리의 로마군 보병을

18:6 내가 그로다, 하고 말씀하시매, 곧바로 그들이 뒤로 물러가 땅에 엎드러지는지라. – 그들이 주님의 권능뿐만 아니라 그의 자비에 대해 대단히 감각적인 경험을 한 후에, 공격을 재개해야만 하다니, 얼마나 놀라운 일인가! 그러나 아마도 그들 가운데 있던 제사장들이 자신들과 그들의 아랫사람들을 설득했을 것이다. 또한 이것은 악마의 왕 바알세불에 의해서 행해졌으며, 그리고 예수님의 관대함이 아니라 하나님의 섭리를 통해 행해졌기 때문에, 그들은 더 이상의 손상을 입지 않았다.

18:8 너희가 나를 찾거든, 이 사람들(제자들)**은 그들의 길로 가게 하라** – 심지어 베드로가 말고의 귀를 잘라버렸을 때(10절), 그를 잡지 않은 것처럼, 그들이 지금까지 주님의 말씀에 순종했다는 것은 주님 권능이 사람의 정신을 넘어선 탁월한 사례이다.

18:10 시몬 베드로가 – 다른 복음서 저자들은 그의 이름을 밝히지 않았다. 또한 그들은 그 이름을 안전하게 거명할 수 없었다. 그러나 사도 요한은 베드로가 죽은 후에 복음서를 기록했으므로, 그 어떤 애로(隘路) 사항이 없이 그의 이름을 밝힐 수 있었을 것이다.

18:13 안나스는 그의 사위 가야바 이전에 대제사장이었다. 그리고 비록 그가 한참 동안 그 직무에서 물러나 있었지만, 그들은 그의 나이와 경험을 대단히 존중했기 때

문에, 그들이 예수님을 먼저 안나스에게 데려갔다. 그러나 우리는 안나스의 집에서 주목할 만한 어떤 일이 일어났는지에 대해 읽은 바가 없다. 다른 복음서 저자들도 주님이 그곳으로 끌려간 이유에 대해서 기록하지 않았다.

18:17 너도 이 사람의 제자들 가운데 하나가 아니냐? – 다른 한 사람뿐만 아니라, "너도 이 사람의 제자들 가운데 하나가 아니냐?" **이 사람의 제자들 가운데 하나가** – 그녀("문을 지키던 소녀")는 그를 난처하게 하려는 의도에서 질문했던 것으로 보이지 않는다.

18:20 내가 드러내 놓고 세상에 말하였노라. – (말씀을 전하신) 방식에 관하여, **항상** – 시간에 관하여서, **회당과 성전에서** – 장소에 관하여서, **아무것도 은밀하게 말하지 아니하였거늘** – 어떤 중요한 교리도 내가 "드러내 놓고" 가르치지 않은 것은 없다.

18:21 네가 어찌하여 내게 묻느냐? – 너는 누구를 믿지 않으려는 거냐?

18:22 네가 대제사장에게 이같이 대답하느냐? – 존중하는 마음이 거의 없이 "대제사장에게 이같이 대답하느냐?"

18:24 이제 안나스가 그를 대제사장 가야바에게 보내니라. – 그것이 의미하는 바와 같이, **결박한 채로** – 12절에서부터 계속 "결박한 채로"(12절 "이에 그 부대와 대장과 유대인들의 관속들이 예수님을 붙잡아 결박하여")

18:28 그들이 자신을 더럽히지 아니하고 유월절 어린양을 먹기 위해 재판정으로 들어가지 아니하더라. – 누룩을 제거하지 않은 집에 들어감으로써 "그들이 자신을 더럽힐" 수 있으므로(신 16:4 "그(유월절) 이레 동안에는 네 모든 지경 가운데에 누룩이 보이지 않게 할 것이요")

18:31 우리가 사람을 죽이는 것은 법에 어긋나나이다. – 로마는 바로 그해에 사형을 가하는 권한을 유대인에게서 박탈하였다. 그러므로 "규(圭/珪, 홀)가 유다를 떠났다."(창 49:10 참조) 그리고 그 '규'가 로마 제국으로 옮겨졌다.

18:32 그가 자기가 어떤 죽음으로 죽을지 보여주시며 – 왜냐하면 십자가에 매달아 죽이는 것은 유대인의 형벌이 아니라 로마의 형벌이었다. 그러므로 만약 주님이 로마 총독에 의해서 선고를 받지 않았더라면, 그는 십자가 처형을 당하지 않았을 것이다.

18:36 내 나라는 이 세상에 속하지 아니하니라. – "내 나라는" 외적인 왕국이 아니라 영적인 왕국이다. **나로 유대인들에게 넘겨지지 않게 하였으리라** – 빌라도가 이미 예수님을 "유대인들에게 넘겨주려고" 시도했었으나(31절), 그런데 나중에 실제로 그렇게 했다(19:16).

18:37 네가 말하는도다. – 진리를 "말하는도다." **내가 이런 목적으로 태어났으며** – 그의 인간 근원에 관해서 말한다면, "내가 이런 목적으로 태어났다!" 그의 신적 근원은 빌라도 도저히 이해할 수 없는 것이었다. 그러나 그것이 다음 말씀에서 넌지시 알려진다. **내가 이런 까닭으로 세상에 왔나니 – 곧 나는 진리에 대하여 증언하려 하노라.** – 이것은 유대인들에게 선포되었을 뿐만 아니라, 그가 고난받는 과정에서 이

방인들의 군주들에게도 선포되었다. **진리에 속한 자마다** – "진리에 속한 자"는 진리를 사랑하는 자이다. **내 음성을 듣느니라.** – 하나의 보편적인 원칙. 진심으로 진리를 사랑하는 자마다 주님이 말씀하는 것을 이해하고 또 실천하기 위해서 그의 음성을 들으려 한다.

18:38 진리가 무엇이냐? – 빌라도가 했던 이 질문의 의미는 아마도 '진리가 무엇을 의미하느냐?' 또는 '그 진리가 너의 생명을 위태롭게 할 가치가 있는 것이냐?'일 것이다. 예수님이 죄는 없으나 힘이 약한 사람이라고 여긴 빌라도는 이내 그를 두고 나가서, 그에 대해 유대인들에게 간곡히 부탁한다.

요한복음 19장

19:7 우리 법에 따라 그는 마땅히 죽어야 하리니, 이는 그가 자신을 하나님의 아들로 만들었기 때문이니이다. – 그들은 가장 숭고한 의미로 그것("자신을 하나님의 아들로 만들었던 것")을 이해했으며, 그래서 신성 모독이라고 여겼다.

19:8 빌라도가 그 말을 듣고 더욱 두려워하여 – 그는 이전에 무고한 피를 흘리는 것을 두려워했던 것으로 보인다.

19:9 네가 어디서 왔느냐? – 다시 말해서, 네가 누구의 아들이냐?

19:11 너는 나를 해할 권한이 없었으리니 – 왜냐하면 나는 어떤 재판관(치안 판사)의 권한에도 나를 드러낼 만한 일을 한 적이 전혀 없기 때문이다. "그러므로 나를 네게 넘겨준 자에게," 곧 이것을 알고 있는 가야바에게 너보다 "더 큰 죄가 있느니라."

19:13 빌라도가 재판석에 앉으니라. – 그때 "빌라도의 재판석"은 화려한 건물이 없었으며, 그 바닥을 장식하고 있는 모자이크 작업의 아름다운 조각 때문에 헬라어로 "돌로 포장한 곳이라 하는 곳에 있었다." **그러나 히브리어로는 가바다라고 하는 곳에 있던 재판석에** – "가바다라고 하는 곳에" 곧 높은 "곳에 있던 재판석에." 왜냐하면 자기 보좌에 앉은 재판관을 많은 사람이 볼 수 있고 또 들을 수 있도록, 그 재판석은 높은 곳에 있었다.

19:14 이날은 유월절의 준비일이요 – 이러한 이유로, 유대인들뿐만 아니라 빌라도도 그 문제를 빠르게 결론짓기를 원했다. 모든 금요일은 '준비일,' 곧 '안식일의 준비일'이라고 불렸다. 그리고 유대인들은 유월절 기간의 금요일을 거명할 때마다, "유월절의 준비일"이라고 불렀다.

19:17 자기 십자가를 지고 – (십자가는 너무 크고 또 무거웠기 때문에) 십자가 전체가 아니라 나중에 그의 두 손이 고정되는 "십자가의" 가로 기둥을 "지고." 그들은 처형당할 사람에게 이 가로 기둥을 지고 가게 시키곤 했다.

19:19 유대인들의 왕 나사렛 예수 – 비록 다른 복음서 저자들은 주로 이 말을 기록하지 않았지만, 의심할 여지 없이, 이것이 빌라도에 의해서 십자가 위에 붙인 명패에

쓰여있던 바로 그 말이었다.

19:20 그것은 라틴어로 기록되었더라. – 로마 제국의 황제를 위해서, **히브리어로** – 왜냐하면 이것이 유대 민족의 언어였기 때문이다. **그리고 그리스어로** – 헬라어를 썼고, 또 많은 수가 유월절에 참여했던 헬라계 유대인들에게 알려주기 위해서

19:22 내가 쓸 것을 내가 썼다. – 그것을 붙여 놓아라.

19:23 그의 겉옷도 취하니 – "그의" 상의도 "취하니"

19:24 그들이 자기들끼리 내 옷을 나누며 내 겉옷을 두고 제비를 뽑았나이다.(시 22:18) – 다윗의 삶에 있어서 어떤 정황도 이 말이나, 혹은 시편 22편의 다른 여러 구절과 전혀 닮은 점이 없었다. 그러므로 몇몇 다른 구절에서처럼, 이 구절에서도, 그 선지자(다윗)는 초자연적인 황홀경으로 들어갔던 것으로 보인다. 그 황홀경에서 메시아의 역을 맡아, 그가 자기 자신과는 아무런 상관없이 성령이 구술해 준 것을 간신히 말했을 뿐이다.

19:25 이모와 – 그러나 우리는 예수님 어머니에게 남자 형제가 있었는지 알지 못한다. 그녀가 자기 아버지의 상속녀였으며, 그래서 다윗 왕국의 권리를 예수께 물려주었다. **글로바의 아내 마리아와** – "글로바"는 그의 아내 "마리아"가 야고보와 요세와 시몬과 유다의 어머니였던 것처럼, 마찬가지로 그들의 아버지였으며, 알패오라고도 불렸다.

19:27 네 어머니를 보라!(보라, 네 어머니라) – 너는 나 대신에 그분께 이제 아들의 역할을 감당해야 한다. 그 역할은 그리스도께서 그에게 부여하신 특별한 영광이었다. **그때부터** – 우리 주님이 돌아가신 때부터

19:29 우슬초의 줄기에 매어 – 그 지역의 나라들에서는, "우슬초"가 몹시 크고 강하게 자란다.

19:30 다 이루었다. – 나의 고통을, 곧 인간을 구속하는 사역을 "다 이루었다." **주님께서 자기 영혼을 넘겨주셨다** (**영혼이 떠나가시니라**) – 하나님께 "넘겨주셨다."(마 27:50)

19:31 안식일에 그 몸(시신)**들을 십자가에 남겨두려 하지 아니하여** – "안식일에 주님 시신을 십자가에 남겨두었더라면," 유대들은 안식일 모독, 특히 유월절 안식일의 모독이라고 여겼을 것이다. **이는 그 안식일이 큰 날이었기 때문이라.** – "그 안식일이" 단지 유월절 안식일만이 아니라 무교절 둘째 "날이었으며," (그들은 그날부터 수장절까지 (일곱) 주를 계산한다) 또한 새 곡식 다발을 내놓고 또 그것을 바치는 "날이기 때문이라." 그래서 세 배나 엄숙한 날이었다.

19:34 즉시로(곧) **피와 물이 나오더라.** – 주님이 이미 죽은 것으로 보건대, 피가 나왔다는 점은 이상하다. 물이 나왔다는 점은 더욱 이상하다. 그리고 피와 물이 동시에 즉시 그러나 구별할 수 있게 나왔다는 점은 모든 것 중에 가장 이상하다. 그것은 순결하고 참된 피였을 뿐만 아니라 순결하고 참된 물이었다. 그것을 목격한 자와 증언

한 자의 확언(確言)은 이 표적과 신비의 진실성뿐만 아니라 중대함을 보여준다.

19:35 그의 증언은 참되니라. – "그의 증언은" 유효하며 나무랄 데가 없다. **그리고 그는 자기가 말하는 것이 참된 줄 아나니** – 그리고 자기 양심으로 인해 그는 증인이 되었으며, 다른 목적이 있어서 그가 이것을 증언한 것이 아니라, 단지 "너희가 믿게 하려 함이니라."

19:36 그의 뼈가 하나도 꺾이지 아니하리라.(출 12:46, 민 9:12, 시 34:10) – 이것은 원래 탁월한 그리스도의 유형인 '유월절 어린 양'에 대해서 언급되었다.

19:37 그들은 자기들이 찌른 자를 보리라. – 주님은 병사의 창에 찔렸다. 자신들의 죄로 인하여 주님의 고통을 초래했던 사람들이 (그런데 누가 그렇게 하지 않았겠는가?) "그가 구름을 타고 오실"(계 1:7) 때, 이 세상에서 참회하는 슬픔으로 혹은 공포에 사로잡혀서 "그를 보리라."

19:38 아리마대 사람 요셉이 빌라도에게 간청하여 – "또 니고데모도 온지라."(39절) – 심지어 주님이 택한 제자들은 그를 저버렸을 때, 그들은 그리스도를 인정하였다. 그러한 난국(亂局)에서, 요셉은 더 이상 두려워하지 않았으며, (3:2, "밤에 예수께 왔던") 니고데모는 더 이상 수치스러워하지 않았다.

19:41 예수께서 십자가에 못 박히신 곳에 – 같은 구역의 땅에 동산이 있었다. 그러나 그 십자가는 동산 안에 세워지지 않았다.

19:42 유대인들의 준비일로 인해 – 다시 말해서, 그들은 오히려 가까이 있는 무덤에 예수님을 안치(安置)하기로 했다. 왜냐하면 안식일 전날인 준비일이 거의 끝나가고 있었으며, 그래서 그를 멀리 옮길 시간이 없었기 때문이다.

요한복음 20장

20:3 베드로와 그 다른 제자가 나가서 – 예루살렘에서 "나가서"

20:6 베드로가 보니 세마포가 놓였고 – **그리고 수건은 개인 채**(7절) – 주님이 부활하셨을 때, 그를 시중들었던 천사들이 의심할 여지 없이 수건과 세마포를 접었을 것이다.

20:8 그가(다른 제자) **들어가서 보고,** – 예수님의 몸이 그곳에 없는 것을 "보고," **그리고 믿었으니** – 마리아가 말했던 것처럼, 그들이 예수의 몸을 가져갔다고 "믿었으니"

20:9 왜냐하면 아직 알지 못하였기 때문이더라. – 제자들은 예수께서 다시 살아나실 것이라고 전혀 생각하지 못했다.

20:10 제자들이 집으로 돌아가니라. – 그들이 그 이상 볼 수 있는 것이 없다고 생각해서, "집으로 돌아가니라."

20:11 그러나 마리아는 바깥의 돌무덤에 서서 – 더욱 끈기 있게 "돌무덤에 서서"

20:16 예수님께서 그녀에게, 마리아야, 하시거늘 – 평소 예수님의 음성과 어조로

"그녀에게, 마리아야, 하시거늘"

20:17 내게 손을 대지 말라. – 아니 오히려 "내게 매달리지 마라."(왜냐하면 그녀가 그의 발을 잡고 있으므로, 마 29:9) 이제 나를 붙들지 마라. 나와 대화를 나누게 될 다른 기회가 너에게 있을 것이다. (왜냐하면) **내가 아직 내 아버지께로 올라가지 아니하였노라.** – 내가 아직 이 세상을 떠나지 않았다. **다만 내 형제들에게 즉시 가서** – 그러므로 주님은 심지어 그것을 언급하지도 않았지만, 제자들의 잘못을 용서하시겠다고 가장 강력한 방식으로 넌지시 밝힌다. 복음의 기록들 어디서나 많이 볼 수 있는 매우 아름다운 이러한 접촉은 그리스도께서 얼마나 완벽하게 우리 마음의 상태를 아셨는지를 보여주었다. **내가 올라간다.** – 주님은 그의 마음속으로 그것을 고대하고 계시며, 그래서 그것을 이미 현재의 일처럼 말씀하신다. **내 아버지 곧 너희 아버지, 내 하나님 곧 너희 하나님께로** – 흔하지 않은 이 표현은 독생자가 하나님과 온갖 종류의 교제를 하신다는 사실을 보여준다. 그리고 주님은 어느 정도 그 자신의 교제와 닮은 아버지 하나님과의 교제를 그의 형제들에게 증여하신다. 그러나 주님은 '우리 하나님'이라고 말하지 않는다. 왜냐하면 어떤 피조물도 그와 동등한 존재로 부활하게 될 수 없기 때문이다. 그러나 "나의 하나님, 그리고 너희 하나님"이라고 주님이 쓰신 호칭은 아버지가 단수로 그리고 교통할 수 있는 방식으로 그의 아버지이심을 넌지시 알린다. 그리고 주님을 통하여 피조물이 할 수 있는 그러한 종류로 우리의 아버지이심을 드러낸다.

20:21 너희에게 평강이 있을지어다. – 이것이 참된 복음 사역자의 임무를 위한 토대이다. 곧 그 자신의 영혼에 "평강이 있을지어다."(고후 4:1, "그러므로 우리가 긍휼을 받아 이 사역(직분)을 맡았은즉 낙심하지 아니하며") **내 아버지께서 나를 보내신 것같이, 나도 너희를 보내노라.** – 그리스도는 하나님 아버지의 사도였다(히 3:1 "그러므로 함께 하늘의 부르심을 받은 거룩한 형제들아, 우리가 믿는 도리의 사도(師徒)이시며 대제사장(大祭司長)이신 예수를 깊이 생각하라"). 베드로와 나머지 11 제자들은 그리스도의 사도였다.

20:22 그가 그들을 향하여 숨을 내쉬며 – "숨"은 새 생명과 새 활기, 그리고 믿음이다. 너희가 내 입으로부터 이 숨을 받는 것처럼, 너희는 나의 충만함으로부터 성령을 받아라. 대사(大使)로서 너희의 큰 사명에 너희를 적합하게 만들기 위해서 특별한 방식으로 너희에게 영향을 줄 성령을 받아라. 이것이 성령강림절의 전조(前兆)였다.

20:23 너희가 누구의 죄든지 사하면, 사하여질 것이요. – (복음의 취지에 따라서, 다시 말해서, 그들이 회개하고 믿을 것으로 생각이 들어서,) "너희가 누구의 죄든지 사하면, 사하여질 것이요." **누구의 죄든지 그대로 두면 그대로 있으리라.** – (그들이 회개하지 않은 채 계속 남아있을 것으로 생각이 들어서,) "너희가 누구의 죄든지 그대로 두면, 그대로 있으리라." 여기까지는 평이하다. 그러나 여기에서 어려운 일이 발생한다. 진심으로 회개하며, 그리고 그리스도를 거짓 없이 믿는 사람의 죄는 성직자의 면죄 선언이

없어도 "사해지지" 않는가?" 그리고 회개하지 않거나 혹은 그리스도를 믿지 않는 사람의 죄는 심지어 성직자의 면죄 선언이 있어도 "그대로 있지" 않는가? 그러면, 이 절에서 말하는 이러한 사죄 위임(委任)은 무엇을 의미하는가? 다음 두 항목보다 더 많은 것을 의미할 수 있을까? 첫째, 권위를 가지고 용서라는 기독교 용어를 선언하는 권한을 의미하는가? 매일 일어나는 우리의 용서 형태에서처럼, 누구의 죄가 "사해지고," 누구의 죄가 "그대로 있는가?" 그리고 둘째, 기독교의 견책(징계)을 가하는 권한과 "사하는" 권한을 의미하는가? 다시 말해서, 기독교 회중으로부터 배제하는 권한과 기독교 회중으로 다시 들어가게 하는 권한을 의미하는가?

20:26 여드레가 지나서 – 그다음 일요일에

20:28 도마가 대답하여 이르되, 나의 주님이시며, 나의 하나님이시나이다. – 제자들이 '우리가 주님을 보았다'라고 말했었다. 도마는 이제 이전에 그랬던 것처럼 예수님을 주님으로 인정할 뿐만 아니라, 그의 동료 제자들이 확언했던 것처럼, 예수님을 자신의 하나님이라고 고백한다. 그것도 이전에 그랬던 어떤 다른 경우보다 더욱 명시적(明示的)으로 고백한다. 그리고 그는 자기 손을 주님의 옆구리에 넣어보지 않고서 이 모든 일을 했다.

20:30 예수님께서 이 책에 기록되지 않은 다른 표적들도 많이 행하셨다. – 사도 요한의 "이 책에 기록되지 않은 다른 표적들도 많이 행하셨다." 또한 실제로 다른 복음서 저자들의 "책에도 기록되지 않은 다른 표적들도 많이 행하셨다."

20:31 오직 이것을 기록함은 너희로 예수께서 하나님의 아들 그리스도이심을 믿게 하려 함이요. – 너희가 믿음으로써 확정(確定)되게 "하려 함이요." 보통 "믿음은 들음에서 나지만"(롬 10:17), 때때로 읽음으로써 나기도 한다.

요한복음 21장

21:2 함께 있더라. – 집에, 한 가옥에

21:4 제자들은 그분이 예수님이신 줄 알지 못하더라. – 아마도 그들의 눈이 (그들의 일에) 집중하고 있었던 것 같다.

21:6 이제 물고기가 많아 그물을 당길 수 없더라. – 이것은 단지 주님의 권능을 보여 줄 뿐만 아니라, 그들과 그들의 가족들에게 다정한 공급을 배려하는 것이며, 그리고 나중에 그들이 예루살렘에서 기다리고 있을 때, 그들에게 도움이 될 수 있도록 하기 위함이었다. 마찬가지로 그것은 "사람을 낚는 어부"(마 4:19, 막 1:17)로서 그들을 참여시키는 커다란 성공의 상징이었다.

21:7 베드로가 겉옷을 두른 후에(방금 그것을 "벗고 있었기 때문에") – 자기 주님이 오심을 경외하는 마음으로 대하는 모습. **바다로 뛰어들더라.** – 즉시 주님께 헤엄쳐 가기 위하여 "바다로 뛰어들더라." 그리스도의 사랑은 사람들을 불과 물을 관통하여

끌어당긴다.

21:12 와서, 조반을 먹으라 – 우리 주님은 음식이 필요 없었다. **아무도 묻지 아니하더라.** – 필요 없는 질문을 하지 않았다.

21:14 세 번째 – 주님이 매우 많은 제자에게 동시에 나타나셨다.

21:15 요나의 아들 시몬아, – 베드로가 그 영광스러운 고백(마 16:16 "주는 그리스도시오, 살아 계신 하나님의 아들이시니이다")을 드렸을 때, 그리스도께서 이 호칭으로 그에게 말씀하셨다. 그 고백에 대한 기억으로 인해, 베드로는 자신이 그렇게 고백했던 주님에 대하여 세 번씩이나 부인한 것을 더욱 깊이 자각하였을 것이다. **나를 더 사랑하느냐?** – 우리 주님은 베드로에게 세 번 물으신다. 왜냐하면 그가 주님을 세 번 부인했었기 때문이다. **이 사람들보다** – 그의 동료 제자들보다 "나를 더 사랑하느냐?" 베드로는 한때 그렇다고 생각했다(마 26:33 "베드로가 대답하여 이르되 모두 주를 버릴지라도 나는 절대로 버리지 않겠나이다"). 그러나 그는 이제 "이 사람들보다 더"를 덧붙이지 않고서, 단지 "내가 주님을 사랑합니다"라고 대답한다. **주님께서 아시나이다.** – 베드로는 슬픈 경험을 통해 예수께서 그의 마음을 알고 계신다는 것을 이제는 깨달았다. **내 어린 양** – 양 떼 중에서 가장 약하고 가장 미숙한 양.

21:17 주님이 세 번째 말씀하시므로 – 마치 주님이 그의 말을 믿지 못하셨던 것처럼, "세 번째 말씀하시므로"

21:18 네가 늙어서는 – 베드로는 이 일 이후 약 36년 동안 살았다. **다른 사람이 네게 띠를 띠고** – 십자가 처형을 받는 사람들은 못이 박힐 때까지 십자가에 묶여있었다. **너를 데려가리라.** – 그 십자가와 함께 "너를 데려가리라." **네가 원하지 않는 곳으로** – 자연법칙에 따라서, 십자가가 세워졌던 곳으로

21:19 베드로가 어떤 죽음으로 하나님께 영광을 돌릴지 – 성도들은 단지 행동을 취함으로써 뿐만이 아니라, 주로 고난을 받음으로써 하나님을 영화롭게 한다. **나를 따르라.** – 여기에서 마찬가지로 베드로가 어떤 죽음을 죽을지 보여주시면서 "나를 따르라."라고 말씀하셨다.

21:20 베드로가 돌아서서 – 베드로가 예수님을 따라 걸어가는 중이었기 때문에, **예수께서 사랑하시는 그 제자가 따르는 것을 보았는데** – 이 평범한 구절에는 독특한 정신과 다정함이 들어있다. 그리스도께서 그를 위하여 십자가에 못 박힐 준비가 되었다는 증표로 그를 따르라고 사도 베드로에게 명령하신다. 사도 요한은 그 소명을 위해 거기 있는 것이 아니다. 그 역시 일어나서 주님을 따른다. 그러나 자기 자신의 사랑이나 혹은 열정에 대해서 한마디도 언급하지 않는다. 사도 요한은 그 실행이란 오직 이것을 전달하는 것이라고 결정한다. 그리고 심지어 그가 이 상황을 기록할 때도, 그는 그 행동이 무슨 의미인지를 말하지 않고, 매우 간결하게 단지 그 사실에 관해서만 이야기한다. 만약 여기저기서 관대한 마음을 가진 사람이 그것을 보고 모방한다면, 그렇게 하라. 그러나 사도 요한은 사람들이 그것을 칭찬하기를 바라지 않는

다. 그것은 그의 사랑하는 주님께 드려졌으며, 그리고 주님이 그것을 알아주시면 충분할 뿐이다.
21:22 만약 그가 머물 것을 내가 원할지라도, – 죽지 않고 "머물 것을 내가 원할지라도," **내가 올 때까지** – 심판 날까지. 확실히 사도 요한은 그리스도께서 예루살렘을 파멸하러 오셨을 때까지 머물렀다. **그것이 너와 무슨 상관이 있느냐?** – 훨씬 이전에 나를 따라와야만 하는 "너와 무슨 상관이 있느냐?"
21:23 형제들 사이에 – 다시 말해서, 그리스도인들 "사이에." 우리 주님이 그 호칭을 그들에게 가르치셨다. (20:17, "너는 내 형제들에게 가서 이르되") **예수님은 그에게, 그가 죽지 아니하리라, 하지 아니하시고** – 분명하게 "(말씀)하지 아니하시고." 그리고 사도 요한 자신도 자신의 복음서를 기록할 때, 자신이 죽을지 혹은 그렇지 않을지 분명하게 알았던 것으로 보이지 않는다.
21:24 이 일들을 증언하고 이 일들을 기록한 제자가 이 사람이라. – "이 일들을 기록한" 후에도 여전히 살아있는 "제자가 이 사람이라." **우리는 그의 증언이 참된 줄 아노라.** – 더디오가 로마 교인들에게 보내는 사도 바울의 편지에 그렇게 했던 것처럼(롬 16:22, "이 편지를 기록하는 나 더디오도 주 안에서 너희에게 문안하노라."), 교회가 사도 요한의 복음서에 이 말을 덧붙였다.
21:25 만일 그것들을 낱낱이 기록한다면, – 모든 사실과 그 사실의 모든 정황을 "낱낱이 기록한다면," **나는 생각하노라.** – 과장된 어구를 누그러뜨리는 이 표현은 사도 요한이 이 절을 썼다는 사실을 보여준다.

사도행전 주해

사도행전은 누가가 사도들의 행적을 기록한 책이다. 특별히 베드로 사도, 그리고 바울 사도와 그의 일행의 행적에 대한 기록이다. 이 책은 복음서와 서신서 사이에 자리하고 있다. 이 책은 아주 간단한 복음의 역사에 대해 기록한 후에, 예수 그리스도의 행적과 예언이 기록되어 있으며, 예수 그리스도께서 성령에 의해 그의 제자들에게 전에 말씀하셨던 것들이 이제 그들에게 주어지는 사건에 대한 기록을 포함하고 있다. 사도행전에는 서신서들에서 더 확장되어진 일들에 대한 최초의 일들과 열정들이 기록되어 있다.

복음서들은 머리로서의 그리스도에 대해 다룬다: 사도행전은 예수 그리스도의 몸인 교회에 대하여 다룬다. 교회는 성령에 의해 운행된다. 세상에 의해 핍박받고, 하나님에 의해 높임을 받는다.

이 책은 기독교의 교리를 보여준다. 그리고 그 교리를 유대인, 이방인, 신자들에게 적용하는 방법을 보여준다. 즉, 회심해야 하는 사람, 회심한 사람, 회심을 하는데 방해적 요소가 있는 특별한 사람들, 여러 종류의 사람들, 다양한 신분과 국가의 사람들에게 기독교 교리가 적용되는 방법을 보여준다. 복음의 전파는 유대인들이나 이방인들에게는 위대한 개혁이었다. 모든 권세와 악함, 세상의 모든 지혜의 모든 반대에도 불구하고 승리하였다. 작은 다락방에서부터 성전, 집, 거리, 시장, 거리, 여관, 감옥, 캠프, 법원, 전차, 배, 마을, 도시, 섬 모든 곳에 복음이 퍼져나갔다. 유대인, 이방인, 고위관리, 일반인, 군인, 내시, 죄수, 노예, 여자, 어린이, 선원들에게 복음이 퍼져나갔다. 아덴에, 그리고 멀리는 로마에까지 복음이 전해졌다.

사도행전은 일곱 단락으로 구분할 수 있다.

1. 오순절과 그 이전의 사건 : 1, 2장
2. 예루살렘, 온 유대, 사마리아에서 유대인들에게 전해진 복음 : 3–9장
3. 가이샤라에 전해진 복음과 이방인의 복음 영접 : 10–11장
4. 이방 나라를 향한 바울과 바나바의 제1차 전도여행: 13–14장
5. 이방인의 자유에 대한 예루살렘 총회 : 15장
6. 바울의 2차 전도 여행: 16–19장
7. 로마로 향한 바울의 제3차 전도 여행: 19–28장

사도행전 1장

1:1 먼저 쓴 글에는 – 먼저 쓴 글에는 예수 그리스도의 부활과 승천에 관한 중요한 기록이 끝나고, 사도행전에서 다시 예수 그리스도와 사도들에 의해 행해진 성령의 역사에 대한 기록이 시작된다. **모든 일** – 요약의 표현이다. **예수께서 행하시며 가르치기를 시작하심** – 즉 처음부터 마지막까지 예수께서 행하신 모든 일을 의미한다.
1:2 명령하신 후에 – 3절에서 누가는 부활 이후 40일 동안 그리스도께서 말씀하신 것을 일반적인 용어로 표현한다. 그러나 4절 이하에서, 누가는 예수께서 승천하신 날에 하신 말씀들을 선포한다. 예수께서는 그가 하셨던 말씀들을 이 날에 다시 강조하신 것이다. 사도행전은 바로 그날로부터 시작되었다.
1:3 사십 일 동안 그들에게 보이시며 – 즉, 그 기간 동안 여러 차례 보이셨다는 뜻이다. **하나님 나라의 일을 말씀하시니라** – 이 말씀은 예수께서 고난 받으시기 전에 제자들에게 하셨던 모든 말씀의 요약이다.
1:4 내게서 들은바 아버지의 약속하신 것을 기다리라 – 누가복음 24장 49절에 기록되어 있는 것처럼, 예수께서 얼마 전 그들과 함께 있을 때 하신 말씀이다.
1:5 너희는 성령으로 세례를 받으리라 – 세상의 끝날에 이르도록, 모든 신자들도 성령의 세례를 받을 것이다. 그러나 여기에서는 성령의 특별한 선물도 약속되었다.
1:6 이때이니까 – 당신이 말씀하고 계시는 바로 그때입니까? 지금으로부터 멀지 않는 때를 의미한다. **이스라엘 나라를 회복하심이** – 제자들은 여전히 유대인이 모든 나라를 다스리게 될 외적이고 세상적인 나라를 꿈꾸고 있는 듯하다. 이러한 사상은 제자들이 그 나라가 언제 올 것이냐고 묻기 이전부터 그들의 사상의 한 부분이었다.
1:7 때와 시기 – 성경의 언어로 때는 좀 더 긴 기간을, 시기는 좀 더 짧은 기간을 의미한다. **아버지께서 자기의 권한에 두셨으니** – 아버지께서 기뻐하시는 때에 기뻐하시는 사람들에게 드러내실 것이다.
1:8 너희가 권능을 받고 … 내 증인이 되리라 – 즉, 너희는 나의 복음을 증거하기 위하여 권능을 받을 것이다. 복음전파에도 능력을 받을 것이며, 고난을 이겨낼 능력도 받을 것이다.
1:12 안식일에 가기 알맞은 길이라 – 유대인들에게 일반적으로 2천 규빗되는 거리이다. 1마일이 아니다.
1:13 그들이 유하는 다락방으로 올라가니 – 성경에서 자주 언급되는 다락방은 집에서는 가장 높은 곳에 있는 실내공간이다. 유대인들은 이 공간을 개인 기도의 공간으로 사용하였다. 사도들은 그들의 필요에 따라서 이곳을 모든 종교적 직무를 위한 사역의 공간으로 활용하였다.
1:14 예수의 아우들 – 예수의 가까운 친척들은 때로 예수를 믿지 않았다. 그러나 예수의 죽음이 가까웠을 때는 믿었을 것이다.

1:15 모인 무리의 수가 – 다락방에 함께 모였던 사람들이다. **약 백이십명이나 되더라** – 분명 더 많은 사람들이 다른 장소에 있었을 것이다. 예수께서 부활하신 후 그를 본 사람이 한 번에 500명이 넘었기 때문이다. (고전 15:6)
1:15 이 사람은 불의의 삯으로 밭을 사고 – 즉, 그의 불의 대가로 밭을 구입했다는 말이다. 유다가 그 밭을 구매했을 것이다. **몸이 곤두박질 하여** – 밧줄이 끊어진 직후에 유다는 죽었을 것이다.
1:19 그들의 말로는 – 즉 피밭이라는 표현은 누가는 베드로의 말에 첨언을 한 것으로 여겨진다. 히브리어를 이해하지 못하는 다른 독자들이나 데오빌로를 염두해 두고 이 표현을 사용했을 것이다.
1:20 그의 직분을 – 유다의 사도직을 말한다.
1:21 주 예수께서 우리 가운데 출입하실 때에 – 즉 주님과 친밀한 관계를 의미한다. **우리와 함께 다니던 사람 중에** – 우리 주님과 함께 다니던 사람 중에.
1:22 예수께서 부활하심을 증언할 사람이 되게 하여야 하리라 – 그리고 부활 이전과 부활 이후의 모든 예수의 행적에 대한 증인이 될 사람이다.
1:23 그들이 두 사람을 내세우니 – 여기까지 예수의 제자들은 서로 의논했을 것이다. 그러나 그 이상은 하지 않았다. 그러므로 여기에서 정당한 제비뽑기의 기원이 생겨난다. 중요도가 어떠하든지, 일반적인 방법에 의해서는 결정될 수 없다. 제비뽑기는 온전히 하나님께 맡기는 행위이다.
1:25 유다는 이 직무를 버리고 – 그가 죽기 전에 이미 이 직무를 버렸다.
제 곳으로 갔나이다 – 그의 자살의 책임은 그에게 있다. 그가 스스로 선택한 일이다. 다른 사도들로부터 멀어져 죽음으로 나아갔다.

사도행전 2장

1:1 구약성경의 시내산 오순절과 신약성경의 예루살렘 오순절 두 사건 속에 하나님의 위대한 현현이 있었다. 전자는 율법적인 현현이며, 후자는 복음적인 현현이다. 전자는 산에서 받은 것이며, 후자는 하늘로부터 온 것이다. 산에서 받은 율법은 두려운 것이었지만 하늘로부터 온 것은 자비로운 것이었다.
그들이 다같이 한곳에 모였더니 – 여기에서 모인 사람, 그들의 마음, 장소가 결합되었다. 120명이 한 곳에 모였다.
2:2 홀연히 하늘로부터 급하고 강한 바람 같은 소리가 있어 – 이와 같이 인자(the Son of Man)께서도 세상을 심판하시기 위해 오실 것이다. **그들이 앉은 온 집에 가득하며** – 즉 그들이 앉아 있는 성전의 모든 곳을 의미한다.
2:3 마치 불의 혀처럼 갈라지는 것들이 그들에게 보여 – 즉, 작은 불꽃이 있었다. 이것이 70인역의 언어에서 의미하는 바이다. 그러나 이것은 하나님이 친밀하게 하나님

의 불로 그들의 혀를 만지시는 사건이었다. (그들의 마음도 함께 만지셨다). “불의 혀처럼”이라는 표현은 성령이 타오르는 불처럼 역동적이고 뚫고 나아가는 힘이 있음을 의미한다.

2:4 다른 언어들로 말하기 시작하니라 – 기적은 듣는 자들의 귀에서 일어난 것이 아니다.(어떤 사람들이 그렇게 추측하듯이) 기적은 말하는 자의 입에서 나타났다. 세상 모든 사람들이 자신의 언어로 하나님의 찬양해야 하는 때가 이르러 이 무리들은 모든 세상의 언어들로 열심히 하나님을 찬양했다. **성령의 말하게 하심을 따라** – 율법의 모형인 모세는 말에 능하지 못했다. 그러나 복음은 강렬하고 불타오르듯이 말한다.

2:5 유대인들이 … 예루살렘에 머물러 있더니 – 모든 나라로부터 와서 모인 것은 하나님의 특별한 섭리이다.

2:6 큰 무리가 모여 … 소동하여 – 그들의 마음의 소동은 즉각적이고 다양한 것이었다.

2:9 유대 – 갈리리의 방언과는 아주 다른 언어이다. **아시아** – 정확하게 그렇게 불리는 나라이다.

2:10 로마로부터 온 나그네 – 로마에서 태어나 예루살렘에 살고 있는 사람들을 말한다. 이 사람들은 위에서 언급된 사람들 이후에 예루살렘에 온 것으로 추정된다. 그들 중 어떤 사람은 태생적으로 유대인이지만, 어떤 사람들은 유대교로 개종한 사람들이었을 것이다.

2:11 그레데인 – 모두에게 알려야 하는 어떤 섬이었을 것이다. **하나님의 큰 일** – 아마도 그리스도의 기적, 죽음, 부활, 승천과 예수 그리스도의 언약의 성취로서 성령을 주심과 복음의 은총의 영광스러운 경륜과 관련된 모든 사건들을 의미할 것이다.

2:12 다 놀라 당황하며 – 모든 경건한 사람들을 의미한다.

2:13 또 어떤 이들은 조롱하여 – 복음전파는 조롱과 함께 시작되었다. 그 이후 복음에 대한 트집잡기가 계속되었다(행 4:7), 위협하고(17절), 감옥에 가두고(행 5:18), 채찍질하고(행 5:40), 죽였다 (행 7:58). 여기서 조롱하는 사람들은 유대 본토인들이거나, 예루살렘의 거류민들이었다. (오직 이스라엘의 방언만 말할 줄 아는 사람들이었다). 14절에서 베드로는 즉시 그들에게 소리를 높여 말한다.

2:14 그들이 새 술에 취하였다 – 헬라어 원문이 더 적당하다. 오순절과 같이 한 해의 이른 시기에는 새 포도주가 생산되지 않는다. 상식적인 사람이라면 단지 자연적인 원인을 초자연적인 것으로 이해하지 않을 것이다. 이 본문과 같이 신중하지 못한 경우가 많이 있다.

2:14 베드로가 … 서서 – 베드로가 보여준 모든 행동과 말들은 아주 진지했다. **소리를 높여** – 용감하면서도 힘있게 **이르되** – 이 설교는 세 부분으로 구성되어 있다. 14절, 22절, 29절이 동일한 호칭으로 시작한다. **사람들아** – 마지막 부분에서 베드로는 좀 더 친근한 표현을 시작한다, 형제들아. **유대인들** – 즉 유대에서 태어난 사

람들이다. 베드로는 그들 모두가 이해할 수 있는 히브리어로 말했다.
2:15 때가 제 삼시니 – 아침 아홉시를 말한다. 엄숙한 축제에서 유대인들은 정오까지 거의 아무것도 먹거나 마시지 않는다.
2:16 이는 곧 선지자 요엘을 통하여 말씀하신 것이니 – 위의 것을 설명하기 위한 더 좋은 길이 있다.
2:17 메시야의 때를 대부분 **말세**라고 부른다. 복음은 하나님의 은혜의 마지막 경륜이다. **내가 내 영을 부어주리니** 오순절에만 성령을 주시는 것이 아니다. **모든 육체에** – 나이, 성별, 지위를 뛰어넘어 모든 사람에게 **젊은이들은 환상을 보고** – 젊은이들은 외적 감각이 뛰어나다. 육체의 힘도 온전하다. 그것들을 통해 그들은 하나님의 비전에 참여했을 때 생기는 충격을 견딜 수 있다. 늙은이들은 내적인 감각이 가장 왕성해서 하나님의 꿈에 적당하다. 늙은이들이 젊은이들로부터 배제되지 않을 뿐 아니라 젊은이들도 늙은이들에게서 배제되지 않는다.
2:18 내 종들에게 – 문자적으로 노예 상태에 있는 자들에게
2:19 내가 위로 하늘에서는 기사를 아래로 땅에서는 징조를 베풀리니 – 은총의 위대한 계시는 은총을 거부하는 자들에게 대한 무거운 심판과 함께 온다. **하늘에서** – 20절을 주석을 보라. **땅에서는** – 20절 설명을 보라. 22절에 언급된 이러한 표적들은 그리스도의 수난 이전의 표적을 의미한다. 그리고 고난받으실 때와 부활하실 때의 표적과 예루살렘의 멸망과 세상 마지막 때의 표적도 포함한다.

예루살렘 멸망에 선행한 이러한 기사는 실로 놀라운 것이다. 맹렬한 칼들이 도시를 휩쓸었고, 불타는 혜성이 일 년 동안 그 위에 쏟아졌다. 그 빛이 밤에는 마치 대낮같이 성전과 제단을 비추었다. 성전의 크고 무거운 문이 손도 대지 않고 열렸다. 가장 높은 곳에서 목소리가 들려왔다. "자 이제 떠나자" 아나누스의 아들에 대한 예수님의 책망은 7년 동안 함께 통곡하며 "저주, 저주, 저주"라고 말한다. 공중에서 싸우는 군대의 환상과 그 도시로 던져진 참호가 있다. 무시무시한 천둥과 번개, 공포스러운 지진은 모두가 큰 재앙의 전조라는 것을 안다. 이 모든 것은 하나님의 섭리 가운데 특별히 요세푸스에 의해 기록되었다. **피** – 전쟁과 살육을 의미한다. **불** – 집들과 도시들이 검은 **연기**를 동반한 불들에 의하여 다 타버린다.
1:20 달이 변하여 피가 되리라 – 달의 색깔이 피의 색깔로 변하리라. **주의 날이 이르기 전에** – 분명하게 종말의 날을 의미한다. 정확한 날과 계절은 알 수 없지만 주님께서 그의 영광을 나타내실 것이다. 그의 대적하는자들을 심판하실 것이다.
1:21 누구든지 주의 이름을 부르는 자는 – 이 표현은 기독교의 핵심이다. 특별히 믿음 가운데 말해지는 기도이다. **구원을 받으리라** – 그 모든 재앙으로부터 그리고 모든 죄와 지옥으로부터 구원을 받으리라.
1:23 그가 하나님께서 정하신 뜻과 미리 아신 대로 내준 바 되었거늘 – 저자 누가는 하나님의 목적을 예견했다. 왜 하나님께서는 한 사람들을 그렇게 고통당하게 하셨는

가? 하나님은 사악한 자들이 그렇게 하리라는 것을 알지 못했는가? 그것을 미리 방지할 힘이 없었는가? 그렇다. 하나님은 사악한 자들이 그렇게 하리라는 것을 다 알았다. 그리고 하나님은 그들의 모든 계획을 다 날려버릴 권능도 있다. 그러나 하나님은 그 권능을 사용하지 않으셨다. 왜냐하면 "세상을 이처럼 사랑"했기 때문이다. 하나님은 사랑의 계획을 확실히 가지고 계셨기 때문이다. 하나님의 독생자가의 죽음으로 인해 영원한 사망으로부터 인류를 구원하는 것이다.

1:24 사망의 고통에서 풀어 – 이 말의 의미는 아마도 해산하는 여인의 고통에 비유할 수 있을 것이다. **이는 그가 사망에 매여 있을 수 없었음이라** – 왜냐하면 성경이 성취되어야만 하기 때문이다.

1:27 이는 내 영혼을 음부에 버리지 아니하시며 – 보이지 않는 세상이다. 우리 주님이 지옥에 내려가셨다는 것을 의미하지 않는다. 주님의 영혼이 육체와 분리되었을 때, 주님은 지옥에도 내려가지 않으셨고, 낙원에 올라가셨다.(눅 23:43절) 영혼과 육체가 분리된 상태에서라도 주님은 우리의 영혼을 버리지 않으시며, 우리의 육체가 썩는 고통을 당하게 하지 않으신다.

1:28 주께서 생명의 길을 내게 보이셨으니 – 즉, 주님께서 죽은 자 가운데서 나를 살리셨다.

주 앞에서 내게 기쁨이 충만하게 하시리로다 – 내가 주님의 오른편으로 올라갔을 때에

1:29 조상 – 왕보다 더 영광스러운 호칭이다.

1:31 미리 본 고로 그리스도의 부활을 말하되 – 베드로는 이와 같이 주장한다 : 다윗이 자기 자신에 대하여 말하지 않은 것이 분명하다. 그러므로 그는 그리스도의 부활을 말하고 있는 것이다. 그러나 어떻게 왕국에 대한 약속이 그리스도의 부활을 의미할 수 있는가? 왜냐하면 그가 죽기 전에는 그 왕국을 받지 않았기 때문이다. 그의 왕국은 영원토록 지속될 것이기 때문이다.(사무엘하 7:13)

1:33 하나님이 오른손으로 예수를 높이시매 – 하나님의 오른손은 하나님의 전능하신 능력을 나타낸다. 우리 주님은 승천하실 때에 천국의 하나님 오른편에까지 높임을 받으셨다.

1:35 내가 네 원수로 발등상이 되게 하기까지 – 이 본문은 다윗의 말 중에서 가장 중요한 부분을 인용한 것이다. 만일 그들이 그리스도를 거역한다면 그들의 위대한 예언적 군주가 멸망하는 것은 너무도 분명하다. **너는 내 우편에 앉아 있으라** – 본절과 다음 절은 두 가지 고대 문화를 암시한다. 첫째, 솔로몬이 밧세바를 자신의 왕좌의 오른쪽에 앉힌 것처럼 왕의 오른쪽에 앉는다는 것은 개인에게는 가장 큰 영예이다. 열왕기상 2:19. 둘째, 패배한 적의 목을 밟은 정복자들의 관습. 오른쪽에 앉으라는 것은 완전한 승리와 업적에 대한 정복자들의 가장 큰 표시이다.

1:36 주 – 구약성경에서 인용된 본문 안에 주라는 표현이 나올 때를 제외하고라도

신약성서에서는 예수께서 높여지신 후 지속적으로 주라는 칭호를 사용한다.

1:37 다른 사도들에게 물어 이르되 형제들아 – 그들은 이전에 형제들아라고 부르지 않았다.

2:38 회개하여 – 회개함으로써 하나님께 돌아간다. **세례를 받고** – 예수를 믿는 것이다. **예수 그리스도의 이름으로 … 그리하면 성령의 선물을 받으리니** – 분명하게 삼위일체 하나님이 드러난 것을 보라. 행 26:20을 보라. **성령의 선물** – 여기에서는 방언을 말하는 능력을 의미하지 않는다. 이 약속은 모든 민족과 세대에 주어지지 않는다. 멀리 떨어져 나간 자에게도 주어지지 않는다. 성령의 선물은 믿음의 지속적인 열매이다. 그 열매들은 성령 안에서 의와 평강과 희락이다.

2:39 주 우리 하나님이 얼마든지 부르시는 자 – (그들이 유대인이든 이방인이든), 그의 말씀과 그의 성령을 통해 부르신다. 이들은 하늘의 부르심에 순종하는 자들이다. 그러나 베드로도 자신이 한 말을 정확하게 이해하지 못했다는 사실을 기억해야 한다.

2:40 또 여러 말로 확증하며 권하여 이르되 – 시간이 허락되었을 때 우리는 계속해서 복음을 전해야 한다. 그리고 복음의 사명이 이루어 질 때까지 포기하지 말아야 한다. **너희가 이 패역한 세대에서 구원을 받으라** – 그들 중 많은 사람은 아마도 여전히 조롱하고 있었을 것이다.

2:41 신도의 수가 더하니라 – 120명에서.

2:42 그들이 힘쓰니라 – 그들은 날마다 교회에서 교제하면서 다음 네 가지를 실천하였다. 1. 하나님의 말씀을 들었다. 2. 모든 소유를 함께 나눴다. 3. 주의 만찬에 참여하였다. 4. 기도했다.

> 세상 모든 사람들이여 모두 선포하라.
> 보라 그리스도는 여기에도 계시고 저기에도 계신다.
> 너의 강한 증거가 하늘로서 임하나니
> 그러한 그리스도인들이 사는 곳을 내게 보이라.

2:43 사람마다 두려워하는데 – 교회에 참여하지 않는 사람들이 두려워한다. 박해가 필요할 때까지 그들이 교회를 핍박하는 것이 금지되었다.

2:45 또 재산을 팔아 – 그들의 땅과 집 **소유** – 그들의 동산(動産) **각 사람의 필요를 따라 나눠 주며** – 예루살렘의 멸망 때까지지만 그렇게 하였다는 것은 진실이 아니다. 그 뒤에도 오랫동안 그렇게 하였다. 그렇게 하라는 강요가 있었던 것이 아니다. 그럴 필요도 없었다. 왜냐하면 사랑이 그들을 강권했기 때문이다. 어느 공동체든지 이웃을 자기 자신처럼 사랑하는 사람들이 있는 곳에서 나눔은 자연스러운 열매이다. 만일 기독교 공동체가 이러한 정신을 지켜 나간다면, 이러한 나눔은 다가올 모든 세대에도 계속될 것이다. 그리스도께서는 재산과 소유를 파는 나눔이 지속되어야 한다고 말씀하지 않으신 점을 분명히 해두어야 한다. 그리스도는 어느 정도의 분량을 나누어야 하는가에 대해서는 구체적으로 명시하지 않으셨다. 여기에 대한 증거

는 없다.
2:46 날마다 마음을 같이하여 떡을 떼며 – 많은 교회에서 오랜 시간 동안 계속된 주의 만찬에서 **집에서 떡을 떼며 기쁨과 순전한 마음으로 음식을 먹고** – 그들은 나눔의 삶을 통하여 동일한 기쁨과 거룩을 경험하였다. 한 마음으로 먹고 일하며 그들은 기도했고 주의 만찬에 참여하였다.
2:47 주께서 구원 받는 사람을 날마다 더하게 하시니라 – 그들의 죄로부터 구원받았다. 그리고 죄의 권세와 죄책으로부터 구원받았다.

사도행전 3장

3:1 제 구 시 기도 시간에 – 유대인들은 시간을 일출부터 일몰까지 12시간으로 나누었다. 결과적으로 해가 길어지거나 짧아지면서 일 년 중 다른 계절에는 시간이 길이가 달라졌다. 제 삼시는 오전 아홉시다. 구시는 오후 세시이다. 그러나 정확하지는 않다. 제 삼시는 일출과 정오의 중간 정도에 오는 시간이다. 그래서 삼시는 만일 해가 오전 다섯 시에 뜬다면 (유대의 일기에서 가장 해가 빨리 뜨는 시간은 오전 5시다) 8시 30분경이다. 만일 해가 오전 7시에 뜬다면(해가 뜨는 가장 늦은 시간이다) 오전 9시 30분경이다. 중요한 기도 시간은 삼시와 구 시였다. 그 시기에는 아침저녁으로 제사가 있었다. 황금 제단 위에 향기 나는 번제를 드렸다. (향기는 기도의 대표적 상징이다)
3:2 미문이라는 성전 문에 – 이 문은 헤롯대왕에 의해 건설되었다. 이스라엘의 뜰과 이방인의 뜰 중간에 위치해 있었다. 이문은 높이가 30 규빗, 넓이가 15 규빗이며 고린도의 청동으로 만들어졌다. 금이나 은으로 덮인 문보다 기술과 화려함에서 더 뛰어났다.
3:6 베드로가 이르되 은과 금은 내게 없거니와 – 그의 미래의 후계자들과 얼마나 다른가! 로마의 교황이 이렇게 말하고 행동할 수 있었을까?
3:12 베드로가 백성에게 말하되 – 함께 달려 나갔던 사람들에게 사실의 정황에 관해 한 말이다.
3:13 우리 조상의 하나님 – 베드로는 설교의 첫머리에서 이 부분을 지혜롭게 언급하였다. 우리 조상의 하나님이라고 언급함으로써 그들이 모세의 종교와 다른 새로운 종교를 가르치는 것이 아니라는 사실을 나타낸다. 이스라엘의 하나님으로부터 조금도 벗어나려는 것이 아님을 드러낸다. **그의 종 예수를 영화롭게 하셨느니라** – 이 기적을 통하여. **너희가 그를 넘겨 주고** – 하나님께서 그를 너희에게 주셨을 때, 너희가 그를 가장 존귀한 보물로 받아들여야 했을 때, 너희 모든 힘을 다하여 그를 간직해야만 했을 때 너희는 그를 넘겨 주었다.
3:14 너희가 거룩하고 의로운 이를 거부하고 – 하나님께서 그와 같이 거룩하게 하신 분을 거부하였다. 심지어 빌라도의 재판에서도 거부하였다.

3:16 그 이름을 – 예수 자신, 그의 능력과 사랑. **예수로 말미암아 난 믿음** – 예수는 믿음의 수여(授與)자이시며 동시에 믿음의 대상이다.
3:17 형제들아 – 친절과 긍휼의 마음이 충만한 말이다. **(내가) 아노라** (I know) – 베드로는 그들의 마음에 호소하고 있다. **너희가 알지 못하여서 그리하였으며** – 그들의 죄를 없이 할 수는 없어도 가볍게 할 수는 있다. **너희 관리들도 그리한 줄** – 베드로는 대제사장, 장로들의 권위가 만들어 놓은 선입견을 제거하고 아주 친절한 태도를 보인다. 베드로는 그들을 우리의 관리라고 하지 않고 너희 관리라고 부른다. 왜냐하면 유대인의 세대는 그리스도의 죽음과 함께 끝났고, 관리들의 권세도 결과적으로 끝났기 때문이다.
3:18 그러나 하나님이 – 모든 것을 아시는 하나님께서 미리 말씀하신 것을 통해 선한 일을 이루실 것이다.
3:19 회개하고 돌이켜 – 죄와 사탄으로부터 하나님께로 돌이키라. 행 26:20을 보라. 그러나 이 용어는 성경에서 아주 드물게 나타난다. 아마도 지금 우리가 사용하는 의미로는 한 번도 사용되지 않았을 것이다. 왜냐하면 이것은 악(vice)에서 거룩(holiness)으로의 완전한 변화이기 때문이다. **새롭게 되는 날** – 하나님께서 그의 새롭게 하시는 은혜를 크게 부어주시는 날이다. **이를 것이요** – 당신에게도 이를 것이다. 당신이 회개하든지 안 하든지 다른 사람들에게는 이날이 확실하게 임할 것이다.
3:20 주께서 보내시리니 – 사도들은 일반적으로 우리 주님의 재림이 임박했음을 말했다. **너희를 위하여 예정하신** – 세상이 기초가 놓이기 전부터.
3:21 만물을 회복하실 때까지는 – 누가는 여기서 즉시 우리 주님의 승천부터 영광스러운 재림까지의 신약시대 전체기간을 나타내고 있다. 이 기간에 가장 두드러진 시대는 사도 시대이다. 흠 없는 교회의 시대이다. 이 교회는 연합한 유대인들과 이방인들로 구성되었으며 결국 모든 박해와 배교가 끝난 시대이다.
3:22 주 하나님이 나 같은 선지자 하나를 세울 것이니 – 다수의 특별한 경우에 선지가 세워졌다. 모세는 유대교회를 시작했다. 그리스도는 기독교를 시작했다. 모세의 예언은 즉시 효과를 발휘하여 이스라엘은 애굽으로부터 구원을 받았다. 그리스도의 예언은 위대한 결과를 낳았다. 죄와 사망으로부터 그의 백성을 구원하셨다. 하나님의 음성을 거부하지만 모세의 음성 듣기를 원하는 자들이 있다. 그리고 모세의 율법에는 지쳐 있지만 그리스도의 음성 듣기를 간절히 바라는 사람들이 있다. 모세는 하나님께서 그에게 명령하신 말들을 백성들에게 전했다. 그리스도께서도 그렇게 하셨다. 그러나 그리스도께서 모세와 같았다 할지라도 그리스도는 그 직무뿐 아니라 인격에 있어서도 모세보다 한없이 뛰어나시다.
3:23 누구든지 그 선지자의 말을 듣지 아니하는 자는 백성 중에서 멸망 받으리라 – 유대인들의 불순종의 무시무시한 결과에 대한 경고로서 이것보다 더 완전한 말을 생각할 수 없다. 그들이 가장 좋아하는 선지자가 한 바로 그 말이다. 그 선지자에 대

한 거짓 열심을 가지고 그리스도를 거부하였다.
3:24 이 때를 – 메시야의 날.
3:25 너희는 선지자들의 자손이요 언약의 자손이라 – 즉 예언의 상속자이다. 첫 번째 상속자인 유대인들에게 정당하게 예언과 언약이 속하였다.
3:26 복을 주시려고 너희로 하여금 돌이켜 각각 그 악함을 버리게 하셨느니라 – 이것은 위대한 복음의 축복이다.

사도행전 4장

4:1 사도들이 백성에게 말할 때에 제사장들이 이르러 – 하나님은 제자들에게 성전에서 먼저 온전한 진리의 말씀을 전하고 다음에는 공회에서 하도록 역사하셨다. 공회는 범법자가 되지 않는 한 들어갈 수 없는데, 복음을 증거하는 것이 범법이 되어 공회 앞에서도 복음을 전할 수 있게 되었다.
4:2 제사장들이 싫어하매 – 예수의 이름이 사람들에게 전해지는 것을 싫어했다. 특별히 그들은 예수의 부활에 대한 가르침을 싫어했다. 왜냐하면 그들이 예수를 죽였기 때문이다. 예수의 부활은 예수가 바로 "그분"인 것을 증명하기 때문이다. 그들의 머리 위에 있는 예수의 피도 마찬가지이다. 제사장들은 그들의 직무와 성전 봉사가 위협을 당할까 두려워했다. 사도들의 설교를 통해 기독교는 제사장들의 권세를 뿌리 뽑아버린다. **성전 맡은자** – 폭동과 무질서를 방지하는 일에 관심이 있다. **사두개인들** – 그들의 교리가 도전받는 것을 싫어한다. 특별히 부활에 관한 교리가 도전받는 것을 싫어한다.
4:4 남자의 수 – 여자들과 어린이들의 수는 제외되었다. **약 오천이나 되었더라** – 우리 주님께서 즉시 많은 사람들에게 천국의 양식을 먹이셨다.
4:5 관리들과 장로들과 서기관들이 – 차례로 권세와, 지혜와, 학식에 있어서 뛰어난 자들이다.
4:6 안나스 – 대제사장이었던 사람. **가야바** – 마찬가지로 대제사장이었던 사람.
4:7 누구의 이름으로 – 어떤 권세로. **이 일을 행하였느냐** – 그들은 목적이 불분명하게 말하는 것처럼 보였다.
4:8 이에 베드로가 성령이 충만하여 – 바로 그 순간에 하나님은 당신의 도구를 움직이셨다. 그들이 기뻐할 때가 아니라 하나님이 필요하다고 여기시는 순간에 하나님은 그의 도구를 움직이셨다. **백성의 관리들아** – 베드로는 그들의 직무로 인해 존경을 표현하고 있다.
4:10 너희와 모든 이스라엘 백성들은 알라 – 아마도 하나님의 사자 베드로는 큰 목소리로 선포했을 것이다. **하나님이 죽은 자 가운데서 살리신** – 비록 그들이 군인들을 고용하여 예수 그리스도의 부활에 관한 무의미하고 허무맹랑한 이야기를 퍼뜨리

게 하였을지라도(마 28:12-15) 그들은 그들의 양심 가운데 하나님이 나사렛 예수를 죽은 자 가운데서 살린 것을 알고 있었다. 그러나 그들이 감히 베드로나 요한 앞에서는 그렇게 주장하지 못했다는 것은 주목할만하다.

4:12 다른 이로써는 구원을 받을 수 없나니 – 누가는 그리스도의 능력에 의해 가난한 앉은뱅이에게 주어진 현실적인 구원으로부터 무력하고 죄 많은 영혼들에게 그리스도에 의해 주어진 훨씬 더 귀하고 중요한 구원으로 이동하는 점진적 변화를 고상하게 표현하고 있다. 베드로는 위대하신 주님의 방식을 따르고 있다. 주님은 지속적으로 이 땅의 것을 예를 들어 영적인 것을 말씀하셨다.

4:13 학문 없는 범인으로 알았다가 – 하나님은 모든 시대를 통해 그와 같은 사람들을 (늘 그렇지는 않았지만) 사용하셔서 세상에 당신의 말씀이 선포되게 하셨다.

4:17 이것이 민간에 더 퍼지지 못하게 – 그들은 단순히 복음을 괴질과 같이 생각하였다. 온 세상이 진정한 기독교에 대하여 이같이 생각하였다. **그들을 위협하여** – 위대한 사람들이여 그대들은 아무것도 하지 말라.

4:18 그들을 불러 경고하여 … 말하지도 말고 – 개인적으로. **가르치지도 말라** – 공개적으로.

4:19 하나님 앞에서 너희의 말을 듣는 것이 하나님의 말씀을 듣는 것보다 옳은가 판단하라 – 소크라테스가 사람들을 가르쳤다는 이유로 사형을 선고받았을 때 그가 했던 말, "오 너 아덴이여 나는 너를 포용하며 사랑한다. 그러나 나는 너보다는 하나님께 순종하겠다. 그리고 만일 내가 동료 시민들에게 가르침을 멈추는 조건으로 당신들이 나의 생명을 살려준다고 한다면, 나는 그 제안을 받아들이기 보다는 천 번이라도 죽음을 택하겠다"고 말했던 소크라테스와 같은 정신이 아니었겠는가?

4:21 모든 사람이 하나님께 영광을 돌림이라 – 제자들을 박해했던 사람들보다 훨씬 더 현명한 사람들이다.

4:24 주님은 모든 권세를 가지고 계십니다. 당신의 말씀은 성취됩니다. 사람들이 당신에게 거역합니다. 그러나 그 모든 것들은 헛됩니다.

4:27 하나님께서 기름 부으신 – 이스라엘의 왕이 되도록.

4:28 하나님의 아들의 고난을 통하여 인류를 구원하시기를 결정하신 경륜에 따라 하나님께서 허락하신 이상의 것을 그들이 할 수 없다라는 의미이다. 이 목적을 위해 필요한 것은 그것을 결정하시기 전에 이루어지도록 허락하시는 것입니다.

4:30 손을 내밀어 – 하나님의 능력을 나타내사.

4:31 무리가 다 충만하여 – 새롭게 되어. **담대히 하나님의 말씀을 전하니라** – 그들의 간구가 응답되었다.

4:32 믿는 무리가 – 모든 개인적인 사람들. **한 마음과 한 뜻이 되어** – 그들의 사랑, 그들의 소망, 그들의 열정이 하나가 되었다. **하나도 없더라** – 많은 무리들이 마음의 연합을 이루기 위해서 필요한 결과이다. **조금도 자기 것이라 하는 이가** – 그들이 모

두가 한 마음이 되지 않고는 불가능한 일이다. 진실한 그리스도인의 사랑이 지속되는 한 그들은 모든 것을 함께 나눌 수밖에 없다.
4:33 큰 은혜 – 성령의 풍성한 내적 능력. **무리가 … 받아** – 그들의 모든 생각, 언어, 행동을 지시하셨다.
4:34 그 중에 가난한 사람이 없으니 – 큰 은혜가 그들에게 임한 증거를 관찰할 수 있다. 이것은 하나님의 은혜 체험의 즉각적이고 필수불가결한 결과이다. 세상 끝날까지 이래야만 한다. 모든 시대와 나라들에서 같은 원인 즉 같은 은혜가 임하여 이와 비슷한 환경 속에서는 같은 결과가 나와야 한다. **이는 밭과 집 있는 자는 팔아 그 판 것의 값을 가져다가** – 이것에 대한 특별한 명령은 없었다. 그러나 큰 은혜와 큰 사랑이 있었다. 이것은 은혜와 사랑의 자연스러운 열매이다.
4:35 필요를 따라 나누어 줌이라 – 처음에는 사도들이 나누어 주었고, 이후에는 그들이 임명한 사람들이 나누어 주었다.
4:36 위로의 아들 – 자신의 재산을 가지고 가난한 자들을 도왔기 때문만이 아니라 성령의 특별한 은사가 있었기 때문이다. 성령의 은사에 의해 바나바는 위로하고 권면하는 사역을 잘 할 수 있었다.
4:37 그가 밭이 있으매 – 아마도 큰 액수였을 것이다. 그 밭은 구브로에 있는 밭이었을 것이다. 레위인으로서 그는 이스라엘에서는 큰 유산이나 분깃이 없었다.

사도행전 5장

5:1 아나니아라 하는 사람이 – 신자가 아닌 것이 분명하다. 왜냐하면 모든 신자들은 마음과 뜻이 하나가 되었기 때문이다. 아마도 세례를 받지 않았을 것이다. 그러나 이제 세례를 받으려는 의도를 가지고 있었을 것이다.
5:2 얼마만 가져다가 – 마치 그것이 전부인 것처럼: 아마도 그것이 전부라고 말했을 것이다.
5:3 네가 성령을 속이고 – 우리 안에 있는 사람이다. **땅 값 얼마를 감추었느냐** – 이것이 첫 번째 경우이다. 이것은 교회에 재산을 팔아 가져온 첫 번째 경우이다.
5:4 땅이 그대로 있을 때에는 네 땅이 아니며 – 그리스도인들 가운데는 하나의 예외도 없이 밭과 집 있는 자는 팔아 사도들의 발 앞에 두었다는 것은 사실이다. 그리스도인이 될 것인가 아닌가는 그의 선택이었다. 그리고 결과적으로 그의 땅을 팔 것인가 아닌가는 또한 그의 선택이었다. **판 후에도 네 마음대로 할 수가 없더냐** – 왜냐하면 그가 소유를 팔았을 때 그가 그리스도인라고 고백했다는 사실이 나타나지 않았다. **어찌하여 이 일을 네 마음에 두었느냐** – 그렇게 엄숙한 일에 어찌하여 거짓을 행하는 불경스로운 일을 하였느냐. **사람에게 거짓말한 것이 아니요 하나님께로다** – 여기에서 성령 하나님이 분명하게 나타난다. 왜냐하면 성령께 거짓말을 한 것은 하

나님께 한 것이기 때문이다(3절).

5:5 아나니아가 이 말을 듣고 엎드러져 혼이 떠나니 – 이러한 형벌은 단순히 그의 행동이 수반하고 있는 허영심, 탐욕, 거짓, 무정함에 기인한 것만은 아니다. 이 가혹함은 현명하며 은혜로운 것이다. 왜냐하면 이 형벌은 결과적으로 다른 사람들이 그의 행동을 따라 하는 것을 막을 것이기 때문이다. 이것은 사도들에게 맡겨진 재산을 관리함에 있어서 그들의 올바른 처신에 대한 확실한 증거이다. 그리고 좀 더 보편적으로는 하나님께서 그들에게 맡기신 사명에 대한 증거이기도 하다. 만일 베드로 자신이 동일한 거짓을 행하였다거나 그가 그의 주장 전체를 통해 성령을 속이는 것이었다면 아무도 베드로가 그러한 판결을 할 수 있는 권세가 있다고 생각할 수 없었다.

5:7 세 시간쯤 지나 – 얼마나 귀한 시간인가! 그의 아내는 회개를 위한 충분한 시간이 있었다.

5:8 그 땅 판 값이 이것뿐이냐 – 총액을 의미한다.

5:11 온 교회 – 여기에서 교회가 처음 언급되었다. 신약교회의 본래의 모범이 여기에 있다. 즉, 복음에 의해 모인 성도들의 모임, 세례를 통해 그리스도께 접붙임바 됨, 사랑에 의해 움직여짐, 모든 종류의 교제를 통한 연합, 그리고 아나니아와 삽비라의 죽음을 통한 교훈 등이 있다.

5:12 믿는 사람이 다 – 모든 신자들이.

5:13 그 나머지는 – 형식주의자들이나 위선자들은 없었다. **감히 그들과 상종하는 사람이 없으나** – 아나니아와 삽비라와 같이 외식하는 사람들이 없었다.

5:14 믿고 주께로 나아오는 자가 더 많더니 – 진실한 신자들이 많이 더해졌다. 왜냐하면 불신자들은 거의 떠나갔기 때문이다.

5:17 대제사장과 사두개인의 당파가 – 대제사장에게 충성하는 무리들! 천사와 부활의 존재를 부인하는 대제사장과 사두개인들은 분노와 질투, 그리고 박해하려는 열심으로 가득차 있다.

5:20 이 말씀 – 이 말씀은 생명의 말씀이다. 영원한 생명으로 가는 길을 보여주는 말씀이다.

5:23 우리가 보니 옥은 든든하게 잠기고 – 아마도 천사가 문들을 다시 잠갔을 것이다.

5:24 이 말을 듣고 의혹하여 이 일이 어찌 될까 하더니 – 그들은 상황이 심각해졌음을 알았다. 하나님의 자녀들을 핍박하는 세상은 수많은 난관들에 봉착하게 될 것이다.

5:28 우리가 이 이름으로 사람을 가르치지 말라고 엄금하였으되 – 복음의 원수들의 천박한 교활함을 보라. 그들은 자신들의 입맛에 맞게 하나님께 순종하는 사람들은 지킬 수 없는 법과 금지명령을 만든다. 그리고는 죄 없는 사람들을 범법자로 여기거나 처벌하는 상황을 만든다.

이 사람의 피를 우리에게 돌리고자 함이로다 – 교묘하고 부당한 말이다. 사도들은 그 누구에게도 잘못을 돌리려고 하지 않았다. 그들은 단지 순수한 진리를 선포했다.
5:29 베드로가 – 모든 사도들의 이름으로. **대답하여 이르되** – 베드로는 전에 했던 존경의 말을 그들에게 돌리지 않는다.(행 4:8). 대신에 본론으로 바로 들어가서 자신이 했던 일을 옳은 일이었음을 말한다. 즉, 베드로가 일관성을 가지고 말할수록 그에 대한 박해 또한 심해진다.
5:30 예수를 우리 조상의 하나님이 살리시고 – 우리의 조상들에게 약속하신 바에 따르면 다윗의 자손 예수를 살리신 것이다.
5:31 그를 오른손으로 높이사 – 무덤에서 하늘로. **회개함과 죄 사함을 주시려고** – 회개를 통해 예수를 왕으로 영접한다. 죄 사함을 통해 예수를 구주로 영접한다. 어떤 이들은 회개와 믿음을 단순히 죄를 사하는 은혜와 같은 것으로 여긴다. 그렇지 않다. 사람은 회개와 믿음에는 협력하지만, 오직 하나님만이 죄를 사하신다.
5:32 성령도 그러하니라 – 훨씬 더 위대한 증인
5:34 바리새인 – 죽은 자의 부활을 믿었다. **율법교사** – 높은 위치에 있는 서기관이며 선생이었다. **모든 백성에게 존경을 받는 자라** – 사두개인들과 같지 않았다. **공회 중에 일어나** – 하나님은 누구든지 하나님께서 기뻐하시는 종들을 변호자로 사용하실 수 있다.
5:36 이 전에 – 가말리엘은 먼저 사실에 관하여 진지하게 다룬다. 그리고 다음 일을 추정한다.
5:38 이 사람들을 상관하지 말고 버려 두라 – 명백히 선한 것에 대해서는 즉각 참여해야 한다. 반대로 명백하게 악한 것에 대해서는 즉각 거부해야 한다. 그러나 새롭고 의심스러운 현상에 대해서는 가말리엘의 충고가 유용할 것이다. **이 사상과 이 소행이** – 여기서 가말리엘은 마치 이 일이 어떤 뜻이나 계획이 아니라 갑작스로운 일인 것처럼 자신의 생각을 수정하는 듯 하다. 사실이 그랬다. 사도들은 자신들 스스로 어떤 모의도, 계획도, 준비도 하지 않았다. 하루하루 하나님께서 그들을 인도하시는 대로 행하였을 뿐이다.
5:41 능욕 받는 일에 합당한 자로 여기심을 기뻐하면서 – 이것이야 말로 진리의 확실한 표시이다. 환난 가운데 기뻐한다. 진실하며 깊고 순수한 일이다.

사도행전 6장

6:1 히브리파 사람들을 원망하니 – 한 마음과 한 뜻이 되었던 교회에 첫 번째 분열의 위기가 찾아왔다. 어떤 사람들에게는 편파적인 마음이 부지중에 찾아왔고, 어떤 사람들에게는 불평이 찾아왔다. 오 주님, 순수하고, 진실하고, 세속에 물들지 않은 교회가 이 세상에 남아 있는 기간이 왜 그렇게도 짧은가요! 오 사망이여! 당신의 뜻

이 얼마나 놀라운가요! 성자들의 왕이시여 당신의 길은 얼마나 위대한가요! 그 헬라인들은 팔레스틴 밖에서 태어난 유대인들이었다. 그들은 헬라어를 모국어로 사용했기 때문에 헬라인이라고 불리었다.

히브리인들의 편파성과 헬라인들의 불평으로 인해 박해의 씨앗이 뿌려졌다. 어떤 나라 어떤 시대에서 하나님이 당신의 섭리를 철회하신 적이 있었던가? 그리스도인에게 원인이 발견될 때 까지 교회 위에 세상을 풀어 놓으신 적이 있었던가? 공개적이며 보편적인 박해는 항상 형벌적이며 의료적인 것인가? 의술에 의한 치료나 온건한 책망을 수용하지 않는 자들에 대한 형벌인가? 동시에 하나님과 함께 하는 사람들의 마음을 순결하게 하며 힘을 주는 수단인가?

6:2 하나님의 말씀을 제쳐 놓고 접대를 일삼는 것이 마땅하지 아니하니 – 초대교회에서는 사도들, 전도자들, 감독들의 주된 사역은 하나님의 말씀을 선포하는 것이었다. 부수적 사역은 한 아버지와 같이 (교회는 가정과 같았다) 가난한 자들, 나그네들, 과부들에게 먹을 것을 공급하며 돌보는 일이었다. 이후에는 남성, 여성들로 구성된 집사들이 부수적인 사역을 담당하였다. 그리고 그러한 사역으로부터 여유 시간이 생기면 영적 돌봄의 사역을 하였다. 그러나 그들의 주된 직무는 가난한 자들을 돌보는 것이다. 그들 중 몇은 그 후에 말씀을 전했다. 그들은 말씀 사역을 집사의 직무 때문이 아니라 전도자의 직무 때문에 감당하였다. 아마도 그들은 집사의 직분을 받은 이후에 이 전도자의 직무를 받았을 것이다. 그러나 전도자로 먼저 직무를 받은 자들이 이후에 집사의 직무에 선택되지는 않았을 것이다.

6:3 칭찬 받는 사람 – 편파적이거나 불의한 사람들이라고 의심할 만한 여지가 없었을 것이다. **성령과 지혜가 충만하여** – 교회의 현실적 필요를 채우는 일은 결코 가볍지 않다. 이 일을 잘 감당하기 위해서는 하나님의 넘치는 은혜와 은사가 필요하다. **우리가 이 일을 그들에게 맡기고** – 이 결정은 교회의 기쁨이 되었을 것이다. 만일 일반적 직무를 맡은 집사들이 교회의 구성원들과 함께 맡겨진 일을 잘 처리한다면, 특별한 직무를 맡은 사도들은 자신들에게 맡겨진 사역을 더 잘 감당할 수 있을 것이다.

6:4 우리는 오로지 기도하는 일과 말씀 사역에 힘쓰리라 하니 – 의심할 여지없이 교회의 감독에게는 가장 적당한 사역이다. 기도 가운데 하나님께 아뢰며, 그리스도의 대사로서 하나님의 말씀을 사람들에게 선포한다.

6:5 그들이 택하여 – 그들의 이름이 보여주듯이 일곱 명의 헬라인이었을 것이다. **유대교에 입교했던 니골라** – 그에게는 개종이 좀 더 쉽게 이루어졌을 것이다.

6:7 하나님의 말씀이 점점 왕성하여 – 장애물이 제거되었다.

6:9 회당에서 어떤 자들이 일어나 – 여러 나라에서 온 사람들로 구성된 하나의 같은 회당이다. 길리기아의 사울도 의심할 여지없이 그 회당의 일원이었다. 의심할 여지없이 가말리엘이 이 회당의 최고책임자였을 것이다. **자유민들** – 그들의 아버지들은 한 때 노예였다가 후에 자유를 얻었다. 로마에 의해서 포로로 잡힌 많은 유대인

들이 이런 경우이다.

6:14 우리가 들었노라 – 그들은 그렇게 들었을 것이다. 그러나 그들이 만들려고 했던 결과는 이루어지지 않았다.

6:15 천사와 얼굴과 같았더라 – 초자연적 광채로 덮였다. 그들은 예수가 그리스도라는 선포를 모세와 율법을 파괴하는 것이라고 생각했다. 하나님은 모세에게 율법을 주실 때 그를 영광스럽게 하셨던 것과 같은 영광으로 스데반을 증거해 주셨다.

사도행전 7장

7:2 스데반이 이르되 – 스데반은 모세를 모독했고 심지어는 하나님을 모독했다는 죄로 고소되었다. 또한 예수가 성전을 파괴시키고 율법을 변개시킬 것이라고 위협하므로 성전과 율법을 모독했다는 의혹을 받았다. 이 고소에 대한 대답으로 스데반은 최고의 경외심을 가지고 하나님에 대하여 선포하며 그가 지금까지 고백했던 신앙의 내용들을 다시 말했다. 그리고 하나님께서 지금까지 이스라엘에게 오랫동안 행하신 선한 일들에 대하여 감사의 마음을 가지고 말했다. 하나님의 명령 아래 모세가 감당했던 중요하고 명예로운 직무로 인해 모세에 대해서도 존경을 표현하였다. 성전에 대해서는 하나님의 영광을 위해 지어진 것을 인정하며 경의를 표하였다. 그러나 유대인들의 미신적 신앙처럼, 하나님은 성전 안에 제한될 수 없는 분임을 그들에게 확인시켜 주었다. 유대인들의 소동에 의해 방해받는 순간에도 스데반은 의심할 여지없이 마지막 결론으로 그리스도에 의한 율법의 완성과 성전의 멸망을 선포하였다. **여러분 부형들이여 들으소서** – 그의 설교의 요약은 다음과 같다: 나는 조상들에게 나타난 하나님의 영광을 인정한다(2절); 모세의 부르심(34절); 율법의 신성함(8, 38, 44절); 이곳(this place)의 거룩함 (7, 45, 47). 그리고 참으로 율법은 성전보다 오래되었다; 약속은 율법보다 오래되었다. 하나님은 당신 스스로를 아브라함과 이삭과 야곱의 하나님, 그리고 그 자녀들의 하나님으로 자유롭게 나타내셨다(2, 9, 17, 32, 34, 45절); 그리고 그들은 하나님께 믿음과 순종을 보여드렸다 (4, 20, 23절); 특별히 율법에 대한 그들의 경외심을 보여드렸다; 그리고 약속에 땅에 대한 믿음을 보여드렸다(16절). 반면에, 하나님은 당신의 임재를 어느 한 장소나 율법의 준수자들에게만 제한하지 않으셨다. 왜냐하면 하나님은 율법과 성전 이전에도 이 땅 밖에서 예배를 받으셨다(2, 9, 33, 44). 우리의 조상들과 그들의 후손들은 이 땅에 묶여져 있지 않고 많은 곳을 여행하였다(4, 14, 29, 44절). 그리고 추방되기도 하였다(43절). 그러나 당신과 당신들의 조상들은 항상 악을 행하였다(9절); 그리고 모세에게 복종하지 아니하였다(25, 39절); 그 땅을 경멸하였다(39절); 하나님을 저버렸다(40절); 미신적으로 성전을 소중히 여겼다(48절). 하나님과 성령님을 거역하였다(50절); 그의 선지자들을 죽였다. 그리고 메시야 그분을 죽였다(51절); 너희들이 주장했던 율법을 지키지 않았다(53절). 그러므

로 하나님은 너희에게 묶이지 않으신다. 더더욱 너희들에게만 묶이지 않으신다. 진실로 스데반의 이 엄숙한 증거는 스데반의 생애에서 가장 값진 것이었다. 그는 성령과 믿음과 능력이 충만한 사람이었다. 그러한 충만한 가운데 스데반은 그의 대적자들에게 반대되는 많은 제안들을 하지 않았지만 그는 주의 깊고 세심하게 그들에게 대답하였다. 그러나 이러한 전제들로부터 스데반이 성전의 멸망, 모세의 율법의 폐기, 패역한 백성에 대한 심판과 같은 주제들을 추론을 했다고 생각할 수 없다. 무엇보다 큰 소리를 지르며 귀를 막고 자신에게 달려드는 사람들에게 의해 진정한 메시야 나사렛 예수에 대한 그의 설교가 방해받지도 않았다. **여러분 부형들이여** – 여기에 있는 모든 사람들이여 나와 나이가 비슷하거나 나보다 나이가 많거나. 여기에서나 다른 곳에서는 여러분(Men)이라는 표현은 비하하는 표현이다. **하나님의 영광** – 영광스러운 하나님. **아브라함이 하란에 있기 전** – 그러므로 아브라함은 이 땅에 있기 훨씬 전부터 하나님을 알았다.

7:3 내가 네게 보일 땅 – 아브라함을 어디로 갈지 몰랐다.

7:4 그의 아버지가 죽으매 – 데라가 살아있을 동안에는 아브라함은 일정 기간 아버지 데라와 함께 살았고 또 다른 기간에는 가나안에 살았다. 그러나 데라가 죽은 후에는 온전히 가나안에 거하였다.

7:5 여기서 발 붙일 만한 땅도 유업으로 주시지 아니하시고 – 16절에 언급된 땅은 하나님께서 주신 것이 아니라, 그가 값을 주고 산 것이다. 이 사건은 아브라함이 그 땅의 나그네였음을 보여준다.

7:7 이곳에서 나를 섬기리라 – 애굽사람들을 섬기는 것이 아니다.

7:8 그가 이삭을 낳아 – 언약이 주어진 이후에는 할례가 증표가 되었다.

7:9 하나님이 그와 함께 계셔서 – 비록 그가 가나안 땅에 있지 않을지라도.

7:12 먼저 우리 조상들을 보내고 – 베냐민은 보내지 않았다.

7:14 일흔다섯 사람을 청하니 – 70인역에서는 (스데반은 70인역을 따르고 있다) 창세기 46장 27절에 언급된 70명의 사람에 므낫세의 아들 한 명과 손자 한 명 그리고 에브라임의 세 자녀를 더하였다.

7:16 세겜으로 옮겨져 – 스데반은 역사의 많은 사건들을 갑자기 건너뛰었다. 그들이 다 알고 있는 역사의 사실을 다시 반복할 필요를 느끼지 못했을 것이다. 스데반은 매장지, 장소, 구입에 관하여 그 이전에 역사에 알려진 두 가지 사건을 하나로 압축한다. 이전 역사에서는 땅 매입자의 이름이 있고 판매자의 이름은 생략되었다. 그러나 스데반은 판매자의 이름은 기록하고 구매자의 이름을 생략하였다. 아브라함은 헷자손으로부터 매장할 소유지를 구입하였다(창 23장) 야곱이 거기에 장사되었다. 스데반이 이 두 가지 사건을 하나로 압축한 것을 볼 수 있다. 스데반의 간결한 언어가 우리에게 낯설다 할지라도 히브리인들 사이에서는 일반적인 것이었다. 특별히, 너무도 잘 알려진 사안에 대해서는 화자(the speaker)는 이야기의 부분만을 언급하였다.

나머지는 언급하지 않았다. 그러한 방식의 설교는 흐름이 끊기는 느낌이 있었을지도 모르지만 청자(the hearer)들은 이미 나머지 부분을 인식하고 있었다. **아브라함이 은으로 값 주고 산 무덤에 장사되니라** – 이 나그네들이 처음으로 구입한 땅이 무덤이었다. 그들은 하늘에 있는 나라를 사모하였다. 아마도 이 문장은 다음과 같이 해석될 수 있을 것이다: 야곱은 애굽으로 내려가서 거기서 죽었다. 야곱과 그의 조상들은 세겜으로 옮겨졌다. 거기서 세겜의 아버지 하몰의 자손들에 의해 아브라함이 값을 지불하고 매입한 무덤에 장사되었다.

7:18 새 임금이 – 아마도 다른 가문의 임금일 것이다.

7:19 어린 아이들을 내버려 – 배고파 죽든지 맹수에게 죽든지 상관없이 내버려졌다.

7:20 그 때에 – 슬프지만, 적절한 때에

7:21 바로의 딸이 그를 데려다가 – 그렇게 됨으로 왕국을 위해 준비되는 것이다. 모세는 만일 그가 버려졌다면 결코 배울 수 없는 모든 종류의 교육을 혜택을 받았다.

7:22 애굽 사람의 모든 지혜 – 애굽의 지혜는 그 이후에도 오랫동안 온 세상 사람들이 부러워하는 지혜였다.

그의 말과 하는 일들이 능하더라 – 달변은 아닐지라도 그의 말은 깊고, 논리적이며, 무게감이 있었을 것이다.

7:23 돌볼 생각이 나더니 – 아마도 하나님의 감동에 의해

7:24 한 사람이 원통한 일 당함을 보고 – 아마도 임무를 맡은 자의 원통한 일이었을 것이다.

7:25 그들이 깨닫지 못하였더라 – 그들의 어리석음과 태만함이 모세로 하여금 이후에 그들에게 가는 일을 주저하게 하였다.

7:26 누가 너를 세웠느냐 – "인간의 이기적인 욕심으로 인해 하나님의 종은 종종 환영받지 못한다."

7:30 천사 – 하나님의 아들; 자신을 여호와로 나타내시기도 하였다. **불꽃 가운데서** – 그 때 임재하신 하나님의 위엄을 나타낸다.

7:33 주께서 이르시되 네 발의 신을 벗으라 – 고대 시대의 존경에 대한 표시

네가 있는 곳은 거룩한 곳이니라 – 장소의 거룩함은 그곳에 임하신 하나님의 특별한 임재에 달려있다.

7:35 거절하던 모세를 – 즉 40년 전에. 아마도 그들이 아니라 그들의 아버지들이 모세를 거절하였을 것이다. 하나님은 이것을 그들에게 전가시키셨다. 하나님은 때로 조상들의 죄를 그들의 조상과 동일하게 악한 영을 지닌 자손들에게 전가시키신다. **속량하는 자로 보내셨으니** – 재판장보다 훨씬 중요하다. **천사의 손으로** – 천사를 통하여서. 시내산에서 모세에게 말한 이 천사는 명백하게 자신을 여호와라고 불렀다. 이 이름은 창조된 천사에게 돌릴 수 없는 이름이다. 왜냐하면 여호와라 이름하는 그분만이 온 땅 위에 지존자(the most hight)가 되시기 때문이다(시편 83:18). 그

러므로 모세에게 율법을 주신 부은 여호와의 성품을 지닌 하나님의 아들이다. 그 분이 여기서 중보적 직무의 관련된 언약의 천사로서 말씀하셨다.

7:37 하나님이 선지자를 세우리라 – 여기에서 스데반은 모세와 그리스도 사이에 아무런 모순이 없음을 보여준다.

7:38 이 사람이라 – 모세. **그 천사와 우리 조상들과 함께** – 그들 가운데 중보자로서. **또 살아있는 말씀을 받아** – "그리고 여호와께서 모세에게 말씀하셨다."라고 시작되는 모든 말씀은 거의 하나님의 법규이다. 그러나 여기서 의도된 하나님의 명령은 십계명이다. 모든 하나님의 말씀이 성령에 의해서 주어졌기 때문에 살아있는 말씀인 것이다. 하나님의 말씀은 살아있고 권능이 있다(히 4:12); 하나님의 말씀은 눈을 밝게 하며 마음을 기쁘게 하며, 영혼을 회개시키며, 죽은 자를 살린다.

7:40 우리를 인도할 신들을 우리를 위하여 만들라 – 다시 애굽의 삶으로 돌아가는 일이다.

7:41 그 때에 그들이 송아지를 만들어 – 애굽의 신 아피스(Apis)를 흉내내어. **자기 손으로 만든 것을 기뻐하더니** – 그들이 만든 신이다.

7:42 하나님이 외면하사 – 분노 가운데 그들을 외면하셨다. **버려 두셨으니** – 금송아지를 만들었던 때부터 아모스 선지자 때와 그 이후까지. **하늘의 군대** – 하늘의 별들은 그 수와 질서, 그리고 강력한 영향력으로 인해 군대라고 불렸다. **선지자의 책에** – 아모스 5장 25절을 인용한 이 구절은 두 부분으로 구성되어 있다. 전반부는 41절의 백성들의 죄를 확인하고 있으며, 42절과 함께 시작되는 후반부는 그들에게 내려질 형벌에 대한 말씀이다. **내게 드린 일이 있었느냐** – 그들은 많은 제사를 드렸다. 그러나 하나님은 그들의 제사를 하나님께 드린 제사로 받지 않으셨다. 왜냐하면 그들은 우상에게 제사하였으며, 하나님께 온전한 마음으로 제사하지 않았기 때문이다.

7:43 받들었음이여 – 아마도 황금 송아지 이후 오래지 않아 비밀스럽게. 그렇지 않았다면 모세가 언급하였을 것이다. **장막** – 작고 이동 가능한 신당, 이곳에 그들의 신의 형상이 있었다. 몰렉은 화성을 의미한다. 그들은 인간의 모양으로 된 형상아래서 화성을 숭배했다.

레판 – 레판은 토성을 의미한다. **내가 너희를 바벨론 밖으로 옮기리라** – 즉, 다메섹과 바벨론 밖으로 (다메섹은 아모스의 표현이다) 이 말씀은 앗수르 왕에 의해서 성취되었다. (왕하 17:6)

7:44 광야에서 우리 조상들에게 증거의 장막이 있었으니 – 증거는 두 돌판에 새겨진 십계명을 의미한다. 그래서 십계명이 들어있는 언약궤를 종종 증거궤라고 부른다. **그가 본 양식대로** – 모세가 산 위에서 하나님의 비전에 사로잡혔을 때 본 것이다.

7:45 우리 조상들의 그것을 받아 – 그들의 조상들로부터. **이방의 땅을 점령할 때에** – 전에는 이방인들이 점령했던 땅. 그래서 하나님의 호의는 아이 땅에 거주하기 위한 필수불가결한 결과는 아니다. 스데반은 일관적으로 두 가지를 연결시킨다: 1. 하

나님은 모든 땅에 있는 선한 사람들을 항상 사랑하셨다. 2. 하나님은 이 땅 안에 있는 악한 사람들을 결코 사랑하지 않으셨다.

7:46 야곱의 집을 위하여 하나님의 처소를 준비하게 하여 달라고 하더니 – 그러나 다윗은 이 간구에 대한 응답을 받지 못했다. 하나님은 솔로몬이 성전을 지을 때까지 성전에 머물지 못하셨다. 여기에서 단어를 주의 깊게 선택한 것에 주목하라.

7:48 지극히 높으신 이는 손으로 지은 곳에 계시지 아니하시나니 – 솔로몬이 성전 봉헌식 때 선포했던 바로 그 말이다. (왕상 8:27) **지극히 높으신 이** – 어떤 건물도 지극히 높으신 이를 담을 수 없다.

7:49 나의 안식할 처소가 어디냐 – 내가 안식이 필요하겠느냐?

7:51 목이 곧고 – 하나님의 멍에에 목을 숙이지 않는다. **할례를 받지 못한 사람들아** – 그들은 자신들을 그렇게 나타내었다 (54절) **귀** – 그들이 보여준 대로 (57절) 그들은 하나님의 말씀을 마음으로 듣는 것으로부터 너무도 멀리 떨어져 있다. 심지어 그들은 귀로도 하나님의 말씀을 듣지 않는다. **너희도** – 그리고 너희 조상들도. **항상** – 너희가 부르심을 받을 때마다.

성령을 거스르는도다 – 예언자들에 의하면, 그들은 예수님이 증거의 말씀과 진리 전체를 거슬렀다. 이것이 스데반이 대략적으로 보여준 그들의 모습이다.

7:53 천사가 전한 율법을 받고도 – 하나님께서 시내산에서 율법을 주실 때에 많은 천사들이 하나님을 받들었다. (갈 3:19; 시 68:17)

7:55 스데반이 하늘을 우러러 주목하여 하나님의 영광을 보고 – 의심할 여지없이 하나님께서 기적적으로 환상 가운데 역사하셔서 스데반은 영광스러운 현현을 보았다. 에스겔서에서 나타난 것처럼 에스겔이 바빌론의 자기 집에 앉아 있을 때에 예루살렘을 보았고 거기로 자신이 옮겨지는 듯했다. (겔 8:1–4). 그리고 다른 순교자들도 고통이 극심함에 달했을 때에 이와 비슷한 특별한 도우심을 받았다.

7:56 인자가 하나님의 우편에 서신 것을 보노라 – 마치 그를 받아들일 준비가 되어 있는 것처럼. 그렇지 않다면 인자는 하나님의 우편에 앉아 계셨다고 언급되었을 것이다.

7:57 일제히 그에게 달려들어 – 어떠한 판결도 내려지기 전에.

7:58 증인들이 옷을 벗어 사울이라 하는 청년의 발 앞에 두니라 – 오 사울이여, 누군가가 당신에게 너 자신이 같은 이유로 돌에 맞을 것이라고, 당신이 지금 모독하고 있는 예수에게 당신의 영혼을 드림으로 승리하게 될 것이라고 말해주어 그대가 좀 더 일찍 믿을 수 있었다면!

스데반이 죽어가면서 드린 기도가 다른 사람들뿐만 아니라 사울에게 이르렀다. 순교자 스데반과 박해자 사울은 이제 영원한 친교 가운데 함께 하게 되었다. (이후에 믿음과 순교에 있어서 사울은 스데반의 형제가 되었다). 그리고 어린양의 피로 씻긴 흰옷을 입은 자들의 모임들의 행복한 모임 가운데 함께 거하게 되었다.

7:59 그들이 돌로 스데반을 치니 스데반이 부르짖어 이르되 주 예수여 내 영혼을 받으시옵소서 – 이것은 문자적인 번역이다. 원본에는 하나님의 이름이 없다. 그럼에도 불구하고 그리스도께 드리는 이 엄숙한 기도는 죽어가는 영혼이 주님의 손에 자신을 의탁하는 것은 선한 사람이 단순히 피조물에게 할 수 없는 예배의 행위이다. 여기에서 스데반은 그리스도께서 십자가에서 아버지를 예배하신 것과 같은 방식으로 그리스도를 예배하고 있다.

사도행전 8장

8:1 그 날에 예루살렘에 있는 교회에 큰 박해가 있어 – 이미 피를 본 교회의 박해자들은 더욱 열렬해졌다. **모든 땅으로 흩어지니라** – 모든 교회가 다 흩어진 것은 아니다. 만일 그렇다면, 가르침을 맡은 사도들과 박해하는 사울에 대응하기 위해 누가 남아 있었겠는가? 사도들을 제외한 모든 교사들이 큰 위험에도 불구하고, 양떼들과 함께 남아 있었다.

8:2 경건한 사람들이 – 박해보다 하나님을 더 두려하는 사람들이다. 그들은 믿음은 작은 믿음의 사람들이 아니다. 그렇지 않다면 그들은 그렇게 크게 울지 않았을 것이다.

8:3 사울이 교회를 잔멸할새 – 먹이를 잡으러 울부짖는 짐승처럼. 헬라어에서 적절하게 강조하였다. **남녀를** – 나이나 성별에 상관없이.

8:4 그 흩어진 사람들이 두루 다니며 – 이 말은 행 11:19에서 다시 한 번 강조되었다. 그리고 이야기의 줄거리는 계속된다.

8:5 빌립 – 스데반이 데려감을 당한 후 그의 동역자 빌립(사도 빌립이 아닌)이 그의 지역에서 일어났다.

8:9 그 성에 시몬이라 하는 사람이 전부터 있어 마술을 행하여 – 마술이 행해지는 일들이 있었다. 유럽이나 아메리카가 아니면, 최소한 아시아에서는 마술이 행해졌다.

8:12 그들이 믿고 – 빌립이 전도할 때에, 그들은 하나님의 진정한 능력과 보고 느꼈다. 그리고 하나님의 능력에 순복했다.

8:13 시몬도 믿고 – 즉, 진리에 대해 확신하였다.

8:14 사도들이 사마리아도 하나님의 말씀을 들었다 함을 듣고 – 그 지역의 거주민들이 하나님의 말씀을 들었다. **하나님의 말씀을 받았다 함을** – 믿음으로. **베드로와 요한을 보내매** – 이들을 보낸 사람은 베드로와 요한보다 더 권위가 있던지 최소한 동등한 권위를 가진 사람이었다. 사도들은 베드로보다 더 권위가 있지 않았다면 동등한 권위를 가지고 있었다.

8:15 성령 – 그의 기적의 은사를 통하여, 아니면 그의 성화의 은총을 통하여? 아마도 둘 다였을 것이다.

8:18 시몬이 돈을 드려 – 이 사건 이후부터 어떠한 목회적 직무나 교회의 성직을 돈으로 매수하려는 것을 사이모니(simony)라고 부른다.

8:21 네가 관계도 없고 – 돈을 주고 사는 것. **분깃** – 값없이 주어진 것. **이 도에는** – 하나님의 선물. **하나님 앞에서 네 마음이 바르지 못하니** – 비록 하나님은 그들이 자신들에게 오는 병자들을 치유하는 능력을 주신 것 이상으로 어떤 사도에게도 그들이 말하는 사람의 마음을 분별할 수 있는 우주적인 능력을 주셨다고 언급하지 않았을지라도 베드로는 그가 이렇게 선포하기 이전부터 이 사실을 알고 있었을 것이다. 비록 바울이 사도들 중에서도 중요한 위치에 있었던 베드로보다 능력이 덜한 것이 아닐지라 큰 능력을 가지고 있지 않았다는 것은 확실하다. 그렇지 않았다면, 바울은 거의 죽을 지경에 되어 자신에게 온 에바브로디오의 질병 때문에 고통을 당하지 않았을 것이다. (빌 2:25–27). 밀레도에서 병들어 있었던 드로비모의 경우도 마찬가지이다. 그에게 큰 능력이 있었다면 그렇게 소중한 동역자를 그저 질병 가운데 놓아두지 않았을 것이다.

8:22 악함을 회개하고 주께 기도하라 혹 마음에 품은 것을 사하여 주시리라 – 의심할 여지없이, 만일 그가 회개하였다면, 그는 용서를 받았을 것이다. 의심스러운 것은 그가 회개하였냐는 것이다.

8:23 악독이 가득하며 – 사악함이 최고조에 이르면, 악독해 진다. 즉, 비참한 영혼이 되는 것이다. **불의에 매인 바 되었도다** – 불의에 견고하게 매여있다.

8:26 그 길은 광야라 – 예루살렘에서 가사로 가는 두 길이 있었다. 하나는 사막길이고, 다른 하나는 좀 더 알려진 마을을 통하는 길이었다.

8:27 내시 – 고대에는 고위관리를 내시라고 불렀다. 그들이 문자적으로 항상 내시는 아니었다. 동방에서는 고위 성직자도 그렇게 불렀기 때문이다. **에디오피아 여왕 간다게** – 모든 이디오피아의 여왕들은 그렇게 불렸다.

8:28 수레를 타고 선지자 이사야의 글을 읽더라 – 하나님은 그의 길에서 그를 기억하는 사람을 만나신다. 여행을 하면서도 읽고, 듣고, 정보를 찾는 것은 좋은 일이다. 왜 우리는 우리의 모든 시간을 구속(redeem)하지 않는가?

8:30 빌립이 달려가서 듣고 말하되 읽는 것을 깨닫느냐 – 빌립은 날씨나 뉴스 같은 주제로 대화를 시작하지 않았다. 하나님을 증거 하기 위한 대화에서 에둘러 말하기 보다는 핵심적인 주제를 바로 말하는 것이 좋을 것이다.

8:31 빌립을 청하여 수레에 올라 같이 앉으라 하니 – 가르침을 받기 위한 내시의 겸손과 목마름.

8:32 성경 구절 – 이사야 53:7절을 읽으며 많은 유대인들과 무신론자들이 회개하였다. 몇몇의 사건들은 역사가 기록하고 있다. 하나님은 그들 모두를 아신다.

8:33 그가 굴욕을 당했을 때 고정한 재판도 받지 못하였으니 – 즉, 그가 사람이었을 때, 그는 정의를 경험하지 못했다. 재판을 받지 못하였다는 것은 그를 억압했다는

말의 경구이다. **누가 그의 세대를 말하리요** – 즉, 누가 자신의 생명을 주심으로 값으로 사신 그의 씨를 셀 수 있겠는가? (사 53:10)
8:36 길 가다가 물 있는 곳에 이르러 – 이러한 여행의 환경 또한 하나님의 인도하심 가운데 있었다. 하나님의 나라는 그 자체로서 어떠한 강압도 없이 외부적 환경에 적응한다. 이는 마치 공기가 모든 육체에 양보하지만 모든 것에 스며드는 이치와도 같다. **세례를 받음에 무슨 거리낌이 있느냐** – 아마도 그는 할례를 받았을 것이다. 그렇지 않다면 고넬리우스는 이방인 중에서 첫 번째 열매가 되지 못했을 것이다.
8:38 둘 다 물에 내려가 – 수레에서 내려. 내시가 침례를 받았다는 것을 의미하지는 않는다. 본문은 여기에 관해서 확실한 언급이나 친절한 설명을 하고 있지 않다.
8:39 주의 영이 빌립을 이끌어 간지라 – 성령께서 기적적으로 신속하게 빌립을 옮기셨다. 빌립 자신은 어떠한 노력이나 행동을 하지 않았다. 이러한 일은 여러 선지자들이 경험하였다.
8:40 빌립은 아소도에 나타나 – 아마도 빌립이 내시를 떠나 이 곳에 이를 때까지 아무도 그를 보지 못했을 것이다.

사도행전 9장

9:2 결박하여 – 아레타스 왕 아래 있는 총독의 허락을 받았든지 아니면 묵인하에 이 일을 하였을 것이다. (14절과 24절을 보라)
9:3 홀연히 – 하나님이 갑자기 강하게 죄인을 치시는 것은 하나님의 가장 큰 자비의 역사이다. 사울의 분노가 극에 달했을 때 살륙을 멈추라는 지시를 받는다. 그의 제자도를 위해 그에게 요구된 것은 이루 말할 수 없었던 그의 핍박을 상쇄하는 일이었다. 이렇게 갑자기 사도가 된 바울은 초심자가 넘어지기 쉬운 큰 올무에 걸리지 않도록 늘 조심하였다.
9:4 땅에 엎드러져 들으매 – 심각한 소리, 그러나 은혜가 가득한 소리었다.
9:5 가시채를 뒷발질하기가 네게 고생이니라 – 시리아의 잠언으로, 시도할수록 고통만 가져오는 일을 의미한다.
9:6 네게 이를 자가 있느니라 – 하나님이 친히 바울을 지시할 사람에게로 보내신다. 천사를 고넬료에게 보내신 것처럼 (행 10:5). 경탄할만한 겸손이다. 하나님은 우리와 같은 사람을 통해서 우리를 다루신다.
9:7 같이 가던 사람들은 – 그들도 땅에 엎드려졌다가 사울보다 먼저 일어났다. (행 26:14) 그들은 도보로 여행을 하였을 것이다. **소리만 듣고** – 알아들을 수 있는 소리가 아니었다. 빛을 보았으나, 예수를 본 것은 아니다(행 26: 13 이하).
9:9 사흘 동안 – 중요한 시기이다! 그 기간동안 사울은 신생(the new birth)의 고통을 경험했을 것이다. **보지 못하고** – 그의 눈에서 비늘이 자라서 보지 못하는 지경에 이

르게 하였다. 그러나 그의 마음 속에 깊은 곳에서는 그리스도의 전능한 능력을 느끼고 있었다. 외부의 사물과 교감하기 어려운 동안에 사울은 자신의 내면의 생각들을 들여다 보았다. 이것이 그의 여행에서 그에게 무슨일이 있었는가에 대해 다른 사람들에게 증거가 되었다. 산헤드린으로부터 보내진 고집스러운 유대인들을 겸손하게 하고 확신하게 하는 경험이 된 것이다.

9:11 그가 기도하는 중이니라 – 아나니아는 기도하는 사울을 발견했다.

9:12 아나니아라 하는 사람이 – 사울도 그의 이름을 알게 되었다.

9:13 아나니아가 대답하되 – 인간이 하나님을 향해 이론적인 논리를 펴고 있구나!

9:14 주의 이름을 부르는 모든 사람 – 즉, 모든 그리스도인.

9:15 내 이름을 전하기 위하여 택한 나의 그릇이라 – 하나님의 이름을 증거하기 위하여.

하나님의 사역을 위해 어떤 사람을 무조건으로 선택하신다는 것을 부정할 수 없다.

9:16 내 이름을 위하여 – 너는 내가 명령한 대로 행하라. 내가 나머지 일을 돌볼 것이다. **그에게 보이리라** – 사실상, 바울의 모든 사역의 일정 속에서.

얼마나 고난을 받아야 할 것을 – 이제 다른 사람들을 박해하지 않을 것이다.

9:17 예수께서 나를 보내어 – 아나니아는 그리스도께서 사울에게 관하여 하신 말씀을 모두 사울에게 말하지 않았다. 그가 부름을 받은 것이 얼마나 숭고한 일인지 빨리 아는 것이 목적은 아니었다.

9:24 밤낮으로 성문까지 지키거늘 – 총독이 유대인들의 요구에 의하여 이렇게 하였다. (고후 11:32)

9:26 사울이 예루살렘에 가서 – 3년 후에(갈 1:18) . 사도행전 22장 17절의 언급은 바울이 3년을 지냈음을 의미한다.

9:27 사도들에게 가서 – 베드로와 야고보 (갈 1:18,19) **전하니라** – 진리의 대적자였던 사울은 그가 변화되었다는 증거를 제시하기 전까지는 신뢰할 수가 없었다.

9:31 교회가 – 그리스도인 신자의 전체. **평안하여** – 그들의 악독한 박해자가 회심하였다. **든든히** – 거룩하게, 사랑의 믿음 안에서 지속적으로 성장하였다. **서가고** – 오직 거룩과 사랑의 원리로 말하며 행동하였다. **하나님을 경외함과 성령의 위로로** – 하나님에 대한 경외심과 함께 내적인 평화와 외적인 평화의 놀라운 연합이다.

9:35 룻다 – 룻다는 예루살렘에서 하룻길 여행의 거리에 있는 큰 마을이었다. 룻다는 가이샤라에서 욥바까지 펼쳐지 샤론평야에 있다. 샤론평야는 비옥한 땅으로 주목을 받았다.

9:36 다비다라 하는 여제자가 있으니 그 이름을 번역하면 도르가라 – 아마도 그녀는 다비다라는 시리아 이름으로 히브리인들에게도 알려진 헬라파 유대인이었을 것이다. 반면에 헬라인들은 그녀를 자신들의 언어로 도르가라고 불렀다. 두 가지 이름 다 외국 이름이다. 중요성의 차이는 그다지 크지 않다.

9:38 제자들이 베드로가 거기 있음을 듣고 두 사람을 보내어 – 아마도 욥바에 있는 사람들은 아무도 기적의 은사를 소유하지 못했을 것이다. 그리고 그들이 베드로에게서 기적을 기대했다는 것도 확실하지 않다.
9:39 도르가가 그들과 함께 있을 때에 – 즉, 도르가가 죽기 전에.
9:40 베드로가 사람을 다 내보내고 – 기도 가운데 하나님과 씨름하기 위한 더 좋은 시간을 갖기 위하여. **이르되 다비다야 일어나라 하니 그가 눈을 떠 베드로를 보고 일어나 앉으니라** – 누가 도르가가 다시 살아나는 놀라운 일을 상상이나 했겠는가? 그녀의 가까운 친구들도 그녀가 다시 살아있는 것을 보았을 때 얼마나 놀랬겠는가? 그들과 가난한 사람들을 위하여 기뻐해야할 이유가 있었다. 그리고 복음의 확증을 위하여 더욱더 의미 있는 일이다. 그녀가 다 내려놓았던 육신의 일이 가득한 세상으로 다시 돌아왔을 때 기쁘지만은 않았을 것이다. 그러나 의심할 여지없이 그녀는 살아있는 동안에 그녀의 구세주와 하나님을 위하여 더욱더 열심히 섬겼을 것이다. 더욱더 많은 보물이 천국에 쌓였다. 이후에 그녀는 놀라운 섬김을 했던 것보다 더욱더 많은 영광이 준비되어 있는 곳으로 돌아갔다.

사도행전 10장

10:1 고넬료라 하는 사람이 있으니 – 이방인 중에서 첫열매. **가이샤라에** – 빌립이 전에 방문했던 곳 (행 8:40) 예수를 믿음으로 구원을 받는 교리가 아직 그곳에는 전해지지 않았다. 예루살렘의 교회의 자리였다고 한다면, 가이샤라는 시민정부의 자리였다. 복음이 대도시들을 통해서 처음으로 전해졌다는 사실은 주목 할만한다. 그래서 복음은 예루살렘과 가이샤라를 붙들었던 것이다. 그 다음에 빌립보, 아덴, 고린도, 에베소, 로마로 퍼져나갔다. **백부장** – 군대 대장. **이달리야 부대** – 즉, 군부대.
10:2 백성을 많이 구제하고 – 즉, 유대인들을 많이 구제했다. 그 시대에는 많은 유대인들이 극도로 가난했다.
10:3 환상 중에 밝히 보매 – 베드로와 같은 황홀경 상태가 아니었다. **밝히** – 이러한 경험에 익숙하지 않은 사람에게 의심하지 않도록 밝히 보여 주었다.
10:4 네 기도와 구제가 하나님 앞에 상달되어 기억하신바가 되었으니 – 어떤 사람은 감히 말하기를, 이러한 것들은 화려한 죄에 불과하다고 한다. 그렇다면 그들은 하나님 앞에 가증스러운 존재였다는 말인가? 기독교적 의미에서 보면 고넬료는 불신자였다는 것은 분명하다. 그때 그는 그리스도에 대한 믿음을 가지고 있지 않았다. 그리스도 안에서 믿음을 추구하는 모든 자는 기도 가운데 믿음을 구해야 하며, 모든 사람에게 선을 행해야 한다. 엄격한 의미에서, 하나님의 규례를 따른 것이 아니면 하나님의 호의와 관용을 필요로 하는 자리에 서야한다.
10:7 부하 가운데 경건한 사람 – 이시대의 지휘관들은 그런 부하들을 얼마나 있는

가? 지금은 경건한 군인은 탈영병 보다 조금 낫게 여겨진다.

10:10 그가 시장하여 먹고자 하매 – 평소 식사 시간에. 비전과 환상 중에 나타난 상징은 일반적으로 자연적 능력에 부합하기에 관찰하기에 어렵지 않다.

10:11 네 귀를 매어 – 하늘로 올려지기 위해 하나의 매듭이 아닌 네 개의 매듭이 있었다.

10:14 베드로가 이르되 주여 그럴 수 없나이다 – 하나님께서 이상하고 부적당한 것을 명령하실 때에 첫 번째의 반대는 종종 용서를 받는다. 그러나 그러한 반대가 반복되어서는 안된다. 베드로의 이 의심과 지연은 몇 가지 선한 이유가 있었다. 그러나 여기에서 한님의 뜻은 베드로의 반대의 이유보다 더 분명하고 확실하고 중요한 이유가 있다. 베드로가 하나님의 뜻을 믿는데 시간이 지체된 것처럼 베드로 자신이 이후에 믿음의 형제들이 자신을 의심했을 때 좀 더 쉽게 참을 수 있게 된다. (11:2이하)

10:15 하나님께서 깨끗하게 하신 것을 – 깨끗하게 되었다고 선포되며 하늘에서 내려온 것은 깨끗할 수밖에 없다. 베드로는 예루살렘 공의회의 이 말씀을 잘 기억하였다. (행 15:9)

10:16 이런 일이 세 번 있은 후 – 더욱더 깊은 감동을 주기 위하여

10:17 베드로가 본 바 환상이 무든 뜻인지 속으로 의아해 하더니 – 우리의 삶의 안팎에서 경경험되어진 일들은 서로에게 열쇠가 될 수 있다. 함께 동의하고 일치한 것들은 부지런히 이루어 나가야 한다.

10:19-20 두 사람이 너를 찾으니 일어나 내려가 의심하지 말고 함께 가라 – 성령의 새로운 권고를 받아들이기까지 얼마나 오래 걸렸는가! 하나님은 그의 자녀들을 한걸음 한걸음씩 단계적으로 인도하신다. 항상 현재의 시간을 위한 빛을 비추어 주신다.

10:24 고넬료가 기다리더니 – 그 엄숙한 시간에 다른 세속적인 일을 하지 않고 전심을 다해 이 일을 기대하고 있다.

10:26 나도 사람이라 – 나는 하나님이 아니다. 하나님만이 홀로 예배 받으실 분이시다(마 4:10)

10:28 하나님께서 내게 지시하사 – 베드로는 그들에게 이전에는 의심했다는 사실을 조심스럽게 말하며, 또한 그가 본 최근의 환상에 대해서도 말한다.

10:29 묻노니 무슨 일로 나를 불렀느냐 – 베드로는 이미 알고 있었다. 그러나 베드로는 고넬료가 직접 말하고 있다. 그리고 고넬료는 자신의 이야기를 통해 더 깊은 감명을 받았다. 이 이야기의 재진술은 이후 베드로의 이어지는 설교에 새로운 영감과 영적권위를 더해 주었다.

10:30 내가 나흘 전 기도를 하는데 – 이 사일 중 첫날은 환상을 보았다. 둘째 날은 욥바에 사람을 보내었다. 셋째 날은 베드로가 욥바를 출발했으며, 넷째 날은 베드로가 가이사랴에 왔다.

10:31 네 기도를 들으시고 – 의심할 여지없이 그는 가장 겸손한 모습으로 하나님을

어떻게 예배해야 할지에 대한 교훈을 얻기 위해 기도를 하고 있었다.
10:33 우리는 다 하나님 앞에 있나이다 – 모든 진실한 그리스도인 공동체의 고백이다.
10:34 내가 참으로 – 이런 상황의 일치 속에서 어느 때 보다 더 분명하다.
하나님은 사람의 외모를 보지 아니하시고 – 하나님의 사랑은 차별이 없다. 특별한 의미에서, 이 말은 하나님의 사랑은 한 나라에 국한 되어 있지 않음을 의미한다. 일반적 의미에서는 하나님은 모든 사람을 사랑하신다. 그리고 모든 사람이 구원받기를 원하신다.
10:35 각 나라 중 하나님의 경외하며 의를 행하는 사람 – 첫째로, 하나님을 위대하시고, 지혜로우시며, 선하신 분으로 경외하는 사람, 모든 것의 원인이 되시며 목적이 되시고 통치하시는 하나님을 고백하는 사람. 둘째, 하나님의 최고로 경외함을 통해 모든 종류의 악을 피하고 최선을 다해 선을 행하려는 사람. **다 받으시는 줄** – 그리스도를 통해서, 비록 그가 그리스도를 모를지라도. 이 주장은 예외가 없음을 인정하고 표현한 것이다. 하나님의 기록된 말씀과 규례를 즐거워하든지 안 하든지 간에 그는 하나님의 은총 가운데 있는 사람이다. 그럼에도 불구하고, 이미 예수 그리스도를 영접한 사람은 어떤 측면에서 말할 수 없는 축복을 받은 사람이다. 그렇지 않다면, 하나님께서는 고넬료를 베드로에게 인도하기 위해 천사를 보내시지 않았을 것이다.
10:36 보내신 말씀 – 하나님이 그의 아들을 세상에 보내셨을 때. **복음을 전하사** – 예수 그리스도에서 의해서 복음이 전해짐. **화평** – 완전하신 하나님이시며 완전한 인간이신 예수 그리스도에 의해서 유대인이든 이방인이든 하나님과 사람 사이의 화평을 경험한다.
10:37 두루 전파된 그것을 너희도 알거니와 – 너희도 그 사실을 다 알고 있거니와, 그 사실의 의미에 관해서 내가 이제 좀 더 특별하게 너에게 설명하며 확인시켜 주겠다.
요한이 그 세례를 반포한 후 – 세례 요한이 선포를 통해서 사람들을 초청하여 회개하도록 하였다. 이 일은 가이샤라 근처의 갈릴리에서 시작되었다.
10:38 하나님이 나사렛 예수에게 기름 붓듯 하셨으매 – 특별히 예수 그리스도께서 세례 받으실 때, 이 세례에 의하여 예수 그리스도의 직임이 공적으로 시작되었다. **성령과 능력으로** – 성령이 언급이 될 때에 현재의 상황에 적용될 만한 표현이 특별히 더해진 것은 주목할 만하다. 그래서 집사들은 성령과 지혜가 충만하였다(행 6:3); 바나바는 성령과 믿음이 충만했다(행 11:24); 제자들은 성령과 기쁨으로 충만하였다(행 13:52); 그리고 여기서 성령의 강한 능력이 언급되면서, 그리스도 자신이 성령과 능력으로 기름부음을 받았다. **하나님이 함께 하셨음이라** – 베드로는 여기서 듣는 이들의 상황을 고려하며 그리스도의 위험을 엄숙히 말하고 있다.
10:41 모든 백성에게 하신 것이 아니요 – 예수님께서 죽으시기 전에 그러셨던 것처럼. **그를 모시고 음식을 먹은 우리에게 하신 것이라** – 즉, 주님이 사역하시는 동안에

주님과 함께 지속적으로 친밀하게 대화한 사람들.

10:42 하나님이 살아 있는 자와 죽은 자의 재판장으로 정하신 자 – 예수의 재림 때 그들이 살아있든지 그 전에 죽었든지 예수는 모든 사람의 재판장. 이것은 가장 강한 어조로 그들에게 선포되었다. 그들의 영원한 행복은 전적으로 그들의 최후의 재판관 되시는 그 분께 이 세상에서 겸손히 굴복하느냐에 달려 있다.

10:43 그에 대하여 모든 선지자도 증언하되 – 이방인들에게 말하며 베드로는 특별한 인용을 하지 않았다. **그를 믿는 사람들이 다** – 그가 유대인이든 이방인이든. **죄 사함을 받는다 하였느니라** – 비록 그가 전에는 하나님을 경외하지 않았고, 의롭게 행하지 않았더라도.

10:44 성령이 말씀 듣는 모든 사람에게 내려오시니 – 이로서 그들은 이방의 첫 열매로서 하나님께 온전히 자신의 삶을 구별하여 드리게 되었다. 하나님은 그들에게 하나님은 유대인뿐만이 아니라 이방인들도 받으신다는 분명하고 만족스러운 증거를 주셨다.

10:45 할례받은 신자들이 – 예수를 믿는 유대인들.

10:47 이 사람들이 우리와 같이 성령을 받았으니 누가 능히 물로 세례 베풂을 금하리요 – 베드로는 그들이 성령세례를 받았으니 물세례가 필요하지 않다고 말하지 않았다. 오히려 그 반대이다. 만일 그들이 성령을 받았다면, 그 다음에 물로 세례를 줘야 한다.

사람들이 성령을 받았는지 아닌지에 대한 판단을 위해 하나님의 말씀을 취한다면 질문에 대한 대답은 쉽게 얻을 수 있다. 하나님은 "회개하고 세례를 받으라. 그리하면 성령의 은사를 받으리라" 말씀하셨다. 만일 그들이 회개하고 이미 성령을 받았다면 누가 물세례를 금할 수 있겠는가?

10:48 예수 그리스도의 이름으로 – 예수 그리스도에게 기름을 부으신 성부에 대한 암시가 있다. 그리고 성령으로 예수 그리스도는 그 직임에 대한 기름부음을 받았다. 여기의 이방인들은 일찍이 성부 하나님을 믿었으나 이제 성령을 믿을 수 있었다. 그들은 지금 성령의 강력한 영향 아래 있다. 그들이 성삼위 하나님에 대한 믿음과 고백에 대한 세례를 받은 것이라고 단정 짓기는 어렵다. 이 고백에 대한 의심의 여지는 있지만 사도들은 그리스도께서 친히 모범을 보여 주신 대로 세례를 베풀었다.

사도행전 11장

11:4 베드로가 이 일을 차례로 설명하여 – 베드로는 그 일을 의문으로 놓아두지 않았다. 또한 절대적인 것으로 취급하지도 않았다. 베드로는 좀 더 온유하게 대답한다. 왜냐하면 이 문제는 자기 자신도 이전에 쉽게 믿지 못하던 사안과 관련이 있었기 때문이다.

11:5 황홀한 중에 환상을 보니 – 이 환상은 외적 감각을 중지시킨다.
11:14 구원받을 말씀을 – 이 세상에서나 오는 세상에서 경험하는 완전한 그리스도인의 구원이다.
11:17 우리가 주 예수 그리스도를 믿을 때에 – 우리가 할례를 받았기 때문이 아니라 우리가 믿었기 때문에 성령을 받았다는 의미이다. **내가 누구이기에** – 단지 하나님의 손에 붙들린 도구에 불구하다. 할례자들은 베드로가 이방인과 함께 먹었다는 사실에 대하여 질문하였다. 베드로는 이방인들에게 세례를 베푼 사실에 대하여 말하여 할례자들을 만족시켰다. 그리고 베드로는 자신이 고넬료에게 행한 일을 옳은 일이었음을 드러내고 있다. 하나님의 명령에 의한 일이었을 뿐만이 아니라 성령의 강림한 사건이었다.

그리고 우리가 누구이기에 하나님을 막을 수 있다는 말인가? 특별히 그리스도의 교제의 규칙을 깰 수 있다는 말인가? 하나님을 함께 예배함으로 생긴 첫 번째 교회의 입교를 허락한 사람을 제외시키는 일을 할 수 있단 말인가? 모든 교회의 지도자들은 교회의 주님의 권세로 이 일이 일어난 것임을 알 수 있었다. 하나님을 막은 죄는 좋은 의도를 소유한 사람들에게 내리는 것이 아니라 자신들의 전통을 지나치게 소중히 여기며 그것을 행해왔고 계속 행하는 자들에게 임한다.
11:18 하나님께 영광을 돌려 – 완전하게 만족하여. **생명 얻는 회개** – 진실한 회개는 영적 죽음에서 영적 생명으로의 변화이다. 회개는 우리를 영원한 생명을 인도한다.
11:19 그 때에 스데반의 일로 일어난 환난으로 말미암아 흩어진 자들이 – 누가는 여기에서 자신이 이야기를 끝냈던 바로 그 문장으로 그의 이야기의 줄거리를 다시 시작한다.(행 8:4) 북쪽으로는 베니게 서쪽으로는 구브로 동쪽으로는 안디옥까지
11:20 그 중에 구브로와 구레네 몇 사람이 – 이방인들과의 대화가 좀 더 익숙한 사람들. **몇 사람이 안디옥에 이르러** – 안디옥은 시리아의 수도였다. 그리고 로마와 알렉산드리아 다음으로 제국에서 가장 큰 도시였다. **헬라인에게도 말하여** – 헬라인들은 유대 근처 이방 나라 중에서 가장 영향력이 있었다. 유대인들은 모든 이방인들을 헬라인이라고 불렀다. 여기에서 우리는 우상을 섬기는 이방인들에게 복음을 전한 첫 번째 사건을 접한다. 이전에 복음이 증거된 사람들은 최소한 이스라엘의 하나님, 유일하신 하나님을 예배했던 사람들이었다.
11:21 주의 손이 그들과 함께 하시매 – 즉, 성령의 능력이 함께 하시매.
11:26 제자들이 안디옥에서 비로서 그리스도인이라 일컬음을 받게 되었더라 – 안디옥에서 최초로 이 특별한 호칭을 얻게 되었다. 전에 그들은 나사렛 사람들 혹은 갈릴리 사람들이라고 불리었다.
11:28 그 중에 아가보라 하는 한 사람이 일어나 – 이 회중 안에서. **천하에** – 천하는 보통 모든 로마제국을 의미한다. 여기에서도 의심할 여지없이 그런 의미로 사용되었다.

11:29 그때에(Then, KJV) 각각 힘대로 – 그들이 처해있을 곤경을 이해한다. **제자들이 유대에 사는 형제들에게 부조를 보내기로 작정하고** – 그들의 회심의 실체를 분명히 확인한 사람들이.

11:30 장로들에게 보내니라 – 장로들은 부조를 집사들에게 주어 모든 사람들의 필요에 따라 나눠주게 했다.

사도행전 12장

12:1 그 때에 – 하나님은 쉼과 박해를 적절한 시간과 방법에 따라 순차적으로 일어나게 하셨다. **헤롯** – 아그립바; 아그립바는 로마식 이름이고, 헤롯은 시리아식 이름이다. 그는 헤롯 대왕의 손자이며, 헤롯 안티파스의 조카이다. 헤롯 안티파스는 세례요한을 참수한 사람이다. 헤로디아스의 형제이며 아그립바의 아버지이다. 전에 사도 바울이 그를 상대로 자신을 변호했다. 칼리귤라가 그의 삼촌 필립의 영토의 왕으로 세웠는데, 이 후에 그 영토는 안티파스의 영토가 된다. 클라우디우스는 그를 유대의 왕으로 세웠으며 루사니아(Lysanias)가 이후에 지배하였다.

12:2 요한의 형제 야고보 – 형제 중 한 명은 사도들 중에 제일 먼저 하나님 앞에 갔고, 또 한 명은 가장 마지막으로 하나님 앞에 갔다.

12:3 때는 무교절 기간이라 – 무교절 기간에 유대인들은 사방에서 모인다.

12:4 군인 넷씩인 네 패 – 16명이 밤낮으로 순번을 따라 지켰다.

12:5 교회는 그를 위하여 간절히 하나님께 기도하더라 – 그러나 그들의 기도가 응답되었을 때 그들은 믿기 힘들었다(15절). 그런데 왜 그들은 야고보를 위해서는 기도하지 않았는가? 왜냐하면 야고보는 붙잡힌 즉시 죽임을 당했기 때문이다.

12:6 베드로가 누워 자는데 – 마음을 편하게 하고 두려움에서 벗어나 있다. **두 군인들 틈에서** – 사람이 보기에는 충분히 안전하다.

12:7 쇠사슬이 – 쇠사슬에 그의 오른손이 군인 중 한 명에 묶여져 있었다, 그리고 왼손은 또 다른 한 명에게 묶여져 있었다.

12:8 띠를 띠고 – 아마도 베드로는 그가 잠을 자기 위해 누웠을 때 그의 옷과 신발과 상의를 벗고 있었을 것이다.

12:10 첫째와 둘째 파수 – 의심할 여지없이 여기에는 군인들이 지키고 있었다. **문이 저절로 열리는 지라** – 베드로나 천사가 만지지 않았다. **나와서 한 거리를 지나매** – 그때 베드로는 가야할 길을 알았을 것이다. **천사가 곧 떠나니라** – 혼자 남겨 두어도 충분히 앞일을 감당할 수 있게 되었다.

12:11 내가 이제야 참으로 알겠노라 – 이일은 환상이 아니었다(9절).

12:12 깨닫고 – 자신이 해야 할 최선이 무엇인가를 깨닫고. **여러 사람이 거기 모여** – 한 밤중에

12:13 대문 – 집으로부터 어느 정도 떨어져 있는. **듣고** – 누군가 문을 두드리는 소리를

12:14 베드로의 음성인 줄 알고 – 그녀에게 문을 열어 달라고 간청하는.

12:15 그들이 말하되 네가 미쳤다 – 네가 그렇게 말하는 것을 보니 제 정신이 아니구나. **그의 천사라** – 유대인들의 일반적 견해이다. 모든 사람들은 그의 특별한 수호천사가 있다. 그 수호천사는 자주 그의 모양을 하며 목소리를 낼 수 있다. 그러나 이러한 사항들에 관하여 성경은 침묵한다.

12:17 그들에게 손짓하여 – 그들 중 다수가 놀라 함께 이야기를 나눴을 것이다. **야고보와 형제들에게 이 말을 전하라** – 우리 주님의 형제나 친척이다. 자신의 이름을 딴 야고보서의 저자이기도 하다. 그는 무게감이 있고 중요한 사람이었다. 아마도 그 지역의 최고 감독이었을 것이다. 그리고 특별히 예루살렘 교회의 감독이었을 수도 있다. **떠나 다른 곳으로 가니라** – 폭풍이 지나갈 때까지 그가 몸을 더 잘 숨길 수 있는 곳으로 갔을 것이다.

12:19 헤롯이 그를 죽이라 명하니라 – 이와 같이 악한 자들은 의인들의 방에서 고통을 당할 것이다. **유대를 떠나** – 그의 약속을 따라 베드로를 붙잡지 못했다는 수치를 느끼며

12:20 블라스도를 설득하여 – 자기의 편으로 만들기 위해. **청한 지라** – 그리고 목적을 이루었다. **화목** – 헤롯과의 화해. 그리고 하나님의 섭리에 의해 그 지역에 있는 그리스도인들은 음식의 부족함을 해결할 수 있었다. **양식을 먹는 까닭에** – 옥수수가 제공되었다. **왕국에서** – 두로왕 뿐만이 아니라 히람왕도 솔로몬에게 "그들의 가족을 위하여" 음식이나 옥수수를 구하였다. (열왕기상 5:9)

21:21 날을 택하여 – 클라우디오스 황제를 기념하기 위하여 해마다 엄숙히 행사를 거행하였다. **헤롯이 왕복을 입고** – 떠오르는 태양 빛을 반사하는 은으로 장식된 옷을 입고 보는 이들의 눈을 현란하게 하였다. **백성들이 크게 부르되 이것은 신의 소리요** – 왕에게 이와 같이 하나님을 모독하는 아첨하는 말을 자주 하였다. 사악한 자들의 일반적 관습은 그 죄를 경감하는 것이 아니라 더욱더 커지게 하고 있다.

12:23 곧(immediately) – 하나님은 당신의 상처받은 영광을 회복하시기 위해 지체하지 않으신다. **주의 사자가 치니** – 이 사실에 관하여 다른 역사가들은 침묵한다. 그래서 하나님의 역사와 인간의 역사 사이에는 큰 차이가 있다! 하나님의 천사가 베드로를 구해 내었다. 천사가 헤롯을 쳤다. 사람은 이러한 사건을 볼 수 없다. 이러한 일들은 오직 하나님의 사람들에게만 알려진 것이다. **헤롯이 하나님께 영광을 돌리지 아니하므로** – 헤롯은 의도적으로 하나님의 영광을 가로챘다. 헤롯의 이러한 신성모독적 행위는 그 악함이 극에 달한 것이다. 그래서 하나님의 심판이 지체되지 않았다. **벌레에게 먹혀** – 혹은 해충. 얼마나 놀라운 반전인가! 그리고 다섯째 되는 날 그 강렬한 고통 가운데 죽었다. 얼마나 위대한 사건인가! 박해자는 망하고, 복음은 흥

왕하여 더하여졌다.
12:25 사울이 돌아오니라 – 안디옥으로. **마가라 하는 요한을 데리고** – 마리아의 아들 (그의 집에서 제자들은 베드로를 위해 기도하기 위해 모였다. 마리아는 바나바의 자매이다)

사도행전 13장

13:1 헤롯의 젖동생 마나엔 – 헤롯의 함께 자란 형제. 지금은 권력의 유혹으로부터 자유해 졌다.
13:2 내가 불러 시키는 일을 위하여 바나바와 사울을 따로 세우라 – 그들을 사도로 임명하는 것이 아니다. 바울은 그 이전에 사도로 인정을 받았다. 이것은 사람으로부터 된 것도, 사람에 의해서 된 것도 아니다. 우리 주님께서 태초부터 그를 부르신 자리로 사울을 인도하시는 것이다. 하나님의 이러한 인도하심이 예언자들과 교사들을 통하여 나타났다. 결과적으로 이들은 금식하며 기도하고 그들에게 안수하였다. 안수는 성직 임명을 위한 예식일 뿐만이 아니라 축복을 위한 예식이기도 하며, 그 외에 여러 가지 경우에 안수할 수 있다.
13:3 금식하며 – 다시 금식하였다. (행 14:23)
13:5 여러 회당에서 – 주어진 모든 기회를 사용하였다.
13:6 바보 – 바보는 섬의 서쪽에 있으며 살라미는 동쪽에 있다.
13:7 총독 – 구브로의 로마 총독. **지혜있는 사람** – 엘리마에게 휘둘리지 않았다. 그러나 더 많은 것을 알고 싶은 열망이 있었다.
13:9 바울이라고 하는 사울이 – 로마사람들은 자연스럽게 사울의 이름을 그들의 언어로 바꾸었을 개연성이 있다. 그래서 그들은 사울이라고 부르는 대신에 바울이라고 불렀다. 아마도 총독의 가족이 처음으로 바울이라고 불렀을 것이다. 이때로부터 사울은 이방인의 사도가 되어 그들에게 더 친숙한 바울이라는 이름을 사용하였다.
13:10 악행이 가득한 자요 – 거짓 선지자이기 때문이다. **모든 거짓과** – 마술사이기 때문이다. **마귀의 자식이요** – 마술사에게 잘 어울리는 이름이다. 자신만 불의할 뿐 아니라, 다른 사람들까지도 경건에서 멀어지게 하는 사람이다. **주의 바른 길을 굽게 하기를 그치지 아니하겠느냐** – 이제 너는 심지어 복음의 진리를 듣지 않았느냐.
13:11 즉시 안개와 어둠이 그를 덮어 – 흐릿하게 보이거나 아주 보이지 않거나.
13:12 주의 가르치심을 놀라게 여기니라 – 주의 가르치심은 이러한 기적에 의하여 더욱 확실하게 된다.
13:13 요한은 그들에게서 떠나 돌아가고 – 피곤하여 지쳤든지 위험에 위축이 되었든지
13:14 비시디아 안디옥 – 1절에서 언급된 안디옥과는 다른 곳이다.
13:15 율법과 선지자의 글을 읽은 후에 회당장들이 사람들 보내어 – 율법은 매년 한 번 이상 읽혀졌다. 모든 안식일의 일정 중 하나다. 여기에 예언서로부터 받은 교훈이

더해졌다. 율법 낭독이 끝나면, 누군가 자신이 옳게 여기는 생각을 사람들에게 말했을 것이다. 그러나 이것은 상당히 엄숙한 분위기 속에 진행되었기 때문에, 바울과 바나바가 무시하기 어려웠을 것이다. 왜냐하면 그곳의 지배자들이 그것을 원한다는 것을 알고 있었기 때문이다. 아마도 모임이 시작되기 이전에 어떠한 메시지를 전했을 것이다.

13:16 하나님을 경외하는 사람들아 – 개종자들이든지 이교도들이든지

13:17 하나님이 – 바울이 그들의 조상에 대한 하나님의 은혜를 기념함으로써 그들의 마음이 즉시 말하는 사람에게 열리게 되었다. 그들은 하나님께 대한 자신들의 의미를 확신하고 있었다. 그리고 그의 약속과 성취를 믿도록 초청되었다. 17–22절의 여섯 절은 구약의 전체 요약을 포함하고 있다. 바울은 여기서 자신과 같이 하나님을 경외하는 사람들에게 주로 말하고 있다. 그는 이스라엘을 먼저 언급하고, 26절에 좀 더 직접적으로 이스라엘 사람들에게 말하고 있다.

택하시고 – 그 백성을 높이신다. 그들 자신의 공로나 선함 때문이 아니다. (겔 20:5)

우리 조상들을 – 아브라함과 그의 후손들

13:19 일곱 족속 – 신명기 7장 1절에 언급되어 있는. **약 사백오십 년 간** – 즉, 아버지들을 택하신 때부터 땅을 분배하기까지 약 사백오십 년이었다.

13:21 사울을 사십 년간 주셨다가 – 사무엘이 이스라엘을 사사로서 다스린 시간을 포함하여.

13:22 폐하시고 – 이제 그들은 하나님의 경륜은 다양한 변화를 포함한다는 것을 깨닫게 되었을 것이다. **내가 다윗을 만나니 내 마음에 맞는 사람이라** – 이 표현은 제한적 의미로 받아들여야 한다. 그 당시에 다윗은 하나님의 마음에 합한 사람이었지만, 항상 그런 것은 아니었다. 다윗이 특별히 여기에 언급된 대로 하나님의 모든 뜻을 행할 때는 하나님의 마음에 합하였다. 그러나 그는 다른 측면, 즉 자신의 뜻을 실행하려고 할 때는 하나님의 마음에 합한 사람이 아니었다. 예를 들어, 우리아의 사건의 보면 다윗은 하나님의 뜻을 따라 행하는 사람과는 거리가 멀었다. 그러므로 다윗의 행동의 모든 부분들 안에서 그의 성품을 한쪽으로만 생각하는 것은 대단히 위험한 실수일 뿐 아니라 아주 치명적이다. 우리는 간음이나 살인을 하나님의 마음에 합한 것으로 여기지 않기 위해 이것을 주의해야 한다.

13:24 요한이 먼저 전파하니라 – 바울은 이것을 그들이 먼저 알고 있었다는 전제로 설교한다. 그리고 의심할 여지없이 그들은 세례요한을 알고 있었다. 왜냐하면 세례요한의 설교는 유대 전체 나라에 큰 경고였기 때문이다. 이방 나라에도 전해지지 않을 수가 없다. 최소한 비시디아 지역에는 전해졌을 것이다.

13:25 그 달려갈 길 – 그의 사역은 빠르게 끝이 났다. 그래서 달려갈 길, 경주라는 표현은 적절하다.

13:27 예루살렘에 사는 자들과 그들 관리들이 – 여기서 바울은 큰 반대를 예상하고

있었다. "예루살렘에 있는 자들, 특별히 그들의 관리들은 왜 믿지 않는가?" 그들은 예수를 몰랐다. 왜냐하면 그들은 자신들이 지속적으로 읽고 듣는 선지자들에 관해 잘 알지 못했기 때문이다. 그들은 예수 그리스도가 무고함에도 불구하고 정죄하였다. 이것이 바로 그들이 예수 그리스도에 관한 예언들을 이해하지 못했다는 증거이다.

13:29 성경에 그를 가리켜 기록한 말씀을 다 응하게 한 것이라 – 유대인들은 여기까지 갈 수 있었다. 그러나 더 이상은 갈 수 없다.

13:31 갈릴리로부터 예루살렘에 함께 올라간 사람들에게 여러 날 보이셨으니 – 이 마지막 여행은 이후의 모든 일을 미리 예견한다. 그래서 무엇보다 가장 중요하다.

13:33 너는 내 아들이라 오늘 너를 낳았다 – 예수 그리스도는 영원부터 하나님의 아들이었음은 진실이다. 그러므로 이 말의 의미는, '오늘 내가 너는 나의 아들임을 선포하노라'이다. 바울이 말한 것처럼, "죽은 자들 가운데서 부활하사 능력으로 하나님의 아들로 선포되셨으니"(롬 1:4) 하나님이 그를 낳았다라는 말씀은 하나님이 아들을 죽은 자들 가운데서 일으키신 날 새롭게 이 땅에서 태어난 것처럼 특별한 적실성과 아름다움을 갖는다.

13:34 다시 썩음을 당하지 않게 하실 것을 – 즉, 다시 죽지 않도록. 다윗의 거룩하고 미쁜 은사를 너희에게 주리라 – 그리스도 안에서 다윗에게 약속되어진 축복. 이 축복들은 그리스도 안에 있는 모든 신실한 신자들에게 확실하고, 변함이 없으며, 견고하고, 단단하다. 그러므로 그리스도의 부활은 반드시 이루어진다. 부활이 없이는 그러한 축복은 주어질 수 없다.

13:35 시편에 일렀으되 – 메시야의 이름으로 다윗이

13:36 다윗은 당시에 하나님을 뜻을 따라 섬기다가 잠들어 – 다윗의 섬김의 한 세대를 넘기지 못했다. 그러나 메시야의 왕국이 모든 시대에 이르는 것처럼, 메시야의 섬김은 모든 세대에 이른다. **하나님의 뜻을 따라** – 왜 당신은 여기에 있는가? 당신은 왜 아직 이 세상에 있는가? 하나님의 뜻을 따라 섬겨야 하는 것이 당신이 아닌가? 당신은 지금 섬기고 있는가? 모든 것을 하나님의 뜻을 따라 하고 있는가? **그 조상들과 함께** – 이 표현은 몸뿐만이 아니라 영혼도 의미한다. 그리고 영혼의 불멸성을 의미한다.

13:39 모든 일에도 이 사람을 힘입어 믿는 자마다 의롭다 하심을 얻는 이것이라 – 믿는 바로 그 순간에, 모든 죄에 대한 실제적 용서를 받는다. **너희가 의롭다 하심을 받지 못하던** – 지금 받지 못할 뿐 아니라, 영원히 받을 수 없다. 왜냐하면 율법은 고범죄에 대한 속죄를 할 수 없기 때문이다. **모세의 율법** – 모세의 전체 규례. 도덕법과 의식법으로의 오늘날의 율법의 구분은 유대인들에게는 일반적이지 않았다. 바울 사도도 여기에서는 전혀 그러한 구분을 고려하고 있지 않다. 그러나 모세와 그리스도는 서로에게 반대가 된다.

13:40 그런즉 삼가라 – 중요하고 시기적절한 권고. 아직은 여기에 책망을 더하지 않

고 있다.

13:41 너희 때를 당하여 한 일을 행할 것이니 … 도무지 믿지 못할 일이라 – 이 말은 원래 하나님이 그들을 갈대아인의 권세로부터 구원할 것이라는 사실을 믿지 아니한 사람들에게 한 말이다. 그러나 이 말씀은 하나님의 약속과 역사(works)를 믿지 못하는 모든 사람들에게 적용될 수 있다.

13:42 그들이[10] **나갈새** – 아마도 사도 바울이 말하는 것을 참기 어려운 사람들 중 많은 사람들이 그의 말이 끝나기도 전에 나가 버렸을 것이다. **다음 안식일에도** – 그래서 유대인들은 티쉬리(Tisri)월의 첫 날부터 같은 달 열번 째 날까지 안식일이라고 부른다. 티쉬리에는 일반 달력으로의 한 해가 시작된다. 이 날은 속죄의 거룩한 날이다.

13:43 두 사도가 더불어 말하고 – 좀더 친근하게. **항상 하나님의 은혜 가운데 있으라 권하니라** – 이제 곧 환난이 닥칠 것이기 때문에. **하나님의 은혜** – 즉, 복음과 그리스도인의 믿음을 떠나지 말라.

13:46 바울과 바나바가 담대히 말하여 이르되 – 다른 사람들을 방해하는 자들은 공개적으로 책망을 받을 것이다. **마땅히 … 전할 것이로되** – 너희들은 자격이 없을지라도. 바울은 그들의 믿음의 어떠한 우월감 때문에 그들에게 먼저 복음을 전한 것이 아님을 보여 준다. **영생을 얻기에 합당하지 않은 자로 자처하기로** – 그들이 정말 자격이 있는 것에 대해서는 비판하지 않는다. 그러나 그들이 복음을 거부하는 것은 영생을 얻기에 합당하지 않다는 것을 말하는 것과 같다. **보라(Behold)**[11] – 새로운 일이 이제 일어날 것이다. 크게 놀랄만한 일이다.

우리가 이방인에게로 향하노라 – 다른 지역에 있는 유대인들에게 복음을 전하기 위하여 떠나는 것이 아니다. 그들은 더 이상 안디옥에서 감사할 줄 모르는 동족들에게 시간을 허비하지 않기로 결정했다. 대신에 그들은 거기에 이방인의 회심을 위해 자신들이 할 수 있는 일을 전부 다 하기로 결정했다.

13:47 주께서 이같이 우리에게 명하시되 – 우리를 보내셔서 주께서 하신 말씀을 이루시는 기회를 우리에게 주시기 위하여. **내가 너를 … 삼아** – 성부께서 그리스도께 하신 말씀이다.

13:48 영생을 주시기로 작정된 자는 다 믿더라 – 누가는 "미리 작정하심"에 관하여 말하는 것이 아니다. 그는 영원 전부터 되어진 일에 관하여 말하고 있지 않다. 복음의 전도를 통하여 이루어진 일에 관하여 말하고 있다. 누가는 작정은 복음을 듣는 바로 그 순간에 일어나는 일임을 설명하고 있다. 이 설교를 하면서 바울은 믿는 자

---

10) KJV에는 'the Jews'(유대인)들이 나갔다고 기록되어 있다. NIV에는 'Paul and Barnabas'(바울과 바나바)가 나갔다고 기록되어 있다. 개역개정 성경에는 '그들이' 나갔다고 기록되어 있다. (역자 주) 웨슬리는 KJV를 따라 바울과 바나바가 아닌 유대인들이 나갔다고 해석한다.

11) 개역개정 성경에는 이 단어(Behold) 해당하는 번역이 없다. (역자 주)

들에게 하나님께서 믿을 수 있는 힘을 주셨다고 말한다. 이것은 마치 바울이 그들이 믿었다. 그리고 믿는 자들의 마음을 주께서 열어 주셨다. 바울은 이 구절과 같은 작정에 대하여 비슷하게 말하는 병행구절에서도 분명하게 이 내용을 표현했다(행 16:14 이하). 성경에서는 단 한 번도 원문에 있어서 어떠한 종류의 영원한 예정에 관하여 말하고 있지 않음을 주목할 필요가 있다. 요약하면, 지금 작정 된 사람은 모든 사람은 지금 믿는 사람이다. 하나님이 다른 사람들을 거절하시는 것이 아니다. 그들도 역시 구원받는 것이 하나님의 뜻이었다. 그러나 그들은 자신들로부터 구원을 밀어내어 버렸다. 믿는 사람들이 못 믿도록 억제되지 않는다. 그러나 은혜는 그들에게 먼저 풍성하게 주어졌다. 그리고 그들은 그 은혜를 밀어내지 않았다. 그래서 이방인들의 많은 수가 회개하고 돌이켰다. 요약하면, 이 표현은 하나님의 은총의 현재적 역사와 듣는 자들 안에서 역사하고 있는 믿음을 의미한다.

사도행전 14장

14:1 두 사도가 말하니 – 박해는 그들의 힘을 오히려 북돋았다.
14:9 구원받을 만한 믿음이 그에게 있는 것을 보고 – 바울은 그 사람의 영혼에서 하나님의 능력을 느꼈다. 그리고 그 능력은 그의 육체를 치유하기에도 충분하다는 것을 알았다.
14:11 신들이 사람의 형상으로 우리 가운데 내려 오셨다 하여 – 이교도들은 그들의 신들, 특별히 제우스[12] 신이 자주 내려온다고 생각했다. 그러나 어둠의 왕자가 얼마나 놀랍도록 믿지 않는 자들의 마음을 어둡게 하고 있는가! 유대인들은 그리스도께서 행하신 수없이 많은 기적을 보았음에도 불구하고 그리스도의 신성을 인정하지 않았다. 반면, 이교도들은 단지 하나의 기적을 보았을 뿐인데, 그 기적을 행한 사람들을 보자마자 그들을 신격화하였다.
14:13 제우스 신당의 제사장 – 그들의 신당과 형상은 도시의 대문 밖에 있었다. **소** – 제우스에게 가장 많이 바치는 제물. **화환** – 제물로 바쳐지는 사람에게 걸어주기 위해.
14:14 무리 가운데 뛰어 들어가서 소리 질러 – 불길에 휩싸여 있거나 다른 급하고 큰 위험에 처한 것처럼.
14:15 이런 헛된 일을 버리고 – 참되신 하나님 아닌 다른 것을 예배하는 일을 버리고. 바울과 바나바는 그것들을 신(gods)이라 부르지 않는다. **살아계신 하나님께로** – 죽은 우상들과 같지 아니하신. **천지와 바다와 그 가운데 만물을 지으시고** – 이교도들은 천지, 바다, 만물은 각각 신들을 가지고 있다고 생각했다.
14:16 지나간 세대에는 – 바울은 그들의 반대를 미연에 방지한다. 그러나 복음이 사

12) KJV에는 Jupiter로 되어있다. (역자 주)

실이라면, 우리는 조상들 때부터 그들에게 들어야만 했다. **방임**[13] – 무시무시한 심판이다. **모든 민족으로** – 잘못된 길로 가고 있는 대다수의 사람들은 그 실패를 진리로 돌이키지 않는다. **자기들의 길들을 가게** – 그들이 선택한 우상숭배의 길.
14:17 자기를 증언하지 아니하신 것이 아니니 – 이교도들은 항상 하나님의 존재와 섭리에 대한 증언을 가지고 있었다. **선한 일을 하사** – 형벌을 내리심을 통해서도 하나님은 자신을 증거하신다. 그러나 보다 특별히 은택을 주심으로 자신을 증거하신다. **비를 내리시며** – 말하자면, 비를 통해 하늘, 땅, 바다 모든 것들이 함께 연합된다. **하늘로부터** – 하나님의 보좌. 아마도 바울이 그의 설교를 통해 말하고 싶었던 부분이었을 것이다. **음식과 기쁨** – 음식으로 우리의 육신을 채우시고, 기쁨으로 우리의 영혼을 채우신다.
14:19 무리를 충동하니 – 무리들은 쉽게 동요되어 바울을 경배하기도 하고 죽이려고 하기도 한다.
14:20 제자들이 둘러섰을 때에 – 아마도 해가 진 이후에. 낮에는 격분한 군중들이 심히 박해하였을 것이다. **바울이 일어나 그 성에 들어 가니라** – 바울은 죽음에 방치된 바로 직후에 이런 일을 할 수 있다는 것은 죽음에서 부활한 것과 같은 기적이다. 특별히 악한 유대인들이 돌로 쳐서 사람을 죽이는 방식을 생각한다면 더욱 그렇다. 가장 처음에는 증인들이 자신들이 들 수 있는 가장 큰 돌을 집어 사람 머리를 향해 던진다. 이것만으로도 해골이 산산조각이 나기 때문에 사람이 죽기에 충분하다. 그 다음에는 모든 사람들이 모여서 조그마한 움직임이나 동작도 없을 때까지 돌을 던진다.
14:23 각 교회에서 장로들을 택하여 – 새롭게 회심한 자 외에 그들 중에서. 하나님께서는 그리스도 안에서 어린 아기라 할지라도 바른 믿음 안에서 다른 사람들을 세워줄 수 있도록 만드실 수 있다. **주께 그들을 위탁하고** – 형제에 대한 사랑뿐 아니라 그리스도 안에서의 믿음을 의미하는 표현.
14:25 버가와 앗달리아 – 버가와 앗달리아는 밤빌리아에 있는 도시들이다.
14:26 두 사도가 이룬 그 일을 위하여 전에 하나님의 은혜에 부탁하던 곳이라 – 이 구절은 행 13:3에서 언급된 안수의 본질과 의도를 보여준다.

사도행전 15장

15:1 유대로부터 내려와서 – 아마도 바울과 바나바가 놓치고 있다가 생각하는 부분들을 보충해 주려고.
15:2 그들 – 형제들. **바울과 바나바 및 그 중의 몇 사람을 예루살렘에 있는 사도와 장로들에게 보내기로 작정하니라** – 바울 사도가 갈라디아서 2:1–2에서 언급한 여행

13) KJV에는 'suffered'로 되어 있다. (역자 주)

을 의미한다. 여기에서 바울은 "계시를 따라" 올라갔다. 이 말은 다음과 큰 일관성을 가지고 있다. 왜냐하면 그들을 보내는 교회는 계시에 의해 인도함을 받았을 것이다. 바울과 다른 사람들에게도 즉시 계시가 임하였을 것이다. 그리고 이 계시는 아주 중요한 일과 연결되었다. 이것은 진정 중요한 일이었다. 여기의 유대인들은 주장은 결국 엄격한 반대에 부딪혔을 것이다. 왜냐하면 회심자의 대부분이 여전히 율법에 열심이 있었으며 율법 준수에 대한 논쟁할 준비가 되어있었기 때문이다. 진정 안디옥의 많은 그리스도인들은 바울의 독자적인 결정을 묵인했을 것이다. 그러나 대다수의 다른 사람들은 바울에 대하여 선입견을 가지고 있었을 것이다. 왜냐하면 그들이 보기에 바울은 이방인에 대하여 과도한 관심을 가지고 있었기 때문이다. 이것은 이 문제에 대하여 모든 사도들의 동의를 구해야 하는 아주 예민한 문제였다.

15:4. **영접을 받고** – 즉, 큰 환영을 받았다.

15:5 **바라새파 중에** – 심지어 신자라고 할지라도 이전에 자신이 가졌던 생각과 선입견을 바꿔기 쉽지 않다. **모세의 율법** – 도덕법과 의식법 모두.

15:7 **많은 변론이 있은 후에** – 이 변론이 사도들 사이에서 일어난 것처럼 보이지 않는다. 그러나 만일 그렇다고 하더라도, 만일 그들이 처음에 변론을 하였다면, 그들의 마지막 결정은 옳은 방향의 결정이었을 것이다. 아무리 그들이 영감을 받았을지라도, 우리는 그들의 영감이 그들 자신의 생각이나 서로 논의한 것을 대체할 정도로 항상 즉각적으로 표현되었다고 생각할 필요가 없다. **베드로가 일어나** – 사도행전에서 베드로가 언급된 곳은 여기가 마지막이다.

15:8 **마음을 아시는 하나님이** – 이방인들에게 성령을 부어 주심으로 그들을 받아들이셨다.

15:9 **깨끗이 하사** – 이 말은 10장 15절 말씀의 반복이다. **그들의 마음을** – 마음은 순결해야 한다. **믿음으로** – 모세의 율법에 대해서는 언급하지 않는다.

15:10 **그런데 지금** – 일이 이렇게 된 것을 보니. **하나님을 시험하여** – 왜 너희들은 그렇게 무거운 멍에를 그들의 목에 걸어 놓음으로 하나님의 분노를 일으키느냐?

15:11 **주 예수** – 베드로는 '우리의 주' 라고 말하지 않는다. 왜냐하면 여기 엄중한 곳서 베드로는 '모두의 주'를 말하고 있다. **우리** – 유대인. **그들이 구원 받는 줄을** – 즉, 이방인들도. **주 예수 그리스도의 은혜로** – 의식적 율법을 준수함으로가 아니라.

15:12 **표적과 기사** – 표적과 기사로 인하여 베드로 사도가 한 말 역시 입증이 되었다.

15:14 **시므온이 말하였으니** – 히브리인들의 사도 야고보 베드로를 히브리식 이름으로 부르고 있다. **자기 이름을 위할 백성을 취하시려고** – 즉 예수 그리스도를 믿는 것이 그의 이름으로 불리는 것이다.

15:15 **이와 일치하도다** – 베드로 사도는 야고보 사도가 성경 예언을 통해 확인한 명백한 사실을 강조하고 있다. **선지자들의 말씀** – 선지자들 중 한 사람이 즉각 인용되었다.

15:16 이 후에 – 유대인의 시대가 지난 후에. **내가 돌아와서 다윗의 무너진 장막을 다시 지으며** – 다윗의 씨에서 나서, 그리스도는 그의 영적이며 영원한 왕국의 무너진 장막을 다시 세울 것이다.

15:17 내 이름으로 일컬음을 받는 모든 이방인 – 즉, 나의 이름으로 일컬음을 받는 자, 나의 백성.

15:18 예로부터 이것을 알게 하시는 주 – 바울 사도는 예언 그 자체와 성취에 관하여 말하고 있다. 이방인들의 이러한 회심은 영원 전부터 하나님은 알고 계셨기 때문에 우리는 이방인의 회심이 새로운 것이나 낯선 것이라고 생각해서는 안 된다.

바울은 자연세계에서의 하나님의 역사에 대해 말하고 있지 않다는 사실은 주목할 만하다(바울이 말하려고 하는 현재의 목적이 아닌). 바울은 사람의 자녀들에 관하여 말하고 있다. 이제 그는 특정한 사람의 성품이나 행동을 알지 못하면 우리는 하나님의 섭리적 경륜이 발견되는 지혜와 선함과 같은 것들과 교류에 관한 것을 알 수 없다. 예를 들어, 그는 이방 숭배자들이 있었다는 사실을 모른 체 이방의 우상숭배자들을 어떻게 다뤄야 할지 알 수가 없다. (그는 그들을 자신의 교회로 부르고 있다). 그러나 이것은 순순히 인간 마음의 자유에 달린 것이다. 그러므로 이 본문은 수 없이 많은 본문들 가운데 하나님은 미래를 가능성으로 알 수 있음을 알려 주는 확실한 증거가 된다. 비록 여기에는 인간이 해결할 수 없는 어려움이 있다 할지라도.

15:20 음행을 멀리하라고 – 이방의 철학자들조차 어떠한 지적도 하지 않았던 것이다. 음행은 특별히 그들의 우상숭배 시에 자주 행해졌다. 여기에서는 우상숭배에 음행이 함께 언급되었다. **목매어 죽인 것과** – 즉, 피를 쏟지 않고 죽은 모든 것. 하나님이 처음에 노아에게 육식을 하도록 허락하신 것은 그의 모든 후손에게도 해당한다. 노아 안에 모든 후손이 있었다. 그들이 어떠한 피조물이라도 음식을 위해 죽일 때는 그것으로부터 피를 제하여야 한다. 피는 땅에 물처럼 쏟아 버려야 한다. 의심의 여지 없이 이 피는 세상의 죄를 위해 때가 되면 부어지게 될 피를 기념하는 것이다.

15:21 안식일에 회당에서 – 아마도 접촉점이었을 것이다. 유대인들에게 우리는 여기게 관해서 아무것도 쓸 필요가 없다. 왜냐하면 그들은 율법에 관해서 계속해서 듣기 때문이다.

15:22 온 교회가 – 그러므로 교회는 그 안에 여러 부분들이 있다. **사람들을 택하여 보내기를 결정하니** – 모든 논쟁을 해결할 사람들. 이것은 모든 사도들과 형제들의 판단이다.

15:23 그 편에 편지를 부쳐 이르되 – 이 일의 모든 처리는 그 당시의 교회는 베드로의 수위권에 대한 어떠한 개념이나 이 논쟁에서 재판장이 된다는 그 어떠한 주장도 없었다는 것을 명백히 보여준다. 그러한 규칙은 베드로를 따라 된 것이 아니라 야고보 사도의 제안과 인도에 따라 된 것이다. 베드로가 아니라 모든 사도와 장로와 온 교회의 이름으로 된 것이다. 그렇다. 2절에 있는 질문에 관하여 예루살렘에 사람들

을 보내라는 명령이나 4절에서 그것에 대해 말하는 사람이나, 그 문제에 대한 대답을 위해 쓴 편지에나 베드로 사도의 이름은 전혀 언급되지 않는다.

15:24 들은즉 – 이 편지의 단순성과 무게감 그리고 명료성은 매우 높이 주목할 만하다.

15:26 생명을 아끼지 아니하는 자 – 바울과 바나바를 의미한다.

15:27 그들도 이 일을 말로 전하리라 – 우리가 편지에 썼던 것을.

15:28 이 요긴한 것들 외에는 – 그때에는 이 모든 것들이 필요했다. 그러나 이것들 중 첫 번째 것은 그 필요가 오래 지속되지 않았다. 우리가 고린도전서에서 읽는 것처럼 이것에 관한 지시는 역시 동일한 성령에 의해 폐지되어야 한다.

15:29 피 – 이 세상의 시작부터 하나님의 자녀들에게는 피를 먹는 것이 결코 허락되지 않았다. 이것도 다 더 분명할 수는 없다. 예를 들면, 1. 아담부터 노아 때까지는 인간은 육식을 전혀 하지 않았다. 따라서 사람은 피를 먹지 않았다. 2. 하나님께서 노아와 그 후손에게 육식을 허락하실 때, 하나님은 분명히 피를 먹는 것을 금지하셨다. 따라서 피를 먹지 말라는 명령은 노아의 다른 육계명(six precetps of Noah)과 함께 노아 때부터 모세까지 이어온 것이다. 3. 하나님은 피에 대한 금지를 모세를 통해 재확인하셨다. 이 금지는 모세 때부터 그리스도가 오실 때까지 폐지되지 않았다. 4. 8세기 중반 로마의 감독이 피를 먹는 것을 폐지하는 것이 좋다고 여길 때까지는, 예수께서 오셔서 피를 먹지 말라는 성령의 명령을 폐지하셨다는 어떠한 추정도 할 수 없다. 5. 그때부터 그의 권위를 인정했던 교회들은 피를 먹는 것을 대수롭지 않게 여기기 시작했다. 그러나 6. 로마의 감독의 권위를 인정하지 않는 모든 교회들 안에서는, 피를 먹는 것이 결코 허락되지 않았다. 그러므로 피를 먹는 것은 오늘날에도 허락되지 않는다. 이것은 분명한 사실이다. 사람들에게 자신이 어느 편이든 원하는 편을 생각하게 하라. **이에 스스로 삼가면 잘 되리라** – 즉, 너는 복을 받게 될 것이다. 이러한 온유한 결론은 사도들의 지혜와 선함에 기인한다. 그러나 이를 얼마나 빨리 이 보다 아래의 권위를 가진 공의회가 정반대의 모습으로 바꾸었는가! 그 형태는 가장 신성한 이름을 아래서 가장 악마적인 열심으로 구별을 증명하라는 것이었다. 전쟁에서 잘못 정비된 무기처럼 손을 다치게 할 것이다.

15:35 바울과 바나바는 안디옥에 유하며 – 베드로가 예루살렘으로부터 내려왔을 때이다. 그리고 바울은 이방인들로부터 자신을 분리시키는 베드로를 면전에서 책망하였다. (갈 2:11 이하)

15:36 우리가 주의 말씀을 전한 각 성으로 다시 가서 – 이것이 처음에 바울이 계획한 일이었다. 그러나 이것만이 하나님이 그의 전도 여행을 통해 계획하신 일은 아니었다. 하나님의 섭리는 바울이 의도했던 것보다 더 멀리 가게 하셨다.

형제들이 어떠한가 방문하자 – 그들의 영혼이 어떻게 성장하고 있는가. 그들이 어떻게 믿음, 소망, 사랑 가운데서 자라가고 있는가. 모든 목회적 방문 가운데 가장 중요하고 지속적인 필요는 무엇이 되어야 하는가? 독자들이여, 그대들은 어떠신가?
15:37 바나바는 마가라 하는 요한도 데리고 가자고 하나 – 그의 친척.
15:38 그러나 바울은 옳지 않다 하여 – 전에 자기들을 버리고 떠난 사람을 다시 신뢰하는 것이 옳지 않다. 마가는 지금 그들이 다시 돌아보려고 하는 회심자들을 얻는 일에 대한 위험과 수고로부터 도망간 사람이다.
15:39 서로 심히 다투어 – 문자적으로, 격하게 감정이 폭발했거나 크게 분노했다. 그러나 본문은 그러한 감정의 폭발이 양쪽 모두에게 있었다고 말하지 않는다. 실제로도 그렇지 않았을 것이다. 바울은 자신의 입장에서는 권리를 주장할 수 있었지만 (의심할 여지없이 바울에게는 권리가 있다) 사랑을 잃어버리지 않았다. **바나바는 마가를 데리고 배 타고 구브로로 가고** – 자신이 참여했던 사역을 버리고, 바나바는 자신의 나라로 갔다.
15:40 바울은 떠나 – 그가 처음 의도했던 길을 따라 갔다. **형제들에게 주의 은혜에 부탁함을 받고** – 바나바는 이것을 행했다는 것을 찾을 수 없다. 하나님의 은혜가 얼마나 놀라운가! 하나님의 은혜는 이 세상의 한 복판에서, 죄의 한 복판에서 사탄의 많은 함정 가운데서, 말할 수 없는 약함과 본성의 타락에도 불구하고 우리가 모든 반대를 극복하게 하고, 끝까지 우리를 거룩하게 하시고 지키며 보존한다. 바울과 바나바는 이후에 완전히 화해했을 뿐만이 아니라(고전 4:6, 갈 2:9) 바울은 마가를 자기의 동역자로 다시 받아들인다. (골 4:10, 몬 1:24, 딤후 4:11)

사도행전 16장

16:3 유대인으로 말미암아 그를 데려다가 할례를 행하니 – 바울은 믿지 않는 유대인들에게 복음을 전하기로 계획했다. 디모데가 할례를 받지 않는 한 그들은 디모데와 대화조차 하려 하지 않았을 것이다.
16:6 브루기아 땅으로 다녀가 – 갈라디아 지역뿐 아니라 브루기아에서 충분한 것을 말했다. **성령이 못하게 하시거늘** – 내적인 음성으로 들렸을 것이다. **아시아에서 말씀을** – 그가 복음을 전하려 했던 아시아는 아직 때가 되지 않았다.
16:7 무시아 앞에 이르러 – 아시아의 한 지역. **비두니아로 가고자 애쓰되 예수의 영이 허락하지 아니하시는지라** – 전과 같이 그들을 막으심. 때때로 설명할 수 없는 강한 감동은 무시되어서는 안 된다.
16:9 밤에 환상이 바울에게 보이니 – 밤이었을 지라도 꿈이 아니었다. 요셉과 빌라도의 부인의 꿈 이외에는 신약성경에서 꿈이 언급되지 않았다. **마게도냐 사람 하나** – 아마도 마게도냐의 관습을 따라 옷을 입었거나, 그들의 언어를 사용하며 마게도냐의 주민을 대표하는 천사였을 것이다. **우리를 도우라** – 사탄, 무지, 죄에 맞서
16:10 우리가 곧 마게도냐로 떠나기를 힘쓰니 – 누가가 바울 사도를 수행했다는 것

을 언급한 최초의 구절이다. 여기에서 누가는 완곡한 방식으로 언급한다. 누가는 그의 이름을 한 번도 직접 언급하지 않았고, 또한 그리스도인으로서의 섬김을 위해 그가 한 일이나, 말한 것 또한 한 번도 언급하지 않았다. 바울은 누가를 가장 존경하는 표현으로 언급하였다 (골 4:14; 딤후 4:11) 그리고 고린도후서 8장 18절의 "이 사람은 복음으로써 모든 교회에서 칭찬을 받는 자"는 누가였을 것이다. 동일한 언급이 다른 성경 역사가들에 의해서도 이루어졌을 것이다. 그리고 그들 모두 온화한 겸손의 사람들이었을 것이다.

16:11 우리가 직행하여 – 하나님이 자신들을 부르셨다는 확신이 점점 커졌다.

16:12 첫 성 – 네압볼리는 아시아에서 가장 가까운 마게도냐로 들어가는 첫 성이었다. 그 지역에서 가장 먼 곳의 첫 성은 빌립보였다. 스트리몬강이 두 도시 사이를 흐른다. 빌립보는 로마의 식민지였다.

16:13 문 밖 강가에 나가 – 유대인들은 보통 이방인들로부터 멀리 떨어진 곳에서 그들의 종교적인 모임을 갖는다(선택이나 강제에 의해서). **강가에** – 강가는 그들의 정결의식을 위해 편리한 장소이다. **기도할 곳이 있을까 하여** – 비록 거기에 지어진 집이 없을 지라도. **우리가 말하는데** – 처음에는 친근한 방법으로 다가갔다. 바울은 급하게 설교하려고 하지 않았다.

16:14 하나님을 섬기는 – 아마도 선지자들의 글에 익숙했을 것이다. **주께서 그 마음을 열어** – 헬라어 단어는 눈을 열었다고 옳게 언급한다. 마음은 마음의 눈을 가지고 있다 (엡 1:18) 마음과 눈은 그 본질에 있어서 가깝다. 마음과 눈을 여시는 것은 하나님의 특별한 역사이다.

16:15 그와 그 집이 다 세례를 받고 – 그렇게 많은 가족들 중에 아기가 없다면 누가 믿을 수 있겠는가? 유대인들은 그들의 자녀들을 할례하는 것이 오랜 관습이었다. 그렇다면 그들이 이제는 그들의 자녀들에게 세례를 줌으로 하나님께 드리려 하지 않겠는가? **우리에게 청하여** – 신실한 자들의 영혼은 자신들을 하나님께로 인도해 줄 수 있는 사람들에게 가까이 한다. **우리에게 강권하여** – 끈질기게. 사도들은 자신들이 마게도니아에 온 이유가 이득을 취하기 위함인 것으로 오해받지 않기 위해 즉각 응하지 않았다.

16:17 이 사람들은 지극히 높은 하나님의 종으로서 … – 위대한 진리. 그러나 바울은 그러한 말을 수용할 필요도 없었고, 또 그렇게 하지도 않았을 것이다.

16:19 관리들에게 – 그 도시의 최고 관리. 다음 절에서 그들은 집정관이라고도 불린다. 이 관리들은 군사적으로나 민간적으로 다 권력을 행사하였다.

16:20 유대인 – 특별히 로마인들에게 무시를 당하는 나라.

16:21 로마 사람인 우리가 받지도 못하고 행하지도 못할 풍속을 전한다 하거늘 – 세상은 그 동안 존재했던 모든 철학자들의 규칙과 교리들을 수용했다. 그러나 이것은 복음 진리에 관한 것이다. 복음은 특별히 세상이 받아들일 수 없는 그 무엇인가를

지니고 있다.

16:23 많이 친 후에 옥에 가두고 – 그들은 자신들이 로마사람이라고 즉시 말하지 않았거나, 소동 가운데서 그들이 로마사람이라는 사실이 잘 알려지지 않았을 것이다. **간수에게 명하여** – 아마도 그들은 바울과 실라가 죄가 있어서가 아니라 사람들을 조용히 만들기 위해서 옥에 가두었을 것이다.

16:24 그 발을 차꼬에 든든히 채웠더니 – 이 차꼬는 로마인들 사이에 많이 쓰이는 나무로된 큰 차꼬였을 것이다. 이 차꼬는 죄수들의 다리를 채울 뿐 아니라 고통스럽게 하였다.

16:25 바울과 실라가 하나님을 찬송하매 – 피곤함과 배고픔, 매를 맞고 피를 흘림에도 불구하고. **죄수들이 듣더라** – 그들에게 친숙하지 않은 노래.

16:28 바울이 크게 소리질러 이르되 – 그들은 모두 어두움 가운데 있었기 때문에, 하나님께서 즉각적으로 알려주지 않으셨더라면, 바울이 어떻게 간수가 자결하려고 했는지 말하기는 쉽지 않다. **큰 목소리로** – 바울은 먼 거리에 있었기 때문에, 힘을 다하여 불렀다. **네 몸을 상하지 말라** – 비록 그리스도인의 믿음이 내세에 대한 소망을 갖게 할지라도, 스스로 목숨을 끊은 것은 절대적으로 금지되어 있다.

16:30 선생들이여 – 그는 이전까지는 그들을 이렇게 부르지 않았다. **내가 어떻게 하여야 구원을 받으리이까** – 죄책감을 느끼며 복수가 두렵다. 의심할 여지없이 하나님께서 그의 죄를 그의 앞에 놓으셨다. 하나님의 심판이 그 위에 머물고 있다는 사실을 가장 분명하고 가장 강한 방법으로 확신시키셨다.

16:31 너와 네 집이 구원을 받으리라 – 만일 네가 믿으면. 그들은 믿었고 구원을 받았다.

16:33 그 맞은 자리를 씻어주고 – 사도들은 그들이 원했을 때 치료되는 기적적인 힘을 가지고 있지 않았다는 사실을 잊지 않아야 한다. 그들 자신뿐만이 아니라 그들의 친구들에게도 마찬가지이다. 기적은 그들이 필요할 때 편의적으로 일어나는 것이 아니다. 그렇게 된다면 하나님의 지혜로운 설계들이 위협을 받게 될 것이다. 그리고 하나님의 지혜로운 설계들은 고통을 당하게 될 것이다.

16:34 음식을 차려주고 기뻐하니라 – 믿음은 사람을 즐겁고, 신중하며, 자유롭게 한다.

16:35 상관들이 사람을 보내어 – 지진으로 인한 두려움으로 인해. **이 사람들을 놓으라 하니** – 몇 시간 전에 책임을 물었던 것과 얼마나 다른가! 간수의 마음을 감동시킨 것이 얼마나 위대한가!

16:37 로마 사람인 우리를 공중 앞에서 때리고 – 바울 사도는 이 특권을 항상 주장하지 않았다. 그러나 그들이 전혀 낯선 나라에서, 마땅하지 않은 죄목으로 의심을 받아 복음의 전파가 심히 방해 받을 때는 자신이 로마의 시민권임을 밝혔다.

16:40 형제를 만나보고 위로하고 가니라 – 그들 주변의 많은 사람들이 그들을 초청

하여 머무를 것을 권하였지만, 그들은 현명하게 관리들의 요구를 들어 주었다. 그리하여 그들은 어떠한 형태의 나쁜 감정이나 복수를 하지 않을 것을 표현하였다. 그렇지 않고 의심을 샀다면 많은 사람들을 다시 소요시켰을 것이다.

사도행전 17장

17:1 그들이 암비볼리와 아볼로니아로 다녀가 – 누가는 빌립보에 남겨졌을 것이다. 사도 바울이 그곳으로 돌아올 때까지 누가는 빌립보 지역의 교회들을 방문하는 사역을 하였을 것이다. 여기에서부터 누가는 더이상 사도 바울의 일행으로서 자신을 언급하지 않는다. 사도행전 20:5,6에서 다시 누가가 등장할 때까지 누가는 더 이상 사도행전에 등장하지 않는다. 사도행전 20장 5절 이후부터 사도행전의 마지막 부분까지는 다시 누가가 바울사도의 일행으로 언급된다. 암비볼리와 아볼로니아는 마게도니아의 도시이다.

17:2 바울이 자기의 관례대로 – 모든 일을 함에 있어서 지금까지 그랬던 것처럼 그는 자신의 관례를 따랐다. **그들에게로 들어가서 세 안식일에** – 안식일 사이에 있는 날들도 포함하여.

17:4 적지 않은 귀부인도 – 우리의 자유사상가(Freethinkers)들은 여자가 남자보다 더 종교적이라는 것을 관찰할 때 불쾌감을 느낀다. 여자들이 종교적인 면과 선한 태도의 측면 모두 칭찬을 받을 때, 그들은 그들의 이해의 부족으로 탓을 돌린다. 그리고 참으로 외적인 행동을 통해 종교를 흉내 내려고 하는 한, 종교의 이러한 그림은 남자보다는 여자에게서 좀 더 잘 보여질 것이다. 여성들의 부드러운 열정과 그들의 겸손을 생각할 때 그러한 행동들은 좀 더 유익이 많을 것이다. 그러나 항상 십자가를 지는 삶을 의미하는 참된 종교의 경우, 특별히 박해의 시대에 남자보다 용기가 적은 여성들은 큰 불이익 아래 놓이게 된다. 그래서 여성들의 복음의 수용은 하나님의 능력의 더욱 강한 증거이다. 하나님의 능력은 약한 곳에서 완전하다. 여성으로서의 자연적인 두려움을 극복하기 위해 성령의 강한 도움이 그들에게 필요하다.

17:11 더 너그러워서 – 관대하여서. 하나님 안에서 가르칠만한 것은 영혼의 참된 너그러움이이다. **간절한 마음으로 말씀을 받고** – 진리를 가장 정확하게 그리고 지속적으로 찾으려 한다.

17:12 그 중에 – 유대인들 중에. **또 헬라의 귀부인과** – 그들이 남편들이 부인들을 따라왔다.

17:16 바울이 그들을 기다리다가 – 아덴에서는 말씀을 전파할 계획이 없었던 것 같다. 그러나 하나님을 향한 그의 열심이 그의 동료들이 도착할 때까지 기다리지 않고 복음을 전하게 했다.

17:18 어떤 에피쿠로스와 스토아 철학자들도 – 에피쿠로스 철학자들은 섭리를 전

적으로 부인한다. 그리고 세계는 단지 우연의 작용으로 존재한다고 믿는다. 인간의 참된 선은 감각적 쾌락을 추구하는 것이며 영혼과 육체는 함께 죽는다고 주장한다. 스토아 철학자들은 물질은 영원하다고 주장한다. 모든 것은 저항할 수 없는 운명에 의해서 좌우된다. 덕목은 운명의 충분한 보상이며, 악은 운명의 충분한 형벌이다. 가장 중요한 오류에 대해서 그들을 공개적으로 공격하지 않고 바울이 얼마나 행복하게 자신의 종교의 원리를 분명하게 하고 있는지 어렵지 않게 관찰할 수 있다. **이 말쟁이가 무슨 말을 하고자 하느냐** – 이러한 표현은 자연적 이성에 만족하여 이성적 생각으로만 가득 찬 사람의 말이다. 그러나 비록 아덴보다 못한 곳은 없었지만, 여기에서도 바울은 어느 정도의 열매를 얻는다. 아덴은 참된 종교에 해가 되는 철학자들의 도시였기 때문에 바울은 큰 열매를 맺지 못했다는 사실이 놀랍지만은 않다. **이 방신을 전하는 사람인가 보다 하니** – 23절에서 바울은 다시 이들에 대해 언급한다. **이방신** – 아덴에서 알려지지 않은 신. **이는 바울이 예수와 부활을 전하기 때문이라** – 어떤 신이나, 여신이나. 이것은 잘못되었으며 어리석은 생각이었다. 아덴 사람들은 부활을 남신, 여신 그 외에 많은 신들에게 속한 신적 속성으로 여겼다.

17:19 아레오바고 – 화성의 언덕. 화성에게 바쳐진. 이방의 전쟁신. 아덴 사람들은 아레오바고에 최고사법기관을 가지고 있었다. 그러나 바울이 이곳에 범죄자로서 끌려오지는 않았다. 재판관 원래 12명으로 구성되어 있었다. 그러나 이후에 300명까지 증가되었다. 이 사법기관이 아덴에서 정의와 공정을 위해 가장 많은 인원으로 구성된 집단일 것이다.

17:21 거기서 나그네 된 외국인들이 – 아덴 사람들의 병에 걸린 것이다. **가장 새로운 것** – 헬라어에서는 좀 더 새로운 것이라는 의미이다. 새로운 것은 금세 가치가 떨어졌다. 그리고 그들은 여전히 더 새로운 것을 원하였다.

17:22 바울이 아레오바고 가운데 서서 말하되 – 충분히 큰 극장에서. **말하되** – 자연적 종교심에 대해 알려주었다. 감탄할만한 지혜와 정확성, 충만함과 겸손으로 바울은 그들에게 자연적 종교심에 대해 알려주었다. 그들은 새로운 것을 추구한다. 바울은 경건한 철학적 담론을 통해 처음부터 시작하여 마지막까지 선포한다. 처음과 마지막 모두 그들에게는 새로운 것이었다. 바울은 그들이 많은 논쟁을 벌였던 모든 것의 기원과 마지막에 대해 설명하였다. 그리고 에피쿠로스와 스토아 모두를 거부하였다. **너희를 보니** – 바울은 얼마나 명료하며 자유롭게 말하고 있는가! 바울은 아덴에 맞섰다.

17:23 알지 못하는 신에게라고 새긴 단도 보았으니 – 어떤 사람들은 이 단이 하나뿐이 진실한 신에게 자신의 충성을 은밀한 방법으로 표현하기 위해 소크라테스에 의해 세워진 것이라고 추정한다. 소크라테스는 이방의 다신론을 조롱한 것 때문에 사형에 처해 졌다. 그리고 다른 사람들은 누가 이 단을 세웠든지 간에 그 영광을 이스라엘의 하나님께 돌린다. 그분은 형상이 없으시며, 그분의 이름은 여호와이며, 한

번도 우상을 숭배하는 이방인들에게 알려진 적이 없으시다. **내가 너희에게 알게 하리라** – 바울은 눈먼 철학자들의 갈피를 잡지 못하는 마음을 고정시켜 주었다. 그들에게 알려지지 않았지만 옛적부터 계셨던 하나님을 선포하였다.
17:24 우주와 그 가운데 만물을 지으신 하나님 – 선하시고 진실하시며 홀로이신 하나님에 대해 설명하고 있다. 하나님은 피조물과는 절대적으로 다른 분이시다. 보이는 창조세계의 그 어떤 것들과도 다르신 분이시다.
17:25 또 무엇이 부족한 것처럼 사람의 손으로 섬김을 받으시는 것이 아니니 – 헬라어는 마치 하나님이 어떤 것, 혹은 어떤 사람을 필요로 하시는 것처럼 섬김을 받으시는 것이 아니다라는 두 가지 의미를 다 가지고 있다. **이는 만민에게** – 살아 숨쉬는. **생명** – 우리는 하나님 안에 살고 있다. **호흡** – 우리는 하나님 안에서 기동한다. 호흡을 통해 생명은 지속된다. 나는 이 순간 호흡한다. 그러나 그 다음의 호흡은 나의 능력이 아니다. **만물** – 우리는 하나님 안에 존재한다. 이 강론의 부분 부분은 정확하게 서로에게 답을 한다.
17:26 인류의 모든 족속을 한 혈통으로 만드사 – 이 표현을 통해, 가장 평범한 방법으로, 바울 사도는 비록 그가 유대인이었지만 그 어떤 편협한 시각의 노예가 되지 않고 모든 인류를 그의 형제로 여긴다는 사실을 그들에게 보여주었다. **그들의 연대를 정하시며** – 사람들에게 거주할 곳을 주신 분이 하나님이시다. 바울은 시간과 장소의 순서를 통해 입증한다. 모든 인간의 지식을 뛰어넘는 시간과 장소를 주신 가장 높은 지혜자를 보여주고 있다. **거주의 경계를 정하셨으니** – 산과 바다, 강과 같은 것들을 통해서.
17:27 혹 – 길은 열려있다. 하나님은 당신이 발견되기를 기다리고 계신다. 그러나 하나님은 인간에게 강제하지 않으신다. **하나님을 더듬어 찾아 발견하게 하심이로되** – 이것은 찾은 것(seeking)과 발견하는 것(finding)의 중간에 위치해 있다. (KJV 원문에는 feel이라는 단어가 seek과 find 중간에 위치해 있다: 역자주) 느끼는 것은 인간의 모든 감각 중 가장 낮은 감각이면서 동시에 가장 중대한 감각이다. 이 느낌의 감각은 하나님에 관한 낮은 지식에 적당히 적용될 수 있을 것이다. **그는 우리 각 사람에게서 멀리 계시지 아니하도다** – 우리는 하나님을 찾거나 발견하기 위해 멀리 갈 필요가 없다. 하나님은 아주 가까이 계시다. 우리 안에 계신다. 하나님이 멀리 계시다고 생각하는 것은 잘못된 생각일 뿐이다.
17:28 그를 힘입어(in him) – 우리 자신이 아닌. **우리가 살며, 기도하며 존재하느니라** – 이 구절은 하나님의 필연성, 친밀성, 그리고 가장 효과적인 임재를 나타낸다. 모든 피조물이 지속적이고 필요불가결하게 제일의 원인(the first cause)이시며 전능하신 하나님께 의존하여 존재하고 작동하는 것을 이보다 더 잘 표현할 수 없다. 이것은 신학의 가르침일 뿐만이 아니라 가장 진실된 철학이기도 하다. **너희 시인 중에 어떤 사람들의 말과 같이** – 여기서 언급되고 있는 아라투스는 아테네사람이

었다. 그는 이 이일이 있기 전 거의 300년 전에 살았다. 그들은 고대 이교도 세계 전체의 자연 종교 중에서 가장 순수하고 좋은 형태의 하나로 초월적 존재를 믿고 있었다.

17:29 (우리가) … 여길 것이 아니니라 – 특별히 1인칭 복수를 사용함으로 완곡하게 표현하고 있다. 마치 바울은 하나님이 피조물인 인간보다 못할 수가 있겠는가? 라고 묻고 있는 것처럼 말한다. 바울은 이 우상들이 하나님과 같다는 생각을 부정할 뿐 아니라, 하나님을 대표할 만한 어떠한 유비도 가지지 못했음을 말하고 있다.

17:30 알지 못하던 시대에는 – 바울은 아덴 사람들이 무지하지 않다고 생각하고 있는가? 그렇다. 그들은 바로 이 제단에서 하나님을 인정하고 있는 것이다. **하나님이 간과하셨거니와** – 누군가 이 말을 조금 다르게 표현하여, "그의 눈의 광채가 어느 정도는 그에게 비추어졌다" 바울은 그들에게 이 말을 함으로 유대인들에서처럼 주목을 받지는 않았다. **이제는** – 오늘날, 바로 이 시간, 바울은 하나님의 인내가 끝나고 더 큰 자비하심이나 형벌이 올 것이라고 말하고 있다. **어디든지 사람에게 다 명하사 회개하라 하셨으니** – 이 말에는 하늘의 왕의 대사(ambassador)로서의 존엄성과 위대함이 있다. 바울의 회개에 대한 우주적 요구는 스토아 학파의 교만함에 직면하여 아주 강하게 우주적 죄를 선포하고 있다. 동시에 이 말은 숙명론의 게으른 주장을 압도하고 있다. 사람은 자기가 살아왔던 방식을 버리지 않으면 회개할 수 없기 때문이다.

17:31 이는 정하신 사람으로 하여금 천하를 공의로 심판할 날을 작정하시고 – 그들의 정의의 법정에서 바울을 얼마나 정당한 말을 하고 있는가! **정하신 사람** – 그의 말을 듣는 사람들의 수준에 맞게 말하고 있다.

그를 죽은 자 가운데서 다시 살리신 것으로 모든 사람에게 믿을 만한 증거를 주셨음이니라 – 여기에 언급된 것처럼 하나님이 예수를 다시 살리셨다. 그래서 예수는 모든 사람의 영광스러운 심판자가 되셨다. 우리는 이것이 바울 사도가 말한 전부라고 생각해서는 안 된다. 그러나 듣는 자들의 게으름과 사나움이 바울의 사도의 말을 중간에서 끊었을 것이다.

17:32 어떤 사람은 조롱도 하고 – 조롱을 통해 바울을 방해하고 있다. 그들은 이성(reason)에 대한 교만으로 인해 믿음의 가장 중요한 동기를 공격하고 있다. 여기에서 넘어지면, 전체를 부인하게 된다.

17:33 이에 바울이 떠나매 – 자신들의 비판으로 인해 분열된 사람들을 떠났다.

17:34 그들 가운데는 아레오바고 관리 디오누시오가 있었다. – 그 법정의 재판관 중 한 명이었다. 아주 무의미한 일을 좋아하는 자들에 의해 그에 대한 거짓된 글들이 이후 세대에 전해졌다.

사도행전 18장

18:1 바울이 아덴을 떠나 – 바울은 아덴에 오래 머물지 않았다. 아덴의 철학자들은 너무도 가벼웠고, 게으르며, 복음을 받아들이기에는 스스로 너무 현명하다고 여기는 자들이었다.

18:2 글라우디오 – 로마의 황제. **모든 유대인을 명하여 로마에서 떠나라 한 고로** – 태생적으로 유대인인 모든 사람. 종교적으로 그들이 유대교도이든지 그리스도교도이든지 교만한 로마인들은 상관하지 않았다.

18:3 그 생업은 천막을 만드는 것이니라 – 유대인들은 자신들이 부자이든 귀족이든 상관없이 사업에 온 가족과 함께 하는 것이 규칙이었다. (그리스도인되어서도 그렇게 하지 않을 이유가 무엇인가?)

18:5 실라와 디모데가 마게도냐로부터 내려오매 – 실라는 꽤 오랜 시간 동안 베레아에 머물렀을 것으로 여겨진다. 그러나 디모데는 바울사도가 아덴에 있을 때 바울에게 왔었다. 그리고 바울은 디모데를 데살로니가 교회를 위로하고 격려하기 위하여 보냈다.(살전 3:1–5) 그러나 마침내 실라와 디모데는 고린도에 있는 바울에게 왔다. **바울이 하나님의 말씀에 붙잡혀** – 아마도 실라와 디모데보다 더 강하게 말씀에 붙잡혔을 것이다. 모든 그리스도인은 그의 마음에 하나님의 말씀에 붙잡히려는 강한 열망이 있어야 한다. 그리고 그 열망이 성경과 일치하다면 그 열망을 따라야 한다. 만일 성경과 일치되지 않는다면, 그는 강한 중압감을 느끼게 될 것이다.

18:6 바울이 옷을 털면서 – 대적하는 자들을 삼가겠다는 강한 의지이다. 그리고 하나님께서 곧 그들을 하나님의 백성의 수에 합당치 않는 자들로 그들을 털어내실 것을 암시하고 있다. **나는 깨끗하니라** – 죄에 대하여 완전한 증거를 가진 사람 외에는 아무도 이렇게 말할 수 없다. **이 후에는 이방인에게로 가리라** – 그러나 완전히 유대인과 절교한 것은 아니다. 바울은 고린도에서조차 유대인들과의 모든 관계를 깨지는 않았다. 단지 유대인들의 회당에서 더이상 설교하지 않았을 뿐이다.

18:7 유스도라 하는 사람의 집에 들어가니 – 유스도는 이방인이다. 바울은 아마도 아굴라에 집에서 머물고 있었지만 유스도의 집에서 설교했다.

18:8 수많은 사람도 듣고 – 그리스도보의 말과 바울의 설교를 들었다.

18:9,10 내가 너와 함께 있으매 – 그러므로 그 도시 거주민들의 권세와 위엄과 학식과 공손함 때문에 두려워하지 마라. **두려워하지 말며 침묵하지 말고 말하라** – 너의 수고는 결코 헛되지 않을 것이다. **이는 이 성중에 내 백성이 많음이라 하시더라** – 그래서 바울은 예언자적으로 그들을 불렀고 그 이후에 그들은 믿었다.

18:11 일 년 육 개월을 머물며 – 긴 시간이다. 그러나 오늘날에는 더 넉넉히 주어진 시간에 비하여 얼마나 적은 영혼들을 얻었는가! 누구의 잘못인가? 일반적으로 가르치는 자와 듣는 자 모두의 잘못이다.

18:12 갈리오가 아가야 총독 되었을 때 – 고린도가 아가야의 주요도시이다. 그 유명한 세네카(Seneca)의 형제인 갈리오는 세네카와 다른 작가들로부터 그의 관대하고 친절한 성격과 그의 편안한 인간성으로 인해 많은 칭찬을 받았다. 그러나 한 가지 부족한 것이 있었다. 그러나 그는 그것을 몰랐고, 관심도 없었다.

18:15 만일 문제가 … 것이면 – 가이오는 그들을 경멸하였지만 가장 침착하게 말한다. **문제가 명칭에 관한 것이면** – 이방인들의 신의 이름은 동화이거나 이름뿐인 것들이었다. 그러나 예수의 이름에 관한 질문은 하늘 아래 그 무엇보다도 중요한 것이다. 그러나 기독교는 그 어떤 수 많은 이름 중에서 예수의 이름의 유일성을 선포한다. 그리고 인간의 이성과 호기심은 그의 이름을 알기를 싫어한다.

18:17 모든 사람이 회당장 소스데네를 잡아 – 그리스보의 후계자. 아마도 바울을 고소한 주요 인물일 것이다. **때리되** – 소스데네가 아무런 모적도 없이 큰 소동을 일으켰다고 여겨졌기 때문일 것이다. **법정 앞에서** – 갈리오에게서 멀지 않은 거리였지만 갈리오 앞에서 때리지는 않았을 것이다. 그리고 이 일은 좋은 결말로 끝났을 것이다. 왜냐하면 소스데네 자신이 이후에 그리스도인이 되었기 때문이다. (고전 1:1)

18:18 바울은 더 여러 날 머물다가 – 일 년 반 이후에도 형제들을 굳건하게 하기 위하여 여러 날 더 머물렀을 것이다. 아굴라가 머리를 깍았더라 (개역개정에는 바울이 머리를 깍았음: 역자 주) : 서원에 있는 관습을 지키기 위해서 (행 21:24; 민 6:18) **겐그리아에서** – 고린도에서 약간 떨어진 항구 도시.

18:21 나는 예루살렘에서 반드시 절기를 지켜야 하리라 (개역개정에는 이 본문이 없음: 역자주) 이 말은 바울이 유대인의 절기를 의무적을 지켜야만 하다는 의식을 가지고 있었다는 뜻이 아니다. 오히려 이 말은 바울이 많은 사람들에게 그리스도를 전할 수 있는 기회를 놓치지 않겠다는 뜻이다. 또한 바울 자신에 대해서 오해하고 있는 부분들에 관하여 해명하기 위한 것일 수도 있다. **너희에게 돌아오리라** – 바울은 약속대로 돌아왔다(행 19:1)

18:22 가이사랴에 상륙하여 – 즉시 예루살렘으로 갔다. **올라가 교회의 안부를 물은 후에** – 분명하게 모든 그리스도인 신자의 모교회를 의미한다. 거기에서 절기를 지키고 안디옥으로 내려갔다.

18:23 갈라디아와 브루기아 땅을 차례로 다니며 – 아마도 에베소에 있던 시간을 포함하여 여기에서 4년의 시간을 보냈을 것이다.

18:24 언변이 좋고 성경에 능통한 자라 – 구약성경. 모든 재능은 만일 성경의 지식과 성령의 은혜와 결합된다면 하나님의 나라를 위해 쓰임 받을 수 있다.

18:25 그가 일찍이 배워 – 그러나 완전하지는 않았다. **주의 도** – 그리스도에 관한 교리 **요한의 세례만 알 따름이라** – 오직 요한이 세례를 준 사람들에게 가르친 것들만 알뿐이다. 즉 회개하고 곧 오실 메시야를 믿으라.

18:26 배워 – 개인적으로. **말하며** – 공개적으로. 아마도 아볼로는 알렉산드리에서

살기 위해 돌아와서 얼마 지나지 않아 요한에게 세례를 받았을 것이다. 그래서 그리스도와 제자들에 의해 선포된 복음의 가르침을 받을 수 있는 기회를 갖지 못했을 것이다. **하나님의 도를 더 정확하게 풀어 이르더라** – 그리스도를 아는 사람은 (구약) 성경에 능통한 사람에게도 가르칠 수 있는 능력이 있다.
18:27 은혜로 말미암아 … 많은 유익을 주니 – 누군가의 은사는 오직 은혜를 통해서만이 타인에게 유익이 될 수 있다. **믿는 자들에게** – 아볼로는 심은 것이 아니라 물을 주었다. 이것은 아볼로가 받은 특별한 은사이다. 그는 이방인들을 회심시키는 것보다 유대인들에게 확신을 주는 일에 더 뛰어났다.

사도행전 19장

19:1 바울이 윗지방으로 다녀 – 갈라디아와 브루기아를 말한다. 이 곳은 소아시의 윗지방에 위치하고 있다. **어떤 제자들** – 이전에 세례 요한에게 세례를 받았던 제자들. 이들은 기독교에 대해서 불완전하게 가르침을 받았다.
19:2 너희가 믿을 때에 성령을 받았느냐 – 성화의 은총뿐만이 아니라 성령의 특별한 은사를 받았느냐? **우리는 성령이 계심도 듣지 못하였노라** – 그러한 은사가 있는지도 몰랐다.
19:3 너희가 무슨 세례를 받았느냐 – 어떠한 경륜에 따라 어떠한 가르침을 받았는가? **요한의 세례니라** – 우리는 요한에게 세례를 받았다. 그리고 그가 가르친 것을 믿는다.
19:4 요한이 세례를 베풀며 – 즉, 요한의 모든 세례와 가르침은 그리스도를 가리킨다. 이후에 세례요한은 신약성경에서 더 이상 언급되지 않는다. 세례요한은 온전히 그리스도께 자기의 길을 내어 드린 것이다.
19:5 그들이 듣고 세례를 받으니 – 다른 사람들에게 세례를 받았다.
19:6 바울이 그들에게 안수하매 – 그들은 세례를 두 번 받았다. 그러나 같은 세례가 아니었다. 요한은 그리스도께서 명하신 세례를 베푼 것이 아니다. 즉, 아버지와 아들과 성령의 이름으로 세례를 베푼 것이 아니다.
19:9 이 도 – 하나님을 예배하는 그리스도인의 도. **바울이 그들을 떠나** – 그들의 회당을 떠났다. **날마다 강론하니라** – 안식일뿐만이 아니라 매일. **두란노 서원에서** – 그곳에서 복음을 가르치는 일 외에 다른 목적을 찾을 수 없다.
19:10 아시아에 사는 사람은 다 주의 말씀을 듣더라 – 이전에 바울은 아시아에서 복음 전하는 일을 금지 당했었다.(행 16:6) 그러나 이제 때가 되었다.
19:11 놀라운 능력 – 아주 비상한 방법으로 역사한 능력.
19:12 악귀 – 아주 자연적인 것으로 여겨지는 질병에서 조차 악귀가 역사할 때가 많이 있다.

19:13 악귀 들린 자 – 이 시기에 많은 유대인들이 마귀를 내어 쫓는 능력이 있는 것처럼 가장했다. 마치 솔로몬에게서 나온 것처럼 꾸미며 특별히 어떠한 기술이나 마술을 사용하였다. **주 예수의 이름을 불러 말하되** – 헛되게 부르는 것이다! 사탄은 하나님에 대한 믿음 외에 다른 것을 사용하여 사람의 혼이나 몸으로부터 자신을 내어 쫓으려는 모든 시도를 비웃는다. 이성(reason)의 모든 빛은 교활한 영의 힘이나 꾀에는 아무런 힘을 발휘하지 못한다. 악귀의 교활함은 하나님의 영에 의해서가 아니고서는 알 수가 없다. 악귀의 힘도 믿음의 능력이 아니고서는 정복할 수 없다.

19:17 주 예수의 이름을 높이고 – 마귀의 사악함조차도 복음의 진보를 위해 쓰임을 받았다.

19:18 믿는 사람들이 많이 와서 자복하여 – 자신들의 합의에 따라. **행한 일을 알리며** – 하나님의 말씀의 효력은 그들의 영혼의 가장 깊은 한 곳까지도 관통한다. 자유롭고 공개적인 고백은 어떠한 환난도 그들을 사로잡지 못하도록 역사한다.

19:19 마술 – 마술적인 기술. 마술을 행하는 사람들에게 붙여진 호칭이다. 에베소는 특별히 마술사들로 유명했다. 그러고 이러한 마술의 실행은 에베소에서 큰 명성을 얻었다. 마술의 비법이 담긴 책이 비싼 가격에 거래되는 것은 놀라운 일이 아니다. **그 책을 모아 가지고 와서** – 모두의 동의를 따라. **불사르니** – 그 책을 팔아서 가난한 자에게 주는 것보다도 더 잘한 일이다. **은 오만이나 되더라** – 만일 이 은를 유대인의 세겔로 환산하면 6250 파운드나 될 것이다.

19:20 주의 말씀이 힘이 있어 흥왕하여 – 그 범위에 있어서. **세력을 얻으니라** – 능력과 효력에 있어서.

19:21 이 일이 있은 후에 – 바울은 쉬기를 구하지 않았다. 마치 그가 아무 일도 이루지 못한 것처럼 다시 사명의 길을 달려갔다. 바울은 이미 에베소와 아시아에 복음을 전했다. 그는 이제 마게도냐와 아가야 지역을 목표로 하고 있다. 그리고 그의 눈은 예루살렘을 향해 있다. 그다음은 로마, 그다음은 스페인이다. (롬 15:24) 시저도 알렉산더 대왕도 이 작은 베냐민 지파 사람의 위엄에 미치지 못한다. 믿음과 하나님과 이웃에 대한 사랑은 바다의 모래처럼 그의 마음을 크게 하였다.

19:24 은장색 – 유명한 사원에 은으로 된 모형이 있었다. 이 은은 에베소의 시민들뿐만이 아니라 도처에서 사람들이 가져온 것이다.

19:25 직공 – 은장색이 고용한 사람들.

19:26 말하되 사람의 손으로 만든 것들은 신이 아니라 하니 – 이것은 명백히 이 이전에 이것이 신성한 우상 안에 깃든 진짜 신이라는 주장에 대한 반대 의견을 보여준다. 이후의 어떤 이방인들은 마치 현재 로마인들이 말하는 것과 같은 말을 하였다.

19:27 우리의 이 영업이 천하여질 위험이 있을 뿐 아니라 큰 여신 아데미의 신전도 무시당하게 되고 온 아시아와 천하가 위하는 그의 위엄도 떨어질까 하노라 하더라 – 이렇게 말하는 것이 이상하지 않다. 이들의 말은 자신들의 이익을 위한 미신

적인 말이다. **큰 여신** – 큰 여신은 다이아나에게 붙여진 많은 이름들 중 하나이다. **무시당하게 되고** – 이제 곧 무너져 버리게 될 비참한 위엄이다. **온 아시아와 천하가 위하는** – 즉, 로마 제국. **위하는(worshippeth)** – 아주 많은 신들과 신들의 이름들이 있을 지라도. 그러나 이렇게 신들의 숫자가 많다 할지라도 거짓을 진리로 바꿀 수는 없다.

19:29 온 시내가 요란하여 – 데메드리오와 그의 일당들. **연극장으로** – 범죄자들이 야생 짐승에게 던져지던 곳. **마게도냐 사람 가이오와 아리스다고를 붙들어** – 그들이 바울을 찾을 수 없을 때. 아마도 그들은 가이오와 아리스다고를 맹수들과 싸우게 하려고 했을 것이다. 어떤 이들은 바울이 이전에 맹수와 싸웠었다고 생각한다.

19:30 바울이 백성 가운데로 들어가고자 하나 – 모든 두려움에도 불구하고 그의 동료들을 위해 변호하기 위해 그리고 사람의 손으로 만든 것은 신이 아니라는 것을 증거하기 위해.

19:31 또 아시아 관리 중에 – 공공의 놀이를 관장하던 아시아의 제사장. 그들의 공공의 놀이는 다이아나를 기념하기 위한 것이었다.

19:32 무리가 분란하여 태반이나 어찌하여 모였는지 알지 못하더라 – 그러한 모임의 일반적인 경우이다.

19:33 앞으로 밀어내니 – 즉 기술자들과 직공들. **알렉산더** – 아마도 그들이 무리 가운데서 본 유명한 그리스도인이었을 것이다. **유대인들이 권하여** – 그를 위험에 더 노출시키기 위해.

알렉산더가 손짓하며 – 간절한 침묵의 표시로서. **백성에게 변명하려 하나** – 자기 자신과 형제들을 위하여.

19:34 그들은 그가 유대인인 줄 알고 – 결과적으로 그들의 우상숭배에 대한 대적이다.

19:35 서기장 – 아마도 공적인 경기(game)을 주관하는 총독이었을 것이다. **제우스에게서 내려온 우상** – 그들은 다이아나의 바로 그 우상이라고 믿었다. 그 우상은 하늘에 있는 제우스가 내려와 세웠다고 믿는 신전에 세워져 있었다. 그것은 바울이 신이 아니라고 말하는 '사람의 손으로' 만든 것이 아니었다라고 주장한다.

19:37 우리 여신을 비방하지도 아니한 – 그들은 단지 한 하나님을 선포한다. 그리고 우상의 헛됨을 이야기할 뿐이다.

19:38 총독들도 있으니 – 모든 관할구역마다 총독들이 있었다. 에베소에도 한 명의 총독이 있었다.

19:39 정식으로 민회에서 – 그러한 정식 회의에서 종교적이고 정치적인 사안에 대한 권위있는 판단을 내릴 수 있다.

19:40 이 불법 집회 – 그는 지혜롭게도 공격적이지 않은 표현을 사용하고 있다.

사도행전 20장

20:1 소요가 그치매 – 데메드리오는 아무것도 얻지 못했다. 바울은 모든 것이 조용해 질 때까지 거기에 남아 있었다.

20:2 그 지방으로 다녀가며 – 마게도냐와 아가야 사이에 놓인 지역이다.

20:3 자기를 해하려고 공모하므로 – 배를 타러 가는 길에.

20:4 아시아에 – 아시아에서 어떤 사람들은 바울을 떠났다. 그러나 드로비모는 바울과 함께 예루살렘에 까지 갔다.(행 21:29) 아리스다고는 로마에 까지 바울과 함께 갔다. (롬 27:2)

20:6 우리는 배로 떠나 – 누가는 이제 바울과 일행이 되었다. 여기서 우리는 누가가 자기 자신을 표현하는 방식을 배운다.

20:7 떡을 떼려 하여 – 즉, 주의 만찬을 기념하기 위하여. **그들에게 강론할 새** – 성령의 강력한 감동으로.

20:8 우리가 모인 윗다락에 등불을 많이 켰는데 – 발생할 수 있는 모든 문제를 미연에 방지하기 위해

20:9 창에 걸터 앉아 – 의심할 여지없이 등불과 많은 사람들로부터 나는 열기를 방지하기 위해 창문이 열려 있었을 것이다.

20:10 바울이 그 위에 엎드려 – 우리 주님은 결코 이런 동작을 하지 않으셨다는 것은 주목할 만한 사실이다. 그러나 바울뿐만이 아니라 엘리야와 엘리사도 이런 동작을 취했었다. **생명이 그에게 있다** – 그는 다시 살아났다.

20:11 떠나니라 – 쉴 수 있는 시간을 전혀 갖지 못하고.

20:12 사람들이 살아난 청년을 데리고 가서 – 아 그러나 얼마나 많은 사람들이 설교 시간에 졸면서 자기 자신의 가치를 떨어뜨리고 있는가, 다시 말해서, 꿈에서 깨어나지 못하고 영원한 죽음의 잠을 자고 있으며 다시 살아나지 못하고 있는 것이다!

20:13 바울이 걸어서 가고자 하여 – 비록 지난 밤 한숨도 자지 못하고, 앗소는 여행하기에 힘들고 위험한 지역이었지만 바울은 그리스도인 형제들과의 동행의 즐거움을 좀 더 누리고 있다.

20:14 미둘레네 – 레스보스 섬의 도시이자 항구이다. 아시아의 해변으로부터 약 7 마일 정도 거리에 있다.

20:16 에베소를 지나 배 타고 가리로 작정하였으니 – 해변의 반대편에 있는. **오순절 안에 예루살렘에 이르려고 급히 감이러라** – 왜냐하면 그때가 사람들이 가장 많이 모이는 시기이기 때문이다.

20:17 바울이 밀레도에서 사람을 에베소로 보내어 교회 장로들을 청하니 – 이 장로들은 28절에서는 감독자로 불린다. 영어로는 overseers 라고 표현한다. 아마도 그 바울의 시대에는 장로나 감독자는 동일한 직분을 의미하였을 것이다. 아니면 교구의

목사였을 것이다.
20:18 여러분도 아는 바니 – 바울은 그의 말을 듣는 자들의 양심에 호소할 수 있는 것에 기뻐했다.
20:19 섬긴 것 – 신실한 종의 모습을 보라! **주를** – 그분의 교회를. **모든 겸손과 눈물이며 시험을 참고** – 이것들은 섬김에 수반되는 것이다. 섬김 그 자체 관하여는 다음 절에 좀 더 자세히 설명되어 있다. 바울은 에베소 교인들에게 겸손할 것을 교훈하고 있다(엡 4:2). 그의 눈물은 다시 언급된다(행 20:31). 또한 고후 2:4, 빌 3:18에도 언급되고 있다. 이 구절들은 모두 우리에게 바울의 진정한 성품에 관하여 말해주고 있다. 일반적 상황에서는 거의 울지 않는 사람에게 나오는 거룩한 눈물은 기독교의 진실성을 입증하는 것이다. 그러나 기쁨 또한 눈물과 함께 수반된다. 동일한 한 사람이 슬퍼하지만 그러나 항상 기뻐할 수 있다.
20:20 여러분에게 전하여 – 공개적으로. **가르치고** – 집집마다. 그렇지 않았다면 바울은 그들의 피에 대하여 자유롭지 못했을 것이다. 사도라 할지라도 단지 공개적인 설교만을 해서는 그의 임무를 다했다고 할 수 없다. 그렇다면 평범한 목사들은 어떠할까?
20:21 하나님께 대한 회개와 – 하나님께로 향하는 영혼의 가장 첫 번째 행위는 회개이다.
20:22 성령에 매여 – 강력하게 성령에 감동되어.
20:23 오직 성령이 … 기다린다 하시나 – 바울은 성령을 통해 이 사실을 알고 있었지만, 어떤 사람들이 바울에게 다가와 말하였다. 하나님은 당신의 뜻을 직접 전하지 않으시고, 다른 사람들을 통해 전하기를 기뻐하시기도 하신다.
20:24 나의 생명조차 조금도 귀한 것으로 여기지 아니하노라 – 사도들이 얼마나 이 세상에 연연하지 않는지를 가장 강하게 보여주는 구절이다. 사도들은 우아하게 세상을 경멸하는 말을 하면서도 세상의 유익을 다 즐기는 세네카나 안토니우스처럼 말하지 않았다. 사도들은 날마다 큰 환난을 겪으며, 자신들의 가르침대로 삶을 살아내었다.
20:25 이제는 여러분이 내 얼굴을 다시 보지 못할 줄 아노라 – 바울이 이 말은 한 것을 지혜로웠다. 이 말은 한 다음에 더 깊은 인상을 주는 말이 따라오기 때문이다.
20:27 이는 내가 꺼리지 않고 – 그렇게 하지 않아서 만일 누군가 멸망했다면 바울은 그들의 피에 대하여 책임이 있게 되었을 것이다.
20:28 삼가라 – 나는 이제 나의 돌봄의 사역을 당신들에게 맡긴다. 첫째는 당신 자신을 삼가라. 그리고 온 양 떼를 위하여 삼가라. 성령께서 그들을 위해 당신들을 감독자로 삼으셨다. 지구상의 어떤 사람도 혼자서 감독과 목사, 그리고 다른 기독교 지도자가 될 수 없다. 여러 사람을 감독자로 삼으신 것은 성령의 독특한 사역이다. **교회를 보살피게 하셨느니라** – 즉, 하나님의 거룩한 자녀들을 믿어주고 사랑해 주는

일이다. **자기 피로 사신 교회** – 하나님의 독생자의 피로 사신 것이다. 그러니 하나님의 시각에서 교회가 얼마나 소중하겠는가! (요일 1:7)

20:29 사나운 이리 – 외부에서. 즉, 거짓 사도들. 그들은 아직 에베소 교회에는 침투하지 않았다.

20:30 여러분 중에서도 사람들이 일어날 줄을 내가 아노라 – 그런 사람들 중에 니골당이 있었다. 그리스도께서는 니골라 당을 미워하셨다(계 2:6). **제자들을 끌어 자기를 따르게 하려고** – 복음의 순수성으로부터 멀어지게 하고, 그리스도의 몸의 연합으로부터 떨어져 나가게 하려고.

20:31 내가 밤낮 쉬지 않고 각 사람을 훈계하던 것을 기억하라 – 진실로 깨어 있어야 한다. 누가 바울 사도의 모범을 따를 것인가?

20:32 그 은혜의 말씀 – 하나님의 말씀은 신자에게나 불신자에게나 놀라운 은혜의 통로이다. **여러분을 능히 든든히 세우사** – 여러분의 믿음과 사랑과 거룩을 견고하게 하고 크게 하라. 하나님은 아무런 수단이 없어도 이와 같이 우리를 세우실 수 있다. 그러나 하나님은 은혜의 통로를 사용하셔서 우리를 세워 가신다. 만일 당신이 그리스도를 알았다면 이제 당신은 인간 스승이 더 이상 필요 없다고 하는 말에 주의하라. **모든 자 가운데 기업이 있게 하시리라** – 영원한 영광의 기업. **거룩하게 하심을 입은 모든 자** – 기업에 합당한 자로 여겨진 자들. 의심할 여지없이 바울은 거룩하게 하심을 입은 자를 많이 알고 있었다. 그들은 하나님 앞에서 기억하심 바 될 것이다.

20:33 탐하지 아니하였고 – 바울은 여기에서 작별인사의 주제를 바꾸기 시작한다. 사무엘상 7장 3절에 보면 사무엘이 이스라엘의 백성을 떠날 때 그렇게 했다.

20:34 이 손으로 – 당신이 보듯이 바울은 노동을 하는 일에 태연했다. 이와 같은 감독이나 주교를 시기하는 자 누구인가?

20:35 모본을 보여준 바와 같이 – 바울은 모본을 감독들에게 보여주었다. **범사에** – 그리고 나머지 일에도. **수고하여** – 노동이 당신의 직무에 시간을 허락하는 한. **약한 사람을 돕고** – 병으로나 육신이 온전하지 못해 연약하여 생계를 위해 일할 수 없는 사람들. **기억하여야** – 결과적으로 말씀을 따르기 위해 기억해야 한다. **주 예수께서 친히 말씀하신 바** – 의심할 여지없이 주님의 제자들은 예수님의 기록되지 않은 말씀들을 많이 기억했다.

주는 것이 받는 것보다 복이 있다 – 주는 것은 하나님을 본받는 일이며 그분을 소유하는 것이며 그분께 꾸어드리는 것이다.

20:37 다 크게 울며 – 최고로 용감했던 늙은 사도를 위해 그들은 눈물이 터져 나왔다. 신성한 작가 뿐 아니라 세속적 작가도 글에서도 이런 눈물에 대한 수없이 많은 경우를 찾을 수 있다. 거의 모든 세상에 다 그런 인간의 연약성에도 불구하고, 우리는 그런 눈물을 여자나 어린아이의 것으로만 여긴다.

20:38 다시 그 얼굴을 보지 못하리라 한 말로 말미암아 더욱 근심하고 배에까지 그

를 전송하니라 – 마지막 대 심판의 날에 하나님께서 왼편에 있는 자들에게 다시는 하나님의 얼굴을 볼 수 없다는 말씀을 하신다면 얼마나 큰 슬픔이 있겠는가!

사도행전 21장

21:1 우리가 그들을 작별하고 – 우리나 그들에게 어떠한 폭력도 없이.
21:3 두로에 상륙하니 – 시편에서 예언한 대로 두로에는 그리스도인이 있었음에 틀림없다 (시 87:4) 우리가 블레셋과 이디오피아에 관해 읽는 시편의 말씀도 사도행전 8:40, 27:4과 비교될 수 있다.
21:4 제자들을 차자 거기서 이레를 머물더니 – 그들과 함께 안식일을 보내기 위해. **제자들이 성령의 감동으로 바울더러 말하더라** – 예루살렘에서 박해가 그를 기다리고 있다고. 이것은 아마도 그들이 성령에 의해 말한 것이다. 그들은 바울에게 예루살렘에 가지 말라고 충고했다. 제자들은 그들의 예언적 감동이 성령에 의해서 알려진 것이라고 이해한 것처럼 보인다. 그래서 바울도 제자들처럼 생각한다면 예루살렘에 가지 않으므로 위험을 피할 수 있을 것이다.
21:7 항해를 다 마치고 – 마게도냐로부터(행 20:6). **돌레마이에 이르러** – 고대에는 아코스(Accos)라고 불렸던 해안가의 활발한 도시. 그러나 지금은 고대의 많은 화려했던 도시들처럼 폐허만 남아 있다.
21:8 가이샤라에 이르러 – 헤롯대왕이 카이사르 아우구스트스에게 봉헌한 웅장한 성전을 지은 때부터 그렇게 불렸다. 가이샤라는 유대를 다스렸던 로마의 총독이 주로 머무르며 그의 집무실을 두었던 곳이다. **일곱 집사 중 하나인 전도자 빌립** – 전도자는 복음을 한 번도 들어보지 못한 사람에게 복음을 전하는 선포자이다. 빌립은 사마리아인들과 이디오피아의 내시, 그리고 아조투스(Azotus) 부터 가이사랴에 이르기까지 복음을 전했다(행 8:5, 26, 40). 빌립은 이후 몇 년을 두로와 시돈, 그리고 갈릴리 지역에 있는 다른 이방의 도시에서 보냈을 것이다. 그이 집은 가이샤라에 있었지만, 복음을 증거하기 위한 목적을 가지고 용이한 지역에 머물렀을 것이다.
21:10 한 선지자가 내려와 – 이 사건이 가까이 올수록 바울이 한 예언은 더욱더 분명해 지기 시작했다.
21:11 자기 수족을 잡아매고 – 나쁜 일이 다가오고 있음을 나타내고 있다. **유대인들이 이같이 이 띠 임자를 결박하여** – 바울의 결박은 가이샤라에서 특별히 예언되었었다. (행 23:33)
21:12 우리가 – 바울과 동행하는 사람들. **그곳 사람들과 더불어 바울에게 예루살렘으로 올라가지 말라 권하니** – 바울은 이 예언이 명령과 같은 힘을 갖고 있었음을 알았다. 그들은 이것을 알지 못했다.
21:13 내 마음을 상하게 하느냐 – 사도들은 인간의 감정이 없는 사람들이 아니다.

나는 주 예수의 이름을 위하여 결박당할 뿐 아니라 죽을 것도 각오하였노라 – 바울은 죽음도 각오하고 있었기에 짐이 가벼웠다.

21:14 그가 권함을 받지 아니하므로 – 이것은 고집이 아니라 진실한 그리스도인의 결단이다. 우리는 결코 마귀에게 설득당해서는 안 된다. 우리가 할 수 있는 선한 일을 포기해서도 안된다. **우리가 주의 뜻이 이루어지이다 하고** – 바울이 자신이 핍박을 받을 것이라는 사실을 안 것으로 그들은 만족해야 했다.

21:15 여러 날 후에 여장을 꾸려 – 짐을 꾸려. 이 짐은 배로 실어온 짐일 것이다. 이제 그들이 특별히 예루살렘에 가지고 가는 것은 구호품이었다 (행 24:17)

21:16 몇 제자가 함께 가며 한 오랜 제자 구브로 사람 나손을 데리고 가니 – 나손은 구브로 본토인이었으나 예루살렘의 거주민이었다. 아마도 구브로에서 최초의 회심자 중 한 명이었을 것이다.

21:18 바울이 우리와 함께 – 우리는 모두 한 마음을 가지고 있다는 사실을 나타낸다. **야고보에게로** – 일반적으로 주의 형제라고 불린다. 유대에 있는 교회들을 감독하는 유일한 사도이다.

21:20 다 율법에 열성을 가진 자라 – 모세의 모든 제도. 얼마나 놀라운 일인가! 바울 외에는 사도들 중 아무도 모세의 제도는 폐기되었다는 사실을 알지 못했다. 만일 그들이 이것을 알았고 증거했다면, 어떻게 그들에게 듣는 사람들이 그들을 믿지 않을 수 있었겠는가?

21:21 네가 이방에 있는 모든 유대인들을 가르치되 모세를 배반하고 아들들에게 할례를 행하지 말고 또 관습을 지키지 말라 한다 함을 그들이 들었도다. – 모세의 율법에 관하여. 의심할 여지 없이 바울을 그렇게 했다. 그리고 바울은 갈라디아에 있는 모든 교회에게 그렇게 썼다. 갈라디아 교인 중 많은 사람들이 유대인들이었다. 그렇다. 야고보 사도 자신은 오랫동안 베드로에게 동의해 왔다. 모든 형제들과 사도들에게 우리의 조상들에게나 우리도 질 수 없는 멍에 였다고 확언하였다(행 15:10). 놀랍게도 그들은 이것을 알지 못했다! 만일 그들이 알았다면, 그들은 어떠한 위험에도 불구하고 예루살렘에 있는 모든 유대인 회심자들에게 그것을 공개적으로 증언하였을 것이다.

21:22 그러면 어찌할꼬 – 이제 어떻게 해야 하는가? **그들이 필연 그대가 온 것을 들으리니** – 만일 평화적으로 해결되지 않는다면, 그들은 분명히 모여서 소동을 일으킬 것이다.

21:23 그러므로(therefore, 개역개정에는 이 번역이 없다: 역자주) – 당신을 향한 그들의 편견을 피하기 위해. **우리가 말하는 이대로 하라** – 의심할 여지없이 그들은 조언을 잘 했을 것이다. 그러나 바울이 그것을 삼가는 신실한 마음으로 따랐을까? 사람들 사이에 너무도 큰 차이가 생겨난다면 다른 사람의 판단에 맡겨야 하는가?

21:24 그들을 데리고 함께 결례를 행하고 … 그대로 율법을 지켜 행하는 줄을 알 것

이라. – 사람에 대한 어떠한 두려움도 없이 그는 그렇게 하지 않았다. 하나님의 진리만이 깊은 관심이었다. 하나님의 진리는 명백한 답을 가지고 있다. 나는 모세의 율법을 지키지 않는다. 너희들도 그럴 필요 없다. 그렇다. 베드로는 율법을 지키지 않았다. 그리고 하나님 자신이 공개적으로 그에게 율법을 지키지 말라고 명령하셨다. 하나님은 베드로에게 할례받지 않은 자에게로 가서 그와 함께 먹으라고 말씀하셨다(행 11:3). 할례받지 않은 자와 먹는 것은 율법이 강하게 금지하는 것이다.

21:26 바울이 이 사람들을 데리고 – 그들의 충고에 자신의 판단을 맡겼다. 이것은 영적인 것으로부터 흘러나온 것이 아니라, 사람의 지혜를 따른 것처럼 보인다. 바울 자신이 진정으로 동의하는 것이 아닐 것이다. 마치 율법을 강제적으로 지키는 것처럼 보인다. **신고하니라** – 기다리고 있는 제사장들에게 신고하였다. 왜냐하면 모세의 율법이 요구하는 대로 모든 제사를 드릴 때까지 바울은 결례를 완성하도록 의도되었기 때문이다.(민 6:13)

21:27 그 이레가 거의 차매 – 제사장들에게 알린 후에, 그들은 그 날들의 끝을 보게 되었다. 이제 바울이 붙잡힐 시간이 다가왔다. **아시아로부터 온 유대인들이** – 절기를 지키기 위해 아시아로부터 온 유대인들이 있었다.

21:28 우리 백성 – 유대민족. **율법** – 모세의 율법. **이곳을** – 성전을. **헬라인을 데리고 성전에 들어가서** – 그들은 성전 바깥뜰에 들어갔을 것이다. 그러나 그들은 바울이 헬라인들을 성전 내부로 데리고 들어가서 성전을 더럽혔다고 생각했다.

21:30 문들이 곧 닫히더라 – 성전에서의 더 이상의 소동을 막기 위해서. 그리고 바울이 제단의 뿔을 잡는 것을 막기 위해서.

21:31 그들이 그를 죽이려 할 때에 – 할례받지 않은 사람이 성전 내부에 들어가면 더 이상의 절차 없이 그를 돌로 쳐서 죽이는 것이 유대인들의 법이었다. 그들은 바울이 그렇게 했다고 생각했고 돌에 맞아 죽어도 마땅하다고 생각했다. **요란하다는 소문이 천부장에게 들리매** – 로마의 관할 지역에 속한 군인들이 파견군대를 이루고 있었다. 이 군대는 안토니아 근방의 성에 주둔하고 있으면서 무질서를 예방하기 위해 절기에는 성전 근처에 자리를 잡고 있었다. 리시아스가 소동이 일어났을 때는 이곳에 없었던 것이 분명하다. 아마도 그는 예루살렘에 있는 가장 나이 많은 로마의 천부장이었을 것이다. 예루살렘 성에 있으면서 명령을 내리는 장교였을 것이다.

21:33 이에 천부장이 – 군중을 지나 그의 길을 만들었다. **가까이 가서 바울을 잡아** – 많은 경우에 하나님의 섭리는 감옥에 갇히는 것으로 나타났다. 이것은 그의 생명을 지킬 뿐만이 아니라, 육신적으로는 큰 고통을 당하지만 큰 소동에도 불구하고 복음을 안전하게 전할 수 있는 기회를 제공받는다(행 22:22). 그렇다. 이러한 경우가 아니면 바울은 접근할 수조차 없는 곳에 가게 된다(행21:40). **두 쇠사슬로 결박하라 말하고** – 바울을 악명높은 공격자라고 여겼기에 쇠사슬로 결박한 것도 이상하지 않다. 이로써 비록 로마인에 손해 의해서지만 아가부스의 예언이 성취되었다.

21:35 바울이 층대에 이를 때에 – 안토니아 성은 50 규빗 높이의 바위 위에 자리하고 있다. 성전 바깥의 모서리로부터 서쪽과 북쪽의 현관 지붕이 연결된다. 그리고 각각 그곳으로부터 내려오는 계단이 있었다.
21:37 바울을 데리고 영내로 들어가려 할 그 때에 – 하나님의 지혜가 바로 그 시간과 장소를 사용하라고 가르쳐 주셨다.
21:38 애굽인이 아니냐 – 펠릭스가 그곳의 총독이었던 때에 유대에 온 사람이 아니냐? 자기 자신을 예언자라고 부르며 많은 사람들이 자신을 따르게 하고 광야로 데리고 나가 올리벳 산에 이르렀다. 그리고 예루살렘 성이 무너질 것이라고 예언을 하였다. 그러나 펠릭스가 예루살렘으로부터 진격하여 그의 추종자들은 빠르게 흩어졌다. 그들 중 많은 사람들이 살륙을 당하였다. 그러나 그 사람은 도망쳤다.
21:40 히브리 말로 말하니라 – 예루살렘에서 공통적으로 쓰이는 언어는 히브리어였다.

사도행전 22장

22:1 내가 지금 여러분 앞에서 변명하는 말을 들으라 – 이전에 그들은 소동 때문에 들을 수 없었다.
22:3 나는 – 바울의 이 변명은 모든 반대에 대한 답변이었다.(행 21:28) 그곳에서나 이곳에서 말하는 사람은 바울이다. (3절) 백성과 율법과(3, 5, 12), 성전의(17절), 모든 사람을 가르치는(15-17) 그의 교리의 진리(6절), 그러나 바울은 시간이 모자랐기 때문에 좀 더 조심스럽고 의도적으로 많은 말을 하지 않았다. **가말리아 문하에서 교훈을 받았고** – 문하생들은 대개 스승들의 발 앞 낮은 자리나 바닥의 깔개 위에 앉았다. 스승들은 아주 높은 자리에 앉았다. **엄한 교훈** – 의심할 여지없이 바울이 받은 학문적인 교육은 한 때 그의 자랑이며 자신감의 원천이었다. 성화되지 않은 학문은 그의 유대감을 더욱 견고히 했으며, 복음에 대적하여 여러 가지 논쟁을 할 수 있게 하였다. 그러나 하나님의 은혜가 그의 마음을 변화 시켰고 그의 성취를 다른 방향으로 인도하셨다. 그는 기독교를 변호하고 전하는 일에 대한 하나님의 지혜롭고 자비로운 목적을 위해 섬기는 하나님의 합당한 도구가 되었다.
22:4 내가 이 도를 박해하여 – 너희가 지금 보여 주고 있는 그 열심으로. **남녀를 결박하여** – 이제 그 자신이 결박당한 바울의 상황이 얼마나 더 좋은 상황인가?
22:5 이에 대제사장과 모든 장로들이 내 증인이라 – 대제사장이 증거해 줄 수 있다. **다메섹 형제들에게** – 유대인들 : 형제라는 호칭은 그리스도인들에게만 한정된 것은 아니었다.
22:6 오정쯤 되어 – 모든 일은 태양이 환할 때 이루어졌다. **큰 빛이 나를 둘러 비치매** – 하나님이 어떠한 방법으로 자신을 우리에게 드러내시든, 우리는 기쁨으로 그것을 기억할 영원한 이유가 있다. 특별히, 하나님께서 그의 자비로운 목적을 위해 평

범한 방법이 아닌 특별한 방법으로 역사하실 때 우리는 그것을 더욱 기억해야 한다.

22:9 말씀하시는 이의 소리는 듣지 못하더라 – 특별한 소리였으나 그들은 오직 혼란스러운 소리만 들었을 것이다.

22:12 율법에 따라 경건한 사람으로 – 진실로 경건한 사람; 그리스 안에 신자가 되었으나 여전히 모세의 율법을 엄격히 준수하는 사람.

22:16 세례를 받고 너의 죄를 씻으라 – 진실된 참회자에게 행해지는 세례는 용서의 수단이자 확인이다. 초대교회에서 하나님은 세례를 통하지 않고는 누구에게도 용서를 베풀지 않으셨다.

22:17 내가 예루살렘으로 돌아와서 – 다메섹으로부터. **성전에서 기도할 때에** – 이렇게 함으로 바울은 여전히 기도의 집으로서의 성전에 대한 경의를 표하고 있음을 보여주고 있다.

황홀한 중에 – 아마도 그는 한동안 계속 서 있었을 것이다. 그래서 그의 주변에 있는 사람들은 거의 알아차리지 못했을 것이다.

22:18 보매 주께서 – 예수를 보았다. **내게 말씀하시되 속히 예루살렘에서 나가라** – 왜냐하면 올무가 네 앞에 놓여 있기 때문이다. 그리고 사람들이 들을 수 있는 곳에서 전도하기 위해 예루살렘에서 나가라.

22:19 내가 말하기를 – 신적 진리에 깊게 감명받은 그리스도의 종이 하나님의 말씀 앞에서 그들의 마음을 완고하게 한다는 것은 쉬운 일이 아니다. 누구에게나 그러한 증거에 저항하는 것은 불가능하다. 그러나 경험이 그를 현명하게 하였다. 그리고 의지적 불신앙은 모든 진리와 이성에 대적하는 일이라는 것을 보여주고 있다.

22:20 또 주의 증인 스데반이 피를 흘릴 때에 내가 곁에 서서 – 진정한 회심자라 할지라도 그의 이전 죄들을 여전히 기억하고 있다. 그는 그 죄들을 고백하고 그 죄들로 인해 그의 생애 전체를 통해 더욱 겸손하게 된다.

22:22 이 말하는 것까지 그들이 듣다가 – 이방인들에 대한 그의 선교사역에 대한 말을 하기 시작할 때에. 이 말은 유대인들은 버려질 위험에 처했다는 것을 의미하기도 한다.

22:23 옷을 벗어 던지고 – 신성모독에 대한 분노와 경악의 표시로. **티끌을 공중에 날리니** – 분노가 극에 달하여 어떻게 해소해야 할 바를 모름.

22:25 그들이 – 천부장에게 명령받은 군인들. **가죽 줄**로 **바울을 매니** –로마의 자유시민은 쇠사슬에 매여 막대기로 맞았어야 했다. 그는 가죽 줄에 매여서는 안 되었으며 채찍이나 회초리로 맞아서도 안 되었다. **바울이 백부장더러 이르되** – 천부장이 명령한 내용이 잘 실행되고 있는지 감독하기 위해 그곳에 있었던.

22:28 나는 나면서부터니라 – 다소에서 태어나면서부터는 아닐 것이다. 왜냐하면 다소는 로마의 식민지가 아니었기 때문이다. 아마도 그의 아버지나 조상 중에 누군가가 로마군인으로 복역하여 로마의 시민권을 얻었을 것이다.

여기에서 우리는 그리스도인으로서 무례한 침략자들에게 시민적 특권을 포기할 이유가 없음을 배우게 된다. (시민적 특권은 하나님의 선물이나 상으로 여기고 받아야 한다). 수없이 많은 상황 속에서, 하나님께 감사와 사람에게 대한 의무는 우리를 그 환경 속에 계속 거하게 한다. 그리고 그 상황을 훼손시키기 보다는 변화시켜서 후손들에게 물려주기 위해 고군분투하게 한다.

사도행전 23장

23:1 바울이 공회를 주목하여 이르되 – 그의 대적자들에게 깨끗한 양심으로 말하고 있다. 그의 대적자들 중에 누가 어떤 질문을 할지에 대해서도 기다리고 있다. **나는 범사에 양심을 따라 하나님을 섬겼노라** – 그가 그리스도인이 된 이후에 관하여 주로 말하고 있다. 왜냐하면 아무도 그의 과거에 관하여 묻지 않았기 때문이다. 회심한 이후에 그가 실수를 했더라도 그는 양심에 따라 살아왔다. **하나님을** – 사람들이 그에 대하여 어떻게 생각하고 무슨 말을 하든.

23:3 바울이 이르되 – 갑자기 예언적 감동에 임하여. **회칠한 담이여 하나님이 너를 치시리로다** – 선함이 없는 자. 그 안에 더러운 쓰레기로 가득한 자. 아나니아는 정의를 판단하는 자리에 앉아 이런 큰 소란을 일으켰기에 거기에 적당한 이름으로 불려진 것이다. 그는 시민들로부터 많은 존경을 받고 있는 자리에 앉아 있는 동시에 그는 잔인할 정도로 제사장들의 법적 지위를 빼앗고 있다. 제사장들 중 몇몇은 너무도 가난하게 죽어갔다. 이런 이유로 하나님은 그를 강하게 치셨다. 이 일 이후 5년 정도가 지나 그의 집은 잿더미가 되었고, 자신의 아들이 반란을 일으켰다. 그는 궁궐에서 사로잡혀 밖으로 끌려 나가 잔인하게 죽임을 당했다.

23:5 형제들아 나는 그가 대제사장인줄 알지 못하노라 – 아나니아는 대제사장처럼 보이지 않았다. 나는 예언적 감동에 이끌려 그 말을 한 것이 아니다. 그러나 바울은 그에게 임한 성령의 능력으로 말한 것이 아니라는 말은 덧붙이지 않았다. 그들은 그 말을 견디지 못했을 것이기 때문이다. 이 대답은 그 상황에 처한 바울의 마음을 잘 나타낸다. 한편으로 형제들아 라고 부르며 주변에 있는 사람들의 마음을 누그러뜨리고, 또 한편으로는 일반적 구약의 일반적 명령을 따르는 사람으로 간주하고 있다.

23:6 나는 바리새인이요 또 바리새인의 아들이라 죽은 자의 소망 곧 부활로 말미암아 내가 심문을 받노라. – 비록 공식적이거나 노골적이지는 않았지만 이 말은 분명 효과가 있었다.

23:8 바리새인은 다 있다 함이라 – 부활, 천사의 존재, 그리고 육체와 구별된 영이 있다고 믿었다.

23:9 바리새인 편에서 몇 서기관이 일어나 – 모든 당파는 학식 있는 자들과 없는 자들을 포함하고 있다. 학식 있는 자들은 자기가 속한 당파의 입이 된다. **혹 영이나**

– 사도 바울이 거기에 서서 한 말은 그들이 죽었다고 생각하였지만 부활하신 예수 그리스도를 확증하는 말이었다. 예수 그리스도는 하늘로부터 환상 중에 바울에게 말씀하셨다. 그래서 바리새인들은 더 이상 말하지 않았다. 단지 그들 예수에 대한 천사나 영을 언급함으로 나름대로 해석했을 뿐이다.

23:11 그 날 밤에 주께서 – 바울이 성령 안에서 본 비전(행 19:21) 하나님께서 이제 때가 되어 확증하신다. 같은 결과를 만든 또 다른 선포는 하나님의 천사에 의해 이루어졌다(행 27:23). 그리고 사도행전 23장부터 사도행전의 핵심은 로마로 향하는 바울사도의 행적으로 전환된다. 베드로 사도의 최후의 승리의 변호자들은 베드로에게 돌리고 있는 것의 절반정도만 발견할 수 있을 것이다! **바울아 담대하라** – 그는 너무 혹독한 곤경과 박해 아래 있지만, 그는 하나님의 특별한 도우심에 대한 확신의 은혜를 누리고 있었다. **증언하여야 하리라** – 하나님의 특별한 약속은 일반적으로 모든 것이 절망적으로 보일 때 주어진다. **로마에서도** – 하나님의 눈에는 위험은 아무것도 아니다. 모든 장애는 하나님의 사역을 더 확장시킬 것이다. 멀리 있는 약속은 하나님이 그 사이에 모든 필요를 채우실 것을 의미한다. 바울은 로마에서 증언할 것이다. 그러므로 바울은 로마에 가게 될 것이다. 그러므로 바울은 유대인과 바다와 독사로부터 안전하게 될 것이다.

23:12 유대인들이 당을 지어 – 그러한 형편없는 맹세는 유대인들에게는 일반적인 것이었다. 만일 그들이 그 맹세를 지키지 못했더라도, 그들의 랍비로부터 면죄 선언을 쉽게 얻을 수 있었다.

23:15 이제 너희는 – 그들은 하나님의 일을 한다고 굳게 믿으면서 결코 양심의 가책을 느끼지 못했다.

23:17 바울이 – 비록 바울에게 명백한 그리스도의 약속이 있다 할지라도, 안전을 위한 합당한 방법을 소홀히 하지 않았다.

23:19 천부장이 그의 손을 잡고 물러가서 – 온화하고 겸손한 모습으로. 루시아(Lysias)는 정직과 겸손 그리고 신중함으로 이 일 모두를 행한 것처럼 보인다.

23:24 짐승을 준비하라 – 만약의 경우에 대비하여. **바울을 … 보내기 위하여** – 이렇게 우리는 바울의 여행에 대하여 읽는다. 그 여행은 바울의 선택이 아니었다.

23:27 이 사람이 로마 사람인 줄 들어 알고 – 바울이 로마 사람인 것은 사실이다. 그러나 그를 구출하기 전까지는 알지 못했다. 여기서 루시아는 임기응변을 사용하고 있다.

23:31 보병이 바울을 데리고 안디바드리에 이르러 – 그들이 출발한 날 밤은 아니다. 안디바드리는 예루살렘에서 서북쪽으로 38마일 정도 떨어진 거리에 있기 때문이다. 헤롯 대왕이 이 도시를 재건하고 자신의 아버지를 기념하기 위해 안디바드리라고 불렀다. 가이사라는 예루살렘으로부터 거의 70마일 거리에 있다. 안디바드리도부터는 30마일 정도 떨어져 있다.

23:35 헤롯 궁 – 여기는 헤롯에 의해 지어진 궁전이면서 법정이었다. 아마도 나라의 감옥으로 사용하기 위한 높은 망대가 함께 세워졌을 것이다.

사도행전 24장

24:1 아나니아 – 이 문제를 완전히 해결하려는 사람이다. **어떤 장로들과** – 산헤드린 공의회 회원들.

24:2 더둘로가 고발하여 이르되 – 진실하고 겸손하며 분명하고 불평이 없는 바울사도의 말과 얼마나 다른가! 벨릭스는 가장 악명 높은 인물이었다. 그가 다스리는 모든 지역에 전염병이 있었었다.

24:4 당신을 더 괴롭게 아니하려 하여 – 당신의 인내와 겸손함을 넘어서지 않으므로. 더둘로의 말은 그 동기가 아주 나빴다. 시작하는 말, 본론의 말, 결론의 말 모두 나빴다. 하나님도 그런 웅변가의 말에 어리둥절 하시지 않을까?

24:10 당신이 여러 해 전부터 이 민족의 재판장 된 것을 내가 알고 내 사건에 대하여 기꺼이 변명하나이다 – 그래서 우리의 종교적 의식과 관습에 대하여 잘 알고 계시나이다; 그래서 결과적으로 이 일에 대한 이유를 잘 이해하고 판단할 수 있는 능력이 있습니다. 이 말은 허황된 말이 아니다. 이것은 명백한 사실이다. 벨릭스는 유대를 6–7년 다스리고 있었다. **내가 알고** – 더둘로의 세 가지 기소에 대하여 정확하게 대답할 수 있다: 폭동, 이단, 성전을 더럽힘. 첫 번째 기소에 대해서는, 바울은 자신이 당을 지어 폭동을 일으킬 만큼 오랜 시간 예루살렘에 머무르지 않았다고 말했다. (바울이 여기에 온 지 12일밖에 되지 않았다. 그중에 5일은 가이샤라에 있었다, 1절; 그리고 하루 이틀은 가이샤라 지역 방향으로의 여정에 있었다. 그리고 나머지 대부분의 시간은 예루살렘에 갇혀 있었다.) 사실상 바울은 11–13절을 통해 자신의 기소에 대한 어떠한 증거라고 내놓으라고 그들에게 도전하고 있는 것이다. 두 번째 기소에 관해서는 바울은 자신을 그리스도인으로 고백하고 있다. 그러나 14–16절을 통해 기독교는 율법과 선지자들에 완전하게 동의하는 종교라는 것을 견지하고 있다. 그러므로 공정한 대우를 받는 것이 마땅하다. 성전을 더럽혔다는 혐의에 관해서는, 바울은 자신이 가장 평화롭고 정당한 방법으로 성전에서 행동하였음을 주장하고 있다. 그래서 그의 무죄는 산헤드린 앞에서도 명백하게 드러났었다. 산헤드린에서 재판 받을 때는 그를 고소하고 소동을 일으켰던 사람들은 심지어 나타나지도 않았다.

24:14 나는 그들이 이단이라 하는 도를 따라 – 이 호칭에 대한 바울이 정정한다. 이 말은 혐오스러운 뿐만이 아니라 충분히 인정할만하지도 않다. 당이나 분파는(단어 자체가 의미하듯) 사람에 의해 만들어진다. 그러나 기독교는 하나님에 의해 시작되었다. 이제 바울 사도는 그의 변명을 위해 충분하게 말했다. 그러나 좋은 기회를 통해, 그는 이 절(14절)에서 그의 믿음의 진정한 고백을 한다. 다음절(15절)에서는 소망에

관한 고백을 하며, 17절에서는 사랑에 대한 고백을 한다. **조상의 하나님을 섬기고** – 이 고백은 로마의 관원 앞에서 아주 적당한 변호였다. 이것은 바울은 로마법의 보호 하래 있다는 것을 증명한다. 왜냐하면 유대인들은 바울이 새로운 신들을 섬기기 때문에 그에 대한 보호를 박탈해야 한다고 말했기 때문이다. **기록된 것을 다 믿으며** – 메시야에 관한.

24:15 곧 의인과 악인의 – 공개적인 법정에서 아주 적절한 발언이었다.

24:16 이것으로 말미암아 – 부활에 대한 견해로 말미암아. **나도 힘쓰나이다.** – 그들뿐만이 아니라 나도 힘쓰고 있다.

24:19 마땅히 당신 앞에 와서 고발하였을 것이요 – 세상이 하나님의 자녀들을 박해하는 것보다 더 큰 실수는 없다. 심지어 그들 자신의 율법을 박해하는 것보다도 더 큰 실수를 하는 것이다.

24:21 이 소리만 있을 따름이다 – 그들은 내가 부활에 관하여 말한다고 나를 고소했다. 그럼에도 불구하고 이것은 진정한 진리이다.

24:22 벨릭스가 이 도에 관한 것을 더 자세히 아는 고로 – 그는 이후에 더 자세히 알게 되었다. 그는 의심할 여지없이(베스도와 아그립바 뿐만이 아니라) 이 일에 관한 모든 설명을 로마로 보내었다.

24:23 백부장에게 명하여 바울을 지키되 자유를 주고 – 단지 형식적으로만 죄수가 되게 하라. 이로써 복음은 점점 더 퍼져나갔다: 유대인들의 만족하지 않았지만 방해할 수 없었다.

24:24 수일 후에 – 바울은 며칠 동안 가이사랴의 우호적인 감옥에 있게 되었다. 벨릭스는 잠시 동안 그곳을 비웠다가 다시 돌아오게 되었다. **그 아내 유대 여자 드루실라** – 그 연령대에서 가장 아름다운 여인 중의 한 명이었던 헤롯 아그립바의 딸이다. 벨릭스는 그녀의 남편인 에메사의 왕 아지주스(Azizus)를 포기하고 자신이 비록 이교도이지만 자신과 결혼해 달라고 드루실라를 설득했다. 그녀는 이후에 그가 벨릭스에게서 낳은 아들과 함께 베수비오 산(Mount Vesuvius)의 폭발 때 불에 타 죽었다.

24:25 바울이 의와 절제와 장차 오는 심판을 강론하니 – 이것은 불공정하고 외설적인 재판관에게 그리스도를 전하는 아주 효과적인 방법이었다. **벨릭스가 두려워하여** – 바울의 설교가 얼마나 좋게 마무리 되었는가. 벨릭스가 마음을 열고 바울의 말에 주의를 기울이게 되었다! 그러나, 수없이 많은 다른 사람들 처럼, 벨릭스도 내가 틈이 있으면 너를 부르리라 말하며 바울의 말을 더 진지하게 듣는 시간을 다음으로 미루었다. 그러나 그때는 결코 오지 않았다. 왜냐하면 그가 다시 바울을 불러 하나님의 말씀을 들었지만, 그는 더 이상 두려워하지 않았기 때문이다.

반면에 유대 여인이었던 드루실라가 놀랐다는 것을 발견하지 못한다. 그녀는 미래에 심판에 관하여 들었다. 아마도 그녀는 자신이 아브라함의 딸됨을 믿었을 것이다. 율법의 속죄를 믿었을 것이다. 그러므로 드루실라는 이방인이었던 자신의 남편을 사로잡은 바울의 설교에 대한 증거를 가지고 있었다. 하나님의 말씀의 신실한 전파로 생겨난 진리에 대한 확신을 교묘히 피해가게 하는 잘못된 가르침으로부터 우리를 지키도록 배우자. 더이상 그러한 사탄의 그러한 앞잡이들의 말을 듣지 말자. 사탄은 구원의 소망과 타락한 마음, 거룩하지 않은 삶이 함께 할 수 있다고 가르치는 광명의 천사로 자신을 가장한다. **지금은 가라** – 이처럼 소중한 시간을 소홀히 여긴 모든 심판받은 영혼들이 언제가 얼마나 슬퍼하며 후회하겠는가!

24:26 바라는 고로 – 마귀의 소망이다. 그래서 벨릭스가 바울에게 들을 때, 그의 눈은 순수하지 않았다. 그러므로 벨릭스가 바울의 모든 강론을 통해서도 아무 유익을 얻을 수 없었다는 것이 놀랍지 않다. **돈을 받을까** – 바울사도에게 자유를 주고 그리스도인들에게 돈을 받고자 했다. 돈을 바람으로 인해 불행한 벨릭스는 복음의 보화로부터 떨어져 나갔다.

24:27 이태가 지난 후 – 바울이 감옥에서 이 년을 지낸 후. **벨릭스가 유대인의 마음을 얻고자 하여 바울을 구류하여 두니라** – 세상 사람들은 서로를 만족시키기 위해 하나님의 것에 손을 뻗친다. 그러나 벨릭스의 지혜는 그를 이롭게 하지 않았고 유대인들도 만족시키지 못했다. 그들의 고소는 로마에까지 벨릭스를 따라갔다. 그리고 그의 형제 팔라스가 네로와 함께 품고 있던 관심을 위해 벨릭스는 완전히 파멸되었다.

사도행전 25장

25:2 대제사장들과 유대인 중 높은 사람들이 바울을 고소할 새 – 그렇게 오랜 시간 동안에도 그들의 분노는 가라앉지 않았다. 더욱더 큰 소리로 바울을 이방인들에게 고소하였다.

25:4 베스도가 대답하여 – 황제의 특권을 보존하려는 베스도의 관심은 바울의 생명을 보존하는 수단이었다. 하나님은 보이지 아니하는 은혜로 세상을 통치하시는구나! 조용하지만, 지혜와 능력으로 통치하시는구나!

25:5 너희 중 유력한 자들은 – 이 고소사건을 다루기 위해 로마로 가는 여정을 가장 잘 감당할 수 있는 자들.

25:6 십 일을 지낸 후 – 신임총독이 예루살렘과 같은 도시를 다스리기에는 짧은 시간. 그는 바울의 사건을 시간 내에 결정하기 위한 현명한 판결을 위해 충분히 들을 시간을 확보하지 못했다.

25:7 여러 가지 중대한 사건으로 고발하되 – 많은 고발 사건들이 함께 쌓여 있었다. 그리고 대개 그중에 한 가지도 진실이 없었다.

25:8 바울이 변명하여 – 일반적 고발에는 일반적 대답으로 충분하다.

25:9 네가 예루살렘에 올라가서 – 베스도는 바울에게 동의를 구하지 않고 이 명령을 내릴 수 있었다. 그러나 하나님께서 바울이 로마에 가서 재판을 받을 수 있도록

은밀하게 그 모든 것을 다스리고 계셨다.

25:11 내가 가이사의 재판 자리 앞에 섰으니 – 로마 총독의 모든 재판은 황제의 재가를 통해 황제의 이름으로 열렸다. **아무도 나를 그들에게 내줄 수 없나니다** – 바울은 당신들을 결코 나를 내어줄 수 없다는 말을 공손하게 하고 있다. **내가 가이사께 상소하노라 한대** – 어떠한 로마시민도 판결이 내려지기 전에 그렇게 할 수 있다.

25:12 배석자 – 로마 총독에게 많은 수의 배석자들이 함께 하는 것이 관례였다. 이들은 공회를 구성하여 총독에게 많은 조언을 한다.

25:13 아그립바 왕 – 헤롯 아그립바의 아들이다(행 12:1). **버니게** – 아그립바의 자매, 그녀는 아그립바와 함께 추문이 생길 정도로 친밀하게 지냈다. 버니게는 베스파시안 디도가 열렬히 사랑했던 여인이었다. 그는 버니게를 황후로 삼으려 했지만 로마인들의 방해로 사랑을 이루지 못했다.

25:15 그를 고소하여 정죄하기를 청하기에 – 그들이 잘못 판단한 이전의 확신에 근거하여.

25:16 로마사람의 법이 아니라 – 변명할 기회를 주기 전에 아무도 처벌하지 않는 것은 얼마나 훌륭한 법인가! 모든 나라의 일반적인 법이다.(카톨릭의 종교재판이 유일한 예외이다). 공개적인 삶뿐 아니라 개인적인 삶 속에서도 모든 문제에 관하여 로마의 절차를 따라야 한다.

25:18 내가 짐작하던 것 같은 – 유대인들이 격노한 것을 보았을 때. **그 일에 관한 문제로 고발하는 것뿐이라** – 하찮은 문제에 관하여 그는 얼마나 차갑게 말하고 있는가! **예수라 하는 이** – 모든 사람이 무릎 꿇고 경배해야 할 분에게 관하여 베스도는 말한다. **죽은 것을 살아 있다고** – 이것은 의심스로운 질문인가? 왜 베스도는 당신은 예수의 부활에 관하여 의심하였는가? 단지 당신이 예수의 부활에 관한 증거를 찾지 못하였기 때문인가? 당신이 의심하지 않았다면, 당신이 완전한 확신에 이르기까지 그 증거는 당신에게 밝히 보여졌을 것이다. 당신의 훌륭한 죄수가 당신을 하나님의 자녀의 영광스러운 자유로 인도하였을 것이다.

25:23 천부장들과 시중의 높은 사람들과 함께 – 군대와 민간의 유력한 직책에 있는 사람

사도행전 26장

26:1 바울이 손을 들어 변명하되 – 사슬에 묶인 채로: 자신의 진심을 나타내기 위한 예의 바른 표현. 그에게 듣는 사람들의 관심을 끌기 위한 적절한 처사. **너를 위해 말하기를** – 유대인들의 고소를 거부할 뿐 아니라 복음의 신앙을 확장시키기 위해.

26:2 아그립바 왕이여 – 어떤 사람의 이름을 부르는 것은 특별한 힘이 있다. 아그립바는 이것을 느꼈다.

26:3 특히 당신이 … 아심이니이다 – 베스도는 알지 못했던 것. **유대인의 모든 풍속** – 실제적인 일들. **문제들** – 사변적인 일들. 이 단어를 베스도가 바울의 부재시에 사용했다 (행 25:19) 베스도는 하나님의 인도하심을 따라 말하고 설명하였다. 아그립바는 유대인들의 풍속과 문제들에 대한 정확한 지식을 소유한 특별한 이점을 가지고 있었다. 아그립바 앞에서 바울의 강론보다 더 은혜롭고 더 적절한 것을 찾을 수 없을 것이다. 이 강론에서 그리스도인의 진지함, 사도의 담대함, 학자이며 온유한 자의 공손함이 가장 아름답게 어우러진 모습으로 나타났다.

26:4 내가 처음부터 … 젊었을 때 – 즉, 내가 젊은 시절부터.

26:5 그들이 증언하려 하면 – 그러나 그들은 증언하지 않았다. 왜냐하면 바울의 현재의 증언에 그의 이전의 삶이 얼마나 무게감 있게 작동할 수 있는지 그들은 잘 알고 있었기 때문이다.

26:6 이 제도 – 6절과 7,8절은 일종의 괄호와 같다. 이 절들은 바리새인들이 부활에 관하여 옳은 것을 가르치고 있다는 것을 보여준다. 그와 같이 바울은 부활에 대하여 확언하고 있는 것이다. 9절은 5절과 연결된다. 왜냐하면 바리새주의가 바울로 하여금 그리스도인들을 박해하게 하였기 때문이다. **여기 서서 심문 받는 것은 하나님이 우리 조상에게 약속하신 것을 바라는 까닭이니** – 부활에 관한 약속. 그리고 그 약속은 이루어졌다. 왜냐하면 그리스도께서 부활하지 않으셨다면, 죽은 자의 부활은 존재할 수 없기 때문이다. 바울이 주로 한 일은 그리스도의 부활에 대해 증언하는 것이었다. 그 증언에 대하여 유대인들은 여전히 바울을 박해한 것이다.

26:7 우리 열두 지파가 – 열지파의 대부분도 역시 여러 번에 걸쳐 동방으로부터 그들의 나라로 돌아왔다(약 1:1; 벧전 1:1). **밤낮으로 간절히 하나님을 받들어** – 즉, 이것이 공적 예배나 개인적 예배 때에 항상 그들이 목적하는 바이다.

26:8 어찌하여 못 믿을 것으로 여기나이까 – 베스도는 믿지 못했다(행 25:19); 그에게 바울은 마치 그에게 강론하듯이 대답했다.

26:9 나도…생각하고 – 내가 바리새인이었을 때. **많은 일을 행하여야 될 줄 스스로 생각하고** – 그 일을 바울은 지금 열거하고 있다.

26:10 많은 성도를 옥에 가두며 – 죄가 없을 뿐 아니라, 선하고 의롭고 거룩한 사람들. **내가 찬성투표를 하였고** – 즉, 나는 그리스도인들을 정죄하는 무리에 가담하였다. 아마도 대제사장도 그리스도인들을 박해하는 일에 대하여 바울에게 힘을 실어주었을 것이다.

26:11 강제로 … 하게 하고 – 즉, 그리스도인들 중 얼마를. **모독하게 하는 말** – 이것은 그 어떤 것보다 더 끔찍한 일이다. 회개하라, 복음을 박해는 자여. 만일 스피라(Spira)가 그렇게 강제당하여 그렇게 끔찍한 고통을 겪었다면, 바울처럼 강제한 사람은 어떻게 되겠는가, 바울처럼 회개해야 하지 않는가?

26:13 왕이여 – 바울이 변명의 절정에서 가장 적절한 시간에 왕의 주의를 끌고 있

다. **해보다 더 밝은 빛이 나와** – 놀라운 일이 아니다. 왜냐하면 아버지의 영광의 광채, 즉 의의 태양에 비하면 피조물로서의 태양의 광채는 비교가 되지 않기 때문이다.
26:14 히브리 말로 이르되 – 바울은 지금 히브리어 말하고 있지 않다. 히브리어 말할 때는 히브리어를 사용한다고 언급하지 않았다.(행 22:7). **히브리 말로** – 그리스도께서는 땅 위에서나 하늘로부터 이 언어를 사용하셨다.
26:17 이스라엘과 이방인들에게서 내가 너를 구원하여 – 유대인들과 이방인들에게서. **내가 너를 보내어** – 바울은 이방인들에게 복음을 전하는 일뿐 아니라, 속박 가운데서도 그가 누리고 있는 자유는 자신에게 약속된 것이라고 그들에게 알려 주고 있다. **내가** – 보내는 분의 권위를 나타내고 있다. **이제(now)** – 바울의 사명이 시작된 시간으로부터. 바울의 회심뿐만이 아니라 그의 사도직은 바로 이 순간에 시작되었다.
26:18 그 눈을 뜨게 하여 – 바울을 보낸 분이 그들의 눈을 뜨게 하실 것이다. 그리고 그분은 보냄을 받은 바울을 통해 그 일을 이루실 것이다. 하나님은 유대인들과 이방인들의 눈을 뜨게 하실 것이다. **돌아오게 하고** – 전능하신 하나님의 능력을 통해, 그들이 지금 처해있는 영적인 어둠에서 하나님에 관한 지식과 거룩의 빛으로 돌아오게 될 것이다. 그들을 죄와 죄책 그리고 비참함 가운데 사로잡고 사탄의 권세에서 하나님의 사랑과 행복한 섬김으로 나아오게 할 것이다. 그들은 믿음을 통해 용서와 거룩과 영광을 누릴 수 있을 것이다.(바울은 같은 축복을 좀더 밝은 빛 가운데 두고 있다)
26:19 그러므로 – 순종할 수 있는 능력을 받은 때부터. **내가 거스르지 아니하고** – 나는 순종했다. 나는 순종의 능력을 사용했다 (갈 1:16) 심지어 바울이 영향을 받은 이 은총도 불가항력적인 은총이 아니었다.
26:20 전하므로 – 그때부터 지금까지 유대인과 이방인들에게 전하였다. **회개하라** – 우리가 주목해야 할 것은 이 회개는 내적 성결과 외적 성결에 선행한다.
26:21 이런 이유로(for these things, 개역개정에는 이 표현이 없음: 역자주) – 바울사도는 그가 말했던 모든 것을 이제 정리하고 있다.
26:22 하나님의 도우심을 받아 – 다른 모든 도움이 실패할 때, 하나님은 예루살렘 성으로부터 로마인들을 보내셔서 하나님이 세우신 언약을 성취하셨다(17절)
26:24 베스도가 크게 소리 내어 이르되 바울아 네가 미쳤도다 – 죽은 사람이 살아나는 것을 말하는 것을 보니; 그리고 한 명의 유대인이 자기 민족을 비출 뿐 아니라 품위 있고 학식 있는 헬라와 로마의 빛이 된다니! 아니다. 그렇지 않다. 미친 것은 바로 베스도 당신이다. 표적을 빗나간 것은 당신이다. 사실 이것은 놀랍지 않다. 왜냐하면 베스도는 인간의 자연적 상식 안에서 바울을 이해하려고 하였기 때문이다. 그러나 바울 안에서 역사하고 있는 하나님의 은총은 베스도가 보지 못했다. 그러므로 베스도는 바울의 이 모든 열심을 너무 학문에 몰두한 나머지 미친 것으로 여기게 되

었다.

26:25 베스도 각하여 내가 미친 것이 아니요 – 로마의 총독을 적절한 칭호로 부르고 있다. 이 응답은 얼마나 아름다운가! 얼마나 용감한가! 얼마나 고결하며 존경할만한가! 미친 사람은 사람들의 이름을 기억하고 그들의 이름에 존경의 표현을 넣어 부르기 어렵다. 이렇게 함으로 바울사도는 미쳤다는 말을 거부하고 있는 것이다. **참되고 온전한 말을 하나이다** – 다음 절에서 확인이 된다. **온전한** – 미쳤다는 말에 완전히 반대가 되는. 하나님의 사람들이 가장 열정적으로 행할 때에도 참된 것과 온전한 것은 여전히 남아 있다.

26:26 왕께서는 이 일을 아시기로 – 바울 사도는 베스도의 말을 인정하지 않으면서 자연스럽게 베스도에서 아그립바로 옮겨 가면서 한 단계씩 그의 목적을 이루어 가고 있다. **내가 왕께 담대히 말하노니** – 이 자유는 아마도 베스도가 미쳤다고 말한 것이 만들어준 환경이었을 것이다.

26:27 아그립바 왕이여 선지자를 믿으시나이까 – 선지자들을 믿는 사람은 바울과 그리스도를 믿을 것이다. 이제 바울 사도는 아그립바 왕의 마음에 가까이 다가 왔다. 아그립바가 이 말을 들었을 때 무엇을 느꼈겠는가! **믿으시는 줄 아나이다** – 여기에서 바울은 왕에 대하여 빠르게 인정하므로 혼란을 미연에 방지하고 있다.

26:28 네가 적은 말로 나를 권하여 그리스도인이 되게 하려 하는도다 – 베스도는 완전한 이교도이고, 바울은 온전한 그리스도인이다. 아그립바는 그 중간에 머물러 있다. 가련한 아그립바여! 그러나 거의 설득되었다! 표적에 가까이 왔는데 약간 짧구나! 한 걸음을 더 내 딛어라 그러면 당신은 신비 안에 머물게 될 것이다. 독자들이여 아그립바처럼 머물지 말고 바울과 함께 앞으로 나아가라.

26:29 하나님께 원하나이다 – 모든 것이 자신의 권력 안에서 이루어져 갈 때 아그립바는 그가 그리스도인이 되는 것처럼 말하였다. 그러나 바울은 이 실수를 온유하게 바로잡고 있다. 그리스도인 되는 것은 하나님의 선물이며 사역이다. **내 말을 듣는 모든 사람도** – 그들 모두에게 적용하지 않는 것은 바울 사도의 겸손이다. 그러나 바울 사도는 눈을 들어 그들을 바라보았다. **나와 같은 사람이 되기를** – 그리스도인들은 진정 성령 안에서 의, 평화, 기쁨으로 가득한 사람들이다. 바울은 이것을 자신이 기쁨이 충만한 상태로 모든 사람에 대한 흘러넘치는 사랑으로 말하고 있다.

26:30 왕과 … 함께 앉은 사람들이 다 일어나서 – 아그립바에게 말할 수 없이 소중한 순간이다. 아그립바가 적절하게 처신할 것인가, 아니가에 대하여, 우리는 그날에 볼 수 있을 것이다.

26:31 이 사람은 사형이나 결박을 당할 만한 행위가 없다 하더라 – 그들은 바울 사도의 한 가지 행동뿐만이 아니라 삶 전체에 대해 말하고 있다. 이 대화로부터 아무것도 배울 수 없다는 말인가? 이렇게 훌륭한 설교자에 대한 우호적인 판결만이 하나님이 원하시는 모든 것이 아니다.

사도행전 27장

27:1 배를 타고 가기로 작정되매 – 거리도 짧고 비용도 덜 드는 로마에로의 여정.
27:2 아드라뭇데노 – 미시아의 항구이다. 아리스다고와 누가는 바울의 매임을 부끄러워하지 않으며 바울과 함께 가기로 선택했다.
27:3 율리오가 바울을 친절히 대하여 – 아마도 바울이 자기를 변호하는 것을 들었을 것이다.
27:4 구브로 해안을 의지하고 항해하여 – 구브로를 왼편에 두고 출항하였다.
27:7 니도– 카리아의 곶(cape)이 있는 항구도시이다.
27:8 미항 – 미항은 여전히 그 이름을 가지고 있다. **라새아** – 그러나 라새아 시는 지금 수백을 헤아리는 많은 도시들과 함께 완전히 사라졌다. 그 도시들 중 크레테는 한 때 아주 유명했다.
27:9 금식하는 절기 – 혹은 속죄일. 티쉬리(Tisri) 달의 열 번째 날에 지켰다. 즉 9월 25일이다. 항해하기에 좋지 않은 때였다. 겨울이 다가오기 때문만이 아니라, 지중에서는 일 년 중 이 때에 흔히 있는 갑작스러운 태풍이 불어 올 수 있기 때문이다. **바울이 그들을 권하여** – 그레데를 떠나지 말 것을. 일상적인 상황에서도, 믿음은 충고할 수 있는 준비와 위대한 지성의 현존과 함께 일한다.
27:10 말하되 – 백부장과 다른 관료들에게.
27:11 백부장이 선장의 … 말을 더 믿더라 – 실제로 이것은 일반적 규칙이었다. 전문가가 자기의 전문 분야에 관해 말할 때는 믿어라. 그러나 가장 큰 필요가 있을 때, 진정한 그리스도인은 종종 전문가보다 더 좋은 충고를 할 수 있다.
27:12 그 항구가 – 두 개의 항구를 가지고 있다. 하나는 서남쪽에, 다른 하나는 서북쪽에 있다.
27:14 광풍이 크게 일어나니 – 남풍이 불었다. 유라굴로라고 하는 광풍이었다. **유라굴로** – 일종의 태풍이다. 한쪽 방향으로만 부는 태풍이 아니라, 앞뒤로 휘몰아치는 태풍이었다. 이 광풍을 지금은 레반터(Levanter)라고 부른다. 동북쪽에서 동남쪽으로부터 모든 방향을 향해 불어온다.
27:16 간신히 거루를 잡아 – 배가 움직이지 못하게 되는 것을 막기 위해.
27:18 짐을 바다에 풀어 버리고 – 무거운 짐들을 바다에 던져 버렸다.
27:19 배의 기구를 그들의 손으로 내버리니라 – 돛대라 할지라도 절대적으로 필요하지 않으면 잘라 내었다.
27:20 여러 날 동안 해도 별도 보이지 아니하고 – 그들의 위치가 파악되기 전까지는 거의 살아날 가망이 없는.
27:21 이 타격 – 당신들의 눈으로 보고 있는.
27:23 내가 속한 바 내가 섬기는 하나님 – 기독교의 주제는 얼마나 명료한가! 동시

에 얼마나 완전한가! 믿음과 소망과 사랑을 모두 포함하다니!

27:24 하나님께서 … 주셨다 – 바울은 그들을 위해 기도했다; 그리고 하나님께서 그들을 살리셨다. 아마도 그들의 영혼도 살리셨을 것이다. 그리고 하나님의 섭리의 도구인 백부장은 바울을 통해 죄수들의 생명을 살렸다. 하나님의 섭리는 가장 불확실한 상황에서 얼마나 놀랍게 다스리고 계신가! 한 사람의 선한 사람이 많은 악인들 때문에 멸망하기 보다는, 많은 악인들이 소수의 선한 사람들로 인해 생명을 보존한다.(이런 일은 자주 발생한다). 이 배에서도 이런 일이 일어났다. 그리고 이 세상에서 이런 일이 일어난다. **네게** – 바울이 진실로 절박함을 가지고 말했던 것은 이러한 위험이 없었다면 다 헛된 것이 될 수 도 있었다. **다 네게** – 죄수들뿐만이 아니라 이후에는 율리오까지도 (43절) 영혼들을 위해 기도하라. 하나님께서 그 영혼들을 구원하실 것이다. 그렇다. 당신이 원하는 것보다 더 영혼들을 위해 기도해야 한다. **너와 함께 항해 하는 자를** – 하나님이 보시기에는 바울이 그 배의 선장이요 인도자였다.

27:27 열나흘째 되는 날 밤에 – 그들이 그레데를 떠난 후(18, 19절). **아드리아 바다에서** – 고대인들은 남부 이탈리아에 있는 지중해 부분의 모든 섬들을 그렇게 불렀다.

27:30 사공들이 도망하고자 하여 – 거룻배가 낮은 곳으로 가는 데 좀 더 안전하다고 생각하여.

27:31 이 사람들이 배에 있지 아니하면 – 그들이 없으면 당신들은 배를 어떻게 다루어야 하는지 모른다. **너희가 구원을 받지 못하리라** – 바울은 우리라고 말하지 않았다. 그 사람들은 크게 관심을 두지 않았지만, 군인들은 죄수들의 생명에 대하여는 주의를 기울이지 않았다. 바울 또한 자신의 목숨에 대해서는 연연하지 않았다. 우리는 여기에서 배워야 한다. 비록 우리가 하나님의 섭리에 의존하며 하나님의 약속의 성취를 기다린다 할지라도 안전과 번영에 대한 최상의 적절한 방법을 사용해야 한다. 하나님은 이성적 피조물이 비이성적 방법으로 행동하도록 하는 어떠한 약속도 하지 않으셨다. 또한 자신의 유익을 위해서 무엇인가를 할 수 있는 능력을 허락해 주셨는데 아무 일도 하지 않는 존재가 되도록 하지도 않으셨다. 만일 약속에 의존한다고 하는 모든 주장이 타락한 위선이 아니라면, 이러한 노력이 없이 어떠한 약속의 성취를 기대하는 것은 헛되고 위험한 생각이다.

27:33 너희가 기다리고 기다리며 먹지 못하고 주린 지가 – 제대로 된 식사가 아니다. 그들은 위험에 빠져있는 깊은 절망에 빠져 있었다. 놀라지 말자 만일 영원한 죽음의 큰 위험에 대한 예민한 감각을 가지고 있는 사람들이 잠시 동안 들이 빵을 먹는 일을 잊었다거나 그들의 세속적 일을 하는 것을 잊었다는 사실에 대해 놀라지 말자. 그것을 미친 것을 생각하지 않는 것이 진정한 지혜의 시작이 될 것이다.

27:34 너희의 구원을 위하는 것이요 – 해변까지 수영을 해서 가는 것이 좋을 것이다.

27:36 그들도 다 안심하고 – 바울의 말뿐만이 아니라 그의 모범을 통해서도.

27:38 밀을 바다에 버려 – 이제 그들은 바울의 말한 것을 굳건히 의존하고 있다.
27:39 어느 땅인지 알지 못하나 – 가까운 곳에 있어서 그들이 육안으로 확인할 수 있는 땅. 어느 정도의 해안이 있었다.
27:40 키를 풀어 늦추고 – 그들의 배는 대개 양쪽에 하나씩 두개의 키가 있었다. 배가 출발할 때는 단단히 묶는다. 그러나 이제는 배를 해안에 정박시켜야 하기 때문에 키를 느슨하게 하였다.
27:41 두 물이 합하여 흐르는 곳을 만나 – 아마도 해안가에 나란히 흐르는 모래사장으로 인하여.
27:42 군인들이 – 잔인하고, 불의하며, 자비심이 없는.
27:44 마침내 사람들이 다 상륙하여 구조되니라 – 의심할 여지없이 그들 중 몇몇은 바울사도를 하나님이 보내신 선생으로 받아들였을 것이다. 이 사람들은 바다의 풍랑으로부터 구조되었을 뿐만이 아니라 무한하게 위대한 구원에 대한 열심도 갖게 되었다. 그들은 구조되기 이전에 이미 바울과 함께 말타(Malta)보다 그리고 지구상 그 어떤 곳에서도 경험할 수 없는 평화로운 항구로 인도함을 받아 거하게 되었다.

사도행전 28장

28:1 멜리데(Melita) – 혹은 말타(Malta)는 시실리에서 남쪽으로 60마일 정도 떨어진 넓이는 12마일, 길이는 20마일 정도 되는 섬이다. 이 섬에서는 많은 면과 함께 풍부한 꿀이 생산된다. 이 섬은 견고한 바위 위에서 겨우 3피트 정도 되는 땅의 깊을 가지고 있지만 많은 열매들을 맺는다. 찰스 5세 왕이 1530년 로드의 기사들에게 이 섬을 주었다. 로드의 기사들은 터키인들에 의하여 로드에서 쫓겨났다. 그들의 수는 천 명가량이나 되었다. 그들 중 500명은 항상 섬에 거주하는 자들이었다.
28:2 원주민들이(barbarians, 야만인: 역자주): – 로마와 헬라인들은 그들 자신 외에는 다 그렇게 불렀다. 그러나 메리데의 야만적 원주민들이 보여준 관대함은 인간과 자비를 가르치지 않는 교육을 받은 자들보다 훨씬 더 가치가 있다.
28:4 원주민들이 보고 서로 말하되 – 그가 사슬에 매여 있는 것도 보았다. **이 사람은 살인한 자로다** – 그런 사람은 죽기 전에 벌을 받는다. **공의가 그를 살지 못하게 함이로다** – 그들은 바울을 이미 죽은 사람 취급했다.

이 원주민들 가운데 양심의 힘과 특별한 섭리에 대한 믿음을 볼 수 있는 것은 좋은 일이다. 이 섭리를 학식 있는 자들은 어리석게도 철학적으로 무시한다. 그러나 원주민들은 재앙은 항상 심판으로 해석되어야 한다는 잘못된 생각을 하고 있다. 이에 대해 원주민들처럼 무죄한 사람뿐만이 아니라 지구에서 가장 위대한 분(the excellent of the earth)을 정죄하지 위해 조심해야 한다.
28:5 바울이 그 짐승을 불에 떨어 버리매 조금도 상함이 없더라 – 유명한 현대의 역

사학자의 말에 따르면, "현재 멜리데 섬에는 독사가 없다. 그리고 다른 곳에서 그곳으로 가져 온 것이면 사람을 해치지 않는다. 전갈을 가지고 노는 아이들도 볼 수 있다. 전갈을 먹는 아이도 보았다." 만일 그렇다 치더라도, 이것은 영원한 기억으로서의 하나님의 지혜에 의하여 고쳐지게 되었다.

28:6 돌이켜 생각하여 말하되 그를 신이라 하더라 – 인간의 이성(reason)의 안정성이란 이런 것이다! 조금 전에는 그를 살인자라고 하였다. 그런데 지금은 신이라고 한다. 마치 리스트라(Lystra)의 사람들처럼 한 시간 전에는 제사를 드렸다가, 그 다음에는 돌을 던졌다. 아니다. 그 중간이 있다. 그는 살인자도 아니고 신도 아니다. 그는 하나님의 사람이다. 그러나 자연적 인간(natural man, 불신자들–역자주)들이 하나님의 자녀들을 판단하는 것이 가장 큰 실수이다.

28:7 이 섬에서 가장 높은 사람 – 권력과 부에 있어서. **사흘이나** – 그 섬에서 처음 3일을 머무는 동안.

28:11 머리장식은(Whose sign was) – 그들의 뱃머리에 형상을 만들어 세워두는 것은 고대인들의 관습이었다. 그들의 배의 이름을 그 형상의 이름을 따라 지었다. **디오스구로(Caster and Pllux)** – 뱃사람들이 가장 좋아하는 이교도의 두 신들.

28:15 형제들이 – 즉, 그리스도인들. **맞으러 오니** – 누구에 의해서 로마에 기독교가 전해졌는지에 대한 정확한 설명이 없는 것은 주목할 만하다. 아마도 로마의 거주민들 중에서 어떤 사람들이 오순절 날에 예루살렘에 있었을 것이다(행 2:10). 그 때 그들은 회심을 했을 것이다. 그리고 복음을 가지고 로마로 돌아갔을 것이다. **압비오 광장** – 압비오 광장은 로마에서 51마일 정도 떨어진 마을이었다. **트레이스 타베레네** – 이곳은 로마에서 30마일 정도 떨어진 마을이었다.

담대한 마음을 얻으니라 – 바울은 로마에서도 역시 그리스도를 보았다. 그리고 이제 그의 여행에서의 모든 문제를 잊어 버렸다.

28:16 한 군인과 함께 – 로마의 관습대로 바울은 그 군에게 묶여 있었다.

28:17 사흘 후에 – 휴식과 기도를 위해 주어진 시간이다. **바울이 유대인 중 높은 사람들을 청하여** – 바울은 항상 유대인들을 먼저 찾았다. 그러나 붙잡혀 그는 자유롭게 유대인들에게 다가 갈 수 없었다. **배척한 일이 없었는데** – 그가 매여있는 것을 보고 유대인들은 바울을 의심했을 수도 있다. 그러므로 바울은 먼저 이러한 의심을 제거하고 있다.

28:19 유대인들이 반대하기로 – 바울은 유대인들이 그를 죽이려고 지속적으로 시도했다는 말을 하지하고 온건하게 말하고 있다. **내 민족을 고발하려는 것이 아니니라** – 나는 다른 사람들을 고소할 의도가 없다. 단지 나 자신을 변호하려고 할 뿐이다.

28:20 이스라엘의 소망 – 즉 이스라엘의 소망은 메시야이다. 그리고 부활이다.

28:21 우리가 네게 대한 편지도 받은 일이 없고 – 특별한 섭리가 있었음에 틀림없다. **또 형제 중 누가 이야기한 일도 없느니라** – 유대인들. **전하든지** – 이야기를 만

들어 전하다. **이야기한 일도** – 종종, 대화를 통해서. **좋지 못한 것을** – 그들의 입에 자갈이 물려졌던 것이 분명하다!

28:22 이 파에 대하여는 어디서든지 반대를 받는 줄 알기 때문이라 – 이것이 악의적 고소의 증거는 아니다. 오히려 아주 좋은 징조가 될 수 있다.

28:23 바울이 강론하여 하나님의 나라를 증언하고 … 예수에 대하여 권하더라 – 하나님 나라와 예수는 바울에게 가장 중요한 주제였다. 1. 메시야의 나라는 자연적이거나 육체적인 것이 아니라 영적인 것이다: 2. 나사렛 예수는 메시야의 나라의 주님으로서 예언된 바로 그분이다. 이 주제에 대하여 바울은 그들이 확신할 수 있도록 설득할 필요가 있었다. 그들의 의지는 그들의 이해한 만큼 강하게 나타나기 때문이다.

28:24 그 말을 믿는 사람도 있고 – 머리로 뿐만이 아니라 마음으로.

28:25 성령이 너희 조상들에게 말씀하신 것 – 너희들에게도 동일하게 적용되는 말씀이다.

28:26 너희가 듣기는 들어도 – 즉, 너희는 확실하게 들어야 한다. **깨닫지 못하며** – 이 말은 분명히 진리에 대한 악의적이고 고집스러운 거부로 인해 결과 된 법적인 소경을 의미하고 있다. 먼저는 그들은 믿지 않았지만 그 다음에 그들은 믿을 수 없다.

28:28 하나님의 이 구원이 이방인에게로 보내어진 줄 알라 – 즉, 바로 이 시간 부터. 이 시간 전에는 로마에 사도가 없었다. 바울사도가 로마에 간 첫 번째 사도이다.

28:29 바울이 온 이태를 자기 세집에 머물면서 (개역개정에서는 30절: 역자주) – 이 일 후에 사도행전이 쓰여졌다. 바울 사도가 죽기 한참 전이다. 의심할 여지없이 누가는 바울의 승인을 받았을 것이다. 누가는 처음부터 끝까지 함께 있었다.(딤후 4:11). **자기에게 오는 사람을 다 영접하고** – 그들이 유대인이든지 이방인이든지. 여기에서의 이 년은 우리 구세주의 고난 이후 25년을 완성시킨다. 예루살렘의 서쪽의 한 부분에서 시작된 복음의 진보가 이방인 중에서 복음을 증거한 바울에 의해서 이와 같이 나타난 것이다. 동시에 다른 사도들은 동쪽을 향하여 얼마나 나아갔는지, 역사는 우리에게 알려주지 않는다.

28:31 모든 것을 거침없이 가르치더라 – 하나님의 말씀의 승리는 그와 같았다. 바울이 로마에서 복음을 전하는 동안 복음은 가장 빛났다. 그러므로 사도행전은 여기에서 끝난다. 위대한 복음의 진보와 함께 마무리 된다. 그렇지 않았다면, 사도 누가는 어렵지 않게 바울이 죽을 때까지 그의 이야기를 계속했을 것이다.

로마서 주해

신약의 많은 책들이 서신서의 형태로 저술되었다. 바울, 야고보, 베드로, 유다뿐만이 아니라 누가와 요한의 글도 서신서이다. 사실은, 우리는 주 예수께서 친히 요한의 손을 통하여 일곱 교회에 보내신 서신서를 가지고 있다. 그렇다. 요한계시록 전체가 예수 그리스도로부터의 서신서이다.

사도 바울의 서신에 관하여서, 바울은 자신이 개척한 교회들과 그가 육신적으로는 한 번도 얼굴을 보지 못한 사람들에게 아주 다른 방식으로 서신서를 기록했다는 사실에 유의해야 한다. 자신이 개척한 교회에 보낸 서신서에서는 사랑스럽고 분명한 친밀함이 나타난다. 이 서신서를 받는 자들의 행동은 어느 정도 복음에 합당한 것으로 여겨진다. 바울은 자신이 한 번도 얼굴을 보지 못한 사람들에게는 보다 보편적이고 추상적인 방식으로 순수하고 온전한 복음을 제시한다.

바울이 그의 서신서를 기록한 연대는 일반적으로 생각할 때 아마도 그리스도를 기준으로 하였을 것이다.

48	고린도에서	데살로니가전후서
49	프리기아에서	갈라디아서
52	에베소에서	고린도전서
	드로아에서	디모데전서
	마게도냐에서	고린도후서, 디도서
	고린도에서	로마서
57	로마에서	빌립보서, 빌레몬서
		에베소서, 골로새서
58	이탈리아에서	히브리서
66	로마에서	디모데후서

일반서신에 관해서 살펴보면, 야고보는 자신의 죽음 바로 직전 A. D. 63년에 기록한 것으로 보여진다. 주후 67년에 순교한 베드로는 그의 순교 직전에 베드로전서를 기록한 지 오래지 않아 베드로후서를 기록하였다. 유다는 베드로 이후 사악함이 일들

이 땅을 휩쓸고 있을 때 유다서를 기록하였다. 요한은 그의 모든 서신서들을 그의 죽음 바로 이전에 기록한 것으로 여겨진다. 요한은 계시록을 A. D. 96년에 기록하였다.

사도바울은 로마서를 고린도에서 기록하였다. 고린도의 항구인 겐그리아 교회의 일꾼 뵈뵈에 대한 언급으로부터 이 사실을 알 수 있다. (16:1). 그리고 16장 23절에 언급한 가이오와 에라스도도 고린도 교회 교인이었다. 바울서신의 수신자들은 유대인이거나 이방인이거나 대부분 외국에 거주하는 자들이었다. 그들은 사업을 하기 위해 타지역에서 이주한 자들이다. 그들에게 바울은 헬라어로 서신을 보내면서, 이전에 알던 사람들이에게 문안한다.

로마서를 기록한 바울의 주요 목적은 다음과 같다. 1. 이방인의 본성에 법에 의해서도 아니고 유대인의 모세의 율법에 의해서도 하나님 앞에서 의롭다 하심을 얻을 수 없다. 그러므로 유대인이나 이방인이나 믿음으로 하나님의 값없는 자비를 구할 필요가 있다. 2. 하나님께는 자신이 기뻐하시는 것에 자비를 보이실 절대적 권세가 있다. 그리고 하나님의 자비를 자신의 고백을 통해 받아들이지 않는 자들에게 자비를 거두어 가시는 권세도 있다.

본서는 다섯 부분으로 구성되어 있다.

I. 서문 1장 1–15절

II. 간략하게 설명된 주제들

1. 믿음과 칭의
2. 구원
3. 유대인과 이방인의 신자로서의 동등함 16–17절

이 세부분은 다시 다루워진다.

1) 믿음과 칭의 1장 18–4장
2) 구원 5장–8장
3) 유인인과 이방인의 신자로서의 동등함 9장–11장

논증뿐만이 아니라 권면과 대답도 같은 순서로 되어 있다.

III. 논증

1. 칭의에 관하여

⑴ 행위로 되는 것이 아니다. 1장 18절

이방인 2장 1–10절

유대인 모두 11–29절

죄 아래에 있다. 3장 1–20절

⑵ 믿음으로 되는 것이다. 21–31절

아브라함의 예와 다윗의 증거에서
나타났듯이 4장 1–25절

2. 구원에 관하여 5장–8장
3. 유대인과 이방인 신자들의 동일한 특권 9장–11장

IV. 권면 12장 1–2절

1. 믿음과 믿음의 열, 사랑과 실천적 성결 3–21절, 13장 1–10절
2. 구원에 관하여 11–14절
3. 유대인과 이방인의 연합 14장 1–15장 13절

V. 결론 14장–16장 25절

로마서의 목적과 내용을 좀 더 살펴보자. 바울은 복음의 탁월함의 깊은 의미를 수신자들에게 전달하여 그들이 복음에 합당한 삶을 살도록 하기 위해 노력하고 있다. 1장 1–7절에서 일반적인 인사를 한 후 8–15절에 그들에 대한 사랑을 나타낸다. 바울은 복음이 구원을 주시는 하나님의 능력이라고 바라보면서 로마에서 복음을 드러내는 일이 부끄럽지 않다고 공개적으로 선언한다. 복음은 믿음으로 말미암아 유대인이나 이방인에게 구원을 주시는 하나님의 능력이다.(16–17절).

이 사실을 설명하기 위해 바울은 다음의 주장을 이어간다.

1. 이 세상은 정말 그러한 경륜이 필요하다. 이방인의 버려진 상태(18–32절), 이방인이 다른 사람들을 정죄하지만, 유대인이 이방인보다 조금도 나을 것이 없다(2:1–29). 바울은 다른 이들의 트집을 방지하면서 그들 자신의 성경으로 증명한다(3:9–19). 모든 이들은 이 방법으로 칭의를 추구할 필요 아래에 있다.
2. 아브라함과 다윗은 행위가 아닌 믿음으로 말미암는 칭의를 구한다(4:1–25).
3. 믿는 자들은 아주 행복한 상태에 이르게 된다. 가장 큰 고통이 기쁨의 일로 변한다 (5:1–11).
4. 아담에 의해 인류에게 들어온 악은 그리스도 안에서 넘치도록 모든 신자에게 보상되었다 (12–21).
5. 복음은 실천적 성결에 대한 의무를 해소시키는 것이 아니라 특별한 의무에 의해 실천적 성결을 고조시킨다.

이러한 내용에 관하여 수신자들을 확신시키기 위해 모세의 법에 대한 그들의 애정을 제거하기 위해 그들은 믿음으로 그리스도와 결혼하였다(7:1–6). 바울은 율법의

동기가 성결한 결과를 낳은 것이 얼마나 불가능한가를 보여준다. 이 성결은 믿는 자들이 복음에서 살아있는 믿음을 통하여 얻는 것이다(7:7–25)(8:1,2). 그리고 복음이 특별한 결과를 만들어 내는 일에 관해 좀 더 특별한 견해를 제시한다(3–39절).

만일 그들이 믿는다면, 이방인이라 할지라도 이 축복을 함께 나누게 될 것이다. 유대인이라 할지라도 만일 그들이 믿지 않는다면 축복으로부터 제외될 것이다. 바울은 9,10,11장에서 이 문제를 해결하기 위해 아주 중요한 점을 말하고 있다. 바울은 9장에서 유대민족에 대한 사랑을 나타내면서 그들에 대한 존경심을 표현하고 있다(1–5절).

그리고 다음과 같은 사항들을 보여주고 있다.

1. 아브라함과 이삭의 씨의 많은 부분을 하나님이 거절하셨다는 것은 부정할 수 없는 사실이다(6–13절).
2. 하나님은 유대인들이나 그들의 조상에 어떤 선한 것에 대한 특별한 특권을 주시기 위해 그들을 선택하신 것이 아니다.
3. 이방인을 받아들임과 유대인의 배척은 호세아와 이사야에 의해 예언되었다(25–33절).
4. 하나님은 유대인과 이방인들에게 동일한 조건으로 구원을 제시하셨다(10:1–21).
5. 그들의 고집으로 인해 이스라엘에 대한 거절이 일반적임에도 불구하고, 전부는 아니다. 복음을 받아들이는 남은 자들이 여전히 있다(11:1–10).
6. 유대인들이 거절당하는 것으로 끝나지 않는다. 마지막 때에는 모든 이스라엘이 구원받을 것이다(11–31절).
7. 한편, 그들의 고집과 거절에도 불구하고 하나님의 사랑과 헤아릴 수 없는 지혜는 한결같다.

로마서의 나머지 부분은 실제적인 교훈과 권면을 포함하고 있다. 그는 특별히 다음과 같이 권면한다. 1. 하나님께 전적으로 헌신하라 그리고 너희들의 달란트를 통해 신실한 진보를 타나내어 하나님께 영광을 돌리라(12:1–11). 2. 헌신, 인내, 대접, 상호동정, 겸손, 평강, 온유(12–21). 3. 세상 권세에 순종, 세상의 모든 곳에 정의, 율법의 완성인 사랑, 보편적 성결(13:1–14). 4. 모세의 법을 준수하는 일에 대해 판단이 다른 사람들의 상호존중.(14:1–23)(15:1–7); 바울의 사역의 범위에 대한 언급과 로마 방문의 목적. 그들에게 자신을 위한 기도를 부탁함(18–33절). 많은 문안 인사를 나눈 후(16:1–16), 분열을 조장하는 사람들에 대한 경계. 바울은 적절한 축복의 말과 송영으로 로마서의 결론을 맺는다(17–27).

로마서 1장

1:1 예수 그리스도의 종 바울은 – 이 서문에 대해 결론이 대답한다(롬 15:15 이하). **사도로 부르심을 받아** – 그 부르심으로 인해 사도가 되었다. 하나님이 부르실 때, 하나님은 부르신 것을 세우신다. 유대의 선생들은 사도 직무에 관한 그의 주장에 대한 비판하지만, 바울은 로마서의 가장 초반부에서 그의 사도됨을 확언하는데 이것은 아주 적절한 것이다. 그리고 많은 정당하고 중요한 사상들이 이 짧은 서문에 제시되어 있다: 특별히 복음에 대한 예언들, 예수의 다윗의 자손 됨, 하나님에 대한 위대한 교리와 부활, 이방인들에 대한 복음의 증거, 그리스도인의 특권, 그리고 그들의 고백의 덕을 위한 의무인 순종과 성결. **택정함을 입었으니** – 하나님에 의하여. 다른 사람들, 다른 유대인들, 다른 제자들, 심지어 다른 그리스도인 교사들로부터도 복음의 증거를 위해 하나님의 특별한 도구로 구별되어 택정함을 입었다.

1:2 미리 약속하신 것이라 – 오래전에, 반복적으로, 엄숙하게 약속된 것이다. 약속과 성취는 서로에게 확증이 된다.

1:3 육신으로는 다윗의 혈통으로 나셨고 – 즉, 예수 그리스도의 인성(human nature)에 관하여서는. 우리 구주의 두 가지 본성 모두 여기에 언급되었다; 먼저는 인생이 언급되었다. 왜냐하면 신성은 예수 그리스도의 부활 때까지는 그 증거가 완전히 명백해지지 않았기 때문이다.

1:4 성결의 영으로는 … 하나님의 아들로 선포되셨으니 – 강력하게 선포되었다. 즉, 예수 그리스도의 신성을 따라서. **죽은 자들 가운데서 부활하사** – 예수 그리스도의 부활은 그리스도인들의 믿음의 근거이자 목표이다. 사도들의 복음전파는 그리스도의 부활의 결과이다.

1:5 그로 말미암아 … 우리가 받아 – 나와 다른 사도들. **은혜와 사도의 직분을** – 사도가 되기 위한 하나님의 은혜(favor)와 사도직에 관한 자격. **모든 이방인 중에서 믿어 순종하게 하나니** – 즉, 모든 민족들이 예수 그리스도에 대한 믿음을 갖게 될 것이다. **그의 이름을 위하여** – 예수 그리스도를 위하여; 그를 경외함을 통해.

1:6 그들 중에서 – 모든 민족들은 믿음의 순종으로 나아오게 될 것이다. **너희도** – 그러나 사도 바울은 로마의 그리스도인들이 다른 민족에 위에 뛰어나다고 말하지 않는다.

1:7 로마에서 … 모든 자에게 – 이들 중 대부분이, 비록 유대인과 혈통이 섞였다 할지라도, 태생적으로는 이방인이었다(13절). 그들은 이 큰 도시의 여기저기에 흩어져 있었고 교회를 구성할 만큼 한 곳에 모이지 못했다. 오직 몇몇의 성도들이 아굴라와 브리스길라의 집에 모이기 시작했다. **하나님의 사랑하심을 받고** – 인간의 어떠한 공로가 아니라 하나님의 값없는 사랑으로. **부르심을** – 예수 그리스도의 말씀을 의하여, 그리고 예수 그리스도를 믿게 하는 성령에 의하여. 그리고 지금은 믿음으로 그

분의 거룩하심과 같이 거룩하여. **은혜** – 하나님의 특별한 호의(favor). **평강** – 현실적이고 영적이며 영원한 모든 종류의 축복. 은혜와 평강은 그리스도인의 인사이며 사도들의 축복의 기도였다. **우리 아버지와 주 예수 그리스도로부터** – 사도들은 하나님 아버지(God the Father) 혹은 하나님 우리 아버지(God our Father)이라는 표현을 즐겨 사용하였다. 사도들은 하나님을 말할 때 주(Lord)라는 단어를 사용하지 않았다. 주라는 단어는 하나님의 이름 여호와(Jehovah)를 위미한다. 실제로, 구약은 성도들은 일반적으로 "주 우리 하나님"(The Lord our God)이라고 불렀다. 말하자면, 구약의 성도들은 종이라는 의미이다. 반면에 지금 그들은 하나님의 아들들이다. 아들들은 그들의 아버지를 잘 안다. 그들은 아버지의 이름을 자주 언급할 필요가 없다. 하나님과 예수 그리스도로부터 오는 평강과 은혜는 하나이며 같은 것이다. 우리의 신뢰와 기도는 그리스도의 아버지 되시는 하나님께 고정되어 있다. 그리고 그리스도께 고정되어 있다. 그리스도는 아버지께 우리를 올려드린다.

1:8 감사함은 – 이 서신의 가장 서두에서 모든 영적인 사랑이 놓여 있다. 그러나 대부분의 바울 서신은 무엇보다도 감사의 인사로 시작한다. 바울은 여기에서 특별히 하나님께 감사한다. **나의 하나님** – 이 말은 믿음, 소망, 사랑을 표현한다. 그리고 모든 진실한 경건을 나타낸다. **예수 그리스도로 말미암아** – 하나님의 모든 은사는 그리스도를 통하여 우리에게 온다; 그리고 우리의 모든 기도와 감사는 그리스도를 통하여 하나님께 올려진다. **너희 믿음이** – 이러한 격려의 말을 통해 바울은 기독교 전체를 묘사하고 있다 (골 1:3, 고전 1:5등에 부분적으로 나타나있다) 따라서 여기에서 바울은 로마의 성도들의 믿음을 언급하고 있다. **온 세상에** – 이 기쁜 소식은 세상 모든 곳에 전파되어 제국의 도시에도 그리스도인이 있다. 하나님의 선하심과 지혜가 주요한 도시들에 믿음을 세웠다. 특별히 예루살렘과 로마이다. 예루살렘과 로마로부터 복음이 모든 나라에 퍼져나갔을 것이다.

1:9 섬기는 하나님이 – 사도로서. **내 심령으로** – 내 육신으로 뿐만이 아니라, 내 영혼 깊은 곳에서. **복음 안에서** – 복음을 전파함으로.

1:10 항상(개역개정에는 이 표현이 없다: 역자주) – 하나님을 향한 나의 모든 엄숙한 말속에서. **어떻게 하든지** – 이 말은 그의 소원이 얼마나 간절한지를 보여준다.

1:11 너희에게 나누어 주어 – 얼굴과 얼굴을 마주하여, 안수하고, 기도하며, 복음을 전하며, 개인적은 대화를 나누며. **어떤 신령한 은사를** – 이러한 은사들이 바울 사도와 함께 함을 기뻐했던 고린도 교회의 성도들에게 넘쳐났다.(고전 1:7, 12:1, 14:1) 갈라디아 교회도 비슷하였다.(갈 3:5). 그리고 실로, 사도들 중 어떤 이들이 있었던 모든 교회들은 사도들이 안수함으로 인해 이러한 은사에 관하여 특별한 혜택을 누렸다.(행 19:6, 8:17 이하, 딤후 1:6). 그러나 로마의 교회는 이런 점에 있어서 은사가 많았던 교회에 비하여 많이 열등하였다. 이러한 이유로 사도 바울은, 12장에서도 역시, 그들에게 영적 은사가 있다면 약간 있다고 말했다. 그러므로 바울 사도는 영적 은사

를 나누어 주어 그들을 **견고하게 하려** 하였다: 왜냐하면 영적 은사들을 통해 그들 안에 그리스도에 대한 증거가 확실하게 되기 때문이다. 베드로 사도는 바울 사도처럼 로마에 더 이상 오래 머물지 않았다. 로마서가 쓰여 질 때 베드로가 로마에 없다는 사실은 로마서의 분위기를 보아 알 수 있다. 특별이 이 구절을 통해서 더욱 확실해 진다. 그렇지 않다면, 바울 사도는 베드로 사도가 이미 로마 교회에게 나누어 준 것을 나누기를 원하고 있는 것이기 때문이다.

1:12 이는 곧 내가 너희 가운데서 너희와 나의 믿음으로 말미암아 피차 안위함을 얻으려 함이라 – 바울 사도는 로마의 성도들과 연결되어 있을 뿐만이 아니라 이전부터 그들을 사랑하였다. 로마의 현대 법정의 방식과 바울 사도의 방식이 얼마나 다른가!

1:13 형제들아 – 흔하게 사용되지만 거룩하고, 사랑스럽고 단백하지만 위엄 있는 호칭이다. 바울 사도는 "오 너 고린도인들여", "오 디모데요"와 같은 호칭으로는 거의 그들을 언급하지 않는다. 바울 사도는 일반적으로, "형제들아"라는 호칭을 사용한다. 때로 권면할 때는, "나의 사랑하는 자들이여," 혹은 "나의 사랑하는 형제들아"라고 표현한다. 야고보 사도는 "형제들아". "나의 형제들아", "나의 사랑하는 형제들아"라고 부르며, 베드로 사도와 유다는 "사랑하는"이라고 부르고, 사도 요한은 대개 "사랑하는"이라고 부르며, 한번은 "형제들아"라고 불렀다. 그리고 한 번 이상, "나의 어린 자녀들아"라고 불렀다. **지금까지 길이 막혔도다** – 사역으로 인해(로마서 15:22을 보라), 박해로 인해(살전 2:2), 성령에 의해(행 16:7). **열매를 맺게 하려 함이로되** – 나의 사역의 수로를 통한 열매. 나는 이미 내가 개척한 많은 교회와 이방인들 중에서 물을 준 많은 교회들로부터 열매를 맺었다.

1:14 헬라인이나 야만인이나 – 바울은 헬라인과 함께 로마인을 포함하고 있다; 그러므로 이 구분은 모든 민족을 의미하는 것이다. **지혜 있는 자나 어리석은 자에게** – 야만인들 중에서 만이 아니라 헬라인들 중에서도 어리석은 자들이 있었다. **다 내게 빚진 자라** – 나는 그들에게 복음을 전하라는 하나님의 명령에 사로잡혀 있다.

1:16 내가 복음을 부끄러워하지 아니하노니 – 세상 사람들에게 복음은 어리석고 미련한 것이다.(고전 1:18) 그러므로, 세상 심판의 날에 그들은 부끄러움을 당할 것이다; 특별히 세상의 중심이며 무대인 로마는 더욱 큰 부끄러움을 당할 것이다. 그러나 바울은 **이 복음은 모든 믿는 자에게 구원을 주시는 하나님의 능력**이 됨을 알기에 복음을 부끄러워하지 않는다. 하나님의 구원을 받아들이는 모든 자에게 구원하는 가장 위대하고 영광스러운 능력의 수단이다. 바울이 로마서에서는 복음의 핵심을 말하고 있는 것처럼, 이 구절 이하에서는 로마서의 핵심을 말하고 있다. **먼저는 유대인에게요 그리고 헬라인에게로다** – 이 말에는 포용적 감성뿐만이 아니라 고귀한 진실이 담겨져 있다. 한편으로 바울은 유대인들에게 그들을 위한 복음의 절대적인 필요를 보여준다. 또 한편으로는 이 세상에서 가장 교양있고 위대한 민족에게 그들의 구원은 구원을 받아들이는 데 달려 있음을 말하고 있다. 그리고 어디에서나 그 복음의

최초의 제공은 멸시받는 유대인들에게 주어졌다.

1:17 하나님의 의 – 이 표현은 때로 하나님의 영원하고 본질적인 의를 의미한다. 이 의는 정의와 자비를 포함한다. 이 의는 죄를 심판할 때, 그러나 죄인을 의롭게 할 때 명확하게 나타난다. 때로는 하나님의 의는 하나님의 은사에 의해 인간이 의롭다 하심을 얻는 의를 의미한다. 또한 믿음을 통해 그리스도를 영접함으로써, 그리고 하나님의 본질적 의에 순응함으로써 얻는 의를 의미한다. 바울은 이로써 의에 대하려 말할 때 믿음의 의를 의미하고 있다; 그런데, 이 의는 하나님께서 찾으셨고, 준비하셨고, 계시하시고, 부여하시고, 승인하시고, 관을 씌워 주시기 때문에 하나님의 의라고 부른다. 하나님의 의라는 표현은 그리스도를 통해 죄인의 구원 하시는 하나님의 모든 은혜를 의미한다. **나타나서** – 이 구절과 18절에는 '진노와 의'의 이중 계시(a twofold revelation)가 언급되어 있다. 자연에는 거의 알려지지 않은 진노는 율법에 의해 계시되었다. 자연에는 완전하게 알려지지 않은 '의'는 복음에 의해 계시되었다. 율법은 먼저 가서 길을 준비한다. 그리고 의가 그 뒤를 따른다. 바울은 이 두 가지가 무지의 시대를 지나 현재 나타났다고 말한다. **믿음으로 믿음에** – 점점 더 분명해지는 약속의 점진적 흐름에 의해. **기록된 바** – 바울은 세 가지 전제들을 보여주고 있다: 1. 믿음에 의한 의(17절): 2. 의에 의한 구원(16절): 이 두 가지 모두 유대인과 헬라인에게 적용됨(16절). 이제 모든 구절들이 이 한 구절에 의해 확증된다, **오직 의인은 믿음으로 말미암아 살리라.** – 이 구절은 갈데아인들이 예루살렘을 포위했을 때 하나님의 선언을 믿으며 그 말씀에 따라 행동함으로 그들의 생명을 보존했던 자들이 한 말이다. 여기에서는 하나님의 은총을 받은 자는 계속해서 믿음으로 살아야 함을 의미하고 있다.

1:18 왜냐하면(For – 개역개정에는 여기에 해당되는 번역이 없다: 역자주) – 생명과 구원을 얻을 수 있는 다른 길은 없다. 그의 확신을 보여주며, 바울은 이제 그 확신에 대한 증명을 하고 있다. 바울의 첫 번째 논증은, 율법은 모든 사람이 죄 아래 있음을 정죄한다는 것이다. 그러므로 그 누구도 율법의 역사(the works of the law)를 통해서는 의롭다 하심을 받을 수 없다. 바울은 이 주제를 3장 20절에서 다루고 있다. 그러므로 오직 믿음으로 의롭다 하심을 얻는 것이다. **하나님의 진노가 나타나서** – 하나님의 섭리의 빈번한 개입뿐만이 아니라, 하나님의 사자들을 통한 거룩한 말씀에 의해서도 하나님의 진노가 나타난다. **하늘로부터** – 진노를 나타내시는 하나님의 위엄과 모든 것을 보시는 하나님의 눈과 하나님의 진노의 범위를 말한다. 하늘아래 있는 모든 것은 하나님의 진노의 영향 아래 있다. 그리스도 안에 있는 신자들은 예외이다. **경건하지 않음과 불의에 대하여** – 이 두 가지는 23절 이하에서 다루어지고 있다. **사람들의** – 이방인들을 의미한다. 특별히, 이방인들 중에서도 지혜있다 여기는 자들을 의미한다. **진리를 막는** – 진리는 그들의 사악함에 대항하여 싸우기 때문이다. **불의로** – 이 말은 불경건함을 포함한다.

1:19 하나님을 알 만한 것이 – 필수불가결하게 알려지게 되는 위대한 원리들. **그들 속에 보임이라 하나님께서 이를 그들에게 보이셨느니라** – 세상에 와서 모든 사람에게 비추는 빛에 의해서.
1:20 창세로부터 그의 보이지 아니하는 것들 … 보여 – 지성의 눈에 의해서. **알려졌나니** – 이해력을 사용하는 자들에 의해서만 보여진다.
1:21 하나님을 알되 – 현명한 이방인들은 초월적 하나님이 존재한다는 사실을 알았다; 그러나 그들은 얕고 낮은 생각으로 인하여 천박한 우상에 순응하였다. **하나님을 영화롭게도 아니하며 감사하지도 아니하고** – 그들은 하나님의 은혜에 감사하지도 않고 하나님의 신적 완전하심을 영화롭게도 하지 않았다. **허망하여지며** – 그들이 경배하는 우상들처럼. **미련한 마음이 어두워졌나니** – 초점이 없고, 불확실하며, 어리석은. 루크레티우스(Lucretius 고대 로마의 시인, 철학자: 역자주) 글들에서 우리는 얼마나 심각한 예를 볼 수 있는가! 지혜를 자랑하며 뽐내는 그들의 미련한 마음이 얼마나 어두워졌는가!
1:23 바꾸었느니라 – 가장 어리석은 것으로 바꾸었다. 여기에 경건하지 않은 것과 형벌의 세 단계가 있다. 첫째는 21–24절, 둘째는 25–27절, 셋째는 28절 이하에 설명하고 있다. 여기에서 형벌은 하나님이 그들을 내버려 주신 것으로 표현되어 있다. 만일 사람이 하나님을 하나님으로 예배하지 않는다면, 그는 내버려짐을 당하여 그의 인간됨의 본질을 잃어버리게 된다. **기어다니는 동물 모양** – 기어다는 것들 이거나 딱정벌레나 여러 가지 종류의 뱀.
1:24 그러므로 – 죄에 대한 한 가지 형벌은 27절에서 말하듯이 죄의 본질로부터 나온다; 그리고 또 하나 이 구절에서처럼, 형벌적 정의로부터 나온다. **더러움에** – 하나님의 지식과 순결함이 함께 하는 것처럼 불경건함과 부정함은 많은 경우에 함께 한다(살전 4:5). **내버려두사** – 간섭하시는 은혜(restraining grace)를 철회시키신다.
1:25 진리를 거짓으로 바꾸어 – 하나님에 대한 진정한 예배를 거짓되고 혐오스러운 우상으로 바꾸었다. **더 경배하고** – 내면적으로. **섬김이라** – 외적으로.
1:26 이 때문에 하나님께서 그들을 부끄러운 욕심에 내버려 두셨으니 – 이교도적인 로마인들은 최후의 단계까지 버려졌다. 황제들 스스로가 가장 부끄러운 일을 행하였다.
1:27 그들의 그릇됨에 상당한 보응을 그들 자신이 받았느니라 – 그들의 우상숭배는 비정상적인 음욕과 함께 심판을 받는다. 그들의 우상숭배가 하나님을 불명예스럽게 하는 일이라면, 그들의 비정상적인 음욕은 그들의 몸을 끔찍히도 치욕스럽게 하는 일이다.
1:28 하나님께서 그들을 그 상실한 마음대로 내버려 두사 – 32절에서 언급하고 있듯이. **합당하지 못한 일을 하게 하셨으니** – 29–31절에 언급된 가장 악하고 혐오스러운 일들

1:29 불의 … 가득한 자요 – 불의가 가장 먼저, 그리고 무자비한 자가 마지막으로 언급된다. **추악** – 모든 부정한 것들을 다 포함한다. **악의** – 헬라어에서는 아무런 유익이 없는 데도 남을 해치는 것을 좋아하는 기질을 의미한다.

1:30 수군수군하는자요 (개역개정에는 이 표현이 29절에 있다: 역자주) – 비밀스럽게 남을 욕하는 자들. **비방하는 자요** – 다른 사람들을 뒤에서 적대적으로 말하는 자들. **하나님을 미워하는 자요**(개역개정에는 "하나님께서 미워하는 자요"라고 번역되어 있다: 역자주) – 즉, 하나님의 대항하여 반역하는 자들, 하나님의 섭리를 부인하는 자들, 그들의 적대감으로 인해 하나님의 공의를 비난하는 자들; 그렇다. 마음속에 하나님의 공의와 거룩에 대한 적대감을 가진 자들이다. **악을 도모하는 자요** – 새로운 쾌락, 이득을 취하는 새로운 방법, 특별히 전쟁에서 남을 해치는 새로운 기술.

1:31 배약하는 자요 – 그들의 제국이 처음 시작 때부터 하나의 국가로서의 로마는 모든 국민의 이름으로 최고행정기관에 의해 이루어졌다 할지라도 만일 그들이 약속한 것이 마음에 들지 않으면 가장 엄숙한 약속을 전부 깨버리고도 전혀 양심의 가책이 느끼지 않는 것으로 잘 알려져 있다. 그들은 약속을 한 일반인들은 포기해 버린다. 그리고 자신들은 완전한 자유를 누리고 있다고 생각한다. **무정한 자요** – 갓 태어난 아기를 추위와 배고픔, 맹수와 같은 것들에 내버려 죽게 하는 문화가 있었다. 이러한 행위는 이교도들에게는 매우 일반적인 일이었다. 특별히 헬라인들과 로마인들 사이에서는 더욱 그러하여서, 무정한 문화의 놀라운 예를 보여 준다. 뿐만 아니라, 그들의 늙고 의지할 데 없는 부모를 죽이는 문화도 있었다. 이러한 문화는 이제 아메리카의 이교도들에게 일반적이 되었다.

1:32 자기들만 해할 뿐 아니라 또한 그런 일을 행하는 자들을 옳다 하느니라 – 이것이 가장 악한 일이다. 사람은 자기가 미워하는 일을 행하는 열정에 의해 움직여진다. 악한 일을 행하는 것을 기뻐하는 사람은 악을 위해 악을 사랑한다. 이처럼 그는 사람들로 하여금 죄를 짓게 한다, 그리고 다른 사람들의 죄악을 자기 자신의 머리 위에 쌓아간다.

로마서 2장

2:1 그러므로 – 바울 사도는 이제 이방인에서 유대인으로 관심을 전환시키고 있다. 그리고 6절에서 다시 하나로 모으고 있다. **네가 핑계하지 못할 것은** – 실천 없이 지식만 추구하는 것은 죄를 더할 뿐이다. **사람아** – 3인칭으로 이방인에 대해 말하기 전에, 바울은 2인칭으로 유대인을 언급하고 있다. 그러나 바울은 유대인을 인정하지 않으면서 유대인을 일반적인 호칭으로 부르고 있다. **누구를 막론하고 … 판단하는 …** – 가장 큰 책망을 받고, 가장 큰 심판을 받음. **남을 판단하는 것으로** – 이방인을 판단하는 것으로. **네가 너를 정죄함이니 판단하는 네가 같은 일을 행함이니라** – 사

실상, 아주 많은 경우에.

2:2 우리가 아노라 – 너의 가르침 없이. **하나님의 심판이** – 심판의 선고로부터 자신을 면제시키는 네가 심판하는 것이 아니라 하나님이 심판하신다. **진리대로** – 진리는 공정하고 예외가 없다(5,6,11절). 진리는 인간의 외적인 삶뿐만이 아니라 내적인 마음까지도 살핀다(16절).

2:3 피할 줄로 생각하느냐 – 이방인들과는 달리 하나님의 심판을 피할 줄 생각하느냐.

2:4 멸시하느냐 – 하나님의 사랑을 멸시하고도 하나님의 진노를 피할 것이라고 생각하는가 **풍성함** – 흘러넘치도록 풍부함. **그의 인자하심과 용납하심과 길이 참으심이** – 죄를 지어왔고, 죄를 짓고 있으며, 죄를 지을 너를 보시면서. **너를 인도하여** – 즉, 너를 인도하시고 너를 격려하셔서 회개하심이 하나님의 계획이다.

2:5 진노를 네게 쌓는도다 – 비록 네가 선한 것들을 쌓고 있다고 생각한다 할지라도. 이 짧은 인생 동안에 사람은 무엇을 쌓을 것인가!

네게 – 네가 판단하는 사람이 아니라 바로 너에게. **하나님의 의로우신 심판이 나타나는 그 날** – 하나님의 인자하심과 용납하심과 길이 참으심에 정반대이다. 하나님이 나타나실 때에 인간의 마음의 비밀한 것도 나타난다(16절). 용납하심과 나타나심은 하나님의 속성이다. 그러나 서로 대비되는 개념이다. 오래참으심과 의로우신 심판은 죄인과 관련된 것이다. 선하심과 진노는 일반적으로 좀 더 중요한 개념이다.

2:7 영광과 … 구하는 자에게는 – 순수한 사랑은 믿음, 소망, 열망을 배제하지 않는다(고전 15:58)

2:8 당을 지어 … 자에게는 – 오! 하나님을 대적하여 싸우는 너 유대인들처럼. 거짓 유대인의 특성은 불순종과 고집과 참지 못함이다. **진노와 분노로 하시리라** – 시편 78편 49절을 생각나게 한다. "그들에게 내려 보내셨으며" 애굽인들에게 하나님의 "맹렬한 노여움과 진노와 분노와 고난을" 내려보내셨다. 이와 아주 유사하게 하나님이 유대인들에게 심판을 내리시는 날에는 유대인들이 애굽인들도보다 더 큰 심판을 받을 것이다.

2:9 먼저는 유대인에게요 – 이 장에서 유대인에 관한 첫 번째 직접적 언급이다. 이 언급은 아주 적절한 것이다. 그들은 진리의 종교에서 훈련을 받아왔다. 그리스도와 사도들도 먼저 그들에게 보내졌다. 이러한 이유로 그들이 진리에 순종하지 않는 것은 누구보다 큰 죄를 짓는 것이다.

2:10 영광과 – 하나님의 묵인에 의한 진노와 반대된다. **존귀** – 하나님의 작정에 의한 분노와 반대된다. **평강** – 평강은 현재적이며 동시에 영원한 것이다. 환난과 근심과 반대된다.

2:11 하나님께서 외모로 사람을 취하지 아니하심이라 – 하나님은 각 사람이 행한 대로 보응하실 것이다. 이것은 하나님께서 당신의 기쁘신 뜻에 따라 인간의 삶을 향상시키기 위해 인간에게 혜택과 기회를 주심과 잘 조화된다.

2:12 범죄한 자는 – 바울은 과거에 대해 말하고 있다. 왜냐하면 심판의 날에는 모든 시간이 과거가 될 것이기 때문이다. **율법없이** – 문자로 기록되어진 어떠한 율법도 없이 **율법 없이 망하고** – 어떠한 외적인 율법이 없이. 그들 마음에 새겨진 율법에 의해 심판을 받는다. **역시**(also: 개역개정에는 이 표현이 없음 – 역자주) – 역시라는 단어는 죄의 적용이 같은 것처럼, 심판의 적용도 같을 것임을 보여준다. 율법이 있던 자들에게 율법 없이 망할 것이라고 말할 수 없다.

2:13 하나님 앞에서는 율법을 듣는 자가 의인이 아니여 오직 율법을 행하는 자라야 의롭다 하심을 얻으리니 – 마지막으로 무죄가 선고되고 가장 확실하고 중요한 진리로 상급을 받는다. 이 진리는 유대들에게 주로 적용되지만, 이방인들에게도 적용된다. 바울사도는 이방인에 관하여 14절 이하와 17절 이하에서 언급하고 있다. 여기에는 중간삽입이 없다. 왜냐하면 16절 역시 12절이 아니라 15절과 연결된다.

2:14 이방인이 … 행할 때에는 – 즉, 그들 중 누구든지. 바울사도는 이방인들에 대한 유대인들의 왜곡된 판단을 거부하면서, 그들을 향한 하나님의 심판을 보여주고 있다. 바울은 지금 이방인들을 깨닫게 하기 위하여 이방인들에게 직접적으로 말한다. 이방인들에 관한 바울의 인정은 유대인들로 하여금 더욱 강하게 자각하게 한다. **본성으로** – 즉 외적인 법칙이 없이. 엄격하게 말하여, 이것 역시 선행적 은총에 의하여. **율법의 일을 행할 때에는** – 십계명은 본성의 법의 실체가 된다. **율법이 없어도 자기가 자기에게 율법이 되나니** – 즉, 유대인에게 율법인 것이, 하나님의 은총에 의하여 그들에게는 삶의 법칙이 된다.

2:15 나타내느니라 – 그들에게, 다른 사람들에게, 그리고 어떤 의미에서 하나님 자신에게. **율법의 일** – 글로 쓴 율법이 아닐지라도 율법의 본질을 의미한다. **마음에 새긴** – 돌판에 새긴 십계명과 같이. **양심** – 이것보다 더 강한 영혼의 기능은 없다. **증거가 되어** – 재판에서는 원고와 피고, 그리고 증인이 있다. 양심과 죄는 그 자체로 이방인들에 대한 증거가 된다. **그 생각들이** – 때로는 그들을 변호하고 때로는 정죄한다. **서로** – 원고와 피고처럼 차례대로. **고발하며 혹은 변명하여** – 이 말의 의미는 그들은 자신에 대한 변호보다는 자신에 대한 고발에 대한 여지를 훨씬 더 많이 가지고 있다는 것이다.

2:16 그 날 – 즉, 그날에 이것을 보일 분. 그때에는 모든 것은 그대로 드러날 것이다. 그 날에는 그들의 마음에 새긴 율법이 마치 현재의 삶에 행한 것처럼 드러날 것이다. **하나님이 사람들의 은밀한 것을 심판하시는 그 날** – 은밀한 사정은 인간 행위의 진실성에 달려있다. 이 은밀함은 행위자 자신들에게는 거의 알려지지 않는다.(29절) 사람들은 일반적으로 다른 사람, 혹은 자신을 단지 명백히 드러난 것을 통해 심판한다. **나의 복음에 이른 바와 같이** – 내가 헌신하고 있는 복음의 의미에 따르면, 복음은 또한 하나의 율법으로 나타난다.

2:17 유대인이라 불리는 네가 – 유대인에 대한 설명이 삽입 된 후(17–20) 유대인에

대한 최고의 영예를 부여한다. 그리고 21-24절에서 유대인에 대한 거절되며, 그 자신의 거절됨이 25절에 이하에서 나타난다. 이 설명은 다섯 항목으로 두 번에 걸쳐 이루어져 있다. 17절에 나타난 첫 번째 다섯 항목은 유대인들의 자기 자랑을 보여주고 있다. 19절과 20절에 나타난 두 번째 다섯 항목은 다른 사람들에 관하여 그가 영광스러워 하는 것을 보여주고 있다. 첫 번째 다섯 가지 대답의 가장 큰 특징은 두 번째 것의 첫 번째에 대한 대답이다. 두 번째는 두 번째에 대한 대답이고, 계속 이와 같은 방식이다. **율법을 의지하며** – 율법은 오로지 그들을 정죄할 뿐이지만, 그들은 율법을 가장 의지한다. **하나님을 자랑하며** – 너의 하나님으로서만. 즉, 하나님은 다른 사람들에게는 배재된다.

2:19 맹인의 길을 인도하는 자요 어둠에 있는 자의 빛이요 – 이 말은 유대인들이 이방인을 향해 했던 말이다.

2:20 지식과 진리의 모본을 가진 자로서 – 즉, 진리에 대한 가장 정확한 지식

2:21 네 자신을 가르치지 아니하느냐 – 자신이 가르치는 것을 실천하지 않는 사람은 자신을 가르치지 않는 것이다.

2:21-22 도둑질 하느냐 … 간음 하느냐 … 신전물건을 도둑질 하느냐 – 네 이웃과, 너 자신과, 하나님께 대한 슬픈 죄. 바울 사도는 먼저 하나님께 대한 이방인들의 죄를 밝혀 주었다. 그리고 자신에 대한, 마지막으로 그들의 이웃에 대한 죄에 대하여 보여 주었다. 바울 사도는 이제 순서를 거꾸로 한다. 하나님께 대한 죄가 이방인들에게는 가장 눈에 띄는 죄다, 유대인에게는 그렇지 않다. **우상을 가증히 여기는 네가** – 바벨론 유수 때부터 모든 유대인이 그런 것처럼. **네가 신전물건을 도둑질 하느냐** – 그분에게 합당한 영광의 모든 것 위에 하나님 되신 분의 것을 도둑질하는 잘못을 범하였다.

그들의 역사가들의 의하여 이러한 혐의들 중 아무것도 그 시대의 유대인들을 향하여 혹독하게 발전되지 못했다. 제사장들 중 어떤 자들은 사람들의 것을 강탈해서 살았다. 어떤 제사장들은 형편없이 부정하게 살았다. 하나님의 것과 그의 제단의 것을 도둑질하는 신성모독적인 것에 관해서는, 말라기 선지자 이후부터 제기되어 왔다. 그래서 제사장들의 이러한 모습에 대해 타당성 있게 옳은 판단을 한 예들이 차고 넘친다.

2:25 할례를 행하면 유익하나 – 바울은 정당하다고 말하지 않는다. 3장과 4장에서 말하는 유익과 얼마나 거리가 먼가. **네 할례는 무할례가 되느니라** – 사실상 이미 무할례가 되었다. 너희들은 할례를 받지 않는 것보다 더 이상 할례에 의한 유익을 소유하지 못하고 있다. 세례에 대해서는 동일한 적용을 할 수 있다.

2:26 그런즉 무할례자가 – 즉, 할례를 받지 않은 자. **율법의 규례를 지키면** – 율법에 합당한 대로 행하면. **그 무할례를 할례와 같이 여길 것이 아니냐** – 하나님이 판단하시기에.

2:27 그런즉, 본래 무할례자가 – 문자적으로 말해서, 할례를 받지 않은 자들. **율법을 온전히 지키면** – 율법의 본질에 관하여. **너를 정죄하지 아니하겠느냐** – 그날에 너를 정죄할 것이다. **조문과 할례를 가지고 율법을 범하는** – 드러난, 문자적인, 외적인 할례를 받은 사람들이

2:28 유대인이 아니요 – 가장 중요한 의미에서, 즉, 하나님의 사랑받는 백성으로서. 오직 외적으로만 유대인으로 보이는 사람들. 그것은 진실하지 않으며, 표면적 육신의 할례는 하나님이 받으실 만한 할례도 아니다.

2:29 유대인이 – 즉, 하나님의 백성. **이면적 유대인이** – 그의 영혼의 은밀하게 깊은 곳. **할례는 마음에 할지니** – 하나님이 받으시는 할례이다. 신명기 30장 6절을 보라. 어떠한 내적인 불결함도 용납하지 않는다. 이것은 하나님의 영에 의해 새롭게 된 가장 깊은 영혼에 자리 잡고 있는 것이다. **조문에 있지 아니한** – 외적인 의식에 있지 않다. **그 칭찬이 사람에게서가 아니요 다만 하나님에게서니라** – 하나님은 우리의 마음을 살피시는 분이다.

로마서 3장

3:1 그런즉 유대인의 나음이 무엇이며 할례의 유익이 무엇이냐 – 즉, 할례를 받은 사람들이 이방인들 위에 있는 것인가?

3:2 우선은 그들이 하나님의 말씀을 맡았음이니라 – 성경 말씀, 그 안에는 아주 위대하고 귀한 약속들이 있다. 다른 특권들도 있다.(롬 9:4,5). 바울은 여기에서 유대인들이 하나님의 말씀을 맡았음을 강조한다. 그리고 모든 반대를 제거한 후, 바울은 더욱 더 강하게 유대인들을 비판할 것이다.

3:3 그 믿지 아니함이 하나님의 미쁘심을 폐하겠느냐 – 하나님은 믿는 자들에게 여전히 약속을 이루지 아니하시겠느냐?

3:5 그러나 우리의 불의가 – 더 크게 반대할 수도 있으나, 우리의 불의로 인해 하나님의 영광에 이르지 못한다면, 우리를 벌하시는 것은 정당하지 않은가? **내가 사람의 말하는 대로 말하노니** – 인간의 연약함은 말하려는 경향이 있는 것처럼.

3:6 결코 그렇지 아니하니라(God forbid) – 하나님의 영광에 이르지 못하는 불의한 자를 벌하시는 것이 하나님께 정의롭지 않다면 하나님께서 어떻게 세상을 심판하시겠는가 – 세상에 있는 모든 불의한 자들이 하나님의 의를 찬양하게 될 것이다.

3:7 그러나 – 반대자들이 대답할 것이다. **하나님의 참되심이 더 풍성하여** – 더욱더 풍성하게 나타났다. **나의 거짓말로** – 즉, 만일 나의 거짓말이 진리에 반하여 행해진 것인데 하나님의 영광을 드러낸다면, 하나님의 진리를 더욱 크게 빛나게 한다면. **어찌 내가 죄인처럼 심판을 받으리요** – 모든 죄에 대하여 이렇게 말할 수 있는가? 그럴 수 없다면 나는 좋은 결과를 가져오는 악을 행하지 말아야 하는가? 바울 사도는

여기에 대하여 직적접이 대답을 주지 않는다. 그러나 반대자들을 강하게 질책함으로 반대를 잠재우고 있다.

3:8 그들은 정죄 받는 것이 마땅하니라 – 이렇게 말하거나 행동하는 모든 사람들에 대한 정죄. 그러므로 바울 사도는 악을 행하며 율법을 지키는 것과 좋은 결과를 가져오는 악을 절대적으로 부인한다.

3:9 그러면 어떠하냐 – 여기에서 바울은 그가 1절에 한 말을 다시 시작한다. **죄 아래에** – 죄에 대한 책임과 죄의 권세 아래에 있다. 유대인들을 조문에 쓴 율법을 범하므로. 이방인들은 본성에 새긴 율법을 범하므로.

3:10 기록된 바 – 모든 사람이 죄 아래 있는 것이 모든 세대에서 나타난 악으로부터 드러났다. 그러므로 사도 바울은 다윗과 이사야가 주로 그들의 세대에 관하여 말하기는 하였으나 그들을 적절하게 인용하며 하나님께서 하늘에서 인간을 굽어살펴 보실 때에 하나님이 어떻게 인간을 바라보고 계시는가를 표현하고 있다. 그들은 하나님이 은혜로 말미암아 창조한 모습을 잃어버렸다. **의인은 없나니 하나도 없으며** – 이것은 보편적 명제이다. 특별한 예가 뒤따라온다. 그들의 의도와 계획(11, 12절), 그들의 모든 말(13, 14), 그들이 행위(16–18)

3:11 깨닫는 자도 없고 – 하나님이 하시는 일을.

3:12 다 치우쳐 – 선할 길로 부터. **무익하게 되고** – 쓸모없고, 무력하고, 자기 자신과 타인을 위해 아무것도 할 수 없는.

3:13 그들의 목구멍은 – 열린 무덤처럼 해롭고 위험한. 마음으로 나와 목구멍, 혀, 입술로 진행되어 입에 가득 찰 때까지 이르는 악한 말의 수순을 보라. **독사의 독** – 전염성이 강한, 치명적인 험담, 헛된 말, 악한 말이 그들의 입술에 있다. 독사(asp)는 해로운 독을 품은 뱀의 종류이다.

3:14 저주 – 하나님을 향한. **악독** – 그들의 이웃을 향한.

3:17 평강의 – 오직 의로움으로부터만 나올 수 있는

3:18 그들의 눈 앞에는 하나님을 두려워함이 없느니라 – 그들의 마음에는 더더욱 하나님을 사랑함이 없다.

3:19 무릇 율법이 말하는 바는 – 구약성경. **율법 아래에 있는 자들에게 말하는 것이니** – 즉, 이방인이 아니라 율법의 권위를 가진 자 유대인들. 바울 사도는 그들에 대하여 성경을 인용하지 않았다. 그러나 본성의 빛으로부터 그들에 대하여 호소한다. **모든 입** – 악독으로 가득한(14절), 자랑하기 좋아하는(27절). **심판아래에 있게 하려 함이라** – 완전하게 심판받을 것이다. 가장 정당한 심판임이 명확해질 것이다. 이러한 것들은 구약성경에 이미 기록되어 있으며, 바울이 인용한 것이다. 그들을 범죄자로 만들기 위해서가 아니라, 말씀이 이루어짐을 증명하기 위해서이다.

3:20 의롭다 하심을 입을 육체가 없다 – 율법의 행위로는 아무도 용서받을 수 없고 하나님께 용납 되어질 수 없다. **율법의 행위로는** – 그들이 지키는 율법의 기반 위에

서는. 바울 사도는 율법의 도덕적 측면을 주로 의미한다(9, 19절, 2장 21절 이하와 26절), 그 자체로는 폐하여 질 수 없는(31절). 율법은 이성(reason)없이 존재하지 않는다. 그래서 바울은 그것이 의식법(ceremonial)이든 도덕법(moral)이든 빈번히 율법의 행위라고 언급한다; 왜냐하면 오직 유대인들만이 이 율법에 관련되어 있기 때문이다. 믿음으로부터 나온 율법에 대한 전적으로 무지한 유대인들이 율법의 행위에만 온전히 의지하고 있기 때문이다. **율법으로는 죄를 깨달음이라** – 그러나 율법으로는 죄책과 죄의 권세로 부터 구원받을 수 없다.

3:21 이제는 하나님의 한 의가 나타났으니 – 하나님께서 정하신 의롭게 되는 방도. **율법 외에** – 이전에 율법이 요구하던 순종 없이; 율법과 관련 없이, 혹은 율법에 의존하지 않고 **나타났으니** – 복음 안에서. **율법과 선지자들에게 증거를 받은 것이니라** – 구약의 모든 약속들에 의해서.

3:22 모든 – 유대인들. **모든 믿는 자** – 이방인들. **하나님의 의니 차별이 없느니라** – 칭의의 필요성과 방법에 관하여.

3:23 모든 사람이 죄를 범하였으매 – 아담 안에서. 그리고 자기 자신이. 죄로 가득찬 본성과 죄로 물든 기질과 죄의 행동으로 인해. **하나님의 영광에 이르지 못하더니** – 인간의 궁극적 운명. 하나님의 형상에 이르지 못하고 천국에서 그분을 즐거워하는 일이 이르지 못함.

3:24 의롭다 하심을 입은 – 용서받고 용납되어진. **값 없이** – 그들 자신의 공로가 아닌. **은혜로** – 그들 자신의 의로움이나 행위가 아닌. **속량으로 말미암아** – 그리스도께서 지불하신 값으로. **은혜로 값 없이** – 이 표현은 바울이 하고자 하는 말을 전달하고 있다. 바울의 우리에게 진리에 대한 완전한 확신을 주며 특별한 중요성을 강조하기 위해 그의 주장을 거듭 반복한다. 이 표현보다 우리 자신의 행위와 순종에 대한 고려를 모두 철저히 제외시키는 단어를 찾는 것은 불가능하다. 값없이 인간의 어떠한 공로에도 의존하지 않는 값없는 칭의를 더이상 잘 표현할 수 있는 말도 없다.

3:25 하나님이 … 세우셨으니 – 천사나 인간을 세우시기 전에. **화목제물** – 진노하신 하나님을 진정시킬. 그러나 누군가 주장하듯이, 만일 하나님은 결코 상처받지 않으신다면, 화목제물이 필요 없다. 만일 그렇다면 그리스도께서 헛되이 죽으신 것이다. **자기의 의로우심을 나타내려 하심이니** – 하나님의 인자하심을 나타낼 뿐 아니라 그의 의로우심도 나타낸다; 징벌적 정의의 핵심적인 성격과 주요한 기능은 죄를 벌하는 것이다. 심지어 이 징벌적 정의도 하나님의 의를 나타낸다. **전에 지은 죄를 간과하심으로** – 그들이 믿음을 갖기 이전의 모든 죄.

3:26 자기의 의로우심을 나타내사 – 그의 의와 자비 모두. **자기도 의로우시며** – 자신의 아들을 통해 자기의 공의를 보여주셨다. **예수 믿는 자를 의롭다 하려 하심이라** – 하나님은 당신의 통치의 행위를 통해 엄하고 신성한 의로움의 증거를 보여주셨다. 반면에 하나님은 예수 그리스도를 믿는 죄인들을 의롭게 하시는 자비하신 분이

다. 하나님의 의로우신 속성은 불가침의 영역으로 보존되어야 한다. 만일 우리 구주께 형벌이 고통이 있었다면 그것은 신성하게 보존된다. 이러한 계획 위에서 하나님의 모든 속성이 조화를 이룬다. 모든 속성은 영광을 받으신다. 그 어떤 것으로도 하나님의 영광을 대체할 수 없다.

3:27 그런즉 자랑할 데가 어디냐 – 이방인에 대하여 유대인들이 자랑할 것이 없다. **있을 수 없느니라. 무슨 법으로냐? 행위로냐?** – 인간의 자기 자랑에 관한 말이다. **믿음의 법으로니라** – 믿음이 죄책과 불쌍한 죄인들을 향해, 그리고 그리스도 안에서 하나님의 값없는 자비를 향해 차별 없이 모든 것을 만족시킨다. **믿음의 법** – 행위를 통해서가 아니라 믿음을 통해 하나님께 용납되도록 하는 하나님의 계획이다.

3:28 사람이 의롭다 하심을 얻는 것은 … 믿음으로 되는 줄 우리가 인정하노라 – 믿음에 의해서 이것은 인간의 행위(work)가 아니다. 믿음은 그리스도를 영접하는 것이다. 결과적으로, 믿음은 우리 자신의 행위와는 본질적을 다른 그 무엇이다.

3:29 진실로 이방인의 하나님도 되시느니라 – 본성과 성경이 모두 이 사실을 보여주듯이.

3:30 하나님은 한 분 이시니라 – 유대인과 이방인 모두에게 동일한 방법으로 자비를 나타내시는 하나님은 한 분이시다.

3:31 우리가…율법을 굳게 세우느니라 – 율법이 증명하는 바를 변호함으로, 율법의 목적인 그리스도를 가리킴으로, 율법의 순결함이 어떻게 완성되었는가를 보여줌으로 율법의 권위와 순결함과 목적을 세우느니라.

로마서 4장

4장 논쟁을 통해 믿음으로 의롭게 되는 것임을 증명한 후, 바울은 이제 실례를 들어 증명하고 있다. 이러한 예는 다른 누구보다도 유대인들에게 훨씬 더 큰 무게감으로 다가올 것이다.

1. 믿음으로 의롭게 된다는 것; 2. 믿음으로 의롭게 되는 것은 이방인들에게도 값없이 주어진다는 것.

4:1 그런즉 … 우리 조상 아브라함이 무엇을 얻었다 하리요 – 하나님께 받아들여짐. **육신으로** – 즉, 행위로.

4:2 만일 아브라함이 행위로 의롭다 하심을 받았다면, 그는 영광을 받을만한 여지가 있었을 것이라는 의미이다. 그러나 그는 영광을 받을 여지가 없다. 그러므로 그는 행위로 의롭다 하심을 받지 않았다.

4:3 아브라함이 하나님을 믿으매 – 그의 후손이 많게 될 것이라는 하나님의 약속(창 15:5,7)을 믿었다; 특별히 그리스도에 관한 약속을 믿었다(창 7:3) 그리고 그리스도를 통해 모든 민족을 복을 받을 것이라는 것을 믿었다. **그것이 그에게 의로 여겨진 바**

되었느니라 – 하나님은 아브라함이 온전히 의로운 것처럼 받아들여 주셨다.
4:4 일하는 자에게는 – 율법이 요구하는 모든 것. 일하는 자에게 주는 보상은 은혜가 아니다. 완전한 빚이다.

이 두 실례들(examples)은 훌륭한 판단과 함께 적절하게 선택되고 적용되었다. 아브라함은 유대 족장들 중에서는 경건의 가장 좋은 예이다. 다윗은 그들의 왕 중에서 가장 훌륭했다. 만일 이 두 사람 모두 그들의 순종을 통해 의롭다 하심을 받지 않았다면, 만일 두 사람 모두 의롭다고 주장할 수 없지만 그것을 간청해야 하는 존재로서 하나님의 용납하심을 받았다면, 결과는 분명하다. 모든 인간의 이해(understanding)에 충격을 주고 모든 개인들에게 영향을 미친다.
4:5 일을 아니할지라도 – 믿음 없이 의롭게 되는 것은 불가능하다. **믿는 자에게는 그의 믿음을 의로 여기시나니** – 그러므로 하나님은 인정해 주셨다. 아브라함의 믿음을 의로 여겨주신 아브라함에 대한 하나님의 인정은 아브라함의 행위로 된 것이 아니라는 것을 분명히 보여준다. 다른 말로, 아브라함은 행위로 의롭다 하심을 받은 것이 아니라, 오직 믿음으로 의롭다 하심을 받은 것이다. 그러므로 우리는 성결 혹은 성화가 칭의 이전에 온다는 견해가 얼마나 근거 없는 것인가를 분명히 본다. 성령에 의해 자신의 죄와 위험을 깨달은 죄인들은 하나님의 공의의 엄중한 심판 앞에서 떨며 선다. 자신의 죄악과 중보자의 공로 이외에는 아무것도 변명할 수 없다. 여기에서 그리스도가 개입하신다; 성령에 의해 역사하는 경건한 믿음에 의해 공의가 만족된다. 죄가 사해진다. 그 영혼은 용서 받는다. 이와 같이, 하나님은 불경건한 자들을 의롭게 하신다. 그러나 자기의 모든 속성에 거슬림이 없이 공의롭고 진실하시다! 그러나 그 누구도 계속 죄를 지을 수 있는 것으로 생각해서는 안 된다. 왜냐하면 회개하지 않은 자들에게 하나님은 소멸시키는 불이시기 때문이다. **경건하지 아니한 자를 의롭다 하시는** – 만일 사람이 의롭다 하심을 얻기 전에 성화될 수 있다고 한다면, 그의 칭의는 아무런 소용이 없게 될 것이다. 만일 그가 바로 그 순간에 경건하지 못하다고 한다면 그는 의롭다 하심을 받지 못함을 알게 된다.
4:6 다윗이 – 아브라함 다음에 다윗이 적절히 소개되었다. 왜냐하면 다윗 역시 약속을 받았고 약속을 이어갔기 때문이다. **말한 바** – 사람은 행위로가 아니라 믿음으로 의롭다 하심을 받는다. **일한 것이 없이** – 즉, 이전에 다윗에 의해 행해 졌다고 생각되는 선행들과 상관없이
4:7 죄가 가리어짐을 받는 사람들은 복이 있고 – 하나님의 자비로 가려주심을 통해. 만일 지구상에서 그러한 행복이 진실로 있다면, 자신의 죄가 용서받은 사람의 몫일 것이다. 그 사람은 용서의 선언을 즐거워한다. 그는 인생의 모든 고난을 기쁨을 견딜 수 있으며 죽음 앞에서도 위로를 받을 것이다. 오 이 말씀에 대하여 논쟁하지 말자. 그 대신 행복이 우리의 것이 될 수 있도록 열심히 기도하자.
4:9 이 복 – 아브라함과 다윗에 의해 언급된. **할례자에게냐** – 오직 할례 받은 사람

들. **아브라함에게는 믿음이 의로 여겨졌다 하노라** – 이것은 우리가 의롭다 하심을 얻은 것과 정확히 일치한다. 즉 그리스도께 행하시고 고통당하심에 대한 우리의 믿음을 통하여 하나님께 용서받고 용납된 것이다. 오직 그리스도께서 고통당하심만이 우리가 하나님께 용납됨의 공로적 원인이 된다. 그리고 의로움을 위하여 믿음이 우리의 용납됨을 위한 유일한 조건으로서 우리에게 전가된 것이다. 우리는 여기서 죄의 전가가 아니라 의의 전가와 용서는 하나라는 것을 알 수 있다.

4:10 무할례시냐 – 아브라함이 할례를 받기 이전에. 왜냐하면 아브라함은 이스마엘이 태어나기 전에 의롭다 하심을 받았기 때문이다(창 15장). 그러나 아브라함은 이스마엘이 13살이 되기 전까지 할례를 받지 않았다(창 17:25)

4:11 그리고(and– 개역개정에는 이 표현이 없다: 역자주) 아브라함이 의롭다 하심을 받은 후에. **할례의 표를 받은 것은** – 할례는 아브라함이 하나님과 언약 관계 속에 있다는 상징이며 징표였다. **인친 것이니** – 아브라함이 할례를 받기 전에 그의 믿음을 의롭게 여기셨다는 하나님 편에서의 확인. **무할례로자로서 믿는 모든 자의 조상** – 즉, 비록 그들이 할례를 받지 않았다 할지라도.

4:12 또한 할례자의 조상이 되었나니 – 할례를 받고 아브라함처럼 믿은 사람들. 아브라함은 믿지 않는 자들의 조상이 아니며, 믿지 않는 자들은 아브라함의 후손이 아니다.

4:13 세상의 상속자가 되리라고 하신 언약은 – 믿음의 축복을 받는 모든 나라에 아브라함이 믿음의 조상이 되는 것도 같은 원리이다. 전 세계는 아브라함에게 언약되어 있고, 연결되어 있다. 그리스도께서 세상과 모든 것의 후사이시다. 아브라함의 믿음을 따라 그리스도를 믿는 모든 아브라함의 씨앗도 세상의 후사가 된다.

4:14 만일 율법에 속한 자들이 – 모든 율법을 가진 자들. **상속자이면 믿음은 헛것이 되고** – 어떠한 축복도 믿음을 통해 받지 못한다. 그러면 약속은 파기되는 것이다.

4:15 율법은 – 율법은 사실상 은혜와 함께 하지만, 은혜에서 분리된 것으로 간주 되었다. 은혜는 율법 시대의 것이 아니었다. 그리고 율법은 너무 어렵다. 우리는 연약한 죄인들이다. 그래서 율법은 우리에게 축복을 가져다 주기 보다는 진노를 이룬다. 율법은 우리에게 진노를 가져다 준다. 그리고 우리를 범법자로 고발하여 형벌을 받게 한다. 율법이 없는 곳에는 범법도 없게 된다.

4:16 그러므로 상속자가 되는 그것이 – 축복이다. **은혜에 속하기 위하여 믿음으로 되나니** – 하나님의 값없는 사랑으로부터 흘러나온 것이다. **그 약속을 굳게 하심이라** – 확실하고 효력이 있도록. 모든 아브라함의 자손에게. 만일 그들이 믿음을 따른다면 유대인뿐만이 아니라 이방인들에게도.

4:17 그가 믿은 바 하나님 – 사람들 이전에는 어떠한 민족도 없었고, 그 나라들은 아직 세상에 생겨나지 않았다. **죽은 자를 살리시며** – 죽은 자들은 하나님 앞에서 죽은 자들이 아니다. 심지어 존재하지 않는 것들도 하나님 앞에서는 존재한다. **없는**

것을 있는 것으로 부르시는 이시니라 – 그들을 있는 것으로 부르시고 그 앞에 나타나게 하신다. 그때 아브라함의 후손들은 존재하지 않았다. 사람은 실제적로 존재하는 그의 종에게 이것을 하라고 말할 수 있다. 그러면 종은 그것을 행한다. 그러나 하나님은 빛이 아직도 존재하지 않을 때 빛에게 빛이 있으라 말씀하셨고, 빛이 생겨나게 되었다.

4:18–21 바울 사도는 칭의를 일으키는 믿음의 힘과 탁월성을 보여 준다. **바랄 수 없는 중에** – 약속에 대한 어떠한 개연성도 없고, 약속을 믿을 수도 바랄 수도 없는 중에. 동일한 것이 믿음과 소망에 적용된다. 믿음으로, 하나님께서 말씀하신 것을 믿음으로써. 하나님께서 우리에게 약속하신 선한 것을 소망함으로써. **네 후손이 이와 같으리라** – 자연적으로나 영적으로, 하늘의 별처럼 많아지리라.

4:20 하나님께 영광을 돌리며 – 그의 진리와 권세에 영광을 돌리며.

4:23 그에게 … 여겨졌다 – 그에게 개인적 영예를 돌리기 위해.

4:24 우리도 위함이니 – 행위가 아니라 믿음으로 칭의를 받는 우리를 위함이기도 하다; "행위로 의롭다 하심을 받는다는 의미는 오직 유대인들에게만 적용된다. 믿음으로 의롭게 된다는 것은 기독교에 적용된다. 이것을 교리의 체계라고 부르는 것이다"라고 말하는 자에게 완전한 대답을 제공한다. 이런 의미에서는 아브라함은 믿음으로나 행위로나 의롭다 하심을 받지 못하는 것이 확실하다. 마찬가지로 다윗도 믿음으로도, 행위로도 의롭하심을 받지 못한다. **곧 예수 우리 주를 죽은 자 가운데서 살리신 이를 믿는 자니라** – 그러므로 하나님 아버지는 칭의 믿음의 합당한 대상이시다. 바울은 여기에서 우리의 믿음과 아브라함의 믿음 모두를 하나로 말하고 있음을 주목할 만하다. 바울은 아브라함에 관해서, 결과적으로는 모든 유대인들에게 가장 영향을 미칠 부분에 관해서 말하고 있다.

4:25 내줌이 되고 – 죽음에. **우리가 범죄한 것 때문에** – 범죄한 자들을 위한 속죄로서. **우리를 의롭다 하시기 위하여 살아나셨으니라** – 믿음으로 속죄를 받아들이도록 우리에게 힘을 주기 위해

로마서 5장

5:1 믿음으로 의롭다 하심을 받았으니 – 앞의 장들에 대한 요약이다. **하나님과 화평을 누리자** – 더 이상 하나님의 대적들이 되지 말자(10절), 그의 진노를 두려워하지도 말자(9절). 5, 6, 7, 8장의 요약인 우리는 평강, 소망, 사랑 그리고 죄를 이길 힘을 소유하고 있다. 이런 것들은 칭의의 믿음의 열매이다. 이런 것들이 없는 곳에는 믿음도 없는 것이다.

5:2 이 은혜에 들어감을 얻었으며 – 하나님의 은총의 상태.

5:3 우리가 환난 중에도 즐거워하나니 – 하나님을 기쁘시게 하지 않는 일로부터 멀

어져, 우리는 환난을 하나님의 더 큰 사랑의 징표로 여긴다. 그러므로 우리는 더 영광스러운 행복을 누릴 준비가 되는 것이다. 유대인들은 그리스도인들의 핍박받는 상태는 메시야의 백성과는 일관성이 없는 것으로 여겼다. 바울사도가 때로 축복은 환난을 통해서도 온다고 말한 것은 아주 적절한 것이다.

5:4 인내는 연단을 – 인내는 하나님의 은혜와 능력과 신실하심의 경험에서 더 나타난다.

5:5 소망이 우리를 부끄럽게 하지 아니함은 – 즉, 소망은 우리에게 가장 큰 영광을 준다. 우리는 이 소망 안에서 즐거워한다. 왜냐하면 **하나님의 사랑이 우리 마음에 부은 바** 되었기 때문이다. **하나님의 사랑이 우리 마음에 부은 바 됨이니** – 우리를 향하신 하나님의 사랑과 하나님께 대한 우리의 사랑의 경건한 확신은 모두 천국의 모습이며 시작이다. **성령으로 말미암아** – 이 모든 현재적 축복의 능력 넘치는 원인이다. 그 축복들의 진정한 모습이 나타날 것이다.

5:6 우리가 어떻게 하나님의 사랑을 의심할 수 있겠는가? **우리가 아직 연약할 때에** – 생각, 의지, 선을 행하는 모든 일에 연약할 때에. **기약대로** – 너무 이르지도 너무 늦지도 않게; 그러나 하나님의 지혜가 그 어느 것보다도 더 적절함을 알게된 바로 그 시간에. **그리스도께서 경건하지 않은 자를 위하여 죽으셨도다** – 본보기를 삼기 위한 것과 모본을 따르는 힘을 주시기 위한 것 그 이상이 있다. 나를 희생하여 다른 사람의 생명을 구하는 것보다 더 큰 의미는 없다.

5:7 의인 – 완전히 자기의 것을 모든 사람에게 주는 사람. **선인** – 매우 거룩한 사람, 사랑, 긍휼, 친절, 온유, 그리고 모든 천국의 온화한 성품으로 가득한 사람. **용감히 죽는 자가 혹 있거니와** – 모든 단어는 점점 낯설게 진행된다. 그리고 이렇게 선언하는 것도 매우 위대하고 비상한 것이다.

5:8 하나님께서 … 확증하셨으니라 – 가장 고상한 표현. 우리에게 확증된 것들은 이전에 우리가 몰랐거나 우리에게 낯선 것들이다. **우리가 아직 죄인 되었을 때에** – 선함으로부터 거리가 멀어서, 우리가 의롭지 않을 때에.

5:9 그의 피로 말미암아 – 그의 피 흘리심으로 말미암아. **진노하심에서 구원을 받을 것이니** – 즉, 하나님의 진노의 모든 영향으로부터. 그러나 하나님 안에 진노가 있는가? 진노는 인간의 감정 아닌가? 어떻게 이런 인간의 감정이 하나님 안에 있을 수 있는가? 우리는 이 질문에 다른 질문을 던짐으로 대답할 수 있다. 사랑이 인간의 감정인가? 어떻게 이런 인간의 감정이 하나님 안에 있을 수 있는가? 바로 대답해 보자. 인간 안에 있는 분노, 인간 안에 있는 사랑은 인간의 감정이다. 그러나 하나님 안에 있는 진노는 인간의 감정이 아니다, 하나님 안에 있는 사랑도 인간의 사랑이 아니다. 그러므로 영감을 받은 저자는 오직 유비적 의미에서 인간의 진노와 사랑을 하나님의 것이라고 한 것이다.

5:10 곧(For if) – 이 말은 빈번히 중요한 의미를 갖는다. 특별히 이곳에서와 8장에

서. **구원을 받을 것이니** – 성화되고 영화롭게 될 것이다. **그의 살아나심으로 말미암아** – 우리의 중보가 되시기 위하여 영원토록 살아계신 분.

5:11 그뿐 아니라 … 또한 즐거워하느니라 – 3절에서 11절까지의 전체 문장은 다음과 같이 함께 다루어 져야 한다: 우리는 "하나님의 영광에 대한 소망으로 즐거워할 뿐만이 아니라 환난 가운데서도 우리 주 예수 그리스도로 인하여 즐거워한다. 예수 그리스도 안에서 이제 우리는 하나님과 화목하게 된다.

5:12 그러므로 – 이 표현은 이 전의 모든 말씀을 지시한다; 그 말씀부터 시작해 사도 바울은 다음의 말씀을 이어간다. 그러므로 바울은 말씀의 흐름에서 탈선하지 않는다. 그리고 죄와 의로움에 대한 말씀으로 돌아온다. **한 사람으로 말미암아** – 여기서 한 사람은 하와가 아니라 아담이다. 아담은 인류의 대표성을 지닌다. **죄가 세상에 들어오고** – 실제적이 죄와 그 결과들, 그리고 죄성. **사망이** – 사망에 따르는 부수적인 결과들도 함께. 사망이 인간의 존재 가운데로 들어왔을 때 사망이 세상에 들어왔다. 그때까지는 사망이 존재하지 않았다. **죄로 말미암아** – 그러므로 사망은 죄가 있기 전에는 세상이 들어올 수 없었다. **사망이** – 즉, 한 사람에 의해. **이와 같이** (in that: 여기에 해당하는 정확한 번역이 개역개정에는 명시적으로 나타나지 않는다: 역자주) – 이 말은 역시 고후 2:4에서 사용되었다. **모든 사람이 죄를 지었으므로** – 아담 안에서. 이 말들은 왜 죽음이 모든 사람에게 오게 되었는지에 대한 이유를 설명한다. 아기들이라 할지라도 예외가 아니다. 이와 같이 모든 사람이 죄를 지었다.

5:13 죄가 율법 있기 전에도 세상에 있었으나 율법이 없을 때에는 죄를 죄로 여기지 아니하였느니라 – 죄는 조문으로 쓰여진 율법이 있기 오래전부터 있었다. 그러나 분명하게 표현된 율법이 인간을 죄인으로 고발하기 전까지는 죄가 전가 되지 않았으며 하나님의 엄중한 심한도 없었다. 그러나 모든 사람이 죄를 지었으므로 그 안에서 죽게 된 것이다.

5:14 사망이 왕노릇하였나니 – 죽음의 왕국은 얼마나 광대한가! 그렇게 많은 곳을 점령한 왕을 찾아보기 힘들다. **아담의 범죄와 같은 죄를 짓지 아니한 자들까지도** – 그들 자신이 스스로 아무 죄를 짓지 아니한 어린 아기들에게까지도; 아담처럼, 명시된 율법에 대한 죄를 짓지 아니한 다른 사람들에게도. **아담은 오실 자의 모형이라** – 아담과 오실 자는 모든 공적인 성격을 지진다. 모든 인류에 대한 연대적 머리로써의 대표성을 지닌다. 아담은 그의 범죄로 인하여 모든 인류에게 죄와 사망의 원천이 되었다. 오실 자는 그의 값없는 은사로 인하여 의로움과 생명의 원천이 되었다.

지금까지 바울 사도는 첫 번째 아담과 두 번째 아담 사이의 공통점을 보여주었다. 이후에 바울은 그 둘 사이의 차이점을 보여준다. 공통점은 다음과 같이 요약될 수 있다: 한 사람으로 인해 세상에 죄가 들어온 것처럼, 죄로 인해 죽음이 들어 왔다. 또 다른 한 사람으로 인해 의가 세상에 들어왔고 의로 인해 세상에 생명이 들어왔다. 죽음이 모든 사람에게 온 것은 모든 사람이 죄를 지었기 때문이다. 생명이 모든 사람에게 온 것처럼(믿음으로 두 번째 아담 안에 있는 모든 사람) 모든 사람이 의롭다 하심을 얻었다. 첫 번째 아담의 죄를 통하여 사망이 아담의 범죄와 같은 죄를 짓지 아니한 자들에게까지도 왕 노릇 한 것처럼, 그리스도의 의를 통하여, 심지어 순종하지 아니한 자들에게까지도, 그의 순종의 모습을 따라서, 생명이 왕 노릇 할 것이다. 우리가 짓지 아니한 아담의 죄로 인해 우리에게 죽음이 온 것처럼, 우리가 행한 선한 일 없이 그리스도의 의가 우리에게 생명을 가져다주었다: 여전히 악한일 뿐 아니라 선한 일도 그에 상응하는 보상이나 보응을 받을 것이다.

5:15 그러나 – 바울 사도는 이제 아담과 그리스도 사이에 있는 차이점에 관해 설명한다. 아담과 그리스도 사이에 있는 공통점보다 훨씬 더 직접적이고 명시적으로 차이점을 표현한다. 타락과 값없는 은사는 다음과 같은 측면에서 차이가 있다: 1. 그 넓이와 크기에 있어서(15절) 2. '그'로 말미암아 죄가 들어온 '그'와, '그'로 말미암아 값없는 은사(의의 선물이라고도 부른다)가 들어온 '그'의 권세가 다르다(16절). 3. 첫 번째 아담과 두 번째 아담은 서로 연결되어 있다(17절) 4. 아담의 범죄와 그리스도의 선물이 그 원인(19절)과 결과(18절)에 있어서 서로 비교됨을 전제로 한다.

5:16 심판은 한 사람으로 말미암아 정죄에 이르렀으나 – 심판은 아담에게는 사망 선고를 야기시켰으며, 결과적으로 그의 모든 후손에게도 사망이 이르게 되었다. **은사는 많은 범죄로 말미암아 의롭다 하심에 이름이니라** – 많은 범죄에도 불구하고 모든 사람을 위해 은혜를 얻게 하였다.

5:17 은혜와 선물은 차이가 있다. 은혜(Grace)는 범죄에 반대가 되고, 선물은, 생명의 선물로서 죽음에 반대가 된다.

5:18 의롭다 하심을 받아 생명에 이르렀느니라 – 이것은 하나님의 선언이다. 이 선언에 의하여 죽음의 선고 아래 있는 죄인이 생명의 선언을 받았다.

5:19 한 사람이 순종하지 아니함으로 많은 사람이 죄인 된 것 같이 – 그들의 공통의 머리이며 대표인 첫 번째 조상의 허리에 있었음으로. **한 사람의 순종하심으로** – 그가 죽기까지 순종하심으로. 우리를 위한 그의 죽으심으로. **많은 사람이** – 믿는 모든 사람들. **의인이 되리라** – 의롭다 하심을 얻고 용서받게 되리라.

5:20 율법이 들어온 것은 – 범죄와 은혜 사이에. **범죄를 더하게 하려 함이라** – 즉, 율법이 들어온 결과는(의도가 아니라) 죄를 사함이 아니라, 죄를 더하기 위함이다. **그러나 죄가 더한 곳에 은혜가 더욱 넘쳤나니** – 아담이 우리에게 가져온 죄를 사할 뿐만이 아니라 우리 자신의 죄도 사한다. 죄를 사할 뿐만이 아니라 성결케 하신다. 죽음에서 구원해 주실 뿐 아니라 영생에 들어가게 하신다. 이 영생은 아담의 타락 때 잃어버린 생명보다 훨씬 더 고귀하고 뛰어난 생명이다.

5:21 이는 죄가 사망 안에서 왕 노릇 한 것 같이 은혜도 또한 의로 말미암아 왕 노릇 하여 – 타락하기 이전에는 왕노릇 할 수 없었다; 즉, 사람이 죄를 짓기 전에. 우리 주 예수 그리스도 **말미암아 영생에 이르게 영생에 이르게 하려 함이라** – 우리의 하

나님의 풍성하고 값없는 은혜와 모든 축복의 원천이 언급되었다. 인간의 어떠한 의로운 행위가 아니라 오직 우리 구주 예수 그리스도의 공로만이 유일한 공로적 원인이다. 예수 그리스도의 모든 공로의 결과와 목적은 용서일 뿐만 아니라 생명이다. 이 생명은 하나님의 생명이며 영광으로 인도하는 생명이다.

로마서 6장

6:1 바울사도는 여기에서 로마서 3장 7, 8절에서 제시한 결과로부터 그의 교리를 좀 더 완전하게 변호한다. 바울은 강한 어조로 그것을 부인하고 거절할 뿐만이 아니라 여기에서 그는 그 근원 자체를 제거하고 있다.

6:2 죄에 대하여 죽은 – 죄의 권세와 죄책으로부터 자유케 된.

6:3 무릇 그리스도 예수와 합하여 세례를 받은 우리는 그의 죽으심과 합하여 세례를 받은 줄을 알지 못하느냐 – 믿음을 통해 세례를 받으므로 우리는 그리스도께 접붙힘 바 된다. 우리는 이 새로운 뿌리로부터 새로운 영적 삶을 인도 받는다. 특별히 그리스도의 부활과 죽으심을 통해 성령은 우리를 그리스도께 인도한다.

6:4 그와 함께 장사되었으니 – 물에 잠기는 침례를 행했던 고대의 방식을 암시한다. **아버지의 영광으로 말미암아 그리스도를 죽은 자 가운데서 살리심과 같이** – 동일한 권세로 부활하실 것이다. 그리스도가 천국에서 새로운 생명을 사는 것처럼 우리도 새로운 생명의 길을 걸어갈 것이다. 바울은 이것이 세례가 의미하는 바임을 말하고 있다.

6:5 만일 우리가 – 확실히 이 두 가지는 함께 가야 한다. 그래서 우리가 그의 죽으심에 연합된다면, 우리는 또한 그의 부활의 권세를 알게 될 것이다.

6:6 우리의 옛 사람 – 아담의 타락만큼 오래되었으면서 우리의 존재와 함께 한다. 우리의 악한 본성이다. 본성적으로 인간 전체에 퍼져있고 오염되지 않는 부분이 없는 전적 타락과 부패에 대한 강하고 아름다운 표현이다. **예수와 함께 십자가에 못 박힌 것은** – 우리가 그리스도와 함께 연합됨으로 죄의 몸은 눌림을 당하고 결국은 죽는다. **죄의 몸** – 옛 사람을 이루는 모든 악한 성격, 말, 행동들은 죽게 될 것이다.(골 3:5)

6:7 죽은 자가 – 그리스도와 함께. **죄에서 벗어나** – 과거의 죄책과, 현재의 죄의 권세로부터. **죄에서** – 죽은 사람으로서 그의 이전의 주인의 명령으로부터 벗어났다.

6:8 그리스도와 함께 죽었으면 – 그리스도의 죽으심과 합하여, 죄에 대하여 죽으므로.

6:10 그가 죽으심은 죄에 대하여 단 번에 죽으심이요 – 죄를 속하시고 멸하시기 위해. **하나님께 대하여 살아 계심이니** – 영광된 영원한 생명, 그와 같이 우리도 살게 될 것이다.

6:12 그러므로 죄가 너희 죽을 몸을 지배하지 못하고 – 죽을 몸은 죽음에 종속되어 있다. 그러나 죄에 종속될 필요는 없다.
6:13 너희 지체를 불의의 무기로 죄에게 내주지 말고 – 단지 폭군과 같은 타락한 본성에. **하나님께 드리며** – 당신의 정당하신 왕.
6:14 죄가 너를 주장하지 못하리니 – 죄는 그럴 권리도 없고 권세도 없다. **이는 너희가 법 아래에 있지 아니하고** – 죄를 극복하는 힘을 주지 않고 오직 죄만을 보여주는 공포와 속박의 시대. **은혜 아래 있음이라** – 복음의 자비로운 시대 아래에 있다. 이 시대는 그리스도의 영의 능력있는 영향 아래에 있는 모두에게 죄에 대한 완전한 승리를 가져온다.
6:17 너희에게 전하여 준 바 교훈의 본을 마음으로 순종하여– 문자적으로는 너희에게 전하여준 형태. 이것은 아름다운 암시를 내포하고 있다. 그리고 아주 교훈적인 훈계를 전달하고 있다. 모든 유연하고 온순한 우리의 마음은 마치 액체상태의 금속이 주조된 형태로 변화되는 것처럼 복음의 교훈에 순응해야 한다는 것을 암시하고 있다.
6:18 죄로부터 해방되어 – 우리는 바울사도의 방법을 한 눈에 살필 수 있다.

1. 죄에 속박됨 3장 9절
2. 율법을 말미암은 죄에 대한 지식; 하나님의 진노에 대한 감각;
   내적 죽음 3장 20절
3. 그리스도 안에서 복음을 통하 하나님의 의의 계시 3장 21절
4. 믿음은 모든 것의 중심이다. 믿음은 의로움을 얻게 한다 3장 22절
5. 칭의에 의해서 하나님은 과거의 모든 죄를 용서하신다.
   그리고 값없이 죄인을 용납하신다. 3장 24절
6. 성령의 선물; 하나님의 사랑에 대한 감각; 새로운 내적 생명
   5장 5절, 6장 4절, 6장 12절

6:19 내가 사람의 예대로 말하노니 – 이와 같이 성경은 인간의 언어로 말할 필요가 있다. **너희 육신이 연약하므로** – 생각의 아둔함은 육체의 연약함, 즉 인간의 본성에서 흘러나온다. **전에는 너희가 너희 지체를 부정과 불법에 내주어 불법에 이른 것 같이 이제는 너희 지체를 의에게 종으로 내주어 거룩함에 이르라** – 여기에서 불법은 의로움과 반대된다. (불법에서 부정함이 가장 큰 부분이다). 불법은 거룩함의 반대가 된다. 여기에서 의로움은 사람의 뜻에 순응하는 것이다; 거룩은 하나님의 온전한 본성이다. 의의 종이 된 사람은 성결로 나아감을 보라. 그러나 불법에 종이 된 사람들은 더 이상 나아가지 못한다. 의로움은 섬김이다. 왜냐하면 우리는 타인을 위해 사는 존재이기 때문이다. 그러나 우리가 의로운 삶으로 나아가면 자유와 기쁨이 거기에 있다.
6:20 너희가 죄의 종이 되었을 때에는 의에 대하여 자유로웠느니라 – 그러므로 어

떤 이유에서든, 당신은 불의로부터 자유로워야 한다. 당신이 악마를 섬길 때처럼 하나님을 섬기는 일에 하나가 되어 열심을 내야 한다.
6:21 그 일을 – 최대한 간접적으로 말하고 있다.
6:21 죽음 – 육체적, 영적, 그리고 영원한 죽음. 죄의 적절한 삯은 죽임이다. **하나님의 은사는 … 영생이니라** – 그 차이는 크다. 악한 일은 그들이 받을 보응이 있다. 선행은 그렇지 않다. 악한 일은 삯을 요구하지만, 영생은 하나님의 값없는 선물이다.

로마서 7장

7:1 바울사도는 계속해서 신자의 이전 상태와 현재 상태를 비교하고 있다. 동시에 유대교 출신 신자들로 하여금 모세의 율법에 대한 맹목적 사랑으로부터 떼어 놓기 위해 노력하고 있다.
내가 법 아는 자들에게 말하노니 – 여기에서는 주로 유대인들. **동안만** – 그 동안만, 더 이상은 아니다. **살 동안만** – 여기에서 율법은 일반적으로 사람이 남편에게 하는 것처럼 말하고 있다. 삶과 죽음은 서로 연결되어 있다. 그러나 바울은 냉정하게 율법은 우리에 대해서는 죽었음을 말하고 있다.
7:2 남편의 법에서 벗어나느리라 – 아내가 남편의 특별한 소유임을 나타내는 율법으로부터.
7:4 너희도 – 남편이었던 모세의 율법으로부터 자유하게 되었다. **그리스도의 몸으로 말미암아** – 그리스도의 죽음의 공로로 말미암아 율법은 무효하게 되었다.
7:5 우리가 육신에 있을 때에 – 본성의 상태에 따라 육체적으로 생각할 때. 우리가 그리스도를 믿기 전에. **율법으로 말미암는 죄** – 뜻하지 않게 발생하여 괴롭히는. **우리 지체 중에 역사하여** – 죄는 스스로 사람의 모든 곳에 퍼진다.
7:6 우리가 얽매였던 것에 대하여 죽었으므로 – 우리의 옛 남편이었던 율법. **우리가 영의 새로운 것으로 섬길 것이요** – 새롭고 영적인 것으로. **율법 조문의 묵은 것으로 아니할지니라** – 우리가 전에 그랬던 것과 같이 문자적이고, 외적인 방법으로 해서는 안 된다.
7:7 그런즉 우리가 무슨 말을 하리요 – 이것은 다음 장의 첫 시작을 위해 잠깐 주제에서 벗어난 말이다. 다음 장에서 바울 사도는 율법의 연약성과 효력이 없음을 가장 생생하게 보여 주기 위해 인칭을 바꾸어서 율법 아래에서 비참한 자가 마치 자기 자신인 것처럼 말한다. 바울이 자기 자신에 관해 말하지 않을 때 자주 다른 인물인 것처럼 표현하였다. (롬 3:5, 고전 10:30, 4:6) 여기에 나타난 인물은 처음에는 율법에 무지했고, 다음에는 율법 아래에 있게 되었고, 그 다음에는 율법에 충실한 사람이 되었다. 그러나 무력하게 하나님을 섬기려 한 사람이다. 그 자신이나 진실한 그리스도인데 대해서 말하는 것은 바울의 말의 전체 맥락 속에서 낯설었는지도 모른다. 그러

나 그렇지 않다. 바울이 명백하게 주장한 것처럼 완전히 그 반대이다 (롬 3:2). **율법이 죄냐** – 그 자체로서 죄악이 가득한가, 아니면 죄를 짓도록 충동하는가? **내가 탐심을 알지 못하였으리라** – 즉, 악한 욕망. 나는 그것이 죄가 되는 줄 몰랐을 것이다. 아, 아마도 나는 내 안에 있는 그러한 욕망이 죄인 줄 몰랐을 것이 틀림없다. 죄는 율법에 의해서 금지되지 않으면 죄로 나타나지 않는다.

7:8 그러나 죄가 – 나의 타고난 부패성. **기회를 타서 계명으로 말미암아** – 금지되었지만 정복되지는 않았다. 내 안에서 온갖 탐심을 더욱더 많이 이루었다. 내가 율법의 지식이 없을 동안에는, 죄는 죽었다. 이제 죄는 분명하지도 않고 능동적이지도 않다. 율법의 어떠한 위험에 대해 모르지도 않는다.

7:9 전에 내가 율법을 깨닫지 못했을 때에는 내가 살았더니 – 율법에 대한 자세한 살펴봄이 없을 때. 나는 많은 생명, 지혜, 덕, 힘이 있었다고 생각했다. **그러나 계명이** – 즉, 전체 율법의 한 부분인 계명. 그러나 이 표현은 특별히 강한 힘을 의미한다. 그 힘은 억제시키고, 참여하게 하고, 요구하고, 금지하고, 위협한다. **이르매** – 나의 마음에 하나님의 능력과 함께 영적인 의미로 다가왔다. **죄는 살아나고 나는 죽었도다** – 나의 타고난 죄는 불이 붙었다. 그리고 모든 나의 덕과 힘은 죽어 없어졌다. 그리고 나는 죄 안에서 죽은 나, 영원토록 죽을 수밖에 없는 나를 보았다.

7:10 생명에 이르게 할 그 계명이 – 의심할 여지없이 이것은 본래 영적인 생명을 보존하고 증대시키며, 결국은 영원한 생명으로 인도하기 위한 위대한 방법으로써 하나님에 의해 계획되었다.

7:11 나를 속이고 – 내가 율법에 의해 생명을 기대하는 동안, 죄가 부지중에 내게 와서 나의 모든 소망을 도말시켰다.

7:12 계명 – 즉, 율법의 모든 부분들. **거룩하고 의로우며 선하도다** – 계명은 하나님의 거룩한 본성으로부터 나오며, 본성의 한 부분들이다. 계명은 그 자체로서 항상 의롭고 옳다. 계명은 온전히 인간의 유익을 위하여 의도되었다.

7:13 그런즉 선한 것이 내게 사망이 되었느냐 – 내가 악을 행하게 하는 이유가 되었느냐? 가장 악한 것인 사망의 원인이 되었느냐? 그렇지 않다. 나에게 사망을 가져다주는 것은 죄다. 죄가 내 안에서 역사하는 것만큼 선한 율법에 의해서 선함도 내 안에서 역사한다. **이는 계명으로 말미암아 죄로 심히 죄 되게 하려 함이라** – 타고난 죄의 결과 계명에도 불구하고 이와 같이 심히 죄가 죄가 되도록 한다. **심히 죄가 죄도록** – 그러므로 죄책은 더욱 가중된다.

7:14 나는 육신에 속하여 – 바울 사도는 신자의 과거와 현재의 삶을 비교한다. 육체에 있는 사람(5절)과 영에 속한 사람(6절). 바울은 두 가지 반대에 대답하면서 (율법이 죄냐?, 7절; 율법이 사망이냐, 13절) 생각하고, 신음하며, 애쓰고, 율법으로부터 복음적 상태로 빠져나오려 하는 사람의 전체 과정을 조화시킨다. 바울은 7절에서부터 마

지막 절 까지 이렇게 한다. **죄 아래 팔렸도다** – 완전히 노예가 되었다; 돈을 주고 산 노예는 절대적으로 주인의 처분에 달려 있다.

7:16 선한 것 – 이 단어는 이전에 12절에서 언급된 세 가지를 의미한다, "거룩하고 의로우며 선하도다."

7:17 이제는 그것을 행하는 자가 내가 아니요 내 속에 거하는 죄니라 – 그것을 행하는 자는 내가 아니고 내 속에 거하는 죄라고 말하는 것은 적절하다. 말하자면 나를 다스리는 것은 다른 자아이다.

7:18 내 육신에 – 여기에서 육신은 본성을 따르는 전인적 사람을 의미한다.

7:21 내가 한 법을 깨달았노니 – 타락한 본성의 지시로부터 흘러나오는 내적이고 속박하는 권세.

7:22 하나님의 법을 즐거워하되 – 16절에서 말한 율법을 시인하는 한다는 것 이상이다. 자유의 날이 다가왔다. **내 지체 속에** – 마음을 깨우는 (23, 25절)

7:23 내 지체 속에서 다른 법이 … 보는도다 – 악한 성향과 육체적 욕망을 따르게 하는 강한 내적인 힘. **내 마음의 법과 싸워** – 하나님의 법을 즐거워하는 내 마음의 지시. **나를 사로잡는** – 나의 모든 저항에도 불구하고.

7:24 나는 곤고한 사람이로다 – 이 싸움이 이제 절정에 이르렀다. 자기 안에서 아무런 도움도 발견하지 못한 사람은 거의 부지중에 기도를 시작한다. **누가 나를 건져내랴** – 그리스도 안에서 하나님께서 그의 질문에 대답하실 때까지 바울은 그의 구원을 바라며 간절히 찾는다. **건져내랴**고 번역된 단어는 힘을 의미한다. 진실로 이 힘이 없으면 구원이 있을 수 없다. **사망의 몸** – 즉, 이 사망의 몸; 영원한 사망으로 인도하는 죄 덩어리의 몸이 나의 몸이 나의 영혼에 붙어 있는 것처럼 가깝게 붙어 있다. 우리는 여기에서 아직 구원에 이르지 않았음을 살펴 볼 수 있다.

7:25 우리 주 예수 그리스도로 말미암아 하나님께 감사하리로다 – 즉, 하나님은 나를 그리스도를 통해 구원하실 것이다. 그러나 바울은 그의 방식대로, 그의 주장을 감사와 함께 아름답게 조화시킨다. 찬송은 어떤 의미에서 "오호라 나는 곤고한 자로다"라는 슬픔의 소리에 대한 대답이다. **그런즉** – 바울은 여기에서 전체를 요약하며, 7절에서 시작한 말에 대한 결론을 맺는다. **내 자신이** – 나라고 말하기보다 내 자신이라고 말한다. 내가 속해 있는 자아가 구원이 이루어 질 때까지의 모습이다. **마음으로는 하나님의 법을 … 섬기노라** – 나의 생각과 양심은 하나님을 향해 외친다. **그러나 육신으로는 죄의 법** – 그러나 나의 타락한 감정과 욕구는 여전히 반역적이다. 그 사람은 이제 완전히 그 속박에 지쳐있지만, 자유의 직전에 와 있다.

로마서 8장

8:1 그러므로 이제 … 결코 정죄함이 없나니 – 현재나 과거의 일 모두의. 이제 그는

구원과 자유를 얻게 되었다. 여기에서 바울은 7장 7절에서 잠시 중단 되었던 그의 논의의 줄기로 다시 돌아온다.

8:2 성령의 법 – 즉, 복음. **죄와 사망의 법에서 너를 해방하였음이라** – 즉, 모세의 법.

8:3 율법이 – 모세의. **육신으로 말미암아 할 수 없는 그것을** – 율법이 우리의 악한 본성을 정복하는 일은 불가능하다. 만일 가능하다면, 하나님은 그의 독생자를 죄 있는 육신의 모양으로 보내실 필요가 없었다. 우리의 죄 있는 육신은 죽을 수밖에 없다. 그러나 하나님은 죄로부터 순결한 그의 아들을 육신의 모양으로 보내셨다. 그래서 죄악으로 가득 찬 인간 안에 있는 죄를 정죄하셨다. 그 죄는 멸해지고 신자는 그 죄로부터 온전히 구원을 받는다는 선고를 내리셨다.

8:4 율법의 요구 – 율법은 성결을 요구한다고 5–11절에 설명되어 있다. **육신을 따르지 않고 그 영을 따라 행하는 우리에게 … 이루어지게 하려 하심이니라** – 우리의 모든 생각, 말, 행동을 타락한 본성에 따라 하지 않고 하나님의 성령을 인도하심을 따라 한다. 여기에서부터 바울은 주로 신자의 상태에 관해 설명한다. 그리고 불신자의 상태는 신장의 상태에 대한 예를 제시할 때만 사용한다.

8:5 육신을 따르는 자는 – 타락한 본성의 인도 아래 아직 남아 있는 자들. **육신의 일을 … 생각하나니** – 그들의 생각과 감정을 타락한 본성을 만족시키려는 것들에 고정시키다; 즉, 눈에 보이고 육신적인 것들, 이 땅의 것들과 쾌락에 생각을 고정시키는 것이다. 그리고 감각적인 것들과, 명예와 부를 추구한다. **그러나 영을 따르는 자는** – 성령의 인도하심을 받는 자. **영의 일을 생각하나니** – 눈에 보이지 않으며, 영원한 것을 생각한다. 성령이 나타내신 것들을 생각한다. 성령은 우리 안에서 일하시고 우리를 향해 일하시고 우리에게 약속을 주신다.

8:6 육신의 생각은 – 즉, 육체의 일을 생각하는. **사망이요** – 영적 죽음의 확실한 표시, 그리고 영원한 사망으로 가는 길. **영의 생각은** – 즉, 성령의 일들을 생각하는 것. **생명과** – 영적 생명의 확실한 표시. 그리고 영원한 생명으로 인도하는 길. **평안이니라** – 영원한 삶을 미리 맛보는 하나님의 평화이다. 하나님과 누리는 평화는 다음 절에서 언급되는 원수와 대비된다.

8:7 하나님과 원수 – 하나님의 존재, 권능, 그리고 섭리.

8:8 육신에 있는 자들은 – 육신의 다스림 아래서.

8:9 하나님의 영이 – 하나님의 영의 통치 아래서. **누구든지 그리스도의 영이 없으면** – 그 안에 거하시며 다스리시는. **그리스도의 사람이 아니라** – 그는 그리스도의 지체가 아니다. 그리스도인이 아니다. 구원의 상태에 있지 않다. 예외를 허용하지 않는 분명하고 명백한 선언이다. 들을 귀 있는 자는 들을 지어다!

8:10 또 그리스도께서 너희 안에 계시면 – 그리스도의 영이 계신 곳에, 그리스도가 계시다. **몸은 … 죽은 것이나** – 사망에 이르게 된다. **죄로 말미암아** – 지금까지 행해진. **영은 의로 말미암아 살아있는 것이니라** – 이미 획득한 의로 인해 이미 진정으

로 살아 있다. 바울 사도는 13절부터 6장 1절에서부터 시작한 것을 마무리 하면서, 온전히 신자의 상태에 관해서만 설명하고 있다.

8:12 육신에게 져서 – 우리는 육신을 따라서는 안 된다.

8:13 육신대로 살면 – 악한 행동뿐만이 아니라, 악한 욕망, 성질, 생각. **몸의 행실을 죽이면** – 몸의 행실을 죽이고, 멸절시키면. **살리니** – 믿음의 삶이 여기에서 더욱 풍성해진다. 이후로는 영광의 삶이다.

8:14 무릇 하나님의 영으로 인도함을 받는 사람은 – 의로움의 모든 길에서. **곧 하나님의 아들이라** – 여기서 바울 사도는 30절의 영화롭게 하셨다라고 언급한 축복에 대해 설명하기 시작한다. 바울이 단순히 영광에 대해 설명만 하는 것이 아니라 십자가와 관련지어 설명한다. 요약하자면, 고난을 통해 영광으로 나아가는 것이다.

8:15 너희는 – 진정한 그리스도인들. **다시 무서워하는 종의 영을 받지 아니하고** – 성령은 구약 시대에서조차 종의 영이 아니다. 그런데 성령을 받은 사람들 안에도 때로는 종으로 남아 있다. **다시** – 유대인들이 전에 그랬던 것처럼. **우리가** – 모든 신자들. **부르짖느니라** – 소원과 자신감과 지속성을 가지고 간절히 기도함을 의미한다. **아빠 아버지** – 아버지가 아빠를 설명한다. 시리아어와 헬라어를 동시에 사용함으로써 바울은 유대인 신자들과 이방인 신자들이 함께 아빠 아버지를 부르고 있음을 나타내고 있다. **종의 영** – 영혼이 처음으로 죄를 깨달을 때 스스로 죄와 세상과 사탄의 종이며 하나님의 진노를 싫어하는 사람이라는 것을 느끼게 하는 성령의 역사(operation)를 직접적으로 의미하는 것 같다. **양자의 영 –** 이 양자의 영도 동일한 영이다. 단지 자신을 사람들의 다양한 환경에 따라 다양한 작용을 통해 나타낼 뿐이다.

8:16 성령이 친히 우리의 영과 더불어 … 증언하시니 – 모든 진실한 신자의 영과 더불어, 자기 자신의 영의 확실한 증언에 의해, 혹은 선한 양심의 증거에 의해. 이 깨끗하고 한결같은 양심을 즐거워하는 너희여 행복할지어다.

8:17 함께 한 상속자니 – 하나님께서 우리에게 주실 상속은 위대한 상속임을 우리는 알아야 할 것이다. 왜냐하면 하나님은 그의 아들에게 위대한 유산을 주셨기 때문이다. **고난도 함께 받아야 할 것이니라** – 의를 위하여 자발적으로, 기쁨으로. 이것은 이후에 나올 말씀들을 가리키는 새로운 주장이다.

8:18 생각하건대 – 이 절은 왜 바울이 여기에서 고난과 영광에 대해 언급했는지에 대한 이유를 설명한다. 그 영광이 우리에게 나타날 때 하나님의 아들도 역시 함께 나타난다.

8:19 고대하는 바는 – 무엇인가 가까이 오고 있는 것에 대한 생생한 소망과 열렬한 기대를 나타내는 단어이다. **피조물이** – 기능에 따른 모든 종류의 눈에 보이는 피조물. 여기에서 신자들은 제외된다. 신자들은 따로 다루어진다. 이 모든 피조물들은 죄로 말미암아 고난을 받아왔다. 이 모든 것들은 (회개하지 않는 자들은 마지막에 제외

된다.) 하나님의 자녀들의 영광으로부터 새롭게 될 것이다. 의로운 이교도들은 결코 이 고대하는 바에서 제외되지 않는다. 그뿐 아니라, 아마도 그중의 어떤 것은 심지어 가장 허망한 사람에게서도 발견될 수도 있다. (그들이 삶의 분주함으로 인해 자유를 위해 허영심의 실수를 한다 할지라도, 부분적으로 억압하고, 부분적으로 가장하고, 부분적으로 불편하다 할지라도 여전히) 그들은 맑고, 고요하고, 깨어있고, 고통받는 시간들 속에서 하나님이 들으시기에 많은 한숨을 내 쉰다.

8:20 피조물이 허무한데 굴복하는 것은 – 학대, 비참함, 그리고 타락. **굴복하게 하시는 이로 말미암음이라** – 즉, 하나님(창 3:17, 29절). 아담만이 하나님이 선언하신 심판에 책임이 있다. 그러나 소망이 없지 않았다.

8:21 피조물도 … 해방되어 – 파괴는 구원이 아니다: 그러므로 무엇이든지 파괴되거나, 더 이상 존재하지 않게 되는 것은 전혀 구원받지 못한 것이다. 그렇다면, 피조물의 어떤 부분이 파괴되어야 하겠는가? **영광의 자유** – 그들이 창조될 때의 탁월한 상태.

8:22 피조물이 다 … 함께 탄식하며 – 한 목소리로 함께 탄식한다. **고통을 겪고** – 문자적으로는 저주의 고생을 가져오는 해산의 고통을 의미한다. **이제까지** – 바로 지금 이 시간까지. 그리고 구원의 날까지 계속.

8:23 그뿐 아니라 또한 우리 곧 성령의 처음 익은 열매를 받은 우리까지도 – 즉, 우리 상속의 첫 열매인 성령. **양자** – 로마인들 중에 개인적으로 양자가 된 사람들은 종종 광장에 이끌려 나가 공개적으로 입양되어 그 아버지의 양자가 된다. 몸이 죽음으로부터 구속되는 부활 때에 하나님의 아들들은 공개적으로 많은 사람들과 천사의 무리 앞에서 하나님의 소유가 될 것이다. **우리 몸의 속량** – 부패로부터 영광과 영원으로.

8:24 우리가 소망으로 구원을 얻었으매 – 우리의 구원은 이제 오직 소망 안에 있다. 우리는 아직 온전한 구원을 소유하지 않았다.

8:26 이와 같이 성령도 – 우주나 하나님의 자녀들뿐만이 아니라 하나님의 성령도 우리의 연약함을 도우실 뿐만이 아니라 역시 탄식하신다. 우리의 이해력은 연약하다. 특별히 하나님에 관한 것들에게 관해서는 더욱 연약하다. 우리의 소원도 연약하다; 우리의 기도도 연약하다. **알지 못하나** – 많은 경우에. **기도할 바를** – 우리가 마땅히 해야 하는 기도를 하지 못한다. **성령이 … 우리를 위하여 친히 간구하시느니라** – 그리스도께서 천국에서 간구하시는 것처럼, 우리의 마음 안에서. **탄식으로** – 우리 자신의 문제에 대한 탄식. 그러나 성령께서 그 기도를 이루신다. 그 문제들은 신실한 자들이라 할지라도 표현하기 어려운 것이다.

8:27 마음을 살피시는 이가 – 마음은 성령께서 거하시고 중보하는 곳이다. **아시나니** – 사람은 말할 바를 알지 못한다 할지라도. **성령이 우리를 위하여 친히 간구하시느니라** – 하나님께 가까이 있는 자들을 위하여. **하나님의 뜻대로** – 하나님께서 결

정하시고 펼쳐내실 하나님의 뜻대로.

8:28 우리가 알거니와 – 이것이 일반적인 경우이다; 우리가 항상 우리가 무엇을 위해 특별히 기도할지 알지 못한다 할지라도. **모든 것이** – 평화롭거나 고통스럽거나, 가난할 때나 부할 때나, 삶의 수없는 변화들 가운데서. **모든 것이 합력하여 선을 이루니느라** – 영적이며 영원한 선을 위하여 강하고 순조롭게. **그의 뜻대로 부르심을 입은 자들에게는** – 그의 아들의 죽으심으로 말히암아 잃어버린 세상을 구원하시려는 하나님의 은혜로운 계획. 이것은 새로운 제안이다. 바울사도는, 칭의 안에 포함되어 있는 복 전체를 요약하며(30절에 '영화'가 언급된다), 제일먼저 하나님의 목적과 작정으로 돌아간다. 하나님의 목적과 작정은 성경에서 자주 언급된다.

이것을 좀 더 큰 틀에서 설명하기 위해서는(유명한 저자의 말에 따르면) : – 사람이 중요한 일이 자기 앞에 놓여 있을 때는, 잠시 멈추고 상담을 받으며 궁리를 한다. 계획이 세워지면 그 일을 진행하기 위해 문제를 해결하기로 작정한다. 우리 안에 있는 이러한 일들을 관찰해보면서, 우리는 하나님께도 역시 적용할 수 있다. 하나님은 인간에게로 낮아지셔서 이러한 일들을 적용하신다.

섭리와 구속의 사역은 광대하고 놀라운 것이다. 그러므로 우리는 섭리와 구속에 관하여 하나님께서 생각하시고 논의하셔서 당신의 계획에 따라 작정하셨다고 생각한다. 세상이 창조되기 오래전에, 세상을 창조하시고 통치하기로 작정하셔서 그 작정을 메데나 페르시아의 법들보다도 더 변하지 않는 말씀으로 기록하신 것과도 같다. 우리가 하나님의 이 모의와 작정을 문자적으로 받아들이면서, 영원한 축복의 하나님께 인간의 몸과 감정을 올려드리는 어리석음을 범하고 있다.

이것은 하나님의 무오한 지식과 불변의 지혜의 일반적 표현에 불과하다. 즉, 인간이 할 수 있는 지혜만큼 하나님은 모든 것을 행하신다. 가장 깊은 인간과의 상담을 이후에, 사람이 자기 아에 놓여 있는 일들을 할 수 있는 가장 적당한 방법을 지속적으로 추구한다. 그러나 그러한 결과는 사람들 안에서는 결과적으로 작정과 모의에 대한 논쟁을 불러 일이킨다 할지라도, 모든 것을 한 눈에 보시는 하나님께 그 어떠한 모의의 순간이 필요하겠는가?

하나님은 휴식과 생각, 영원부터 하나님 자신의 일을 실행하기 위한 규칙을 위한 어떤 시간도 필요치 않다. 무엇이라! 그의 실수에 대한 두려움이 없는 것인가, 만일 하나님이 계획을 위한 준비를 하지 않는다면, 무엇을 해야 하는지 지시되지 않는다면. 사람이 말하길, 하나님은 세상을 창조하기 이전보다 지혜롭다고 할 것이다. 아니면 하나님은 이제 휴식을 취하고 있다록 말할 것인가. 그래서 이제 하나님은 자신의 일을 해결하기 위한 기회를 갖는다고 할 것인가. 규칙을 만들고, 그 규칙을 전혀 변경시키지 않는다고 말할 것인가?

의심할 여지없이 하나님은 영원 전부터 오늘날까지 동일한 지혜와 동일한 완전함을 지니고 계시다. 그리고 지금도 새로운 작정을 하실 수 있다. 그렇지 않다면 이전부터 일이 거의 없을 것이다. 하나님의 지혜는 항상 동일하게 분명하며 밝다. 하나님의 지혜는 동일하게 무오하다.

8:29 하나님이 미리 아신 자들을 또한 그 아들의 형상을 본받게 하기 위하여 미리 정하셨으니 – 여기에서 하나님이 미리 아시고 영화의 단계로 예정하신 자들에 대하여 바울은 선언한다. 즉, 그의 아들의 형상을 본받게 하기 위하여 예정하신 자들. 하나님이 미리 아셔서 영화롭게 하실 자들의 특징이다. (딤후 2:19; 빌 3:10, 21)

8:30 그들을 – 정하신 때에. **부르시고** – 복음과 그의 영을 통하여. **부르신 자들을** – 하늘의 부르심에 순종할 때(행 26:19). **의롭다 하시고** – 용서하시고 용납하셨다. **의롭다 하신 그들을** – 하나님의 선하심에 의하여 공급받는 자들(롬 11:22) 그를 마지막에 영화롭게 하실 것이다. 바울 사도는 그의 서신서 어디에서도 부름을 받고, 의롭다 하심을 얻고, 영화롭게 될 사람의 수가 동일 할 것이라고 말하지 않는다. 바울은 신자는 그의 특별한 부르심과 그의 영화 사이에서 떨어져 나가 잘려 버릴 수 있다는 것을 부정하지 않는다(롬 11:22). 바울은 부르심을 받은 많은 자들이 의롭다하심을 받지 못할 수 있다는 사실을 부정하지 않는다. 바울은 오직 이것은 우리를 한 단계씩 천국으로 인도하는 하나님의 방법이라고 확언한다. **영화롭게 하셨느니라** – 바울은 믿음의 경주의 목적지에서 뒤를 돌아보는 사람처럼 말한다. 진실로 은혜는 영광이 시작될 때처럼 진지하며 영원한 영광의 진지하며 미리 맛보는 것이다.

8:31 그런즉 이 일에 대하여 우리가 무슨 말 하리요 – 3장, 5장, 8장과 연관되어? 바울은 마치 우리가 더 이상 갈 수 없고, 생각할 수 없고, 바랄 수 없는 것처럼 말한다. **만일 하나님이 우리를 위하시면** – 여기에서는 단계를 따른다. 첫 단계는 일반적이고 세 단계는 특별하다. 각 단계는 하나님의 은총의 영광으로 시작한다. 그리고 각 단계는 적절한 질문을 던지며, 반대자들에게 도전한다. 이 모든 단계에는 나는 설득되었다라는 말이 일반적인 대답이다. 일반적 단계에서는 만일 하나님이 우리를 위하시면 누가 우리를 대적하리요이다. 과거와 관련하여 첫 번째의 특별한 단계는 **자기 아들을 아끼지 아니하시고 … 모든 것을 우리에게 주시지 아니하겠느냐** 이다. 두 번째 단계는 현재와 관련하여 의롭다 하신 이는 하나님이시다. 누가 고발하리요. 세 번째 미래와 관련하여 죽으실 뿐 아니라 다시 살아나신 이는 그리스도 예수시니 **누가 우리를 그리스도의 사랑에서 끊으리요** 이다.

8:32 이가 어찌 – 이 단계는 네 문장을 포함한다. 하나님은 그의 아들을 아끼지 않으셨다. 그러므로 하나님은 우리에게 모든 것을 주신다. 하나님은 아들을 다시 살리실 것이다. 그러므로 그 누구도 우리를 고발할 수 없다. **아끼지 아니하시고** – 칭의에 따라오는 모든 것 역시 값없는 선물이다. **모든 것을** – 우리에게 꼭 필요하고 유익한 것들.

8:33 하나님께서 택하신 자들 – 바울은 예수 그리스도께서 오시기 오래 전에 이방인들의 세계는 진정한 하나님께 반항하여 하나님께 버림을 받게 된 것이라고 말하

고 있다. 그러나 유대민족은 하나님의 백성으로 선택되었다. 그러므로 하나님의 자녀들, 아들들 (신 14:1), 거룩한 백성(신 7:6; 14:2), 택한 씨앗(신 4:37), 택한 자들(사 41:8,9; 43:10; 하나님이 부르신 자(사 48:12)라고 부른다. 이 모든 호칭들이 좋은 점과 나쁜 점을 모두 포함하며 이스라엘 민족에게 주어졌다.

이제 복음은 구약의 책들과 가장 밀접한 연관 관계를 갖는다. 구약의 책들에서 이러한 구절들이 빈번하게 나타난다. 그리고 우리 주님과 그의 사도들도 태생적으로 유대인들이었다. 그리고 이스라엘 땅에서 설교하기 시작했다, 그리고 그들이 사용하는 언어는 유대민족의 언어였다. 그러므로 그들이 왜 하나님께 벌을 받아야 한다는 것을 받아들이기 어려워하는지를 알 수 있다. 이제 그들은 더 이상 하나님의 백성이 아니다. 이 명예로운 호칭은 이제 기독교를 수용한 유대인들에게 적용될 것이다. 이제 유대인들을 부르던 그 호칭으로 이방의 기도교인들이 불리게 되었다. 그들은 이제 하나님의 선택된 백성으로서의 모든 특권을 누린다. 그리고 그들이 의지적으로 배교하지 않는다면 아무것도 그들을 그리스도로부터 끊을 수 없다.

심지어 착한 사람들에게 조차 창조 이후 2천 년 이상 하나님의 택하신 자들이라는 표현을 사용하지 않았다. 하나님의 택하신 이스라엘 민족은 그들을 우상숭배와 온갖 악에 빠져있는 다른 민족과 구별하고 이 특별한 호칭으로 불리게 되었다. 그리스도인들을 유대인들로부터 구별시키는 것이 비슷한 사건이 되었다. 비슷한 단어와 표현이 사용되는 것이 놀라운 일이 아니다. 한 가지 차이가 있다면, 구약에서는 '택한' 이라는 용어가 가시적 교회의 모든 구성원들에게 사용되었다고 한다면, 신약에서는 비가시적 교회의 모든 구성원들에게 적용된다.

8:34 다시 살아나신 이는 – 우리의 믿음이 예수 그리스도의 죽음 앞에서 멈추어선 안된다. 오히려 우리의 믿음은 그리스도의 부활, 그의 왕국, 그리고 다시 오심으로 인해 더욱 성장해야 한다. **우리를 위하여 간구하시는 자시니라** – 그의 순종과, 고난과, 기도를 드림으로 우리의 기도는 예수 그리스도를 통하여 거룩하게 된다.

8:35 누가 우리를 그리스도의 사랑에서 끊으리요 – 우리를 향한. **환난이나 곤고냐** – 바울은 작은 문제에서 큰 문제로 순서적으로 언급하고 있다. 이러한 모든 것들이 예수 그리스도의 보호로부터 우리를 끊을 수 없다.

8:36 종일 – 즉, 매일 지속적으로. **여김을 받았나이다** – 우리의 대적들에 의해, 우리 자신에 의해

8:37 우리가 넉넉히 이기느니라 – 우리는 패배자가 아닐 뿐 아니라, 이 모든 시험을 넉넉히 이긴 승리자이다. 이 단계는 소망의 완전한 확신을 설명하는 것 같다.

8:38 내가 확신하노니 – 34절과 놀라운 순서적 연관성이 있다.

죽음이 우리를 해치지 못 한다;	왜냐하면 그리스도께서 죽으셨기 때문에
생명	부활하셨다.
천사도, 권세자들이나	

현재일이나 장래일이나　　　　그리스도께서 하나님 우편에 계시다.
높음이나 깊음이나
다른 어떤 피조물이라도　　　　우리를 위하여 간구하시니라

사망이나 – 자연인에게는 무서운 것이다. 특별히 폭력적 죽음은 더 그렇다(v. 35). **생명이나** – 환난이나 곤고를 당하는 사람이나, 오래 장수하는 사람이나, 모든 사람들. **천사들이나** – 착한 천사나 악한 천사나, 그들의 모든 지혜와 힘을 가지고. **권세자들이나** – 가장 권세와 힘이 있는 사람들. **현재 일이나** – 우리의 순례의 기간 동안 우리를 이끄는, 이 세상 전체가 사라질 때까지. **장래 일이나** – 이 세상에서의 우리의 모든 시간이 지나간 후에 발생할 일이거나, 심판의 날로써 마지막 때일 때거나, 대화재이거나, 영원한 불.

8:39 높음이나 깊음이나 – 앞의 문장은 시간에 관련된 것이었다. 이제는 장소와 관련된 것이다. 얼마나 많은 다양한 것들이 이 단어를 포함하는가 우리는 알지 못하고, 알 필요도 없고, 알 수도 없다. **높음이나** – 천국을 의미하는 바울의 장엄한 표현이다. **깊음이나** – 아주 깊은 구덩이, 즉 높음은 벽, 산, 바다를 의미하는 것이 아니라 천국을 의미한다. 마찬가지로 깊음도 마찬가지이다. 이 모든 것들이 가장 용감한 피조물을 놀라게 할 것이다. **어떤 피조물이라도** – 전능하신 하나님의 권세 아래 그 어떤 것도. 가시적 대적은 이름조차 부르지 않는다. **끊을 수 없으리라** – 힘으로도, 그 어떤 법적인 고발로도 끊을 수 없다. **우리를 우리 주 그리스도 예수 안에 있는 하나님의 사랑에서** – 하나님의 사랑은 분명히 예수 안에 있는 우리들을 보존하고, 보호하며, 구원할 것이다.

로마서 9장

9장에서 바울은 자기 민족을 향한 그의 사랑과 존경을 강하게 나타낸 후에 그의 민족이 큰 반대에 대한 대답을 하고 있다.

9:1 그리스도 안에서 – 자기 자신을 나타내는 말이다. **성령 안에서** – 성령의 은총을 통해

9:2 나에게 큰 근심이 있는 것과 – 큰 영적 슬픔과 영적 기쁨은 함께 한다(롬 8:39). 믿지 않는 유대인들에 대한 그의 슬픔을 나타낸다. 유대인들은 수없이 많은 축복으로부터 스스로를 배제시켰다. 바울은 이제 그가 무엇을 말할 것인가를 보여준다. 그러나 선입견을 갖고 말하지는 않는다.

9:3 원하는 바로라 – 인간의 언어는 하나님으로 가득 차 있는 영혼의 움직임을 완전하게 묘사할 수 없다. 그가 말하는 것은 그가 대신 고통을 당하기를 원한다는 것이다. 그렇다. 그들을 대신하여 그리스도로부터 끊어진다 할지라도 원하는 바다. 그가 얼마나 이를 바라는지, 그에게 물어보고 대답을 찾지 않는다면 말할 수 없을 것

이다. 확실히 바울은 자기 자신을 전혀 생각하지 않고 오직 하나님의 영광과 다른 사람들을 생각한다. 그가 그렇게 할 수 없지만, 그의 소원은 진실되고 견고하다. 만일 그것이 가능하다고 한다면 바울은 그렇게 했을 것이라는 암묵적 상태이다.

9:4 그들에게는 양자됨과 – 바울은 여섯 가지의 특권을 열거한다. 그 중 첫 번째가 하나님의 아저비와 두 번째는 그리스도와, 세 번째는 성령에 관한 것이다. **양자됨과 영광과** – 즉, 이스라엘은 하나님의 장자이다. 영광의 하나님이 그들의 하나님이다(신 4:7; 시 106:20). 이 둘은 서로 상관이 있다. 즉 하나니은 이스라엘의 하나님이시다. 그리고 이스라엘은 하나님의 백성이다. 바울은 여기에서 방주에 간해 말하거나 이 세상의 것들에 관하여 말하지 않는다. 하나님 자신은 그의 백성 이스라엘의 영광이시다. **언약들과 율법을 세우신 것과** – 언약은 율법보다 훨씬 이전에 주어졌다. 이것을 언약들(covenants)이라는 복수를 사용한다. 왜냐하면 언약은 아주 자주 그리고 다양하게 반복되기 때문이다. 그리고 율법에는 두 가지 성질이 있다.(갈 4:24) 자주 두 가지 언약이라고 불린다. 하나는 약속이고, 다른 하나는 약속을 나타내는 것이다. **예배와 약속들이 있고** – 하나님을 예배하는 진실한 길; 그들의 조상에게 주신 모든 약속들

9:5 앞 절에 더하여 바울은 두 가지 특권을 더 말하고 있다. 조상들도 그들의 것이다. – 족장들과 구약의 거룩한 사람들, 그리고 그리스도 자신이 유대인이다. **그는 만물 위에 계셔서** – 원어에서는 자존(self-existent), 비의존적 존재로서 이전에도 계셨고, 지금도 계시며, 나중에도 계실 분이다. **만물 위에** – 하나님이 되셔서 초월적으로 계시며 결과적으로 모든 것을 축복하신다. 유대인이나 이방인이나 어떠한 말로도 하나님의 높으신 위엄과 그의 신성과 은혜의 주권을 다 충분하게 분명히 표현할 수 없다.

9:6 폐하여진 것 같지 않도다 – 유대인들은 만일 그들의 나라가 구원받지 못한다면 하나님의 말씀이 실패할 수밖에 없다고 생각했다. 여기에서 바울은 그 생각을 거부한다. 그리고 말씀 자체가 그들의 타락을 예언함을 입증하고 있다. **하나님의 말씀** – 이스라엘을 향한 하나님의 약속들. **폐하여진** – 그렇게 될 수 없다. 바울 사도는 말하기를 심지어 어떤 이들은 하나님의 약속을 즐거워하고 있다. 그리고 모든 이스라엘이 구원을 받을 것이다. 이것이 9장, 10장, 11장의 요약이다. **이스라엘에게서 난 그들이 다 이스라엘이 아니요** – 여기에서 바울은 증명을 하기 시작한다. 유대인들은 열렬하게 그 반대의 주장을 한다. 즉, 이스라엘 사람으로 태어난 사람만 하나님의 백성이다. 이 주장의 앞부분은 여기에서 반박이 된다. 뒷부분은 24절 이하에서 반박이 된다. 요약하면, 하나님은 모든 믿는 자들을 용납하신다. 그리고 여기에 반대가 없다. 바울은 이 말을 선언하고 있는 것이다. 믿는 않는 자들은 버림을 당할 것이고, 오직 믿는 자들이 약속의 자식들임을 증거하고 있다. **이스라엘이 아니요** – 이스라엘의 혈통만을 따른 자들은 하나님의 은총을 받지 못한다.

9:7 또한 아브라함의 씨가 다 그의 자녀가 아니라 – 아브라함의 직계 가족 뿐 아니

라 먼 후손들까지도 포함한다. **오직 이삭으로부터 난 자라야 네 씨라 불리리라** – 즉, 이스마엘이 아니라 이삭이 네 씨라 불릴 것이다. 이 씨가 약속이 있는 씨이다.

9:8 곧 육신의 자녀가 하나님의 자녀가 아니요 – 마치 바울은 이것이 올 세대의 분명한 모습이라고 말하고 있는 것 같다. 또 다가올 모든 세대를 우리에게 보여 주고 있다. **육신의 자녀가** – 아브라함의 혈통적 후손이 아니라. **약속의 자녀가** – 약속의 자녀들, 즉 믿는 자들이 하나님의 자녀이다.

9:9 약속의 말씀은 이것이니 – 자연적 힘이 아니라 말씀의 능력으로 이삭이 잉태되었다. 아무나 축복의 자녀가 되는 것이 아니라 하나님이 약정한 사람이 되는 것이다.

9:10 그리고 하나님의 축복은 아브라함의 모든 자녀에게 속한 것이 아니다. 여기에서만이 아니라 에서와 이삭의 경우에서도 잘 보여준다. 그들이 선이나 악을 행하기 이전에 야곱은 축복을 상속하도록 선택되었다. 바울은 하나님이 인정하신 그들의 조상은 그들 자신의 공로로 된 것이 아님을 보여주고 있다.

9:11 하나님이 뜻이 … 오직 부르시는 이로 말미암아 서게 하려 하사 – 약속의 씨를 선택하는 하나님의 목적. **행위로 말미암지 않고** – 하나님이 선택하신 사람의 앞선 공로때문이 아니다. **오직 부르시는 이로 말미암아** – 그가 보시기에 선한 것을 부르시는 하나님 자신의 선하신 결정에 따라

9:12 큰 자가 – 에서. **어린자를 섬기리라** – 에서는 결코 개인적으로 야곱을 섬긴 적이 없다. 그러나 그 후손은 그렇게 되었다. 따라서 에돔 사람들은 종종 이스라엘에 종속되기도 했다.

9:13 기록된 바 – 말라기가 동의하기 훨씬 이전의 창세기의 말씀처럼. **내가 야곱은 사랑하고** – 특별한 사랑으로, 즉 야곱의 후손인 이스라엘 사람들. **에서는 미워하였다** – 비교해서 말하자면, 즉, 에서의 후손인 에돔 사람들. 그러나 다음을 주의하라 1. 이것은 야곱과 에서의 개인의 문제가 아니다: 2. 야곱과 에서, 그리고 그들의 후손의 영원한 운명과 연관된 것이 아니다. 여기까지 바울은 자신의 견해를 입증하고 있다. 즉, 아브라함의 씨, 그리고 이삭의 씨의 많은 부분들이 하나님의 특별한 약속으로부터 배제되었다는 것이 불가능하지 않으며 즉 성경에 따라서 실제로 일어났다는 것을 보여준다. 바울은 이제 반대 의견을 소개하고 대응한다.

9:14 하나님께 불의가 있느냐 – 에서보다 야곱을 축복한 하나님이 불의한가? 아니면 오직 믿는 자들만 용납하신 하나님이 불의한가? **그럴 수 없느니라** – 결코 . 이것은 정의와 잘 조화를 이룬다. 금송아지를 만들고 우상숭배를 행했던 모든 백성을 위해 간청했던 모세에 대한 바울의 설명에 따르면 하나님이 자비를 보여 주실 방식들을 나타내실 권세가 있다.

9:15 내가 긍휼히 여길 자를 긍휼히 여기고 – 하나님이 정하신 말씀대로. **불쌍히 여길 자를 불쌍히 여기리라** – 즉, 하나님이 지정하신 방법에 따라 하나님의 방식에 순종한 사람들만이

9:16 그런즉 원하는 자로 말미암음도 아니요 달음박질하는 자로 말미암음도 아니요 – 사람의 뜻이나 행위의 결과 된 것이 아니라 하나님의 은혜와 능력으로 된 것이다. 여기에서 인간의 의지는 하나님의 은총에 반대된다. 인간의 달음박질은 하나님의 경륜에 반대된다. 이 보편적인 선언은 이삭과 야곱, 그리고 모세 시대의 이스라엘 백성들에게만 해당되는 것이 아니라 이 세상 끝날까지 아브라함의 모든 영적인 자들에게도 해당된다.

9:17 하나님은 하나님의 방식에 따른 축복을 받아들이지 않는 자를 거부하실 반박할 수 없는 권세가 있으시다. 하나님은 바로의 경우에 이것을 실행하셨다. 그의 완고함과 반역의 예들을 따라, 성경에 기록된 대로 **내가 이 일을 위하여 너를 세웠나니,** 즉 네가 회개하지 않으면, 이것이 내가 너를 위대하고 영광스러운 왕으로 세운 결과가 되리라. **즉, 내 능력을 보이고 내 이름이 온 땅에 전파되게 하려 함이라.** – 오늘날도 마찬가지이다. 아마도 이것은 여전히 더 깊은 의미가 있을 것이다. 하나님은 강과 벌레와 모든 동물들과 위에 (이러한 동물의 건강, 질병, 생명, 죽음을), 모든 행성과 하늘과 태양 (이 모든 것들은 이집트인들에 의해 숭배를 받았다. 그리고 다른 나라들도 이집트인들로부터 우상숭배를 배웠다), 그들의 우상들 위에 그리고 그들의 모든 제사장들과 그들의 희생자들을, 사람과 짐승의 처음 난 것들을 엄중히 멸하심으로, 하나님의 권세를 보여주시기로 결정하신 것처럼 여겨진다. 그리고 이 모든 것은 하나님의 계획이다. 그의 백성 이스라엘을 구원하실 뿐만이 아니라 이집트인들을 자각시키시기 위함이다. (이스라엘의 구원을 위해서는 하나님의 전능의 한 가지 실행으로 충분했다). 하나님은 하나님이 창조하신 피조세계를 숭배하는 것을 미워하셨다. 그들의 우상숭배로부터 돌이켜 한 분 하나님을 예배하고, 하나님이 행하신 놀라운 일들을 들은 모든 나라들을 하나님의 능력으로 하나님 자신께로 인도하길 원하신다. 하나님은 강한 인간의 왕권의 권세를 높이 세우심으로 이 계획들을 실행하셨다. (이스라엘 백성들을 잔인하게 박해하는 그들에게 의로운 벌을 내리심으로 그들의 우상숭배에 대해 하나님의 권세를 펼쳐내시기 위해) 하나님은 그를 고의로 악하게 만드신 것이 아니라, 모든 이집트의 왕들 중에서 가장 완고하고 악하며 교만한 자를 발견하셨다. 철저하게 악한 이 사람은 하나님의 가장 엄중한 심판을 받는 상황에 합당하다.

9:18 그런즉 – 즉, 하나님은 하나님의 방식대로 자비를 보여주신다. **하나님께서 하고자 하시는 자를** – 즉, 믿지 않는 자들. **완악하게 하시느니라** – 그들의 마음의 완고한 대로 내버려 두신다.

9:19 그러면 하나님이 어찌하여 허물하시느냐 – **어찌하여** 라는 표현은 아주 강한 반대자들의 언짢은 투덜거림이다. **누가 그 뜻을 대적하느냐** – 그의 뜻은 감히 하나님의 이름도 부를 수 없는 자가 하나님에 대한 분노와 반감을 나타낸다.

9:20 이 사람아 네가 누구이기에 – 연약하고, 무능하고, 무지한 사람. **감히 하나님께 반문하느냐** – 하나님께서 자비를 보이시는 방식을 고치셨다고 하나님께서 불의하

시다고 반문할 수 있느냐? **지음을 받은 물건이 지은 자에게 어찌 나를 이같이 만들었느냐 말하겠느냐** – 왜 오직 믿음으로 영광과 영생에 이르도록 나를 만드셨습니까?
9:21 토기장이가 진흙 한 덩이로 하나는 귀히 쓸 그릇을 – 모든 피조물 위에 있는 하나님의 권세는 더 크지 아니한가? 즉 하나의 그릇, 즉 믿는 자를 영광스럽게 하시고, 또 다른 그릇 믿지 않는 자를 불명예스럽게 하실 수 있지 않는가?

만일 우리가 좀 더 보편적인 차원에서 지적인 피조물과 관련되어 우리에 대한 하나님의 권세를 생각한다면 하나님은 창조자이시며, 경영자이시며, 모든 것의 주님이시다. 그리고 하나님은 그들의 통치자가 되시고 재판장이 되신다는 두 가지 사실을 살펴볼 수 있다.

주권적 주님 그리고 만물의 경영자로서의 하나님은 우리가 전에 전혀 알지 못했던 방식을 따라, 완벽한 지혜로 당신의 선물과 은혜를 피조물에게 나누어 주신다. 우리가 존재하게 될 시간, 우리가 살게 될 나라, 우리의 부모, 우리의 몸의 구성과 마음의 성향과, 그리고 셀수 없는 상황들은 의심할 여지없이 하나님의 완벽한 지혜를 하나님의 정하신 것이다. 그러나 그것을 우리가 알 수는 없다.

그러나 우리의 통치자이며 재판장이신 하나님께서 우리는 다루시는 하나님의 방법은 분명이 계시되었고 완전하게 알려졌다. 즉, 하나님은 사람들은 그들의 행위에 따라 마지막에 상을 주실 것이다: "믿는 자는 구원을 받을 것이며, 믿지 않는 자는 심판을 받을 것이다."

그러므로, "긍휼히 여길 자를 긍휼히 여기고 불쌍히 여길 자를 불쌍히 여기리라" 말씀은, 즉 그들이 완고한 사악함의 결과에 따라 된 것이다. 그러나 독단적이고, 변덕스러우며 독재자같은 존재로서의 뜻이 아니다. 하나님이 우리에게 확신을 주신 것은 하나님은 진실한 신자 외에는 아무게에도 자비를 베풀지 않으신다는 것이다. 하나님의 자비를 거부하는 고집스러운 자들의 마음을 완고하게 하시는 것 외에는 누구의 마음도 완고하게 하지 않은신다.
9:22 만일 하나님이 그의 진노를 보이시고 – 18절과, 19절을 참조하라. 즉, 그들의 고집스러운 불신앙으로 인해 진노를 보이는 것이 하나님의 뜻일지라도. **진노를 보이시고** – 하나님의 진노는 필연적으로 죄를 전제로 한다. **그의 능력을 알게 하고자** – 이분은 17절을 반복한 것이다. **오래 참으심으로** – 그들이 회개에 이르게 하기 위하여. **진노의 그릇** – 여전히 하나님의 자비를 거부함으로 진노 아래에 있는. **멸하기로 준비된** – 그들의 고집스럽게 끝까지 회개하지 않음으로 인해. 여기에 어떠한 불의가 있는가?
9:23 알게 하고자 하셨을지라도 – 진노의 그릇에 대하여도 오래 참으심으로 보여 주신다면, 하나님은 긍휼의 그릇에 대하여는 더욱 그의 영광스러운 선함과 지혜와 능력을 풍성하게 보여 주신다. 그들은 하나님의 은혜로 하나님의 영광을 위해 준비된 자들이다. 여기에 어떤 불의가 있는가?

9:24 이 그릇은 – 여기에서 바울은 다른 견해를 제시한다. 유대인이나 이방인이나 모두에게 베푸시는 값없는 은혜. **유대인이나** – 25절에 다룬다. **이방인이나** – 역시 25절에서 다룬다.

9:25 사랑하는 – 배우자처럼. **사랑하지 아니한 자를** – 결과적으로, 무조건적으로 선택된 것이 아니다. 이것은 유대인들의 최종적 회복과 직접적으로 연결되어 있다.

9:26 하나님의 아들이라 일컬음을 받으리라 – 그래서 그들은 자신의 나라를 떠난 유대로 올 필요가 없다.

9:27 또 이사야가 외치되 – 이사야는 많은 유대인들이 버림받을 것이라고 증언했다. 그리고 수많은 이스라엘 사람들 중에 오직 남은 자들이 구원을 받을 것이다. 남은 자는 원래 산헤립의 군대의 침략으로부터 구원받은 소수의 사람들을 의미하는 말이었다.

9:28 주께서 땅 위에서 그 말씀을 이루고 속히 시행하리라 하셨느니라 – 엄격한 정의로, 소수의 남은 자들만 남을 것이다. 파괴가 보편화 될 것이나 소수의 사람들은 피할 것이다.

9:29 또한 이사야가 미리 말한 바 – 즉, 이사야 1:9, 르신과 베가의 예루살렘 침공에 관한 언급이다. **만일 만군의 주께서 우리에게 씨를 남겨 두지 않으셨더라면** – 이 말은 현재 남아 있는 소수의 사람들을 의미한다. 그리고 미래의 많은 사람들을 의미한다. **우리가 소돔과 같이 되어** – 하나님께 반역하고 그들의 죄로 인하여 멸망한 유대 민족 주류에 대한 예이다.

9:30 그런즉 우리가 무슨 말을 하리요 – 이것 외에 우리가 무슨 결론을 내릴 수 있겠는가 **의를 따르지 아니한 이방인들이** – 얼마 전까지만 하더라도 의에 대하여 알지도 못하고 관심도 없고 생각도 하지 않았던 자들. **의를 얻었으니** – 혹은 칭의. **곧 믿음에서 난 의요** – 앞의 기록에서 우리가 내린 첫 번째 결론이다. 두 번째 결론은 이스라엘이 **의의 법을 따른다 할지라도** – 이 법이 적절하게 사용되면 그들을 믿음으로 이끌고 결국은 의롭게 하심을 받게 할 것이다.

9:31 율법에 이르지 못하였으니 – 율법의 위대한 목적 중에 하나님인 의로움 혹은 칭의.

9:32 어찌 그러하냐 – 하나님이 그들을 그렇게 하지 못하도록 영원 가운데 작정하셨기 때문인가? 그렇지 않다. 왜냐하면 그들이 믿음을 의지하지 않았기 때문이라는 것이 사도 바울이 우리에게 주는 합당한 이유이다. 오직 믿음에 의해서만 의롭다 하심을 얻을 수 있다. **말로는 아닐지라도 결과적으로 그들은 행위를 의지한 것이다. 그리하여 결국 부딪힐 돌에 부딪힌 것이다** – 그리스도께서 십자가에 못 박히셨다.

9:33 기록된 바 – 이스라엘의 선자들이 미리 말한 바. **보라 … 내가 시온에 두노니** – 내가 행복의 유일하고 확실한 근거인 교회 안에서 나타낼 것이다. 그러나 걸림돌과 기치는 바위도 있을 것이다. 그들의 완고한 불신앙으로 인해 많은 사람이 멸망하

게 될 것이다.

로마서 10장

10:1 하나님께 구하는 바는 이스라엘을 위함이니 – 만일 이스라엘이 완전히 버린 바 되었다면 바울은 이것을 위해 기도하지 않을 것이다.
10:2 그들이 하나님께 열심이 있으나 올바른 지식을 따른 것이 아니니라 – 그들은 지식이 없는 열심이 있었다; 우리는 열심이 없는 지식을 가지고 있다.
10:3 하나님의 의를 모르고 – 죄인을 의롭게 하시려고 하나님이 세우신 방법을 모르고. **자기의 의를 세우려고** – 하나님의 용납을 위한 인간 자신의 방법. **하나님의 의에 복종하지 아니하였으니라** – 하나님이 제정하신 칭의의 길에.
10:4 그리스도는 … 율법의 마침이 되시니라 – 율법의 범위와 목적. 이것이 율법의 가장 중요한 목적은 사람들을 예수께로 인도하여 예수를 믿고 칭의와 구원을 얻게 하려는 것이다. 예수 그리스도만이 용서와 생명을 주신다. 율법은 용서와 생명이 결핍되어 있어 그것들을 줄 수 없다.
모든 믿는 자에게 – 유대인이나 이방인이나. 11절과 5절에서 다룬다.
10:5 모세가 기록하되 율법으로 말미암는 의를 행하는 사람은 그 의로 말미암아 살리라 – 즉, 모든 점에서 이 모든 율법의 교훈을 완전하게 지키는 사람은, 그 율법에 의해 생명과 구원을 찾아야 하는 것이다. 그러나 율법의 의는 어떤 하나의 율법이라도 범하는 사람에게는 불가능한 것이다.
10:6 믿음으로 말미암는 의는 – 믿음으로 의롭게 되는 방법. **이같이 말하되** – 아주 다른 언어이다. 다음과 같이 표현될 것이다. (모세가 말한 율법에 오늘날 복종하는 자는 그의 율법의 모든 것에 영향을 받는 것이다). **네 마음에 누가 하늘에 올라가겠느냐 하지 말라 하니 올라가겠느냐 함은 그리스도를 모셔 내리려는 것이요 혹은 누가 무저갱에 내려가겠느냐 하지 말라 하니 내려가겠느냐 함은 그리스도를 죽은 자 가운데서 모셔 올리려는 것이라** – 용서와 구원을 얻기 위하여 이러한 것들이 현재에 이루어질 것이라고 생각하지 말라.
10:8 그러면 무엇을 말하느냐 – 모세가. 이러한 말까지도 우리 앞에 놓인 주제에 아주 잘 적용된다. 모든 것이 당신을 위해 준비되었다. **말씀이 네게 가까워** – 네가 닿을 수 있는 곳에. 이해하기 쉽게. 기억하고 실천하기 쉽게. 이것은 믿음의 말씀의 가장 중요한 진리이다. **우리가 전파하는** – 이 말의 요점은 만일 네가 마음으로 그리스도를 믿고, 너의 삶이 그를 고백한다면 너는 구원을 받을 것이다.
10:9 네가 만일 네 입으로 예수를 주로 시인하며 – 박해를 받을 때에는, 그러한 고백으로 인해 당신은 사자들에게 던짐을 당할 수도 있다.
10:10 마음으로 믿어 – 단지 이성으로만이 아니라. **의에 이르고** – 그렇게 하여 의에

이른다. **입으로 고백하여** – 그렇게 하여 최종적 구원에 이른다. 여기에서의 고백은 경건한 내적 고백은 물론 외적인 것도 모두 의미한다.

10:12 모든 사람에게 부요하시도다 – 그래서 하나님의 축복은 다함이 없다. 그리고 축복을 움켜쥐고 계시지만도 않는다. 11절에 보여준 위대한 진리가 이 절과 13절에서 반복되고 있다. 그리고 14, 15절에서 확인되고 있다. 그 진리는 누구든지 주의 이름을 부르는 자는 구원을 얻으리라는 말씀뿐만이 아니라 하나님의 뜻은 모두가 구원을 위해 주의 이름을 부르는 것이다.

10:15 보내심을 받지 않았으면 어찌 전파하리요 – 논리의 연결에 의해 하나님의 뜻은 이방인들 역시 주를 부르는 것이다. 사도 바울은 사도들이 이방인들에게 복음을 전하기 위해 하나님에 의해 보내심을 받은 것이라고 여기고 있다. **발이여** – 그들의 가는 발자국.

10:17 믿음 – 진실로 믿음은 들음에서 난다. 하나님의 말씀을 들음에서 난다.

10:18 그러나 – 그들의 불신앙은 듣지 못해서가 아니다. 왜냐하면 그들은 들었기 때문이다. 많은 나라들이 이미 복음의 전도자들로부터 들었다.

10:19 이스라엘이 알지 못하였느냐 – 모세에서 이사야에 이르기까지 그들은 하나님께 많은 이방인들을 받으실 것과 유대인들도 버림받을 수 있다는 사실을 알았을 것이다.

내가 백성 아닌 자로써 너희를 시기하게 하며 – 이스라엘 백성이 하나님이 아닌 것을 하나님으로 섬기는 것처럼, 하나님은 그들 대신에 하나님의 언약 가운데 있는 백성이 아닌 백성을 받으실 것이다. **미련한 백성으로써** – 하나님을 알지 못하는 모든 백성.

10:20 이사야가 매우 담대하여 – 모세가 암시한 것을 이사야는 분명하게 말한다.

10:21 순종하지 아니하고 거슬러 말하는 백성 – 마음으로 믿는 자들과 정반대의 사람들. 그들은 입으로만 고백한다.

로마서 11장

11:1 하나님이 자기 백성을 버리셨느냐 – 모든 이스라엘 백성을 버리셨느냐? 결코 그렇지 않다. 예수를 믿는 남은 자들이 있다. (5절). 이후에 "온 이스라엘이 구원을 받으리라" (26절)

11:2 하나님이 그 미리 아신 자기 백성을 버리지 아니하셨나니 – 인간의 방법대로 말하자면. 사실상, 하나님께는 아는 것과 미리 아는 것은 같은 것이다. 하나님은 영원에서 영원까지 모든 것을 한 번에 아시고 보시기 때문이다. **알지 못하느냐** – 엘리야가 모든 백성이 우상숭배에 빠져 많은 사람들이 하나님을 떠났을 때 비슷한 경우가 있다. 하나님은 진실한 예배자들이 남은 자로 있음을 아셨다.

11:4 바알에게 – 금송아지뿐만이 아니라.
11:5 은혜로 택하심을 따라 – 하나님의 은혜로우신 모적에 따라 믿는 자는 구원을 받을 것이다.
11:6 만일 은혜로 된 것이면, 행위로 말미암지 않음이니 – 의식법이든 도덕법이든. **그렇지 않으면 은혜가 은혜 되지 못하느리라** – 은혜의 가장 중요한 본질을 잃어버린다. 은혜로 의롭게 되는 것과 행위로 의롭게 되는 것 사이에는 절대로 양립할 수 없는 무엇이 있다. 당신의 그 중 하나를 선택하면 다른 하나는 버리는 것이다. 행위에 더해지는 것은 빚에 대한 지불이다. 그러나 은혜는 공로 없는 자에게 베푸는 호의이다. 그러므로 동일한 혜택이, 은혜와 행위의 본질상, 양자로부터 올 수 없다.
11:7 그런즉 어떠하냐 – 지금까지의 결론이 무엇인가? 결론은 이렇다: 일반적으로 말해 이스라엘은 칭의를 받지 못했다. 그러나 그들 중 믿는 자들은 칭의를 받을 것이다. **그 남은 자들은 우둔하여졌느니라** – 그들의 의지적인 선입견에 의하여.
11:8 하나님은 마침내 그의 성령을 거두어 가셨다. 그리하여 그들은 혼미하게 되었다. 그리고 이것은 오늘날에 이르러 성취되었다.
11:9 또 다윗이 이르되 – 예언적 저주이다. 이것은 유다뿐만이 아니라 이스라엘 사람들에게도 적용된다. **보응이 되게 하시옵고** – 그들의 이전의 죄악들. 죄는 죄에 의하여 보응을 받는다. 그들의 영혼을 먹이고 강하게 하는 복음은 죄악을 멸하는 길이 된다.
11:11 그들이 넘어지기까지 실족하였느냐 – 완전히 그리고 최종적으로? 그렇지 않다. **그들이 넘어짐으로** – 아니면 실족함으로. 원문에서는 매우 부드러운 표현이다. **구원이 이방인에게 이르러** – 사도행전 8장 46절에서 여기에 대한 예를 보라. **이스라엘이 시기나게 함이니라** – 유대인들이 시기할 것이다.
11:12 이 절의 전반부는 13절에서 다루어진다. 그리고 후반부는 23절에서 다루어진다. 많은 예언들이 이 위대한 사건을 지시하고 있다. 그리스도인들이 이것을 의심하는 것은 의아한 일이다. 이것들은 오늘까지 구별된 백성으로의 유대인들의 놀라운 보존에 의해 강하게 확인된다. 구약과 신약의 계시의 예언이 성취되었을 때, 이 성취는 아주 강하게 보인다. 그리고 수없이 많은 이신론자들(Deists)들과, 많은 명목상의 그리스도들을 의심할 여지없이 깨우쳤다. 물론 단지 명목상의 그리스도인들 중에 깨우치는 숫자가 더 증가되었다. 그리고 무슬림들과 이교도들에게도 복음이 빠르게 전파되는 수단이 되었다. 이들은 아마도 오래전에 복음을 들었지만, 오직 진실한 그리스도인들에 의하여 회심하였다.
11:13 내 직분을 영광스럽게 여기노니 – 이방인에게 복음을 전하는 것을 부끄러워하지 않는다. 나는 내 직분을 영광스럽게 여긴다. 오히려 나의 형제들이 질투할 만큼 영광스럽게 여긴다.
11:14 내 골육을 – 나의 친척들.

11:15 죽은 자 가운데서 살아나는 – 죽은 세상에 흘러넘치는 생명.

11:16 이것은 확실히 일어날 일이다. **처음 익은 곡식 가루가 거룩한즉 떡덩이도 그러하고** – 그들의 구별됨은 모든 것의 구별됨으로 여겨진다; 몇 명의 유대인의 회심은 남은 모든 사람들의 회심의 징조이다. **뿌리가 거룩한즉** – 족장들로부터 이스라엘 백성이 나왔다, 확실히 하나님은 마침내 그들의 후손들을 거룩하게 만드실 것이다.

11:17 네가 – 이방인이. **돌감람나무인 네가** – 만일 가지가 뿌리보다 귀하다 하더라도, 뿌리로 의존해서 뿌리로부터 생명과 영양분을 공급받는 가지는 자랑할 수 없을 것이다. 사람들 사이에서 행해지고 있는 것은 얼마나 대조적인가! 돌감람나무가 좋은 나무에 접붙임이 되는 것이다.

11:18 그 가지들을 향하여 자랑하지 말라 – 유대인들을 멸시하는 자들이 자랑하지 아니였는가? 아니면 그들의 미래의 회심을 부정하는 것인가?

11:20 그들은 믿지 아니함으로 꺽이고 너는 믿음으로 섰느니라 – 둘 다 절대적이 아니라 조건적이다. 만일 절대적이라면, 자랑할 만한 여지가 있을 것이다. **믿음으로** – 하나님의 값없는 선물 그러므로 당신은 겸손해야 한다. **높은 마음을 품지 말고 도리어 두려워하라** – 우리는 이 두려움이 믿음에 반대되는 것이 아니라 교만과 게으름에 반대된다는 기억해야 한다.

11:22 너희가 만일 … 머물러 있으면 – 지금 믿음으로 서 있다고 할지라도 이후에 믿음에 머물러 있지 않으면 완전히 최종적으로 잘려나갈 수 있다.

11:23 본성을 거슬러 – 본성에 따라서, 우리는 열매 맺는 가지를 돌가지에 접붙였다. 그러나 여기에서는 돌가지가 열매 맺는 가지에 접붙임 바 되었다.

11:25 바울사도는 몇 사람에게만 알려진 신비의 진리를 말한다. 그것은 이방인들을 부르신 것이다. 그것은 이제 유대인들이 회심하는 것이다. **형제들아 너희가 스스로 지혜 있다 하면서** – 현재의 이익에만 마음이 부풀어 올라 너만이 유일한 교회라는 망상을 가지고 있다면 로마의 교회와 같이 실패할 수 밖에 없다. **이스라엘의 더러는 우둔하게 된 것이라** – 그러므로 이스라엘은 완전히 최종적으로 버림받지 않을 것이다. **이방인의 충만한 수가 들어오기까지** -- 이방인들 중에서 많은 사람들이 추수될 때까지.

11:26 그리하여 온 이스라엘이 구원을 받으리라 – 이방인들이 들어오는 것에 의하여 확정이 된다. 그러나 이방인들 중에 많은 사람들이 여전히 추수될 것이다. 그때 모든 이스라엘 들어올 것이다. **구원을 받으리라** – 그렇다. 구원자가 오신다. 그러나 그의 오심의 완전한 열매는 아니다.

11:28 원수된 자요 – 복음 앞에, 하나님 앞에, 그리고 자신들에게. 그것은 하나님이 허용하신 것이다. **택하심으로 하면** – 믿는 자들은 사랑을 입은 자들이다.

11:29 하나님의 은사와 부르심에는 후회하심이 없느니라 – 하나님은 유대인들에게 주신 은사를 후회하지 않으신다. 그리고 이방인을 부르심을 후회하지 않으신다.

11:32 하나님이 모든 사람을 순종하지 아니하는 가운데 가두어 두심은 – 하나님은 하나님께 반역하려고 돌아선 그들을 참으신다. 첫째, 하나님은 고대에 이방인들의 반역을 참으셨다. 아브라함의 가족을 취하셔서 특별한 씨가 되게 하셨다. 이후로 하나님은 그들이 불신앙을 통해 타락하도록 허용하셨다. 그리고 믿음의 이방인들을 취하셨다. 하나님은 유대인들이 시기하도록 하셨으며 그래서 결국은 믿음에 이르도록 하셨다. 이것은 하나님의 행하심 가운데 있는 신비이다. 그것은 바울이 그러한 거룩한 놀라움을 흠모한다.

11:33 깊도다 하나님의 지혜와 지식의 풍성함이여 – 9장에서 바울사도는 좁은 바다를 항해하였다. 그러나 지금은 대양을 항해하고 있다. **깊도다 … 풍성함이여** – 이 말은 35절에 설명되어 있다. **하나님의 지혜** – 34절에서 설명한다. 지혜는 모든 것을 최상의 결과로 이끈다. 지식은 그 결과를 본다. **그의 판단은 헤아리지 못할 것이며** – 불신자들에 관한. **그의 길** – 믿는 자들에 관한. 그의 길은 한 차원이 더 높다. 그의 판단은 아주 깊다. 그래서 그의 길은 우리가 찾지 못할 것이다.

11:34 누가 주의 마음을 알았느냐 – 하나님이 마음을 계시하기 전에 혹은 마음을 계시하신 것 보다 더.

11:35 주께 드려 – 지혜와 능력 모두?

11:36 주에게서 – 창조자로서. **주로 말미암고** – 보존자로서. **주에게로** – 모든 것의 궁극적인 목적. **아멘** – 결론적 표현. 이 말에서 바울사도의 사랑이 있다. 그 사랑이 최고조에 달했을 때 모든 입을 닫게 한다.

로마서 12장

12:1 너희를 권하노니 – 바울사도는 자신이 전한 교리에 적절한 권면을 하고 있다. 그래서 여기에서 11장까지 나온 교리에 대한 보편적 적용을 1절과 2절에 담고 있다. 그리고 3절에서부터 이 서신의 마지막 부분까지 특별한 적용이 뒤따라온다.

하나님의 자비하심으로 – 이 말의 뜻은 로마서 1–4장으로부터 온 것이다. 하나님의 자비라는 표현 그 자체는 특별히 하나님의 진노에 반대된다 (롬 1:18). 하나님의 진노에서 우리를 구원하시는 하나님의 자비하심은 모든 복음에서 그 흔적을 찾을 수 있다. 그리고 은총과 자비의 모든 경륜에서도 찾을 수 있다. 이 복음은 우리로 하여금 모든 사명을 감당하게 한다.

드리라 – 롬 6:13; 16:19; 이제 실제적으로 하나님 앞에 너를 나타내라.

너희 몸 – 즉, 너 자신을; 부분은 전체에 속해 있다; 고대의 짐승 희생제사에서 몸은 전체였다. 이 구절은 롬 1:24에서 언급된 그들의 몸을 악용하는 것에 특별히 반대되는 것이다. 같은 장(chapter)에서 다른 표현이 직접적으로 언급되는 여러 가지 표현이 뒤 따라온다.

산 제사 – 죄에는 죽고 롬 1:17; 6:4에서 언급된 생명에 의해 살아있는. **거룩한** – 롬 7:12에 있는 거룩한 율법이 요구하는 것과 같은. **기뻐하시는** – 롬 8:8. **이는 너희가 드릴** – 이교도들의 제사는 받으실만한 것이 제사가 아니었다(롬 1:18). 유대인들의 영광도 마찬가지였다(롬 2:3). 그러나 하나님의 자비하심으로부터 흘러나오는 그의 사명을 따르는 그리스도인은 모든 일 가운데 가장 합당하게 행한다.

12:2 본받지 말고 – 판단이나 마음, 행동에서도 본받지 말고. **이 세대를** – 하나님의 뜻을 무시하고 전적으로 자신을 따르는 세대.

분별하도록 하라 – 확실한 시험을 통해 알라; 이것은 하나님께 자신을 드린 사람에 의해서 쉽게 행하여진다. **하나님의 선하시고 기뻐하시고 온전하신 뜻이 무엇인지** – 여기에서 하나님의 뜻은 기독교의 모든 교훈적인 부분으로 이해되어야만 한다. 하나님의 뜻은 그 자체로 너무도 뛰어나게 선하여 하나님께서 받으실만하고 우리의 본성에도 온전한 것이다.

12:3 말하노니 – 바울 사도는 이제 하나님의 뜻이 무엇이가를 보여주려 한다. **내게 주신 은혜로 말미암아** – 바울은 자신이 말하고자 하는 방향을 잃어버리지 않기 위하여 겸손하게 말한다. **너희 각 사람에게 말하노니** – 로마에 있는 신자들. 그들이 늘 이것을 기억한다면 행복할 것이다. **믿음의 분량대로** – 1장과 다음 장에 다루어졌다. 이 믿음의 분량에서 다른 모든 은사와 은혜가 흘러간다.

12:5 이와 같이 우리 많은 사람이 – 모든 신자들. **한 몸** – 그리스도 안에서 서로 밀접하게 연결되어 있다. 그리고 결과적으로 서로서로에게 도움이 되어야 한다.

12:6 우리에게 주신 은혜대로 받은 은사가 각각 다르니 – 은사는 다양하다: 은혜는 하나이다. **혹 예언이면** – 특별한 은사로 여겨진 예언에 의하여 천상의 신비가 인간에 선포되거나 미래의 일을 말하게 된다. 그러나 여기에서는 성경을 해석하는 보통의 은사를 의미할 것이다. **믿음의 분수대로** – 바울 사도는 이 믿음의 분수(the analogy of faith)를 하나님의 신탁으로 표현한다. 하나님의 신탁의 일반적 의미에 따라서; 여기에서 전달하고자 하는 교리의 큰 구조에 따라서 원죄, 이신칭의, 현재의 내적 구원을 의미한다. 여기에는 아주 놀라운 유비들이 있다. 성도들에게 전달된 믿음의 주요 부분에는 밀접하고 친밀한 연결이 있다. 모든 부분들은 이 규칙에 의하여 결정되는 질문들과 관련되어 있다. 의심되는 구절들은 성경 전체에 흐르는 위대한 진리에 따라서 해석된다.

12:7 혹 섬기는 일이면 – 집사들로서. **가르치는 자면** – 예비신자들을 위해 특별한 선생이 지정되었다.

12:8 위로하는 자면 – 위로하는 자들의 특별한 직무는 그리스도인들에게 사명을 다하도록 권면하는 것이었다. 또한 그들의 시련 가운데서 위로하는 일이었다. **다스리는 자는** – 무리를 돌보는 자. **긍휼을 베푸는 자** – 어떤 경우에라도. **즐거움으로** – 그런 기회가 있음을 기뻐하면서.

12:9 3절 이하에서 믿음과 믿음에 열매에 관하여 말하고 나서 바울은 이제 사랑에 관해 말한다. 9절, 10절, 11절은 7장과 연결되어 있다. 12절은 8장과 연결되어 있다. 유대인이나 이방인이나 성도들과의 교제를 말하는 13절은 9장과 연결되어 있다. 16절의 한 부분은 11장 25절을 반복한 것이다. **악을 미워하고 선에 속하라** – 내적으로나 외적으로 모두. 어떠한 고난과 위험이 따라온다 할지라도.

12:10 서로 … 존경하기를 먼저 하며 – 당신이 늘 다른 사람들의 장점을 보고, 당신 내면에 악을 보다면 그렇게 할 수 있다.

12:11 무엇을 하든지 최선을 다하여 하라 모든 일에 부지런히 최선을 다하여 주를 섬기라. 모든 것을 하나님께 하듯 하고, 사람에게 하듯 하지 말라.

12:12 소망 중에 즐거워하며 – 온전한 성결과 영원한 기쁨의 소망. 지금까지는 믿음과 사랑이었다. 이제는 소망이 등장한다. 5장과 8장을 보라. 다른 사람들을, 성도들(13절), 박해자들(14절), 친구들, 나그네들, 적들을 향한 의무를 다한 후에(15절 이하)

12:13 성도들의 쓸 것을 공급하며 – 가난한 가운데 있는 모든 그리스도인들을 구제하라. 성도의 교제로부터 흘러나오는 의무를 강조하며 다루고 있는 데, 죽은 자들에 관하여는 것은 한 마디도 하지 않은 것은 주목할 만하다. **손 대접하기를 힘쓰라** – 환대를 해주는 사람만 포용하지 말고 환대를 하기 위한 기회를 찾으라.

12:14 저주하지 말라 – 마음속으로라도 하지 말라.

12:15 즐거워하고 – 우는 자들의 정반대는 웃는 자들이다. 그러나 이것은 그리스도인들에게 적당하지 않다.

12:16 높은 데 마음을 두지 말고 – 부와 명예를 탐하지 말라.

12:17 도모하라 – 행하기 전에 생각하라. 누구에게나 악으로 갚지 않도록 최선을 다하라.

12:19 내 사랑하는 자들아 – 바울은 이제 엄중한 마음을 부드럽게 하고 있다. **너희가 친히 원수를 갚지 말고** – 하나님께 맡기라. 하나님의 진노에 맡기는 것이 더 나을 것이다. 즉, 하나님의 진노는 원수를 갚아야 할 자에게 속한다.

12:20 먹이고 – 너의 손으로. 필요하다면 그의 입에 빵을 넣어주라. **네가 숯불을 그 머리에 쌓하 놓으리라** – 이 부분이 가장 현명한 부분이다.

12:21 만일 현재에 열매를 보지 못한다 할지라도 인내하라. **악에게 지지 말고** – 그들 스스로 원수를 갚는 사람들처럼. **선으로 악을 이기라** – 온유와 인내로서 적을 이기라.

로마서 13장

13:1 바울은 사도는 로마에 있는 성도들에게 편지를 쓰면서, 권세자들에게 복종하라고 말한다. 이것은 사실상 기독교의 공적 입장이다. **각 사람은 위에 있는 권세자**

들에게 복종하라 – 특별히 유대인들을 위해 필요한 권면이다. **권세**(power) – 단수로 되어 있다. 위에 있는 권세를 의미한다. **권세**(powers) – 그 권세를 사용하는 자들이다. 이 권세들은 하나님으로부터 온 것으로 인정되어 한다. 바울 사도는 이 둘을 다 인정한다. 권세는 모두 하나님으로부터 나왔다. 하나님은 모든 것을 결정하시며, 그의 섭리에 의하여 특별한 것을 허락하신다. **모든 권세는 하나님께서 정하신 바라** – 그러므로 권세에 순종하든지 질서 있게 따라야 한다. 그들은 하나님의 대리인들이다. 결과적으로 그들의 권세는 사실상 하나님의 것이고 우리의 성실한 순종을 요구한다.

13:2 그러므로 권세를 거스르는 자는 – 공동체의 규율이 되는 법이 아닌 다른 방법으로. **심판을 자취하리라** – 권세자들로 뿐만이 아니라 하나님으로부터도.

13:3 다스리는 자들은 – 보편적으로, 몇몇의 특별한 경우에도 불구하고. **악한 일에 대하여 되나니** – 오직. **두려워하지 아니하려느냐** – 악한 행위 이전에 오는 두려움이 하나 있다. 악한 행위를 단념시키는 두려움이다. 이 두려움은 항상 있어야 한다. 악한 행위 이후에 오는 두려움이 또 하나 있다. 선한 일을 하는 자는 이 두려움에서 자유하다.

13:4 칼 – 하나님께서 벌을 주기 위해 그에게 허락하신 사형집행의 도구

13:5 진노 때문에 할 것이 아니라 – 즉, 사람의 형벌 때문에 할 것이 아니다. **양심을 따라 할 것이라** – 하나님께 대한 순종의 마음으로.

13:6 이로 말미암음이라 – 왜냐하면 그들은 공공선을 위해 세우신 하나님의 일꾼들이기 때문이다. **이 일에** – 공공선.

13:7 모든 자 – 다스리는 자들. **조세** – 개인이나 부동산에 대한 세금. **관세** – 수입이나 수출 하는 물건에 대한 세금. **두려워하며** – 순종. **존경하라** – 존중. 이러한 모든 것이 위에 있는 권세자들에게 합당한 것이다.

13:8 바울은 다스리는 자들에게 대한 우리의 의무로부터 보편적인 의무로 이동하고 있다. **사랑의 빚 외에는** – 사랑의 빚은 결코 충분히 갚을 수 없는 영원한 빚이다; 그러나 이 사랑이 옳게 실천되어 진다면 다른 모든 것이 이 사랑으로부터 나온다. **남을 사랑하는 자는** – 그가 사랑해야만 되는 것처럼. **율법을 다 이루었느니라** – 그의 이웃을 향한

13:9 그 외에 다른 계명이 있을지라도 – 좀 더 특별하게. **계명** – 율법에 많이 나와 있는 것처럼 우리의 이웃을 향한 계명. **그 말씀 가운데 다 들었느니라** –– 율법을 다 생각하지 못한다 할지라도 당신의 마음이 사랑으로 가득차 있다면, 당신은 그 율법을 다 이루게 될 것이다.

13:10 그러므로 사랑은 율법의 완성이니라 – 모든 악을 멀리하게 하는 그 사랑이 우리로 하여금 모든 선한 일을 하게 한다.

13:11 또한 – 위에 언급된 모든 것 안에서 사랑의 법을 성취하라. **이 시기를 알거니**

와 – 은혜로 가득한, 그러나 은혜로부터 멀어진. **자다가 깰 때가 되었으니** – 얼마나 아름다운 비유인가! 지금의 삶은 밤이다. 부활은 낮이다. 복음이 마음에 비추어지는 것이 해가 뜨기 시작하는 것이다. 우리는 잠에서 깨어나야 한다. 일어나서 우리는 어둠에만 어울리는 잠옷을 벗어 버려야 한다. 그리고 새 옷을 입어야 한다. 그리고 많은 대적들에 둘러싸인 군사로서 우리는 군장을 갖추고 싸울 준비를 해야 한다.

우리가 믿음을 가질 때가 동이 트는 때이다. 잠이 우리의 삶을 도적질하게 하지 못하게 하기 위하여 이제 일어나서, 무장하고, 걷고, 일해야 할 시간이다. 처음 믿을 때보다 마지막 구원의 영광이 우리에게 지금 가까이 왔다. 빠르게 날아가는 새처럼 시간은 빠르게 계속해서 흐른다. 현재의 시간와 영원 사이에서 남아 있는 시간은 아주 짧다.

13:13 방탕하거나 – 사치스러운 축제.

13:14 오직 주 예수 그리스도 옷 입고 – 이 말은 우리의 구원의 모든 것을 포함하고 있다. 이것은 그리스도와의 친밀한 연합에 대한 가장 강력하고 아름다운 표현이다. 예수 안에 있는 모든 은총으로 옷 입은 상태이다. 바울 사도는 순결, 절제, 평화, 축복으로 옷 입으라고 말하지 않는다. 그러나 바울은 그리스도로 옷 입으라고 말함으로 이 모든 것을 수없이 말하고 있는 것이다. **육신의 일을 도모하지 말라** – 어리석은 욕망을 일으키는. 욕망이 이미 생겼다면 그 욕망을 만족시키기 위한 육신의 일.

로마서 14장

14:1 믿음이 연약한 자 – 필요 없는 양심의 가책으로 인해. **받되** – 모든 사랑과 예절로 그리스도인의 친교 가운데 있게 하라. **그의 의견을 비판하지 말라** – 의심스러운 점에 관하여

14:2 모든 것을 – 모든 종류의 음식, 율법에 의해 금지되었을지라도.

14:3 먹는 자를 업신여기지 말고 – 너무 양심의 가책을 느끼거나 미신적으로. **먹는 자를 비판하지 말라** – 타락한 것으로, 혹은 적절치 않은 자유를 즐기는 것으로. **이는 하나님이 그를 받으셨음이라** – 이런 것에도 불구하고 하나님의 자녀의 수 안으로 받으셨다.

14:5 이 날을 저 날보다 – 어떤 사람은 음력을, 다른 사람들은 유대인의 절기를. **각각 자기의 마음으로 확정할지니라** – 무엇을 하기 이전에 합당한 것인가를 생각하라.

14:6 주를 위하여 – 즉, 하나님을 향한 양심의 원칙으로부터. **먹지 않는 자도** – 육식. **하나님께 감사하느니라** – 채소에 대하여.

14:7 우리 중에 … 없고 – 우리가 행하는 모든 일에서 그리스도인으로서. **자기를 위하여** – 자기의 마음대로, 자기의 뜻을 행함.

14:10 어찌하여 네 형제를 업신여기느냐 – 지금까지 바울은 믿음이 연약한 형제에

관하여 말하였다. 이제 바울은 믿음이 강한 자들에게 말한다.

14:11 내가 살았노니 – 하나님께 합당한 맹세. 왜냐하면 하나님만이 영원하며 자존적인 생명을 소유하고 계시기 때문이다. 여기에서 주님과 하나님으로 칭한 분은 그리스도시다. 우리는 그리스도를 위해 살고, 그리스도를 위해 죽는다. **모든 혀가 하나님께 자백하리라** – 그들의 합당한 주님으로 모시게 될 것이다. 그때에 비로소 모든 것이 완전하게 성취될 것이다. 주님은 그날에 주님의 자비를 발견하게 하실 것이다. 그리고 그 자비가 우리와 다른 사람들에게도 전가될 것이다. 그렇다, 주님을 기쁘시게 하기 위한 소원으로 행한 일에 대해 비판하거나 정죄했던 사람들이나 주님께 거역하는 것에 대한 두려움으로 거절했던 사람들도 주님께 자백하게 될 것이다.

14:13 서로 비판하지 말고 – 우리 자신들에 관하여. **부딪칠 것이나** …형제 앞에 두지 아니하도록 주의하라 – 그의 양심에 반대되는 것을 당신이 하는 것처럼 하도록 하여. **거칠 것** – 당신을 미워하거나 판단하도록 하는.

14:14 내가 주 예수 안에서 알고 확신하노니 – 아마도 특별한 계시에 의하여. **무엇이든지 … 없으되** – 육식이든 채식이든. **스스로 속된 것이** – 복음 안에서 합당하지 않은 것이 없다.

14:16 그러므로 너희의 선한 것이 비방을 받지 않게 하라 – 합당한 자유가 다른 사람들을 공격하지 않도록.

14:17 하나님의 나라는 – 즉, 참된 종교 외적인 준수에 있지 않다. **의** – 마음에 새겨진 하나님의 형상. 하나님 사랑과 이웃 사랑. **평강** – 모든 이해를 뛰어넘는 평강을 동반한다. 그리고 성령 안에 있는 희락이다.

14:18 이로써 – 의, 평강, 희락. **섬기는 자는** – 지혜롭고 선한 사람.

14:19 화평 … 덕 – 화평과 덕은 가깝게 연결되어 있다. 실천적 신학은 화평과 덕을 동등하게 여기는 경향이 있다. 논쟁적 신학은 덕을 덜 직접적으로 여긴다. 때로 구약에서는 덕 없이는 우리의 삶을 세워갈 수 없다고 할지라도(느 4:17).

14:20 하나님의 사업 – 하나님께서 믿음의 사람들 안에서 세워 가시고, 교회의 하나 됨을 통해 세워 가시는. **거리낌으로 먹는 사람에게는 악한 것이라** – 그것으로 다른 사람들을 공격하는 것처럼.

14:21 네 형제로 거리끼게 하는 일을 아니함이 – 자신의 양심을 거스르고 당신을 흉내내어 의로움에 반대되게 하는 일.

14:22 네게 있는 믿음을 – 모든 것이 순결한가? **하나님 앞에서 스스로 가기고 있으라** – 이러한 상황 속에서도, 너 스스로 지키고, 다른 사람을 비방하지 말라. **자기를 정죄하지 않는 자는 복이 있도다** – 순수한 것을 적절치 않게 사용함으로! 의심하는 마음으로부터 자유로운 사람은 행복하다!

14:23 이는 믿음을 따라 하지 아니하였기 때문이라 – 그는 그것이 합당하다고 믿지 않았다. 모든 경우에 있어서 믿음으로 하지 않는 모든 것이 죄이다. 무슨 일을 하든

지 그 일이 합당한 일이라는 확신으로 하지 않는 모든 것이, 그에게는 죄이다.

로마서 15장

15:1 믿음이 강한 우리는 – 더 분명한 판단을 하는, 이러한 양심의 가책에서 자유한. **자신을 기쁘게 하지 아니할 것이라** – 다른 사람들에 대한 고려함 없이 자신만 기쁘게 하지 아니할 것이라.

15:2 선을 이루고 – 이것은 보편적인 표현이다. **덕을 세우도록** – 선의 한 부분이다.

15:3 연약한 자들을 품어 주는 자들만 있지 아니하고 비방하는 자들도 있다. 그리하여 성경을 성취한다.

15:4 전에 기록된 바는 – 구약에서. **우리로 하여금 인내로 또는 성경의 위로로 소망을 가지게 함이니라** – 하나님이 이런 것들을 통해 우리에게 주는 위로로써, 우리는 인내와 기쁨의 소망을 가진다.

15:5 예수 그리스도의 능력을 따라서.

15:6 유대인과 이방인들이 한 마음으로 믿고, 한 입으로 고백할 것이다.

15:7 너희도 서로 받으라 – 연약한 자와 강한 자가 서로를 향한 사랑으로.

15:8 내가 말하노니 – 사도바울은 여기에서 어떻게 그리스도께서 우리를 받으셨는가를 보여준다. **그리스도** – 예수는 이름이고, 그리스도는 성이다. 그리스도가 먼저 유대인들에게 알려졌고, 예수는 이방인들에게 알려졌다. 그래서 그는 예수 그리스도라고 불린다. 이렇게 부르는 것이 자연스러운 순서를 따라 일반화가 되었다. 이 순서가 바뀌면, 그리스도의 직무가 좀더 엄중하게 고려된다. **추종자** – 그의 아버지의. **할례의** – 할례 받은 자들, 즉 유대인들의 구원을 위해. **하나님의 진실** – 하나님의 신실하심과 진실하심을 알리기 위하여.

15:9 기록된 바 – 시편 18편에서, 이방인과 유대인들이 이스라엘의 하나님의 예배하기 위하여 하나가 되는 것을 말하고 있다.

15:12 이새의 뿌리 – 왕들과 메시야는 이새의 집에서 나온다는 것이 다윗 전에 이새에게 약속되었다. **열방이 그에게 소망을 두리라** – 소망이 없었던 자들(엡 2:12).

15:13 소망의 하나님이 – 하나님의 영광스러운 이름, 그러나 지금까지는 이방인들에게 알려지지 않았다. 그들의 여신 호프(Hope)는 다른 우상들처럼 아무것도 아니다. 로마에 있는 그들의 신전은 번개에 의해서 불타버렸다. 그 신전은 곧 다시 지어졌으나, 다시 완전히 불타버렸다.

15:14 로마서의 여러가지 결론들이 있다. 첫 번째 결론이 본 절에서 시작된다. 두 번째 결론은 16장 1절; 세 번째는 17절; 네 번째는 21절; 다섯 번째는 25절에서 시작된다. **선함이 가득하고** – 새로운 피조물이 됨으로. **모든 지식이 차서** – 하나님의 일에 대한 오랜 경험으로. **권하는 자임을** – 교훈하고 권면하기 위하여.

15:15 내게 주신 은혜로 말미암아 – 즉, 나는 이방의 사도이기 때문에.
15:16 이방인을 제물로 드리는 것이 – 산제물로써.
15:17 그러므로 내가 그리스도 예수 안에서 – 나의 모든 자랑은 예수 안에 예수를 통하여 있다.
15:18 말과 – 성령의 능력으로. **행위로** – 즉, 놀라운 표적과 이적을 통하여.
15:20 또 내가 그리스도의 이름을 부르는 곳에는 복음을 전하지 않기를 힘썼노니 – 바울은 복음이 전해진 곳은 가기를 원치 않았다. 바울은 그 어떠한 어려움과 위험이 있다 할지라도 복음이 전해지지 않은 곳에 처음으로 복음을 선포하려는 거룩한 야망(헬라어가 의미하는 바이다)을 가지고 있었다. **이는 남의 터 위에 건축하지 아니하려 함이라** – 하나님의 섭리는 특별한 것 같다. 언제든 바울을 해할 기회를 찾는 바울의 대적들이 그를 비난하지 못하도록 하게 하는 하나님의 특별한 방법이다.
15:22 그러므로 또한 내가 너희에게 가려 하던 것이 여러 번 막혔더니 – 그들 가운데 그리스도의 이름이 있는 자들.
15:23 이제는 이 지방에 일할 곳이 없고 – 지금은 그리스도가 모든 도시에 선포된 곳에서. **언제든지 서바나로 갈 때에** – 아직 복음이 전해 지지 않은 곳.
15:24 너희를 보고 먼저 너희와 사귐으로 얼마간 기쁨을 가진 후에 – 바울의 말이 얼마나 놀랍도록 겸손한가! 오히려 그들이 바울과의 사귐으로 기뻐하기를 원했을 것이다. **얼마간 기쁨을** – 바울은 짧은 머무름을 더욱 귀하게 여긴다. 아니면, 오직 그리스도만이 온전히 그의 영혼을 만족시킬 수 있을 것이다.
15:26 예루살렘 성도들 중 가난한 자들을 위하여 – 이 표현을 통해서 예루살렘의 그리스도인들 가운데 소유의 공동체성이 멈추어진 것이라고 결코 추정해서는 안 된다. 이 말씀에 우리가 추정할 수 있는 것은 예루살렘의 교회의 어떤 이들이 극도의 궁핍 가운데 있었다는 것이다. (행 11:28, 29). 나머지 사람들은 근근이 살아갈 수 있었지만 그들의 형제의 필요를 채울 수는 없었다.
15:27 저희가 기뻐서 하였거니와 또한 저희는 그들에게 빚진 자니 – 즉, 그들은 긍휼뿐 아니라 정의에서 그들에게 빚진 자이다. **영적인 것** – 복음을 증거함으로써. **육적인 것** – 육체를 위해 필요한 것들.
15:28 그러므로 내가 이 일을 마치고 이 열매를 그들에게 – 내가 안전하게 형제 사랑의 열매인 그 연보를 그들에게 전달한 후에 확증을 받고. **너희에게 들렀다가 서바나로 가리라** – 이것이 바울의 계획이었다. 그러나 바울이 스페인에 갔는지는 알 수 없다. 선한 사람들은 마음에 거룩한 소원을 품지만 때로 하나님의 섭리에 의해 이루어지지 않을 수 있다. 그러나 하나님의 눈에 그 목적들은 소중하다.
15:30 내가 우리 주 예수 그리스도와 성령의 사랑으로 말미암아 너희를 권하노니 – 즉, 성령의 참된 열매인 사랑으로. **너희 기도에 나와 힘을 같이하여** – 다른 사람에게 간절한 기도를 부탁하는 사람은 자기 자신이 기도해야 한다. 모든 사도들 중에서

바울 사도만이 신실한 성도들에게 자신을 위해 기도해 달라고 부탁한 것으로 기록되었다. 그리고 이것은 그의 서신서의 일반적인 결론이다. 그러나 약간의 차이는 존재한다. 왜냐하면 한편으로 바울사도는 엄격하고 근엄한 아버지의 모습으로 디모데와 디도, 고린도교회의 성도들, 갈라디아 교회의 성도들을 자녀로 여긴다. 다른 한편으로는 로마서, 에베소서, 데살로니가전후서, 골로새서, 히브리서 등에서는 자신과 성도들을 동등하게 여긴다.

15:31 건짐을 받게 하고 – 바울은 교회를 위한 그의 삶의 중요성이 절박하다. 그렇지 않다면 그는 이 세상을 떠나 그리스도와 함께 있는 것을 기뻐하였을 것이다. **내가 섬기는 일을 성도들이 받을만 하게 하고** – 그들의 모든 편견에도 불구하고, 끝까지 유대 그리스도인들과 이방인 그리스도인들이 다정한 사랑 안에서 하나로 묶여질 것이다.

15:32 나로… 너희에게 나아가 – 31절의 전반부를 의미한다. **기쁨으로** – 31절에서의 후반부를 의미한다.

로마서 16장

16:1 내가 … 보뵈를 너희에게 추천하노라 – 이 편지의 전달자. **일꾼** – 헬라어로는 여집사(deaconness)이다. **겐그리아 교회의** – 사도 시대에는, 엄숙하고 경건한 여성은 모든 교회에서 여집사로 임명이 되었다. 공적인 설교가 아니라, 병든 자를 방문하고 (특별히 여성들) 그들의 육적 영적 필요를 채우는 일이 여집사들의 직무였다.

16:2 주 안에서 – 즉, 주님을 위하여, 그리스도인의 예절을 따라. 바울은 이 표현을 좋아하였다.

16:4 그들은 내 목숨을 위하여 자기들의 목까지도 내놓았나니 – 즉, 극단적인 위험에 자신들을 노출시키기까지. **이방인의 모든 교회도** – 로마에 있는 교회까지도, 그들이 소중한 생명까지도 내놓은 것에 감사한다.

16:5 또 저의 집에 있는 교회에도 감사하라 – 아굴라는 글라우디오의 통치 아래서 로마로부터 빠져나왔으나 이제 돌아가서 가이오가 고린도에서 행한 일을 동일하게 행하였다(롬 16:23). 어떤 그리스도인이 큰 집을 가지고 있는 곳에, 그들은 모두가 함께 모였다. 로마에 있는 기독교는 아직 감독이나 집사가 없었다. 지금까지는 교황의 권력에 대한 어떤 그림자로부터 멀리 떨어져 있었다. 그렇다. 가정 교회 이상 되는 도시 전체를 아우르는 교회는 아직 나타나지 않았다. 그렇지 않았다면 바울이 그들의 교회에도 인사했을 것이라는 사실은 의심할 여지가 없다. **에베네도** – 바울 사도가 로마에 간적이 없다 할지라도 그는 로마에 있는 많은 사람들을 알고 있었다. 그러나 여기에서는 리나(Linus)나 클레멘스(Clemens)는 언급되지 않는다. 바울이 로마서를 기록할 당시에는 그들은 아직 로마에 오지 않았다. **아시아에서 처음 맺은 열매니**

라 – 식민지 아시아에서의 첫 회심자.

16:7 사도들에게 존중히 여겨지고 – 가장 초기의 회심자들 중 몇 사람으로 여겨진다. **나와 함께 갇혔던** – 복음을 위하여.

16:9 우리의 동역자 – 나와 디모데의 동역자 (21절)

16:10, 11 아리스도불로의 권속에게 문안하라 나깃수의 가족 중 … 문안하라 – 그들의 가족의 일부만 회심한 것으로 여겨진다. 아마도 그들 중에는 바울 사도가 얼굴을 못 본 사람도 있었을 것이다. 믿음은 불만을 만들지 않는다. 믿음은 예의를 갖추게 한다. 그 예의는 사도의 중요성을 방해하지 않는다.

16:12 드루배나와 드루보사에게 문안하라 – 아마도 그들은 자매였을 것이다.

16:13 루포와 … 문안하라 – 마가복음 15장 21절에 언급된 이름과 동일 인물일 것이다. **그의 어머니는 곧 내 어머니라** – 루포의 어머니가 자신을 세심히 돌봐주었다는 것을 의미하는 표현이다.

16:14 아순그리도와 블레곤과 – 바울은 그들과 혈연으로 엮어져 가까운 곳에 살며 함께 한 것으로 여겨진다. 특별히 가난한 사람들이 이름으로 언급함으로 그들을 격려하고 있다. 그들은 바울 사도가 한 번도 들어본 적이 없어 알지 못하는 사람도 있었을 것이다. 바울사도는 소중한 사람들을 모두 기억하는 반면, 소중함의 정도에 따라 그의 인사의 정도를 조정하고 있다.

16:15 모든 성도에게 문안하라 – 만일 베드로 사도가 로마에 있었다면, 바울 사도는 의심할 여지없이 그의 이름을 언급하고 문안하였을 것이다. 이 많은 이름 중에 베드로 사도에 필적할 만한 중요한 인물이 없기 때문이다. 그러나 만일 베드로가 로마에 있지 않았다면, 로마의 모든 전통은 그의 감독직의 계승에 관하여 가장 근본적인 것에서 실패하고 있는 것이다.

16:16 너희가 거룩하게 입맞춤으로 서로 문안하라 – 베드로 사도가 베드로전서 5장 14절에서, "사랑의 입맞춤"라고 했던 표현이다. 고대의 모든 그리스도인들은 그들이 모든 신성한 직무를 거룩한 입맞춤으로 마무리 하였다. 남자는 남자에게 문안하였고, 여자는 여자에게 문안하였다. 이러한 사도적 문화는 모든 그리스도의 교회에서 한 동안 지속된 것으로 여겨진다.

16:17 너희가 배운 교훈을 거슬러 분쟁을 일으키거나 – 그러한 일들이 로마에 있었다. **그들에게서 떠나라** – 그들과의 모든 불필요한 접촉을 피하라.

16:18 교활한 말 – 그들 자신에 관하여 큰 약속들을 하면서. **아첨하는 말** – 당신에게 관하여 칭송과 아첨하는 말들을 하면서. **순진한 자들의** – 아무런 해도 입히지 않는 사람들은 그들에 자신에 관하여 경계하고 있지 않다.

16:19 너희의 순종함이 – 순종함뿐만이 아니라 분별력을 가지고 있다. **선한 데 지혜롭고** – 선한 일에 대해서는 가능한한 많이 알라. **악한 데 미련하기를 원하노라** – 악한 일에 대해서는 가능한 한 무지하라.

16:20 평강의 하나님께서 – 평강의 창조자이시며 평강을 사랑하시는 분이 너의 분별력을 축복하신다. **속히 사탄을 너희 발 아래 상하게 하시리라** – 가라지를 뿌리는 자들의 계략을 무너뜨리고 너를 점점 사랑 안에서 묶어 줄 것이다.

16:21 나의 동역자 디모데와 – 여기에서 그리고 이전에 사도 바울의 믿음의 아들로 불려졌다. 그러나 디모데는 로마에 있었던 적이 없다. 그의 이름은 로마서 전반부에는 언급되지 않는다.

16:22 나 더디오도 주 안에서 너희에게 문안하노라 – 사도바울이 말한 것을 받아 적은 더디오는 바울의 권면과 허락에 의해서 여기에 기록이 되었다.

16:23 가이오도 – 고린도 사람(고전 1:14). **나와 온 교회를 돌보아 주는** – 언제가 이 집에서 만난 사람. **이 성의 재무관** – 고린도의.

16:25, 26 나타내신 바 되었으며 – 로마서의 마지막 말들은 정확히 로마서 1–5장에 대한 대답이다. 특별히, 하나님의 능력과 복음, 예수 그리스도, 성경, 믿음의 순종, 모든 민족이라는 주제에 대한 대답이다. **견고하게 하실** – 유대인과 이방인 모두. **나의 복음과 예수 그리스도를 전파함은** – 즉, 내가 전파하는 예수 그리스도의 복음의 주제를 따르면. **신비의 계시를 따라** – 선지서에서 분명히 예언된 이방인들을 부르시는 신비는 심지어 유대인 신자들에게도 여전히 가려져 있다. **명을 따라** – 사도직의 근거. **영원하신 하나님** – 더 이상의 적당한 형용어는 없다. 새로운 시대가 하나님 안에서의 변화를 의미하지 않는다. 그이 모든 일은 그분이 아신다. 영원부터 모든 변화를 아신다. **모든 민족이 알게 하신 바** – 그들이 복음을 겨우 알게 된 것뿐만이 아니라 믿음에 순종함으로 복음을 누리게 하신다.

16:27 지혜로우신 하나님께 – 하나님의 많은 지혜는 복음을 통해 교회에 나타났다(엡 3:10). "능하신 분께"와 "지혜의 하나님께"는 서로 연결되었다(고전 1:24). 고전 1:24절에서 그리스도는 "하나님의 지혜"와 "하나님의 능력"으로 불려진다. **영광이 세세무궁하도록 있을지어다** – 모든 사람들이여 **아멘** 이라고 말하라!

고린도전서 주해

고린도는 **아가야** 지역의 한 도시로서, **펠로폰네소스** 반도를 **그리스**의 나머지와 연결하는 지협(地峽)에 있었으며, 지금은 **모레아**라고 불린다. 무역업을 위하여 대단히 유리한 지역에 자리 잡고 있었기 때문에, 고린도 주민들은 부유하였으며, 따라서 매우 당연한 결과로, 그들은 사치(奢侈)와 호색(好色), 그리고 온갖 종류의 악행(惡行)으로 이끌렸다.

그러나 심지어 이런 곳에서도 사도바울은 주로 이교도 개종자들로 이루어진 다수의 사람이 모이는 교회를 개척하였다. 고린도를 떠난 지 약 3년 만에, 사도바울은 **에베소**에서 고린도 신자들에게 이 편지를 써 보냈다. 고린도 신도들이 저지르는 여러 가지 부도덕한 일들을 바로잡기 위해서만이 아니라, 그들이 바울에게 제기한 문제점들에 대하여 대답하기 위해서 이 편지를 쓴 것이다.

고린도전서의 구성

Ⅰ. **제사(題詞)** 1장 1–3절

Ⅱ. **논문(論文), 그 안에 들어있는 것은,**

1. 일치를 위한 권고, 육체를 기쁘게 하는 모든 것을 버리기, 1장 4절–4장 21절
2. 책망(責望),
   (1) 근친상간하는 사람을 제명하지 않는데 대하여, 5장 1–13절
   (2) 이교도 판사들 앞에 송사하는 일에 대하여, 6장 1–11절
3. 음행에 대한 만류(挽留), 6장 12–20절
4. 고린도 신자가 결혼에 대하여 제기한 문제들에 대한 대답,
   7장 1, 10, 25, 36, 39절
5. 우상에게 바쳐졌던 제물들에 관하여, 8장 1절–11장 1절
6. 여성이 베일을 쓰는 것에 관하여, 11장 2–16절
7. 주의 만찬에 관하여, 11장 17–34절
8. 영적인 은사들에 관하여, 12장, 13장, 14장

9. 부활에 관하여, 15장 1–58절

10. 가난한 성도를 위한 연보(捐補), 바울 자신의 방문, 디모데의 방문, 아볼로의 방문, 전체 요약, 16장 1, 5, 10, 12, 13, 14절

Ⅲ. 결구(結句), 16장 15, 17, 19–21절

고린도전서 1장

1:1 사도로 부르심을 받은 바울 – 인사말의 모든 구절에는 매우 예의바른 측면이 있다. 특별히 여기에서 그렇다. 왜냐하면 고린도 교회 안에는 선교사역에 대한 바울의 권위(權威)에 대하여 의문을 제기한 사람들이 있었기 때문이다. **하나님의 뜻을 따라** – 디모데후서 1장 1절 "하나님의 뜻으로 말미암아"를 환기시킨다. 이것이 교회들에 대한 바울의 권위의 근거였으며, 그리고 바울 자신에 대한 겸손하고 준비된 마음의 근거였다. "하나님"을 언급함으로써, 사람의 권위(權威)는 배제된다(갈라디아서 1장 1절). "하나님의 뜻"을 언급함으로써, 바울의 공로(功勞)도 배제된다(15장 8절 등). **그리고 소스데네** – 고린도 사람으로, 바울의 선교 여정에 동행하였다. 바울사도가 매우 많은 부정(不淨)한 행위를 책망해야하는 서신에서 자신의 이름과 함께 그의 이름을 기록한 것에서 그의 겸손(謙遜)함과 신중(愼重)함이 돋보인다. **우리 형제 소스데네** – 아마도 이 말은 강조를 위한 것이다. 바울이 말했던 것처럼, 그는 유대인으로서 복음에 대한 방해자로부터 신실한 형제(兄弟)가 되었다.

1:2 고린도에 있는 하나님의 교회에게 – 데살로니가 교인들에게 그리고 갈라디아 교인들에게 그런 것처럼, 고린도 교인들에게도 친숙한 방식으로 편지를 쓸 때, 사도바울은 이렇게 분명한 호칭(呼稱)을 사용하였다. 다른 교회들에게 바울은 좀 더 엄숙한 명칭(名稱)을 사용한다. **그리스도 예수님 안에서 거룩히 구별되고** – 따라서 몇 가지 예외에도 불구하고, 일반적으로 그들이 그리스도 예수님 안에서 거룩히 구별(區別)되었다는 사실은 의심할 여지가 없다. **부르심을 받은** – "예수 그리스도의 (것으로)," (로마서 1:6) "부르심을 받은," **그리고** – 그리고 예수 그리스도의 부르심의 열매로서 거룩해졌다. **각 처에 있는 모든 자들에게** – 어떤 것도 사도바울이 이 서신에서 고취하려고 노력하고 있는 그런 '보편적(普遍的)인 사랑'에 더 적합한 것은 없다. 즉, 어떤 것도 이 땅위에 모든 진실한 그리스도인들을 위하여 사도바울이 가진 선한 의도에 대한 그런 선언(宣言)보다 보편적인 사랑에 더 적절한 것은 없다. **우리의 주(主) 되신 예수 그리스도의 이름을 부르는** – 이 구절에서 모든 그리스도인은 그리스도를 통하여 하나님 아버지께 기도(祈禱)할 뿐만 아니라 그리스도께 기도(祈禱)해야 한다는 것을 명백하게 함의하고 있다.

1:4 항상 – 내가 하나님께 기도(祈禱)로 여러분들을 언급할 때마다, "항상."

1:5 모든 말과 모든 지식에서 – 하나님의 일에 대한 모든 말과 모든 지식에서. '고린도 교인들'은 특별히 은사(恩賜)들을 감탄하며 숭배하였다. 그러므로 이러한 축사(祝辭)는 자연히 그들의 마음을 누그러뜨리며, 그리고 이어지는 책망(責望)을 위해 자리를 내어주는 경향이 있다.

1:6 그리스도의 증언 – 복음이 "여러분 가운데 확증(確證)되었다."라는 "그리스도의 증언(證言)." 즉, 성취한 이러한 은사(恩賜)들에 의해서 복음을 확증하였다. 고린도 교

인들은 '바울'의 손에 의해서 자신들이 이러한 은사들을 받았다고 인식하고 있었다. 그리고 이러한 생각은 매우 적절한 것이었다. 그래서 그들에게 자신들의 영적(靈的) 아버지 바울에 대하여 이전에 가졌던 존경심과 애정을 되살아나게 하였다.

1:7 진심 어린 소원을 가지고 우리 주 예수 그리스도의 (영광스러운) **오심을 기다리나니** – 진정한 그리스도인인지 혹은 거짓된 그리스도인인지에 대한 확실한 표지(標識)는 그리스도의 이러한 오심을 열망하는지 혹은 두려워하는지에 달려있다.

1:8 만약 여러분들이 그리스도께 신실하게 전념한다면, 그분께서 또한 너희를 끝까지, 곧 그리스도의 날에 견고하게 하사 – 지금은 '우리의 날'이다. 그 안에서 우리는 우리 자신의 구원을 위하여 노력해야만 한다. 그다음은 '그리스도의 날'이 뚜렷하게 드러날 것이다. 그리고 성도들 안에서 '그리스도의 영광(榮光)의 날'이 될 것이다.

1:9 하나님은 신실하시다 – 하나님의 모든 약속(約束)에 대하여 신실하시며, 그리고 그럼으로써 "이미 오셨으며, 또한 다시 오실 그분께," 곧 "여러분이 부르심을 받은 그분께" 하나님은 신실하시다. 즉, 하나님은 기꺼이 최대한도로 여러분을 구원(救援)하시겠다는 당신 마음의 약속에 신실(信實)하시다는 것이다.

1:10 이제 내가 (우리 주 예수 그리스도의 이름으로) 너희에게 간청하노니 – 여러분은 믿음과 소망을 간직하고 있다. 그리고 여러분은 또한 "우리 주 예수 그리스도의 (사랑스러운) 이름으로," 즉 여러분이 자랑으로 여기는 모든 이름보다 한없이 더 좋은 이름으로 확실한 사랑을 품고 있다. 그래서 "너희는 다 같은 것을 말하고"(그러나 그들은 지금 다른 것들을 말했다. **12절**) "그리고 너희 사이에 분쟁(分爭)도 존재하지 않는다." 즉, 서로로부터 애정(愛情) 이전(移轉)이 전혀 없다. 성경에서 어떤 다른 의미로 이 말을 받아들인 적이 있을까? "여러분은 같은 '생각,' 즉 같은 '애정,' 같은 '갈망'과 같은 '판단' 안에서 완전히 함께 결합하여 있다." 그래서 복음의 모든 장엄한 진리(眞理)에 접촉해있다.

1:11 글로에의 집안사람들 편으로 (너희에 관한 일 곧 너희 가운데 다툼이 있음을) **내가 밝히 알게 되었노라** – 일부 사람들에 의하여, 글로에는 '스데바나'의 아내이며, '브드나도'와 '아가이고'의 어머니였다고 추정한다. 이 세 사람에 의해서 고린도 교인들은 그들의 편지를 사도바울에게 보냈다(고전 16:17). **너희 가운데 다툼이 있음을** – '다툼'이란 단어는 **10절**에 나오는 '분쟁(紛爭)'과 동의어이다.

1:12 이제 내가 이것을 말하노니 – 다시 말해서, 내가 의도하는 바는 이것이다. 여러분 가운데 어떤 사람들은 자신들이 존경하는 대여섯 명의 교사(教師)들 가운데 서로 다르게 지지를 받고 있다고 생각했던 여러 파당(派黨)이 있다. **나는 그리스도께 속하였다** – 만약 이렇게 가식적(假飾的)인 행동으로 자신들의 교사들을 경시(輕視)하지 않았더라면, 그들은 잘 말한 것이었다(4장 8절). 아마도 그들은 개인적으로 그리스도께서 말씀하시는 것을 직접 들었다는 점에서 자신들을 소중하게 여겼다.

1:13 그리스도께서 나뉘셨느냐? – 모든 성도의 머리 되신 분 아래 잠잠히 있지 않느

냐? 오직 그분만이 여러분 모두를 위해 십자가(十字架)에 못 박히지 않으셨느냐? 그리고 여러분은 모두 그분의 이름으로 세례(洗禮)를 받지 않았느냐? 그렇다면 그리스도의 영광은 그분과 그분의 종들 가운데서 나누어질 수 없으며, 또한 그리스도 몸의 연합도 갈기갈기 찢겨질 수 없다. 즉, '그리스도'는 언제나 '한 분'이라는 사실을 알게 된다.

1:14 하나님께 감사하노니 – ("내가 기뻐하노니"라는 일반적인 표현에 비해 경건한 표현이다.) 하나님의 섭리 가운데 "내가 그리스보(이전에 유대교 회당의 지도자 – 역자주)와 가이오 외에는 너희 가운데 아무에게도 세례(洗禮)를 베풀지 아니한 것을" 하나님께 감사하노니.

1:15 이것은 아무도 내가 내 이름으로 세례를 주었다고 말하지 못하게 하려 함이라. – 그들이 나 자신과 연관 짓기 위하여, "내 이름으로 세례를 주었다고 말하지 못하게 하려 함이라."

1:16 알지 못하노라. – "내가 다른 누구에게 세례를 베풀었는지" 지금은 기억나지 않는다.

1:17 하나님께서 세례를 주라고 나를 보내지 아니하시고 – "세례를 주는" 것이 나의 주된 임무가 아니었다. (비록 모든 사도도 세례를 베풀도록 보냄을 받았지만, 마태복음 28:19) 보다 낮은 지위나 다소 낮은 능력을 갖춘 사람들도 세례를 베풀 수 있었다. **복음을 선포(宣布)하라고 보내셨나니** – 그러므로 사도바울은 전체적인 문제로 들어간다. **말의 지혜로 하지 아니함은** – 인간의 지혜로 고안된 인위적인 설교(說敎) 장식(裝飾)을 가지고 하지 아니함은," **그리스도의 십자가가 무효가 되지 않게 하려 함이라.** – 사도바울의 설교에서 전체적인 효과는 '하나님의 능력(能力)'으로 말미암아 나타난다. 하나님의 능력은 "그리스도께서 십자가를 지고 우리 죄를 담당하셨다."(베드로전서 2:24 참조)라는 그 위대한 진리를 분명하게 선포하는 것과 동시에 일어난다. 그러나 만약 사도바울이 고린도 사람들이 몹시 칭송(稱頌)하는 "말의 지혜"를 가지고 왔었더라면, 이러한 효과는 다른 대의명분에 전가(轉嫁)될 수 있었을 것이다.

1:18 멸망하는 자들에게는 – 그들이 구원(救援)을 받을 수 있는 그 유일한 이름을 고집스럽게 거부함으로써 "멸망(滅亡)하는 자들에게는," **구원받은 우리에게는** – 이제 우리의 죄로부터 구원을 받고, 영원한 구원의 길에 들어서서, "십자가를 선포함이 하나님의 능력"을 나타내는 위대한 도구이다.

1:19 기록된바, – 그리고 하나님의 말씀이 놀라울 정도로 이 위대한 사건(事件)에 적용될 수 있다.

1:20 지혜로운 자가 어디 있느냐? 서기관이 어디 있느냐? 이 세상의 변론가가 어디 있느냐? – 산헤립으로부터 유다를 구출할 때, 이사야 선지자가 이러한 말로(사 29:14) 언급한 것이다. 뒤이어 나오는 구절에서, 사도바울은 '승리를 거둔 그리스도의 복음에 대하여 인간의 지혜에서 나오는 모든 반대에 대하여 승리한다'라는 대담하

고 아름다운 암시를 언급한다. '이방인들' 가운데 '지혜로운' 사람들은 이에 반대하여 무엇을 할 수 있는가? 혹은 유대인 율법학자(律法學者)들은 무엇을 할 수 있는가? 혹은 이 세상의 논쟁자(論爭者)들은 무엇을 할 수 있는가? 이 두 집단 가운데 자신들의 예리함을 자부하고 있는 사람들은 논쟁하기를 좋아하며, 그리고 자신들은 모든 반대자가 틀렸음을 입증할 수 있다고 생각했다. **하나님께서 이 세상의 지혜를 어리석게 만들지 아니하셨느냐?** – 다시 말해서, "하나님께서" 이 세상의 지혜가 매우 어리석은 것임을 보여주셨다.

1:21 하나님의 지혜에 있어서는 – 하나님의 지혜로우신 처분(處分)에 따라서, 그들이 스스로 그 판단(判斷)을 하도록 내버려 두셨기 때문에, "유대인이든 혹은 이방인이든," "세상" 사람들은 그 모든 자랑스러워하는 "지혜로 하나님을 알지 못했다."(갈 4:8 참조) – 모든 피조물이 자기의 창조주를 선포하고 있지만, 그리고 하나님은 모든 선지자를 통하여 자기 자신을 선포하셨지만, 세상은 하나님을 알지 못했다. 하나님을 기쁘시게 하는 것은 믿는 자들을 구원(救援)하는 것이다. "하나님께서" 멸망하는 자들이 단지 "어리석은 일"이라고 생각하는 방식(복음 선포)으로 "믿는 자들 구원하시는 것을 기뻐하셨도다."

1:22 유대인들은 그들이 자신들의 주님으로부터 표적(表迹)을 요구했던 것처럼, 그들이 이미 모든 표적을 본 후에도, 여전히 사도들로부터 더 많은 **표적을 요구하고, 반면에 헬라인들은 지혜(知慧)를 추구하나** – "헬라인들은" 철학(哲學)의 깊은 것들과 웅변(雄辯)의 매력들을 "추구하나"

1:23 우리는 수사적(修辭的)인 방식이나 혹은 철학적(哲學的) 방식으로 분명하고 역사적인 방식으로 **십자가에 못 박히신 그리스도를 선포하노니,** "그분은 유대인들에게는" 그들이 요구하는 '표적(表迹)'과 정반대로 "걸려 넘어지게 하는 것이요," 그리고 "그리스인들에게는" 그들이 찾는 '지혜(知慧)'와 정반대로 "어리석은 것," 즉 꾸며낸 이야기에 불과한 것이다.

1:24 그러나 부르심을 받은 자들에게는 – 그리고 하나님의 부르심에 순종(順從)하는 자들에게는, 곧 그리스도의 십자가, 그의 죽음, 그의 삶, 그의 나라와 더불어 그리스도께 순종하는 자들에게는. 그리고 그들은 먼저 그리스도는 "하나님의 권능"이시며, 다음으로 그리스도는 "하나님의 지혜"이시라는 사실을 경험한다.

1:25 왜냐하면 하나님의 어리석음이 – 복음(福音)이라는 계획은 세상이 단지 어리석은 것으로 판단하기 때문에, "사람들보다 지혜롭고," 그리고 그들이 간주하는 바, "하나님의 약함이" 사람들의 모든 강함"보다 더 강하니라."

1:26 너희를 부르신 것을 보라. – 하나님이 부르시는 사람들은 (여러분과 같은) 어떤 태도(態度)를 가진 사람들이다. **육체를 따라 지혜로운 자가 많지 아니하고** – 세상의 설명으로는, "지혜로운 자가 많지 아니하고," **강한 자가 많지 아니하며** – 권능과 권위를 가진 사람들이 "많지 아니하며."

1:28 없는 것들을 – 유대인들은 빈번하게 이방인들을 '없는 자들'(에스드라서 6:56, 57)이라고 불렀다. 유대인들은 이방인들을 정말 극도로 경멸(輕蔑)할 대상으로 여겼다. **있는 것들을** – 매우 존중하는 마음으로, "있는 것들을."
1:29 이것은 어떤 육체도 못하게 – 적절한 명칭이다. 육체(肉體)는 아름답지만, 그러나 풀처럼 시들어가면서도, '하나님 앞에서 자랑할 수 있다.'
1:30 하나님에게서 나서 – 하나님께서 거저주시는 은총(恩寵)과 자비(慈悲)로, "나서," **너희는 (그리스도 예수님 안에) 있고** – 그리스도 예수 안에 접목(接木)되었다. 그리스도가 우리에게 주어졌기 때문에, 우리는 이전에 완전히 어리석었고 또한 무지했으나, 이제는 '지혜(知慧)'를 믿는다. **의** – "의"는 우리가 의롭다고 여김을 받을 수 있는 유일한 근거(根據)가 된다. 왜냐하면 우리는 이전에 하나님의 진노(震怒)와 저주(咀呪) 아래 있었기 때문이다. **성별**(聖別) – 보편적(普遍的)인 거룩함의 한 가지 원칙. 반면에 이전에는 우리가 모두 죄(罪)로 사망(死亡)했다. **그리고 구속**(救贖) – 다시 말해서, 모든 악으로부터 완전히 구출(救出), 그리고 영(靈)뿐만 아니라 몸의 영원히 지속되는 더없는 행복(幸福).
1:31 주를 자랑할지니라. – 자신(自身)을 자랑하지 말고, 육체(肉體)를 자랑하지 말며, 세상(世上)을 자랑하지 말고, "주를 자랑할지니라."

고린도전서 2장

2:1 그래서 내가 너희에게 나아가, 말이나 지혜의 뛰어난 것을 가지고 나아가지 아니하였나니 – "하나님의 증언(證言)을 너희에게 밝히 말할 때에," 나는 심오한 지혜(知慧)나 혹은 유창한 화술(話術)인 양 꾸미지 않았다. **하나님의 증언을 너희에게 밝히 말할 때에** – 하나님이 당신의 아들에 관하여 증언하라고 우리에게 주신 것을 "너희에게 밝히 말할 때에."
2:2 나는 아무것도 알지 아니하기로 결심하였느니라. – 나의 다른 모든 지식(知識)을 흔들어버리며, 그리고 (주님 외에는) 다른 아무것도 선포하지 않기 위해서, "나는 아무것도 알지 아니하기로 결심(決心)하였느니라." **예수 그리스도 곧 십자가에 못 박히신 그분 외에는** – 다시 말해서, 그리스도께서 행하신 것, 고통당하신 것, 가르치신 것 "외에는." 한 부분이 전체를 대신해서 제시되어 있다.
2:3 내가 너희와 함께 있었으며 – 내 몸의 연약함이 처음으로 시작되었을 때(고후 12:7), "내가 너희와 함께 있었으며," **두려워하고** – 누구의 감정을 상하지 않게 하려고 "두려워하고," **심히 떨면서** – 내 마음의 감정이 바로 내 몸을 움직이면서 "심히 떨면서,"
2:4 또 나의 말과 나의 복음 선포를 사람의 지혜의 유혹하는 말들로 하지 아니하고 – 세상에서 유용한 것에 지혜로운 사람처럼 사람의 지혜의 유혹하는 말들로 하지

아니하고, **성령과 권능을 실증함으로 하였으니** – 가장 강력한 종류의 증거(證據)로 하였으니, 그 증거는 성령으로부터 흘러나오는 것이며, 그리고 그 증거는 가장 확실한 빛으로, 그리고 가장 설득력 있는 증거로, 양심(良心)을 움직인다.

2:5 "이것은 너희의 믿음이 사람들의 지혜(知慧)안에 서지 아니하고, 오직 하나님의 권능(權能) 안에 서게 하려 함이라."

2:6 그러나 우리가 지혜를 말하거니와 – 그렇다. 가장 진실(眞實)하며 또한 가장 탁월(卓越)한 지혜(知慧)를 말한다. **완전한 자들 가운데서** – 경험이 풍부한 성인(成人) 그리스도인들 가운데서, (사도바울이 여기서 사용한 '지혜'란 기독교 교리 전체를 가리키는 것이 아니라, 기독교 교리 중 가장 숭고하고 가장 난해한 부분을 의미하는 것 같다.) **그것은 이 세상의 지혜가 아니요, 또** (유대인이든 혹은 이방인이든) **아무 쓸모없게 될 이 세상 통치자(統治者)들의 지혜도 아니라.** – "이 세상의 통치자들"과 그들의 "지혜," 그리고 "세상" 그 자체의 "지혜가 아니요."

2:7 다만 우리는 신비 속에 있는 하나님의 지혜, 곧 (온 세상으로부터 오랫동안) **감추어진 지혜를 말하노니** – '하나님의 지혜'는 "그리스도 안에 있는 갓난아이들"(고전 3:1)에게서 여전히 감추어져 있다. 하물며 믿지 않는 자들로부터는 훨씬 더 감추어져 있다. **이 지혜는 하나님께서 세상이 생기기 전에 미리 정하신 것이라.** – 이 하나님의 지혜는 세상의 지혜처럼 지금까지 "아무 쓸모 없게 될"(6절) 것에서 감추어져 있다. **우리의 영광을 위하여** – "우리의 영광"은 우리 하나님의 영광으로부터 생겨났으며, 그다음에 세상의 모든 영광이 사라질 때 나타날 것이다.

2:8 만일 그들이 그것을 알았더라면 – 이 세상 통치자들이 하나님의 지혜를 알았더라면, **그들이 십자가에 못 박지 아니하였으리라.** – 노예(奴隷)처럼 처벌하지 아니하였으리라. **영광의 주** – 그리스도에게 이렇게 위엄 있는 칭호(稱號), 곧 위대한 여호와께 특별한 칭호를 부여함으로써, 그리스도가 '지존(至尊)하신 하나님'이라는 사실을 분명하게 보여준다. 마찬가지로, 하나님 아버지도 "영광의 아버지"(에베소서 1:17)라는 칭호가 부여되었으며, 그리고 성령은 "영광의 영"(베드로전서 4:14)이라는 호칭이 붙여졌다. 시편 29편 3절과 사도행전 7장 2절에서 진정으로 유일한 하나님을 "영광의 하나님"이라고 부른 것처럼, 삼위(三位) 모두에게 이러한 칭호를 부여한 것은 '하나님 아버지'와 '아들'과 '성령'이 모두 다 "영광(榮光)의 하나님"이라는 것을 보여준다.

2:9 그러나 이 세상 통치자들의 이러한 무지(無知)는 **메시아** 왕국의 축복에 관하여 **기록된바**가 성취된 것이다. 본성(本性)에 속한 어떤 사람도 한 대언자가 선포한바 "하나님께서 자신을 사랑하는 자들을 위하여 예비하신 것들을," "눈이 보지 못하였고, 귀가 듣지 못하였으며," 혹은 깨닫지도 못하였다.

2:10 그러나 하나님께서 우리에게 그것들을 계시(啓示)하셨으니(계시하셨으며, 그리고 "값없이 주셨다." 12절) **자신의 영으로** – 하나님의 영(靈)은 그것들을 친밀(親密)하게 그리고 충분히 알고 계신다. **성령께서는 참으로 모든 것, 즉 하나님의 깊은 것들까지**

도 살피시느니라. – 비록 그것들이 깊숙이 감추어져있고 또한 무척 신비스러울지라도, 하나님의 성품과 하나님 나라의 깊은 것들까지도 성령(聖靈)께서 살피신다.

2:11 사람의 것들을 사람의 속에 있는 사람의 영(靈)외에 누가 알리요? – 비록 사람은 모두 하나의 본질(本質)로 되어있으며, 그래서 서로를 그만큼 더 쉽게 알 수 있지만, 사람 마음의 가장 안쪽 깊숙한 모든 곳은 사람의 영(靈)외에는 알 수가 없다. **이와 같이 하나님의 것들도 하나님의 영(靈)외에는 아무도 알지 못하느니라.** – 따라서 그분이 하나님이시다.

2:12 이제 우리가 세상의 영을 받지 아니하고 – 엄밀하게 말하면, 우리가 이 세상의 영(靈)을 받은 것이 아니다. 왜냐하면 세상 사람들은 항상 그 영을 소유하고 있었기 때문이다. 그러나 그리스도인들은 "하나님의 영"을 "받는다." 왜냐하면 이전에는 그들이 "하나님의 영"을 소유한 적이 없었기 때문이다.

2:13 또한 우리가 그것들을 말하되, 사람의 지혜가 가르치는 말로 하지 아니하고, 성령님께서 가르치시는 말로 하나니 – 성령님이 가르치는 말은 성경 기록의 모든 말씀이다. 그렇다면, 우리는 성경 기록에 대하여 존중(尊重)하는 마음을 얼마나 견고하게 유지해야 할 것인가? **곧 영적인 일들은 영적인 말로 설명하느니라.** 또는 **영적인 일들에는 영적인 말을 적용해야하느니라.** – 성령의 일들을 표현하기 위해서 '성령의 가르침'을 받아야 한다.

2:14 그러나 본성에 속한 사람은 – 다시 말해서, 성령을 소유하지 못한 모든 사람이다. 그런 사람은 자신의 감각(感覺)들과 타고난 이해력(理解力)에 의한 것 말고는 지식을 얻기 위한 다른 방법을 가지고 있지 않다. **받아들이지 아니하나니** – 이해하거나 혹은 마음속으로 품지 "아니하나니," **하나님의 영의 것들을** – 하나님 본성에 관한 것이든 혹은 하나님 나라에 관한 것이든, '하나님의 영'에 의해 드러난 것들을, (왜냐하면) **그것들이 그에게는 어리석은 것이니라.** – 그 사람은 하나님을 아는 지식에서 너무 멀리 떨어져 있기 때문에, "하나님의 영의 것들을" 완전히 경멸한다. **그가 그것들을 알 수도 없나니** – 그는 알고자 하는 의지(意志)가 없는 것과 마찬가지로, 그에게는 알 수 있는 능력(能力)도 없다. **왜냐하면 그것들은 영적으로 분별되기 때문이니라.** – "하나님의 영의 것들"은 단지 하나님의 성령의 도움을 받아서 그리고 "본성에 속한 사람"이 가지지 못한 그러한 '영적인 감각들'에 의해서 분별(分別)될 수 있다.

2:15 그러나 오직 영에 속한 사람은 – '하나님의 영을 받은 사람'은 하나님의 "모든 것을 판단(判斷)하나," **그러나 그 자신은 아무에게도 판단을 받지 아니하느니라.** – "영에 속한 사람"이 어떤 사람인지 또는 그런 사람이 무엇을 말하는지 결코 이해하지 못하는 "본성에 속한" 어떤 사람들에게도 판단을 받지 아니하느니라.

2:16 누가 – 본성에 속한 어떤 사람이, **우리가** – 영적인 사람들이, 특별히 사도들이, **가졌느니라.** – 알고 있으며, 이해하고 있다. **그리스도의 마음을** – 구원(救援)의 복음(福音) 전체 계획에 관한 "그리스도의 마음을."

고린도전서 3장

3:1 형제들아, 내가 – 사도바울은 앞에서(2장 1절) 자신 말의 시작을 언급했으며, 이제는 그들 가운데로 진전을 보였음을 언급했다. **영에 속한 자에게 말하는 것 같이 너희에게 할 수 없어서** – '영에 속한 자'란 경험(經驗)이 풍부하고 성숙한 그리스도인이다. (여전히 상당한 정도로) **육신에 속한 자, 곧 그리스도 안에 있는 갓난아이들에게 말하는 것 같이 하였노라.** – 비록 은사(恩賜)에 있어서는 탁월하지만, 은총(恩寵)에 있어서는 여전히 미약(微弱)하다(1장 5절).

3:2 내가 너희를 젖으로 먹이고 – '젖'은 복음 가운데 첫 번째이자 가장 이해하기 쉬운 진리. 따라서 모든 설교자는 자신의 교리(教理) 설명을 듣는 사람들에게 맞추어야 한다.

3:3 이는 너희 가운데 (여러분 마음에는) **시기와** (여러분의 말에는) **다툼과** (실제적인) **분열이 있으니, 너희가 육신에 속하고 또한 사람에 따라 걷지 아니하느냐?** – 여러분은 단지 인간들일 뿐, 하나님의 말씀을 "따르는" 그리스도인들이 아니다.

3:4 나는 아볼로에게 속하였다. – 비록 그 파당(派黨)이 자기 자신을 지지하더라도, 혹은 세상에서 그가 사귄 가장 소중한 친구를 지지하더라도, 사도바울은 그들 가운데 있는 어떤 파당도 비난할 것이라는 사실을 보여주기 위해서 자신의 이름과 아볼로의 이름을 거명(擧名)했다. **너희가 육신에 속하지 아니하였느냐?** – 왜냐하면 '하나님의 영(靈)'은 파당을 지으려는 어떠한 열심(熱心)도 허락하지 않으시기 때문이다.

3:5 그들은 단지 (그 종들의 주인이신) **주께서 각 사람에게 주신 대로 너희를 믿게 한 사역자들**(곧 종들)**이니라.**

3:7 오직 하나님께서 자라나게 하셨다는 점이 가장 중요하다. 하나님께서 계시지 않는다면, (너희가) '심는 것'도 또는 '물을 주는 것'도 아무 소용이 없다.

3:8 이제 심는 자와 물을 주는 자가 하나이며, – 이것은 분쟁(分爭)에 대해 반박하는 또 하나의 논거(論據)다. 비록 그들의 수고가 서로 다를지라도, 그들은 모두 하나의 보편적(普遍的)인 사역, 즉 '영혼들을 구원하는 일'에 참여하고 있다. 이러한 이유로, 사도바울은 신실하게 수고하는 사람들에게 주어지는 보상(報償)에 대해서 그리고 모든 사람이 하는 설명에 대해서 언급하기 위한 기회로 삼고 있다. (모든 사람은) **저마다 자기의 수고에 따라** (고유한) **자기의 보상을 받으리라.** – 단지 자신의 성공(成功)에 따라서 받는 것이 아니라, 비록 작은 성공을 거두었을지라도, 많은 수고(受苦)를 한 사람은 큰 보상을 받을 것이다.

이러한 모든 추론(推論)은 여전히 똑같은 영향력을 가지고 있지 않은가? 지금도 목회자들은 간신히 하나님의 손에 의해 사용되는 도구일 뿐이며, 자신의 수고를 증가시키기 위하여 전적으로 언제나 자신의 축복기도에 의존한다. 이러한 축복기도가 없다면, 그들은 아무것도 아니다. 축복기도만으로 담당하는, 그들의 역할이 너무 초라하므로, 그들은 거의 언급될 자격(資格)조차 없다. 그들의 의지(마음)와 실천(손)이 더욱 결합하길 기원한다! 하나님께서 그들을 사용하실 때 그들에게 베푸신 존귀(尊貴)함에 대해 마땅히 느꼈던 것을 유지하면서, 마침내 하나님께서 그들의 충실(忠實)함과 성실(誠實)함에 대해 완전한 몫으로 그들에게 보상하실 날이 도래할 때까지, 그 목회자들은 그들 자신을 위해서가 아니라, 모든 것의 소유주(所有主)이신 그 위대한 분을 위해서 신실하게 수고해야 한다.

3:9 우리는 하나님과 함께 일하는 일꾼이요, – "하나님의 일꾼"이며, 또한 동료와 함께 일하는 일꾼이다. **너희는 하나님의 농사**(農事)**요,** – "이것은 앞서 제시했던 것의 총합(總合)이다. 이것은 밭과 정원뿐만 아니라, 포도원에서도 받아들여지는 포괄적(包括的)인 단어이다. **하나님의 건물(建物)이니라.** – 이것은 뒤따르는 것의 총합이다.

3:10 내게 주신 하나님의 은혜에 따라 – 사도바울은 그것을 자기 자신의 탓으로 돌리지 않도록, 이 말을 전제(前提)로 언급한다. **어떻게 그 위에 세울지 주의할지니라.** – 사도바울은 자신의 모든 교리(敎理)는 "하나님의 은혜"라는 기초(基礎) 위에 세워져 있다고 확신하고 있다.

3:11 다른 기초 – 다른 기초 위에 전체 교회와 그 모든 교리와 모든 의무, 그리고 축복기도가 세워질 수도 있다. **아무도 이미 놓은 기초 외에 능히** (다른 기초를) **놓을 수 없나니** – 하나님 지혜의 충고 안에, 구약성경의 약속들과 예언의 말씀 안에, 그리고 사도들의 복음 전파 안에, 특별히 사도바울의 복음 전파 안에, "능히 (다른 기초를) 놓을 수 없나니," **이 기초는 곧 예수 그리스도시니라.** – 예수 그리스도는 그분의 위격(位格)과 직무(職務)로 견고하고 요지부동한 만세 반석(磐石)이시다. 예수 그리스도는 어느 모로 보나 하나님 자신이나 혹은 믿음을 가지게 된 죄인이 그분께 지우는 모든 짐을 감당(勘當)하기에 충분하시다.

3:12 만일 어떤 사람이 이 기초 위에 '금'이나 '은'이나 (값비싼) **'보석'을 세우면** – 참되고 확실한 교리(敎理)들로서 '불을 견뎌내는' 세 종류의 물질이다. **나무나 건초나 짚** – 불을 견뎌내지 못하는 세 가지 물질이다. 그러한 것들은 인간이 고안해낸 모든 교리(敎理)와 의식(儀式)과 형식(形式)들, 즉 본질적이고 필수적인 기독교 진리(眞理)를 제외한 모든 것들이다.

3:13 때가 오면, **각 사람의 일이 드러나리라.** 주님의 **그날이,** 곧 크고 최종적(最終的)인 날이 온 세상에 **그것을 밝히 드러내리니, 이는 그것이** (불에 의해) **드러나고** – 믿음으로 '매우 확실하게' 그리고 '매우 가깝게' 바라보는 것을 이미 존재하는 것으로 언급한다. **불에 의해, 그 불이 각 사람의 일이 어떤 종류인지 시험할 것이기 때문이라.** – 그날에 엄격한 절차를 통해 모든 인간의 교리(敎理)들이 성경적(聖經的) 기준에 부합하는지 그렇지 못한지를 시험할 것이다. 여기에는 '대 환난(患難)'의 불타는 빛과 소멸하는 열에 대한 암시가 담겨있다. 그러나 그 표현이 교리들을 시험하고 잘못된 것들을 소멸하는데 적용될 때는 분명히 비유적(比喩的)이다. 왜냐하면 어떤 물리적

(物理的)인 불도 도덕적인 본성을 가진 것에 대해서 그러한 영향력을 가지지 못하기 때문이다. 그러므로 그것은 추가된 것이다. “나무나 건초나 짚”을 세우는 사람은 “그 자신은 구원을 받되, 불에 의해 받는 것 같이 받으리라.” 즉 그의 집이 사방으로 온통 불꽃에 휩싸였을 때, “그 불을 통과해서” 탈출한 사람처럼 간신히 (구원(救援)을 받으리라.)

그다음으로, 이 본문은 로마 가톨릭이 말하는 연옥(煉獄)을 설정하는 것과 너무 동떨어져 있기 때문에, 연옥을 완전히 폐기(廢棄)시킨다. 왜냐하면 여기에서 언급되고 있는 불은 심판(審判)의 날까지 존재하지 않기 때문이다. 그러므로 만약 이 불이 연옥의 불이라면, 연옥은 심판의 날 이전에는 존재하지 않는다는 결론에 이르게 된다.

3:14 그는 보상을 받고 – (그분에게) 그는 고유한 등급의 영광(榮光)을 받고, 다른 사람도 비록 앞에서 언급했던 것에 대해 무지했기 때문에 그는 불을 견디지 못하는 것을 세웠지만, 그 기초(基礎)를 간직했기 때문에 어떤 등급의 영광을 받을 것이다.

3:15 그는 (보상의) **손실을 당하리라.** – 그 고유한 등급의 영광을 손실(損失) 당하리다.

3:16 너희가 – 모든 그리스도인이, **하나님의 성전**(聖殿)**인 것** – 가장 고귀한 종류의 건물(建物) (“하나님의 건물” 9절)

3:17 누구든지 하나님의 성전을 더럽히면 – 분쟁(分爭)으로, 혹은 근본적으로 잘못된 교리(教理)들로 진정한 그리스도인들을 더럽히면, **하나님께서 그를 멸하시리니** – 그는 결코 구원(救援)받지 못할 것이다. 심지어 불을 통과하더라도, 그는 결코 구원받지 못할 것이다.

3:18 어리석은 자가 되라. – 세상 사람들이 어리석다고 간주(看做)하는 “자가 되라.” **그가 지혜로운 자가 되리라.** – 하나님의 평가에서, “그가 지혜로운 자가 되리라.”

3:19 (왜냐하면) **이 세상의** 자랑하는 **지혜는** 하나님이 보시기에 한낱 **어리석음이니, 그분께서 지혜로운 자들을 자기 꾀에 빠지게 하시느니라** – 지혜로운 자들이 자신들은 지혜롭게 행동하고 있다고 생각하지만, 사실은, 그 자체로 그들에게 덫이 되며, 그리고 그들이 파멸할 기회가 되는 그들의 바로 그 지혜를 따라 행동하고 있다.

3:20 그것들이 (단지) **헛된 줄** – 그들과 그들의 모든 생각이 공허(空虛)하고 어리석다.

3:21 그러므로 – 개괄(概括)하여 말하자면, **아무도 사람들을 자랑하지 말라.** – 그들에 대한 평가(評價)에 근거하여 파당(派黨)으로 분리하기 위하여, “아무도 사람들을 자랑하지 말라.” **모든 것이 너희 것이니라.** – 그리고 특별히 ‘우리들’이 너희의 것이니라. 우리는 너희들의 ‘주(主)’가 아니라, 오히려 너희의 ‘종’이니라.

3:22 바울이나 아볼로나 게바나 – 우리는 모두 동일(同一)하게 너희들의 것으로, 그리스도를 위하여 너희들을 섬긴다. **세상이나** – “베드로”로부터 “세상”으로 이렇게 도약(跳躍)한 것은 그 생각을 크게 확대(擴大)시키는 데 있어서, 또한 남은 것을 열거(列擧)하는 데 있어서 일종의 조급함을 분명히 보여준다. 은사(恩賜)에 있어서, 혹은 은총(恩寵)에 있어서, 혹은 직무(職務)에 있어서 아무리 탁월하더라도, “베드로”와 온

세상의 모든 사람들도 역시 그리스도를 위하여 여러분의 종들이다. **생명이나 사망이나** – "생명과 사망"은 그것들의 다양한 상황들과 더불어 대부분 너희들의 유익(有益)을 위하여 배열되어 있다.

이 땅에서 "현재 것들이나" 혹은 하늘에서 "장래 것들이나" ("다 너희 것이요.") 그러므로 여러분은 더 이상 이러한 사소한 일로 다투지 말고, 여러분들이 축복(祝福) 안에 있는 것처럼, 사랑으로 연합(聯合)하시오.

3:24 "너희는 그리스도의 것이요," – 그리스도의 소유물(所有物), 그리스도의 백성(百姓)들, 그리스도의 손과 발들이다. **"그리스도는 하나님의 것이니라."** – 중재자로서 그리스도는 자신의 모든 사역들을 하나님 아버지의 영광(榮光)에 속하는 것으로 돌린다.

고린도전서 4장

4:1 사람이 마땅히 우리를 그리스도의 사역자로 여길지어다. – 헬라어 원어가 적절하게 보여주는바, 노를 잡고 배를 젓느라 분투하는 종들과 같은 "사역자(使役者)." 따라서 모든 신실한 목회자들이 자신들의 주님께서 맡겨주신 사역을 위하여 수고하는 것을 시사(示唆)한다. 오, 하나님, 어디 가서 이러한 목회자들을 발견할 수 있습니까? 주님, 당신이 자장 잘 아십니다. (사람이 마땅히 우리를) **하나님의 신비들을 맡은 청지기로 여길지어다.** – 복음(福音)의 신비로운 진리들을 나누어주는 사람들로 "여길지어다."

4:3 참으로 나는 내 자신을 판단하지 아니하노니 – 나의 최종(最終) 상태는 나 자신의 판단(判斷)으로 결정될 수 없다.

4:4 나 스스로 판단 받을 아무것도 알지 못하노라. 그러나 이로써 내가 의롭게 되지는 아니하였나니 – 나는 하나님의 평가에 있어서 나 자신에 대한 충분한 의(義)로서 이것(판단 받을 일을 하지 않은 것)을 의존하지 않는다. **오직 나를 판단하시는 이는 주(主)시니라.** – 주의 선고(宣告)로 나의 명운(命運)이 결정된다.

4:5 때가 이르기 전에 아무것도 판단하지 말라. – 모든 사람을 심판하시기 위해서 지정(指定)된 (때), 즉 "주께서 오실 때까지," "그분께서" 그렇지 않았더라면 불가능했을 의로운 심판을 내리기 위하여 지금은 뚫고 들어갈 수 없는 "어둠의 감추어진 일들을 빛으로 가져가," 가장 신비한 행동의 원동력(原動力)들을, 즉 모든 마음의 원칙(原則)들과 의도(意圖)들을 밝히 "비추신다." "그때에야 비로소 각 사람이," 즉 모든 신실한 청지기들이 "하나님으로부터 칭찬(稱讚)을 받으리라."

4:6 이 일들을 – 1장 10절 등에서 언급됨. 고린도에 있는 그러한 특정한 설교자들을 거명(擧名)하는 대신에, "내가 너희를 위하여 '이 일들을' 비유(比喩)로 나 자신과 아볼로에게로 옮겨 적용(適用)시켰나니," 그 이유는 너무나 어리석게도 너희들이 그들에게 애착(愛着)을 두기 때문이다. **우리 안에서 배우게 함으로** – (우리가 아무리 탁

월하더라도, 우리는 하나님의 손에 들린 도구에 불과하므로,) 지금까지 우리에 관하여 언급되었던 것으로부터 "기록된 것 이상으로" 혹은 성경 기록이 옳다고 인정하는 것 이상으로 "사람들에 대해 생각하지 말 것을" "배우게 함으로."

4:7 누가 너를 (다른 사람과) **구별되게 하느냐?** – 은사(恩賜)로 혹은 은총(恩寵)으로 "구별되게 하느냐?" **그것을 받지 아니한 것 같이** – 당신이 본래부터 그것을 소유한 것 같이.

4:8 너희는 이제 배부르고 – 고린도 교인들은 영적인 은사가 풍부했다. 그리고 사도들 역시 영적인 은사가 풍부했다. 그러나 사도들은 계속적인 궁핍(窮乏)과 고통(苦痛)으로 인해서 자기 안주(安住)에서 벗어나 있었다. 아무런 고통을 겪지 않고 또한 모든 것을 풍성하게 소유한 고린도 교인들은 스스로 만족(滿足)하였으며, 또한 자기 자신들에게 갈채(喝采)를 보냈다. 그래서 그들은 세상에서 양육 받으면서 자기 자신들의 가난한 부모를 무시(無視)하는 어린아이들이나 마찬가지였다. **너희는 이제 배부르고,** (바울 사도가 점점 더 아름답게 말한다) **이제 부유하며, 우리 없이 왕처럼 군림하였도다.** – 널리 알려진 표현. "우리"에 대한 아무런 생각도 "없이," 가장 멋지고 풍성한 환경을 의미한다. **너희가 군림(君臨)하는 것을 내가** (하나님께) **바라노니** – 가장 좋은 의미로는, '너희가 거룩함의 절정(絕頂)에 도달하기를 내가 바라노니,' **이것은 우리도 너희와 함께 군림하려 함이라.** – 더 이상 너희의 평가에 대해서 슬퍼하지 말고, 너희 행복을 서로 나누라.

4:9 하나님께서 사도인 우리를 죽이기로 정하신 자같이 마지막에 두셨나니 – 서로 싸움을 시키기 위해서 혹은 짐승들과 싸움을 시키기 위해서 그 사람들을 무대 위 마지막에 데려다 놓는 로마의 관습(慣習)을 암시하고 있다. 그들을 "죽이기로 정(定)해졌다." 그래서 만약 어느 날 그들이 탈출(脫出)하더라도, 그들이 살해(殺害)될 때까지, 그들을 되풀이해서 무대 마지막에 잡아다 놓는다.

4:10 우리는 그리스도로 인해 세상의 평가(評價)에서 **어리석은 자가 되었으나, 너희는 그리스도 안에서 지혜롭고** – 비록 여러분들이 그리스도인들이지만, 여러분들은 자기 자신을 지혜롭다고 생각한다. 그리고 여러분들은 세상 사람들 역시 여러분들이 지혜롭다고 생각하도록 만들 수 있는 수단(手段)을 이미 찾았다. **우리는 약하나** – 존재에서, 질환에서, 고통에서 "우리는 약하나," **너희는 강하며** – 단지 반대되는 환경에서 "너희는 강하며."

4:11 헐벗고 – 누가 이러한 상황에서 얻은 승리보다 더 영광스러운 진리의 승리를 상상할 수 있을까? 그의 언어사용에 있어서 장애(障礙)를 가지고, 또한 품위(品位)가 있기 보다는 경멸(輕蔑)을 받을 만한 사람으로서, 사도바울이 초라한 행색으로 아마도 낡을 대로 낡은 옷을 입고 가장 뛰어난 사람들 앞에 등장했으나, 엄청난 주목(注目)을 받았으며, 그리고 그렇게 깊은 인상(印象)을 그들에게 심어주었을 때, 그는 "헐벗었다!"

4:12 우리는 축복하고, 핍박을 받으나, 그것을 참으며 – 우리는 욕설(辱說)과 박해(迫害)와 중상모략(中傷謀略)을 되갚지 않는다. 다만 축복(祝福)한다.

4:13 우리는 (이날까지) **세상의 오물같이 되고, 모든 것의 찌꺼기가 되었노라.** – 바로 그런 것들은 이방인들 가운데 그렇게 가난하고 불쌍한 사람들에게 해당하였다. 그들에게서 그들의 옷을 벗겨서 극악무도한 신들에게 속죄(贖罪)의 희생 제물로 바쳐졌다. 그들이 제단으로 가는 동안 내내, 그들에게 저주(咀呪)를 퍼붓고, 모욕(侮辱)을 주고, 그리고 상처(傷處)를 입혔다. 그리고 그 불행한 사람의 화장한 유골(遺骨)을 바닷속으로 던질 때, 그 의식(儀式)에서 바로 이러한 이름들이("세상의 오물, 모든 것의 찌꺼기") 그들에게 부여된다.

4:14 나는 너희를 부끄럽게 하려고 이것들을 쓰지 아니하며, 다만 너희를 나의 사랑하는 아들들같이 여겨 타이르려 하노라. – 바울 사도는 자신의 말이 어떤 불친절한 양식을 갖는 것을 미연(未然)에 방지(防止)하기 위해서 이 구절을 덧붙인 까닭은 바로 감탄할 만한 신중(愼重)함과 다정(多情)함을 가지고 있기 때문이다.

4:15 내가 너희를 낳았느니라. – 여기에는 사도바울의 후계자(後繼者) 아볼로뿐만 아니라, 사도바울의 동역자(同役者)들인 실라와 디모데가 제외된다. 그리고 영적(靈的)인 아버지와 그의 자녀들 사이의 관계(關係)는 그 관계와 더불어 이루 말로 다 할 수 없는 친근(親近)함과 애정(愛情)을 일으킨다.

4:16 너희는 나를 따르는 자들이 되라. – 지금까지 내가 그렇게 많이 선포했던 그런 영(靈)과 행실(行實)로, "나를 따르는 자들이 되라."

4:17 나의 사랑하는 아들이요, – 다른 곳에서 사도바울은 디모데를 "형제"라고 불렀다(고린도후서 1:1). 그러나 여기에서는 아버지의 애정(愛情)이 일어난다. **내가** (모든 곳, 모든 교회에서) **가르치는 대로** – 교훈(敎訓)에 못지않게 본보기로 "내가 가르치는 대로."

4:18 지금 어떤 자들은 우쭐대고 있도다. – 사도바울은 신성(神性)한 빛으로 그들의 마음속에 일어나는 생각들을 알았다. **내가 너희에게 나아가지 아니할 줄로** – 내가 디모데를 보내기 때문에, "너희에게 나아가지 아니할 줄로."

4:19 알아보리니 – 여기에서 바울은 아버지 같은 자신의 권위(權威)를 보여준다. 그것은 허영심이 많은 허풍쟁이의 크고 공허(空虛)한 "말이 아니다." 얼마나 많은 하나님의 "권능(權能)"이 허풍쟁이들을 수행할 것인가?

4:20 (왜냐하면) **하나님의 왕국은** – 참된 종교는 "말에 있지 않고," 마음을 다스리는 "하나님의 권능에 있느니라."

4:21 매를 가지고 – 그것은 엄격(嚴格)함과 연관된다.

고린도전서 5장

5:1 음행(淫行) – 헬라어 원어로는, 어떤 종류의 것이든 간통죄(姦通罪)를 의미한다.

자기 아버지의 아내를 – 자기 아버지가 살아있는 동안, "자기 아버지의 아내를."

5:2 그런데도 너희가 우쭐대는가? 오히려 슬퍼하지도 아니하는 너희가 진지하게 자신들을 낮추며, 또한 그러한 엄숙한 애도(哀悼) 기간에, 그 악명 높은 죄인을 너희 공동체(共同體)에서 쫓아내야 하지 않는가?

5:3 내가 진실로 (몸으로는 떠나 있으나) **영으로는 함께 있어서** – 사실 전체에 대한 (기적적인 시야처럼 보이지만) 충분한 시야(視野)를 가지고, "마치 거기 있는 것 같이 이런 일을 그렇게 행한 자에 관하여 이미 판단(判斷)하였노라."

5:4 내 영도 – 너희와 "함께 있어," **우리 주 예수 그리스도의 권능으로** – 형(刑)의 선고를 확인하기 위하여, "우리 주 예수 그리스도의 권능으로."

5:5 그런 자를 넘겨주어 – 이것은 기독교 교회에서 최고 수준의 처벌(處罰)이었다. 그리고 우리가 관찰한바, 이러한 선고(宣告)를 내리는 일은 바울 사도의 행동이었으며, 고린도 교인들의 행동이 아니었다. **사탄에게** – 그 나쁜 짓을 한 자에게 고통이나 아픔을 가하기 위해서, 보통 그러한 사건들에서는 사탄이 용인(容認)된다. **멸하게 하려 하였으니** – 비록 육체(肉體)에 대해 서서히 그리고 점진적으로, "멸하게 하려 하였으니," **육체를** – 신속한 회개(悔改)로 방해받지 않는다면, "육체를."

5:6 너희가 자랑하는 것이 – 이와 같은 시기에 너희의 은사(恩賜)나 혹은 너희의 번창(繁昌)함을 "너희가 자랑하는 것이" 좋은 일이 아니다. **적은 누룩이** (온 덩어리를 뜨게 함을) **너희가 알지 못하느냐?** – 한 가지 죄(罪), 혹은 한 사람의 죄인(罪人)이 (온 공동체를 죄악에 빠지게 함을) "너희가 알지 못하느냐?" **온 덩어리를 뜨게 함을** – 전체 교인들에게 범죄행위(犯罪行爲)와 도덕적 악영향(惡影響)을 확산시킨다.

5:7 그러므로 너희는 묵은 누룩을 제거하라. – 죄인(罪人)들과 죄(罪)에 대하여 모두 "제거하라." **누룩 없는 자들인즉 새 덩어리가 되기 위하여** – 다시 말해서, "새 덩어리가 되기 위하여 누룩 없는" 상태는 주님께 성결(聖潔)한 것이다. (왜냐하면) **우리의 유월절 어린양이 희생물이 되셨느니라.** – 이 서신이 작성될 당시에(5장 11절) 유대인의 유월절(逾越節)은 단지 하나의 형식이 되었다. 여기에서 그리고 모든 곳에서, 어떤 정교한 기술을 통해, 이 영감을 받은 저자의 열성을 끌어냈는가? 여기에 얼마나 놀라운 변화가 일어났는가? 그러나 얼마나 완벽하게 자연스러운가? 근친상간의 범죄에 대해 언급하고 있던 바울 사도는 자신의 대담한 주제, 곧 '십자가에 못 박힌 구세주'로 미끄러져 들어간다. 그러한 경우에 누가 그것을 예상이라도 할 수 있었을까? 그러나 그렇게 해서 그것이 거론(擧論)되었을 때, 누구라도 그 주제(主題)의 적절성뿐만 아니라, 그 도입(導入)의 섬세함을 보고 감탄하지 않겠는가?

5:8 그러므로 우리가 그 명절을 지키되 – 우리가 그를 믿음으로 양육합시다. 여기에서 주님의 만찬(晩餐)에 대한 분명한 암시가 나타난다. 왜냐하면 주님의 만찬은 유월절을 지키던 방에서 제정(制定)되었기 때문이다. **묵은 누룩으로도 말고** – 이교(우상숭배) 혹은 유대교로도 "말고," **악의**(惡意)는 죄를 고집하는 것이다. "순수함과 진실

함"이란 말은 참되고 내적인 종교 전체를 위해서 여기에 기록한 것처럼 보인다.
5:9 내가 (너희에게 이전) **서신에서 썼으나** – 그리고 사도바울과 다른 사도들 모두 비록 현존하지는 않지만 많은 서신들을 써 보냈다는 것에 대해 의심할 여지가 없다. **사귀지 말라고** – 친근(親近)하게 "사귀지 말라고." 즉, 절대적으로 필요한 것 이상으로 (음행하는) 그들과 친밀감을 쌓거나 혹은 친분을 맺지 말라고.
5:10 (그러나) 비록 그들이 이러한 측면에 대해 어느 정도 죄를 짓기는 하지만, 내가 이방인들과 "전혀" 사귀지 말라는 것은 "아니다." **탐욕을 부리는 자들이나 강탈하는 자들이나 우상 숭배자들** – "탐욕(貪慾)을 부리는 자들"은 그들 자신에게, "강탈(强奪)하는 자들"은 그들의 이웃들에게, "우상(偶像) 숭배자(崇拜者)들"은 하나님께 맞서는 죄인들이다. **만일 그리하려면, 너희가 반드시 세상 밖으로 나가야 하리라.** – 그러면 시민들의 모든 상업(商業)이 반드시 중단되어야 하기 때문이다. 어떤 사람들이 완전(完全)한 것이라고 간주하는 "세상 밖으로 나가는" 것을 사도바울은 완전히 어리석은 일이라고 여겼다.
5:11 형제라 불리는 어떤 사람이 – 특별히 똑같은 회중(會衆) 가운데 한 사람이라면, 그 사람은 그리스도인이다. **탐욕을 부리는** – 억압(抑壓)이나, 갈취(喝取)나, 혹은 노골적인 불법(不法)의 죄를 저지르는, **아니, 그런 자와는 함께 먹지도 말게 하려 함이라.** – 그것이 가장 낮은 수준의 친밀함이다.
5:12 나는 다만 그리스도인들에 대해서 언급한다. **또한 밖에 있는 자들을 판단하는 일이 나와 무슨 상관이 있으리요?** 그러나 나뿐만 아니라 여러분도 자기 자신의 공동체(共同體)에 속한 사람들을 판단(判斷)한다.
5:13 그러나 밖에 있는 자들은 하나님께서 판단하시나니 – 이러한 자들에게 하나님께서 내리신 판단을 하나님 자신에게 남겨두었다. **그러므로 그 사악한 자를 너희 가운데서 내쫓으라.** – 이 일이 너희에 속한 것은 적절하다.

고린도전서 6장

6:1 불의(不義)한 자들 – 이교도(異敎徒)들. 그리스도인은 이 사람들로부터 어떠한 정의(正義)도 기대할 수 없었다. **성도들** – 사적인 방법으로 혹은 우호적인 방법으로, 성도(聖徒)들은 이보다 더 작게 차이(差異)가 나는 것들을 쉽게 결정할 것이다.
6:2 너희가 알지 못하느냐? – 이 표현은 단지 이 한 장(章)안에 여섯 번이나 등장한다. 그것도 그 특별한 영향력(影響力)과 더불어 등장한다. 왜냐하면 고린도 교인들은 그것을 알고 있었으며, 또한 그것을 자랑했기 때문이다. 그러나 그들은 그것을 실행(實行)하지 않았다. **성도들이** – 그들 자신이 판단(심판)을 받은 후에, "성도들이," **세상을 판단할 것을** – 그리스도와 함께 배석한 평가자들이 심판석(審判席)에 있을 것인데, 그곳에서 그리스도께서 사악한 천사들을 정죄하실 뿐만 아니라, 사악한 사람

들을 정죄하실 것이다(마태복음 19:28, 요한계시록 20:4).
6:4 교회 안에서 가장 작게 여기는 자들을 – 다시 말해서, 이방인들. 그들은 그들 자체로 그리스도인들과 존중하는 관계가 될 수 없었다.
6:5 너희 가운데 단 하나도 없느냐? – 너희들은 지혜를 대단히 흠모(欽慕)하는 사람들이다. 그런데 그러한 소송 사건들을 결정지을 만큼 충분히 지혜로운 사람이 "단 하나도 없느냐?"
6:7 그러므로 이제 너희 가운데 전적으로 허물이 있나니, – 너희가 서로를 고소(告訴)하든지, 혹은 그렇지 않든지, 그것은 어쨌든 너희가 서로 다투기 때문이다. **어찌하여 너희가 차라리 부당한 일을 당하지 아니하느냐?** – 모든 사람이 이러한 말을 받아들일 수도 없거나, 혹은 받아들이지 않을 것이다. 많은 사람은 단지 다음의 말에 주안점(主眼點)을 둔다. "나는 부당한 일을 저지르지도 않을 것이며, 또한 부당한 일을 당하지도 않을 것이다." 이런 사람들은 정직한 이방인들일 뿐, 결코 그리스도인들은 아니다.
6:8 아니라, 너희가 부당한 일을 행하고 – 드러내놓고 "부당한 일을 행하고," **속여 빼앗되** – 사적으로. 오, 죄(불법)의 기술이 이미 얼마나 강력하게 활동하고 있는가!
6:9 여기에서 **우상숭배**가 **음행**과 **간음** 사이에 배열되어 있다. 왜냐하면 "음행"과 "간음"은 일반적으로 우상숭배를 동반했기 때문이었다. **또한 여성화**(女性化)**된 남자나** (하나님의 왕국을 상속받지 못하리라)" – 그런 사람들은 어떠한 십자가(十字架)도 지지 않고, 어떠한 역경(逆境)도 견디지 못하며, 단정(端整)치 못하고 나태(懶怠)한 방식으로 살아간다.

그러나 이것은 어떤가? 이러한 성품이 좋고 전혀 해를 끼치지 않는 사람들이 "우상 숭배자들"과 "남자와 더불어 자신을 욕되게 하는 남자들"과 함께 순위(順位)가 매겨지다니! 그러므로 마침내 '가장 작은 죄들'이라고 생각되는 것들에 맞서 우리 자신을 보호할 때까지, 또한 실제로 우리가 '어떤 죄도 사소한 것은 없다'라고 생각할 때까지, 우리는 '우리 자신 역시 가장 큰 죄들로부터 결코 안전하지 못하다'라는 사실을 깨달을 수 있다. 왜냐하면 모든 사람은 지옥(地獄)을 향해서 (단지) 한 발짝 떨어져 있기 때문이다.
6:11 너희 가운데 이 같은 자들이 더러 있었으나, 너희가 씻기고 – 그러한 아주 역겹고 가증스러운 것들로부터 씻기고. 아니, 그리고 **너희는** 내적으로 **거룩히 구별**(區別) **되었다.** 이전에는 그렇지 않았으나, 너희가 **그 이름으로 의롭게 된** 결과로, **너희는** 내적으로 **거룩히 구별되었다.** – 다시 말해서, "주 예수님의" 공로(功勞)를 통하여 너희 죄(罪)가 용서되었으며, "우리 하나님의 영(靈)을 통해서" 너희는 "씻기고, 거룩히 구별되었다."
6:12 모든 것 – 너희를 위해서 법(法)이 허용하는 모든 것, **그러나 모든 것이 적절하지는 아니하며** – 특별히 어떤 일이 나의 약한 형제(兄弟)의 기분을 상하게 할 때, 혹

은 내가 나 자신의 영혼(靈魂)을 노예가 되게 할 때, **적절하지는 아니하며.** 왜냐하면 비록 **모든 것이 내게 적법하나,** 그렇지만 **내가 어떤 권능 아래에도 놓이지 아니하기** 때문이다. – 우리가 (적법한) 그것을 그만두었을 때 불안(不安)하지 않기 위해서. 왜냐하면 만약 불안하다면, 나는 그것의 권능 아래 놓여있는 것이기 때문이다.

6:13 마치 사도바울이 말했던 것처럼, 나는 주로 음식(飮食)에 관하여 이것을 언급한다. (그리고 모든 그리스도인이 그것을 깊이 생각하면 좋을 텐데!) 특별히 우상들에게 바쳐졌던 고기들에 관하여, 그리고 모세의 율법에서 금지된 고기들에 관하여. 나는 이러한 음식들 모두 아무렇게 해도 괜찮으며, 또한 비록 그것이 단지 한동안일 뿐이지만, 그 나름의 용도(用度)가 있다고 인정한다. 그다음에 그들을 환영하는 고기들과 내장들은 모두 썩어서 먼지가 된다. 그러나 이 경우는 우상숭배와는 아주 다르다. 우상숭배(偶像崇拜)는 아무렇게 해도도 좋은 것이 아니라, 때를 구별할 필요 없이, 항상 사악(邪惡)한 것이다. (왜냐하면) **이제 몸은 주를 위해 있으며** – 우리의 '몸'은 오직 주를 섬길 목적(目的)으로 고안(考案)되었다. (그리고) **주께서는** 중요한 의미로 **몸을 위해 계시느니라.** – 주는 '영혼(靈魂)의 구세주(救世主)'이실 뿐만 아니라, '몸의 구세주'이시다. 그것을 입증(立證)하시려고 하나님께서 이미 그분을 죽음에서 살리셨다.

6:17 그러나 주와 결합하는 자는 – 믿음으로 "주와 결합(結合)하는 자는," **한 영(靈)이니라.** – 그런데 그가 자기 자신을 "창녀와 결합하는"(**16절**) 육체로 만들 것인가?

6:18 음행(淫行)을 피하라. – 여인(女人)들과의 모든 불법(不法) 거래를, 각성제(覺醒劑)와의 모든 불법 거래를, 너희 모든 힘으로 인한 혐오(嫌惡)와의 모든 불법 거래를 "피하라." "사람이" 자신의 이웃에 맞서 저지르는 "모든 죄는" 자기 자신에게서 나와서 어떤 대상에게로 종료되며, 그리고 비록 "모든 죄(罪)는" 자신의 영혼(靈魂)을 즉시 오염(汚染)시키지만, 자신의 몸은 매우 즉시 오염시키지 않는다. **음행하는 자는 자기 몸에 죄를 짓느니라.** – 야만적인 짐승들과 같은 수준으로 자기 몸을 오염(汚染)시키고, 자기 몸의 가치를 손상(損傷)시키고, 그리고 자기 몸을 비하(卑下)한다.

6:19 그리고 심지어 '여러분의 몸'도 엄격하게 '여러분 자신의 몸'에 대해 언급하고 있지 않다. 심지어 이 몸은 **성령님의 전**(殿)이다. – 성령님께 바쳐졌으며, 또한 성령님이 거주(居住)하신다. 바울 사도가 다른 곳에서 "하나님의 성전(聖殿)"(3장 16, 17절)과 "살아계신 하나님의 성전"(고린도후서 6:16)이라고 말한 것을 그는 여기서 "성령님의 전"이라고 명명(命名)하였다. 이것은 성령님이 바로 "살아계신 하나님"이라는 사실을 분명하게 보여주고 있다.

6:20 너희 몸과 너희 영으로 하나님께 영광을 돌리라. – 여러분들의 영혼과 모든 그 영혼의 기능들뿐만 아니라, 여러분들의 몸과 모든 신체 기관(器官)들을 '의(義)의 도구(道具)'로서 하나님께 드려라. '하나님의 영광을 위하여' 여러분들이 소유(所有) 전체와 여러분들의 존재(存在) 전체를 '전적으로 조금도 아낌없이,' 그리고 '영원히' 바치고 사용(使用)하라.

고린도전서 7장

7:1 남자가 (여자에게 손을 대지 아니하는 것이) **좋으니라.** – 그 남자(男子)는 자기 자신의 주인(主人)이다. **여자에게 손을 대지 아니하는 것이** – 다시 말해서, 결혼(結婚)하지 않는 것이. 독신(獨身) 생활의 이점들은 매우 대단하며 또한 매우 많다.

7:2 그럼에도 불구하고, 음행(淫行)**을 피하기 위하여** 필요하다면, **남자**(男子)**마다 자기 아내를 두고, 여자**(女子)**마다 자기 남편을 둘지니라.** – 왜냐하면 기독교는 일부다처(一夫多妻) 제도(制度)를 허용하지 않기 때문이다.

7:3 결혼한 사람들은 서로 더불어 살아갈 때, 마치 그들이 결혼(結婚)하지 않은 것처럼 어떤 완전(完全)함이 있다고 상상(想像)하지 "마라." **그 빚** – 이러한 고대의 해석은 보통의 해석보다 훨씬 더 자연스러운 것처럼 보인다.

7:4 아내–남편 – 누구라도 더 큰 순수(純粹)함을 핑계로 이것을 잊어서는 안 된다.

7:5 동의를 구해 얼마 동안 그리하는 것은 예외이나 – 그러한 특별하고 엄숙한 의식(儀式)들에 참석했을 때, 너희들이 헌신(獻身) 훈련(訓練)에 여러분 자신을 전적으로 바쳐야 하는 것. **못하게** – 만약 오랫동안 떨어져 지내야만 한다면, **사탄이 너희를 시험하"** – 만약 행동도 없다면, 깨끗지 못한 생각으로, "사탄이 너희를 시험하지"

7:6 그러나 나는 말하나니 – 한동안 떨어져 지내는 것에 관하여, 그리고 다시 하나로 합치는 것에 관하여. 아마도 바울은 또한 **2절**을 언급하는 것으로 보인다.

7:7 (왜냐하면 이 사실에 대하여) **나는 모든 사람이 나와 같기를 원하노라.** – 현재 결혼을 하지 않은 신자들이 "하늘의 왕국을 위해 스스로 고자(鼓子)"(마태복음 19:12)로 지내기를 원한다. 사도바울은 이러한 자유(自由)가 주는 달콤함을 맛보고서, 자기 자신뿐만 아니라 다른 사람들도 그것을 누리기를 소망(所望)했다. **그러나 사람마다 하나님께 받은 고유한 선물이 있어서** – 우리 주님이 선포하신 말씀에 따르면, "모든 사람이 이 말을 받을 수는 없고, 아버지께서 그것을 주신" 행복한 소수의 "사람들만 받을 수 있느니라."(마태복음 19:11)

7:8 그들이 나처럼 지내는 것이 그들에게 좋으니라. – 그 당시 사도바울에게 배우자(配偶者)가 없었다는 것은 확실하다. 사도행전 7장 58절부터 사도바울의 이력(履歷)의 그다음 부분들과 비교할 때, 그는 항상 독신(獨身) 상태였다는 점이 사실처럼 보인다. 이러한 (1절 이상의 어떤) 선포(宣布)도 전혀 박해(迫害) 상태에 대해서 언급하는 것 같지는 않다.

7:10 내가 아니라, 오직 **주시니라. – 그리스도시니라.** – 주님의 명확한 명령(마태복음 5장 32절)에 의하여.

7:11 (만약) **그녀가 떠나거든** – 이러한 명확한 금지에 반(反)해서, "그녀가 떠나거든," **또한 남편도 자기 아내를 버리지 말라.** – "음행(淫行)이 아닌 다른 이유로"(마태복음 5:32) "자기 아내를 버리지 말라."

7:12 나머지 사람들에게는 – '믿지 않는 사람들'과 결혼(結婚)한 사람들에게는, **내가 말하노라.** – 비록 우리 주님은 그것에 관하여 어떤 계명(誡命)도 남기지 않으셨지만, 하나님이 주시는 계시(啓示)의 말씀에 따라, "내가 말하노라." **그는 그녀를 버리지 말며** – 실제로 옛날의 유대인들은 우상을 숭배하는 그들의 아내들을 다 내보내야만 했다(에스라 10:3). 그러나 고린도 교인들의 경우는 전혀 달랐다. 그들이 우상을 숭배하는 여인들과 결혼하는 것은 절대로 허용되지 않았다. 그러나 여기에서 언급하고 있는 사람들은 그들이 둘 다 우상을 숭배하는 상태에 있는 동안 결혼을 했다.

7:14 (왜냐하면) **믿지 않는 남편이** 많은 경우에 **아내로 말미암아 거룩히 구별되었나니** – "그렇지 않으면 너희 자녀들도" 우상숭배자가 되도록 양육(養育) 받았을 것이다. 그러나 사실 "이제 그들이" 그리스도인들이다. 아마도 사도바울이 '너희는 너희 눈앞에서 그것에 대한 증거를 보고 있다'라고 말했을 것이다.

7:15 형제나 자매나 – 그리스도인 남자나, 혹은 그리스도인 여자나, **속박(束縛)을 받지 아니하느니라.** – "그런 경우에" 완전히 자유(自由)롭다. **그러나 하나님은 화평에 이르도록 우리를 부르셨느니라.** – 만약 그것이 가능하다면, 그들과 평화롭게 살아가도록 "우리를 부르셨느니라."

7:17 오직 하나님께서 나누어 주신 대로 – 다양한 삶의 장소들과 다양한 인생의 관계들을 "각 사람에게" 나누어주신 대로, 그 안에서 그들이 주의를 기울여 자신의 의무를 이행(履行)하도록 한다. 복음서(福音書)에서는 이러한 것 중 어느 것도 무효화(無效化)시키지 않는다. (그러므로) **내가 모든 교회에서 이같이 규정하노라.** – 가장 큰 관심사(關心事)에 대한 요점(要點)으로서, "내가 모든 교회에서 이같이 규정(規定)하노라."

7:19 할례가 아무것도 아니요, 무할례가 아무것도 아니로되 – 우리의 구원을 고취(鼓吹)시키지도 않으며, 또한 우리의 구원을 방해(妨害)하지도 않는다. 한 가지 중요한 것은 "오직 하나님의 명령(命令)들을," 그리고 '사랑으로 일하는 믿음'을 "지키는 것뿐이니라."

7:20 부르심을 받을 때 – 하나님께서 그를 부르실 때, 즉 그가 있는 자리에서 그 외적인 상태로 "부르심을 받을 때." 하나님의 섭리(攝理)로부터 분명한 지시(指示)가 없다면, 그로 하여금 이 외적인 상태를 바꾸려고 애를 쓰게 만들지 말라.

7:21 그것을 염려하지 말라. – 자유(自由)를 찾느라 "염려하지 말라." **그러나 네가 자유롭게 될 수 있거든 오히려 그것을 사용하라.** – "자유롭게 될 수 있는" 그 기회(機會)를 받아들이라.

7:22 주께 속한 자유인이요, – 헬라어로는, '전에 종이었으나, 지금은 자유인(自由人)인 사람'을 의미한다. **그리스도의 종이니라.** – 이러한 점에서 자유(自由)롭지 못하다. 즉 마음대로 자기 자신의 뜻을 실행(實行)할 수 없다.

7:23 (주께서) **값을 치르고 너희를 사셨으니** – "너희는" 하나님의 소유(所有)이다. 그러므로 그것을 피할 수 있는 곳이 어디 있겠는가? **너희는 사람들의 종이 되지 말라.**

– 사람들의 종이 되면, 너희는 많은 유혹(誘惑)에 노출(露出)될 수 있다.
7:24 그 안에서 하나님과 함께 거하라. – 모든 일을 하나님께 하는 것처럼 행하라. 그리고 하나님의 즉각적인 임재 안에 있는 것처럼 행하라. 그러므로 "하나님과 함께 거하는" 사람들은 외적(外的)인 것들에 관해서는 '거룩한 무관심(無關心)'을 유지한다.
7:25 이제 어느 성별(性別)에 속하든 **처녀들**(총각들)**에 관하여는 내가 주께 받은 명령이 없으나** – 특정한 계시의 말씀에 의해서 "내가 주께 받은 명령이 없으나," 그리고 바울 사도가 반드시 특정한 계시의 말씀을 주께 받아야할 필요(必要)는 없다. 왜냐하면 사도들은 신적(神的)으로 영감(靈感)을 받지 않은 어떤 것도 기록하지 않았기 때문이다. 그러나 이러한 차이로 인해, 때때로 사도들은 '특별한 계시(啓示)'와 '특별한 계명(誡命)'을 받았다. 어떤 때에는 사도들이 자신들과 함께 거하는 신적(神的)인 빛으로부터, 하나님의 영(靈)이 주시는 지속적인 보배로부터 서신을 썼다. 그리고 이것은 또한 사도들의 사적(私的)인 견해가 아니라, 믿음과 실행에 대한 신적(神的)인 규칙이었다. 하나님께서 나의 사도직에서 나를 "신실하게 된 자로" 만드셨다. 그러므로 나는 내가 하나님으로부터 받은 것을 신실하게 전파(傳播)해야 한다.
7:26, 27 현재의 고난으로 인해 이것이 좋으니 – 어느 교회든지 박해(迫害) 아래에 놓이는 동안에도, "현재의 고난으로 인해 이것이 좋으니," **곧 남자가 그대로 지내는 것이 좋으니라.** – (남자가) 결혼을 했든지 혹은 미혼이든지. 사도바울은 여기에서 결혼(結婚)을 이유로 "현재의 고난"을 권고하지 않는 것처럼, 독신(獨身)을 이유로도 "현재의 고난"을 권고하려는 것이 아니다. 그 상태가 어떻든지 남자가 자신의 상태를 바꾸려고 애를 쓰지 말라는 이유로 "현재의 고난"을 권고하는 것이 아니라, 그 상태를 최대한 이용하라는 이유로 "현재의 고난"을 권고하는 것이다.
7:28 그런 자들에게는 육신 안에 고난이 있으리라. – 많은 외적인 고난들이 "있으리라." "(그러나) **오직 나는 너희를 아끼노라.**" – 나는 될 수 있는 대로 말을 적게 하고, 그리고 말을 부드럽게 한다.
7:29 그러나 형제들아, 내가 이것을 말하노니 – 우리가 여기에 머물렀던 "때가 단축되었으므로," 대단한 자신감을 가지고. "곧 아내 있는 자들은" 하나님께 헌신적인 만큼, 즉 마치 그들이 아무것도 가지지 않은 것처럼 행실(行實)의 모든 태도에서 거룩한 만큼, 진지하고, 열성적이며, 활동적이고, 세상에 대해 죽는 것이 분명히 뒤따른다. 너무나 쉽게 이행(移行)함으로써, 바울사도는 그 밖에 다른 모든 것으로부터 필요한 것이며, 가장 중요한 한 가지로 미끄러지듯이 움직인다. 바울사도는 무엇이든지 일시적(一時的)인 것은 잊어버리면서 영원(永遠) 속으로 삼켜진다.
7:30 (그리고) **우는 자들은 울지 않는 자같이 되며** – 비록 슬플지라도, 그렇지만 항상 기뻐하는 "자같이 되며," **기뻐하는 자들은 기뻐하지 않는 자같이 되고** – 경건(敬虔)한 두려움으로 자신들의 기쁨을 누그러뜨려서 "기뻐하지 않는 자같이 되고," **사는** (구입하는) **자들은 소유하지 않은 자같이 되며** – 그들 자신은 소유주(所有主)들이 아

니라, 다만 청지기들이라고 인식(認識)하면서.

7:31 이 세상을 이용하는 자들은 남용하지 않는 자처럼 되라. – 이 세상에서 행복을 찾지 말고, 하나님 안에서 행복을 찾아라. 다만 대부분 사람이 '하나님의 지식'과 '하나님의 사랑'에 전념하는 그런 방식으로 하나님 안에 있는 모든 것을 이용(利用)하라. **왜냐하면 이 세상의** 전체 계획과 **외형은** – 이러한 결혼을 하는 일, 눈물을 흘리는 일, 크게 기뻐하는 일, 그리고 나머지 모든 것은 사라질 뿐만 아니라, 이제 "사라져버렸다." 이러한 순간(瞬間)은 그림자처럼 날아가 버린다.

7:32 그러나 나는 너희가 너희 생각에 어떤 걸리는 것 없이, 이렇게 날아가는 순간에 대해 **염려 없이 지내기를 원하노라.** – "장가가지 않은 자는" 만약 그가 누리는 이점(利點)을 이해하고 이용한다면, 다만 "주께 속한 일들을 염려하여, 어떻게 주를 기쁘게 할까 하느니라."

7:33 (그러나) **장가간 자는 세상에 속한 일들을 염려하여**(그리고 그렇게 하는 것이 그리스도인이 되기까지 그의 의무다), **어떻게 자기 아내를 기쁘게 할까 하느니라.** 그리고 자기 아내와 그의 가족에게 필요한 모든 것들을 공급(供給)한다.

7:34 아내와 처녀 사이에도 차이가 있나니 – 교회가 박해 아래 놓여 있든지, 혹은 그렇지 않든지, "아내와 처녀 사이에도 차이가 있나니," **시집가지 않은 여자는** – 만약 그녀가 자신의 특전(特典)을 이해하고 이용한다면, 다만 "주의 일들을 염려한다." 그녀의 모든 시간, 모든 염려, 그리고 모든 생각이 "주의 일에," 즉 어떻게 "그녀가 몸과 영을 거룩하게 할 수 있을까"에 중심을 둔다. 이것은 모든 시대와 모든 나라에 걸쳐 독신(獨身) 생활에 있어서 지속적인 이점이다. 그러나 누가 그것을 적절하게 이용한단 말인가?

7:35 내가 너희에게 올무를 놓고자 함이 아니요, – 너희가 이 말씀을 받아들일 수 없기 때문에, "내가 너희에게 올무를 놓고자 함이 아니요," **다만 합당한 것을 추구하게 하며** – 너희가 받아들일 수 있도록, "다만 합당(合當)한 것을 추구(追求)하게 하며," (그래서) **너희가** 굳은 결의로 참을성 있게 **주를 섬기게 하려 함이라.** – '섬기다'로 번역된 헬라어 단어는 듣기 '좋은' 자세로 어떤 사람의 "가까이에 앉아있다"라는 의미이다. 따라서 마리아는 예수님의 자리가 있는 곳에 앉아있었다(누가복음 10:39). **흐트러짐 없이** – 어떤 사람이나 혹은 어떤 일이나, 혹은 어떤 염려나, 혹은 무엇이든 방해가 되는 어떤 것에 의해서, 마음이 그 중심으로부터, 즉 하나님께 세심(細心)하게 귀를 기울이는 것으로부터 떠나게 하지 않고.

7:36 (그러나 만약) **어떤** 부모가 그렇지 않았다면 **그의 처녀 딸에게** 자신의 성품에 어울리지 않게, 즉 **합당하지 못하게 처신하는 것이라고 생각한다면,** (만약) "그녀가 꽃다운 나이를 넘기거나," (혹은 성년이 되면,) "또 그렇게 할 필요가 있으면," **그들이 결혼하게 하라**(9절). – 그녀의 구혼자(求婚者)와 그녀를 "결혼하게 하라."

7:37 부득이한 일도 없으며 – 그러한 필요가 없는 경우에, (그러나) **자기 뜻대로 할**

수 있어서 – 자신의 뜻으로 그에게 자신의 가족(家族)을 늘리고, 또한 새로운 관계들로 가족을 강화시키고 싶다는 생각이 들 수 있다.

7:39 오직 주 안에서만 – 다시 말해서, 오직 그리스도인들은 그리스도인들과 혼인(婚姻)시켜라. 이것은 지속적인 지시(指示)이며, 그리고 가장 중요한 일 중의 하나이다.

7:40 또한 나는 – 여러분 가운데 누구든 한 사람뿐만 아니라, "나는," **하나님의 영을 소유한 줄** – 나에게 모든 것을 가르치는 "하나님의 영(靈)을 소유한 줄." 이것은 결코 조금의 의심(疑心)도 들어있지 않다. 그러나 의문(疑問)을 품은 것에 대하여 그들을 책망(責望)함과 함께 그것에 대한 가장 강력한 확신(確信)을 포함한다. 그러므로 지금부터 사도바울은 자신이 '그리스도의 영(靈)'을 소유한 것을 확신하지 못했다는 사람은 누구든지 말씀의 진정한 의미를 이해하지 못하거나, 혹은 사도바울이 자신의 고린도 서신에서(2정 16절; 14장 37절) 그리고 다른 서신들에서(13장 3절) 얼마나 명료(明瞭)하게 그 영(靈)에 대한 소유권을 주장하고 있는지 고찰(考察)하지 못하고 있다. 실제로, 여기에서 그리고 다른 곳에서, 통속적(通俗的)으로 번역된 단어 "생각하노라"가 항상 가장 충만하고 또한 가장 강력한 확신(確信)을 의미한다(10장 12절 참조).

고린도전서 8장

8:1 이제 너희가 제시한 다음 질문에 관하여는, **우리가 다 지식이 있는 줄로 아나니** – 그들의 자기 자만(自慢)에 대한 부드러운 책망. 사랑이 없는 **지식**은 항상 **우쭐대게 한다.** 오직 **사랑은 세워 주느니라.** – "사랑은" 우리를 거룩함으로 "세워 준다."

8:2 만일 어떤 사람이 자기가 무엇을 아는 줄로 생각하면 – 그가 제대로 하나님께 가르침을 받는 데까지 이르지 못한다면, **그는 마땅히 알아야 할 바를 아직 전혀 알지 못하느니라.** – '하나님의 사랑'이 없이는 어떤 '참된 지식'도 절대 존재하지 않기 때문에, "그는 마땅히 알아야 할 바를 아직 전혀 알지 못하느니라."

8:3 그 사람을 아시느니라. – 다시 말해서, 그 사람은 "하나님께" 인정(認定)을 받았다.(살전 2:4, 시편 1:6 "주께서 아시나" 참조)

8:4 우리가 우상은 세상에서 아무것도 아닌 줄 아노라. – 신성(神聖)이나, 미덕(美德)이나, 혹은 권능(權能)을 전혀 갖지 못한 단지 이름뿐인 신(神)인 줄 "아노라."

8:5 비록 신들이라 불리는 자들이 있어 – 이교도들에 의해서, '하늘의 신(神)' (그들이 그것들을 칭하는바), '땅의 신(神)' 그리고 '지옥의 신(神)'이라 "불리는 자들이 있어."

8:6 (그러나) **우리** 그리스도인들**에게는 오직 한 하나님이 계시나니** – 마치 그분이 열등한 신이라도 되듯이, 이것은 그 유일한 주님께는 배타적(排他的)이 아니지만, 그러나 단 한 분 하나님께서 반대하시는 우상(偶像)들에게 배타적이다. **모든 것이 그분에게서 났고** – 창조(創造), 섭리(攝理), 그리고 은총(恩寵)에 의해서 "모든 것이 그분에게서 났고," **우리도 그분 안에 있노라** (**우리도 그분을 위해 있노라**) – 이것은 우리가 존

재(存在)하고, 소유(所有)하고, 그리고 행동(行動)하는 모든 것들의 목적(目的)이다. **또 한 주"** – 동등하게 신적 예배의 대상이신 "또 한 주(主)." **모든 것이 그분으로 말미암아 존재하고** – 창조(創造)되고, 유지(維持)되고, 통치를 받는다. **우리도 그분으로 말미암아 존재하느니라.** – 하나님 아버지께 그리고 모든 영적 축복에 접근할 수 있다.
8:7 어떤 사람들은 우상을 의식하며 먹으므로 – 다시 말해서, 우상을 마음으로 그려보는 것은 대단한 일이라서, 그 음식(고기)을 먹는 것을 불법(不法)이 되게 만든다. **그들의 약한 양심이** – 올바른 정보를 받지 못해서, **더러워졌느니라.** – 그것을 행함으로써 죄책감(罪責感)에 걸리다.
8:8 그러나 음식은 우리를 하나님 앞에 내세우지 못하나니 – 그 음식을 먹는 것에 의해서도, 혹은 그 음식을 삼가는 것에 의해서도, "우리를 하나님 앞에 내세우지 못하나니." 먹는 것과 먹지 않는 것은 그 자체로는 그저 아무래도 좋은 일이다.
8:10 (왜냐하면 만약) **지식이 있는 너를** (네가 우상의 전에서 음식 앞에 앉은 것을) **어떤 사람이 보면** – 그는 그 사람이 자기 자신보다 더 여러 가지 지식(知識)을 가지고 있다고 생각한다. 그리고 그 사람은 정말로 이러한 지식을 가지고 있다. **우상은** (세상에서) **아무것도 아니며**(8장 4절) – "우상의 전(殿)에서" 접대 자리에 "앉은 것은 아무것도 아니며." 이교도들은 빈번하게 그들의 성전에서 그들의 우상들에게 희생 제물로 바쳐졌던 음식으로 대접을 한다. **약한 그 사람의 양심**(良心)**이** (담대하게 되어 우상들에게 바친 것들을 먹게 되지) **아니하겠느냐?** – 주도면밀한 "그 사람의 양심(良心)이 … 아니하겠느냐?" **담대하게 되어** – 너희의 본보기로 인해서, "담대하게 되어," **먹게 되지** – 비록 불안(不安)한 양심으로 "먹게 되지."
8:11 그러면 네 지식으로 말미암아 그 약한 형제가 멸망하리니, 그를 위해 그리스도께서 죽으셨느니라. – 그리고 그 "약한 형제"를 위해서 당신은, 너는 고기 음식을 놓치지 않을 것이다. 그를 위해서 죽은 것은 결코 아니다! 그리스도께서 심지어 멸망(滅亡)하는 사람들을 위해서 돌아가셨다고 우리는 알고 있다.
8:12 그러나 그리스도께 죄(罪)**를 짓느니라.** – 왜냐하면 그들은 그리스도의 지체(肢體)이기 때문에, "그리스도께 죄(罪)를 짓느니라."
8:13 만일 음식이 – 어떤 종류의 "음식"이라도. 누가 이 본보기를 따를 것인가? 그것이 약한 형제를 "실족(失足)하게" 할 때, 어떤 설교자나 혹은 어떤 그리스도인 개인이 그 자체로 법이 허용하는 어떤 일을 그만두는가?

고린도전서 9장

9:1 내가 자유로운 자가 아니냐? 내가 사도가 아니냐? – 다시 말해서, 내가 보통 '그리스도인의 자유(自由)'를 가지고 있지 않으냐? 그뿐 아니라, 내가 '사도의 자유(自由)'를 가지고 있지 않으냐? 바울은 자신의 '사도 신분의 정당성(正當性)'(1~3절)과 자신

의 '사도 직분의 자유(自由)'(4~19절)를 주장한다. **내가 예수 그리스도 우리 주를 보지 아니하였느냐?** – 이것이 없었더라면, 바울은 그 최초의 주요 증인(證人)들 가운데 한 사람이 되지 못했을 것이다. **너희는 주 안에서 행한 나의 일이 아니냐?** – "너희는" 하나님이 나를 보내셨다는 완벽한 증거가 아니냐? 그러나 바울이 교회로부터 사도 직분에 마땅히 주어지는 그러한 생계비(生計費) 지원을 요구하고 또한 그것을 받는 데 있어서 자신의 특전(特典)을 전혀 행사하지 않았기 때문에, 몇몇 사람이 그가 사도(師徒)라는 것에 반대한 것으로 보인다.

9:2 너희는 (주 안에서) **나의 사도직을 보증하는 봉인(封印)이니라.** – 너희는 나의 말로 믿음을 받아들였을 뿐만 아니라, 나의 도움으로 성령의 모든 은사(恩賜)도 받아들였다.

9:3 나를 시험하는 자들에 대한 내 대답은 – 나의 사도(師徒) 직분(職分)에 관하여, "나를 시험(試驗)하는 자들에 대한 내 대답(對答)은" **이것이니라.** – 내가 지금 설명한 것이다.

9:4 우리에게 권리가 없느냐? – 나와 나의 동료 사역자들에게, "권리(權利)가 없느냐?" **먹고 마실** – 우리가 함께 사역하는 자들의 희생으로 "먹고 마실."

9:5 우리에게 자매, 곧 아내를 데리고 다닐 권리가 없느냐? 그리고 또한 그녀를 위한 먹을 것을 요구할 권리가 없느냐? "(그러므로 분명히 이러한 권리를 행사한) 다른 사도들이나 게바와 같이" (요구할 권리가 없느냐)? 여기에서 우리가 알게 되는 사실들이 있다. 첫째, 사도 베드로는 그가 사도가 된 후에도 계속해서 그의 아내와 함께 살았다. 둘째, 사도 베드로는 사도로서 권리(權利)를 전혀 갖지 않았는데, 그것이 사도바울과 다른 점이었다.

9:6 일하지 아니할 – 우리의 두 손으로 "일하지 아니할."

9:8 내가 사람으로서 이것들을 말하느냐? – 겨우 인간의 추론(推論)이 갖는 권위에 근거해서 "이것들을 말하느냐?" 사실상, 하나님도 역시 그와 똑같은 것을 말씀하시지 않느냐? **곡식(옥수수)을 밟는 소의 입에 마개를 씌우지 말라.** – 이것은 유다와 많은 동방의 나라들의 관습(慣習)이었다. 그들 중 대여섯 나라에서는 여전히 그 관습이 유지되고 있다. 그리고 오늘날 독일의 일부 지역에서 말들이 곡식(옥수수)을 밟는다.

9:9 하나님께서 (이러한 지시 말씀에서 다만) **소들을 위해 염려하시느냐?** – 하나님은 추가적(追加的)인 의미(意味)를 부여하고 계시지 않을까? 그리고 전혀 의심할 여지 없이, 하나님께서는 이러한 종류의 모든 다른 모세 율법에서 추가적인 의미를 부여하고 계신다.

9:10 밭을 가는 자는 소망 중에 갈며 – 추수(秋收)에 대한 "소망 중에 갈며." 이것은 속담에도 나오는 표현인 것 같다. (그리고) **소망 중에 타작하는 자는** – 마땅히 실망하지 말아야 하며, 마땅히 자신의 수고한 열매를 먹어야 한다. 그러므로 "하나님의 농사(農事)"(3장 9절)를 짓는데 수고하는 사람들도 그래야만 한다.

9:11 우리가 (우리의 먹을 것을 위해서 필요한 것만큼 많이) **너희의 육적인 것들을 거둔다 해도 그것이 큰일이냐?** 너희는 너희가 우리에게서 받은 것들보다 더 큰 가치가 있는 것들을 우리에게 주었느냐?
9:12 (만약) **다른 이들이** – 참된 사도들이든 혹은 거짓된 사도들이든, "다른 이들이," **이 권리에 참여하거든** – 먹을 것을 지원받을 수 있는 권리(權利)를 가지거든, **우리가 이 권리를 쓰지 아니하고** – 우리가 훨씬 더 수고한 까닭에? "이 권리를 쓰지 아니하고," **우리가 그리스도의 복음을 가로막지 아니하려 함이라.** – 흠을 잡히거나 혹은 책망당할 기회를 제공함으로써 "그리스도의 복음(福音)을 가로막지 아니하려 함이라."
9:15 내가 죽는 것이 (누가 나의 자랑하는 것을 헛되게 만드는) **것보다 나으리라.** – 나를 반대(反對)하기 위한 기회를 찾는 자들(고린도후서 11장 12절)에게 그런 기회를 제공하는 것보다 "내가 죽는 것이 나으리라."
9:17 자원(自願)하여 – 사도바울은 '어떤 것도 (지원) 받지 않고'를 의미하는 것 같다. 여기에서 사도바울은 자기 자신에게 고유한 방식으로 말한다. 다른 사람들도 자원하여 복음을 전하였을 것이지만, 그러나 고린도 교인들로부터 생계비(生計費)를 받았을 것이다. 그러나 사도바울이 고린도 교인들로부터 어떤 지원(支援)을 받았다면, 그는 "자원하여 복음을 전했다"라고 말하는 대신 "본의 아니게 복음을 전했다"라고 말했을 것이다. 그리고 다음 구절에서 그것에 대해 말했다. 그리고 다른 사람이 그 권리를 낭비하지 않고 사용했을 것이다. 그러나 바울 자신이 그 권리를 사용했다면, 그는 그 권리를 "남용하였다"라고 말했을 것이다. **복음의 분배 사역을 내가 맡았노라.** – 그러므로 나는 감히 그만두지 않겠노라.
9:18 나의 보상이 무엇이냐? – 그러한 상황에서의 나의 행동에 대해서, 나는 나의 위대한 주님으로부터 특별한 보상(報償)을 기대하는가? **내가** (나의 권리를) **남용(濫用)하지 아니하는 것** – 내가 "복음"을 전할 때 갖는 "나의 권리"를 적절하게 사용하는 것.
9:19 내가 스스로 모든 사람에게 종이 된 것은 – 나는 다른 이들의 이익을 위해서 나 자신을 부인(否認)하는 관점을 가지고 행동했다. 그리고 마치 내가 문자 그대로 그들의 종이나 혹은 노예였던 것처럼, 그들을 실족하지 않게 하려고 몹시 조심하면서 행동했다. 복음을 전하는 자 중에 이와 똑같은 걸음을 내딛는 사람이 어디에 있는가?
9:20 유대인들에게 내가 유대인같이 된 것은 – 내가 순수한 마음으로 할 수 있는 데까지, "내가 유대인같이 된 것은," 즉 나 자신이 모든 일에서 그들이 '생각하는 방식'과 '살아가는 방식'을 따르는 것은, **율법 아래 있는 자들에게** – 자신들은 여전히 모세의 율법(律法)으로 묶여있다고 이해하는 사람들에게, **율법 아래 있는 자같이** – 내가 그들 가운데 있는 동안, 스스로 율법을 준수하는 자같이. 바울 사도가 율법이 필요하다고 선언했기 때문도 아니고, 혹은 그가 율법을 준수하지 않은 사람들과 대화하기를 거절했기 때문도 아니다. 이것이 바로 바울 사도가 갈라디아서 2장 14절에서 사도 베드로를 비난(非難)한 일이었다.

9:21 율법 없는 자들에게 – 이교도들에게, **율법 없는 자같이** – 율법의 형식(形式)들을 무시하는 "자같이," **하나님께 율법 없는 자가 아니요,** – 그러나 여태껏 율법의 도덕적인 훈계(訓戒)들 아래 있는 것만큼이나, "하나님께 율법 없는 자가 아니요," **그리스도께 율법 아래 있는 자이나** – 그리고 모든 그리스도인이 영원히 "율법 아래" 있을 것이라는 의미에서 "그리스도께 율법 아래 있는 자이나."
9:22 내가 약한 자같이 된 것은 – 마치 나 역시 주저했던 것처럼, "약한 자같이 된 것은," **내가 모든 사람에게 모든 것이 된 것은** – 내가 진리와 실실함으로 확신(確信)할 수 있는 데까지, 나 자신을 모든 것에 맞추면서, "내가 모든 사람에게 모든 것이 된 것은."
9:24 (상을 받는) **줄을 너희가 알지 못하느냐?** – 너희 도시 근처에 있는 그 지협(地峽)에서 열리는 그 유명한 경주(競走)들에서, "상을 받는 줄을 너희가 알지 못하느냐?" (도보) **경주할 때에 달리는 자들이 다 달릴지라도,** (하지만) **한 사람이 상을 받는 줄을?** – 너희는 달리기 위해서 얼마나 더 큰 격려(激勵)를 품고 있는가? 그 후에 너희는 모두 고귀한 부르심의 상(償)을 받을 수 있을 것인가?
9:25 이기려고 애쓰는 자마다 모든 일에서 절제하나니 – 음식, 잠, 그리고 모든 다른 관능적인 탐닉(耽溺)에서 가장 엄격한 자기부인(自己否認)을 사용함으로써, 거의 믿을 수 없는 정도까지 "절제(節制)하나니." **썩을 관**(冠) – 반드시 이내 시들어버리는 꽃잎으로 만든 화환(花環). 그러나 어떤 사람들은 그들이 썩을 관을 위해서 행했던 것보다 영원한 관("썩지 아니할 관")을 위해서 이 모든 것과 그 이상을 행하는 것은 "율법적"이라는 사실을 알아냈다!
9:26 그러므로 내가 이와 같이 달리되 정해진 것이 없는 것처럼 하지 아니하고 – 나는 그 목표(目標)를 똑바로 바라본다. 나는 그 목표를 향하여 곧장 달려간다. 나는 모든 짐을 내버린다. 내 곁에 있는 어떤 것도 중요하게 여기지 않는다. (내가) **싸우되 허공을 치는 자같이 하지 아니하며** – 이것은 한 남자가 적(敵)에 대해서가 아니라 자신의 강타를 허공(虛空)에 대고 빗나가게 치고, 그래서 자신의 힘을 소모(消耗)한 것에 대한 표현으로 널리 알려진 말이다.
9:27 오직 내가 내 몸을 억제하여 – 모든 종류의 자기 부인(否認)에 의하여, "내 몸을 억제(抑制)하여," **복종시킴은** – 내 영(靈)에 대해 그리고 하나님께 대해 "내 몸을 복종시킴은." 이 말은 상당히 비유적(比喩的)이며, 그리고 전투에서 상처를 입거나 혹은 진압당한 사람들의 정상적인 육체들에 대하여 언급함으로써, "죄의 몸"(롬 6:6)에 대한 금욕(禁慾)을 의미한다. **복음을 선포한 뒤에 어떤 방법으로든** – 헬라어 원어가 의미하는바, "전령(傳令)의 직무(職務)에서 떠나는 것을 허락받은 후에" – (그 언급을 전할 때까지) 전령의 직무는 그 상황(狀況)을 선언하고, 그리고 그 상(償)을 보여주는 것이다. **내 자신이 버림을 받지** (않게 하려 함이라) – 심판관에 의해서 "승인을 얻지 못하고" 또한 상을 받기에는 매우 모자라서 "내 자신이 버림을 받지 않게 하려 함

이라." 이 단 한 문장으로, 우리는 '하나님의 선택(選擇)'과 '영원한 정죄(定罪)'에 관한 성경적 교리에 대하여 정확한 개념을 알 수 있으며, 그리고 우리가 분명하게 알 수 있는바, 성경에는 특정한 사람들이 '절대적으로 그리고 아무 조건 없이' 영원한 생명으로 선택(選擇)되었거나, 혹은 '절대적으로 그리고 아무 조건 없이' 영원한 죽음으로 예정(豫定)되어있다고 결코 제시하고 있지 않다. 왜냐하면 만약 사람들이 그것을 남용(濫用)한다면, 하나님께 선택된 바로 그 사람들이 "버림받을 것이기" 때문이다. 설사 선택된 사람이 단 한 사람일지라도, 사도바울은 분명히 "선택된" 사람이었다. 그러나 사도바울은 자기 자신도 버림받을 가능성(可能性)이 있다고 선포한다. 아니, 바울은 매우 오랫동안 '선택된 사람,' '그리스도인,' 그리고 '사도'였을지라도, 만약 그가 자신의 몸을 그렇게 절제(節制)하지 못했더라면, 그는 실제로 버림받은 사람이 될 수도 있었을 것이다.

고린도전서 10장

10:1 또한 너희가 **버림받은 자들이** 되지 않도록, 너희 조상(祖上)들이 얼마나 크게 은혜를 입었는지 잘 생각해보라. 너희 조상들은 하나님께 **선택받은** 백성이며, 그리고 하나님께 고유한 백성이었다. 그런데도 하나님이 그들을 거부(拒否)하셨다. 그들은 **다 구름 아래에** 있었으며, 그것은 하나님이 은혜롭게 임재(臨在)하신 것에 대한 탁월한 표시(標示)였다. 하나님의 임재하심으로 인해, 낮에는 태양의 열로부터 그들을 보호하셨으며, 그리고 밤에는 그들에게 빛을 주셨다. (그리고) **모두 바다를 지나가며** – 하나님께서 바다 한가운데로 지나가는 길을 여셨기 때문에, "모두 바다를 지나가며."

10:2 (그리고) **모두가 모세에게로 세례를 받고** – 하나님께서 그들에게 가르치신 종교로 들어가게 하시고, **구름과 바닷속에서** – 아마도 바다나 혹은 구름으로부터 물방울이 여기저기에 뿌려지고, 그것에 의해서 세례(洗禮)가 더욱 분명하게 표명(表明)되었다.

10:3 (그리고) **모두가 영적 음식**이라고 불리는 **같은** 만나를 **먹으며,** – 영적 음식은 첫째, 그리스도와 그의 영적인 은혜를 표상(表象)하며, 둘째, 그리스도의 식탁에서 우리가 먹는 성별(聖別)된 빵을 표상한다.

10:4 모두가 같은 영적 음료를 마셨느니라. – "영적 음료"는 그리스도를 표상하며, 또한 우리가 마시는 잔을 표상한다. "그들이 영적 반석으로부터" 즉 신비로운 반석으로부터 "마셨는데," 그 "반석(磐石)"에서 나오는 놀라운 물줄기가 광야(廣野)를 통과하는 그들의 여러 여정에 수년 동안 "그들을 따라갔다." "(그리고) 그 반석은" 한 가지 분명한 유형의 "그리스도였느니라." 그리스도는 영원(永遠)한 반석(磐石)이시며, 그 반석으로부터 그의 백성이 모든 광야 시절 내내 그들을 따라온 그러한 축복의 물줄기를 얻었다.

10:5 그러나 – 비록 그들이 하나님의 임재에 대한 매우 많은 증거를 받았지만, "그러나," **그들이** (광야에서) **쓰러졌느니라.** – 하나님의 불쾌(不快)하심에 대한 가장 끔찍한 표시(標示)로, "그들이 광야에서 쓰러졌느니라."

10:6 이제 이러한 일들이 우리의 본보기가 되었으니 – 우리가 그들과 같은 은혜를 누리고 있다면, 그들과 같은 죄를 저지를 수 있다고 예상해야만 한다는 것을 보여줌으로써. 출애굽 당시 모세에 의한 것처럼, 은혜가 그와 같은 순서로 기록되어 있다. 죄 그리고 벌은 다른 순서이다. 모든 것의 근거가 되는 것으로서 사악한 욕망(慾望)이 맨 먼저 나온다. 그리고 다음으로 우상숭배(偶像崇拜)(7절, 14절) 죄가 나오고, 그 다음으로 보통 우상숭배에 동반하는 음행(淫行)(8절)이 나온다. 그다음 구절들에서는 하나님께 맞서 시험(試驗)하고 또한 불평(不平)하는 내용이 등장한다. **그들이 탐한 것 같이** – 만나를 경멸(輕蔑)하고, 육체(肉體)를 "탐(貪)한 것 같이."

10:7 너희는 우상 숭배자가 되지 말라. – 그럼으로써, "너희는 (그들과 같이) 불평하지 말라."(10절) – 다른 경고(警告)들은 일인칭으로 내려졌다. 그러나 이 두 가지 경고는 이인칭으로 주어졌다. 사도바울이 얼마나 정교한 방식으로 인칭(人稱)을 바꾸고 있는가? '(우리) 우상 숭배자가 되지 말자'라고 말했다면, 부적절한 표현이 되었을 것이다. 왜냐하면 바울 자신은 전혀 우상숭배의 위험에 처해있지 않았으며, 그리고 그리스도에 대해 혹은 하나님의 섭리에 대해 전혀 불평하지도 않았을 것이기 때문이다. **뛰놀더라.** – 다시 말해서, 그들의 우상(偶像)을 경배하며 춤추더라.

10:8 (그리고) **하루에 이만 삼천 명이 쓰러졌으니** – 그 후에 교수형(絞首刑)을 당한 통치자(統治者)들, 그리고 재판관(裁判官)이 드러낸 사람들을 제외하고, 모두 4만 2천 명이 죽었다.

10:9 우리는 그들과 같이 그리스도를 시험하지 말자. – 너희의 불신앙(不信仰)으로, "그리스도를 시험하지 말자." 사도바울은 1절에서 4절까지 다섯 가지 은혜(恩惠)들을 열거한다. 그중에 네 번째 은혜와 다섯 번째 은혜는 똑같이 밀접하게 연결되어 있다. 다섯 번째 은혜에 대해서 말할 때, 사도바울은 분명하게 '그리스도'를 언급한다. 그리고 네 번째 은혜에 대해서 말할 때, 사도바울은 그것이 "어떤 자들이 그리스도를 시험(試驗)하다가" 그리스도에 맞서 저질러졌다고 밝히고 있다. 그 이유는, 그들이 매우 오랫동안 그 반석(磐石)에서 나오는 물을 마셨지만, 물이 부족(不足)하다고 "그들이 불평(不平)했기" 때문이었다.

10:10 파멸시키는 자 – 파멸(破滅)시키는 천사(天使).

10:11 세상의 끝을 만난 우리를 – 이 표현은 대단한 설득력을 가지고 있다. 모든 것들이 함께 모이며, 그리고 최후의 것, 즉 복음의 통치 아래에서 '은혜(恩惠)와 위험(危險),' '징벌(懲罰)과 보상(報償)'이 나뉘는 위기(危機)에 처한다. 계속해서 그리스도는 '복수(復讎)하는 자'와 '심판(審判)하는 자'로 계신다. 그리고 심지어 이러한 "세상의 끝"은 서로 이어지는 몇몇 기간(期間)들을 포함한다.

10:12 보통의 번역에 따르면, **스스로 서 있는 줄로 생각하는 자는"** 그러나 **생각하는**으로 번역(飜譯)된 말은 그 의미를 약하게 만들기보다는 '절대적으로 틀림없이' 그 의미를 강화(强化)시킨다.

10:13 사람에게 공통적인 – 즉, 헬라어 단어가 유입되면서, '인간의 능력에 잘 균형 잡힌,' **하나님은 신실하사** – 하나님께서 이미 약속하신 도움을 베푸시는 데 있어서 "신실하사," **또한 그 시험과 함께** (피할 길을) **내사** – 너희 구출(救出)을 가능케 하신다.

10:14 우상 숭배를 피하라. – 그리고 우상숭배에 접근하는 모든 것들로부터 "피하라."

10:16 우리가 축복하는 축복의 잔은 – 신성(神性)한 사용을 목적으로 그 잔을 구별(區別)함으로써, 그리고 엄숙하게 그 잔 위에 하나님의 축복이 임하시길 기원(祈願)하면서, "우리가 축복하는 축복의 잔은" **그리스도의 피에 함께 참여하는 것이 아니냐?** – 그 무한한 은혜(恩惠)에 우리가 참여할 수 있는 방편(方便)에 함께 참여하는 것이 아니냐?" 왜냐하면 그 방편을 "그리스도의 피"로 사셨기 때문이다. **그리스도의 몸에 함께 참여하는 것** – 그러한 그리스도의 은혜에 우리가 참여할 수 있는 방편에 함께 참여하는 것." 왜냐하면 우리를 위해 내어주신 "그리스도의 몸"으로 그 방편(方便)을 사셨기 때문이다.

10:17 이는 이러한 성찬식(聖餐式)을 통해 우리는 모두 하나가 되기 때문이다. 이를테면, 여전히 **우리가 많아도**, 나누어진 같은 **한 빵**"의 다른 부분들이다. 왜냐하면 **한 몸** 안에 우리를 연합(聯合)시키기 위해서, 우리가 나누어진 빵을 받기 때문이다.

10:18 육체를 따라 난 이스라엘을 보라. – 그리스도인들은 하나님의 영적(靈的) "이스라엘"이다. **희생물을 먹는 자들이 제단에 참여하는 자가 아니냐?** – 이것은 그들 자신을 이미 바친 그 하나님과 영적(靈的) 교감(交感)을 하는 행동이 아니냐? 그리고 그 경우는 우상들에게 바쳐졌던 희생물을 먹는 사람들과 똑같은 것이 아니냐?

10:19 그런즉 내가 무엇을 말하느냐? – 내가 "우상은" 신적인 "어떤 것"이라고 인정하는 말이라도 하는 것이냐? 그와 반대로, 나는 "우상"이란 "이방인들이 희생물로 바친 것," 즉 "이방인들이 마귀(魔鬼)에게 희생물로 바친 것"이라고 단언한다. 사실, 그 마귀들이 이방인들의 신이다. 그리고 그 희생물로 너희가 단지 그 마귀들과 영적 교감을 할 수 있다.

10:21 너희가 주의 잔(盞)과 마귀들의 잔(盞)을 겸하여 마실 수 없으며 – 너희는 주님과 마귀(魔鬼) 둘 다와 영적(靈的) 교감(交感)을 할 수 없다.

10:22 우리가 주의 질투를 일으키겠느냐? – 하나님 대적의 비위를 맞춤으로써 "하나님의 질투(嫉妬)를 일으키겠느냐?" **우리가 그분보다 강하냐?** – 우리가 하나님의 진노를 버틸 수 있거나 혹은 참을 수 있느냐?

10:23 이것이 본질상 **적법**(適法)**하다**고 전제하더라도, 그것은 **적절**(適切)**하지** 않다. 그리고 그것이 나의 이웃을 **세워 주지는 아니한다.**

10:24 자기 것을 (구하지 말고,) 또한 **각각 다른 사람이 잘되기를 구하라.**

10:25 바울 사도는 지금 이러한 원칙(原則)을 문제에 대한 자신의 주장(主張)에 적용하고 있다. **묻지 말고** – 그것이 희생물이었습니까? 혹은 희생물이 아닙니까? "묻지 말고."

10:26 "왜냐하면" 땅과 거기 속한 모든 것에 대한 창조주(創造主)이시자, 주인(主人)이시며, 통치자(統治者)이신 하나님께서 땅의 소산물(所産物)을 아무 거리낌이 없이 사용하도록 사람들의 자녀들에게 주셨기 때문이다.

10:28 (그러나) **그것을 알게 한 사람과 양심을 위해** – 다시 말해서, 그 사람의 양심(良心)이 상처(傷處)받지 않도록, 그 사람의 약한 양심을 위해서.

10:29 내가 말하는 양심은 네 양심이 아니라 – 나는 나 자신의 양심이 아니라, 그 사람의 양심에 대하여 말하는 것이다. **어찌하여 내 자유가 다른 사람의 양심으로 말미암아 판단을 받으리요?** – 다른 사람의 양심(良心)이 나의 양심을 판단하는 기준(基準)이 되지 못하여, 또한 다른 사람의 신념(信念)이 "내 자유(自由)"에 대한 판단 기준이 되지 못한다.

10:30 만일 내가 은혜로 참여할진대 – 만약 내가 감사(感謝)한 마음으로, 하나님의 일반적인 은총(恩寵)들을 사용한다면.

10:31 그러므로 – 단지 여기에서뿐만 아니라, 모든 경우에도 적용될 수 있는 일반적(一般的)인 규칙(規則)으로 현재의 주장을 마무리하기 위하여, **무엇을 하든지** – 종교적 성격에 속하든 혹은 일반 시민적 성격에 속하든, 무엇이든 모든 일에서, 즉 인생의 신성한 행동들에서 뿐만 아니라 인생의 보통 행동에서, '하나님의 영광'을 염두에 두며, 그리고 모든 일에서 '하나님의 영광'을 꾸준히 추구하라. 이것이 너희 존재의 한 가지 목적(目的), 즉 먼저는 너희 자신의 영혼(靈魂)에, 다음으로 온 인류(人類)에게 '하나님에 대한 필수적인 지식'과 '하나님의 사랑'을 심어주고 또한 향상하도록 만드는 것이다.

10:32 어떤 실족거리도 주지 말되 – 만약 그것이 가능하다면, 그리고 그것이 가능한 데까지 "어떤 실족거리도 주지 말되."

10:33 "비록 내가" 나에게 주어진 "모든 일에서 모든 사람을 기쁘게 하는 것 같이."

고린도전서 11장

11:2 내가 너희를 칭찬하노라. – 너희의 대부분을 "칭찬하노라."

11:3 나는 너희가 알기를 원하노니 – 사도바울은 이것에 관하여 이전에 어떠한 지시(指示)를 내린 적이 없는 것 같다. "각 남자의" 특별히 모든 그리스도인의 "머리는 그리스도시요," 그리고 "그리스도의 머리는 하나님이시니라." 그리스도는 중재자이시기 때문에 모든 일에서 아버지께 순종적(順從的)으로 행동한다. 그러나 하나님이 "그리스도의 머리"라고 언급되었기 때문에, 우리가 '하나님과 그리스도께서 "똑같은 신적

본성"을 가지고 있지 않다'고 추론(推論)할 수 없는 것은 '남자와 여자가 "똑같은 인간 본성(本性)"을 가지고 있지 않다'고 추론할 수 없는 것과 마찬가지다. 왜냐하면 남자가 "여자의 머리"라고 언급되었기 때문이다.

11:4 기도하거나 대언하는 남자는 – 하나님의 즉각적인 권능(權能)으로 말하는 "남자는," 그의 **머리를 덮은 채** – 얼굴을 베일로 덮거나, 혹은 긴 머리로 덮은 채, **자기 머리를 욕되게 하거니와** – 아마도 사도바울이 뜻하는 바는, 이러한 서방 국가들에서 '머리에 베일을 쓰는 것'은 정복(征服)의 증표(證票)인 것과 마찬가지로, 머리에 베일을 쓰고 기도하거나 혹은 대언(代言)을 하는 남자(男子)는 그리스도께 수치(羞恥)를 나타내는 행위를 한다는 것이다. 왜냐하면 그가 그리스도의 대표(代表)하는 사람이기 때문이다.

11:5 (그러나) **모든 여자는** 성령의 갑작스러운 충동 아래 있을 때만, (왜냐하면 적어도 그때서야 여자가 **교회에서 말하는 것**(14장 35절)이 허용되었기 때문에) 자신의 머리에 베일을 쓰지 않고 기도(祈禱)하거나 혹은 대언(代言)을 했다. 말하자면, 정복(征服)의 권리를 포기하고, 또한 남자에게, 즉 그녀의 **머리**에 수치를 보이는 것이다. 왜냐하면 사실 그것은 마치 그녀가 그녀의 머리카락을 짧게 깎고, 그래서 남자들의 특징적인 머리카락 모양을 한 것과 같은 일이었기 때문이다. 그 당시에는, 고대의 동상들과 그림들에서 볼 수 있듯이, 남자들은 자신들의 머리카락을 몹시 짧게 잘랐다.

11:6 (그러므로) **만일 여자가 머리를 덮지 않거든** – 만약 그녀가 '정복의 증표'를 내던져버린다면, 그녀가 자신의 머리카락을 남자처럼 깎은 채로 나오게 하라. "그러나" 사람들이 있는 데서 남자처럼 깎은 채 나오는 것이, 특별히 종교적인 모임에서 "여자에게 수치가 되거든," 그 똑같은 이유로 그녀가 베일을 계속 쓰고 있도록 하라.

11:7 남자는 자기 머리를 덮지 않는 것이 마땅하거니와, 왜냐하면 **남자는 하나님의 형상**(形像)이기 때문이다. 하나님의 창조물에 대하여 자신이 갖는 지배권(支配權)에서, 남자는 하나님의 최고의 지배권에 해당한다. 왜냐하면 그것이 하나님의 영광(榮光)이기 때문이다. "그러나 여자는" 단지 남자에 대한 "영광"의 문제이다. 왜냐하면 남자가 여자에 대한 적절한 지배권을 가지기 때문이다. 그러므로 그것에 대하여 암묵적으로 인정하는 뜻에서, 여자는 그냥 나오지 말고, 자신의 머리에 베일을 쓰고 나와야 한다.

11:8 남자가 여자에게서 나지 아니하고 – 본성의 첫 번째 생성 과정에 있어서, "남자가 여자에게서 나지 아니하고."

11:10 "이런 까닭에 여자는 마땅히" 대중적인 모임에서 그곳에 참석하는 "천사들로 인하여" 베일을 써야 하며, 그리고 그 천사들 앞에서 그들은 고상하지 못한 혹은 불법적인 어떤 행동을 하지 않도록 조심해야 한다.

11:11 그럼에도 불구하고, 주 예수 **안에서는, 남자만 있지 아니하고, 여자만 있지 아니하니** – 남자와 여자, 어느 쪽도 배제(排除)되지 않는다. 하나님 왕국(王國)에서는 어

느 쪽도 다른 쪽의 얼굴 앞에서 선호되지 않는다.

11:12 (그리고) **여자가 남자에서 난 것 같이, 남자도 또한 여자로 말미암아** 이제 자연의 평범한 흐름에 따라 존재한다. **"그러나 모든 것이 하나님에게서 났느니라.** 남자(男子), 여자(女子), 그리고 그들의 상호 간 의존(依存) "모든 것이 하나님에게서 났느니라."

11:13 너희는 스스로 판단하라. – 왜냐하면 매우 분명한 경우에는 더 이상의 무슨 논쟁(論爭)이 필요하겠는가? 보편적인 관습과 반대로, 자신의 머리를 "덮지 않은 채" 사람들 앞에 나타날 때, 그녀가 반드시 취해야만 하는 그렇게 대담(大膽)하고 의연(毅然)한 태도로, "여자가" 가장 높으신 분, 곧 "하나님께 기도(祈禱)하는 것이 합당하냐?"

11:14 만일 남자가 조심스럽게 보정(補整)된 **긴 머리를 가지면, 그것이 그에게 수치가 되는** 그런 여자다움의 표시(表示)가 된다.

11:15 여자가 (긴 머리를) **가지면** – 본래, 옷에 관한 기술(技術)이 생겨나기 전에는, "여자가 긴 머리를 가지면."

11:16 우리에게나 다른 어떤 **하나님의 교회들에는 그런 풍습이 없느니라.** – 사도들의 시대에 몇몇 교회들에는 다른 관습(慣習)들이 있었다. 본질적이지 않은 것들에서, 그리고 같은 한 사도 아래에서도 '다른 장소에서' '상황에 따라' 편리하게 적용하는 관습들이 있었다. 그리고 단지 아무렇게 해도 좋은 모든 일에서는, 각각의 장소에 따른 관습이 신중하며 평화를 사랑하는 사람들을 알아내기 위한 충분한 무게를 가지고 있었다. 그러나 심지어 이런 관습조차도 세심한 양심(良心)을 무효로 만들 수 없다. 왜냐하면 그러한 양심으로 실제 그 일이 아무렇게 해도 좋은지 혹은 좋지 않은지 의문(疑問)을 품기 때문이다. 그러나 바울 사도가 여기에서 언급한 사람들은 양심적인 사람들이 아니라, 다투기 좋아하는 사람들이었다.

11:18 교회에 – 공동 집회에서, **너희 가운데 분쟁이 있다는 것을 내가 듣고 어느 정도 그것을 믿노니** – 다시 말해서, 나는 너희의 일부에 대해 그것이 사실이라고 믿는다. 분명히, "분쟁(分爭)"이 교회로부터 어떤 "분리(分離)"를 의미하는 것은 아니지만, 그러나 교회 안에 사랑 없는 "분열(分裂)"이 존재한다는 것을 의미한다. 왜냐하면 고린도 교인들은 계속해서 하나의 교회(敎會)를 유지했으며, 그리고 그들의 모든 갈등(葛藤)과 논쟁(論爭)에도 불구하고, 외적인 공동체에 관련하여 어떤 한 분파(分派)가 나머지로부터 분리되는 일은 없었기 때문이었다. 그리고 바로 똑같은 의미로, 그 말씀이 1장 10절과 12장 25절에서 사용되었으며, 그것들이 신약성경에서 이 18절 이외에 "교회 분열"에 대해서 언급하고 있는 단지 두 구절이다.

그러므로 서로에 대한 이러한 애정 어린 "보살핌"에 반대되는 어떤 기질에 탐닉(耽溺)하는 것이 바로 진정으로 영적(靈的)인 "분리(分離)"이다. 그러므로 이것은 타락한 교회들로부터 질서 있게 분리하는 것과 전혀 다른 것이다. 그런 교회들은 나중에 "분리(分離)"에 대해 비난을 받았으며, 그리고 기독교 세계를 소란스럽게 했던 가장 비도덕적인 학대(虐待), 억압(抑壓), 그리고 살인(殺人)에 대해 위장(僞裝)을 했다. 만약

"파당"에 의해서 정확하게 이단(異端)의 원인이 되는 '내적인 반감(反感)'을 의미하지 않는다면, 즉 외적인 분리(分離)나 외적인 분파(分派)의 원인이 되는 내적인 반감이 있는 사람들을 가리키지 않는다면, 여기에서 "이단"과 "파당"은 둘 다 거의 똑같은 의미로 언급되고 있다. 그래서 어떤 사람이 '나는 "바울"에게 속해있다'라고 말하고, 다른 사람은 '나는 "아볼로"에게 속해있다'라고 말한다면, 이것은 "파당"과 "이단"을 둘 다를 함축(含蓄)하는 것이다. 대단히 놀랍게도, 나중에 "이단"과 "파당"이라는 단어들은 그것들에 대한 성경적 의미로부터 왜곡(歪曲)되었다. 모든 성경 기록 안에서, "이단(異端)"은 "본질적(本質的)인 것들에 있어서 오류(誤謬)" 혹은 다른 어떤 것에 있어서 오류라고 받아들여지지 않는다. 또한 "파당(派黨)" 역시 다른 사람들의 외적인 공동체로부터 만들어진 어떤 분리(分離)라고 받아들여지지 않고 있다. 그러므로 "이단"과 "파당"은 둘 다 그 단어들의 현대적인 의미에 있어서는 성경 기록이 전혀 아는 바 없으나, 단지 인간에게서 '개인적인 판단의 혜택'과 '개인적인 양심의 자유의 혜택'을 박탈하기 위해서 고안된 죄(罪)들일 뿐이다.

11:19 반드시 이단 파당도 있어야 하느니라. – 분파(分派)도 "있어야 하느니라." **너희 가운데** – 일이 보통 되어가는 대로 "너희 가운데," 그리고 하나님께서 너희 가운데서, 똑바른 마음에 속한 사람들과 똑바른 마음에 속하지 않는 사람들에게 "이단(異端) 파당(派黨)"이 나타나도록 허용하신다.

11:20 그러므로 – 다시 말해서, 그들의 분열(分裂)된 결과로, **이것이 주의 만찬을 먹는 것이 아니니** – 주님의 죽음에 대한 엄숙한 기념(記念) 의식과 아주 다른 것이니.

11:21 이는 너희가 주의 만찬이라고 부르는 것을 **먹을 때에,** 한 개의 빵에 모두 참여하는 대신, 각 사람이 자기 자신의 빵을 가져와서, 나머지를 위해서 기다리지 않고 그것을 먹는 것이다. 그래서 이에 의하여, 자신들에게 빵을 공급할 수 없는 가난한 사람들은 먹을 것이 아무것도 없으며, 반면에 부유한 사람들은 '마치 이교도들이 그들의 희생물을 맘껏 먹는 자리에서 먹고 마시는 것처럼' 배가 꽉 찰 때까지 먹고 마신다.

11:22 너희에게 너희가 **들어가서** 보통 식사를 **먹고 마실 집이 없느냐?** (혹은) **너희가 하나님의 교회를 업신여기느냐?** – 하나님의 교회(教會) 가운데 가난한 사람들이 더 크고 더 많은 부분을 차지한다. "너희는" 고의로 경멸(輕蔑)하여 "없는 자들을 부끄럽게 하느냐?"

11:23 내가 받은 것이니 – 즉각적인 계시(啓示)로 "내가 받은 것이니."

11:24 이것은 너희를 위하여 찢긴 내 몸이니 – 다시 말해서, "이 찢긴 빵은 내 몸의 표지(標識)이니, 내 몸은 심지어 지금도 너희 죄를 위하여 찔리고 상처를 입고 있다. 그러므로 나의 목숨을 내어준 사랑에 대하여, 너희를 위한 나의 극도의 고통(苦痛)에 대하여, 그렇게 함으로써 내가 너희를 위해 얻은 복(福)들에 대하여, 그리고 사랑해야 하는 책임(責任)과 이 모든 것으로써 내가 너희에게 부여한 의무(義務)에 대하

여, 겸손(謙遜)하고, 감사(感謝)하며, 순종(順從)하는 마음으로 기억(記憶)하면서, 빵을 집어 먹어라."

11:25 저녁 식사 뒤에 – 그러므로 너희는 이 만찬(晩餐)과 보통의 식사(食事)를 혼동하지 말아야 한다. **나를 기억하여 이것을 행하라** – 고대의 희생물은 죄(罪)에 대한 기억(記憶)이었다. 일단 바쳐진 이러한 희생물(犧牲物)은 여전히 죄에 대한 감면(減免) 기억에 해당한다.

11:26 너희가 주의 죽으심을 보이기 때문이니라. – 이를테면, 너희는 "주의 죽으심"을 하나님께 그리고 온 세상에 선언(宣言)하며, 또한 공공연히 인정(認定)하기 "때문이니라." **그분께서 오실 때까지** – "그분께서" 영광중에 "오실 때까지."

11:27 누구든지 주의 이 빵과 이 잔을 합당하지 않게 먹고 마시는 자는 – 자격(資格)이 없고 불손(不遜)한 방식으로, 그것을 '제정(制定)한 분'이나 혹은 그 '제정의 의도'를 존중하지 않는다면, 그것은 "주의 몸과 피에" 해당하는 것을 모독(冒瀆)하는 죄를 저지르게 될 것이다.

11:28 (그러나) **오직 사람이 자기를 살피고** – 그 사람이 주(主)의 만찬(晩餐)의 제정 성격(性格)과 제정 의도(意圖)를 알고 있는지 혹은 그렇지 않은지, 그리고 그 안에서 철저히 따르기 위하여 그것이 그 자신의 소원(所願)이자 자신의 목적(目的)인지 아닌지 "살피고."

11:29 그러한 고린도 교인들이 행하는 것처럼, **합당하지 않게 먹고 마시는 자는 자기를 위하여 정죄(定罪)를 먹고 마시느니라.** – 다양한 종류의 일시적인 "판단들(심판들)"(30절)을 "먹고 마시느니라." **주의 몸**에 대한 신성한 표지(標識)를 **분별하지 못하고** – 그의 보통의 음식으로부터 그 표지를 "분별(分別)하지 못하고."

11:30 이런 까닭에 – 그들이 그것을 준수(遵守)하지 않았기 때문에, **잠자는 자도 많도다.** – 죽은 "자도 많도다."

11:31 만일 우리가 우리 자신을 판단하려 하면 – 지식과 의도에 관하여 "우리 자신을 판단하려 하면," 우리는 그 지식과 의도를 가지고 주(主)의 식탁(食卓)에 다가간다. **판단(判斷)을 받지 아니하려니와** – 다시 말해서, 하나님께 벌(罰)을 받지 "아니하려니와."

11:32 그러므로 "우리가 판단을 받으면," 바로 이러한 자비로우신 의도(意圖)로 "우리가 세상과 함께 정죄를 받지 아니하게 하려 함이라."

11:34 남은 일들은 – 주(主)의 만찬(晩餐)과 관련한 다른 상황들은.

고린도전서 12장

12:1 이제 영적 선물들에 관하여 – 헬라 교회에서 이러한 영적 은사(恩賜)의 풍성함으로 그리스 철학자(哲學者)들의 나태한 학습을 강력하게 반박한다. 그러나 고린도 교인들은 영적 은사를 지혜롭게 사용하지 않았으며, 그리고 그것이 사도바울에게

영적 은사에 관하여 글을 쓰게 만든 원인이 되었다. 사도바울이 서술하고 있는 것은, 1. 몸의 연합(1~27절), 2. 구성원과 직무의 다양성(27~30절), 3. 은사를 발휘하는 방법, 즉 사랑으로(31절, 13장 전체) 은사를 발휘하는 방법, 그리고 추가로, 4. 몇 가지 은사들 서로 간의 비교(14장)이다.

12:2 너희는 이방인들로서 – 그러므로 너희가 받은 무슨 은사(恩賜)들이든지 하나님이 값없이 주신 은혜(恩惠)부터 나온 것이다. **끌려갔느니라.** – 맹목적(盲目的)으로 믿음으로써, "끌려갔느니라." **이 말 못 하는 우상들에게로** – '눈먼 자'가 '말 못 하는 자'에게로 "끌려갔느니라." 나무로 만든 우상들과 돌로 만든 우상들은 그들 스스로 말할 수 없으며, 그리고 하물며 하나님이 하시는 것처럼 너희의 입을 열 수도 없다. **이 끌림을 받는 대로** – 너희 사제들의 절묘함으로 "이끌림을 받는 대로."

12:3 그러므로 – 이방인의 우상들은 자기 스스로 말할 수 없으며, 하물며 다른 사람들에게 영적 은사를 줄 수 없으므로, 이러한 영적(靈的) 은사(恩賜)들은 반드시 그리스도인들 가운데만 존재해야 한다. **하나님의 영으로 말미암아 말하는 자는 아무도 예수님을 저주받은 자라 하지 아니하고** – 다시 말해서, 모든 유대인과 이방인들이 했던 것처럼, 이러한 저주(咀呪)를 하는 사람은 누구나 "하나님의 영으로 말미암아 말하는" 것이 아니다. 즉, 방언(方言)으로 말하기 위해서, 병(病)을 치료하기 위해서, 혹은 귀신(鬼神)을 쫓아내기 위해서 "하나님의 영(靈)으로 말미암아" 행동(行動)을 하는 것이 아니다. **아무도 예수님을 주라고 말할 수 없느니라.** – "또 성령님으로 말미암지 않고서는" 아무도 예수님을 주님으로 받아들이지 않는다. (왜냐하면 성경적 언어로, "말하는" 것이나 혹은 "믿는" 것은 경험적(經驗的)인 확신(確信)을 의미하기 때문이다.)

12:4 선물은 여러 가지나, 성령은 같고 – 다양한 시내들이 있지만, 그러나 모두 하나의 원천(源泉)에서 나온다. 이 구절은 '성령(聖靈)'에 대해서 언급하며, 다음 절에서는 '그리스도'에 대하여 언급하고, 6절에서는 '하나님 아버지'에 대해서 언급한다. 사도바울은 7절 등에서 '성령'에 관해 다루고 있으며, 12절 등에서 '그리스도'에 관해 다루고 있으며, 28절 등에서는 '하나님'에 관해 다루고 있다.

12:5 직무(職務) – 직분(職分)(직임, 직책, 섬기는 일), (그러나) **주는 같으며** – "같은 주"께서 그들 모두를 임명(任命)하신다.

12:6 활동 – "활동(活動)"은 결과(結果)를 만들어 낸다. 이 단어는 이전의 어느 단어보다 광범위(廣範圍)하다. "(그러나)" 관련된 "모든" 사람들 "안에서" "모든" 이러한 결과를 "행하시는 하나님은 같으시다."

12:7 나타나심 – 그것에 의해서 성령(聖靈)께서 자신을 드러내는 은사(恩賜). 전체 몸의 "유익(有益)"을 위하여 "각 사람에게 주셨다."

12:8 지혜의 말씀을 – 복음적 구원의 장대한 계획에 있어서 다방면에 걸친 하나님의 지혜를 이해하고 설명하는 능력(能力)인 "지혜의 말씀을," **지식의 말씀을** – 아마도 구약성경의 예표(豫表)들과 대언(代言)들을 이해하고 설명하는 비범한 능력인 "지

식의 말씀을."

12:9 여기에서 "**믿음**"이란 '가장 힘들고 위험한 상황에서' 비범하게 하나님을 신뢰(信賴)하는 것을 의미한다.

병 고치는 은사들은 축사(逐邪)나 안수(按手)를 통해 병을 고치는 것에 전적으로 제한(制限)할 필요는 없다. 또한 "병 고치는 은사들"은 '자연(自然) 치유법(治癒法)들'이 적용되는 곳에서도 발휘될 수 있다. 그리고 자연 치유법은 종종 더 우월한 기술은 아니지만, 이러한 기술 때문에, 일부 내과(內科) 의사(醫師)들이 다른 의사들보다 더 성공적으로 치료하게 만드는 것으로 보인다. 그러므로 자연 치유법이 다른 은사들과 마찬가지로 존중(尊重)받는 것 같다. 금으로 만든 방패를 잃어버린 후에, 유다의 왕이 그 자리에 청동으로 만든 방패를 둔 것처럼, 순전한 은사를 잃어버린 후에, 하나님의 권능(權能)이 '인간의 연구와 도움 아래' 더욱 은밀한 방식으로 발휘된다. 그리고 그것을 위해 더 많은 여지(餘地)를 제공함에 따라서, 그것이 그만큼 더 풍성하게 발휘될 것이다.

12:10 다른 사람에게는 기적들 행함을, – "대언함을," – 다가오는 일들을 예언(豫言)하는 것을, **분별함을** – 사람들이 올바른 영(靈)에 속하였는지 혹은 그렇지 않은지? "분별(分別)함을." 그들이 교회 안에서의 직분을 위해 자연적인 은사를 가졌는지 혹은 초자연적인 은사를 가졌는지? 그리고 영감으로 말한다고 공언(公言)한 자들이 '하나님의 영'으로 말하는지, '자연의 영'으로 말하는지, 혹은 '악마의 영'으로 말하는지? "분별함을."

12:11 자신의 뜻대로 – 헬라어 단어로는, 아내의 "조언"에 근거한 결정(決定)이며, '제멋대로 하는 즐거움'을 그렇게 많이 의미하지 않는다.

12:12 그리스도도 그러하시니라. – 다시 말해서, 그리스도의 몸, 곧 그리스도의 교회(敎會)도 그러하시니라."

12:13 왜냐하면 우리가 세례(洗禮)에서 받은 **한 성령에 의해** 우리는 모두 한 몸으로 연합(聯合)되어 있기 때문이다. **유대인이나 이방인이나** – 본질상, 서로 가장 적대적인 태도를 보이는 사람들이나, **매인 자나 자유로운 자나** – 법에 따라서 그리고 관습에 따라 서로 가장 적대적인 태도를 보이는 사람들이나, **우리가 모두 한 성령 안으로 마시게 되어** – 믿음으로 받은 잔(盞)으로 "마시게 되어," 우리는 모두 "한 성령"을 흡수(吸收)했다. 그 한 성령이 먼저 영감(靈感)을 주었으며, 그리고 여전히 우리 영혼 속에 하나님의 생명(生命)을 보존해준다.

12:15 손에 대해 언급하면서, **발**이 우아하게 등장한다. **눈**에 대해 언급하면서, **귀**가 우아하게 등장한다. 각각의 지체(肢體)는 그것과 어느 정도 유사함을 지니고 있다. 사람들 사이에서도 마찬가지로, 사람들은 각각 자신보다 높은 자리에 있든 혹은 낮은 자리에 있든, 대적 관계에 있는 사람들보다는 얼마간 자신의 은사와 비슷한 은사를 가진 사람들과 자기 자신을 비교(比較)하는 경향이 있다. **이런 이유로 그것이 몸**

에 속하지 아니하느냐? – 그 추론(推論)이 괜찮은 것이냐? 아마도 "발"은 개인적인 그리스도인들을 의미하는 것 같으며, "손"은 교회 안에 직분(職分)을 가리키는 것으로 보인다. "눈"은 교사(敎師)들을 의미하는 것 같으며, "귀"는 청중(聽衆)을 가리키는 것으로 보인다.

12:16 귀 – 조금 덜 귀중한 지체(肢體), **눈** – 가장 귀중한 지체.

12:18 이제 하나님께서 친히 기뻐하시는 대로 – "하나님께서" 가장 절묘한 지혜와 선하심으로.

12:20 그럼에도 오직 한 몸이라. – 그리고 그것은 이러한 연합(聯合)의 필연적(必然的)인 결과이다. 여러 지체는 서로 필요하다.

12:21 또 머리가 – 모든 지체 중에서 가장 높은 부위가, **발에게** – 모든 지체 중에서 가장 낮은 부위에.

12:23 우리가 귀한 것을 더 풍성히(풍성한 귀한 것으로) **주며**(감싸며) – 매우 주의(主意)를 기울여 "귀한 것들을 더 풍성히" 덮음으로써, **아름다운 것을 더 풍성히 얻나니** – 옷의 도움으로 "아름다운 것을 더 풍성히 얻나니."

12:24 부족한 그 부분에게 더욱 귀한 것을 풍성히 주셨으니 – "부족한 그 부분"이 가장 존귀한 지체들에 의해서 보살핌을 받고 또한 섬김을 받으면서 "더욱 귀한 것을 풍성(豊盛)히 주셨으니."

12:27 이제 너희는 – 그린도 교인들은, **그리스도의 몸이요 개별적으로 지체니라.** – '전체 몸'이 아니라, "개별적" 지체(肢體)들에 속해있다.

12:28 첫째는 사도들이요, – 이방인들의 나라들에 '복음의 씨'를 뿌린 사람들이요, **둘째는 대언자들이요,** – 다가올 일들을 예언(豫言)하기도 하고, 또는 비범한 영감(靈感)으로 말하기도 한 사람들이요, **셋째는 교사들이요,** – 심지어 "기적을 행하는 자들"보다 앞에 나온다. '대언자들'과 '교사들' 아래에 "복음 전도자들"과 "목사들"이 포함된다(에베소서 4:11). **돕는 것들과 다스리는 것들과** – 이것들이 별개의 직분(職分)이라고 의미하지 않는 것 같다. 오히려, 어떤 사람이 고통(苦痛)받는 자들을 "돕는데" 있어서 특별한 재능(才能)을 가지고 있으므로 "돕는 자"라고 불릴 수 있을 것이다. 그리고 어떤 사람은 모임들을 "다스리거나" 혹은 주도(主導)하는 데 있어서 특별한 재능을 가지고 있어서 "다스리는 자"라고 불릴 수 있을 것이다.

12:31 오직 가장 좋은 선물들을 간절히 사모하라. – 그리고 비록 너희 가운데 다만 몇 안 되는 사람들만 은사(恩賜)들을 받을 수 있지만, 그 은사들을 너희가 추구(追求)할 가치가 있다. 그러나 이러한 모든 은사들보다 훨씬 더 탁월(卓越)한 은사(恩賜)가 하나 있다. 그것은 여러분 모두 얻을 수 있으며, 그뿐 아니라, 너희가 반드시 얻어야만 하며, 그렇지 않으면 멸망(滅亡)하는 은사(恩賜)이다.

고린도전서 13장

1~3절에서, '사랑의 필요성(必要性)'을 보여준다. **4~7절**에서 '사랑의 성격(性格)과 속성(屬性)들'을 열거한다. **8~18절**에서 '사랑의 영속성(永續性)'을 설명한다.

13:1 (비록) **내가** 땅 위에 있는 모든 **언어**(言語)**들로 말할지라도**, 그리고 천사의 화술(話術)로 "말할지라도," **사랑이 없으면** – 하나님의 사랑, 그리고 하나님에 대한 온 인류의 사랑이 "없으면", 나는 하나님 앞에서 몇몇 이교도 신들에 대한 예배에서 사용되는 "소리 나는 징"보다 못하다. (또는) **울리는 꽹과리** – 이것은 두 개의 움푹 꺼진 놋쇠로 만들어진다. 그 두 판을 함께 부딪치면, 울리는 소리가 나지만, 그러나 소리가 거의 다양하지 않다.

13:2 (그리고) **내가 대언하는 선물**(은사)**이 있고** – 장래(將來)의 일들에 대하여 예언(豫言)하는 "선물이 있고," "(그리고)" 하나님의 말씀뿐만 아니라 하나님의 섭리에 대한 "모든 신비와 모든 지식을 이해하며," "(그리고)" 지금껏 어떤 사람도 도달한 적이 없는 신적인 일들과 인간의 일들에 대한 "모든 지식을" "이해한다."라고 하더라도, "또 비록 내게" 가장 높은 수준의 이적(異蹟)을 일으키는 "믿음이 있을지라도," 이 "사랑이 없으면 내가 아무것도 아니요."

13:3 (그리고) **내가** 계획적으로 서서히 **모든 재산을 바쳐 가난한 자들을 먹일지라도, 또** 내가 나의 종교를 포기(抛棄)한다고 선언하는 것보다 **내 몸을 불사르게 내줄지라도**, 앞으로의 내용에서 서술하는 **사랑이 없으면, 그것이 내게 아무 유익을 주지 못하느니라.** 사랑이 없으면, 내가 무엇을 믿든지, 내가 무엇을 알고 있든지, 내가 무엇을 하든지, 내가 무슨 고통을 당하든지, 아무것도 아니다.

13:4 '하나님의 사랑'과 하나님을 위한 '우리의 이웃에 대한 사랑'은 모든 사람을 향해 인내심(忍耐心)을 보인다. 사랑은 모든 '약(弱)함,' 모든 '무지(無知),' 모든 '과오(過誤),' 그리고 하나님 자녀들의 모든 '병약(病弱)함'을 "참는다." 그리고 사랑은 세상 자녀들의 모든 '악의(惡意)'와 모든 '사악(邪惡)함'을 참는다. 그리고 이 모든 것을 단지 한동안만 사랑하는 것이 아니라, 끝까지 사랑한다. 그리고 사랑은 선(善)으로 악(惡)을 극복하는 방향으로 걷는 모든 걸음에는, **친절하며**, 그리고 '부드럽고,' '온화하며,' '상냥하다.' 사랑은 가장 호의적인 다정(多情)함으로 그리고 가장 열정적이고 부드러운 애정(愛情)으로 고통(苦痛)받는 자에게 바로 영감(靈感)을 준다. **사랑은 성급하게 행동하지 아니하며** – 어떤 사람을 경솔(輕率)하게 정죄하지 말라. 상황에 대해 보잘것없거나 혹은 급작스러운 의견(意見)을 바탕으로, 심한 판결(判決)을 내리지 말라. 또한 사랑은 폭력적(暴力的)인 방식이나, 고집불통(固執不通)의 방식이나, 혹은 경솔(輕率)한 방식으로, 행동하거나 혹은 처신하지 않는다. **우쭐대지 아니하며** – 오히려, 그 영혼을 흙으로 낮춘다.

13:5 사랑은 무례히 행동하지 아니하며 – 사랑은 누구에게도 무례(無禮)하거나 혹은

일부러 모욕적(侮辱的)이지 않다. 사랑은 '시간에 적합하고,' '사람에 어울리고,' 그리고 '모든 다른 상황에 알맞게' 그들에게 마땅한 모든 보수(報酬)를 준다. **자기 것을 추구하지 아니하며** – 편안함, 즐거움, 명예, 혹은 일시적인 이득을 "추구하지 아니하며." 그게 아니라, 때때로 어떤 의미에서는 인간을 사랑하는 사람은 심지어 자기 자신의 영적(靈的) 이익(利益)을 "추구하지 않는다." 하나님의 영광과 사람들의 영혼에 대한 열정이 그를 빨아들이는 한, 그는 자기 자신에 대해 생각하지 않는다. 그러나 비록 그는 이러한 목적을 위해서 온통 불붙어 있지만, 그는 다른 사람을 향한 신랄함이나 혹은 불친절함에 대해서 "성내지 않는다." 실제로는 외적으로 분노(憤怒)를 표출하는 모습이 빈번하게 발생할 것이다. 그러나 그는 모든 것을 이긴다. (사랑은) **악을 생각하지 아니하며** – 사실, 사랑이 악(惡)한 일들을 보고 듣지 않을 수 없다. 그리고 사랑은 사람들이 악하다는 것을 잘 알고 있다. 그러나 "일부러 어떤 사람이 악하다고 생각하지" 않는다. 또한 사랑이 드러나지 않은 곳에, 간접적으로 악을 "암시(暗示)하지" 않는다. 사랑은 우리가 증거(證據)를 가지지 못한 일에 대하여 "꾀하는" 모든 것들을 철저히 파기(破棄)한다. 사랑은 모든 질투(嫉妬), 모든 악한 추정(推定), 그리고 기꺼이 모든 악을 믿으려는 성향(性向)을 몰아낸다.

13:6 불법을 기뻐하지 아니하고 – 그렇다. 심지어 적(敵)의 죄나 혹은 적의 어리석음을 보고 눈물을 흘린다. 그러한 죄나 어리석음에 대해 듣거나 혹은 되풀이하는 것을 즐기지 않고, 다만 그것이 영원(永遠)히 잊히기를 소원(所願)한다. **진리를 기뻐하며** – 진리의 적절한 열매 낳는다. 즉, 마음과 삶의 성결(聖潔)을 드러낸다. 일반적으로 선(善)은 그것이 온 세상에서 확산할 때마다, 진리의 영광과 진리의 기쁨이 된다.

13:7 사랑은 **모든 것을 덮어준다.** – 사람을 사랑하는 자는 어떤 사람에 대해서 무엇이든지 악한 것을 보거나, 악한 것을 듣거나, 혹은 악한 것을 알고 있더라도, 그는 그것에 대해서 아무에게도 언급하지 않는다. 그리고 절대적(絶對的)인 의무로 인해, 발설(發說)해야 하는 곳이 아니라면, 그것이 결코 그의 입 밖으로 내지 않는다. **모든 것을 믿으며** – 모든 것에 대해 상대방에 가장 우호적(友好的)으로 해석한다. 그리고 어떤 사람의 성격이 갖는 장점(長點)에 도움이 될 수 있는 것은 무엇이든지 언제나 믿을 준비를 하고 있다. 그리고 사랑은 더 이상 제대로 믿을 수 없게 되었을 때, 어떻게 해서든 부인(否認)하기 불가능한 잘못을 용서(容恕)해주거나 혹은 정상(情狀)을 참작(參酌)해줄 수 있기를 "바란다." 심지어 사랑이 용서할 수 없을 때도, 사랑은 마침내 하나님께서 "생명(生命)에 이르는 회개(悔改)"(사도행전 11:18)를 베풀어주시기를 "바란다." 그러는 동안에 (사랑은) **모든 것을 견디느니라.** – 인간의 불의(不義), 악의(惡意), 그리고 잔인(殘忍)함이 가하는 무엇이든지. 그는 "그에게 힘을 주시는 그리스도를 통하여" "모든 것을 견딜" 수 있을 뿐만 아니라, 마찬가지로 모든 것을 묵묵히 허용(許容)할 수 있다.

13:8 사랑은 결코 없어지지 아니하되 – 사랑은 우리에게 동행(同行)하며, 우리를 영

원으로 장식(裝飾)해준다. 사랑은 하늘나라에 대해 우리를 준비시키며, 하늘나라를 세운다. **대언은 있다 해도 없어질 것이요,** – 모든 것이 성취(成就)되고, 또한 하나님이 모든 것 중에 모든 것 되실 때, "대언은 없어질 것이요," **방언도 있다 해도 그칠 것이며** – 하늘나라의 주민들 사이에는 한 가지 언어(言語)가 사용될 것이다. 그리고 이 땅의 천하고 불완전한 언어들은 잊힐 것이다. 마찬가지로, 우리가 지금 그렇게 열심히 추구하고 있는 "지식(知識)도" 그때는 다 "사라지리라." 별빛이 한낮의 태양의 빛 속으로 사라지듯이, 현재 우리의 지식도 '영원(永遠)의 빛 속으로' 사라질 것이다.

13:9 (이는) **우리가 부분적으로 알고 부분적으로 대언하나** – 이 땅에서 사람들 가운데 가장 지혜로운 자들도 심지어 '그들 주변에 있는 것들에 대하여,' 그리고 하물며 '하나님의 깊은 것들에 대하여' 단지 부족(不足)하고, 편협(偏狹)하고, 불완전(不完全)한 개념을 가지고 있다. 그리고 심지어 인간들이 하나님께로부터 전달한 대언(代言)들도 결코 장래 사건들 전체를 말하거나, 혹은 성경의 계시 속에 간직하고 있는 하나님의 지혜와 지식 전체를 포함하지 않는다.

13:10 (그리고) **완전한 것이 오면,** – 죽을 때, 그리고 마지막 날에, "완전한 것이 오면," **그때에는 부분적인 것이 없어지리라.** – 그 두 가지 불쌍하고, 천하고, 불완전하며, 희미한 빛이 "없어지리라." 왜냐하면 그 빛이 우리가 지금 도달할 수 있는 지식 전부이며, 그리고 그 빛이 지식을 획득할 뿐만 아니라, 다른 사람들에게 전해주는 이러한 더디고 불만족스러운 방법이기 때문이다.

13:11 우리의 현재 상태에서, 우리가 장차 될 것에 비교해볼 때, 우리는 지식(知識)의 관점에서 단지 유아(乳兒)들에 불과하다. **아이의 일들을 버렸노라.** – 자발적으로, 기꺼이, 문제없이 "아이의 일들을 버렸노라."

13:12 우리가 지금은 단지 **유리를 통하여** 혹은 거울을 통하여 우리를 둘러싸고 있는 것들도 **보나** – 거울은 흐릿하고, 희미하며, 모호(模糊)한 모습으로 단지 그것들의 불완전(不完全)한 형태를 비춰준다. 그래서 그것들에 대한 우리의 생각이 헷갈리고 복잡하며, 그리고 모든 것이 우리에게 일종의 수수께끼 같다. "(그러나) 그때에는" 우리가 희미하게 비친 모습이 아니라, 직접 물체(物體) 자체를 보게 될 것이다. **얼굴을 마주 대하여** – 뚜렷하게, **내가 지금은 부분적으로 아나** – 심지어 하나님께서 직접 나에게 일들을 드러내실 때도, 그것들의 대부분(大部分)은 여전히 베일 아래 가려져 있다. 그래서 "내가 지금은 부분적(部分的)으로 안다." **그때에는 주께서 나를 아시는 것 같이 나도 알리라.** – 분명(分明)하고, 충분(充分)하며, 포괄적(包括的)인 방법으로, 그리고 어느 정도는 하나님처럼 "나도 알리라." 왜냐하면 하나님은 모든 물체의 중심을 관통(貫通)하시며, 또한 나의 영혼과 모든 것들을 한눈에 간파(看破)하시기 때문이다.

13:13 믿음, 소망, 사랑은 이 땅에서 완전(完全)의 총합(總合)이다. 그러나 하늘나라에서는 "사랑"만이 완전의 총합이다.

고린도전서 14장

14:1 사랑을 따르고 – 열정, 열의, 용기, 인내를 가지고 "사랑을 따르고." 그런데 그 밖의 것으로는 너희가 사랑을 이루거나 혹은 유지할 수 없다. **그리고** 그것들 대신에, 사랑에 부차적(副次的)인 것으로서 **영적(靈的) 선물(膳物)들을 사모하되,** (그러나) **특별히 너희는 대언하는 것을 사모하라.** – 여기에서 "대언(代言)"이라는 단어는 다가올 일들을 미리 말하는 것을 의미하는 것이 아니라, 오히려 성경 기록을 열어서 적용(適用)하는 것을 가리킨다.

14:2 알지 못하는 언어(言語)로 말하는 자는 실제로는 "사람들에게 말하지 아니하고, 하나님께 말하나니," 왜냐하면 하나님만이 그의 말을 이해하시기 때문이다.

14:4 자기를 세우나 – 단지 가장 호의적인 추정을 근거(根據)로 "자기를 세우나," **교회를 세우느니라.** – "교회를," 곧 온 회중(會衆)을 "세우느니라."

14:5 더 나으니라. – 다시 말해서, 더욱더 유용(有用)하다. 단지 대언(代言)에 의해서만, 우리의 모든 은사(恩賜)와 재능(才能)들을 제거해야 한다.

14:6 계시 – 어떤 복음의 신비에 대한 "계시(啓示)," **지식** – 고대의 유형들과 대언들을 설명하는 "지식," **대언** – 어떤 미래 사건들을 미리 말하는 "대언," **교리** – 너희의 기질과 삶을 규정하는 "교리." 아마도 이것은 이러한 모호(模糊)한 말들에 대한 분별력(分別力)이 될 것이다.

14:7 피리나 하프 소리가 무엇을 뜻하는지 어찌 알리요? – 무슨 음악이 만들어질 수 있으며, 혹은 무슨 목적에 부합할 수 있느냐?

14:8 누가 전쟁을 준비하리요? – 만약 그가 트럼펫 소리가 의미하는 것을 이해하지 못한다면, "누가 전쟁을 준비하리요?" 가령, 후퇴(後退)해야 할지, 혹은 전진(前塵)해야 할지, "누가 준비하리요?"

14:9 너희가 혀로 하지 아니하면 – '혀'는 너희에게 기적적(奇蹟的)으로 주어졌다. **알아듣기 쉬운 말들을** – 너희 청중(聽衆)들이 "알아듣기 쉬운 말들을," **너희가 허공에 다 말하리라.** – (속담에도 나오는 표현) '너희 수고가 완전히 헛되리라.'

14:11 내가 야만인이 되고 – 이해할 수 없게 횡설수설(橫說竪說) 말하는 것 같이 되고,

14:13 통역할 수 있도록 – 통역(通譯)은 (방언(方言)과 구별되는) 별개의 은사였다.

14:14 내가 알지 못하는 언어로 기도하면 – 바울 사도는 (그가 6절에서 했던 것처럼) 그것을 자기 자신에게로 이전(移轉)시킨다. **나의 영이 기도하거니와** – 성령의 권능으로 "기도하거니와," 나 자신이 그 말을 이해한다. (그러나) **나의 이해하는 것은 열매를 맺지 못하느니라.** – 내가 가진 지식은 다른 사람들에게 혜택(惠澤)이 되지 못한다.

14:15 내가 영과 함께 기도하고, 또 이해하면서 기도하며 – 나는 성령의 권능을 사용할 뿐만 아니라, 내가 이해한 것도 사용할 것이다. 나는 나 자신 이외에 아무도 세워 주지 못하는 것을 회중 안에서 언급하는 것처럼 그렇게 모순(矛盾)되는 행동을 하

지 않을 것이다.

14:16 그렇지 않으면, 어떻게 배우지 못한 처지에 있는 자가 – 다시 말해서, 어떤 개인적인 청중이, **아멘, 하리요** – 마치 심지어 그때 전체 회중(會衆)이 그렇게 하는 것이 일상적인 것처럼, 너희 말을 주의 깊게 듣고, 확언(確言)하리오.

14:19 (내가) **이해하면서** – 이성적(理性的)인 방식으로, 단지 나 자신을 이해하기 위해서가 아니라, 다른 사람들에 의해서 이해받기 위해서 "내가 이해하면서."

14:20 이해하는 일에는 아이가 되지 말라. – 이것은 진정한 웅변술(雄辯術)의 감탄할만한 솜씨다! 그들 자신이 가장 자랑하는 것은 단지 '어리석은 일'이며, 또한 '어린이 같은 모습'이라고 보여줌으로써, 그들의 영(靈)들의 높이를 내리기 위하여, "이해(理解)하는 일에는 아이가 되지 말라." **너희가 오직 악한 일에는 아이가 될지라도** – 그 어린 나이의 모든 순진(純眞)함을 가져라. (그러나) **이해하는 일에는 어른이 될지니라.** – 종교를 안다는 것은 우리의 타고난 능력들 가운데 어느 것을 파괴(破壞)시키려는 의도를 가지는 것이 아니라, 그 능력들을, 특별히 이성(理性)을 중요하게 여기며, 또한 향상(向上)시키려는 의도를 가지는 것이다.

14:21 율법에 기록된바, – 여기에서 "율법(律法)"이라는 단어는 (빈번하게 그런 것처럼) 구약성경을 의미한다. **내가 다른 언어들로**(다른 방언으로) **이 백성에게 말하리라.** – 그리고 하나님은 그렇게 하셨다. 하나님은 그들 자신의 언어를 사용했던 대언자들에 의해서 당신이 말씀하셨던 것을 안중에 두지 않은 바벨론 사람들을 사용해서 그들에게 무시무시하게 말씀하셨다. 이러한 말씀은 성령강림(降臨)절 날에 훨씬 더 많은 성취를 이루었다.

14:22 타 언어들은(방언들은) 그 의도가 **믿지 않는 자들을 위한 표적이로되** – 믿지 않는 자들의 관심(關心)을 끌어모아서, 그들에게 하나님의 메시지를 확신(確信)시키기 위한 "표적(表迹)." (반면에) **대언**(代言)은 **믿지 않는 자들을 위한 것이라기**보다는 이미 믿음을 가진 사람들의 확인(確認)을 위한 것이다.

14:23 그러나 때때로 대언(代言)은 심지어 믿지 않는 자들에게 방언(方言)으로 말하는 것보다 더 유용하다. 예를 들어, (만약) **온 교회가 다 같이 한 곳에 모여** – 어떤 특별한 경우에. 매우 큰 도시에서는 그들이 보통 몇몇 장소에서 모이는 것이 가능할 것이다. (그리고) **배우지 못한 자들이 들어와서** – 학식이 있는 사람들이라면, 그들이 말하는 방언(方言)들을 이해할 수 있었을 것이다. 여기에서 사도바울이 "배우지 못한 자들이나" 혹은 "믿지 않는 자들"이라고 언급한 것을 볼 수 있다. 그러나 다음 구절에서는 "믿지 않는 자들이나" 혹은 "배우지 못한 자들"이라고 말한다. 나쁜 사람들 여럿이 모여서, 악한 대화(對話)로써 서로를 방해한다. 혼자 있는 사람들을 더 쉽게 끌어들일 수 있다.

14:24 모든 사람으로 말미암아 죄를 깨달으며 – 모든 사람이 자기 자신의 차례에 말을 하며, 또한 바로 듣는 사람들의 마음을 향해 말을 함으로써 "죄를 깨달으며," **모**

든 사람에게 판단을 받고" – 각 사람이 모두 자기 양심(良心)이 증거하는 어떤 것을 통해 "판단을 받고."

14:25 자기 마음의 은밀한 것들이 이렇게 드러나게 되므로 – 그에게 가장 놀랍고 또한 완전히 책임질 필요 없는 방식으로 분명하게 묘사됨으로써, "자기 마음의 은밀한 것들이" 폭로되다. 오늘날 그것에 대한 얼마나 많은 사례가 눈에 띄는가? 그러므로 하나님께서 여전히 당신의 말씀에 주의를 환기(喚起)시키신다.

14:26 형제들아, 그런즉 어찌 하리요? – 이것은 그들 가운데 또 하나의 무질서(無秩序)이다. **각 사람에게 찬송시도 있고** – 다시 말해서, 동시에, 어떤 사람은 "찬송시(讚頌詩)"를 노래하기 시작하며, 그리고 또 어떤 사람은 "교리(敎理)"를 전하기 시작하며, 그리고 또 다른 사람은 알려지지 않은 "방언(方言)"으로 말하기 시작하며, 그리고 또 한 사람이 그에게 "계시(啓示)"된 것을 선포하기 시작한다. 그리고 또 한 사람이 앞의 사람이 방언한 것을 "해석(解釋)"하기 시작한다. 그들이 철학자(哲學者)들의 학교에서 하는 것처럼, 아마도 모든 사람이 각자 자기 주위에 작은 모임을 하는 것 같다. **모든 것을 남을 세우기 위하여 할지니라.** – "모든 것을" 듣는 사람들에게 이득(利得)을 주기 위하여 "할지니라."

14:27 두 사람이나 많아야 세 사람이 – 한 모임에서 "두 사람이나 혹은 세 사람" 이상이 말하게 하지 말라. **순서대로 하고** – 다시 말해서, 차례로 "하고," **한 사람은 통역할 것이요,** – 자기 자신이나(13절) 혹은 (그가 그 은사를 가지고 있지 못하면) 어떤 다른 사람이 일반 대중이 쓰는 말로 "통역(通譯)할 것이요." 아마도, "방언(方言)의 은사"는 그때까지 알지 못했던 어떤 언어(言語)에 대한 즉각적인 지식이다. 그래서 그 언어 지식을 받은 사람은 이후에 그가 적절하다고 생각할 때 어떤 새로운 이적(異蹟)이 없어도 그 언어를 말할 수 있을 것이다.

14:28 그 방언을 **말할 것이니라. (그가 말하게 하라)** 만약 그가 자신의 개인적인 헌신(獻身)에서 자기 자신에게 유익(有益)하다고 생각한다면, 그 방언을 "말할 것이니라."

14:29 대언자들은 두 사람이나 세 사람이 (한 모임에서 그 이상은 안 된다) 성경 말씀을 해석(解釋)하면서 차례로 "말하게 하고."

14:31 모든 사람이 – 그 은사를 가진 "모든 사람이." **모든 사람이 배우기 위하여** – 말함으로써 그리고 들음으로써 "모든 사람이 배우기 위하여."

14:32 대언자들의 영은 대언자들에게 통제를 받나니, – 그러나 어떤 열성적인 사람이 이것을 고려하는가? 심지어 진정(眞正)한 영감(靈感)을 받은 사람들에게 있어서는, 성령의 충동으로 인해 그들 자신의 이성적인 능력에 매우 적합하게 되었기 때문에, 그들 자신의 악마 같은 소유물 아래 있는 이교도 사제들처럼, 그들에게서 그들 자신에 대한 통제(統制)를 박탈하지 않는다. 악한 영들은 그들의 대언자들을 통제할 수 없는 황홀경(恍惚境) 속으로 던진다. 그래서 그들을 억지로 미친 사람들처럼 말하고 행동하도록 만든다. 그러나 하나님의 영(靈)은 그의 대언자들의 판단에 대한 확실

한 사용을 그들에게 맡겨둔다. 즉, '그들이 대언하는 것이 언제 그리고 얼마 동안 적합한가'에 대한 확실한 사용을 그들에게 맡겨놓는다. 그리고 그들이 대언하는 문제나, 방법이나, 혹은 시간에 관하여 어떤 부적절한 행동(行動)을 하도록 그들을 재촉하지 않는다.

14:34 너희의 여자들은 교회 안에서 잠잠할지니 – 만약 여자들이 성령(聖靈)으로부터 받은 특정한 확신(確信)을 품고 있지 않다면, "여자들은 교회 안에서 잠잠할지니," 왜냐하면 다른 경우에는 **말하는 것이 그들(여자들)에게 허락되지 아니하였고** – 대중 집회에서 가르치는 형태로, "말하는 것이 여자들에게 허락되지 아니하였고," (그러나) **그들(여자들)은 순종하도록 명령을 받았느니라.** – 남자에게 "순종하도록, 명령을 받았느니라." 왜냐하면 회중(會衆)을 인도하고 또한 가르치는 일은 남자들에게 적절한 직분(職分)이기 때문이다.

14:35 (그리고) **만일 여자들이 무엇을 배우려거든,** – 여전히 여자들은 사람들이 있는 데서 말하지 말고, "집에서 자기 남편에게 물어야" 한다. (여자들이 배우기 위해) 질문할 수 있는 장소는 "집"이며, 그리고 (여자들이 배우기 위해) 질문할 수 있는 사람들은 "남편들"이다.

14:36 고린도에 있는 너희가 첫 번째 그리스도인들이거나 혹은 유일한 그리스도인들이냐? 그렇지 않다면, 이러한 일들에서 모든 교회(敎會)들의 관습(慣習)을 따르라.

14:37 (혹은) **영적인 자로** – 어떤 비범한 성령(聖靈)의 은사(恩賜)를 받은 자로. 내가 지금 성령으로 쓰고 있다는 사실을 "인정함으로써" "영적인 자임을" 입증(立證)"하게 하라."

14:38 알지 못하게 둘지니라. – 그 자신의 책임(責任)이 되게 하라.

14:39 그러므로 – (이 모든 것에 대해) 간단히 말하자면.

14:40 품위 있고 – 모든 개인에 의해서 "품위 있고," **질서 있게** – 모든 교회로 인해 "질서 있게."

고린도전서 15장

15:2 기억(記憶)하였으면, (또한 그 복음으로) **구원을 받았느니라.** – 너희 구원(救援)이 시작되었으며, 그리고 만약 너희가 그 믿음에 계속 머무르면, 그 구원이 완성될 것이다. **헛되이 믿지 아니하였으면** – 실제로 너희 믿음이 단지 하나의 망상(妄想)이 아니었다면.

15:3 내가 받은 것을 – 직접(直接) 그리스도로부터 "내가 받은 것을." 그것은 나 자신이 꾸며낸 것이 아니었다.

15:4 성경 기록대로 – 그리스도는 성경(聖經)으로부터 그것을 입증(立證)하시고, 그 다음에 "큰 구름 같은 증거들"로부터 입증하신다(히브리서 12:1).

15:5 열두 제자에게 – 이것은 그들의 고정적(固定的)인 명칭이 아니었다. 그러나 "열두 제자" 모두가 당시에 그 자리에 있지 않았다.

15:6 오백여 형제에게 – 아마도 갈릴리에서, "오백여 형제에게." 영광스럽고 또한 반박(反駁)의 여지가 없는 증거 아닌가! "그 중의 대다수는 지금까지" 살아 있다.

15:7 다음에 모든 사도에게 – **5절**에서 언급했던 "열두 제자." 그러므로 여기에서 "사도"라는 호칭은 '칠십 명의 제자들'을 포함하는 것으로 보인다. 그러나 모두가 그 이후에 하나님께서 이방(異邦) 나라들로 복음(福音)을 전파하라고 보내신 그 사람들과 같은 제자들은 아니다.

15:8 제때를 벗어나서 태어난 자 – 사도바울이 여기에서 유일하게 사용하고 있는 이러한 호칭(呼稱)으로 자신을 낮춘 것보다 자기 자신을 더 낮추는 것은 불가능(不可能)한 일이었다. 유산아(流産兒)는 (태아가 달이 차기 전에 죽어서 나오기 때문에) 사람이라는 호칭을 받을 자격이 없는 것처럼, 그는 자기 자신을 사도(師徒)라는 호칭을 받을 자격이 없다고 단언한다.

15:9 내가 (하나님의) **교회를 핍박하였으므로** – 진정한 신자들은 그들의 삶 전체(全體)에서 심지어 그들이 주님을 믿기 전(傳)에 저지른 죄(罪)에 대해서도 자신을 낮춘다.

15:10 내가 그들 모두보다 더 많이 수고하였으나 – 다시 말해서, 하나님이 나에게 보여주신 독특한 사랑의 깊은 감정으로부터, 그들 중 누구보다도 더 많이 "수고(受苦)하였으나." "그러나" 좀 더 적절(適切)하게 말하자면, 그것은 "내가 아니요, 오직 나와 함께하신 하나님의 은혜(恩惠)로다." 처음에 그 사역에 대한 자격을 부여해주신 것은 바로 이러한 "하나님의 은혜"이며, 그리고 여전히 나에게 그 사역에 대한 열정(熱情)과 성실(誠實)함을 불러일으키는 것도 이러한 "하나님의 은혜"이다.

15:11 나든지 그들이든지, 우리가 그렇게 선포하매 – 우리는 모두 똑같은 것을 선포(宣布)한다.

15:12 어찌하여 너희 가운데 말하느냐? – 그들은 아마도 이방인(異邦人) 철학자들이었을 것이다.

15:13 만일 죽은 자들의 부활이 없으면 – 만일 "죽은 자들의 부활(復活)이" 절대적(絕對的)으로 불가능한 일이라면.

15:14 (그러면) **우리의 선포하는 것이** – 그리스도의 부활 이후에 부여된 것으로 당연히 여기는 (선교 대) 명령(命令)으로부터, "우리의 선포(宣布)하는 것이" **헛것이요,"** – 어떤 참된 토대(土臺)가 없는 것이요.

15:15 만일 죽은 자들이 일어나지 아니하면 – 사람들이 말하는바, 만약 부활(復活)이란 그 개념(概念) 자체가 불합리(不合理)하고 또한 불가능(不可能)하다면.

15:17 너희가 여전히 너희 죄들 가운데 있으며 – 다시 말해서, "너희 죄들"에 대한 책임 아래 "있으며." 그래서 그들이 죄책감으로부터 구원받기 위하여 (분명하게 만들어진) 회개(悔改)를 넘어서는 어떤 것이 필요했다. 즉, 우리의 위대한 보증인(保證人)을

무덤에서 살리심으로써 하나님께서 그 충분함을 입증하신 그리스도의 속죄(贖罪)가 필요했다.

15:18 그리스도 안에서 잠든 자들도 - 그리스도를 위해 죽은 자들도, 혹은 그리스도를 믿다가 죽은 자들도. **멸망하였느니라.** - 그들의 생명(生命)을 잃었으며, 그리고 함께 있는 것을 잃었다.

15:19 만일 우리가 이 세상 삶을 사는 동안에만 그리스도 안에서 소망을 갖는다면 - 만일 우리가 죽음 너머 있는 어떤 것을 구하지 않는다면. 그러나 만약 우리가 보이지 않는 것에 대한 신적인 증거(證據)를 가지고 있다면, 만약 우리가 "영원한 생명으로 가득한 소망(所望)"을 가지고 있다면, 만약 우리가 지금 "다가올 세상의 권능(權能)"에 대해 맛보고, 또한 "사라지지 않는 면류관(冕旒冠)"을 본다면, 그러면 현재 우리가 당하는 모든 시련(試鍊)에도 불구하고, 우리는 모든 사람보다 더 행복하다.

15:20 그러나 이제 - 사도바울은 선포하기를, 그리스도인들은 "소망을 품고 있다. 그것은 단지 이 세상의 삶에 대한 소망이 아니다." 부활에 대한 사도바울의 증거는 좁은 범위(範圍, 12절부터 19절까지)를 차지한다. 15장의 나머지 거의 모든 부분에서는 부활(復活)에 대해 분명하게 설명하고, 부활의 정당성(正當性)을 입증하고, 그리고 부활을 적용(適用)한다. 그리스도의 부활에서 기인하는 것에 대한 증거는 짧지만, 그러나 견고하고 설득력이 있다. 지금 이것은 부활할 수 있다는 사실을 입증할 뿐만 아니라, 그것으로써 그리스도가 신적인 교사임을 입증하였고, 그리스도께서 매우 명확하게 가르쳤던 보편적(普遍的)인 부활(復活)의 확실성(確實性)을 입증하였다. **잠든 자들의 첫 열매가 되셨도다.** - 그리스도 안에 잠든 사람들의 "첫 열매가 되셨도다." 즉 모든 의로운 사람들의 부활에 대한 성실한 보증(保證)이며 보장(保障)이 "되셨도다." 바울 사도는 15장 전체에 걸쳐서 바로 이러한 사람들의 부활에 대해서, 그것도 단지 이 사람들만의 부활에 대해서 언급하고 있다.

15:22 아담 안에서 모든 사람이 심지어 의로운 사람들도 **죽은 것 같이, 그리스도 안에서** 이러한 **모든 사람이 살게 되리라.** - 사도바울은 그들 자신의 권능이 아닌 권능(權能)으로 (그들이 죽는 것만큼 자연스럽게) "소생할 것이라"(shall revive)가 아니라, "살아나게 되리라"(shall be made alive)라고 말하려는 것이다.

15:23 그 다음은 - 모든 추수는." 동시에 사악(邪惡)한 자들도 일어날 것이다. 그러나 그들은 이곳에 있도록 계산에 넣은 것이 아니다.

15:24 그때에 - 부활과 전체 심판 후에, 세상의 "끝이 오리니." 그리고 지금까지 계속 이어진 매우 많은 세대(世代) 동안 나타난 그러한 놀라운 모든 장면에서 가장 웅장한 때, "곧 왕국을 하나님 곧 아버지께 넘겨 드리실 때"이며, 그리고 "그분께서(하나님 아버지께서) 모든" 부정적(不淨的)인 "치리와 모든 권세와 권능을 물리치실 때라." 그때 하나님 아버지께서 아들 없이 다스리기 시작하지 않으실 것이며, 또한 그때 아들은 다스리는 일을 멈추지 않을 것이다. 왜냐하면 하나님 아버지와 아들의 신적(神

的) 통치(統治)는 영원에서 영원으로 이어지기 때문이다. 그러나 이것은 아들이 그때 넘겨 드릴 중재(仲裁) 왕국(王國)에 대해 언급된 것이며, 그리고 그때 시작될 하나님 아버지의 즉각적인 왕국 혹은 즉각적인 통치에 대해 언급된 것이다. 그때까지 아들은 아버지의 소유인 자들을 위해서, 천사들에 의해서뿐만 아니라, 그들에 의해서 하나님 아버지와 함께 그리고 그들의 적들을 대항하여 하나님 아버지께서 그에게 맡기신 사역들을 집행한다. 하나님 아버지께서 아들에게 그 왕국을 맡겨주신 한, 아들은 그 왕국을 아버지께 넘겨 드릴 것이다(요한복음 13:3). 또한 하나님 아버지께서는 그 왕국을 아들에게 주실 때에도 통치를 중단하지 않으신다. 그리고 아들도 그가 아버지께 그 왕국을 넘겨 드릴 때도 통치를 중단하지 않는다. 그러나 이 세상이 시작되기 전에 아들이 가졌던 영광은(요 17:5, 히 1:8) 이 왕국을 넘겨 드린 후에도 계속 남아있을 것이다. 또한 아들은 그의 인간(人間) 본성에 있어서 왕의 지위도 중단되지 않을 것이다(눅 1:33). 만약 "새 예루살렘"의 시민들이 "영원무궁토록 통치하게" 될 것이라면(계 22:5), 하나님의 아들은 얼마나 더 통치하시겠는가?

15:25 그분께서 반드시 통치해야 하나니 – 왜냐하면 그렇게 기록(記錄)되어 있으므로, "그분께서 반드시 통치(統治)해야 하나니," **그분께서 때까지** – 하나님 아버지께서 "모든 원수(怨讎)를 그분의 발아래 두실 때까지."

15:26 멸망 받을 마지막 원수는 사망이니라. – 즉, 사탄(히 2:14)과 죄(56절)가 멸망된 후에, "멸망 받을 마지막 원수는 사망이니라." 그와 같은 순서로, 그것들은 만연(漫然)해졌다. '사탄'이 죄(罪)를 들여왔다. 그리고 '죄'는 사망(死亡)을 낳았다.(약 1:15) 그리고 그리스도가 이 오랜 적(敵)들과 싸웠다. 그의 죽으심으로 먼저 '사탄'을 정복했으며, 그다음에 '죄'를 정복했다. 그리고 마지막으로 그가 부활(復活)하심으로 '죽음'을 정복했다. 그와 같은 순서로, 그리스도는 모든 신실한 사람들을 구해내신다. 그렇다. 그리고 이러한 적들을 모두 멸망(滅亡)시키신다. 그리스도는 죽음도 그렇게 멸망시킨다. 그래서 죽음이 더 이상 없을 것이다.(롬 6:9) 죄와 사탄도 더 이상 없을 것이다. 그래서 그것들이 그분의 백성을 더 이상 해치지 못할 것이다.

15:27 그분 아래 – 하나님의 아들 아래.

15:28 아들도 친히 복종하시리니 – 아들도 중재 왕국을 넘겨 드릴 것이다. "그래서" 삼위일체(三位一體) 하나님께서 "모든 것 안에서 모든 것이 되려 하심이라." 모든 것들은 (결과적으로 모든 사람은) 아무런 방해(妨害) 없이, 어떤 피조물의 간섭(干涉) 없이, 어떤 대적의 반대(反對) 없이 하나님께 종속(從屬)될 것이다. 모두 "나의 하나님이시며, 나의 모든 것 되시네."라고 고백(告白)할 것이다. 이것이 종말(終末)이다. 심지어 영감(靈感)을 받은 사도(師徒)일지라도 이것을 초월한 어떤 것도 볼 수 없다.

15:29 죽은 자들을 대신하여 세례를 받는 자들이 – 아마도 "죽은 자들"과 함께 계수된 후에, 받게 될 축복을 소망하며 세례(洗禮)를 받았을 것이다. 혹은, **죽은 자들을 대신하여 세례를 받느냐?** – 방금 그들의 눈앞에서 죽은 그들의 전우(戰友)들을

"대신하여" 전진하는 군사(軍士)들처럼, 그리스도를 위해 막 "죽은 자들을 대신하여, 세례를 받느냐?"

15:30 우리가 어찌하여 – 사도(師徒)들이 "어찌하여," **또 매시간 위험**(危險) **속에 서 있느냐?** – 우리가 이 삶에서는 어떠한 보상(報償)도 기대할 수 없다는 것이 분명하다.

15:31 내가 가진바, 너희로 인한 기쁨을 두고 단언하노니 – '사랑'이 나 자신을 만드는 것을 "두고 단언하노니," **나는 날마다 죽노라.** – "나는 날마다" 죽음의 문턱에 놓여있다. 그뿐 아니라, 말하자면, 나는 매일 순교자(殉教者)로 살고 있다.

15:32 (만약) **내가 사람들의 방법대로** 말하기 위해 – 속담에 나오는 말을 이용하여 가장 긴박(緊迫)한 위험(危險)을 표현하고 있다. (내가) **에베소에서 짐승들과 싸웠을진대** – 법을 무시하는 수많은 군중의 광포한 분노와 "싸웠을진대"(행 19:29 등) 이것은 단지 바로 앞에 있었던 것처럼 보인다. **우리가 먹고 마시자.** 등 – 그러한 추정에 근거하여, 우리는 에피쿠로스 철학자(哲學者)들(행 17:18)과 더불어 '우리에게 어떤 다른 분깃(分)이 없으니까, 이 짧은 인생(人生)을 최대한으로 이용하자'라고 말하는 편이 낫다.

15:33 속지 말라. – 이와 같은, 즉 "우리가 먹고 마시자." 등의 치명적(致命的)인 조언(助言) 때문에 "속지 말라." **악한 사귐은 선한 습성을 부패시키느니라.** – 사도바울은 에피쿠로스 철학자의 말, 즉 시인 메난드로스의 잘 알려진 구절에 반대한다. **악한 사귐** – '믿음'이나, '소망'이나, 혹은 '사랑'에서 벗어나는 대화(對話)는 자연스럽게 모든 경건(敬虔)을 파괴하는 경향이 있다.

15:34 깨어 있고 – 사도로서 위엄이 가득한 외침에 "깨어 있고." 너희의 무기력(無氣力)함을 떨쳐버려라! **의에 대하여** – 의(義)는 하나님에 대한 참된 지식(知識)에서 흘러나온다. 그리고 의는 너희의 온 영혼(靈魂)이 완전히 깨어 있다는 것을 의미한다. **죄를 짓지 말라.** – 다시 말해서, 그러면(깨어있으면), 너희는 죄를 짓지 않을 것이다. 죄(罪)란 '영혼(靈魂)의 졸음 상태'라고 추정한다. 이것을 억제할 필요가 있다. **어떤 자들에게 하나님에 대한 지식이 없으므로** – 그들이 자랑하는 모든 지식으로도, 그들은 무엇을 아는 것이 그들에게 가장 큰 영향을 미치는지에 대해서 전적으로 무지하다. **내가 너희를 부끄럽게 하려고 이 말을 하노라.** – 왜냐하면 특별히 그들이 누렸던 이러한 혜택(惠澤)을 고려할 때, 어떤 것도 '하나님에 대한' 그리고 '하나님의 말씀과 경륜(經綸)에 대한' 생기 없는 무지(無知)보다 더 수치스러운 것은 없기 때문이다.

15:35 그러나 아마도 **어떤 사람은 말하기를,** 그들의 모든 골격(骨格)이 용해(溶解)된 후에"**어떻게 죽은 자들이 일으켜지느냐?** 그리고 그들의 모든 골격이 썩어서 흙먼지가 된 후에, **그들이 어떤 몸으로 오느냐?**

15:36 부활하는 **방법**과 부활하는 몸의 **자질**에 대한 질문에 대해, 사도바울은 36~42절에서 먼저 '한 가지 유사점(類似點)으로' 대답하며, 그리고 다음으로 42~43절에서 '분명하고 직접적으로' 대답(對答)한다. **"네가 뿌리는 것이"** 새 생명(生命)과 푸른 초목(草木)이 되도록 네가 촉진(促進)시키지 못한다. **죽지 아니하면** – 신체 각 부분의

해체(解體), 즉 죽음에 유사한 변화(變化)를 겪는다. 그러므로 사도바울은 반대 견해를 뒤집는다. 마치 그가 말했던 것처럼, 죽음이 생명을 방해한다고 해서, 결코 생명이 필연적으로 죽음 이전에 존재하게 하는 것이 아니다.

15:37 네가 앞으로 있을 그 몸을 뿌리지 아니하고 – 땅에 뿌려진 씨앗으로부터 생산(生産)되었으며, "(그러나) 다만" 있는 그대로의 "알갱이"로부터 생산되었지만, 나중에 땅으로부터 부활하게 되는 몸과는 상당히 다른 것이다.

15:38 (그러나) **하나님께서** – 오 사람아, 그대는 "알갱이" 자체가 아니라, 하나님께서 다양한 종(種)의 생명체들을 구별하셨을 때부터 "친히 기뻐하시는 대로 그것에게 몸을 주시며," "또" 단지 열매들뿐만 아니라 동물들의 (그것들에 대해서 바울 사도가 다음 절에서 잘 대처한다) "모든 씨에게," 그 종에 고유할 뿐만 아니라 각 개체에 적절하며, 또한 바로 그 알갱이의 물질에서 발생하는, "그것의 고유(固有)의 몸을 주시느니라."

15:39 모든 육체가 – 마치 바울 사도가 말한 것처럼, 심지어 땅의 육체들도 서로 다르며, 또한 하늘의 몸들도 서로 다르다. 그렇다면, 하늘의 몸들이 땅의 몸들과 다르다 할지라도 무엇이 이상할 게 있겠는가? 또는 '부활한 몸들'이 '무덤에서 잠자는 몸들'과 다르다 할지라도 무엇이 이상(異常)할 게 있겠는가?

15:40 또한 하늘에 있는 몸들도 있고 – 태양, 달, 그리고 별들처럼 "하늘에 있는 몸들도 있고," (그리고) **땅에 있는 몸들도 있으나** – 채소들과 동물들처럼 "땅에 있는 몸들도 있으나," "그러나" 후자가 가진 가장 밝은 광채(光彩)는 전자의 광채와 상당히 다르다.

15:41 그렇다, 그리고 하늘의 몸들 그 자체도 서로 다르다.

15:42 죽은 자들의 부활도 이와 같으니라. – '죽은 몸'과 '부활한 몸' 사이에 차이(差異)가 매우 크다. **그것은 뿌려지고** – 씨가 땅에 뿌려지는 것처럼 "뿌려지고," (아름다운 단어) 묻혔다. **썩는 것 가운데** – 단지 정화(淨化)될 준비가 되어있는 "것 가운데," 그리고 다양한 정도의 부패(腐敗)와 부식(腐蝕) 때문에 그것이 나온 곳에서부터 흙으로 돌아갈 준비(準備)가 되어있는 "것 가운데," **썩지 않는 것 가운데 일으켜지며** – 해체(解體)나 부패(腐敗)가 완전히 불가능(不可能)한 "것 가운데 일으켜지며."

15:43 수치 가운데 뿌려지고 – 그것을 가장 사랑하는 사람들에게 충격(衝擊)을 준다. 인간의 본성(本性)이 "수치(羞恥) 가운데 뿌려지다니!" **영광 가운데 일으켜지며** – 하늘의 왕께서 기쁜 마음으로 명예(名譽)를 부여하는 사람들에게 알맞은 '빛의 예복(禮服)을' 입고서, "영광 가운데 일으켜지며," **연약함 가운데 뿌려지고** – 그것이 한때 즐겼던 그 아주 약한 힘조차도 박탈당하여, "연약(軟弱)함 가운데 뿌려지고," **권능 가운데 일으켜지며** – 우리가 지금 가질 수 없는 활력과 힘과 활기를 부여받고서, "권능 가운데 일으켜지며."

15:44 한낱 **동물의 몸**으로, 이 세상에 **뿌려지고** – 짐승의 몸들처럼 음식과 잠과 공기로 부양(扶養)된다. 그러나 이러한 동물의 음식물 가운데 어느 것도 필요하지 않은

좀 더 고상한 조직(組織)으로 "일으켜지나니," 그것은 하나님의 천사(天使)들처럼 영적(靈的) 본질(本質)을 가진 자질을 부여받는다.

15:45 첫 사람 아담은 살아 있는 혼이 되었더라. – 하나님께서 "첫 사람 아담"에게 다른 동물들이 누리는 그런 생명(生命)을 주셨다. 그러나 **마지막 아담은 살려 주는 영이 되셨느니라.** – "마지막 아담"이 "본질적(本質的)인 생명(生命)을 소유하고 있는" 것처럼, "그는 자신이 원하는 사람을 살린다." 즉, 부활(復活)할 때 그들의 바로 그 몸에 더욱 고상(高尙)한 생명(生命)을 부여한다.

15:47 첫 사람은 땅에서 나서 땅에 속하거니와, 둘째 사람은 하늘로부터 나신 주(主)시니라. – 땅으로부터 생겨난 "첫 사람은" 그가 나온 땅처럼 타락(墮落)과 해체(解體)에 종속된다. **둘째 사람은** – 사도바울이 "하늘로부터 났으므로 하늘에 속한다."라고 말한 것을 그다지 제대로 표현한 것이 아니다. 왜냐하면 비록 인간은 그것을 땅에 빚지고 있으므로 땅에 속하지만, 그러나 주님은 당신의 영광을 하늘에 빚지고 있지 않기 때문이다. 그분은 직접 하늘을 만드셨으며, 그리고 그곳에서 내려오심으로써 자기 자신을 우리에게 주(主)님으로서 드러내셨다. 시간 순서상으로는, 그리스도가 "둘째 사람"이 아니었다. 그러나 이러한 점에서, 아담이 모든 인류를 대신해서 행동했기 때문에 공적(公的)인 사람인 것처럼, 그리스도 역시 그렇다. 아담이 인간에 대한 첫 번째 보편적(普遍的)인 대표(代表)인 것처럼, 그리스도는 인간에 대한 두 번째이자 마지막 대표이다. 그리고 아담과 그리스도가 각각 행한 것은 그들 자신에게서 끝나지 않고, 그들이 대표하는 모든 사람에게 영향(影響)을 미쳤다.

15:48 땅에 속한 자들은 – 그들은 어떤 더 중요한 원칙(原則)이 없이 계속 있다. **하늘에 속한 자들은** – 그들은 하늘로부터 '하나님의 원칙'을 받는다.

15:49 하늘에 속하신 그분의 형상을 – "그분의" 거룩함과 영광을.

15:50 그러나 먼저 우리는 전적(全的)으로 변화되어야 한다. 왜냐하면 우리가 지금 입고 있는 **살과 피는** 온전히 영적인 **하나님의 왕국**에 들어갈 수 없으며, 또한 이러한 타락(墮落)한 몸으로는 그 썩지 않는 왕국을 **상속(相續)받지 못하기** 때문이다.

15:51 한 가지 신비를 – 그때까지 알려지지 않았으며, 그리고 사람들의 아들들 가운데 누구에게도 아직 완전히 알려지지 않은 진리(眞理)인 "한 가지 신비를," **우리가** – 그리스도인들이. 바울 사도는 그리스도인들의 계속되는 세대(世代)들에 걸쳐서 그들 모두를 하나라고 생각한다. **다 잠자지 아니하고** – 영혼과 몸의 분리(分離)를 겪는다. (그러나) **우리가 다** – 죽지 않은 사람이 모두. **변화되리라.** – 이 짐승 같은 몸이 영적(靈的)인 몸이 되기 위하여 "변화되리라."

15:52 순식간에(51절) – 전능자의 놀라운 사역(事役)! 그런데 지금은 그와 같은 권능(權能)으로 "순식간(瞬息間)에" 우리를 성도(聖徒)들로 변화시킬 수 없는가? **나팔 소리가 나매** – 땅의 흙 속에서 잠자고 있는 모든 사람을 깨우기 위하여, "나팔 소리가 나매."

15:54 사망이 승리 가운데서 삼켜지리라 – 다시 말해서, "사망(死亡)이" 완전히 정복되고, 또한 영원히 폐지(廢止)되었다.
15:55 오 사망아, 너의 쏘는 것이 어디 있느냐? – 사망은 한때 지옥(地獄) 같은 독(毒)으로 가득했었다. 분리된 영혼들의 그릇인 **오 무덤아, 너의 승리가 어디 있느냐?** – 너희는 지금 너희의 모든 전리품(戰利品)을 빼앗겼다. 너희의 모든 포로(捕虜)가 석방(釋放)되었다. "무덤"은 문자 그대로 '보이는 세계(世界)'를 가리키며, 그리고 '영혼(靈魂)'과 관련된다. '죽음'은 '몸'과 관련된다. 칠십인역성경 호세아서 13장 14절에서 그(무덤과 죽음을 가리키는) 헬라어 단어들을 발견할 수 있다.
15:56 사망의 쏘는 것은 죄요, – 사망의 쏘는 것이 없다면, 죄는 권능을 가지지 못한다. 그러나 이 "쏘는 것"은 자기 자신의 힘으로 저항할 수 있다. "(그리고) **죄의 힘은 율법이니라.** – 로마서 7장 7절 등에서 주로 선포되듯이,
15:57 '죄'에 대해서, '죽음'에 대해서, 그리고 '무덤'에 대해서, **우리에게 승리(勝利)를 주시는 하나님께 감사하노라.**
15:58 너희는 굳게 서서 – 너희 자신 안에 "굳게 서서," **흔들리지 말고** – 다른 사람들에 의해서 "흔들리지 말고," '믿음의 사역'과 '사랑의 수고'에 있어서 계속 성장(成長)하라. **너희 수고가 주 안에서 헛되지 않은 줄 너희가 아느니라.** – 너희가 주를 위하여 무엇을 하든지, 너희는 그날에 완벽한 보상(報償)을 받을 것이다.

또한 우리는 그 모든 분야에서 거룩함을 함양(涵養)함으로써 이러한 소망(所望)을 유지해나가기 위하여 전력(全力)을 다해 노력합시다. 또한 그 영광(榮光)스러운 날을 고대(苦待)하면서 전력을 다해 노력합시다. 그날에는, 그 표현의 최대한도로 "사망(死亡)이 삼켜질"(54절) 것이며, 그리고 무덤의 오랜 침묵 후에, 수백만의 목소리들이 동시에 갑자기 승리의 노래, 즉 "오 사망아, 너의 쏘는 것이 어디 있느냐? 오 무덤아, 너의 승리가 어디 있느냐?"(55절)라는 노래를 부를 것이다.

고린도전서 16장

16:1 성도들 – "가난한 자들"이라고 말하는 것보다 더욱 침통하고, 또한 더욱 깊은 연민을 유발하는 단어이다.
16:2 너희 각 사람이 – 단지 부유한 사람들만이 아니라, 적게 가진 사람도 그 적은 것 중에서 기꺼이 주게 하자. **하나님께서 형통하게 하신 대로** – 하나님께서 그의 재산(財産)을 증가시켜주시는 대로, 그의 구호금(救護金)을 늘리는 것. 그리스도인의 절약에 대한 이러한 최소 규칙에 따라서, 남자라면, 그가 일 파운드를 가지고 있거나 일 파운드를 벌었을 때, 하나님께 십일조(十一條)를 드리고, 그가 백 파운드를 가지고 있거나 혹은 백 파운드를 벌었을 때, 그는 이것에 대해서도 십일조를 드릴 것이다. 그러나 나는 너희에게 더욱 탁월(卓越)한 방법을 보여준다. 들을 귀가 있는 자들

은 들을지어다. 전혀 비율이 맞지 않을 정도까지 절약(節約)하라. 그러나 "너희가 절약할 수 있는 모든 것"을 하나님께 드려라.

16:4 그들이 나와 함께 가리라. – 발생 가능한 어떤 의혹(疑惑)이라도 제거하기 위해서 "그들이 나와 함께 가리라."

16:5 내가 마케도니아를 지나가므로 – 나는 그 길로 갈 것을 제안(提案)한다.

16:7 너희를 보려 하지 아니하며 – 내가 마케도니아에 머물러있을 때까지, "너희를 보려 하지 아니하며."

16:8 내가 에베소에 머물고자 – 이때 사도바울이 머물러있던 곳.

16:9 큰 문 – 듣는 사람들의 수(數)에 관하여 "큰 문," "(그리고) **효력 있는 문** – 그들에게 만들어준 효과에 관하여 "효력 있는 문." "(그리고) **대적들도 많기 때문이라."** – 사탄의 왕국이 흔들리는 곳에는, 항상 반드시 "대적들"이 많이 있다. 이것은 사도바울이 에베소에 체류하는 또 하나의 이유였다.

16:10 두려움 없이 – 어떤 사람이 그가 젊다고 그를 얕보는 것에 대하여 "두려움 없이," (왜냐하면) **그가 주의 일을 행하느니라.** – 목사(牧師)들에 대한 존경심의 진정한 근거(根據). 주의 일을 행하는 사람들을 어느 사람도 경시(輕視)하지 말아야 한다.

16:11 그와 또 형제들을 내가 기다리느니라. – 그(디모데)와 동행한 "형제들을 내가 기다리느니라."

16:12 형제들과 함께 너희에게 오라고 **내가 그에게 간절히 청하였으되** – 그 형제들은 그때 고린도로 가는 중이었다. (그러나) **지금은 그가 갈 뜻이 전혀 없거니와** – 아마도 그가 오는 것이 그들 사이에 분쟁을 고조(高潮)시키는 일이 없게 만들기 위해서, "지금은 그가 갈 뜻이 전혀 없거니와."

16:13 결론적으로 말하자면, **너희는 깨어** – 너희의 보이는 적들과 보이지 않는 적들 모두에 대항하여 "깨어," **믿음에 굳게 서서** – 보이지 않은 그분을 보고 또한 그분을 신뢰(信賴)하면서 "믿음에 굳게 서서," **남자답게 행동하며** – 용기와 인내를 가지고 "남자답게 행동하며," **강건한 자가 되라.** – 그분의 모든 뜻을 실행(實行)하며 또한 감당(勘當)하기 위해서 "강건(强健)한 자가 되라."

16:15 아가야의 첫 열매 – "아가야" 지역에서 처음으로 개종한 사람들.

16:16 너희는 또한 너희 차례가 되었을 때 **그런 사람들에게 복종하라.** – 그래서 그들의 대가를 바라지 않는 봉사(奉事)에 보답하라. **또 우리와 함께 도우며 수고하는 모든 사람에게** – 동료 사역자와 함께 혹은 동료 사역자 없이, 복음에 대하여 "수고(受苦)하는 모든 사람에게."

16:17 내가 스데바나와 브드나도와 아가이고가 온 것을 기뻐하노라. – 그들은 지금 고린도로 돌아와 있었다. 그러나 그들의 도착(到着)으로 인한 기쁨이 여전히 사도바울의 마음속에 남아있었다. **너희 편에서의 부족한 것을 그들이 제공하였나니** – 그들은 지금까지 '사랑의 직분(職分)'을 감당했다. 왜냐하면 너희가 자신들의 결핍(缺乏)

을 이유로 그 사랑의 직분을 감당(勘當)할 수 없었기 때문이다.

16:18 (왜냐하면) **그들이 내 영과 너희의 영을 시원하게 하였느니라.** – 너희가 나의 안위(安慰)를 서로 나눈 점을 고려하면, "그들이 내 영과 너희의 영을 시원하게 하였느니라." **그러므로 너희는 그런 사람들을 인정하라.** – 적합한 사랑과 존경심으로 "그런 사람들을 인정(認定)하라."

16:19 아굴라와 브리스길라는 전에 고린도에 얼마 동안 거주했었으며, 그리고 그곳에서 바울과 그들의 친분(親分)이 시작되었다(사도행전 18:1, 2).

16:21 친필(親筆)로 – 앞엣것은 대필자(代筆者)에 의해서 쓰인 것이다.

16:22 어떤 사람이 주 예수 그리스도를 사랑하지 아니하면, – 누구라도 그분의 '사랑,' 그분의 '직분(職分),' 그분의 '교리(敎理),' 혹은 그분의 '명령(命令)'에 대해 적(敵)이 된다면, **그는 주께서 임하심으로 저주를 받을지어다.** – "저주"란 멸망(滅亡)하도록 바쳐진 것을 의미한다. 유대인들이 어떤 사람에게 "저주"를 선언했을 때, 이른바, 그에게 복수(復讐)하기 위해서, 고대 시리아어 표현 "마라나타," 즉 "주여, 오시옵소서!"를 덧붙이는 것은 그 당시 유대인들의 관례(慣例)였던 것처럼 보인다. 좀 더 신경 써서 그것에 관심을 두도록 만들기 위해서, 사도바울은 이렇게 무게가 있는 문장(文章)을 자기 손으로 쓰기로 작정(作定)했으며, 또한 그 문장을 자신의 작별 인사(人事)와 엄숙한 축도(祝禱) 사이에 끼워 넣었다.

고린도후서 주해

고린도 신도들에게 첫 번째 서신을 보낸 후 일 년이 채 안 되었을 때, 마케도니아에서 기록된 이 두 번째 서신에서, 사도바울은 고린도 교인들을 향한 자신의 달콤한 애정을 아름답게 보여준다. 왜냐하면 고린도 신도들이 첫 번째 서신의 시의적절(時宜適切)한 엄격함에 대해서 몹시 동요(動搖)했기 때문이었다. 그래서 사도바울은 이전 서신에서 그들에게 써 보냈던 몇 가지 훈계를 이 두 번째 서신에서 되풀이 하고 있다. 사도바울이 고린도 신자들의 문제들에 관하여 썼다는 점이 사실이지만, 그는 이 서신 안에는 주로 자기 자신의 문제에 관해서 쓰고 있다. 그러나 그러한 방법으로, 사도바울이 자기 자신에 향하여 언급하는 모든 것들은 실제로는 고린도 신도들의 영적 유익을 목표로 하고 있다. 이 서신 전체의 맥락과 연결은 역사적이다. 그리고 다른 것들은 단지 여담(餘談) 방식으로 짜여 있다.

고린도후서의 구성

Ⅰ. 제사(題詞) 1장 1,2절

Ⅱ. 논문(論文)

1. 아시아에서 몹시 기대하고 있었으나, 그러나 하나님께서 나를 위로하셨다. 이 일에서도, 내가 똑바로 처신하면서, 나에게 순종해야만 하는 너희에게 아직은 가지 못했다. 1장 3절 – 2장 11절
2. 드로아에서 서둘러 마케도니아로 가서, 모든 곳에서 복음을 전했다. 나는 복음전파의 영광스러운 책임을 그 중요성에 따라서 수행하였다. 2장 11절 – 7장 1절
3. 마케도니아에서 나는 너희에 관한 기쁜 소식을 받았다. 7장 2–16절
4. 이 여정에서, 나는 마케도니아 사람들이 후하게 베푼 증거를 받았다. 그들의 본보기를 너희가 따라야만 한다. 8장 1절 – 9장 15절
5. 나는 지금 그리스도의 권능으로 무장한 채 너희에게 가는 중이다. 그러므로 순종하라. 10장 1절 – 13장 10절

Ⅲ. 결구(結句) 13장 11–13절

고린도후서 1장

1:1 우리 형제 디모데는 – 사도바울은 디모데'에게' 편지를 쓰면서 그를 자기 "아들"이라고 호칭했다(딤전 1:2, 딤후 1:2). 그런데 그에 '대해서' 쓸 때는 그의 "형제"라고 썼다.

1:3 하나님, 우리 주 예수 그리스도의 아버지를 찬송하리로다. – 사도(師徒)의 영(靈)에 매우 적합한 엄숙하고 아름다운 도입부(導入部). **긍휼의 아버지시며 모든 위로의 하나님이시니라.** – 긍휼(矜恤)은 위로(慰勞)의 원천이다. 위로는 긍휼의 외적(外的)인 표현 방법이다. 하나님께서 "환란(患亂)" 그 자체 가운데에서 긍휼을 보이신다. 하나님은 '환란 중에서도' 그리고 '환란 이후에도' 위로를 베푸신다. 그러므로 하나님은 모든 "위로의 하나님"이라고 칭함을 받으신다. 이 "하나님을 찬송하리로다."

1:4 그분께서 우리의 모든 환난 중에서 우리를 위로하심은, 우리가 어떤 고난 중에 있는 자들도 능히 위로하게 하려 하심이라. – 어떤 환란을 경험한 적이 있는 사람은 그와 같은 환란 가운데 처한 다른 사람들을 위로(慰勞)할 수 있다. 온갖 종류의 환란(患亂)을 경험한 사람은 모든 환란 가운데 처한 사람을 위로할 수 있다.

1:5 (왜냐하면) **그리스도의 고난이 우리 안에 넘치는 것 같이** – 그리스도를 위해 당한 고난(苦難)이 "우리 안에 넘치는 것 같이," **우리의 안위도 그리스도로 말미암아 넘치는 도다.** – 고난(苦難)은 많았으나, 위로(慰勞)는 하나였다. 그러나 그 한 위로가 모든 고난을 감당하지 못하는 것이 아니라, 모든 고난을 보상하고도 남음이 있다.

1:6 우리가 고난을 당해도 그것은 너희의 안위와 구원을 위한 것이요, – 현재 "너희의 안위(安慰)를 위한 것이요," 그리고 현재와 장래의 "너희 구원(救援)을 위한 것이다." **혹은 우리가 위로를 받아도 그것은 너희의 안위와 구원을 위한 것이니** – 우리가 너희를 더 잘 위로(慰勞)기 "위한 것이니," **이 구원은 우리도 당하고 있는 동일한 고난을 견디게 하는 데 효력이 있느니라.** – "구원"의 "효력(效力)"을 통하여, 너희는 우리와 더불어 "동일한 고난을 견뎌낸다."

1:7 (그리고) **너희에 대한 우리의 소망이** – 그리스도를 위하여 받는 고난을 너희가 인내하기 위한 근거로 삼기에, "너희에 대한 우리의 소망(所望)이 굳건하다."

1:8 형제들아, 아시아에서 우리에게 닥친 고난에 대하여 너희가 모르기를 우리가 원치 아니하노라. – 아마도 사도행전 19장에서 서술하고 있는 것과 같은 것으로 보인다. 고린도 신자들은 바울 사도가 곤경에 처했었다는 것을 이미 알고 있었다. 바울은 지금 그 곤경(困境)의 중요성과 그 곤경의 열매에 대해 분명하게 언급하고 있다. **우리가 힘에 겹도록 한량없이 눌려서** – 심지어 보통 사도(師徒)에게도 "힘에 겹도록 한량없이 눌려서."

1:9 (자,) **우리 속에 죽음의 선고를 받았으니** – 우리 자신이 기대할 수 있는 것은 오직 죽음밖에는 없다.

1:10 여전히 건지시리니, 우리는 그분을 신뢰하노라. – 우리가 마침내 당신께 당도(當到)할 수 있도록 "건지시리니, 우리는 그분을 신뢰(信賴)하노라."

1:11 너희도 – 다른 교회들뿐만 아니라 "너희도." **우리를 위해 기도로 함께 도울지니, 우리에게 베푸신 선물(은사)로 인해** – 즉, 나의 구원(救援)을 "위해 기도로 함께 도울지니," **많은 사람이 우리를 대신하여** – 그 구원을 위해 기도(祈禱)하면서, "많은 사람이 감사하게 하려 함이라."

1:12 왜냐하면 나의 진실(眞實)함을 알고 있으므로, 내가 이것을 간구하기 위해 더욱 더 담대(膽大)해졌기 때문이다. **이것이 우리의 기쁨**임을 알기에 – 심지어 가장 심한 고난(苦難) 중에도, "이것이 우리의 기쁨"임을 알기에, **우리의 양심이 증언** – 다른 사람들이 우리에 대해서 어떻게 생각하든지, "우리의 양심(良心)이 증언(證言)," **단순함으로** – 한 가지 목적을 염두(念頭)에 두고, 즉 오직 하나님의 영광을 목적(目的)으로 삼고 있으므로, "단순함으로," (그리고) **하나님께 속한 진실함으로** – 간교한 속임수나, 위선(僞善)이나, 혹은 위장(僞裝)이 조금도 없이, "하나님께 속한 진실함으로," **육체의 지혜로 하지 아니하고 하나님의 은혜로** – 타고난 지혜가 아니라 "하나님의 지혜로," **우리가 세상에서 생활할 때에** – 온 세상에서, 그리고 모든 상황에서 "생활(生活)할 때."

1:13 너희가 부분적으로 우리를 인정한 것 같이 – 비록 너희가 인정(認定)해야 할 것만큼, 그렇게 충분히 인정한 것은 아니지만.

1:14 우리도 너희의 기쁨이 되는 것 – '너희가 우리를 알고 있다는 것'을 너희가 기뻐하는 것. **너희가 우리의 기쁨이 되는 것 같이** – 우리도 또한 너희 가운데 우리의 수고(受苦)가 성공한 것이 "우리의 기쁨이 되는 것 같이," 그리고 우리는 기대(期待)하며, "주 예수님의 날에" 그것에 대해 기뻐할 것이다.

1:15 이러한 확신 속에서 – 다시 말해서, 이것에 대하여 확신(確信)하면서.

1:17 내가 경솔히 하였겠느냐? – 내가 대수롭지 않게 나의 목적(目的)을 바꾸었느냐? **육신에 따라 계획하였느냐?** – 나의 목적들이 "육신(肉身)에 따른" 고려사항들이나 혹은 '세속적(世俗的)인' 고려사항들에 근거하고 있느냐? **예, 하고는 아니오, 하는 일이 내게 있었겠느냐?** – 때때로 "예, 하고," 때때로 "아니오, 하는 일이 내게 있었겠느냐?" 즉, 변하기 쉽거나, 또한 변덕스러운 행위가 "내게 있었겠느냐?"

1:18 너희를 향한 우리의 말 – 우리가 전하는 교리(教理)의 전체 논지(論旨). **예, 하고는 아니오, 함이 아니었노라.** – 흔들리는 그리고 확신이 없는 것이 "아니었노라."

1:19 (왜냐하면) **우리가 선포한 예수 그리스도** – 다시 말해서, 예수 그리스도에 관하여 우리가 전한 것. **예, 하고는 아니오, 하신 분이 아니었으며** – 그 자체로 변(變)하기 쉽고 또한 일관성(一貫性) 없는 "분이 아니었으며," **그분 안에는 '예'만 있었느니라.** – 항상 그분 안에 동일(同一)한 중심(中心)이 잡혀 있다.

1:20 하나님의 모든 약속은 그분 안에서 '예'가 되고, 그분 안에서 '아멘'이 되어 – 하

나님 안에 그리고 하나님을 통하여 확실(確實)하게 설정(設定)되어 있다. 그들은 하나님의 약속(約束)에 대하여 '예'가 되고, 사람들의 믿음에 대하여 '아멘'이 되고, 사도(師徒)들에 대하여 '예'가 되고, 사도들의 청중(聽衆)들에 대하여 '아멘'이 된다.

1:21 내가 **하나님의 영광에 대하여** 말한다. – "왜냐하면" 오직 하나님만 이러한 약속들을 성취(成就)하실 수 있으므로, 내가 "하나님의 영광에 대하여" 말한다. **우리를 세우시고,** – 사도(師徒)들과 교사(敎師)들을 "세우시고," **너희와 함께** – 그리스도의 믿음 "안에" 있는 모든 참된 그리스도인들과 "함께," **우리에게 기름을 부으신 분은** – 기쁨의 기름으로, 즉 성령(聖靈) 안에서의 기쁨으로 "부으신다." 그렇게 함으로써 우리에게 당신의 뜻을 행(行)할 수 있고, 또한 감당(勘當)하는 힘을 주신다.

1:22 **그분께서 또한 우리를 봉인하시고** – 우리의 마음에 당신의 형상(形像)을 찍으시고, 그럼으로써 당신 자신의 소유물(所有物)로 표시하시며 또한 "봉인(封印)하신다." **우리 마음속에 성령을 보증으로 주셨느니라.** – 보증금(保證金)과 담보금(擔保金) 사이에는 차이가 있다. 담보금은 그 빚을 지불했을 때 돌려받을 수 있다. 그러나 보증금은 돌려받지 못하지만, 그러나 완전하게 마무리된다. 그러한 보증(保證)이 바로 성령(聖靈)이다. 그 성령의 열매를(롬 8:23) 우리가 소유(所有)하고 있다. 그리고 우리는 모든 충만(充滿)함을(골 1:19, 2:9) 기다리고 있다.

1:23 **내가 하나님을 불러 내 혼에 대하여 이것을 증언하게 하노니** – 사도바울이 지금 성령(聖靈)으로 말하고 있었던 것 아닙니까? 그런데 더욱더 엄숙한 맹세(盟誓)를 품을 수 있습니까? 그러면 그리스도께서 지금껏 모든 맹세를 금지(禁止)하기로 계획하셨다고 누가 상상이라도 할 수 있습니까? **곧 너희를 아끼기 위해 내가 아직까지 고린도에 가지 아니하였노라.** – 내가 하는 수 없이 엄격(嚴格)함을 사용하게 되지 않기 위해서, "아직까지 고린도에 가지 아니하였노라." 바울 사도가 처벌(處罰)하는 권능(權能)을 시사하고 싶을 때, 그는"너희에게"가 아니라, "고린도에"라고 고상(高尙)하게 말한다.

1:24 **우리는 너희의 믿음을 지배하는 자가 되려 하지 아니하고** – 이것은 오직 하나님 한 분만의 특권(特權)이다. **오직 너희의 기쁨을 돕는 자가 되려 하나니** – 그리고 기쁨의 근원이 되는 믿음을 "돕는 자가 되려 하나니," (왜냐하면) **너희는 믿음으로 서느니라.** – 오늘에 이르기까지 "너희는 믿음으로 서느니라."

우리는 빛을 바라본다. 그 빛으로 성직자(聖職者)들은 항상 자기 자신을 살펴보아야만 하며, 그리고 그 빛으로 성직자들은 다른 사람들에 의해서 존경(尊敬)받아야 한다. 성직자들에게 맡겨진 자들의 "믿음을 지배하는 자가 되려 하지 말고," 또한 그들 자신의 권위로 그들이 믿을 것이나 혹은 그들이 행하게 될 것을 명령(命令)하는 권한(權限)을 가진 자가 되지 말고, 그들의 "기쁨을 돕는 자들"로서, 그들이 '믿음'과 '경건(敬虔)'에 있어서 앞으로 나아가도록 도와주는 자가 되라. 이러한 관점에서, 성직자들의 직분(職分)은 얼마나 정감(情感)이 있어 보이는가? 그리고 사람의 행복에 대하여 그들의 직분은 얼마나 우호적(友好的)으로 보이는가? 그러면, 성직자들의 직분을 '조롱거리'와 '멸시거리'로 만들려는 사람들은 (하나님의) 진정한 자비심(慈悲心)으로부터 얼마나 멀리 떨어져 있는 것인가?

고린도후서 2장

2:1 무거운 마음으로 – 특정한 범죄자(犯罪者) 때문이거나 혹은 일반적인 교회 문제 때문에, "무거운 마음으로"

2:2 (왜냐하면) **내가 너희를 근심하게 하면, 내가 근심하게 한 바로 그 사람 외에 나를 즐겁게 할 사람이 누구이겠느냐?** – 다시 말해서, 그의 근심의 제거될 때가지, 나는 스스로 위로(慰勞)받을 수 없다.

2:3 (그리고) **내가 바로 이것을 너희에게 쓴 것은** – 근심 가운데 너희에게 당도하지 않기 위해서, 이러한 결심(決心)이 있기 전에, 나는 너희에게 이 서신을 썼다.

2:4 내가 마음이 몹시 괴로워서, 너희에게 썼나니, 너희를 근심하게 하려는 것이라기보다, 나의 신실한 책망(責望) 때문에 **내가 너희에게 더욱 넘치게 베푸는 사랑을 너희가 알게 하려 함이라.**

2:5 그가 어느 정도만 나를 근심하게 하였으므로 – 그는 여전히 너희의 더 큰 부분에 대하여 기뻐한다. 그렇지 않았더라면, "나는 너희 모두에게 지나친 부담을 주었을" 것이다.

2:6 그런 사람에게는 충분하니라. – 사도바울은 얼마나 놀라운 유연(柔軟)함으로 이 범죄자(犯罪者)를 다루고 있는가? 사도바울은 결코 한 번도 그 범죄자의 이름을 언급하지 않는다. 심지어 그는 여기에서 그의 죄목(罪目)조차 언급하지 않는다. **많은 사람에게서** – 단지 교회의 지도자(指導者)들에 의해서만이 아니라, 그 선고(宣告)에 순순히 따른 전체 회중(會衆)들에 의해서.

2:10 너희가 누구에게 (어떤 일을) **용서하면** – 사도바울은 그들이 그의 지시(指示)를 준수했는지를 의심하지 않는다. **어떤 일을** – 사도바울은 심지어 그렇게 극악무도(極惡無道)한 죄(罪)에 대해서도 그 죄를 회개했던 이후에는 매우 부드럽게 말을 한다. **그리스도를 대신하여** – 그리스도께서 나에게 부여(附與)하신 권위(權威)에 의해서.

2:11 사탄이 못하게 하려 함이라. – 사탄에게 그를 데리고 갈 수도 있었다. 그리고 사탄은 단지 그의 육체(肉體)뿐만 아니라, 그의 영혼까지 파멸(破滅)시키려고 기를 쓴다. **우리를 이용하지** – 왜냐하면 한 영혼을 잃는 것은 공동(共同)의 손실(損失)이기 때문이다.

2:12 또한 내가 드로아에 이르매 – 사도행전 20장 1, 2절에서 마케도니아에 대한 짧은 설명이 주어진 것을 보면, 아시아로부터 마케도니아로 가는 길에 있는 것처럼 보인다. **주께서 내게 문을 열어 주셨으되** – 다시 말해서, 말할 수 있는 통제를 받지 않

는 자유(自由)가 있었으며, 그리고 많은 사람이 기꺼이 들으려고 했다.

2:13 그러나 **내가 내 영 안에서 안식을 얻지 못하여** – 내 편지가 어떻게 받아들여졌는지 알고 싶은 열렬한 소망(所望) 때문에, "내가 내 영 안에서 안식을 얻지 못하여," **내 형제 디도를 만나지 못하였으므로** – 너희로부터 내게로 돌아오고 있는 "내 형제 디도를 만나지 못하였으므로," (그래서 나는) **마케도니아로 들어갔노라.** – 그곳은 훨씬 더 가까이 있으므로, 나는 너희에 관하여 더 쉽게 소식을 접할 것이다. 바울 사도는 자신이 다른 곳에서 행하고 겪은 것에 관한 감탄스러운 여담(餘談)을 덧붙이면서 자기 이야기의 맥락을 7장 2절에서 재개한다. 그는 이러한 방법을 사용하여, 그 여담의 유익(有益)을 고린도 신도들에게도 끌어낸다. 그리고 이것은 거짓 사도들에 맞선 바울 해명의 도입부로서 동력을 공급한다.

2:14 **승리하게**는 단지 승리만 의미하는 것이 아니라, 승리(勝利)에 대한 공개적인 표명(表明)을 가리킨다. 그리고 승리의 행진에 있어서, 특별히 '동방에서 그 정복자 가까이에서 향과 향수를 불태우는 것처럼,' 바울 사도는 다음 절에서 그런 상황에 대해서 넌지시 언급한다. 마찬가지로, 향(香)이 강한 향수(香水)들이 서로 다른 사람들에게 나타내는 다른 효과에 관하여 암시한다. 그들 중 어떤 사람들에게 향수들이 활기를 되찾아 주지만, 반면에 그 향수들이 다른 사람들을 가장 지독한 풍기문란(風紀紊亂) 행위 속으로 던져 넣는다.

2:15 (왜냐하면) **우리는** – 복음을 전하는 자들은, **하나님을 향한 그리스도의 향기로운 냄새니** – 하나님은 이러한 향기에 대단히 만족하신다. 이 향기는 우리에 의해서 믿고 "구원받은 자 중에서나"(3장 1절부터 4장 2절까지 다뤄진다) 또한 고집스럽게 믿지 않고, 그 결과 "멸망(滅亡)하는 자 중에서나"(4장 3~6절에서 다뤄진다) 널리 퍼진다.

2:16 (그런데) **누가 이런 일들을 감당할 수 있으리요?** – 살아있는 사람의 권능이 아니라, 하나님의 영의 권능(權能)으로 "감당할 수" 있다.

2:17 (왜냐하면) **우리는 하나님의 말씀을 부패시키는 많은 사람들 같지 아니하고** – 그들의 와인을 더 저급한 술과 섞는 (헬라어 단어의 의미로) 포도주 상인처럼, "하나님의 말씀을 부패(腐敗)시키는 많은 사람들 같지 아니하고," **오직 진실함에서 난 자같이,** – 어떠한 혼합물(混合物)도 없이 "오직 진실함에서 난 자같이," **하나님에게서 난 자같이** – 이런 사람은 훨씬 더 높이 오른다. 그래서 우리 자신의 말이 아니라, 하나님의 순전한 말씀을 전파(傳播)한다. **하나님의 눈앞에서** – 우리는 하나님께서 언제나 임재(臨在)하고 계신다고 생각한다. 그래서 우리의 혀에서 나오는 모든 말을 조심(操心)한다. **말하노라.** – '말'은 우리의 것이지만, 권능(權能)은 하나님의 것이라고 "말하노라." **그리스도 안에서** – 그리스도께서 베풀어주시고, 승인(承認)해주시고, 그리고 축복해주시는 말씀 "안에서."

고린도후서 3장

3:1 우리가 다시 우리 자신을 추천하기 시작하겠느냐? – 그것이 필요하겠느냐? 내가 나를 추천하기 위해서 나 자신의 말 외에 아무것도 가지지 않았느냐? 바울 사도가 비록 '디모데,' '디도,' 그리고 '실라'를 제외하는 것은 아니지만, 여기에서 주로 자기 자신을 가리킨다. **혹은 우리가 필요가 있겠느냐?** – 사도바울이 말한 것처럼, 내가 정말로 그러한 추천(推薦)을 원하겠느냐?
3:2 너희는 우리의 추천하는 **서신**(書信) – 단지 말만으로 할 수 있는 것보다 "서신(書信)"은 더욱 설득력(說得力) 있다. **우리의 마음에 쓰여 있는** – 우리의 마음에 깊이 새겨져 있으며, 그리고 우리 주변에 있는 모든 사람이 분명하게 읽을 수 있는.
3:3 분명히 드러난 그리스도의 서신 – 사도바울은 "그리스도의 서신"을 작성(作成)하였으며 또한 세상에 발표(發表)하였다. **우리의 사역을 통하여** – 바울은 여기에서 "우리"를 자신의 도구(道具)로 사용했다. 그러므로 너희는 또한 "우리의 서신(書信)"이다. **잉크로 쓴 것이 아니요,** – 십계명(十誡命)처럼 "돌 판에 쓴 것이 아니요," 연약하고 살아 있는 "마음 판에 쓴 것이라." 하나님께서 돌의 마음을 치워버리시고, "육체의 마음"을 주셨다.
3:4 우리가 하나님을 향하여 이 같은 확신을 가지고 있으나 – 다시 말해서, 우리는 이것이 그러하다고 하나님 안에서 신뢰(信賴)하고 있다.
3:5 우리 자신에게서 난 것으로 생각할 만큼 능력이 있지 아니하며 – 한 가지 훌륭한 생각을 해낼 만큼도 "능력이 있지 아니하며," 하물며, 죄인(罪人)들을 개종(改宗)시키기 위해서도 "능력이 있지 아니하며."
3:6 그분께서 또한 우리를 새 상속 언약의 유능한 사역자로 삼으시되 – 새로운 복음주의(福音主義) 체제(시대)의 "유능한 사역자로 삼으시되." 하나님께서 두 돌 판 위에 문자 그대로 쓰신 "율법의" 체제가 "아니라," 적절하게 "서신(書信)"이라 불리는 체제이다. (그러나) **영의 사역자** – 복음 체제의 "사역자." 그 복음(福音) 체제는 영에 의해서 "우리의 마음 판에 써졌다." **율법 자구**(字句)**는**(문자) – 율법(律法), 곧 모세의 체제는, **죽이되** – 여전히 율법을 고수하는 사람들을 죽음으로 봉인(封印)한다. (그러나) **영은** – 복음(福音)은 그것을 받아들이는 사람들에게 영(靈)을 전달한다. **생명을 주느니라.** – '영적(靈的)인 생명'뿐만 아니라, '영원(永遠)한 생명'을 "주느니라."

그렇다. 만약 우리가 심지어 도덕적인 법에 대해서도 문자적(文字的)인 의미를 고수한다면, 만약 우리가 단지 훈계(訓戒)와 제재(制裁)를 그것들이 우리를 그리스도께 인도하는 것으로서가 아니라 그것들이 "원래" 세워져 있는 대로 중시(重視)한다면, 그것들은 의심할 여지 없이 "죽이는" 규례(規例)이며, 또한 우리를 죽음의 선고(宣告) 아래 묶어버린다.
3:7 (그리고 만약) **사망의 직무에도** – 다시 말해서, 모세의 율법(律法)에도. 그 율법을

복음보다 선호하는 사람들에게 그것은 "사망의 직무(職務)"로 드러나며, 그리고 그것의 가장 중요한 부분은 그 두 개의 "돌 판에 새겨졌다"라는 것으로, 매우 큰 영광을 수반(隨伴)한다.

3:8 영의 직무에는 – 다시 말해서, 기독교(基督教) 체제에는.

3:9 정죄의 직무 – "정죄의 직무"는 모세의 체제(율법)가 복음을 거부하는 모든 유대인에게 드러내는 그러한 직무다. 반면에 (이런 이유로 "의의 직무"라고 불리는) 복음(福音)을 통해서, 하나님께서 모든 믿는 자들에게 의(義)를 전가(轉嫁)해주셨을 뿐만 아니라, 그 의를 분여(分與)해주셨다. 그러나 만약 도덕적인 법이 단지 신실한 순종(順從)을 요구한다면, 우리의 연약한 상태에 비례하는 것으로서 (오직 돌에 새겨진) 그 도덕적인 법이 어떻게 "정죄의 직무"가 될 수 있을까? 만약 이 법이 우리를 의롭게 만들기에 충분(充分)하다면, 그 법은 "정죄의 직무"가 되는 것을 중단한다. 그것은 (바울 사도의 교리와 정반대로) "의의 직무가 된다."

3:10 이 점에서 영광을 갖지 못한 것은 뛰어난 영광으로 인함이라. – 다시 말해서, 이 더욱 "뛰어난 영광(榮光)"과 비교하여 어떤 것도 "영광을 갖지 못한다." 더 큰 빛이 작은 빛을 삼켜버린다.

3:11 남아있는 것 – 세상이 끝날 때까지 남아있는 체제, 즉 영원히 계속 되는 그 영(靈)과 생명(生命).

3:12 그런즉 이 같은 소망이 있으므로 – 이 같은 소망(所望)에 대하여 완전히 확신(確信)하고 있으므로.

3:13 (그리고) 우리는 **모세가 자기 얼굴을 베일로 가린 것 같이 하지 아니하노라** – 그것은 또한 사도바울의 글에 관련해서 이해(理解)될 수 있다. **이스라엘 자손들이** 지금은 **이미 사라진"** 그 체제의 **마지막을 똑바로 보지 못하게 하려고** – 그 체제의 마지막은 '그리스도'였다. 모세의 체제 전체는 '그리스도'로 향하며, 그리고 '그리스도'에서 끝이 난다. 그러나 이스라엘 사람들은 그리스도에 대하여 단지 '희미하고 흔들리는 모습'을 가지고 있었다. 모세는 '그리스도'에 대하여 모호(模糊)하고 은밀(隱密)한 방식으로 말했다.

3:14 바로 그 베일이 벗겨지지 아니한 채 그들의 이해(理解) 속에 **남아 있기 때문이라.** – 아주 작고 희미한 빛을 들어오게 하려고 (그 단어가 의미하는 바대로) 뒤로 젖히려고조차 하지 않는다. **옛 상속 언약의 말씀을** 대중(大衆)을 위하여 **읽을 때에** – 그 베일은 지금 모세의 얼굴이나 혹은 모세의 글들에는 없고, 믿지 않는 자들이 읽을 때 있으며, 그리고 믿지 않는 자들의 마음에 있다. **그 베일은 그리스도 안에서 없어졌으나** – 다시 말해서, 진실로 그리스도에 대해 믿는 사람들의 마음으로부터 "없어졌으나."

3:16 그것이 – 그들의 마음이, **주께로 돌아서면** – 살아있는 믿음으로 그리스도께 "돌아서면," **그 베일이 벗겨지리라.** – 바로 그 순간에, 그들은 율법(律法)의 모든 유형

(類型)과 모든 대언(代言)이 어떻게 그리스도 안에서 완벽(完璧)하게 성취(成就)되었는지 극히 분명(分明)하게 볼 수 있다.

3:17 이제 주께서는 – 그리스도는 내가 언급하고 있는 율법(律法)의 "그 영(靈)이다." "문자(文字)"는 그 영으로 이어지도록 의도되어 있다. (그리고) **주의 영이 계신 곳에는** – 그리스도께서 "계신 곳에는," **거기에는 자유함이 있느니라.** – 노예(奴隷) 상태의 상징인 베일이 아니라. 노예와 같은 '두려움으로부터 자유함,' '죄책감으로부터 자유함,' 그리고 '죄의 권세로부터 자유함,' 즉 베일로 가리지 않은 얼굴로 주의 영광(榮光)을 바라볼 수 있는 자유(自由)함이 있다.

3:18 그러나 그런 이유로 그리스도를 믿는 **우리는 다 얼굴로 거울을 보는 것 같이 바라보며,** – 복음의 거울로 "바라보며," **주의 영광을** – 주의 영광스러운 사랑을, **같은 형상으로 변화되어** – 같은 사랑으로 "변화(變化)되어," 주의 전능하신 영을 받을 만한 방법으로 "변화되어," 이러한 수준의 "영광"에서 또 다른 수준의 "영광"으로 "변화되어."

여기에 얼마나 아름다운 대조(對照)가 있는가! 모세는 '주의 영광(榮光)'을 보았다. 그리고 그 '주의 영광'이 모세의 얼굴을 매우 밝게 만들었다. 그래서 모세는 '주의 영광'을 베일을 덮어 가렸다. 그러나 이스라엘 백성은 모세의 얼굴에서 반사된 빛을 참을 수가 없었다. 우리는 주의 말씀의 거울에서 '주의 영광'을 바라보고, 그래서 우리의 얼굴 역시 빛난다. 그러나 우리는 우리의 얼굴에 베일을 씌우지 않고, 복음 안에 나타난 '주의 영광'에 우리 마음의 눈을 더욱더 굳건하게 고정하면서, 계속해서 증가하고 있는 그 광채(光彩)를 확산(擴散)시킨다.

고린도후서 4장

4:1 그러므로 이 사역을 맡았은즉 – 3장 6절에서 언급되었다. **우리가 긍휼을 받아** – 우리의 모든 고난(苦難) 속에서 자비롭게 지원(支援)을 받았으며, (우리가) **낙심하지 아니하며** – 우리는 우리의 영광스러운 기업(基業)을 결코 그만두지 아니하며.

4:2 오히려 버리고 – 노골적(露骨的)으로 무시(無視)하고, **감추어 둔 정직하지 못한 일들을** – 사람들이 숨길 필요가 있거나 혹은 치욕(恥辱)으로 생각하는 모든 일을, **간교(奸巧)하게 걷지 아니하며** – '위장(僞裝),' '교활(狡猾)함,' '간교(奸巧)한 속임수'를 전혀 사용하지 "아니하며," 또는 하나님 말씀에 어떤 것을 추가하거나 혹은 변경시킴으로써 또는 하나님 말씀을 청중들의 구미(口味)에 맞게 적응시키려고 시도함으로써, 순전한 "하나님의 말씀을" 은밀히 "속임수로 다루지 아니하며."

4:3 (그러나) **만일 우리의 복음이** (또한) **가려졌다면** – 모세의 율법(律法)뿐만 아니라, "(또한) 우리의 복음(福音)이 가려졌다면,"

4:4 이 세상의 신 – 사탄에 대한 얼마나 황당하고 또한 끔찍한 묘사(描寫)인가! 사

탄은 실제로 믿지 않는 모든 사람의 신(神)이다. 그리고 상상도 할 수 없는 힘으로 모든 사람 안에서 일한다. **가려** – 단지 베일을 씌운 것이 아니라, 그들의 이해(理解)의 눈을 "가려." "이해"를 의미하는 '조명(照明)'이란 단어는 사실 이미 깨우친 사람들로부터 다른 사람들에게로 '빛의 반사(反射)' 혹은 '빛의 전달(傳達)'을 가리킨다. **하나님의 형상이신 그리스도** – 이런 이유로, 우리는 또한 그리스도의 영광(榮光)이 얼마나 위대한지를 이해할 수 있다. 아들을 본 사람은 그리스도의 얼굴에서 아버지를 본다. 아들은 우리에게 아버지를 정확(正確)하게 드러낸다.

4:5 "왜냐하면" 잘못이 우리에게 있지 않으며, 또한 그들이 우리에게 들은 교리(教理)에 있는 것도 아니다. **우리는 우리 자신을 선포하지 아니하며** – 우리가 너희를 깨우치거나, 혹은 용서(容恕)하거나, 혹은 성화(聖化)되게 할 수 있다는 듯이, "우리 자신을 선포(宣布)하지 아니하며," (그러나) **그리스도 예수님** – 너희의 유일한 지혜(知慧), 의(義), 성화(聖化)로서 "예수 그리스도." (그리고) **너희의 종 된 우리 자신을** – 가장 천한 직분을 감당할 준비를 한 "우리 자신을," **또 예수님으로 인하여** – 명예, 흥미, 즐거움을 위해서가 아니라 "예수님으로 인하여."

4:6 (왜냐하면) **하나님께서 우리 마음에 빛을 비추사** – "이 세상의 신"(4절)이 더 이상 눈을 멀게 하지 못하는 모든 사람의 마음에 "빛을 비추사." 스스로 우리의 빛이 되신 하나님은 단지 빛의 창조주(創造主)이실 뿐만 아니라, 또한 빛의 근원(根源)이시다. **우리에게 하나님의 영광을 아는 빛을 주셨느니라.** – 하나님의 영광스러운 사랑에 대하여, 그리고 하나님의 영광스러운 형상(形像)에 대하여 "아는 빛을 주셨느니라." **예수 그리스도의 얼굴에 있는** – "예수 그리스도의 얼굴"은 모세의 얼굴이 (하나님의) 영광을 반사했던 것과 또 다른 방식으로 그분의 영광을 반사한다.

4:7 그러나 우리가 – 단지 사도들뿐만 아니라, 모든 참된 신자들이, **이 보배를 가지고 있나니** – 하나님의 빛, 사랑, 영광의 "보배를 가지고 있나니," **질그릇 안에** – 부서지기 쉽고, 아주 약하고, 멸망하는 육체 속에. 사도바울은 계속해서 고통(苦痛)뿐만 아니라, 죽음이 결코 성령(聖靈)의 사역을 막지 못하며, 오히려 고통과 죽음은 성령의 사역을 촉진(促進)시키며, 성직자(聖職者)들을 더욱 단련(鍛鍊)시키며, 그리고 열매를 증가(增加)시킨다는 것을 보여준다. 그리고 우리 안에 이러한 것들을 만들어주는 "뛰어난 권능(權能)이" 명백하게 "하나님에게서 나는" 것으로 "보인다."

4:8 우리가 고난을 당하나, 등등 – 이 절(節; verse; 9절 포함?)에서 네 개의 항목(項目)은 '내적(內的) 고난(苦難)'에 관한 것들이고, 그다음의 네 개 항목은 '외적(外的) 고난'에 관한 것들이다. 각 절(節; clause)에서 전반부는 "질그릇"을 보여주고, 후반부는 "뛰어난 권능"을 보여준다. **괴로워하지 아니하며** – 걱정과 근심 속으로 삼킴을 당하지 아니하며, **난처한 일을 당하나** – 어떤 길을 택할지 당혹(當惑)스럽지만, 그러나 우리를 끝까지 인도하시는 주의 권능과 사랑에 대하여 결코 "절망(絕望)하지" 않는다.

4:10 항상 – 우리가 어디를 가든지, "항상," **주 예수님의 죽으심을 몸에 짊어짐은** –

주 예수님처럼 우리의 생명(生命)을 내려놓기로 계속 다짐하면서, **예수님의 생명 또한 우리 몸에 나타나게 하려 함이라.** – 우리도 또한 예수님처럼 부활(復活)하며, 그리고 예수님처럼 영광(榮光)을 받을 수 있게 "하려 함이라."

4:11 (왜냐하면) 아직 **살아 있는 우리가** – 예수님에 대한 증거(證據)를 위해서 아직은 죽임을 당하지 않은 사람들인 "우리가," **항상 죽음에 넘겨짐은** – 끊임없이 사망(死亡)의 문턱에 바로 놓여있다. 그것에 대해 우리가 기꺼이 복종(服從)하는 것은 우리가 "더 좋은 부활을 얻기" 위해서다.

4:12 그런즉 이처럼 사망(死亡)은 우리 안에서 일하고, 생명(生命)은 너희 안에서 일하느니라. – 너희는 평화롭게 살고 있다. 우리는 날마다 죽는다. "그러나" 살든지 혹은 죽든지, 우리가 믿음을 가지고 있는 동안에, 우리는 전도(傳道)하지 않을 수 없다.

4:13 같은 믿음의 영을 가졌으니 – "믿음의 영"은 옛날의 성도(聖徒)들에게 생기(生氣)를 불어넣었다. 특별히 다윗이 "내가 믿었으므로 말하였노라(시 116:10)."(즉, "나는 하나님을 신뢰합니다."라고 말했으며, 그러므로 "하나님은 이 찬양의 노래를 나의 입에 넣어주셨다.")라고 말했을 때, "믿음의 영(靈)"은 다윗에게 생기(生氣)를 불어넣었다. **우리도 또한 말하노라.** – 우리는 심지어 고난과 죽음 한복판에서도 복음(福音)을 선포한다. 왜냐하면 우리는 하나님께서 죽음으로부터 "우리를 일으키셔서"(고전 6:14), "너희와 함께"(14절) "우리도 드러내 보이실 줄"(14절) 믿기 때문이다.

4:14 우리도 드러내 보이실 줄 – 성직자(聖職者)들도 "드러내 보이실 줄," **너희와 함께** – 그분의 모든 성도(聖徒)와 "함께," "그분의 영광 앞에 흠이 없이 기쁨으로 서게 하실"(유다서 1:24) 것이다.

4:15 (왜냐하면) **모든 것이** – 역경(逆境)을 주는 것이든, 혹은 번성(繁盛)하게 하는 것이든, "모든 것이," **너희를 위하여 있나니** – 복음(福音)을 전하는 모든 사람들뿐만 아니라, 믿음을 가진 모든 사람을 "위하여 있나니," **풍성한 은혜가 넘쳐 나서** – '풍성(豊盛)한 은혜(恩惠)'는 단지 영혼(靈魂)에 있어서 뿐만 아니라, 육체(肉體)에 있어서도 너희를 계속 살아있게 한다. **많은 사람의 감사(感謝)를 통하여** 훨씬 더 **풍성한 은혜가 넘쳐 나서** – 왜냐하면 감사는 더욱 풍성한 은혜를 불러들이기 때문이다.

4:16 이런 까닭에(그러므로) – 이러한 은총(恩寵) 때문에, "우리가 낙심하지 아니하노니," **겉 사람** – 육체(肉體), **속사람** – 영혼(靈魂).

4:17 우리가 (잠시 받는) **가벼운 고난이** – 여기에서 사도바울이 사용하는 언어 표현의 아름다움과 장엄함은, "잠깐 동안의 고난(苦難)"에 반대되는 하늘의 영광(榮光)에 대한 묘사로서, 모든 상상력(想像力)을 초월하며, 또한 어떤 번역(飜譯)이나 혹은 의역(意譯)으로도 보존될 수 없다. 왜냐하면 번역이나 의역은 결국 정말 놀라운 원본(原本) 밑으로 무한히 가라앉을 운명이기 때문이다.

4:18 보이는 것들 – 사람들, 돈, 땅에 속한 것들, **보이지 아니하는 것들** – 하나님, 은혜(恩惠), 하늘나라.

고린도후서 5장

5:1절 땅에 있는 우리의 집 – 땅에 있는 집은 영속적인 주거를 위해 고안되지 않은 단지 "장막(帳幕)"이나 혹은 "천막(天幕)"이다.

5:2절 옷 입기를 간절히 원하노니 – "하늘로부터 오는" 영광스러운 집을 가지고 있는 이 몸이 "옷 입기를 간절히 원하노니." (지금 이 몸은 살과 피로 덮여있다) 하늘나라에 들어갈 수 없는 살과 피 대신에, '부활의 몸'은 그 살과 피에 유사한 것이지만, 그러나 썩지 않고 또한 죽지 않을 것으로 옷 입거나 혹은 덮여있을 것이다. 마카리우스(300~391, 이집트)는 주로 '부활(復活)의 몸'에 대해 언급한다.

5:3 옷 입고 있으면 – 우리가 몸속에 있는 동안 하나님의 형상(形像)으로 "옷 입고 있으면," **우리가 벌거벗은 채 드러나지 아니하리라.** – 혼인(婚姻) 복장을 하고 있어서, "벌거벗은 채 드러나지 아니하리라."

5:4 우리가 짐을 진 채 신음하는 – 사도바울은 정확(正確)하고 적절(適切)하게 표현한다. "짐"은 자연히 "신음"을 내게 만든다. 그리고 우리는 이 땅에서 셀 수 없이 많은 고난(苦難), 병약(病弱)함, 유혹(誘惑), 죄(罪)의 짐을 지고 있다. **벗고자 함이 아니요,** – 우리가 몸이 없이 남아있기를 바라는 것이 아니요. '믿음'으로는 지혜로우신 창조주께서 지금까지 주신 것에 대한 '철학적인 경멸(輕蔑)'을 이해하지 못한다. **입고자 함이니** – 영광스럽고, 죽지 않고, 썩지 않는, '영적(靈的)인 몸'("부활의 몸," **2절**)으로 "입고자 함이니," **죽을 것** – 영원히 살 수 없는 이 현재의 몸, **생명에게 삼켜지게 하려 함이라.** – 영원(永遠)히 사는 것, 즉 영원한 "생명"으로 덮인다.

5:5 바로 그 일을 위하여 우리를 다듬으시고 – "우리의" 불멸(不滅)에 대한 이렇게 갈망(渴望)하시는 분은 "하나님"이시다. 왜냐하면 하나님 이외에 아무도, 즉 전능자보다 열등(劣等)한 누구도 우리 안에 불멸에 대한 갈망을 빚어놓을 수 없을 것이다.

5:6 그러므로 우리가 확신에 차서 (처신하노니) – 그러나 대부분 사람은 죽음을 염두(念頭)에 두고 있을 때, 우리의 가장 큰 행복(幸福)은 무덤 너머에 있다는 것을 "알고 있기" 때문에, "확신(確信)에 차서" 처신(處身)한다.

5:7 왜냐하면 우리는 이 땅의 삶에서 주를 분명하게 볼 수 없다. 이곳에서는 **우리가** 다만 **믿음으로 걷기** 때문이다. 사실 "믿음으로 걷는" 것은 필연적으로 일종의 "보이지 않는 그분을 보는 것"을 의미하는 증거(證據)가 된다. 그러나 그것은 우리가 영원(永遠)에서 가지게 될 것보다 훨씬 못한 만큼, 아무런 도움을 받지 않은 추론(推論) 자체에서 나온 것을 훨씬 뛰어넘는다.

5:8 주와 함께 있는 – 이것이 '성도(聖徒)들의 행복은 부활(復活) 때까지 미뤄지지 않는다'라는 사실의 증거(證據)가 된다.

5:9 그러므로 우리는 소원한다. – 그리스도인 안에 품고 있는 유일한 소망(所望)(그분께서 받아 주시는 자가 되는 것)을 소원(所願)한다. **함께 있든지** – 몸으로 "함께 있든

지," 혹은 **떨어져 있든지** – 몸으로부터 "떨어져 있든지."

5:10 (왜냐하면) **우리 모두가** – 다른 신자(信者)들뿐만 아니라 사도(師徒)들이, 지금 몸 안에 "함께 있든지" 혹은 몸으로부터 "떨어져 있든지,"(9절) **나타나리니** – 덮개를 씌우지 않고 공개적(公開的)으로 "나타나리니," 그곳에서 모든 감추어진 것들이 드러날 것이다. 아마도 전에 용서(容恕)받았던 신실한 자들의 죄(罪)까지도 드러날 것이다. 그렇지 않으면, (그들의 회개, 곧 죄에 대한 그들의 복수로서) 많은 그들의 선한 사역들이 드러나지 못할 것이기 때문이다. **좋은 것이든 나쁜 것이든 자기가" "자기 몸 안에" "행한 것에 따라** – 몸 안에서 그는 선(善)을 행하거나, 혹은 악(惡)을 행했다. 그에 따라서 그는 몸 안에서 보상(報償)을 받는다.

5:11 그런즉 주의 두려움을 알므로, 우리가 사람들이 주의 은총(恩寵)을 구하도록 더욱더 신실하게 **사람들을 설득(說得)한다.** 그리고 하나님께서 이것을 알고 계시고, 또한 그것을 "내가 확신(確信)하고 있는" 것과 마찬가지로, 너희도 "너희" 자신의 "양심(良心)에" 그것을 알고 있다.

5:12 마치 우리가 **다시 너희에게 우리 자신을 추천(推薦)할** 필요가 없다고 생각하는 것처럼, **우리가** 그것을 말하지 **아니하노라.** "오히려 하나님을 기뻐하고 또한 하나님을 찬양할 기회를 너희에게 주노니," "마음으로 자랑하지 아니하고, 외모(外貌)로 자랑하는" 그들 자신의 양심에 의해 정죄(定罪) 받는 거짓 사도(師徒)들에 대한 "대답"을 너희에게 제공한다.

5:13 (왜냐하면) **우리가 만일 미쳤어도** – 혹은 적어도, 다른 사람들에게 그렇게 보인다 해도(15~21절에서 다루고 있다.), 대단히 보기 드문 열심(熱心)을 가지고 말하거나, 혹은 편지(便紙)를 써 보낸다. **그것은 하나님을 향한 것이요** – 하나님께서 직접 불어넣으시는 감정(感情)을 (인간은 이해하지 못한다고 하더라도,) 하나님은 이해(理解)하신다. **정신이 온전하여도** – (1~10절에서 다루고 있다) 내가 좀 더 차분하며 또한 진지한 태도(態度)로 나간다고 해도, **그것은 너희를 위한 것이니** – 심지어 선한 사람들조차도 그것은 그들의 교사들이 가진 다른 방법보다 할 만한 것이 못 된다. 그러나 이런 사람들은 누구든 그것에 의해서 상처(傷處)를 입더라도 하나님께 순종(順從)해야 한다.

5:14 이는 우리를 향한 **그리스도의 사랑**과 그분을 향한 우리의 사랑이 **우리를 강권하기** 때문이라. – 우리를 향한 "그리스도의 사랑"과 '그리스도를 향한 우리의 사랑' 둘 다, 강력하고, 변함이 없으며, 압도적인 영향력(影響力)으로써 우리와 관련된다. 마치 바람과 조수(潮水)는 그들이 그 예정된 항구로 배를 띄워 보낼 때 영향력을 행사한다. **우리가 이같이 판단하므로, 그리스도가 모든 사람을 위하여 죽었으면, 모든 사람이** 심지어 최고의 인간들조차도, 당연히 **죽은 것으로 판단하노라.** – 영적(靈的)인 죽음의 상태로, 그리고 영원(永遠)한 죽음의 영향을 받기 쉬운 상태로 "판단(判斷)하노라." 왜냐하면 만약 어떤 사람이라도 그렇게 되지 않았더라면, 그리스도께서 그를 위해 죽으실 필요(必要)가 없었을 것이기 때문이다.

5:15 그분께서 모든 사람을 위하여 죽으신 것은 – 모든 사람을 구원(救援)받게 하시려는 것은, **살아 있는 자들이** – 이 땅에 사는 모든 사람이, **이제부터는 아니하고** – 그들이 주를 알게 된 순간부터는 "아니하고," **자기를 위하여 살지** – 그들 자신의 명예(名譽), 이익(利益), 즐거움을 추구(追求)하며 "살지," **오직 (그)분을 위하여** – 모든 의로, 그리고 모든 참된 거룩함으로, "오직 그분을 위하여."

5:16 그러므로 이제부터는 우리가 – 그리스도의 사랑을 알게 된 우리가, **아무도 알지 아니하노니** – 우리 자신들뿐만 아니라 너희도 "알지 아니하며," 또한 나머지 사도들도 "알지 아니하노니," **육신을 따라** – 이전(以前)의 상태, 이전의 나라, 이전의 혈통(血統), 이전의 고귀(高貴)함, 이전의 부(富), 이전의 권세(權勢), 이전의 지혜(知慧)에 따라. 우리는 위대한 자들을 두려워하지 않는다. 우리는 부유한 자들과 지혜로운 자들을 존중하지 않는다. 우리는 낮은 자들을 우리 자신들보다 낮게 여기지 않는다. 우리는 다만 모든 사람을 구원(救援)하기 위하여 모든 사람에게 주의(注意)를 기울인다. 그러므로 **육신을 따라 아무도 알지 아니하는** 사람이 누구인가? **이러한 그리스도인들은** 어떤 땅에 살고 있는가? **참으로, 우리가 육신(肉身)을 따라 그리스도도 알았으나** – 겨우 자연 발생적인 사랑으로 그분을 사랑하기 위해서, 이 땅에서 개종하여 그분과 함께하는 것을 자랑하기 위해서, 그리고 그분으로부터 단지 일시적인 유익(有益)을 기대하기 위해서 "그리스도를 알았으나," "이제부터는 그분을 더 이상 그같이 알지 아니하노라."

5:17 그런즉 누구든지 그리스도 안에 있으면 – 그리스도를 진정(眞正)으로 믿는 사람이라면, **새로운 창조물이라.** – 오직 세상을 창조하신 (하나님의) 권능(權能)만이 그리스도인이 되게 할 수 있다. **옛것들은 지나갔으니** – 심지어 봄에는 눈이 지나가 버리는 것처럼, 그리고 그것들이 자발적(自發的)으로 "지나갔으니," **보라!** – 볼 수 있고, 부인(否認)할 수 없는, 현재의 변화(變化)를 "보라!" **모든 것이 새롭게 되었도다.** – 그는 새로운 삶, 새로운 감각(感覺), 새로운 기능(技能), 새로운 애정(愛情), 새로운 욕구(慾求), 새로운 발상(發想)과 새로운 개념(槪念)을 가지게 되었다. 그의 행동과 대화의 전체 취지(趣旨)가 새로워졌으며, 그리고 그는 이른바 '새로운 세상(世上)'에 살고 있다. 하나님, 사람들, 창조물 전체, 하늘, 땅, 그리고 그 안에 있는 모든 것들이 새로운 빛 속에 등장하며, 그리고 그가 그리스도 예수 안에서 '새롭게 창조(創造)'된 이후 새로운 방식으로 그분과 관련되어 세워져 있다.

5:18 또 우리를 자신과 화해하게 하시는 것으로 모든 개념 아래에 고려되어, **모든 것이 하나님에게서 났으며,** – "세상을 자신과 화해(和解)하게 하시며"(19절).

5:19 곧 – 존재하는 것의 총화(總和). **하나님께서** – 모든 것의 "하나님께서," 그러나 보다 탁월하게 말하자면, "하나님 아버지께서," **그리스도 안에 계시사, 세상을 화해하게 하시며** – 세상은 전에 하나님과 적대관계(敵對關係)에 놓여있었다. 그러므로 "그리스도 안에 계시사, 세상을 화해하게 하시며," **자신과** – 그러므로 "자신과"의 그

적대감(敵對感)을 제거(除去)해버리시는 것, 그것은 하나님 아들의 피에 의한 방법 이외에 어떤 다른 방법으로도 제거될 수 없었을 것이다.

5:20 우리가 그리스도를 위한 대사(大使)**가 되어** – (우리가) **그리스도를 대신하여 너희에게 간구하노니** – 여기에서 바울 사도는 약간 "자기 자신을 초월하여 황홀경(恍惚境)에 들어간" 것으로 보인다. 일반적으로, 사도바울은 다음 장(章)의 시작 부분에서처럼, 좀 더 차분하고 또한 진지한 종류의 권면(勸勉)을 사용한다. 이 구절에서 사도바울이 얼마나 비할 데 없는 겸양(謙讓)과 부드러운 하늘의 자비(慈悲)를 보여주고 있는가? 그 재판관(裁判官)께서 항상 정죄 받은 죄인에게 용서(容恕)를 받아들이라고 간청하셨는가? 창조주(創造主)께서 언제나 몰락한 채무자에게 전액 채무 면제를 받아들이라고 간청하고 계시지 않는가? 그러나 우리의 전능하신 주(主)이시며 또한 우리의 영원한 재판관께서 단지 이러한 축복을 주시겠다고 말씀하실 뿐만 아니라, 우리를 초청하시고, 간청하시며, 그리고 가장 부드럽고 끈덕진 요청으로, 그들을 버리지 않으신 채, 우리를 구(求)하려고 하신다.

5:21 하나님께서 죄를 알지 못한 그분을 죄가 되게 하신 것은 – "죄를 알지 못한" 그리스도에게 고유(固有)한 찬사(讚辭). **우리를 위하여** – 우리는 의(義)를 알지 못했다. 그리고 우리는 외적으로 그리고 내적으로 단지 죄(罪)밖에 없었다. 또한 만약 우리의 죄에 대한 이러한 속죄(贖罪)하심이 없었더라면, 우리는 틀림없이 하나님의 심판(審判)으로 소멸(消滅)되었을 것이다. **우리가 그분 안에서 하나님의 의가 되게 하려 하심이라.** – "우리에게 그분 안에서 하나님의 의(義)가" 부여(附與)될 것이다. 먼저 우리에게 분여(分與)되고, 그다음에 우리 안에 심겨졌을 것이다. 그것은 어느 의미로 보나 "하나님의 의(義)"다.

고린도후서 6장

6:1 그런즉 우리가 단지 간청(懇請)할 뿐만 아니라, 우리 자신의 구원(救援)을 위해 노력하고 있는 너희와 **함께 일하는 일꾼으로서 너희에게도 간청하노니**, 우리가 지금 서술(敍述)하고 있는바, **헛되이, 너희는 하나님의 은혜를 받지 말라.** 우리는 '믿음'으로 '하나님의 은혜(恩惠)'를 받는다. 그리고 만약 우리가 이것을, 즉 '인내(忍耐)하는 거룩함'을 추가한다면, 우리는 '하나님의 은혜'를 헛되이 받는 것이 아니다.

6:2 (왜냐하면) **그분께서 이르시되** – 그 의미는, 옛적에 하나님께서 기꺼이 자신의 고유(固有)한 복(福)을 부어주시던 특정(特定)한 시기(時期)가 있었던 것처럼, 지금이 그렇다. 바로 지금이 그 특정한 시기이다. 즉, 지금이 고유한 복의 때이다.

6:3 우리 때문에 **이 사역이 비난**(非難)**을 받지 않게 하려고**, 우리 안에 들어있는 **어떤 실족거리**가 없는 데까지 **주는** 것이다.

6:4 오직 우리 자신을 하나님의 사역자로 입증하되 – 예를 들어, 그의 사역은 마땅

히 "많은 인내 가운데서" 나타나야 한다. 1. "고난(苦難), 궁핍(窮乏), 곤경(困境) 가운데서"(전부 다 일반적인 항목들이다), 2. "매 맞음, 옥에 갇힘, 소동(騷動) 가운데서"(이것들은 특정한 종류의 "고난, 궁핍, 곤경"이다), 3. "수고(受苦), 깨어 있음, 금식(禁食) 가운데서" 자원해서 인내해야 한다. 이 모든 항목은 그것들의 다양함을 나타내기 위해서(영어 역본(譯本)에서) 복수(複數)로 표현되어 있다. "고난(苦難)"에서는, 비록 어떤 것도 힘들지 않은 것은 없지만, 벗어나는 여러 가지 방법이 생겨날 수 있다. "궁핍(窮乏)"에서는, 벗어나는 방법은 단 한 가지가 있다. 그런데 그것도 힘든 방법이다. "곤경(困境)"에서는, 벗어나는 방법이 전혀 없다.

6:5 소동(騷動) 가운데서 – 헬라어 단어로는 사람이 맞설 수 없는 "공격(攻擊)" 같은 것을 의미한다. 그러나 그것은 그를 폭력(暴力)으로 이리저리 몰아붙이는 것을 가리킨다.

6:6 순수함으로 – '영적인 것으로,' 곧 '신성한 것으로.' 세상이 "순수(純粹)함으로" 일컫는 것과 다르다. 세상의 순수함, 곧, 신중함은 세상 지혜의 실제적인 사용이다. '신성한 순수함'이란 (하나님의) 은총(恩寵)을 적절하게 행사(行使)하는 것으로서, 영적인 이해(理解)를 가능한 한 멀리까지 이르게 한다. **거짓 없는 사랑으로** – 이것이 성령의 최상품(最上品) 열매다.

6:7 하나님의 말씀과 동반(同伴)하며, 그리고 또한 다양한 이적(異蹟)들로 그 말씀을 입증(立證)함으로써, 확신(確信)을 주고 또한 개종(改宗)시키는 **하나님의 권능에 의해서, 오른손과 왼손에 든 의의 병기로** – 다시 말해서, 모든 측면에서 하나님이 쓰시는 병기(兵器)의 집합(集合)으로, 혹은 하나님의 병기 전체로.

6:8 영예와 치욕으로 – 우리가 참석(參席)해 있을 때, "영예(榮譽)와 치욕(恥辱)으로," **나쁜 평판과 좋은 평판으로** – 우리가 그 자리에 없을 때, 만약 "치욕"에 의해서 균형이 잡히지 않는다면, 누가 "영예"와 "좋은 평판(評判)"을 품을 수 있겠는가? **속이는 자** (같으나) – 교묘(巧妙)하고, 교활(狡猾)한 사람들. 이 말은 그런 방식으로 그리스도의 모든 참된 사역자들을 나타낸다. (그러나) **진실하고** – 하나님께서 보시기에 정직(正直)하며, 신실(信實)하고.

6:9 무명(無名)한 자 같으나 – 왜냐하면 "세상(世上)이 하나님을 모르는 것처럼, 세상(世上)이 우리를 모르기 때문이다. (그러나) **유명(有名)하며** – 하나님께 "유명하며" 그리고 우리 사역의 봉인(封印)들인 사람들에게 "유명하며," **죽는 자 같으나, 보라,** – 갑자기, 예상(豫想)외로! 하나님께서 간섭(干涉)하시고, 그래서 "우리가 살고,"

6:10 근심하는 자 같으나 – 우리 자신의 많은 결함에 대해서, 그리고 우리 형제들의 죄(罪)와 고난(苦難)에 대해서 "근심하는 자 같으나," (그러나) **항상 기뻐하고** – '현재의 평안,' '현재의 사랑,' '현재의 권세,' 그리고 '미래의 영광'에 대한 확실한 소망(所望)에 대해 "항상 기뻐하고," **아무것도 없는 자 같으나, 모든 것을 소유한 자로다.** – 왜냐하면 만약 우리가 '그리스도의 것'이면, 모든 것들이 '우리의 것'이기 때문이다. 이것은

얼마나 훌륭한 발상(發想)인가!

6:11 (사도바울이 2장 14절에서 시작했던) 기독교 사역에 대한 칭찬으로부터, 사도바울은 지금 자신의 애정 어린 권고(勸告)를 끌어내고 있다. **오 고린도 사람들아,** – 사도바울은 좀처럼 이러한 명칭(名稱)을 사용하지 않는다. 그러나 이 명칭은 여기서 특유(特有)한 힘을 지닌다. **너희를 향하여 우리의 입이 열려 있고** – 대단히 자유롭게 "너희를 향하여 우리의 입이 열려 있다." 왜냐하면 "우리의 마음이" 상냥함으로 "넓게 열려 있기" 때문이다.

6:12 너희는 우리 안에서 좁혀지지 아니하고 – 우리의 마음은 너희 모두를 받아들일 만큼 매우 넓다. **오직 너희 속 중심에서 좁혀졌느니라.** – 너희의 마음이 닫혀있으며, 그래서 너희가 누릴 수 있는 복(福)을 받을 자격(資格)이 없다.

6:13 이제 같은 것을 보답하는 뜻으로 – 아버지 같은 나의 다정(多情)함으로 "보답(報答)하는 뜻으로," (내가 내 자녀에게 하듯 말하노니 – 곤란(困難)하거나 혹은 극심(極甚)한 어떤 것도 요구하지 않는다.) **너희도 마음을 넓게 열라.** – 먼저 하나님께, 그리고 그다음은 우리에게, "너희의 마음을 열어라."(그러므로 8장 5절에서) 하나님께서 너희 안에 거하실 것이며(6장 16절–7장 1절), 그리고 너희는 "우리를 받아들일" 것이다(7장 2절).

6:14 너희는 믿지 않는 자들과 더불어 공평하지 않게 멍에를 같이 메지 말라. – 그리스도인들이 유대인들이든 혹은 이방인들이든 "믿지 않는 자들과 더불어 공평하지 않게 멍에를 같이 메지 말라." 바울 사도는 특별히 결혼(結婚)에 대해서 언급한다. 그러나 그가 마찬가지로 권면하는 이유는 그들과의 어떤 불필요(不必要)한 친밀(親密)함에 대해서 좋지 않게 생각하기 때문이다. 이어서 나오는 다섯 개의 질문 가운데 먼저 나오는 세 가지 질문에는 그것에 대한 논쟁(論爭)이 들어있으며, 나중에 나오는 두 개의 질문은 그 결론(決論)에 해당한다.

6:15 그리스도와 어찌 일치하겠느냐? – 너희가 섬기는 그리스도와 "어찌 일치하겠느냐?" **벨리알**(과) – 그들은 벨리알에게 속해있다.

6:16 하나님의 성전과 우상들이 어찌 조화를 이루겠느냐? – 만약 하나님께서 사도바울이 거주하는 땅의 어느 지역에서도 우상(偶像)을 참아주시지 않는다면, 하나님 자신의 지붕 아래에 우상들이 얼마나 적겠는가? 사도바울은 "우상들의 성전(聖殿)과"라고 말하지 않는다. 왜냐하면 우상들은 그들이 숭배자들 속에 거주(居住)하지 않기 때문이다. **하나님께서 이르시되** – 너희의 초기 교회에, 그리고 그 안에 있는 하나님의 모든 이스라엘 백성에게 "하나님께서 이르시되," **내가 그들 가운데 거하고, 그들 가운데 거닐며** – "내가 그들 가운데 거하고"라는 말은 하나님의 영원한 임재(臨在)를 나타내고, "그들 가운데 거닐며"라는 표현은 하나님의 활동(活動)을 나타낸다. **나는 그들의 하나님이 되고, 그들은 내 백성이 되리라.** – 이것이 복음(福音)과 언약(言約) 전체의 총화(總和)다.

6:17 부정한 것을 만지지 말라. – 부정한 것으로부터 최대한의 거리를 유지하라. **그리하면 내가 너희를 받아들여"** – 내 집과 내 가족으로 "너희를 받아들여."
6:18 (그리고) **너희는 내 아들딸이 되리라. 전능자 주가 말하노라** – '여호수아에게 특별히 주신 약속(히브리서 13:5)'이 그들에게 적용된 것처럼, '솔로몬에게 주신 약속(역대기상 28:6)'이 여기에서 모든 믿는 자들에게 적용된다. 하나님께서 양자(養子)로 삼으신 이러한 일에 대하여 누가 그 진가(眞價)를 표현할 수 있으며, 누가 그 위엄(威嚴)을 품을 수 있는가? 그러나 그것은 복음(福音)을 믿는 모든 사람에게 주어졌다. 왜냐하면 그들이 그리스도에 대한 믿음을 소유하고 있기 때문이다. 그들은 전능자(全能者)에게 다가갈 수 있다. 그것은 사랑받는 아이가 인자(仁慈)한 아버지에게 다가가는 것 같이, 그렇게 대가를 요구받지 않으며 또한 환영받는 접근(接近)이다. 그들이 모든 곤경(困境) 가운데서 그 아버지께 도움을 구하러 급히 달려갈 수 있으며, 그래서 그 아버지로부터 그들이 필요한 모든 것에 대하여 공급(供給)받을 수 있다.

고린도후서 7장

7:1 우리 자신을 깨끗하게 하자. – 이것은 사도바울이 6장 1절에서 제기하였으며, 그리고 14절에서 다시 시작한 권고의 후반부이다. **육의 모든 더러움에서** – 모든 외적(外的)인 죄(罪)에서, (그리고) **영의 모든 더러움에서** – 모든 내적(內的)인 죄(罪)에서. 그러나 부정적(否定的)인 종교(宗敎)에 머무르지 말자. **거룩함을 완전히 이루어** – "거룩함을" 모든 분야에서 높은 수준으로 실행하며, 그리고 거룩함의 확실한 근거(根據)가 되는 사랑하시는 "하나님을 두려워하는 가운데" 끝까지 인내(忍耐)하면서.
7:2 우리를 받아들이라. – 10장과 이어지는 여러 장(章)에서뿐만 아니라 이 장에서 언급된 모든 것을 "받아들이라." **우리는 아무에게도 잘못하지 아니하였고** – 사도바울은 몸소 "아무에게도 잘못하지 아니하였고," **아무도 부패시키지 아니하였으며** – 그의 믿음의 원칙(原則)들로써, "아무도 부패(腐敗)시키지 아니하였으며" **아무에게서도 속여 빼앗지 아니하였노라.** – 그 사람의 재산(財産)에 대해 "속여 빼앗지 아니하였노라." 여기에서도 마찬가지로 사도바울은 자신이 지금까지 그들에게 베푼 선행(善行)을 넌지시 언급한다. 그러나 마치 그것을 선행으로 여기지 않는 것처럼 매우 겸손(謙遜)하게 언급한다.
7:3 나는 너희를 정죄하려고 이것을 말하지 아니하노니 – 이것을 내 책임(責任)으로 돌리는 것에 대해 너희를 비난(非難)하는 것처럼 "말하지 아니하노니." 나는 결코 너희에 대해서 그렇게 무정(無情)하게 생각하지 않는다. **너희가 우리 마음에 있어 함께 죽고 함께 살리라고** – 다시 말해서, 나는 나의 모든 날을 너희와 함께 보내는 것을 기뻐할 수 있었다.
7:4 내게 위로가 충만하고 – 사도바울은 '위로(慰勞)'에 대해서 6절 등에서 다루고 있

다. 그의 '기쁨'에 대해서는 7절 등에서 다루고 있으며, 13절에서는 두 가지를 다 다룬다.

7:5 우리 육체에 – 다시 말해서, 우리 자신들에게 "안식(安息)이 없었으며," **밖에는** – 이방인(異邦人)들로부터는, **싸움이 있었고** – 맹렬(猛烈)하고 잔인(殘忍)한 반대(反對)들이 "있었고," **안에는** – 우리의 형제(兄弟)들로부터는, **두려움이 있었노라.** – 그들이 유혹(誘惑)당하지 않도록 "두려움이 있었노라."

7:7 너희의 간절한 소망 – 잘못되었던 것을 바로잡는 것에 대한 "간절(懇切)한 소망," (너희의) **애곡**(哀哭) – 하나님을 거역하고, 또한 나를 괴롭힌 것에 대하여 "애곡."

7:8 내가 후회하였으나 – 다시 말해서, 내가 그것에 대한 행복한 결과를 보았을 때까지, 너희를 근심하게 했던 것에 대하여 애정 어린 슬픔을 느꼈다.

7:10 세상의 근심은 – 세속적(世俗的)인 고려사항들로부터 생겨나는 근심은, **사망을 이루느니라.** – 자연히 '일시적인,' '영적인,' 그리고 '영원한' 죽음을 일으키거나, 혹은 그런 죽음을 야기(惹起)하는 경향이 있다.

7:11 그것이 너희로 하여금 얼마나 조심하게 하며 – "너희로 하여금 얼마나 조심하게 하는지"에 대해 이어지는 모든 자세한 사항들 속에서 보여주었다. **얼마나 너희 자신을 해명하게 하며** – 어떤 사람이 더 많은 흠이 있으며, 어떤 사람이 흠이 적은지 "너희 자신을 해명하게 하며." 거기에서 이러한 여러 가지 애착(愛着)들이 일어났다. 이런 이유로, 그들 자신에 대하여 그들의 해명(解明)과 분개(憤慨)가, 그리고 바울 사도에 대하여 그들의 두려움과 갈망(渴望)이, 그리고 범죄자들에 대하여, 맞아, 그리고 그들 자신에 대해서도 그들의 열심(熱心)과 징계(懲戒)가 일어났다. **너희 자신을 해명하게 하며** – 그의 죄(罪)를 대해서 공유(共有)하거나 혹은 승인(承認)하는 것으로부터, "너희 자신을 해명(解明)하게 하며," **분개하게 하며** – 너희가 즉각적으로 그 범죄자(犯罪者)를 바로잡지 않은 것을 "분개(憤慨)하게 하며," **두려워하게 하며** – 하나님의 노여움에 대해서, 혹은 내가 몽둥이를 들고 갈까 봐 "두려워하게 하며," **얼마나 갈망하게 하며** – 나를 다시 만나기 위하여 "얼마나 갈망(渴望)하게 하며," **열심 있게 하며** – 하나님의 영광(榮光)을 위하여, 그리고 그러한 죄인(罪人)의 영혼(靈魂)을 위하여, "열심(熱心) 있게 하며," **얼마나 징계하게 하였는가!** – 너희는 좀처럼 자기 자신을 용서(容恕)할 수 없으므로, 너희 자신에게 일종의 거룩한 징계(懲戒)를 하였다. **너희가 모든 일에서** – "모든 일에서" 하나의 교회(敎會)로서, **너희 자신이 이 일에서 결백**(潔白)**함을 입증하였느니라.** – 다시 말해서, 너희가 나의 편지를 받은 이후로, 비난(非難)에서 벗어났다.

7:12 그것은 오로지 혹은 주로 근친상간(近親相姦)을 저지른 **자를 위한 것도 아니요,** 또는 그의 아버지를 위한 것도 **아니며,** 다만 **너희를 위한** 나의 **관심(關心)이 나타나게 하려 함이로다.**

고린도후서 8장

8:1 하나님의 은혜를 우리가 너희에게 알리노니 – 이러한 행복한 결과로써, "하나님의 은혜(恩惠)"가 명백(明白)하게 나타났다.

8:2 고난의 큰 시련 속에서도 – 계속해서 핍박(逼迫)을 받고, 몹시 괴롭힘을 당하고, 그리고 약탈(掠奪)을 당하는 "큰 시련(試鍊) 속에서도."

8:4 우리에게 매우 간절히 구하였노라. – 아마도 사도바울이 그들에게 "그들이 힘닿는데"(3절) 너머까지 "자원(自願)"(3절)하지 않도록 사랑으로 충고(忠告)하였을 것이다.

8:5 우리가 바라던 것과 달리 – 다시 말해서, 우리가 바라던 모든 것을 초월(超越)하여, **그들은 하나님의 뜻에 따라 우리에게 주었도다.** – 하나님의 뜻에 순종(順從)하여, 온전히 우리가 책임(責任)을 맡도록 "우리에게 주었도다."

8:6 그가 이미 시작하였은즉 – 그(디도)가 전에 너희와 함께 있을 때 "이미 시작(始作)하였은즉."

8:9 (왜냐하면) **너희가 알거니와** – 그리고 이러한 지식(知識)은 사랑의 참된 원천(源泉)이다. **은혜** – 가장 신실(信實)하고, 가장 자유(自由)로우며, 그리고 가장 풍성(豊盛)한 '사랑,' **그분께서 가난하게 되심은** – 인간이 되셨을 때, 그분의 모든 삶에서 그리고 그분의 죽음에서 "가난하게 되심은," **부요하게 하려** – 하나님의 은총(恩寵)에서 그리고 하나님의 형상(形像)에서 "부요(富饒)하게 하려."

8:12 사람이 – 모든 각각의 신자(信者)가, **받으실 것이요,** – 하나님과 함께, (그가) **가진 대로** – 그리고 그 똑같은 규칙(規則)이 보편적으로 효력(效力)이 있다. 누구든지 자기 자신이 나쁜 죄를 지은 죄인(罪人)이라고 깨닫고, 그리고 이러한 깨달음의 결과로 십자가에 달리신 구세주의 상처를 피난처(避難處)로 삼고 급히 달려가서, 그리고 구원(救援)을 위해 단지 그분의 공로(功勞)만을 의지하는 사람은 삶의 모든 상황에서 이러한 관대한 선언(宣言)을 자기 자신에게 적용할 수 있을 것이다.

8:14 그들의 넘치는 것으로 – 필요(必要)함으로 인해 그렇게 요구(要求)한다면, "그들의 넘치는 것으로," **하려는** – 또 다른 때에, "하려는," **너희의 부족함을 공급하여 균등하게 하려는 것이라.** – 한쪽에서는 필요한 것이 없고, 다른 편에서는 남아도는 것이 없다. 그것은 또한 더 이상의 의미를 지니고 있다. 즉, 고린도 신자들의 한시적(限時的)인 풍부함으로 유대에 있는 그들의 가난한 형제들의 한시적인 필요한 것들을 공급할 것이다. 그래서 이러한 기도(祈禱)는 그들의 후원자들에게 많은 영적인 복(福)을 내려주는 수단이 될 것이다. 한쪽의 모든 영적인 결핍(缺乏)이 넉넉히 채워질 것이다. 그리고 다른 쪽의 모든 한시적인 결핍도 넉넉히 채워질 것이다.

8:15 이것은 기록된바, 많이 거둔 자도 남지 아니하였고, 적게 거둔 자도 모자라지 아니하였더라, 함과 같으니라. – 다시 말해서, 여기에서 그 성경 구절이 또 다른 의미로 성취되었다.

8:17 더욱 열심을 내어 – 비록 그가 그것을 잘 받았지만, 필요한 것 이상으로 "열심(熱心)을 내어."
8:18 우리가 – 나와 디모데가, **한 형제** – 선진(先進)들은 일반적으로 이 사람을 '사도 누가'라고 추정(推定)했다. **두루 칭찬** – 신실하게 "복음"을 전파한 것에 대하여, "모든 교회에서" "두루 칭찬을."
19절 (그는) **교회들로부터 선정**(임명)**되어** – "마케도니아에 속하여, 이 은혜를 가지고" – 그들은 마케도니아로부터 예루살렘으로 그것을 운반(運搬)하고 있었다. **우리의**(너희의?) **준비된 마음을 밝히 드러내려** – 모든 사람의 종이 될 준비 하는 사도바울과 그의 동료 여행자들의 마음을 "밝히 드러내려."
8:22 그들과 함께 – 디도와 누가와 함께, **우리의 형제** – 아마도 아볼로.
8:23 나의 동반자 – 나의 돌봄과 수고에 있어서, "나의 동반자(同伴者)," **그리스도의 영광** – ("우리 형제들은") '그리스도의 영광'을 증가(增加)시키는 '도구(道具)'라는 의미이다.
8:24 교회들 앞에서 – 그 교회들의 사자(使者)들이(23절) 출석한 "교회들 앞에서."

고린도후서 9장

9:1절 너희에게 쓸 – 대체로, "너희에게 쓸."
9:2절 내가 마케도니아 사람들에게 너희에 대하여 자랑하기를 – 그 당시 바울 사도는 마케도니아 사람들과 함께 있었다.
9:3절 "내가" 앞에서 언급했던 내 앞에 있는 "그 형제들을 보낸 것은."
9:5절 전에 (너희가) **통보를 받은** – 마케도니아 사람들에 대해 나에 의해서 "통보(通報)를 받은," **탐욕에서 난 것 같지 아니하리라.** – 탐욕(貪慾)스러운 사람들로부터의 끈질긴 요구(要求)로 괴로움에 짓눌릴 것 같지 "아니하리라."
9:6절 인색하게 뿌리는 자는 또한 인색하게 거둘 것이요, 풍성하게 뿌리는 자는 또한 풍성하게 거두리라. – 보편적으로 인정되는 법칙(法則). 하나님께서는 그 사역에 대한 보상을 적당한 비율(比率)로 조절하시며, 그리고 그것이 진행되는 곳에서 균형(均衡)을 이루실 것이다.
9:7절 억지로 – 왜냐하면 그가 어떻게 거절해야 할지 말할 수 없으므로, "억지(抑止)로."
9:8절 이 말은 얼마나 놀라운 표현인가! 각자에게 문제가 넘치고 있으며, 그리고 그 문제가 진행되는 내내 증가(增加)된다. **모든 은혜** – 온갖 종류의 복(福), **너희가 모든 선한 일을 풍성히 하게 하려 하심이라.** – 하나님께서 우리에게 모든 것을 주신다. 따라서 우리는 그것을 가지고 선한 일을 할 수 있으며, 그렇게 함으로써 더 많은 복(福)을 받는다. 이 세상의 삶에서 모든 것들은, 심지어 보상(報償)들까지도, 신실한 자들

에게는 장래의 추수를 위한 '씨앗들'이다.

9:9절 그가 널리 (재물을) **흩어** – (자비로운 말씀) 충분(充分)하게, 어떠한 불안(不安)한 생각을 하지 않고, 그러한 방식으로 곡물(穀物)이 떨어진다. **그의 의** – 그 의의 복된 결과물을 가진 하나님의 은혜(恩惠), **영원히 지속되리로다.** – 다 없어지지 않은 상태로, 하나님께서는 계속해서 당신의 창고(倉庫)를 새롭게 채우신다.

9:10절 (그리고) **씨 뿌리는 자에게** – 다른 사람들을 도울 기회(機會)와 능력(能力)을 갖춘 "자에게," (그리고) **빵도** – 너희 자신의 영혼과 몸을 위해서 필요한 모든 것들이 그 "씨"와 함께 계속해서 너희에게 공급(供給)될 것이며, 그래서 그것을 너희에게 더욱더 "번성(繁盛)하게"할 것이다. (그리고) **너희의 의의 열매도 늘어나게 하시리니** – 하나님에 대한 너희의 사랑과 사람들에 대한 너희의 사랑의 행복한 결과물도 "늘어나게 하시리니."

9:11 우리를 통해 하나님께 감사를 드리게 되느니라. – 나누어주는 우리로부터 뿐만 아니라, 너희의 풍성한 공급(供給)을 받는 사람들로부터.

9:13 너희가 시인하고 복종하며" – 너희의 행동(行動)으로 공개적으로 입증(立證)하며, **모든 사람들에게** – 그것이 필요한 상태에 있는 "모든 사람들에게."

9:15 이루 말할 수 없는 하나님의 선물" – 하나님의 외적(外的)인 복과 내적(內的)인 복의 횟수(回數)와 탁월(卓越)함에 대해서 언급하는 것은 불가능하다.

고린도후서 10장

10:1 나 바울은 이제 – 강하게 강조(强調)하는 언사(言辭), **너희 가운데 있으면 비천하고** – 아마도 몇몇 거짓 교사들이 그렇게 단언하는 것 같다. 그리고 비록 내가 "너희"에게 명령하였지만, "그리스도의 온유함과 부드러움을" 본받아서 "간청하노라."

10:2 내가 함께 있을 때에 내가 **담대히 대하지** 못하게 하라. – 사도로서 나의 권위(權威)를 행사하기 위해서 "담대히 대하지" 못하게 하라. **우리를 육신에 따라 걷는 자로 생각하는 자들** – "우리를" 비겁하고 또한 교활한 방식으로 행동하는 사람으로 "생각하는 자들."

10:3 비록 우리가 육신 안에서 걸으나 – 언젠가 반드시 죽는 몸으로 "걸으나," 그리고 그 결과로 인간의 약함으로부터 벗어날 수 없지만, (그러나) **싸우지 아니하노니** – 세상(世上)과 마귀(魔鬼)에 대응하여 "싸우지 아니하노니," **육신을 따라** – 어떤 육욕적이고 또한 세속적인 방식으로. 비록 바울 사도가 이곳에서 그리고 이 서신의 다른 대여섯 군데에서 겸손(謙遜)과 예의(禮意)를 위해서 복수(複數)로 말하고 있지만, 그는 대체로 '자기 자신'을 가리킨다. 이러한 의견이 그에게 던져졌으며, 그래서 그는 사도로서 자신의 권위에 대한 정당성(正當性)을 입증(立證)하려는 것이다.

10:4 (왜냐하면) **우리의 전쟁 무기는** – 이러한 전쟁에서 우리가 사용하는 무기들은,

육신에 속하지 아니하고, 영에 속하며, 그러므로 **요새들도 무너뜨릴 정도로 강력하여** – 사람들이나 혹은 마귀들이 우리가 가는 길에서 제기하는 모든 어려운 일들을 "무너뜨릴 정도로 강력하다." 비록 '믿음'과 '기도' 또한 그리스도인의 무기(武器)에 속하지만(에베소서 6장 15절 등), 여기에서는 주로 '하나님의 말씀'을 가리키는 것처럼 보인다.

10:5 모든 헛되이 **상상하는 것과 스스로를 높이는 모든 높은 것을 무너뜨리고** – 성벽이나 혹은 성곽처럼, "높은 것을 무너뜨리고," **하나님을 아는 지식을 대적하여, 또 모든 생각을** 혹은 오히려 마음의 능력을 **사로잡아, 그리스도께 순종하게 하며** – 그러한 악한 추론(推論)은 "무너뜨리고." 그것에 압도되어서 "마음이" 포로(捕虜)로 잡힌 사람이 스스로 그 자신의 모든 권위(權威)를 내려놓고, 다가올 장래를 위해 수행하기 위하여, 그 정복자 그리스도께 전적으로 믿음의 "순종(順從)"을 드린다.

10:6 모든 불순종을 응징하려고 준비되어 있노라. – 영적인 견책(見責)뿐만 아니라, 놀랄 만한 형벌(刑罰)까지, "준비되어 있노라." **너희의 순종이 이루어질 때에** – 너희에 대해 발견된 부분을 통해 너희의 순종(順從)에 대한 증거를 제시할 때, 그래서 나는 죄 없는 자들을 죄 지은 자들과 함께 처벌(處罰)하는 위험에 처해 있지 않다.

10:7 너희는 겉모습대로 사물을 보느냐? – 너희 가운데 누가 그 개인(個人)을 기준으로 혹은 어떤 외적(外的)인 상황을 기준으로 그리스도의 목사(牧師)를 판단하느냐? **그도**(우리도?) **스스로 다시 생각할지니라.** – 내가 영원(永遠)한 방법으로 그에게 납득(納得)시키기 전에, 그 자기 생각으로 그것을 깨닫게 하라.

10:8 내가 부끄럽지 아니하리니 – 내가 해낼 수 있었던 것보다 그 이상을 말했기 때문에, "내가 부끄럽지 아니하리니."

10:9 내가 이것을 말하는 것은 **내가 편지로 너희를 무섭게 하려고 하는 것처럼 보이지 아니하게 하려 함이라.** – 내가 할 수 있는 것보다 더 많이 위협(威脅)하는 "것처럼 보이지 아니하게 하려 함이라."

10:10 그가 몸으로 함께할 때는 약하고 – (교부 크리소스톰이 언급한바,) 사도바울의 신장(身長)은 작았고, 그의 몸은 구부정했으며, 그리고 그의 머리는 대머리였다.

10:12 (왜냐하면) **우리는 아니하노라.** – 강력한 반어적(反語的) 언사(言辭), **한패가 되거나** – 똑같은 직분을 맡은 동역자로서 "한패가 되거나," (혹은) **우리 자신을 비교하려 하지** – 똑같은 수고를 맡은 참여자로서 "우리 자신을 비교(比較)하려 하지 아니하노라!" **그들은 자기들을 기준으로 자기들을 판단하며** – 그들 자신의 변덕(變德)에 따라서 그들의 지역을 선택(選擇)하거나 또한 제한(制限)하며.

10:13 그러나 우리는 하지 아니하고 – 그들처럼 "하지 아니하고," **우리의 분량 밖의 것들을 자랑하려 하지 아니하고, 오직 하나님께서 우리에게 나누어 주신 규칙의 분량에 따라 자랑하려 하노니** – 특별히 '이방인의 사도'로 나에게 "나누어 주신 규칙의 분량(分量)에 따라 자랑하려 하노니," "곧 너희에게까지 다다른 분량이라." 하나님께

서 각각의 사도에게 그 자신의 영역(領域)과 그것의 "분량(分量)"이나 혹은 그것의 경계(境界)를 할당해주셨다.

10:14 우리는 너희에게도 이르렀느니라. – 점진적으로 규칙적인 절차(節次)에 의해서, 우리가 가는 길에서 중간적인 장소들을 선택(選擇)하면서, "그리스도의 복음(福音)을 선포(宣布)하는 중에 너희에게도 이르렀느니라."

10:15 오직 너희의 믿음이 자라날 때에, 바라노라. – 너희가 우리 없이 더 잘 할 수 있기를 "바라노라." **너희를 통하여 넘치도록 확장(擴張)되기를** – 다시 말해서, 너희가 계속해서 더 많은 사람에게 나아갈 수 있기를.

10:16 너희를 넘어선 지역에서 – 서쪽과 남쪽으로, 왜냐하면 그곳에는 아직 복음(福音)이 전파되지 않았기 때문이다.

고린도후서 11장

11:1 원하건대, 너희는 용납하라. – 그래서 그렇지 않았더라면 불쾌감(不快感)을 주었을 것에 대해서 사도바울이 길을 연다. **나의 어리석은 것을** – 나 자신을 칭찬(稱讚)한 것에 대한 "나의 어리석은 것을," 왜냐하면 만약 이 경우에 절대적으로 필요(必要)하지 않았다면, 그것은 많은 사람에게 어리석어 보일 것이며, 그리고 실제로도 어리석었을 것이기 때문이다.

11:2 (왜냐하면) – 바울이 어리석어 보이는 이유(理由)가 이 절에서 그리고 앞으로 나오는 절에서(4절) 서술되어 있다. 즉, 그들이 바울을 용납(容納)해야 하는 이유가 나타나 있다.

11:3 그러나 내가 두려워하노라. – '사랑'에는 이러한 두려움으로 가득 차 있다. **뱀이** (자기의 간교함으로 이브를 속인) **것 같이** – 가장 반대되는 비교(比較), **이브를 속인** – 단순하고, 그래서 악(惡)에 대해서 무지(無知)한 "이브를 속인," **자기의 간교함으로** – "간교(奸巧)함"은 그러한 기질(器質)에 대하여 지극히 위험하다. **너희 마음이** – 그러므로 심지어 우리에게 죄(罪)가 없을 때조차도, 우리는 유혹(誘惑)당할 수 있다. **부패될까** – 그들의 흠 없는 순결(純潔)함을 잃을까. **그리스도 안에 있는 단순함에서** – 다른 어떤 사람이나 사물을 추구하지 않고, 오직 그리스도께만 사랑으로 열중(熱中)하는 그러한 "단순(單純)함에서."

11:4 만일 (정말로) – 누구라도 너희에게 또 다른 구세주(救世主)를, 더욱 강력한 영(靈)을, 그리고 더 나은 복음(福音)을 보여줄 수 있을 것이다. **너희가 그를 잘 용납(容納)하는도다.** – 그러나 이것은 불가능(不可能)한 일이다.

11:6 내가 비록 말에는 서투를지 모르나 – 만약 내가 "학식(學識) 없는 사람"처럼 소박(素朴)하고 아무런 꾸밈이 없는 방식(方式)으로 말할지라도. 헬라어 단어로는 그렇게 의미하는 것이 적절하다.

11:7 내가 너희를 실족하게 하였느냐? – 누구라도 이것을 반대로 바꾸어 놓을 수 있겠느냐? **나 자신을 낮추어** – 나의 생업에서 일하기 위해, "나 자신을 낮추어," **너희를 높이려고** – 하나님의 자녀(子女)가 되게 하려고?

11:8 다른 교회들로부터 그들을 강탈하였노라. – 말하자면, 내가 그들의 전리품(戰利品)을 취했다. '전리품'은 군사(軍事) 용어이다. **그들의 삯**(즉 보수(報酬), 또 하나의 군사 용어)**을 받아** – 내가 맨 처음으로 너희에게 당도(當到)했을 때, "그들의 삯을 받아."

11:9 내가 너희와 함께 있을 때에 부족(不足)**한 것이 있었으나** – 나의 생업(生業)이 내가 필요한 것들을 충분히 공급(供給)하지 못했으나, **아무에게도 신세를 지지 아니하였으니** – 고린도 지역에서는 "아무에게도 신세(身世)를 지지 아니하였으니," **왜냐하면** 내가 부유(富裕)한 고린도 사람들보다 가난한 마케도니아 사람들로부터 도움을 받기로 선택(選擇)했기 때문이었다! 어느 시대든지 가난한 사람들이 부자들보다 더 관대(款待)하지 않았던가?

11:10 아무도 나의 이런 자랑을 막지 못하리라. – 왜냐하면 내가 너희들로부터 아무것도 받지 않을 것이기 때문에, "아무도 나의 이런 자랑을 막지 못하리라."

11:11 "내가 너희를 사랑하지 아니하기 때문에," 내가 너희에게서 어떤 것이라도 받기를 거절(拒絕)하고 있는가? 내가 너희를 사랑한다는 것을 "하나님께서 아시느니라."

11:12 기회를 찾는 자들이 – 나를 질책(叱責)하기 위한 "기회(機會)를 찾는 자들이," **자기들이 자랑하는 일에서 우리와 같이 드러나려 하는** – 그들은 아무에게도 "짐이 되지 아니하는"(**9절**) 것에 대해서 자랑했다. 그러나 비록 바울 사도에게는 그렇지 않았지만, 그것이 그들에게는 헛된 자랑이었다.

11:14 사탄도 자기를 가장하느니라. – 사탄도 자기 자신을 가장(假裝)하기 위해서 가장 매력적인 외모(外貌)를 취하는 것을 이용한다.

11:15 그러므로 그것은 결코 큰일이, 즉 가장 이상(異常)한 **일이 아니니라.** – 그들의 마지막은 – 그들의 모든 가장(假將)에도 불구하고, "그들의 행위(行爲)대로 되리라."

11:16 내가 다시 말하노니 – 사도바울은 자기 자신에 대한 이러한 새로운 칭찬(稱讚)에 대해서 새로운 사과를 전제(前提)로써 말한다. **아무도 나를 어리석은 자로 생각하지 말라.** – 누구도 전혀 마음에 없이 "나를 어리석은 자로 생각하지 말라." "그러나 만일" 누군가가 여기에서 "나를 어리석은 자로 생각하려고" 할지라도, 나의 어리석음을 용납(容納)하라.

11:17 나는 내가 말하는 그것을 주를 따라서 말하지 아니하고 – 계속 주의 영(靈)의 인도 아래 있지만, 주(主)의 명확한 명령에 따르지 아니하고, **오직 어리석은 자와 같이** – 많은 사람이 어리석게 생각하듯이, 그렇게 어리석은 방식(方式)으로.

11:18 육체를 따라서 – 다시 말해서, 외적인 것들로.

11:19 지혜로우므로 – 아름다운 역설적 언사(言辭).

11:20 너희가 용납하는도다. – '어리석은 사람들'뿐만 아니라 '역겨운 사람들'도 그러한 거짓 사도(師徒)들에 대해 욕을 한다. **어떤 사람이 너희를 종으로 삼거나** – 가장 전횡(專橫)을 일삼는 방식으로 너희에게 군림(君臨)하거나, **너희를 삼키거나** – 그의 과도(過度)한 요구로, (짐이 되지 않는다(12:13)는 그의 자랑에도 불구하고) "너희를 삼키거나," **너희에게서 빼앗거나** – 노골적인 폭력(暴力)으로 "너희에게서 빼앗거나," **스스로를 높이거나** – 가장 무한한 자기 칭찬(稱讚)으로 "스스로를 높이거나," **너희 얼굴을 칠지라도** – (매우 있을 수 있는 경우) 신성한 열정으로 가장(假將)하여 "너희 얼굴을 칠지라도."

11:21 나는 마치 우리가 약한 자들로 지내온 것처럼 비난하는 것에 대하여 말하노라. – 나는 심지어 그 약한 것이 사실이라는 추정(推定)에 대해서도 "나를 용납하라"고 말한다. 왜냐하면 그들이 그 약함에 대하여 나를 비난(非難)하기 때문이다.

11:22 그들이 히브리 사람이며, 이스라엘 사람이며, 아브라함의 씨냐? – 이러한 것들이 그들이 자랑하는 항목(項目)들이었다.

11:23 그들보다 **나는 더욱 그러하도다. 여러 번 죽을 뻔하였으니** – 가장 무서운 모습들로 나를 둘러싸고 있어서 "여러 번 죽을 뻔하였으니."

11:24 내가 유대인들로부터 마흔에서 하나 뺀 매를 다섯 번 맞았으며, – 그것은 법(法)이 허용했던 최대한도였다. 사도바울은 때때로 로마인들과 함께 로마인으로서 자신의 특권(特權)을 간청하였다. 그러나 그는 유대인들로부터 온갖 일을 당하였다.

11:25 세 번 파선을 당하여 – 그가 로마까지 항해(航海)하기 전에, "세 번 파선(破船)을 당하여," **깊음 속에** – 아마도 배의 어떤 파편(破片)에 의지해 (바다 위를) 떠다니고 있는.

11:27 추**위를 당하고 헐벗었노라.** – 내 머리를 둘 곳이 없었으며, 내 몸을 가려주는 편한 옷도 없었으나, 그러나 귀족(貴族)들, 총독(總督)들, 왕(王)들 앞에 등장했으며, 그런데 창피(猖披)하지 않았다.

11:28 이렇게 밖에 있는 그 일들 외에도 – 내가 다른 사람들 때문에 겪은 일들 외에도, **곧 모든 교회를 위하여 염려하는 것** – 사도바울이 이전에 말했을 때보다 더욱 겸손(謙遜)한 언사(言辭), **모든 교회를 위하여 염려하는 것** – **모든** – 심지어 지금까지 내가 직접 본 적이 없는 사람들도 "염려하는 것." 사도바울 자신은 매우 강한 의미로 이렇게 말할 수 없었을 것이다.

11:29 누가 – 그래서 사도바울은 교회들에 대한 염려(念慮)뿐만 아니라, 그 안에 있는 모든 사람에 대한 염려도 가지고 있었다. **약하면 내가 약하지 아니하더냐?** – 겸손한 마음으로뿐만 아니라, 동정(同情)하는 마음으로, **누가 실족**(失足)**하게 되면** – 옳은 길을 방해(妨害)하거나, 혹은 옳은 길에서 좇아내면, **내가 애타하지 아니하더냐?** – 마치 내 가슴 속에 불을 담고 있는 것처럼 고통(苦痛)스럽지 "아니하더냐?"

11:30 나의 연약한 것과 관련 있는 것들을 자랑하리라. – 나의 강함보다는 나의 약

함을 보여주는 것들에 대해서 "자랑하리라."
11:32 아레다 왕 밑에 있던 총독이 – 다마스커스가 그곳의 주요 도시 중 하나였던, '아라비아와 시리아'의 왕(王)이 유대인들을 기꺼이 도와주면서, 모든 입구마다 호위병(護衛兵)들을 세워서 밤낮으로 그 "도시(都市)를 지켰다."
11:33 창문을 통해 – 성벽(城壁) 위에 있는 어떤 집의 "창문(窓門)을 통해."

고린도후서 12장

12:1 자랑하는 것이 내게 유익하지 아니하나 – 매우 긴급한 경우가 아니라면, "환상(幻想)들"을 보았으며, "계시(啓示)들"을 들었다.
12:2 내가 그리스도 안에 있는 한 사람을 알았는데 – 그 사람은 그리스도인이다. 사도바울이 겸손(謙遜)하게 제삼자(第三者)로서 말하고 있지만, 그가 6절과 7절에서부터는 자기 자신을 가리키는 것이 분명하다. **몸 안에 있었는지, 몸 밖에 있었는지 내가 말할 수 없으나** – 마치 그 영혼(靈魂)이 몸에서는 부재하고, 그리고 멀리 떨어져 있는 것들을 그것들과 함께 있는 것처럼, 몸 안에 있는 상상력(想像力)에 존재(存在)하게 하는 것은 하나님과 마찬가지로 가능하다. 또는 하늘나라에 대해 기쁘게 생각하는 그 시간 동안 '영혼(靈魂)'뿐만 아니라 '몸'도 이동(移動)시키는 것이 하나님과 마찬가지로 가능하다. 또는 영혼을 한동안 단지 그쪽으로 이동시키고, 그리고 그러는 사이에 다시 들어가기 적합하게 몸을 보존하는 것이 하나님과 마찬가지로 가능하다. 그러나 바울 사도 자신이 그의 영혼이 몸 안에 있었는지, 혹은 영혼과 몸 가운데 하나가 또는 영혼과 몸 둘 다 실제로 하늘에 있었는지 알지 못하기 때문에, 우리가 그것을 결정하려고 시도하는 것은 헛된 호기심일 것이다. **셋째 하늘** – 지면(地面) 위 하늘과 별이 총총한 하늘보다 훨씬 위에 있는 하나님께서 계신 곳. 어떤 사람들은 바로 이곳에서 사도바울이 장래의 교회 상태에 대한 신비(神祕) 속으로 들어갔으며, 그리고 '유대인들에게서 벗어나서 이방인에게로 나아가라'라는 명령(命令)을 받았다고 추정한다.
12:3 (맞아,) **내가 이러한 사람을 알았노니** – 또 다른 때에 "그 사람을 알았노니."
12:4 그가 낙원으로 채여 올라가서 – 죽음과 부활 사이에 그들의 분리된 상태에서 행복한 영(靈)들의 자리로 "채여 올라가서," **"사람이 말할 수 없는 말들을 들었는데"** – 인간의 언어로는 그 말들을 표현할 수가 없다. 여기에서 사도바울은 주 안에서 죽은 의로운 자들이 누리는 기쁜 안식(安息)을 예상했다. 그러나 이러한 황홀함은 그가 "셋째 하늘"(2절)까지 "채여 올라간" 것을 절대 선행(先行)하지 않았으며, 오히려 그것에 뒤따라 일어났다. 그리고 모든 의심(疑心)을 초월하여, "셋째 하늘"을 그렇게 맛봄으로써, 사도 바울이 자신을 위해 준비된 바로 그 기쁨을 기억(記憶)할 수 있을 때, 그의 단련(鍛鍊) 이후 모든 일에서 그를 강하게 해주는 역할을 하였다.

12:5 내가 이러한 사람에 관하여는 자랑하겠으나 – 나는 "자랑"할지도 모르겠으나, **자랑하겠으나, 나 자신에 관하여는 자랑하지 아니하리라.** – 나 자신 안에 깊이 생각한 것으로 "자랑하지 아니하리라."

12:6 그렇게 영광스러운 계시(啓示)에 대하여 "내가 만일 자랑하려 해도"("나는 자랑할지도 모른다."를 지칭(指稱)하며), **어리석은 자가 되지 아니하리니** – 다시 말해서, 당연하게도 적나라한 사실을 들려주는 것이 어리석은 일이라고 여길 수 없었을 것이다. **그러나 그만두노라.** – 나는 이러한 일들에 대해서 조심(操心)스럽게 언급한다. 어떤 사람이 **나에 대해** 너무 좋게 **생각할까 염려하여** – 오, 이러한 두려움을 지금 어디에서 발견할 수 있는가? 누가 이것을 두려워하는가?

12:7 내게 주사 – 하나님께서 지혜로우시며 또한 은혜로우신 섭리(攝理)에 따라 "내게 주사,"

육체 안에 가시 – 육체를 찌르는 어떤 가시보다 더욱 고통스러운 천벌(天罰), **사탄의 사자**(혹은 사탄의 천사)를 (주사) **나를 치게 하셨으니** – 아마도 보이게 할 뿐만 아니라 보이지 않게 "나를 치게 하셨으니," 그리고 원본에 있는 단어는 "지나간" 시간뿐만 아니라 "현재의" 시간을 나타낸다. 바울 사도에게 온갖 종류의 고난(苦難)이 닥쳤다. 그러나 그는 이러한 고난 중 어느 것도 강력히 비난하지 않았다. 그러나 여기에서 사도 바울은 나머지 모든 고난을 초월하는 것으로서 한 가지 고난, 즉 '약함'을 가지고 그를 괴롭히는 고난에 대해 언급한다. 그리고 약함이 주는 고통(苦痛)과 수치(羞恥)로 인해서, 가장 격렬한 두통이 방해할 수 있었던 것보다 그 이상으로 혹은 적어도 더 적지는 않게 그가 "채여 올라가는"(4절) 것을 방해(妨害)했다. 많은 선진들은 사도 바울이 그러한 고난을 겪으며 고투(苦鬪)를 벌였다고 말한다. 사도바울은 매 순간 이러한 (사탄의) "난타(亂打)"를 두려워하는 육체(肉體)를 가졌던 것처럼 보인다. 비록 그의 자랑은 극도의 필요성에 의해 그에게서 억지로 빼앗아갔지만, 매 순간 사도바울은 대단히 빈번하게 자기를 자랑하는 데 있어서 자기 자신을 억눌렀다.

12:8 이 일로 인하여 – 사도바울이 지금은 그가 "채여 올라갔던"(4절) 것을 잊었다. **주께 세 번 간청하였더니** – 우리 주님이 그분의 아버지께 간청(懇請)했던 것처럼, "주께 세 번 간청하였더니."

12:9 (그러나) **그분께서 내게 이르시되,** – 나의 세 번째 간청에 답하여 "그분께서 내게 이르시되," **내 은혜가 네게 족하도다.** – 얼마나 부드러운 거절인가! 우리는 고통에 대한 가장 빠른 감각이 있는 곳에 은혜(恩惠)도 있을 것이라고 깨닫게 된다. "나의 강한 능력은" 그 도구(道具)의 "약한 데서" 더욱더 눈부시게 드러난다. **그러므로 내가 오히려 크게 기뻐하며** 내가 받은 계시들보다 오히려 **나의 연약한 것들을 자랑하리니, 이것은 그리스도의 권능이 내 위에 머무르게 하려 함이라.** – 헬라어가 의미하는바, "내 위에 머무르게 하려 함이라."라는 말은 "장막(帳幕)처럼 나를 온통 덮을" 것이라는 의미이다. 육신과 피에 아무리 반대되더라도, 우리는 무엇이든 이러한 목

적(目的)에 이르는 것을 조금도 주저함 없이 기꺼이 받아들여야만 한다.

12:10 연약한 것들 – 사탄에게서 나오는 것이든, 혹은 사람들에게서 나오는 것이든 "연약(軟弱)한 것들," (왜냐하면) **내가 약할 그때에** – 나의 약(弱)함을 깊이 자각(自覺)하면, 바로 "그때에" 그리스도의 강(强)함이 나에게 머문다.

12:11 내가 아무것도 아닐지라도 – 나 자신에게 "아무것도 아닐지라도."

12:14 세 번째 – 두 번 실망(失望)하였지만, "세 번째," **나는 너희 것을 구하지 아니하고** – 너희의 재물을 "구하지 아니하고," **너희를 구하노니** – 너희의 영혼(靈魂)들을 "구하노니."

12:15 (너희를 위하여) **나는 매우 기쁘게 쓰고** – 내가 가진 모든 것을 "기쁘게 쓰고," (너희를 위하여) **쓰이리라.** – 나 자신이 "쓰이리라."

12:16 "그러나" 비록 "나는 너희에게 짐을 지우지 아니하였지만," 그리고 비록 내가 스스로 너희에게 속한 것들을 전혀 취하지 않았지만, 어떤 이들이 반대할 것이다. **그럼에도 불구하고, 어떤 자들이 내가 간교(奸巧)하게 행하여 너희를 속임수로 사로잡았다 하니** – 나는 내가 공개적(公開的)으로나 혹은 개인적(個人的)으로 할 수 없는 것을 사자(使者)들에 의해서 은밀히 행하였다.

12:17 나는 이러한 거짓 고발에 대해 명백한 사실(事實)에 따라 대답한다. **내가** 디도를 시켜(18절) **너희에게서 이득을 취하더냐?** – 혹은 나의 사자(使者) 중 다른 어떤 이를 시켜 "너희에게서 이득(利得)을 취하더냐?" 너희는 정반대(正反對)로 알고 있다.

사도바울이 "그가 그들을 속임수로 사로잡았다"(16절)라는 고발을 인정(認定)하지 않고, 전적으로 부인(否認)하고 있는 것에 대하여 주의를 기울여 관찰해야만 한다. 따라서 종종 이 본문으로부터 끄집어내었던 간교한 속임수를 위한 보통의 간청은 전혀 근거(根據)가 없는 것이다.

12:18 내가 디도에게 청하였고 – 너희에게 가라고 "디도에게 청(請)하였고."

12:19 너희는 우리가 너희에게 우리 자신을 변명(辨明)하는 줄로 또 생각하느냐 – 내가 나를 위해서 이것을 말하는 것이냐? 아니다, 나는 너희를 위해서 이 모든 것을 말하고 있다.

12:21 (전에 그들이) **죄를 짓고도** – 내가 세 번째로 고린도에 가기 "전에," 그들이 "죄를 짓고도," **부정한 일** – 결혼한 사람들의 "부정(不淨)한 일," **색욕**(음탕함) – 인간성에 어긋나는 "색욕(色慾)."

고린도후서 13장

13:1 내가 이제 세 번째 너희에게 가려 하노라. – 비록 바울이 세 번째는 실제로 가지 않았으나, 그는 전에 두 번 방문(訪問)했었다.

13:2 다른 모든 사람 – 그때 이후로 이러한 종류의 어느 것에서 죄(罪)를 지은 사람들,

"내가 용서하지 아니하리라." – 내가 그들을 심하게 처벌(處罰)할 것이다.

13:4 그분께서 약하심을 통하여 십자가에 못 박히셨으나 – 인간 본성(本性)의 무력(無力)함을 통하여 "십자가에 못 박히셨으나," **우리도 그분 안에서 약하나** – 우리는 그분을 위하여 똑같은 고난(苦難)에 참여함으로써 약(弱)해 보이고 또한 비천(卑賤)해 보인다. (그러나 우리는) **그분과 함께 살리라.** – 죽은 자를 살리시는 "그분과 함께 살리라." **너희를 향한 하나님의 권능으로 말미암아** – 지금은 모든 신자(信者) 안에 있는 하나님의 능력(能力)으로 말미암아(**5절**).

13:5 너희 자신을 입증하라. – 너희가 시련을 견딜 수 있는 사람인지 혹은 "시련을 견딜 수 없는" 사람인지 "너희 자신을 입증(立證)하라." "시련을 견딜 수 없는 사람"이 "버림받은 자"(**6절**)로 번역된 그 말에 대한 적절한 의미이다. **예수 그리스도께서 너희 안에 계신 줄을 너희가 스스로 알지 못하느냐?** – 모든 기독교 신자들은 '그리스도의 영의 증거(證據)'와 '그리스도의 영의 열매'에 의해서 이것을 알고 있다. 어떤 사람들은 이것을 "예수 그리스도께서 너희 '가운데' 계신다"로, 즉, "고린도 교회 안에 계신다"로 번역하며, 그리고 그리스도의 영의 증거와 그리스도의 영의 열매를 기적적인 '은사(恩賜)'에 속하는 것이며, 또한 사도들의 책망에 수반되는 그리스도의 '권세(權勢)'에 속하는 것으로 이해한다.

13:6 (그리고) **너희가 알기를 내가 바라고** – 나의 권위(權威)를 그 증거에 놓음으로써가 아니라, "너희 자신들을 입증(立證)함"으로(**5절**) "너희가 알기를 내가 바라고."

13:7 너희가 아무 악도 행하지 아니하기를 내가 하나님께 기도하노니 – 나의 사도로서 권세를 보여주는 기회(機會)를 나에게 주기 위하여, "너희가 아무 악도 행하지 아니하기를 내가 하나님께 기도(祈禱)하노니," 나는 **인정받은 자로 나타나고자** 소원하지 않는다. – 기적(奇蹟)으로 너희를 처벌함으로써, "인정(認定)받은 자로 나타나고자,"(고린도전서 11:19) (그러나) **우리는 버림받은 자같이 될지라도 너희만은 정직한 것을 행하게 하려 함이라.** – 우리의 사도직에 대한 증거를 제시할 기회가 없었으므로, "우리는 버림받은 자같이 될지라도."

13:8 (왜냐하면) **우리는 진리를 대적하는 어떤 일도 할 수 없고** – 공정하고 올바른 것에 대적(對敵)하거나, 또는 복음의 진리에 따라 걷는 사람들에게 대적하는 "어떤 일도 할 수 없고."

13:9 (왜냐하면) **우리가 약할 때에 우리가 기뻐하노라.** – 우리가 약하게 보일 때, 사도로서 우리의 권세를 보여줄 기회가 없으므로, "우리가 기뻐하노라." **또한 우리는 이것, 즉 너희의 완전함을 바라노라.** – 사랑에 의해서 작동하는 믿음으로 "너희의 완전(完全)함을 바라노라."

13:11 완전하게 되며 – '가장 높은 수준의 거룩함'을 갈망(渴望)하며, **위로를 받으며** – 하나님의 위로(慰勞)로 충만하며, **한마음이 되며** – 가능한 한 최고의 정도까지 "한마음이 되는" 것을 소원(所願)하고, 그것을 위해 수고(受苦)하며, 그것을 위해 기

도(祈禱)하라.

13:14 은혜 – 또는 은총(恩寵), **주 예수 그리스도의** – 오직 "주 예수 그리스도"만을 통해 우리는 하나님 아버지께 갈 수 있다. **하나님의 사랑** – 너희에게 보이시고, 또한 너희 안에 거하시는 "하나님의 사랑," **성령님의 교통(交通)하심** – 또는 "성령님의 교제(交際)하심," **성령님의** – "성령님의" 모든 은사(恩賜)와 은총(恩寵)으로.

정말 위대한 근거(根據)를 가지고, 우리의 엄숙한 집회(集會)들을 끝마치면서 종합적이고 유익한 축복이 선포(宣布)되고 있다. 그런데 이 짧은 문장을 끝내기도 전에, 무척 많은 사람이 그 집회들을 떠나는 것을 바라보거나, 혹은 그 집회들을 없애는 자세를 취하는 것을 바라보게 된다면 매우 꼴사나운 일이다.

우리는 이렇게 무시무시한 축복기도(祝福祈禱)가 선포되는 것을 지금까지 얼마나 자주 들었던가? 우리가 그 축복기도를 균형감을 가지고 소중히 여기기 위해서, 그리고 우리가 적절한 존중심을 가지고, 또한 하나님께 들려 올라간 눈과 마음으로 그것을 전달하거나 혹은 받아들이기 위해서, 우리는 그것에 대해 더욱더 공부해야 한다.

갈라디아서 주해

이 서신은 사도바울의 편지들 대부분이 특정한 도시의 그리스도인들에게 써 보낸 것처럼, 그렇게 써 보낸 것이 아니라, 그곳의 중심도시가 앙카라였던 소아시아 전 지역에 있는 성도들(교회들)에게 써 보낸 것이다. 그러나 사도바울이 그들을 떠난 후에, 어떤 사람들이 그들 가운데 들어왔다. (사도행전 15장에 언급되어 있는 것처럼,) 그들은 할례(割禮)를 받는 것과 모세의 율법(律法)을 지키는 것이 필요하다고 가르쳤다. 그들은 '다른 사도들도 그렇게 가르친다,' '사도바울은 그 사도들보다 못하다,' 그리고 '심지어 사도바울도 비록 그가 다른 때에는 율법을 반대하지만, 때로는 그 율법을 실행하고 또한 율법을 권했다'고 단언하였다.

그러므로 이 서신의 첫 부분에서 사도바울은 자신의 사도직(師徒職)과 자신의 교리(敎理)의 정당성(正當性)을 입증해보이려고 애쓴다. 그가 입증하는바, 첫째, 그는 그리스도께로부터 직접 사도 신분을 받았으며, 그래서 그는 다른 사도들보다 못하지 않다. 둘째, 그의 교리는 다른 사도들이 전하는 것과 똑같다. 셋째, 그의 실행은 자신의 교리와 일치한다.

두 번째 부분에는 구약성경으로부터 인용한 증거(證據)들이 들어있다. 즉, 율법과 율법에 나타난 모든 의식(儀式)들은 그리스도에 의해서 폐지(廢止)되었다는 것이다.

세 번째 부분에는 좀 더 확실하게 입증하기 위한 실질적인 추론(推論)들이 들어있으며, 그가 평소 하던 축도(祝禱)로 끝맺는다.

갈라디아서의 구성

Ⅰ. 제사(題詞) 1장 1–5절

Ⅱ. 갈라디아 사람들을 다시 참된 복음으로 부름, 그 안에서 바울이

1. 참된 복음을 떠난 것에 대해 책망한다, 6절 – 10절
2. 그가 전한 복음의 권세를 주장한다.
   ⑴ 하늘로부터 직접 부르심으로 사도가 된 박해자에 대하여, 11절 – 17절
   ⑵ 결코 바울 자신보다 못하지 않다, 18절 – 2장 21절

⑶ 믿음에 의한 칭의(稱義)를 변호하고, 다시 갈라디아 사람들을 책망한다, 3장 1절 - 4장 11절

⑷ 율법 자체에서 가져온 이야기로 같은 것을 설명한다, 12절 - 31절

⑸ 그들에게 자신들의 자유를 유지(維持)하라고 권고한다, 4장 1절 - 12절
그들에게 그 자유를 남용(濫用)하지 말라고 경고한다. 그리고
그들에게 육체를 따라 걷지 말고, 영을 따라 걸으라고 훈계한다, 13절 - 6장 10절

Ⅲ. 결구(結句) 11절 -18절

갈라디아서 1장

1:1 사도 된 바울 – 여기에서 사도바울이 자신의 권위(權威)를 주장하는 것이 필요했다. 그렇지 않았다면, 이 사도(師徒)라는 칭호를 사용하는 데 있어서 그는 매우 겸손(謙遜)하다. 그가 편지 서두(序頭)에서 자신과 관련한 인사말에서 다른 사람들에게 자신을 언급할 때, 빌립보서 신자들과 데살로니가 신도들에게 보낸 편지에서처럼, 혹은 그가 안심하는 사건들에 대해서 쓸 때 빌레몬에게 보낸 서신에서처럼, 그는 좀처럼 사도 칭호를 사용하지 않는다. 또한 히브리인들에게 써 보낼 때 사도바울이 아직 제대로 그들의 사도가 아니었기 때문에, 그는 사도 칭호를 사용하지 않는다. **사람들에게서 나지도 아니하고** – 사람들로부터 권한(權限)을 받지 않고, 하나님 아버지로부터 권한을 받은, **사람으로 말미암지도 아니하며** – 어떤 사람을 방편(方便)으로 삼지 않고, 예수 그리스도를 방편으로 삼아, **죽은 자들로부터 그분을 살리신** – 이것에 관하여 입증(立證)하는 것은 사도에게 특정한 일이었다.

1:2 (그리고) **모든 형제들** – 내가 지금 쓰고 있는 것에 대해 나와 일치하는 "모든 형제들."

1:4 이 악한 현 세상에서 우리를 건지시려고 – 그것에 세상이 연루된 죄책(罪責), 사악함, 그리고 고통으로부터, 그리고 그 헛되고 또한 어리석은 관습(慣習)들과 즐길거리로부터 "우리를 건지시려고," **하나님의 뜻에 따라** – 우리들의 아무런 공로(功勞) 없이. 사도바울은 그의 서신 대부분을 감사(感謝)드리는 것으로 시작한다. 그러나 갈라디아 교회들에게 쓸 때는, 바울은 그의 방식을 바꿔서, 먼저 자신의 가장 중요한 문제를 제기한다. 그것은 '오직 그리스도의 공로로, 즉, "우리의 죄들로 인하여 자신을 주셨으니," 우리가 의롭게 된다.'라는 것이다. 사도바울은 (그가 다른 사람들에게 하듯이) 갈라디아 사람들을 결코 "성도들"이나, "택정 받은 자들"이나, 혹은 "하나님의 교회들"이라고 일컫지 않는다.

1:5 영광이 그분께 – "영광이" 그분의 은혜로우신 이 뜻에.

1:6 너희가 이렇게 속히 떠나는 것을 내가 이상히 여기노라. – 내가 너희를 떠난 후에, "너희가 이렇게 속히 떠나는 것을 내가 이상히 여기노라." **그리스도의 은혜 안으로 너희를 부르신 분을**(**분으로부터** KJV) – 그리스도의 은혜로우신 복음(福音), 그리고 그리스도의 은혜로우신 권능(權能).

1:7 사실 "그것은" 올바른 "또 다른 참 복음이 아니며." 왜냐하면 너희가 지금 받아들인 것은 전혀 복음이 아니기 때문이다. 그것은 기쁜 소식이 아니라, 슬픈 소식이다. 왜냐하면 너희가 하나님께 받아들여지는 것을 실행하기 불가능한 조건으로 설정(設定)되었기 때문이다. **다만 너희를 어지럽히는 어떤 자들이 있어** – 사도행전 15장 24절에, 똑같은 말이 등장한다. **하는도다.** – 만약 그들이 할 수만 있다면, **그리스도의 복음을 왜곡(歪曲)하거나** 혹은 뒤엎으려고 한다. – 그들이 제안하는 더 나은 결과란

다른 사도들이, 맞아, 그리고 나 자신이 율법(律法) 준수(遵守)를 강조하는 것이다.

1:8 그러나 (만약) **우리** – 나와 모든 사도들, **혹은 하늘로부터 온 천사라도** – 만약 그것이 가능하다면, "혹은 하늘로부터 온 천사라도," **다른 복음을 선포하면, 그는 저주(咀呪)를 받을지어다.** – 그리스도로부터 그리고 하나님께로부터 단절(斷切)될 것이다.

1:9 같이 – 아마도 두 구절 사이에서 잠시 멈춘 후, 성숙한 숙고(熟考) 끝에 바울은 말한다. **우리가** – 나 그리고 나와 함께 있는 형제들이, **전에 말한 것** – 말하는 방식이 아닐지라도, 사실상, 여러 번 "전에 말한 것," (그렇게) **내가** (지금 다시) **말하노니** – 그 모든 형제들은 복음의 진리를 잘 알고 있었다. 사도바울은 갈라디아 사람들이 참된 복음(福音)을 받아들였다는 것을 알고 있었다.

1:10 (왜냐하면) – 바울은 자신이 그렇게 확신을 하고 말한 이유(理由)를 덧붙인다. **사람들을 기쁘게 하려고 애쓰느냐?** – "사람들을 기쁘게 하는" 것이 내가 복음(福音)을 전하거나 혹은 편지(便紙)를 쓸 때 목표로 삼고 있는 것이냐? (만일) **내가 아직도** – 내가 사도가 된 이래로, **사람들을 기쁘게 한다면** – 만약 "사람들을 기쁘게 하는" 것이 내 행동의 동기(動機)라면, "사람들을 기쁘게" 만들기 위해 연구했을 것이다. 그게 아니라, 만약 내가 하나님을 알지 못하는 사람들을 실제로 기쁘게 했다면, "(나는) 결코 그리스도의 종이 아니리라." 하나님께 뿐만 아니라 세상에서도 인정(認定)받기를 헛되이 바라는 모든 너희들이여, 이 말을 들어라!

1:11 그러나 형제들아, 내가 너희에게 확실히 알리노니 – 사도바울은 지금까지 그들에게 심지어 "형제들" 같은 호칭조차 부여하지 않았다. **내가 선포한 복음은** – 너희 가운데 "내가 선포한 복음은" **사람을 따라 나지 아니하였느니라.** – 사람으로부터 나지 아니하였고, 사람에 의해서 나지도 아니하였으며, 또한 사람의 입맛에 적합하지도 "아니하였느니라."

1:12 (왜냐하면) **나는 그것을 사람에게서 받지도 아니하고** – 즉각적으로 "사람에게서 받지도 아니하고," (사람에게서) **배우지도 아니하였으며** – 어떤 사람에 의해서 천천히 그리고 점차적으로 "배우지도 아니하였으며," **다만 그것은 예수 그리스도의 계시로 말미암았느니라.** – 우리 주께서 사도바울에게 당신의 '부활(復活),' '승천(昇天),' 그리고 이방인들에 대한 '소명(召命)'과 바울 자신의 '사도직'을 먼저 보여주셨다. 그리고 그런 다음 그에게 말씀하셨다. "다른 일들이" 있어서, "그 일들을 위하여 그(그리스도)가 그(바울)에게 나타날 것이다."

1:13 내가 하나님의 교회를 핍박하여 – 다시 말해서, 그리스도를 믿는 자들을 "핍박(逼迫)하여."

1:14 기록되지 않은 **전통(傳統)에 대해 심히 열심을 내어** – 율법(律法)에 기록되어 있는 것들에 덧붙여 "전통(傳統)에 심히 열심을 내어."

1:15 그러나 하나님께서 기뻐하실 때 – 바울은 어떠한 것도 자기 자신의 공로(功勞)나, 열심(熱心)이나, 혹은 신실(信實)함으로 돌리지 않는다. **내 어머니의 태에서부터**

나를 구별하시고 – 예레미야를 대언자(代言者)로 구별하신 것처럼(예레미야서 1:5), 사도(師徒)로 "나를 구별하시고," 이와 같은 무조건적인 예정(豫定)은 하나님의 공의(公義)뿐만 아니라, 하나님의 자비(慈悲)와도 일치하는 것으로 보인다. (그리고) **자신의 은혜로 나를 부르신** – 하나님의 대가(代價) 없는 사랑과 전능(全能)하신 사랑에 의해서 '그리스도인'이 되는 것뿐만 아니라 '사도(師徒)'가 되도록 "나를 부르신."

1:16 자신의 아들을 내 안에 계시하사 – 나에게 주신 하늘의 환상(幻想)에 의해서 뿐만 아니라 하나님의 영(靈)의 강력한 작동(作動)으로(고린도후서 4:6) "자신의 아들을 내 안에 계시하사," **내가 그분을 이방인들 가운데 선포하는 것을** – 만약 내가 먼저 그분 자신을 알지 못했다면, "그분을 이방인(異邦人)들 가운데 선포하는" 것을 실행(實行)하기에 나는 부적격했었다. **내가 혈육과 의논하지 아니하였고** – 하나님의 뜻에 완전히 만족(滿足)하였으며, 또한 순종하기로 결단(決斷)하였으므로, 나는 누구에 의해서도 전혀 조언을 받지 않았다. 나 자신의 이성(理性)으로나 혹은 나 자신의 성향(性向)으로도 생각하지 않았다. 왜냐하면 이성이나 성향에 따르면, 수많은 반대를 제기하였을 것이기 때문이다.

1:17 예루살렘으로 올라가지도 아니하였으며 – 사도들이 거주(居住)하는 곳으로 "올라가지도 아니하였으며," **오직 아라비아로 들어갔다가, 다시 다마스커스로 돌아갔노라.** – 사도바울은 '다마스커스'로의 여정(旅程)을 먼저 제시한다. 왜냐하면 그들 모두에게 알려진 대로, 그곳에서 그가 개종(改宗)했기 때문이었다.

1:18 그 뒤 삼 년이 지나서 – 거기에서 나는 나의 사도직에 대하여 완전(完全)하게 증명(證明)하였다. **내가 베드로를 만나려고** (예루살렘에) **올라가** – 사도 베드로와 이야기를 나누기 위하여,

1:19 (그때) **주의 형제**(즉, 주의 동생) **야고보 외에는 다른 사도들을 보지 아니하였노라.** – 그러므로 "바나바가 그를 데리고 사도들에게 갔다"(사도행전 9:27)라고 언급되었을 때, 단지 베드로 사도와 야고보 사도만을 (만났음을) 가리킨다.

1:22 유대의 교회들이 나를 얼굴로 알지 못하고 – 예루살렘의 교회들을 제외하고, "나를 얼굴로 알지 못하고."

1:24 나로 인하여 – 다시 말해서, 나 때문에(내 도움으로).

갈라디아서 2장

2:1 그 뒤 십사 년이 지나서 – 그쪽으로 나의 첫 번째 여정(旅程), **내가 다시 예루살렘에 올라갔노라.** – 이것은 사도행전 15장에 언급된 여정을 가리키는 것처럼 보인다. 여기에서 몇몇 구절은 예루살렘 공회(公會)를 가리킨다. 그곳에 모든 사도들이 참석해서, 바울에 대하여 같은 판단을 견지(堅持)하였다.

2:2 내가 올라가 – 사도들로부터의 어떤 명령에 의해서가 아니라, 하나님으로부터의

분명한 "계시(啓示)"에 의해서 "내가 올라가," (그리고) **그들에게 전달하되** – 예루살렘에 있는 교회의 최고 지도자에게 "전달(傳達)하되," **내가 이방인들 가운데서 선포하는 복음을** – (사도행전 15:4) 오직 믿음으로만 얻는 칭의(稱義)에 관하여. 그곳에서 사도들이 나를 확인(確認)해줄 수 있게 하려는 것이 아니라, 내가 그들로부터 편견(偏見)을 제거할 수 있게 하려는 것이다. 그러나 처음에는 공개적(公開的)으로 말한 것은 아니었다. **명성 있는 자들에게는 개인적으로 하였으니** – 그들 한 사람 한 사람에게 말하였으니, **내가 달음질하는 것이나 달음질한 것이 헛되지 아니하게 하려 함이라.** – 현재 나의 수고의 결실(結實)이나 혹은 장차 나의 수고의 결실을 잃지 "아니하게 하려 함이라." 왜냐하면 만약 사도들이 바울의 복음전도(福音傳道)뿐만 아니라, 교리(教理)에도 전적으로 만족하지 않았더라면, 이러한 결실을 몹시 방해했을 수도 있었기 때문이다. "달음질"이란 단어는 '신속(迅速)한 복음 전파'를 나타내고 있다.

2:3 그러나 나와 함께 있던 그리스 사람 디도도 억지로 할례를 받게 하지 아니하였으니 – 내가 사도들과 함께 이야기를 나누었을 때, "디도도 억지로 할례를 받게 하지 아니하였으니," **억지로 할례를 받게 하지 아니하였으니** – 사도들 가운데 아무도 이방인 신자들에 대한 할례를 주장하지 않았다는 분명한 증거(證據). 그 의미는 거짓 형제들 몇 사람이 "디도를 억지로 할례를 받게 하려고" 하였다는 것이며, 또한 그것은 사실이다. 그러나 나는 그것을 전적으로 반박(反駁)하였다.

2:4 거짓 형제들 때문이라. – 그것(디도의 할례)을 강권(强勸)했던 것처럼 보이는 사람들, **알지 못하는 사이에 들어온** – 그러한 사적인 협의(協議)들 가운데 일부 속으로, **우리의 자유를 엿보아, 몰래 들어왔으나** – 의식적인 율법으로부터, "몰래 들어왔으나," (그들이) **삼으려고** – 가능하다면, 다시 "우리를 (율법의) 노예로 삼으려고"

2:5 우리가 그들에게 굴복하지 아니하였으니 – 비록 우리는 누구에게라도 사랑으로 굴복(屈伏)했었을 것이지만, "우리가 그들에게 굴복하지 아니하였으니." 사도바울은 놀라울 정도로 신중하게 '그리스도인의 자유(自由)'를 사용했다. "약한 형제들"(고린도전서 8:11) 때문에 디모데에게 할례를 실행했으나(사도행전 16:3), "거짓 형제들"(4절) 때문에 디도에게는 할례를 베풀지 않았다. **복음의 진리** – 다시 말해서, 진짜 참된 복음(福音), **항상 너희와 함께 있게 하려 함이라.** – 너희 이방인들과 함께 "있게 하려 함이라." 그러므로 너희를 위하여 우리는 너희가 포기할 수 있는 특전(特典)을 옹호한다.

2:6 그러나 무엇이나 되는 것 같이 보이는 이 사람들에 – 그 예루살렘 "회의(會議)에서" 모든 다른 사람들보다 위에 있는 **그들이 어떤 사람이든지** – 그들이 아무리 저명(著名)할지라도, **내게는 상관이 없으며** – 내가 나의 교리(教理)나 혹은 나의 실천(實踐)을 변경하기 위하여, "그들이 어떤 사람이든지, 내게는 상관(相關)이 없으며," **하나님은 사람을 외모로 취하지 아니하시느니라.** – 재능(才能)이나 혹은 특권(特權)에 있어서 어떠한 탁월(卓越)함으로 "취하지 아니하시느니라." **내게 아무것도 더해 주지 아**

니하였느니라. – 교리에 대해서나 혹은 복음 전도하는 일에 대하여, "내게 아무것도 더해 주지 아니하였느니라."

2:7 그들이 보았나니 – 내가 그들 앞에 내놓은 결과로써(8절, 사도행전 15:12), **내가 무할례자를 위한 복음을 맡은 것을** – 다시 말해서, 할례를 받지 않은 이방인들에게 복음을 전하는 책임을 "맡은 것을."

2:8 (왜냐하면) **베드로 안에서 효력 있게 일하사, 할례자를 위한 사도직을 주신 바로 그분께서** – 유대인들을 향한 그 직무 수행에 자격을 부여하시고, 또한 그 직무 수행을 지원하시기 위하여, "베드로 안에서 효력 있게 일하신 바로 그분께서" "이방인들을 향한" 나의 직무 수행을 위해서, 그리고 그 직무를 수행할 때 "내 안에서도" 그리고 나에 의해서도 "(마찬가지로) 강력하게 일하셨느니라."

2:9 또 야고보 … 깨닫고(깨달았을 때) – 아마도 '야고보'가 처음으로 명명(命名)된 것은, 그가 예루살렘 교회의 감독(監督)이었기 때문이었다. (그리고) **게바** – 예루살렘에서 바울에 대하여 말했다. 바울은 베드로를 그의 히브리 이름으로, 곧 "게바"라고 부른다. (그리고) **요한** – 이런 이유로, 비록 요한은 사도행전에서는 특정하게 이름이 거명되지는 않지만, 그 역시 예루살렘 공회에 속해있었던 것으로 보인다. **기둥같이 여겨지던** – 복음에 대한 주요 지지자(支持者)들이자 옹호자(擁護者)들, **깨닫고** – 내가 그들에게 한 설명(說明)을 그들이 다 들은 후에, "깨닫고," **은혜** – "내게 주신" 사도직에 대한 "은혜," **그들은**"(야고보, 게바, 요한은) – 모두의 이름으로, **나와 바나바에게 청하였으니** – "나와" 나의 동역자 "바나바에게 청하였으니," **오른손을 내밀어 교제(交際)를** – 그들은 우리를 그들의 동료 사역자로 받아들인다고 서로 동의하는 표시로 그들의 손을 우리에게 내밀어주었다. **이것은 우리는** – 나 그리고 나와 연합(聯合)한 사람들이, **이방인들에게로 가고** – 주로 "이방인들에게로 가고," (그리고) **그들은** – 그들이 그들에게 연합(聯合)한 사람들과 함께, 주로 **할례자들에게로** – 주로 유대인들에게로.

2:10 가난한 자들을 – 유대의 가난한 그리스도인들을, 왜냐하면 그들은 그리스도를 위하여 그들이 가진 모든 것을 잃었기 때문이다.

2:11 그러나 – 논쟁(論爭)은 여기에서 최고조에 이른다. 바울이 베드로를 직접 책망(責望)한다. 지금까지 바울은 '사람으로부터 그의 교리를 받았다'라거나 혹은 '주요 사도들보다 못한 사람'으로 여겨졌다. **베드로가 안디옥에 이르렀을 때에** – 그 후에는, **안디옥에 이르렀을** – "베드로가" 그때 모든 이방인 교회들의 최고 지도자였다. **그가 책망 받아야 했으므로, 내가 그를 대면하여 책망하였노라.** – '사람을 두려워한 것에 대하여(12절),' '위선(僞善)에 대하여(14절),' 그리고 "복음의 진리에 따라 바르게 걷지 아니하는 것"에 대하여(14절) "그(베드로)가 책망받아야 했으므로."

2:13 (그리고) 믿음을 가진 **다른 유대인들도** – 그 유대인들은 안디옥에 있었다. **그와 함께 위선을 행하고, 심지어 바나바도 그들의 위선에 끌려갔느니라.** – 급류에 휩쓸

린 것처럼, 똑같이 나쁜 관행(慣行)으로 이끌려갔다.

2:14 내가 그들 모두 앞에서 베드로에게 이르되, – 사도바울 혼자서 베드로와 모든 유대인들을 대항(對抗)하는 것을 보라. **네가 유대인임에도 불구하고,** 그러나 일상의 대화에서 **이방인들의 방식대로 살고** – 의식(儀式)적인 율법(律法)을 지키지 않고. 그것은 당신도 이제는 율법이 폐지(廢止)되어야 한다고 인식(認識)하고 있기 때문이다. **어찌** (네가) **이방인들을 강요하여** – (베드로) 당신 자신과 그들에게서 온 모든 사역자들이 물러감으로써(12절), 의식적인 율법을 지키기 위해서 혹은 교회 공동체로부터 배제되기 위해서 "유대인들처럼 살게 하느냐?"

2:15 우리는 – 사도 베드로를 용서하려고, 사도바울은 1인칭 단수(單數) '나'('I')를 내려놓고, 1인칭 복수(複數) '우리'('We')로 말한다. 바울은 18절에서 수사적(修辭的) 비유(比喩)로써 다시 1인칭 단수로 말한다. 그리고 19절 등에서는 수사적 비유 없이 1인칭 단수로 말한다. **본래 유대인이요** – 단지 개종자(改宗者)들이 아니라, 선천적(先天的)으로 "유대인이요," (그리고) **이방인에 속한 죄인이 아니로되** – 다시 말해서, 일반적으로 이교도들이 그렇듯이, 죄(罪)로 가득한 이방인(異邦人)들이 "아니로되," 즉 그렇게 역겹고, 엄청 많으며, 버려진 죄인(罪人)들이 "아니로되."

2:16 사람이 율법의 행위로 의롭게 되지 아니하는 줄 알므로 – 심지어 도덕법에 의해서도 "의롭게 되지 아니하는"바, 하물며 의식적인 율법에 의해서는 더욱 아니다. **오직 예수 그리스도의 믿음으로** – 다시 말해서, 예수 그리스도를 믿는 믿음으로. "예수"라는 이름은 처음에 이방인들에 의해서 알려졌다. 그리고 "그리스도"라는 이름은 유대인들에 의해서 처음으로 알려졌다. 그리고 그 이름들이 항상 되는 대로 아무렇게 정해지는 것은 아니지만, 그러나 일반적으로 좀 더 엄숙하게 말하는 방식으로는, 제자들이 "그리스도 예수"라고 말하며, 좀 더 친근하게 말하는 방식에서는 "예수 그리스도"라고 말한다. (심지어) **우리도** – 그리고 그들 자신의 업적에 의존하는 것을 훨씬 적게 주장하는 이방인들은 얼마나 더 많이 예수 그리스도를 믿어야만 했겠는가? **믿었나니** – 다른 길이 전혀 없다고 깨달았나니, **(왜냐하면)** – '율법의 요구(로마서 8:4)'와 '인간 본성의 진면목(眞面目)'을 고려하면, "율법의 행위로는 어떤 육체도 의롭게 될 수 없느니라"라는 사실이 자명하다. **율법의 행위로는** – 율법이 요구하는 순종으로는, (살아있는) **어떤 육체도 의롭게 될 수 없느니라.** – 유대인이든 혹은 이방인이든, 어떤 인간일지라도 "의롭게 될 수 없느니라." 여기에서 사도바울은 "그리스도인들은 의식적인 율법을 반드시 준수해야 하는가?"라는 단 한 가지 문제를 숙고하고 있다. 그러나 여기에서 사도바울은 눈에 띄지 않을 정도로 서서히 더 멀리 나아간다. 그리고 이러한 성경 기록을 인용함으로써 그가 단도직입으로 의식적인 율법에 대해 언급한 것은 또한 도덕법을 포함한다는 것을 보여주었다. 왜냐하면 의심할 여지 없이 다윗이 "아무도 주의 눈앞에서 의롭게 되지 못하리이다."(시편 143:2)라고 말했을 때, 그가 그렇게 말했기 때문이다. 마찬가지로 사도바울은 로마서 3장

19~20절에서 도덕법을 제외하고는 아무도 동의할 수 없는 방식으로 설명한다.

2:17 그러나 만일 우리가 그리스도로 말미암아 의롭게 되고자 하다가, 여전히 **우리 자신 또한 죄인(罪人)으로 드러난다면** – 만약 우리가 계속 죄에 빠져있다면, "그런 까닭으로, 그리스도께서 죄의 사역자가," 즉 죄의 장려자(奬勵者)가 "되시는" 것이 뒤따라 일어나는가?

2:18 결코 그럴 수 없느니라(17절) (왜냐하면) **만일 내가 다시 세우면** – 나의 죄(罪)로 가득한 습관으로 "내가 다시 세우면," **내가 헐었던 것들을** – 내가 복음(福音)을 전함으로써 "내가 헐었던 것들을," 단지 **내가 내 자신을** – 또는 그리스도가 아니라, 나 자신이 "범죄자"인 것을 보여준다. 즉, 책임이 그리스도께 혹은 그분의 복음에 있는 것이 아니라, 전부 나에게 있다. 사도바울이 말했던 것처럼, 만약 복음(福音)이 계속 죄에 빠진 사람들에게 의롭게 하겠다고 약속했다면, 그 반대가 정당(正堂)한 일이 될 것이다. 그러나 그렇지 않다. 그러므로 만약 복음을 가진 사람 누구든지 복음에 따라서 살아가지 않으면, 그들은 확실히 죄인(罪人)들이며, 그들은 의롭다고 여김을 받지 못한다. 그리고 복음이 분명하게 그렇게 말하고 있다.

2:19 (왜냐하면) **내가 율법을 통해** – 영(靈)에 의해 내 마음에 적용되고, 그리고 내가 철저하게 죄(罪)로 가득한 것과 스스로 해결할 수 없는 것을 나에게 깊이 이해시킨다. **율법에 대하여 죽었나니** – 율법으로부터 의롭게 되는 모든 소망(所望)에 대하여 "죽었나니," **내가 하나님께 대하여 살고자 함이라.** – 계속 죄(罪)에 빠져있지 않고, "하나님께 대하여 살고자 함이라." 바로 이 목적을 위해서 나는 (이러한 의미에서) 율법(律法)으로부터 자유(自由)하게 되었으며, 그래서 나는 죄(罪)로부터 자유하게 되었다.

2:20 사도바울은 계속해서 그가 어떻게 죄로부터 자유롭게 되었는지 그리고 그가 계속 죄에 빠진 것에서 얼마나 멀리 떨어져 있는지 서술한다. **내가 그리스도와 함께 십자가에 못 박혀 있으나** – 그리스도의 죽음에 부합(符合)하게 되었으며, 그리고 "죄의 몸을 멸하여"(로마서 6:6) 있으나, **그러나 내가** – 나의 타락한 본성(本性)에 대하여, **더 이상 사는 것이 아니요,** – 죄(罪)에 대하여 죽었다. (그러나) **그리스도께서 내 안에 사시느니라.** – 그리스도는 나의 가장 깊은 영혼 안에 있는 생명(生命)의 원천(源泉)이다. 그 원천에서 나의 모든 '성품'과 '말'과 '행동'이 흘러나온다. (그리고) **나는 지금 내가 육체(肉體) 안에서 사는 삶을** – 심지어 이 죽을 수밖에 없는 몸 안에서 "사는 삶을," **하나님의 아들의 믿음으로 사노라.** – "나를 사랑하사, 나를 위해 자신을 주셨다는" 그 초자연적인 원칙(原則)으로부터, 그리고 그 하나님의 섭리(攝理)와 확신(確信)으로부터 나는 매 순간을 끌어낸다.

2:21 그동안에 **내가 헛되게 하지 아니하노니** – 나 자신의 업적(業績)을 통해 의롭다 함 받기를 추구할 때, **하나님의 은혜를** – 그리스도 안에서 하나님께서 값없이 주신 사랑을. 그러나 그들은 자신의 업적을 통해 의롭다고 하심 받기를 추구한다. 왜냐하면 그들은 율법(律法)에 따라서 의롭다고 하심을 받으려고 추구하는 사람들이기 때

문이다. (왜냐하면) **만일 의가 율법으로 말미암아 온다면** – 만일 사람들이 율법(律法)과 도덕법(道德法)과 의식법(儀式法)에 대한 그들의 순종으로 의롭다고 하심을 받을 수 있다면, (그렇다면) **그리스도께서 헛되이 죽으셨느니라.** – 사람들이 그리스도의 죽으심 없이 구원(救援)받을 것이기 때문에, 그리고 사람들이 그들 자신의 순종으로 정죄(定罪)에서 벗어날 뿐만 아니라, 영원한 생명(生命)을 받을 만하므로, "그리스도께서" 죽으심에 대한 어떠한 필요도 없이 "헛되이 죽으셨느니라."

갈라디아서 3장

3:1 오 어리석도다. 갈라디아 사람들아, – 사도바울은 훌륭하고 돌발적인 언사(言辭)로 그들에게 다가간다. **누가 너희를 꾀어** – 이처럼 너희 자신의 이성(理性)뿐만 아니라, 너희 자신의 경험(經驗)에도 모순(矛盾)이 되게, **예수 그리스도께서 너희 눈앞에 분명하게 제시되었거늘** – 마치 "예수 그리스도께서 너희 가운데서 십자가에 못 박히신 것"처럼, 우리가 복음(福音)을 전함으로써 "너희 눈앞에 분명하게 제시되었거늘"

3:2 내가 너희에게서 다만 이것을 알고자 하노라. – 다시 말해서, 이 한 가지 논쟁이 너희를 확신하게 만들기 위해서, "내가 너희에게서 다만 이것을 알고자 하노라." "너희가 율법의 행위"를 실천함으로 "성령"의 증거와 "성령"의 열매를 "받았느냐," "혹은 (너희가) 믿음에 관하여 들음으로" 그리고 "믿음"을 받아들임으로 "성령"의 증거와 "성령"의 열매를 "받았느냐?"

3:3 너희가 그렇게 어리석으냐? – 너희가 직접 경험(經驗)한 것을 고려하지도 않을 만큼, "너희가 그렇게 어리석으냐?" **성령 안에서 시작하였다가** – 믿음으로 성령의 빛과 권능 아래에서 시작하였는데, 너희가 마땅히 더욱더 영적인 사람이 되고, 그리고 더욱더 믿음의 권능에 친숙해져야 하는 지금, 너희는 "육체(肉體)로 완전해지고자" 기대하고 있는가? 너희는 그 믿음을 저버림으로써, 또한 복음에 드러났을 때 역겹고 정욕적인 율법에 의존함으로써, 너희의 칭의(稱義)나, 혹은 너희의 성화(聖化)를 완성하려고 생각하고 있는가?

3:4 너희가 고난을 당하였느냐? – 유대인들의 시기심(猜忌心)으로부터 뿐만 아니라, 이방인들로부터도 "너희가 고난(苦難)을 당하였느냐?" **그토록 많은 것들로** – 복음을 고수(固守)하는 것 때문에, "그토록 많은 것들로," **헛되이** – 끝까지 인내함으로써 너희가 얻을 수 있는 모든 축복을 잃을 정도로 "헛되이," **과연 그 일이 헛되냐?(만약 그 일이 정말 헛되다면** KJV) – 사도바울이 말했었듯이, 심지어 너희가 끝까지 인내(忍耐)하도록, 나는 더 나은 것들을 소망(所望)한다.

3:5 그리고 현재, **너희에게 성령**(의 은사)**을 제공해 주시고,** (그리고) **너희 가운데서 기적(奇蹟)들을 행하시는 그분께서 그것을 '율법의 행위'로 하시느냐?** – 다시 말해서, 사도바울이 '행위(行爲)로 의롭다고 하심을 확증(確證)한다'라고 전하는가? 아니면,

'믿음으로 의롭다고 하심을 확증한다'라고 전하는가?

3:6 심지어 아브라함도 믿음으로 의롭다고 여김을 받은 것처럼, 우리는 믿음으로 의롭다고 여김을 받는다는 그 웅대한 교리(教理)를 확증하는데 의심의 여지가 없다. 유대인들이 (오늘날에도 그렇게 하는 것처럼) 유대교에서 그들 자신의 연속성을 위한 것뿐만 아니라, 이방인들이 하나님의 교회가 된다는 것을 부인하기 위한 자신들의 중요한 논쟁을 아브라함으로부터 끌어내기 때문에 더욱더, 바울 사도는 여기에서뿐만 아니라, 로마사람들에게 보낸 서신에서도 아브라함의 사례(事例)를 중요하게 이용한다.

3:7 그런즉 그들이 아브라함의 **믿음에 속한 자들인 줄 알지어다.** 그리고 단지 이 사람들만 "아브라함의 자손이다." 그래서 이 사람들이 아브라함이 받은 약속(約束)의 상속자들이다.

3:8 (그리고) **성경 기록이"** – 다시 말해서, "성경 기록"을 주신 성령(聖靈)이, **하나님께서 믿음을 통해 이교도들** 역시 **의롭게 하려 하심을 미리 보고, 미리 선포하여 이르되,** – 성경 기록의 탁월(卓越)함과 충만(充滿)함이 너무 커서, 언제라도 논쟁(論爭)의 여지가 있을 수 있는 모든 것들이 그 안에서 미리 보이며 또한 결정(決定)되어 있다. **아브라함 안에서** 혹은 **아브라함을 통하여** – "메시아"의 아버지께서 "모든 민족들이 복(福)을 받으리라, 하였으니."

3:9 그런즉 믿음에 속한 모든 **자들,** 그리고 단지 그들만이 – 진정(眞正)으로 믿는 자들, **믿음이 충만한 아브라함과 함께 복을 받느니라.** – 다시 말해서, 아브라함이 믿음으로 복을 받았던 것처럼, 복을 받느니라.

3:10 오직 **믿음에 속한 자들**(9절)만이 복을 받는다. "(왜냐하면) **율법의 행위에 속한 자들은 다** – 하나님께서 단지 율법이 제시하는 조건에 율법의 기반을 두셨기 때문에, "율법의 행위에 속한 자들은 다 저주 아래 있나니," **저주 아래 있나니, 기록된바, 율법 책에 기록된 모든 것을 행하기 위하여 항상 그것들 가운데 거하지 아니하는 자는 다 저주받은 자니라.** – 그래서 율법은 어떤 사람도 수행할 수 없는 것을 요구한다. 다시 말해서, 율법은 완전(完全)하고, 중단(中斷)되지 않으며, 그리고 영속적(永續的)인 순종(順從)을 요구한다.

3:11 그러나 하나님의 눈앞에서는 아무도 율법(律法)"에 대한 그의 순종(順從)**으로 의롭게 되지 못할 것이** – 하박국 선지자의 말로 하자면, 무엇이든지 사람의 눈앞에서 행해지는 것은 한층 더 "분명하다." 즉, "율법으로 의롭게 되지 못할 것이 분명하다." **의인은 믿음으로 살리라** – 다시 말해서, 하나님 앞에서 공의롭다거나 혹은 의롭다고 여겨지는 사람은 "믿음으로" 받아들여진 상태, 살아있는 상태, 그리고 구원(救援)의 상태로 계속될 것이다. 이것이 하나님께서 택정(擇定)하신 길이다.

3:12 또 율법은 믿음에서 나지 아니하나니 – 그러나 율법은 믿음의 정반대이다. 율법은 "믿으라"라고 말하지 않고, "행하라"라고 말한다.

3:13 그리스도 – 오직 그리스도만. 이 문장의 갑작스러움을 통해 대단히 큰 복(福)

을 거절한 사람들에게 거룩한 분노(憤怒)를 보여준다. **우리를 구속하셨으니** – 유대인이든 이방인이든, 비싼 값으로 "우리를 구속(救贖)하셨으니," **율법의 저주에서** – 하나님의 저주(咀呪)에서, 율법의 모든 위반자들에 대하여 율법이 하나님의 저주를 선언한다. **우리를 위해 저주가 되사** – (그리스도께서) 그 저주를 당신 자신에게 가져가셔서, 우리를 그 저주로부터 구속(救贖)하실 것이다. (그리스도께서) 그 죽음에 기꺼이 복종(服從)하심으로써, 율법이 그 죽음을 독특하게 저주받은 것으로 선언한다.

3:14 아브라함의 복이 – 아브라함에게 약속(約束)된 "복이," **이방인들 위에 임하게 하고** – 또한 유대인이든 혹은 이방인이든, 믿음을 가진 "우리 위에 임하게 하고," **성령을 약속으로 받게 하려 함이니라.** – 성령의 약속은 모든 다른 약속들을 포함한다. **믿음을 통해** – (율법의) 행위에 의해서가 아니라 "믿음을 통해." 왜냐하면 믿음은 전적으로 약속을 기대(期待)하기 때문이다.

3:15 내가 사람의 관례대로 말하노니 – 나는 사람들의 관습(慣習)으로부터 가져온 친숙한 사례(事例)를 들어 이것을 설명한다. **그것이 단지 사람의 언약**(言約)**이라도, 일단** 법률적으로 **확정**(確定)**되면 아무도** – 아니, (만약 하나님과 관련된 사건이 될 수 없는 예측하지 못한 어떤 일이 일어나지 않는다면) 서약자(誓約者) 자신은 "취소하거나, 거기에 더하지" 못한다. **취소하거나, 거기에 더하지 못하느니라.** – 어떠한 새로운 조건(條件)을 "취소하거나, 더하지 못하느니라."

3:16 이제 그 약속들은 아브라함과 그의 씨에게 하신 것인데 – 여러 가지 약속이 아브라함에게 맺어졌다. 그러나 여러 차례 반복되었으므로, 모든 것 중에 가장 중요한 것은 그리스도를 통하여 베푸시는 복에 대한 약속이었다. **그분께서** – 다시 말해서, 하나님께서, **여럿을 가리키며, 씨들에게,** (말)**하지 아니하시고** – 마치 그 약속이 여러 종류의 씨들에 대해 주어진 것처럼, "(말)하지 아니하시고," (그러나) **하나를 가리키며** – 다시 말해서, 한 종류의 씨, 한 후대, 한 종류의 아들들을 "가리키며." 그리고 그 복이 약속에 따라서 이 (한 종류의) 모두에게 속하였다. **이 씨는 그리스도시니라.** – 그리스도를 믿는 모든 사람을 포함하여.

3:17 (그리고) **내가 이것을 말하노니** – 내가 의미하는 바는 이것이니, **하나님께서 미리 확정하신 그 언약을** – 모든 나라들이 "그리스도 안에서" 받을 복에 관하여 약속 그 자체에 의해서, 그 약속의 반복에 의해서, 그리고 엄숙한 서약에 의해서, "하나님께서 미리 확정하신 그 언약을," **사백삼십 년 뒤에 생긴 율법이** – (그 약속이 아브라함에게 처음으로 주어졌을 때부터(창세기 12장 2–3절) 계산하여), "사백삼십 년 뒤에 생긴 율법이," **취소하지 못하며, 또 그 약속을 무효로 만들지 못하리라.** – 단지 유대인들이 그 약속을 받을지라도, 모든 나라에 관해서는 "취소하지 못하며, 또 그 약속을 무효로 만들지 못하리라." 아니, 만약 그 약속이 그것을 대체하고 또한 그 복을 얻는 다른 길을 소개하기 위하여 (율법의) 행위로 받아들여질지라도, 또한 유대인들에 관해서도 "취소하지 못하며, 또 그 약속을 무효로 만들지 못하리라."

3:18 (그리고 다시) – 이것은 새로운 논쟁(論爭)이다. 앞의 논쟁은 계약의 "시간"으로부터 끌어낸 것이었고, 이것은 계약의 "성격"으로부터 끌어낸 것이다. **만일 그** 영원한 **상속 유업이 율법**을 지킴**으로** 얻게 **된다면, 그것은 더 이상** 그 자유로운 **약속에** 의해서 **나지 아니하느니라.** – 이것은 서로 정반대가 된다. 그러나 그것은 약속(約束)에 의한 것이다. 그러므로 그것이 율법(律法)에 의한 것이 아니다.

3:19 그것(의식적인 율법)**은 더해진 것이요,** – 그 "약속"에 "더해진 것이요," **범죄들로 인해** – 아마도, 의식적인 율법의 멍에는 전국적인 우상숭배(偶像崇拜)의 죄(출애굽기 32장 1절)에 대한 벌(罰)로 가해진 것이었다. 적어도 그것의 더욱 통탄할 부분들 때문에 자초한 것이었다. 그리고 율법(律法) 전체는 그리스도에 대한 대언적(代言的) 유형이었다. 도덕법(道德法)은 범죄를 발견하고 또한 억제하기 위하여 그리고 죄에 대하여 몇 가지 점검하기 위하여 그 약속에 추가되었다. 그리고 "이러한" 율법은 사라지지 않는다. 그러나 "의식(儀式)적인" 율법은 단지 그리스도 때까지 도입(導入)되었다. **한 중재자의 손에서 천사들에 의해 정해진 것이라.** – 아브라함에게 약속이 주어진 것처럼, 율법이 직접 하나님께로부터 즉각적으로 이스라엘에게 주어진 것은 아니었으며, "천사의 사역으로" 모세에게 전해졌으며, 그리고 그들에게 그 위대한 중재자(仲裁者)를 상기시키기 위해서 하나님과 그들 사이 중재자로서 모세의 손에 전달된 것이었다.

3:20 이제 중재자라 함은 하나만의 중재자가 아니로되 – 틀림없이 두 당사자(當事者)들이 있어야 한다. 그렇지 않으면, 그들 사이에 어떤 중재자도 있을 수 없다. "그러나" 아브라함에게 그 대가(代價) 요구 없는 약속(約束)을 하신 하나님은 그 두 당사자(當事者)들 가운데 "단지 한 당사자"이다. 다른 한 당사자인 아브라함은 모세 시대에 참여하지 않았다. 그러므로 다른 약속에서 모세가 한 것은 아무 것도 없다. 그가 관계한 율법(律法)은 전혀 다른 성격의 계약(契約)이었다.

3:21 율법이 이런 이유에서 갑자기 **율법이 위배되는** 것이 된다. – "하나님의 약속들에" 반대되는 것이 된다? 결코 그럴 수 없다. "하나님의 약속들"은 잘 구성되어 있다. 그러나 율법(律法)은 하나님의 약속처럼 생명(生命)을 줄 수 없다. **만일 생명을 줄 수 있는 율법이 주어졌더라면** – 죄인에게 생명을 부여할 수 있는 권능(權能)을 하나님께서 당신 자신의 아들에게 내어주셨다. 그리고 (그렇지 않았더라면) 그것에 따르는 모든 축복과 더불어, 의(義) 혹은 칭의가 그 ("생명을 줄 수 있는") "율법(律法)으로 말미암아 있었으리라."

3:22 그러나 그와 반대로 율법이 적혀 있는 **성경 기록이 모든 것을 죄 아래 가두어 두었으니** – "성경 기록이" 죽음의 선고(宣告) 아래 교도소 안에 갇혀있는 것처럼 (그래서 말씀이 적절하게 의미하도록) 지금까지 그것들을 모두 가두어 두고 있었다. 그것은 모든 사람들이 율법에 의한 칭의를 기대하지 못하도록 단절되었기 때문에, "믿는 자들에게 약속을" 자유롭게 "주려는" 목적을 이루기 위해서였다.

3:23 그러나 믿음이 오기 전에는 – "믿음이" 복음(福音)을 나누어주는 것이다. **오기** (전에는), **우리가 붙잡혀서** – 면밀하게 연구하고 있듯이, "우리가 붙잡혀서, **율법 아래** – 모세가 나누어준 것 아래, **계시될 믿음에 이르기까지 갇혀 있었느니라.** – 복음을 나누어주기 위해 보존(保存)되고 또한 준비(準備)되어 "있었느니라."

3:24 그런즉 율법은 우리를 그리스도께로 인도하는 훈육 선생이었으니 – 율법은 그리스도를 위해 우리를 훈련(訓練)시키려고 고안(考案)되었다. 그리고 율법은 우리가 소유해야 하는 그리스도의 구속에 대한 필요성을 보여주었던 그 계명(誡命)들에 의해서, 그리고 우리를 그리스도께로 향하게 하는 모든 의식(儀式)들에 의해서, 이 일을 수행했다.

3:25 그러나 믿음이 – 다시 말해서, '복음(福音)을 나누어주는 것'이 "온 뒤에는," "우리가 더 이상 훈육 선생," 즉 모세가 나누어준 것, 곧 율법 "아래 있지 아니하도다."

3:26 (왜냐하면) **너희가** – 그리스도인들이, **다**(모두) **하나님의** 다 자란 **아이들이 되었나니** – 그러므로 "더 이상 훈육 선생"(**25절**)이 필요하지 않다.

3:27 (왜냐하면) **너희 가운데** (그리스도 안으로 세례를) **받은 자는 다** 그리스도의 이름으로 세례(洗禮)를 받음으로써 너희 믿음을 시험(試驗)하였다. **그리스도로 옷 입었느니라.** – 그리스도를 너희의 의(義)로 받았으며, 그러므로 그리스도를 통하여 하나님의 아들들이 되었다.

3:28 거기에는 유대인이나 그리스인이 없고 – 다시 말해서, 그들 사이에는 차이가 없다. 그리고 그들은 믿음을 통하여 똑같이 받아들여졌다. **남자나 여자가 없나니** – 복음(福音)을 나누어주는 동안에는 할례(割禮)를 제쳐놓았다. 왜냐하면 할례는 남자들에게 고유한 것이었으며, 또한 유대인들과 이방인들 사이에 차이를 두기 위해 고안되었기 때문이다.

3:29 너희가 그리스도께 속한 자면 – 다시 말해서, 그리스도를 믿는 자들이면.

갈라디아서 4장

4:1 이제 – 명백한 유사성(類似性)에 의해서, '율법이 나누어준 것'에 비해 '그리스도께서 나누어준 것'의 탁월(卓越)함을 설명하기 위해서, **상속자가 아이일 때에는** – 상속자가 미성년일(법정 나이가 안 될) 때에는, **전혀 종과 다르지 아니하고** – 그의 재산을 마음대로 사용(使用)하거나 혹은 향유(享有)하지 못하고, (비록 그가) **모든 것의 주인이나** – 그 "모든 것의" 소유주(所有主)이나.

4:2 (그러나) **가정교사들 밑에 있느니라.** – 그의 사람됨에 대하여 "가정교사(家庭敎師)들 밑에 있느니라." **감독하는 자들** – 그의 물질(物質)에 대하여 "감독(監督)하는 자들."

4:3 이와 같이 우리도 – 하나님의 교회도, **우리도 아이였을 때에** – 율법이 나누어주는 것 아래, 우리가 소수(小數)였을 때에, **종노릇 하였느니라.** – 일종의 굽실거리

는 상태에서 "종노릇 하였느니라." **세상의 초등 원리 밑에서** – 율법의 전형적인 의식(儀式) 아래에서, 왜냐하면 그것은 문법의 기초사항들, 즉 아이들의 알파벳 같았으며, 그리고 우리의 생각을 도저히 이 세상 너머로 가져갈 수 없을 정도로, 매우 비대한 본성(本性)에 속하였기 때문이다.

4:4 그러나 충만한 때가 이르매 – "하나님 아버지께서 정하신"(**2절**) "때가 이르매," **하나님께서 보내사** – 그의 가슴으로부터 "보내사," **자신의 아들을 여자**의 본체**에서** 기적적으로 **나게 하시고** – 남자의 공동 작용 없이, 동정녀(童貞女)로서 "나게 하시고," **율법 아래 있게 하셨나니** – 율법의 훈계(訓戒) 아래뿐만 아니라, 율법의 저주(咀呪)아래 "있게 하셨나니."

4:5 율법 아래 있는 자들을 구속하시고 – 율법의 저주로부터 그리고 그 천하고, 굽실거리는 상태로부터 "구속하시고," **우리가** – 믿음을 가진 유대인들이, **입양되게 하려 하심이라.** – 다 자란 "아들로서" 모든 특전(特典)을 가지고, "입양(入養)되게 하려 하심이라."

4:6 (그리고) **너희가 아들이므로** – 믿음을 가진 이방인(異邦人)들도 다 자란 하나님의 "아들이 되었으므로," **하나님께서 자신의 아들의 영 너희 마음속에 보내사,** 마찬가지로 **아바, 아버지, 하고 부르짖게 하셨느니라.** – 너희가 순종적인 자녀들이 가진 확신(確信)으로서뿐만 아니라, 그런 자녀들의 성품(性品)으로서 하나님을 부르게 하셨다. 유대인들과 이방인들이 연합(聯合)으로 부르짖는 것을 표현하기 위해서, 히브리어 단어와 헬라어 단어가 함께 결합(結合)되어 있다.

4:7 그러므로 네가 – 그리스도를 믿는 자들이, **더 이상 종이 아니요** – 율법 아래 있는 자들처럼, "더 이상 종이 아니요," **아들이니** – 성숙한 나이의 "아들이니," "(그리고) 아들이면," 모든 약속(約束)의 "상속자(相續者)"이며 또한 직접 모든 것이 풍성하신 "하나님의 상속자니라."

4:8 그럼에도 불구하고 너희가 하나님을 알지 못하던 때에는, 너희가 본래 섬겼느니라. – 다시 말해서, 너희가 실제로 "섬겼느니라." **신들이 아닌 것들을** – 그래서 심지어 유대인들의 속박(종노릇)보다 훨씬 더 악한 속박(束縛)아래 있었다. 왜냐하면 비록 천하고 노예 같은 방식이긴 하지만, 유대인들은 참되신 하나님을 정말로 섬겼기 때문이다.

4:9 그러나 이제 하나님께 알려진 뒤에 – 하나님이 사랑하시는 자녀들로서, **어찌하여 다시 약하고 천한 초등 원리로 돌아가** – "약해서," 너희의 양심(良心)으로부터 죄책감을 완전히 제거할 수 없거나, 또는 하나님에 대한 그분의 자녀로서 확신(確信)을 전적으로 제시할 수 없는 "초등(初等) 원리(原理)로 돌아가," (너희가) **다시 그것에 종노릇 하려 하느냐?** – 다른 종류의 종노릇을 통하여, 이전에 그러한 우상들에게 종노릇했던 것처럼, 이제는 이러한 "초등 원리로 돌아가 다시 그것에 종노릇 하려 하느냐?"

4:10 너희가 날을 지키니 – 유대인들의 안식일(安息日)을 "지키니," (그리고) **달** – 초승달이 뜨는 무렵, 즉 월삭(月朔, 그달의 초하룻날)을 "지키니," (그리고) **때** – 유월절, 성령강림절, 장막절의 때를 "지키니," (그리고) **해** – 연례적인 장엄한 의식을 "지키니." 그것이 안식년을 의미하는 것은 아니다. 이러한 것들을 가나안 땅에서는 지키지 말아야만 했다.

4:11 여기에서 바울 사도는 논쟁(論爭)을 중단하면서, 애정 표현에 전념하며(**11–20절**), 이루 말로 다 할 수 없는 다정(多情)함으로 갈라디아 사람들에게 자기 자신을 낮춘다.

4:12 형제들아, 내가 너희에게 간청(懇請)하노니, 나와 같이 되라. – 상호간(相互間)의 사랑으로 나를 만나라. (왜냐하면) **내가 너희와 같이 되었은즉** – 나는 여전히 너희가 한때 나를 사랑했던 것처럼 너희를 사랑하고 있다. 내가 너희를 사랑하지 말아야 할 이유(理由)가 있겠는가? **너희가 내게 조금도 해를 끼치지 아니하였느니라.** – 나는 지금까지 너희로부터 어떠한 개인적인 해(害)를 입은 적이 없었다.

4:13 육체의 연약함을 통해 너희에게 복음을 선포하였노라. – 다시 말해서, "육체의 연약(軟弱)함"에도 불구하고, 그리고 외적으로 혐오감(嫌惡感)을 주는 나의 모습으로부터 유래(由來)하는 커다란 불리한 점을 가지고서, "너희에게 복음을 선포하였노라."

4:14 (그리고) **너희가 내 육체 안에 나를 시험하는 것을 업신여기지 아니하고** – 다시 말해서, 너희는 "나를 시험하는 것," 즉 나의 "육체(肉體) 안의 가시"(고린도후서 12:7) 때문에 나를 무시하거나 혹은 "업신여기지" 않았다.

4:15 그런데 너희가 말하던 그 복된 일이 어디 있느냐? – 어떤 것에 대하여 너희가 서로 대단히 자랑스러워하느냐?

4:17 그들이 – 너희들 가운데에서 나온 유대교로 개종(改宗)한 교사(教師)들이, **너희를 열심히 사모하나** – 너희에 대해 특별한 관심(關心)을 표현하나, (그러나) **좋지 아니하니라.** – 그들의 열성은 너희의 영적(靈的)인 유익(有益)에 대한 지식을 따른 것이 아니며, 또한 그들은 너희의 영적 지식에 대해 단지 한 눈만 가지고 있을 뿐이다. **참으로 그들은 너희를 떼어 놓으려 하는도다.** – 나로부터 그리고 복음(福音)이 베푸는 복(福)으로부터, "너희를 떼어 놓으려 하는도다." **너희가 자기들을 사모하게 하려고** – "그들을" 사랑하고, 그리고 "그들을" 존경하게 하려고.

4:18 좋은 일로 – 정말로 우리의 열심을 받을만한 것으로. 진정한 열심(熱心)은 오직 열렬한 사랑이다.

4:19 나의 어린 자녀들아, – 연약하고 자주 아픈 자녀들을 향하여, 바울은 권위(權威)로서뿐만 아니라 가장 다정한 동정심(同情心)을 가지고 부모(父母) 입장에서 말한다. **내가 다시 너희를 위해 산고를 겪노라.** – 격렬한 고통, 슬픔, 소원, 기도 가운데, 전에 13절에서 했던 것처럼, "내가 다시 너희를 위해 산고(産苦)를 겪노라." **너희 속에**

그리스도께서 형성되시기까지 – 너희 안에 그리스도 안에 있던 모든 마음이 "형성(形成)되기까지"

4:20 내가 이제 너희와 함께 있기를 원하노니 – 특히 이렇게 급한 볼일로, "내가 이제 너희와 함께 있기를 원하노니," (그리고) **바꾸기** – 여러 가지로 누그러뜨리기, **내 목소리를** – 사도바울은 대단히 부드럽게 쓰고 있다. 그러나 그는 더욱 부드럽게 말할 것이다. 목소리는 경우에 따라서 편지로 할 수 있는 것보다 좀 더 쉽게 바뀔 수 있다. (왜냐하면) **나는 너희에 대하여 의심하노라.** – 그래서 나는 이렇게 멀리 떨어져서 어떻게 말을 해야 할지 모르겠다.

4:21 너희가 율법을 듣지 아니하느냐? – 율법(律法)이 말하는 것을 존중(尊重)하지 "아니하느냐?"

4:23 육체를 따라 태어났고 – 자연적인 방식에 따라 "태어났고," **약속으로** – 그 초자연적인 능력을 통하여. 왜냐하면 약속(約束)의 결과로 그 초자연적(超自然的)인 능력(能力)이 아브라함에게 부여되었기 때문이다.

4:24 그것들은 풍유니라. – 풍유(諷諭)는 비유적 언사(言辭)로서, 풍유로 어떤 것을 표현하면, 실제로 다른 것을 의도(意圖)하는 것이다. **왜냐하면 그** 두 아들은 **두 언약**의 유형(類型)**이기** 때문이다. 언약(言約) **하나는 시내 산에서** 주어진 것인데, **나와 종이 되게 하는 자**(자녀들)**이니** – 다시 말해서, 이것 아래, 곧 유대인의 언약 아래 있는 모든 자는 속박되어(종노릇하고) 있다. 그런데 "종이 되게 하는" 언약은 하갈에 의해서 대표된다.

4:25 이것은(이 하갈은 KJV) **아라비아에 있는 시내 산이요,** – 다시 말해서, 시내 산 유형(類型)이요, (그리고 지금 있는 예루살렘에) **해당하는 곳으로** – 지금의 예루살렘과 닮았다. (그리고) **종노릇 하느니라.** – 하갈처럼, 율법(律法)뿐만 아니라, 로마사람들에게도 속박(束縛)되어 "종노릇 하느니라."

4:26 그러나 다른 언약은 **위에 있는 예루살렘**으로부터 나온다. 이 언약은 자유롭게(값없이) 주어진다. **사라**처럼 – 내적(內的)인 속박과 외적(外的)인 속박 모두로부터, "사라"처럼, 그리고 **우리 모두의 어머니라.** – 다시 말해서, 그리스도를 믿는 모든 사람은 새 예루살렘의 자유(自由) 시민(市民)들이다.

4:27 (왜냐하면) **기록된바,** – 기본적인 의미에서 그러한 말은, 가나안 사람들에 의해서 황폐된 후에 유대의 번창하는 상태의 조짐을 보인다. **수태하지 못하는 자여, 너는 기뻐할지어다.** – "수태(受胎)하지 못하는" 여자 같이, 여러 시기 동안 주를 섬기는 씨가 없었던 너희 이방 나라들이여, "너는 기뻐할지어다." 전에는 **산고**(産苦)**를 치르지 못하는 자여, 너는 소리 지르고 외칠지어다.** (왜냐하면) **황폐한 자가 남편 있는 여자보다 더 많은 아이를 두느니라.** – 왜냐하면 매우 오랫동안 완전히 황폐(荒廢)되었던 너희들이 마침내 옛날에 하나님께 지지받았던 유대인의 교회보다 더 많은 자녀를 낳기 때문이다.

4:28 이제 우리는 – 믿음을 가진 자들은, 유대인이든 혹은 이방인이든, **약속의 아이들이니라.** – 자연적인 방식으로 태어난 것이 아니라, 하나님의 초자연적(超自然的)인 권능(權能)으로 태어난 "아이들이니라." 그리고 그러한 자녀들로서, 우리는 믿음을 가진 아브라함에게 주신 약속(約束)의 상속자(相續者)들이다.
4:29 그러나 그때에 육체(肉體)를 따라 태어난 자가 성령(聖靈)을 따라 태어난 자를 핍박(逼迫)한 것 같이, 지금도 그러하도다. – 그러므로 그것은 모든 시대에 그리고 모든 나라에서 세상 끝날 때까지 있을 것이다.
4:30 그럼에도 불구하고(그러나) **성경 기록이 무어라 말하느냐?** – "성경 기록"에서 이 일의 결과를 보여주고 있는 것이 아니냐? **노예 여자와 그녀의 아들을 내쫓으라.** – 그녀의 아들이 이삭을 희롱했기 때문에. 마찬가지로, 하나님께서는 율법(律法)으로 의롭게 되려고 추구하는 모든 자들을 내쫓으실 것이다. 만약 그들이 믿음으로 하나님의 자녀들이 된 사람들을 핍박(逼迫)한다면, 특별히 더욱 그렇게 하실 것이다.
4:31 그런즉, – 모든 것을 요약(要約)하자면, 믿음을 가진 **우리는 노예**(奴隸) **여자의 아이가**(자녀들이) **아니요** – 모세가 나누어준 (율법의) 종노릇하는 것과 전혀 관계가 없다. **자유로운 자의 아이니라.** – 율법의 저주(咀呪)와 속박(束縛)으로부터 그리고 죄(罪)와 사탄의 권세(權勢)로부터 자유(自由)로운 자녀(子女)들이니라.

갈라디아서 5장

5:1 그러므로 그 자유 안에 굳게 서고 – 의식적인 율법으로부터, "자유 안에 굳게 서고," **그리스도께서 우리를 자유롭게 하려고** – 그리고 모든 신자를 "자유롭게 하려고," "자유를 주셨으니, 다시는" 율법이 주는 "속박의 멍에를 메지 말라."
5:2 너희가 만일 할례를 받으면 – 그리고 그것으로 의롭게 되려고 추구(追求)한다면, **그리스도께서** – 기독교 제도(制度)가, (즉 기독교 복음(福音)이,) **너희에게 아무 유익도 주지 못하시리라.** – 왜냐하면 너희가 이로써 그리스도와 그리스도를 믿는 믿음을 통한 모든 복(福)을 부인(否認)하기 때문이다.
5:3 내가 각 사람에게 증언하노니 – "할례를 받은" 모든 이방인에게 "증언하노니," 바울은 이로써 자기 자신을 **빚진 자**(로마서 1:14)가 되게 한다. – 자신의 구원을 걸고, 자기 자신을 "율법 전체를 행할 의무를 진 자"가 된다.
5:4 그러므로 **그리스도께서** (너희에게) **아무런 효력이 없으며** – "율법으로 의롭게 되려고" 추구하는 자들에게 "그리스도께서 아무런 효력(效力)이 없으며," **너희는 은혜에서 떨어져 나갔느니라.** – 너희는 새 언약(言約)을 포기한다. 즉, 너희는 이 은혜롭게 나누어주신 것의 유익을 부인(否認)한다.
5:5 (왜냐하면) **우리가** – 그리스도를 믿는 우리가, 복음을 나누어주는 것 아래 있기 때문에, **성령을 통해** – 어떠한 세속적인 법령(法令)도 없이, 오직 "성령을 통해," **기다**

리나니 – ("의의 소망을") 이룰 확신(確信)을 보장(保障)하나니, **의의 소망을** – 우리가 소망하는 의, 그리고 의가 주는 가득한 보상을. 이러한 의를 우리는 믿음을 통해 하나님께 받는다. 그리고 "믿음으로" 우리는 그 보상(報償)을 받을 것이다.

5:6 (왜냐하면) **예수 그리스도 안에서는** – 그리스도께서 세우신 제도에 따라서는, 즉 기독교 (복음의) 언약(言約)의 취지에 따라서는, **할례나** – 율법에 대하여 가장 정확하게 준수(遵守)함으로나, **무할례나** – 가장 정확한 이방인의 도덕률(道德律)로나, **아무 효력이 없으되** – 현재의 칭의(稱義)나 혹은 영원한 구원(救援)에 대해서, "아무 효력(效力)이 없으되," **오직 사랑으로 활동하는 믿음뿐이니라.** – 내적(內的)인 거룩함과 외적(外的)인 거룩함 모두 "오직 사랑으로 활동(活動)하는 믿음뿐이니라."

5:7 너희가 잘 달렸는데 – 믿음의 경주(競走)에서, **누가 너희를 막아** – 너희의 진로(進路)를 "막아," 여전히 "너희가 진리에 순종(順從)하지 못하게 하더냐?"

5:8 이렇게 너희가 현재 **설득하는 것은 너희를 부르시는 분**(하나님)**에게서 나지 아니하느니라.** – 하나님의 왕국과 하나님의 영광에 대하여, 너희가 현재 "설득하는 것은 너희를 부르시는 분(하나님)에게서 나지 아니하느니라."

5:9 작은 누룩 하나가 온 덩어리를 뜨게 하느니라. – "어지럽히는 자"(**10절**) 한 명이 모두를 어지럽힌다.

5:10 (그러나) **나는 확신하노라.** – 너희가 이 편지를 읽은 후에, **너희가 조금도 다른 생각을 품지 아니할 줄을** – 지금의 나보다, 그리고 이전에 너희들보다도, "조금도 다른 생각을 품지 아니할 줄을," **그러나 누구든지 너희를 어지럽히는 자는** – 주로 그들을 유혹(誘惑)하려고 애를 쓰는 한 사람이 있었던 것처럼 보인다.

5:11 (그러나) **내가 아직도 할례를 선포한다면** – 그 "어지럽히는 자"(**10절**)가 바울이 디모데에게 할례를 행한 것을 확언하고, 아마도 그것을 기회로 이용하는 것처럼 보이기 때문에, **그렇다면 십자가의 실족하게 하는 것이 그쳤으리라.** – 바울이 그리스도께서 십자가에 못 박혀 죽으셨다고 전하는 것을 듣고 유대인들이 매우 분개했으며, 또한 그것에 대하여 바울을 그렇게 심하게 핍박했던 가장 큰 이유는 그것이 '율법(律法)의 폐지(廢止)'를 의미하기 때문이었다. 그러나 사도바울은 어떤 사람의 연약함에 대한 겸손한 태도로 심지어 의식적인 율법을 따르는 것을 정죄하지 않았다. 그러나 사도바울은 의롭게 되기 위해서 율법이 필요하다고 가르쳤던 사람들을 전적으로 정죄(定罪)하였다.

5:12 나는 그들이 아예 잘려 나가기를 원하노라. – 너희 공동체(共同體)로부터 "잘려 나가기를 원하노라." 그래서 "너희를 어지럽히는 자들이" 교회(敎會) 밖으로 내던져지기를 "원하노라."

5:13 너희가 부르심을 받아 자유함에 이르렀으나 – 의식적인 율법(律法)으로부터 뿐만 아니라, 죄(罪)와 고통(苦痛)으로부터 "자유(自由)함에 이르렀으나," **오직 자유를 육신의 기회로 쓰지 말고** – 타락(墮落)한 본성을 만족시키기 위한 기회(機會)로 "자유

를 쓰지 말고," **사랑으로 서로를 섬기라.** – 그리고 "사랑으로 서로를 섬김"으로써 그리스도께서 너희를 자유(自由)롭게 만드셨다는 것을 증명(證明)하라.

5:14 (왜냐하면) **온 율법은 이것 즉, '너는 네 이웃을 네 자신과 같이 사랑하라,' 하신 한 말씀 안에서 성취(成就)되었느니라.** – "하나님을 사랑하지 않고서는"(요한일서 4:12) 아무도 "네 이웃을 네 자신과 같이 사랑할" 수 없다는 점을 고려하면, "하나님 사랑"과 "이웃 사랑"은 모든 완전(完全)을 포함한다.

5:15 (그러나) **만일** – 그와 반대로, 그러한 "어지럽히는 자들이" 너희 가운데서 지금까지 초래했던 분파(分派)의 결과로, "만일," **너희가 서로 물고** – 악(惡)한 말로 "서로 물고," **서로 삼키면** – 폭언(暴言)과 소란(騷亂)으로 "서로 삼키면," **서로가 서로에게 소멸되지 않도록 조심하라.** – 비꼼, 갈등, 그리고 언쟁으로, 우리의 물질과 평판(評判)뿐만 아니라, 우리의 몸과 영혼(靈魂)의 건강과 힘도 소멸(燒滅)된다.

5:16 그런즉 내가 이것을 말하노니 – 바울은 이제 13절에서 제기했던 것을 설명한다. **성령 안에서 걸으라.** – 모든 일에서 성령(聖靈)의 인도하심을 따르라. **이루지 아니하리라.** – 어떠한 일에서도 "육신(肉身)의 욕심(慾心)을 이루지 아니하리라." **육신의 욕심을** – 타락(墮落)한 본성(本性)의 "욕심을."

5:17 (왜냐하면) **육신은 성령을 대적하여 욕심을 부리고,** – 타락한 본성(本性)은 하나님의 영(靈)과 정반대의 것에 대해 "욕심을 부리고," **성령은 육신을 대적하나니,** – 그러나 성령은 그의 입장에서 너희의 악한 본성을 반대한다. (**이 둘이 서로 반대가 되므로** – 육신(肉身)과 성령(聖靈)이 "서로 반대가 되므로," 그 둘 사이에는 일치(一致)될 수 없다.) **너희가 원하는 것들을 능히 하지 못하느니라.** – 따라서 성령에 의해 강하게 됨으로써, 너희는 육신의 욕망을 이루지 아니할 것이다. 그러나 그렇지 않았더라면, 너희가 육신의 욕망을 이루었을 것이다.

5:18 그러나 너희가 성령의 인도를 받으면 – '자유'와 '사랑'에 대해, 모든 '거룩함'으로 "성령의 인도를 받으면," **율법 아래 있지 아니하니라.** – "율법"의 저주와 속박 "아래," 즉 죄에 대한 죄책감(罪責感)과 죄의 권능(權能)아래 있지 아니하니라."

5:19 이제 육신의 행위들은 – 그 육신의 행위(行爲)들에 의해서, 내적인 원칙이 발견된다. **명백하니** – 분명하고 또한 부인할 수 없으니. "행위들"은 복수(複數)로 언급된다. 왜냐하면 그것들이 서로 뚜렷이 구별되고 또한 종종 서로 부합하지 않기 때문이다. 그러나 "성령의 열매"는 모두 일관되고 또한 함께 연관되어 있기 때문에 단수(單數)로 언급된다.(**22절**) **이것들이라.** – 바울은 그러한 "육신의 행위들"을 열거한다. 왜냐하면 갈라디아 사람들이 "육신의 행위들"로 매우 기울어 있기 때문이었다. 그리고 "성령의 열매"의 그러한 부분들에 대해서 갈라디아 사람들은 가장 절실하게 필요한 상태에 놓여있었다. **색욕**(色慾)" – 그 헬라어 단어로는, 순결(純潔)에 반대되지만, 그러나 실제로 불결(不潔)한 일이 일어나지 않는 내적인 어떤 것이나 혹은 외적인 어떤 것을 의미한다.

5:20 우상숭배와 마술과 – 이것이 의미하는바, (오염시키지 않고) 엄밀히 말하면, "마술(魔術)"은 살인과 결합하는 것에서가 아니라, 악마 같은 신들과 연합되는 것에서 나타난다. "마술"은 구약성경에서 빈번하게 그리고 엄숙하게 금지하고 있다. 그러므로 마술 같은 어떤 것이 존재한다거나 혹은 언제나 존재했었다는 것을 부인하는 것은 결과적으로 당연히 구약성경뿐만 아니라, 신약성경의 권위(權威)를 부인하는 것이다. **다툼과** – 집안의 다툼 그리고 사회적인 다툼과, **이단**(異端) **파당**(派黨)**과** – 이것은 종교적인 공동체(共同體) 안에서의 "다툼"이다.

5:21 흥청댐 – 아주 즐거운 여흥(驪興)을 누림. 비록 전적으로 마음속에 있는 것은 아닐지라도, 여기에서 언급된 몇 가지 행위(行爲)들이 주로 작성되었다. 그러나 그것들은 "육신의 행위들"이라고 불린다. 이런 이유로, 사도바울이 "육신(肉身)"으로 몸을 의미하거나 혹은 단지 관능적(官能的)인 욕구와 성향을 의미하는 것이 아니라, '인간 본성의 타락(墮落)'을 의미하고 있는 것이 분명하다. 왜냐하면 인간의 본성은 몸의 모든 지체를 관통해서 뿐만 아니라, 영혼(靈魂)의 모든 권능을 관통해서 확산하기 때문이다. **이것들에 대하여 전에 너희에게 말한 것 같이** – 그 사건이 일어나기 전에, 내가 너희에게 미리 경고한 것 같이.

5:22 사랑 – 나머지 모든 것의 근원(根源), **부드러움** – 모든 사람에게, 특별히 무지하고 사악한 사람들에게 "부드러움," **선함** – 그 헬라어 단어로는 성품(性品)이나 혹은 행동(行動)에 있어서 상냥하고, 부드럽고, 마음을 끌고, 다정한 모든 것을 의미한다.

5:23 온유 – 모든 애착과 열정을 한결같은 균형(均衡) 상태로 유지하는 것.

5:24 그리스도께 속한 사람들은 – 그리스도를 믿는 참된 신자들은, 따라서 **육신을 십자가에 못 박았느니라.** – 말하자면, "육신(肉身)을 십자가에 못으로 박았다." 그곳에서는 육신이 속박(束縛)에서 벗어날 힘도 없다. 그러나 육신은 계속해서 점점 더 연약(軟弱)해진다. **애착들과 정욕들과 함께** – 그 모든 악한 열정(熱情), 악한 욕구(慾求), 그리고 악한 성향(性向)과 "함께."

5:25 만일 우리가 성령 안에서 살면 – 만일 우리가 성령의 작동에 의해서 정말로 죽음에서 일어나서, 하나님께 살아있다면, **성령 안에서 걸을지니** – 우리의 모든 '성질(性質)'에서, '생각'에서, '말'에서, 그리고 '행동(行動)'에서 성령의 인도(引導)하심을 따를지니.

5:26 헛된 영광을 구하지 말지니라. – 사람들에 대한 칭찬(稱讚)과 존경(尊敬)에서 "헛된 영광을 구하지 말지니라." 조심스럽게 그리고 친밀하게 성령을 따르지 않는 사람들은 쉽게 이것에 빠져든다. 즉, 우리보다 아래 있는 사람들을 "시기하여, 노엽게 하려고" 하며, 그리고 우리 위에 있는 사람들을 "시기하려" 하는 자연스러운 결과에 빠져든다.

갈라디아서 6장

6:1 형제들아, 만일 어떤 사람이 잘못에 빠지거든 – 유혹의 기습(奇襲), 유혹에 대한 무지(無知), 그리고 유혹의 압박(壓迫)으로 "만일 어떤 사람이 잘못에 빠지거든," **영적인 너희는** – 계속해서 성령으로 살고, 또한 성령으로 걷는 너희는, **그러한 자를 회복시키고** – 책망이나, 지도나, 혹은 권고로, "그러한 자를 회복시키고." 여기에서 도울 수 있는 사람은 누구나 오직 "온유(溫柔)의 영으로" 도와야 한다. 이것이 영적인 사람에게 필수적이다. 그리고 여기에 치유(治癒)의 온전한 힘이 있다. **네 자신을 살펴보아** – 복수 표현이 단수로 멋지게 바뀌었다. 각자 자기 자신을 살펴보자. **너도 시험에 들지 않게 하라.** – 유혹(誘惑)은 쉽게 그리고 빠르게 한 사람에게서 다른 사람에게로 전해진다. 만약 어떤 사람이 자기 자신의 온유(溫柔)함을 지키지 않고 다른 사람을 치유(治癒)하려고 애쓴다면, 특별히 그렇다.

6:2 너희는 서로 남의 짐들을 지라. – 너희의 모든 연약(軟弱)함, 고충(苦衷), 시련(試鍊)에서, 서로에게 공감하고, 또한 서로 도와주어라. **그리하여 그리스도의 법을 성취하라.** – "그리스도의 법"(흔치 않은 표현)은 '사랑의 법(法)'이다. 그리고 우리 주께서 이것을 특별하게 권고(勸告)하신다. 주께서는 이것을 자신의 제자들을 구별하는 표지(標識)로 삼으신다.

6:3 만일 어떤 사람이 스스로 무엇이나 되는 것으로 생각하면 – 그의 형제 이상으로, 혹은 자기 자신의 어떤 힘에 의해서, "스스로 무엇이나 되는 것으로 생각하면," **아무것도 아니면서, 자기를 속이나니** – 그는 혼자서 그들의 짐을 지게 될 것이다. 왜냐하면 그는 자기 자신이 "아무것도 아니라는" 것을 잘 알고 있기 때문이다.

6:4 오직 각 사람은 자기 일을 입증할지니라. – 그가 누구인지에 대한 모든 것을 그리고 그가 행하는 모든 것을 자세히 살펴보라. **그리하면 그는 자기 안에서만 기쁨을 누리리니** – 만약 그의 행위가 하나님 앞에서 올바르다면, 그는 자기 자신 안에서 기쁨의 재료(材料)를 발견할 것이다. **다른 사람이 아니라"** – 다른 사람들에 대하여 자랑할 때가 아니라.

6:5 이는 각 사람이 자기 짐을 져야 할 것이기 때문이라. – 그날에, 하나님께 자기 자신에 대해 설명(說明)해 드려야 "할 것이기 때문이라."

6:6 "가르침을 받는 자는 가르치는 자와 함께 모든" 그가 필요한 일시적인 "좋은 것을 나눌지니라."

6:7 하나님은 조롱당하지 아니하시나니 – 사람들이 뿌린 것보다 다르게 거두려고 생각하기 때문에, 비록 그들이 하나님을 조롱(嘲弄)하려고 시도(試圖)할지라도, "하나님은 조롱당하지 아니하신다."

6:8 (왜냐하면) 지금 **자기 육신에게 심는 자는** – 타락한 본성의 욕구를 따르는 자는, 장차 **육신으로부터** – 바로 타락한 본성의 욕구 씨로부터, **썩는 것을 거두되** – 영원

한 사망(死亡)을 "거두되," (그러나) **성령에게 심는 자는** – 그의 모든 성질과 대화에서 성령의 인도하심을 따르는 자는, **성령으로부터** – 대가 없이 베푸시는 하나님의 은총과 하나님의 권능으로, "영존(永存)하는 생명(生命)을 거두리라."

6:9 (그러나) **우리가 잘 행하는 가운데 지치지 말지니** – "성령에게 심을"(**8절**) 때 인내심을 가지고 하자. (왜냐하면) **정하신 때에** – 추수(秋收)가 다가왔을 때, "우리가 기진(氣盡)하지 아니하면, 우리가 거두리라."

6:10 그러므로 우리는 기회 있는 대로 – 우리가 할 수 있는 어떤 시간이나 혹은 어떤 장소에서든지, 그리고 우리가 할 수 있는 어떤 방식으로든지 "기회 있는 대로." 일반적으로 기회는 우리의 평생(平生)이다. 그러나 또한 많은 특정한 기회(機會)들이 있다. 사탄은 짧은 시간에(요한계시록 12:12) 신속하게 해를 입힌다. 마찬가지로, 신속(迅速)하게 선(善)을 행합시다. **선을 행하되** – 가능한 모든 종류로, 그리고 가능한 모든 정도로, "선을 행하되," **모든 사람에게** – 이웃들에게 혹은 낯선 사람들에게, 선한 사람들에게 혹은 악한 사람들에게, 친구들에게 혹은 적들에게, (그러나) **특히 믿음의 집안사람들에게 할지니라.** – 왜냐하면 모든 신자는 단지 한 가족이기 때문이다.

6:11 너희는 이렇게 큰 글자로 보는도다. – 사도바울은 아직 어떤 교회(敎會)에도 더 크게 써 보낸 적이 없었다. **내가 내 손으로 너희에게 쓴 것을** – 보통 바울은 대필자(代筆者)에 의해서 편지를 썼다.

6:12 육신으로 잘 보이고자 하는 모든 자들이 – 꽤 좋은 성격(性格)을 지키기 위하여, "육신으로 잘 보이고자 하는 모든 자들이" **억지로 너희에게** – 그들의 사례로서 뿐만 아니라, 끈덕지게, "너희에게," **할례를 받게 함은** – 양심의 원칙으로부터라기보다는, "핍박(逼迫)을 받지 아니하려고," **핍박을 받지 아니하려 함이니라.** – 믿지 않는 유대인들로부터 "핍박을 받지 아니하려 함이니라." **그리스도의 십자가로 인한** – 십자가에 못 박히신 구세주를 믿는 믿음만이 오직 칭의(의롭다고 하심)를 받기에 충분하다고 견지(堅持)하는 것으로 인한.

6:13 (왜냐하면 그들은 모든) **율법을 지키지 아니하며** – 그들은 율법에 대한 진정(眞正)한 열정(熱情)으로부터 매우 멀리 떨어져 있으므로, **다만 너희의 육신을 자랑하려고 너희가 할례받기를 원하느니라.** – 그들이 너희를 자신들의 개종자들로서 자랑하기 위해서, 그리고 다른 유대인들과 함께 이것을 자기 공로(功勞)로 자랑하기 위해서, "너희가 할례받기를 원하느니라."

6:14 그러나 나는 자랑할 수 없나니("그러나 내가 자랑하는 것을 하나님께서 금하셨으니") – 내가 가진 어떤 것, 내가 어떤 사람인지, 혹은 내가 행하는 어떤 것을 "자랑할 수 없나니," 또는 내가 하나님께 받아들여지기 위해서 어떤 것에 의존하는지 "자랑할 수 없나니," 다만 그리스도께서 나를 위해 행하신 것과 나를 위해 고통당하신 것을 자랑하노라. **세상이 나에 대하여 십자가에 못 박혀 있는** 것에 의하여 – 세상에 있는 모든 것들과 모든 사람은 "나에 대하여" 아무것도 아닌 것에 의하여, **나 또한 세**

상에 대하여 그러하니라. – 세상에서의 모든 추구(追求), 모든 염려(念慮), 모든 욕구(慾求), 그리고 모든 재밋거리에 대해서 나는 죽었다.

6:15 (왜냐하면) **할례나 무할례가 아무 효력이 없고** – 이것들(할례와 무할례) 가운데 어느 것도 절대 중요하지는 않다. **새로운 창조물만 있느니라.** – 그것에 의하여, 우리 안에 있는 모든 것들이 새롭게 된다.

6:16 (그리고) **이 규칙에 따라 걷는 모든 사람들에게** – 이 규칙에는, 첫째, 오직 그리스도의 십자가(十字架)만 자랑하라. 둘째, 세상(世上)에 대해서 십자가에 못 박혀 있어라. 그리고 셋째, 새롭게 창조(創造)되어라. (그들에게 그리고) **하나님의 이스라엘에게 평강과 긍휼이 있을지어다.** – 다시 말해서, 하나님의 교회(敎會)에게 "평강(平康)과 긍휼(矜恤)이 있을지어다." 하나님의 교회는 이 규칙을 따라 걷는 "모든 나라와 모든 족속"(요한계시록 5:9, 14:6 참조)에 속한 모든 사람들, 그리고 단지 그 사람들만으로 구성되어 있다.

6:17 이제부터는 아무도 나를 괴롭게 하지 말라. – 다툼과 논쟁(論爭)으로 "나를 괴롭게 하지 말라." (왜냐하면) **내가 지니고 있느니라.** – 그리고 고통(苦痛)당하는 자들에게 고통을 더하지 말아야 한다. **내가 내 몸에 주 예수님의 자국들을** – 주 예수님을 위하여 내가 받은 고통의 상처(傷處)들, 자국들, 그리고 낙인(烙印)들을 "내가 지니고 있느니라."

에베소서 주해

에베소는 아시아에서 로마의 속주(屬州)였던 그 지역의 주요 도시였다. 이곳에서 사도바울은 3년 동안 복음을 전했으며(사도행전 20:31), 그리고 그곳으로부터 복음이 속주(屬州) 전역으로 퍼져나갔다(사도행전 19:10). 바울은 에베소 교회를 떠나면서, 밖으로부터의 큰 박해(迫害)에 대해서 뿐만 아니라, 그들 자신 가운데서 나타나게 될 다양한 이단(異端)들과 분파(分派)들에 대해서도 그들에게 미리 경고하였다. 그리고 그런 이유로, 사도바울은 그들을 '그가 전한 교리(敎理)에 확고하게 서게 하기 위해서,' 그들을 '거짓 교사들에 맞서도록 무장(武裝)시키기 위해서,' 그리고 '마음에서 뿐만 아니라 행실(行實)에서도 그들을 사랑과 거룩함에 세워주기 위해서' (같은 시기쯤 기록된 골로새 사람들에게 보내는 편지와 거의 비슷한) 이 서신을 써 보낸다.

사도바울은 자신의 서신들 대부분에서처럼 그들이 복음을 받아들여서 그리고 복음을 고수하는 것에 대하여 하나님께 드리는 감사(感謝)로 이 편지를 시작한다. 이방인들의 모든 지혜(知慧)와 철학(哲學)뿐만 아니라, 모든 유대인의 특전(特典)들도 초월하여, 복음을 받아들여 고수함으로써 그들이 받은 헤아릴 수 없는 축복과 유익을 바울이 보여준다. 그는 우리 주께서 온 '교회의 머리'이시라는 것을 입증해 보인다. 즉, 천사들과 영들의 머리, 곧 큰 승리를 거둔 교회의 머리가 되시며, 그리고 지금은 교전(交戰)중인 교회의 똑같은 지체들인 유대인들과 이방인들의 머리가 되신다. 마지막 세 개의 장에서, 바울은 에베소 신도들의 그리스도인으로서 성격(性格), 특전(特典), 지원(支援), 그리고 책임(責任)에 적합한 다양한 의무(義務)들, 곧 '시민적 의무'와 '종교적 의무,' '개인적인 의무'와 '관계적인 의무'를 그들에게 권고한다.

에베소서의 구성

Ⅰ. 제사(題詞) 1장 1절 – 2절

Ⅱ. 애정으로 설명된 교리(敎理), 다음의 내용이 담겨있다.

1. 복음의 축복 전체에 대하여 하나님께 찬양, 3절 – 14절
   성도들을 위한 감사로, 그리고 성도들을 위한 기도로, 15절 – 2장 10절

2. 그들이 한 때 비참한 상태였으나, 지금은 행복한 상태에 관하여,
좀 더 특별한 책망, 11절 – 22절
그들이 확고하게 세워지기를 위한 기도, 3장 1절 – 19절
송영(頌詠) 20절 – 21절

Ⅲ. 권고(勸告)

1. 그들이 부르심 받을 자격에 맞게 걷기 위한 일반원칙,
   (1) 성령의 연합, 그리고 성령의 다양한 은사들, 4장 1절 – 16절
   (2) 그들의 이전 상태와 그들의 현재 상태 사이의 차이, 17절 – 24절
2. 세부적인 사항들
   피해야 할 것,
   (1) 거짓말, 25절
   (2) 분노, 26절 – 27절
   (3) 도둑질, 28절
   (4) 부패한 의사소통, 29절 – 30절
   (5) 쓴 뿌리, 31절 – 5잘 2절
   (6) 부정함, 3절 – 14절
   (7) 술 취함, 15절 – 21절
   반대되는 덕목에 대한 칭찬으로,
   의무를 실행할 것,
   (1) 아내와 남편으로서, 22절 – 33절
   (2) 자녀와 부모로서, 6장 1절 – 4절
   (3) 하인과 주인으로서, 5절 – 9절
   (4) 마지막: 영적 전투를 싸우기 위하여, 10절 – 20절

Ⅳ. 결구(結句) 21절 –24절

에베소서 1장

1:1 하나님의 뜻으로 – 나 자신의 어떤 공로(功勞)로 하지 않고, **에베소에 있는 성도들에게** – "에베소에 있는 성도들에게" 그리고 인접한 모든 지역들에 있는 "성도들에게." 왜냐하면 이 서신은 단지 에베소 신도들에게만 보낸 것이 아니라, 마찬가지로 아시아에 있는 모든 다른 교회에도 보낸 것이다.

1:3 우리에게 복을 주셨으니, 하나님 곧 우리 주 예수 그리스도의 아버지를 찬송하리로다. – 하나님께서 우리에게 모든 영적인 복(福) 그리고 하늘의 복(福)을 부어주실 때, 하나님이 "우리에게 복을 주셨으니." 우리가 하나님을 찬양(讚揚)하는 것은 하나님의 본질적인 복(福)에 대해서 뿐만 아니라, 하나님이 우리에게 부어주시는 복(福)에 대해서도, 우리가 엄숙(嚴肅)한 고백을 그리고 감사(感謝)로 넘치는 고백을 하나님께 드리는 것이다. 하나님은 인간이자 중재자로서 "우리 주 예수 그리스도의 하나님"이시며, 또한 기본적으로, 예수 그리스도의 신적(神的) 본성에 관하여, 그리고 두 번째로, 하나님과 개별적으로 연합된 예수 그리스도의 인간(人間) 본성에 관하여, 하나님은 우리 주 예수 그리스도의 아버지이시다. **하늘의 처소들에 있는 모든 영적인 복으로** – 그것들의 본성(本性), 원형(原形), 그리고 성향(性向)에 있어서 하늘에 속하며, 그리고 장차 하늘나라에서 완성될 모든 영적인 복(福)의 방식으로. 그 영적인 복들은 유대인들의 외적인 특전(特典)들과 그들이 메시야로부터 기대했던 땅의 복(福)과는 크게 다르다.

1:4 우리를 택하셨으며 – 유대인들 "택하셨을" 뿐만 아니라, 이방인들도 "택하셨으며." 왜냐하면 그리스도를 믿는 것으로써 (택하심을) "하나님 아버지께서 미리 아셨기" 때문이다.(베드로전서 1:2)

1:5 우리를 예정(豫定)하사 예수 그리스도를 통해 자신의 아이로 입양(入養)하심으로써 – 그 후에 믿음을 가진 모든 사람은 하나님의 '아들'이 되며, 또한 그리스도와 '공동상속자'가 되는 위엄(威嚴)을 누리도록 미리 정하셨다. **자신의 크게 기뻐하시는 뜻에 따라** – 그리스도를 믿게 될 모든 사람에게, 그리고 단지 그들에게만 이러한 복(福)을 부여하시려는, 하나님의 자유(自由)롭고, 확고(確固)하며, 변경(變更)할 수 없는 목적(目的)에 따라.

1:6 자신의 은혜의 영광을 찬양하게 하셨느니라. – 우리들의 어떠한 공로(功勞)도 없이, 자신의 영광스럽고, 자유로운 사랑을 "찬양(讚揚)하게 하셨느니라."

1:7 그 사랑하시는 자 안에서 우리가("그분에 의해서 우리가," KJV) – 믿는 우리는 우리가 믿는 순간부터 죄의 죄책과 죄의 권세로부터 "구속(救贖)"을 "가진다." **그분의 피를 통해** – 그리스도께서 우리를 위해 실행(實行)하시고, 또한 우리를 위해 고통(苦痛)당하신 것을 통해, **그분의 풍성한 은혜를 따라** – 풍성하게 흘러넘치는 하나님의 방해받지 않는 자비(慈悲)와 은총(恩寵)에 따라.

1:8 모든 지혜 – 우리를 위한 구원 계획 전체에서 하나님께서 드러내 보이신 "모든 지혜," (그리고) **분별**(分別) – 하나님께서 우리 안에 빚어주신 것. 그래서 우리가 하나님의 모든 용인(容認)될 수 있는 완전(完全)한 뜻을 알 수도 있으며, 또한 그 뜻을 실행할 수도 있다.

1:9 우리에게 알려 주셨으니 – 하나님의 '말씀'에 의해서, 그리고 하나님의 '영(靈)'에 의해서 "우리에게 알려 주셨으니," **자신의 뜻의 신비** – 단지 하나님의 주권적인 뜻에 달린 "자신의 뜻의 신비 (神祕)," 곧 믿음으로 얻는 구원(救援)에 대한 은혜로운 계획(計劃). 이것은 율법 아래에서 단지 희미하게 드러나서, 지금은 믿음이 없는 자들로부터 전적으로 감추어져 있으며, 그리고 심지어 참된 신자들의 모든 지식을 초월(超越)하는 높이와 깊이를 가지고 있다.

1:10 이것은 충만한 때의 경륜 안에서 – 정(定)해진 때가 다 찾을 때 일어나는 하나님의 충만한 은혜(恩惠) 가운데 이러한 마지막 "경륜(經綸) 안에서," **그리스도 안에서 하나로 다 함께 하나로 모으려 하심이라.**("그리스도 안에서 곧 그분 안에서," KJV) – 다시 그들 공동의 머리이신 그리스도 아래로 재현(再現)하고, 재통합(再統合)하며, 그리고 제자리에 두려 "하심이라." **모든 것, 즉 하늘에 있는 것들과 땅에 있는 것들을** – 주 안에서 살아있거나, 혹은 주 안에서 죽은, 모든 천사들과 사람들을.

1:11 우리가 그분을 통하여("그분 안에서," KJV) – 유대인들이 "그분을 통하여," **또한** (그분 안에서) **상속 유업을 얻었으니** – 하늘에 있는 가나안의 영광스러운 유업(遺業)을 "얻었으니." 우리가 신자가 되었을 때, 그 유업에 대해서 우리는 "예정(豫定)되어" 있었다. **모든 것을 자신이 뜻하신 계획대로 이루시는 분의 목적**(目的)**에 따라** – 그 변경될 수 없는 칙령(勅令), 곧 "믿는 자는 구원(救援)을 얻을 것이다."에 따라. 그 "뜻"은 임의적(任意的)인 뜻이 아니라, 하나님 본성의 "정확(正確)함"으로부터 흘러나오는 "뜻"이다. 그렇지 않다면, 무슨 보장(保障)이 있어서, 심지어 "택정(擇定)함을 입은 자들"에게조차 자신의 말씀을 지키는 것이 자신의 "뜻"이 될 수 있을 것인가?

1:12 우리가 – 유대인들이, **먼저 신뢰한** – 이방인들보다 "먼저 신뢰(信賴)한." 유대인들의 일부가 모든 곳에서 이방인들보다 "먼저 신뢰했다." 여기에 진정한 복음에 대한 예정(豫定)에 있어서 또 하나의 분야가 있다. 즉, 믿는 자는 단지 구원(救援)을 위해 택정(擇定) 받았을 뿐만 아니라, (만약 그가 끝까지 인내(忍耐)한다면,) "그분의 영광을 찬양(讚揚)하게 하기 위해서" 거룩하게 걷도록 하나님께 미리 정해놓은 것이다.

1:13 그분 안에서 너희도 – 이방인(異邦人)들도, **복음을 들은 뒤에 그분을 신뢰하였고** – 하나님께서 "너희의 구원"의 수단으로 만드신 "복음을 들은 뒤에 그분을 신뢰하였고," **너희가 믿은 뒤에 그분 안에서** – 아마도 그들이 처음으로 믿음을 가진 후 한동안 있다가, "그분 안에서," **약속의 저 거룩하신 영으로 봉인되었느니라.** – 그분의 성품(性品)에 있어서 뿐만 아니라, 그분의 활동(活動)에 있어서도 거룩하시며, 그리고 하나님의 모든 자녀에게 약속된 "영(靈)으로 봉인되었느니라." 봉인(封印)이 의미

하는 바는, 첫째, 그들의 영혼 위에 하나님의 형상(形像)을 완벽하게 각인(刻印)시키는 것, 둘째, 시간(時間)에 관련되든지, 혹은 영원(永遠)에 관련되든지, 모든 약속(約束)들을 받아들였다고 온전하게 확신(確信)하는 것이다.

1:14 그러므로 우리를 봉인한 **이 영께서는 보증**(保證)**이 되사** – 우리의 상속 유업(遺業)에 대한 담보(擔保)와 미리 맛보기가 "되사," **값 주고 사신 그 소유물이 구속을 받기까지** – 그분이 자기 자신의 피로 사신 교회(敎會)가 죄와 슬픔으로부터 온전히 구원받아서, 영원한 영광으로 나아갈 때까지, **그분의 영광을 찬양하게 하시느니라.** – 그분의 영광스러운 지혜(知慧), 권능(權能), 그리고 자비(慈悲)를 "찬양하게 하시느니라."

1:15 너희의 믿음과 사랑에 대해서 들은 뒤에 – 다시 말해서, 너희의 인내와 그 가운데 (수적) 증가(增加)에 "대해서 들은 뒤에."

1:16 (나는) **그치지 아니하고** – 하나님께 드리는 나의 모든 엄숙(嚴肅)한 간구(懇求)에서 "그치지 아니하고," **기도할 때에 너희에 관하여 말하며, 너희로 인해 감사드리는 것을** – 바울은 모든 교회(敎會)들에 대해서도 기도(祈禱)하였다(골로새서 1:9).

1:17 **그리스도**의 얼굴에서 빛나는 그렇게 무한한 **영광의 아버지**, 그분으로부터 또한 우리는 영광스러운 상속 유산을 받는다(18절). **지혜와 계시의 영을 너희에게 주사** – '약속의 영'인 바로 그 영(靈)이 또한 신실한 자들의 진보에 있어서 "지혜(知慧)와 계시(啓示)의 영(靈)"이다. "지혜와 계시의 영"이 신실한 자들로 하여금 구원(救援)을 향하여 지혜롭게 만들며, 그리고 그들에게 하나님의 깊은 것들을 "계시한다." 바울은 여기에서 모든 참된 그리스도인들에게 공통이 되는 그 지혜(智慧)와 계시(啓示)에 대해서 언급하고 있다.

1:18 너희의 지각의 눈을 – 단지 "지각(知覺)의 눈으로," 우리는 하나님의 일들을 분간(分揀)한다. 먼저 **열려지게 하고,** 그다음에 **밝히사**(밝혀지게, KJV) – 그분의 영으로, 열리게 하고, "밝히사," **그분의 부르심의 소망이 무엇인지** (너희가 알게, 19절) – 하나님께서 당신의 말씀과 영으로 너희를 부르셔서 소망(所望)하게 하신 복(福)이 무엇인지, 너희들은 시험적으로 그리고 기쁜 마음으로 잘 알고 있다. (그리고) **성도들 안에 있는 그분의 상속 유업의 영광이 얼마나 풍성하며** – 하나님께서 거룩한 영혼들을 위하여 상속(相續) 유업(遺業)으로 주신 복(福)은 얼마나 엄청난 보물인가!

1:19 (그리고) **믿는 우리에게 베푸신바, 그분의 지극히 큰 권능이 어떤 것인지** – 죽어 있는 우리의 영혼들을 살리시는 데 있어서 뿐만 아니라, 그 영혼들을 영적인 생명 안에 보존(保存)해주시는 데 있어서, "그분의 지극히 큰 권능(權能)이 어떤 것인지," (하나님께서 그리스도 안에서 행사(行使)하셔서, 그분을 죽음에서 살리신) **권능의 활동을 통하여** – 그것으로 그리스도를 부활하게 하신 바로 그와 똑같은 전능(全能)하신 권능에 의하여. 왜냐하면 그 권능보다 못한 어떤 것으로도 충분치 못할 것이기 때문이다.

1:20 그분께서 자신의 오른편에 앉히실 때에 – 다시 말해서, 하나님께서 인간 본성

(本性)을 입으신 그리스도를 그의 고통에 대한 보상(報償)으로서 모든 가능한 축복(祝福), 위엄(威嚴), 그리고 영광(榮光)을 마음껏 영원히 소유하도록 높이셨다.
1:21 모든 정사와 권능과 강력과 통치보다 훨씬 위에 두시고 – 다시 말해서, 하나님께서 지옥에 있는 모든 마귀(魔鬼)들과 하늘에 있는 모든 천사(天使)들에 대하여, 그리고 이 땅 위에 모든 군주(君主)들과 강한 통치자(統治者)들에 대하여, 막강한 권위(權威)를 그분에게 부여(附與)하셨고, (그리고) **불리는 모든 이름**(보다 훨씬 위에 두시고) – 비록 우리가 그의 궁정에 있는 모든 관리들을 명명(命名)할 수는 없지만, 우리는 '그 왕(王)이 모든 것들 위에 계신다'라는 것을 잘 알고 있다. 따라서 비록 우리가 그의 모든 백성을 명명할 수는 없더라도, 우리는 '그리스도가 모든 것들 위에 계신다'라는 것을 잘 알고 있다. **이 세상뿐만 아니라 오는 세상에서** – 그 "오는 세상"은 그것이 아직 존재하지 않기 때문이 아니라, 그것이 아직 보이지 않기 때문에 그렇게 명명된 것이다. "정사(政事)와 권능(權能)"은 지금 그렇게 부르고 있다. 그러나 "이 세상에서"는 심지어 명명되지도 않지만, 그러나 "오는 세상에서" 드러나게 될 것들도 역시 모두 그리스도의 통치(統治)를 받는다.
1:22 (그리고) **그분을 모든 것 위에 머리가 되게 하사, 교회를 위해 주셨느니라.** – 교회 전체와 교회의 각 구성원에 대한 인도(引導)와 통치(統治)에서뿐만 아니라, 마찬가지로 교회 전체와 교회의 각 구성원에 대한 생명(生命)과 영향력(影響力)에서도 "머리가 되게 하사, 교회를 위해 주셨느니라." 이러한 모든 구성원이 그리스도와 가장 가까운 연합(聯合) 속에 서 있으며, 그리고 자연적인 몸이 그 머리로부터 그러한 것처럼, 그리스도로부터 '활동(活動),' '성장(成長),' 그리고 '힘'에 대한 계속적이며 효과적인 소통(疏通)을 나눈다.
1:23 모든 것 안에서 모든 것을 충만하게 하시는 분의 충만 – 이것이 어떤 의미로 교회에 대해서 언급될 수 있는지 말하는 것은 어려운 일이다. 그러나 만약 우리가 그것을 하나님 아버지의 "충만(充滿)"이신 그리스도께 회부(回附)한다면, 그 의미가 쉬우며 또한 자연스럽다.

에베소서 2장

2:1 또한 그분께서 너희를 살리셨도다. – 1장 19절과 20절에서, 사도바울은 그것에 의해서 그리스도를 죽음에서 살리신 그와 같은 전능하신 권능으로, 그들 안에서 일하시는 하나님에 대해서 언급했다. 그가 충만한 마음으로 이것에 대해서 언급하자마자, 사도바울은 이어지는 세 개의 절에서 고양(高揚)된 그리스도의 영광(榮光)에 관하여 거침없이 쏟아져 나오는 생각 속으로 빠져들어 간다. 그는 여기에서 자신이 하는 담화(談話)의 맥락(脈絡)을 재개한다. **죽었던** – 단지 병에 걸린 것이 아니라, 죽었던, 전적으로 영적인 삶이 결여(缺如)된, 그리고 문자 그대로, 사람들이 죽은 것처럼, 너

희 자신을 살아나게 할 수 없는, **범법과 죄들 가운데서** – "죄(罪)"는 주로 하나님을 알지 못하는 이방인들에 대해 언급되었던 것처럼 보인다. "범법(犯法)"은 자신의 율법(律法)을 가졌지만, 그것을 존중하지 않는 유대인들에 대해 언급되었던 것처럼 보인다(**5절**). 여기에 "범법"은 육신(肉身)에 순종하며, 그리고 "죄"는 "공중의 권세 잡은 통치자(統治者)"(**2절**)에게 순종한다.

2:2 이 세상의 행로를 따라 – "행로(行路)"로 번역된 단어는 일련의 긴 시간을 의미하는 것이 적절하다. 거기에서 타락한 시대들이 계속해서 이어졌다. **공중의 권세 잡은 통치자를 따랐으니** – 비록 모든 사람들이 공중(空中)의 권세(權勢)의 대의명분(大義名分)을 이해하지 못하지만, 모두가 공중의 권세가 미치는 영향(影響)을 알아차릴 수 있다. "권세"는 말할 수 없을 정도로 관통(貫通)하며 그리고 널리 확산(擴散)된다. 그러나 신자들의 십자가 보주(寶珠) 밑에 권세에 관한 사악한 영향들이 있다. 악한 영들은 하나의 우두머리 아래에, 즉 공중에 있는 그 통치영역의 좌석 아래에 있다. 여기에서 그 우두머리 영은 때때로 폭풍(爆風)을 일으키고, 때때로 환영(幻影) 같은 표현을 만들며, 그리고 계속해서 이리저리 배회(徘徊)하고 있다. **지금 활동하는 영이라.** – 강력한 권능으로 "지금 활동하는 영이라." 그리고 그 영은 과거에도 활동했으며, 그리고 모든 시대에 활동(活動)한다. **불순종**(不順從)**의 자녀들 가운데서** – 복음을 믿지 않는 모든 사람, 그리고 복음에 순종하지 않는 모든 사람 "가운데서."

2:3 지나간 때에는 우리도 다 그들 가운데서 우리 육신의 욕심 안에서 생활하며 – 역겹고, 야만적인 죄 안에서 "생활(生活)하며," **육신과 생각의 욕망을 이루어** – 영적이고 악마 같은 사악(邪惡)함으로 "육신(肉身)과 생각의 욕망(慾望)을 이루어." **2절**에서 "육신"은 악한 본성 전체를 가리킨다. **본래 진노의 자녀들이었으나** – 다시 말해서, 우리의 자연적인 상태에서는, "본래 진노의 자녀들이었으나," **진노의 자녀들** – "심지어 이방인들처럼"("다른 사람들과 같이" KJV) 하나님의 진노(震怒)가 우리에게 머물게 함으로써. "본래(本來)"라는 표현은 또한 갈라디아서 4장 8절과 로마서 2장 14절, 그리고 로마서 11장에는 세 번 등장한다. 그러나 고인이 된 한 작가가 확언(確言)한바, 그러한 구절들 어디에서도 "본래"가 "관습(慣習)상" 혹은 "실행(實行)으로" 혹은 "관행적(慣行的)으로"를 의미하지 않는다. 왜냐하면 그들이 관습적으로 죄를 범하는 것을 이 구절 앞부분에서 이미 표현했었음으로, "본래"를 사용한 것이 바울 사도로 하여금 역겨운 동어반복(同語反覆)을 범하게 만들 수 있기 때문이다. 그러나 이러한 모든 구절이 언급된 사람들의 "본성(本性)"에 속하는 것으로 표현하는 데 있어서 일치(一致)한다.

2:4 긍휼(矜恤)은 고통(苦痛)을 제거하며, **사랑**은 구원(救援)을 부여한다.

2:5 (그분이) **우리를 그리스도와 함께 살리셨고** – 그리스도를 따라서, 그리고 그리스도와 우리의 연합(聯合)에 의해서, "우리를 살리셨고," **너희가 은혜로 구원을 받았느니라.** – 은혜(恩惠)는 처음일 뿐만 아니라, 마지막이다. (유대인들과 이방인들이 본성(本

性)에 의해서 뿐만 아니라, 은혜에 의해서도 같은 상황에 있기 때문에, 바울사도는 첫 번째 사람에게 있어서나, 혹은 두 번째 사람에게 있어서 차별(差別) 없이 말한다.) 이 문장은 영적인 자만심(自慢心)과 우리 자신을 자랑하는 모든 것을 근절(根絕)시킨다. 그러므로 사도바울은 은혜를 받기에는 인간이 뒤떨어진다고 예견(豫見)하면서, 그러나 은혜가 받아들여져야 하는 절대적인 필요성을 깨닫고서, 다시 8절에서 똑같은 말로 그 똑같은 진리를 주장한다.

2:6 또 우리를 함께 일으키사 – 유대인들뿐만 아니라, 이방인들도 이미 영(靈)으로 "함께 일으키사," 그리고 머지않아 우리의 몸들도 또한 일으키실 것이다. (그리고) **우리를 하늘의 처소들에 함께 앉히셨으니** – 이것은 기대(期待)에 맞춰 언급된 것이다. 신자들은 아직 하늘나라에 그들의 "처소(處所)"를 소유하지 못했다. 그러나 그들은 각자 자신을 위해서 준비된 "처소(處所)"를 가지고 있다.

2:7 다가오는 시대들 – 다시 말해서, 계속되는 모든 "시대들."

2:8 너희가 믿음을 통해 은혜로 구원을 받았나니 – "은혜"는 인간의 받을 자격(資格)에 대한 어떤 사항도 고려하지 않고 영광스러운 은사(恩賜)를 부여한다. "믿음"은 빈손으로 그리고 개인적인 공적(功績)에 대해 어떤 위장(僞裝)도 없이 그 하늘의 축복을 받는다. (그런데) **이것은(그것은** KJV) – "이것은 너희 자신에게서 난 것이 아니요," **이것은(그것은)** – "이것은" 앞에 있는 문장 전체를 언급한다. 즉, "너희가 믿음을 통해 은혜로 구원을 받은" 것은 "하나님의 선물(膳物)이니라."

2:9 행위에서 난 것이 아니니 – 이 믿음도 그리고 이 구원도 너희가 (전에) 행했거나, 혹은 (앞으로) 행할 것이거나, 혹은 행할 수 있는 어떤 행위(行爲)로도 말미암지 않는다.

2:10 (왜냐하면) **우리는 그분의 작품이요** – "그분의 작품(作品)"으로, 구원은 믿음에 의한 것일 뿐만 아니라, 믿음을 하나님의 선물이라는 것을 입증한다. **선한 행위를 하도록 창조된** – 나중에 우리가 그 "선한 행위"에 전념하도록 "창조된," **하나님께서 미리 정하신 것은** – "선한 행위"의 때를 "미리 정하신 것은," **우리가 그 행위 가운데서 걷게 하려 하심이니라.** – 비록 "그 행위(行爲)"로 의롭다 여김 받는 것은 아닐지라도, "우리가 그 행위 가운데서 걷게 하려 하심이니라."

2:11 그러므로 기억하라. – 그러한 기억(記憶)은 믿음을 강하게 하고, 또한 감사(感謝)를 더하게 한다. **너희는 지나간 때에 육체로는 이방인이요,** – "너희는 지나간 때에" 몸에나 혹은 영(靈)에 할례(割禮)를 받지 않은 "이방인이요," **무할례자들이라 불리던 자들이라.** – 비난의 방식으로, "무할례자들이라 불리던 자들이라." **할례라고 불리는 것에 의해** – 자신들을 할례자들이라고 부르며, 또한 이것이 자신들은 하나님의 백성(百姓)이라는 증거라고 생각하고, 그리고 실제로 "손으로 육체(肉體)에 행하는" 외적(外的)인 할례를 받은 사람들에 의해.

2:12 그때에 그리스도 밖에 있었고 – 그리스도를 믿는 믿음이 없었고, 또는 그리스도에 대한 지식(知識)도 없었고, **이스라엘 연방 국가 밖에 있던 외인들이며** – 그들의

현세적인 특전(特典)에 대해서 뿐만 아니라, 영적인 복(福)에 대해서도 "이스라엘 연방국 밖에 있던 외인(外人)들이며," (그리고) **약속의 언약들에서 분리된 낯선 자요** - 유대인의 언약(言約)에 있어서 뿐만 아니라, 그리스도인의 언약에서도 가장 위대한 언약은 '메시아'였다. **소망도 없고** - 그들의 소망의 근거가 되는 약속을 그들이 가지고 있지 않기 때문에, (그리고) **하나님 밖에** 있는 - 참되신 하나님에 대해 전적으로 무지(無知)한, 그러므로 실제적으로는 무신론자(無神論者)인. 자기 자신의 영(靈)으로부터의 가르침으로, 그들이 하나님을 알게 될 때까지, 모든 시대에 모든 사람은 다소간 그런 진리(眞理) 안에 있다. **세상에서** - 그 넓고, 헛된 세상에서. 그곳에서 너희는 거룩하지 못하고 또한 행복하지 못한 채 이리저리 방황(彷徨)했다.

2:13 멀리 떨어져 있던 - 하나님과 그분의 백성으로부터 "멀리 떨어져 있던," **가까워졌느니라.** - 하나님과 그분의 백성과 친밀하게 연합(聯合)되었느니라.

2:14 (왜냐하면) **그분은 우리의 화평이시니라.** - 그분이 화평(和平)을 사셨기 때문에만이 아니라, 그분이 바로 연합(聯合)의 끈이자 중심이기 때문이다. 즉, "그분이 유대인들"과 "이방인들을" 하나의 "교회(敎會)로 만드셨다." 바울사도가 서술하는 내용은, 첫째로, 이방인들의 이스라엘과 결합(結合)(14절, 15절)이며, 그리고 둘째로, 그 둘의 하나님과 결합(結合)(15-18절)이다. 각각의 서술은 두 부분으로 다시 나누어진다. "적대감을 제거하는 것"에 관련된 첫 번째 서술의 전반부는 두 번째 서술의 전반부에 대한 대답이며, 복음적인 "법령"에 관련된 첫 번째 서술의 후반부는 두 번째 서술의 후반부에 대한 대답이다. (그리고) **중간 벽을 허무시고** - 이스라엘의 법정(法庭)을 이방인들의 법정으로부터 분리하는 그 오래된 벽(壁)을 암시한다. 그 벽은 이제 그리스도께서 폐지(廢止)해버리셨던 의식적(儀式的) 율법(律法)이었다.

2:15 자기 육체 속에 **그분의** 고통(苦痛)을 통해서, 유대인들과 이방인들 사이에 **원수**(怨讎) **되게 하는 것**의 원인을, 심지어 의식적인 **명령들의 율법**(律法)조차도 **없애셨으니, 그분의 법령을 통하여**("규례들에 수록된" KJV) - "그분의 법령(法令)"은 모든 사람에게 긍휼(矜恤)을 제시한다. **이 둘을** - 유대인과 이방인을, **하나의 새 사람으로** - 하나의 신비(神祕)스러운 몸으로.

2:16 한 몸으로 - 하나의 교회(敎會)로, **죽이사** - 십자가(十字架)에서 자기 자신의 죽음으로 "죽이사," **그 원수 되게 하는 것을** - 죄인(罪人)들과 하나님 사이에 있었던 "그 원수(怨讎) 되게 하는 것을."

2:17 또 그분께서 오셔서 - 그분이 부활(復活)하신 후에, "오셔서," (그리고) **화평을 선포하셨느니라.** - 그분의 사역(事役)으로, 그리고 그분의 영(靈)으로, **너희에게** - 이방인들에게, **멀리 떨어져 있던** - 하나님으로부터 가장 멀리 "떨어져 있던," **또 가까이 있던 그들에게** - 비교적 가까이 있었으며, 그분의 보이는 교회인 유대인들에게.

2:18 (왜냐하면) **그분을 통하여 우리 둘이** - "그분을 통하여" 유대인들과 이방인들이, **나아감을 얻나니** - "한 성령"의 인도하심과 도우심으로 "아버지"로서의 하나

님"께로" "나아가는" 자유를 "얻나니." '그리스도,' '성령,' 그리고 '하나님 아버지,' 즉 삼위일체(三位一體) 하나님은 빈번히 그와 같은 순서로 거명(擧名)된다.

2:19 "그러므로 이제 너희는 더 이상 낯선 자도 아니요," 오직 하늘에 있는 예루살렘의 "시민이요," 또한 더 이상 "외국인도 아니요," "하나님의 집안"으로 받아들여졌다.

2:20 또 사도들과 대언자들의 기초 위에 세워진 자들이니라. – "기초(基礎)"가 건물을 지탱해주는 것처럼, "사도들과 대언자들"에 의해서 선포된 하나님의 말씀은 모든 신자들의 믿음을 지탱해준다. 하나님께서는 "사도들과 대언자들"에 의해서 그 기초를 세우셨다. 그러나 "예수 그리스도께서 친히" 그 기초의 "으뜸 모퉁잇돌이 되신다." 다른 곳에서는, 그리스도께서 그 기초 자체로 명명된다(이사야서 28:16, 고린도전서 3:11–12 참조).

2:21 그분 안에서 모든 건물이 꼭 맞게 함께 뼈대를 이루어 – 보편(普遍) 교회(敎會)의 전체 뼈대(골격)가 살아있는 물질로 된 커다란 더미처럼 일어선다. **주 안에서 한 거룩한 전으로** – 그리스도께 바쳐진, 그리고 그리스도께서 거하시는 "거룩한 전(殿)"으로. 그리스도께서는 그 전(殿) 안에서 자신의 임재(臨在)를 드러내시며, 그리고 경배(敬拜)를 받으시고 또한 영광(榮光)을 받으신다. 에베소 사람들의 디아나(달의 여신)의 신전(神殿)이 무엇이기에, 너희가 전에 그녀에게 예배했으며, 지금까지도 예배하는가?

에베소서 3장

3:1 이런 까닭에 – 너희를 그렇게 "함께 세우기" 위해서, **너희 이방인들을 위해 갇힌 자 된 나** – 너희를 유익하게 하기 위해, 그리고 이러한 복에 대한 너희의 권리를 확고히 하기 위해 "갇힌 자 된 나." 바로 이것 때문에 유대인들이 사도바울에 대하여 대단히 격분(激奮)하였다.

3:2 너희를 위해 내게 주신 하나님의 은혜의 경륜을 – 다시 말해서, 특별히 너희 이방인들에게, 은혜로운 복음을 잃지 않으려고 다투라는 위임(委任)을. 그들은 이것은 바울 자신의 입으로부터 직접 들었었다.

3:3 그 신비 – 유대인들에게 뿐만 아니라, 이방인들에게도, 그리스도만으로 얻는 구원(救援)의 "신비(神祕)," **내가 전에 몇 마디 적은 것과 같으니라.** – 즉, 1장 9–10절, 사도바울이 여기에서 반복하고 있는 바로 그 구절의 말씀과 "같으니라."

3:5 다른 시대들에서는 – 이전 "시대들에서는," **사람들의 아들들에게 그것을** 매우 분명하게 혹은 충분하게 **알리지 아니하셨는데** – 어떤 사람에게도 "알리지 아니하셨는데," 게다가, 그렇게 자주 "인자(人子)"라고 불린 에스겔에게도, 또는 고대의 대언자(代言者)들 가운데 아무에게도 "알리지 아니하셨는데." 이 절에서 언급된 대언자들은 신약 시대 대언자들이다.

3:6 이방인들이 공동 상속자가 되고("동료 상속자" KJV) – 하나님에 대한 "공동(共同)

상속자(相續者)가 되고," (그리고) **같은 몸에 속하게 되며** – 머리이신 그리스도 아래 "속(屬)하게 되며," (그리고) **그분의 약속에 참여하는 자가 된다.** – 성령님의 교통(交通)하심에 "참여(參與)하는 자가 된다."

3:7 하나님의 은혜의 선물에 따라 – 다시 말해서, 하나님께서 자비롭게 나에게 부여하셨으며, 그리고 나에게 그것에 대한 자격을 주신 사도(師徒) 직분(職分)에 따라, **그분의 권능이 효력 있게 활동함을 힘입어** – 내 안에서 그리고 나에 의하여, "그분의 권능이 효력 있게 활동함을 힘입어."

3:8 모든 성도 가운데 가장 작은 자보다 더 작은 나에게 이 은혜를 주신 것은 – 이것은 바울 사도가 자기 자신에 대해서 가지고 있었던 지극히 낮은 평가(評價)를 표현하기 위한, 그리고 그리스도 안에 쌓아둔 측량할 수 없는 복의 충만(充滿)함을 표현하기 위한 가장 고상한 유형의 웅변(雄辯)이다.

3:9 이 신비에 참여하는 것이 무엇인지 – 모든 신자들이 연합(聯合)해서 참여하는 그러한 신비스러운 복(福)이 무엇인지, **"나님에 의해서 영원으로부터 감추어져 온 신비**("하나님 안에 세상이 시작된 이후로 감추어져 온 신비" KJV) – 하나님의 사랑을 자유롭게 사용하기 위한 길을 만들기 위해서 "영원(永遠)으로부터 감추어져 온 신비(神祕)," **모든 것을 창조하신** – 하나님께서 "모든 것을 창조하심"은 하나님의 모든 경륜(經綸)의 기초가 된다.

3:10 하나님의 갖가지 지혜를 교회가 알게 하려 하심이라.(교회를 사용하사, 하나님의 갖가지 지혜를 알게 하려 하심이라. KJV) – 교회에서 실행(實行)되는 것에 의해서, "하나님의 갖가지 지혜를 알게 하려 하심이라." 왜냐하면 교회는 하나님의 지혜(知慧)를 보여주는 극장(劇場)이기 때문이다.

3:12 우리가 그분을 믿는 믿음을 통해 확신 있게 자유로운 **나아감을 얻느니라.** 어떤 위엄 있는 총신(寵臣)에 의해서 왕의 바로 앞으로 안내된 그러한 청원자(請願者)들처럼 "나아감을 얻느니라." (그리고) **담대함을 가지고** – 아이들이 너그러운 아버지에게 말을 걸었을 때, 아빠가 불쾌해하실 것이라는 두려움 없이 자신들이 원하는 모든 것을 다 드러내는 담대(膽大)함을 가지고," 또한 아이들의 너그러운 아버지에게 모든 요청사항을 알릴 때, 아이들이 사용하는 그렇게 거리낌 없이 말하는 자유(自由)를 "가지고."

3:13 낙심(落心)하지 않는 것이 **너희의 영광(榮光)이니라.**

3:15 그분께 – 우리 주 예수 그리스도의 아버지께(**14절**), "하늘에" 있는 천사들의 "온 가족이" 하늘에서 낙심하며, 그리고 "땅에 있는" 자녀들에게 "이름을 주신다." 즉, ("아브라함의 자녀들"보다 더욱 존귀한 이름인) "하나님의 자녀들"이 되며, 그리고 그 온 가족의 아버지로서 "그분께" 의지(依支)한다.

3:16 자신의 영광의 풍성함 – 하나님의 영광스러운 지혜(知慧), 권능(權能), 그리고 긍휼(矜恤)의 엄청난 충만(充滿)함. **속사람** – 영혼(靈魂).

3:17 거(居)하게 하시고 – 다시 말해서, 끊임없이 그리고 지각(知覺)할 수 있게 머무르시고.
3:18 뿌리를 내리고 터를 잡아 – 다시 말해서, "사랑 안에서" 깊이 고정(固定)되며, 그리고 견고(堅固)하게 세워져서, **깨닫고** – 사람의 생각으로 깨달을 수 있는 데까지 "깨닫고," **그리스도의 사랑의 너비가 어떠함을** – 온 인류(人類)를 품으시는 "그리스도의 사랑," (그리고) **깊이** – 어떤 피조물(被造物)도 헤아릴 수 없는 "깊이," (그리고) **높이** – 어떤 적(敵)도 도달(到達)할 수 없는 "높이."
3:19 (그리고) **알아** – 그러나 사도바울은 자기 자신을 바로잡고, 그리고 "그리스도의 사랑"을 충분히 "알 수" 없다고 즉시 말한다. 다만 우리가 아는 것은 **그리스도의 사랑이** – "모든 지식(知識)을 뛰어넘는다"라는 것이다. **충만하게 되기를** – "충만(充滿)하게 되는" 것이 모든 것의 총화(總和)이다. **하나님의 모든 충만하심으로** – 하나님의 빛, 사랑, 지혜, 거룩함, 권능, 그리고 영광으로. "완전(完全)"은 단지 죄로부터의 자유(自由)를 훨씬 뛰어넘는 것이다.
3:20 이제 그분에게 – 마치 그것들이 하나님이 주시는 감당(堪當)할 수 없는 일인 것처럼, 혹은 우리가 하나님으로부터 기대하는 버거운 일인 것처럼 "이제 그분에게." 바울사도가 기도해오고 있었던 큰일들에 부딪혀서 우리가 휘청거리지 않도록, 이 송영(誦詠)은 우리의 믿음을 강화(强化)시키기 위해서 훌륭하게 개작(改作)되었다. **능히 행하실** – 이것은 매우 아름다운 점층법(漸層法)이다. 하나님께서 우리에게 "심히," 게다가 "넘치는" 복을 주셨을 때에도, 우리는 여전히 더 많은 것을 "구할" 것이다. 그리고 하나님께는 그것을 위해 "일하(시)는 권능"이 있으시다. 그러나 우리는 우리가 구한 것보다 더 많은 것을 "생각할" 수 있다. 하나님께는 이것을 위해서도 "일하는 권능"이 있으시다. 게다가, 이 모든 것 위에, 즉 "우리가 구하는 것 이상으로," 그리고 우리가 "생각하는" 것 "이상으로," 아니, "모든 것 이상으로, 심히 넘치게 일하(시)는 권능"이 있으시다. 그래서 우리는 구할 수 있고, 혹은 생각할 수 있다.
3:21 교회 안에서 – 땅에 있는 "교회 안에서." 또한 하늘에 있는 "교회 안에서."

에베소서 4장

4:1 그러므로 주의 갇힌 자 된 내가 – 주를 위하여 그리고 너희를 위하여 "갇힌," 즉, 바울이 그들 가운데 전한 복음(福音)을 위하여 "갇힌 자 된 내가." 그러므로 이것은 그들로 하여금 그들 자신의 순종(順從)함으로 "갇힌 자 된" 사도바울을 위로(慰勞)하기 위한 강력한 동기(動機)였다.
4:3 성령이 하나 되게 하신 것을 힘써 지키라. – 성령의 열매인 서로 연합(聯合)한 것, 그리고 서로 조화(調和)로운 "것을 힘써 지키라." "화평(和平)의 매는 띠"는 사랑이다.

4:4 한 몸이 있고 – 보편(普遍) 교회(敎會), 곧 온 세상에 있는 모든 신자(信者)들, **한 성령, 한 주, 한 하나님 아버지**("한 성령, 한 주, 한 믿음, 한 세례" KJV) – 항상 복되신 삼위일체(三位一體), **한 소망** – 하늘에 속한 "한 소망(所望)."
4:5 외적인 **한 세례**(洗禮).
4:6 한 하나님 그리고 모든 것의 아버지 – 믿음을 가진 "모든 것(사람)의 아버지," **그 분께서는 모든 것 위에 계시고** – 모든 자녀를 주관(主管)하시고, 그리스도에 의하여 그 자녀들을 통해 "모든 것"을 운행(運行)하시며, 그리고 그분의 영(靈)으로 "모든 것 안에" 거(居)하시고.
4:7 그리스도의 선물의 분량대로 – 그리스도께서 각 사람에게 기꺼이 주시는 것에 따라.
4:8 그러므로 그분께서 이르시기를, – 다시 말해서, 하나님께서 다윗을 통해 말씀하신 것에 관련하여 "이르시기를," **그분께서 높은 곳으로 올라가실 때에 포로(捕虜)로 사로잡힌 자들을 사로잡아 이끄시고** – 그리스도께서는 전에 세상 사람들 모두를 노예로 삼았던 모든 적(敵)들, 곧 '사탄,' '죄,' 그리고 '죽음'을 이기셨다. 이것은 '그들이 정복한 사람들을 쇠줄로 묶어서 자신들의 뒤에서 따라오게 했으며, 그리고 그들이 승리하고 돌아왔을 때 매번 백성들에게 기증품을 나누어주었던' 고대 정복자들의 관행(慣行)을 암시한다. 그래서 그분이 **사람들에게 선물(은사)들을 주셨도다.** – 성령(聖靈)의 일반적인 "은사(恩賜)들"뿐만 아니라, 특별한 "은사들도 주셨도다."
4:9 이제 그분께서 올라 가셨다는 말은 곧 그분께서 내려가신 것이 아니면 무엇이냐?(**이제 그분께서 올라 가셨은즉, 그것은** KJV) – 다시 말해서, 그분께서 먼저 내려오셨다는 것을 의미하지 않느냐? '하나님이 되셨다'는 추정(推定)에 근거하여, 분명히 그것을 의미한다. 그렇지 않았다면, 그것을 의미하지 않을 것이다. 왜냐하면 비록 성도들 가운데 아무도 죽은 뒤에 내려오지 않았지만, 모든 성도들이 하늘로 올라갈 것이기 때문이다. **땅의 더 낮은 부분으로** – '자궁(子宮)'이 그렇게 불리며(시편 139:15), 또한 '무덤'이 그렇게 불린다(시편 63:9).
4:10 내려가신 그분께서 – 그러므로 놀라울 정도로 자기 자신을 낮추신 "그분께서," **올라가신 바로 그분이시니** – 그렇게 높이 높여지신 "바로 그분이시니," **그분께서 모든 것을 충만하게 하려 하심이라.** – 온 교회를 그분의 영, 임재, 그리고 활동으로 "충만하게 하려 하심이라."
4:11 (**그리고**) 그분이 거저 주시는 다른 은사들 가운데 **그분께서 더러는 사도(師徒)로 주셨으니** – 그분의 주된 사역자(使役者)들이자 특별한 증인(證人)들을 "사도로 주셨으니," 그들은 그리스도께서 부활하신 후, 그분을 만났으며, 또한 그분으로부터 직접 자신들의 위임(委任) 명령을 받았기 때문이다. (그리고) **더러는 대언자로 더러는 복음 전도자로** – "대언자(代言者)"는 다가올 일들에 대해서 증언(證言)한다. 그리고 "복음(福音) 전도자(傳道者)"는 주로 어떤 사도들이 복음을 전하기 전이나 후에 복음을

전함으로써 지난 일들에 대해서 증언한다. 이러한 모든 은사들은 특별한 직분(職分)들이다. 보통의 직분들은 "더러는 목사(牧師)로 주셔서" 그들의 여러 양떼들을 보살피며, 그리고 "더러는 교사(教師)로" (목사들과) 똑같은 지위에 속하든 혹은 더 낮은 지위에 속하든 필요한 경우마다 그들을 돕는다.

4:12 이 절에서는 '사역자들의 직분'에, 다음 절에서는 '성도들의 목표'에, 그리고 14-16절에서는 '은혜 안에서 성장하는 방법'에 주목한다. 이러한 것들 각각에는 똑같은 지위에 있는 세 가지 부분들이 포함되어있다. **성도들을 완전하게 하고** – 숫자에 있어서 뿐만 아니라, 그들의 다양한 은사들과 은총들에 있어서 "성도들을 완전하게 하고," **섬기는 일을 하게 하며** – 그들의 다양한 직무(職務)에 있어서, "그리스도의 몸을 세우기 위하여" 하나님과 하나님의 교회를 "섬기는 일을 하게 하며."

4:13 마침내 우리가 다 – "마침내 우리가 다" 그리고 우리 각자가, **믿음과 하나님의 아들을 아는 것에서 하나가 되어** – 기독교 교리(教理)에 있어서 뿐만 아니라, "하나님의 아들"로서 그리스도에 대한 경험적(經驗的)인 지식에 있어서 정확한 일치(一致)를 위해 "하나가 되어," **완전한 사람에 이르고** – '이해(理解)'에 있어서 뿐만 아니라, '능력(能力)'에 있어서도 영적(靈的) 성인(成人)의 상태에 "이르고," **그리스도의 충만하심의 장성한 분량에까지 이르리니** – 그리스도로 충만하게 될 연령(年齡)과 영적인 신장(身長)의 성숙(成熟)함에까지 "이르리니," 그래서 그리스도께서는 모든 것 중에 모든 것이 되실 것이다.

4:14 이리저리 흔들려 – 심지어 바람이 없을 때도, 그 안으로부터 "이리저리 흔들려," (그리고) **바람에 밀려다니지 아니하고** – 바람처럼 불안정한 다른 사람들에 의해서 공격받았을 때, 밖으로부터 "밀려다니지 아니하고," **사람들의 속임수로 말미암아** – 헬라어 단어의 의미로, "주사위를 속여 굴림"으로써.

4:15 그분 안에 – 그분의 형상(形像)과 그분의 영(靈) 안에, 그리고 그분과 완전(完全)한 연합(聯合) 안에.

4:16 그분으로부터 신비스러운 "**온몸이 꼭 맞게 함께 결합되고** – 모든 각 부위(部位)가 서로에게 맞추어지고, 또한 서로에게 조정(調定)되고, 그리고 매우 정확하게 전체와 조화(調和)되고, (그리고) **들어차서** – 극도의 견고(堅固)함으로 함께 밀접하게 결합(結合)되고, 또한 함께 접합(接合)되어서, **모든 마디가 공급하는 것에 의해 자라게 하여** – 또는 "모든 마디"의 상호 도움을 받아 "자라게 하여," **각 부분의 분량 안에서의 효력 있는 일에 따라** – "각 부분의 분량 안에서" 전체에 대한 지원(支援)과 전체의 성장(成長)을 위하여 모든 지체 각각에 "따라." 여러 가지 인대(靭帶)에 의해 밀접하게 결합하고, 또한 머리에서부터 모든 부위까지 전달하는 혈관(血管)을 갖춘, 다른 마디들과 지체들로 구성된 인간의 몸에 대한 아름다운 암시(暗示).

4:17 그러므로 내가 이것을 말하며 – 바울 사도는 1절에서 시작했던 곳으로 돌아간다. (그리고) **주 안에서 증언하노니** – 주 예수님의 이름으로, 그리고 주 예수님의

권위(權威)로 "증언(證言)하노니," **다른 이방인들이 헛된 생각 속에서** – 참되신 하나님에 대한 지식(知識)을 잃었다(로마서 1:21). 이것이 모든 악(惡)한 걸음의 근원(根源)이다.

4:18 자기들 속에 있는 무지(無知)함으로, 그들은 지각(知覺)이 어두워졌으며 – 그래서 그들에게는 '하나님의 빛'이 전적으로 결여(缺如)되어있다. 또한 그들에게는 '하나님의 뜻'에 대한 지식(知識)도 없다. **하나님의 생명에서 떨어져 있도다.** – 하나님에 대해, 즉 영적인 삶에 대해 완전히 낯선 자들이다. **그들의 마음이 강퍅하므로 인해**("자기들 마음의 눈먼 것으로 인해" KJV) – 굳은살이 생기고 또한 무감각하므로 인해. 그리고 감각(感覺)이 없는 곳에는, 생명(生命)도 있을 수 없다.

4:19 그들이 감각을 지나쳐 – 실제로 "고통의 감각(感覺)을 지나쳐"를 의미하는 그 헬라어 말이 유별나게 중요하다. 고통(苦痛)은 그 환자에게 치료법을 찾으라고 강력히 촉구한다. 왜냐하면 고통이 없는 곳에서는, 치료법에 대해서 전혀 생각하지 않기 때문이다. **자기를 내주고** – 그들 자신을 위하여, 아무런 대가 없이 "자기를 내주고." "색욕(色慾)"은 단지 "부정(不淨)함"의 한 가지이다. 왜냐하면 그것이 "온갖" 종류의 불결(不潔)함을 의미하기 때문이다.

4:20 (그러나) **너희는 그리스도를 그렇게 배우지 아니하였느니라.** – 다시 말해서, 너희는 이런 식으로 행동(行動)할 수 없다, 즉 이제 너희는 그리스도를 알고 있다. 왜냐하면 너희가 기독교 복음은 전혀 어떤 죄(罪)도 허용하지 않는다는 것을 알고 있기 때문이다.

4:21 너희가 그분의 말씀을 듣고 – 그분의 영에 의해서 너희를 내적(內的)으로 가르치고, **진리가 예수님 안에 있는 것 같이** – "진리(眞理)가" 예수님 자신의 복음(福音)에 따라서 "있는 것 같이."

4:22 옛사람 – 다시 말해서, 죄(罪)의 몸 전체(全體). **속이는 것으로 가득한** 모든 죄악(罪惡)된 **욕심들** – 그 욕심들이 줄 수 없는 행복(幸福)을 약속하는 것.

4:23 너희의 생각의 영 – 바로 너희 마음의 근원(根源).

4:24 새 사람 – 보편적(普遍的)인 거룩함, **하나님을 따라** – 바로 하나님의 형상(形像)으로.

4:25 그런즉 – 그럼으로써 너희가 새롭게 "창조(創造)되었고," 모든 특정한 일에서 그에 따라서 걷는 것을 알고 있으므로, (왜냐하면) **우리는 서로 지체니라.** – 그 지체(肢體)의 친밀한 연합(聯合)에는 모든 속임수가 매우 혐오(嫌惡)스러운 것이기 때문이다.

4:26 너희는 화를 내도 죄는 짓지 말며 – 다시 말해서, 설령 너희가 화가 나더라도, 죄를 짓지 않도록 조심하라. 죄에 대한 분노는 악한 것이 아니다. 그러나 우리는 죄를 지은 사람을 단지 불쌍히 여겨야 한다. 만약 우리가 그 잘못에 대해서 뿐 아니라, 그 사람에게 화를 내면, 우리는 죄를 짓는 것이다. 그런데 우리는 얼마나 적게 화내

는 것을 피하는가? **해가 지도록 진노하지 말고** – 너희의 형제를 책망(責望)하라, 그리고 즉각적으로 그와 화해(和解)하라. 단 하루도 잃어버리지 말라. 이것은 분명히 명시(明示)된 명령이다. 독자들이여, 그 명령(命令)을 준수하고 있는가?

4:27 또 마귀에게 틈을 주지 말라. – 조금이라도 지연(遲延)시킴으로써, "마귀(魔鬼)에게 틈을 주지 말라."

4:28 오히려 노동을 하여 – 게으름으로 그가 다시 도둑질하지 않도록, "오히려 노동(勞動)을 하여." 그리고 어떤 종류의 죄라도 저지른 사람은 누구든지 더욱더 열성적으로 그 죄와 반대되는 선행(善行)을 실천해야 한다. **궁핍한 자에게 줄 수 있도록** – 그래서 더 이상 부담과 골칫거리가 되지 않고, 이웃들에게 복(福)이 되기 위해서.

4:29 좋은 것 – 말하는 사람들에게 그리고 듣는 사람들에게 유익(有益)한 "것," **덕을 세우는 데 쓸** – 그들을 '회개(悔改),' '믿음,' 또는 '거룩함'으로 나아가게 하는데 "쓸," **그것이 은혜를 끼치게 하라.** – 그들의 마음속으로 더 많은 은혜를 전해주는 수단(手段)이 되게 "하라." 그러므로 우리는 어떤 "행실(行實)"이 마치 하나님의 콧구멍 앞에서 악취(惡臭)를 풍기는 것처럼 "부패(腐敗)한" 것인지 알아야 한다. 즉, 듣는 사람들에게 "유익한" 것도 아니고, 그들을 "세우는" 것도 아니며, 또는 그들에게 "은혜를 끼치게 하는" 경향이 있는 것도 아닌 모든 것들을 알아야 한다.

4:30 거룩한 영을 슬프게 하지 말라. – 어떠한 불순종(不順從) 때문에, 특히 "부패(腐敗)한 행실(行實)"(**29절**) 때문에, 혹은 그 부패한 행실에 따른 어떤 죄(罪)들 때문에 "거룩한 영(靈)을 슬프게 하지 말라." 너희가 불친절한 행동으로 슬프게 만든 친구가 너희를 떠나는 것처럼, 억지로 그가 너를 떠나게 하지 말라. **구속의 날** – 다시 말해서, 심판(審判)의 날. 그날에 우리의 구속(救贖)이 완성될 것이다.

4:31 모든 악독(惡毒) – "친절(親切)"(**32절**)에 반대되는 것으로, 마음속에 자리 잡은 분노(憤怒)의 극치(極致), (그리고) **진노** – "상냥한 마음"(**32절**)에 반대되는 것으로, 무지한 자들과 옳은 길에서 벗어난 자들을 향한 지속적인 불쾌(不快)함, (그리고) **분노** – "서로 용서하는 것"에 반대되는 것으로, 너희에게 상처(傷處)를 입히는 자들을 향해 맨 처음에 일어나는 혐오감(嫌惡感), (그리고) **소리 지르는 것** – 또는 "어떤 사람이 말하길, 나는 화가 나지는 않지만, 그렇게 말하는 것이 내 방식이다."라고 고함치는 것. 그렇다면, 그 방식(方式)을 잊어버려라. 그것은 지옥(地獄)으로 가는 방식이다. (그리고) **비방하는 것** – 어조가 아무리 온화하고 부드럽다고 해도, 혹은 언제나 대단한 친절의 언표(言表)를 가지고도 "비방(誹謗)하는 것." 이것은 "사랑이 필요한" 최고조(最高潮)에서 시작해서, 그리고 가장 낮은 정도로 내려가는 아름다운 점강법(漸降法) 표현이다.

4:32 하나님께서 같이 – "하나님께서" 가장 높은 수준으로, 자기 자신에게 "친절히 대하며 상냥한 마음을 품고," "너희를 용서(容恕)하신 것 같이."

에베소서 5장

5:1 그러므로 너희는 따르는 자가 되고 – "그러므로 너희는" 본(本)받는 "자(者)가 되고," **하나님을** – 용서하는 데 있어서 그리고 사랑하는 데 있어서 "하나님을 본받는 자가 되고," 오, '호머,' '버질,' 혹은 '알렉산더 대왕'을 본받는 자가 되는 것보다 "하나님을 본받는 자가 되는" 것이 얼마나 훨씬 더 존귀(尊貴)하고 또한 훨씬 더 행복(幸福)한 일인가!

5:3 (그러나) **부르지 말라.** – 어떠한 부도덕한 사랑을 "너희 가운데서" 듣거나, 혹은 "그 이름조차 부르지 말라." 그것으로부터 최대한 떨어져 있어라. "그것이 성도에게 합당하니라."

5:4 또한 어리석은 이야기나 적합하지 아니하니 – 잡담(雜談), 공허한 대화(對話), 날씨, 유행(流行), 고기와 음료, **또한 희롱하는 말도 적합하지 아니하니** – "희롱(戱弄)하는 말"이란 단어는 실제로는 이방인들에 의해서 '절반의 미덕'이라고 여겨지는 '재기(才氣) 넘침,' 즉 '익살맞음'을 의미한다. 그러나 심지어 이것이 얼마나 빈번하게 "성령을 억누르는지"(데살로니가전서 5:19) 양심(良心)에 어긋나지 않도록 주의하는 사람들은 잘 알고 있다. **알맞지 않은 것**(**추잡한 것** KJV) – 그리스도인에게 "알맞지 않은 것." 그것은 그리스도인의 믿음을 향상(向上)시키지도 않고, 또한 그의 거룩함도 증가(增加)시키지 않는다.

5:6 이것들로 인하여 – 이방인들이 헛된 말들을 무죄라고 여기는 것만큼 무죄이며, 그리고 그러한 중개자들이 "헛된 말들로" 너희들로 하여금 그 헛된 말들이 무죄라고 생각하도록 설득하려 드는 만큼 무죄라고 하는 "헛된 말들로 인하여, 하나님의 진노가 불순종의 자녀들에게 임하나니."

5:8 너희가 한때는 어둠이었으나 – 전적인 '맹목적(盲目的)'이었으며, 그리고 전적인 '무지(無知)'였으나, **빛의 자녀들로서 걸으라.** – 현재 너희의 지식에 어울리게, "빛의 자녀들로서 걸으라."

5:9 빛의 열매("성령의 열매" KJV) – "열매 없는 어둠의 일들에"(**11절**) 반대되는 "빛의 열매," **안에 있느니라.** – 다시 말해서, "선(善)함과 의(義)와 진리(眞理)" 안에 있느니라. **선함과 의와 진리** – 4장 25절 등에서 언급된 죄(罪)들과 반대되는 "선함과 의와 진리."

5:11 그것들을 책망하라. – 그것들을 피하는 것으로는 충분(充分)하지 못하다.

5:12 은밀한 중에 – 그 빛을 피하는 것처럼 "은밀한 중에."

5:13 "그러나 책망을 받는 모든 것은" 그것 때문에 빛으로 끌려가게 "되나니," 그리고 **밝히 드러나게 되나니** – "빛으로 말미암아," 그것들의 본래의 색채(色彩)들로 보이게 되나니, (왜냐하면) **무엇이든지 밝히 드러나게 하는 것은 다 빛이니라.** – 다시 말해서, 왜냐하면 오직 빛만이 (곧, 하늘로부터의 빛만이) 어떤 것을 "밝히 드러나게" 할 수 있

기 때문이다.

5:14 그러므로 그분께서 - 하나님께서, **이르시기를,** - 여전히 어둠 속에 있는 모든 자에게 하나님 말씀의 보편적(普遍的) 취지(趣旨)로 "이르시기를," **너 잠자는 자여, 깨어서** - 어리석은 무감각(無感覺)함에 빠져, 하나님과 너희 자신에 대해 무지(無知)한 가운데 "잠자는 자여, 깨어서," **죽은 자들로부터 일어나라.** - 죄의 죽음으로부터 "일어나라." (그러면) **그리스도께서 네게 빛을 주시리라** - 지식, 거룩함, 행복을 "주시리라."

5:15 조심스럽게 - 틀림없이, 거룩함의 모든 점에서 "최고 높은 정점(頂點)"에 이르도록 최대한 정확(正確)하게, **어리석은 자가 아니라** - 그들이 어디로 가고 있는지 생각하지 않거나, 혹은 그들의 길을 최대한으로 이용하지 않는 "자가 아니라."

5:16 가능한 한 완전히 조심스럽게 **시간을 되찾으라.** - 죄와 사탄의 손아귀로부터, 즉 태만(怠慢), 안락함, 즐거움, 세속적인 일의 영향력(影響力)으로부터, 최상의 목적들을 위하여 너희가 할 수 있는 모든 것을 모아서, 지금은 "날들이 악하기" 때문에, 즉 가장 역겨운 무지(無知), 부도덕(不道德)함, 그리고 신성모독(神性冒瀆)의 날들이기 때문에, 더욱더 부지런히, "시간(時間)을 되찾으라."

5:17 주의 뜻이 무엇인지 이해하라. - 모든 시간(時間), 모든 장소(場所), 그리고 모든 상황(狀況)에서 "주의 뜻이 무엇인지 이해하라."

5:18 거기에는 과도(過度)함이 있나니 - 다시 말해서, "술 취하는" 것은 온갖 종류의 방탕(放蕩)을 이끈다. **오직 성령으로 충만하라.** - 포도주가 줄 수 있는 것보다 더욱 고상한 즐거움을 주시는 그분의 모든 은혜(恩惠)로 "충만(充滿)하라."

5:19 서로에게 말하며("너희 자신에게 말하며" KJV) - 성령(聖靈)으로 "서로에게 말하며," **시로"** - 다윗의 "시(詩)로," 곧 시편(詩篇)으로, **찬송가로** - 찬양이 담긴 "찬송가(讚頌歌)로," (그리고) **영적 노래로** - 하늘나라의 주제에 관한 "영적(靈的) 노래로." 유대인들에게 있었던 것처럼, 기독교 복음에 특별히 알맞게 개작된 영감(靈感)을 받아 쓴 노래들이 없었으므로, 마지막 날들에 "신자들"에게 한 성령의 약속은 더 큰 유출(流出)로 그것에 대한 부족한 것을 공급해야만 했었다는 것이 분명하다. **너희 마음속에서 노래하고** - 너희의 목소리뿐만 아니라, "너희 마음속에서 노래하고," **주께** - "마음을 살피시는"(요한계시록 2:23, 로마서 8:27) 예수님께.

5:20 감사하고 - 모든 시간에 그리고 모든 장소에서 "감사(感謝)하고," 그리고 "모든 일"은 선(善)을 위해서 함께 일하기 때문에, 유리(有利)하거나 혹은 불리(不利)한 "모든 일로 인해" "감사하고," **예수 그리스도의 이름으로** - 또는 예수 그리스도를 통하여, **우리 주 예수 그리스도** - "우리 주 예수 그리스도"에 의해서, 우리는 모든 좋은 것들을 받는다.

5:22 상대적인 의무에 관한 다음의 지침들에서, 열세(劣勢)인 사람들이 내내 우월(優越)한 사람들 앞에 놓인다. 왜냐하면 전반적인 명제(命題)가 "복종(服從)"에 관한

것이기 때문이다. 그리고 열세인 사람들은 그들의 우월한 사람들이 무슨 일을 하든지 자신들의 의무(義務)를 실행해야 한다. **아내들아, 너희 남편에게 복종하라** – 하나님께서 금지(禁止)하신 곳이 아니라면, "아내들아, 너희 남편에게 복종하라." 그렇지 않으면, 모든 무관심(無關心)한 일들에서, 남편의 뜻이 그의 아내에게 법(法)이 된다. **주께 하듯** – 아내가 자신의 남편에게 하는 순종(順從)은 동시에 그리스도께 직접 드려진다. 그리스도가 "아내의 머리 됨이 그리스도께서 교회의 머리 되심과 같기 때문이라."

5:23 머리 – 아내의 통치자(統治者), 안내자(案內者), 그리고 보호자(保護者), (그리고) **그분은 그 몸의 구원자시니라.** – 모든 죄와 고통으로부터, 교회(教會)의 "구원자(救援者)시니라."

5:24 모든 일에서 – 하나님의 어떤 명령에도 반대되지 않는 "모든 일에서."

5:25 심지어 그리스도께서 교회를 사랑하신 것 같이 – 이것이 부부의 애정(愛情)에 대한 진정한 본보기이다. "이러한 종류"의 애정으로, "이러한 정도"의 애정으로, 그리고 "이러한 목적"에 맞게, 남편들은 그들의 아내를 사랑해야 한다.

5:26 이것은 그분께서 말씀을 통해 교회를 거룩히 구별하고 – 모든 복(福)에 대한 일반적인 통로(通路)를 "통해 교회를 거룩히 구별하고," **정결하게 하려 하심이요** – 죄책과 죄의 권세로부터 "정결(淨潔)하게 하려 하심이요." **물로 씻음으로** – 세례(洗禮)로, 만약 '외적이고 또한 보이는 표지(標識)'로 세례를 받으면, 우리는 내적(內的)인 그리고 영적(靈的)인 은혜(恩惠)를 받는다.

5:27 (그가) **제시하려 하심이며** – 심지어 이 세상에서 "제시(提示)하려 하심이며," **자기 자신에게**("자기를 위해" KJV) – 그의 배우자로서, "자기 자신에게," **영광스런 교회** – 모든 영광스러운 내부(內部), **점이 없는** – 어떤 죄(罪)로부터 불결(不潔)하게 된 "점이 없는," (혹은) **주름이 없는** – 어떤 부패(腐敗)로부터 기형(奇形)이 된 "주름이 없는."

5:28 자기 (자신의) **몸같이** – 다시 말해서, 그들 자신(自身)처럼, **자기 아내를 사랑하는 자는 자기를 사랑하느니라.** – 이것은 죄(罪)가 아니라, 반론의 여지가 없는 의무(義務)이다.

5:29 자기 (자신의) **육체를** – 다시 말해서, 자기 자신을, (자기 육체를) **양육(養育)하고 소중(所重)히 여기기를** – 다시 말해서, 자기 육체를 먹이고 또한 옷 입히기를,

5:30 (왜냐하면) **우리는** – 그리스도께서 교회를 "양육하고 소중히 여기시는"(29절) 이유는 그 둘 사이에 밀접한 연관성(聯關性)이 있기 때문이다. 그런데 그 연관성은 본래는 이브에 관하여 언급된 것으로, 여기에서는 모세의 말속에 표현되어 있다. **지체들이니라.** – "지체(肢體)들은" 마치 그것이 문자 그대로 "그분의 살에 속한 살" 그리고 "그분의 뼈들에 속한 뼈"인 것처럼, 영적인 감각(感覺)으로 그리스도와 친밀(親密)하게 연합(聯合)되어 있다.

5:31 이런 까닭에 – 이러한 친밀한 연합(聯合) 때문에.

에베소서 6장

6:1 자녀들아, 너희 부모에게 순종하라. – 법(法)이 허용하는 모든 일에서 "너희 부모에게 순종하라." 부모의 뜻은 아이에게 법이다. **주 안에서** – 주를 위하여, (왜냐하면) **이것이 옳으니라.** – 명백히 공정(公正)하고 또한 사리(事理)에 맞는다.

6:2 공경(恭敬)하라. – 다시 말해서, 모든 일에서 사랑하고, 존경하고, 순종하고, 도움이 되라. 아버지보다 어머니를 더 경시(輕視)당하는 경향이 있으므로, 특별히 언급된다. **그것은 약속 있는 첫째 명령이니** – (십계명 가운데) 두 번째 계명(誡命)에서 의미하는 약속(約束)은 특정하게 그 계명을 지키는 것에 속하지 않고, 전체 계명을 지키는 것에 속한다.

6:3 네가 땅에서 장수하게 하려 함이라. – 이것은 보통 대단히 순종적(順從的)인 자녀들에게 성취된다. 그리고 "장수(長壽)하고" 또한 "잘되는" 사람은 영원한 추수(秋收)를 위하여 긴 파종기(播種期)를 갖는다. 그러나 기독교 복음에서는 이 약속이 주로 좀 더 고양(高揚)된 의미로 그리고 영적(靈的)인 의미로 이해되어야 한다.

6:4 또 너희 아버지들아, – 어머니들도 포함된다. 그러나 좀 더 엄격(嚴格)하고 또한 가혹(苛酷)한 경향이 있으므로, 아버지들이 거명(擧名)되고 있다. **너희 자녀들을 노엽게 하지 말고** – 너희 자녀들을 불필요하게 짜증 나게 하거나, 혹은 몹시 화나게 만들지 말라. **양육하라.** – 모든 부드러움과 상냥함으로 "양육(養育)하라." **주의 교육과 훈계로** – 기독교 지식(知識)과 기독교 실천(實踐)에 있어서 "주의 교육(敎育)과 훈계(訓戒)로."

6:5 육체를 따라 너희의 주인 된 자들 – 현재 상황에 따라 "너희의 주인 된 자들." 나중에, 그 "종"은 자신의 주인(主人)으로부터 자유롭게 된다. **두려워하고 떨며** – 최대한의 조심(操心)과 근면(勤勉)함을 의미하는 속담에도 나오는 표현. **단일한 마음으로** – 하나님의 섭리와 하나님의 뜻에 성심성의껏.

6:6 눈으로 섬기지 말고 – 다른 때보다 목전(目前)에 있을 때 그들을 더 잘 "섬기지 말고," **마음으로부터 하나님의 뜻을 행하여** – 너희가 무엇을 하든지, "하나님의 뜻" 대로, 그리고 너희의 힘을 다해 "행하라."

6:7 주께 하듯 하고, 사람들에게 하듯 하지 말라. – 다시 말해서, 사람들에게 하지 말고 "주께 하라." 그리고 일상의 삶에서 모든 행동(行動)을 하나님에 대한 희생(犧牲)으로 삼음으로써, 심지어 마치 전혀 다른 주인이 없는 것처럼, 모든 일에서 하나님께 눈을 떼지 말라.

6:8 그대로 받을 줄을 너희가 아느니라. – 다시 말해서, 그 선한 일에 대한 충분하고 또한 적절한 보상(報償)을 "받을 줄을 너희가 아느니라."

6:9 너희도 그들에게 같은 일들을 행하라 – 다시 말해서, 똑같은 원칙(原則)에 따라 "그들에게 행하라." **협박하는 일을 삼가라.** – 가혹(苛酷)한 태도나 혹은 군림(君臨)하

려는 태도로 하지 말고, 상냥하게 그리고 인간애를 가지고 처신(處身)하라.

6:10 형제들아 – 이것이 본 서신에서 사도바울이 이 호칭을 사용하는 유일한 곳이다. 병사들이 전장(戰場)에서 서로에게 그 호칭을 빈번하게 사용한다. **강건한 자가 되라.** – 이보다 못한 어떤 것도 그러한 싸움을 위해서 충분치 않을 것이다. "나약한 자"가 되고, 또한 그런 상태를 계속 유지하는 것은 멸망(滅亡) 당하는 길이다. **그분의 강력한 권능 안에서** – 매우 드문 표현으로, 분명히 우리에게 필요한 정말 "큰" 도움을 의미한다. 마치 "그분의 강력한 권능"이 행하지 않을 듯하지만, 그것은 반드시 "그분의 강력한 권능"이 막강(莫强)하게 행사(行使)하는 것이어야만 한다.

6:11 하나님의 전신갑주를 입으라. – 헬라어로는, 완벽한 "전신갑주(全身甲冑)" 한 벌을 의미한다. 신자들에게 "허리 띠," "흉갑,"(**14절**) "신"(**15절**)을 "입으라(착용하라)"라고 말한다. 그리고 "믿음의 방패"(**16절**)와 "성령의 검"(**17절**)을 "취하라(들라)"고 말한다. **전신갑주**(全身甲冑) – 마치 "갑옷"이 거의 그럴 것 같지 않지만, 그것은 반드시 "전신갑주"이어야만 한다. 이것은 우리에 대한 적들의 힘과 교묘함 때문에, 그리고 목전에 닥친 지독한 시련의 "악한 날" 때문에, 반드시 "전신갑주"이어야만 한다. 13절에서 되풀이된다.

6:12 "(왜냐하면) 우리는" 단 한 번이 아니라, 주로 "싸우기" 때문이다. **살과 피와 맞붙어** – 연약한 사람들이나 혹은 육신의 욕구들과 "맞붙어," **정사들과 권능들과 맞붙어** – 그들이 명령을 내리는 모든 지긋지긋한 군단들의 강력한 통치자(統治者)들과 "맞붙어," **이 세상의 치리자**(治理者)**들과 맞붙어** – 아마도 이러한 "정사들" 그리고 "권능들"은 주로 그들의 어둠의 왕국을 둘러싼 요새 안에 머무른다. 그러나 널리 퍼져 배회(徘徊)하는 다른 악한 영(靈)들이 존재한다. 왜냐하면 이 세상의 각 지방이 그 악한 영들에게 위임(委任)되기 때문이다. **어둠** – 이것은 주로 영적(靈的)인 "어둠"이다. **이 시대**(**이 세상** KJV) – 그것은 현재 상황 동안 압도(壓倒)한다. **사악한 영들에 맞붙어**(**영적 사악함과 맞붙어** KJV) – "사악한 영들"은 힘으로나 혹은 기만(欺瞞)으로 믿음, 사랑, 거룩함을 반대하며, 그리고 불신, 자만심, 우상숭배, 악의(惡意), 시기심, 분노, 증오심을 불어넣으려고 애를 쓴다. **하늘의 처소들에서**(에베소서 1:20, 2:6) – 그 "처소(處所)들"은 그들이 한때 거했었던 곳이며, 또한 그들은 자신들에게 허용되는 데까지 여전히 그곳에 거하기를 열망(熱望)한다.

6:13 악한 날에 – 그 전쟁(戰爭)은 영속적(永續的)이다. 그러나 그 싸움은 어떤 날에는 덜 격렬하고, 다른 날에는 더 격렬하다. "악한 날"은 죽음이 다가올 때나 혹은 삶에서 나타나며, 그리고 더욱 길 수도 있고, 혹은 더욱 짧을 수 있으며, 또한 셀 수 없이 많은 적(敵)을 허용할 수도 있다. (그리고) **모든 일을 행한 뒤에 서기 위해** – 너희가 여전히 계속 너희 갑옷을 입고, 여전히 경계하며 "서고," 여전히 살펴보며 또한 기도(祈禱)할 것이다. 그리고 그럼으로써 너희는 끝날까지 인내(忍耐)할 수 있을 것이며, 그리고 인자(人子)의 앞에 대면하여 기쁨으로 "서 있을" 것이다.

6:14 너희 허리를 동여매고 – 모든 동작(動作)에 대해 준비를 하게 될 것이다. **진리로** – 복음의 진리들로 뿐만 아니라, "속 중심부에 진리"로, **속 중심부에 진리**로 – 왜냐하면 이것이 없다면, 하늘나라에 대한 우리의 모든 지식은 "악한 날에"(**13절**) 단지 '빈약(貧弱)한 허리띠'로 판명될 것이기 때문이다. 그래서 이사야서 11장 5절에 그것이 우리 주(主)시라고 묘사하고 있다. 그리고 "허리를 동여맨" 사람은 언제라도 계속해나갈 준비가 되어 있듯이, 이것은 '순종하는 마음,' 곧 '준비된 의지'를 시사(示唆)하는 것처럼 보인다. 우리 주께서는 "경계하는 것"과 "준비된 순종"은 "믿음과 사랑"에서 분리될 수 없는 동반자들이라는 것을 보여주시면서, "허리를 동여매고"에 이어 "등불을 타오르게 하며"(누가복음 12:35)를 추가하신다. (그리고) **의의 흉갑을 입으며** – 흠 없는 순결함의 "의(義)." 그리스도께서 자기 보혈(寶血)의 공로를 통하여 그 의로 우리를 완전무결(完全無缺)한 상태로 하나님 앞에 내놓으신다. 이사야서 59장 17절에서 이러한 "흉갑(흉패)을 입으신" 우리 주(主)를 서술한다. 가슴 속에 '양심의 자리'가 있다. 왜냐하면 양심(良心)이 의(義)에 의해서 보호되기 때문이다.

6:15 (그리고) **복음을 예비한 것으로 너희 발에 신을 신고** – 항상 모든 걸음마다 이것이 너희를 지시하며 또한 확인해줄 준비가 되어 있게 하라. 우리가 어떤 여정(旅程)을 가야만 하는지, 즉 우리가 어떤 경주(競走)를 달려야 하는지를 감안(勘案)하면, 갑옷 가운데 발을 위한 이 부분은 필수적이다. 우리의 두 발은 "우리의 발걸음이 미끄러지지 않도록" 그렇게 신어야만 한다. 우리의 삶과 우리의 행실을 바르게 정돈하기 위하여, 우리는 복음의 복으로, 즉 마음속에서 다스리시는 하나님의 "화평"과 "사랑"(골로새서 3:14, 15)으로 "예비(豫備) 되어" 있다. 오직 이것에 의해서만, 우리는 거친 길을 걸을 수 있고, 우리에게 닥치는 어려운 일들을 극복(克服)해내며, 그리고 끝까지 견뎌낼 수 있다.

6:16 모든 것 위에 혹은 **모든 것을 넘어** – 갑옷 자체의 다른 모든 각각의 부분에 대한 일종의 보편적인 덮개로서, 계속해서 강력하고 또한 활기 넘치는 "믿음"을 발휘한다. 너희는 이것을 "모든 불화살을 끄고" 그리고 맹렬한 유혹들을 가라앉힐, 즉 폭력적이고 또한 갑작스러운 "마귀의"("사악한 자의" KJV) 투입(投入)을 진압할 "방패(防牌)"로 사용한다.

6:17 (그리고) **구원의** 소망인 **투구를 취하라.** – "구원의 소망을 투구로 쓰자"(데살로니가전서 5:8). "머리"는 가장 조심스럽게 방어되어야 하는 부분이다. 이곳을 한 번의 타격에도 치명적인 것이 될 수 있다. "머리"를 위한 갑주(甲冑)가 "구원의 소망"이다. 이 "소망(所望)"에 있어서 가장 낮은 수준은 하나님이 우리 안에서 "믿음의 사역" 전체를 실행하실 것이라는 "확신(確信)"이다. 그리고 이 "소망"에 있어서 가장 높은 수준은 용서하시는 사랑에 대한 경험적인 지식에 더하여 "장래의 영광에 대한 충만한 확신"이다. 이 투구(그분 앞에 있는 기쁨에 대한 "소망")로 무장했기 때문에, "그리스도는 십자가를 견뎌내셨으며, 그리고 그 수치를 멸시(蔑視)하셨다.(히브리서 12:2) (그리

고) **성령의 검, 곧 하나님의 말씀** – "성령의 검(劍)"의 날을 세우고, 그리고 그것을 믿음으로 휘두를 때, 사탄은 그것을 견뎌낼 수가 없다. 지금까지는 우리의 갑주가 단지 "방어적인" 것이었다. 그러나 우리는 우리 자신을 안전하게 지킬 뿐만 아니라, 한 손에는 "방패"를 들고, 다른 손에는 "검"을 들고, 사탄을 공격(攻擊)해야만 한다. 지옥의 권세들과 싸우는 자는 누구든지 "방패"와 "검"이 둘 다 필요할 것이다. 머리부터 발까지 갑주로 덮고, 그리고 "검"을 소홀히 하는 사람은 결국에 가서 타락(墮落)할 것이다. 이러한 묘사 전체를 통해 우리는 그리스도인이 된 것이 얼마나 "큰" 일인지 알 수 있다. 이 가운데 어떤 한 가지라도 결핍(缺乏)되면, 그 사람은 "불완전하게" 된다. 비록 그가 자신의 "허리를 동여매고," "의의 흉갑을 입으며," "복음을 예비한 것으로 너희 발에 신을 신고," "믿음의 방패," "구원의 투구," 그리고 "성령의 검"을 취할지라도, 결국에는 그가 단지 한 가지를 필요로 한다. 그것이 무엇인가? 그것은 다음에…

6:18 항상 기도하되 – 언제나 그리고 모든 경우마다 "기도(祈禱)하되," 모든 일의 한 가운데서 "중단(中斷)하지 말고 기도하되," **성령에 의해서**("성령 안에서" KJV) – 성령의 영향력(影響力)을 통하여, **모든 기도로** – '공중 기도,' '개인기도,' '마음속 기도,' '목소리를 내는 기도' 등 온갖 종류의 기도로, 어떤 사람들은 "한" 종류의 기도에 관해서 세심한 주의를 기울인다. 그런데 "다른" 종류의 기도들에 관해서는 무관심하다. 만약 우리가 요구할 청원(請願)들을 가지고 있다면, 우리가 "모든 기도"를 다 사용합시다. 단지 "마음속" 기도만을 사용하거나, 혹은 '통성 기도'만을 사용하면서, 그리고 자신들은 높은 상태의 은혜 가운데 있으며, 또한 어떤 다른 것보다 훨씬 뛰어난 예배 방식을 사용하고 있다고 생각하는 사람들이 있다. 그러나 그런 사람들은 단지 자신들이 "그런 기도들" 위에 실제로 존재하는 것보다 위에 있다고 생각하기를 좋아하는 것이다. 그러나 마음속에 있는 열망(熱望)을 올려드리는 것 못지않게 열렬한 기도 그리고 지속적인 기도를 쏟아 내는 것이 훨씬 더 큰 은혜(恩惠)가 있어야 한다. (그리고) **간구(懇求)로** – 그리스도께서 겟세마네 동산에서 기도하셨던 것처럼, 우리의 기도를 되풀이하고, 또한 강력히 촉구(促求)함으로, (그리고) **깨어있고** – 하나님의 뜻을 알기 위해서, 그 뜻을 실행할 수 있는 권능(權能)을 얻기 위해서, 그리고 우리가 소원하는 복(福)에 이르기 위해서, 내적으로 하나님께 집중(集中)해 있고, **모든 인내로** – 이러한 거룩한 활동에 있어서 끝까지 계속(繼續)함으로, **모든 성도를 위해 간구로** – "다른 사람들"이 하나님의 모든 뜻을 실행하면서, 그리고 끝까지 견고(堅固)할 수 있도록, 그 사람들을 위하여, 특별히 신실한 사람들을 위하여, 열렬하고 계속적인 중보기도(仲保祈禱)로 씨름하면서. 아마도 우리는 기도에 대한 응답을 거의 받지 못한다. 왜냐하면 우리가 다른 사람들을 위하여 충분한 중보기도를 드리지 않기 때문이다.

6:19 내가 담대히 입을 열어 – 모든 내적(內的)인 방해와 모든 외적(外的)인 방해를 제거함으로써, "내가 담대히 입을 열어."

6:20 그리스도 안에서 대사(**결박당한 대사** KJV) – 사람들의 대사(大使)들은 보통 대단히 과시(誇示)하면서 등장한다. '그리스도의 대사'는 얼마나 다르게 등장하는가?
6:21 너희 역시 – 다른 사람들뿐만 아니라, "너희 역시"
6:22 그가 너희 마음을 위로하게 하려 함이라. – 내가 하나님으로부터 찾은 지원(支援)들과 복음의 성과(成果)들을 들려줌으로써, "너희 마음을 위로(慰勞)하게 하려 함이라."
6:23 평강(平康) – 이 구절은 서신 전체를 개괄(槪括)하고 있다.
6:24 성실하게 – 또는, 썩지 않은 것 가운데(고린도전서 15:42), 예수 그리스도의 진정한 복음을 부패시키지 않고, 타락한 애착들과 조금도 섞이지 않은 채, 그리고 은혜가 영광으로 나타날 때까지 계속 "성실(誠實)하게."

빌립보서 주해

빌립보는 마케도니아의 왕 빌립으로 인해 그렇게 불렸다. 왜냐하면 빌립이 그곳을 크게 확장하였으며, 그리고 아름답게 만들었기 때문이었다. 그 후 빌립보는 로마의 식민지가 되었으며, 그리고 마케도니아의 그 지역에서 주요 도시가 되었다. 사도바울은 복음을 전하라는 비전에 의해서 이곳으로 보내졌다. 그리고 사도바울이 여기에 도착한 후 오래 지나지 않아서, 그는 치욕스런 취급을 받았다. 그럼에도 불구하고, 사도바울이 빌립보에 머물렀던 짧은 시간 동안, 많은 사람들이 그에 의해서 개종(改宗)하였다. 빌립보 신도들의 후한 지원으로, 사도바울은 그가 세운 어떤 다른 교회에서보다 더 많은 도움을 받았다. 그리고 빌립보 신도들은 이제 에바브로디도를 통해 사도바울에게 더 큰 재정적(財政的)인 원조(援助)를 보냈다. 사도바울은 에바브로디도 편에 이 서신을 빌립보 신자들에게 보냈다.

빌립보서의 구성

Ⅰ. 제사(題詞) 1장 1절 – 2절

Ⅱ. 빌립보 신도들에 대한 감사와 그들을 위한 기도, 3절 – 11절

Ⅲ. 사도바울이 자신의 상태와 선한 소망에 대해 언급한다, 12절 – 24절

그곳에서 사도바울이 그들에게 권면하기를,

1. 그가 그들과 함께 있는 동안, 복음에 맞게 살아가기, 25절 – 2장 16절
2. 비록 그가 죽임을 당하더라도, 그와 함께 기뻐하도록, 17절 – 18절

그리고 약속들,

1. 디모데에 의해서 그들에게 모든 것들을 증명하기, 19절 – 24절
2. 그러는 동안, 에바브로디도를 보내기, 25절 – 30절

Ⅳ. 사도바울은 기뻐하라고 권면한다. 3장 1절 – 3절

거짓 교사들을 경계하고 또한 참된 것을 본받으라고 그들을 훈계하고, 2절 – 21절

그리고 그들의 일치를 칭찬하고, 4장 1절 – 3절

바울이 다시 기쁨과 온유에 대해 그들에게 권면하고, 4절 – 7절

그리고 무엇이든 탁월한 것들에 대해서 권면한다. 8절 – 9절

Ⅴ. 사도바울이 그들의 후한 지원을 받아들인다. 10절 – 20절

Ⅵ. 결구(結句) 21절 –23절

빌립보서 1장

1:1 종 – 빌립보 신도들에게 친밀한 표현으로 서신을 쓰면서, 사도바울은 자기 자신을 사도(師徒)라고 칭하지 않는다. 그리고 "종"이라는 보통의 호칭 아래, 그는 다정하게 그리고 겸손하게 그의 아들 디모데를 자기 자신과 연결시킨다. 왜냐하면 디모데는 사도바울이 그들 받아들인 후 얼마 지나지 않아서, 빌립보로 왔기 때문이었다(사도행전 16:3,12). **모든 성도들에게** – 사도바울의 서신들은 그 교회들의 목사들에게 보내기보다는 곧장 그 교회들로, 곧 성도들에게 보내졌다. **감독들과 집사들에게** – 사실 "감독들"은 교회의 내적인 상태를 관장했으며, "집사들"은 교회의 외적인 것들을 관장하였다(디모데전서 3:2–8). 비록 이러한 일들이 전적으로 한 쪽에만 한정(限定)되었던 것은 아니지만, 그렇다고 그것들을 다른 쪽으로 한정하지도 않았다. 여기에서 "감독(監督)"이란 말은 빌립보에 있는 "치리(治理)하는 장로(長老)들"뿐만 아니라, 모든 "장로들"을 포함한다. 1세기에는 "감독"과 "장로" 혹은 "원로(元老)"라는 명칭들이 정확한 구분 없이 사용되고 있었다.

1:4 기뻐하며 – 에베소 신도들에게 보낸 서신에서 사랑이 다스리는 곳에서는 이것을 따르라고 한 후, 거기에서 빈번히 계속되는 기쁨에 대한 언급이 있다. **성령의 열매는 사랑과 기쁨과** – 그리고 기쁨은 기도(祈禱)를 특별히 생동감 있게 만든다. 이 서신 전체의 요점은 "나는 기뻐한다. (그러므로) 너희도 기뻐하라."이다.

1:5 이 구절이 의미하는바, "**나는 복음**"의 모든 복 "**안에서**" 우리와 함께한 "**너희의 교제(交際)에 대하여 하나님께 감사(感謝)드린다.**" 왜냐하면 그것이 너희가 복음을 받아들인 "첫날부터 지금까지" 내가 행한 일이기 때문이다.

1:6 확신하노라. – 다음 구절에 기록된 그러한 신조(信條)의 근거들을 "확신(確信)하노라." "**너희 안에서 선한 일을 시작하신 분께서 예수 그리스도의 날까지 그 일을 이루실 것**(이다)" – 너희를 의롭게 하신 분, 즉 너희의 성화(聖化)를 시작하신 분께서 "그 선한 일"이 영광(榮光) 속에 끝마칠 때까지 "그 일"을 성취하실 것이다.

1:7 내가 너희 모두에 대해 이같이 생각하는 것이 합당(合當)하니 – 그 이유는 무엇인가? 사도바울은 "영원한 칙령(勅令) 때문에" 혹은 "성도가 반드시 인내해야 하기 때문에"라고 말하지 않고, 오히려 **이는 너희가 내 마음속에 있기 때문이라. 너희는 다 나의 은혜에 참여한 자들이니라.** – 다시 말해서, ("너희는 그 은혜에 대해 내가 너희를 마음속에 간직한 전부였기" 때문이었다. – 나는 가장 깊은 감사로 또한 가장 다정한 애정으로 너희를 마음에 품고 있다.) **나의 은혜에 참여한 자들** – 다시 말해서, "나의 결박당한 일에서" 뿐만 아니라, 내가 나 자신에 대해서 대답하기 위해서 또한 "복음을 확증하기" 위해서 불려나갔을 때, 하나님께서 나에게 은혜(恩惠)로 제공해주신 혹은 호의(好意)로 제공해주신 그 애정(愛情)을 함께 나누는 자들(29, 30절). 그들이 그 "고난의 큰 시련"(고린도후서 8:2)을 다 인내한 후에, 하나님께서는 사도바울이 그것에 대해서

대언적인 눈으로 바라보았던 완전한 승리를 그들에게 봉인(封印)해주셨다는 것은 분명히 있을 만한 일이다.

1:8 내가 예수 그리스도의 심정으로 너희 모두를 얼마나 많이 그리워하는지 – 바울 안에, 바울이 사는 것이 아니라, 그리스도께서 살고 계신다. 그러므로 바울은 자기 자신의 심정(心情)이 아니라, "예수 그리스도의 심정으로," 즉 다정(多情)함으로 그들을 "그리워한다."

1:9 (그리고) **내가 이것을 기도하노니, 곧 너희의 사랑이** – 그들이 이미 그 "사랑"을 보여주었다. **더욱더 풍성해지고** – 바울 사도 안에서 타올랐던 불이 결코 그만하면 충분하다고 말하지 않는다. **지식과 모든 영적인 감각에서**("지식과 모든 판단에서" KJV) – "영적인 감각(感覺)"이 모든 영적 지식의 원천(源泉)이다. 우리는 하늘나라의 '평강,' '기쁨,' '사랑'을 내적(內的)으로 분별(分別)해야만 한다. 그렇지 않으면, 우리는 그것들이 무엇인지 "알" 수가 없다.

1:10 너희가 입증하며 – 영적 감각으로 "입증(立證)하며," **뛰어난 것들을** – 단지 선(善)한 것들이 아니라, 그야말로 최선(最善)의 것들을 "입증하며," 즉 단지 장성(長成)한 그리스도인에 의해서도 좀처럼 알아차리기 힘든 발군(拔群)의 탁월(卓越)함을 "입증하며," **너희가** 내적으로 **신실**(信實)**하고** – "뛰어난 것들"과 '순결(純潔)한 마음'에 대해 바른 눈을 가지고, (그리고) 외적으로 **실족**(失足)**거리가 없는** – 모든 일에서 거룩하고, 흠잡을 데가 없는.

1:11 예수 그리스도로 말미암은 의의 열매들로 가득하여, 하나님의 영광과 찬양이 되기를 구하노라. – 여기에 하나님께 받아들여질 수 있는 신실(信實)함에 대한 세 가지 속성(屬性)이 있다. 첫째, 그 신실함은 반드시 열매, 곧 "의의 열매"(고린도후서 9:10 등)를 맺어야 한다. 즉 모든 '내적인 거룩함'과 '외적인 거룩함'의 열매를 맺어야 한다. 그런데 그것도 우리가 그 열매로 충만(充滿)할 정도로 풍성(豊盛)하게 맺어야 한다. 둘째, 가지와 열매는 그들의 선행(善行)뿐만 아니라, 바로 그들의 존재(存在)도 모든 것을 지원(支援)하고, 모든 것을 공급(供給)하는 뿌리, 곧 예수 그리스도로부터 얻어야만 한다. 셋째, 이 모든 열매는 그리스도의 은혜(恩惠)로부터 흘러나오듯이, 그것들이 결국에는 반드시 "하나님의 영광(榮光)과 찬양(讚揚)이" 되어야만 한다.

1:12 나에게 관한 일들이("내게 일어난 일들이" KJV) – 나의 고난이 (너희가 두려워했던 것처럼) "복음을" 방해하기보다 "도리어 복음을 진전(進展)시키는 기회가 되었다."

1:13 그리스도 안에서 내가 결박당한 일이 – 그리스도를 위하여 인내했던 "일이," **드러나게 되었고** – 무척 주목(注目)받게 되었고, **온 궁궐 안에서** – 로마 황제(皇帝)의 "온 궁궐(宮闕) 안에서."

1:14 (그리고) **많은 이들이** – 이전에 두려워했던 "많은 이들이," **내가 결박당한 일로 인해 확신을 갖게 되어** – 그들이 내가 (복음을 전하는 일에) 변함없는 것, 그리고 그럼에도 불구하고, 내가 안전(安全)한 것을 목격했을 때, 그들은 "더욱 담대(膽大)해진다."

1:15, 16 어떤 이들은 심지어 다툼으로 그리스도를 선포하고 – 사도바울의 성과(成果)를 부러워하고, 그리고 그렇게 함으로써 그에게 상처(傷處)를 입히려고 애를 쓰면서 "그리스도를 선포(宣布)하고," **성실하지 않게** – 하나님을 영광스럽게 하려는 진정한 소망(所望)으로부터 "성실하지 않게," (그러나) **생각하여** – 비록 그들이 실망(失望)하였지만, **내가 결박당한 일에** 더 많은 **고통을 더할 줄로** – 로마 사람들로 하여금 나에 대하여 격분(激奮)하게 만듦으로써, "고통을 더할 줄로."

1:17 다른 사람들은 사랑으로 하느니라.("이들은 사랑으로 하느니라." KJV) – 그리스도께 그리고 나에게 "사랑으로 하느니라." **알고** – 간신히 추측(推測)하는 것이 아니라, "알고," **세워진 줄** – 문자 그대로는, 나는 "누워있다." 그러나 나는 여전히 그분의 일을 향하여 나아가고 있다. 사도바울은 그가 중요한 대사관(大使館)에 고용되어 있는 장소에서 대사(大使) 자격(資格)으로 로마에 머물러있었다.

1:18 겉치레로 – 복음 전도를 구실 삼아, **진실로"** – 복음을 전도하려는 진정한 의도를 가지고.

1:19 이것이 나의 구원으로 바뀔 줄 – 이것이 나에게 더 높은 수준의 영광을 구해줄, **너희의 기도를 통해** – 나를 위한 "너희의 기도를 통해," "예수 그리스도의 영께서" 더 크게 "공급해 주심을" 받게 될 것이다.

1:20 항상 그러하였듯이 – 사도직(師徒職)으로 나를 부르신 이후로 "항상 그러하였듯이," **내 몸에서** – 내 몸이 어떻게 처리될지라도. 그 몸이 어떻게 될 것인지 그는 아직 알지 못한다. 왜냐하면 바울 사도가 모든 것들을 알고 있지는 못하기 때문이다. 특별히. 그들 자신에 속한 일들에 있어서, 그들은 믿음과 인내를 연습해야 할 여지(餘地)를 가지고 있었다.

1:21 내게는 사는 것이 그리스도시요 – 그리스도를 '알고,' 그리스도를 '사랑하고,' 그리스도를 '따르는' 것이 나의 삶이요, 나의 영광이며, 나의 기쁨이다.

1:22 여기에서 사도바울은 앞 절의 전반부 문장에 대해 다루기 시작한다. 후반부 문장에 대해서는 2장 17절에서 다룬다. **그러나 내가 육체 안에 산다면, 이것이 내 수고의 열매이니라.** – 이것은 내가 더 오래 살아서, 더 많이 수고(受苦)할 수 있는 것의 열매이다. 영광스러운 수고다! 바람직한 열매다! 이러한 견해로는, 장수(長壽)가 정말 복(福)이다.(에베소서 6:3, 시편 91:16, 잠언 10:27 등) **그럼에도 내가 무엇을 택할지 알지 못하노니** – 다시 말해서, 만약 그것이 나의 선택(選擇)으로 남겨진다면, "내가 무엇을 택할지 알지 못하노니."

1:23 떠나서 – 속박(束縛)으로부터, 육체(肉體)에서, 세상(世上)으로부터 "떠나서," (그리고) **그리스도와 함께 있기를** – 더욱 가깝고 또한 더욱 충만한 연합(聯合)으로 "그리스도와 함께 있기를." "떠나는" 것이 더 좋다, (그러나) "그리스도와 함께 있는" 것이 훨씬 더 좋다.

1:25 내가 아노니 – 바울이 이 서신을 쓰고 있는 동안, 그에게 주어진 대언적인 예고

(豫告)에 의해서 "내가 아노니," **내가 너희 모두와 함께** 더 오랜 시간 동안 **머무를 것을** – 그리고 이러한 얽매임 후에, 바울이 그들을 만났다는 것은 의심할 여지가 없다.
1:27 오직 – "오직" 이것에 대해서만 주의(注意)를 기울여라. 그리고 다른 어떤 것에도 주의를 기울이지 말라. **한 영 안에 굳게 서서** – 가장 완전한 만장일치(滿場一致)로, "한 영(靈) 안에 굳게 서서," **함께 싸우며** – 연합(聯合)된 힘과 노력으로 "함께 싸우며," **복음에 속한 믿음을 위하여** – 왜냐하면 모든 복(福)이 복음 안에 드러났으며, 또한 복음 안에 약속(約束)되었다.
1:28 그것이 – 다시 말해서, 그들이 하나님 말씀에, 그리고 하나님의 사자(使者)들에게 적(敵)이 되는 것이, **명백한 증표**(證票)**요** – 그들은 "영원히 계속되는 벌(罰)"로 가는 대로(大路)에 있으며, 그리고 너희는 "구원"의 길에 들어서 있다.
1:30 너희의 적들과 "그 동일한" 종류의 "싸움이 있느니라." **너희가 내 안에서 보았고** – 내가 너희와 함께 있을 때(사도행전 16:12, 19 등)

빌립보서 2장

2:1 그러므로 (만약) **무슨 안위나 있거든** – 그리스도의 은혜(恩惠) 안에 "무슨 안위(安慰)나 있거든," (만약) **무슨 위로나** – 하나님의 사랑 안에 "무슨 위로(慰勞)나" 성령의 "(만약) 무슨 교제나"("성령의 무슨 교제(交際)나" KJV), **만약 긍휼의 심정**(心情)**이나**("인정(人情)이나 긍휼(矜恤)이" KJV) – 그것으로부터 결과로 초래된 "긍휼의 심정(心情)이나," 그리고 서로를 향한 어떤 다정한 애정(愛情)이나.
2:2 같은 생각을 품고 – 그리스도가 너희 모두의 "머리"가 되신다는 것을 인식(認識)하면서, "같은 생각을 품고," **같은 사랑을 가지며** – 너희 모두의 아버지이신 하나님께 "같은 사랑을 가지며," **한 영혼이 되어**("한 뜻이 되어" KJV) – 너희가 모두 "한 성령(聖靈) 안으로 들어왔기"(고린도전서 12:13) 때문에, 똑같은 애정(愛情)과 성질(性質)로 생기가 불어넣어져서, **한 생각이 되어** – 다정하게 함께 기뻐하고, 또한 함께 슬퍼하고.
2:3 어떤 일도 다툼으로 하지 말고 – "다툼"(경쟁)은 너희가 "같은 생각을 품는"(**2절**) 것에 부합(符合)하지 않는다. **(혹은) 헛된 영광으로** – 칭찬(稱讚)에 대한 욕구로, 왜냐하면 그것은 하나님의 사랑에 정반대되는 것이기 때문이다. **오직 각각 자기보다 남을 더 낫게 여기며** – (왜냐하면 모든 사람은 다른 사람의 악함을 알 수 있는 것보다 자기 자신의 악함을 더 많이 알고 있기 때문이다) 이것은 성령의 영광스러운 열매이며, 그리고 너희가 계속 "한 영혼이 되는"(**2절**) 것에 대하여 탄복할만한 도움이 된다.
2:4 각 사람이 자기 일들만 돌아보지 말고 – 오직 "자기 일들만 돌아보지 말고," 만약 그렇다면, 너희에게는 "긍휼의 심정"(**1절**)이 없는 것이다.
2:6 영원부터 "그분은 하나님의" 말로 표현할 수 없는 본성(本性), 곧 본질적인 "형체

(形體)로 계시므로"(그분이 나중에 "사람의 형체로," 곧 "참 사람"인만큼 "참 하나님"(요한일서 5:20)으로 계셨던 것처럼) **하나님과 동등함을 강탈로 여기지 아니하셨으나** – (이것이 그 말들의 정확한 의미이다) 다른 사람의 특권에 대한 침해(侵害)가 아니라, 그분 자신의 엄정하고 또한 의문의 여지 없는 권리(權利), 곧 "하나님과 동등하게 되는 것"이다. 여기에서 "동등(同等)한"으로 번역된 단어는 형용사 형태로 신약성경에 다섯 번 혹은 여섯 번 나타난다(마 20:12, 눅 6:34, 요 5:18, 행 6:17, 계 21:16). 이 모든 곳에서, 그 단어는 약간의 "유사(類似)함"을 표현하는 것이 아니라, 진정한 그리고 참된 "동등함"(**6절**)을 표현한다. 그것은 여기에서 하나님의 "충만하심"뿐만 아니라, 하나님의 최고 "높으심"을 의미한다. 그러나 그것에 정반대로, 그분은 "자기 자신을 비우셨으며,"(**7절**, "스스로 무명(無名)한 자가 되사" KJV) 그리고 그분은 "자기 자신을 낮추셨다."(**8절**)

2:7 (그러나) – 그분은 기꺼이 자신의 권리를 포기(抛棄)했다는 것을 결코 집요하게 고집(固執)하지 않으셨다. 그분은 창조주의 영광을 앞서간다는 것에 그리고 피조물의 형체로 나타나시는 것에 만족(滿足)했다. 아니, 그분은 타락한 피조물들과 "같은 모양"으로 만들어지는 것에 만족했다. 그리고 그분은 수치(羞恥)를 함께 나누었을 뿐만 아니라, 그들 가운데서 가장 비열한 자들 때문에 그리고 가장 악독한 자들 때문에 형벌(刑罰)을 받으셨다. **자기를 비워(스스로 무명한 자가 되사 KJV)** – 하나님의 충만(充滿)한 것으로부터 "자기를 비워," 그러나 그분은 하나님께서 그분을 높이셨을 때 그것을 다시 받았다. 비록 그분은 "충만함"(요한복음 1:14) 가운데 계셨지만, 그러나 그분은 이미 "비워진" 것처럼 나타나셨다. 왜냐하면 그분은 자신의 충만함은 사람들과 천사들의 시선(視線)으로부터 베일로 가려져 있었기 때문이었다. 그렇다. 그분은 베일로 가려져 있을 뿐만 아니라, 어떤 의미에서는 세상이 시작되기 전에 그분의 소유였던 영광을 포기하셨다. **취하시고** – 그리고 자기 자신을 "비우는" 바로 그 행동에 의해서 "종의 형체를 취하시고," **종의 형체** – "형체(形體)," "모양(模樣)," "외형(外形)"은 비록 정확하게 똑같지는 않지만, 그러나 서로 밀접하게 관계되어 있다. "형체"는 어떤 절대적인 것을 표현한다. "모양"은 같은 종류의 다른 것을 가리킨다. "외형"은 시야(視野)에 드러난 것과 감각(感覺)에 드러난 것에 중점을 둔다. **사람의 모습**(모양 'likeness,' 그러나 **8절**에서는 'fashion'을 '모양'으로 번역)**이 되셨으며** – 다른 사람들과 같은 "참 인간." 여기에서 그분은 "종의 형체를 취하셨다."

2:8 (그리고) **사람의 모양으로 나타나사** – 어떤 특별하게 탁월한 점이나 특별하게 보기 좋은 점 없이, 평범한 "사람의 모양으로 나타나사," **자기를 낮추시고** – 훨씬 더 엄청난 깊이까지 "자기를 낮추시고," (심지어) **죽기까지** – 굴욕(屈辱)에 대해서 뿐만 아니라, 순종(順從)에 대해서 가장 (심하지만) 대단한 경우, **곧, 십자가의 죽음이라.** – 종들이나 노예들을 제외한 일반 사람들에게는 거의 가하지 않는 "십자가의 죽음이라."

2:9 그러므로 – 그분의 자원하신 굴욕(屈辱)과 순종(順從) 때문에, 그러나 **하나님께**

서도 그분을 높이 올리시고 – 그래서 그분의 굴욕을 보상(報償)하시고, (그리고) **그분에게 주사** – 그래서 그분이 "자기를 비우신"(**7절**) 것을 보상하사, **모든 이름 위에 있는 이름을** – 모든 피조물보다 우월한 위엄(威嚴)과 존귀(尊貴)함을.

2:10 모든 무릎이 – 가능한 모든 방법으로 모든 피조물(被造物)은 신적 존귀함을 드려야 할 것이다. **굴복하게 하시고** – 사랑으로, 혹은 "떨림으로"(**12절**) "굴복하게 하시고," **하늘에 있는 것들과 땅에 있는 것들과 땅 아래 있는 것들의** – 다시 말해서, 우주 전체를 통해서.

2:11 또 모든 혀가 – 심지어 그분의 적들까지도 "모든 혀가" **예수 그리스도는 주시라고 시인하여** – 여호와"시라고 시인(是認)하여." 이제는 "종의 형체로"(**7절**) 계시지 않고, "하나님 아버지의 영광으로" 보좌(寶座)에 앉으셨다.

2:12 그러므로 – 그리스도를 본보기를 제시하고 나서, 바울은 그리스도께서 이미 획득(獲得)해놓으신 구원을 확보(確保)하라고 그들에게 권고한다. **너희가 항상** 여기까지 **순종한 것 같이** – 지금까지 하나님께 순종한 것뿐만 아니라, 그분의 사역자인 나에게 "순종한 것 같이," (지금) **내가 없을 때에도** – 너희를 가르치고, 너희를 도와주고, 그리고 너희에게 지시하기 위해서, 너희와 함께 있지 않을 때에도, **너희 자신의 구원을 일하여 드러내라.** – 여기에서는, 모든 사람이 "자기 자신의 구원을 목표로 삼게" 하라. **두려움과 떨림으로** – 극도로 주의를 기울여서, 그리고 최선을 다한 근면함으로.

2:13 (왜냐하면) **하나님이시니라.** – 비록 내가 너희와 함께 있지 못하지만, 너희와 함께 계시는 분은 오직 "하나님"뿐"이시니라." **자기가 참으로 기뻐하는 것에 따라 너희 안에서 일하사**("너희 안에서 일하사 자기가 참으로 기뻐하는 것을" KJV) – 너희의 어떤 공로(功勞)를 위해 하지 말고, 하나님께서 "기뻐하는 것에 따라." 그러나 그분의 영향력(影響力)은 우리 자신의 노력을 대신(代身)하려는 것이 아니라, 우리의 노력을 고무(鼓舞)하려는 것이다. **너희 자신의 구원을 일하여 드러내라.**(**12절**) – 이것이 (너희를 포함한) 우리의 의무이다. **왜냐하면 너희 안에서 일하시는 분은 하나님이시기 때문이다.** – 이것이 우리를 격려하는 것이다. 그리고 오! 우리를 지원하시며, 그리고 우리를 도와주시기 위해서, 그 전능하신 팔을 펼치셨다니, 이 얼마나 영광스러운 격려(激勵)인가!

2:14 모든 일을 할지니 – 단지 "다툼"(**3절**)이 없을 뿐만 아니라, 심지어 "불평(不平)이나 시비(是非)가 없이," **불평이나 시비** – 비록 그것들은 사랑에 대한 매우 작은 방해물(妨害物)들이지만, "불평이나 시비"는 실재(實在)하는 것이다.

2:15 이것은 너희가 흠이 없고 – 사람들 앞에서 "너희가 흠이 없고," (그리고) **순전하여**("무해한" KJV) – 하나님 앞에서 "순전(純全)하여," 오직 그분만을 향하여 "순전하여," **하나님의 아들들이** – 사랑의 하나님의 "아들들이" 교활하고, 구불구불하며, "비뚤어진 가운데서 책망받을 것이 없는" 너희들의 고결한 인격(人格)에 따라 행동

하며, **비뚤어진 세대**(**비뚤어진 민족** KJV) – 인류의 대부분은 항상 "비뚤어진 세대"였다. **구부러지고** – 타락(墮落)한 본성(本性)에 의해서 "구부러지고," 그러나 관습(慣習)과 관행(慣行)에 의해서 더욱 "비뚤어진."

2:17 여기에서 사도바울은 1장 22절의 후반부에 대하여 다루기 시작한다. **예, 만약 내가 실족하게 되면**(고린도후서 11:29) – 문자 그대로, "실족(失足)하게 되면," **너희의 믿음의 희생 위에 쏟아질지라도**("너희의 믿음의 희생 위에 드려질지라도" KJV) – 개종한 다른 이방인들로서, 빌립보 신도들은 사도바울의 사역을 통해 하나님께 "희생(犧牲)" 제물이 되었다(로마서 15:16). 그리고 제물을 바칠 때, 포도주는 제단 발치에 쏟아졌던 것처럼, 그분은 기꺼이 자신의 피가 마땅히 쏟아지기를 원했다. 이 표현은 순교(殉敎) 같은 표현과 잘 부합한다. 나중에 사도바울도 순교로 하나님께 "드려졌다."

2:18 나와 함께 기뻐하라. – 내가 (하나님께) 드려졌을 때, "나와 함께 기뻐하라."

2:19 내가 알았을 때("내가 알게 되어" KJV) – 내가 돌아가자마자, 너희가 흔들림 없이 서 있다는 것을 "알았을 때."

2:20 내게 아무도 없느니라. – 지금 나와 함께 있는 사람들 가운데 "아무도 없느니라."

2:21 (왜냐하면) **모든 사람이** – 디모데를 제외한 "모든 사람이," **자기의 일을 추구하고** – 편안함, 안전함, 즐거움, 혹은 이익을 "추구하고." 놀랍지 않은가! 교회의 황금기에, 사도바울이 그와 함께했던 모든 일꾼 가운데 오직 한 사람만을 철저히 인정(認定)할 수 있었다니?(1장 14, 17절) 우리는 지금 얼마나 많은 사람이 그들 자신을 하나님께 입증(立證)할 수 있다고 생각하는가? **예수 그리스도의 일들을 추구하지 아니하되** – 편안함, 안전함, 즐거움, 혹은 이익만을 "추구하는" 사람들은 불행하게도 "예수 그리스도의 일들을 추구하지 않는" 것을 경험할 것이다. 그들은 그들 자신과 같은 마음을 가지고 도와주는 사람들을 거의 발견하지 못할 것이다.

2:22 아들이 아버지에게 하듯 – 바울은 일부에서는 '아들'로서, 일부에서는 '동료 사역자'로서 언급하면서 특별하게 품격 있는 구절을 사용한다.

2:25 에바브로디도를 보내는 것이 – 즉시(卽時) 돌려 "보내는 것이," **너희의 사자**(使者)**로서** – 빌립보 신도들은 자신들의 후한 기부금(寄附金)과 함께 에바브로디도를 이미 사도바울에게 보냈었다.

2:26 자기가 병든 것을 – "자기가 병들었다"는 것을 듣고, 너희가 고통(苦痛)받을 것이라고 그가 생각했기 때문에.

2:27 하나님께서 그에게 긍휼을 베푸셨고 – 그의 건강을 회복(回復)시키셨고.

2:28 나도 근심을 덜고자 함이었느니라. – 너희가 기뻐하고 있다는 것을 내가 알게 될 때, "나도 근심을 덜고자 함이었느니라."

2:30 섬기는 너희의 일에서 부족한 것을 채우기 위해 – 너희가 몸소 행할 수 없었던 일을 실행하기 위해.

빌립보서 3장

3:1 같은 것들을 – 너희가 전에 들었던 것과 “같은 것들을.”
3:2 개들을 조심하고 – 부정(不淨)하고, 사악(邪惡)하고, 탐욕(貪慾)스러운 사람들을 “조심하고.” 바울은 유대인들이 늘 이방인들에게 붙였던 칭호(稱號)를 그들 자신에게 돌려준다. **살을 베어 내는 자들** – 이제는 중단된 할례(割禮)를 행하는 “자들.” 바울 사도는 그것들을 할례라고 부르려고 하지 않고, 의도적으로 “살을 베어 내는 자들”이란 용어(用語)를 만든다. 이것은 하나님이 레위기 21장 5절에서 금지하셨던 그러한 절제(切除, 베어냄)에 대하여 70인 역(*Septuagint*)에서 사용된 헬라어 단어로부터 가져온 것이다.
3:3 (왜냐하면) **우리가** – 그리스도인들이, **곧**” 유일한 참된 “**할례자니라.** – 이제 하나님의 언약 안에 있는 사람들, **영으로 하나님께 경배하고** – 겨우 문자(文字)로 “하나님께 경배하는” 것이 아니라, 내적인 거룩함의 영적인 예배로 “하나님께 경배하고,” (그리고) **그리스도 예수님을 기뻐하며** – 우리의 모든 복(福)에 대한 유일한 근거(根據)로서 “그리스도 예수님을 기뻐하며,” (그리고) **육체를 신뢰하지 아니하는** – 어떠한 외적인 유익(有益)이나 혹은 외적인 특권(特權)으로 “육체를 신뢰하지 아니하는.”
3:4 (비록) **나 역시** – 사도바울은 단수(單數)로 이것을 추가한다. 왜냐하면 빌립보 신자들이 이렇게 말할 수 없었기 때문이다.
3:5 여드레째 되는 날 할례를 받았고 – 다 성장해서 받은 것이 아니라, “여드레째 되는 날 할례(割禮)를 받았고,” **베냐민 지파에 속한 자요** – 하녀(下女)가 아니라, 정실(正室)로부터 태어난 자요, **히브리인 중의 히브리인이요** – 모든 것, 곧 민족(民族), 종교(宗教), 언어(言語)에 있어서, (히브리인이신) 나의 두 부모님에 의해서, **율법에 관하여는 바리새인이요,** – 가장 엄정(嚴正)하게 율법(律法)을 준수하는 그 종파(宗派) 가운데 한 사람이요.
3:6 율법(律法)에 대한 “열심(熱心)”을 가지고, 그것을 지키지 않는 사람들을 죽음에 이르기까지 “핍박(逼迫)하였던” 사람들, **율법에** 기술되어 있으며, 그리고 **율법이 명하는 의(義)에 관하여는** – 다시 말해서, 외적인 준수사항들에 “관하여는,” “흠이 없는 자로다.”
3:7 그러나 한때 나의 확신, 나의 자랑, 그리고 나의 기쁨이었던 것들, 즉 그때 내가 **이득**(利得)이라고 여겼던 이러한 모든 **것들을** 내가 믿음을 가진 이후로, **그리스도**에 비하여 아무런 가치(價値)가 없는 **손실**(損失)**로 내가 여겼으며.**
3:8 참으로, 내가 나에게 지혜(知慧)를 가르쳐주시고, 내 죄를 속죄(贖罪)하시고, 그리고 내 마음속에서 다스리시는 **그리스도 예수를 내 주(主)**로, 나의 대언자(代言者), 나의 제사장(祭司長), 그리고 나의 왕(王)으로 **아는** 내적이고, 경험적인 **지식**(知識)에 비(比)하여, 이 모든 것들뿐만 아니라, 다른 **모든 것을** 단지 **손실**(損失)**이라고 여긴다.**

이것을 단지 '칭의(稱義)' 덕분이라고 감사하는 것은 말씀의 전체 영역을 초라하게 왜곡(歪曲)시키는 것이다. 그것들은 분명히 '성화(聖化)'와도 관련이 있다. 게다가 주로 성화와 관련이 있다. **내가 그분을 위하여 모든 것의 손실을** 실제로 **입고** – 세상은 그것을 사랑하거나, 존중하거나, 혹은 칭찬한다. 나는 그것에 대하여 절대 회개하지 않는다. 그래서 나는 여전히 **그것들을 단지 배설물로 여긴다.** – 행실(行實)이 증가한다. 인내심을 가지고 "손실"을 지속시킨다. 그러나 혐오감 때문에 "배설물(排泄物)"을 내던져버린다. "배설물"에 대한 헬라어 단어는 어떤 것이든 '극도로 불쾌한 물건들의 쓰레기,' '금속들의 불순물,' '독주의 찌꺼기,' '동물들의 대변,' '가장 쓸모없는 고기 쪼가리,' '단지 개들에게 적합한 가장 천한 내장들,'을 의미한다. **내가 그리스도를 얻고** – 자기 자신을 배제(排除)하지 않고, 모든 것들을 잃은 사람은 그리스도를 얻게 되고, 또한 그리스도께서 그를 얻는다. 그리고 여전히 더 중요한 것이 있다. 그러나 심지어 사도바울도 아직 그것을 얻지 못했다고 말한다!

3:9 (그리고) **율법(律法)에서 난 내 자신의 의(義)가 아니라, 그분 안에서** 접붙여져서, 하나님에 의해서 **발견(發見)되려 함이라.** – 율법(律法)에 따라서 규정(規定)되며, 그리고 나 자신의 힘으로 실행된 단지 외적인 "의(義)가 아니라," (그러나) **믿음을 통한** 내적인 **의** – 그 의는 (믿음을 제외한) 어떤 다른 원천(源泉)으로부터 흘러나올 수 없다. **하나님에게서 난 의** – 나 자신의 힘에 의해서가 아니라, 오직 "믿음으로" 그분의 전능(全能)하신 영(靈)으로부터 "난 의(義)." 여기에서도 사도바울은 결코 오직 '칭의(稱義)'에 대해서만 언급하려는 것이 아니다.

3:10 8절에서 언급된 "예수 그리스도를 아는 지식(知識)"에 대해 바울은 여기에서 좀 더 충분하게 설명하고 있다. **내가 그분을 알고자 함이요,** – 나의 완전한 구세주(救世主)로서, "그분을 알고자 함이요," (그리고) **그분의 부활의 권능** – 죄(罪)의 죽음으로부터 사랑의 모든 생명(生命) 속으로 나를 일으키실 "그분의 부활(復活)의 권능(權能)," (그리고) **그분의 고난(苦難)에 참여하는 것을** – 그분과 함께 십자가(十字架)에 못 박히는 것에 "참여(參與)하는 것을" (그리고) **그분의 죽으심과 일치**(一致)하게 **되어** – 이 세상(世上)에 있는 모든 것들에 대해서 죽기 위하여,

3:11 죽은 자들의 부활 – 다시 말해서, 영광(榮光)으로의 부활(復活).

3:12 내가 이미 도달한 것처럼 말하지 아니하며 – 그 상(償)에 "도달한 것처럼." 사도바울은 여기에서 경주(競走)로부터 가져온 일습(一襲)의 새로운 은유(隱喩)들에 착수한다. 그러나 바울이 최고의 열정(熱情)으로 어떻게 자기 정신(精神)의 냉정(冷靜)함을 유지하는지 관찰해보라. (혹은) **이미 완전한 것처럼 말하지도 아니하고** – "완전(完全)한" 것과 "완성(完成)된" 것 사이에는 차이가 있다. 전자는 경주(競走)를 위해서 적합(適合)한 것이며(15절), 후자는 상(償) 받을 준비(準備)가 되어있는 것이다. **다만 그것을 붙잡으려고 뒤따라가노라.** – 영광(榮光)에 대한 준비로서 완전(完全)한 거룩함을 "붙잡으려고 뒤따라가노라." (왜냐하면) **그리스도 예수님께서 나를 붙잡으신 것**을 위하여

– "그리스도 예수님께서" 길에서 나에게 나타나신 것(사도행전 26:14)을 위하여. 이 절에서뿐만 아니라, 바로 앞 절에서도 조건적(條件的)으로 말하는 까닭은 성취(成就)의 '불확실성(不確實性)'을 의미하는 것이 아니라, 단지 성취(成就)의 '어려움'을 의미한다.
3:13 나는 내가 이미 붙잡은 줄로 여기지 아니하고 – 이것을 이미 "붙잡은 줄로 여기지 아니하고," '완전한 거룩함'을 이미 소유한 것으로 "여기지 아니하고." **뒤에 있는 그것들은 잊어버리고** – 심지어 경주(競走)에서 이미 달린 부분은 "잊어버리고," **잡으려고 나아가** – 문자 그대로, **앞에** (펼쳐져) **있는 그것들을** – 내 영혼의 '모든 열심(熱心)과 힘으로,' '완전한 거룩함으로,' 그리고 '영원한 영광으로' "앞에 있는 그것들을" 추구(追求)하며.
3:14 그리스도 예수님 안에서 – 모든 선한 것의 창조주(創造主)이시며, 그리고 완성자(完成者)이신 "그리스도 예수님 안에서"
3:15 우리 완전한 자들은 다 – 경주(競走)에 적합한, (여기에서 그 단어가 뜻하는 바대로) 믿음이 강한 "완전(完全)한 자들은," **이같이 생각할지니** – 이 한 가지 일에 온전히 전념(專念)할지니, (그리고) **만일 어떤 일에서 너희가** – 믿음이 약하기 때문에, 완전(完全)하지 않은 "너희가," **달리 생각하면** – 다른 것들을 추구(追求)하면, **하나님께서 바로 이것을 너희에게 드러내시리라.** – 하나님께서 그것에 대해서 너희에게 확신(確信)시키실 것이다.
3:16 "그러나" 우리가 이미 얻은 땅을 잃지 않도록 주의하자. 우리가 지금까지 지켜왔던 "같은 규칙(規則)에 따라 걷자."
3:17 그렇게 걷는 자들을 주목하라. – 너희가 본보기가 되기 위해서, "그렇게 걷는 자들을 주목(注目)하라."
3:18 눈물을 흘리며 – 바울 사도가 편지를 쓰면서 "눈물을 흘리며," **그리스도의 십자가의 원수(怨讎)"** – 그런 자들은 모두 겁(怯)이 많으며, 모두 창피해하는, 모두 연약(軟弱)한 그리스도인들이다.
3:19 그들의 마지막은 파멸(破滅)이요 – 이것을 이 절의 맨 앞에 놓은 것은, 뒤이어 나오는 것들을 더 큰 두려움을 가지고 읽게 하려는 것이다. **그들의 하나님은 그들의 배요** – 그들의 최상의 행복은 관능적(官能的)인 욕구(慾求)를 충족(充足)시키는 데 있다. **그들은 땅의 일들을 생각하느니라.** – "땅의 일들을" 좋아하고, "땅의 일들을" 갈망(渴望)하고, "땅의 일들을" 추구(追求)한다.
3:20 우리의 생활 방식 – 헬라어로 그 단어는 매우 광범위(廣範圍)한 의미를 지닌다. 즉, 우리의 시민권(市民權), 우리의 생각, 우리의 애정(愛情)은 이미 "하늘에 있다."
3:21 그분께서는 우리의 천한 몸을 변화시킬 것이다. – 가장 완벽한 상태(狀態)로 그리고 가장 아름다운 형체(形體)로 "변화시킬 것이다." 그러면 우리 몸은 흠이 없는 창공(蒼空)보다 더 깨끗할 것이며, 별들의 광체(光體)보다 더 밝을 것이다. 그리고 그것은 필적(匹敵)하는 모든 것을 넘어설 것이며, 그리고 그것은 모든 완전(完全)을 충분

히 이해할 것이다. **자신의 영광스런 몸과 같게** – 놀라울 정도로 영광(榮光)스러운 몸과 같게. 왜냐하면 그는 하늘 왕국(王國)에서, 그리고 그의 승리의 보좌(寶座)에 앉아서 "자신의 영광스런 몸"을 입고 있기 때문이다.

빌립보서 4장

4:1 굳게 서라. – 너희가 지금까지 해왔던 대로, "굳게 서라."
4:2 내가 간청(懇請)하노니 – 바울 사도는 마치 각각의 얼굴을 보고 말하는 것처럼, 그것도 지극히 다정(多情)하게, 이 말을 두 번 되풀이한다.
4:3 또한 참된 멍에 동료인 네게도 간절(懇切)히 권하노니 – 사도바울에게는 많은 동료 일꾼들이 있었으나, 그러나 "멍에 동료들"이 많지는 않았다. 그 "멍에 동료들"에는 먼저 '바나바'가 들어있고, 그리고 다음으로 '실라'가 포함되어있다. 아마도 사도바울이 여기에서 그들을 언급할 수 있을 것이다. **나와 함께 수고한,** 문자 그대로, **씨름한 저 여자들을 도우라.** – 헬라어로 그 단어("수고하다" 혹은 "씨름하다")는 '복음 전하는 일'이나 혹은 그런 종류의 다른 것을 의미하지 않고, 복음을 위해서 견뎌야 하는 위험(危險)과 수고(受苦)를 가리킨다. (아마도 빌립보에서) 복음을 전하는 일과 동시에 그런 위험과 수고도 견뎌야 했다. **클레멘트와 나의 다른 동료 일꾼들**에 의해서 – "동료 일꾼들"은 앞서 나온 것과 다른 단어이며, 그리고 실제로 동료 복음(福音) 전도자(前導者)들을 의미하지 않는다. **그들의 이름이,** 여기에 적혀있지는 않지만, **생명책(生命册)에 있느니라.** – 모든 믿는 자들의 이름이 "생명책에 있는" 것처럼. 이것은 올림픽 경기에서 그들의 이름들이 모두 명부(名簿)에 올려있었던 레슬링 선수들에 대한 암시(暗示)이다. 독자들이여, 당신의 이름도 "생명책에" 들어있는가? 그렇다면, 주께서 당신의 이름을 이 "생명책"에서 지워버리지 않으시도록, 신중(愼重)하게 걸어라!
4:5 너희의 점잖음을("너희의 절제를" KJV) – 온순함, 성품의 다정함, 주 안에서 기뻐한 결과(結果)("주를 기뻐하라."(**4절**) KJV), **알게 하라.** – 너희의 모든 행실(行實)에 의해서 "알게 하라." **모든 사람이** – 선한 사람과 나쁜 사람, 점잖은 사람과 심술궂은 사람 모두가. 가장 거친 성격(性格)을 가진 사람들도 어떤 사람들에게는 온화(溫和)하게 대한다. 그리스도인들은 모든 사람에게 (자연스러운 친절(親切)과 다양한 동기(動機)로부터) 온화하게 대해야 한다. **주께서** – '심판(審判)하시는 분'이시며, '보상(報償)하시는 분'이시며, '복수(復讎)하시는 분'이신 "주께서," **가까이 계시느니라.** – "문(門)에서서"(요한계시록 3:20) "계시느니라."
4:6 아무것도 걱정스럽게 **염려하지 말고** – 이것 때문에도 아니고, 다른 것 때문에도 아닌데, 만약 사람들이 너희에게 점잖게 대해지 않는다면, 조심(操心)하라, 그러나 기도(祈禱)하라. 신중(愼重)함과 기도(祈禱)는 함께 설 수가 없다. **모든 일에서** – 큰일에서뿐만 아니라, 작은 일에서도, **너희가 요청(要請)할 것을 알리라.** – 마치 그것들이

너무 작거나 혹은 너무 크다는 듯이, 터무니없는 수치심(羞恥心)으로, 혹은 의심스러운 겸손(謙遜)함으로, 자신들의 욕망(慾望) 속에 덮어두거나, 억누르거나, 혹은 간직하는 사람들은 조심스럽게 고통(苦痛)을 받아야만 한다. 왜냐하면 그 사람들이 그 고통으로부터 전적으로 구원받게 되며, 그리고 그 사람들은 자유로운 확신으로 또한 자녀로서의 확신으로 그 고통을 쏟아놓기 때문이다. **하나님께** – 사람들에게 그들 자신을 드러내는 것이 항상 적절한 것은 아니다. 그러나 "하나님께" 자신을 밝히 드러내는 것은 항상 적절한 일이다. **간구로** – "간구(懇求)"는 우리의 청원(請援)에 대해 자세히 설명하며, 그리고 그 청원을 재촉하는 것이다. **감사와 더불어** – "감사(感謝)"는 우리의 영혼이 염려(念慮)로부터 벗어난다는 가장 확실한 표시이며, '진정으로 받아들임'과 '연합된 기도'에 대한 가장 확실한 표시이다. "감사"는 항상 화평(和平)이 뒤따른다. 화평과 "감사"는 둘이 함께 연결된다(골로새서 3:15).

4:7 그리하면 하나님의 평강이 – 오직 하나님만 주실 수 있는 차분한 천국(天國)의 휴식(休息), 즉 영(靈)의 평온(平穩)함. **모든 이해를 뛰어넘는** – "하나님의 평강"을 받은 사람을 제외하고, 아무도 이해할 수 없는, **지키시리라.** – 수비대가 도시를 지키듯이, 보호(保護)할 것이다. **너희 마음과** – 너희의 애정(愛情)들, **너희 생각을** – 하나님의 지식과 사랑 안에서, 그리스도 예수의 영(靈)과 권능(權能)을 "통하여," 너희의 이해(理解)들과 그것들에 대한 모든 다양한 작용(作用)들을 "지키시리라." 마찬가지로 이러한 것들에 대해 보호 장치가 설정되어 있지 않으면, 우리들의 애정의 순수(純粹)함과 애정의 열정(熱情)을 오랫동안 간직할 수 없다.

4:8 끝으로 – 모든 것을 요약해서 말하면, **무엇이든지 진실한 것** – 여기에 사중(四重)으로 된 두 개의 줄들에 들어있는 8가지 항목(項目)들이 나온다. 먼저 나오는 줄의 네 가지에는 그들의 의무(義務)가 담겨있으며, 뒤에 나오는 줄의 네 가지는 그 의무에 대한 칭찬(稱讚)이다. 먼저 나오는 줄의 첫 번째 단어는 뒤에 나오는 줄의 첫 번째에 대하여 대답을 하며, 그리고 먼저 나오는 줄의 두 번째 단어는 뒤에 나오는 줄의 두 번째에 대하여 대답을 한다. 그리고 그렇게 계속된다. **진실한** – 말에 있어서 "진실(眞實)한," **정직한** – 행실에 있어서 "정직(正直)한," **의로운** – 다른 사람들에 관하여 "의(義)로운," **순수한** – 너희 자신에 대하여 "순수(純粹)한," **사랑스런** – 그리고 진리보다 더 "사랑스런" 것은 무엇인가? **좋은 평판이 있는** – 정직함을 실천하지 않을 때조차도 정직(正直)한 것처럼, "좋은 평판(評判)이 있는" **덕이 되는 것이 있거든** – 그리고 모든 "덕(德)들"은 "의(義)로움" 안에 들어있다. **칭찬이 되는 것이 있거든** – 우리의 이웃들에게 관련되기보다는 우리 자신에게 관련된 그러한 일들에서 "칭찬(稱讚)이 되는 것이 있거든," **이러한 것들을 곰곰이 생각하라.** – 너희들이 그것들을 직접 실행(實行)하기 위해서 뿐만 아니라, 그것들을 다른 사람들에게 권면(勸勉)하기 위해서 "이러한 것들을 곰곰이 생각하라."

4:9 너희는 배운 것들을 – 개종자(改宗者)로서 "너희는 배운 것들을," (그리고) **받은**

것들을 – 계속적인 가르침에 의해서 "받은 것들을," (그리고) **듣고 본 것들을** – 나의 삶과 나의 생활 방식에서 "듣고 본 것들을," (이것들을) **행하라. 그리하면 평강의 하나님께서 너희와 함께 하시리라.** – 하나님의 평강(平康)뿐만 아니라, 평강의 원천(源泉)이신 하나님께서 직접 "너희와 함께 하시리라."

4:10 내가 주를 크게 기뻐한 것은 – 사도바울은 스토아 철학자(금욕주의자, 로마서 17:18 참조)가 아니었다. 그는 강한 열정(熱情)을 가지고 있었다. 그러나 그는 모든 것을 하나님께 바쳤다. **너희가 나를 돌보려 하는 것이 다시 활기를 띠었기 때문이니** – 겨울이 지난 후 나무에 꽃이 피듯이, "다시 활기(活氣)를 띠었기 때문이니," **너희가 기회가 없었느니라.** – 너희가 스스로 많은 것을 가지지 못했으나, 혹은 너희가 참된 사자(使者)를 원했으나, "너희가 기회(機會)가 없었느니라."

4:11 내가 배웠노니 – 하나님으로부터 "배웠노니." 오직 하나님만 "어떤 처지(處地)에 있든지 그대로 만족(滿足)하는 것"을 가르치실 수 있다. **어떤 처지에 있든지 그대로 만족하는 것을** – '기뻐하며' 그리고 '감사하며' 인내(忍耐)하는 것을. 그보다 못한 어떤 것도 그리스도인의 만족(滿足)이 아니다. 우리는 다음의 표현에서 아름다운 점층적 변화를 볼 수 있다. "나는 배웠으므로, 나는 알고 있다. 나는 가르침을 받았으므로, 나는 할 수 있다."

4:12 내가 비천(卑賤)하게 되는 것도 알고 – 내 몸을 위해 필요(必要)한 것을 거의 소유(所有)하지 못하는 "것도 알고," "(그리고) **풍부하게 되는 것도 알아** – 그것을 가지고 다른 사람들에게도 덜어줄 정도로 가지는 "것도 알아." 결핍(缺乏)으로부터 풍부(豐富)로, 그리고 풍부로부터 결핍으로의 빈번한 이행(移行)을 넌지시 알리기 위해서, 곧바로 단어들의 순서를 도치(倒置)시킨다. **내가 배웠노라.** – 문자 그대로, 그리스도인들을 제외한 모든 사람에게 알려지지 않도록, "나는" 이 비밀을 "전수(傳受)하였다." **배부르거나 배고프거나** – 하루 동안 "배부르거나 배고프거나," **풍부하거나 궁핍 당하는** – 좀 더 긴 시기 동안 "풍부(豐富)하거나 궁핍(窮乏) 당하는."

4:13 내가 모든 것을 할 수 있느니라. – 심지어 '하나님의 모든 뜻'을 실행(實行)할 "수 있느니라."

4:15 복음의 초기에 – 복음(福音)이 빌립보에 처음으로 전해졌을 때, **주는 일로** – 너희 측에 "주는 일로," **받는 일로** – 나의 측에서 "받는 일로"

4:17 나는 바라지 아니하며 – 나 자신을 위해서 내가 너희에게서 받은 바로 그 "선물(膳物)을 바라지 아니하며."

4:18 달콤한 냄새의 향기 – 사람들에게 가장 달콤한 향수(香水)보다도 하나님을 더 기쁘시게 해드리는 "달콤한 냄새의 향기(香氣)."

4:19 너희의 모든 필요를 공급하시리라. – 너희가 나의 필요를 가진 것처럼, "너희의 모든 필요(必要)를 공급(供給)하시리라." **영광 가운데서 자신의 부요하심에 따라** – 하나님의 풍부하고 영원한 "영광(榮光) 가운데서 자신의 부요(富饒)하심에 따라"

골로새서 주해

골로새는 라오디게아와 히에라폴리스로부터 멀지 않은 대 프리지아의 한 도시였다. 비록 사도바울이 프리지아의 많은 곳에서 복음을 전했지만, 그러나 그는 결코 골로새라는 도시에 체류한 적이 없었다. 골로새는 에바브라의 전도에 의해서 복음을 받아들였다. 에바브라는 사도바울이 이 서신을 쓰고 있을 때, 그와 함께 있었다.

지금 골로새 성도들은 유대교나 혹은 이방인의 미신들을 기독교와 혼합시키려고 기를 쓰고 덤비는 사람들에 의해서 유혹당할 위험에 처한 것으로 보인다. 즉, 하나님 자신의 엄청난 위엄(威嚴) 때문에 천사들의 중개(仲介) 없이는 우리가 하나님께 다가갈 수 없다는 거짓말로, 그리고 율법에 따르면, 이러한 천사들이 우리의 친구가 될 수 있고, 그 율법(律法)에서 주로 차용(借用)해온 확실한 의식(儀式)들과 절기(節氣)들이 있다고 거짓말로 유인했다.

그들의 주장과는 반대로, 사도바울은 첫째로, 다른 모든 것보다 더 탁월하며, 그리고 그리스도인에게는 다른 어떤 지식도 결코 필요하지 않을 정도로 매우 온전하고 또한 매우 완전한 '그리스도에 대한 지식'을 권면한다. 둘째로, 사도바울은 그리스도는 단지 그분의 종들인 모든 천사들보다 위에 계시며, 그리고 그리스도를 통하여 하나님과 화해(和解)될 수 있기 때문에, 우리는 우리가 필요한 모든 일들에서 하나님께 마음껏 다가갈 수 있다는 것을 분명하게 설명한다.

골로새서의 구성

Ⅰ. 제사(題詞) 1장 1절 – 2절

Ⅱ. 사도바울이 그리스도의 신비에 대해서 애절하게 설명한 교리;
골로새 신도들에 대한 감사에 의해서, 3절 – 8절
골로새 교인들을 위한 기도에 의해서, 9절 – 23절

Ⅲ. 권고.
1. 전체적인 권고, 사도바울이 그들에게 인내하도록 촉구하며,

그리고 그들에게 속지 말라고 경고한다, 4절 - 8절
그리스도의 신비에 대해 순차적으로 다시 설명한다, 9절 - 15절
그리고 같은 순서로 그의 훈계를 이끌어낸다,
(1) 머리이신 그리스도로부터, 16절 - 19절
(2) 그리스도의 죽음으로부터, 20절 - 23절
그들에 대한 그의 애정을 선언, 24절 - 29절, 2장 1절 - 3절
(3) 그리스도의 높여지심, 3장 1절 - 4절

2. 특정한 권고,
(1) 대여섯 가지 악덕행위들을 피하기 위하여, 5절 - 9절
(2) 몇 가지 선행들을 실천하기, 10절, 11절
특별히 서로 사랑하기 위하여, 12절 - 15절
그리고 성경을 공부하기, 16절, 17절
(3) 아내들과 남편들의 의무사항들에 관련하여, 18절, 19절
자녀들과 부모들, 종들과 주인들의 의무사항들에 관련하여, 20절, 21절, 22절 - 25절, 4장 1절

3. 마지막 권고, 기도에 대해, 2절 - 4절
영적인 지혜에 대해, 5절, 6절

Ⅳ. 결구(結句) 7절 - 16절

골로새서 1장

1:2 성도들 – 이 단어는 그들이 하나님과 연합(聯合)되어있음을 나타낸다. (그리고) **형제들** – 이 단어는 그들의 동료 그리스도인들과 그들의 연합을 나타낸다.
1:3 우리가 감사를 드림은 – 이 서신과 에베소 신도들과 빌립보 신도들에게 보내는 서신들 사이에는 아주 흡사(恰似)한 면이 있다.
1:5 너희가 전에 들은 것이라. – 내가 이미 너희에게 편지를 써 보냈다. **복음의 진리의 말씀 안에서** – 참된 복음이 너희에게 전해졌다.
1:6 복음이 온 세상에서 열매를 맺는 도다. – 다시 말해서, 복음이 전해지는 모든 곳에서 "열매를 맺는 도다." **너희가 진리 안에서 하나님의 은혜를 알았다.** – 하나님의 은혜로우신 권능(權能)을 진정으로 경험했다.
1:7 우리의 사랑하는 동료 종 – 사도바울과 디모데가 "사랑하는 동료 종."
1:8 성령 안에서 너희의 사랑을 – 성령에 의해서 너희 안에 빚어진 너희의 사랑을.
1:9 우리도 너희를 위해 기도하기를 – 이것은 3절에서 전반적으로 언급되었다. 그러나 이제는 좀 더 특별하게 언급한다. **너희가 그분의 뜻에 대한 지식으로 채워지며**(**너희가 그분의 뜻을 아는 것으로 채워지며** KJV) – "너희가" 그분의 계시(啓示)된 "뜻에 대한 지식으로 채워지며," **모든 지혜에서** – 위로부터 오는 모든 지혜에서, (그리고) **영적 깨달음에서** – 그 빛에 의해서 무엇이 그분의 뜻과 일치하는지, 혹은 무엇이 그분의 뜻과 다른지 분별(分別)하는 데서.
1:10 그분의 뜻 전체를 알면서, **주께 합당하게 걸어 모든 일에서, 그분을 기쁘게 하고** – 살아있으면서 경험적으로 우리 하나님 아버지, 구세주, 성령을 "아는 것에서" 매일 "자라면서," "모든 선한 일에서" 실제로 "그분을 기쁘게 하고."
1:11 모든 인내와 오래 참음으로 강건하게 되며 – 이것이 가장 높은 지점이다. 즉, 단지 하나님 뜻 전체를 알고, 실행하고, 경험하는 것이 아니라, 간신히 인내하는 대신, 오히려 감사하는 기쁨으로 끝까지 하나님 뜻 전체를 경험하는 것이다.
1:12 그분은 우리를 의롭게 하시고, 또한 성화(聖化)하게 해주심으로, 우리를 (그분의) 영광에 **합당하게 하셨다.**
1:13 권능(權能)은 마지못해서 하는 포로(捕虜)들을 붙잡아둔다. **왕국**(王國)은 자발적인 백성(百姓)들을 소중히 여긴다. **자신의 사랑하시는 아들** – 이것은 15절에서, 그리고 이어지는 몇 절에서 다루어진다.
1:14 그분 안에서 우리가 구속(救贖)을 받았도다. – 이것은 18절 중간부터 다루어진다. 우리 주님의 자발적인 열정을 통해 하나님 아버지의 진노(震怒)를 누그러뜨리셨으며, 우리를 위하여 '사면(赦免)'과 '받아주심'을 얻어주셨으며, 그리고 결과적으로 사탄이 우리의 죄들을 통해서 우리에 대해 가졌던 지배권과 권세를 해제시키셨다. "용서(容恕)"가 "구속(救贖)"의 시작이듯이, 부활(復活)은 구속의 완료(完了)가 된다.

1:15 그분께서는 – 그리스도의 영광(榮光), 그리고 그리스도께서 가장 높은 천사들보다 탁월(卓越)하심을 묘사함으로써, 사도바울은 여기에서 모든 천사 숭배자들에 대한 책망의 기초를 놓는다. **보이지 아니하는 하나님의 형상** – 그분의 신적 본성(本性), 즉 보이지 않는 형상에 있어서, 그리고 그분의 인간적 본성, 즉 하나님 아버지에 대한 보이는 형상에 있어서, 하나님의 독생자(獨生子)를 제외하고 누구도 하나님을 보여줄 수 없다. **모든 창조물의 처음 난 자** – 다시 말해서, 모든 창조물 이전에 난 자(者), 곧 모든 만물이 생기기 전에, 모든 시간이 있기 전에, 영원으로부터 존재한 자.

1:16 이는 – 이것은 앞에 절의 후반부에 대한 설명이다. **의해** – "의해"(through, "통해")는 "의하여"(by)와 "위하여"(for) 같은 불변화사(여기서는 전치사)에 우선하는 어떤 것을, 즉 시작, 진척(進陟), 그리고 마지막을 의미한다. **그분을** – 빈번하게 되풀이되는 이 단어는 하나님의 최고의 위엄(威嚴)을 나타내며, 그리고 모든 창조물을 배제(排除)한다. **하늘에 있는 것들과 모든 것이 창조되었노라.** – 그리고 하늘 자체도 "창조되었노라." 그러나 거주자(居住者)들이 거명된다. 왜냐하면 그들이 그 집보다 더욱 더 귀하기 때문이다. **보이지 아니하는 것들** – 추가된 몇 가지 종류들. "왕좌들"은 "통치들"보다 뛰어나며, "정사들"이 "권능들"보다 뛰어나다. 아마도 "정사들"과 "권능들"은 다른 창조물들에 관련하여 그들의 직무(職務)를 표현하는 것으로 보인다. 그리고 "왕좌들"과 "통치들"은 하나님께 회부(回附)된다. 왜냐하면 하나님께서 그들에게 당신의 마차(馬車)들을 만들어주시며, 그리고, 말하자면, 그것들의 날개를 타고 달리신다.

1:17 또한 그분께서는 모든 것보다 먼저 계시고 – "그분께서는 먼저 계셨고"라고 언급되어 있지 않다. 왜냐하면 그분께서는 (시간을 초월하여) 영원부터 영원까지 계시기 때문이다. **모든 것은 그분으로 말미암아 존재하느니라.** – 본래의 표현은 "모든 것은 그분 안에 하나의 체제로 충만하게 채워져 있었으며, 그리고 충만하게 채워져 있다는 믿음 안에 그분께서 모든 것들을 유지하신다."라는 것이었다. 그러나 좀 더 직접적으로, "모든 것은 그분 안에 하나의 체제로 충만하게 채워져 있었으며, 그리고 충만하게 채워져 있다." 그분은 우주를 지탱(支撑)해주시는 분일 뿐만 아니라, 우주를 결속(結束)시켜주시는 분이시다. 그런데 그분이 최고 하나님보다 못하시다는 것인가?

1:18 (그리고) – 전체로부터, 그분은 이제 가장 탁월한 부분, 즉 교회(敎會)로 내려오신다. **그분께서는 교회의 머리시니라.** – 보편적(普遍的)인 "교회의 머리시니라." 신자들의 몸 전체에 대한 영향력(影響力)에 있어서 뿐만 아니라, 통치(統治)에 있어서도 최고의 그리고 유일한 "머리시니라." **그분께서** – 새로운 문단(文段)의 시작을 가리키는 표현(15절 참조.)의 반복이다.

시작이시요 – 절대적으로, 영원한 "시작이시요," 죽은 자들로부터 처음 난 자이시니 – 그분의 부활로부터 그분의 모든 형체의 영적인 모든 생명 그리고 영원한 모든 생명이 흐른다. 모든 것에서 – 자연의 "모든 것에서"든, 혹은 은총의 "모든 것에서"든, "그분께서 으뜸이 되려 하심이라." 누가 이러한 깊은 것을 발견할 수 있단 말인가?

1:19 (왜냐하면) **아버지께서는 모든 충만을 기뻐하시고** – 하나님의 "모든 충만(充滿)하심을 기뻐하시고," **그분 안에 거하는 것을** – 계속해서 성전(聖殿) 안에 "거하는 것"처럼, 그리고 항상 우리가 그분께 나아갈 준비를 하고 "그분 안에 거하는 것을."

1:20 그분의 십자가의 피를 통해 – 십자가에서 뿌려진 "피를 통해," **"땅에 있는 것들이나"** – 땅에서 적대감(敵對感)이 시작되었다. 그러므로 이것이 먼저 언급되었다. (혹은) **하늘에 있는 것들이** – 지금은 천국에 있는 사람들, 곧 그리스도께서 오시기 전에 죽은 성도들.

1:21 (그리고) **너희가 멀리 떨어져 원수가 되었으나** – 애정(愛情)에서 실제로 "멀리 떨어져" 있는 것으로 인해 습관적인 적대감(敵對感)이 형성된다. **너희 생각 속에서** – 너희의 이해(理解)뿐만 아니라, 너희의 애정(愛情)에서도, **사악한 행위들로 인해** – "사악한 행위들"은 계속해서 하나님으로부터 '내적인 멀리 떨어짐'을 공급하고 또한 증가시키며, 그리고 하나님을 향한 '적대감'을 공급하고 또한 증가시킨다.

1:22 이제는 그분께서 화해를 이루사 – 너희가 믿는 순간부터, "그분께서 화해를 이루사," **자기 육체의 몸으로** – (그분의 몸, 곧 교회와는 매우 구별되는 그분의 몸) 여기에서 "몸"은 그분의 '참 인간(人間)'을 가리킨다. **죽음을 통해** – 그분께서 "죽음을 통해" 우리가 믿음으로 받게 되는 '하나님과의 화해(和解)'를 사셨다. **너희를 드리려 하셨으니** – 바로 그 화해(和解)의 목적(目的), **거룩하고** – 하나님께 "거룩하고," **흠 없고** – 너희 자신에게 있어서 "흠 없고," **책망할 것이 없는** – 너희 이웃에 관해서는 "책망할 것이 없는."

1:23 만일 너희가 (계속해서) **믿음 안에 거하여** – 그렇지 않으면, 너희는 너희가 이미 누리기 시작한 모든 복을 잃게 될 것이다. (그리고) **복음의 소망에서 떠나지 아니하면** – 완전한 사랑에 대한 영광스러운 "소망에서 떠나지 아니하면," **그 복음이 선포되었으며** – "그 복음이" 이미 "하늘 아래 모든 창조물에게 선포되기" 시작하였다.

1:24 나는 이제 너희를 위해 고난당하는 것을 기뻐하고, (그리고) **채우노라.** – 다시 말해서, "나는 고난(苦難)에 의해서 채우노라." **그리스도의 고난들 뒤에 있는 것을** – 그분의 지체들이 고난을 받도록 남겨져 있는 것을. 이러한 것들은 '그리스도의 고난'이라고 불린다. 첫째로, 어떤 한 지체의 고난은 전체의 고난이며, 그리고 특별히 모두에게 힘, 영들, 감각과 동작을 공급하는 '머리의 고난'이 되기 때문이다. 둘째로, 그 지체들은 그분을 위해서, 곧 그분의 진리에 대한 증거를 위해서 존재하기 때문이다. 그리고 이러한 것들은 또한 교회를 위해서 필요하다. 하나님께 화해시키거나 혹은 (죄에 대해 그리스도께서 완벽하게 행하신바) 죄에 대해 충족시키기 위해서 그것들이 필요한 것이 아니라, 성도들을 완전하게 하며 그리고 그들이 받을 상을 늘려가며, 다른 사람들에 대한 본보기를 위해서 필요하다.

1:25 내게 주신 하나님의 경륜(經綸)에 따라 – 또는 "내게" 맡겨주신 청지기 직무(職務)에 "따라."
1:26 신비(神祕) – 다시 말해서, 유대인들뿐만 아니라, 이방인들도 의롭게 하실 뿐만 아니라, 성화(聖化)시키시는 그리스도. 왜냐하면 이전의 "여러 시대와" 지나간 "여러 세대로부터" 상당히 "감추어졌었기" 때문이다.
1:27 너희 안에 거하시며 그리고 다스리시는 **그리스도, 곧 영광의 소망** – 너희 소망의 근거이신 "그리스도, 곧 영광의 소망(所望)."
1:28 우리는 무지(無知)한 자들을 **가르치며**, 그리고 이미 가르침을 받은 사람들을 훈계(訓戒)한다.

골로새서 2장

2:1 얼마나 큰 싸움을 – 보살핌, 갈망(渴望), 기도(祈禱)에 대한 "얼마나 큰 싸움을." **내 얼굴을 보지 못한 모든 자들을** – 그러므로 골로새 성도들에게 편지를 쓸 때, 사도바울은 "형제들," "사랑하는 자들" 같은 친밀(親密)한 호칭(呼稱)을 삼간다.
2:2 충만하고 확실한 깨달음에 이르며, 하나님의 신비를 인지하는 데 이르게 하려 함이라. – 다시 말해서, 복음(福音)에 대하여 "충만하고 확실한 깨달음과 인지(認知)하는데 이르게 하려 함이라."
2:6 그러므로 그분 안에서 걷되 – 같은 믿음, 사랑, 거룩함으로 "그분 안에서 걷되,"
2:7 그분 안에서 뿌리를 내리고 – 포도나무처럼, "그분 안에서 뿌리를 내리고," **세워지며** – 확실한 토대(土臺) 위에 "세워지며."
2:8 철학과 헛된 속임수로 – 다시 말해서, 기독교와 혼합(混合)된 "철학(哲學)의 헛된 속임수로." 바울 사도는 이것을 정죄(定罪)한다. 첫째로, 그것은 "헛되고," 또한 "속임수를 써서," 행복을 약속하지만, 그러나 아무것도 주지 않기 때문이다. 둘째로, 그것은 확실한 이유에 근거(根據)하는 것이 아니라, "사람들의 전통(傳統)들," 제논(스토아학파의 시조), 에피쿠로스(에피쿠로스학파의 시조), 그리고 그밖에 모든 것에 근거(根據)하였기 때문이다. 그리고 셋째로, 그것은 너무나 얄팍하고 또한 너무나 피상적(皮相的)이라서, 분별 있는 것들에 대한 지식을 넘어서 나아가지 못한다. 그 정도가 아니라, 분별 있는 것들에 대한 가장 "유치(幼稚)한 원리들도" 넘어서 나아가지 못한다.
2:9 (왜냐하면) **그분 안에는 거하고** – 거(居)하라. 계속해서 "하나님의 신격의 모든 충만"을 거하게 하라. 신자들은 "하나님의 모든 충만하심으로 충만해"(에베소서 3:19)있다. 그러나 그리스도 안에는 "하나님의 신격(神格)의 모든 충만"하심이 "거한다." 즉, 단지 신적 권능들이 아니라, 신적 본성(本性)인 가장 충만한 신격(神格)이 "거한다."(1장 19절) **몸으로** – 개별적으로, 실제로, 실질적으로. 만약 누군가 그렇게 말한다면, 바로 하나님의 실체가 가장 충만한 의미에서 그리스도 안에 거하신다.

2:10 또 너희는 – 믿는 사람들은, "그분의 충만하심에서 받았으매."(요한복음 1:16) 그리스도께서는 하나님으로 충만하시며, 그리고 너희들은 그리스도로 충만하다. 즉, 그리스도의 충만하심이 그분의 교회에 넘친다(시편 133:3). 그리스도께서는 본래 충만하시다. 우리는 지혜로 그리고 거룩함으로 "그분의 충만하심에서 받았다." **모든 정사와 권능의 머리이신** – 사람들의 "머리이실" 뿐만 아니라, 또한 천사들의 "머리이신." 그러므로 우리는 천사(天使)들로부터가 아니라, 그 "머리"이신 분으로부터, 무엇이든 우리가 필요한 것을 구해야만 한다.

2:11 또한 그분 안에서 할례를 받았느니라. – 너희는 지금까지 할례(割禮)에 의해서 옛 것에 전형적인 영적인 복을 받았다. **손으로 하지 않은 할례로** – 내적이며 영적인 작동(作動)에 의해서, 작은 피부를 **벗어 버리는** 것이 아니라, **육신의 죄들에 속한 온몸을 벗어 버림으로** – 너희의 악(惡)한 본성(本性)의 모든 죄(罪)를 "벗어 버림으로," **그리스도의 할례로 말미암아** – "그리스도의" 영적(靈的) "할례로 말미암아." 왜냐하면 그리스도께서 너희의 마음속에 할례를 행하시기 때문이다.

2:12 말하자면, **너희가 세례 안에서 그분과 함께 묻혔을** 때, 그것을 너희 안에 빚으셨다. – 여기에서는 물속에 잠기게 함으로써 세례(洗禮)를 베푸는 옛 방식이 물을 뿌리거나 혹은 물을 붓는 다른 방식들이 암시되는 것처럼 분명하게 암시되고 있다(히브리서 10:22). 그러나 세례받는 자의 연령에 대해서 혹은 세례를 실행하는 방식에 대해서는 어떤 한 곳에서 혹은 다른 곳에서 조금도 강조하지 않는다. 그러나 단지 영혼 안에서 "하나님의" 강력한 "활동으로, 그리스도와 함께 일어났다는" 것에 대하여 강조한다. 그러나 설령 그것이 실제로 그렇다고 해도, 우리는 그것에 대해 단지 "확실히 알지는"(사도행전 2:36) 못한다. 그리고 만약 우리가 이것을 경험(經驗)하지 못한다면, 우리의 세례는 아직 그 성례(聖禮)의 목적에 들어맞지 못한 것이다. **믿음으로 말미암아 세례 안에서 또한 그분과 함께 일어났느니라.** – 죄의 죽음으로부터 거룩함의 생명으로 "그분과 함께 일어났느니라." 이 모든 설명에서 사도바울은 칭의(稱義)에 대하여 전혀 언급하지 않고, 대체로 성화(聖化)에 대해서 언급한 것처럼 보인다.

2:13 또 죽었던 너희를 – 하나님께 두 번 "죽었던 너희를," 단지 **너희의 죄들 가운데서** 허우적거릴 뿐만 아니라, 또한 **너희 육체의 무할례 가운데서** 허우적거린다. – (원죄(原罪)에 대한 훌륭한 표현) 너희의 본성(本性)에서 타고난 타락(墮落), 즉 너희의 할례 받지 못한 마음과 애정, **그분이(하나님께서 KJV)** – 아버지 하나님께서, **그분과 함께 살리시고** – 너희를 부활의 권능에 참여하는 자들로 만드시고. 여기까지는 바울 사도가 칭의에 대해서 언급한 것이 아니라, 단지 성화에 대해서 언급한 것이 분명하다.

2:14 지우시고 – 그분의 은혜로운 "규례들"의 결과로 "지우시고." 그 규례에 따라, 그리스도께서 죄인들을 구원하시기 위하여 이 세상으로 오셔야 했으며, 그리고 누구든지 그분을 믿는 자마다 영원한 생명을 얻게 하셨다. **우리를 대적하여 손으로 기**

록한 것을 – 빚을 떠안는 곳에서는, 보통 어떤 "손으로 기록한 것"에 의해서 증명(證明)된다. 그리고 빚을 탕감(蕩減)하는 곳에서는, 그 "손으로 기록한 것을" 지워버리거나 혹은 없애버리거나 혹은 찢어버림으로써, 그것을 파기(破棄)해버린다. 바울사도는 "우리를 반대하여" 혹은 우리와 반목(反目)하여 "손으로 기록한 것을" 하나님께서 이러한 세 가지 방식으로 파기해버리시는 것을 표현한다. 이것은 사실 우리의 죄(罪)들 그 자체가 아니라, (그것들은 빚이었다) 하나님 앞에서 그들의 죄책(罪責)과 그들의 외침이었다.

2:15 (그리고) **정사들과 권능들을 벗기사** – 그들의 빼앗긴 통치에 대하여 악한 천사들을 "벗기사,"(무장(武裝)을 해제(解除)시키시고,) **그분께서** – 하나님 아버지께서, **그분 안에서** 혹은 **그분에 의해서 그들을 이기시고**(**십자가 안에서 그들을 이기시고** KJV) – "그리스도"에 의해서. 그러므로 이 문단(文段)은 "그리스도"로 시작해서, "그리스도"와 더불어 계속되다가, 그리고 "그리스도"로 끝맺는다.

2:16 그러므로 – 이러한 것들이 어떠하다는 것을 보았으므로, **아무도 너희를 판단하지 못하게 하여라.** – 다시 말해서, 너희를 "판단(判斷)하는" 사람은 누구도 중요하게 여기지 말라. **먹는 것이나 마시는 것으로 인하여** – 이러한 세부 사항이나 혹은 어떤 다른 세부 사항들에 있어서, "또" 연례적인 "거룩한 날이나 월삭(月朔)이나" 유대인의 매주 "안식일(安息日)에 관하여," 의식(儀式)에 관한 율법을 지키지 않는 것 때문에.

2:17 그것들은 단지 생명(生命) 없는 **그림자이거니와 몸은**, 즉 실체(實體)는 **그리스도께 속해 있느니라.**

2:18 감히 하나님께 적용되지 않는다는 듯이, 그들은 **꾸며낸 겸손**(謙遜)에서 **천사 숭배**(崇拜)를 한다. 그러나 이것은 실제로 그들이 **우쭐대는** 것으로부터 야기(惹起)되었다. ("우쭐대는" 것은 "넘어짐"의 계속된 앞잡이. 잠언 16:18) 그러므로 그것은 결코 진정한 겸손의 사례가 되지 못한다.

2:19 (그리고) **머리를 붙들지 아니하느니라.** – 그는 그리스도를 "붙들지 아니하느니라." 왜냐하면 그가 단지 그리스도만을 신뢰(信賴)하는 것이 아니기 때문이다. 모든 지체는 믿음으로 "영양(營養)을 공급받고," 그리고 사랑과 상호 연민으로 "서로 결합(結合)한다."

2:20 그러므로 – 여기에서 추론(推論)이 시작되었으며, 16절에서 계속 이어간다. 새로운 추론은 3장 1절에 나온다. **세상의 유치한 원리들로부터 떠나** – 다시 말해서, "너희가 그리스도와 함께 죽었거늘," 그래서 "세상의 유치한 원리들로부터" 자유로워졌다. **어찌하여 규례들에 복종하느냐?** – 그리스도께서는 그 "규례(規例)들"을 추가하지 않으셨으며, 오히려 그 "규례들"로부터 너희들을 자유롭게 하셨다.

2:21 만지지도 말고 – 부정(不淨)한 것을 "만지지도 말고," **맛보지도 말고** – 금지된 어떤 음식을 "맛보지도 말고," **손을 대지도 말라** – 성별(聖別)된 어떤 그릇에 "손을

대지도 말라"
2:22 사용하는 대로 없어질 것이요 – 더는 사용하지 못한다. 즉 마음에 어떠한 영향도 끼치지 못한다.
2:23 몸을 아끼지 않고(**몸을 경시하는** KJV) – 몸이 큰 기쁨이라는 사실을 부인하고, 그래서 몸이 많은 불편한 일들을 겪게 한다. 그러나 그것들이 하나님 앞에서는 "아무" 진정한 "가치가 없느니라." 또한 그것들은 대체로 육체를 죽이지는 않고, 오히려 "육체를 만족시킨다." 그것들은 우리의 '타락한 본성,' 우리의 '이기적인 뜻,' 우리의 '자만심(自慢心)'을 탐닉(耽溺)하며, 그리고 다른 사람들보다 잘 나가기를 갈망(渴望)한다.

골로새서 3장

3:1 너희가 일어났거든, 위에 있는 그것들을 추구하라. – 그리스도께서 "일어나셔서," 즉시 하늘로 올라가신 것처럼, "너희가 일어났거든, 위에 있는 그것들을 추구하라."
3:3 (왜냐하면) **너희는 죽었고** – 땅에 있는 것들에 대해서 "너희는 죽었고," (**그리고**) 참되고 영적인 **너희 생명은** 세상으로부터 **감추어졌으며**, 그리고 **그리스도와 함께 하나님 안에** 놓여있느니라. – 그리스도께서 우리를 위해 그것을 공로로 얻으셨으며, 그것을 약속하셨고, 그것을 준비하셨으며, 그리고 우리에게 우리 마음속에 있는 그것에 대한 증표(證票)와 선견지명(先見之明)을 주신다.
3:4 그리스도께서 나타나실 때에 – 그 선고(宣告)의 갑작스러움이 급작스런 빛으로 우리를 둘러쌀 때, "**우리의 생명이신**" – 우리의 거룩함과 우리의 영광의 원천(源泉)이신, "**나타나리라.**" – 하늘의 구름 가운데 "나타나리라."
3:5 그러므로 죽이라. – 처형하라, 그리고 계속되는 칭찬(稱讚)의 말과 함께 거하라. **너희 지체들을** – 지체(肢體)들이 함께 죄의 몸을 구성한다. **땅에 있는** – 그들이 자신들의 영양분을 발견하는 곳에 있는, **부정함** – 행동이나, 말이나, 생각에서 "부정(不淨)함," **무절제한 애정** – 하나님의 사랑으로부터 흘러나오지 않으며, 그리고 하나님의 사랑으로 귀결(歸結)되지 않는 모든 열정(熱情), **악(惡)한 욕정(欲情)** – "육신(肉身)의 정욕," "안목(眼目)의 정욕," "인생(人生)의 자랑"(요한일서 2:16), **탐욕**(貪慾) – 그 단어의 어원에 따르면, "탐욕"은 하나님께로부터 독립적으로 "더 많이 가지려는" 욕구(慾求)나, 또는 "어떤 것이라도" 그것에 대한 욕구를 의미한다. **탐욕은 우상 숭배니라.** – 적절하게 그리고 직접적으로 "탐욕은 우상 숭배니라." 왜냐하면 탐욕(貪慾)은 창조물에게 우상 숭배하려는 마음을 주려고 애쓰기 때문이다.
3:6 "이것들로 인하여" – 비록 이방인들이 그것들을 가볍게 여겼지만, "이것들로 인하여."
3:7 살 때에는 – 내적인 원칙(原則)을 의미한다. **걸었으나** – 외적인 행실(行實)을 가

리킨다.

3:8 진노 – "진노(震怒)"는 지속적인 분노(忿怒)를 의미한다. **더러운 대화** – 그런데 심지어 이러한 하나님의 성도들에게 이처럼 대단히 역겹고 또한 곧 만져질 수 있는 죄들에 대하여 경고할 필요가 있었을까? 오, 인간이 무엇이기에, '완전한 사랑'이 두려움뿐만 아니라, 죄까지도 다 몰아낼 때까지 경고(警告)할 필요가 있다니!

3:10 지식에서 – '하나님,' '그분의 뜻,' '그분의 말씀'에 대한 지식(知識)에서.

3:11 거기에는 – 그러한 경우에는, 인간이 외적으로 어떤 사람인지 문제가 되지 않는다. 즉, "그리스인이나" 혹은 "유대인이나," "할례자나" 혹은 "무할례자나," 모든 교육의 혜택을 전혀 받지 못한 "바바리인이나" 혹은 모든 바바리인들 가운데 가장 야만적인 "스구디아인이나" 문제가 되지 않는다. "오직 그리스도만이" 이렇게 하여 새롭게 된 "모든 것 안에 계시며, 그리고 오직 그리스도만이" 그들 안에 있는 또한 그들에 대한 "모든" 것들이시다.

3:12 이렇게 하여 새롭게 된 모든 사람은 **하나님께서 선택(選擇)하신 거룩한 자들**이며, 그리고 그러므로 하나님께 더욱더 **사랑받는 자들**이다. '거룩함'은 그들이 **선택받은** 결과(結果)이며, 그리고 하나님의 지극한 '사랑'은 그들의 '거룩함'의 결과이다.

3:13 서로 참고 – 만약 어떤 것이 지금 잘못되어 있더라도, "서로 참고," **서로 용서하되** – 지나간 것을 "서로 용서(容恕)하되."

3:14 하나님의 **사랑**은 '그리스도인의 완전(完全)' 전체를 포함하며, 그리고 '그리스도인의 완전'의 모든 부분을 함께 연결(連結)한다.

3:15 (**그리고**) 다음으로 **하나님의 화평이 너희 마음속에서 다스리게 하라.** – 이전(以前)의 너희 사랑과 순종에 대한 (그 헬라어 단어가 의미하는바) "보상(報償)"으로서, "하나님의 화평이 너희 마음속에서 다스리게 하라." 모든 성질(性質), 애정(愛情), 생각을 흔들 것이다.

3:16 그리스도의 말씀이 – 사도바울은 성경 기록 전체를 "그리스도의 말씀"이라고 부르며, 그리고 그렇게 부름으로써 자기 주님의 신성(神性)을 확고하게 한다. **거하게 하여** – 짧게 체류하거나 혹은 가끔씩 방문하는 것이 아니라, 그곳에 공식적으로 정해진 주택을 차지하여, **풍부히** – 가장 큰 분량(分量)으로, 그리고 가장 대단한 효험(效驗)으로, 영혼 전체를 채우기 위해서 그리고 영혼 전체를 다스리기 위해서 "풍부히."

3:17 주 예수님의 이름으로 – "주 예수님의" 권능과 영으로, **하나님께 감사를 드리라.** – 성령께 감사를 드리라, (그리고) **그분을 힘입어 아버지께** – 그리스도를 통하여 "아버지께."

3:18 아내들아, 복종하라. – 또는 지배(支配)를 받아라. "복종하라"라는 말은 실제로 병사들이 그들의 대장에게 따라야만 하는 복종(服從)을 가리키는 군사적인 용어이다.

3:19 모질게 대하지 말라. – (어떤 겉으로 드러난 분노가 없을지라도) 말이나 혹은 영으로 "너희 아내를 모질게 대하지 말라."
3:21 그들이 낙담할까 염려하노라. – 그것으로 그들이 자포자기(自暴自棄)하게 되거나, 혹은 어리석게 변하는 원인이 될 수 있다.
3:22 눈으로 섬기지 말고 – 다른 경우들보다 그들의 주목(注目) 하에 더 부지런히 하라. **단일한 마음으로** – "제대로 하려는" 단순한 의도(意圖)를 가지고, **하나님을 두려워하여** – 다시 말해서, 이러한 원칙에서 행동(行動)하여.
3:23 마음을 다해 – 즐거운 마음으로, 부지런히. "사람들을 기쁘게 하는 자들"(22절)은 곧 낙담하게 되며(21절) 그리고 화를 내게 된다. 그러나 "단일(單一)한 마음을 가진 자들"은 결코 기분이 상(傷)하거나 혹은 낙담(落膽)하지 않는다. 왜냐하면 그들은 자신들이 섬기는 사람들의 선(善)한 대우(待遇)나 혹은 악(惡)한 대우 때문에 결코 실망(失望)할 수 없는 "다른 목표(目標)"를 가지고 있기 때문이다.

골로새서 4장

4:1 정당하고 – 너희가 맺은 계약(契約)에 따라서 "정당(正當)하고," **공정한** – 심지어 너희가 맺은 계약의 문자를 넘어설지라도, "공정(公正)한."
4:3 하나님께서 말씀 전할 문을 우리에게 열어 주사, 그리스도의 신비를 말하게 하실 것을 구하라. – 다시 말해서, "내게 말하는 것을 허락하사, 내가 담대히 입을 열어 복음의 신비를 알리도록 구하라."(에베소서 6:19) 그리고 우리에게 복음을 전할 기회를 주셔서, 어느 누구도 방해할 수 없게 하소서.
4:6 너희 말을 항상 은혜가 있게 하라. – "고기를 소금으로 간 맞추는" 것처럼, 하나님의 은혜(恩惠)로 "간 맞추어," "너희 말을 항상 은혜가 있게 하라."
4:10 나와 함께 갇힌 자 된 아리스다고 – 에바브라도 마찬가지로 한동안 바울 사도와 함께 갇힌 자였다(빌레몬서 1:23). **너희가 명령을 받았으니** – 다시 말해서, 이 서신을 가져가는 두기고에 의해서 "너희가 명령을 받았으니." 고대인들은 (우리처럼) 편지를 쓰고 있는 시점에 맞추는 것이 아니라, 편지를 읽는 시점에 맞추어 그들의 언어표현을 사용하였다. 이러한 새로운 명령이 없어도, 그들이 그(마가)가 사도바울을 두고 가버렸으며, 또한 "사역을 떠났던" 이후에, "그를 받아들이는" 것에 아무런 가책(呵責)이 없었을 것으로 생각한다.
4:11 이들만이 – 이들은, 즉 아리스다고, 마가, 그리고 유스도는 "할례자들에 속한 사람들이라." 다시 말해서, 모두 나의 유대인 "동역자들에 속한 사람들이라." **하나님의 왕국을 위하여 나와 함께 일하는 동역자들이니** – 다시 말해서, 복음을 전하는 데 있어서, "나와 함께 일하는 동역자들이니," **그들이 내게 위로가 되었느니라.** – 그때 우리가 무엇을 기대할 수 있겠는가? 그것은 우리의 모든 동역자가 마땅히 나에게

위로(慰勞)가 되는 것 아닌가?

4:12 완전하고 – 모든 그리스도인의 은혜를 부여받아(은혜로 입혀져서), "완전하고," **충만하게 서게 하려 함이라.(완벽하게 서게 하려 함이라.** KJV) – 더는 "그리스도 안에 있는 갓난아이들"(고린도전서 3:1)이 아니라, "그리스도의 충만하심의 장성한 분량에까지"(에베소서 4:13) 성장(成長)함으로써, 그분의 '빛,' '은혜,' '지혜,' 그리고 '거룩함'으로 "충만하게 서게 하려 함이라."

4:14 의사 누가 – "누가"가 그때 의사는 아니었지만, 그 전에 그는 적어도 의사였었다.

4:15 눔바 – 아마도 라오디게아에서 탁월한 그리스도인이었을 것이다.

4:16 라오디게아로부터 오는 서신을 – 라오디게아로 보내는 서신이 아니라, "라오디게아로부터 오는 서신을." 아마도 어떤 서신이 라오디게아로부터 바울에게 써 보내졌었던 것 같다.

4:17 (그리고) **아깁보에게 이르기를** – 골로새 교회의 목사들 가운데 한 사람인 "아깁보에게 이르기를," **주의를 기울여** – "자신들은 흠이 없다고 말하는 사람들을 시험(試驗)하고," 거짓된 자들을 거부(拒否)하고, 그리고 참된 사람들을 수용(受容)하는 것뿐만 아니라, 그들에게 경고(警告)하는 것"이 양 떼들에 대한 의무이다. **네가 받은 사역** – 지배로서가 아니라 섬김으로써, 힘들고 또한 괴로운 "사역," 모든 것을 행하고 또한 감당하는 의무(義務), 모든 사람에게 가장 낮은 자(者)이자 또한 종이 되는 것. **주**(主) **안에서** – 그리스도 안에서, 그리스도에 의해서 그리고 그리스도를 위하여 우리는 성령의 다양한 은사(恩賜)들을 받는다.

데살로니가전서 주해

데살로니가전서는 사도바울의 모든 서신(書信)들 가운데 첫 번째로 써 보낸 것이다. 데살로니가는 마케도니아의 주요 도시들 가운데 하나였다. 사도바울은 '빌립보'에서 핍박을 받은 후 이곳으로 왔다. 그러나 주를 믿지 않는 유대인들이 그와 실라와 디모데에 대항하여 소동을 일으키기 전까지, 바울은 이곳에서 오랫동안 복음을 전하지는 못했다. 그러고 나서 형제들이 그 세 사람을 '베레아'로 보냈다. 거기에서 사도바울은 배를 타고 '아덴'으로 갔으며, 그리고 **실루아노**와 **디모데**가 속히 자기에게 오게 하려고, 그들을 부르러 사람을 보냈다. 그러나 데살로니가 개종자들의 견고한 믿음이 변할까 염려되어, 잠깐 동안 있다가 바울은 그들의 교회의 상태를 알아보기 위해서 디모데를 그들에게 보냈다. 디모데가 데살로니가에서 돌아왔을 때, 그는 바울 사도가 '고린도'에 있다는 것을 알았다. 그곳에서 바울은 이 서신을 데살로니가 교인들에게 써 보냈다. 그것은 바울이 데살로니가에 체류했었던 때부터 일 년이 지나서였다.

데살로니가전서의 구성

Ⅰ. 제사(題詞) 1장 1절

Ⅱ. 사도바울은 그들을 향하여 하나님의 은혜를 찬양하며, 2–10절
자기 자신과 그의 동역자들의 신실함에 관해 언급하고, 그리고 2장 1–12절
데살로니가 사람들이 가르침을 잘 받는 것에 관해 언급한다. 13–16절

Ⅲ. 사도바울이 선포하기를,
1. 그의 갈망, 17–20절
2. 그의 보살핌, 3장 1–5절
3. 그의 기쁨과 그들을 위한 기도, 6–13절

Ⅳ. 사도바울이 그들에게 성장하라고 권고하기를,

1. 거룩함에서, 4장 1–8절
2. 근면함과 더불어 형제 사랑에서, 9–12절

Ⅴ. 사도바울이 가르치고, 또한 권고하기를,

1. 잠자는 자들에 관하여, 13–18절
2. 때에 관하여, 5장 1–11절

Ⅵ. 사도바울이 여러 가지 권고사항들을 추가한다. 12–24절

Ⅶ. 결구(結句). 25–28절

데살로니가전서 1장

1:1 바울 – 이 서신에서 사도바울은 경건하고 또한 순수한 마음을 가진 사람들에게 최대한의 친밀(親密)함을 가지고 쓰면서, 사도(師徒)라는 직함을 사용하지 않고 있으며, 또한 어떤 다른 직함도 사용하지 않는다. 이 서신에는 어떤 날카로움이나 혹은 어떤 책망과도 섞이지 않은 특유의 다정(多情)함이 담겨있다. 나중에 사도들이 책망(責望)하는 악한 사람들이 아직은 교회 안으로 들어오지 않았다.
1:3 하나님의 눈앞에서 기억하기 때문이니 – 다시 말해서, 그것에 대하여 하나님을 찬양(讚揚)하기 "때문이니," **너희의 믿음의 행위** – 너희의 활동적이며, 항상 일하는 믿음, 그리고 **사랑의 수고** – 사랑은 계속해서 사람들의 몸과 영혼을 위해서 수고한다. 그러므로 수고(受苦)하지 않는 사람들은 사랑하지 않는 것이다. 믿음은 일하고, 사랑은 수고하며, 소망(所望)은 "인내심으로" 모든 것들을 겪어낸다.
1:4 (믿음을 통하여) **너희를 선택(選擇)하셨음을 아노라.** – 이러한 분명한 증거(證據)들에 의하여, "너희를 선택하셨음을 아노라."
1:5 권능(權能)으로 – 죄의식으로 마음의 중심을 찌르고, 또한 죄책감, 고통, 그리고 영원한 멸망으로부터 구세주가 필요하다는 것을 너희에게 깊이 납득(納得)시킴으로, **성령님으로** – 우리가 전하는 것과 너희가 느꼈던 것의 진리에 대하여 기적들에 의한, 그리고 또한 두 손을 올려놓음으로써 성령이 내려오심에 의한 "외적(外的)인" 증거를 품고서, **큰 확신(確信)으로** – 문자 그대로, "전적인 확신"으로, 그리고 "대단한 확신"으로. 즉, 제공할 수 있는 가장 훌륭한 증거인 '하나님의 사랑'이 너희의 마음에 부어짐으로써 증거를 품고 있는 그 성령으로. 그리고 만약 그것들이 기적을 일으키는 은사가 아니라면, "이러한" 표지(標識)들은 그것이 허사로 돌아가지 않는 한 언제나 복음을 전하는 행동을 수반한다. 복음이 "권능으로" 전파되는 곳에서는, 또한 사람들이 하나님께로 살아나는 곳에서는, 항상 전적으로 억제된 성령의 "놀라운" 활동들도 결코 허사(虛事)로 돌아가지 않는다. **너희를 위해** – 우리 자신의 유익이 아니라, 너희의 유익을 추구하며.
1:6 비록 (너희는) **많은 고난(苦難) 속에서,** 그러나 큰 **기쁨으로 말씀을 받아.**
1:8 (왜냐하면) **주의 말씀이 너희로부터 나와** – (데살로니가는 대단한 상업 도시였다) 말하자면, 너희로부터 공명(共鳴)되어서. 그리고 너희의 교제(交際)를 마케도니아와 아가야를 훨씬 넘어 알려주었다. **그러므로 우리는 아무것도 말할 필요가 없노라.** – 그것에 관하여, "우리는 아무것도 말할 필요가 없노라."
1:9 (왜냐하면) **그들이 직접** – 우리가 가는 곳마다, 그곳 거주민(居住民)들이 직접(直接).
1:10 그분께서 죽은 자들로부터 살리신 – 그분이 장차 심판하러 오신다는 증거(證據)로서, "죽은 자들로부터 살리신," **우리를 건져 내신** – 여기에서 그분이 우리를 한 번

구속(救贖)하셨다. 그리고 그분이 계속해서 "우리를 건져 내시며," 또한 "진노로부터," 곧 그때 악한 자들에게 닥칠 영원한 복수(復讎)로부터 모든 믿는 사람들을 건져 내실 것이다.

데살로니가전서 2장

2:1절 1장 5절과 6절에서 제기되었던 것에 대하여 이제 좀 더 폭넓게 다루고 있다. 즉, 1~12절에서는 '바울과 그의 동역자들'에 관하여, 그리고 13~16절에서는 '데살로니가 사람들'에 관하여 다루고 있다.

2:2 고난과 치욕을 당하였으나 – 여러 장소에서, "고난과 치욕을 당하였으나," **우리가 담대하여** – 그런데도, "우리가 담대하여," **많은 싸움을 싸우며** – 온갖 종류의 내적인 갈등(葛藤)뿐만 아니라 외적인 갈등에도 불구하고, "많은 싸움을 싸우며."

2:3 (왜냐하면) **우리의 권면(勸勉)은** – 다시 말해서, 우리의 복음 전도. 즉, 부분이 전체를 위해서 주어져 있다. 어느 때든지 **속임수에서 나지 아니하였고** – 우리는 거짓말을 전하는 것이 아니라, 하나님의 진리(眞理)를 전한다. **부정(不淨)함에서 나지 아니하였고** – 경건하지 않거나 혹은 이기적인 견해에서 "나지 아니하였고." "부정(不淨)함"이란 표현이 항상 욕정(欲情)에 적절한 것은 아니었다. 그러나 때때로 강조할 때는, 욕정에 적용된다. **간사(奸詐)함으로 한 것도 아니었노라.** – 그러나 말의 솔직(率直)함으로 한 것이다.

2:5 아첨하는 말 – 이것을 "너희가 아는 바와 같이," (또한) **탐욕의 탈을 쓰지 아니한 것을"** – 이것에 대하여 "하나님께서 증언하시느니라." 바울은 사람들에게 숨김없이 사실을 증언(證言)하라고 요청한다. 혼합된 본성(本性)이라는 관점에서, 하나님은 사람들에게 마음의 은밀한 의도(意圖)를 증언하라고 부르신다. 10절에서 바울은 하나님뿐만 아니라, 사람에게도 호소한다.

2:6 다른 사람들에게서든지 아니 하고 – 그들이 우리를 더욱 존중했을 것이다. 만약 우리가 **"부담을 줄 수도"** 있었다면, – 다시 말해서, 우리 자신에 대한 사정(事情)이 받아들여졌다면.

2:7 (그러나 우리가) **부드러운 자가 되었으니** – 온화(溫和)하고, 다정(多情)한 "자가 되었으니," **너희 가운데서** – 어린 새끼들에 둘러싸인 암탉처럼, "너희 가운데서," **유모가 자기 아이들을 돌보듯** – 그녀 자신의 자궁(子宮)에서 난 자식(子息)을 "돌보듯."

2:8 우리 자신의 혼(魂)까지도 나누어 주고자 함은 – 너희를 위하여 우리의 생명(生命)을 내려놓으려 함은.

2:10 거룩하고 – 하나님의 일들에 있어서, "거룩하고," **옳고** – 사람들에 관하여, "옳고," **흠 없이** – 우리 자신에 관하여, "흠 없이," **우리가 믿는 너희 가운데서** – 너희는

우리의 처신하는 모습을 항상 지켜보았다.

2:11 권면(勸勉)함으로써, 우리는 어떤 일을 기꺼이 하고, **위로**(慰勞)함으로써, 그것을 기쁨으로 하고, **명령**(경고)함으로써, 그것을 조심스럽게 하려는 마음이 일어난다.

2:12 여기에서 **자신의 왕국**(王國)과 이후로 **영광**(榮光)**에 이르게 하신 하나님께 너희가 합당히 걷게 하려 함이라.**

2:14 너희도 비슷한 것들로 고난을 받았느니라. – 언제나 그리고 어느 곳에서나, 똑같은 '열매,' 똑같은 '고난,' 그리고 똑같은 '경험'이야말로 복음의 진리(眞理)에 대한 탁월한 기준(基準)이 된다. **그들이 유대인들로부터** (고난을 받은 것 같이) – 그들의 동포(同胞)들로부터 (고난을 받은 것 같이).

2:15 우리를 – 사도들과 복음 전도자들, (그들은) **하나님을 기쁘게 하지 아니하고** – 그들의 제법 괜찮은 직업에도 불구하고, 그들은 심지어 하나님을 기쁘시게 하려고 유념(留念)하지도 아니하고, **모든 사람을 반대하는 자들이 되어** – 단지 그들의 계속된 '폭동(暴動) 선동(煽動)'과 '반란(反亂) 사태(事態)'에 의해서 뿐만 아니라, 모든 다른 나라들에 대한 그들의 극도의 '경멸(輕蔑)'에 의해서, 그리고 특히 그들이 복음을 듣거나 혹은 받아들이는 것을 방해하기 위해 '분투(奮鬪)'하는 것에 의해서, 인류에게 공동의 적(敵)이 되어.

2:16 가득 채웠으며 – "가득 채워진" 분량, **항상 자기 죄들을** – 그들이 이제껏 "항상 자기 죄들을" 저지른 대로, **그러나** – 하나님의 갚으심이, **그들에게 임하였느니라.** – 불시에 그들에게 닥쳤다. 반면에 그들은 다른 사람들을 멸망시키려고 기를 쓰고 있으며, 그리고 신속하게 그들의 멸망을 마칠 것이다.

2:17 그러나 형제들아, 우리가 얼굴로는 잠시 너희를 떠났으나, 마음으로는 떠나지 아니하였으므로, 너희 얼굴 보기를 크게 원하며 더욱 넘치도록 힘썼노라. 이 구절에서, 우리는 거룩한 '슬픔'이나, 거룩한 '갈망'이나, 혹은 거룩한 '기쁨'에 대한 일시적인 애정(愛情)에 관한 놀랄만한 사례(事例)라기보다는, 믿음 안에 거하는 자녀들이라고 불리는 사람들을 향한 그의 모든 글에서 매우 명백하게 나타나는 사도바울의 변치 않는 다정(多情)함, 즉 그의 '사랑하는 성품(性品)'에 대한 놀랄만한 사례를 볼 수 있다. 이것은 좀 더 주의를 기울여 살펴보아야 한다. 왜냐하면 때때로 자기 자신을 몹시 불안(不安)하게 만들고, 또한 급류처럼 흐르는 사도바울 안에 있는 "열정(熱情)"이 모든 독자에게 드러나기 때문이다. 반면에 단지 다른 사람들이 유출하는 곳으로부터, 그리고 좀 더 유별나게 그의 성품을 구별 짓는 곳으로부터, 그러한 온화하게 지속되는 성질(性質)을, 즉 그렇게 확고한 그의 영혼의 자세(姿勢)를 분별하는 것에 더욱더 세심한 주의를 기울일 필요가 있다.

2:18 사탄 – 그렇게 핍박하는 유대인들(사도행전 17:13).

2:19 바로 너희가 – 우리의 다른 (영적) 자녀들뿐만 아니라.

데살로니가전서 3장

3:1 우리가 – 바울과 실루아노(실라), **더 이상 참지 못하여** – 너희를 위한 우리의 갈망(渴望)과 염려(念慮)를 "더 이상 참지 못하여."

3:3 (여기에서) **우리가** (이런 고난을 받도록) **정해진 줄을** – 모든 면에서, 우리는 '우리의 시련'과 '우리 믿음의 향상'과 '모든 다른 은총들'을 위해서 하나님이 직접 고안(考案)하시고 또한 계획(計劃)하신 바로 그 고난(苦難)에 적절한 자세를 취하고 있다. 하나님께서 이 세상에 재물(財物)을 주신다. 그러나 하나님은 당신의 "자녀들"에게 유익(有益)한 고난(苦難)의 보물(寶物)을 적치(積置)하신다.

3:6 그러나 지금은 디모데가 너희에게서 우리에게로 와서 – 디모데가 돌아온 후 곧바로, 사도바울의 기쁨이 새로워지고, 또한 사도바울의 다정함이 최고조였을 때, 그는 편지를 썼다.

3:8 이제 우리가 사느니라. – 진실로 우리가 삶을 누린다. 왜냐하면 너희에 대한 우리의 애정(愛情)이 너무 크기 때문이다.

3:10 (그리고) **너희의 믿음에서 부족한 것을 완전하게 하려 함이라.** – 따라서 한때 "반석 위에 굳게"("주 안에 굳게," **8절**) 서 있던 사람들이 더는 사람의 가르침을 받을 필요가 없다는 것을 사도바울은 알지 못했다!

3:11 우리의 길을 인도하사 – 이 기도(祈禱)는 하나님 아버지께 뿐만 아니라 예수 그리스도께 드리고 있다.

3:13 자신의 모든 (성도들과) **함께** – 그리스도의 성도(聖徒)들 – 천사들뿐만 아니라, 사람들도 "함께."

데살로니가전서 4장

4:1 더욱더 – 우리가 "그대로 더욱더 넘치게 하지" 못한다면, 심지어 "하나님을 기쁘게 할" 수 있기 위해서, "믿음"을 가진 것만으로는 충분하지 못하다.

4:3 거룩히 구별되는 것 – 마음과 삶의 전적인 성화(聖化). 그 성화의 특정한 분야들을 덧붙인다. **너희는 음행을 삼가고** – 사도바울은 "거룩히 구별되는 것"으로부터 그 반대되는 한 가지 분야로 훌륭하게 이행(移行)하고 있다. 그리고 이것이 보여주는바, 우리는 음행(淫行)에 대해 반드시 보호할 필요가 있다는 것을 제외하면, 어떤 것도 겉으로 보기에 그렇게 동떨어져 있거나, 혹은 우리가 생각할 가치가 전혀 없는 것은 결코 없다는 사실이다.

4:4 너희 각 사람이 알되 – 왜냐하면 이것을 위해서 순결(純潔)함뿐만 아니라, 지식(知識)도 필요하기 때문이다. **자기 그릇을 소유할 줄** – 자기 아내를 "소유할 줄," **거룩히 구별함과 존귀함으로** – '하나님'이나 '자기 자신의 명예'를 훼손하지 않기 위해서

나, 또는 '하나님'이나 '자기 자신'을 방해하지 않기 위해서가 아니라, 거룩함을 촉진(促進)하기 위해서 결혼(結婚)을 유념(留念)하는 태도는 자연스러운 욕구(慾求)를 "걷잡을 수 없게 만들려고" 의도된 것이 아니라, 그 욕구를 "극복(克服)하려고" 의도된 것이다.

4:5 욕정(慾情)의 욕망(慾望)으로 하지 말고 – 무죄(無罪)의 상태에 있을 때에는 그런 욕망이 인간 안에 머물 자리가 없었다. **하나님을 알지 못하는** – 그래서 자연스럽게 피조물에서 행복을 찾으려는. 겉보기에는 임의적인 단어들을 넣은 것이지만, 그러나 얼마나 대단히 중요한가!

4:6 이러한 문제에서(**어떤 일에서든** KJV) – 자신의 침상(寢牀)을 더럽힘으로써. 여기에서 금지하고 있는 것들은 세 가지이다. 즉, "음행"(**3절**), "욕정의 욕망," 즉 결혼한 상태에서 무절제한 애정행각(**5절**), 그리고 결혼 계약의 파기(破棄)이다.

4:8 멸시하는 자는 사람을 – 우리가 준 명령을 "멸시(蔑視)하는 자는 사람을," **하나님을 멸시하느니라.** – "하나님" 자신을 "멸시하느니라." **우리에게**(너희에게) **자신의 거룩한 영을 주신** – 너희에게 복음의 진리를 확신(確信)시키고, 또한 너희를 거룩하게 만들기 위해서 "자신의 거룩한 영을 주신." 이것은 말씀에 대하여 얼마나 노골적(露骨的)인 위엄인가! 얼마나 웅변적(雄辯的)인가, 그러나 얼마나 대단한 간결(簡潔)함인가! 이 간결함으로 최고이신 하나님에 대한 이해를 손상시키지 않고, 오히려 향상(向上)시킨다. 그것으로 인하여, 유리를 통과하는 열선(熱線)처럼, 난장판으로 널리 흩어져 있는 것으로부터 한 가지 질서정연한 초점으로 이성(理性)의 모든 능력을 모은다.

4:9 내가(우리가) **쓸 필요가 없나니** – 대체로 "쓸 필요가 없나니," (왜냐하면) **너희 스스로 하나님에게서 가르침을 받아** – 하나님의 영으로 "가르침을 받아."

4:11 (너희는) **힘쓰라.** – 문자 그대로, "(너희는) 다투라," 그리스도인에게 가치가 있는 다툼을 "다투라." **너희 손으로 일하기를** – 불필요하게 조심하지 않고서 "너희 손으로 일하기를." 왜냐하면 일시적인 걱정은 종종 하나님의 사랑으로 새롭게 채워진 사람들에게 하나의 십자가(十字架)가 되기 때문이다.

4:12 점잖게(**정직하게**, KJV) – "이 종교는 사람들을 게으르게 만들어서, 그들을 거지 신세가 되게 한다."라고 그들이 가식적(假飾的)으로 말하지는 않을 것이다(그러나 그런데도 그들은 그것을 말할 것이다). **또** (너희에게) **어떤 것도 부족하지 아니하게"** – '삶'을 위해서 그리고 '경건(敬虔)'을 위해서 "어떤 것도 부족(不足)하지 아니하게." 그리스도인이라면 무엇을 더 갈망(渴望)하겠는가?

4:13 지금(?) – "지금" 여기에서 기독교의 효험(效驗)이 크게 나타남으로써, 그것으로 인하여 모든 애정(愛情) 가운데 가장 정제(精製)된 것, 즉 죽의 자에 대한 '갈망'이나 혹은 죽은 자에 대한 '사랑'을 결코 제거하거나, 또는 몹시 상하게 하지 않지만, 그러나 그것을 부드럽게 누그러뜨린다.

4:14 그와 같이 – 하나님께서 예수님을 (죽음에서) 일으키셨다. **그분과 함께** – 그들

의 살아계신 '머리'(에베소서 5:23)와 함께.

4:15 주의 말씀으로 – "주의" 특정한 계시로, **남아있는 우리가** – 이것은 엄청나게 많은 수의 죽은 사람들과 비교할 때, 그때까지 살아남을 수 있는 사람들이 소수(小數)임을 시사(示唆)한다. 모든 시대와 모든 나라들의 신자들은 이른바 한 몸을 이룬다. 그것을 고려해 볼 때, 그 시대의 신자들은 주께서 오실 때까지 살아있는 사람들의 자리에 자신들을 들어가게 하였으며, 그리고 살아있는 사람들 가운데 속한 사람으로 말했을 것이다. 이에 의해서 (비록 어떤 사람들은 그렇게 생각했던 것처럼 보이지만,) 사도바울은 주의 날이 가까이 왔다고 주장했던 것은 아니다.

4:16 호령(號令) – 실제로 큰 무리에게 한 선포(宣布). 이것 위에 "천사장의 음성(音聲)"이 있고, "호령"과 천사장의 음성" 위에 "하나님의 나팔 소리"가 있다! 하나님의 목소리는 트럼펫 소리와 약간 비슷하다.

4:17 함께 – 그와 같은 순간에 "함께," **공중에서** – 악(惡)한 자들은 아래에 남아있을 것이다. 반면 무죄임을 선고받은 의로운 자들은 심판(審判)하는 자리에 자신들의 주와 함께 참여하게 될 것이다. **주와 함께** – 하늘나라에서 "주와 함께."

데살로니가전서 5장

5:1 그러나 이것이 나타날 그 정확(正確)한 **시기(時期)에 관하여는.**

5:2 왜냐하면 일반적으로는 이것을 **너희 자신이** 정말로 **알기** 때문이다. 그런데 너희는 더 이상 이것을 알 수도 없고, 또한 이것을 알 필요도 없다.

5:3 그들이 말할 그때에 – 세상 사람들이 "말할 그때에."

5:4 너희는 어둠 속에 있지 아니한즉 – "너희는" 죄(罪)에 빠져 잠들어 "있지 아니한즉."

5:6 깨어 정신(精神)을 차리자. – (잠자지 말고) 깨어있으면서, 우리 자신에 대한 우리의 모든 영적인 감각(感覺)을 소유하자.

5:7 그들은 보통 **밤에 자고, 밤에 취하느니라.** – 이러한 것들은 빛을 사랑하지 않는다.

5:9 하나님께서는 우리를 진노(震怒)에 이르도록 정(定)하지 아니하시고 – 하나님께서 고집부리며 뉘우치지 않는 자들을 "진노에 이르도록 정하신" 것처럼.

5:10 우리가 깨어있든지, 자고 있든지 – 그분이 오실 때에, 살든지, 혹은 죽든지.

5:12 첫째, **너희 가운데서 수고(受苦)하고,** 둘째, **주 안에서 너희를 감독(監督)하며,** 셋째, **너희에게 훈계(訓戒)하는 자(者)들을 알고, 알고** – 보고, 선정(選定)하고, 그리고 그들의 지식과 그들의 일을 받아들여라. 때로는 똑같은 사람이 "수고하고," 즉 설교하고, "감독하고," 혹은 다스릴 뿐만 아니라, 또한 각자에게 특정하게 적용함으로써 양 떼를 "훈계"할 것이다. 즉, 하나님께서 다양하게 당신의 은사들을 나누어주시는 것을 따라서, 때때로 두 사람이나 혹은 좀 더 다른 사람들을 "훈계"할 것이다. 그러

나 오! 한 사람이 이 모든 일을 떠맡을 때, 이 얼마나 고통(苦痛)스러운 일인가! 보수(報酬)를 위해서? 뭐라고! 그가 자기 자신의 영혼(靈魂)뿐만 아니라, 그 양 떼의 모든 영혼까지 "넘어뜨릴" 것인가? 이처럼 가련한 사람을 무슨 말로 서술할 수 있단 말인가? 그러나 심지어 "이 사람"도 "존귀(尊貴)한 자(者)"(욥기 22:8)일 것이다!

5:13 그들을 매우 귀중히 여기며 – 문자 그대로, **사랑 안에서,** (더욱 넘치게?) – 여기뿐만 아니라 이 서신의 다른 여러 곳에서, 참된 목사들과 그들의 양 떼 사이에 존재하는 이루 말로 다 할 수 없는 동정심(同情心)이 암시(暗示)되어 있다(2장 7, 8절 참조). **그들의 일로 인하여** – 그들(양 떼, 혹은 데살로니가 신도들)에 대한 그들(목사들 혹은 바울과 동역자들)의 엄청난 존중심(尊重心)의 주된 근거(根據). 그러나 전혀 "일하지" 않는 자들을 우리가 어떻게 "귀(貴)히 여겨야"하는가?

5:14 제멋대로 행하는 자들에게 경고(警告)하고 – 영적 전투에서, 이른바, 그들의 지위(地位)를 벗어나게 행동하는 사람들에게 "경고하고." 그때 그런 사람 몇몇은 심지어 교회 안에 있었다. **마음이 약한 자들** – 문자 그대로, 영적인 "용기(勇氣)"를 전혀 가지지 못한 "어린 영혼(靈魂)"의 사람들.

5:15 조심하여 아무도 말고 – 너희 자신뿐만 아니라, 서로서로 살펴보아라. **선한 것을 따르라.** – 굳은 결의(決意)로 그리고 인내심을 가지고, "선한 것을 따르라."

5:16 항상 기뻐하라. – 하나님 안에서 중단(中斷)되지 않는 기쁨으로, **쉬지 말고 기도하라.(17절)** – 이것은 주 안에서 "항상 기뻐하라."의 열매이다. **모든 일에서 감사(感謝)하라.(18절)** – 이것은 앞에 나온 "항상 기뻐하라."와 "쉬지 말고 기도하라."의 열매이다. 이것이 '그리스도인의 완전(完全)'이다. 우리는 이것보다 더 멀리 갈 수가 없으며, 그리고 우리는 그것의 바로 앞에서 멈출 필요가 없다. 우리 주님께서 우리를 위해서 "의"뿐만 아니라, "기쁨"도 획득하셨다. 죄로부터 구원받은 우리는 그리스도의 사랑 안에서 "행복(幸福)"해야 한다는 점이 바로 복음(福音)의 목적(目的)이다. "기도(祈禱)"는 우리의 영적 생명의 "호흡(呼吸)"이라고 말할 수 있을 것이다. 살아있는 사람이 "호흡"을 멈춘다는 것은 가능한 일이 아니다. 우리가 '하나님의 임재'를 진정으로 많이 누리게 되면, 우리는 그만큼 많은 기도와 찬양을 "쉬지 않고" 드린다. 그 밖에 우리가 기뻐하는 것은 단지 착각(錯覺)일 뿐이다. "감사를 드리는 것"은 참된 "기도"로부터 분리될 수 없다. "감사를 드리는 것"은 참된 "기도"와 거의 본질에서 연결되어 있다. '항상 기도하는 사람'은 편할 때나 혹은 고통스러울 때나, 번영하고 있는 동안뿐만 아니라, 가장 큰 역경을 겪는 동안에도 언제나 찬양(讚揚)을 드리고 있어야 한다. 그는 "모든 일에" 대해서 하나님께 기도드리고, 그것들을 하나님께로부터 오는 것이라고 여기며, 그리고 오직 "하나님을 위해서" 그것들을 받아들인다. 어떤 것을 선택(選擇)하거나 혹은 거절(拒絕)하거나, 어떤 것을 좋아하느냐 혹은 싫어하느냐가 아니라, 오직 그것이 하나님의 완전한 뜻에 일치(一致)되는지 혹은 일치되지 않는지 하나님께 기도드린다.

5:18 (왜냐하면) **이것이** – 그러므로 너희가 기뻐하고, 기도하고, 감사해야 하는 것이, **하나님의 뜻이니라.** – 항상 선하시고, 항상 우리의 구원(救援)에 초점을 맞추시는 것이 "하나님의 뜻이니라."

5:19 성령을 억누르지 말라. – 어디에 있든지, 성령(聖靈)은 '거룩한 사랑'으로, '기쁨'과 '기도'와 '감사'로 타오르며, 또한 성령은 불꽃을 내며 타오른다. 오, 너희 자신이나 혹은 다른 사람들에게서 '성령의 불'을 끄지 말라. 선(善)을 행하는데 소홀하거나, 혹은 악(惡)을 행함으로써, 성령의 불을 꺼뜨리지 말라.

5:20 대언하는 것을 멸시하지 말라. – "대언(代言)"은 복음(福音)을 전(傳)하는 것이다. 왜냐하면 바울 사도가 데살로니가에서 '탁월한 은사(恩賜)들'에 대해서 언급하고 있는 것이 아니기 때문이다. 모든 사람을 위해 주어진 한 가지 '은총의 수단'을 가리키는 것처럼 보인다. 그래서 무엇을 빙자하든지, 이러한 은총의 수단들 가운데 어느 하나라도 "경멸(輕蔑)하는" 자는 누구나 (비록 어쩌면 점진적이며 또한 거의 눈에 띄지 않을 정도겠지만) 분명히 "성령(聖靈)을 억누르게" 될 것이다.

5:21 그러는 동안 **모든 것을 시험해 보고** – 어떤 설교자가 추천한 것이 있다. (그는 교리(教理)에 대해서가 아니라, 실천(實踐)에 대해서 말한다) 성령을 시금석(試金石) 삼아서 모든 충고를 시험해 보라. 그리고 **선한 것을 굳게 붙들라.** – 모든 반대에도 불구하고, 열정적으로, 단호히, 열심히 "선한 것을" 실천(實踐)하라.

5:22 그리고 **악의 모든 모양을 삼가기** 위해서 똑같이 열정적으로 하고, 또한 똑같이 주의를 기울여라. – "귀가 가려워 자기 욕심대로 자기를 위해 선생들을 쌓아 두는"(디모데후서 4:3) 사람들이 성경 기록으로부터 용인(容忍)받지 못하는지, 혹은 성경 말씀으로부터 구실을 찾지 못하는지 지켜보아라.

5:23 그리고 **평강의 바로 그 하나님께서 너희를 온전하게 거룩히 구별하시기를 원하노라.** – 하나님께서 너희 안에 일으키시는 "평강(平康)," 곧 가장 큰 성화(聖化)의 수단인 "평강"으로, "너희를 온전하게 거룩히 구별(區別)하시기를 원하노라." **흠 없이** – 이 단어는 너희와 관련되는 각각의 부분과 전체에서, 그리고 너희에게 속하거나 혹은 너희에 대한 모든 것에서, "온전하게 그리고 완전하게"를 의미한다. **너희의 온 영(靈)과 혼(魂)과 몸을 (보존해 주시기를) 구하노라.** – 바울이 "너희"라고 말하기 직전에, 지금 그는 그들의 영적인 상태, 곧 "영"으로부터 그들을 명명한다(갈라디아서 6:8). 동시에 그 "영"을 온전하고 또한 전적인 상태로 보존해 주시기를" 소망한다. 그리고 그는 그들의 자연적인 상태, 곧 "혼"과 "몸"으로부터 그들을 명명한다.(왜냐하면 이 두 가지가 인간 본성 전체를 구성하기 때문이다(마태복음 10:28). 동시에 그는 그 자연적인 상태를 "그리스도께서 오실 때까지 흠 없이 보존해 주시기를" 소망한다. 이것을 조금 더 설명해보자면, 여기에서 언급된 세 가지, 곧 "영," "혼," "몸" 가운데, 다만 뒤에 있는 두 가지, 곧 "혼"과 "몸"은 인간의 자연적인 구성요소(構成要素)들이다. 첫 번째 것, 곧 "영(靈)"은 단지 그리스도인들 안에서 발견될 수 있는 외래적(外來的)이며 초자연적

(超自然的)인 하나님의 은사(恩賜)이다.

5:24 그분께서 또한 그것을 행하시리라. – 만약 너희가 "성령(聖靈)을 억누르지" 않는다면, "그분께서 또한 그것을 행하시리라."

5:27 내가 주를 힘입어 너희에게 명하노니 – 그리스도, 오직 그분에게만 참된 신적 예배가 여기에서 드려지기 때문에, "내가 주를 힘입어 너희에게 명하노니," **이 서신을** – 사도바울이 써 보낸 첫 번째 편지(便紙)를, **모든 형제들에게 읽어 주라.** – 다시 말해서, 모든 교회 안에서 "읽어 주라." 만약 이 서신(書信)을 "모든 형제들에게 읽어 주라."고 진지하게 명하지 않았더라면, 그들은 겸손(謙遜)함 때문에 그 서신을 감출 수도 있었다. 그러나 로마 가톨릭교회는 사도바울이 그렇게 강력한 권고(勸告)로 명령한 것을 파문(破門)이라는 엄벌(嚴罰)로 금지하고 있다.

데살로니가후서 주해

이 서신은 첫 번째 편지 이후 곧바로 써 보냈던 것으로 보인다. 그 첫 번째 편지 안에서 제대로 이해되지 못했던 몇 가지 내용들이 담겨있다. 이 서신에서 사도바울은 먼저, 그들의 흔들리지 않는 믿음에 대해서 자랑스러워하고, 또한 그들에게 은총(恩寵)과 지혜(知慧)로 매일 전진하라고 권면한다. 둘째로, 우리 '주의 오심'에 관하여 그들의 오해(誤解)를 바로잡는다. 그리고 셋째로, 그리스도인의 책무(責務) 대여섯 가지를 추천(推薦)한다.

데살로니가후서의 구성

Ⅰ. **제사(題詞)** 1장 1–2절

Ⅱ. **감사(感謝)와 그들을 위한 기도(祈禱),** 3–12절

Ⅲ. **교리(教理), 죄인에 관하여,** 2장 1–12절
바울이 이러한 시련에 대하여 그들을 위로하는 곳에서, 13–14절
추가적인 권면과 기도, 15–17절

Ⅳ. **기도(祈禱)에 대한 권고,** (그들을 위한 기도로) 3장 1–5절
제 멋대로 하는 자들을 바로잡기, 6–16절

Ⅴ. **결구(結句).** 17–18절

데살로니가후서 1장

1:3 바울 사도가 사람들에 대한 그의 칭찬을 하나님에 대한 찬양(讚揚), 곧 '하나님께 영광을 돌리라'로 매듭짓는 것은 크게 주목할 만한 일이다. **너희의 믿음이 자라고** – 아마도 사도바울이 그의 첫 번째 편지를 보낸 후에 그들로부터 전해 들었을 것이다. **넘치기** – 제방(堤防)을 넘쳐흐르는 물처럼, 그러나 계속 불어나는 물처럼, "넘치기."
1:4 너희가 견디고 있는 (모든 박해와 환란) – "너희를 하나님의 왕국(王國)에 합당한 자로 여기시려고"(5절), "너희가 견디고 있는"
1:5 명백한 증표(證票) – 6절 이후에서 이것에 대해서 다룬다.
1:7 (괴로움을 당하는 너희에게는 우리와 함께 안식으로 갚으시는) **것이 하나님께는 의로운 일인즉** – (사람들이 어떻게 판단하더라도) 그 고통(苦痛)을 너희들로부터 "그들"(**8절**)에게 옮기는 것이 "하나님께는 의로운 일인즉." 그리고 이때쯤, 곧 유월절(逾越節)에 대단히 많은 유대인이 소동(騷動)을 일으켰는데, 어떤 사람들이 그들 중 3만 명이 살해(殺害)되었다고 말한 것은 주목할 만한 일이다. 사도바울이 데살로니가전서 2장 16절에서 이러한 슬픈 일의 시작에 대해 언급한 것처럼 보인다. 그 사건은 단지 유대인들의 파멸(破滅)로 끝나지 않았다.
1:8 징벌하실 – 하나님께서 겨우 이러한 징벌(懲罰)을 "허락"하시는가? 아니면, 한 때 "주께서 하늘에서 주로부터 유황과 불을 비같이 내리신"(창세기 19:24) 것처럼, "주로부터" 불타는 시냇물이 영원히 흘러나가는가? **하나님을 알지 못하는 자들** – (사악함과 고통의 근원) 그들은 이교도의 무지(無知) 안에 남아있다. (그리고) **복음에 순종하지 아니하는 자들** – 이것은 대체로 유대인들을 가리킨다. 왜냐하면 그들은 "복음"을 들었기 때문이다.
1:9 그분의 권능의 영광에서 – 용감한 마음을 가진 너희여, 떨어라! **영존하는 파멸** – (하나님에 대한 같은 적대감이 계속되기 때문에) 그들의 죄에는 끝이 있을 수 없는 것처럼, 그들을 처벌하는 것 역시 끝이 있을 수 없다. 즉, 죄와 죄에 대한 처벌은 영원 그 자체에 내내 나란히 평행선을 달린다. 그러므로 그것들은 반드시 모든 선(善)과 선(善)에 대한 모든 가능성으로부터 제거되어야만 한다. **주의 앞**(에서부터) – 거기에는 주로 의인(義人)들의 구원(救援)이 있다. 만약 하나님의 "징벌하심"에 더 이상 아무것도 함축(含蓄)된 것이 없다면, 심지어 이것에 모자랄 때조차도, 말로 표현할 수 없는 무슨 처벌(處罰)이 함축되어 있단 말인가?
1:10 자신의 성도들 가운데서 영광을 받으시고 – 왜냐하면 그리스도의 놀라운 영광(榮光)이 그 성도(聖徒)들 안에 비칠 것이기 때문이다.
1:11 자신의 선하심의 모든 선한 기쁨 – 그것은 '완전한 거룩함' 못지않은 것이다.
1:12 (우리 주 예수 그리스도의) **이름** – "우리 주의" 사랑과 권능이 "영광을 받게 하려 함이라." – "너희 안에서" 영광스럽게 드러나실 것이다.

데살로니가후서 2장

2:1 우리가 그분께로 함께 모이는 것 – 구름들 속에서(데살로니가전서 4:17) "우리가 그분께로 함께 모이는 것."

2:2 그분 안에서 흔들리지 말라. – 심판 자리에서, "그분 안에서 흔들리지 말라." (혹은) **불안해하지 말라.** – 장래의 일들을 아는 것을 과도하게 좋아하는 사람들은 쉽게 "불안해한다." "영"에서 나온 어떤 위장(僞裝)된 "계시"로나 또는 내가 언급한 어떤 "말씀"을 "빙자(憑藉)한 것"으로나 "불안(不安)해하지 말라."

2:3 떨어져 나가지 않는다면(떨어져 나가는 일이 KJV) – 복음에 대한 순결한 믿음으로부터 "먼저 일어나고." 심지어 이것은 사도 시대에 시작되었다. 그러나 **"죄의 사람, 곧 멸망의 아들"** – 그렇게 불리는 것이 마땅한 "죄의 사람, 곧 멸망의 아들"은 아직 오지 않았다. 그러나 여러 가지 측면에서, 교황(教皇)이 그러한 명칭들로 불릴 자격이 있다는 사실을 부인할 수가 없다. 강조의 의미로, 교황은 모든 죄의 방식을 측정할 수 없을 정도로 증가(增加)시키기 때문에, 그는 "죄(罪)의 사람"이다. 그리고 그가 "멸망(滅亡)의 아들"이라고 불리는 것이 너무나도 타당하다. 왜냐하면 그는 지금까지 그의 반대자들뿐만 아니라, 그의 추종자들까지 수많은 사람의 죽음의 원인이었고, 셀 수 없이 많은 영혼(靈魂)을 파멸시켰으며, 그리고 그 자신도 영원히 멸망 당할 것이기 때문이다. 한때 그의 합법적인 군주였던 황제(皇帝)에게 "대든" 것도 바로 교황 자신이다. 그리고 "하나님이라 불리거나, 혹은 경배(敬拜)받는 모든 것 위로 자기를 높이는"(**4절**) 것도 바로 그 자신이다. – 천사들에게 명령하는 자, 그리고 모든 왕을 자신의 발아래 두는 자, 둘 다 성경 기록에서는 "신(神)들이라고 불린다."(사무엘상 4:8 참조) 그러한 신들은 가장 큰 권능(權能), 가장 높은 영광(榮光)을 가진 것을 자랑하며, 그리고 단지 신과 같은 존재로, 혹은 신의 대리인(代理人)으로 불리기 위해서 단 한 번도 고통을 당한 적이 없다. 사실 "가장 거룩하신 주"나 혹은 "가장 거룩하신 아버지" 같은 통상적인 하나님의 호칭에는 그러한 것들 못지않게 함축되어 있다.

2:4 앉아(앉기 위해서 KJV) – 보좌(寶座)에 앉아(보좌에 앉기 위해서), **하나님의 성전에** – 요한계시록 11장 1절에 언급된 "하나님의 성전(聖殿)에," **자기가 하나님인 것을 스스로 보이느니라."** – 오직 하나님께만 속해 있는 특권(特權)을 자신의 것이라고 주장한다.

2:6 (그리고) **너희는 지금 아나니** – 내가 너희와 함께 있을 때, 내가 너희에게 말했던 것에 의해서 "너희는 지금 아나니," **무엇이 저지하고 있는지** – 로마 황제들의 권능이 "저지하고 있는지," 이 권능이 제거될 때, "사악한 자가 드러나리니."(8절) **그의 때에** – 그가 지정하신 때, 그런데 그전에는 안 된다.

2:7 그(교황)는 명백하게 드러날 것이다. (왜냐하면) **신비가** – "불법의" 깊은 비밀의 권능이 – "이미 일하고 있는 경건(敬虔)의 권능에 대한 정반대의 권능이. 그것은 "존

귀"에 대한 애착(愛着)과 "권능"에 대한 갈망(渴望)으로 시작되며, 그리고 그리스도의 복음(福音)의 전적인 전복(顚覆)으로 완성된다. 이러한 "불법의 신비"는 이제 로마 가톨릭교회에 전적으로 한정된 것이 아니라, 다른 사람들에게까지 그 영역을 확장하고 있다. "불법(不法)의 신비(神祕)"를 구성하고 있는 것은, 첫째, "인간이 지어낸 것들"이 "기록된 말씀"에 덧붙여졌다. 둘째, 단지 "외적인 공적(功績)"이 믿음과 사랑의 자리를 대신(代身)한다. 셋째, 인간 예수 그리스도 이외에 "다른" 중재자(仲裁者)들이 있다. 뒤에 나온 두 가지 분야는 "우상숭배"와 "피-뿌림"과 더불어 첫 번째, 즉 "인간이 지어낸 것들을" 하나님의 말씀에 "덧붙인" 것의 직접적인 결과이다. **이미 일하고** – 교회 안에서 "이미 일하고," **다만 지금 막고 있는 이가** – 다시 말해서, 성공적으로 로마제국을 자신의 권능으로 차지하고 있는 최고 주권자(主權者)가. 이교도 황제들이나, 혹은 그리스도인 황제들이, 왕들이, 고트족이나 롬바르드족이, 카롤링거 황제나 혹은 게르만 황제들이.

2:8 그 뒤에 – "막고 있는" 모든 군주(君主)와 권능(權能)이 제거되었을 때, **저 사악한 자가**– 강조해서 그렇게 불렀다. **드러나리니, 주께서 자신의 입의 영으로 그를 소멸시키시고** – 주의 즉각적인 권능(權能), (그리고) **멸하시리라.** – 맨 처음에 나타난 주의 영광으로 "멸하시리라."

2:10 이는 그들이 진리의 사랑을 받아들이지 아니하였기 때문이라. – 그러므로 하나님께서 그들이 그 "강한 미혹(迷惑)"(**11절**) 속으로 떨어지게 허용하셨다.

2:11 이런 까닭에 하나님께서 그들에게 (강한 미혹을) **보내사** – 다시 말해서, 하나님께서 법관(法官)답게 "강한 미혹"이 그들에게 이르도록 허락하셨다.

2:12 그들 모두가 정죄를 받게 하려 하심이라. – 다시 말해서, "강한 미혹"의 결과는 "그들 모두가 정죄(定罪)를 받게" 된다는 것이다. **진리를 믿지 아니하고 불의를 기뻐한** – 다시 말해서, 그들이 죄(罪)를 사랑하기 때문에, 하나님의 "진리(眞理)"를 믿지 않는.

2:13 하나님께서 처음부터 – 너희가 복음(福音)을 들었던 "처음부터,"
"너희를 택(擇)하사, 구원에 이르게 하셨다" – 너희를 세상에서 데려가셔서, 영광(榮光)에 이르는 길에 너희를 두셨다.

2:14 이것을 위하여 – 믿음과 거룩함을 위하여(즉, 믿음과 거룩함으로), **그분께서 우리의 복음으로 너희를 부르사** – 그분의 영과 동행하여 우리가 전한 "복음으로 너희를 부르사."

2:15 붙들라. – "너희가 가르침을 받은 전통(傳統)들을" 거기에 추가하거나 혹은 그것들을 줄이지 말고 "붙들라." 내가 너희에게 전한 진리를 "붙들라." **"말로나 우리의 서신으로"** – 바울은 서신을 써 보내기 전에, 그들에게 복음을 전했다. 그리고 그는 이전의 서신에서 이것에 관하여 썼었다.

데살로니가후서 3장

3:1 (자유로운) **행로(行路)를 가져** – 어떠한 막힘이 없이, 빠르게 나아가다. (그리고) **영광스럽게 되고** – 하나님의 것으로 인정받고, 또한 많은 열매를 거두고.
3:2 **모든 사람이 믿음을 갖고 있지는 아니하니라.** – 그리고 "믿음을 갖고 있지 않은 모든 사람은" 거의 다 "부당(不當)하고 사악(邪惡)한 자들"이다.
3:3 **너희를 굳게 세우시며** – 믿음으로 그분께 착 달라붙고, (또한) **악한 자로부터(악으로부터 KJV) 너희를 지키시리라.** – 그리고 그 악한 자의 모든 도구로부터 "너희를 지키시리라."
3:4 **너희에 관하여는 우리가 주 안에서 확신하노니** – 그러므로 우리는 다만 (너희 가운데) 어떤 사람이라도 신뢰(信賴)해야 한다.
3:5 (이제) **주께서** – 주의 영(靈)이, 왜냐하면 주의 영의 합당한 사역이 이것이기 때문에,
인도하사 – 너희를 곧장 앞으로 이끄시며, **그리스도를 인내하며** – 그리스도께서 너희에게 인내(忍耐)의 본보기를 세워주셨다.
3:6 **질서(秩序) 없이 걷고** – 특별히 일하지 않음으로써 "질서 없이 걷고," **우리에게서 받은 전통(傳統)대로 걷지 아니하는** – "입의 말로"(2장 2절 참조)뿐만 아니라, 우리의 이전 서신으로, 곧 우리가 준 권고(勸告)로 "걷는."
3:10 **먹지도 말라** – 무위(無爲)한 채로 먹여 살리지 말라.
3:11 **전혀 일하지 아니하고, 참견하기만 좋아하는 자들** – 그런 사람들은 자연히 게으름을 피우는 경향(傾向)이 있다.
3:12 **조용히 일하고** – 다른 사람들의 관심(關心)거리는 내버려 둔 채, "조용히 일하고."
3:14 **그와 사귀지 말고** – 어떤 친밀한 말도 하지 말고, 어떤 친절한 행동도 하지 말고, 어떤 불필요한 대응도 하지 말고.
3:15 **형제로서 권고하라.** – 너희가 그들 피하는 이유(理由)에 대해서 그에게 애정(愛情)을 가지고 말하고.
3:16 **평강(平康)의 주** – 그리스도, **모든 방법으로** – 모든 방법(方法)과 모든 방식(方式)으로.

디모데전서 주해

디모데의 어머니는 유대인이었으나, 그의 아버지는 이방인이었다. 디모데는 매우 일찍이 기독교로 개종하였다. 그리고 디모데가 아직은 단지 젊은이에 불과했을 때, 사도바울이 그를 데려가서, 복음 사역에서 자신을 돕게 하였다. 그의 복음 사역은 주로 바울사도가 세운 교회들에게 물을 주는 일이었다.

그러므로 디모데는 실제로 (디도처럼) 떠돌아다니는 복음 전도자, 즉 일종의 종속적인 사도였다. 그의 직무는 그가 보냄 받은 교회들에서 모든 것들을 조절하였으며, 그리고 감독들이나, 집사들이나, 혹은 평신도들에게 있어서 잘못된 것은 무엇이든지 점검하고 또한 그것들을 개선하는 일이었다.

사도바울은 의심할 여지없이 매우 중요한 그 직무의 적절한 실행에 대하여 주로 개인적인 대화(對話)로 디모데를 가르쳤었다. 그러나 디모데의 마음 위에 더 많은 것들을 확립시켜주기 위해서, 그리고 그럴 때가 생길 것이기 때문에, 나중에 그것들을 의지하며 또한 그것들을 다른 사람들과 소통하는 기회를 그에게 주기 위해서, 그리고 또한 교회와 모든 시대의 사역자들이 사용할 수 있도록 하나님의 명령들을 글로써 남겨주기 위해서, 사도바울은 그들의 규정들에 대하여 대단히 다양하고 중요한 견해들이 포함되어있는 이 탁월한 목회서신(牧會書信)을 그들에게 보냈다.

비록 사도바울이 디모데를 "믿음 안에서 된 나의 아들"(1장 2절)이라고 부르지만, 그러나 디모데가 사도바울에 의해서 개종했었던 것처럼 보이지 것은 아니며, 다만 그를 지극히 사랑했던 것처럼 보인다. 왜냐하면 사도바울이 디모데를 그 안에 세워주었으며, 그리고 사도바울이 디모데를 부지런히 그리고 신실하게 "복음 안에 있는 그의 아버지와 함께, 아들처럼 섬기도록"("아들이 아버지에게 하듯 그가 나와 함께 복음 안에서 섬겨 왔느니라."(빌립보서 2:22, KJV) 만들었기 때문이다.

디모데전서의 구성

Ⅰ. 제사(題詞) 1장 1절 – 2절

Ⅱ. 디모데에서 에베소에서 어떻게 처신(處身)해야 하는지 가르침,

1. 전반적으로, 바울은 디모데에게 율법을 잘못된 방식으로 가르쳤던 사람들에게 전달하는 경고를 주면서, 그리고 동시에 자기 자신을 본보기로 삼아 복음의 개요를 더 분명히 한다. 3절 – 20절
2. 특별히,
   (1) 바울은 사람들에게 기도의 방법을 설명한다, 2장 9절 – 23절
   여자들, 선한 사역들, 그리고 겸손에 대해 설명한다, 9절 – 15절
   (2) 바울은 감독의 필수요건에 대해 열거한다, 3장 1절 – 7절
   집사들의 의무사항들에 대해 열거한다, 8절 – 10절
   여자들의 의무사항들에 대해 열거한다, 11절 – 13절
   (3) 바울은 디모데가 가르쳐야만 하는 내용을 보여준다, 14절 – 4장 6절
   그가 피해야만 하는 것, 7절 – 11절
   그가 따라가야만 하는 것, 12절 – 16절
   그가 남자들과 여자들을 다루는 방법, 5장 1절 – 2절
   과부들을 다루는 방법, 3절 – 16절
   장로들을 다루는 방법, 17절 – 19절
   나쁜 짓을 하는 사람들을 다루는 방법, 20절 – 21절
   자기 자신을 다루는 방법, 22절 – 23절
   그가 의심하는 자들을 다루는 방법, 24절 – 25절
   종들을 다루는 방법, 6장 1절 – 2절
   (4) 거짓 교사들이 책망을 받다, 3절 – 10절
   디모데가 훈계를 받고, 되살아나며, 11절 – 12절
   그리고 책임이 주어지다, 13절 – 16절
   부유한 자들에게 부과되기 위하여 규정된 훈계들, 17절 – 19절

Ⅲ. 결구(結句) 20절 – 21절

디모데전서 1장

1:2 사도 된 바울 – 하나님의 일들과 관련된 곳에서는, 친밀(親密)함을 한쪽으로 치워놓을 수 있다. **하나님의 명령으로** – 하나님 아버지의 권위 있는 임명에 따라, **우리의 구원자** – 다른 많은 곳에서도 마찬가지로, 우리 구원의 전체 계획에 대한 위대한 명령자로서, "우리의 구원자"로 불린다. (그리고) **우리의 소망이신 그리스도** – 다시 말해서, 우리의 소망의 창시자(創始者), 목적(目的), 그리고 근거(根據)이신 "그리스도."

1:2 은혜와 긍휼과 평강이 – 사도바울은 교회들을 향한 자신의 서신들에서 "은혜(恩惠)와 평강(平康)"을 소망한다. 사도바울은 디모데에게 그것이 필요한 가운데 있는 사람들에게 가장 다정한 은혜인 "긍휼(矜恤)"을 덧붙인다. 이 "긍휼"을 경험하고 나면, 누구나 복음 사역자가 될 준비를 갖춘 것이다.

1:3 어떤 사람들에게 명하여 그들이 다른 교리를 가르치지 못하게 하며 – 내가 가르쳤던 것 이외에 "다른 교리를 가르치지 못하게 하며." 그들에게 어떤 것도 그 교리를 대신하지 못하게 하라. 즉 어떤 것도 그 교리에 추가하지 못하게 하라.

1:4 주의를 기울이지 못하게 하려 – 그것들을 가르치기 위해서 혹은 그것들을 존중하기 위해서 "주의를 기울이지 못하게 하려," **꾸며 낸 이야기에** – "꾸며 낸" 유대인의 전설(傳說)들에, (그리고) **끝없는 족보에** – 성서에서 전해지는 사람들이 아니라, 길고 복잡한 족보(族譜)에. 그 족보로써 그들이 그런 것 혹은 그런 사람으로부터 내려오는 자신들의 혈통(血統)을 입증하려고 애를 쓴다. **이런 것들은 문제를 일으키나니(이런 것들은 논쟁을 일으키나니** KJV) – "이런 것들은" 단지 쓸데없고 끝도 없는 "논쟁"을 야기(惹起)하나니.

1:5 이제 명령의 목적은 – 기독교 제도(制度) 전체의 "목적은," **사랑이거늘** – 그리고 이것은 특별히 디모데가 에베소에서 시행했던 명령의 목적이었다(3절~18절). 즉, 명령의 원천(源泉)은 믿음이며, 명령의 목적(目的)은 사랑이다. 그러나 이것은 단지 믿음으로 "깨끗하게 된 마음"("순수한 마음" KJV)에서만 실현될 수 있으며, 그리고 항상 "선한 양심"으로 성취될 수 있다.

1:6 이것에서 – 사랑과 선한 양심에서, **어떤 사람들이 벗어나** – 높고 폭넓은 지식을 가장(假裝)하는 것은 그 사람이 '믿음'과 신적인 것들에 대한 모든 '감각'으로부터 가장 멀리 떨어진 곳에 놓여있게 한다. **헛된 말다툼에 빠져** – 그리고 모든 헛된 것 중에, 어떤 것도 하나님의 일들에 대한 무미건조하고 공허한 논쟁(論爭)들보다 더 헛된 것은 없다.

1:7 그들은 자기들이 말하는 바로 **그것이나**, 혹은 자기들이 **말하는** 주제도 **깨닫지 못하는 도다.**

1:8 (만약) **사람이 그것을** 적절한 방식으로 **쓰면**, 모든 모세의 **율법은 선한 줄**, 곧 탁

월한 목적들에 부합하는 줄 **우리가** 인정한다. 심지어 의식(儀式)도 그것이 그리스도를 가리키기 때문에 선하다. 그리고 도덕적인 율법은 그 자체의 본성에서 "거룩하고, 공정하며, 그리고 선하며,"(로마서 7:12) 그리고 믿음이 없는 자들을 이해시키기 위해서 뿐만 아니라, 믿음을 가진 자들을 모든 거룩함으로 인도하기 위해서 감탄스러울 정도로 유용(有用)하다.

1:9 율법이 만들어진 것은 의로운 사람 때문이 아니요, – "율법"은 "의로운 사람"을 때리거나 혹은 정죄하지 않는다. **오직 법을 무시하는 자와 불순종하는 자** (때문에) – 그들은 율법을 주신 분의 권위(權威)를 무시하는 사람들이다. 즉 그들은 율법(律法)의 토대가 되며, 그리고 모든 순종(順從)의 근거가 되는 (십계명의) 첫 번째 계명(誡命)을 위반한다. **경건치 아니한 자와 죄인** (때문에) – 그들은 우상들을 숭배하거나 혹은 참 하나님을 경배하지 않음으로써 두 번째 계명을 어긴다. **거룩하지 아니한 자와 속된 자** (때문에) – 그들은 그분("주 네 하나님")의 이름을 헛되이 취함으로써(출애굽기 20:7) 세 번째 계명을 어긴다.

1:10 사람을 납치하는 자 – 그들은 모든 도둑 가운데 최악이다. 그들에 비하면, 노상강도들과 가택 침입자들은 무죄다! 그렇다면 대부분 흑인을 거래하는 무역 상인들, 미국으로 노예를 조달하는 자들, 그리고 거짓말이나, 속임수나, 혹은 유혹으로 병사를 모집하는 모든 자는 무엇이란 말인가?

1:11 영광스런 복음에 따른 – "영광스런 복음"은 결코 율법을 헛되게 만드는 것이 아니라, "율법을" 효과적으로 "세우느니라."(로마서 3:31 참조)

1:12 나를 능하게 하신 그리스도 예수 우리 주께 내가 감사를 드림은 그분께서 나를 신실한 자로 여기사 내게 사역(使役)을 맡기셨기 때문이라. – 그 의미를 보면, 나는 나를 복음 사역에 참여하게 해주시고, 그리고 내가 그 안에서 신실하게 감당할 수 있게 해주신 데 대해 그리스도 예수 우리 주께 감사드린다.

1:13 신성 모독하는 자 – 그리스도에 대하여 "신성 모독하는 자," **핍박하는 자** – 그리스도의 교회를 "핍박하는 자," **해를 끼치는 자** – 그리스도의 교리와 그분을 믿는 자들에게 "해를 끼치는 자," **도리어** (내가) **긍휼을 얻게 됨은** – 사도바울은 '내가 무조건적으로 선택되었기 때문이다'라고 말하지 않고, "내가 알지 못하고 그렇게 행하였기 때문이라."고 말한다. 무지(無知, "알지 못한 것")가 그의 죄를 가져가 버렸기 때문이 아니라, 무지가 그로 하여금 만약 그가 자기 자신의 확신에 반대로 그렇게 행동했을 때 그가 좀처럼 얻을 수 없었던 긍휼(矜恤)을 얻을 수 있도록 남겨두었기 때문이다.

1:14 (그리고) **은혜가** – 은혜로 나는 긍휼을 얻었다. **믿음과 함께 넘치도록 풍성하였도다.** – 이전에 내가 믿지 않았던 때와 반대로, (그리고) **사랑과** – 나의 신성 모독, 핍박(逼迫), 그리고 학대(虐待)와 반대로.

1:15 이 말은 신실한 말이요 – 매우 엄숙한 서언(序言), (그리고) **온전히 받아들이기에**

합당한 말이로다. – 인정받고, 받아들여지고, 포옹 받기에 충분히 자격 있는 "합당한 말이로다." **그리스도** – 약속된 "그리스도," **예수님** – 나타나신 "예수님,"
죄인들을 구원하시려고 세상에 오셨다 – 예외 없이 모든 "죄인들을 구원하시려고 세상에 오셨다."
1:16 이런 까닭으로 하나님께서 나에게 **긍휼을** 보이셨으므로, 그분의 **모든 오래 참으심을 보이시며,** 그리고 이후로 아무도 절망하지 않게 하실 것이다.
1:17 영원하신 왕 – '히브리인들'과 더불어 빈번히 나타나는 구절. 신자들이 영원(永遠)에 대하여 생각하는 것은 얼마나 말할 수 없을 정도로 달콤한 일인가!
1:18 내가 네게 이 책무를 주노니 – 네가 그것을 교회에 전하도록, "내가 네게 이 책무를 주노니," **너에 관하여 주어진 대언들에 따라** – 아마도 많은 사람에 의해서(6장 12절) 네가 폭음사역자로 받아들여졌을 때 표명(表明)된 "너에 관하여 주어진 대언들에 따라,"(4장 14절) "너는 그것들을 힘입어" 용기를 얻어 "선한 싸움을 싸울" 것이다.
1:19 믿음을 굳게 붙들라.(**믿음을 붙들라.** KJV) – "믿음"은 매우 귀중한 독주(毒酒)와 같다. (그리고) **선한 양심을 붙들라.** – "선한 양심"은 깨끗한 유리와 같다. **그것을** – 다시 말해서, "선한 양심"을, **어떤 자들이 그것을 버리고** – "선한 양심"은 마지못해 사라진다. "선한 양심"은 항상 "나를 해치지 마."라고 말한다. 그리고 이 "선한 양심"을 유지하는 사람들은 "믿음에 관하여는 파선하지" 않는다. 실제로 "선한 양심"을 결코 가졌던 적이 없는 사람은 누구도 "믿음에 관하여는 파선할" 수 없다. 그러므로 이렇게 "믿음에 관하여 파선한" 사람들은 한때 '참된 신자들'이었다. 그러나 그들은 단지 부정하게 넘어진 것이 아니라, 최종적으로 넘어졌다. 왜냐하면 한 번 파선한 배들은 나중에 구조될 수 없기 때문이다.
1:20 그들을 – 비록 (지금은 우리와 함께) 있지 않지만, **내가 그들을 사탄에게 넘겨준 것은 그들이 배워서 신성 모독하지 못하게 하려 함이라.** – 만약 그들이 회개하지 않더라도, 그들이 고통(苦痛)받는 것에 의해서, 그들은 어느 정도 억제(抑制)될 것이다.

디모데전서 2장

2:1 그러므로 내가 권면하노니 – 하나님께서 대단히 은혜로우신 것을 보고서, "내가 권면하노니." 이 장(章)에서 사도바울은 첫째, '대중적인 기도(祈禱)'에 관련하여, 둘째, '교리(教理)'에 관련하여 지침을 준다.

여기에서 "간구(懇求)"는 궁핍에 처했을 때 도와달라고 애원하는 것이다. "기도(祈禱)"는 어떤 방식이든 하나님께 우리의 소원을 올려드리는 것이다. 그러나 '참된 기도'는 하나님의 영에 의해 감동을 하여 차분하고 방해받지 않는 영혼으로부터 일어나는 거룩한 열정에 대한 열렬함, 곧 '하나님의 사랑에 대한 열심'이다. "중보(仲保)"는 다른 사람들을 위한 기도이다. 우리도 마찬가지로 그 말의 충만한 의미에서 "모든 사람을 위하여 감사를 드릴" 수 있다. 왜냐하면 하나님께서는 "모든 사람이 구원받기를 원하시며,"(**4절**) 그리고 그리스도께서는 모든 사람의 중재자(仲裁者, **5절**)이시기 때문이다.

2:2 권위를 가진 모든 사람을 위하여 – 심지어 가장 낮은 나라의 행정관도 빈번하게 많은 선(善)을 행하거나, 혹은 악(惡)을 행하는 것을 보아. 그렇게 하지 않으면 사람들의 현재 상태에서 어떤 종류의 나라에서도 그것이 유지될 수 없을 때, 하나님께서는 자기 자신의 백성들을 위하여 행정관 직분의 권세를 지지하신다. **독실(篤實)함(하나님을 따르는 것** KJV) – 내적인 종교, 즉 하나님에 대한 진정한 경배(敬拜). **정직(正直)** – 포괄적인 단어로서, 우리가 우리의 "이웃"에게 갚아야 하는 의무(義務) 전체를 받아들이는 것.

2:3 (왜냐하면) **이것은** – 우리가 모든 사람을 위해서 기도하는 것은, (너희는 왜 더 많은 사람이 개종하지 않는지 질문하는가? 우리가 충분히 기도하지 않기 때문이다.) **하나님, 곧 우리 구원자의 눈앞에서, 받으실만한 것이니라.** – "하나님, 곧 우리 구원자"는 실제로 믿는 우리를 구원하셨으며, 그리고 "모든 사람이 구원을 받기를 원하신다."(**4절**) 그분께서 실제로 구원하신 어떤 사람이 그분의 은혜의 보편성(普遍性)을 의심하다니 정말 이상한 일이다!

2:4 그분은 모든 사람을 진심으로 **원하시느니라.** – 단지 사람들 일부분만이 아니라, 하물며 가장 적은 사람들은 더더욱 아니며, "모든 사람을 원하시느니라." **구원을 받고** – 영원히 "구원을 받고." 이것은 5절과 6절에서 다루어진다. (그리고) 그것에 적법하게 **이르기를** – (그들은 절대 강제당하지 않는다.) **진리를 아는데** – "진리(眞理)를 아는 것"이 구원(救援)을 가져온다. 이것은 6절과 7절에서 다루어진다.

2:5 (**왜냐하면**) – 4절은 5절에 의해서 입증되며, 1절은 4절에 의해서 입증된다. **한 하나님이 계신다.** 그리고 "한 중재자"를 통해서, "한 하나님"을 가지지 못한 사람들은 결코 하나님을 가지지 못한 것이다. (또한) **한 중재자가 계시니** – 만약 "한 중재자가 계시지" 않았다면, 즉 하나님께 인간을 화해시키기 위해서, 그리고 우리의 전체 구원 사역을 거래하시기 위해서, "하나님과 사람들 사이에" 서 계신 분이 "계시지" 않았다면, 우리는 "한 하나님이 계시다"는 것을 기뻐할 수 없었다. 여기에는 옛 이교도들이 그들의 우월한 신들을 달래기 위해서 많은 중재인을 두었던 것처럼, 가톨릭 신자들이 그것들을 정해놓고, 그리고 그것들을 우상숭배 하듯이 경배한 성인(聖人)들과 천사(天使)들 같은 모든 다른 중재자들도 포함한다. **사람이신** – 그러므로 모든 사람이 "모든 사람을 위하여 자기 몸을 내어주신"(갈라디아서 2:20, 에베소서 5:2) 이 중재자에게 적용되어야만 한다.

2:6 모든 사람을 위한 대속물로 자신을 주셨느니라. – 그 "대속물(代贖物)"이란 단어가 의미하는바, 거기에는 눈에 대해서는 눈으로, 혹은 생명에 대해서는 생명으로 주

어지는 것처럼, 비슷한 것이나 혹은 동등한 것이 주어져야 한다. 그리고 대속해주는 사람의 위엄으로부터 나오는 이러한 "대속물"은 모든 인류와 동등한 것 이상이었다. **정하신 때에 증언을 받기 위해** – 문자 그대로, 그분 자신의 지혜로 선택된 그분 자신의 때에 "증언(證言)을 받기 위해."

2:8 나는 원하노라. – 사도바울이 사도로서 자신의 권위를 강력하게 표현한 말이다. **그러므로** – 이 불변화사(접속부사)를 통해 8절을 1절과 연결한다. **모든 곳에서 남자들이 기도하기를** – 공중 기도하기를, 그리고 개인 기도하기를. 남자들이 어디에 있든지, 그곳에는 기도가 있어야 한다. **거룩한 손을 들어** – 알려진 모든 죄로부터 순결한 "손을 들어," **진노하지 않고** – 어떤 창조물에 대해서, 어떤 방식으로도 "진노하지 않고." 그리고 "사랑"에 따르지 않는 우리 영혼의 모든 '기질(器質)'이나 혹은 '움직임'은 "진노(震怒)"다. (그리고) **의심하지 않고** – "의심"은 믿음에 반대되는 것이다. 그리고 "진노"나, 또는 "부정한 행실들"이나, 또는 "믿음의 결핍"은 하나님께서 우리의 청원(請援)을 들어주시는 것을 막는 가장 큰 세 가지 장애물들이다. 기독교는 진리와 은혜를 열렬히 받아들이는 '믿음'과 '사랑'으로 이루어져 있다. 그러므로 우리 소원의 총화(總和)는 어떠한 "진노"나 혹은 "의심"이 없이 기도하고, 그리고 살아가고, 그리고 죽는 것이어야 한다.

2:9 맑은 정신으로 – (사도바울이 의미하는바,) "맑은 정신"은 참된 지혜(知慧)에 따라 우리 삶 전체를 다스리는 덕목(德目)이다. **장식한 머리나 금으로 하지 말며** – 장식품을 착용하지 "말며," **진주로 하지 말며** – 어떤 종류의 보석들도 착용"하지 말며," (부분은 전체를 위해서 놓이기 때문에,) **값비싼 옷으로 하지 말며** – 그러므로 "하나님의 성품을 고백하는"(**10절**) 모든 "여자들"에게'여기에는 예외가 없다'라고 정확하게 거론하며 분명히 금지한다. 그리고 남자에 대한 어떠한 꾸밈도 그리스도인의 고백과 어울리지 않는다. 즉, 명백한 명령에 대한 의도적인 위반이다.

2:12 남자에게 권위를 행사하는 것을 허락하지 아니하노니 – 공개적인 가르침에 의해서 "남자에게 권위를 행사하는 것을 허락하지 아니하노니."

2:13 먼저 – 그래서 여자가 본래 더 열등한 존재였다.

2:14 또한 아담이 속지 아니하고 – 뱀이 이브를 속였으며, 이브는 아담을 속이지 않았으나, 그러나 이브가 그를 설득(說得)하였다. "네가 네 아내의 음성에 귀를 기울였다."(창세기 3:17) 바로 앞 절에서 "남자에게 권위를 행사하지"(**12절**) 말아야 하는 이유를 제시하였다. 이 절에서는 여자가 남자를 "가르치지"(**12절**) 말아야 하는 이유를 보여준다. 여자는 더 쉽게 속으며, 그리고 더 쉽게 속인다. **여자가 속아, 범죄 가운데 있었기 때문이라.** – "뱀"이 이브를 "속였다"(창세기 3:13) 그래서 그녀는 "범죄 가운데 있었다."

2:15 그럼에도 불구하고 그녀가 – 다시 말해서, 창세기 3장 16절에서 표명된 선고(宣告)에서 이브와 관련된 모든 여자가 전체적으로, **해산함으로 구원을 받으리라.** – "그

범죄 가운데 있었기 때문에," 그녀들에 대한 그 선고가 수반하는 고통(苦痛)과 위험(危險)을 통하여 안전하게 "해산함으로 구원을 받으리라." 게다가, 그리고 만약 "그들이" 사랑하는 "믿음과" 거룩한 지혜 "가운데 거하면," 마침내 구원받는다.

디모데전서 3장

3:1 남자가 선한 일을 사모한다. – 탁월한, 그러나 힘든 "일을 사모(思慕)한다."
3:2 그러므로 – 그(감독)는 그것(감독의 직분)을 감당할 수 있을 것이므로, **감독은** – 또는, 한 회중의 목사는, **반드시 책망받을 것이 없으며** – 흠이 없거나, 혹은 정당한 혐의(嫌疑)가 없으며, **한 아내의 남편이며** – 이것이 감독(監督)은 반드시 결혼해야 한다거나, 혹은 감독은 두 번째 아내와 결혼할 수 없다는 것을 의미하는 것은 아니다. 왜냐하면 두 번째 아내와 결혼하는 것은 첫 번째 아내와 결혼하는 것만큼 감독이 실행하기에 합법적이며, 그리고 어떤 경우에는 그의 필수적인 의무가 될 수 있기 때문이다. 그러나 일부다처제(一夫多妻制)와 사소한 일들로 인한 이혼(離婚)은 유대인들 가운데뿐만 아니라, 이방인들 가운데서도 흔하지 않은 일인 바, 모든 다른 사람들 가운데 목사들은 그러한 죄(罪)를 멀리해야만 한다고 우리에게 가르치고 있다. **깨어 있으며 맑은 정신을 가지고 있으며** – 활기가 넘치고, 열성적이며, 그러나 차분하고 지혜로운 "정신을 가지고 있으며," **행실이 바르며** – "깨어 있으며, 맑은 정신을 가지고 있는" 것으로부터 자연스럽게 흘러나오는 "행실이 바른" 것.
3:4 자기 자녀들을 모든 위엄으로 복종시키는 자(者)라야 할 것이며 – 왜냐하면 경박(輕薄)함은 가정 내 모든 권위의 기반(基盤)을 약화하기 때문이다. 그리고 이러한 지침은 유추(類推)에 따라 "모든" 부모들에게 해당한다.
3:6 교만으로 높아져서 – 새로운 명예(名譽) 때문에, 혹은 빈번하게 그 명예에 뒤이은 칭찬(稱讚) 때문에 "교만(驕慢)으로 높아져서," **마귀의 정죄에 빠지지 아니하게 하려 함이라.** – 마귀가 떨어지는 그와 같은 것 속으로 "빠지지 아니하게 하려 함이라."
3:7 또한 감독은 반드시 좋은 평판을 받아야 하리니 – 지나간 시간에 걸쳐서 공평(公平)한 성격을 가졌었다고 하리니, **밖에 있는 자들로부터** – 그리스도인들이 아닌 "자들로부터," **그가 비방에 빠지지 아니하게 하려 함이라.** – 자신을 낙담(落膽)하게 했으며, 또한 자신에게 유혹(誘惑)으로 판명 났던 이전의 삶을 그들이 반복함으로써 "비방(誹謗)에 빠지지 아니하게 하려 함이라."
3:8 이와 같이 집사들도 반드시 신중하며 – "집사(執事)들"은 진지하고, 품위 있고, 덕망 있게 처신하는 사람들이어야 한다. 그러나 장로(長老)들은 어디 있는가? 만약 바울 사도가 그 직분을 아무 말 없이 제외할 수 있다면, 이러한 직분이 '감독(監督)의 직분'으로부터 근본적으로 구분되겠는가? **더러운 이익을 탐내지 아니하며** – 바울 사도가 이것에 대해 언급하는 곳마다, 그가 어떤 혐오감(嫌惡感)을 가지고 말하고

있지 않은가? 거룩한 일들을 사역함으로써, (음식과 의복 이상으로) 얻어진 모든 것은 정말로 "더러운 이익"이다! 하수구를 갈퀴질하거나, 혹은 보통의 수채통을 비움으로써 "정직(正直)하게" 얻어진 것보다 훨씬 더 "더러운" 것이다.

3:9 순수한 양심 속에 믿음을 (굳게) **간직한 자라야 할지니라.** – 믿음에 굳게 서고, 마음과 삶에서 거룩한 "자라야 할지니라."

3:10 이 사람들도 먼저 시험해 보고 – 그들이 어떻게 처신(處身)하는지를 "먼저 시험(試驗)해 보고," **그 뒤에 그들이 집사의 직분을 수행하게 할지니라.** – 그들에게 그 집사(執事)의 직분을 담당하게 하라.

3:11 모든 일에서 신실한 자라야 할지니라. – 하나님께 신실(信實)할 뿐만 아니라, 그들의 남편들과 그리고 가난한 사람들에게도 "신실한 자(者)라야 할지니라."

3:13 그들은 좋은 지위를 얻으며 혹은 어떤 더 높은 직분을 향한 **발판을 얻으며, 또 큰 담대함을 얻느니라.** – "선한 양심"(히브리서 13:18)의 증거로부터 "얻느니라."

3:15 네가 어떻게 처신해야 할지 알게 하려 하노니 – 이것은 사도의 영역이다. **하나님의 집에서** – 하나님께서 그 가정의 주인이시다. **이 집은** – 마치 하나님께서 "하나님의 집"에 대해 '나는 "교회를" 의미한다.'라고 말씀하신 것처럼.

3:16 하나님의 성품(性品)의 신비(神秘)는 – 여기에 대해서는 나중에 '지상에서 그리스도의 경륜(經綸) 전체를 요약하는' 6장에서 구체적으로 명시된다. **기둥과 터니라.**(15절) – 그분의 교회에서 배우는 모든 "진리의"(15절) 토대(土臺)이며 그리고 진리의" 지주(支柱)이다. **하나님께서 육체 안에 나타나시고** – 삼십삼 년 동안, 종의 형체로, 즉 사람의 모습으로 "육체 안에 나타나시고," **성령 안에서 의롭게 되시고** – 공개적으로, "성령 안에서 의롭게 되시고," **하나님의 아들로 밝히 드러나셨느니라**(로마서 1:4) – 그분이 죽음에서 부활하심으로써, "하나님의 아들로 밝히 드러나셨느니라." **보이시고** – 주로 그리스도께서 부활하신 이후에, "보이시고," **천사들에게** – 선한 천사들에게 뿐만 아니라, 악한 천사들에게, **이방인들에게 선포되시고** – 이 일이 명쾌하게 뒤따라 일어난다. 천사들은 그분으로부터 가장 근접해 있었으며, 이방인들은 그분으로부터 가장 멀리 동떨어져 있었다. 그리고 그리스도께서 상정(上程)되시기 전에, 이러한 복음 전도의 토대와 이방인들의 믿음의 토대가 놓여있었다. **세상에서 믿기시고** – 그분이 그 속으로 "올려진" 하늘에 반대되는, "세상에서 믿기시고." 첫 번째 요점은 "하나님께서 육체 안에 나타나셨다."라는 것이며, 마지막 요점은 "영광 속으로 올려져서 영접을 받으셨다."라는 것이다.

디모데전서 4장

4:1 (그러나) **이제 성령께서 믿음에서** – 사도바울 자신에 의해서 데살로니가 신도들에게, 그리고 아마도 당대의 다른 대언자들에 의해서, **분명히** – 위대한 순간의 일,

그리고 곧 성취되는 일에 관련하여 "분명히," **마지막 때에** – "마지막 때"는 우리 주께서 승천(昇天)하신 때부터 우리 주께서 심판(審判)하러 내려오실 때까지 계속된다. **어떤 사람들이** – 게다가, 많은 사람이, 그리고 점차 훨씬 많은 사람 대부분이, **믿음에서 떠나** – 한때 성도들에게 전해진 교리(敎理)에서 "떠나," **유혹하는 영들에 주의를 기울이리라** – "유혹하는 영들"은 거짓 대언자들에게 영감을 주기 때문에, "주의를 기울이리라"

4:2 이들은 거짓말을 하는 자들의 위선(僞善)에 의해서, '믿음에서 떠나'(1절), **자기 양심을 뜨거운 인두로 지진 육체처럼, 무분별하게** 그리고 무감각하게 **만들었다.(이들은 위선으로 거짓말을 하며, 자기 양심을 뜨거운 인두로 지진 자들이라. KJV)**

4:3 사제들, 수도사들, 그리고 수녀들은 **혼인을 금하고, 그리고** 이러이러한 때에, 이러이러한 **음식물을 삼가라고** 모든 사람에게 **명령할 터이나. 하나님께서 창조하사 진리를 믿고 아는 자들이 받게 하셨느니라.** – 모든 음식물은 이제 깨끗하다는 "진리를 믿고 아는 자들이 받게 하셨느니라." **감사함으로** – "감사"는 순수한 양심(良心)이라고 추정(推定)된다.

4:5 그것은 하나님의 말씀으로 거룩히 구별되었느니라. – 모든 것을 창조하시고, 또한 사람들에게 음식으로 주신다. (그리고) **기도로** – 하나님의 자녀들은 그들이 사용하는 모든 창조물의 거룩한 구별(區別)을 위해서 기도해야 한다. 그리고 단지 그리스도인들뿐만 아니라, 심지어 유대인들, 게다가, 바로 이방인들도 기도로써 그들의 식탁을 규칙적으로 성별(聖別)하였다.

4:7 마치 고대 그리스의 경기(競技)에서 경쟁하는 사람들처럼, **하나님의 성품에 이르도록 스스로 훈련하라.** – 최선의 노력, 열의, 그리고 성실함으로 너희 자신을 '마음의 거룩함'과 '삶의 거룩함'으로 "훈련하라."

4:8 육체의 훈련은 유익(有益)이 적으나 – "육체의 훈련은" 몸의 건강과 힘을 증가시킨다.

4:10 그러므로(이런 까닭에 KJV) – 이 약속(約束)에 힘을 얻어서, **우리가 수고하고 치욕을 당하나니** – 우리는 결코 어떠한 즐거움이나, 편안(便安)함이나, 혹은 명예(名譽)를 중요하게 생각하지 않는다. **우리가 신뢰(信賴)하기 때문이라.** – 바로 이러한 신뢰 때문에, 세상이 우리를 몹시 싫어할 것이다. **살아 계신 하나님을** – "하나님께서" 당신이 약속하셨던 생명(生命)을 우리에게 주실 것이다. **그분은 모든 사람의 구원자시요** – "그분은" 이생에서 그들을 지키시고, 또한 기꺼이 그들을 영원히 구원하려고 하신다. (그러나) **특히** – 좀 더 탁월한 방식으로, **믿는 자들의 구원자시니라.** – 그러므로 "믿는 자들"은 영원히 구원받는다.

4:12 아무도 네 연소(年少)함 때문에 너를 **업신여길** 이유를 가지지 **못하게 하고,** 이것을 막기 위해서 **말에서 본이 되라.** – 공개적인 "말에서" 그리고 개인적인 "말에서 본이 되라." **영에서** – 너의 온전한 기질(器質)에서, **믿음에서** – "믿음"이 그리스도인의

몇 가지 다른 자질(資質)들 가운데 놓여있을 때, 그것은 일반적으로 믿음의 특정한 부문을 의미한다. 즉, '충실함'이나 혹은 '신실함'을 의미한다.

4:13 읽는 것에 마음을 쏟으라. – 공개적으로뿐만 아니라, 개인적으로도 "읽는 것에 마음을 쏟으라." 열심(熱心) 있는 사람들이여, 이것을 지키라! 그 (읽는) 수단이 없다면, 어떤 목표(目標)도 기대하지 말라.

4:14 소홀히 여기지 말라. – 그것을 충만한 데까지 훈련하지 않은 사람들은 그것을 "소홀(疏忽)히 여긴다." **그 선물을** – '양 떼를 먹이는' 선물(은사)을, '권세'와 '사랑'과 '맑은 정신'의 선물(은사)을, **대언으로 네게 주신** – "장로들이" 또한 그 의식 절차에 참여했던 동안에, "내가 안수함으로"(디모데후서 1:6), 하나님으로부터 즉각적인 명령에 따라 "네게 주신," 이 장로회(長老會)는 아마도 바울과 실라와 더불어 몇몇 다른 사람들로 이루어졌을 것이다.

4:15 묵상하고 – 다른 사람들이 어떻게 구별하든지, 성경에서는 묵상(默想)하는 것과 심사숙고(深思熟考)하는 것 사이에 차이를 두지 않는다. 진정한 묵상은 다름 아닌 바로 믿음, 소망, 사랑, 기쁨이 이른바 '하나님의 성령의 불'에 의해서 함께 녹아내린 것이다. 그리고 묵상은 은밀(隱密)하게 하나님께 올려드린다. "전적으로 이것들 안에" 있는 사람은 세상적인 어울림에, 다른 학문에, 서적들이나, 훈장들이나, 혹은 나비들을 수집하는 데 전혀 참여하지 않을 것이다. 그 점에서 볼 때, 많은 목사는 그들의 인생의 꽤 상당한 시간을 허송세월(虛送歲月)로 보낸다!

16절 그것들 가운데 거하라. – 앞에 나온 모든 훈계(訓戒)들 "가운데 거하라."

디모데전서 5장

5:1 꾸짖지 말고 – 너희 자신의 젊음을 감안(勘案)하여, 그렇지 않았더라면 적절했을 만큼 그렇게 심한 말로, "꾸짖지 말고."

5:3 과부들을 존경(尊敬)하라. – 다시 말해서, 공동의 비축(備蓄) 물자를 가지고 "과부들을" 먹여 살려라.

5:4 그들의 부모에게 보답하는 것을 이들이(자녀나 손자들이) **배우게 하라.** – 이전에 그들의 보살핌, 고생(苦生), 그리고 지출(支出)에 대해서 "이들이 배우게 하라."

5:5 참 과부 – 그녀를 부양하기 위한 어떤 친척들도 없으며, 그리고 전적으로 하나님께 헌신하는 "과부(寡婦)." **외로운** – 그녀를 구해줄 자녀들이 없으며, 또한 손주들도 없는.

5:6 쾌락에 빠져 사는 여자는 – 비록 그 자체로는 불법적인 그런 쾌락(快樂)들에 빠진 것은 아니지만, 우아하고 주기적인 음행으로, 교묘하게, 요염하게 "사는 여자는."

5:7 그들이 – 다시 말해서, 그 과부들이.

5:8 (만약) **누가 부양하지 아니하면** – 음식과 의복을 "부양(扶養)하지 아니하면," **자**

기 친족(親族) – "외로운 과부"가 된 어머니와 할머니, **그는** 사실상 **믿음을 부인한 자요** – "믿음"은 당연한 의무를 파기하는 것이 아니라, 당연한 의무를 완벽하게 수행한다. 이것이 너희의 자녀들을 위해서 돈을 쌓아두는 것과 무슨 관련이 있으며, 종종 누구에 대해서 매우 주제넘게 혐의를 제기하는가? 그러나 모든 사람은 돈을 쌓아두어야 하는 그들 자신의 이유가 있다. 어떤 사람은 결핍(缺乏)을 무서워하기 때문에 지옥에 갈 것이다. 또 어떤 사람은 그가 "불신자보다 나쁜 자"가 되지 않으려고, 이방인처럼 행동한다.

5:9 과부는 수에 넣지 말라. – 이러한 과부들의 "수에 넣지 말라." **한 남자의 아내였던** – 다시 말해서, 한 사람이든 혹은 연속적으로 그 이상의 사람들이든, "한 남자와" 합법적인 결혼생활을 한 "아내였던."

5:10 (만약 그녀가) **성도들의 발을 씻어 주며** – 성도들을 위해서 가장 천한 직무(職務)를 행할 준비가 되어있었다면, "성도들의 발을 씻어 주며."

5:11 거절하라. – 선택하지 말라. (왜냐하면) **그들은 그리스도를 대적하여 방탕하기 시작할 때에** – 그들은 그리스도의 좀 더 즉각적인 봉사(奉事)에만 전념하였다. (젊은 과부들은) **결혼하리라.** – 그리고 하나님의 영광에 대해 성심성의껏 하지 않고 "결혼하리라."

5:12 그들은 자기들의 처음 믿음을 내버렸으므로 – "그들은" 하나님에 대한 그들의 신뢰를 버렸으며, 그리고 첫 확신(確信), 즉 그분을 섬기는데 전적으로 헌신하는 것이 가장 탁월한 길이라는 확신에 반대되게 행동했으므로. 우리가 처음으로 믿음의 권능을 받아들일 때, 일반적으로 하나님의 영께서 가장 탁월한 길이 무엇인지 가리켜 보이시지 않는가? 그리고 동시에 그리스도인의 고난(苦難)에 있어서 가장 높은 수준에서도 걸어가겠다는 거룩한 결단력(決斷力)을 우리에게 주시지 않는가? 그리고 우리가 그 결단력 아래로 어떤 것을 가라앉혀야 한다면 얼마나 지혜롭지 못한 일인가?

5:14 그러므로 나는 젊은 여자들이 원하노라. – 혼자 살 의향이 없는 과부들이나 혹은 처녀들이 "원하노라." **결혼해서, 자녀들을 낳고, 가정을 꾸리며** – 그러면 그들은 그들 자신에게 충분한 일을 가지게 될 것이다. (그리고) **대적에게 비방할 기회를 전혀 주지 말기를** – 유대인이든 혹은 이방인이든, "대적에게 비방할 기회를 전혀 주지 말기를."

5:15 어떤 자들이 – "어떤" 과부들이, **사탄을 따라 돌아섰도다.** – "사탄"이 그리스도로부터 그들을 끌어갔다.

5:17 잘 다스리는 장로들을 – 그런 "장로들"은 자기 자신을 그들의 책임에 맡겨진 모든 사람들에 대한 신실한 청지기로 여긴다. **두 배나 존경할 자로 여기되** – 장로들이 그 모든 것을 하나님의 영광을 위해 사용할 것을 알기에, 더 풍성한 공급을 "받을 자격이 있는 자로 여기되." 장로들은 이러한 직무를 맡아서, 많은 수고를 하며 또한 사심이 없는 사람들이었던 것처럼, 그들의 삶이나 혹은 죽음에서 '어떤 사람이

제공해야만 했던 것이 무엇이든지' 일반적으로 "가난한 사람들을 위하여" 그들의 두 손에 맡겨진 것이었다. 이러한 방법으로, 후세에 교회 성직자들은 매우 부유해졌다. 그러나 기부자(寄附者)들의 "의도"가 공공의 이익이었기 때문에, 그 (기부된) 것은 그들의 경건한 취지(趣旨)에 따라 처분되어야 할 이유가 가장 중요한 것이었다. **특별히 수고하는 이들에게** – 성실하게 그리고 큰 노력을 기울여 "수고하는 이들에게," **말씀과 교리로** – "말씀"을 가르치는 일로.

5:19 장로에 대한 – 또는 장로회에 대한, **고발은 두세 증인 앞에서가 아니면 받지 말라.** – 모세의 율법에 따르면, 한 일반인은 한 증인의 증언을 근거로 (비록 정죄 받지는 않더라도,) 소환될 수는 있다. 그러나 사도바울은 장로 한 사람이라도 그러한 한 증인을 근거로는 심지어 소환되는 것조차 금지한다. 왜냐하면 그 장로의 명성이 다른 사람들의 명성보다 더 중요하기 때문이었다.

5:20 자들을 – 장로들을, **죄짓는** – 수치스럽게 그리고 적절한 절차에 따라 정죄(定罪) 받은, **모든 사람 앞에서 꾸짖어** – 교회 "앞에서 꾸짖어."

5:21 내가 하나님 앞에서 네게 명하노니 – 우리가 "선택받은" 거룩한 "천사들"과 함께 "하나님과 그리스도 앞에"서야만 하는 마지막 심판(審判)에 관하여 "네게 명하노니," **선택받은 천사들** – "선택받은 천사들"은 우리의 행실(行實)에 대한 증인(證人)들이다. 사도바울은 자기 자신의 수고(受苦)를 통과하여 그리고 심지어 "시간(時間)" 그 자체를 통과하여 바라보며, 그리고 이미 "영원(永遠)" 속에 있는 한 사람으로 서 있는 것 같다. **너는 편견(偏見) 없이 이것들을 준수하라.** – 그 이유를 충분히 들을 때까지, 의견을 말하지 말라(선고를 내리지 말라). 또는 **편파적으로** – 어떤 사람을 위하여 혹은 어떤 사람에게 불리하게 "편파적(偏頗的)으로"

5:22 아무에게나 선뜻 안수하지 말고 – 다시 말해서, 충분한 시험(試驗)과 심사(審査)가 없이, 어떤 사람을 교회 직무에 임명하지 말라. 그렇지 않으면, 너는 그의 직무(職務)에서 저지른 그의 부정행위에 대해 방관자(傍觀者)가 되는 것이며, 그리고 그에 대한 책임(責任)을 지게 될 것이다. **네 자신을 순결하게 지키라.** – 모든 사람의 피로부터 "네 자신을 순결하게 지키라."

5:24 어떤 사람들의 죄들은 미리 드러나 – 어떤 엄격한 조사를 실시하기도 전에 "미리 드러나," **먼저 심판으로 나아가고** – 너희가 그들을 어떤 영적인 직무에 대한 자격이 없다고 즉시 판단하기 위하여, "먼저 심판으로 나아가고," (그리고) **어떤 사람들의 경우는** – 그들의 죄들이, **그 뒤를 따르나니** – 좀 더 은밀(隱密)히 "그 뒤를 따르나니."

5:25 그렇지 아니한 것들도 – 매우 명백하지 "아니한 것들도," 오랫동안 **숨길 수 없느니라.** – 너희의 지식으로부터 "숨길 수 없느니라." 이러한 이유 때문에도 서둘러서 손을 대지 말라.

디모데전서 6장

6:1 멍에 아래 있는 종들은 – 이방인 주인들의 "아래 있는 종들은" **자기 주인들을 모든 존경을 받기에 합당한 자로 여길지니** – 종으로부터 주인에게 마땅히 주어져야 하는 "모든 존경을 받기에 합당한 자로 여길지니," **하나님의 이름과 그분의 교리가 모독을 받지 않게 하려 함이라.** – 만약 그 종들이 달리 행동한다면, 분명히 그렇게 될 것이기 때문에, "하나님의 이름과 그분의 교리가 모독을 받지 않게 하려 함이라."
6:2 믿는 주인이 있는 자들은 (그들을) **얕보지 말고** – 그들에게 더 적게 존경(尊敬)하거나, 혹은 더 적게 순종(順從)하지 말고, **그들이 형제라 해서** – 그리고 그 점에 있어서, 자신들과 같은 수준으로. 종교적인 공동체에 사는 사람들은 이것의 위험성(危險性)을 잘 알고 있으며, 그리고 불신자들의 잘못이나 혹은 세상 사람들의 잘못을 참을성 있게 대해 주는 것보다 어떤 형제의 잘못을 참을성 있게 대해 주기 위해서 더 큰 아량(雅量)이 필요하다. **오히려** (그들을) **잘 섬길지니라.** – 그들을 훨씬 더 성실하게 "섬길지니라." **이는 그들이** 큰 **은택(恩澤)에** 연합하여 **동참하는 자이기 때문이라.** – 구원(救援)에 "동참하는 자이기 때문이라." **이것들을** – 늙은 사도바울이 젊은 디모데에게 실제적인 거룩함에 거하라는 명령을 준 것들. 경험이 적은 교사(敎師)들은 그들이 토대를 놓는 동안 상부구조(上部構造)를 소홀히 하는 경향이 있다. 그러나 사도바울은 그리스도의 보혈에 대한 "믿음"을 전하는 것뿐만 아니라, 그리스도께 드리는 "순종"을 실행하는 것을 대단히 중요하다고 여긴다. 그래서 사도바울은 '가르치는 자들'에게 "믿음의 삶"을 강력하게 권고한 후에, 심지어 '그것을 엄격하게 준수하라'라는 또 하나의 명령을 추가한다.
6:3 만일 어떤 사람이 다른 식으로 가르치고 – 그 모든 분야에서, 엄격한 "실제적인 거룩함"과 "다른 식으로 가르치고," (그리고) **온전한 말씀들에 동의하지 아니하면** – 문자 그대로, "건강에 좋은 말씀들," 즉 거짓말의 오점이 전혀 없는 말씀들이나, 혹은 죄를 촉구하는 경향이 전혀 없는 말씀들, (그리고) **하나님의 성품에 따른 교리에 동의하지 아니하면** – 모든 목적에 부합하다고 정교하게 획책(劃策)하며, 그리고 실제적인 경건함의 모든 이익을 교묘하게 얻어낸다.
6:4 그는 교만하여 – "교만(驕慢)"이야말로, 그가 내적이며 실천적인 종교를 추구하는 교리에 동의하지 않는 원인이다. "이러한 표지(標識)로, 우리는 그런 사람들을 알 수 있다. **아무것도 알지 못하고** – 그가 마땅히 알아야 하듯이, "아무것도 알지 못하고," **의문(疑問)들에 질리고**(**논쟁(論爭)을 좋아하는** KJV) – 맹목적으로 "논쟁을 좋아하는." 특별히 실천을 잊은 곳에서, "논쟁을 좋아한다." 그런 사람들은 실제로 단 하나의 구절들을 두고 진정으로 경쟁하며, 또한 그들 자신이 가장 좋아하는 관점을 두고 진지하게 다툰다. 그러나 그리스도와 그분의 사도들의 복음 전도 같은 그 밖의 모든 것은 전부 "율법과 속박(束縛), 그리고 세속적인 추론(推論)"일 뿐이다. **말다**

툼을 – 단지 말로 하는 논쟁, **이로써 시기(猜忌)가 생기며** – 다른 사람들의 선물(膳物, 은사)과 성공(成功)들에 대하여 "시기가 생기며," **다툼이 생기며** – 우위(優位)에 대하여 "다툼이 생기며," 그러한 논쟁자들은 좀처럼 다른 사람들이 잘되는 것이나, 혹은 자기 자신이 덜 존중받게 되는 것을 좋아하지 않는다. **악한 추측이 생기며** – 그들 자신과 견해가 다른 사람들을 좋게 생각하는 것은 결코 그들의 태도(態度)가 아니다.

6:5 이득이 하나님을 따르는 것이라고 생각하는 – 가장 좋은 종교는 돈(이득)을 얻는 것으로 생각하는. 이것은 보통 생각하는 것보다 훨씬 흔한 경우다.

6:6 그러나 만족하면서 하나님을 따르는 것은 – 이것은 생명에 관련된 참 종교에서는 분리될 수 없이 동반되는 것이다. **큰 이득이 되느니라.** – 영원에서뿐만 아니라, 시간에 따라서도 이루 말할 수 없는 이득(利得)을 가져다준다.

6:7 우리가 아무것도 가지고 가지 못할 것이 확실하니 – 그렇다면, 무슨 목적(目的)으로 우리가 그렇게 많은 것들을 함께 쌓아둔단 말인가? 오, 나에게 단 한 가지를 주소서. 곧, 나 자신의 나라로 가는 안전하고 또한 준비된 통로(通路)를 주소서!

6:8 덮을 것(입을 것 KJV) – 다시 말해서, 우리를 감싸줄 수 있는 의복과 집. 이것이 그리스도인이 필요한 전부이며, 그리고 그의 종교에서 그가 소망하기를 허용하는 전부이다.

6:9 부유하게 되고자 하는 자들은 – 이러한 것들보다 더 많은 것을 소유하려는" 자들은."(왜냐하면 그렇게 되면, 그들이 매우 대단히 부유해질 것이며, 그리고 바로 그 "욕심(慾心)"이 만족(滿足)을 사라지게 할 것이며, 그리고 그들을 멸망(滅亡)에 드러낼 것이기 때문이다.) **빠지게 하는, 떨어지느니라.** – 안타까운 단계적 하강(下降)! **시험에** – 영혼에 대해서 비참하게 만드는 음식! (그리고) **올무에** – 또는 함정(陷穽)에, 즉 무시무시한 덫개! (그리고) **여러 가지 어리석고 해로운 욕심에** – 그 "욕심"은 뿌려지며, 그리고 우리가 필요한 것보다 더 많이 가짐으로써 충족(充足)된다. 그다음 만족에 대한 모든 기대와는 작별한다! 그러면 몸에 대한 "파멸"과 그리고 영혼에 대한 "멸망"을 제외하고, 무엇이 남게 되는가?

6:10 돈을 사랑함 – 흔히 인간이 소유한 것에 대한 "신중한 관리(管理)"라고 불린다. **모든 악의 뿌리이니** – "모든 악의" 방식의 모체(母體)이니, **어떤 자들이 돈을 탐내다가 잘못하고** – 문자 그대로, '과녁을 빗맞히고.' 그들은 믿음을 겨냥하지 않고, 다른 어떤 것, 곧 돈을 겨냥했다. **많은 고통**(슬픔)**으로 자기를 찔러 꿰뚫었도다.** – 죄책감으로, 고통스러운 격정으로, 이성에 반대되는 욕심으로, 종교로, 그리고 서로가, "자기를 찔러 꿰뚫었도다."

6:11 그러나 오, 하나님의 사람아, – 온 세상이 무엇을 하든지, "오, 하나님의 사람아," **하나님의 사람** – "하나님의 사람"은 대언자, 즉 하나님의 사자(使者)나, 혹은 하나님께 헌신된 사람, 즉 이 세상과 다른 세상에 속한 사람이다. **피하고** – "이러한 것

들을 탐하는" 대신에, 뱀으로부터 그러하듯이, "피하고," **의를 추구하라.** – 하나님의 모든 형상(形像)을 "추구하라." 비록 "의"라는 단어가 때때로 사용되지만, 일반적으로 사용되지는 않으며, 그러나 특별하게 수용될 때는, "정의"라고 일컬어지는 단지 "의"의 단 한 가지 부문을 의미한다. **믿음을 추구하라.** – "믿음" 또한 여기에서 일반적이며 그리고 충만한 의미로 받아들여진다. 다시 말해서, 주로 그리스도 안에 나타난 하나님 긍휼의 관점에서, '하나님에 대한 초자연적인 신적 견해'로 받아들여진다. 그러므로 "믿음"은 "의"에 대한 토대가 된다. **사랑을 추구하라.** – 사도바울은 "사랑"을 선한 모든 것과 혼합한다. 말하자면, 그는 자신이 다룬 것은 무엇이든, 즉 모든 내적인 거룩함과 외적인 거룩함의 영광스러운 원천(源泉)을 "사랑"으로 관통(貫通)시킨다.

6:12 믿음의 선한 싸움을 싸우며 – 말에 대한 것이 아니라, "믿음의 선한 싸움을 싸우며," **영원한 생명을 붙들라.** – 바로 너희 앞에 있는 "영원한 생명을 붙들라." **너는 선한 고백을 고백하였도다.** – (아마도 그의 세례식에서) 마찬가지로 23절에서 "선한 고백을" 하였으나, 그러나 이 표현을 놀라울 정도로 바꿈으로써 그렇게 하였다. **많은 증인들 앞에서 너는 선한 고백을 고백하였도다.** – 그들 모두 "많은 증인들"에게 동의(同義)하였다. "그리스도 예수님은 선한 고백을 증언하셨다."(13절) 그러나 빌라도는 그것에 동의하지 않았다.

6:13 모든 것을 살리시는 하나님의 눈앞에서 내가 네게 명하노니 – "모든 것을 살리시는 하나님"께서 너희를 살리셨으며, 그리고 그 위대한 날에도 너희를 살리실 것이다.

6:15 그것을(그 나타나심을 KJV) – "우리 주 예수 그리스도의 나타나심"(14절)을, **자신의 때에** – "자신의 때에" 대한 권능(權能), 지식(知識), 그리고 계시(啓示)가 그분의 영원한 마음속에 계속 남아있다.

6:16 오직 그분께만 – 홀로 파생한 것이 아닌, "오직 그분께만," **죽지 아니함이 있고, 접근하지 못할 빛에 거하시며** – 가장 높은 천사에 비하여, "죽지 아니함이 있고, 접근하지 못할 빛에 거하시며," **아무도 그분을 보지 못하였고, 또 볼 수도 없나니** – 육체의 눈으로는 "아무도 그분을 보지 못하였고, 또 볼 수도 없나니," 그러나 우리는 그분을 '그분 모습 그대로' 볼 것이다.

6:17 이어서 나오는 것은 일종의 후기(後記)인 것 같다. **이 세상에서 부유한 자들에게 명하여** – "이 세상"이 제공하는 정말 얼마 안 되는 그런 재물(財物)에 있어서 부유한 자들에게 명하여," **그들이 마음을 높이지 말고"** – (오, 누가 이것을 존중하겠는가?) 그들의 돈 때문에, 혹은 그 돈으로 구입할 수 있는 어떤 것 때문에, 자신들이 더 낫다고 생각하지 말고, **확실치 않은 재물을 신뢰하지도 말며** – (그런 재물은 그들이 한 시간 안에 잃어버릴 수 있다) 행복을 위해서나 혹은 방어(防禦)를 위해서 "확실치 않은 재물을 신뢰하지도 말며," **오직 살아 계신 하나님을 신뢰하게 하고** – "살아 계신 하나

님을" 제외하고, 나머지 모든 것은 죽어서 진흙이 된다. **우리에게 주사** - 마치 우리에게 그분의 손으로 그것들을 내밀어주시고 있는 것처럼, "우리에게 주사," **모든 것을** - 우리가 가진 "모든 것을," **풍성히** - 마음대로, 풍부하게, **누리게 하시는** - 그분 안에서 그리고 그분을 위해서, 그분의 선물(은사)로, "누리게 하시는." 그러므로 우리가 가진 "모든 것을" 사용할 때, 우리로 하여금 진실로 모든 것들을 제대로 "누리게 하신다." '그들에게 재난이 덮치게 하겠다'라는 것을 제외하고 또한 '그들에게 복수하겠다'라고 겁을 주는 것을 제외하고, 모든 사도의 글에서 "부유한 자들에게" 주어진 어떤 경고가 다른 어느 곳에 있었는가?

6:18 선을 행하는 것(**선을 행하게 하며** KJV) - "선을 행하는 것"을 그들의 매일 하는 일로 삼고, 그들이 **부요하게** 되고 - 풍부하게 되고, 모든 **선한 일들에, 베풀기를 좋아하며** - 개별적으로 특정한 사람들에게, "선한 일들에, 베풀기를 좋아하며," **기꺼이 나누어 주게 하라.** - 모든 공개적인 자선의 행위들에 가담하기 위하여, "기꺼이 나누어 주게 하라."

6:19 자기를 위해 좋은 기초를 쌓게 할지니 - 하나님의 아낌없이 주시는 긍휼(矜恤)로 풍부한 보상(報償)에 대한 "기초를 쌓게 할지니," **이것은 그들이 영원한 생명을 붙들게 하려 함이라.** - 이것은 "자선 행위"에 의해서 실행될 수 없다. 그러나 그것들이 "올라와 하나님 앞에서 기억(記憶)되었다."(사도행전 10:4) 그리고 심지어 "이것"의 결핍(缺乏)은 하나님께서 우리에게서 은혜(恩惠)와 구원(救援)을 중지시키기 위한 근거(根據)가 될 수 있다.

6:20 네게 맡긴 것들을 지키라. - 내가 너에게 이미 준 명령(命令)을 "지키라."(1장 18절, "전에 너에 관하여 주어진 대언들에 따라 내가 네게 이 책무를 주노니") **속되고 헛된 말장난을 피하며** - 이렇게 예리한 논쟁자는 논쟁(論爭)에 대해 얼마나 진절머리 났겠는가! (그리고) **거짓으로 지식이라 불리는 것**(**또 거짓으로 과학이라 불리는 것** KJV) - 대부분의 고대 이단자들은 지식(知識)이 있는 체하는 대단한 현학자(衒學者)였다.

디모데후서 주해

이 서신은 사도바울이 순교(殉教)당하기 얼마 전에, 아마도 로마에서 그가 두 번째로 감금(監禁)되어 있는 동안 그에 의해서 쓰였다. 말하자면, 이것은 마지막 서신(書信)이다. 그러나 비록 이 서신은 첫 번째 편지 이후 여러 해 지나서 쓰였지만, 그러나 그 두 서신들은 둘 다 같은 유형(類型)이며, 그리고 서로 거의 비슷하다.

디모데후서의 구성

Ⅰ. 제사(題詞) 1장 1절 – 2절

Ⅱ. 다양하게 표현된 초청, "나에게 오라."

1. 디모데에 대한 자신의 사랑을 분명히 표현함.
   바울이 디모데에게 "나를 부끄러워하지 말라."고 권면, 6절 – 14절
   그리고 여러 가지 사례들을 추가한다. 15절 – 18절
2. 바울이 두 부분으로 된 제의(提議)를 덧붙인다.
   (1) "강건한 자가 되라."
   (2) 신실한 사람들에 대한 "사역에 전념하라." 2장 1절 – 2절
   "강건한 자가 되라."에 대해 다루다. 3절 – 13절
   "사역에 전념하라."에 대해 다루다. 14절
   자기 자신의 처신에 관하여 추가적인 지시사항들, 15절 – 4장 8절
3. "속히 오라." 바울은 여기에서, 9절
   (1) 혼자 남겨진 상황에 대해 언급한다. 10절 – 12절
   (2) 그의 책들을 가져오라고 지시한다. 13절
   (3) 알렉산더에 관하여 주의를 준다. 14절 – 15절
   (4) 사람들의 변하기 쉬움, 그리고 하나님의 신실하심에 대해 언급한다. 16절 – 18절
4. "겨울이 오기 전에 오라." 인사말 19절 – 21절

Ⅲ. 마지막 축복기도, 22절

디모데후서 1장

1:3 내 선조들 때부터 내가 섬기는 하나님께 – 다시 말해서, 나뿐만 아니라 나의 조상들도 섬겼던 "하나님께," **순수한 양심으로** – 사도바울은 그의 개종 이전(以前)뿐만 아니라 개종 이후(以後)에도 항상 자신의 양심(良心)에 따라 하나님께 경배드렸다. 인생의 기로(岐路)에 서 있는 사람은 자신의 조상들에 대한 기억으로 무척 기운을 회복한다. 왜냐하면 자신도 그들에게 가는 중이기 때문이다.

1:4 네 눈물을 마음 깊이 생각하며 – 아마도 디모데는 사도바울이 마지막으로 그와 헤어질 때뿐만 아니라, 자주 "눈물을" 흘렸던 것 같다.

1:5 그것은 있었으며 – 잠깐 체류(滯留)하는 손님에게 적용된 단어가 아니라, 단지 자리를 잡은 주민(住民)에게 적용하는 단어다. **먼저** – 아마도 이것은 디모데가 태어나기 이전에 있었다. 그러나 사도바울의 기억(記憶)을 넘어서는 것은 아니다.

1:6 그러므로 – 내가 이것을 기억하기 때문에, **불붙이게 하려고, 너로 하여금 기억하게 하노니** – 문자 그대로, "석탄에 공기를 주입하여 타오르게 하려고," "너로 하여금 기억하게 하노니," **하나님의 선물을** – 하나님의 은혜로 이미 너에게 주신 모든 영적인 은사(恩賜)들을.

1:7 그리고 어떤 것도 너희를 낙담(落膽)하게 만들지 못하게 하라. (왜냐하면) **하나님께서는 두려움의 영을 우리에게 주지 아니하시고** – 다시 말해서, 하나님께서 우리 그리스도인들에게 주신 영(靈)은 "두려움의 영이 아니다." **두려움의 영** – 또는, 겁(怯)을 먹는 "영," **권능의 영** – "권능의 영"은 두려움을 몰아낸다. **사랑과 건전한 생각의 영** – 이것들은 하나님에 대한, 우리 형제들에 대한, 그리고 우리 자신들에 대한 우리의 의무(義務)를 감당하는 데 있어서 우리에게 생기(生氣)를 불어넣어 준다. "권능"과 "건전한 생각"은 두 개의 선한 극단(極端)들이다. 그 사이에 있는 "사랑"은 그 둘에 대한 '끈'과 '기질(器質)'이다. 그래서 '무서움'과 '무분별함'의 두 가지 악한 극단들을 막아준다. 8절에는 "권능"에 관하여 더 많은 것이 언급되어 있다. "사랑"에 관해서는 2장 14절 등에서, 그리고 "건전한 정신"에 관해서는 3장 1절 등에서 언급하고 있다.

1:8 그러므로 부끄러워하지 말고 – 두려움이 사라졌을 때, 악한 수치심(羞恥心)도 역시 달아난다. **우리 주의 증언(證言)을 부끄러워하지 말고** – "우리 주의" 복음(福音)을 "부끄러워하지 말고," 그리고 그 복음의 진리를 모든 사람들에게 증거(證據)하는 것을 "부끄러워하지 말고," **나를** (부끄러워하지 말고) – 하나님의 종들이 그분의 일을 행하는 목적(目的)을 하나님 자신의 목적으로부터 분리시키는 것은 불가능하다. (그러나) **복음의 고난(苦難)에 참여하는 자가 되라.** – 내가 복음을 위하여 인내(忍耐)하는 것에 "참여하는 자가 되라." **하나님의 권능에 따라** – 모든 것들을 극복하는 이 "하나님의 권능"에 대해서 다음 두 절에서 소극적으로 묘사되어 있다.

1:10 우리의 구원자의 나타나심으로 – 이것은 "우리의 구원자"께서 이 땅에 거주(居

住)하신 전체를 의미한다. **그분께서는 사망을 폐하시고** – "사망의 쏘는 것"(고린도전서 15:56)을 제거하시고, 그리고 그것을 축복(祝福)으로 바꿔놓으셨다. (그리고) **생명과 죽지 아니함을** – 그분께서 우리를 위해 확보하신 그 죽지 않는 생명(生命)을 "복음(福音)을 통해 밝히 드러내셨느니라."

1:12 내가 그분께 맡긴 것을 – 나의 영혼(靈魂)을, **그날을 대비하여** – 그분이 마지막에 나타나실 것을 "대비(對備)하여."

1:13 건전한 말씀들의 그 틀을 – 순전하고 온전한 교리(敎理)의 "그 틀을."

1:14 그 선한 것을 – 이 온전한 교리(敎理)를.

1:15 아시아에 있는 모든 자들이 – 로마에서 한동안 내가 하는 말에 주의(注意)를 기울였던 "모든 자(者)들이," **나를 버리고 돌아선 이 일을** – 신실한 군사(軍士)이며, 그리고 그리스도의 포로(捕虜)가 된 늙은 바울로부터 무엇 때문에 돌아섰는가! 이것은 영광스러운 시련(試鍊)이었으며, 그리고 바울이 불멸(不滅)의 경계에 서 있을 그때를 위해 지혜롭게 남겨두었다. 아마도 같은 영(靈)의 적은 분량이 그와 함께 남아있을 것이다. 그의 사진 아래에 슬픔을 유발하는 그러한 말이 적혀있다. "모든 사람에게 버림받고, 오두막집에서 죽어가는, 인도제국의 사도(使徒), 프란시스 자비에르의 실물 모형."

1:16 오네시보로의 집에 – 오네시보로 자신뿐만 아니라, "그의 집에"도, **자주 나를 유쾌하게 하고** – 에베소에서뿐만 아니라, 로마에서도 "자주 나를 유쾌(愉快)하게 하고."

디모데후서 2장

2:2 그것들을 – 온전한 교리(敎理)를("건전한 말씀들" 1장 13절), **맡기라.** – 네가 떠나기 전에, "맡기라." **신실한 사람들에게 맡기라. 그들이 다른 사람들을 가르칠 수 있으리라.** – 네가 "다른 사람들을 가르치기 위해" 떠난 후에, "신실한 사람들이 다른 사람들을 가르칠 수 있으리라."

2:4 전쟁을 하는 어떤 사람도 – 피할 수 없는 것 이상의 어떤 것을 "하는 어떤 사람도," **이 세상 삶의 일에** – 세상의 일과 걱정거리들로, **이것은** – 다만 전쟁(戰爭)에만 마음을 쓰는 것은, "그가 자기의" 대장(자기를 군사로 택한 자)을 "기쁘게 하려 함이라." 이 절과 다음 절에서는, 로마제국의 전쟁 법에 대하여, 그리고 그리스 경기(競技)들에 대한 법칙에 대한 분명한 암시(暗示)가 드러나 있다. 로마의 전쟁 법(法)에 따르면, 어떤 군사도 시민들의 일에 관여하지 말아야 한다. 그리스의 경기(競技) 법칙에 따르면, 어느 누구라도 그 경기 규칙들을 엄격하게 지키지 않는다면, 우승자로서 왕관(王冠)을 쓸 수 없다(5절).

2:6 만약 그가 **먼저 수고하지** 않는다면, 그는 어떤 열매도 거두지 못할 것이다.

2:8 다윗의 씨에서 나신 – 이 한 가지 족보(族譜)에 주의를 기울인다.
2:9 매이지 아니하느니라. – 그 과정에서 방해(妨害)받지 "아니하느니라."
2:10 그러므로 – 이것에 의해서, 즉 "하나님의 말씀은 매이지 아니하느니라."(9절)는 진실에 의해 격려받음으로, **내가 모든 것을 견딤은** – 참된 그리스도인의 영을 보라! 누가 "같은 생각을 품기를"(빌립보서 2:2, 2:20; 로마서 15:5) 원하지 않겠는가? "구원(救援)"은 모든 악한 것으로부터의 해방(解放)이다. **영광** – 모든 선(善)의 기쁨.
2:11 그분과 함께 죽으면 – 죄에 대해 죽고, 그리고 그분을 위해 죽을 준비를 하면,
2:12 우리가 그분을 부인(否認)하면 – 그분을 위한 고난(苦難)에서 달아나면,
2:13 우리가 믿지 아니하여도 – 다시 말해서, 비록 어떤 사람들이 믿지 않을지라도, 진실로 믿는 자들에게 그분의 모든 약속을 이행(履行)하실 것이다. **그분은 자신을 부인(否認)할 수 없느니라.** – 그분의 말씀은 "땅에 떨어질 수 없다."(사무엘상 3:19, NASB)
2:14 그들이 기억(記憶)하게 하며 – "그들이" 너의 책임 아래 있다. 그러므로 오, 얼마나 많은 불필요한 것들과 아무 유익 없이 그리고 상처를 입혀가며 다툼을 벌여야 하는가!
2:15 부끄러울 것이 없는 일꾼으로 – 신실하지 못한 것이나 혹은 숙련되지 못한 것에 대해 "부끄러울 것이 없는 일꾼으로." **진리의 말씀을 바르게 나누어** – 듣는 사람마다 그에게 마땅한 몫(분깃)을 주기 위하여, 전체 성경 기록을 적절하게 설명하고 또한 적절하게 적용하여. 그러나 복음의 "한 부분"을 모든 사람에게 (깨닫지 못하고, 마음이 강팍하고, 비웃는 사람들에게, 그 약속(約束)들과 위로(慰勞)들을) 주는 자들은 진실로 "부끄러워해야" 한다.
2:16 (왜냐하면) **그들은** – 그렇게 "말장난하는" 자들은 더욱더 악(惡)하게 될 것이다 ("그것들은"(KJV) "속되고 헛된 말장난들"이다).
2:17 (그리고) **그들의 말은** – 만약 그들이 "그들의 말을" 계속한다면, 그것은 "헛될" 뿐만 아니라, 해를 끼칠 것이며, 그리고 "궤양이 파먹듯이 먹을 것이다."
2:18 부활이 이미 지나갔다고 말하여 – 아마도 "부활(復活)은" '죽음에서 생명으로 단지 영적인 통과(通過)'라고 주장하여,
2:19 그럼에도 불구하고 하나님의 기초는 – 하나님의 진리(眞理)와 신실(信實)하심은, **확고(確固)히 서 있고** – 결코 뒤집힐 수 없다. 말하자면, 측면마다 "글"이 새겨진 "봉인(封印)"으로 "봉인되어" 있다. 한 면에는, "주께서 자신의 백성인 자들을 아시느니라."가, 그리고 다른 면에는, "그리스도의 이름을 부르는 자마다 불법에서 떠날지어다."가 새겨져 있다. **그리스도의 이름을 부르는 자마다** – 그의 주님으로, "그리스도의 이름을 부르는 자마다." **불법(不法)에서 떠날지어다.** – 실제로 그들은 오직 그분의 것이다. 왜냐하면 그들이 "불법에서 떠났기" 때문이다. 모든 다른 사람들에게, 그분이 말씀하신다. "내가 너희를 결코 알지 못하였노라."(마태복음 7:22, 23)

2:20 그러나 큰 집에는 – 교회처럼, "큰 집은" 낯설지 않다. **금 그릇과 은그릇뿐**(만 있는 것이) **아니라** – 존귀(尊貴)하게 사용되기 위하여 고안(考案)된 "금 그릇과 은그릇뿐 아니라," (또한) **나무 그릇과 질그릇도 있어** – 덜 존귀한 목적을 위해 "나무 그릇과 질그릇도 있어." 그러나 비록 그것이 그 그릇을 만든 그분의 의도(意圖)는 아니었지만, 심지어 금으로 된 그릇도 가장 비천(卑賤)하게 사용될 수 있다.

2;21 사람이 이런 것들로부터 자기를 깨끗하게 하면 – 수치스러운 그릇들과 어울리지 않기 위해서, 그것들로부터 "자기를 깨끗하게 하면."

2:22 청년의 정욕을 피하고 – 특히 청년(青年)에게 일어나기 마련인 그러한 "정욕(情慾)을 피하고," **주를 부르는 자들과 함께 화평(和平)을 따르라.** – 모든 참된 신자들과 함께 연합(聯合)하라. **순수한 마음으로** – "청년의 정욕"은 이러한 "순수한 마음"을 파괴(破壞)한다. 그러나 '의,' '믿음,' '사랑,' '화평'은 "순수한 마음"을 동반한다.

2:24 "주의 종은, 결코 말아야 하며" – 열심히 혹은 열정적으로 "말아야 하며," **"다투지 말아야 하며"** – **23절**에서 언급된 "어리석고 무식한 논쟁들"("헛된 말다툼" 디모데전서 1장 6절)로, "다투지 말아야 하며," (그러나) **가르치기를 잘하며** – 주로 인내(忍耐)함으로, 그리고 지치지 않는 근면(勤勉)함으로, "가르치기를 잘하며."

2:25 온유함으로 – 바울에게는 열정(熱情)이 종종 필요하지만, "온유(溫柔)함"은 항상 필요하다. (만약) **혹시 하나님께서** – 왜냐하면 그것은 전적으로 하나님의 일이기 때문에, "혹시 하나님께서," **그들에게 회개를 허락하사** – 그러면, "진리(眞理)를 인정하는" 것이 신속(迅速)하게 뒤따라 일어날 것이다.

2:26 자들이 – 현재는 단지 "사로잡힌 자들이" 아니라, 잠자고 있는 "자들이." 그들은 자신들이 "사로잡힌" 것을 전혀 의식하지 못한다.

디모데후서 3장

3:1 마지막 날들에 – 우리 주께서 죽으신 때에 시작된 복음의 "경륜(經綸)"(에베소서 1:10, 3:2; 골로새서 1:25 등), 즉 '복음의 분배 사역(고린도전서 9:17)'의 때를 특이하게 "마지막 날들"이라고 칭한다. **위험한**– 다루기 힘든 그리고 위태로운.

3:2 (왜냐하면) **사람들이** – 심지어 교회(教會)에서도 "사람들이," **하리니** – 엄청난 많은 사람이, 그리고 어느 때보다 더 극심한 정도로 "하리니," **자기를 사랑하며** – 그들의 이웃들을 사랑하는 것이 아니라, 오직 "자기를 사랑하며." 이것은 악(惡)의 첫 번째 근원(根源)이다. **돈을 사랑하며**(**탐욕을 부리며** 디모데전서 3:3, KJV) – 이것이 악의 두 번째 근원이다. **3:3 본성의 애정이 없으며** – 그들 자신의 자녀들에게 "본성(本性)의 애정(愛情)이 없으며," **절제(切除)하지 못하며, 사나우며** – 너무나 무를 뿐만 아니라, 너무나 굳은.

3:4 관능적(官能的)인 **쾌락들을 사랑하며** – 이것은 자연히 하나님의 모든 '사랑'과 하

나님에 대한 모든 '감각(感覺)'을 없애버린다.

3:5 모양(模樣)은 있으나 – "하나님의 성품의" 외형(外形)은 "있으나," 그러나 "하나님의 성품"을 존중하지 않으며, 아니, 심지어 "하나님의 성품"의 내적인 권능(權能)과 실재(實在)를 "부인하며," 그리고 "신성모독하며."(**2절**) 이것은 오늘날 유별나게 실행되고 있지 않은가?

3:6 이러한 부류(部類) 중에 – 그것은 단지 형식적인 표현들이다.

3:7 항상 배우나 – 새로운 것들을 "항상 배우나," 그러나 하나님의 "진리(眞理)"는 "배우지" 못한다.

3:8 몇몇 고대 저술가(著述家)들이 이집트 마술사들의 최고지위를 차지한 자로서 "얀네와 얌브레"에 대해서 언급한다. **마음이 부패(腐敗)한 자들이요** – 순수하지 못한 생각들과 사악(邪惡)한 성향(性向)을 지닌 "자(者)들이요," **심판(審判)이 결여(缺如)된(믿음에 관하여는 버림받은** KJV) – 영적인 참 종교에 대하여 정말로 부주의할 뿐만 아니라, 정말로 무지한.

3:9 그들이 더 나아가지 못하리니 – 개종자(改宗者)들을 얻는 데 있어서, "더 나아가지 못하리니."

3:12 하나님의 뜻대로 살고자 (결단)**하는 모든 자는** – 그러므로 대가(代價)를 치르라. 당신은 "하나님의 뜻대로 살고자" 결단(決斷)했는가? **그리스도 안에서** – "그리스도 밖에는" 어떠한 "하나님의 성품(性品)"(디모데전서 2:10, 3:16, 4:7, 4:8, 6:3, 6:11; 디모데후서 3:5 등)도 존재하지 않는다. **핍박을 받을 터이나** – 더 많은 혹은 더 적은 "핍박(逼迫)을 받을 터이나," 예외 되는 사람은 없다. 성경 기록의 진리가 없어지지 않는다고 생각하거나, 또는 그들이 종교적이며 그리고 자신들은 "핍박을 받지" 않는다고 생각하는 사람들은 어떤 형태로든 "바로 그런 이유로" 그들 자신을 속이는 것이다.

3:13 속이기도 하고, 속기도 하리라. – 일단 이미 다른 사람들을 속이기 시작한 사람은 자기 자신의 잘못으로부터 회복할 가능성이 더 작을 뿐만 아니라, 다른 사람들의 잘못들을 기꺼이 수용할 준비 자세를 더 많이 갖추고 있다.

3:14 누구에게서 – 심지어 하나님께 인정(認定)받은 그의 스승인 나로부터.

3:15 어린아이 때부터 네가 거룩한 성경 기록들을 알았나니 – 구약성경 기록들에 대하여 "알았나니." 이 성경 기록들은 단지 디모데가 젖먹이였을 때도 잔존(殘存)한 것이었다. "그것들은 능히 너를 지혜롭게 하여," 오실 예정인 메시아 "안에 있는 믿음을 통해 구원에 이르게 하느니라." 하나님 안에서, 구약성경과 신약성경이 함께 얼마나 대단하게 우리를 더욱 풍부하고 "지혜롭게 하여, 구원에 이르게 할" 수 있단 말인가? 심지어 예수께서 영화(榮華)롭게 되시기 전에 알지 못했던 그러한 분량의 현재 구원(救援)에도 "이르게 하느니라."

3:16 모든 성경 기록은 하나님의 영감으로 주신 것으로 – 하나님의 영은 성경을 "기록했던" 사람들에게 단지 "한 번" 영감(靈感)을 주셨던 것이 아니라, 그들에게 계

속해서 영감을 주시며, 진심 어린 기도(祈禱)와 더불어 성경을 읽는 사람들을 초자연적으로 도와주신다. 그러므로 "성경은 교리(敎理)에," 무지한 자들을 "교육(敎育)하기에," 과오(過誤)나 죄 가운데 있는 자들을 "책망(責望)하기에" 혹은 "납득(納得)시키기에," 무엇이든 잘못한 것을 "바로잡기에" 혹은 수정(修正)하기에, 그리고 모든 "의(義)"로 하나님의 자녀들을 "가르치기에" 혹은 "훈련(訓練)하기에" 대단히 "유익(有益)하다."

3:17 이것은 하나님의 사람이 – 하나님께 연합(聯合)되고, 또한 하나님께 인정(認定)받은 사람이, **완전(完全)하게 되어** – 그 자신이 허물이 없는 상태(狀態)로 "되어," (그리고) **철저히 갖추어지게 하려 함이라.** – 성경 기록에 의하여, 다른 사람들을 "가르치고, 책망하고, 바로잡아주거나," 혹은 "훈련하여"("교리와 책망과 바로잡음과 의로 교육하기에" **16절,** KJV) "철저히 갖추어지게 하려 함이라."

디모데후서 4장

4:1 그러므로 네게 명(命)하노니 – 이것은 앞 장 전체로부터 연역(演繹)한 것이다. (그가) **친히 나타나실 때에 자신의 왕국에서** – 다시 말해서, 영광(榮光)의 왕국(王國) 안에 그분이 나타나실 때.

4:2 긴급히 하라. – 이러한 것들을 강조(强調)하고, 강력히 권고(勸告)하라. **때에 맞든지 맞지 아니하든지** – 다시 말해서, 모든 시간(時間)과 모든 장소(場所)에서, 계속하여. 이것은 "기회(機會)를 얻든지 못 얻든지"로 번역될 수도 있다. **기회를 얻든지 못 얻든지** – 단지 적절한 기회가 주어졌을 때만이 아니라, 심지어 전혀 기회가 없을 때도, 반드시 기회(機會)는 만들어져야 한다.

4:3 (왜냐하면) **그들이 선생들을 쌓아 두고** – 그러므로 너는 모든 "오래 참음"(디모데후서 3:10, 4:2 등)을 필요로 한다. **그들 자신의 욕심(慾心)대로(자기 욕심대로** KJV) – 그들이 바랄 수 있는 대로 원활하게 움직이는, **귀가 가려워** – 그들의 "공허(空虛)하고 연약(軟弱)하거나," 혹은 "철학적인" 대화가 기쁘게 하는, 새로운 것과 다양한 것을 좋아하는. 그러한 가르치는 사람들과 그러한 듣는 사람들은 좀처럼 엄격한 것이나, 혹은 목적(目的)에 맞는 것에 큰 관심(關心)을 두지 않는다. **자기를 위해 쌓아 두고** – "건전한 교리를 견디지 못하며," 그들은 "건전한 복음 전도자들"을 거부(拒否)하려 하며, 그리고 그들 자신의 입맛에 맞는 모든 사람을 불러 모은다. 아마도 그들은 서로를 가르치는 사람으로 내보낼 것이다. 그래서 (가르치는 사람들의) 수(數)에 대해서 어찌할 바를 모른다.

4:5 깨어 있고 – 성실하고, 변함없고, 인내하는 연습(練習). "깨어 있는" 혹은 "기다리는"이란 성경 기록에서 "변함없는(굳은) 믿음,"(베드로전서 5:9) "인내하는 소망," "수고하는 사랑,"(데살로니가전서 1:3) "쉬지 않는 기도"(데살로니가전서 5:17)를 함축(含蓄)한

다. 게다가, 인간이 할 수 있는바, 영혼의 모든 애정에 대한 강력한 행사(行使)를 함축한다. **모든 일에서** – 네가 하는 일이 무엇이든지, "그 일에서" 그리고 "모든 일에서," **깨어 있고**, 즉 **복음 전도자의 일을 행하고** – "복음 전도자의 일"은 사도(師徒)의 일에 다음으로 중요하다.

4:6 나의 떠날 때가 가까이 이르렀도다. – 의심할 여지 없이, 하나님께서 사도바울에게 그렇게 보여주셨다. **내가 내 자신을 헌물(獻物)로 드릴 준비가 되었고** – 문자 그대로, 포도주를 그리고 기름을 옛날 희생물(犧牲物)들 위에 쏟아붓는 것처럼, "쏟아부을" "준비가 되었고."

4:8 그 의의 관(冠) – 하나님께서 그 의를 나에게 전가(轉嫁)해주셨으며, 그리고 그 의(義)를 내 안에 빚어주셨다. **모든 자들에게도 주시리라.** – 이것 때문에 바울의 기쁨이 증가하였으며, 그리고 디모데는 격려(激勵)되었다. 사도바울은 직접 이러한 자들 가운데서 이미 많은 사람을 얻었다. **그분의 나타나심을 사랑하는** – 오직 참된 그리스도인만 이렇게 할 수 있다. 나는 "시대의 양식(樣式)"에 순응(順應)하기 위해서, "참된 그리스도인"을 말한다. 그렇지 않으면, 비록 "그리스도인"이라는 단어가 "하나님께서 거룩하신 것처럼(레위기 20:26), 거룩한" 모든 것을 반드시 의미하지만, 그들은 이해하지 못할 것이다. 엄밀히 말하자면, 그 자체로 완벽한 의미를 가진 단어에 "참된" 혹은 "진정한"을 결합하는 것은 통탄(痛嘆)스럽게도 그 고귀한 의미를 떨어뜨리는 것이며, 그리고 영원(永遠)함에 "긴"을, 또는 방대(尨大)함에 "넓은"을 덧붙이는 것이나 다름없는 일이다.

4:9 내게로 오라. – 바울이 디모데를 위로(慰勞)하려는 것 때문만이 아니라, 디모데에 의해서 힘을 얻으려는 것 때문에 "내게로 오라."고 말하는 것이다. 디모데 자신이 에베소에서 고난(苦難)을 겪었다고 전해 들었다.

4:10 데마는 – 한때 나의 동료 사역자(빌레몬서 1:24), **나를 버리고** – 아마도 역시 복음 전도자였던, 그레스겐은 나의 동의(同議)를 받아 갈라디아로 "갔고," 디도는 이제 크레타를 떠나 달마디아로 "갔다." 이들은 바울과 함께 로마로 갔거나, 혹은 로마로 가서 바울을 방문(訪問)하였다.

4:11 오직 누가만 – 나의 동료 사역자들 가운데, "오직 누가만," **나와 함께 있느니라.** – 그러나 하나님께서 나와 함께 계시며, 그리고 그것으로 충분하다. **마가를 데리고** – 비록 마가는 한때 "함께 일(복음 전도)하러 가지 아니하였으나"(사도행전 15:38), 이제는 마가가 다시 "내게 유익하니라."

4:13 겉옷 – 로마 시민(市民)으로서 그가 가진 토가(고대 로마제국 시민이 입었던 헐렁한 겉옷 – 역주)거나, 혹은 겨울이 왔을 때 필요할 수 있는 상의(上衣), **내가 드로아에서 가보에게 맡겨 놓은** – 가보는 아마도 그곳에서 바울이 숙박(宿泊)했던 집주인이었을 것이다. **특별히 양피지들을** – "양피지"에 쓴 책(冊)들을.

4:14 주께서 그에게 갚으시기를 – 사도바울은 이것을 대언적(代言的)으로 말했다.

4:16 모든 사람이 – 나의 친구들과 동료들이, **나를 버렸으나** – 그리고 우리는 우리를 버리지 않을 그런 사람을 찾을 수 있다고 기대(期待)하는가? **내가 처음 답변할 때에** – 그 야만적인 황제(皇帝) 네로 앞에서, "내가 처음 답변(答辯)할 때에."

4:17 그 선포한 말씀 – 우리가 전한 복음(福音).

4:18 (그리고) **주께서 나를 모든 악한 일에서 건져내시고** – 이것은 나를 죽음에서 "건져내시는" 것보다 훨씬 대단한 일이다. 게다가, (그리고)에 덧붙였다. **나를 자신의 하늘 왕국에 이르기까지 보존하시리니** – 네로 황제의 로마제국보다 훨씬 더 좋은 "자신의 하늘 왕국에 이르기까지 '나를' 보존하시리니."

4:20 에라스도는 고린도에 머물러 있고 – "에라스도는 고린도"의 재무관(財務官)이 되어있었고(로마서 16:23), 그러나 **내가 떠날 때, 드로비모는 병들어 있었다.** – 그가 원할 때, (사도 중 누구도 가지지 못한 만큼) 그는 기적(奇蹟)을 행할 권능이 없었으나, 그러나 단지 하나님께서 원하실 때, 그는 기적을 행할 권능이 있었다.

디도서 주해

디도는 사도바울에 의해서 이교도(異敎徒) 신앙으로부터 개종하였다(갈라디아서 2:3). 그리고 바울사도가 처음으로 마케도니아에 갔을 때, 디도를 자기의 형제라고 여기는 것을 보면, 디도는 매우 일찍이 개종한 것처럼 보인다. 그리고 디도가 그곳에서 교회들을 관리하고 또한 교회들을 안정시켰다. 그 때 사도바울은 자신이 직접 그곳을 방문하는 것이 좋지 않다고 생각했다. 바울은 교회들을 조정(調整)하기 위해서 이제 크레테(크레타)에 디도를 두고 떠났다. 일반적으로 믿고 있는 대로, 거기에서 디도를 돕기 위해서, 바울은 디모데에게 첫 번째 편지를 보낸 이후에 그리고 디모데에게 두 번째 편지를 보내기 이전에 이 서신을 썼다. 서신의 취지와 방식은 이 서신에서 그리고 그런 서신들에서 무척 비슷하다. 그리고 그 서신들은 서로에 대해 이해를 돕는 사실들을 보여주며, 그리고 모든 시대에 모든 기독교 사역자들과 교회들의 진지한 주목을 받을만한 가치가 충분하다.

디도서의 구성

Ⅰ. 제사(題詞) 1장 1절 – 4절

Ⅱ. 디도에게 주는 가르침

1. 훌륭한 장로들을 임명하기 위하여, 5절 – 9절
2. 그것은 특히 크레테에서 필요한 일이다, 10절 – 12절
3. 크레테 사람들을 책망하고 또한 훈계하기 위해서, 13절 – 16절
4. 늙은 남자들과 여자들을 가르치기 위해서, 2장 1절 – 5절
   또한 젊은이들을 그들에게 모범이 되도록 가르치기 위해서, 6절 – 8절
   또한 종들을 영광스런 동기에 의해 그들을 권고하도록 가르치기 위해서, 9절 – 15절
5. 행정관에게 복종을, 그리고 모든 사람들에게 점잖음을 강조한다, 3장 1절 – 2절
   같은 동기에 의해서 그것을 강력하게 권고한다, 3절 – 7절

6. 선한 행위들을 행하고, 어리석은 논쟁들은 피하고, 이단자들은 막아야 한다. 8절 –11절

Ⅲ. 몇 가지 훈계들과 함께, 디도를 니코폴리스로 초청, 12절 – 14절

Ⅳ. 결구(結句), 15절

디도서 1장

1:1 하나님의 종이요 예수 그리스도의 사도인 바울 - 바울이라는 인물에게, 그리고 그가 디도에게 맡기려는 직무(職務)에 어울리는 칭호(稱號), **믿음에 따라** - "믿음"을 전파(傳播)하는 것이 사도의 본업(本業)이다. **선택하신 자들의 믿음에 따라, 하나님의 종이요, 예수 그리스도의 사도** - 그 진리에 대한 지식에 따라, "하나님의 종이요, 예수 그리스도의 사도." 우리는 우리 자신의 '믿음'의 분량에 따라, "하나님을 섬긴다." 그리고 우리는 우리 자신의 '지식'의 분량에 따라, 공공의 직무를 실행한다. **하나님의 성품을 따르는 진리** - "하나님의 성품을 따르는 진리"는 모든 점에서 하나님께 드리는 필수적인 영적 예배와 병행하여 나아가며, 그리고 그 영적 예배를 지지해준다. 그리고 그 진리는 사실 어떤 다른 목적이나 혹은 다른 영역을 가지고 있지 않다. 이 두 개의 구절 안에 디도가 항상 그의 목적으로 품어야만 했었던 기독교의 총화(總和)가 담겨있다. **하나님께서 선택하신 자들의** - 모든 참된 그리스도인들 가운데 "하나님께서 선택하신 자들의."

1:2 영원한 생명의 소망 안에서 - 모든 사도들과 모든 하나님의 종들의 원대한 동기(動機)와 격려(激勵) "안에서," **하나님께서 세상이 시작되기 전에 약속하셨으나** - 우리의 머리되신, 그리스도께 "약속하셨으나."

1:3 (그리고 하나님께서) **그분 자신의 때에**(**정하신 때에** KJV) - 다양한 때에. 그리고 "그분 자신의 때"는 그분 자신의 일에 가장 적합하다. 어떤 창조물이 왜 더 일찍 하지 않으셨냐고 감히 묻겠는가? **자신의 말씀을 드러내셨느니라** - 그런 약속 그리고 "하나님의 성품을 따르는 진리"(**1절**) 전체를 담고 있는 "자신의 말씀을 드러내셨느니라." **하나님, 곧 우리의 구원자의 명령에 따라, 내게 맡겨진 복음 선포를 통하여** - 그리고 누가 감히 더 적은 어떤 권위로 이러한 직무를 행사하겠는가?

1:4 나의 아들 - 하나님의 같은 형상으로 낳았으며, 그리고 자식으로서의 애정으로 아버지에게 보답하는 "나의 아들," **공통된 믿음** - 나와 나의 모든 영적인 자녀들에게 "공통된 믿음."

1:5 부족한 것들을 - 나 자신이 그것들을 해결할 시간이 나에게 없었다. **장로들을 임명하게 하려 함이니** - 나머지 신도들을 보살피기 위해서 가장 신실하고 열성적인 사람들을 "임명하게 하려 함이니." 그들의 성품에 대해서는 6~9절에 나와 있다. 이들은 사도바울이 인정한 "장로들"과 "감독들"이었다. 그들은 "살아있는 믿음," "순전한 양심," "책망받을 것이 없는 삶"을 가진 사람들이었다.

1:6 한 아내의 남편 - 분명하게 성령께서 이것을 매우 자주 반복함으로써, 로마가톨릭교도들을 변명도 못 하고 떠나게 하려고 계획하셨다.

1:7 하나님의 청지기로서 - 그 청지기들에게 하나님께서 영원히 죽지 않는 영혼들을 맡기셨다. **자기 뜻대로 하지 아니하며** - 문자 그대로, "자기 자신을 기쁘게 하지 아

니하며," (그리스도인으로) 교화(敎化)된 그들의 유익 때문에 모든 사람을 "기쁘게 하며," **쉽게 화내지 아니하며** – "쉽게 화내지 아니하고," 온화하며, 순종적이고, 다정해야 한다.

1:9 자기가 가르침을 받은 대로 – 아마도 이것을 좀 더 문자적으로 제시한다면, 사도들의 "가르침에," 즉 사도들의 교리(敎理)에 "따라." 여기에서 사도행전 2장 42절이 넌지시 언급된다.

1:10 할례자들에 속한 자들이 – 유대인 개종자들이.

1:11 입을 막아야 하리라 – 이 말의 적절한 의미는, 다루기 힘든 말(馬)의 "입에 재갈을 물리다"이다.

1:12 한 대언자 – 고대에는 모든 시인을 그렇게 불렀다. 그러나 디오게네스 라에르티오스(3세기의 그리스의 철학사가) 등에 따르면, 크레테 시인 에피메니데스가 많은 것들을 예언(豫言)했다고 말한다. **악한 짐승이요** – 사나우며 또한 야만적인 "짐승이요."

1:14 사람들의 명령들에 주의를 기울이지 못하게 하려 함이라 – 그들이 누구든지 "진리에서 돌아선," 유대인 "교사들," 혹은 "다른 교사들의 명령들에 주의를 기울이지 못하게 하려 함이라."

1:15 순수한 자들에게는 – 그들의 마음이 믿음으로 정화(淨化)된 사람들에게는, (우리가 이것을 허용하는바) **모든 것이 순수하나** – 모든 종류의 음식도 "순수하나." 정결한 음식과 부정한 음식에 대한 모세의 구별은 이제 제거되었다. (그러나) **더럽고 믿지 않는 자들에게는 아무것도 순수하지 아니하고** – 바울 사도는 '어떤 것도 참된 믿음이 없이는 깨끗할 수 없다'라는 것을 알리기 위해서 "더럽고"와 "믿지 않는"을 연결한다. 왜냐하면 영혼의 권능을 인도하는 것들, 즉 '이해(理解)'뿐만 아니라, '양심(良心)'도 오염(汚染)될 수 있기 때문이다. 그 결과, 그 사람과 그가 행하는 모든 것이 오염되는 것이다.

디도서 2장

2:1 건전한 교리 – 영적인 건강을 회복시켜주고, 그리고 영적인 건강을 보존해주는 "교리."

2:2 조금도 방심하지 않으며(맑은 정신을 가지며 KJV) – 노련한 군사(軍士)로서 "조금도 방심하지 않으며," 쉽게 놀라지도 않으며, **인내**(忍耐) – 특별히 "건전한 교리에 합당한 것들을"(**1절**) 위해서 그리고 "건전한 교리에 합당하기" 위해서 필요한 덕목(德目)이다. **진지하게 하고(건전하게 하고** KJV) – 영원의 경계선에 서서, 익살떨거나 혹은 방향을 전환하지 않고.

2:3 처신하도록 하며 – "처신(處身)하도록 하기" 위한 세부 사항들이 뒤이어 나온다. **거룩함에 합당하게** – 문자 그대로, 거룩한 예의범절(禮儀凡節)을 준수하는 것, **중상**

모략하지 말고(**비난하지 말고** KJV) – 또는 사악한 말을 하지 말고, **많은 술에 내주지 말며** – 만약 많은 경우에 그들의 질환을 위해 술을 조금씩 사용할지라도, "많은 술에 내주지 말며," **가르치는 자들** – 나이와 경험으로 인해 그들은 "가르치는 자들"이라고 불린다. 그들에게 오직 선한 것만을 가르치게 하라.

2:4 이것은 그들이 젊은 여자들을 가르쳐서 – 디모데가 직접 가르쳐야만 했던 이 젊은 여자들을, 디도는 나이 든 여자들에 의해서 가르쳐야 했다. **자기 남편과 자녀들을 사랑하고** – 다정하고, 온화하며, 거룩하고, 지혜로운 애정으로 "자기 남편과 자녀들을 사랑하고." 오, 얼마나 실천하기 어려운 교훈인가!

2:5 신중하며 – 특별히 그들의 자녀들에 대한 사랑에서 "신중(愼重)하며," **정숙하고** – 특별히 그들의 남편에 대한 사랑에서 "정숙(貞淑)하고," **가정을 보살피며** – 필요한 일로, 경건의 일로, 그리고 긍휼의 일로, 그들이 불려 나가지 않을 때마다, "가정을 보살피며," **선하고** – 성품이 좋고, 달콤하며, 부드럽고, 의무를 다하는, **자기 남편에게 순종하는** – 합법적인 모든 일에서, 남편의 뜻은 그의 아내에게 규칙(規則)이 된다. **그리하여야 하나님의 말씀이 모독을 받지 아니하리라** – 또는, 악한 말을 듣지 "아니하리라." 특별히 믿지 않는 남편들에 의해서 "하나님의 말씀이 모독(冒瀆)을 받지 아니하리라." 왜냐하면 믿지 않는 남편들은 자신들 아내의 종교에다 모든 비난을 쏟아놓기 때문이다.

2:6 신중(愼重)하게 되어(**맑은 정신으로** KJV) – 젊은이들에게서 좀처럼 발견되지 않는 덕목(德目)이다.

2:7 네 자신을 본으로 보이며 – 그 당시 디도는 젊었다. 네가 공개적으로 가르치는 **교리에서** – "부패하지 아니함"에 관해서, 교리를 전달하는 방법에 관해서, 가르치는 "교리에서," **진지함**(**신중함** KJV) – 무게감, 엄숙함.

2:8 건전한 말을 하라 – 사적인 대화에서 "건전한 말을 하라."

2:9 모든 일에서 그들을 매우 기쁘게 하고 – 그 점에서 죄가 없이 행할 수 있다. **말대꾸하지 말게 하며** – 비록 부당하게 비난당했더라도, "말대꾸하지 말게 하며." 이러한 정직한 종들은 대부분 그렇게 "말대꾸하지 않는" 경향이 있다. **훔치지 말고**(**10절**) – 그들 주인의 허락(許諾)이 없이, 어떤 것을 "받지도 말고," 혹은 "주지도 말고." 공정하다고 언급된 이런 종들은 그렇게 행동하는 경향이 있다.

2:10 전적으로 선하게 충성하는 것을 보이게 하라. – 부드럽고, 기꺼이 돕는 신실함을 "보이게 하라." **이것은 그들이 우리의 구원자 하나님의 교리를 빛내게 하려 함이니라.** – 사도바울이 왕들에 대해서 말하는 것 이상으로, "우리의 구원자 하나님의 교리를 빛내게 하려 함이니라." "우리의 구원자께서" 자신의 백성의 비천(卑賤)함을 어떻게 들어 올리셨는가! 따라서 그 종들도 자신들의 비천한 처지(處地)를 들어 올릴 수 있다.

2:11 구원을 가져다주시는 하나님의 은혜가 – 그래서 구원은 그 은혜의 본성(本性),

성향(性向), 그리고 의도(意圖) 속에 들어있다. **모든 사람에게 나타나** – 지위가 높든 그리고 낮든 "모든 사람에게 나타나"

2:12 우리를 가르치시되 – "구원을 가져다주시는 하나님의 은혜를"(**11절**) 거부하지 않는 모든 사람을 "가르치시되," **경건치 아니한 것을 거부하고** – 하나님을 경외하고 또한 사랑하는 것에 반대되는 것은 무엇이든지 "거부하고," (그리고) **세상에 속한 정욕들을 거부하고** – "세상에 속한 정욕(情慾)들은" "맑은 정신"(디모데전서 2:9, 2:15)과 "의"에 반대되는 것이다. **우리가 맑은 정신을 가지고 살며** – 모든 순결함과 거룩함으로 "살며." 성경 기록의 의미로, "맑은 정신"은 사람 안에 있는 한 가지 덕목(德目)이라기보다는 오히려 사람의 전체 기질(器質)이다. "맑은 정신"은 죄의 "잠자기를 좋아함," 무지의 "어리석음," 무질서한 열정들의 "경건치 않음"에 반대되는 모든 것을 이해한다. "맑은 정신"은 영혼의 모든 권능이나 다름없다. 그래서 확신을 가지고 또한 계속해서 "깨어있으며," 하나님의 섭리(攝理)로 통치를 받고, 그리고 거룩한 애정에 전적으로 부합한다. (그리고) **의롭게 살며** – 우리가 그들이 우리에게 마땅히 행하기를 원하는 대로 모든 사람에게 행하며, (그리고) **하나님의 뜻대로 살며** – 마음뿐만 아니라, 삶에서도 하나님께 거룩하게 구별된 사람들로서 "살며."

2:13 기다리게 하셨느니라. – 열렬히 갈망하며 "기다리게 하셨느니라." 그 **"영광스러운 나타나심을"** – "영광스러운 나타나심을" 우리가 "소망하는" 것이다. **위대하신 하나님, 곧 우리의 구원자 예수 그리스도의** – 만약 (아리우스의 책략에 따라) '위대하신 하나님,' 그리고 '세력이 미미한 하나님'이 계신다면, 그리스도는 '세력이 미미한 하나님'이 아니라, '위대하신 하나님'이시라는 것을 위하여 "영광스런 나타나심을 기다리게 하셨느니라."

2:14 그분께서 우리를 위하여 자신을 주심은 – 우리를 대신하여 죽으신 것은, **친히 우리를 구속하시고** – 우리의 모든 죄에 대한 책임으로부터만 아니라, 우리 죄의 권세(權勢)와 바로 그 존재(存在)로부터, 비참한 노예인 "우리를 구속하시고."

2:15 아무도 너를 업신여기지 못하게 하라. – 다시 말해서, 누구도 너를 업신여기게 할 만한 어떤 정당한 이유를 가지지 못하게 하라. 하나님을 알지 못하는 사람들은 그분의 말씀에 대한 참된 사역자들을 업신여기려 한다.

디도서 3장

3:1 그들이 명심하여 – 크레테의 모든 그리스도인이 "명심하여," **복종하며** – 저항하지 말고, 수동적으로 "복종하며," **정사들에게** – 최고 지도자에게, (그리고) **권능들에게** – 그다음 가는 통치자들에게, **순종하며** – 양심이 허락하는 한, 행정관(行政官)들에게 적극적으로 "순종하며."

3:2 비방하지 말며 – 그들을 "비방하지 말며," 또한 어떤 사람도 "비방하지 말며," **말**

다툼하는 자가 되지 말며 – 누구도 공격하지 말며, **부드러우며** – 공격을 당했을 때, "부드러우며," **모든 사람에게** – 심지어 이전의 우리와 같은 그런 사람들에게.

3:3 (왜냐하면) **우리도** – 그리고 하나님께서 지금까지 우리를 대해주신 것처럼, 우리도 그렇게 우리 이웃을 대해야 한다. **이해하지 못했고**(**어리석고** KJV) – 하나님에 대하여 전적으로 무지했고, (그리고) **불순종하며** – 그분이 우리에게 선포되었을 때, "불순종하며."

3:4 **하나님의 사랑이 나타난 뒤에** – 우리의 가장 깊은 속의 영혼으로 하나님의 영의 빛에 의해서, "하나님의 사랑이 나타난 뒤에."

3:5 **행위로 하지 아니하시고** – 이렇게 중요한 구절에서, 사도바울은 우리에게 우리의 구속(救贖)에 대한 정말 기분 좋은 견해들을 소개해준다. 여기에서 우리가 얻는 것은 다음과 같다. Ⅰ. 구속의 근거는 우리의 "행위(行爲)"나 혹은 우리의 "의(義)"가 아니라, "우리의 구원자 하나님의 친절과 사랑"(**4절**)에 있다. Ⅱ. 그 결과는 첫째, 칭의(稱義), 곧 오직 그리스도의 공로(功勞)를 통하여 용서받고 또한 받아들여져서, "의롭게 되는 것."이다. 우리 안에 있는 어떤 공적(功績)으로부터가 아니라, "그분 자신의 긍휼에 따라, 그분의 은혜로," 즉 대가도 받지 않으시고, 공로도 따지지 않으시는 그분의 선하심으로 믿는 자들이 의롭게 된다. 둘째, 성화(聖化), 곧 "다시 태어남의 씻음"(즉, 외적인 표지뿐만 아니라, 의미가 담긴 것인 세례)으로, 그리고 "성령님의 새롭게 하심,"으로 표현된다. 왜냐하면 성화는 물로 몸을 깨끗이 씻듯이, 영혼을 정화시키며, 그리고 하나님의 온전한 형상으로 영혼을 새롭게 만들어주기 때문이다. Ⅲ. 모든 그리스도인의 완전(完全), 즉 "영원한 생명의 상속자들이 되기 위한 것"이며, 그리고 지금 그것에 대한 기쁨 넘치는 "소망" 안에 살기 위한 것이다(**7절** 참조).

3:8 **조심하여 선한 행위들에 출중하게 하려 함이니**(**조심하여 선한 행위들을 지속하게 하려 함이니** KJV) – 비록 사도바울이 "선한 행위들"의 기반을 놓으려는 것이 아니지만, 그러나 그는 그 "선한 행위들"을 적절한 곳으로 가져온다. 그런 다음, 그는 가벼운 정도가 아니라, 대단히 중요한 일들로서 그것들에 대하여 언급한다. 사도바울은 모든 신자가 마땅히 "선한 행위들에 출중하기를" 소원한다. **조심하여** – "선한 행위들"에 대하여 숙고(熟考)하라, 그것들의 최고의 수완을, 즉 그들의 최상의 노력을 이용하라, 간신히 실천하는 것이 아니라, 뛰어나게 잘해서, 선한 행위들에 있어서 탁월해지고 또한 두각(頭角)을 나타내라. 왜냐하면 비록 "선한 행위들"이 우리가 하나님과 화해하기 위한 기초는 아닐지라도, 그러나 "선한 행위들"은 그리스도인의 신앙고백에 맞게 "사랑스럽고" 그리고 "존귀한 것이기" 때문이다. (그리고) **사람들에게 유익하니라.** – 우리 자신들뿐만 아니라 다른 사람들의 영원한 행복을 증가시키는 수단이니라.

3:10 **이단(異端)인 자는 한두 번 훈계한 뒤에 거절하라.** – "이단인 자는" 피하고, 방치하라. 여기가 성경 기록 전체에서 "이단자"라는 단어가 등장하는 유일한 곳이다.

그리고 여기에서 그 "이단자"라는 단어가 분명하게 "어리석은 변론들"에 대해서 "다투기를"(**9절**) 완강하게 고집하며, 그리고 그것으로 인해서 교회 안에 다툼과 적대감, 분쟁들과 분파들을 야기하는 사람을 의미한다. 이것이, 그리고 이것만이 성경 기록의 의미에서 "이단자"이다. 그리고 그에 대한 처벌도 마찬가지로 정해져 있다. **그를 멀리하고, 그를 피라고, 그를 혼자 내버려둬라** – 로마가톨릭의 의미로, "이단자"는 "근본적인 것들에서 오류를 범한 사람"이다. 비록 이 의미가 로마가톨릭의 많은 다른 것들과 더불어 교회 안으로 들어왔지만, 그러나 그 의미는 구약성경에서나 혹은 신약성경에서 그 근거를 조금도 찾을 수가 없다.

3:11 이러한 자는 타락하여 – 적어도, 그의 마음에서 "타락하여," **자신에게 정죄를 받아 죄를 짓느니라.** – 그가 잘못 행동하고 있다는 것을 자기 자신의 양심으로 깨닫고 있으면서, "죄를 짓느니라."

3:12 내가 아데마나 두기고를 네게 보내리니 – 너의 직무에서 너의 뒤를 잇도록, "아데마나 두기고를 네게 보내리니." 디도는 아마도 복음 전도자였던 것 같다. 왜냐하면 복음 전도자라는 직무의 성격상, 그는 정해진 주거지가 없었으나, 그러나 그는 자신의 능력의 분량에 따라 각 사도들을 도와주면서, 이곳저곳으로 이동할 때마다, 다른 장로들을 통솔하였다. **니코폴리스에 있는 내게로 오라.** – 통속적인 각주(脚注)에서 주장하는 것처럼, 마케도니아의 니코폴리스일 가능성은 별로 없다. (사실 사도바울이 쓴 서신들의 목적에 대한 그러한 각주들 가운데 어느 것도 아무런 권위에 속하지 않는다.) 오히려 그곳은 에피루스의 해안에 위치한 동일한 이름을 가진 마을이었다. (왜냐하면) **내가 거기서 겨울을 보내기로 작정하였노라.** –그러므로 사도바울은 아직 그곳에 가있지 않은 것으로 보인다. 만약 그곳에 있었다면, 바울은 "이곳에서" 겨울을 보내기로 작정하였노라고 말했었을 것이다. 따라서 이 서신은 그곳에서 쓰인 것이 아니었다.

3:13 율법사 세나를 여행하게 하고 – "세나"는 로마의 율법사(변호사)이거나, 혹은 유대인의 율법에 대한 해설자이다.

3:14 또 우리에게 속한 사람들도 – 크레테에 있는 우리의 모든 형제들도, **배워** – 훈계(訓戒)에 의해서 뿐만 아니라, 본(本)을 보고서 "배워." 아마도 그들이 전에는 "세나"와 "아볼로"(**13절**)를 자신들이 마땅히 도와주어야 하는 사람들처럼 도와준 적이 없었던 것 같다.

빌레몬서 주해

골로새의 유력자인 빌레몬의 종 오네시모(Onesimus)는 그의 주인에게서 도망가 로마로 갔다. 여기에서 그는 사도 바울을 만나 기독교로 개종했다. 사도 바울은 이 편지와 함께 오네시모를 그의 주인에게 돌려보낸다. 이그나시우스(Ignatius)가 에베소에서 디모데의 계승자로 그(오네시모)를 언급한 것으로 보아 아마도 빌레몬이 오네시모를 용서했을 뿐만 아니라 자유도 준 것으로 보인다.

이 서신은 세 부분으로 되어 있다.

I. **헌사** 1–3

II. **빌레몬의 믿음과 사랑을 언급한 후에** 4–7
바울이 그에게 오네시모를 다시 받아 줄 것과 8–21
그를 위해 거처를 준비해 줄 것을 요청한다. 22

III. **결론**(23–25)

1:1 이 한 장짜리 서신은 세상의 모든 지혜를 분명하게 뛰어넘었다. 이것은 우리에게 기독교인들이 세속(일상)의 문제를 더 우월한 원칙들에 따라 어떻게 처리해야만 하는지에 대한 실제의 예를 보여주고 있다. **그리스도 예수를 위하여 갇힌 자 된 바울은** – 빌레몬은 바울의 그와 같은 상황을 부정할 수 없었다. **및 형제 디모데는** – 이 서신은 디모데 후서 이전에 쓰였다. (22절)
1:2 압비아 – 빌레몬의 아내로 교회 일의 일부분을 맡았다. **네 집에 있는 교회에** – 그곳에서 만나는 그리스도인들.
1:5 들음이니 – 아마도 오네시모를 통해서
1:6 네 믿음의 교제가 … 역사하느니라 – 즉, 너의 믿음이 다른 사람들에게 효과적으로 전달될 수 있으며, 그들은 너의 경건과 자비를 보고 인정한다.
1:7 성도들 – 빌레몬은 자신의 집을 성도들에게 개방했다. (2절)
1:8 내가 그리스도 안에서 아주 담대하게 – 그분께서 나에게 주신 그 권위를 통해서
1:9 도리어 사랑으로써 간구하노라 – 사도가 잠시 암시했듯이 명령할 그의 권위에 대한 고려를 즉시 포기하고 빌레몬에게 그의 친구, 나이 많은 친구 그리고 지금은 그리스도를 위해 갇힌 자에게 귀를 기울여 달라고 얼마나 멋진 방법으로 부드럽게 간청하고 있는가? 그 다음 구절에서 그의 이름을 부르기 전에 사도가 어떤 애정으로 오네시모를 자기 아들로 불렀는가? 그리고 오네시모의 이전 잘못을 잠깐 언급하고 곧바로 얼마나 뛰어난 말솜씨로 현재 그에게 있는 그 행복한 변화로 넘어갔는가? 이렇게 함으로 빌레몬으로 하여금 그의 요청과 그가 이것을 그에게 요청하게 한 동기에 집중하도록 만들었다.
1:10 갇힌 중에서 낳은 – 나와 같은 나이의 아들.
1:11 이제는 … 유익하므로 – 좋은 사람이 되기 전에 그 누구도 좋은 일꾼이 되는 것을 기대할 수 없다. 바울은 명백히 그의 이름 오네시모를 언급하는데 그것은 '유익한'을 의미한다.
1:12 그를 돌려보내니 … 내 심복 – 나의 영혼처럼 내가 사랑하는 그. 자신의 영적 자녀들을 향한 그리스도 안에 있는 아버지의 자연적 애정은 그와 같다.
1:13 네 대신 나를 섬기게 하고자 – 만일 당신이 있었다며 당신 자신이 기쁘게 행했을 나를 위한 이러한 섬김을 하게 하려고.
1:14 이는 너의 선한 일이 억지 같이 되지 아니하고 – 왜냐하면 빌레몬은 이것을 거절할 수 없으므로.
1:15 하나님께서 땅에서나 하늘에서 **너로 하여금 그를 영원히 두게** 하려고 **그가 잠시 떠나게 된 것**을 허락하셨다.
1:16 육신과 – 충실한 하인으로서, **주 안에서** – 동료 신자로서
1:17 네가 나를 동역자로 알진데 – 그러므로 너의 것이 나의 것이며 나의 것이 너의 것이다.

1:19 내가 갚으려니와 – 만일 당신이 그것을 청구한다면, **네 자신이 내게 빚진 것은 내가 말하지 아니하노라** – 그리스도에게서 우리의 영혼을 얻는 사람들에게 우리의 채무가 얼마나 큰지 표현할 수 없다. **이 외에** – 오네시모를 받아들이는 것.

1:20 내 마음이 그리스도 안에서 평안하게 하라 – 가장 절묘하고 기독교적인 기쁨을 나에게 달라.

1:22 너희에게 나아갈 – 자유를 회복하다.

히브리서 주해

예전의 일반적 견해는 이 서신이 사도 바울에 의해 쓰였으며 다른 모든 서신이 이방인 개종자들에게 보내졌는데 단지 이 서신만 히브리인에게 보내졌다는 것에 동의한다. 그러나 이 부적절한 헌사는 후대의 사람에 의해 추가된 것이다. 이 서신은 여러 나라에 흩어져 있는 유대계 헬레니즘 기독교인들에게 보내졌다. 사도 바울의 방식과 문체가 이 서신에서 쉽게 발견된다. 그는 일상적으로 논술에 앞서서 명제를 구분해서 두며 교리 부분에 권고를 더하고(2:27) 동일 성구들을 인용하고(1:6; 2:8; 10:30, 38) 그 밖의 다른 곳에서 같은 표현들을 사용한다. 그러나 3장 19절에서 이 서신의 수신자들에게 소중했었던 그의 이름을 서두에 붙이지 않은 이유는 무엇인가? 왜냐하면, 그는 만일 썼다면 이름이 언급됐을 표제어(제명)를 서두에 쓰지 않기 때문이다. 사도 바울의 열심은 (요한 일서에서 사도 요한이 그러했던 것처럼) 그로 하여금 그의 주제로 직행하게 했으며 그의 일상적인 인사말과 감사의 말을 결론부로 미루게 했다.

사도 바울의 이 서신과 사도 베드로의 두 서신은 (만일 추가한다면, 야고보서와 유다서 역시) 거의 동시대의 본도, 갈라디아, 그리고 여러 나라에 흩어져 있는 사람들에게 쓰였다. 사도 바울은 예루살렘이 멸망되기 3년 전에 로마에서 고난을 받았다. 그런 까닭에 이 서신은 아마도 성전이 아직 서 있었던 동안에 쓰였을 것이다. 사도 베드로는 순교하기 바로 전에 베드로 전후서를 썼다. 그리고 그 서신들에서 베드로는 사도 바울의 서신들, 특별히 히브리서를 언급한다.

이 서신의 범위는 그리스도에 대한 그들의 믿음을 확증하는 것이다. 그리고 그분이 자신의 영광을 증명함으로 이 일을 행하신다. 이 서신의 모든 부분은 가장 진지하며 예리한 훈계들과 권고들로 가득 차 있다. 그리고 한 방향으로 그것들은 불변화사인 그러므로(그런 까닭에, therefore)들 통해서 교리와 적용을 연결하고 있다.

히브리서의 모든 내용, 그리스도의 영광이 나타난다.

I. 그리스도와 예언자들 및 천사들과 비교를 통해서 1:1–14

그러므로 우리는 그를 따라야만 한다. 2:1–4

II. 그의 수난과 죽음으로부터

여기서 우리는 관찰하게 될 것이다.

1. 명제와 개요 5–9
2. 논설 자체 : 우리는 구원의 완전한 주인을 가지고 있다.
   그분은 우리를 위해 고난을 받으셨다.
   그는 (1) 자비로우시며 (2) 신실하신 (3) 대 제사장이시다. 10–18

이 세 가지 요점은 그분의 수난과 죽음이 계속해서 함께 엮여있음으로 설명된다.

1) 주님은 대제사장의 덕의 소유하고 계신다.
   a. 그는 신실하시다. 3:1
      그러므로 너희도 신실하라 4:13
   b. 그는 자비로우시다. 4:15
      그러므로 확신을 가지고 그분께로 나아오라 5:3
2) 그분은 대제사장 하나님으로 불린다. 여기서
   a. 개요가 제안된다. 4–10
      간략한 권고와 함께 11–6:20
   b. 요점이 충분하게
      ㄱ) 설명된다. 우리에게 위대한 대제사장이 있다.
         ① 시편 110편에 서술된 것처럼
            멜기세덱의 반차대로 7:1–19
            언약에 의해 세워짐 20–22
            영원토록 23–28
         ② 그러므로 지고하시다.
            하늘에 8:1–6
            새 언약의 –13
            그분에 의해 우리는 성소로 들어가는 입구를 소유한다. 9:1, 10:18
      ㄴ) 적용된다. 그러므로
         ① 믿고, 바라고, 사랑하라 19–25

이 세 가지는 계속 강조된다.

a) 인내와 함께 믿음이 26–39
   옛사람들의 본보기를 따라 11:1, 12:1
   그리스도의 본을 따라 2,3
   실행되어야 한다. 4–11
   기쁨으로, 화평으로, 거룩함으로 12–17
b) 소망 18–20

c) 사랑 13:1-6

② 이 은혜 안에서 성장하기 위해 사용하라

너의 이전 목자들에 대한 기억을 7-16

지금의 목자들에 대한 경계를 17-19

기도, 찬양, 그리고 부드러운 끝맺음 20-25

이 서신에는 많은 비교가 있는데 이것들은 크게 두 가지로 집약된다. 1. 예언자들, 천사들, 모세, 여호수아, 아론은 위대하다. 그러나 예수 그리스도는 무한히 더 위대하시다. 2. 옛 성도들은 높은 특권들을 누렸다. 그러나 그리스도인들은 더 큰 특권들을 누린다. 이것을 설명하기 위해서 행복과 불행의 예들이 곳곳에 배치되어 있다. 그래서 이 서신에는 구약 성서 전체에 대한 개요가 있다. 또한, 이 서신에서 유대주의는 폐기되고 기독교는 정점에 도달했다.

히브리서 1장

1:1 옛적에 – 그리스도께서 오시기 전 오랫동안 예언자들이 없었다. 그래서 위대한 예언자에 대한 기대가 더욱 커졌었다. **선지자들을 통하여** – 선지자들에 대한 언급은 사도가 구약 성서 전체를 받아들이고 그것과 모순된 어떤 교리도 전개하지 않겠다는 가상선언이다. **여러 부분과 … 하나님이** – 창조는 아담의 시대에 계시가 되었고 마지막 심판은 에녹의 시대에 계시가 되었다. 그리고 여러 시대와 여러 가지 정도로 더욱 명확한 계시가 주어졌다. **여러 모양으로** – 환상으로, 꿈으로, 그리고 여러 종류의 계시에 의해서. 이 두 설명은 하나님께서 예수 그리스도를 통해 우리에게 주신 그 유일하게 온전하며 완전한 계시와 상반된다. 예언자들의 그 많은 수는 그들이 단지 부분적으로 예언했음을 알려준다. **말씀하신** – 모든 것들을 그리고 가장 완전한 방법으로.

1:2 아들을 통하여 – 사도들에 의해 아들로 불린 오직 한 분. 하나님 아들의 위대하심이 제시되었다. 1) 아들이라는 그 이름에 의해서(1절) 그리고 **그를 세우시고, 그로 말미암아 만드시고, 자리에 앉으시고**의 세 가지 영광스러운 서술로 절대적으로 그의 위대하심이 제시되었다. 태초부터 만물의 마지막까지 그는 이렇게 묘사된다. (2절, 3절) 2) 천사와 비교함으로 그의 위대하심이 제시되었다. (4절) 이러한 전제의 증거는 5절에 증거된 아들의 이름에 뒤따르는 만물의 상속자됨(6~9절), 세상의 창조자(10~12절) 그리고 하나님 우편에 앉으신 분(13절) 등이다. **이 아들을 만유의 상속자로 세우시고** – 그의 아들이라는 이름에 이어 그의 상속권이 언급된다. 하나님께서는 세상을 창조하기 훨씬 이전에 그를 상속자로 지정하셨다. (엡 3:11, 잠 8:22) 그는 맏아들이며 만물 이전에 나신 분이다. 상속자는 뒤에 나오는 창조와 관련된 용어다. (6절) **또 그로 말미암아 모든 세계를 지으셨느니라** – 그러므로 아들은 모든 세계보다 앞서신 분이다. 하나님께서 그를 통해 마지막 때에 우리에게 말씀하셨으나 그의 영광은 영원부터 영원까지 이른다.

1:3 이는 하나님의 영광의 광채시오 – 영광은 그의 밝음으로 나타나는 하나님의 본질이다. **그 본체의** – 이 말은 하나님의 생명과 능력의 변하지 않는 영속성을 의미한다. **형상이시라** – 아버지의 존재가 아들에게서 밀랍으로 도장을 찍듯이 드러난다. **그의 능력의 말씀으로** – 즉 그리스도에게 있는 권능의 말씀으로. **만물을 붙드시며** – 유형무형의 존재들을, **죄를 정결하게 하는 일을 하시고** – 모세의 어떤 제사나 의식 없이 죄를 깨끗하게 하시려고 그리스도께서 그의 영광을 버리셨다. 이 장에서 사도 바울은 그리스도가 하나님의 아들이심이라는 것으로 그리스도의 영광을 주로 표현했다. 2장 6절 이후에는 인간 예수 그리스도의 영광을 묘사한다. 그리스도의 강림 이전에 하나님 아들의 영광에 관해서 간략하게 언급한다. 그러나 승천 이후에는 아주 많이 언급한다. 그래서 그가 영원부터 지니신 영광이 분명히 드러나기 시작했

다. 일장에서 칠장까지 우리 죄를 정결하게 하시는 것과 하나님 우편에 앉으심 모두를 다루고 있다. **높은 곳에 계신 지극히 크신 이의 우편에 앉으셨느니라** – 이 영광의 서술 중의 세 번째 서술은 세 가지 다른 세부 사항들과 교차해 있다 (골 1:15, 17, 20에서 유사하게 언급되며 같은 순서로 언급된다) 제사장들이 직분을 수행하는 동안 그들은 서 있다. 그러므로 앉아 있으심이란 그의 희생의 완성을 암시한다. **앉으셨느니라**라는 말은 이 서신의 배경, 주제, 그리고 요점을 내포하고 있다.

1:4 이 구절은 두 부분으로 되어 있는데 후반 부분은 5절에서 그리고 앞의 부분은 13절에서 다루고 있다. 이러한 교차법은 사도 바울의 다른 서신들에서도 발견되지만, 이 서신처럼 자주 사용하지는 않는다. 유대 학자들은 이런 표현을 특별히 선호해서 그들의 글에 교차법을 즐겨 사용했다. 그러므로 모든 사람에게 모든 것이 된 사도는 여기서 같은 방법을 따르고 있다. 영감을 받은 기록자들 모두는 가장 노련한 웅변가들보다 모든 문법적 변칙을 더 잘 사용했다. **그가 천사보다 훨씬 뛰어남은** – 이 구절은 자세히 주목할 필요가 있다. 왜냐하면, 유대인들은 천사들의 사역으로 전달되었다는 것으로 그들의 율법에 영광을 부여했기 때문이다. 그러면 우리는 천사에 의해서 주어진 것이 아니라 하나님의 바로 그 아들에 의해서 주어진 복음을 얼마나 더 영광스러워해야 하는가? **그들보다** – 이것은 아주 탁월함을 의미한다. 천사들은 만물을 상속하지 못한다. 오히려 그들 자신이 그들이 주로 예배하는 아들의 상속 중에 일부이다. **더욱 아름다운 이름을 기업으로 얻으심이니** – 하나님의 아들이기 때문에 그는 그 이름을 받으시고 그 이름의 권리로 만물을 유업으로 받으신다. 그 이름을 유업으로 받으신 것은 만물을 유업으로 받으신 것보다 훨씬 앞서 있다. 만물을 유업으로 받으신 것은 만물만큼 오래되었다.

1:5 너는 내 아들이라 – 하나님의 하나님, 빛의 빛. **오늘 내가 너를 낳았다** – 내가 영원부터 너를 낳았는데 이것은 지속의 변치 않는 영구성에 의해 하나의 계속된, 불연속적인 날이다. **나는 그에게 아버지가 되고 그는 내게 아들이 되리라** – 나의 특별한 사랑의 탁월한 표시 때문에 나는 그의 아버지가 될 것이고 그는 나의 아들이 될 것이다. 앞의 구절은 영원하며 헤아릴 수 없는 세대에 의한 그의 자연적 아들 됨에 관련된 구절이다. 후자는 성육한 아들로서 그에 대한 아버지의 확인과 취급과 관련이 있다. 사실, 이 약속은 솔로몬과 직접 연련이 있지만 더욱 훨씬 높은 의미에서 메시아와 관련이 있다.

1:6 또 – 즉, 다른 성경에서. **그가 맏아들을 이끌어** – 이 명칭은 상속권과 함께 하는 아들의 권리를 포함한다. 이것은 하나님의 맏아들만이 누리고 다른 어떤 피조물도 누릴 수 없는 것이다. **세상에 다시 들어오게 하실 때에** – 즉 그의 성육신으로. **하나님의 모든 천사는 그에게 경배할지어다 말씀하시며** – 가장 낮은 상태에 있었을 때 그는 가장 높은 천사보다 훨씬 더 높으신 분이었다.

1:7 그는 … 삼으시느니라 – 이것은 아들은 영원하며(8절) 창조주이신데 그들은 단지

피조물(10절)임을 암시한다. **바람 ... 불꽃** – 이것은 그들의 직위뿐만 아니라 그들의 본질을 가리킨다. 또한, 이것은 사실 지상에 가장 빠르며 기묘하고 능력있는 사물에서 취한 탁월한 은유법이다. 그러나 그런데도 아들의 위엄에 비해 한없이 부족하다.

1:8 하나님이여 – 성경에서 단수의 하나님은 절대자 하나님 외에는 결코 사용되지 않는다. 그의 통치의 표시인 왕권은 의와 평등으로 가득 차 있다.

1:9 주께서 의를 사랑하시고 불법을 미워하셨으니 – 주님은 무한한 순수와 거룩이다. **그러므로** 중보자로서의 **하나님 곧 주의 하나님이** 기쁨의 근원 성령으로 **즐거움의 기름을 주께 부어 주를 동류들보다 뛰어나게 하셨도다** – 인간의 모든 후손보다 더

1:10 주여 – 앞에서 언급한 내용과 동일하다.

1:12 의복처럼 – 쉽게. **변할 것이나** – 새 하늘과 새 땅으로. 그러나 주는 영원토록 **여전하다.**

1:14 모든 천사들은 – 다양한 종류에도 불구하고, **섬기는 영으로서** – 사람에게 보내진 하나님 앞에서 사역하는. **구원받을 상속자들을 위하여** – 인내함으로 계속에서 선에 거하며 영원한 구원을 상속받을 자. **섬기라고 보내심이 아니냐** – 보호, 돌봄, 친절의 다양한 직무들로.

히브리서 2장

이 장과 다음의 두 장에서 사도는 앞 장에서 제기한 문제들에 대답하면서 권면의 말씀을 추가한다.

2:1 우리가 흘러 떠내려가지 않도록 – 새는 그릇에서 물이 흘러나오는 것처럼. 따라서 이 희랍어 단어의 의미는 적절하다.

2:2 율법을 주심으로 **천사들을 통하여 하신 말씀이** – 그러나 그의 아들을 통하여 복음을 선포하심으로 말씀하셨다. **견고하게 되어** – 확고하고 타당한. **모든 범죄함** – 죄를 범함. **순종하지 아니함이** – 의무에 있어서 태만함

2:3 이같이 큰 구원 – 무서운 죄와 불행에서 건져내서 그렇게 위대한 성결과 행복으로 이르게 하는 구원. (그가 오시기 전에 알려지지 않았던) 이것은 사람과 천사의 주이신 그분에 의해 처음으로 선포되었다. **들은 자들이** – 그리고 그들 자신이 눈으로 보고 말씀의 사역자들이 되었다. **우리에게 확증한 바니** – 이 시대의 우리에게 큰 구원의 모든 부분이 확증되었다.

2:4 표적들과 기사들과 – 그가 지상에 계시는 동안. **여러 가지 능력과 … 성령이 나누어 주신 것으로써** – 주님의 승천 후에 주어진 놀라운 선물들. **및 자기의 뜻을 따라** – 성령을 받은 사람들의 뜻이 아니라 주시는 분의 뜻을 따라.

2:5 이 구절은 3절에 대한 증명을 포함한다. 구원이 크면 클수록 우리가 소홀히 하

는 주님이 더 영광스러울수록 우리의 형벌은 더욱 커질 것이다. 하나님이 … **장차 올 세상을 … 복종하게 하심이 아니니라** – 이것은 메시아의 통치를 말한다. 유대인들은 모세를 계승하는 것으로 보았다. **우리가 말하는 바** – 지금 내가 이것에 대해 말한다. 이 마지막 위대한 시대에서 아들만이 지배한다. **장차 올 세상** – 아직도 오고 있는 세상.

2:6 사람이 무엇이기에 – 광대한 하늘과 **베풀어 두신 달과 별들을 보오니**라는 이 시편은 다윗에 의해 지어진 것으로 보인다. 하늘의 놀라운 모습을 묵상하면서 맑고 달이 빛나며 별들이 반짝이는 밤하늘을 보면서 이 시를 지은 것으로 보인다. 왜냐하면, 발광체들에 대한 그의 장엄한 묘사에서 그는 가장 영광스러운 태양을 주목하지 않기 때문이다. 비록 완전하고 가장 높은 의미에서 이것들은 두 번째 아담에게만 속한다고 할지라도 여기서 복종과 관련되어 인용된 단어들은 어떤 의미에서 의심의 여지없이 아담에게 적용할 수 있다. **인자가 무엇이기에 주께서 그를 돌보시나이까** – 우리는 보이지 않는 그분을 사모하며 살아계신 하나님의 돌보심을 경험한다.

2:7 그를 – 아담을. **천사보다 못하게 하시며** – 히브리어로는 하나님보다 조금 더 낮다는 뜻이다. 따라서 하나님 다음이라는 의미다. 인간은 창조주의 손에서 비롯되었고 모든 피조물 중에서 가장 높은 존재이다. 그러나 이 말을 사도가 여기서 언급할 때 조금 더 깊은 의미를 지니고 있으며 하나님의 아들에게 적용할 수 있다. 사도들이 자주 어떤 수정 없이 70인 역을 인용하고 있다는 것을 기억해야만 한다. 70인 역을 높게 평가했던 당시의 유대인들이 글을 쓸 때 70인 역을 수정하는 것은 그들의 관심사가 아니었다. 이러한 수정은 결과적으로 끝없는 논쟁을 일으켰기 때문이다.

2:8 만물을 그 발 아래에 복종하게 하셨느니라 – 그 발아래 복종하지 않은 것은 하나도 없음을 의미한다. 그러나 일반적으로 인간과 관련해서 이것이 현재 행해진 것이 아님은 명백하다.

2:9 이것은 죽음의 수난을 겪으신 보상으로서 영광과 영예의 관을 쓰신 하나님이시며 인간이신 예수에게만 해당한다. **천사들보다 잠시 동안 못하게 하심을 입은 자** – 천사는 고난도 죽임도 당하지 않는다. **모든 사람을 위하여** – 지금까지 세상에 태어난 또는 세상에 앞으로 태어날 모든 사람. **죽음을 맛보려 하심이라** – 주님의 죽음의 실제성과 죽음의 짧은 지속 모두를 나타내는 표현.

2:10 이전에 시편의 표현을 사용했던 사도는 이 구절에서 자신의 언어로 표현한다. 이것은 그의 공의, 선하심, 그리고 지혜, 즉 하나님의 속성에 적합하다. **그를 위하고** – 만물의 궁극적 목적으로서. **또한, 그로 말미암은** – 만물의 첫 번째 원인으로서. **많은 아들을 이끌어 영광에 들어가게 하시는 일에** – 그들이 자녀들이며 자녀로서 대우받는 그 일. **그들의 구원의 창시자를 고난을 통하여 온전하게 하심이 합당하도다** – 그들의 구원의 왕자, 인도자, 창시자가 그들을 위해 고난받음으로 대속을 이루신다. 완전하게 한다 혹은 완성한다는 말은 그의 모든 고난의 온전하고 영광스러운

목적으로 그를 인도하고 있음을 암시한다. (히 5:9) 이 고난을 통한 완성은 (1) 그리스도의 영광, 즉 만물이 그에게 복종하게 된 영광과 (2) 이전의 수난을 암시한다. 자신의 권고에 우위를 부여하며 고난과 죽음의 스캔들을 제거하기 위해서 주님의 영광을 말하기 전에 이것들을 분명하게 다룬다. (11–18) 그는 이 두 요점에 대한 충분한 사색을 이후에 나오는 그의 사제직에 대한 변론과 짜 맞춘다. 그러나 여기서 우리 주께서 수난을 통해 완전해지셨다고 말하는 것은 우리가 고난을 통해 구원받거나 성화된다는 것과 연관되지는 않는다. 고난받기 이전이 그분께서는 이미 하나님으로서 그리고 인간으로서 완전했다. 그의 삶과 죽음에서 그가 고난받으심으로 그는 온전한 속죄 제물이 되셨다. 이 고난을 통한 속죄의 완성이 없었다면 우리도 같은 희생을 통해 죄를 대속해야 했다. 이러한 관점에서 주님에 대해서 말하는 것은 주가 천국으로 승천한 것만큼이나 우리 영역에서 벗어난 것이다. 그것은 그의 대속이며 그의 영이 우리 안에서 능력 있는 믿음의 역사로 우리를 성화시키는 것이다. 사실 다양한 고난이 이것에 종속되며 죄로부터 우리를 건져내는 축복이 된다. 또한 우리의 정서가 위의 것들을 찾도록 해서 그것들은 우리 성화에 간접적 도움이 된다.

2:11 거룩하게 하시는 이와 – 그리스도. **거룩하게 함을 입은 자들이** – 하나님에게로 인도된 사람들. **다 한 근원에서 난지라** – 한 부모, 아담으로부터 온 한 본성의 참여자들.

2:12 이르시되 내가 주의 이름을 내 형제들에게 선포하고 – 그리스도께서 은혜로우시고 자비하시며 선과 진실이 충만하신 하나님의 이름을 그를 믿는 모든 자들에게 선포하심으로 그들로 하여금 또한 하나님을 찬미하게 하셨다. **주를 교회 중에서 찬송하리라** – 성가대의 지휘자로서. 그리스도께서 수난당하기 전날 밤에 그의 제자들 가운데서 이 일을 문자적으로 행하셨다. 그리고 그것이 의미하는 바와 같이, 조금 더 일반적 의미에서, 하나님을 찬양하는 것을 제시하시는 주님은 말씀과 영으로 이 일을 교회에서 행하셨다. 그는 지금도 행하고 계시며 모든 세대를 통해 이 일을 하실 것이다.

2:13 또 다시 – 본성에서 뿐만이 아니라 고난 가운데 그의 형제들과 연합한 자로서 그가 말씀하시기를 **내가 그를 의지하리라** – 그들 모두를 통해서 나를 신뢰로 이끄는 것. **또 다시** – 아직 어린아이에 머물러 있는 어린 형제들인 그들과 그의 가까운 관계에 대한 인식을 가진 그는 **볼지어다 나와 및 하나님께서 내게 주신 자녀라 하셨으리**라고 말하면서 모든 신자에게 하나님을 보여준다.

2:14 자녀들은 혈과 육에 속하였으매 – 약점을 가진 인간 본성. **그도 또한 같은 모양으로 혈과 육을 함께 지니심은 죽음을 통하여 죽음의 세력을 잡은 자 곧 마귀를 멸하시며** – 죽음은 죄에 사로잡힌 사람들을 악마에게로 인도하는 악마의 하인이며 부관이다.

2:15 또 죽기를 무서워하므로 한평생 매여 종노릇 하는 모든 자들을 놓아 주려 하심

이니 – 죽음을 두려워하는 모든 사람은 속박을 당함으로 노예의 상태와 불안의 상태에 있게 된다. 그리스도를 알지 못하는 모든 사람은 죽음을 많이 두려워하든 혹은 적게 두려워하든 두려워한다. 죽음은 죽음이 무엇인지를 아는 자를 환영하지 않는다. 그러나 주님께서 모든 참된 신자들을 이 속박에서 벗어나도록 인도해 주신다.
2:16 이는 확실히 천사들을 붙들어 주려 하심이 아니요 – 주님은 천사들의 본성을 취하지 않으셨다. **오직 아브라함의 자손을 붙들어 주려 하심이라** – 주님은 인간의 형상을 입으셨다. 사도 바울은 아담의 후손이 아니라 아브라함의 후손이라고 말한다. 왜냐하면, 아브라함이 약속의 사람이 되었기 때문이다.
2:17 그러므로 그가 범사에 – 이것은 인간 본성을 포함한다. 수난과 유혹에 있어서 인간성을 포함한다. **형제들과** – 지금까지 언급한 것의 요약이며 뒤에 언급할 것의 요점이다. **같이 되심이 마땅하도다** – 이것은 그들을 구원하시려는 주님의 의도에 있어 대단히 적합하고 당연한, 즉 필요한 일이었다. **이는 하나님의 일에 자비하고 신실한 대제사장** – 죄인에 대해 자비롭고 하나님께 신실한 제사장 혹은 대제사장은 하나님을 가까이할 권리가 있고 타인을 중보해 줄 권한을 가지고 있다. '신실한'이라는 표현은 히 3장 2절에, '자비하고'라는 표현은 히 4장 14절에, 대제사장이라는 표현은 히 5장 4절, 7장 1절과 히 10장 19절에 사용되었다. **백성의 죄를 속량하기** 위해서 이 용법이 10장 16절에서 하나님에게 속한 것들에 추가된다. – 하나님께 그들의 희생제물과 기도를 봉헌하고 하나님의 은혜, 평안, 그리고 축복을 그들에게 전달해주는
2:18 그가 시험을 받아 고난을 당하셨은즉 시험 받는 자들을 능히 도우실 수 있느니라 – 즉 주님이 그렇게 하실 수 있다는 것에 대한 명확하고 증명 가능한 증거를 주셨다.

히브리서 3장

3:1 하늘의 부르심 – 하나님은 하늘에서 부르시며 복음으로 하늘나라로 부르신다. **우리가 믿는 도리의** – 우리가 고백하는 신앙, **사도이시며 … 생각하라** – 하나님의 사자. 그분은 우리와 함께 하나님의 뜻을 간구하신다. **대제사장이신** – 그분은 하나님과 함께 우리의 뜻은 찾는다. 두 분 다 중보자라는 말에 포함된다. 그리스도를 모세와는 사도로 비교하고 아론과는 대제사장으로 비교한다. 예수께서 이 두 직무를 함께 지니고 계시며 더욱 뛰어나게 수행하신다.
3:2 하나님의 온 집 – 이스라엘의 교회. 하나님의 특별한 가족
3:3 집 지은 자가 그 집보다 더욱 존귀함 같으니라 – 가족 자체 혹은 가족의 어떤 구성원 보다
3:4 이 집뿐만 아니라 만물을 지으신 그분 그리스도는 하나님이시다. 그러므로 모세

혹은 다른 어떤 피조물보다 무한히 위대하시다.

3:5 **또한 모세는** – 모세 보다 그리스도의 탁월함에 대한 또 다른 증거. **장래에 말할 것을 증언하기 위하여 하나님의 온 집에서 종으로서 신실하였고** – 즉 이것은 그가 이후에 그리스도에 관하여 말했던 것들에 대한 온전한 확증이었다.

3:6 그러나 그리스도는 아들로서 충실했다. 만일 우리가 하나님에 대한 우리의 신뢰를 굳건히 하고 우리의 믿음과 소망이라는 그분의 약속들을 찬양하면서 우리가 끝까지 굳게 붙잡고 있는 한 우리는 그의 집이다.

3:7 **그러므로** – 그분이 신실하심을 보면서 너희도 신실하라.

3:8 **광야에서 시험하던 날에 거역하던 것 같이** – 이스라엘이 그들의 원망과 불평으로 나를 자극했던 때. 동시에 나의 권능과 선함을 불신함으로 나를 시험하던 때.

3:9 **너희 열조가** – 마음이 완악하고 목이 곧았던 세대. 그래서 그들의 자손들이 그들을 자랑스럽게 여길 것이 아무것도 없다. **나를 시험하여** – 내가 그들을 도울 수 있었고 도우려 했음에도 불구하고. **증험하고** – 40년 동안 심판과 자비에 관한 영광스러운 나의 역사를 보았음에도 내 인내심을 시험했다.

3:10 **그러므로** – 사람의 방법에 따라 말하는 것. **노하여 이르기를** – 그 세대에 대하여 불쾌하고 상한 마음으로 말씀하시는. **그들이 항상 마음이 미혹되어** – 그들의 완악한 의지와 사악한 감정에 의해서 그들은 길을 잘못 든다. 이러한 이유로 사악함이 그들의 이해를 어둡게 하므로 내 **길을 알지 못하는도다** – 나는 양 때처럼 그들을 인도하려고 했다.

3:11 **내 안식** – 약속의 땅으로

3:12 **믿지 아니하는 악한 마음** – 불신앙은 모든 악의 부모이고 하나님에게서 떨어져 나가는 것이 불신앙의 본질이다. **살아 계신 하나님에게서** – 우리 삶, 성결 그리고 행복의 근원. **떨어질까 조심할 것이요** – 그런 사람도 있기 때문이다.

3:13 **오직** – 그것을 막기 위해서. **오늘이라 일컫는 동안에 매일 피차 권면하여** – 이 오늘은 영원히 계속되지 않는다. 생명의 날이 곧 끝날 것이고 어쩌면 은혜의 날은 더 빨리 끝날 것이다.

3:14 **우리가 시작할 때에 확신한 것을 끝까지 견고히 잡고 있으면** – 그러나 다름이 아니라 성령에 의한 추측은 가장 강력한 주장과 동일하다. 표현의 정서와 방식 모두 6절과 같다. **그리스도와 함께 참여한 자** – 그리고 우리는 여전히 그에게 그리고 그의 모든 유익에 참여해야 한다.

3:16 **애굽에서 나온 모든 사람이 아니냐** – 얼마나 두려운 이해인가! 하나님의 선민 모두가 그들의 놀라운 구원 이후에 얼마 지나지 않아 하나님을 원망했고 40년 동안 하나님의 영을 탄식하게 했으며 자신들의 죄 가운데서 소멸했다.

3:19 **이로 보건대 … 능히 들어가지 못한 것이라** – 이후에 그들이 들어가는 것을 열망했음에도 불구하고

히브리서 4장

4:2 그 말씀이 – 그들이 들었지만, **그들에게 유익하지 못한 것은** – 유익과는 거리가 멀었고 그것이 그들의 저주를 증가시켰다. 말씀이 구원 능력을 발휘하는 것은 오직 믿음과 함께 할 때이다.

4:3 이미 믿는 우리들은 저 안식에 들어가는도다 – 이 명제는 우리를 위한 안식이 남아 있다는 것은 3장 11절에서 증명되었다. 또한, 시편이 안식을 언급하고 있다. 그러나 이것은 (1) 하나님의 창조로부터의 안식을 의미하지 않는다. 왜냐하면, 이것은 모세보다 훨씬 이전의 것이기 때문이다. 그러므로 그의 시대에 또 다른 안식이 기대되었다. 그러므로 이것을 들었던 그들은 부족했다. (2) 이 안식은 여호수아를 통해 이스라엘이 얻은 안식도 아니다. 왜냐하면, 시편 기자는 여호수아 이후에 기록했다. 그러므로 (3) 이 안식은 하늘의 영원한 안식이다. **말씀하신 바와 같으니** – 창조를 마친 후에 안식보다 더 나아가는 안식이 있음을 분명히 보여준다. **그 일이 이루어졌느니라** – 그 이전에. 하나님께서 이 일들로부터 휴식하는 것을 말씀하지 않으셨다는 것은 명백하다.

4:4 이 일들로부터 쉬신 후 오랜 시간이 지나서 다시 말씀하신다.

4:5 거기에 – 시편에서는 장차 올 안식

4:7 오랜 후에 – 모세와 여호수아로부터 다윗에 이르기까지 400년 이상이었다. **이같이 일렀으되** – 여기서 사도 바울은 전에 인용했던 본문을 언급한다.

4:8 안식 – 하나님께서 약속하신 모든 안식

4:9 그런즉 – 그는 여전히 다른 날을 말하고 있으므로 **하나님의 백성을 위한** 영원한 **안식**이 더 남아 있음이 분명하다.

4:10 왜냐하면 그들은 아직 그렇게 안식하지 않았기 때문에 그들을 위한 더욱 충만한 안식이 남아 있다.

4:11 빠지지 않게 하려 함이라 – 멸망으로

4:12 하나님의 말씀은 – 설교 되고(2절) 위협으로 무장한(3절) 말씀. **살아 있고 활력이 있어** – 살아계신 하나님의 능력이 있으며 듣는 자들에게 생명 혹은 죽음을 전달하는. **좌우에 날선 어떤 검보다도 예리하여** – 좌우에 날 선 칼이 우리 몸을 찌름보다 예리하게 우리 마음을 꿰뚫는. **혼과 영과 및 관절과 골수를** – 사도가 다양한 상징적인 언어로 아름답고 강력하게 표현한 마음 깊은 곳. **찔러 쪼개기까지 하며** – 완전히 쪼개어 드러내 놓는다. **또 마음의 생각과 뜻을 판단하나니** – 생각뿐만 아니라 의도의 순수성

4:13 우리의 결산을 받으실 이의 눈 앞에 – 하나님의 말씀은 그렇게 능력이 있다. 그리고 하나님의 눈 앞에 만물이 드러난다. 양심에 작용하는 말씀은 온전한 확신을 준다. **만물이 벌거벗은 것 같이 드러나느니라** – 율법에 따라서 먼저 도살되어 목과

등뼈를 따라 쪼갠 희생제물을 암시하는. 그러므로 안에 있는 것과 밖에 있는 것 모두가 드러났다.

4:14 큰 대제사장이 계시니 – 참으로 위대하시며 하나님의 영원한 아들이신 **승천하신 이 곧 하나님의 아들** – 유대의 대제사장이 속죄일에 희생제물의 피를 가지고 지성소의 휘장을 통하여 들어가는 것같이 우리의 위대한 대제사장께서 자신의 피를 희생으로 하늘을 통하여 하나님의 즉각적인 현존으로 단번에 들어가셨다.

4:15 그분은 죄, 부족, 약함, 불행, 위험 가운데 있는 우리를 불쌍히 여기신다. **죄는 없으시니라** – 그러므로 우리의 모든 유혹에서 그리고 죄로부터 우리를 지키실 수 있는 능력이 주님께 있으시다는 것은 논쟁의 여지가 없다.

4:16 담대히 나아갈 것이니라 – 의심도 두려움도 없이 하나님의 보좌로, 우리의 화해의 아버지 그분의 은총의 보좌로, 은총이 세운 보좌, 은총이 지배하는 곳, 순수한 사랑으로 온갖 축복을 나누어 주시는 곳으로.

히브리서 5장

5:1 대제사장마다 사람 가운데서 택한 자이므로 – 대제사장은 선택받기 전에는 다른 사람들과 같다. **하나님께 속한 일에** – 하나님을 사람들에게 가까이하게 하도록 그리고 사람을 하나님에게 가까이하게 하도록. **예물과 속죄하는 제사를 드리게 하나니** – 무생물과 동물의 희생제물.

5:2 무식하고 – 실수 가운데 있는 사람들, **미혹된 자를** – 죄 가운데 있는 사람들, **능히 용납할 수 있는 것은** – 실족함에 비례해서 동정할 수 있다는 헬라어의 의미가 중요하다. **자기도 연약에 휩싸여 있음이라** – 죄악 된 연약성을 가지고 있기에 그가 다른 사람에게 보여주는 동정심이 그에게도 필요하다.

5:4 여기서 사도는 그리스도의 제사장직을 다루기 시작한다. 그가 관찰한 것의 요점은 레위의 제사장직의 뛰어남이 무엇이든지 간에 그것은 그리스도 안에서 더 뛰어난 방법으로 존재한다. 제사장들에게 부족한 것이 그리스도 안에 있다. **이 존귀는 아무도 스스로 취하지 못하고** – 제사장직, **오직 아론과 같이 하나님의 부르심을 받은 자라야 할 것이니라** – 아론과 그 후손들. 아론은 설교를 일절 하지 않았기에 설교는 제사장의 직무에 들어가지 않음이 관찰된다.

5:5 이와 같이 그리스도께서 대제사장 되심도 스스로 영광을 취하심이 아니요 – 즉 주님께서 자기 자신으로부터 이 영광을 취하지 않으시고 성부 하나님으로부터 받으셨다. **너는 내 아들이니 내가 오늘 너를 낳았다** – 사실 동시에는 아니다. 왜냐하면, 그의 세대는 영원부터였기 때문이다.

5:7 7절부터 다음 장까지 다루고 있는 내용의 요점이 7절부터 10절까지에 있다. 전도자에 의해 사용된 바로 그 언어로 수난의 가장 깊은 원인과 함께 주님의 수난의

과정이 이 요점 속에 포함되어있다. **그는 육체에 계실 때에** – 특별히 그의 고난이 절정에 달했었던 그를, **자기를 죽음에서 능히 구원하실 이에게** – 그러나 주님은 아버지의 뜻에 순종하며 견디셨다. **심한 통곡과 눈물로 간구와 소원을 올렸고** – 겟세마네 동산에서 세 번이나 **그의 경건하심으로 말미암아 들으심을 얻었느니라** – 그 잔이 주님께 처음 주어졌을 때 고통스러우며 수치스럽고 저주스러운 죽음의 그 끔찍한 이미지가 그의 앞에 놓였었다. 이것이 그로 하여금 그것에 대하여 기도하게 했다. 그러나 만일 그리스도께서 원하신다면 그의 하늘 아버지께서 그를 구원하시기 위해서 열둘 이상의 천사를 그에게 보내셨을 것이다. 그러나 그가 가장 두려워했던 것은 무한한 정의의 무게였다. 즉, 하나님 자신의 손에 의해 멍들게 되고 비탄에 놓이는 것이었다. 이것과 비교하면 그 밖의 모든 것은 아무것도 아니다. 그러므로 그리스도는 아버지의 의로운 뜻에 복종하는 것과 양들을 위해 그의 생명까지 내려놓는 것을 원했기에 그는 이 세례로 세례받기를 대단히 갈망했다. (눅 12:50) 사실 그의 인성은 전능의 지원이 있어야 했다. 그래서 이것을 위해 그는 간절한 기도와 눈물의 간구를 드렸다. 그러나 그의 전 생애를 통해서 그는 자신이 겪었던 것이 고난이 아니라 그렇게 거룩하신 하나님께 죄가 행했던 불명예였고 그것이 그의 흠 없는 영혼을 탄식하게 했다는 것을 보여주었다. 하나님의 뜻대로 되는 것에 대한 숙고가 두려움을 경감시켰고 후에 그 두려움은 없어졌다. 그래서 잔이 지나가게 하려는 것이 아니라 그분은 아무 두려움 없이 그 잔을 마셨다.

5:9 온전하게 되셨은즉 – 고난 겪으심으로(히2:10) 모든 것을 영광으로 이끌었다. **자기에게 순종하는 모든 자에게 영원한 구원의** – 그의 온전한 의지로 행하시고 고난당하심으로, **근원이 되시고** – 초래하는 원인과 작용인.

5:10 칭하심을 받으셨느니라 – 여기서 희랍어 용어의 뜻은 '불렸다'이다. 그의 이름은 하나님의 아들이다. 성령께서 멜기세덱이 누구였는지를 의도적으로 감추신 것처럼 보인다. 그가 그리스도의 더 유망한 유형일 수 있다. 우리가 단지 아는 것은 그는 제사장이요 살렘 혹은 예루살렘의 왕이었다.

5:11 멜기세덱에 관하여는 – 여기서 사도는 중요한 일탈을 시작한다. 이 일탈 가운데 그는 히브리인들을 꾸짖고 훈계하며 권면하고 있다. **우리가** – 복음의 설교자들. **할 말이 많으나 … 설명하기 어려우니라** – 주제 문제라기보다는 하나님의 일들을 생각하는 데 있어서 나태함과 이해하는 데에 우둔함 때문에.

5:12 너희가 다시 하나님의 말씀의 초보에 대하여 누구에게서 가르침을 받아야 할 처지이니 – 따라서 다음 장의 첫 절에서 이것들이 언급되어 있다. **젖이나 먹어야 할** – 초보적이고 쉬운 교리

5:13 이는 젖을 먹는 자마다 – 어떤 것도 먹기를 원하지 않는 자나 소화할 수 없는 자. (그렇지 않으면 강한 사람들이 우유를 사용하지만 주로 사용하지 않으며 더군다나 그것만 사용하지 않는다) **의의 말씀을 경험하지 못한 자요** – 칭의와 덧입혀지는 의에 관한

교리 외에는 어떤 것도 원하지 않으며 소화할 수 없는 것은 복음의 숭고한 진리를 파악하지 못한 것이다.
5:14 단단한 음식은 – 완전과 관련된 이러한 숭고한 진리들, **장성한 자의 것이니 그들은 지각을 사용함으로** – 여기서 지각은 영적 성숙함으로 발생하는 영적 이해력의 힘을 의미한다. 이 지각의 결과로 혹은 결과에 따라서 그들은 편안하고 쾌활하게 그리고 자진해서 이러한 일들에 자신을 단련한다.

히브리서 6장

6:1 그러므로 우리가 그리스도의 도의 초보를 버리고 – 즉 현 상태에 더는 머물러서는 안 된다는 것을 말한다. **성숙한 경지로 나아갑시다**(역자주. 개역개정에 번역이 없고 새번역에 번역되어 있다). **죽은 행실을 회개함과** – 가장 먼저 강조되어야 할 것은 죄로부터의 회개이다. **하나님께 대한 신앙과** – 바로 다음 요점. 그래서 사도 바울은 루스드라에서의 첫 설교(행 19:15)에서 헛된 망상에서 벗어나 살아계신 하나님께로 돌아오라고 설교했다. 그리고 그들이 믿게 되었을 때 (유대인의 세례도 요한의 세례도 아닌) 그리스도의 세례로 세례를 받았다. 그 다음에는 그들에게 안수해서 성령을 받게 했다. 후에 그들은 부활과 영원한 심판으로 불리는 최후의 심판에 대해 충분한 가르침을 받았다. 왜냐하면, 이때 선포된 말씀은 되돌릴 수 없으며 그것의 효과는 영원히 남기 때문이다.
6:3 우리가 이것을 하리라 – 우리는 완전을 향해 갈 것이며 훨씬 더 근면하게 갈 것이다.
6:4 한 번 빛을 받고 – 그리스도 안에 나타난 하나님의 영광스러운 사랑의 빛으로, **하늘의 은사를 맛보고** – 꿀보다 꿀 송이보다 더 단 죄사함. **성령에 참여한 바 되고** – 성령의 증거와 열매.
6:5 하나님의 선한 말씀과 – 말씀에 대한 만족과 기쁨을 가지고 **내세의 능력을 맛보고도** – 불멸로 가득 찬 소망을 소유한 사람 모두가 맛보는 것. 자연적으로 태어난 모든 아이는 먼저 빛을 보고 그 후에 적당한 영양분을 받아 맛본다. 그리고 이 세상의 일들에 참여한다. 이같이 (영적인 일과 자연적인 일을 비교하면서) 사도는 영적으로 난 사람에 관해 말한다. 빛을 보고 달콤함을 맛보며 장차 올 세상의 일들에 참여하는 것으로 설명한다.
6:6 타락한 자들은 – 여기에 추측이 아닌 명백한 사실관계가 있다. 사도는 여기서 경건의 능력과 모습을 던져버린 사람들의 경우를 설명한다. 그들은 자신들의 믿음, 소망, 그리고 사랑(5장 10절 이하) 모두를 그것도 의지적으로 잃어버렸다. (10장 26절) 사도는 의지적이며 전적인 배교자들에 대해 다시 회개하도록 그들을 돌이키는 것은 불가능하다고 선언한다. **이는 그들이 하나님의 아들을 다시 십자가에 못 박아** – 그

들은 그를 아주 모욕적으로 이용한다. **드러내 놓고 욕되게 함이라** – 그의 영광스러운 이름을 망령되게 함으로

6:8 만일 가시와 엉겅퀴를 내면 – 그 땅만이 혹은 그런 땅이 주로 **버림을 당하고** – 더는 그것에 노력이 주어지지 않는다. **그 마지막은 불사름이 되리라** – 예루살렘이 얼마 가지 않아 다 탄 것처럼

6:9 사랑하는 자들아 – 이 한 곳에서만 그는 그들을 이렇게 부른다. 권면할 때를 제외하고는 그는 결코 이 호칭을 사용하지 않는다. **우리가 이같이 말하나** – 너희의 현재 꾸준함에서 떨어지지 않도록 너희에게 경고한다. **너희에게는 이보다 더 좋은 것 곧 구원에 속한 것이 있음을 확신하노라** – 너희가 지금 너희 죄에서 구원받았으며 최종 구원에 이르게 하는 믿음, 사랑, 그리고 거룩을 가지고 있음을 우리는 확신한다.

6:10 너희는 너희의 믿음과 사랑에 관한 분명한 증거를 보여주고 있으며 의의 하나님께서 이것에 대해 확실하게 보상해주실 것이다.

6:11 우리가 간절히 원하는 것은 너희 각 사람이 동일한 부지런함을 나타내어 – 그래서 우리는 이처럼 말한다. **끝까지 소망의 풍성함에 이르러** – 만일 너희가 열심을 내지 않으면 너희는 소망을 기대할 수 없다. 믿음의 온전한 확신은 현재의 용서와 관련이 있으며 소망의 온전한 확신은 미래의 영광과 관련이 있다. 전자는 하나님께서 자신의 사랑하는 아들 안에 있는 나와 화해하셨다는 신적 증거의 가장 높은 단계다. 후자는 인내하시는 은총과 영원한 영광에 대한 신적 확증이다. 이것은 성령의 즉각적 영감에 의해 영혼에 주어진다. 믿음이 순간순간 열린 미래를 보는 만큼 소망은 영원을 본다. 그러나 이 믿음과 소망의 확신은 의견도 아니고 성경의 단순한 구성도 아닌 성령의 권능에 의해 즉시 주어지는 것이다.

6:12 약속들을 기업으로 받는 – 약속된 안식, 낙원

6:13 하나님이 아브라함에게 주신 약속 그리고 그를 통하여 우리에게 주신 그 위대한 약속 이상의 강력한 약속이 없다는 것을 아는 너희는 풍성한 격려를 얻는다.

6:15 그가 이같이 오래 참아 – 30년 **약속을 받았느니라** – 모든 약속의 담보가 되는 이삭

6:16 사람들은 자기보다 더 큰 자를 가리켜 맹세하나니 맹세는 그들이 다투는 모든 일의 최후 확정이니라 – 이것은 종교적 형태를 취한 맹세는 복음 아래에서도 효력이 있음을 보여준다. 그렇지 않았다면 사도는 진리를 확증하는 적절한 수단으로 그것을 그렇게 중요시하면서 언급하지 않았을 것이다.

6:17 하나님은 … 맹세로 보증하셨나니 – 놀라운 겸양! 가장 크신 분이 중간에 있는 사람처럼, 맹세하는 동안에는 그가 맹세한 대상에 의해서 그 자신보다 덜한 존재인 것처럼 행동하신다. 약속을 듣는 이여 너는 아직도 믿지 않는가?

6:18 이는 하나님이 거짓말을 하실 수 없는 이 두 가지 변하지 못할 사실로 말미암아

– 하나님의 약속과 맹세, 어느 쪽에 의해서든, 둘 모두에 의해서 **앞에 있는 소망을 얻으려고** – 우리 소망의 목적. 그리스도에게 그리고 그를 통해 우리가 소망하는 영광에, **피난처를 찾은 우리에게** – 수많은 폭풍에 의해 시달림을 받은 후에 **큰 안위를 받게 하려 하심이라** – 모든 의심과 두려움이 사라지는.

6:19 우리가 그리스도 안에 있는 **이 소망을 가지고 있는 것은 영혼의 닻 같아서** – 하늘로 들어가 그곳에 닻을 내리는 영혼. **휘장 안에** – 이렇게 그는 그리스도의 제사장직으로 되돌아간다.

6:20 선구자(fore-runner, 앞서가신)는 그 이후에 있는 사랑들보다 품위에 있어서 못하곤 했다. 그러나 여기서는 그렇지 않다. 왜냐하면, 우리 앞에 가신 그리스도는 우리보다 무한하게 우월하신 분이기 때문이다. 자신들을 위해 하나님의 현존 가운데 현재 나타나고 있는 그렇게 영광스러운 선구자를 소유하고 있다는 것이 신자들에게 얼마나 영광스러운 일인가!

히브리서 7장

7:1 이번 장의 요점은 멜기세덱의 모습으로 나타나신 그리스도다. 멜기세덱은 레위인의 조상인 아브라함보다 위대했으며 전적으로 탁월하고 새로우며 굳건하고 영구적인 제사장직을 소유한다.

7:2 먼저는 – 그 자신의 이름의 의미에 따르면, **의의 왕이요 그 다음은** – 그의 도시의 이름에 따르면, **평강의 왕이요** – 그리스도 안에서처럼. 그 안에서 의와 평강이 함께했다. 그러므로 이 의와 평강이 그를 믿는 모든 사람에게 있다.

7:3 아버지도 없고 어머니도 없고 족보도 없고 – 제사장직에 대한 조상들로부터 그의 혈통에 관한 어떤 설명 없이 기록된. **시작한 날도 없고 생명의 끝도 없어** – 모세에 의해 언급된. **하나님의 아들과 닮아서** – 주님은 인성에 관해서는 아버지 없이 그리고 신성에 관해서는 어머니 없이 있으시다. 그러므로 족보 없이 존재하신다. 또한, 제사장직이 조상으로부터 내려온 것도 아니다. **항상 제사장으로 있느니라** – 멜기세덱의 죽음도, 후계자들도 기록된 것이 없다. 그러나 실제로 그리스도만이 죽음 없이 그리고 후계자 없이 계신다.

7:4 멜기세덱의 위대함은 앞 절과 뒷줄에 서술되어 있다. 그러나 이것의 가장 뚜렷한 증거는 그 자신이 왕보다 위대한 족장이며 많은 왕의 선조였음에도 불구하고 아브라함이 하나님의 제사장에게 그리고 위에 있는 사람에게 하듯이 그에게 십일조를 드렸다는 것이다.

7:5 레위의 아들들 가운데 제사장의 직분을 받은 자들은 … 자기 형제인 백성에게서 십 분의 일을 취하라 – 그들뿐만 아니라 아브라함에게서 나온. 그러므로 레위인들은 그들보다 위대하다. 그러나 제사장들은 레위인들보다 위대하다. 조상 아브라함은

제사장들보다 위대하고 멜기세덱은 아브라함보다 위대하다.

7:6 레위 족보에 들지 아니한 멜기세덱은 … 복을 빌었나니 – 멜기세덱의 우월성에 대한 또 다른 증거, **약속을 받은 그를 위하여** – 그는 하나님께 매우 사랑을 받았다. 그리스도에 대해 말할 때 사도 바울은 약속이라고 말한다. 약속은 또한 축복들을 의미한다.

7:7 낮은 자가 … 축복을 받느니라 – 권위적으로, 더 큰.

7:8 또 여기는 – 레위의 제사장직으로, **저기는** – 멜기세덱의 경우에는, **산다고 증거를 얻은 자** – 그를 계승하는 자를 위해 죽었던 자로서 언급되는 것이 아니라 오직 그의 출생 혹은 죽음에 대한 언급 없이 오직 살아 있는 것으로만 표현된다.

7:9 또한 십분의 일을 받는 레위도 – 개인으로가 아닌 있는 그대로 그의 후손들로서, **십분의 일을 바쳤다** – 아브라함 개인으로.

7:11 사도는 지금 레위인의 제사장직이 그리스도의 제사장직에 종속되어야만 함을 논증한다. 왜냐하면, 주님은 멜기세덱의 반차에 따른 제사장이신데 멜기세덱은 (1) 아론과는 다르며(11절~14절) (2) 생명의 끝이 없고(15절~19절), 계속해서 제사장으로 있기 때문이다. **레위 계통의 제사 직분으로 말미암아 온전함을 얻을 수 있었으면** – 이것이 모든 하나님의 의도와 인간의 요구에 완벽하게 대답했었다면 **(백성이 그 아래에서 율법을 받았으니)** – 이것으로 어떤 사람은 완전이 그 제사장직에 의해서라고 추론할지도 모른다. **다른 한 제사장을 세울 필요가 있느냐** – 새로운 질서가 세워져야 했는가? 이 간단한 생각으로부터 필요불가결하게 연결된 제사장직과 율법 모두가 더 나은 제사장직과 더욱 훌륭한 경륜으로 이제는 나아갈 수 있었다.

7:12 이것들(제사장직과 율법) 중에 하나는 다른 하나 없이 변화될 수 없다.

7:13 그러나 제사장직은 한 반차에서 다른 반차로 분명하게 변화되며 한 족속에서 다른 족속으로 분명하게 변화된다. **이것은** – 즉 예수. **다른 지파** – 유다 지파. 그 지파의 어떤 사람도 제단에 참석하거나 제사를 지냄으로 율법 때문에 고통당하지 않는다.

7:14 우리 주께서는 유다로부터 나신 것이 분명하도다 – 그렇게 오랜 시간 동안 그 이후로 어떤 어려움이 있었든지 간에 이것은 분명해서 논쟁의 여지가 없다.

7:15 더욱 분명하도다 – 제사장직과 율법 모두가 변했다. 왜냐하면, 이제 일어난 제사장은 다른 지파에 속해 있을 뿐 아니라 완전히 다른 반차에 속해 있다.

7:16 그는 – 한 제사장. **육신에 속한 한 계명의 법을 따르지 아니하고** – 모세의 율법을 따라서가 아니라. 모세의 율법은 주로 복음의 영성과 비교되는 육적인 계명들로 구성되었다. 오**직 불멸의 생명의 능력을 따라 되었으니** – 하나님의 영원한 아들로서 그가 그 자신 안에 소유하고 있는 것.

7:18 왜냐하면 이 새롭고 영원한 제사장직에 그리고 그것과 연결된 새로운 시대 경륜에 내포되어 있으므로 전에 있던 **계명은 ... 폐하고** – 모세 율법의 폐지. **연약하고**

무익하므로 – 칭의와 성화에 불충분하므로.

7:19 (율법은 – 복음과 분리되어 그 자체로 취해진. **아무 것도 온전하게 못할지라)** – 그것의 추종자들을 믿음에서나 사랑에서 그리고 행복에서나 성경에서 완전하게 될 수 없다. **이에 더 좋은 소망이 생기니** – 복음 시대의 더 좋은 소망이 우리에게 확신의 더 나은 근거를 준다. **이것으로 우리가 하나님께 가까이 가느니라** – 하나님과 한 영이 되는 정도로 그렇게 가까워진다. 그리고 이것이 진정한 완전이다.

7:20 또 – 보다 위대한 의식과 함께 그는 제사장이 되었다. 이 의식은 그의 제사장직의 우월한 탁월성을 증명한다.

7:21 주께서 맹세하시고 뉘우치지 아니하시리니 – 그의 제사장직은 변할 수 없는 제사장직이라는 것이 여기서 다시 드러난다.

7:22 이와 같이 예수는 더 좋은 언약의 – 변할 수 없는 영원한 언약. **보증** – 혹은 중보자. 언약이라는 말은 이 서신의 나머지 부분에서 자주 나타난다. 원어로 계약 혹은 단호한 의지와 증거를 의미한다. 어떤 때 사도 바울은 전자의 의미로 이 단어의 의미를 취했고 어떤 때는 후자의 의미를 취했다. 양자의 뜻 모두를 포함해서 사용하기도 한다.

7:23 제사장 된 그들의 수효가 많은 것은 – 대를 이어서

7:24 예수는 영원히 계시므로 – 생명에 있어서 그리고 제사장직에 있어서. **그 제사장 직분도 갈리지 아니하느니라** – 어떤 후계자에게로

7:25 그들의 제사장으로서 **자기를 힘입어 하나님께** 믿음으로 **나아가는 자들을** 모든 죄책, 힘, 뿌리, 그리고 결과로부터 **온전히 구원하실 수 있으니 이는 그가 항상 살아 계셔서 그들을 위하여 간구하심이라** – 즉, 그는 영원히 살아계셔서 중보하신다. 그가 단번에 죽으셨으므로 영원히 중보하신다.

7:26 이러한 대제사장은 우리에게 합당하니 – 불결하며 불순하며 더럽혀진 죄인들에게는. 축복된 역설! **거룩하고** – 하나님(신성)과 관련해서. **악이 없고** – 인간(인성)과 관련해서. **더러움이 없고** – 그에게 어떤 죄도 없는. **죄인에게서 떠나 계시고** – 또한 죄에서 자유로우며. **하늘보다 높이 되신 이라** – 그래서 그가 세상을 떠나셨을 때, 그는 인간성에서조차 모든 하늘의 존재들보다 높으셨다.

7:27. 그는 ... 날마다 제사 드리는 것과 같이 할 필요가 없으니 – (즉, 매년 속죄일에) 왜냐하면 그는 자신의 죄를 위해서가 아니라 모두를 위해 단번에 제사를 드렸기 때문이다. 즉 그가 흠 없는 자신을 하나님께 드렸기 때문이다.

7:28 율법은 약점을 가진 사람들을 제사장으로 세웠거니와 – 약하고 죽을 수밖에 없으며 죄 많은 인간. **율법 후에 하신 맹세의 말씀은** – 정확하게 말하면 다윗 시대에 말씀하신 대로, **영원히 온전하게 되신 아들을 세우셨느니라** – 죄와 죽음으로부터 자유로우신 그리고 자연적이며 도덕적 연약성으로부터 자유로우신 그분이 영원한 제사장으로 계신다.

히브리서 8장

8:1 대제사장이 우리에게 있다는 것 – 멜기세덱 타입의 묘사를 마치면서 사도는 레위의 제사장직을 넘어서는 그리스도의 제사장직의 우월성을 직접 다루기 시작한다. 자신의 의무를 마치신 **그는 하늘에서 지극히 크신 이의 보좌 우편에 앉으셨으니** – 하나님의 보좌 우편에 앉으셨으니.

8:2 성소와 – 지성소로 일컬어지는 하늘, **참 장막에서** – 아마도 옛 장막의 형태인 그의 인간성, **이 장막은 주께서** 영원히 **세우신 것이요 사람이 세운 것이 아니니라** – 장막을 세운 모세와 같은 사람이 세운 것이 아니다.

8:4 예수께서 만일 땅에 계셨더라면 – 그의 제사장직이 여기서 끝났다면, **제사장이 되지 아니하셨을 것이니** – 제사장직을 부여받은 다른 제사장들이 있기에 유대 제도와 일치하지 않는다.

8:5 그들이 섬기는 것은 – 아직 파괴되지 않은 성전. **하늘에 있는 것의 모형과 그림자라** – 영적 복음적 예배의 그리고 영원한 영광의 모형과 그림자. 아직 화려한 색조들과 기묘한 명암들 없이 잎과 꽃들의 형태를 가지고 있는 고운 린넨 종이 위에 연필로 그린 그림과 같은 것으로서의 **모형.** 분명한 모습도 아니고 공기와 구별되지는 않는 몸에 대한 어느 정도 희미하고 불완전한 관념을 주는 애매한 표상인 **그림자.** 이것(모형과 그림자) 중에 어떤 것도 참사람을 돋보이게 하는 살아 있는 은총은 아니다. 모형과 그림자 둘 다 우리의 마음을 그것들보다 더 고귀한 것으로 인도한다. 모형은 거룩과 영광으로 완성될 것의 모형이고 그림자는 실제로 성취되는 것의 그림자다.

8:6 그러나 이제 그는 더 아름다운 직분을 얻으셨으니 – (그가 보증하는) 복음의 약속들이 율법의 약속들을 능가하는 것만큼 그의 제사장직은 그들의 제사장직보다 더 뛰어나다. 이러한 더 나은 약속들은 10절과 11절에 언급된다. 율법 안에 있는 약속들은 대부분 일시적 약속들이었다.

8:7 저 첫 언약이 무흠하였더라면 – 만일 그 제도가 하나님의 의도와 인간의 요구 모두를 충족시킬 수 있었다면 그리고 어떤 것도 완전하게 만들 수 없을 정도로 약하고 무익한 것이 아니었다면 **둘째 것을 요구할 일이 없었으려니와**

8:8 그들의 잘못을 지적하여 – 옛 언약 아래에 있는 사람들. **주께서 이르시되 내가 이스라엘 집과 유다 집과 더불어 새 언약을 맺으리라** – 모든 세대와 모든 나라들 가운데 있는 하나님의 이스라엘 모두와 함께. (비록 언약의 본질에 관해서는 아니지만) 이것은(새 언약) 여러 면에서 새롭다. 1) 그리스도의 죽음으로 인치고 2) 부담스러운 제의와 의식으로부터 자유하며 3) 영적 경건에 대한 보다 온전하고 분명한 설명을 포함하고 있으며 4) 성령의 보다 큰 영향이 수반되고 5) 모든 사람에게로 확장되며 6) 결코 폐하게 되지 않는다.

8:9 내가 그들의 열조의 손을 잡고 – 부모의 심정과 사랑으로. 그리고 이것이 기억

가운데 살아있는 동안 그들은 순종했다. 그러나 그들이 그들의 멍에를 벗어난 지금 **그들은 내 언약 안에 머물러 있지 아니하므로 내가 그들을 돌보지 아니하였노라** – 그래서 언약은 곧 파기되었다.

8:10 그 날 후에 내가 이스라엘 집과 맺을 언약은 이것이니 – 모세 시대가 폐하고 난 후. **내 법을 그들의 생각에 두고** – 그 법의 참되고 온전하며 영적인 의미를 알게 하도록 내가 그들의 눈을 열 것이며 그들의 이해를 계몽시킬 것이다. **그들의 마음에 이것을 기록하리라** – 그리하여 그들은 내가 명령한 것이 무엇이든지 내적으로 경험하게 될 것이다. **나는 그들에게 하나님이 되고** – 그들의 자족한 분깃과 뛰어난 상급. **그들은 내게 백성이 되리라** – 내 보물, 나의 사랑, 사랑하며 순종하는 자녀들.

8:11 또 각각 – 이 언약 아래 있는 사람들. (비록 어떤 점에서 그들은 서로 그들의 삶의 목적을 가르칠 필요가 있지만) **자기 나라 사람과 각각 자기 형제를 가르쳐 이르기를 주를 알라 하지 아니할 것은 그들이** – 모든 진정한 그리스도인들, **작은 자로부터 큰 자까지 다 나를 앎이라** – 큰 자로부터가 아니라 작은 자로부터 이 순서대로 하나님의 구원 지식이 알려졌고 그렇게 될 것이다. "여호와가 먼저 유다 장막을 구원하리니 이는 다윗의 집의 영광과 예루살렘 주민의 영광이 유다보다 더하지 못하게 하려 함이니라 그 날에 여호와가 예루살렘 주민을 보호하리니 그 중에 약한 자가 그 날에는 다윗 같겠고" (스가랴 12:7–8)

8:12 내가 – 그들을 의롭다 여길 것이다. 이것이 하나님에 관한 참된 지식의 근원이다. 그러므로 이것이 하나님의 방법이다. 첫째로 죄인이 용서를 받고 그리고 나서 그가 은혜로우시며 자비하신 하나님을 알게 된다. 그리고 하나님의 법이 그의 마음에 새겨진다. 결국 그는 하나님의 것이 되고 하나님은 그의 것이 된다.

8:13 새 언약이라 말씀하셨으매 첫 것은 낡아지게 하신 것이니 – 첫 언약이 무효가 되고 낡은 것이 된다는 것을 보여준다. **낡아지고 쇠하는 것은 없어져 가는 것이니라** – 성전이 파괴된 지 얼마 지나지 않아 그렇게 되었다.

히브리서 9장

9:1 첫 언약에도 섬기는 외적인 **예법과 세상에 속한 성소가 있더라** – 눈에 보이는 물질적 성소 혹은 회막. 사도는 2절부터 5절에서 이 성소에 관해서, 6절부터 10절에서는 예배 규칙에 관해서는 다루고 있다.

9:2 예비한 첫 장막이 있고 – 회막 바깥, **그 안에 등잔대와 상과 진설병이 있으니** – 하나님과 모든 백성 앞에 계속해서 진열해 놓는 진설병은 지파의 숫자인 12조각으로 구성되어 있는데 그 상 위에 각 열에서 서로 붙어 있는 두 줄로 진열되어 있었다. 이 등잔대와 빵은 세상의 빛이시며 생명의 빵이신 분에 의해 복음 아래서 더 크게 전달된 빛과 생명을 상징하는 것으로 보인다.

9:3 또 둘째 휘장 – 첫째 휘장은 뜰과 성소를 구분하는 것처럼 둘째 휘장은 성소와 지성소를 구분한다.

9:4 금 향로 – 대 속죄일에 대제사장만 사용하는 금향로. **언약궤** – 그 안에 소위 십계명 판들이 들어있다. **그 안에 만나를 담은 금 항아리와** – 이스라엘을 향한 하나님의 돌보심의 기념비, **아론의 싹난 지팡이와** – 정규적 제사장직의 기념비, **언약의 돌판들이 있고** – 하나님의 손으로 쓰신 십계명이 그 위에 새겨진 돌로 된 두 판으로 모든 기념비 중에 가장 귀중한 기념비.

9:5 쫙 펴진 날개로 그 위에 속죄소를 덮는 – 이것은 언약궤를 덮고 있는 금 뚜껑 혹은 판이 있었다. **영광의 그룹들이 있으니** – 하나님의 영광을 드러내기 위해 사용된 영광의 그룹들. 어떤 사람은 이 그룹들 각각이 네 얼굴을 가지고 있고 두 번째 위격에 의해 취해진 인간성과 더불어 삼위일체 하나님을 나타낸다고 생각한다.

9:6 항상 – 매일, **섬기는 예식을 행하고** – 등불을 켜고 진설병을 갈아주며 향을 피우고 제물의 피를 뿌리는

9:7 허물 – 즉, 무지의 죄.

9:8 성령이 이로써 보이신 것은 – 첫 장막이라는 표를 통해서, **첫 장막**과 그것의 예식**이 서 있을 동안에** – 그리고 힘이 남아 있을 때에, **성소에 들어가는 길이** – 하늘로 가는 길, **아직 나타나지 아니한 것이라** – 그렇게 분명하게 드러나지 않았다.

9:9 이 장막은 – 그것의 모든 기구와 제사들과 함께 하는 장막은 다가올 좋은 것들에 대한 비유 혹은 유형이다. **그 양심상** – 그래서 죄책 혹은 죄의 힘을 인식하지 못한다. 보라 그 성전은 여전히 서 있다. **온전하게 할 수 없나니** – 제사장도 희생제물을 가져오는 사람도 결코.

9:10 그리스도께서 오실 때까지 고기와 음료에 관련된 모든 교훈과 총체적으로 육적이며 외부적인 예법들에 대한 훈련을 통해서 그를 완전하게 할 수 없으며 그런 까닭에 **개혁할 때까지**만 **맡겨 둔 것이니라**

9:11 장래 좋은 일의 대제사장 – 15절에서 설명된다. **이 창조에** – 성막이 그랬던 것처럼 인간에 의해 지어진 것이 아닌, **더 크고** – 즉 더 고귀하고, **온전한 장막으로 말미암아** – 그 자신의 몸.

9:12 우리를 위해서(역자주, 개역 개정에는 번역되어 있지 않다) – 믿는 사람들 모두, **성소** – 천국

9:13 암송아지의 재 – 법적으로 깨끗하지 못한 그들에게 뿌려진 불에 의해서 탄 속죄 제물. **육체를 정결하게 하여** – 율법적 부정이 제거되어 그들이 성전과 회당에 들어오는 것을 다시 허락받게 된다.

9:14 영원하신 성령으로 말미암아 – 삼위 모두의 사역인 구속의 역사. 구속을 완성하는데 필요한 그 놀라운 겸비에 두 번째 위격만 관련된 것이 아니다. 성부는 성자에게 하나님 나라를 넘겨주시고 성령은 그의 선한 기쁨에 따라 보내진 메시야의

선물이다. **자기를 하나님께 드린** – 어떤 피조물보다도 무한하게 더 귀중하며 하나님께 흠이 없는. **너희 양심을 ... 깨끗하게 하고** – 우리의 깊은 영혼. **죽은 행실** – 영혼의 영적 죽음에서 발생하고 영원한 죽음으로 이끄는 악마의 내적 그리고 외적 모든 행실들. **살아 계신 하나님을 섬기게** – 믿음의 삶으로, 완전한 사랑과 흠 없는 성결로.

9:15 이로 말미암아 그는 새 언약의 중보자시니 – 새 언약의 유익과 수행으로, **이는 첫 언약 때에 범한 죄에서 속량하려고** – 즉 구약의 옛 언약 시대에 범해졌던 이러한 죄들의 죄책과 형벌로부터 죄인들의 구원을 위해. 그의 죽음에 관한 조항(신조)은 옛 언약과 새 언약을 적절하게 구분한다. **영원한 기업의 약속을 얻게 하려 하심이라** – 아브라함에게 약속된 영원한 유업을 율법의 희생제물로서가 아니라 주님의 공로적 죽음으로 받게 된다.

9:16 유언은 유언한 자가 죽어야 되나니 – 그의 죽음에 의해 그 이익을 얻었다고 이해함으로. 일반적 번역이 그가 한다고 가정하는 것과 같이 희랍어 단어의 모호성을 이용하는 것은 사도의 위엄 아래에 있는 것으로 보인다.

9:17 그 사람이 죽은 후에야 – 이 말의 문자적 번역은 그가 죽은 후에도 아니고 사람들이 죽은 후에도 아니다. 이것은 매우 복잡한 구절이다.

9:18 이러므로 첫 언약도 – 유대 언약. 지정된 희생제물의 **피 없이 세운 것이 아니니**

9:19 모세가 … 송아지와 혹은 암소와 **염소의 피 및 물과 붉은 양털과 우슬초를 취하여** – 이것들은 출애굽 사건에만 특별히 언급되는 것이 아니고 아마도 익히 알겠지만 모세의 다른 책들에서도 언급된다. **그 두루마리와** – 이것은 그가 말했던 모든 것을 포함하고 있었다. **온 백성에게 뿌리며** – 그의 근처에 있었던 사람들. 뿌릴 때 너무 점성이 커지는 것을 막기 위해 피와 물을 섞었다. 피와 물에 대한 예시가 요한복음 19장 34절에 나온다.

9:20 이르되 이는 하나님이 너희에게 명하신 언약의 피라 하고– 이것으로 언약이 세워진다.

9:21 또한 이와 같이 피를 장막과 섬기는 일에 쓰는 모든 그릇에 뿌렸느니라 – 장막(성막)이 만들어졌을 때 그리고 일 년에 한 번 성막 안의 모든 그릇에 피가 뿌려졌다.

9:22 율법을 따라 거의 모든 물건이 피로써 정결하게 되나니 – 제물로 바쳐지거나 피 뿌림을 받거나. 율법에 따르면 **피흘림이 없은즉** 죄의 **사함이 없느니라** – 이 모든 것이 모든 죄를 효과적으로 깨끗하게 하는 그리스도의 보혈을 가리키며 다른 어떤 수단으로는 죄로부터의 정화는 있을 수 없다는 것을 암시했다.

9:23 그러므로 – 즉, 지금까지 이야기되었던 것에서 분명히 드러난다. **필요가 있었으나** – 하나님의 지시에 따라 모형이었던 성막과 성막 안의 모든 집기. **이런 것들로써 정결하게 되어야 할 필요가 있는 하늘에 있는 것들의** 그림자 **이런 것들로써 정결하게 할** – 희생제물과 피 뿌림. **하늘에 있는 그것들은** – 우리가 아직 알지 못하는

하늘로부터 난 영혼들. **이런 것들보다 더 좋은 제물로 할지니라** – 즉 여기서는 모든 율법적 희생제물들과 반대되는 더 좋은 희생제물에 의해. 왜냐하면, 이것은 그것들 모두의 중요성을 모함하고 더 훌륭한 효력을 가지고 있기 때문이다.

9:24 그리스도께서는 참 것의 그림자인 손으로 만든 성소에 들어가지 아니하시고 – 그리스도께서는 하늘의 참된 장막의 모형인 예루살렘의 지성소에 갔던 적이 없다. **바로 그 하늘에 들어가사 이제 우리를 위하여 하나님 앞에 나타나시고** – 우리의 영광의 대제사장과 권능의 중보자로서.

9:26 그가 세상을 창조한 때부터 자주 고난을 받았어야 할 것이로되 – 이것이 가정하는 것은 다음과 같다. 1) 단번에 고난받으심으로 주님은 세상의 창조된 때부터 범해져 온 모든 죄를 대속했다. 2) 주님은 고난 없이 그들을 대속할 수 없었다. **세상 끝에** – 그리스도의 희생은 세상의 전 세대 혹은 지속을 두 부분으로 나뉘게 하며, 죄책과 죄의 힘 모두를 소멸시키기 위해 이 둘이 만나는 중간지점으로부터 뒤로 그리고 앞으로 그 효력을 확장한다.

9:27 그 후에는 심판이 있으리니 – 대심판의. 죽음의 순간에 모든 사람의 마지막 상태가 결정된다. 그러나 죽음 즉시 구체적 심판에 대해서는 성경에 언급이 없다.

9:28 세상에 태어난 **많은 사람의 죄를 담당하시려고 단번에 드리신 바 되셨고** – 그들에게 마땅한 형벌, **죄와 상관 없이** – 많은 사람의 죄를 그 자신이 지시기 전에 그가 했던 것처럼이 아닌 영원한 구원을 주기 위해서, **두 번째 나타나시리라** – 주님께서 심판하러 오실 때.

히브리서 10장

10:1 언급된 모든 것으로부터 드러나는 것은 모세의 제도인 그 **율법은 장차 올 좋은 일의** 드러난 그리고 비실체적 **그림자일 뿐이요** – 축복의 복음의 그림자, 실질적이고 견고한 **형상이 아니므로** 계속해서 반복할지라도 **늘 드리는 같은 제사로는 나아오는 자들을 언제나 온전하게 할 수 없느니라** – 칭의든 성화든. 이것을 고려하는 사람이 다윗의 업적들 혹은 그 제도 아래에 있는 사람들이 복음의 성결함에 합당하다고 가정할 수 있겠는가? 그리고 기독교의 경험이 유대인의 경험보다 나은 것이 없다고 가정하는 것이 가능하겠는가?

10:2 단번에 완전하게 **정결하게 된 사람들이** 그들의 죄에 대한 죄책이든 죄의 권세든 이제 더 이상 의식하지 않을 것이다.

10:3 지난해와 이전의 모든 해의 **죄를 기억하게 하는** 공식적인 **것이** 있다. 죄의 죄책이 완전히 깨끗하게 되지 못했다는 것의 분명한 증거이다.

10:4 이는 황소와 염소의 피가 능히 죄를 없이 하지 못함이라 – 죄책도 죄의 권세도.

10:5 그러므로 주께서 세상에 임하실 때에 – 시편 40편에 이 땅에 메시아의 오심에 관한 이야기가 있다. 세상 모두가 그의 희생에 관심이 있어서 성막으로가 아니라 세상으로라고 되어 있다.(9:1) **한 몸을 예비하셨도다** – 내가 나를 바칠 수 있도록.

10:7 두루마리 책에 – 이 시편 속에서, **나를 가리켜 기록된 것과 같이** 따라서 **하나님의 뜻을 행하러 왔나이다** – 나 자신을 희생함으로서.

10:8 위에 말씀하시기를 주께서는 제사와 예물과 번제와 속죄제는 원하지도 아니하고 – 즉, 시편 기자가 그의 이름으로 이 말들을 했을 때.

10:9 그 후에 말씀하시기를 – 바로 그 순간에 그분(그리스도)께서 추가했다. **보시옵소서 내가 하나님의 뜻을 행하러 왔나이다** – 보다 받으실만한 희생제물을 드리기 위해서. 그리고 바로 이 행위로 그가 율법의 시대를 폐했고 복음 시대를 세우실 것이다.

10:10 이 뜻을 따라 – 하나님의 뜻. 그리스도의 행하심과 고난받으심으로, **우리가 거룩함을 얻었노라** – 죄로부터 깨끗해지고 하나님께 성별된.

10:11 제사장마다 매일 서서 – 겸손한 자세의 종으로서.

10:12 오직 그리스도 – 영원히 남은 한 희생제사 덕분에, **앉으사** – 영광과 존귀 안에서 아들로서 앉으사.

10:14 그가 거룩하게 된 자들을 ... 영원히 온전하게 하셨느니라 – 즉, 주님께서 그들이 하나님과 충분히 화해하는데 필요한 모든 것을 행하셨다.

10:15 이 구절과 뒤따르는 세 구절에서 사도는 그리스도의 제사장직 그리고 희생의 탁월함과 완전함에 관한 논증을 마무리한다. 그는 예레미야 인용을 통해 전에 이것을 논증했다. 그는 여기서 이 논증을 반복한다. 이제 완전히 인준된 새 언약과 그리스도의 단 한 번의 제사로 우리에게 보증된 새 언약의 모든 축복을 설명한다. 이 언약과 언약에 따른 축복은 다른 모든 속죄제와 그 자신의 속죄제의 어떤 반복도 궁극적으로 불필요하게 만든다.

10:19 이 서신의 교리 부분을 끝내면서 사도는 이제 10장 4절부터 다루었던 것으로부터 추론된 권고를 이야기한다. 그는 이 권고를 다음의 짧은 요약으로 시작한다. **그러므로 형제들아 우리가 예수의 피를 힘입어 성소에 들어갈 담력을 얻었나니.**

10:20 그 길은 우리를 위하여 휘장 가운데로 열어 놓으신 – 거룩하게 하신, 준비하신, 헌신하신, 확립하신, **새로운 살 길이요** – 믿음의 길. 우리는 사실 믿음으로 산다. **휘장은 곧 그의 육체니라** – 성전의 휘장을 찢음으로 지성소가 볼 수 있게 되었으며 접근가능하게 되었고 결과적으로 그리스도의 몸이 상처 입음으로 하늘 하나님께 제시되었고 하늘 가는 길이 열렸다.

10:22 우리가 마음에 뿌림을 받아 악한 양심으로부터 벗어나고 – 그러므로 더 이상 우리를 **정죄하지 않으며 몸은 맑은 물로 씻음을 받았으니** – 흠 없고 거룩한 우리의

모든 행실이 모든 율법적 피뿌림과 씻음보다 하나님께 더 받아들여질 만 한 것이다. **참 마음과** – 경건한 진실함. **온전한 믿음으로 하나님께 나아가자**

10:23 우리가 믿는 도리의 소망 – 세례 시에 우리가 고백한 소망.

10:25 모이기를 폐하는 – 공적 혹은 사적 예배를 폐하는, **어떤 사람들의 습관과 같이 하지 말고** – 박해에 대한 두려움 때문이든 혹은 자신들은 외적 예식 위에 있다는 헛된 망상으로부터든. **오직 권하여** – 믿음, 사랑, 그리고 선행에 이르도록. **그 날이 가까움을 볼수록 더욱 그리하자** – 최후의 심판이 가까이 있다.

10:26 우리가 – 우리 그리스도인은 복음의 **진리를 아는** 체험적 **지식을 받은 후** 하나님으로부터 완전히 벗어나는, **짐짓 죄를 범한즉 다시 속죄하는 제사가 없고** – 우리가 죄에 대해 완강히 거부하는 것 외에는 없다.

10:28 대표적인 예로 **모세의 법을 폐한** – 뻔뻔하게 위반한, **자도 … 불쌍히 여김을 받지 못하고 죽었거든** – 그의 형벌에 있어서 어떤 지체나 경감 없이.

10:29 의지적이며 완전한 배교로 (이 구절이 다른 죄를 언급하는 것처럼 보이지는 않는다) **하나님의 아들을 짓밟고** – 모세보다 훨씬 더 영광 받으실 법의 수여자를 짓밟고, **자기를 거룩하게 한 언약의 피를 부정한 것으로 여기고**(그리스도께서 그를 위해 죽었고 그는 적어도 한번은 칭의를 받았었다) 그의 움직임들을 거부함으로 **은혜의 성령을 욕되게 하는 자가 당연히 받을 형벌은 얼마나 더 무겁겠느냐**

10:30 주께서 그의 백성을 심판하리라 – 그렇다. 만일 그들이 주님께 반역하면 이방인들보다 훨씬 더 엄격하게.

10:31 손에 빠져 들어가는 것이 – 그의 복수하는 공의의 손.

10:32 빛을 받은 – 하나님과 그의 진리에 관한 지식으로.

10:34 너희가 너희의 고통받는 형제들 모두를 그리고 특별히 나를 **동정하고 너희 소유를 빼앗기는 것도 기쁘게 당한 것은**

10:35 그러므로 너희 담대함을 버리지 말라 – 너희 자신을 제외하고는 그 누구도 빼앗아 갈 수 없는 너희 믿음과 소망을 버리지 말라.

10:36 약속하신 것 – 완전한 사랑과 영원한 생명.

10:37 오실 이 – 그의 행실에 따라 모든 사람에게 상 주시려고.

10:38 나의 의인은 – 칭의받은 사람, **믿음으로 말미암아** – 하나님의 그 선물을 계속 가지고 있는 한 **살리라** – 하나님의 사랑과 영적이며 거룩한 생명으로. **또한 뒤로 물러가면** – 만일 그의 믿음이 파선되면, **내 마음이 그를 기뻐하지 아니하리라** – 즉, 내가 그를 혐오해서 버릴 것이다.

10:39 우리는 뒤로 물러가 멸망할 자가 아니요 – 38절에 언급된 그 사람처럼. **오직 영혼을 구원함에 이르는 믿음을 가진 자니라** – 영원한 생명을 얻기 위해 끝까지

히브리서 11장

11:1 지금 구절에서 주어지고 뒤따르는 여러 가지 예시로 제시된 믿음의 정의는 의심의 여지없이 칭의의 믿음을 포함한다. 그러나 직접적으로 의롭다 여김을 받게 하는 것으로서는 아니다. 왜냐하면, 믿음은 오직 그것이 그리스도를 지시하고 의존하는 경우에만 의롭다 여김을 받게 한다. 그러나 여기서 믿음의 객체(목표)로서의 그에 대한 언급이 없으며 뒤따르는 몇몇 예들에서도 그 혹은 그의 구원에 대해 주목하기보다는 믿음에 의해 얻어지는 일시적 축복들만을 주목한다. 그러나 그것들 모두가 그리스도 안에 있는 칭의의 믿음의 능력에 대한 증거들로 여겨지며 모든 종류의 어려움과 위험들에서도 꾸준한 순종으로 그것의 광범위한 활동의 증거들로 여겨진다. **믿음은 바라는 것들의 실상이요 보이지 않는 것들의 증거니** – 바라는 것들이 보이지 않는 것들처럼 그렇게 광범위하지는 않다. 전자는 우리에게 단지 미래의 것이며 즐거운 것이다. 반면에 후자는 우리에게든 혹은 타자에게든 미래, 과거, 혹은 현재 그리고 선한 것들 혹은 악한 것들이다. **바라는 것들의 실상** – 하나님께서 약속해주신 선한 것들에 대한 일종의 현재적 실제를 주는 것. 신자들에게 보이는 신적이며 초자연적 **증거**이며 그런 까닭에 신자들 안에 발생하는 **보이지 않는 것들**에 대한 확신 – 과거이든 미래이든 혹은 영적이든 특별히 하나님의 그리고 하나님의 일들에 대한 증거.

11:2 선진들이 이로써 – 우리의 선조들. 이번 장은 구약에 대한 일종의 요약이다. 사도는 옛사람들의 의도, 수고, 유랑, 기대, 유혹, 순교로 이 요약을 구성한다. 그들 중 전자는 오랜 인내의 삶을 살았고 후자는 더 짧지만, 더 심한 시련으로 고난받았다. **증거를 얻었느니라** – 가장 포괄적인 단어. 하나님께서 그들의 증거뿐만 아니라 그들에게 증거를 주셨다. 그리고 마치 그가 증거로 주었던 것들을 그들 자신의 것들인 것처럼, 그들은 그의 증거를 받아들였다. (4, 5, 39절) 그러므로 그들은 또한 다른 사람들에게 증거했고 다른 사람들은 그들을 증거했다.

11:3 믿음으로 모든 세계가 –하늘과 땅 그리고 그것들 안에 있는 보이는 그리고 보이지 않는 모든 것들이, **하나님의 말씀으로** – 어떤 다른 도구 혹은 선행된 물질 없이 하나님의 명령만으로, **지어진 줄을** – 형성되고, 만들어지고, 완성된. 그리고 창조가 모든 하나님의 경륜의 기원이며 근거인 것처럼 창조에 대한 믿음은 모든 믿음의 기원이며 근거이다. **보이는 것은** – 태양, 지구, 별처럼. **나타난 것으로 말미암아 된 것이 아니니라** – 어둠, 명백하지 않은 혼돈으로부터(창 1:2) 그리고 이 혼돈은 하나님의 권능으로 창조되었다. 왜냐하면, 그렇게 창조되기 전에 자연적으로 존재한 것은 없었기 때문이다.

11:4 믿음으로 – 미래의 구원자 안에서, **아벨은 … 더 나은 제사를 하나님께 드림으로** – 자신의 죄가 당연하다는 고발과 위대한 속죄에 참여하고자 하는 소망 모두를

암시하는 그의 가축의 첫 열매, **가인보다** – 그의 제물은 그와 같은 믿음이 없이 창조자 하나님에 대한 단순한 인식을 증거한다. 믿음으로 아벨은 의와 **의로운 자라 하시는 증거를 얻었으니 하나님이 … 증언하심이라** – 그의 제물이 열납되었다는 것을 보여주심으로. 공의가 그 제물에 임했다는 표시로 제물을 바친 죄인 대신에 그의 제물을 태우기 위해 하늘로부터 불을 보내주심으로. **그가 죽었으나 그 믿음으로써 지금도 말하느니라** – 그 위대한 희생제물에 대한 믿음을 통해서만 죄인이 열납된다.

11:5 에녹은 엘리야가 그랬던 것처럼(왕하 2:17) 사람들이 그를 찾았지만, 사람들 가운데서 절대 발견되지 않았다. **그는 … 증거를 받았느니라** – 그 자신의 양심 가운데 하나님으로부터.

11:6 믿음이 없이는 – 하나님에 대한 어떤 신적 믿음. **하나님을 기쁘시게 하지 못하나니** 기도로 혹은 어떤 다른 예배 행위로, **하나님께 나아가는 자는 반드시 그가 계신 것 … 믿어야 할지니라.**

11:7 믿음으로 노아는 아직 보이지 않는 일에 경고하심을 받아 – 장래의 대홍수, **경외함으로 방주를 준비하여** 이러한 공개된 증거로 **말미암아 세상을 정죄하고** – 믿지도 두려워하지도 않는 자들.

11:9 믿음으로 그가 이방의 땅에 있는 것 같이 약속의 땅에 거류하여 – 그 약속은 이전에 받았다. (창 12:7) **동일한 약속을 유업으로 함께 받은** – 그 약속 가운데 동일한 권리를 지닌 이삭은 이 유업을 아브라함으로부터 받은 것이 아니라 그리고 야곱은 이삭에게서가 아니었다. 그들 모두는 이 유업을 하나님으로부터 받았다. **이삭 및 야곱과 더불어** – 그들은 삶의 같은 방식으로 같은 믿음을 보여주었다. 야곱은 아브라함이 죽기 15년 전에 태어났다. **장막에 거하였으니** – 나그네로서.

11:10 이는 … 터가 있는 성을 바랐음이라 – 반면에 텐트에는 아무도 없었다. **그가 하나님이 계획하시고 지으실** – 하나님께서 그것의 유인한 설계자, 제작자, 그리고 완정자이시다.

11:11 사라 자신도 – 비록 처음에 그녀가 약속을 비웃었지만. (창 18:12)

11:12 죽은 자와 같은 – 그의 힘이 초자연적으로 회복되어 그 이후 수년 동안 지속되기 이전에는.

11:13 이 사람들은 – 7절부터 11절에 언급된 사람들은, **다 믿음을 따라 죽었으며** – 죽음 가운데서 믿음은 가장 왕성하게 활동한다. **약속을 받지 못하였으되** – 약속된 축복들. **환영하며** – 나그네를 만날 때 친한 친구를 만나듯이.

11:14 그들이 이같이 말하는 것은 자기들이 본향 찾는 자임을 나타냄이라 – 그들은 그들을 고향을 바라보며 갈망한다.

11:15 그들이 나온 바 본향을 생각하였더라면 – 그들의 지상의 고향, 갈대아의 우르를 생각했다면 그들은 쉽게 돌아갔을 것이다.

11:16 그들이 이제는 더 나은 본향을 사모하니 곧 하늘에 있는 것이라 – 이것은 족

장들이 계시와 하늘의 영원한 영광에 대한 약속을 받았다는 것에 대한 확실한 증거다. **이러므로 하나님이 그들의 하나님이라 일컬음 받으심을 부끄러워하지 아니하시고 그들을 위하여 한 성을 예비하셨느니라** – 하나님께서 주실만한 가치가 있다.

11:17 아브라함은 … 믿음으로 – 하나님께서 그에게 영광의 시험을 하셨을 때, **이삭을 드렸으니** – 마치 그가 실제로 그 일을 했던 것인 양 그 뜻이 열납되었다. **그는 약속들을 받은 자로되** – 너의 씨라고 칭하게 될 이삭에게 있는 그 위대한 약속. 그가 사라에게서 가진 유일한 아들, 바로 **그 외아들을 드렸느니라.**

11:18 네 자손이라 칭할 자는 이삭으로 말미암으리라 – 그로부터 축복의 후손이 나올 것이다.

11:19 그가 하나님이 능히 이삭을 죽은 자 가운데서 다시 살리실 줄로 생각한지라 – 비록 세상에서 이런 예가 없었을지라도. **비유컨대 그를 죽은 자 가운데서 도로 받은 것이니라**

11:20 야곱과 에서에게 – 첫째 아들을 둘째보다 더 좋아하면서 **축복하였으며** – 창세기 27장 27절, 39절. 그들이 참여할 특별한 축복을 예언자적으로 미리 말했다.

11:21 야곱은 죽을 때에 – 즉 죽음에 가까웠을 때, **그 지팡이 머리에 의지하여 경배하였으며** – 그가 그의 침대 가에 앉아서.

11:22 자기 뼈를 위하여 – 약속의 땅으로 옮기도록.

11:23 그 부모가 … 보고 – 틀림없이 장차 임할 하나님의 예언을 보고.

11:24 칭함 받기를 거절하고 – 더 이상.

11:26 그리스도를 위하여 받는 수모를 – 장차 올 메시야를 믿고 그에 따라 행동함으로 감당했던 치욕. **이는 상 주심을** – 가나안의 유업이 아닌. 그는 이것을 찾는데 하나님으로부터 보증이 없어 그것을 얻지 못했다. 그러나 그의 믿음의 조상들이 보았던 것은 하늘에서의 행복의 미래 상태였다. **바라봄이라** – 이렇게 소멸하는 모든 보화들로부터 벗어나 그리고 이러한 일시적인 모든 어려움을 넘어서.

11:27 믿음으로 애굽을 떠나 – 그와 함께 모든 이스라엘을 이끌고, **왕의 노함을 무서워하지 아니하고** – 그가 수십 년 전에 그렇게 했던 것처럼. (출 2:14)

11:28 피 뿌리는 예식 – 유월절 양의 피를 문설주에 뿌려서 파괴의 천사가 이스라엘을 건드리지 않게 했다.

11:29 그들은, 즉 모세, 아론 그리고 이스라엘 백성들은 **홍해를 … 건넜으나** – 홍해는 '붉음'을 의미하는 에돔의 경계로 밀려왔다. 그러므로 여러 예가 창세기와 출애굽기에서 인용되어 있다. 다음의 예들은 전체 예언서들에서 인용되었다.

11:30 여호수아의 **믿음으로.**

11:31 라합 – 이전에는 부정한 사람이었을지라도.

11:32 사무엘 이후 예언자들이 언급된다. 다윗 역시 예언자였으나 또한 왕이었다. **선지자들** – 엘리야, 엘리사 등의 선지자들 및 그들과 더불어 살았던 신자들을 포함하는.

11: 33, 34 다윗은 특별히 여러 나라를 정복했다. (나머지를 배제하지 않는) 사무엘은 정의를 실천했다. 일반적으로 예언자들은 자신들을 위한 그리고 다른 사람들에게 전해야 할 약속을 받았다. 또한 다니엘과 같은 선지자는 사자의 입을 막았으며 사드락, 메삭, 아벳느고 같은 선지자들은 불을 껐다. 이와 같은 예들은 믿음의 성격을 분명히 보여준다. 이러한 예들보다 더 오래된 예들을 더해서 이 사실을 예증하고 있다. 입다는 칼날을 피했다. 삼손은 약했지만 강해졌다. 바락은 전쟁에서 용맹을 떨쳤으며 기드온 외국 군대를 물리쳤다. 믿음은 사회와 군사 모두에 가장 영웅적 역할들에 힘을 일으켜 주었다. 믿음은 모든 장애물들을 극복하게 했으며, 위대한 일들을 성취했고, 가장 좋은 것을 성취하게 했으며, 기적적인 능력으로 자연의 과정도 뒤바꿔 놓았다.

11:35 자연적으로 약한 여자들은 자기의 죽은 자들을 ... 받아들이기도 하며 또 어떤 이들은 … 심한 고문을 받되 – 위대한 일들을 행했던 이러한 이들로부터, 사도는 고난받음으로 더 높아진다. **더 좋은 부활을 얻고자 하여** – 더 높은 보상, 그들의 고난이 크면 클수록 그들의 영광이 더 커질 것이므로, **구차히 풀려나기를 원하지 아니하였으며** – 죄스러운 말로

11:36 또 어떤 이들은 – 여기서 사도가 최근의 예들로 넘어가는 것으로 보인다.

11:37 톱으로 켜는 것과 – 유대 전통에 따르면 이사야가 므낫세에 의해 당했던 것처럼, **시험과 칼로 죽임을 당하고** – (고문과 죽음이 교차적으로 언급된다) 모든 방법으로; 위협, 치욕, 고문, 표현할 수 없는 다양한 방법으로 그리고 다시 약속들과 유혹들로.

11:38 (이런 사람은 세상이 감당하지 못하느니라) – 그렇게 큰 축복을 받을 자격이 없었다. **그들이 … 유리하였느니라** – 사람들로부터 나와서.

11:39 이 사람들은 다 – 그들은 좋은 증거를 얻었지만 (2절) 아직 위대한 약속인 하늘의 유산을 받지 않았다.

11:40 이는 하나님이 우리를 위하여 더 좋은 것을 예비하셨은 즉 – 즉, 영원한 영광, **우리가 아니면 그들로 온전함을 이루지 못하게 하려 하심이라** – 즉, 우리 모두가 하늘에서 함께 온전해질 것이다.

히브리서 12장

12:1 이러므로 우리에게 구름 같이 둘러싼 허다한 – 거룩한 재빠름으로 위로 향하는 큰 무리, **증인들이** – 믿음의 능력의, **모든 무거운 것과 … 벗어 버리고** – 경주를 하는 모든 사람이 주의하며 하는 것처럼, 우리를 무겁게 하거나 우리 영혼의 활력을 꺾는 것이 무엇이든 던져버리고, **얽매이기 쉬운 죄를** – 우리 기질의 죄, 우리 교육의 죄, 우리 직업의 죄가 하는 것처럼.

12:2 믿음의 주요 또 온전하게 하시는 이인 – 그는 우리 속에 믿음을 주시고 믿음이

계속되게 하며 믿음을 온전하게 한다. **예수를** – 상처 입은 이스라엘이 구리 뱀을 쳐다보듯이. 십자가에 달리신 우리 예수는 장대에 들린 구리 뱀에 의해 예시되었고 우리의 죄는 불 뱀에 물린 상처로 예시되었으며 우리 믿음은 그 기적적인 치료를 그들이 바라보는 것에 의해 예시되었다. **바라보자** – 다른 모든 것들로부터. **그는 그 앞에 있는 기쁨을 위하여** – 인내하고 자원하여, **십자가를 참으사** – 십자가와 함께 하는 고통 모두를 참으사, **앉으셨느니라** – 거기에 충만한 기쁨이 있다.

12:3 너희가 피곤하여 – 둔하고 나른해서 너희가 가는 길이 희미해지는, **죄인들이 이같이 자기에게 거역한 일을 참으신 이를** – 모든 종류의 그와 같은 적대감과 반대, **생각하라** – 비교하고 생각해보라. 주님은 이 모든 것을 견디셨다. 그런데 그의 종들이 아무것도 감당하지 못하겠는가?

12:4 피흘리기까지는 – 상하고 죽기까지

12:5 너희에게 권면하신 말씀도 잊었도다 – 권면으로 하나님은 당신에게 가장 부드럽게 말씀하신다. **내 아들아 주의 징계하심을 경히 여기지 말며** – 하나님의 징계와 싸우지 말며 가볍게 여기지도 말라. 어떤 고난을 우연이나 다른 이유로 보지 말라. 그 안에 있는 하나님의 손길을 찾아 의지하라. **그에게 꾸지람을 받을 때에 낙심하지 말라** – 그것을 참을성 있고 유익하게 견뎌라.

12:6 모든 것이 사랑에서 나오는 것이기 때문에 무시하지도 약해지지도 말라.

12:7 어찌 아버지가 징계하지 않는 아들이 있으리요 – 아들이 죄를 범하면.

12:8 징계는 다 받는 것이거늘 – 많든 적든.

12:9 공경하였거든 – 우리는 그들의 교정 아래서 멸시하지도 않았고 약해지지도 않았다. **하물며 … 하지 않겠느냐** – 영의 아버지께 존경과 온유를 드려라. 우리는 그와 함께 영원히 살게 될 것이다.

12:10 그들은 잠시 – 지상에서의 우리의 날들 모두가 얼마나 짧은 것인가! **자기의 뜻대로 우리를 징계하였거니와** – 비록 그들이 지나치게 방종하거나 지나치게 엄격함으로 그 징계에 있어서 자주 오류를 범했을지라도, **오직 하나님은** 의문의 여지없이 늘 **우리의 유익을 위하여 그의 거룩하심에 참여하게 하시느니라** – 즉, 그 자신의 그리고 그의 영광의 형상의.

12:11 우리의 지상의 아버지로부터든 혹은 하늘 아버지로부터든 **무릇 징계가 당시에는 즐거워 보이지 않고 슬퍼 보이나 후에 그로 말미암아 연단 받은 자들에게 의와 평강의 열매를 맺느니라** – 성결과 행복, 하나님으로부터 이것을 받고 그분의 의지에 따라 증진시켜라.

12:12 그러므로 전쟁을 계속할 수 없는 너 자신의, 혹은 너의 형제들의 **피곤한 손과** 경주를 계속할 수 없는 **연약한 무릎을 일으켜 세우고**

12:13 너희 발을 위하여 곧은 길을 만들어 – 모든 방해물과 모든 허물을 제거하라. **저는 다리로** – 연약하여 걸을 수 없는 그들, **하여금 어그러지지 않고 고침을 받게**

하라 – 믿음과 성결의 길.

12:14 모든 사람과 더불어 화평함과 – 이 권면의 두 번째 부분은 우리 이웃에 대한 것이고 세 번째는 하나님에 대한 것이다. **거룩함을** – 모든 성결을 따르지 않는 것은 모든 종류의 죄에 빠지는 직접적인 길이다.

12:15 너희는 하나님의 은혜에 이르지 못하는 자가 없도록 하고 또 쓴 뿌리가 나서 괴롭게 하여 많은 사람이 이로 말미암아 더럽게 되지 않게 하며 – 만일 늘어진 손을 올리지 않는다면 그는 하나님의 은혜에 이르지 못하게 될 것이다. 자라나는 시기, 성냄, 의심의 쓴 뿌리가 달콤한 평화를 파괴한다. 성결을 따르지 않아 음행 혹은 음란에 떨어지지 않도록 해야 한다. 일반적으로 교리에서든 실천에서든 타락이 쓴 뿌리이며 많은 사람을 오염시킬 것이다.

12:16 장자의 축복을 경시했기 때문에 에서는 망령된 자가 되었다.

12:17 축복을 이어받으려고 – 장자의 축복, **눈물을 흘리며 구하되** – 그는 너무 늦게 구했다. 우리는 현재의 시간을 사용하자! **버린 바가 되어** – 그는 축복을 얻을 수 없었다. **회개할 기회를 얻지 못하였느니라** – 그가 잃어버렸던 것을 다시 찾게 하는 그런 회개의 여지가 있었다.

12:18 그리스도의 제사장직으로부터 이끌어 낸 전체적인 권면에 더욱 주목해야만 하는 이유는 구원과 심판 모두가 가까이 왔기 때문이다. **너희는 만질 수 있고 불이 붙는 산에** 이른 것이 아니라 – 이것은 지상의 물질적 본성의 것이 아니다.

12:19 나팔 소리 – 이것은 의심의 여지없이 말씀, 즉 큰 소리로 말해졌던 십계명(신 5:22)을 예비하는 천사의 사역으로 나는 나팔소리이다.

12:20 그들이 견디지 못함이라 – 이는 짐승이라도 그 산에 들어가면 돌로 침을 당하리라라고 선포된 이 말들을 들었을 때 그들을 사로잡았던 그 두려움

12:21 모세도 – 하나님께 그렇게 가까이 다가가는 것을 허락받아 사람이 그의 친구에게 말하듯이 하나님께 말했음에도 불구하고, 다른 때에 그는 하나님과 백성들 사이에 중재자로서의 역할을 수행했다. 그러나 십계명이 선포되었을 때 그는 듣는 자 중에 하나로 서 있었다. (출 29:5, 20:19)

12:22 그러나 너희가 – 그리스도를 믿는 사람들이, **이른 곳은** – 여기서 사도는 투쟁하는 교회로 그들이 왔다고 말하지 않고 신약 성서 신자들의 영광의 특권, 즉 승리하는 교회와 그들의 교제를 이야기한다. 그러나 이것은 가려진 우리 눈보다는 하늘의 영적인 눈에 더 분명하다. 삼층천에 올라갔던 사람답게 사도 바울은 여기서 하늘의 질서에 대한 탁월한 지식을 보여주었다. **시온 산과** – 영적 산, **살아 계신 하나님의 도성인 하늘의 예루살렘과** – 이 모든 영광스러운 명칭들은 신약 교회에 속한다. **천만 천사와** – 이후에 언급되는 모든 것들을 포함하는.

12:23 장자들의 – 모세에 의해 기록되어 명기된 이스라엘의 장자. 그러나 이들은 하늘의 시민들로서 하늘에서 기명 되었다. 이 아름다운 등급 속에서 이 장자들은 천

사들보다 하나님과 더 가까이 있다. **모임과** – 이 단어는 어떤 축제일에 공인된 모임을 적절하게 의미한다. **교회와** – 지상에서든 낙원에서든 참된 신자들의 전체적 공동체. **만민의 심판자이신 하나님과** – 믿는 자에게는 축복이고 너희의 적들에게는 화가 되는, **및 온전하게 된 의인의 영들과** – 이것은 신약 신자들의 영혼을 의미하는 것으로 보인다. 이 수는 아직 크지 않지만 그들의 심판자가 묵인한 허다한 무리의 의인과는 구별되어 언급된다. 이들은 여전히 살아 있는 그 누구보다 더 높은 의미에서 완전하게 되었다. 따라서 아직 지상에 있는 동안 사도 바울은 그가 완전해졌다는 것을 부인한다.(빌 3:12)

12:24 새 언약의 중보자이신 예수와 – 예수를 통해 그들은 완벽해 졌다. **아벨의 피보다 더 나은 것** – 아벨의 피는 복수를 부르짖는다. **뿌린피니라** – 너를 위해 흘린 고귀한 피의 덕으로 모두에게 뿌린 피. 사악한 양심에 뿌려진 그 피. 이 피뿌림은 우리 주님의 중보의 직무의 근원이었다. 여기서 그 단계는 절정에 이른다.

12:25 너희는 삼가 말씀하신 이를 불신앙으로 **거역하지 말라** – 그리고 그의 말씀이 지금까지 마지막 때에 관한 서막이다. 하늘에서 들려왔을 때 율법에서 그리고 복음 안에서 이 둘 모두에서 말씀하셨던 동일한 음성이 천지를 진동시킬 것이다. **그들이 피하지 못하였거든** – 그의 복수를, **하물며 하늘로부터 경고하신 이를** – 우리에게 말씀하시기 위해 하늘에서 오셨던 분을, **배반하는 우리일까보냐** – 우리들 중에.

12:26 그 때에는 그 소리가 땅을 진동하였거니와 – 그가 시내산에서 말씀하셨을 때, **이제는** – 그의 다음 말씀에 관련해서, **약속하여 이르시되** – 비록 악한 자들에는 두려운 것일지라도 성도들에게는 기쁨의 약속이다. **내가 또 한 번 땅만 아니라 하늘도 진동하리라 하셨느니라** – 이 말은 어떤 의미에서는 유대의 교회와 국가를 붕괴시킬 것을 언급하는 것이다. 그러나 온전한 의미로는 이것들은 의심의 여지없이 만물의 마지막까지 더 나아가는 것이다. 이 우주적 진동은 그리스도의 첫 오심에서 시작되었다. 이것은 그의 재림에서 완성될 것이다.

12:27 소위 하늘과 땅이 흔들려 변하고 새 하늘과 새 땅, 즉 혼동되지 않는 것이 남을 것이다. (계 21:1)

12:28 그러므로 우리가 의지적이고 기쁨 가득한 믿음으로 **흔들리지 않는 나라를 받았은즉** – 현재 하늘과 땅보다 더 영광스러운 나라, **은혜를 받자 이로 말미암아 경건함과** – 문자적으로는 우리 자신의 무가치함에 대한 깊은 인식으로부터 나오는 부끄러움으로, **두려움으로** – 하나님의 은혜로운 권능에 대한 인식에서 생기는 부드러우며 방심하지 않는 두려움 **하나님을 기쁘시게 섬길지니** – 모든 생각, 말, 그리고 일로.

12:29 우리 하나님은 소멸하는 불이심이라 – 그의 공의의 엄격하심과 그의 성결의 순수함에서.

히브리서 13장

13:1 형제 사랑하기를 계속하고 – 형제 사랑이 뒤따르는 구절들에서 설명된다.
13:2 손님 대접하기를 잊지 말라 이로써 부지중에 천사들을 대접한 – 그러므로 알지 못하는 나그네 대접이 더 가치 있을 수 있다. 그리고 보이지 않는다고 해도 천사들이 그를 따를지 모른다. **이들이 있었느니라** – 아브라함과 롯.
13:3 생각하고 – 기도함으로 그리고 도와주므로 갇힌 사람 중의 한 사람처럼 섬기며 고난받는 자의 고난에 동참하다.
13:4 결혼은 신성한 것이다. 성직자 혹은 평신도를 막론하고 **모든 사람은 결혼을 귀히 여기고 침소를 더럽히지 않게 하라** – 소위 어떤 영적 작가들은 이것은 소위 허가된 매춘이라고 말하지만 가장 높은 순결과 일치한다. **음행하는 자들과 간음하는 자들을 하나님이 심판하시리라** – 종종 사람의 심판을 피했을지라도.
13:5 그가 – 하나님, **친히 말씀하시기를** – 야곱, 여호수아, 그리고 솔로몬에게 말씀하시던 대로 모든 신자들에게.
13:7 자들을 생각하며 – 지금은 하나님과 함께하는 사람들, 이 땅에서의 **그들의 행실의** 행복한 **결말을 주의하여 보고**
13:8 사람은 죽을지라도 예수 그리스도는 (그리고 그의 복음은) 영원부터 영원까지 동일하시다.
13:9 여러 가지 다른 교훈에 끌리지 말라 – 이 교리들은 우리의 한 분 변치 않는 주님에 대한 그 한 신앙과는 다르다. 주님께서 거하시는 사람의 마음과 귀에 다른 교훈. **마음은 은혜로써 굳게 함이** – 그리스도를 믿는 믿음으로부터 나온, **아름답고** – 하나님 앞에 명예로우며 기쁘고 유익이 되는, **음식으로써 할 것이 아니니** – 유대 제의들은 결코 마음에 세워질 수 없다.
13:10 15절과 16절이 10절의 앞 구절에 의지하고 그 사이에 있는 구절들(역자주 11절부터 14절)은 뒷 구절에 의지한다. **우리에게 제단이 있는데** – 그리스도의 십자가, **장막에서 섬기는 자들은** – 모세 율법을 고수하는 사람들, **그 제단에서 먹을 권한이 없나니** – 우리가 그 제단으로부터 받는 유익에 참여할 권한.
13:11 그들의 법에 따르면 속죄 제물은 완전히 불에 태웠기에 그것을 먹은 유대인은 아무도 없었다. 그러나 그리스도가 속죄 제물이었다. 따라서 그들은 모세 율법으로 자유로운 우리가 그랬던 것처럼 그를 먹을 수 없다.
13:12 그러므로 예수도 – 이러한 전형적 속죄 제물들에 정확하게 대답하는, **자기 피로써** – 이제 더 이상 쓸모가 없는 이러한 그림자처럼 희미한 희생제물들이 아니라, **백성을** – 그를 믿는 사람들, **거룩하게 하려고** – 하나님과 화해하게 하고 성별케 하는, **성문 밖에서 고난을 받으셨느니라** – 이스라엘의 옛 진영에 대한 해답으로서의 예루살렘의 성문.

13:13 그의 치욕을 짊어지고 – 그를 위해 온갖 종류의 수치, 모욕 그리고 경멸, **영문 밖으로 그에게 나아가자** – 유대 제도를 벗어나서.

13:14 우리가 여기에는 – 지상에는, **영구한 도성이 없으므로** – 여기서 모든 것은 한순간뿐이므로, 예루살렘 자체도 바로 그때 멸망의 위기에 있었다.

13:15 찬송의 제사를 – 제단은 10절에 언급되어 있다. 이제 제사는 (1) 찬송과 (2) 선행이다. 하나님께서 이 둘 모두를 기뻐 받으신다.

13:17 너희를 인도하는 자들에게 순종하고 – 이 말은 또한 너를 진리와 성결로 인도하거나 안내하는 것을 의미한다. **복종하라** – (너의 양심 혹은 판단이 아니라) 완전히 중립적인 모든 일에 있어서 너 자신의 의지를 포기하라. **그들은 너희 영혼을 위하여 경성하기를** – 모든 열심과 부지런함으로 너희를 모든 위험에서 살피고 보호한다. **자신들이 청산할 자인 것 같이 하느니라** – 너희를 향한 그들의 행동의 모든 부분에 대해 위대한 목자에게 청산한 자인 것처럼 한다. 그러면 모든 목회자가 얼마나 근면해야만 하는가? 그에게 책임이 부여된 모든 영혼에 얼마나 주의를 기울여야 하는가? **그들로 하여금 즐거움으로** 너를 돌보는 **이것을 하게 하고 근심으로 하게 하지 말라** – 그들로 기뻐하지도 탄식하지도 않는 자는 좋은 목자가 아니다. 다른 피조물의 탄식도 하나님께 들려온다. 사람들의 탄식이 하나님의 귀에 얼마나 더 잘 들려오겠는가? 기독교 목회자의 이러한 성품에 응답하는 자는 누구든지 의심의 여지없이 이러한 순종을 요구할 수 있다.

13:20 영원한 언약 – 기독교 언약은 유대 언약처럼 일시적인 것이 아니라 영원히 남는 것이다. 이 언약을 세우는 그 피를 적용함으로 그는 당신을 모든 면에서 내적 그리고 외적으로 거룩하게 만들 것이다.

13:22 권면의 말을 용납하라 – 나의 일상적인 편지들보다 더 긴 이 편지로 너에게 한 권면이 몇 마디 말에 있지만, 그 주제의 풍부함을 고려하라.

13:25 은혜가 너희 모든 사람에게 있을지어다 – 사도 바울의 일상적 축도. 하나님께서 이 축복을 우리 마음에 주시기를!

야고보서 주해

이 책은 우리 주님의 친척 혹은 형제인 알패오의 아들 야고보에 의해 기록된 것으로 여겨진다. 또한, 일반서신으로 불리는데 특정한 사람이나 교회를 위해 기록된 것이 아니라 회심한 모든 이스라엘 사람들을 위해 기록되었기 때문이다. 이 서신에서 사도는 심지어 많은 사람을 당시에 감염시키고 영광스러운 이신칭의 교리를 음탕주의로 왜곡시켰던 도덕 무용론(율법폐기 주의)을 꾸짖는다. 그래서 그는 고난 가운데 있는 참된 신자들을 위로하고 그들에게 다가오는 심판을 상기시킨다.

야고보서는 세 부분으로 되어 있다.

I. 서문 1:1

II. 권면

1. 내적 유혹을 이기고 외적으로 견뎌내는 인내 1:2–15
2. 하나님의 선하심을 생각하며 1:16–18
   듣기는 속히 하고 말하기는 더디 하며 성내지 말라

그리고 이 세 가지에 대한

1) 제안 1:19–21
2) 세부적 설명
   a) 행함과 함께 듣자 1:22–26
      특히 혀를 억제함으로 26
      자비와 순수함으로 27
      차별대우하지 않음 2:1–13
      그러므로 예외 없는 행함과 함께하는 믿음 14–26
   b) 말을 조심하자 3:1–12
   c) 성냄과 모든 정욕을 억제하라 3:13–4, 4:1–17
3) 다시 인내에 대해
   a) 가까워진 심판의 도래로 확인된

악인의 재앙 5:1-6

의인의 구원 5:7-12

b) 기도로 영양을 공급받는 5:13-18

III. **결론** 5:19,20

야고보서 1장

1:1 주 예수 그리스도의 종 – 사도는 주님의 이름을 이 서신 전체에서 한 번 더 언급하고 그의 설교 전체(행 15:14, 행 21:20–25)에서 더는 언급하지 않는다. 만일 그가 자주 주님의 이름을 언급했다면 주의 형제라는 허영심 때문에 그렇게 했을 것으로 보였을 것이다. **흩어져 있는** – 여러 나라에 있는. 이스라엘의 열 지파는 호세아 시대 이후로 흩어져 살았다. 그리고 나머지 지파들의 대부분은 예언되었던 것처럼(신 28:25, 30:4) 로마 제국 전역으로 흩어졌다. **열두 지파에게** – 이스라엘의, 이들은 그들 중 믿는 자들이다. **문안하노라** – 즉, 일시적인 축복과 영원한 축복 모두로.

1:2 내 형제들아 … 온전히 기쁘게 여기라 – 이것은(기쁨) 가장 높은 단계의 인내이며 그 외 모든 것을 포함한다. **너희가 여러 가지 시험을 당하거든** – 유혹

1:4 인내를 온전히 이루라 – 너에게 어떤 시험이 닥칠지라도 끝까지 인내하라. **이는 너희로 온전하고 구비하여** – 모든 기독교의 은총으로 힘입어, **조금도 부족함이 없게 하려 함이라** – 하나님께서 너희에게 요구하시는 것이다.

1:5 너희 중에 누구든지 … 부족하거든 – 이 구절들을 읽고 있는 억울하게 고난을 당하는 사람들은 1장과 4장의 1절과 다음 절들 사이의 연결을 쉽게 이해할 것이다. 그리고 그들은 왜 사도가 마음의 이러한 다양한 정서들 모두를 언급하는지를 쉽게 인식하게 될 것이다. **지혜가** – 어디에서 그리고 왜 유혹이 오는지 그리고 어떻게 개선되어야 하는지를 이해하기 위한 지혜, 인내는 이미 모든 경건한 사람에게 있다. 그에게 이것을 사용하게 하고 지혜를 간구하게 하자. 가난할 때의 유혹과 부유할 때의 유혹 모두에 대한 지혜는 9절과 10절에서 설명되어 있다. **모든 사람에게 후히 주시고** – 정당하게 요구하는 모든 사람, **꾸짖지 아니하시는** – 그들의 과거의 잘못들에서든 현재의 부족함에서든.

1:6 오직 믿음으로 구하고 – 하나님에 대한 굳건한 신뢰. 사도 야보고 역시 믿음으로 시작하고 믿음으로 끝낸다. (5:15) 이 서신의 중간 부분에서는 믿음의 장애물을 제거하는 문제를 다룬다. **의심하는 자는 마치 … 바다 물결 같으니** – 지혜를 간구하지 않아서 소유하지 못한 모든 사람은 이와 같다. **바람에 밀려** – 외부로부터, **요동하는** – 내부로부터, 그 자신이 불안정에 의해서.

1:8 두 마음을 품어 – 있는 그대로 그는 두 영혼을 소유하고 있고 그의 마음은 하나님만을 향해 있지 않다. **모든 일에 정함이 없는 자로다** – 참 지혜가 없으며 자기 자신과 다른 사람들 모두와 끊임없이 일치하지 않는다.

1:9 낮은 – 가난하고 유혹에 처한, **형제는** – 사도 야고보는 부자에게 이 호칭을 주지는 않는다. **자기의 높음을** – 하나님의 자녀와 영광의 상속자 됨, **자랑하고** – 두 마음에 대한 가장 효과적인 치료제.

1:10 부한 자는 자기의 낮아짐을 – 그의 참된 상태에 대한 깊은 인식 때문에 겸손해

진다. **풀의 꽃과 같이** – 아름답지만 일시적인, **지나감이라** – 영원 속으로 사라질 것이다.

1:11 해가 돋고 뜨거운 바람이 불어 풀을 말리면 – 사건의 확실성과 돌발성 모두를 암시하는 비교 그 자체 그리고 표현하는 그 방식 모두에 말로 표현할 수 없는 아름다움과 우아함이 있다. **부한 자도 그 행하는 일에 이와 같이 쇠잔하리라** – 그의 다양한 향락과 업무들로 인해서.

1:12 시험을 참는 자는 복이 있나니 – 여러 종류의 유혹과 시험. 이는 시련을 견디어 낸 자가 **주께서 자기를 사랑하는 자들에게 약속하신** – 인내가 사랑을 증명한다. 왜냐하면, 사랑만이 모든 것을 참아내기 때문이다. **생명의 면류관을 얻을 것이기 때문이라** – 그 면류관은 사라지지 않는다.

1:13 사람이 시험을 받을 때에 – 죄. **내가 하나님께 시험을 받는다 하지 말지니** – 하나님은 어떤 사람도 그렇게 시험하지 않으신다.

1:14 오직 각 사람이 시험을 받는 것은 – 유혹의 시작에서, **자기 욕심에 끌려** – 그러므로 우리는 우리 자신에게서 모든 죄의 원인을 찾아야 한다. 악마의 주입조차 우리가 그것들을 우리 자신의 것들로 만들기 전에는 우리를 해할 수 없다. 그리고 모든 사람은 그 자신의 규율, 기질, 습관 그리고 생활방식으로부터 발생하는 욕망을 가지고 있다. **미혹됨이니** – 원래 단어가 의미하는 것은 유혹의 과정 가운데 미끼를 놓아 걸려들게 한다는 말이다.

1:15 욕심이 잉태한즉 – 우리 자신의 의지가 욕심에 합류한다. **죄를 낳고** – 욕망 자체는 죄가 아니라는 것은 따라오지 않는다. 사람을 낳는 그 역시 사람이다. **죄가 장성한즉** – 죄는 매우 빠르게 자란다. **사망을 낳느니라** – 죄는 죽음으로 커지게 되어 있다.

1:16 속지 말라 – 우리가 받은 선을 하나님께 돌리지 않고 악을 하나님께 돌리는 것은 심각한 오류다.

1:17 온갖 좋은 은사와 – 거룩의 경향이 있는 것은 무엇이든지. **온전한 선물이** – 영광의 경향이 있는 것은 무엇이든지, **빛들의 아버지께로부터 내려오나니** – 아버지라는 호칭이 특별히 적절하게 여기서 사용된다. 그는 우리를 낳으셨다. 그는 은혜와 영광의 왕국의 물질적이든 영적이든 모든 빛의 아버지다. **그는 변함도 없으시고** – 그의 이해력에 변함이 없는, **회전하는 그림자도 없으시니라** – 그의 의지에. 그는 모든 선악을 판단하는데 오류가 없어서 선을 사랑하고 악을 미워하는데 철저하다. 이 두 헬라어 단어들은 별들로부터 가져온 은유이다. 특별히 적절하게 이 부분에서 빛들의 아버지가 언급되다. 둘 다 낮 밤의 매일의 변화, 어떤 때는 긴 낮, 그리고 어떤 때는 긴 밤을 가진 천체에 적용할 수 있다. 하나님께는 이런 종류의 변화가 없다. 그는 단지 빛이시다. 어떤 그와 같은 변화가 있다면 그것은 우리 자신이지 그분이 아니시다.

1:18 그 피조물 중에 우리로 한 첫 열매가 되게 – 그리스도인들은 하나님의 가시적 피조물 중에서 가장 중요하고 가장 탁월하며 다른 피조물들을 성화시킨다. **자기의 뜻을 따라** – 우리의 악한 욕망에 반대되는 가장 사랑하는, 가장 자유로운, 가장 순수한 하나님의 뜻, **진리의 말씀으로** – 복음이라고 단호하게 불리는 참된 말씀, **우리를 낳으셨느니라** – 그를 믿는 사람들을 낳으셨다.

1:19 듣기는 속히 하고 – 이 구절의 해설은 21절 이하부터 다음 장까지 이어진다. **말하기는 더디 하며** – 이 구절의 해설은 3장에 있다. **성내기도 더디 하라** – 하나님을 원망하지도 이웃에게 화내지도 말라. 이 구절의 해설은 3장에서 그리고 4장과 5장 전체에서 다루어진다.

1:20 여기서 **하나님의 의**는 하나님에 의해 지시되고 그를 기쁘게 하는 모든 의무를 포함한다.

1:21 모든 더러운 것과 넘치는 악을 – 세상 지혜에게 그럴듯하게 혹은 필요하게 보일지라도 모든 악함은 비열하고, 증오스러우며, 경멸할만하고 진실로 불필요한 것이다. 어떤 종류나 어떤 정도 없이 합리적 목적조차도 효과적으로 대답 될 수 있다. 이것을, 즉 알려진 죄 모두를 버리자 그렇지 않으면 너희가 듣는 모든 것이 헛된 것이다. **내버리고** – 더러운 옷을 벗어 버리듯, **너희 영혼을 능히 구원할 바** – 구원의 소망이 온유함을 자라나게 한다. **마음에 심어진** – 신생(18절) 때문에 그리고 연단으로 신자에게 심겨진, **말씀을** – 복음의, **온유함으로** – 항상 차분하고 평온한 마음의 상태, **받으라** – 너의 귀, 너의 마음, 너의 삶으로.

1:23 그는 거울로 자기의 생긴 얼굴을 보는 사람과 같아서 – 거울이 사람을 보여주듯이 성경이 사람의 영혼의 얼굴을 얼마나 정확하게 보여주는가!

1:24 제 자신을 보고 가서 – 다른 일로 가서, **그 모습이 어떠했는지를 곧 잊어버리거니와** – 그런 망각은 변명이 되지 않는다.

1:25 온전한 율법을 – 믿음으로 이루어진 사랑의 법. 여기서 사도는 율법의 멍에와 속박에 대한 바울의 말을 오해하지 않도록 우리에게 경고한다. 사랑의 법을 지키는 자는 자유롭다. (요 8: 31절 등) 사랑을 행하지 않는 자는 자유하지 않으며 죄의 종이고 하나님 앞에서 범죄자다. (2장 10절) **들여다보고 있는** – 곁눈질을 슬쩍하는 것이 아니라 시선을 목표물에 집중시켜 바닥까지 모든 것을 찾는, **그리고 계속하고 있는 (역자주, 개역 개정에는 번역이 되어 있지 않다)** – 잊어버리고 멀어지는 사람과 같지 않은, 듣고 잊어버리는 자가 아니요 실천하는 자니, **이 사람은** – 이 단어의 반복에는 독특한 힘이 있다. **복을 받으리라** – 하나님의 뜻을 듣는 것으로뿐만 아니라 행함으로.

1:26 누구든지 스스로 경건하다 생각하며 – 종교의 외적 직무에 있어서 정확한, **자기 혀를 재갈 물리지 아니하고** – 험담, 고자질, 악평으로부터. 그가 참 종교를 어느 정도 가지고 있다고 상상한다면 그는 자신의 마음을 속이는 것이다.

1:27 하나님의 눈에 유일한 참된 경건이 이것이다. **고아와 과부를 그 환난 중에** 상담으로, 위로로 그리고 구제로 **돌보고 또 자기를 지켜 세속에 물들지 아니하는 그것이다. 고아와 과부를** – 돌봄이 가장 필요한 사람들, **그 환난 중에** – 가장 도움 없고 희망 없는 그들의 상태, **자기를 지켜 세속에 물들지 아니하는 그것이니라** – 세속의 행동 원리, 기질 그리고 습성으로부터. 우리가 우리 마음을 하나님께 드리고 우리 이웃을 우리 자신처럼 사랑할 때까지 이것은 행해질 수 없다.

야고보서 2장

2:1 내 형제들아 – 이 권고의 근거는 이 이름에 의해 암시되는 그리스도인들의 평등이다. **영광의 주 곧 우리 주 예수 그리스도에 대한 믿음을 너희가 가졌으니** – 그를 믿는 모든 사람은 그의 영광에 동참한다. **사람을 차별하여 대하지 말라** – 즉, 단지 부자라는 이유만으로 아무도 존경하지 않는다. 단지 가난하다는 이유만으로 아무도 멸시하지 않는다.

2:2 금 가락지 – 당시에 이것은 지금처럼 그렇게 흔하지 않았다.

2:3 너희가 … 자를 눈여겨 보고 – 존경을 가지고.

2:4 너희끼리 서로 차별하며 – 빈부에 따라 존경하는 것, **악한 생각으로 판단하는** – 네가 악한 생각을 하면 잘못 판단하게 된다. 왜냐하면, 좋은 의복이 그것을 입고 있는 사람의 가치를 증명하지 않기 때문이다.

2:5 들을지어다 – 그렇게 판단하는 너희들이여 계속해서 생각하라고 그가 말했던 것인 양. 그는 가난한 사람에게 더 호의적이라고 추정하는 것은 아닌가? **하나님이 세상에서 가난한 자를 택하사** – 일반적으로 말하자면, 하나님께서 택하신 사람이 이 세상에서 가난한 사람이라는 말은 아니다. **믿음에 부요하게 하시고 … 나라를 상속으로 받게 하지 아니하셨느냐** – 결과적으로 가장 존경할만한 사람이 아닌가? 하나님께서 그렇게 높게 인정하는 그들을 당신도 그처럼 존중해야 하지 않겠는가?

2:6 부자는 너희를 억압하며 – 공개적 폭력으로, 자주 **법정으로 끌고 가지 아니하느냐** – 법을 구실삼아.

2:7 그 아름다운 이름을 비방하지 아니하느냐 – 하나님의 이름과 그리스도의 이름. 사도는 주로 이방 부자에 대해 말하고 있다. 그러나 기독교인들이 그들 바로 다음에 있는 것은 아닌가?

2:8 너희가 만일 … 최고의 법을 지키면 – 사랑이신 위대한 왕의 최고 법. 그러므로 너희는 가난하든 부자든 모든 사람을 잘 대해야 한다.

2:9 정죄하리라 – 바로 그 법에 따라서.

2:10 누구든지 온 율법을 지키다가 그 하나를 범하면 모두 범한 자가 되나니 – 마치 모든 점에서 범죄한 것처럼 그는 비난을 면치 못한다.

2:11 왜냐하면 그것은 모든 계명을 세우는 똑같은 권위이기 때문이다.
2:12 너희는 … 심판 받을 자처럼 – 사람을 존중해서, **자유의 율법대로** – 보편적 사랑의 법인 복음. 이것만이 완전한 자유다. 만일 어떤 사람이 이 법을 말 혹은 행동으로 범하면 반드시 저주를 받게 될 것이다. 그리고 이 법에 순종하여 행하는 의인은 보상을 받게 될 것이다. **말도 하고 행하기도 하라** – 모든 일에 있어서
2:13 긍휼을 행하지 아니하는 자에게는 – 그의 가난한 형제들에게, **긍휼 없는 심판이 있으리라** – 그날에(역자주, 심판의 날에), 그러나 그들이 보여준 것에 대해 대답하는 신자에 대한 하나님의 자비는 **심판을 이기고 자랑하느니라**
2:14 사도는 1장 22절부터 그리스도인의 실천을 강조한다. 이제 그는 믿음을 빙자해서 이것을 무시하는 사람들에게 적용한다. 사도 바울은 율법을 행하므로 의롭게 되는 것이 아니라 믿음으로 의롭게 된다고 가르친다. 몇 몇은 이미 그들의 자기 파괴를 향해 비틀기 시작했다. 그런 까닭에 사도 바울이 사용했던 증거들과 예들(롬 4:3, 히 11:17, 39)의 동일한 구절을 반복하는 사도 야고보는(21, 23, 25절) 사도 바울의 교리가 아니라 그것을 오용했던 사람들의 오류를 반박한다. 사도 바울과 사도 야고보 사이에는 아무런 대립도 모순도 없다. 이 둘은 하나님의 진리를 전달하는데 다른 종류의 사람들과 관련이 있는 것처럼 다른 방법으로 전달했다. 다른 곳에서 사도 야고보 자신이 신앙의 원인을 주장했다. (행 15:13–21) 특별히 자신의 후기 서신들에서 사도 바울은 필사적으로 행동을 간청한다. 이 구절이 뒤따르는 구절들의 요약이다. **내 형제들아 만일 사람이 믿음이 있노라 하고** – 18절과 19절에서 설명된다. **행함이 없으면 무슨 유익이 있으리요** – 이 구절은 15절–17절에서 확대된다. **그 믿음이 능히 자기를 구원하겠느냐** – 20절에서 확대된다. 이것은 그가 믿음이 있음에도 불과하고 라기보다는 그가 자신이 믿음이 있다고 말함에도 불구하고 이다. 그런 까닭에 여기에서는 참되고 살아 있는 믿음을 의미한다. 그러나 이 주장의 다른 부분에서 사도는 죽은 믿음, 상상의 믿음을 말하고 있다. 그러므로 그는 참 믿음은 할 수 있다를 가르치는 것이 아니라 믿음은 행위 없이 존재할 수 없다는 것을 가르치는 것이다. 그는 믿음과 행위를 대비시킨 것이 아니라 믿음의 그 공허한 이름과 사랑으로 역사하는 진정한 믿음을 대비시키고 있다. 행위가 없는 믿음이 그를 구원할 수 있겠는가? 더는 그것이 그의 이웃에게 유익이 되지 않는다.
2:17 이와 같이 행함이 없는 믿음은 단순히 죽어 있고 헛된 개념이다. 헐벗은 사람에게 옷 입으라고 말하는 것만큼 행함이 없는 믿음을 가진 그에게 더는 유익이 되지 않는 개념이다.
2:18 어떤 사람은 – 더 잘 판단하는 사람, **말하기를** – 그와 같이 말만 하는 사람에게, 만일 너가 할 수 있다면 **행함이 없는 네 믿음을 내게 보이라**
2:19 네가 하나님은 한 분이신 줄을 믿느냐 – 나는 이것을 인정한다. 그러나 이것은 네가 악마들과 같은 믿음을 가지고 있다는 것을 증명할 뿐이다. 아니다. 그들은 믿

을 뿐만 아니라 두려워 **떠느니라** – 영원한 형벌을 받을까 하는 두려움에. 그것을 가지고 있는 사람들을 의롭게 여김을 받게 하거나 구원하는 믿음과는 아주 멀리 떨어져 있는 믿음이다.

2:20 허탄한 사람아 – 선이 전혀 없는, **행함이 없는 믿음이 헛것인 줄을** – 행함이 없는 믿음은 죽어있는가? 죽어있는 동물의 사체가 사람이 아닌 것처럼 행함이 없는 믿음은 믿음이 아니다. **알고자 하느냐** – 사실 너는 알고자 하지 않기에 기거가 그것에 대해 무지하려고 한다.

2:21 우리 조상 아브라함이 … 행함으로 의롭다 하심을 받은 것이 아니냐 – 사도 바울은 그가 믿음으로 의롭게 되었다고 했다. (롬 4:2) 그러나 사도 야고보는 그와 모순되지 않는다. 왜냐하면, 그는 같은 칭의를 이야기하지 않기 때문이다. 사도 바울은 이삭을 낳기 수년 전에 아브라함이 받은 칭의를 이야기한다. (창 16장 6절) 사도 야고보는 이삭을 제단에서 봉헌했던 때 그가 받았던 칭의를 이야기한다. 그러므로 그는 사도 바울의 의미에서 칭의를 받았었다. 즉 그의 행위에 앞서는 믿음에 의해 의롭다 여김을 받았다. 그는 사도 야고보의 의미에서 칭의를 받았다. 즉 그의 믿음의 결과인 행위 때문에 의롭게 만들어졌다. 그러므로 행위에 의한 사도 야고보의 칭의는 믿음에 의한 사도 바울의 칭의의 결과다.

2:22 네가 보거니와 믿음이 – 믿음으로 아브라함이 이삭을 드렸기 때문에, (히 11:17) **그의 행함과 함께 일하고** – 그러므로 믿음은 하나의 에너지와 작용을 소유하고 있고 행위는 또 다른 에너지와 작용을 소유하고 있다. 그리고 믿음의 에너지와 작용은 행위에 앞서며 그것들과 함께한다. 행위는 믿음에 생명력을 주지 않지만 믿음이 행위를 낳으며 행위 때문에 온전하게 된다. **행함으로 믿음이 온전하게 되었느니라** – 여기서 사도 야고보는 의롭게 된 이라는 용어를 사용하는 의미를 명확하게 했기에 그의 주장과 사도 바울의 주장 사이에 모순의 어떤 그림자도 남아 있지 않게 되었다. 아브라함은 믿음에 의해 완전하게 된 그 희생으로부터 돌아왔으며 하나님의 사랑을 더 받게 되었다. 믿음은 행함으로 존재하게 되는 것이 아니다. 왜냐하면, 믿음은 행하면 이전에 있는 것이기 때문이다. 그러나 행함은 믿음을 완전하게 한다. 몸의 자연적 열기가 움직임을 낳아서 그것으로 그 자체가 활기를 띠고 증가하는 것처럼 행함을 낳는 믿음의 활력이 그것들에 의해 활성화되고 증가한다.

2:23 이에 성경에 이른 바 – 후에 기록된 것, **아브라함이 하나님을 믿으니 이것을 의로 여기셨다는 말씀이 이루어졌고** – 이것은 아브라함이 처음 믿었을 때와 그가 이삭을 받쳤을 때 두 번 완성되었다. 사도 바울은 첫 번째 완성을 말하고 사도 야고보는 두 번째 완성을 이야기한다. **그는 하나님의 벗이라 칭함을 받았나니** – 그의 후손에 의해서(역대하 20:7)와 하나님 자신에 의해서(이사야 41:8) 이 둘 모두에 의해서. 그가 믿음으로 한 행위들이 하나님을 그렇게 기쁘게 했다.

2:24 이로 보건대 사람이 행함으로 의롭다 하심을 받고 믿음으로만은 아니니라 – 다

른 한편으로 사도 바울은 사람은 행위가 아니라 믿음으로 의롭다 여김을 받는다고 선언한다. (롬 3:28) 그러나 사도들 간에 모순은 없다. 그 이유는 다음과 같다. 1) 그들이 같은 믿음을 이야기하는 것이 아니다. 사도 바울은 살아 있는 믿음을 이야기하고 사도 야고보는 여기서 죽은 믿음을 이야기한다. 2) 그들은 같은 행위를 이야기하는 것이 아니다. 사도 바울은 믿음에 선행하는 행위를 이야기하고 사도 야고보는 믿음의 결과로서의 행위를 이야기한다.
2:25 어느 나라 그리고 남녀를 불문하고 참된 믿음은 행위를 낳으며 행위들로, 즉 그가 자신의 행위로 그의 믿음을 보여주는 동안에 신자 안에서 역사하시는 하나님의 은총에 의해서 믿음이 완전해진다는 것을 보여주려고 유대인의 조상 아브라함 이후에 사도는 여자이며 이방 죄인인 라합을 인용한다.

야고보서 3장

3:1 더 큰 심판을 받을 줄 – 남의 감정을 더 많이 건드리기 때문에. 여기서 사도 야고보는 이하 몇 구절에서와 마찬가지로 일반적인 연설로 자기 자신을 포함한다. **우리는 받게 될 것이다. –우리는 잘못을 저지른다– 우리는 입에 재갈이 물린다 –우리는 저주한다** – (상식이 보여주듯이) 이것은 그가 해석한 것도 다른 사도들이 해석한 것도 아니다. **알고** – 그 직무에 자신들을 내던지는 사람들, **선생이 많이 되지 말라** – 말 많이 하면서 기분을 상하게 하지 않는 것이 어렵다는 것을 이해하고 있는 너희 중에 누구도 하나님께서 너희에게 하시는 것보다 더 많이 이것(선생의 역할)을 떠맡지 말라.
3:2 말에 실수가 없는 자라면 곧 온전한 사람이라 능히 온 몸도 굴레 씌우리라 – 즉, 전인격의 사람(the whole man). 그리고 의심의 여지없이 어떤 사람들은 말에 실수하지 않을 수 있으며 그렇기에 이런 의미에서 완전하다.
3:3 우리 – 즉, 사람들.
3:5 큰 것을 자랑하도다 – 엄청난 영향력을 가지다.
3:6 불의의 세계라 – 모든 종류의 사악함의 엄청난 양을 담고 있는 세계, **온 몸을** – 전 인격, **더럽히고** – 그 연기에 의한 불로서, **삶의 수레바퀴를 불사르나니** – 그의 영혼의 모든 수레바퀴로서 그 열정 모두.
3:7 여러 종류의 – 이 표현은 아마도 꼭 들어맞는 것은 아닐 것이다. **벌레와** – 즉, 기는 것들.
3:8 혀는 능히 길들일 사람이 없나니 – 하나님의 특별한 도움 없이 그 자신의 혀든 다른 사람의 혀든.
3:9 하나님의 형상대로 지음을 받은 사람을 – 사실 우리는 지금 하나님의 형상을 상실했다. 그러나 그때부터 지울 수 없는 고귀함이 남아 있으며 이것으로 우리는 우

리 자신과 타인 모두를 존중해야만 한다.
3:13 단지 말로가 아니라 **그의 선행으로** 그의 믿음뿐만 아니라 그의 지혜를 **그로 하여금 보이게 하라.**
3:14 너희 마음 속에 – 비록 그것(사랑의 불꽃)이 더 나아가지 않았지만, **독한 시기와 … 있으면** – 참된 그리스도인의 열정은 단지 사랑의 불꽃이다. **진리를 거슬러 거짓말하지 말라** – 그와 같은 열정이 하늘의 지혜와 일치할 수 있는 것인 양.
3:15 이와 같은 열정과 일치하는 **이러한 지혜는 … 땅 위의 것이요** – 하늘의 것이 아닌, 즉 빛의 아버지에게서 온 것이 아닌, **정욕의 것이요** – 영적인 것이 아닌, 즉 하나님의 영으로부터 온 것이 아닌, **귀신의 것이니** – 그리스도의 선물이 아니라 사단이 영혼에 숨을 불어넣는 것과 같은 그런 것.
3:17 오직 위로부터 난 지혜는 첫째 성결하고 – 세속적, 자연적, 악마적인 모든 것으로부터, **다음에 화평하고** – 순수함이 함께하는 참된 평화. 이것은 조용하고 공격적이지 않은 것이다. **관용하고** – 엄격하지 않고 부드러우며 온화하고 양보를 잘하는, **양순하며** – 고집이 세고 비뚤어지고 성미가 까다로운 것이 아니라 설득당하는 혹은 납득당하는, **긍휼과 선한 열매가 가득하고** – 이 중 두 가지는 즉시 특정되는데 마음과 삶 모두에서, **편견과** – 모든 사람을 다 사랑해서 편견이 없는, 모든 선한 것들을 포용하고 모든 악을 거부하는, **거짓이 없나니** – 솔직하게 공개한다.
3:18 그리고 좋은 씨처럼 이러한 의를 불러일으키는 원칙이 신자의 마음의 평화 가운데 심겨지고 행복의 풍부한 열매들을 맺는다. 이것이 **화평으로 심는 의의 열매**이다. **화평으로 심는** – 모든 사람 사이에서 이러한 순수하고 거룩한 평화를 증진하기 위한 그 노력.

야고보서 4장

4:1 너희 중에 싸움이 어디로부터 다툼이 어디로부터 나느냐 – 이러한 평화와 완전히 반대되는 너희 사이에 있는 싸움과 말다툼? **너희 지체 중에서** – 여기가 전쟁의 시작이다. 그러므로 개인과 개인, 왕과 왕, 국가와 국가의 전쟁이 진행된다. **싸우는** – 너의 영혼과의 전쟁, **정욕으로부터 나는 것이 아니냐** – 세상적 쾌락을 추구하게 하는 욕망들.
4:2 살인하며 – 너의 마음속에서, 왜냐하면 그의 형제를 미워하는 자는 살인자다. **다투고 싸우는도다** – 즉 격렬하게 노력하며 경쟁하다. **구하지 아니하기 때문이요** – 놀랍지 않다. 왜냐하면, 악한 욕망, 시기 혹은 증오로 가득찬 사람은 기도할 수 없기 때문이다.
4:3 구하여도 받지 못함은 정욕으로 쓰려고 잘못 구하기 때문이라 – 즉, 잘못된 동기로.

4:4 간음한 여인들아 – 정당한 배우자이신 하나님과의 믿음을 깬 사람들, **세상과 벗된 것이** 혹은 세상을 사랑하는 것이 **하나님과 원수 됨을 알지 못하느냐** – 육신의 정욕, 안목의 정욕 그리고 이생의 자랑 혹은 세상 사람들의 환심을 사려는 것이, **하나님과 원수 되는 것이니라 누구든지 세상과 벗이 되고자 하는 자는** – 세상의 행복 혹은 환심을 추구하는 자는 누구든지 그러므로 **하나님의 원수**가 되는 것이다. 그리고 그가 하나님으로부터 어떤 것이든 얻는 것을 기대할 수 있겠는가?
4:5 말씀을 헛된 줄로 생각하느냐 – 근거가 부족한. 사도 야고보는 성경의 특정한 곳이 아니라 여러 곳을 염두에 두고 있는 것으로 보인다. 모든 신자 안에 거하시는 시기하기까지 사모하는 사랑의 성령은 사랑이 없는 기질들 모두에 직접 반대한다. 그리고 이러한 사랑이 없는 기질들은 세상의 우정으로부터 필연적으로 흘러나온다.
4:6 그러나 더욱 큰 은혜를 주시나니 – 사랑이 없는 이러한 기질들을 피한 사람들에게. **그러므로 일렀으되** – 성경이, **하나님이 교만한 자를 물리치시고** – 그러므로 교만은 모든 냉혹한 정서들의 가장 큰 뿌리이다.
4:7 그런즉 너희는 하나님께 겸손하게 **복종할지어다 마귀를 대적하라** – 마귀는 교만과 시기의 아버지다.
4:8 기도로 **하나님을 가까이하라 그리하면 너희를 가까이하시리라** – 하나님께서 들으실 것이다. 그것을 방해할 것이 아무것도 없을 것이다. **손을 깨끗이 하라** – 악을 행하는 것을 그만두라, **마음을 성결하게 하라** – 모든 영적 간음으로부터. 하나님과 맘몬 모두를 섬기려 쓸데없이 노력하는 두 마음을 더는 품지 말라.
4:9 슬퍼하며 애통하며 울지어다 – 하나님에 대한 너희 과거의 불성실함을.
4:11 형제들아 서로 비방하지 말라 – 이것이 평화(화평)의 가장 큰 장애물이다. 누가 이것을 충분히 알고 있는가? **형제를 비방하는 자는** 사실 엄격하게 금지된 **율법을 비방**하는 것이다. **율법의 준행자가 아니요 재판관이로다** – 이렇게 함으로 율법 위에 앉아서 실상은 율법을 저주한다.
4:12 입법자와 재판관은 오직 한 분이시니 – 그가 선고한 형을 집행하기 위하여, **너는 누구이기에** – 불쌍하고 약하며 죽어가는 벌레.
4:13 들으라 너희 중에 말하기를 – 너의 생명이 너 자신의 손에 있는 것처럼 단호하게.
4:15 너희가 도리어 말하기를 – 즉, 너희가 말해야만 했음에도.
4:17 그러므로 사람이 선을 행할 줄 알고도 행하지 아니하면 – 무엇이 옳은지를 알고도 행하지 않으면, **죄니라** – 그의 판단력은 정죄를 막지 않고 크게 한다.

야고보서 5장

5:1 들으라 부한 자들아 – 사도는 부 자체 때문이 아니라 부자들의 잔혹한 억압에 신음하는 하나님의 가난한 자녀들 때문에 이것을 이렇게 길게 이야기한 것이다. **너희에**

게 임할 고생으로 말미암아 울고 통곡하라 – 속히 그리고 예상치 못하게. 이 서신이 쓰인 후 얼마 지나지 않아 예루살렘이 포위되었다. 포위 기간뿐만 아니라 그 후에도 엄청난 재앙들이 유대 국가에, 단지 유대만이 아닌 다른 여러 나라에서 발생했다. 그리고 이러한 재앙들은 장차 올 세상에서 그들에게 떨어질 그 분노의 두려운 전조인 것처럼 이와 유사하게 이 고생은 회개하지 않는 자들에게 임할 최후의 복수를 의미할 수도 있다.

5:2 고대인들의 부는 곳간들의 많은 곡식과 값비싼 의복들을 의미한다.

5:3 이 녹이 – 너의 줄어드는 창고들과 좀먹은 옷들, **너희에게 증거가 되며** – 너희 주님의 뜻에 따라서 이러한 달란트들을 향상하는 대신에 땅에 파묻어 버리는 너희, **불 같이 너희 살을 먹으리라** – 불이 너희의 육체를 태우는 것과 같은 엄청난 고통을 너희가 당할 것이다. **너희가 말세에 재물을 쌓았도다** – 너무 늦게, 그것들을 즐길 시간 없이.

5:4 삯이 소리 지르며 – 인간의 법이 침묵을 지키는 이러한 죄들이 하나님께 소리 지른다. 사치, 무자비, 그리고 다양한 종류의 불의가 그와 같은 죄들이다. 노동자 자신들도 그들의 원수를 갚아주시기 위해 오시는 하나님께 호소한다. **만군** – 군대들의.

5:5 살륙의 날에 – 이날은 유대인들에게 엄숙한 축제일이었다. **너희 마음을 살찌게 하였도다** – 할 수 있는 최대한으로 쾌락을 탐닉하고 있다.

5:6 너희는 의인을 정죄하고 죽였으나 – 많은 의로운 사람들. 특별히 그 **의로운 이** (행 3: 14). 그 후에 그들은 이 서신의 저자인 의로운 자로 불린 야고보를 죽였다. **그는 너희에게 대항하지 아니하였느니라** – 그러므로 너희가 지금은 안전하지만, 주님이 속히 오실 것이다. (8절)

5:7 농부가 땅에서 나는 귀한 열매를 바라고 – 그의 노동과 인내를 보상해 줄 것, **길이 참아 이른 비와** – 씨뿌린 직후, **늦은 비를 기다리나니** – 추수 전.

5:8 마음을 굳건하게 하라 – 믿음과 인내로, **주의 강림이** – 예루살렘이 파괴되는 것이, **가까우니라** – 그리고 믿는 자의 눈에 주님의 최후 강림이 가까웠다.

5:9 서로 원망하지 말라 – 또한 서로에게 인내하라. **심판주가 문 밖에 서 계시니라** – 모든 말을 들으시면서 모든 생각을 살피시면서.

5:10 주의 이름으로 말한 것 때문에 이전에 너처럼 박해받은 **선지자들을 … 본으로 삼으라** – 선지자들이 있음을 뽐냈던 바로 그 사람들. 그러나 그들은 선지자들의 메시지를 감당할 수 없었다. 그들의 거룩도 그들의 드높은 사명도 그들이 고난받는 것을 막지 못했다.

5:11 인내하는 자를 우리가 복되다 하나니 – 인내하며 고난받는 자들. 그들이 더 많은 고난을 받을수록 그들의 현재 행복은 더 크다. **주께서 주신 결말을 보았거니와** – 주께서 그에게 주신 결말.

5:12 맹세하지 말지니 – 그러나 자극받은. 하나님 자신의 이름으로도 하나님의 어떤 피조물의 이름으로도 맹세하는 것을 죄악으로 여겼음에도 불구하고 유대인들은 맹세로 악명이 높았다. 여기서 사도는 서약들뿐만 아니라 일반적 대화에서의 모든 맹세를 특별히 금지한다. 사도가 무엇을 두고도 맹세하지 말라는 이 계명을 얼마나 엄숙하게 말하고 있는지가 아주 분명하게 드러난다. 마치 네가 무엇이든지 잊어도 이것은 잊지 말라고 사도가 말하고 있는 것 같다. 이것은 이 범죄의 끔찍한 사악함을 충분히 증명한다. 그러나 그는 법관 앞에서의 엄숙한 맹세를 금지하지 않는다. **너희가 그렇다고 생각하는 것은 그렇다 하고 아니라고 생각하는 것은 아니라 하여** – 일상의 이야기에서 지나친 단언들을 사용하지 말고 약속을 굳게 지켜라. 네가 말하는 것이 무엇이 되었든 선을 이루도록 주의하라.

5:14 주의 이름으로 기름을 바르며 – 주님께서 그의 제자들에게 주셨던(막 6: 13) 이 특별한 은사는 다른 기적적 은사들이 다 없어진 후에도 오랫동안 교회 안에 남아 있었다. 사실, 이것은 항상 존재하도록 의도되었던 것처럼 보인다. 그리고 사도 야고보는 가장 재능 있는 사람이 아닌 장로 대부분에게 이것을 행하도록 지시한다. 불신앙을 통해 잃어버릴 때까지 이것은 기독교 교회에서 의학의 전 과정이었다. 병의 치유를 위해서가 아닌 삶이 단념되는 곳에서 시행된 로마 가톨릭의 새로운 발명인 종부 성사는 이 기름 바름과는 전혀 닮지 않았다.

5:15 믿음의 기도는 병든 자를 구원하리니 – 그의 병으로부터, 그리고 어떤 죄가 그의 병의 원인이 되었다면, 그것이 그를 용서받게 할 것이다.

5:16 너희 죄를 … 고백하며 – 아프든지 건강하든지, **서로** – 그는 장로들에게 말하지 않는다(이것이 행해졌든 행해지지 않았든. 왜냐하면, 이것이 명해진 곳은 없다) 우리는 우리의 죄를 믿음으로 기도할 수 있는 누군가에게 고백할 수 있다. 그는 우리를 위해 기도하는 법을 알게 될 것이고 기도하기 위해 더 열심을 낼 것이다. **병이 낫기를 위하여 서로 기도하라** – 너의 모든 영적인 질병들에서 낫기 위하여.

5:17 엘리야는 우리와 성정이 같은 사람이로되 – 우리처럼 자연적으로 약하고 죄로 가득한, **기도한즉** – 우상이 그 땅을 덮었을 때.

5:18 다시 기도하니 – 우상이 다 없어졌을 때.

5:19 지금 내가 너희가 대부분 책임져야 할 이러한 죄들로 너희에게 경고한다. 그리고 이 모든 측면에서 자기 자신만이 아니라 모든 사람이 그의 형제들 또한 돌보아 주어라. 특별히 타락한 이들을 회복시키는 데 힘쓰라고 그가 말한 것처럼. **진리를 떠난 자** – 실질적으로 죄에 의해서.

5:20 그의 영혼을 사망에서 구원할 것이며 – 육체보다 얼마나 더 귀한가? (14절 이하) **허다한 죄를 덮을 것임이라** – 죄가 얼마나 많을지라도 더는 하나님의 정죄로 기억되지 않을 것이다.

베드로전서 주해

베드로서에는 놀라운 중량감이 있는데 동시에 생동감과 부드러움도 있다. 두 서신에서 베드로의 목적은 기억의 방법을 사용해서 이 편지를 받는 사람들의 마음을 일깨우려는 것과(벧후 3:1) 오류에서뿐만 아니라 의심으로부터 그들을 보호하려는 것에 있다.(벧전 5:12) 그는 그들에게 그 영광의 은총을 다시 상기시킴으로써 이 목적을 성취한다. 하나님께서 복음을 통해 그들에게 그 영광의 은총을 주신다. 또한, 복음에 의해서 신자들은 믿음, 소망, 사랑, 그리고 인내의 열매들을 맺도록 자극받는다.

이 서신의 부분은 세 부분이다.

I. 인사 1:1,2

II. 서신의 수신자들을 일깨움

1. 하나님으로부터 태어남. 여기서 그는 신자들에 대한 하나님의 은혜 그리고 하나님을 향한 신자들의 의무, 이 둘을 열거하고 서로 교차시킨다.
   1) 하나님께서 우리를 산 소망으로, 그리고 영원한 상속자로 다시 태어나게 하신다. 1:3–12
      그러므로 종말에 대한 소망 13
   2) 순종하는 자녀들이 하늘 아버지에 대한 믿음의 열매를 맺는 것에 대해 14–21
   3) 성령에 의해 정결케 되는 순수한 마음과 함께 하는 사랑 1:22–2:10

2. 세상에 나그네들로서 육체의 욕망을 삼가고 믿음을 보여주는 11
   1) 선한 행위로 12
      a. 특별히 주권자들 13–17
      그리스도의 본을 따르는 그리스도의 종들 18–25
      아내들 3:1–6

남편들 7

b. 일반적으로 모든 사람 8–15

2) 선한 직업으로

a. 각 사람에게 답변할 준비로 15–22

b. 악한 친구를 피함으로 4:1–6

(이 부분은 그의 수난부터 심판하러 다시 오심까지 그리스도께서 행하셨고 고난 받으셨던 것에 의해 시행된다.)

c. 기독교의 덕을 실천하고 기적적인 은사들의 정당한 사용에 의해서 7–11

3. 역경을 견디는 영광의 동료 후사들로서 각자 이것을 행하자

1)일반적으로 한 기독교인으로서 12–19

2)그 자신의 특별한 상태에서 5:1–11

(사랑하는 이라는 제목은 첫 부분 2장 11절에서 두 번째 부분과 두 번째 부분 4장 12절에서 세 번째 부분을 구분한다.)

III. 결론 12–14

베드로전서 1장

1:1 본도, 갈라디아, 갑바도기아, 아시아와 비두니아에 – 베드로는 그의 마음에 떠오른 순서대로 동쪽부터 이 다섯 지역을 호명한다. 이 모든 지방은 소아시아에 있다. 여기서 다른 지방들과 구분되는 소아시아는 로마 제국의 지방인 총독 관할 아시아(The Proconsular Asia)로 보통 불렸던 곳이다. **흩어진** – 오래전 그들의 조국에서 나와서, (사도행전 8장 1절에 언급된 박해로 인해서 흩어진 이들이 유대와 사마리아만을 통해서 흩어졌다. 그러나 후에 그들 중에 일부가 베니게와 구브로 그리고 안디옥으로 갔다) **나그네** – 이 땅의 나그네, 그리스도인들, 주로 유대 계통의 그리스도인들.

1:2 곧 하나님 아버지의 미리 아심을 따라 – 인간의 방법에 따라 말하고 있는. 엄밀하게 말해서 하나님께 이후에 아심만큼이나 미리 아심은 없다. 그러나 모든 것은 하나님께 영원부터 영원까지 현재로서 알려진다. 그러므로 이것은 우리의 낮은 능력들에 대한 하나님의 겸손의 한 예에 불과할 뿐이다. **성령이 거룩하게 하심으로** – 그들의 영혼 안에서 주님의 영의 새롭게 하시고 정결케 하시는 영향력을 통해서, **순종함과** – 그들로 하여금 모든 것의 기초인 모든 거룩한 순종에까지 그들 자신을 복종케 하는 데 참여하게 하고 가능하게 하는, **예수 그리스도의 피 뿌림을 얻기 위하여** – 그리스도의 속죄 보혈, 이것은 율법 아래 희생제물의 피를 뿌리는 것으로 예표 되었다. 그래서 그것이 피 뿌림이라고 불리는 암시 가운데, **택하심을 받은 자들에게** – 하나님의 값없이 주시는 사랑과 전능한 권능에 의해 세상에서 건져내어 구별된. 성경적 의미에서 선택이란 우리의 공로 혹은 능력이 함께하지 않는 일을 하시는 하나님의 행위이다. 하나님의 참된 예정 혹은 미리 정하심은 1. 믿는 자가 죄책과 죄의 권세로부터 구원받을 것, 2. 끝까지 견디는 자는 영원히 구원받을 것, 3. 믿음의 귀한 선물을 받은 자들은 그러므로 하나님의 자녀들이 되고 자녀 된 그들이 그리스도께서 걸어가셨던 것처럼 걷기 위해 거룩의 영을 받게 되리라는 것이다. 하나님의 이러한 미리 정하심의 모든 부분에서 약속과 의무가 함께한다. 모든 것이 값없이 주시는 선물이다. 그리고 그 선물은 궁극적 문제가 하늘의 소명에 대한 우리의 미래적 순종에 달린 그와 같은 것이다. 그러나 성경은 이것 외에 다른 예정, 즉 영원한 생명으로 혹은 영원한 죽음으로의 예정을 알지 못한다. 더군다나, 이것은 1. 사람들에 대한 냉담한 존중, 즉 어떤 사람에게는 불공평한 관심 그리고 다른 사람에게는 불공평한 무관심이다. 이것은 무한한 정의가 아닌 단순히 피조물에 대한 편파성이다. 2. (만일 사실이라면) 이것은 명백한 성경적 교리가 아니며 모든 사람에게 베푸시는 하나님의 초대, 약속들, 위협들이라면서 하나님께서 은총을 보편적으로 베푸신다고 말하고 있는 기록된 말씀의 표현과 일치하지 않는다. 3. 우리는 생명을 선택하려고 노력하고 있으며 그것을 하지 않는 것에 대해 견책을 받는다. 4. 이것은 구원받아야만 하는 혹은 멸망 받아야만 하는 사람들에게 있는 시험의 상태와 일치하

지 않는다. 5. 그것은 운명적 결과이다. 모든 사람은 매우 빈약한 근거로 그들 자신이 선택된 자의 수에 포함된다고 상상할 준비가 되어 있다. 그러나 예정의 교리는 이전에 있던 것에서 완전히 바뀌었다. 지금 그것은 믿음도 평화도 그리고 순결함도 암시하지 않는다. 이것은 그들 없이 모든 것을 할 수 있는 어떤 것이다. 근대 예정론의 도식에 의하면 믿음은 더는 성령의 즉각적인 권능에 의해 영혼에 임하는 보이지 않는 것들에 대한 신적 증거가 아니다. 증거가 아니라 단순한 개념이다. 더 이상 믿음은 성결의 수단이 되지 않으며 성결 없이 할 수 있는 어떤 것이다. 그리스도는 더는 죄로부터의 구원자가 아니라 피고 즉 죄의 지지자다. 그는 더는 신자의 영혼 안에 있는 영적 생명의 근원이 아니라 하나님의 택하신 자를 내적으로 메마르게 하고 외적으로 열매가 없게 남겨 둔다. 그리고 하늘의 형상으로부터의 피난처, 심지어 성령 안에서 의와 평강과 기쁨으로부터의 피난처에 불과하게 된다.

1:3 우리 주 예수 그리스도의 아버지 하나님을 찬송하리로다 – 그의 신성과 관련해서 그의 아버지시고 그의 인성과 관련해서 그의 하나님, **예수 그리스도를 죽은 자 가운데서 부활하게 하심으로 말미암아** – 이것(부활)은 우리의 서약일 뿐만 아니라 값으로 사신 것의 일부다. 이것은 또한 영적 죽음으로부터의 우리의 부활과 밀접한 관계를 맺는다. 그가 살아나신 것처럼 우리는 그와 함께 살게 될 것이다. 그는 그리스도로 알려졌지만, 그의 부활의 때까지 예수라 일반적으로 불렸다. 부활 이후 그리스도로 불렸다. **우리를 거듭나게 하사 산 소망이 있게 하시며** – 참된 영적 생명을 암시하는 소망, 마음을 소생시키고 영혼을 살게 하며 생기 있게 하는 소망.

1:4 썩지 않고 – 이 땅의 보물들 같지 않게, **더럽지 않고** – 그 자신을 더럽힐 수 없거나 혹은 어떤 타락한 영혼에 의해서 향유될 수 없는 순결하고 거룩한, **쇠하지 아니하는** – 이 땅의 모든 향락과 같이 그리고 옛 정복자들이 흔히 썼던 면류관의 잎과 꽃으로 된 화환과 같은 그것의 가치, 감미로움, 혹은 아름다움이 시들어버리는 것이 아닌, **유업을 잇게 하시나니** – 만일 우리가 자녀들이고 그러면 후사들이기 때문에, **곧 너희를 위하여 하늘에 간직하신 것이라** – 선행을 꾸준히 함으로 영광과 명예와 불멸을 추구하는 사람.

1:5 나타내기로 예비하신 – 계시는 마지막 날에 나타난다. 그리스도께서 오신 그때부터 더욱 더 계시되기로 되어 있다. **믿음으로 말미암아** – 믿음을 통해서만 구원을 받고 유지된다. **하나님의 능력으로** – 하나님의 권능이 모든 일을 하며 우리의 모든 대적들로부터 우리를 보호한다. **보호하심을 받았느니라** – 유산이 간직된다. 그리고 상속자들은 유산을 위해 보호받는다.

1:6 그러므로 – 즉, 그렇게 보호받고 있기에, **너희가 … 잠깐 … 크게 기뻐하는도다** – 영원과 비교하면 우리의 전 인생은 잠깐이다. **필요하다면** (개역 개정에는 번역이 되어 있지 않다.) – (왜냐하면, 이것이 항상 필요한 것은 아니지만) 만일 하나님께서 이것(시험)이 너의 영적 이익을 위한 최고의 수단이라고 보신다면 **이제 여러 가지 시험으로**

말미암아 – 혹은 슬픔 그러나 어둠은 아니다. 왜냐하면, 그들이 믿음, 그리고 소망과 사랑 모두를 여전히 가지고 있기 때문이다. 참으로 바로 이 순간에 말할 수 없는 기쁨으로 즐거워했기 때문이다.

1:7 너희 믿음의 확실함은 – 즉, 연단 받는 너희의 믿음은, **불로 연단하여도 없어질 금보다 더 귀하여 … 얻게 할 것이니라** – (비록 금이 불을 견디지만, 세상과 함께 멸망할 것이기 때문이다) 비록 아직 나타나지 않았음에도 불구하고, **칭찬과** – 하나님으로부터, **영광과** – 사람들과 천사들로부터. **존귀를** – 재판장에 의해 선정됨으로.

1:8 너희가 보지 못하였으나 – 육신으로.

1:9 구원을 – 지금 이미, **받음이라** – 모든 죄로부터 영원한 구원의 징조이며 보증이자 구원의 자격인 모든 거룩(성결)으로.

1:10 이 구원에 대하여는 – 유대의 제도 아래서 경험했던 모든 것을 아득히 넘어서는, **너희에게 임할 은혜를 예언하던 선지자들이** – 기독교 시대의 신자들에게 베풀어진 풍성하고 넘치는 은혜, **연구하고** – (귀중한 광석을 찾는 광부들처럼) 그들에게 전해진 예언들의 의미를 따라서 진지하게 연구하고 부지런히 찾았다.

1:11 후에 받으실 영광을 – 그의 고난들 후에 받으실 영광. 즉 그의 부활, 승천, 높아지심, 그리고 그의 영의 출현, 최후 심판의 영광, 그리고 그의 영원한 왕국의 영광. 그리스도인의 마음과 삶에서 그의 은총의 영광들, **누구를 또는 어떠한 때를 지시하시는지 상고하니라** – 어떤 특별한 시기와 구별되는 어떤 표지에 의해

1:12 이 섬긴 바가 자기를 위한 것이 아니요 너희를 위한 것임이 계시로 알게 되었으니 – 이들은 이러한 예언들로 그들 자신 혹은 그 세대를 섬기는 것이 아니라 그들이 본 것에 멀리 떨어져서 지금 즐기는 우리를 섬겼다. **하늘로부터 보내신 성령을 힘입어** – 성령의 내적이며 강력한 증거뿐만 아니라 그 기적적인 은사들의 강력한 분출 때문에 확증된, **천사들도 살펴 보기를 원하는 것이니라** – 아름다운 순서. 그리스도께서 행하시고 가르치셨던 것을 보고 듣기를 원했던 예언자들, 의인들, 왕들. 그 천사들이 그리스도에 대해 성령께서 가르치셨던 것을 알기를 바란다.

1:13 그러므로 – 그런 격려를 얻으므로, **너희 마음의 허리를 동이고** – 동방 국가들의 사람들이 여행하거나 달릴 때 그들의 허리를 매는 것처럼 너희도 그렇게 너희의 생각과 애정들을 모으고 너희 정신을 항상 가다듬고 너희 앞에 놓인 경주를 할 준비를 해라. **근신하여** – 주인을 기다리는 종들처럼, **은혜를** – 하나님의 값없이 주시는 사랑으로부터 흘러나오는 축복들, 이 축복들은 예수 그리스도의 최종 계시에서 너희에게 올 것이다. 그리고 너희 안에 계신 그리스도의 계시에 의해서 현재 너희에게 임한다. **온전히 바랄지어다** – 모든 것에 대한 온전한 기대를 간직하라.

1:14 너희 사욕을 – 하나님에 대해 무지했을 때 너희가 가졌던 욕망들.

1:17 각 사람의 행위대로 심판하시는 이를 – 그의 삶과 행동의 기조에 따라, **너희가 나그네로 있을** – 너희의 지상에서의 짧은 거주, 겸손하고 사랑하는 **두려움으로** –

소망의 적절한 동반자와 보호자.
1:18 헛된 행실에서 – 삶에 대한 너의 우매하고 죄악 된 길.
1:19 오직 흠 없고 – 그리스도 자신 안에, **점 없는** – 세상으로부터.
1:21 너희는 **그를 죽은 자 가운데서 살리시고 영광을 주신 하나님을** – 그리스도의 승천으로. 그리스도 없이 우리는 하나님을 두려워만 하며 반면에 그를 통해서 우리는 믿고, 소망하고 사랑한다. **그리스도로 말미암아 믿는 자니** – 왜냐하면 모든 믿음과 소망은 그의 부활의 권세로부터 온다. 너희 믿음과 소망이 하나님께 있게 하셨느니라.
1:22 너희가 진리를 순종함으로 너희 영혼을 깨끗하게 하여 – 성령께서 너희에게 순종과 마음의 청결 모두를 값없이 주신다. **거짓이 없이 형제를 사랑하기에 이르렀으니** – 사랑의 더 높은 단계에 이른다. **마음으로** – 불경건한 욕망 혹은 지나친 열정의 어떤 흠으로부터도 순결한, **뜨겁게 서로 사랑하라** – 가장 강력하고 부드러운 애정으로.
1:23 살아 있고 – 하나님의 덕으로 가득하여 있고 영원히 동일한.
1:24 모든 육체는 – 모든 인간 피조물은 풀처럼 일시적이고 시든다. **그 모든 영광은** – 그의 지혜, 힘, 부, 의로움, **풀의 꽃과 같으니** – 풀의 가장 짧게 사는 부분, **풀** – 인간을 의미, **꽃** – 인간의 영광을 의미, **떨어지되** – 우리가 말하는 동안에도 그렇게 되고 있다.

베드로전서 2장

2:1 그러므로 … 버리고 – 그 순수한 사랑과 일치되지 않을 때, **외식** – 이것은 마음 가운데 있는 기만(거짓)의 외적 표현이다.
2:2 순전하고 – 모든 기만으로부터 순수해서 그것을 고수하는 사람은 누구도 속지 않는다. **신령한 젖을** – 젖이 몸에 하는 것처럼 영혼에 양분을 주는 하나님의 말씀. 그것은 순전하다. **사모하라** – 항상 갓난아이들이 하는 것처럼 열심히. (벧전 1:3) **이는 그로 말미암아 너희로 구원에 이르도록 자라게 하려 함이라** – 믿음, 사랑, 성결 안에서 그리스도의 장성한 분량에까지.
2:3 너희가 주의 인자하심을 맛보았으면 – 달콤하게 경험적으로 알려진
2:4 사람에게는 버린 바가 되었으나 – 오늘날에도 죄 가운데 살거나 그들만의 행위로 구원받기를 소망하는 유대인들, 터키인들, 이방인들, 이교도들뿐만 아니라 소위 모든 그리스도인에게서. **하나님께는 택하심을 입은** – 모든 영원에서부터 하나님의 교회 터전이 되도록. **보배로운** – 하나님 보시기에 그리고 모든 신자의 눈에 그 자체로, **산 돌이신** – 죽은 자 가운데서 살아나시고 영원부터 살아계신. 그리스도를 견고하고 확실하며 영속적인 영적 터전으로 그리고 신자들을 그 위에 세워진 건축물로

서, 유대인들이 최고의 영광으로 여기는 성전보다 우위에 있는 건축물 묘사하는 이 표현들에는 놀라운 아름다움과 활력이 있다. 주님을 이렇게 말하고 있는 사도 베드로는 교회가 세워진 반석이 그 자신이 아니라 그리스도라고 판단하고 있음을 보여준다. **예수께 나아가** – 믿음으로.

2:5 너희도 – 신자들, **산 돌 같이** – 그를 통해 하나님께 살아 있는, **신령한 집으로** – 영적인 존재가 되어 성령을 통해 하나님의 집이 되는 것, **세워지고** – 서로서로 연합하여, **신령한 제사를 드릴** – 하나님께 드릴 영적 제물로서 모든 너희의 생각, 말, 행동과 함께 너희의 영혼과 몸, **거룩한 제사장이 될지니라** – 하나님께 성별 되어 하나님이 거룩하신 것처럼 거룩한.

2:6 그를 믿는 자는 부끄러움을 당하지 아니하리라 – 시간 가운데 혹은 영원토록.

2:7 믿는 너희에게는 … 그 돌이 모퉁이의 머릿돌이 되고 – 전체 건물이 의지하는 머릿돌. 불신자들 역시 결국에 그들의 슬픔 중에 그를 그렇게 발견할 것이다. (마 21:44)

2:8 넘어지나니 이는 그들을 이렇게 정하신 것이라 – 믿지 않는 자들은 걸려 넘어지고 타락하고 영원히 멸망한다. 영원부터 하나님께서 믿지 않는 자는 멸망 받을 것이라고 정하셨다.

2:9 그러나 너희는 – 그리스도를 믿는 사람들, 선택된 민족이라는 유대인들보다 더 높은 의미에서 **택하신 족속이요 왕 같은 제사장들이요** – 하나님에게 왕이며 제사장들(계 1:6) 왕으로서 너희는 죄, 세상 그리고 악마를 이기는 하나님과 같은 권세를 가진다. 제사장으로서 너희는 영적 제사를 드리기 위해 하나님께 성별된다. 너희 그리스도인들은 **거룩한 나라요** – 너희의 왕이신 그리스도 아래서, **그의 소유가 된 백성이니** – 하나님의 특별한 소유인 백성, **이는 너희를 어두운 데서 불러 내어** – 무지, 실수, 죄, 그리고 불행의 어둠. **그의 기이한 빛에 들어가게 하신 이의 아름다운 덕을** – 그리스도의 탁월한 영광, 자비, 지혜 그리고 권능, **선포하게 하려 하심이라** – 모든 인류에게 너희의 온전한 행위를 통해서.

2:10 너희가 전에는 백성이 아니더니 – (훨씬 더 적은 하나님의 백성) 그러나 흩어진 열국의 개인들. 이 구절의 앞부분은 특별히 이방인과 관련되고 후반부는 유대인과 관련된다.

2:11 두 번째 동기에게서 나온 권고가 여기에서 시작된다. **거류민과 나그네** – 첫 번째 단어의 적절한 의미는 낯선 집에 거하는 이들이며 두 번째는 낯선 나라에 있는 이들이다. 너희는 몸으로는 거류민이고 이 세상에서는 나그네다. 이 집 혹은 이 나라에 있는 어떤 것에 대한 욕망들을 삼가라.

2:12 행실을 선하게 가져 – 모든 면에서 거의 흠이 없고 덕스러운. 그러나 우리의 언어는 원문 표현의 힘, 아름다움, 그리고 풍부함 아래로 가라앉는다. **너희를 악행한다고 비방하는 자들로 하여금 너희 선한 일을 보고** – 그들 자신의 눈으로 본다. **오**

시는 날에 – 하나님께서 그들에게 그의 자비를 새롭게 제안하시는 그 때, **하나님께 영광을 돌리게 하려 함이라** – 너희 안에 있는 하나님의 은총을 소유하고 너희 모범을 따름으로.

2:13 인간의 모든 제도를 … 순종하되 – 모든 세속 권력에게. 제도적으로 이것들은 인간에 의해 제정되지만 본래 모든 권세는 하나님에게서 온다.

2:14 혹은 총독들에게나 관리들에게 복종하라.

2:15 어리석은 사람들 – 너희를 알지 못하기 때문에 너희를 비난하는 사람들. 이것은 그들을 불쌍히 여길 강력한 동기이다.

2:16 그 자유로 – 그러나 하나님을 위해서 통치자들에게 복종하는.

2:17 뭇 사람을 공경하며 – 하나님의 형상으로 만들어지고 그의 아들로 샀으며 그의 나라를 위해 계획되었으므로, **왕을 존대하라** – 하나님과 사람의 법들이 요구하는 애정과 행동으로 그에게 모든 존경을 지불하라.

2:18 사환들아 – 문자적으로 가정의 사환들, 그들을 혹은 하나님의 기분을 상하게 할까 하는 모든 두려움으로 **선하고** – 부드럽고 친절한, **관용하는 자들에게만 아니라** – 온유하며 쉽게 용서하는.

2:19 하나님을 생각함으로 – 하나님을 기쁘게 하기 위한 순수한 갈망으로, **슬픔** – 가혹한 취급.

2:21 이를 위하여 너희가 – 그리스도인들, **부르심을 받았으니** – 억울한 고난을 겪도록, **너희에게 본을 끼쳐** – 주님이 하나님께로 가셨을 때, **그 자취를 따라오게 하려 하셨느니라** – 순수함과 인내심으로

2:22,23 이 모든 예들 가운데 그리스도의 예는 힘없는 분노의 자연적 결과로서 동료 사환들을 욕하거나 위협하는 죄 혹은 기만에 쉽게 빠지는 사환들의 상태에 특별히 적용된다. **오직 공의로 심판하시는 이에게 부탁하시며** – 환난 속에서 인내의 유일하며 굳건한 근거.

2:24 친히 나무에 달려 – 주로 노예들 혹은 종들이 고난당하기에 적합한 십자가, **거의** 고난받고, 찢기고, 죽어가는 **몸으로 우리 죄를 담당하셨으니** – 그 죄들에 합당한 형벌, **이는 우리로 죄에 대하여 죽고** – 죄의 죄책과 권세 모두로부터 전적으로 구원받은. (사실 먼저 죄책을 위한 속죄 없이, 우리는 결코 그 권세로부터 구원받을 수 없다) **의에 대하여 살게 하려 하심이라** – 의는 하나뿐이다. 우리가 범하고 그가 담당한 죄들은 다양했다.

2:25 감독 되신 이 – 너희의 영혼의 친절한 관찰자, 감시자, 혹은 감독관.

베드로전서 3장

3:1 이는 … 자라도 – 그는 부드럽게 말한다. **받게 하려 함이니** – 그리스도께로 넘

어오게 된.

3:2 그들을 기분 나쁘게 하지 않을까 하는 사랑의 두려움으로 함께 하게 된

3:3 여기서 머리를 꾸미는 것, 금으로 장식하는 것 그리고 비싼 옷 혹은 겉 단장의 옷을 입는 것의 이 세 가지 일들이 명백하게 금지된다. 그러므로 이것들은 기독교인들에 의해 허용되거나 옹호돼서는 안 된다.

3:4 **오직 마음에 숨은 사람** – 온유하고 정숙한 영을 포함하고 있는 온전한 내적 성결. 온유한 영은 어떤 사람에게도 의도적으로 어떤 어려움도 주지 않는다. 정숙한 영은 괴로워하지 않고 모든 잘못들을 감당한다. **하나님 앞에** – 마음을 보시는 하나님. 의복의 모든 과잉은 일반적으로 추측되는 것보다 더 많이 교만과 성냄에 이바지한다. 사도는 그가 금지한 장식품들 대신에 온유함과 정숙함으로 바꾸어서 이것을 주목하고 있는 것으로 보인다. “나는 이러한 일들에 관심이 없다.”라고 자신들의 마음이 이것들로 둘러싸인 사람들이 자주 말한다. 그러나 그것들을 치워버리라고 제안하라! 그러면 당신은 그들 영혼의 바로 그 우상을 만지는 것이다. 사실 어떤 사람들은 우아하게 단지 옷을 입기에 주목받는 것일 수 있다. 즉 그들은 칭송을 받기 위해 그들의 달란트를 낭비하고 그렇게 죄가 죄를 낳게 만들며 그 다음에는 다른 것을 핑계로 변명한다.

3:5 **전에 하나님께 소망을 두었던 거룩한 부녀들**의 단장 – 그러므로 비굴한 두려움에서 그렇게 행동했던 것이 아니라 1. 그들 남편에 대한 온순한 순종, 2. 두려움이나 놀라움에서가 아닌 정숙한 정신, 3. 모든 일을 잘하는 그들의 책망을 받지 않을 만한 행위에서였다.

3:6 **그의 딸이 된 것이니라** – 자연적 의미에서뿐만 아니라 영적 의미에서 그리고 두려움에서가 아니라 양심으로 부부의 의무들을 이행하는 동안 같은 유산을 받을 권리가 있다.

3:7 **지식을 따라 너희 아내와 동거하고** – 그들이 약하다는 것을 알고 모든 부드러움으로 대하라. 그러나 이것으로 그들을 무시하지 말라. **귀히 여기라** – 마음에 있어서, 말에 있어서, 그리고 행동에 있어서 모두. 하나님께서 값없이 거저 주시는 은혜로 받게 될 영생의 공동 상속자로 너희와 그들이 부르심을 받았기 때문이다. **너희 기도가 막히지 아니하게** – 한 부분에 혹은 다른 부분에. 모든 죄는 기도를 방해한다. 특별히 분노가 그렇다. 우리가 기도할 때 우리가 화내고 있는 것이 우리 마음에 떠오르기는 절대 쉽지 않다. 그리고 용서하지 않는 자들은 하나님으로부터 용서를 얻지 못할 것이다.

3:8 **마지막으로** – 서신의 이 부분은 4장 11절까지 이어진다. 사도는 이후에 나머지 부분을 추가한 것으로 보인다. **동정하며** – 함께 즐거워하고 함께 슬퍼하는, **사랑하며** – 모든 신자, **불쌍히 여기며** – 고난받는 사람들을 향하여, **겸손하며** – 모든 사람에게. 공손함(정중함)은 동등한 사람과 그렇지 못한 사람에 대해 사랑과 결합한 존

중을 보여주는 것과 같은 행동이다.

3:9 너희가 부르심을 받았으니 이는 복을 이어받게 하려 하심이라 – 그러므로 그들의 악담은 너희를 해할 수 없다. 그리고 그들을 축복함으로 너희는 너희를 축복하시는 하나님은 닮게 된다.

3:10 그러므로 생명을 사랑하고 좋은 날 보기를 원하는 자는 – 이것이 삶을 사랑스럽고 바랄만한 것으로 만든다.

3:11 구하며 – 모든 사람과 평화롭게 살기 위해서, **그것을 따르라** – 그것이 그에게서 달아나는 것처럼 보일 때조차도.

3:12 주의 눈은 의인을 향하시고 – 선한 사람들을 위해서. 분노는 얼굴 전체에서 드러나고 사랑은 주로 눈에서 드러난다.

3:13 누가 너희를 해하리요 – 아무도 너희를 해할 수 없다.

3:14 그러나 의를 위하여 고난을 받으면 – 이것은 너희에게 해가 아니요 선이다. **그들이 두려워하는 것을 두려워하지 말며** – 70인 역의 이사야서 8장 12절과 23절의 바로 그 말들. 너희 안에 사악한 사람들이 느끼는 그 두려움이 있게 하지 말라.

3:15 너희 마음에 그리스도를 주로 삼아 거룩하게 하고 – 거룩한 두려움과 하나님의 지혜로운 섭리에 대한 온전한 신뢰를 가지라. **소망** – 영원한 생명에 관한 소망, **온유와** – 왜냐하면 분노가 너의 영혼뿐만 아니라 너의 목적을 상하게 하기 때문이다. **두려움으로** – 하나님을 불쾌하게 만들까 걱정하는 자녀로서의 두려움, 그리고 잘못 말하지 않도록 너 자신에 대한 경계.

3:16 선한 양심을 가지라 – 당신의 순수함에 대한 바로 그 의식이 당신을 배반할 수도 있다는 것에 대한 분노를 더욱더 조심해야 한다. 선한 양심과 온유와 두려움을 결합하면 당신은 온전한 승리를 얻게 된다. **그리스도 안에 있는 너희의 선행** – 즉, 그를 믿은 믿음에서 흘러나오는 것.

3:17 당신이 **고난받는 것이 하나님의 뜻**이라면 그것은 무한히 좋은 것이다. 그분의 허락은 그분의 섭리에서 나타날 것이다.

3:18 왜냐하면 그리스도께서 단번에 죄를 위하여 죽으셨고 우리는 그리스도께 가장 합당하게 되었기에 이것은 의심의 여지없이 최고이다. **그리스도께서도 단번에 … 죽으사** – 더 이상 고난받지 않으신다. **죄를 위하여** – 그 자신의 죄가 아니라 우리의 죄, **의인이 불의한 자를 대신하셨으니** – 앞선 단어 **의인**이 사회적 의무들뿐만 아니라 모든 종류의 의를 완성한 사람을 의미하는 것처럼 이 말(불의한 자)은 그들의 이웃들에게 잘못을 한 사람들뿐만 아니라 하나님의 계명 중 어떤 것이라도 범한 사람들도 의미한다. **이는 우리를 하나님 앞으로 인도하려 하심이라** – 현재는 그분의 은혜로운 호의로, 이후에는 같은 방법으로 고난과 영광의 그의 축복 가득한 현존으로 인도하려 하심이다. **육체로는 죽임을 당하시고** – 인간으로서, **영으로는 살리심을 받으셨으니** – 그 자신의 신적 권능에 의해서 그리고 성령의 권능에 의해서

3:19 그가 또한 영으로 가서 … 선포하시니라 – 노아의 사역을 보라. **옥에 있는 영들에게** – 홍수 이전 경건하지 못한 사람들. 하나님께서 그들 모두에게 선고를 내리실 때까지 그들은 하나님의 공의에 의해 감옥에 있는 것처럼 보류되었고 지금은 또한 최후의 날의 심판으로 유보되어 있다.
3:20 그들은 전에 노아가 방주를 준비할 동안 **하나님이 오래 참고 기다리실 때에** – 120년 동안, 방주가 준비되었던 모든 시간. 노아가 그들 모두에게 다가올 분노로부터 피하라고 경고했던 그 기간.
3:21 표니 – 방주에 의해 표상화 된 것, **이제 너희를 구원하는 … 곧 세례라** – 즉, 세례의 물을 통해서 우리는 홍수처럼 세상을 뒤덮고 있는 죄로부터 구원받는다. 그러나 사실 단지 외적 표징이 아니라 내적 은혜를 통해서. 우리를 위해서 죽으셨고 다시 사셨던 그분을 통해서, 우리의 인격과 우리의 행동 모두가 받아들여지는 하나님의 인식을 통해서.
3:22 천사들과 권세들과 능력들이 – 즉 천사들과 인간들의 집단들 모두.

베드로전서 4장

4:1 너희도 같은 마음으로 갑옷을 삼으라 – 그것은 여러분의 모든 원수들에게 대항할 증거의 무기가 될 것이다. **이는 육체의 고난을 받은 자는** – 그렇게 함으로써 그리스도의 고난에 내적으로 진실하게 순응할 수 있도록 만들어지는 것으로 그렇게 고난받는 것이다. **죄를 그쳤음이니** – 죄에서 건짐을 받은 것이다.
4:2 그 후로는 육체에 살지 않고 – 이 썩어질 몸에 있어서까지도, **사람의 정욕을** – 너희 자신의 정욕에서든 혹은 다른 사람들의 정욕에서든. 이 정욕들은 다양하지만, 하나님의 뜻은 단일하다.
4:3 방탕과 향락 – 이 말들은 지금 무엇을 의미하는가? 이 말들은 1700년 전의 말들이다. 전자는 먹기 위한 모임, 그것의 직접적인 목적이 입맛을 기쁘게 하기 위한 모임이고 후자는 마시기 위한 모임이다. 이 두 모임 모두 그리스도인들로 하여금 **무법한 우상숭배**로 빠지게 한다.
4:4 그런 극한 방탕에 – 여러분이 한 번 했던 것처럼, **비방하나** – 교만하며, 이상하고, 바보스러우며, 사악하며 그와 유사한 것처럼
4:5 그들이 … 고하리라 – 그들의 다른 길뿐만 아니라 이 길의, **예비하신 이에게** – 그러므로 이제 믿음이 그를 나타낸다.
4:6 이를 위하여 … 복음이 전파되었으니 – 아담에게 주어진 후로, 현재 **죽은 자들에게도** – 그들의 여러 세대에서, **이는 육체로는 사람으로 심판을 받으나** – 비록 그들이 경솔하고 불의한 심판이라는 사람의 방법대로 육체로 심판을 받았음에도 불구하고, 그들은 하나님의 말씀과 뜻을 따라 영으로, 즉 하나님의 형상이 회복된 영으

로 살 것이다.

4:7 만물의 마지막이 – 그래서 그렇게 그들의 악행들과 너희의 고난의 마지막이 **가까이 왔으니, 그러므로 너희는 정신을 차리고 근신하여 기도하라** – 절제는 깨어 있음에 도움을 준다. 그리고 이 둘 모두는 기도를 돕는다. 깨어 있으라 너희가 기도할 수 있도록, 그리고 너희가 깨어있도록 기도하라.

4:8 무엇보다도 뜨겁게 서로 사랑할지니 **사랑은 허다한 죄를 덮느니라** – 그렇다. 사랑은 모든 것을 덮는다. 누군가를 사랑하는 사람은 그의 허물들이 얼마나 많이 있을지라도 그것들을 덮는다. 그는 그 허물들에서 그의 눈을 돌린다. 그리고 가능한 한 그 허물들을 다른 사람들로부터 숨긴다. 그리고 그는 그 죄인의 불의함 모두가 용서받고 그의 죄들이 덮이도록 계속해서 기도한다. 그 대신 사랑의 하나님이 그의 품에 동일한 헤아림으로 그를 헤아리신다.

4:9 서로 – 다른 도시들 혹은 국가들에 속해 있는 너희, **원망 없이 하고** – 모든 즐거움으로.

4:10 각각 은사를 받은 대로 – 영적 혹은 일시적, 일상적 혹은 특수한 (비록 후자가 우선적으로 의도된 것으로 보이지만) **하나님의 여러 가지 은혜를 맡은 선한 청지기 같이** – 하나님의 값없이 주시는 사랑으로 너희에게 주어진 재능들(달란트), **서로 봉사하라** – 공익을 위해 은혜를 사용하라.

4:11 만일 누가 말하려면 – 공적이고 사적인 그의 모든 대화에서, **하나님의 말씀을 하는 것 같이 하고** – 내용과 방법 모두에 있어서 그의 모든 말을 이와 같은 방식으로 하게 하라. 특별히 공적 말에서는 특별히 더 그렇게 하라. 이러한 표징으로 우리는 누가 참된 선지자인지 거짓 선지자인지를 알게 될 것이다. 하나님의 말씀은 사람들이 회개하고 믿고 순종하게 가르친다. 믿음을 다루면서 회개를 빼거나 신자들에게 실천적 성결을 하도록 하지 않는 자는 하나님의 말씀으로 말하는 것이 아니다. 그는 그리스도를 전하지 않고 자신이 원하는 만큼 자기를 높게 생각하도록 한다. **누가 봉사하려면** – 영적으로든 현실적으로든 사랑으로 형제를 섬기라. **하나님이 공급하시는 힘으로 하는 것 같이 하라** – 즉 자신의 모든 능력을 하나님께 돌리고 하나님의 권능으로 그것을 사용하면서 겸손하게 그리고 근면하게, **그에게 영광과** – 우리를 말하도록 가르치는 하나님의 지혜의, **권능이** – 이것은 우리가 행하게 하는 것을 가능하게 한다.

4:12 너희를 연단하려고 오는 불 시험을 이상한 일 당하는 것 같이 이상히 여기지 말고 – 이것은 이 표현의 문자 그대로의 의미다. 그렇게 자주 당한 불에 의한 순교와 그것과 함께하거나 그 이전에 있는 다른 모든 고난 이 둘 모두를 포함하는 것으로 보인다. 이것들은 너희의 시련을 위해 하나님의 지혜에 의해 허락된다. 그러므로 놀라지 말라.

4:13 주님을 위해서 너희가 고난당하는 동안 **오히려 너희가 그리스도의 고난에 참여**

하는 것으로(1절) 더 풍성한 영광의 소망 가운데 **즐거워하라.** 왜냐하면 영광의 분량이 고난의 분량에 응답하는데 훨씬 더 많이 응답하기 때문이다.

4:14 너희가 그리스도의 이름으로 치욕을 당하면 – 비난과 조롱은 늘 그들의 고난의 한 부분이었다. **영광의 영 곧 하나님의 영이 너희 위에 계심이라** – 그리스도에게 머무르셨던 그 성령. (눅 4:18) 그 영은 여기서 모든 비난과 치욕을 정복하시는 영광의 영 그리고 예수 그리스도가 아들이신 하나님의 영으로 불린다. **그들은 그분을 비난하지만 너희는 그분을 영화롭게 한다.**(역자주, KJV에는 있으나 개역 개정에 없다.) – 즉 그들이 그리스도를 비난 할 동안에 너희는 너희의 고난 가운데서 그를 영화롭게 한다. (16절)

4:15 너희 중에 누구든지 … 악행이나 … 자로 고난을 받지 말려니와 – 어떤 종류의 악행으로도.

4:16 하나님께 영광을 돌리라 – 고난당하는 것으로 그에게 그렇게 영광을 주시고 고난에 대한 큰 상급을 주시는 분이신 하나님.

4:17 하나님의 집에서 심판을 시작할 때가 되었나니 – 하나님께서 우선 그의 교회에 오시는데 공의와 자비 둘 모두로 그렇게 오신다. **하나님의 복음을 순종하지 아니하는 자들의 그 마지막은 어떠하며** – 하나님께서 그들을 얼마나 무섭게 방문하실 것인가? 처음에는 보다 부드러운 심판이 점점 더 가혹해진다. 이미 그들의 몫을 지탱하고 있는 선한 사람들은 악한 사람들의 비참함을 구경하는 구경꾼일 뿐이다.

4:18 또 의인이 겨우 구원을 받으면 – 극심한 역경과 함께 벗어난다. **경건하지 아니한 자와** – 하나님을 알지 못하는 자, 공개된 **죄인은 어디에 서리요** – 심판의 날에는? 여기서 우선하여 말하고 있는 구원은 현세적(일시적) 성질의 구원이다. 그러나 우리는 이 말들을 영원한 것들에 적용할 수 있으므로 이 말들은 여전히 아주 두려운 것들이다.

4:19 그러므로 하나님의 뜻대로 고난을 받는 자들은 – 선한 동기로 그리고 올바른 정신 가운데 모두, **선을 행하는 가운데에** – 잘 행하고 고난받도록 주의하라! 그러면 하나님께서 나머지를 돌보실 것이다. **그 영혼을 … 의탁할지어다** – (몸으로 된 것까지) 거룩한 유산(축적물, depositum)으로서, **미쁘신 창조주께** – 하나님의 온전한 진리, 사랑, 그리고 권능 가운데 너희는 순조롭게 신뢰하게 될 것이다.

베드로전서 5장

5:1 나는 함께 장로 된 자요 – 비록 머리는 아니지만, 첫 번째 사도는 적절하고 공손하게 그 자신을 소개한다. **그리스도의 고난의 증인이요** – 주님을 고난당하시는 것을 보았고 지금은 주님을 위해 고난당하고 있는 고난의 증인.

5:2 양 무리를 치되 – 교리와 훈련, 이 둘 모두로, **억지로 하지 말고** – 마치 짐처럼

억지로, **더러운 이득을 위하여 하지 말고** – 만약 이득이 행동의 동기가 된다면 이 표현 이상으로 더러운 것이다. 그러므로 이것을 고려하다. 단지 더 많은 이득, 즉 더 많은 봉급 때문에 너희는 한 무리를 떠나 다른 무리로 가는가? 이것에 어떤 해로움도 볼 수 없다는 것은 놀랄만한 일은 아니지 않은가? 이것이 전국적으로 실행되고 있을 뿐만 아니라 공언된 것이지 않은가?

5:3 맡은 자들에게 주장하는 자세를 하지 말고 – 그들의 양심을 지배하는 것과 같은 거만하고 지배적인 방법으로 행동하는. **맡은**으로 번역된 단어는 문자적으로는 몫을 의미한다. 한 목자장 아래에 한 양 무리가 있지만 많은 목회자에게 이것의 많은 몫이 있다. **양 무리의 본이 되라** – 이것이 가장 준비되고 자유로운 순종을 획득하게 한다.

5:5 젊은 자들아 이와 같이 장로들에게 순종하고 – 나이 든, **다** – 노인이나 젊은이나, **서로** – 모두가 모든 기회 있을 때마다 그 자신의 의지를 포기하도록 준비시키자. **겸손으로 허리를 동이라** – (그 말이 그렇게 의미하듯이) 겸손으로 입은 옷을 찢을 세력이 없도록 허리를 동여매라.

5:6 하나님의 능하신 손 – 모든 환난 가운데 계신 하나님의 손.

5:7 너희 염려를 다 주께 맡기라 – 모든 부족함 혹은 압박으로 인한 염려.

5:8 그러나 그 동안에 **깨어라.** 이것과 주님께 우리의 염려를 적절하게 맡기는 것 사이에는 밀접한 연관이 있다. 깨어있음의 부족 때문에 사도 베드로 자신이 얼마나 고난을 겪었던가? **근신하라** – 깨어있어라. 그리고 늘 깨어 있어라하고 주님께서 말씀하셨던 것처럼. 더 이상 잠들지 말라. 이것이 너의 일이 되게 하라. **우는 사자같이** – 분노로 가득찬, **두루 다니며 삼킬 자를** – 영과 몸 모두를, **찾나니** – 마찬가지로 모든 세밀함으로.

5:9 너희는 믿음을 굳건하게 하여 … 동일한 고난을 당하는 줄을 앎이라 – 즉, 그들에게 할당된 분량이 채워질 때까지 너희 형제들도 고난을 겪었다.

5:10 모든 은혜의 하나님 – 하나님에 의해서만 너희의 영혼 가운데 모든 일이 시작되고 계속되며 완성된다. **잠깐 고난을 당한 너희를** – 영원과 비교하면 아주 잠깐, **친히** – 너희는 단지 깨어서 악마에게 대적하라, 그러면 하나님께서 나머지를 행하실 것이다. **온전하게 하시며** – 어떤 결함도 남아 있지 않게 될 것이다. **굳건하게 하시며** – 너희를 압도하는 어떤 것도 없게 될 것이다. **강하게 하시며** – 너희는 모든 악한 권세를 정복하게 될 것이다. **터를 견고하게 하시리라** – 반석 위에 세운 집처럼. 그래서 회심한 사도는 현재 그의 형제들을 강하게 하고 있다.

5:12 내 생각대로(As I suppose, 역자주, 개역 개정에는 번역이 되어 있지 않다) – 비록 즉각적인 영감은 아닐지라도 좋은 근거들에서 내가 판단한 것처럼, **써서** – 즉 그에 의해 보내진 나의 편지, **증언하노니** – 여러분이 이전에 바울에게서 들었던 증언. 이것은 하나님의 은총에 대한 참 복음이다.

5:13 택하심을 함께 받은 – 너희와 함께 같은 믿음에 참여하고 있는, **바벨론에 있는 교회가** – 사도 베드로가 이 편지를 썼을 때 아마도 그가 있었던 곳 근처에 있던 교회, **내 아들** – 아마도 사도 베드로에 의해 회심한 듯하다. 그리고 복음 안에 아들로서 그는 자주 베드로를 섬겼다. **마가** – 전도자인 듯하다.

베드로후서 주해

이 서신은 사도 베드로가 죽기 얼마 전 그리고 예루살렘 성이 파괴될 때쯤에 기록되었으며 베드로전서와 같은 의도를 가진 이 서신의 부분들은 아래처럼 세 부분으로 나뉜다.

I. **인사** 1:1,2

II. **신자들의 마음을 더 일깨움**

1. 사도가 귀한 은사를 받은 그들에게 은혜 가운데 성장하도록 근면하라고 권고하다. 3–11
2. 사도가 그들에게
   1) 참된 교사들의 확실성을 깨닫게 하다. 12–21
   2) 거짓된 교사들의 악함에 대해 경고하다. 2:1–22
3. 사도는 사기꾼들로부터 그들을 보호한다.
   1) 그들의 오류를 논박함으로 3:1–9
   2) 적절한 권면들을 더 하면서 마지막 날을 설명함으로 10–11

III. **결론**

1. 사도는 사도 바울과 자신의 일치를 선언한다. 15,16
2. 사도는 서신의 주제를 반복한다. 17,18

베드로후서 1장

1:1 우리 하나님과 구주 – 오직 의만이 하나님의 공의를 만족시키며 의 때문에 그분께서 귀한 믿음을 주신다. **의를 힘입어** – 능동적 의와 수동적 의 모두, **동일하게 보배로운 믿음을 우리와 함께** – 사도들인 우리와 함께. 실제로 주님을 보지 못했던 이들의 믿음은 우리 주님을 실제로 본 사람들의 믿음과 동일하게 귀하다. **받은 자들에게** – 그들 자신의 힘으로가 아니라 하나님께서 값없이 주시는 은혜로.
1:2 하나님과 그리스도에 대한 신적이며 체험적인 지식을 통해서.
1:3 그의 신기한 능력으로 … 모든 것을 우리에게 주셨으니 – 권면으로 시작하는 이 도입부에는 쾌활함이 있다. **생명과 경건에 속한** – 현재의 자연적 삶의 그리고 영적 삶의 지속과 증가에, **영광으로**– 목적으로서의, 그리스도인의 **덕** – 혹은 수단으로서의 인내(용기), **우리를 부르신 이를 앎으로 말미암음이라** – 그 자신의 영광의 권능으로.
1:4 이로써 – 영광과 용기를 통해서, 믿을 수 없을 정도로 **그 보배롭고 지극히 큰 약속을 우리에게 주사** – 약속들과 정당한 때에 뒤따르며 약속들 때문에 유지되고 고무되는 약속된 것들 모두. 그분께서 약속하신 모든 것들을 우리는 얻게 될 것이다. **세상에서 썩어질 것을 피하여** – 그 풍성한 근원, 악한 정욕에서 피하여, **신성한 성품에 참여하는 자가 되게 하려 하셨느니라** – 하나님의 형상으로 새로워지고 그와 교제함으로 너희가 하나님 안에 거하고 너희 안에 하나님이 거하시도록 하는 것이다.
1:5 그러므로 – 왜냐하면 하나님께서 너희에게 이렇게 큰 축복을 주셨기 때문이다. **너희가 더욱 힘써** – 우리가 "준다는 것(giving)"은 아주 이상한 말이다. 이것은 문자적으로 계속해서 혹은 반복해서 들여오는 것을 의미한다. 그리고 이것은 하나님께서 일하시는데 우리가 근면하지 않다는 것은 아니라는 의미도 내포한다. 우리의 근면은 하나님의 은사에 뒤따르는 것이고 하나님의 모든 은사의 넘쳐남에 의해 오는 것이다. **너희 믿음에 덕을** – 이 덕(역자주, 웨슬리는 용기라고 한다.)으로 너희는 모든 원수와 어려움을 정복할 것이고 믿음이 지시하는 것은 무엇이든지 실행하게 될 것이다. 이러한 가장 아름다운 연결에서 모든 앞선 은혜가 모든 뒤따르는 은혜를 인도한다. 이것들은 시간 순서로 배치되었다기보다는 본질의 순서로 놓여있다. 왜냐하면, 모든 은총이 모든 다른 은총과 관련이 있음에도 여기서는 이 은총들이 서로 밀접하게 연결된 것들이 그렇게 깔끔하게 정렬되어 함께 놓여있기 때문이다. **덕에 지식을** – 모든 경우에 있어서 덕을 훈련하는 법을 가르치는 지혜,
1:6 지식에 절제를, 절제에 인내를, – 참고 참으며 유지하고 삼가라. 너희 자신을 부인하고 너희의 십자가를 매일 지라. 너희가 지식(지혜)을 많이 가지면 가질수록 너희 자신의 의지를 더욱 포기하게 된다. 너희 자신을 덜 탐닉하라. 지식이 솟구친다고 하

며 지식에 대한 엄청난 허풍쟁이들은(영지주의자들) 하나님의 은혜를 문란함으로 바꾼 사람들이었다. 그러나 너희의 지식은 절제와 함께 얻게 됨을 알라. 기독교의 절제는 하나님께 인도하지 않는 모든 쾌락을 자발적으로 절제하는 것을 내포한다. 이것은 내적으로 그리고 외적으로 모든 일에까지 해당된다. 감정뿐만 아니라, 모든 생각에 적절한 통제를 포함한다. 이것은 세상을 이용한다. 모든 외적인 것들을 사용하고 모든 내적인 것들을 절제함으로 이것들은 영적인 것의 수단이 될 수 있다. 위로 올라가기 위한 크기 조절 사다리와 같다. 무절제는 세상을 남용하는 것이다. 아래의 것을 사용하며 위에 것을 보지 못하고 얻지 못하는 사람은 무절제한 사람이다. 창조주의 것들을 더 많이 얻기 위해서 피조물을 사용하는 사람만이 절제하며 그리스도께서 걸으셨던 것처럼 걷는다. **인내에 경건을,** – 하나님의 현존과 섭리에 대한 지속적 지각(감각), 그리고 하나님에 대한 자식으로서의 두려움과 그분에 대한 신뢰는 적절한 지원이다. 이렇게 되지 않는다면, 너희의 인내는 자만, 무례함, 그리고 기독교가 아닌 스토아주의가 될 것이다.

1:7 경건에 형제 우애를, – 무뚝뚝함, 엄격함, 까다로움이 없는. 소위 불쾌한(심술 궂은) 경건은 악마의 것이다. 기독교의 경건은 항상 이렇게 이야기될 것이다. "그녀(경건)의 분위기는 온유하고 향기롭고 고요하며 부드럽다. 엄격함으로 심각한 것도 아니고 가벼움으로 자유로운 것도 아니다. 무자비한 선에 반대하며 열정에서는 열렬하고 자비에서는 따듯하다." **형제 우애에 사랑을** – 하나님과 모든 인류를 향한 순결하고 온전한 사랑. 여기서 사도는 앞서서 말한 서로만을 향한 그리스도인들의 사랑과 관계되는 것으로 보이는 형제 우애를 진일보시킨다. **더하라** – 하나님의 모든 다른 은사들로. 전자를 잃어버리지 말고 후자를 덧붙여라. 한 발 한 발 옮기는 아름다운 순서를 가진 춤처럼 '인도하다'라고 뜻하는 희랍어 단어는 적절하다. 보이지 않는 것들의 증거인 너희의 믿음이 하나님과 그리스도를 아는 지식 이전에 있다.

1:8 이런 것이 너희에게 있어 – 너희의 믿음에 더해진, **흡족한** – 점점 더 증가하는, 증가하지 않는다면 우리는 부족하게 될 것이다. **게으르지 않고 열매 없는 자가 되지 않게 하려니와** – 너희의 마음이 희미해지거나 너희의 삶에 있어서 열매 없이 되는 것을 허락해서는 안 된다. 만일 우리가 용서받았다고 신실함이 적어진다면 용서받기 전보다 관심과 깨어있음도 적어질 것이다. 우리가 죄의 용서를 구했을 때 보다 덜 근면하고 덜 외적으로 순종할 것이다. 우리는 그리스도에 대한 지식에서도 게으르며 열매가 없을 것이다. 즉 믿음에서도 그렇다. 그러므로 사랑으로 역사할 수 없게 된다.

1:9 이런 것이 없는 자는 – 믿음에 이런 것들을 더하지 못한 사람, **맹인이라** – 그의 이해의 눈이 다시 가려졌다. 그는 하나님 혹은 그분의 용서하시는 사랑을 볼 수 없다. 그는 보이지 않는 것들에 대한 증거를 잃어버렸다. **멀리 보지 못하고** – 문자적으로 눈이 침침한. 그는 귀한 약속들에 대한 시야를 잃어버렸다. 온전한 사랑과 천국

이 똑같이 그의 시야에서 벗어났다. 그렇다. 그는 이제 전에 자신이 즐겼던 것을 볼 수 없다. **그의 옛 죄가 깨끗하게 된 것을 잊었느니라** – 그의 죄가 용서되었을 때 그가 느꼈던 것을 알기 힘들게 되었다.

1:10 그러므로 – 이러한 배교자들의 절망적인 상태를 생각할 때, **형제들아** – 이 중요한 권면을 제외하고는 사도 베드로가 그의 서신들 어디에서도 이 호칭을 사용한 곳이 없다. **더욱 힘써** – 용기, 지식, 절제로, **너희 부르심과 택하심을 굳게 하라** – 하나님께서 너희를 그분의 말씀과 영으로 부르신다. 그분은 영의 성화를 통해서 세상과 구별된 너희를 택하셨다. 이 측량할 수 없는 축복들을 던져버리지 말자! 만일 너희가 너희 택하심을 굳게 하는데 근면하다면 너희는 절대 실족하지 않을 것이다.

1:11 이같이 하면 … 영원한 나라에 들어감을 넉넉히 너희에게 주시리라 – 너희는 영광의 온전한 승리를 얻게 될 것이다.

1:12 그러므로 – 영원한 멸망이 너희의 게으름에 참여하고, 영원한 영광은 너희의 열심에 참여하기 때문에 **너희가 … 이미 있는 진리에 서** – 내가 지금 선포하고 있는 그 진리. **내가 항상 너희에게 생각나게 하려 하노라** – 그러므로 사도는 첫 번째 서신에 이어서 곧 또 다른 서신을 썼다.

1:13 이 장막에 – 혹은 천막. 육신에서의 우리 체류가 얼마나 짧은가! 신자가 육신으로부터 얼마나 쉽게 벗어나는가!

1:14 이는 우리 주 예수 그리스도께서 내게 지시하신 것 같이 – 요한복음 21장 18절에서 주님께서 미리 말씀하셨던 그 방법으로. 주께서 때가 가까이 왔다고 그에게 알려주셨다는 것은 사실인 것 같다.

1:15 너희로 하여금 … 하려 하노라 – 이 서신이 너희 가운데 있게 함으로

1:16 능력과 강림하심을 너희에게 알게 한 것이 – 즉 영광 중에 권능으로 오시는 그리스도. 만일 그들이 그리스도로부터 알게 된 것이 아니라 그들이 만들어 낸 것이라면 세상에 거짓말한 것이며 생명과 모든 것을 희생하면서 세상을 노하게 한 것이며, 죄책을 면할 수 없는 큰 어리석음을 저지른 것이다. 이러한 일들은 늘 기억할 가치가 있다. 왜냐하면, 이것들은 **교묘히 만든 이야기**가 아니기 때문이다 – 이방인들 가운데서 흔히 있는 이야기들같이 교묘히 만든 이야기, **우리는 그의 크신 위엄을 친히 본 자라** – 마지막 날에 그의 영광의 예표였던 그의 변화를 목격한 사람들.

1:17 지극히 큰 영광 중에서 이러한 소리가 그에게 나기를 – 즉, 성부 하나님으로부터, **그가 하나님 아버지께** 신적 **존귀와** 말로 표현할 수 없는 **영광을 받으셨느니라** – 하늘에서 비추는, 태양의 밝음을 뛰어넘는.

1:18 우리가 – 베드로, 야고보, 그리고 요한. 사도 요한은 아직 살아 있었다. **그와 함께 거룩한 산에 있을 때에** – 호렙산에서 옛날에 현현하셨던 것처럼 영광의 현현에 의해 그렇게 된.

1:19 또 우리에게는 – 여기서 사도 베드로는 모든 그리스도인의 이름으로 말한다.

더 확실한 – 그의 영광의 위엄을 나타내 보임으로, **예언이 있어** – 모세, 이사야, 그리고 모든 예언자의 말들은 모든 면에서 일치하는 하나이고 같은 말이다. 사도 베드로는 어떤 특정 구정을 인용하지 않지만, 그 모든 증언을 말하고 있다. **어두운 데를 비추는 등불과 같으니 ... 너희가 이것을 주의하는 것이 옳으니라** – 빛도 없고 창문도 없는 곳에서. 이 등불이 비추는 그 작은 점 외에 온 세상이 옛날에는 그와 같았다. **날이 새어** – 복음의 넘치는 빛이 어두움을 뚫고 비추기까지. 등불의 빛과 낮의 빛 사이에 차이가 있는 것처럼 구약의 빛과 신약의 빛 사이에 그와 같은 차이가 있다. **샛별이** – 예수 그리스도. (계 22: 16) **너희 마음에 떠오르기까지** – 너희에게 계시가 될 때까지.

1:20 먼저 알 것은 성경의 모든 예언은 사사로이 풀 것이 아니니 – 예언은 어떤 사람의 말이 아니다. 그때까지 알려지지 않은 것들을 그것으로 해석하는 것은 선지자 자신이 아닌 하나님이시다.

1:21 예언은 언제든지 사람의 뜻으로 낸 것이 아니요 – 무엇이든지 단지 어떤 사람에게서 나온 것이 아니다. **오직 성령의 감동하심을 받은 사람들이** – 하나님께 헌신 된, 그리고 그 목적을 위해서 하나님에 의해 구별된 사람들이 말했고 기록했다. 문자적으로는 운반된 것이다. 그 점에서 그들은 순전히 수동적이었다.

베드로후서 2장

2:1 그러나 백성 가운데 – 이스라엘의 백성들. 하나님께서 그들을 보내시지 않으셨을 때 진리를 말하는 사람들 그리고 또한 진정으로 보냄을 받았지만 그들의 설교가 타락되거나 약화가 된 사람들은 거짓 선지자들이다. **또한 거짓 선지자들이 일어났었나니** – 참된 선지자가 있었던 것처럼. **너희 중에도 거짓 선생들이 있으리라** – 교회에, **멸망하게 할 이단을** – 주님을 부정함으로 그들은 먼저 멸망하게 할 이단들, 즉 분열들을 소개했거나 그들이 이러한 분열들을 일으켰다. 그리고 그들을 값을 주고 사셨던 주님을 부정하는데 이르기까지 타락한 마음에 자신을 내주었다. 이단들은 주님을 부정하는 것의 영향이거나 주님을 부정하는 것이 이단의 결과이다. **자기들을 사신 주를** – 그 자신의 보혈로. 그러나 바로 이 사람들이 영원히 멸망 받는다. 그러므로 그리스도는 멸망 받는 사람들조차 값으로 사셨다. **부인하고** – 그들의 교리와 그들의 행위 모두로.

2:2 진리의 도가 비방을 받을 것이요 – 거짓된 그리스도인들과 참된 그리스도인들 모두를 함께 혼합시키는 사람들에 의해서

2:3 그들이 ... 너희로 이득을 삼으니 – 상인들이 그들의 상품들에 하듯이 그들은 너희로 인해 이득을 얻기 위해서 단지 너희를 사용한다. **그들의 심판은 옛적부터 지체하지 아니하며 그들의 멸망은 잠들지 아니하느니라** – 오래전에 결정되었고 빠르

게 집행될 것이다. 모든 죄인은 멸망으로 판결되며 하나님이 벌하시는 일부가 그분께서 나머지를 벌하시리라는 것을 증명한다.

2:4 범죄한 천사들을 … 지옥에 던져 – 무저갱, 알 수 없는 불행의 장소. **어두운 구덩이에 두어** – 최후의 날의 심판을 받기 위해 어둠의 지하 감옥에서 가장 강력한 사슬들에 묶인 것처럼 보호 감찰받는 저주받은 죄수들처럼. 그런데도 이러한 사슬들이 삼킬 자를 찾고 있는 그들이 오르락내리락하는 것을 여전히 막지 못한다.

2:5 옛 세상을 용서하지 아니하시고 – 고대의 세상. **오직 의를 전파하는 노아와 그 일곱 식구를 보존하시고** – 의의 실천자이자 설교자인 노아와 일곱 식구, **경건하지 아니한 자들의 세상에 홍수를 내리셨으며** – 그들의 숫자가 그들을 견디게 하지 못했다.

2:9 이러한 예들로부터 명백하게 드러나는 것은 **주께서 경건한 자는 시험에서 건지시고 불의한 자는 형벌 아래에 두실** 지혜와 권능 그리고 의지 모두를 가지고 계신다.

2:10 특별히 육체를 따라 … 자들에게는 – 타락한 본성, 특별히 **더러운 정욕 가운데서 행하며 주관하는 이를 멸시하는** – 통치자의 권위를 멸시하는, **영광 있는 자들을** – 권위를 가지고 있는 사람들.

2:11 천사들도 – 그들이 땅 위에서 보고 행한 것에 관해 설명하기 위해서 그들이 주님 앞에 나타났을 때(욥 1:6, 2:1)

2:12 세계의 현재 무질서한 상태에 있는 **이성 없는 짐승**같이 야만적인 사람 중에 몇몇은 빼앗기고 멸망 받기 위해 태어난 것으로 보인다.

2:13 불의를 당하며 낮에 즐기고 노는 것을 기쁘게 여기는 자들이니 – 그들은 태양 아래서 즐기고 노는 것을 영광으로 안다. 그들은 자신들에게 흠이며 교회에는 재앙이다. **그들의 속임수로 즐기고 놀며** – 그들이 속이는 사람들을 조롱하며, 그들이 자신의 영혼을 속이는 동안에도 농담합니다.

2:15 브올의 아들 발람의 길 – (갈대아인들은 유대인들이 브올이라고 부르는 것을 베오르라고 발음한다) 즉, 탐욕의 길, **불의의 삯을** – 발락이 이스라엘을 저주하는 대가로 그에게 주고자 했던 돈, **사랑하다가** – 비록 그가 불의의 삯을 감히 취하지는 않았지만, 간절히 욕망했다.

2:16 나귀가 – 본래 말을 못하는.

2:17 샘과 안개는 물을 약속한다. 그렇게 이러한 약속을 하지만 실행하지 않는다.

2:18 육체의 정욕 중에서 유혹하는도다 – 어떤 불경건한 욕망을 충족시키는 것을 그들에게 허용하는 유혹. 이들은 죄 가운데 **그릇되게 행하는 사람들**의 영, 풍습, 그리고 집단에서 이전에 완전히 피했던 사람들이다.

2:19 그들에게 자유를 준다 하여도 – 필요하지 않은 억제와 망설임으로부터, 율법의 속박으로부터, **자신들은 멸망의 종들이니** – 모든 속박 중 가장 지독한 것인 죄.

2:20 만일 그들이 – 그렇게 유혹에 빠진 사람들, **예수 그리스도를 앎으로** – 즉, 그

를 믿음으로 (1:8), **세상의 더러움을 피한** – 하나님을 알지 못하는 모두를 오염시키는 죄들, **후에 다시 그 중에 얽매이고 지면 그 나중 형편이 처음보다 더 심하리니** – 더는 변명의 여지가 없어 용납될 수 없으며 더 큰 저주의 원인이 되는.
2:21 명령 – 그들의 귀에 들렸을 뿐 아니라 그들의 마음에 새겨진 하나님의 모든 법.
2:22 개, 돼지 – 하나님의 은혜를 받기 전에 그리고 믿음의 난파선이 된 후에 사람들 모두는 하나님의 눈에 그와 같은 존재다.

베드로후서 3장

3:2,3 말씀에 더 **주의**를 기울이라. 왜냐하면, 너희는 **조롱하는 자들이** 오리라는 것을 알기 때문이다 – 주님께서 오시기 전에, **자기의 정욕을 따라 행하며** – 여기에 실수의 기원과 방탕의 뿌리가 있다. 우리는 엄청나게 충족된 이것을 알지 못하는가?
3:4 이르되 주께서 강림하신다는 약속이 어디 있느냐 – 심판을 위해서? (그들은 그분의 이름을 알지 못한다) 우리는 그와 같은 일의 징조를 알지 못하고 있다. **조상들이** – 우리의 첫 선조들, **잔 후로부터 만물이** – 하늘, 물, 땅, **처음 창조될 때와 같이 그냥 있다** – 우리로 하여금 그것들이 영원히 끝날 것이라고 믿게 만들 수 있는 그와 같은 물질적 변화 없이.
3:5 옛적부터 – 홍수 이전, **하늘이 … 있는 것과 땅이** – 현재와 같지 않은, **물에서 나와 물로 성립된 것도** – 아마도 지구의 내구가 아주 깊음, 물의 심연 가운데 고정되어 있었을 것이다. 물에서 나와 있는 껍데기 혹은 외구가 아주 깊음을 덮고 있었을 것이다. 물과 육지로 구성된 지구의 원래 구조와 현재 구조의 명백하게 큰 차이가 그렇게 일반적으로 알려졌던 것으로 보이기에 사도 베드로는 이것에 대한 그들의 무지를 전적으로 그들의 고의라고 비난한다. **하나님의** 권능의 **말씀으로 된 것을** – 하나님 권능의 말씀이 모든 것들의 지속을 제한함으로 그것은 더 길거나 더 짧을 수 없다. **이는 … 그들이 일부러 잊으려 함이로다** – 그들은 아는 것 혹은 생각하는 것을 좋아하지 않는다.
3:6 이로 말미암아 – 하늘과 땅, 하늘의 문들이 열렸고 심연의 샘들이 터져 나왔다. **그 때에 세상은** – 고대 인류 전체, **물이 넘침으로 멸망하였으되** – 하늘과 땅 자체가 망했던 것은 아닐지라도 엄청난 변화를 겪었다. 그러므로 조롱하는 이러한 사람들이 창조시기에 있었던 것처럼 만물이 지속한다고 말하는 것은 근거가 거의 없다.
3:7 이제 하늘과 땅은 … 보존하여 두신 것이니라 – 하나님께서 세계를 심판하시고 불경건한 자들을 영원한 멸망으로 벌하실 그 날에 불사르기 위해서 대홍수 이후로 보호되었다.
3:8 사랑하는 자들아 … 잊지 말라 – 그것들이 무엇이든지, **주께는 하루가 천 년 같고** – 즉, 하루에, 한순간에 그는 천 년 동안의 일을 하실 수 있다. 그러므로 그는 느

리지 않으시다. 그는 언제나 동일하게 그분의 약속을 완성할 준비가 되어 있으시다. **천 년이 하루 같다는** – 즉, 지연(delay)은 하나님께 긴 것이 아니다. 천년은 영원하신 하나님께 하루와 같다. 그러므로 그분은 오래 참으신다. 하나님께서는 어떤 불쾌함 없이 우리에게 회개의 기회를 주신다. 한마디로 하나님에게 시간은 느린 것도 빠른 것도 아니다. 그보다는 하나님과 그분의 경세에 적합하다. 또한, 만물의 종말을 지체시키거나 빠르게 할 필요가 그분께 있어야할 어떤 이유도 있을 수 없다. 우리가 어떻게 이것을 이해할 수 있겠는가? 우리가 이것을 이해할 수 있었다면 사도 베드로는 **주께는** 이라는 말을 첨가할 필요가 없었을 것이다. **이 한 가지를** – 이것은 지금 숙고 중인 요점에 많은 빛을 던져준다. **주께는 하루가 천년 같고 천년이 하루 같다.** 모세가 **주의 목전에는 천 년이 지나간 어제 같으며**라고 말했다. (시 90:4) 사도 베드로는 모세의 이 말을 최후의 날과 관련해서 적용한다. 하나님의 본질과 일하심에 있어서 시간의 모든 측정을 초월하는 하나님의 영원성, 과거 혹은 미래의 모든 일이 매 순간 떠오르는 하나님의 지식, 일을 완전하게 하기 위한 더 이상 지체할 필요가 없는 그분의 능력, 그리고 기대의 모든 조급함과 서두르려는 욕망을 배제하는 하나님의 오래 참으심을 나타내기 위해서 그렇게 적용한다.

3:9 주의 약속은 – 약속은 그것의 정해진 시기에 확실하게 성취될 것이다. **더딘 것이 아니라** – 마치 정해진 시간이 지난 것처럼, **오직 주께서는 너희를 대하여 오래 참으사** – 사람의 자녀들에 대하여, **아무도 멸망하지 아니하고** – 그분께서 만드신 영혼이 멸망하지 않도록

3:10 그러나 주의 날이 도둑 같이 오리니 – 갑자기 예상하지 못하게, **그 날에는 하늘이 큰 소리로 떠나가고** – 태초 말씀의 바로 그 음성에 의해, **물질이 뜨거운 불에 풀어지고** – 여기서 물질은 소위 사원소가 아니라 태양, 달, 그리고 별들을 의미하는 것으로 보인다. 왜냐하면, 공기와 물은 녹지 않으며 땅이 바로 뒤에 언급되기 때문이다. **땅과 그 중에 있는 모든 일이** – 자연이든 예술이든, **드러나리로다**(역자주, KJV에서는 불타 없어질 것이다, shall be burnt up,로 기록되어 있다) – 하나님께서 이것을 위해 이미 충분하게 예비하시지 않았겠는가? 1. 에트나(Aetna), 베수비오(Vesuvius), 헤클라(Hecla), 그리고 많은 다른 화산들에 의해 그렇게 자주 분출되고 있는 지하 불의 저장고들에 의해서. 2. 현재 이것을 묶고 있는 비밀스러운 사슬이 풀린다면 즉시 자연계 전체를 즉각 분해해 버릴 수 있는 지구 전체에 퍼져있는 (소위 전기) 에테르성 불에 의해서. 3. 그것이 태양을 향하는 궤도에서 지구와 부딪힌다면 지구를 불의 심연으로 밀어 넣을 것이 틀림없는 혜성 중에 하나에 의해서. 그 해성이 (어느 한 위대한 인물이 계산 한 것처럼) 빨갛게 달아오른 대포알보다 이천 배는 더 뜨겁게 되는 때인 태양으로부터 되돌아오는 중에 그렇게 된다면, 직접 부딪히기 전에 모든 동식물을 파괴하고 곧바로 불태워버릴 것이 틀림없다.

3:11 이 모든 것이 이렇게 풀어지리니 – 믿음의 안목으로 보면 이미 그렇게 된 것으

로 보인다. **이 모든 것**은 성경의 표현 가운데 포함된 모든 것, 하늘과 땅, 즉 우주라고 이전에 언급되었다. 넷째 날에 하나님께서 땅과 함께 풀어질 별들을 만드셨다. (창 1:6) 그러므로 창조의 역사 혹은 세상의 파괴에 대한 이 묘사를 땅과 낮은 하늘에만 제한하고 별은 땅보다 더 오래되었고 남게 될 것이라고 상상하는 사람들은 속은 것이다. 풀어짐과 회복 모두는 지구를 둘러싼 한 하늘에만 국한된 것이 아니라 어떤 제약이나 한계가 없는 일반적으로 하늘들(우주)에 해당한다. **너희가 어떠한 사람이 되어야 마땅하냐 거룩한 행실과** – 사람들에게 거룩한 행실, **경건함으로** – 너희의 창조자를 향한.

3:12 하나님의 날이 임하기를 – 하나님은 사람들에게 무수한 날들을 허락하셨다. 그러나 마지막 날은 하나님의 날이다. **바라보고** – 이를테면 간절한 마음과 열렬한 기도로.

3:13 우리는 … 새 하늘과 새 땅을 바라보도다 – 옛 사람의 잿더미들에서 있는 그대로의 모습으로 일어난, (우리는 사물의 전적으로 새로운 상태를 기대한다) **의가 있는 곳인** – 의로운 영들만이 거주하는 곳. 얼마나 큰 신비인가!

3:14 그러므로 사랑하는 자들아, 너희가 이것을 바라보나니 주 앞에서 점도 없고 흠도 없이 **평강 가운데서 나타나기를** – 그의 피로 뿌림 받은 바 되고 그의 영에 의해 성화 되어 그 결과 점도 없고 흠도 없게 되어 무서움 없이 그분을 만나게 되기를, **힘쓰라** – 그분이 올 때마다.

3:15 또 우리 주의 오래 참으심이 구원이 될 줄로 여기라 – 사람들을 회개로 부르셨을 뿐만 아니라 회개하게 하려고 실제로 역사하신다. 더 많은 영혼을 구하기 위한 귀한 방법이다. **우리가 사랑하는 형제 바울도 … 너희에게 이같이 썼고** – 이것은 앞서서 말할 것뿐만 아니라 전에 행한 모든 것과도 연관된다. 사도 바울은 그의 여러 서신에서, 특히 히브리서에서 세상의 끝 날과 같은 말씀들을 썼다.

3:16 또 그 모든 편지에도 – 사도 베드로는 자신과 사도 바울이 순교하기 조금 전에 이 서신을 기록했다. 그러므로 사도 바울은 그의 모든 서신을 썼으며 이 표현을 통해서 우리는 사도 베드로가 그 서신들 모두를 읽었다는 것을 알 수 있다. 사도 베드로는 사도 바울이 갈라디아서에서 그에 대해 기록했던 것을 불쾌하게 여기지 않았다. **이런 일에 관하여 말하였으되** – 즉 그분의 오래 참으심으로 지체된 우리 주님의 재림에 관한 일들 그리고 재림에 앞서는 또는 함께하는 정황들에 관련된 일들, **무식한 자들과** – 하나님에 대해 배우지 못한 사람들, **굳세지 못한 자들이** – 흔들리는 두 마음을 가지고 안정되지 못한 사람들, **다른 성경** – 그러므로 사도 바울의 서신들은 당시 성경의 한 부분이었다. **억지로 풀다가** – 마치 그리스도께서 오시지 않을 것처럼, **스스로 멸망에 이르느니라** – 그러나 어떤 사람이 성경을 악용하는 것은 다른 사람들이 성경을 전혀 사용해서는 안 되는 이유가 되지 못한다.

3:18 은혜 …에서 자라 가라 – 즉, 모든 그리스도인의 기질에서. 성장 없이 자연적인

생명이 있을 수 있는 것처럼 잠깐 성장 없이 은혜가 있을 수 있다. 그러나 영혼 혹은 육체의 그와 같은 삶은 죽음으로 끝날 것이며 매일 그것에 가까워진다. 우리의 타락한 본성에 남아 있는 악이 매일 죽지 않는다면 육체의 악한 기질처럼 그것은 전인을 파괴할 것이다. 그러나 만일 너희가 영으로 육체의 행실을 죽이면 너희는 믿음과 성결 그리고 행복의 삶을 살게 될 것이다. 우리에게 주어진 은혜의 목적과 계획은 땅의 형상을 멸망시키고 하늘의 형상을 회복시키는 것이다. 은혜가 이렇게 하는 한 그것은 우리에게 참으로 유익이 된다. 또한 더 많은 하늘의 은사를 위한 길을 내며 종국에 우리는 하나님의 모든 충만하심으로 채워지게 될 것이다. 몸의 건강이 매일의 양식으로 무엇을 먹느냐에 의존하는 것처럼 그리스도인의 힘과 잘됨(행복)은 그의 영혼이 무엇을 먹느냐에 의존한다. 만일 우리가 우리의 본성에 맞는 것을 먹는다면 우리는 자란다. 그러나 그렇지 않다면 우리는 초췌해지고 죽게 된다. 영은 하나님의 본질의 것이다. 그리고 하나님의 거룩을 따르는 것을 제외하고 어떤 것도 영에 동의할 수 없다. 모든 종류의 죄는 영을 굶게 하며 수척하게 만든다. 하나님의 새 창조에서 그분의 질서를 뒤집으려고 하지 말자. 우리가 우리 자신을 단지 속이게 될 것이다. 하나님의 뜻을 거스르고 자기 뜻을 따르기는 쉽다. 그러나 이것은 영혼을 메마르게 할 것이다. 복음의 행복과 성결을 소유하지 않고 우리 자신을 만족시키기는 쉽다. 이러한 마음 상태(기분)와 감정을 요청하고 한편으로는 신앙에 반대하고 다른 한편으로는 그리스도께 반대하기는 쉽다. (표현이 허락된다면) 마음 상태는 하늘의 기질, 즉 그리스도 안에 있는 마음 이외에 다른 것이 아니다. 감정은 참으로 믿는 자의 마음에 비추는 성령의 신적 위로들이다. 그리고 믿음이 있는 곳, 그리고 그리스도께서 계신 곳에서는 이러한 축복된 마음 상태들과 감정들이 있다. 만약 이것들이 우리 안에 없으면 황무지가 못이 되었음에도 못이 다시 황무지가 되고 있다는 것이 확실한 신호다. **그를 아는 지식에서** – 즉 모든 것의 뿌리인 믿음 안에서, **영광이 이제와 영원한 날까지 그에게 있을지어다** – 사도가 이 장 전체에 걸쳐 그의 영혼 안에서 느꼈던 그 감각으로부터 자연적으로 흘러나온 표현. 영원은 밤이 없고, 중단이 없으며, 끝이 없는 날이다.

요한일서 주해

요한복음과 요한의 전체 서신들 전반에 흐르는 정신과 표현의 엄청난 유사성 혹은 동일성은 동일 저자에 의해 이 책들이 쓰였다는 것에 대한 분명한 증거다. 이 서신에서 사도 요한은 어떤 구체적 교회가 아니라 그 시대의 모든 기독교인에게 그리고 이후의 모든 세대의 전체 기독교 교회에 말하고 있다.

어떤 사람들은 이 서신의 목적과 방식을 파악하기가 쉽지 않다고 생각한다. 그러나 만일 우리가 이 서신을 단순하게 검증한다면 목적과 방식이 쉽게 발견될 것이다. 이 편지에서 혹은 오히려 본문에서 (그는 자신이 쓴 서신 수신자들의 일부와 함께 있었기 때문에) 사도 요한은 복 받은 상태의 표징을 묘사함으로 하나님과 그리스도와 신자들 사이의 행복하며 거룩한 교류를 확증하기 위한 명백한 목적이 있다.

서신은 세 부분으로 되어 있다.

I. **서론** 1: 1-4
II. **본문**(소논문) 1:5-5:12
III. **결론** 5:13-21

서론에서 그는 자신의 설교와 글의 권위를 보여주며 그의 현재 글의 목적을 분명하게 드러낸다. 우리가 안다를 세 번 반복함으로(5:18, 19, 20) 같은 의도를 더 확대해서 설명한다. 그리고 이러한 표징을 요약하고 있는 결론은 서론에 대해 정확하게 응답한다.

본문은 두 부분으로 되어 있다.

I. 각각 다루는 부분

1.성부와의 교제에 관해서 1:5-10
2.아들과의 교제에 관해서 2:1-12
아버지들, 청년들 그리고 어린들에 대한 뚜렷한 적용 13-27

육체 가운데 그분의 현현의 열매들은 영광 가운데 그분의 현현으로 확장되리라는 것에 그분 안에 거하라는 권고가 더해진다. 28-3:1-24

3. 영을 통한 이러한 거함의 열매와 확증에 관해서 4:1-21

II. 결합해서 다루는 부분

그리스도를 믿는 믿음, 하나님으로부터 남, 하나님과 그분의 자녀들을 향한 사랑, 계명을 준수함, 그리고 세상을 향한 승리의 기반이 되는 성부, 성자, 성령의 증거에 관해서. 5:1-12

빈번하게 각 부분은 비슷하게 시작해서 비슷하게 끝난다. 이따금 앞의 부분에 암시가 있고 뒷부분에는 요약이 있다. 각 부분은 하나님께서 주시는 은혜와 가장 자연적 추론들 때문에 파생된 신자들의 의무를 다루고 있다.

요한일서 1장

1:1 태초부터 있는 – 이 어구는 때때로 제한된 의미로 사용되지만 여기서 이것은 요한복음 1장 1절의 **태초에**와 같은 것으로 적절한 의미는 영원으로부터이다. 그분이 이 땅에 오시기 전에는(2절) 아버지와 함께 계셨다. **생명의 말씀에 관하여는** – 주님은 요한복음 1장 1절에서는 말씀으로, 요한복음 1장 4절에서는 생명으로 불린다. 그분은 아버지와 성령과 함께 모든 피조물의 생명, 특별히 영적이며 영원한 생명의 근원이신 하나님의 살아계신 말씀이다. 사도들은 말씀 자체이신 주님께 직접 들었다. **우리가** – 사도들이, **들은 바요 눈으로 본 바요 자세히 보고** – 여러 경우로 주의 깊게 살펴보았다.

1:2 이 생명이 – 살아계신 말씀, **나타내신 바 된지라** – 육으로 오셔서 우리의 감각들에, **이 영원한 생명을** – 항상 계셨고 후에 우리에게 나타나셨다. 이 영원한 생명은 본 서신의 서두에 언급된다. 우리가 늘 누려야 할 동일한 영원한 생명이 이 서신의 말미에도 언급된다. **증언하여 전하노니** – 우리는 선포함으로 그리고 설교하고 기록함으로 증언한다. (3, 4절) 설교가 기초를 놓고(5–10절) 기록이 그 기초 위에 쌓아 올린다. **너희에게** – 보지 못한 사람들.

1:3 우리가 보고 들은 바를 – 그분을 그리고 그분으로부터, **너희에게도 전함은** – 이 목적을 위해서, **너희로 우리와 사귐이 있게 하려 함이니** – 우리가 향유하는 그 동일한 사귐을 누릴 수 있다. **우리의 사귐은** – 그렇게 함으로 그분은 우리 안에 계시고 우리는 그분 안에 있다. **아버지와 그의 아들 예수 그리스도와 더불어** – 나중에 그는 성령에 대해 말한다.

1:4 우리가 이것을 씀은 **우리의 기쁨이 충만하게 하려 함이라** – 요한복음 15장 11절과 16장 22절에서 우리 주님 또한 그러하셨다. 소망의 기쁨, 믿음의 기쁨, 그리고 사랑의 기쁨이 있다. 여기서 직접 의도된 것은 믿음의 기쁨이다. 이것은 간결한 표현이다. **우리의 기쁨** – 즉, 너희의 믿음과 그것으로부터 발생하는 기쁨, 그러나 이것은 마찬가지로 소망과 사랑의 기쁨도 의미한다.

1:5 우리가 그에게서 듣고 너희에게 전하는 소식은 이것이니 – 하나님의 아들, **곧 하나님은 빛이시라** – 지혜, 사랑, 거룩, 영광의 빛. 자연적인 눈에 빛나는 것이 있는데 하나님은 영적인 눈에 빛이시다. 그리고 그분 안에 어둠이 전혀 없다. 이와 반대되는 원칙이란 없다. 그분은 순수하고 혼합되지 않은 빛이다.

1:6 만일 우리가 하나님과 사귐이 있다 하고 – 우리의 말로든 혹은 우리의 마음으로든 우리가 우리 자신 혹은 다른 사람들을 설득하려고 노력한다면 우리가 걷는 동안 내적으로든 외적으로든 우리는 그분과 교제하는 것이다. **어둠에** – 어떤 종류든 죄 가운데, **진리를 행하지 아니함이거니와** – 우리의 행위들이 진리가 우리 안에 없다는 것을 증명한다.

1:7 우리도 빛 가운데 행하면 – 모든 거룩함 가운데서. 하나님께서 빛 가운데 계신 것처럼(걷는 것보다 더 깊은 의미의 단어이며 하나님께 더 가치가 있다.) 그러면 우리는 우리가 서로 사귐이 있다고 진정으로 말하게 될 것입니다. **우리가 서로 사귐이 있고** – 보았던 우리와 보지 못한 너희가 같이 하나님과의 그 사귐을 향유한다. 하나님 닮음이 우리와 하나님과 사귐의 유일하며 확실한 증거다. **그 아들 예수의 피가** – 그 피로 사신 은혜로, **우리를 모든 죄에서 깨끗하게 하실 것이요** – 원죄와 자범죄 모두에서 모든 죄책과 모든 권세를 제거하는.
1:8 만일 우리가 – 그의 피가 우리를 씻기 전의 사람의 자녀는 누구든지, **죄가 없다고 말하면** – 우리 죄를 고백하는(요일 1:9) 대신에 죄로부터 씻음 받았다고 말하면, **진리가 우리 속에 있지 아니할 것이요** – 우리의 입에도 없고 우리의 마음에도 없는.
1:9 만일 우리가 회개하고 믿는 마음으로 **우리 죄를 자백하면 그는 미쁘시고** – 그분께서 그의 모든 선지자의 일치된 목소리를 사용해서 이 축복을 약속하셨기 때문에, **의로우사** – 그러면 그가 확실하게 벌을 주실 것이다. 아니다. 그는 바로 이 이유로 용서하실 것이다. 이것은 이상하게 보일 수 있지만, 속죄와 구속의 복음적 원칙에 따르면 의심의 여지없이 사실이다. 왜냐하면, 빚을 갚았거나 구매가 이루어졌을 때 속박이 취소되고 구매된 소유권이 이전되는 것은 공정성의 한 부분이다. **우리 죄를 사하시며** – 죄들의 모든 죄책을 없애기 위해, **우리를 모든 불의에서 깨끗하게 하실 것이요** – 죄의 모든 종류와 모든 정도로부터 우리 영혼을 깨끗하게 하려고.
1:10 그러나 우리는 여전히 우리 삶이 다하는 때까지 우리 과거 죄의 깊은 자각을 유지해야만 한다. **만일 우리가 범죄하지 아니하였다 하면 하나님을 거짓말하는 이로 만드는 것이니** – 하나님께서 모두가 죄를 범했다고 말씀하셨다. **또한 그의 말씀이 우리 속에 있지 아니하니라** – 우리가 이것을 받아들이지 않고 우리 마음 가운데 두지 않는다.

요한일서 2장

2:1 나의 자녀들아 – 사도는 그리스도인 전체를 이렇게 부른다. 이것은 요한복음 13장 33절에서 우리 주님께서 제자들에게 사용하신 부드러움과 친애를 드러내는 용어다. 그리고 사도 요한이 이 서신을 보낸 사람 중에 많은 이들이 그의 사역으로 아마도 회심했을 것이다. 이 말은 서신의 여러 곳에서 '어린아이들'로 번역되는 단어와 다르다. 여기서 이 말은 사랑하는 자녀들로 되어 있는 것과 구별되는 단어다. **내가 이것을 너희에게 씀은 너희로 죄를 범하지 않게 하려 함이라** – 그러므로 사도는 화해의 교리를 남용하지 않도록 그들을 미리 보호한다. 하나님의 말씀, 제도, 그리고 심판 모두는 죄를 짓지 않도록 혹은 죄가 폐지되도록 죄를 무너뜨렸다. **만일 누가 죄를 범하여도** – 도움받는 것에 자포자기해서 죄 가운데 있게 하지 말자. **우리에게 대**

언자가 있으니 – 우리에게 옹호자가 한 분 계시다. 그는 초라한 사람이 아닌 "이는 나의 사랑하는 아들"이라고 불렸던 그분이시다. 그는 그 자신을 위한 용서가 필요한 죄책을 가지신 분이 아니라 의로우신 예수 그리스도이시다. 그는 관대함에 순전히 의존하는 단순한 청원자가 아닌 요구하는 것이 무엇이든 받드실만한, 온전히 받을 만하신 가치가 있으신 분이다.

2:2 그는 … 화목 제물이니 – 하나님의 진노를 완화하는 속죄의 희생제물. **우리 죄를 위한** – 믿는 자. **우리만 위할 뿐 아니요 온 세상의 죄를 위하심이라** – 죄가 확장되는 것만큼 화해도 확장된다.

2:3 우리가 그의 계명을 지키면 – 특별히 믿음과 사랑의 계명들, **이로써 우리가 그를 아는 줄로 알 것이요** – 그분이 옹호자, 의, 화해자이심을.

2;5 누구든지 그의 말씀을 지키는 자는 – 그분의 계명들, **하나님의 사랑이 참으로 그 속에서** – 그리스도를 통해 우리와 화해하시는 하나님. **온전하게 되었나니** – 완전하게 알게 되어, **이로써** – 그분의 말씀을 우리가 지킴으로, **우리가 그의 안에 있는 줄을 아노라** – 그러므로 나무는 그 열매에 의해 알려진다. "그를 아는" 것, "그분 안에" 있는 것, "그 안에 산다는" 것이라는 말들은 지식, 교제, 항상성이라는 약간의 변이만 있는 거의 동의어들이다.

2:6 그의 안에 산다고 하는 자는 – 이 말은 지속적인 상태를 의미한다. 끊임없고 지속적인 그분에 대한 앎 그리고 그분과의 교제, **그가 행하시는 대로** – 세상 속에서, 그분처럼은 이 서신에서 빈번하게 발견되는 말이다. 그들의 마음이 그분으로 가득한 신자들은 쉽게 그분의 이름을 부른다. **자기도 행할지니라** – 그렇지 않으면 헛된 말들이 된다.

2:7 내가 새 계명을 너희에게 쓰는 것이 아니라 – 내가 어떤 새로운 것을 말하는 것이 아니다. **너희가 처음부터 가진 옛 계명이니** – 너희 선조들로부터.

2:8 다시 내가 너희에게 새 계명을 쓰노니 – 즉, 서로 사랑하는 것에 관해서. 오래전에 주어졌지만, 그분 안에서 그리고 너희 안에서 참으로 새로운 계명이다. 그 계명은 이전에 없었던 그와 같은 방법으로 그분 안에서 본보기가 되었으며 이제 너희에 의해서 완성된다. 왜냐하면, 구약 시대 신자들의 상태와 현재 너희가 누리는 것, 그리고 지나간 그 경륜의 어두움과 지금 너희 마음을 비치는 참된 빛인 그리스도 사이는 비교되지 못하기 때문이다.

2:9 빛 가운데 있다 하면서 – 그분과 연합하여 그리스도 안에, **그 형제를 미워하는 자는** – 형제라는 바로 그 이름 자체가 그분 때문에의 사랑을 보여준다. **지금까지 어둠에 있는 자요** – 그리스도 없이, 그리고 모든 참된 빛 없이.

2:10 그의 형제를 사랑하는 자는 – 그리스도를 위해서, **빛 가운데 거하여** – 하나님의 빛, **자기 속에 거리낌이 없으나** – 반면에 형제를 미워하는 자는 그 자신에게 걸려 넘어지는 계기를 가지게 된다. 그는 자기 자신에 대항하다가 그리고 만물의 안팎

에 대항하다가 넘어진다. 반면에 그의 형제를 사랑하는 자는 자유롭고 방해받지 않는 여정을 걸어간다.

2:11 그의 형제를 미워하는 자는 – 그를 사랑하지 않는다면 그는 미워하는 것이 틀림없다. 중간은 없다. **어둠에 있고** – 죄, 고민, 얽매임 가운데 있는. 그는 어둠 속에서 걸어가고 있으며 자신이 지옥으로 가는 주요 도로에 있다는 것을 알지 못한다.

2:12 자녀들아 내가 너희에게 쓰는 것은 – 그러므로 사도 요한은 그가 쓴 모든 사람에게 말한다. 요한 일서 2장 13절부터 27절까지 그는 그들을 "아비들", "젊은이들" 그리고 "어린아이들"로 나눈다. **사함을 받았음이요** – 마치 그가 "이것이 지금 내가 기록하고 있는 것의 개요다"라고 말하고 있는 것처럼. 그리고 그는 이 기초 위에 세워진 다른 것들을 전개한다.

2:13 영적인 아비들, 청년들, 아이들에 대한 인사(강연)은 **아비들아 내가 너희에게 쓰는 것은, 청년들아 내가 너희에게 쓰는 것은, 아이들아 내가 너희에게 쓰는 것은**이라고 말하고 있는 12절과 13절에서 처음 제안된다. 그리고 그는 **아비들아 내가 너희에게 쓴 것은(14절), 아이들아 내가 너희에게 쓴 것은(14–17절), 청년들아 내가 너희에게 쓴 것은(18–27절)**이라고 말함으로 확대한다. 각자에게 말을 마친 그는 다시 '사랑하는 자녀들'이라고 불리는 사람들에게로 되돌아온다. **아비들아 … 너희가 태초부터 계신 이를 알았음이요** – 다른 누구도, 심지어 참된 신자들도 그를 알지 못하는 방식으로 우리는 영원하신 하나님을 알고 있다. **청년들아 … 너희가 악한 자를 이기었음이라** – 믿음의 능력으로 많은 전투에서.

2:14 아이들아 … 너희가 아버지를 알았음이요 – (비록 너희가 극복하지 못했지만) 너희는 하나님의 자녀라고 성령이 우리 영에 증거하심으로 너희 아버지로서. **아비들아 내가 너희에게 쓴 것은** – 내가 지금 기록한 것을 잘 관찰하라고 마치 그가 말하고 있는 것처럼. 필요한 지식 모두를 포함하고 있는 하나님과 깊은 친교를 가지고 있기에 그들에게 너무 많이 말할 필요가 없는 이들에게 그는 매우 짧고 겸손하게 말하고 있다. **청년들아 … 너희가 강하고** – 믿음 안에서, **하나님의 말씀이 너희 안에 거하시며** – 너희 마음 가운데 깊게 뿌리 내린 하나님의 말씀이 너희 안에 거하심으로 너희는 자주 너희의 대적자를 물리쳤다.

2:15 나는 아비들, 청년들, 아이들 모두에게 말한다. **이 세상이나 세상에 있는 것들을 사랑하지 말라** – 세상을 이김으로 승리를 추구하라. **누구든지 세상을 사랑하면** – 보이는 것들 가운데서 행복을 추구하는 자는 하나님을 사랑하지 않는 것이다.

2:16 육신의 정욕 – 맛, 냄새, 혹은 촉각과 같은 외적 감각들의 쾌락에 대한 욕망, **안목의 정욕** – 눈이 주로 복종하는 상상력의 쾌락 그리고 웅장한 것, 새로운 것, 아름다운 것을 즐기게 하는 내적 감각의 쾌락에 대한 욕망, **이생의 자랑** – 인류 대부분에게서 명예를 일반적으로 얻게 해서 자만과 허영심을 만족시키는 옷, 집, 가구, 장비, 생활방식에 있어서 모든 허례허식. 그러므로 이것은 직접적으로는 칭송의 욕

망을 그리고 간접적으로는 탐욕을 포함한다. 이 모든 욕망은 하나님으로부터가 아니라 이 세상의 왕자에게서 온다.

2:17 이 세상도, 그 정욕도 지나가되 – 즉 이러한 욕망을 만족시킬 수 있는 모든 것은 세상과 함께 사라진다. **오직 하나님의 뜻을 행하는 자는** – 세상이 아니라 하나님을 사랑하는 자, **거하느니라** – 그분께서 사랑하는 것을 영원히 누리면서.

2:18 아이들아 지금은 마지막 때라 – 마지막 때까지 지속하는 은혜의 마지막 경륜의 시대가 시작되었다. **적그리스도가 오리라는 말을 너희가 들은 것** – 사도 요한은 모든 거짓 교사들과 진리에 대한 원수들을 적그리스도 혹은 적그리스도의 영이라는 용어에 포함시킨다. 그렇다. 이것은 그리스도에게 대적하는 모든 교리 혹은 사람들이다. 적그리스도라는 명칭이 그리스도의 대적인 **불법의 사람**(살후 2:3)에게 적용된 것은 요한이 이 명칭을 사용한 후 오랜 시간이 지나서인 것 같다. 사도 요한의 의미에서 적그리스도, 즉 반기독교주의(antichristianism)는 그의 시대부터 지금까지 퍼져가고 있으며 대적자가 일어나고 그리스도의 재림에 의해 멸망 받을 때까지 그렇게 될 것이다.

2:19 그들이 우리에게서 나갔으나 – 그들이 갔을 때, 그들의 마음은 이미 하나님으로부터 떠났다. 우리에게 속하지 아니하였나니 그렇지 않았다면 **우리와 함께 거하였으려니와 그들이 나간 것은 다 우리에게 속하지 아니함을 나타내려 함이니라** – 즉, 이것은 그들이 나간 것으로 명확해졌다.

2:20 너희는 ... 기름 부음을 받고 – 성유(도유). 적그리스도의 이름에 반대해서 그렇게 이름 붙여진, 성령의 내적 가르침, **모든 것을 아느니라** – 이러한 유혹자들로부터 너희의 보호와 너희의 영원한 구원에 필요한 모든 것. 여기서 사도 요한은 단지 성령을 언급하고 있다. 그는 3장 24절, 4장 13절, 5장 6절에서 성령에 대해 더 상세하게 말한다.

2:21 내가 너희에게 쓰는 것은 – 즉 요한 일서 2장 13절. **너희가 … 알기 때문이요** – 즉, 너희가 이미 가지고 있는 지식으로 너희를 확증하기 위해서. **또 모든 거짓은 진리에서 나지 않기 때문이라** – 이러한 적그리스도들의 교리들 모두는 진리와 화해할 수 없다.

2:22 거짓말하는 자가 누구냐 – 그 거짓말 하는 자가 누구며 모든 기독교의 총체인 그 진리를 부정하는 그는 누구인가? 예수는 그리스도시며 하나님의 아들이시다. 육으로 오신 그분은 하나의 온전한 진리 시다. 그리고 이것의 어떤 것이라도 부정하는 자는 실제로 전체를 부정하는 것이다. **그가 적그리스도니** – 그리고 성자를 부정하면서 성부를 부정하는 적그리스도의 영이다.

2:23 하나님의 영원하신 아들을 부인하는 자는 그가 누구든지 성부와 교제하지 않는다. 그러나 아들을 진정으로 인정하고 믿음으로 인정하는 자는 또한 아버지와 교제한다.

2:24 너희가 태초부터 들었던 성부와 성자에 관한 그 진리가 너희 안에 고정되고 뿌리박혀 있다면 너희는 또한 성자와 성부와 함께 그 행복한 교제 가운데 거하게 될 것이다.
2:25 그가 – 성자가, **우리에게 약속하신 것은** – 우리가 그 안에 거한다면.
2:26 이것을 – 요한 1서 2장 21절부터, **내가 … 너희에게 썼노라** – 자신의 습관에 따라서 사도 요한은 같은 형식으로 시작해서 끝을 맺는다. 그리고 괄호 안에 넣을 만한 내용(20–26)인 **너희를 미혹하는 자들에 관한** 내용을 마무리한 후에 그가 20절에서 말한 것을 27절에서 이어받아 계속한다.
2:27 아무도 너희를 가르칠 필요가 없고 오직 그의 기름 부음이 … 너희에게 가르치며 – 항상 같고 그 자체로 항상 일정한 것. 그러나 이것이 동일한 기름 부음에 참여하는 그들에 의해 가르침 받을 우리의 필요를 배제하지 않는다. **모든 것을** – 너희가 알아야 할 필요가 있는 것. **거짓이 없으니** – 적그리스도가 가르치는 거짓말 같은 것이 아니다. **너희 … 주 안에 거하라** – 이것은 위로의 방식과 권고의 방식 모두로 추가되었다. 18절부터 27절까지의(요일 2:18–21) 전체 담론은 어린이들에게 특별히 적용된다.
2:28 사랑하는(역자주, 개역 개정에는 번역되어 있지 않음) **자녀들아 이제**– 각자에게 주는 말을 마친 후에 사도는 이제 일반 모두에게 말한다. **그의 안에 거하라** – 겸손한 표현. **그가 강림하실 때에 … 그 앞에서 부끄럽지 않게 하려 함이라** – 오 너희 유대인들이여, 소시니언들이여(socinians), 명목상의 그리스도인들이여 그날에 얼마나 부끄러움을 당할 것인가!
2:29 의를 행하는 – 믿고 사랑하는 마음으로부터, **자마다** – 그밖에 다른 것은 없다. **그에게서 난 줄을 알리라** – 왜냐하면 그의 자녀들 모두 그와 같기 때문이다.

요한일서 3장

3:1 하나님의 자녀라 일컬음을 받게 하셨는가 – 즉, 하나님의 자녀들이 되어야만 한다. **그러므로 세상이 우리를 알지 못함은** – 그들은 우리를 어떻게 해야 할지 알지 못한다. 우리는 그들에게 신비다.
3:2 사랑하는 자들아, **우리가 … 어떻게 될지는** – 이것은 형언할 수 없는 어떤 것으로 하나님의 자녀들을 어떤 의미에서 하나님처럼 되도록 키우실 것이다. 그러나 일반적으로 우리는 하나님의 아들이신 그분이 나타나실 때 우리는 그분처럼 되리라는 것을 안다. **아직 나타나지 아니하였으나** – 심지어 우리 자신에게도, **우리가 그와 같을 줄을** – 우리의 가장 깊은 존재를 꿰뚫는 하나님의 영광, **그의 참모습 그대로 볼 것이기 때문이니** – 가림막 없이 명확하게. 그리고 그렇게 보는 것은 우리를 그분과 같은 모습으로 변화시킬 것이다.

3:3 주를 향하여 이 소망을 가진 자마다 – 하나님 안에서

3:4 죄를 짓는 자마다 – 그렇게 함으로 그는 하나님의 거룩하고 의로우며 선한 율법을 범하고 그렇게 함으로 그분의 권위를 안중에 두지 않는다. 왜냐하면, 이것이 바로 죄의 본질 가운데 내포되어 있다.

3:5 그가 … 너희가 아나니 – 그리스도, **우리 죄를 없애려고** – 그것들 모두를, 즉 뿌리와 가지 모두를 없애고 남아 있는 것이 아무것도 없게 하려고, **나타나신 것을** – 바로 이 목적을 위해서 그분께서 세상에 오셨다. **그에게는 죄가 없느니라** – 그러므로 그분은 자기 자신 때문이 아니라 우리를 그분의 것으로 만들기 위해서 고난을 받으셨다.

3:6 사랑의 믿음으로 **그 안에 거하는 자마다 범죄하지 아니하나니** – 그가 그렇게 거하는 동안, **범죄하는 자마다 그를 보지도 못하였고** – 그의 영혼의 사랑의 눈이 하나님께 고정되어 있지 않다. **그를** 경험적으로 **알지도 못하였느니라** – 그가 과거에 무엇을 했든지 간에.

3:7 아무도 너희를 미혹하지 못하게 하라 – 한결같이 의를 실천하는 그를 제외하고 어떤 사람이 의롭다고 너희를 설득하는 사람이 없게 하여라. 그의 주님의 모범을 따르는 자만이 의롭다.

3:8 죄를 짓는 자는 마귀에게 속하나니 마귀는 처음부터 범죄함이라 – 즉, 마귀는 우주에서 최초의 범죄자였고 그 이후로 계속해서 죄를 짓고 있다. **하나님의 아들이 나타나신 것은 마귀의 일을 멸하려 하심이라** – 모든 죄. 그리고 그분께서 그를 믿는 모든 사람 안에서 이 일을 행하시지 않겠는가!

3:9 하나님께로부터 난 자마다 – 살아있는 믿음을 사용해서 하나님께서 계속해서 영적인 생명을 그의 영혼에 불어넣어 주시고 그의 영혼은 끊임없이 사랑과 기도를 하나님께 드린다. 살아있는 믿음에 의해서 죄를 짓지 않는다. **하나님의 씨가** – 사랑하는 믿음의, **그의 속에 거함이요** – 그것이 그 안에 거하는 한, **그도 범죄하지 못하는 것은 하나님께로부터 났음이라** – 내적으로 그리고 전반적으로 변화된다.

3:10 그 형제를 사랑하지 아니하는 자는 – 여기에서 일반적 명제에서 하나의 특수한 명제로의 전환이 있다.

3:12 그는 악한 자에게 속하여 – 자기 형제를 죽임으로 자신이 악마의 자녀임을 보여준 사람이 누구인가? **어떤 이유로 죽였느냐** – 어떤 잘못 때문에? 죽은 사람은 잘못이 없다. 단지 그 반대이다. 그가 선했기 때문이다.

3:13 형제들아 세상이 너희를 미워하여도 – 같은 이유로.

3:14 우리는 ... 알거니와 – 우리가 영적 죽음에서 생명으로 옮겨가지 않으면, 즉 하나님으로부터 태어나지 않으면 우리 자신은 우리 형제를 사랑할 수 없다고 마치 그가 말한 것처럼. **형제를 사랑하지 아니하는 자는 사망에 머물러 있느니라** – 즉, 하나님으로부터 난 것이 아니다. 그리고 하나님으로부터 나지 않은 자는 그의 형제를

사랑할 수 없다.

3:15 내가 말하는데 영적 죽음에 거하는 자에게는 하나님의 생명이 없다. **그 형제를 미워하는 자마다** – 그리고 사랑하는 것과 미워하는 것 사이에 중간은 없다. 하나님의 설명에 따르면 **살인하는 자**다. 증오의 모든 정도는 가인으로 하여금 그의 형제를 살해하게 했던 그 기질과 동일한 정도다. **살인하는 자마다 영생이 그 속에 거하지 아니하는 것을** – 그러나 모든 사랑하는 신자는 영생을 소유하고 있다. 왜냐하면, 사랑이 영생의 시작이기 때문이다. 사랑은 영광과 본질에서 동일하다.

3:16 하나님이라는 단어는 원문에 없다. 이것은 사도에 의해 생략되었다. 이것은 마치 마리아가 정원사에게 "선생님, 만일 당신이 그를 낳으셨다면"이라고 말할 때 그녀에 의해서 생략되고 교회가 "그의 입술의 입맞춤으로 그를 나에게 입맞춤하게 하자."(아가서 1:1)라고 말할 때 교회에 의해 생략된 것과 같다. 이 두 경우에 있어서 침묵 속에도 언어가, 매우 강조된 언어가 있다. 이것은 축복 되고 영광스러운 주제에 의해 그 생각들이 얼마나 완전하게 소유되었는지를 선언한다. 마치 그분 그리고 그분만이 모두에 의해서 알려지고 존경받게 되거나 그럴 자격이 있는 것처럼 이것이 의미하는 사람에 대한 최상급의 존엄과 쾌활함을 표현한다. **그가 우리를 위하여 목숨을 버리셨으니** – 죄인들을 위해서 뿐만이 아니라 특별히 우리를 위해서. 믿는 이 진리로부터 그리고 향유되는 이 축복으로부터 우리 형제에 대한 사랑이 솟아오르게 되는데 이것은 우리의 믿음이 헛된 것이 아니라는 것에 대한 증거로서 매우 정당하게 인정될 수 있다.

3:17 **누가 이 세상의 재물을 가지고** – 생명보다 덜 가치가 있는 세상적 물질. **형제의 궁핍함을 보고도** – 부족함을 보는 것이 그것을 보는 사람의 마음의 문을 두드린다. **도와 줄 마음을 닫으면** – 묻던지 안 묻던지 간에, **하나님의 사랑이 어찌 그 속에 거하겠느냐** – 하나님을 실제로 전혀 사랑하지 않지만, 자신이 하나님을 사랑한다고 말은 할 수 있다. (요한 일서 3:18)

3:18 **우리가 말과** – 단지, **행함과** – 공허한 공언에 의한 말로가 아닌 진실한 행동으로.

3:19 **이로써 우리가 … 알고** – 이러한 실제적이고 실효가 있는 사랑에 의해서 우리는 더 진일보한 증거를 가진다. **진리에 속한 줄을** – 우리가 참된 믿음을 가지고 있다는 것은 우리가 하나님의 참된 자녀라는 것이다. **또 우리 마음을 주 앞에서 굳세게 하리니** – 그의 사랑에 대한 확신과 하나님을 향한 선한 양심의 증거를 누릴 것이다. 사도 요한의 용어로 마음은 양심이다. 양심이라는 말은 그의 글에 나오지 않는다.

3:20 **이는** – 우리는 이러한 증거를 가지고 있지 않다. **우리 마음이** – 우리 자신의 양심이, **혹 우리를 책망할 일이 있어도** – 하나님께서 우리 마음을 더 잘 파악하신다. **하나님은 우리 마음보다 크시고** – 무한히 거룩하시고 더욱 공정한 재판장이신 하나님, **모든 것을 아시기 때문이라** – 그래서 하나님에게 그 일을 숨길 희망이 없다.

3:21 만일 우리 마음이 우리를 책망할 것이 없으면 – 하나님의 말씀과 영에 의해 꾸준히 깨우침을 받고 우리의 모든 생각, 말, 그리고 행동을 그 말씀과 비교하는 우리의 양심이 이것들이 그 말씀과 영에 일치한다고 선언한다면, **하나님 앞에서 담대함을 얻고** – 하나님의 호의에 대한 우리의 인식이 지속되고 증가할 뿐만 아니라 우리가 구하는 것이 무엇이든 그분에게서 받게 될 것이라는 충만한 확신을 우리는 가지게 된다.
3:23 그의 계명은 이것이니 – 하나님의 모든 계명은 한마디로 요약할 수 있다. **믿고 ... 사랑할 것이니라** – 그가 배운 방법과 정도로. 이것은 영광의 왕좌로부터 주어진 가장 크고 가장 중요한 계명이다. 만약 이것이 무시된다면 다른 어떤 것도 지켜질 수 없다. 만약 이것이 준수된다면 다른 모든 계명을 지키기는 쉽다.
3:24 그의 계명을 지키는 자는 – 그렇게 믿고 사랑하는 것이다. **주 안에 거하고 주는 그의 안에 거하시나니 우리에게 주신 성령으로 말미암아 그가 우리 안에 거하시는 줄을 우리가 아느니라** – 성령께서 우리 영과 함께 우리가 하나님의 자녀임을 증거하고 평안, 사랑, 성결의 열매들을 가져오신다. 이것은 즉각적으로 뒤따르는 성령에 의한 치료로의 전환이다.

요한일서 4장

4:1 영을 다 믿지 말고 – 모든 교사의 행동은 그의 영에서 비롯된다. **오직 영들이 하나님께 속하였나 분별하라** – 다음의 규칙들에 따라서. 율법과 증거로, 기록된 말씀으로 모든 영을 시험해야 한다. 이러한 것들에 따라서 말하지 않는다면 그를 활동하게 하는 영은 하나님께 속한 것이 아니다.
4:2 곧 예수 그리스도께서 육체로 오신 것을 … 하나님께 속한 것이요 – 그의 오심이 전제하는 것은 기독론 전체를 포괄하며 그것을 뒤따르는 것이다. **시인하는** – 마음과 목소리 모두로, **영마다** – 혹은 교사마다.
4:3 너희가 들었거니와 – 우리 주님으로부터 그리고 우리에게서 오리라 한 말을.
4:4 너희 안에 있는 그리스도의 영이 세상에 있는 적그리스도의 영보다 더 크기 때문에 너희는 이러한 유혹자들을 이겼다.
4:5 그들은 – 이러한 거짓 선지자들은, **세상에 속한 고로** – 하나님을 알지 못하는 사람들에 속한, **세상에 속한 말을 하매** – 세상과 일치하는 원칙, 지혜, 영으로, 그리고 그 결과, **세상이 그들의 말을 듣느니라** – 동조하면서.
4:6 우리는 – 사도들, **하나님께 속하였으니** – 하나님으로부터 즉시 가르침을 받고 보냄 받은, **이로써 아느니라** – 요한 일서 4장 2절부터 6절에서 언급된 것으로부터.
4:7 우리가 서로 사랑하자 – 그가 지금 막 방어해왔던 그 교리로부터 이 훈계를 끌어낸다. 하나님 사랑이 우리 마음에 부어지는 것은 바로 성령에 의해서다. 하나님과 그의 이웃을 참으로 사랑하는 모든 자는 하나님으로부터 난 사람이다.

4:8 하나님은 사랑이심이라 – 이 짧은 문장이 심지어 사도 요한이 이것을 쓰고 있던 그때에도 세상이 줄 수 있는 것보다 더 달콤함을 그에게 주었다. 사랑이 하나님의 다른 모든 완전에 온화한 영광을 비추는 하나님의 친애하며 지배적인 속성이라는 것을 암시하는 하나님은 사랑이시다고 이야기되는 것처럼 하나님은 거룩하시고 의롭고 지혜로우시다고 자주 불리시는데 이것은 추상적인 성결, 의, 혹은 지혜가 아니다.

4:12 만일 우리가 서로 사랑하면 하나님이 우리 안에 거하시고 – 이것은 요한 일서 4장 13절부터 16절에서 다루어진다. **그의 사랑이 … 온전히 이루어지느니라** – 사랑의 완전한 효과를 가진다. **우리 안에서** – 이것은 요한 일서 4장 17절부터 19절에서 다루어진다.

4:14 이것의 결과로 **아버지가 아들을 세상의 구주로 보내신 것을 우리가 보았고 또 증언하노니** – 이것들은 우리가 하나님 안에서 거하고 하나님께서 우리 안에 거하시는 것, 성령과의 교류, 그리고 아들에 대한 고백의 근거와 기준이다.

4:15 누구든지 – 사랑하는 믿음의 원칙에 따라서, **예수를 하나님의 아들이라** 공개적으로 **시인하면** – 모든 반대와 위험에 직면해서, **하나님이 그의 안에 거하**신다.

4:16 우리가 알고 믿었노니 – 같은 성령에 의해서 하나님이 우리에게 베푸시는 그 사랑을.

4:17 이로써 – 즉, 하나님과 이러한 교류를 통해서, **사랑이 우리에게 온전히 이루어진 것은 우리로** – 즉, 그러므로 우리는 심판 날에 담대함을 가져야 한다. **심판 날에 담대함을 가지게 하려 함이니** – 마음이 굳센 사람들도 모두 떨게 될 때, **주께서** – 그리스도, **그러하심과 같이** – 모든 사랑, **우리도 이 세상에서 그러하니라** – 심지어 이 세상 속에서 그리스도 안에서 아비들인 자들.

4:18 사랑 안에 두려움이 없고 – 사랑이 지배하는 곳에 노예의 두려움은 있을 수 없다. 그러나 완전하고 성숙한 사람은 노예의 두려움을 쫓아낸다. **두려움에는 형벌이 있음이라** – 그리고 형벌은 사랑의 행복과 일치하지 않는다. 자연적 인간은 두려워하지도 사랑하지도 않는다. 깨어있게 된 자(역자주, 법정적 회개의 은총 가운데 거하는 자)에게는 사랑없는 두려움이 있으며 그리스도 안에 어린아이들에게는 사랑과 두려움이 있다. 그리스도 안의 아비에게는 두려움 없는 사랑이 있다.

4:19 우리가 사랑함은 그가 먼저 우리를 사랑하셨음이라 – 이것이 기독교의 진정한 모범이며 모든 종교의 총합이다. 누구도 이것보다 더 말할 수 없다. 덜 말하거나 덜 지적으로 말해야 할 이유가 무엇인가?

4:20 보는 바 그 형제를 – 매일 만나며 존중을 불러일으키며 친절 혹은 연민을 향하게 하는 사람들.

4:21 우리가 이 계명을 주께 받았나니 – 하나님과 그리스도 모두로부터, **하나님을 사랑하는 자는 또한 그 형제를 사랑할지니라** – 순전히 그가 하나님의 자녀이고 하

나님의 형상을 지니고 있기에 그들의 의견들 혹은 예배 방식이 어떻든지 간에 모든 사람을 사랑하라. 편협함은 이러한 순수하고 보편적인 사랑의 결핍이다. 편협한 사람은 그의 의견을 수용하고 그의 예배 방식을 따르는 사람만을 사랑하며 그리스도를 위해서가 아니라 그것 때문에 그들을 사랑한다.

요한일서 5장

5:1 이 전체 문단의 범위와 요지는 이것의 결론부에서 드러난다. **내가 … 믿는 너희에게 이것을 쓰는 것은 너희로 하여금 너희에게 영생이 있음을 알게 하려 함이라.**(13절) 이렇게 믿음은 사도 요한에게도 처음이자 마지막이다. **낳으신 이를 사랑하는 자마다 그에게서 난 자를 사랑하느니라** – 모든 형제에게 자연스러운 애정을 가진다.
5:2 이로써 … 아느니라 – 이것이 명백한 증거다. **우리가 하나님의 자녀를 사랑하는 줄을** – 그의 자녀들로서.
5:3 하나님을 사랑하는 것은 이것이니 – 하나님을 사랑하는 것에 대한 유일하며 확실한 증거. **우리가 그의 계명들을 지키는 것이라 그의 계명들은 무거운 것이 아니로다** – 하나님으로부터 난 자에게 그의 계명은 무거운 것이 아니다.
5:4 무릇 하나님께로부터 난 자마다 – 이 표현은 가장 무한한 보편성을 함축하고 있다. **세상을 이기느니라** – 하나님의 계명들을 지키는 데 있어서 하나님의 자녀들을 유혹하거나 두렵게 만들기 위하여 놓여 있는 것이 무엇이든 정복하라. **승리는 이것이니** – 이기게 하는 그 위대한 수단, **우리의 믿음이니라** – 믿는 자에게 모든 것이 가능하다는 것을 알게 하는.
5:5 세상을 이기는 자가 누구냐 – 모든 세상 걱정, 욕망, 두려움을 이기는 사람이 누구인가? 신자 외에는 없다. (보통 그렇게 여겨지는) 7절은 성부, 성자, 그리고 성령에 관해 이전에 전개했던 모든 것에 대한 간략한 요약이다. 이것은 6절과 8절과 함께 터툴리안, 키프리안, 그리고 그 밖의 일련의 교부들에 의해서 인용되었다. 그리고 사실, 세상 속에 있는 태양처럼, 사람에게 있는 심장처럼, 뱃사람의 나침판에 있는 지침처럼 이 서신에 이 구절이 있다. 이 구절에 의해서 6절, 8절, 그리고 9절이 나눌 수 없는 관계로 연결된다. 이것들을 정확하게 숙고할 때, 모든 모순을 넘어서 분명해질 것이다.
5:6 이는 – 여기서 사도 요한은 예수께서 하나님의 아들이라는 그 믿음의 확고부동한 근거를 보여준다. 이것은 인간의 증언이 아닌 확고하고 의심할 수 없는 하나님의 증거다. **임하신 이시니** – 예수는 오시기로 약속되었고 그에 따라서 오신 그분이시다. 그리고 성령과 물과 피가 이것을 증언한다. **곧 예수 그리스도시라** – 물과 피로 오셨고 바로 이것으로 그리스도이심이 증명되신 분, **물로만 아니요** – 그는 물로 세례를 받으셨다. **물과 피로 임하셨고** – 성부께서 그에게 감당하라고 주신 그 사명

을 완수하셨을 때 그분이 흘리신 피. 주님은 단지 세례 시에 모든 의를 충족시키신 것이 아니라 십자가 위에서 그분이 수행하셨던 것을 완수하셨다. 모든 일이 완수되었을 때 이것의 표징으로서 그의 옆구리에서 물과 피가 쏟아졌다. **증언하는 이는 성령이시니** – 모세와 모든 선지자를 통해서, 세례 요한을 통해서, 모든 사도를 통해서 그리고 신약성서의 모든 기록을 통해서 성령께서 예수 그리스도를 증언하신다. 그리고 그의 증언에 예외는 없다. **성령은 진리니라** – 진리의 바로 그 하나님.

5:7,8 이 두 구절의 위치 변경과 이 논쟁적 구절의 권위에 관련해서 벵겔리우스가 자신의 『신약성서 지침서(Gnomon)』에서 부분적으로 그리고 『계시록 안의 위기(Grisis in Apocalypsin)』에서 부분적으로 발전시킨 것은 공정한 사람을 충분히 만족시킬 것이다. **증언하는 이가 셋이니** – 문자적으로, 증거하거나 혹은 증언하는. 증언의 행위와 그것의 효과가 계속해서 존재한다는 것을 암시하기 위해서 분사는 명사 증인을 위한 것이다. 사람들만이 증언할 수 있다는 것이 적절하다. 셋이 사람인 양 그들이 지상에서 증언하는 것으로 묘사되는 것은 하늘에서 증언하는 세 인격들에 우아하게 복종한다. **성령** – 기적에 의해 확증되며 말씀 안에 계신, **물** – 세례의 물, 그 안에서 우리는 (성부와 성령과 함께하시는) 성자에게 헌신한다. 이 세례의 물은 그분의 흠 없는 순결과 우리 본성의 내적 정화를 상징한다. **피** – 주님의 만찬에서 표현되고 신자의 양심에 적용된. **또한 이 셋은** 조화롭게 **합하여 하나이니라** – 예수 그리스도는 세상의 신성하며 완전하고 유일한 구원자라는 동일한 증언을 하면서

5:8 (하늘에서 증언하는 이가 셋이 있는데 아버지, 말씀, 그리고 성령이다. 그리고 이 셋은 하나다. (역자주–이 구절은 개역 개정에는 없고 KJV에만 있다.) **하늘에 증언하는 이가 셋이 있는데** – 현저한 전환을 통해서 성령, 물 그리고 피의 증언은 여전히 더 큰 증거를 주시는 세 분에 의해 확증된다. **아버지** – 주님의 세례와 변화(역자주, 변화산에서) 모두에서 아들에 의해 분명하게 증거 된 분, **말씀** – 이 땅에 계셨을 때 여러 번 자신에 대해 증언하셨고 하늘로 승천하신 후에(계1:5, 19:13) 더욱 엄숙하게 다시 증언하셨던 분. **그리고 성령** – 성령의 증언이 그분의 영광 이후에 주로 추가되었다(요일 2:27, 요 15:26, 행 5:32, 롬 8:16). **그리고 이 셋은 하나다** – 성부와 성자 이 두 분이 하나인 것처럼(요 10:30) 그 어떤 것도 성부와 성자로부터 성령을 분리할 수 없다. 만일 성령께서 성부와 성자와 함께 하나가 아니었다면, 사도는 하나이신 성부와 성자, 그리고 성령은 둘이라고 말했을 것이다. 그러나 이것은 계시록의 전체 기조와 반대된다. 이 셋이 하나라고 할 수밖에 없다 이 셋은 본질에 있어서, 지식에 있어서, 의지에 있어서, 그 증거에 있어서 하나다.

성령만이 아니라 아버지도 증거하시고(요 5:37) 물뿐만 아니라 말씀도 증거하며(요 3:11, 요 10:41) 피뿐만 아니라 성령도 증거하신다(요 25:26절 이하)고 그가 말한 것처럼 그 한 구절에 있는 셋은 다른 구절에 있는 셋과 결합하는 것이 아니라 여러 가지로 대립적이라는 것은 주목할 만하다. 이제 모든 이성적 사람에게 8절이 얼마나 절대

적으로 필요한지 드러나야 한다. 사도 요한은 아들과 성령의 증거를 또한 생각하지 않고 성령과 물과 피의 증언을 생각할 수 없었으며 "하나님의 증거가 더욱 크다"라고 추가할 수도 없었다. 그러므로 이것을 그렇게 엄숙하게 열거하면서 언급하고 있는 것이다. 또한, 하늘에서 셋이 증언함 없이 땅에서 증거하는 셋을 열거하는 것이 가능한 어떤 이유가 고안될 가능성도 없다. 모든 것의 증거는 하늘에서가 아닌 땅에 주어진다. 그러나 증언하는 이들은 땅에 속한 자들도 있고 하늘에 속한 자들도 있다. 이 땅에 있는 증인들은 주님의 높아짐의 상태를 배제하는 것은 아닐지라도 주로 주님께서 지상에서 거하실 때의 일에 관해서 증언한다. 반면에 하늘에 있는 증인들은 주님의 낮아짐의 상태를 배제하지는 않더라도 주로 하나님의 오른손에 있는 주님의 영광에 관해 증언한다.

그러므로 6절과 함께 7절은 세례부터 오순절에 이르기까지 그리스도의 전체 경륜에 대한 요점을 포함하고 있다. 8절은 주님의 높아짐의 때부터인 하나님의 경륜의 요점을 포함하고 있다. 따라서 땅에서 증거하는 이들을 하늘에서 증거하는 이들보다 앞서 놓은 7절과 8절의 이러한 위치는 반대순서보다 더 충분히 선호될 만하며 주제에 아주 적합한 변화를 제공한다는 것이 더 분명하게 드러난다.

5:9 만일 우리가 사람들의 증언을 받을진대 – 우리가 끊임없이 증거하고 모든 경우에서 증거해야만 하는 것처럼, **하나님의 증거는 더욱 크도다** – 하나님의 증거는 더 높은 권위와 받아들여질 가치가 훨씬 더 크다. 즉, 말씀과 성령과 함께 하는 성부 하나님이 세상의 구원자로서 아들을 증거하는 바로 이 증거.

5:10 하나님의 아들을 믿는 자는 … 증거가 있고 – 그분 안에 있는 이것에 대한 귀중한 증거. 하나님을 믿지 않는 자는 그분을 거짓말쟁이로 만드는 것이다. 왜냐하면, 그는 하나님께서 분명하게 증거하신 것을 거짓된 것으로 생각하기 때문이다.

5:11 또 그 증거의 요점은 **이것이니 하나님이 우리에게 영생**의 칭호와 진정한 시작을 **주신 것과 이 생명이 그의 아들 안에** 소중하게 간직되어 있고 아들에 의해 사신 바 된 **그것이니라.** 그의 아들은 자신 안에 그의 몸인 교회와 처음에는 은혜로 그다음에는 영광 안에서 교류하기 위한 생명의 모든 샘과 충만함을 가지고 계신다.

5:12 다음은 명백하다. **아들이 있는 자에게는** – 믿음으로 그분 안에서 살고 다스림을 받는, **이 생명이 있고 하나님의 아들이 없는 자에게는 생명이 없느니라** – 그 안에는 아무것도 없다. 앞 절에서 사도는 단순하게 아들이라고 말한다. 왜냐하면, 신자들은 그를 알고 있기 때문이다. 뒷 절에서 하나님의 아들이라고 말한 것은 불신자가 미치지 못하는 축복이 얼마나 큰지를 그들로 하여금 알게 하려는 것이다.

5:13 내가 … 이것을 쓰는 것은 – 서론에서(1장 4절)는 내가 쓴다고, 지금 결론에서는 내가 썼다고 그는 말한다. 더욱 충만하고 강한 확신과 함께 **너희로 하여금 너희에게 영생이 있음을 알게 하려 함이라**

5:14 그를 향하여 우리가 – 믿는 자들, **가진 바 담대함이 이것이니 그의 뜻대로 무엇**

을 구하면 들으심이라 – 즉, 주님께서 계시하신 뜻에 따라서 우리가 믿음 안에서 드리는 기도는 그것이 무엇이든지 간에 호의적으로 주의를 기울여 주신다.
5:15 우리가 – 믿음은 축복을 기대한다. **그에게 구한 그것을** – 그 결과 이전에조차. 그리고 그 결과가 이루어졌을 때, 우리는 그것이 우리의 기도의 응답으로 이루어졌다는 것을 안다.
5:16 이것은 가장 중요한 일들에까지 확장한다. **누구든지 형제가** – 즉, 어떤 사람이든지, **사망에 이르지 아니하는 죄 범하는 것을 보거든** – 즉 경건의 모양과 능력 모두에 대한 완전한 배교를 제외한 죄들 어떤 것이든. **구하라 그리하면 사망에 이르지 아니하는 범죄자들을 위하여 그에게 생명을 주시리라** – 그 죄인을 위하여 용서와 영적 생명을 주시리라. **사망에 이르는 죄가 있으니 이에 관하여 나는 구하라 하지 않노라** – 즉, 이것을 위해 기도하게 하지 말라. 죽음에 이르는 죄는 이처럼 하나님께서 죽음으로 벌하기로 한 것을 의미할 수도 있다.
5:17 완전한 거룩으로부터 모든 일탈이 죄이지만 모든 죄가 용서받을 수 없는 것은 아니다.
5:18 그러나 이것은 우리에게 죄지으라고 격려하는 것이 아니다. 반대로 그것에는 논쟁의 여지가 없는 진리가 있다. **하나님께로부터 난 자는** – 하나님을 보고 사랑하는 자, **다 범죄하지 아니하는 줄을** – 사랑의 믿음이 그 안에 거하는 한 그는 하나님께서 금하는 것을 말하지도 않는다. 그는 기도로 그 자신을 지킨다. **악한 자가 그를 만지지도 못하느니라** – 그를 해치기 위해서.
5:19 또 아는 것은 우리는 하나님께 속하고 – 성령의 증언과 열매에 의해서. (3: 24) **온 세상은** – 그분의 영이 없는 모든 사람은 악한 자뿐만 아니라 우상 숭배, 사기, 폭력, 방탕, 불경건과 모든 사악함 때문에 침해를 받는다. **악한 자 안에 처한 것이며** – 삶의 공허함과 감각의 공허함에 처해 있다. 이 짧은 표현 속에서 세상의 끔찍한 상태가 가장 생생하게 표현되고 있다. 이것은 세상 사람들의 행동, 대화, 계약, 싸움, 그리고 우정에 대해 우리가 가지고 있는 의견이다.
5:20 또 아는 것은 – 모든 이러한 확실한 증거들에 의해서, **하나님의 아들이 이르러** – 세상 속으로, **우리에게** 영적인 **지각을 주사 우리로 참된 자를 알게 하신 것과 또한 우리가 참된 자 곧 그의 아들 예수 그리스도 안에 있는 것이니** – 포도나무의 가지처럼, 하나님의 영원한 아들 예수 그리스도 안에. 이 예수는 성부와 성령과 함께 유일하신 살아계시고 참된 하나님이시며 영원한 삶의 원천이시다. 본 서신의 시작과 끝은 이렇게 일치한다.
5:21 너희 자신을 지켜 우상에게서 멀리하라 – 거짓 신들에 대한 모든 숭배로부터, 형상들 혹은 어떤 피조물에 대한 모든 숭배로부터, 그리고 모든 내적 우상으로부터, 하나님 보다 어떤 것을 더 사랑하고 소망하고 두려워하는 것으로부터. 악에 빠지지 않도록 모든 도움, 그리고 모든 행복을 참되신 하나님에게서만 구하라.

요한이서 주해

(어떤 그리스도인 부인과 그녀의 종교적 자녀들에게 쓰인) 이 서신은 세 부분으로 되어 있다.

I. 서론 1-3

II. 참 믿음과 사랑 안에서 인내할 것에 대한 권고 3-11

III. 결론 12,13

1:1 장로 – 친밀한 편지이지만 중요한 주제를 말하는 데 있어서 적합한 호칭. 나는 **택하심을 받은** – 이 말은 그리스도인을 의미한다. 쿠리아(Kuria, 여성을 높여 부르는 희랍어 명칭)는 여기와 5절에서 의심의 여지없이 적절한 명칭이다. 로마의 황후가 아닌 사람에게 부인의 호칭을 적용하는 것은 당시에 일반적이지 않았고 그렇게 말하는 방식 또한 사도의 단순성과 품위에도 적합하지 않기 때문이다. **부녀와 그의 자녀들에게 편지하노니 내가 참으로 사랑하는 자요** – 거짓 없는 거룩한 사랑으로.

1:2 우리 안에 거하여 … 진리로 말미암음이로다 – 믿음과 거룩의 생명력 있는 원칙으로서.

1:3 은혜는 죄책감을 없애며 **긍휼**은 불행을 제거하고, **평강**은 은총과 자비에 거 하고 있음을 내포한다. 우리가 하나님의 자녀라는 것과 모든 우리의 길들이 그에게 열납 된다는 것 모두가 성령의 증거에 포함된다. 이것은 완성된 곳인 천국을 미리 맛보는 것이다. **진리와 사랑 가운데서** – 혹은, 사도 바울이 말한 것처럼 믿음과 사랑 가운데서. 여기서 믿음과 진리는 동의어다.

1:4 너의 자녀들 중에 … 내가 보니 – 아마도 그들의 숙모의 집에서(13절), **진리를 행하는** – 믿음과 사랑으로.

1:5 서로 사랑하자 – 보다 풍부하게, **처음부터 우리가 가진 것이라** – 우리 주님의 사역의. 사실 이것은 어떤 의미에서는 태초부터였다.

1:6 그리고 이것이 하나님 사랑 위에 세워진 참된 **사랑**과 보편적 순종의 증거다. 이 사랑은 설교 첫 부분에서 여러분이 들었던 그 위대한 명령이다.

1:7 너희가 처음부터 들었던 것을 주의 깊게 지키라. **미혹하는 자가 세상에 많이 나왔나니 이는 예수 그리스도께서 육체로 오심을 부인하는 자라** – 이들은 주님의 예언자, 제사장, 왕으로서의 직무를 믿지 않는다. 누구든지 **이런 자가 미혹하는 자요 적그리스도니** – 그리스도에 대적해서 싸우는.

1:8 너희는 스스로 삼가 우리가 일한 것을 잃지 말고 – 모든 배교자는 사도들이 일한 것을 잃었다. **오직 온전한 상을 받으라** – 그들에게 주신 그분의 영광을 위하여 우리의 모든 재능을 온전히 사용함으로. 여기서 다시 사도는 그것을 자신에게 겸손하게 전한다.

1:9 이것을 확실한 규칙으로 받아라. **지나쳐 그리스도의 교훈 안에 거하지 아니하는 자는** – 하나님의 법을 어기는 자, **다 하나님을 모시지 못하되** – 그의 아버지와 그의 하나님으로, **교훈 안에 거하는 그 사람은** – 그 교훈을 믿고 순종하는, **아버지와 아들을 모시느니라** – 그의 하나님으로.

1:10 누구든지 … 너희에게 나아가거든 – 선생으로서든 혹은 형제로서든, **이 교훈을 가지지 않고** – 즉, 그 교훈에 반대되는 어떤 것을 발전시키다. **인사도 하지 말라** – 그 점에서 그를 격려하지 말라.

1:11 그에게 인사하는 자는 – 그에게 어떤 격려를 하는 것은 **그 악한 일에 참여하는**

것이다.

1:12 내가 너희에게 쓸 것이 많으나 … 쓰기를 원하지 아니하고 – 써야 할 것 중에 단지 몇 가지만. 그러므로 편지에 쓴 것들은 특별히 필요한 것들이었다.

1:13 택하심을 받은 네 그리스도인 **자매의 자녀들이** – 사도가 이 서신을 기록할 때 죽지는 않았지만, 같이 있지 않았던.

요한삼서 주해

요한의 세 번째 편지도 세 부분으로 되어 있다.

I. **서론**(인사) 1,2

II. **가이오에 대한 칭찬** 3–8
디오드레베에 대한 주의 9–11
데메드리오에 대한 추천 12

III. **결론** 13–15

1:1 가이오는 사도 바울이 로마서 14장 23절에서 언급했던 고린도의 그 가이오였을 것이다. 만일 그렇다면, 그가 아가이아에서 아시아로 옮겨졌거나 사도 요한이 이 편지를 고린도로 보냈다.
1:3 왜냐하면 –(For: 역자주, 개역 개정에는 적절한 번역 어구가 없다) 너의 모든 재능을 그분의 영광을 위해 사용했다는 것을 내가 안다. **네가 진리 안에서** – 참된 신앙과 사랑.
1:4 내가 … 것보다 더 기쁜 일이 없도다 – 모든 참된 목회자의 정신이 이와 같다. **내 자녀들이 진리 안에서 행한다 함을 듣는 것** – 가이오는 사도 바울에 의해서 회심된 것 같다. 그러므로 사도 요한이 그를 그의 자녀라고 다른 신자들에게 말할 때 이것은 누가 그들의 회심의 도구였던지 간에 아버지 사랑을 드러내는 부드러운 문체로 여겨질 수 있다. 그리고 장로의 신분으로 글을 쓸 때 그가 이러한 호칭을 사용한 것에 독특한 아름다움이 있다.
1:5 신실한 – 올바르고 진실되게.
1:6 그들이 교회 앞에서 너의 사랑을 증언하였느니라 – 지금 나(사도 요한)와 함께 하는 교회. **네가 하나님께 합당하게 그들을 전송하면** – 필요한 것을 공급하라, **좋으리로다** – 사도가 이것을 얼마나 부드럽게 명령하고 있는가?
1:7 이는 그들이 ... 나가서 – 복음을 전하기 위하여.
1:8 영접하는 것이 – 모든 친절함으로, **진리** – 그들이 설교하는 것.
1:9 내가 두어 자를 교회에 썼으나 – 그들이 갔던 교회를 말하는 듯하다. **그들 중에 으뜸되기를 좋아하는** – 자기 뜻에 따라서 모든 일을 하는 것을 좋아하는, **디오드레베가** – 아마도 그곳의 목회자, **우리를 맞아들이지 아니하니** – 그들(그 교회에 간 형제들)도 사도 요한도 맞아들이지 않았다. 여기서 불법의 비밀이 이미 그렇게 작동했다!
1:10 그가 악한 말로 우리를 비방하고도 – 그들과 사도 요한 모두를 비방했으며 그렇게 함으로 그 자신을 변명하고자 했다.
1:11 악한 것을 본받지 말고 – 디오드레베의 악한 것, **선한 것을 본받으라** – 데메드리오의 선한 것, **악을 행하는 자는 하나님을 뵈옵지 못하였느니라** – 그는 하나님을 알지 못하는 자다.
1:12 진리에게서도 증거를 받았으매 – 즉, 그들이 증언하는 것이 바로 진리다. **우리도 증언하노니** – 나 그리고 나와 함께하는 그들.
1:14 너는 친구들의 이름을 들어 문안하라 – 즉, 내가 그들을 하나하나 이름 불렀던 것과 같은 방법으로. 친구라는 말은 신약성서에서 형제라는 좀 더 애정을 드러내는 말 가운데 포함되어 자주 등장하지 않는다.

유다서 주해

이 서신은 세 부분으로 되어 있다

I. 인사 1, 2

II. 논설

사도가 그들에게 믿음을 위하여 싸울 것을 권면한다. 3
대적자들의 태도와 그들이 받을 형벌을 묘사한다. 4–16
신자들에게 경고한다. 17–19
그들을 굳건하게 한다. 20, 21
그들에게 다른 사람들에 대한 그들의 의무를 교훈한다. 22, 23

III. 결론 24, 25

이 서신은 베드로후서와 매우 닮아있다. 사도 유다가 이 서신을 쓸 때 베드로후서를 읽고 있었던 것 같다. 이 서신은 유다가 죽기 얼마 전에 쓰인 것이다. 그러므로 유다가 이 서신을 쓴 후에도 어느 정도 생존했으며 사도 베드로가 예언했던 교회 내의 심각한 쇠퇴를 본 것으로 보인다. 그러나 그는 베드로서에서 언급된 어떤 일들은 누락시키고, 어떤 일들은 다른 표현 방식과 다른 관점으로 반복하고, 새로운 다른 것을 첨가했다. 이렇게 함으로 그는 자신 안에 있는 하나님의 지혜를 입증하고 있다. 사도 베드로는 사도 바울의 서신들을 인용하고 확증한다. 그리고 자신의 편지는 사도 유다에 의해 인용되고 확인되었다.

1:1 예수 그리스도의 종이요 … 유다는 – 천사든 인간이든 그가 가질 수 있는 최고의 영광. 옛 언약에서 **종**이라는 말은 그 시대에 내포된 두려움과 속박의 정신에 맞게 적용되었다. 그러나 율법 아래 있는 사람들을 구원하기 위해 그의 아들을 보내시기 위해 아버지께서 정하신 때가 왔을 때, (그들 자신과 하나님의 모든 자녀와 관련해서 사도들에 의해 쓰인) 종이라는 말은 하나님의 아들에 의해 자유하게 된 양자의 영을 가진 사람을 의미했다. 그분의 종이 된다는 것은 그분의 아들이 된 것의 열매이며 완성이다. 그리고 하나님과 어린 양의 보좌가 새 예루살렘에서 실현될 때마다 그의 종들이 그분을 섬기게 될 것이다. (계22:3) **야고보의 형제** – 보통 주의 형제라고 불릴 정도로 사도 야고보가 더 유명하다. **부르심을 받은** – 지금 그리고 영원토록 하나님의 모든 축복을 받게 하려고, **사랑을 얻고** – 21절에 있는 결론이 정확하게 서론에 대답한다. **예수 그리스도를 위하여 지키심을 받은** – 구원의 근원과 성취 모두가 그렇게 언급된다. 앞으로 언급될 두려운 일들로 인해 그들 중에서 낙심하는 자들이 없도록 이것이 강조된다.

1:3 우리가 일반으로 받은 구원에 관하여 내가 너희에게 편지하려는 생각이 간절하던 차에 – 모두를 위해 계획되고 모든 신자가 누리는 구원. 이 서신의 의도가 여기에서 드러난다. 서신의 마지막 부분이 서신의 시작에 정확하게 대답한다. **성도에게 단번에 주신** – 영원히 변하지 않도록 하나님에 의해, **믿음의 도를 위하여** – 근본적 진리 모두, **힘써 싸우라는 편지로 너희를 권하여야 할 필요를 느꼈노니** – 그러나 겸손하게, 온유하게, 그리고 사랑으로. 그렇지 않으면 너희의 주장이 너희의 목표를 훼손하기만 할 뿐이며 만일 파괴하지 않는다고 하더라도 너희의 영혼이 손상될 것이다.

1:4 이는 가만히 들어온 사람 몇이 있음이라 그들은 옛적부터 이 판결을 받기로 미리 기록된 자니 – 에녹의 시대 만큼 이른 시기에. 자신들의 고의적 죄로 인해 이런 정죄를 받게 될 것이라고 그들에 대해 예언되었다. **우리 하나님의 은혜를 … 바꾸고** – 복음 안에서 계시된 은혜, **방탕한 것으로** – 더 버림받는 사악함의 경우로.

1:5 구원하여 내시고 – 그러므로 누구도 과거 자비들에 기대서 현재 자신에게 위험이 없는 것처럼 추정해서는 안 된다. **그분께서 후에 … 멸하셨으며** – 그분께서 전에 구원하셨던 바로 그 백성들의 많은 사람을 멸하셨으며

1:6 또 자기 지위를 지키지 아니하고 … 천사들을 – 전에는 하나님의 아들 아래 배치되었지만 자기 의지로, **자기 처소를 떠난** – 하나님의 값없이 주시는 선물이기에 그들 자신의 처소가 맞다. 큰 날의 심판까지 **영원한 결박으로 흑암에 가두셨으며** – 그들의 처소와 얼마나 다른가! 이 타락한 천사들이 하나님의 손으로 창조되었을 때 그들은 거룩했고 (만일 그렇지 않았다면 하나님께서는 악한 존재를 만드신 것이다) 거룩한 존재인 그들은 하나님의 사랑을 받았다. (만일 그렇지 않다면 그는 그 자신의 흠 없는 순수함의 형상을 미워했던 것이다) 그러나 지금 그분은 그들을 더는 사랑하지 않으신다.

그리고 그들은 영원히 멸망 받게 되어 있다. (만일 하나님이 그들을 여전히 사랑하신다면 하나님께서 죄악된 것을 사랑하시는 것이기 때문이다) 같은 피조물을 향한 그의 이전 사랑과 그의 현재 공의와 영원한 진노 모두는 그가 변치 않으시는 분이기 때문이다. 그분은 변함없이 의를 사랑하시고 불의를 미워하시기 때문이다.

1:7 소돔과 고모라와 그 이웃 도시들도 그들과 같은 행동으로 음란하며 – 여기서 이 말은 부자연스러운 음욕들을 의미한다. **다른 육체를 따라 가다가 영원한 불의 형벌을 받음으로** – 즉 그들에게 고통을 준 형벌은 영원한 불의 실례 혹은 유형이다.

1:8 그러한데 꿈꾸는 이 사람들도 – 평생 잠자고 꿈꾸는. 그와 같이 육체를 더럽히며 **권위를 업신여기며** – 그리스도에 의해 권위를 부여받아 주님에 의해 그의 양무리의 감독자들이 된 사람들을 업신여기며, **영광을 비방하는도다** – 사도는 세상의 영예들을 이야기하고 있는 것으로 보이지는 않는다. 이익을 위해서 아첨하는 사람들이 있다. (16절) 이들은 거룩한 사람들이다. 그들은 교리, 그들 삶의 순결, 그들 교리의 굳건함, 그리고 목회 사역에 있어서 그들의 엄청난 헌신으로 하나님과 선한 모든 사람 앞에서 진정으로 칭송받았던 사람들이고 하나님의 은혜를 방종으로 바꾼 사람들에 의해 엄청나게 조롱을 당했던 사람들이었다. 아마도 그들은 영지주의자들과 니골라당(계 2:15)과 같은 시몬 마거스의 불순한 추종자들이었을 것이다.

1:9 천사장 – 이 말은 성경에서 한 번 더 나타난다. (살전 4:16) 그래서 단지 하나의 천사장만 있는지 혹은 그 이상인지 우리는 결정할 수 없다. **미가엘이** – 사도 유다가 이것을 계시로 배운 것인지 옛 전승으로부터 배운 것인지는 명확하지 않다. 이러한 일들이 참되며 이 편지의 수신자들에 의해 그렇게 이해되는 것으로 충분하다. **모세의 시체에 관하여** – 아마도 악마는 모세가 묻힌 곳을 발견할 수도 있다. 현명한 이유로 하나님께서 그곳을 감추셨다. **마귀와 다투어 변론할 때에** – 우리가 알지 못하는 때에, **감히 비방하는 판결을 내리지 못하고** – 모든 면에서 그분(주님)보다 아래에 있지만, **다만 말하되 주께서 너를 꾸짖으시기를 원하노라** – (그의 온건함이 그렇게 엄청났다!) 나는 모두의 심판자께 너희를 넘긴다.

1:10 이 사람들은 – 어떤 부끄러움도 없는, **무엇이든지 그 알지 못하는 것을 비방하는도다** – 영적 감각을 지니고 있지 않기에 하나님의 일들을 알 수도 없다. **본능으로 아는 그것으로** – 자연적 감각들로 아는 것으로 그들은 때때로 죄를 범한다.

1:11 화 있을진저 이 사람들이여 – 모든 사도 중에서 사도 유다만이 이 한 곳에서 화 있을진저라고 그들을 비난한다. 같은 취지로 사도 베드로는 그들을 **저주의 자식**이라고 부른다. **가인의 길에 행하였으며** – 살인자 가인, 삯을 위하여 **발람의 어그러진 길로 몰려 갔으며** (문자적으로, 강둑 없는 급류처럼 쏟아져 들어갔으며) – 탐욕이 많은 거짓 선지자 발람, **고라의 패역을 따라 멸망을 받았도다** – 고라에게 그랬던 것처럼 하나님께서 보내셨던 이들에게 대항해서 일어난 그들에게 하나님의 보복이 임하고 있다.

1:12 그들은 기탄 없이 … 먹으니 – 하나님에 대한 경외가 전혀 없이 혹은 자기 자신의 욕심으로만, **너희의 애찬에** – 예전에 모든 교회에서 목격된, **암초요** – 오점들, **죽고 또 죽어** – 죄로, 처음은 자연적으로, 그리고 나중에는 배교로, **뿌리까지 뽑힌** – 그러므로 다시는 소생할 수 없는.

1:13 유리하는 별들이라 – 문자적으로는 행성들. 이것들은 일시적으로 빛을 내지만 그 자체로 빛을 가지고 있지 않아서 곧 완전한 어둠으로 던져지게 될 것이다. 그러므로 사도는 공기, 땅, 바다, 그리고 하늘에서 이끌어 낸 비교들로 그들의 절망적 사악함을 설명한다.

1:14 아담의 칠대 손 – 아담과 에녹 사이에 단지 다섯 조상만 있었다.(대상 1:1) 그리스도의 첫 번째 오심이 아담에게 계시되었다. 주님의 두 번째 영광의 오심은 에녹에게 계시되었다. 아담으로부터 일곱 번째는 세상의 일곱 번째 시대를 종결하는 일들을 미리 말한다. 사도 유다는 이것을 어떤 고대의 책, 혹은 전승, 혹은 직접 계시로 알았을 것이다. **보라!** 마치 이것이 이미 이루어진 것처럼 주께서 오신다. **에녹이** – 예언이 4절에 그렇게 이르게 언급되었다. **이 사람들에 대하여도** – 또한 고대의 죄인들.

1:15 이는 뭇 사람을 – 일반적으로 죄인들, **심판하사** – 여기서 에녹은 홍수 너머를 바라보았다. **모든 경건하지 않은 자의 … 정죄하려 하심이라** – 비록 그들은 이러한 모든 말들이 그분께 대항하는 것으로 생각하지 않을지라도 특별히 경건하지 않은 자들이 그분에 대해 완악하게 말하는(8절, 10절) 모든 극악무도한 일들의 모든 불경건을 정죄하시기 위하여. (죄인은 나쁘다. 그러나 두려움 없이 죄를 짓는 불경건한 사람들은 더 나쁘다)

1:16 이 사람들은 원망하는 자며 – 사람들에 대해, **불만을 토하는 자며** – (문자적으로 그들 운명에 대해 불평하는 사람들) 하나님에 대해, 그들을 그들 자신에 관해서 어리석고 해로운 욕망을 따라 걷고 있다. **이익을 위하여 아첨하느니라** – 그들이 얻을 수 있는 것을 위해서만 칭송하고 감탄한다.

1:19 이 사람들은 분열을 일으키는 자며 육에 속한 자며 성령이 없는 자니라 – 하나님의 영이 아닌 자연 감각들과 이해만을 지니고 있는 사람들. 만일 그렇지 않았다면 그들은 분열을 일으키지 않았을 것이다. 왜냐하면, 교회에서 분열을 일으키는 것은 죄며 매우 극악무도한 일임에는 의심의 여지가 없기 때문이다. 그러나 여기서 우리가 생각해야 할 것은 1. 교회가 의미하는 것은 성령을 통해 하나님께서 거하시는 살아있는 그리스도인들의 유기체라는 것과 2. 분열로 이해되는 것은 신자들과 종교적 사귐을 포기하는 것이며 엄숙한 기도 혹은 종교의 다른 공적 행사들에 더는 신자들과 함께하지 않는 것이라는 점과 3. 분열을 부르는데 성경에서 그것을 살인이라고 부르는 것 이상이 있을 수 없다는 것이다.

1:20 사랑하는 자들아 – 분열하지 않는, **너희는 너희의 지극히 거룩한 믿음 위에 자**

신을 세우며 – 이것보다 누구도 그 자체로 더 거룩할 수 없으며 가장 순수하며 고귀한 거룩에 더 도움이 될 수 없다. **성령으로 기도하며** – 성령만이 기초를 놓으실 수 있기에 그분만이 너희를 세울 수 있다. 이 구절과 다음 구절에서 사도 유다는 성부, 성자, 그리고 성령을 믿음, 사랑, 그리고 소망과 함께 언급한다.

1:21 이러한 방법으로 그분의 은총을 통해 **하나님의 사랑 안에서** 그리고 그 **영생**의 확실한 기대 안에서 **자신을 지키라.** 그 영생은 **우리 주 예수 그리스도의 긍휼**을 통해서 너를 위해 구입되고 너에게 주어진다.

1:22 한편으로 너 자신뿐만 아니라 다른 사람들을 돌보고 그들의 다양한 필요들이 요구하는 것에 부응하는 그런 도움을 그들에게 주어라. 예를 들면, 1. 다른 사람들 혹은 자기 자신의 악한 생각에 의해 휘둘려서 판단에 있어서 갈팡질팡하고 있는 사람들에게 예수 안에 있는 전체 진리를 확신시키도록 더욱 더 노력해야 한다. 2. 빠르고 강한 손으로 죄와 유혹의 불에서 건져내야 한다. 3. 당신이 치료하고자 노력하는 그 병에 걸리지 않도록 방심하지 않는 두려움으로 어떤 사람에게는 부드럽고 온유한 방법으로 긍휼을 보여주어야 한다. 그러므로 죄인을 사랑하지만 그들의 죄들에 대해서 그리고 그것들의 가장 작은 것이라도 혹은 그것들에 접근하는 것에도 극도의 혐오를 가지고 있어야 함을 알라.

1:24 능히 너희를 보호하사 거침이 없게 하시고 – 이러한 실수들 혹은 죄들 중에 어떤 것으로도, **너희로 그 영광 앞에 흠이 없이 … 서게 하실 이** – 즉, 모든 그의 영광 가운데 하나님께서 나타나실 때 하나님의 현존 가운데.

요한계시록 주해

계시록의 첫 부분이든 마지막 부분이든 진지하게 읽는데 마음에 강렬하게 영향 받는 느낌 없이 하나님을 사랑하거나 혹은 두려워하는 것은 거의 불가능하다. 우리가 이것들을 충분히 고찰할 수 없다는 것은 분명하다. 그러나 그렇게 많은 사람이 열매 없는 수고들을 한 후에 그것들을 이해하는 것을 체념했던 것처럼 나도 여러 해 동안 계시록의 중간 부분 연구를 전혀 하지 않았다. 만일 내가 위대한 벵겔리우스(Bengelius)의 저작들을 보지 못했더라면 아마도 나도 이러한 심정으로 살다가 죽었을 것이다. 그러나 이 저작들이 계시록의 예언들을 이해하고자 하는 나의 소망을 다시 불러일으켰다. 적어도 계시록의 내용 중에 많은 것들을 어느 정도 이해하려는 소망을 재생시켰다. 왜냐하면, 아마도 어떤 것들은 영원 안에서가 아니고는 풀리지 않을 것이기 때문이다. 여하튼 우리에게 어느 정도의 빛을 누리게 하신 하나님을 찬송하자. 그리고 그것을 하나님의 영광에까지 증진시키자.

다음의 주석 중에 대부분은 그 탁월한 사람의 저작들에서 왔다. 그중에 몇몇은 그의 『신약성서 지침서(Gnomon Novi Testamenti)』에서 가져왔고 훨씬 많은 부분은 계시록에 대한 충분하고 잘 정돈된 주해인 그의 『계시록 해설(Ekklarte Offenbarung)』에서 가져왔다. 나는 이 주해의 모든 부분을 옹호하려고 하지 않겠다. 그러나 그의 논증들을 자세히 읽지 않고 그 누구도 그를 비난하지 못할 것이다. 이 논증들을 포함하는 것은 내 의도에 맞지 않는다. 왜냐하면, 그것들은 평범한 독자들의 수용 범위를 넘어서기 때문이다. 또한, 거의 천 이백 페이지에 달하는 책의 전체 번역을 포함할 여유 또한 없다.

내가 할 수 있는 모든 것은 부분적으로 번역하는 것과 벵겔리우스의 관찰들의 가장 필요한 부분들을 부분적으로 축약하는 것인데 그것 중에 일부를 수정하고 그가 충분히 설명하지 못한 몇몇 주해들을 첨가하는 자유를 나에게 부여하면서 그렇게 하는 것이다. 그가 『신약성서 지침서(Gnomon)』 자체에서 그리고 그의 『본문비평 주석(Apparalus)』과 『계시록 안의 위기(Grisis in Apocalypsin)』 모두에서 충분히 변론했다고 내가 생각하는 것들을 내가 거의 다 살펴보았다는 것이 관찰될 것이다.

그러면서도 나는 결코 이 신비한 책에 포함된 모든 것을 이해하는 척하거나 설명하는 척하지 않는다. 단지 진지한 탐구자에게 내가 할 수 있는 만큼의 도움을 제공해서 만일 그것으로 감동을 하는 누군가가 있다면 나는 이 예언의 말들을 더욱 주의 깊게 알고 더욱 깊게 숙고하는 것을 즐거워할 것이다. 성실한 마음으로 이것을 행하는 그에게 복이 있다. 그의 수고는 헛되지 않을 것이다.

요한계시록 1장

1:1 예수 그리스도의 – 성직자 요한의 계시가 아니다. '성직자 요한의'라는 제목은 후대에 첨가된 것이다. 성직자라는 호칭은 사도 시대 이후 오랫동안 교회 안에 들어오지 않았고 사도 요한에게 그 호칭이 붙여졌을 가능성은 거의 없다는 것이 확실하다. 이 책을 쓴 사람은 사도 요한인 것은 사실이다. 그러나 그 저자는 예수 그리스도시다. **계시** – 소위 예전에 감추어진 일들이 여기서 계시가 되거나 베일을 벗게 된다. 구약의 어떤 예언서도 이러한 제목을 달고 있지 않다. 이 제목은 신약의 이 책만을 위해 남겨져 있었다. 이것은 하나의 선언서와 같은데 이 책에서 만물의 상속자가 하늘과 땅의 모든 권세가 그에게 주어졌음과 종국에는 그가 그 권능을 영광스럽게 행사하시어 그의 모든 적의 반대를 물리치실 것을 선언하신다. **이는 하나님이 그에게 주사** – 교회의 위대한 예언자로서 주님의 거룩하시고 영광스러운 인간성을 따라서. 하나님께서 예수 그리스도께 계시를 주셨고 예수 그리스도께서는 그것을 그의 종들에게 알려주셨다. **보이시려고** – 이 단어는 22장 6절에도 있다. 그리고 여러 곳에서 이 책의 부분들이 서로와 관련이 있다. 사실 가까운 일과 중간쯤의 일과 나중의 일, 두려운 일과 위로가 되는 일, 옛 일과 새 일, 긴 것과 짧은 것, 그리고 함께, 반대로, 복합으로 뒤섞인 이러한 것들, 작은 거리에서 서로에게 상대적인 것과 아주 먼 거리에서 서로 상대적인 것, 그리고 그런 까닭에 때때로 사라지고 부서지고 단절되고 중단되었다가 그 후에 예기치 않게 가장 적절한 때에 다시 나타나는 장차 올 많고 다양한 일들에 대한 가장 완성된 해설을 포함하고 있는 개요로 구성된 이 책의 전체 구조는 계시록이 하나님의 솜씨임을 알려준다. 그 모든 부분에서 이 서신은 가장 정확한 조화와 함께 하는 감탄할만한 다양성을 가지고 있는데 이것은 방해하는 것처럼 보이는 바로 이러한 여담들에 의해 아름답게 설명된다. 이러한 방식으로 이 책은 오랜 시대에 걸쳐 교회의 질서에 빛을 비추는 하나님의 다각적인 지혜를 보여준다. **그 종들** – 이 호칭에 많은 것들이 함축되어 있다. 예수 그리스도의 종이 되는 것은 위대한 일이다. 이 책은 특별히 아시아의 일곱 교회의 그리스도의 종들에게 헌정된다. 그러나 모든 나라 모든 시대의 주님의 다른 모든 종이 배제되는 것은 아니다. 이것은 하나의 단일 계시인데 그러면서도 이것이 쓰인 때부터 세상의 종말까지 모든 사람에게 충분하다. 진리 안에서 주 예수 그리스도를 섬겨라. 그러면 이 책 안에 있는 그분의 비밀을 배우게 될 것이다. 그뿐만 아니라 당신은 이 책이 신성한지 아닌지를 당신의 마음속에서 느끼게 될 것이다. **속히 일어날 일들** – 이 예언에 포함된 일들은 이것이 주어진 바로 직후에 성취되기 시작했다. 그리고 그 전체는 사도 베드로가 "만물의 마지막이 가까이 왔으니"라고 말하고 우리 주님 자신이 "보라 내가 속히 오리라"라고 말씀하신 것과 같은 의미에서 '속히 일어날' 것으로 이야기된 것이라고 할 수 있다. 이 책에 믿음과 거룩에 관한 모든 교리의 풍부한 보화가 있다. 그

러나 이런 것들은 성경의 다른 부분들에도 들어있으므로 계시록이 이런 것들을 위해서 주어질 필요는 없었다. 이 책의 특별한 의도는 속히 일어날 일들을 보이시려는 것이다. 그리고 우리가 읽거나 들을 때마다 우리는 이것을 우리 눈앞에 특별히 두어야 한다.

나중에 **네가 보는 것을 써서**(1:11) 그리고 **네가 본 것과 지금 있는 일과 장차 될 일을 기록하라**(1:19)라는 말이 나온다. 그러나 이 책의 범위가 드러나는 여기서는 단지 **속히 일어날 일들**이라고 언급된다. 따라서 앞으로 벌어질 일들이 이 책 전체에서 가장 큰 관점이다. 그리고 사도 요한은 그가 이미 본 것과 현재 일과 앞으로 일어날 일들을 기록하는데, 영향력을 미치고 있거나 빛을 주는 경우에만 기록한다. **그리고 그는**(and he, 역자주 – 맨 처음에 나오는 예수 그리스도를 지칭하기에 개역 개정에는 생략되어 있다) – 예수 그리스도. **그의 천사를 … 보내어 알게 하신 것이라** – 나중에는 하나님의 천사로 각별하게 불렸는데 특별히 계시록 17:1, 21:9, 6:16에 언급되었다. 기호와 상징으로 그들에게 보여주셨다. **그 종 요한에게** – 이 책 전체에서 다른 어떤 사람에게도 주어지지 않은 칭호.

1:2 요한은 … 증언하였느니라 – 다음 책에서, **하나님의 말씀** – 하나님에 의해 직접 주어진, **예수 그리스도의 증거** – 신실하고 참된 증거로서 그분이 우리에게 남겨주신 것, **곧 자기가 본 것을** – 이 책의 신적 기원에 대한 충분한 확증으로서의 그러한 방식으로

1:3 이 예언의 말씀을 읽는 자와 듣는 자와 … 복이 있나니 – 어떤 사람은 이 책을 빈약하게 다루었다. 따라서 다른 사람들은 이것에 접근하는 것을 두려워한다. 그리고 그 밖의 모든 것을 아는 것을 소망하는 반면에 그들은 하나님께서 드러내신 이러한 것들에 대한 지식만은 거부한다. 마치 이 예언을 읽지 않는 자가 복이 있나니라고 기록되어 있는 것처럼 이것보다는 차라리 다른 것 아무것이나 무엇이든 그들은 탐구한다. 아니 그러나 그것 중에 상당 부분이 성취되는 지점에 있는 시점인 그때 특별히 **읽는 자와 듣는 자와 그 가운데에 기록한 것을 지키는 자는 복이 있다.**

성실하고 근면한 탐구자가 이 책에서 읽은 것을 이해하는 데 도움이 부족하지는 않다. 이 책 자체가 가능한 한 가장 정확한 방식으로 기록되었다. 이 책은 일곱 편지, 일곱 인봉, 일곱 나팔, 일곱 유리병으로 다루어진 몇몇 일들을 구별한다. 또한, 일곱의 각각은 넷과 셋으로 구분된다. 이 책 자체가 일곱별, 일곱 촛대, 일곱 뿔과 일곱 눈을 가진 어린 양, 향, 용, 짐승의 머리와 뿔, 세마포, 예수의 증거와 같은 많은 것들을 설명한다. 그리고 이것을 고대의 예언들 그리고 신약의 다른 책들 안에 있는 예언들과 비교하는 것에서 풍부한 빛이 발생한다.

우리 주님께서 그의 승천, 그리고 유대 정치의 종말 이후의 시기를 다루심으로 이러한 예언들에 부족한 것을 이 책에 포함하셨다. 따라서 이것은 옛 예루살렘으로부터 새 예루살렘까지 이르는데 모든 일을 정확한 순서를 가진 그리고 고대의 예언자

들과 거의 유사함을 가지고 있는 한 요점으로 압축하고 있다. 서론과 결론은 다니엘서와 일치하고 인자에 대한 묘사와 시온에 대한 약속들은 이사야와 일치하며 바벨론 심판은 예레미야와 일치한다. 시대의 결정은 다니엘과 다시 일치한다. 거룩한 도시의 구조는 에스겔과 일치하며 말들과 촛대 등의 기호들은 스가랴와 일치한다. 예언자들에 의해 묘사된 많은 것들이 여기서 요약되어 반복되고 있으며 이것은 종종 같은 단어들로 표현되었다. 그렇기에 우리는 유용하게 그들에게 의지할 수 있다. 그러나 우리가 그런 예언서들을 아직 이해하지 못한다고 할지라도 계시록은 그 자체를 설명하는데 충분하다. 그뿐만 아니라 계시록은 그 책들에게 많은 빛을 비쳐준다. 그들 사이에 유사점이 있는 그 지점에서 차이점 또한 있는 경우가 종종 있다. 이를테면 계시록은 옛 예언자들 중에 하나로부터 재료를 취해서 거기에 새로운 접목을 이식한다. 그러므로 스가랴가 두 감람나무를 이야기하고 사도 요한도 그렇게 하는데 다른 의미로 그렇게 한다. 다니엘서에 열 개의 뿔을 가진 짐승이 있다. 사도 요한의 글에서 그것이 있는데 전적으로 같은 의미를 지닌 것이 아니다. 그러므로 여기서 말, 기호, 사물, 시기의 다름이 신중하게 관찰되어야만 한다.

우리 주님은 그분의 수난 전에 많은 일을 미리 말씀하셨지만 모든 일을 미리 말씀하지는 않으셨다. 왜냐하면, 아직 시기가 적당하지 않았기 때문이다. 마찬가지로 성령이 사도들의 글들 속에서 이러한 시대들의 필요성이 요구하는 한 많은 일을 미리 말씀하셨다. 이제 주님은 그것들을 한 짧은 책에 모두 포함한다. 그 책에서 다른 모든 예언을 전제로 하고 있으며 동시에 그것들을 하나의 줄거리로 설명하고, 지속하며, 완성하고 있다. 그러므로 그것들을 비교하는 것은 옳지만 전자의 빈약성 때문에 이것들의 충만함을 평가하는 것은 옳지 않다.

세상에 계실 때 그리스도께서 마지막 일들에 대한 짧은 설명을 추가하시면서 조만간 이루어질 것을 미리 말씀하셨다. 이 책에서 그분께서 중간의 일들을 미리 말씀하시므로 둘이 합쳐져 예언의 하나의 복잡한 구조를 구성한다. 그러므로 이 책은 앞선 모든 예언의 요약이며 열쇠일 뿐만 아니라 보완이다. 그 봉인은 이 전에는 닫혀 있었다. 결과적으로 이 책은 성경의 다른 어떤 부분에서도 드러나지 않은 많은 특이점을 포함하고 있다. 그러므로 그들은 여기서 그들이 발견한 것은 무엇이든지, 그리고 성경의 다른 부분에서 게시되지 않았거나 그렇게 분명하게 드러나지 않는 것은 담대하게 거부하시는 그리스도의 높아짐을 위해 준비된 그와 같은 계시를 주신 하나님께 거의 감사하지 않는다. **읽는 자와 듣는 자** – 사도 요한은 아마도 아시아에 있는 한 개인에게 이 책을 보냈고 그는 교회에서 그것을 읽고 많은 사람이 들었던 것 같다. 그러나 동시에 이차적 의미에서 이것은 모든 시대에서 이 책을 꾸준히 읽거나 듣는 모든 사람을 지칭한다. **이 예언의 말씀을** – 이것을 주시는 그리스도에 관한 계시이며 그것을 교회로 전해주는 요한에 관한 예언이다. **그 가운데에 기록한 것을 지키는** – 이 예언들의 본질이 요구하는 그러한 방식으로, 즉, 회개, 믿음, 인내, 기도,

순종, 신중, 충실함으로. 모든 그리스도인에게 하나님의 신탁으로 쓰인 것을 기회 있을 때마다 읽을 의무가 있으며 특별히 이 귀중한 책을 자주, 경건하게 그리고 주의 깊게 읽을 의무가 있다. 성취되기 시작할 **때가 가까움이라** – 사도 요한이 글을 쓸 때도. 이 중요한 예언의 온전한 성취가 우리에게 얼마나 더 가까워지고 있겠는가?

1:4 요한은 – 이 책의 헌정사가 4절, 5절, 그리고 6절에 포함되어 있다. 전체 계시록은 일종의 편지이다. **아시아에 있는 일곱 교회에** – 당시 로마의 영지였던 소아시아의 그 지역. 거기에 이미 설립된 몇몇 다른 교회들이 있었지만, 이 일곱 교회가 당시 가장 두드러졌던 것으로 보인다. 그리고 사도 요한이 아시아에서 거주하는 동한 가장 수고했던 곳이 이 교회들 중에 있었다. 이 도시들에 많은 유대인이 있었다. 각 교회의 유대인 신도들이 이방인 신도들과 함께 같은 교회에 모였다. **이제도 계시고 전에도 계셨고 장차 오실 이** – 위대한 이름 여호와에 대한 경탄할만한 번역. 그는 예전에 계셨고 지금도 존재하신다. 그는 오실 것이다. 즉 영원히 계실 것이다. **그의 보좌 앞에 있는 일곱 영과** – 하나님의 일곱 영을 소유하신 분이 그리스도시다. **보좌 앞에 켠 등불 일곱이 있으니 이는 하나님의 일곱 영이라. 그에게 일곱 뿔과 일곱 눈이 있으니 이 눈들은 하나님의 일곱 영이더라. 일곱**은 유대인 교회에서 거룩한 숫자였다. 그러나 그 수가 언제나 고귀한 수를 의미하지는 않았다. 때때로 이 숫자는 완전 혹은 완성을 의미하기 위해 상징적으로 사용되었다. 이 **일곱 영**은 피조된 일곱 천사를 의미하는 것이 아니라 성령으로 이해되고 있다. 이 책에서 천사들은 결코 영들이라는 말로 표현되지 않는다. 그리고 살아있는 네 영물과 이십사 장로가 보좌에 앉으신 그분과 어린양을 예배하는 동안 모든 천사가 서 있을 때 일곱 영은 결코 서 있지도 예배하지도 않는다. 성령이 그렇게 많은 일을 말해 준 일곱 교회는 **하나님의 일곱 영**에 종속되어 있다. 그들의 천사들 그리고 하나님 앞에 서 있는 일곱 천사도 그렇게 종속되어 있다. 그는 하나인 자신의 본질과 관련해서가 아니라 그의 다방면의 활동들과 관련해서 일곱 영으로 불린다.

1:5 또 충성된 증인으로 죽은 자들 가운데에서 먼저 나시고 땅의 임금들의 머리가 되신 예수 그리스도 – 세 가지 영광스러운 칭호가 여기서 그리스도께 주어졌고 그것들은 적절한 순서대로 주어졌다. 그는 자신의 죽음 이전에 그리고 죽음에서 하나님의 온전한 뜻에 대한 진실한 증인이셨고 영광 가운데 그렇게 계신다. 그는 잠자는 자들 중에 첫 열매로 죽은 자 가운데서 일어나셨고 지금은 하늘과 땅에서 모든 권세를 소유하고 계신다. 여기서 그는 왕자로 불린다. 그러나 곧 그는 왕의 칭호를 가진다. 그렇다. **만왕의 왕**, 그리고 **만주의 주**시다. **땅의 임금들**이라는 구절은 그들의 권세와 다수 됨 그리고 또한 그들 왕국의 본질을 나타낸다. 하나님께서 그들을 제한적으로 왕으로 부르게 하셨다. 특별히 그의 하늘나라로부터의 선언에서 그렇다. 왜냐하면, 어떤 피조물도, 죄 된 인간은 더욱더 하나님의 눈앞에서 절대적인 의미로 왕의 칭호를 감당할 수 없기 때문이다. **은혜와 평강이 너희에게 있기를 원하노라** –

모든 현세적인 축복과 영원한 축복으로 주시는 하나님의 호의(돌보심). **우리를 사랑하사** – 값없이 주시는 풍부한 그 사랑으로부터, **그의 피로 우리 죄에서 우리를 해방하시고** – 죄책감과 죄의 권세로부터.

1:6 그의 아버지 하나님을 위하여 우리를 나라와 – 그의 현재 왕국의 참여자들 그리고 그의 영원한 왕국의 후사들. **제사장으로 삼으신** – 우리는 그분께 우리 자신을 한 거룩한 산 제사로 끊임없이 드린다. **그에게 영광과** – 그의 사랑과 구속으로 인해서. **능력이** – 그는 그 권세로 만물을 다스리신다.

1:7 볼지어다 – 이 구절과 다음 구절에 명제와 이 책 전체의 요지가 있다. **그가 … 오시리라** – 예수 그리스도. 이 책 전반에서 그가 오시리라고 말해질 때마다 그것은 그의 영광의 오심을 의미한다. 이 일을 위한 준비가 예루살렘 멸망에서 시작되었고 좀 더 특별하게는 이 책의 기록 시점에 시작되었다. 그리고 이 위대한 사건이 성취될 때까지 어떤 중단 없이 지속된다. 그러므로 이 책에서 그가 **오실 것이다**라고 언급되지 않고 **그가 오신다**라고 언급된다. 그리고 또한 **그가 다시 오신다**라고도 언급되지 않는다. 왜냐하면, 그가 전에 오셨을 때 그것은 본래 그분 자신으로가 아니었고 **종의 형체**로 오셨기 때문이다. 그러나 영광중에 그의 나타나심은 바로 그의 오심, 즉 하나님의 아들에 어울리는 방법으로 오심이다. **각 사람의 눈이** – 특히 유대인들의. **그를 보겠고** – 그러나 어떤 다른 감정을 가진 체 그에 따라서 그들은 그분을 받아들이거나 거부했다! **그를 찌른 자들도** – 무엇보다도 그의 손 혹은 발 혹은 옆구리를 찌른 그들. 도마는 그의 부활 후에도 이러한 상처들의 흔적을 보았다. 그리고 마찬가지로 그가 하늘의 구름 타고 오실 때 모든 사람이 그와 같은 것을 보게 될 것이다. **땅에 있는 모든 족속이** – 계시록에서 족속이라는 말은 언제나 이스라엘을 의미한다. 그러나 나라들 혹은 백성들과 같은 다른 말이 족속이라는 말과 함께 쓰였을 때 (여기서처럼) 그것은 모든 인류를 다 포함한다. **그로 말미암아 애곡하리니** – 이전에 그들이 참 회개로 인해 애곡하지 않았다면 두려움과 고통으로 애곡하게 될 것이다. **그러하리라 아멘** – 이것은 **각 사람의 눈이 그를 보겠고**와 연관이 있다. 오시는 분이 **그러하리라**고 말하고 이를 증거하는 자가 **아멘**이라고 한다. **그러하리라**라고 번역된 단어는 그리스어이고 **아멘**은 히브리어이다. 왜냐하면, 여기서 이야기된 것은 유대인과 이방인 모두를 배려하기 때문이다.

1:8 주 하나님이 이르시되 나는 알파와 오메가라 – 희랍어 알파벳에서 알파는 첫 번째 글자이고 오메가는 마지막 글자다. 중간 시대에서 그의 적들로 하여금 그렇게 많이 자랑하게 하고 사납게 날뛰게 하라. 그러나 주 하나님께서 알파 혹은 처음 그리고 오메가 혹은 만물의 마지막(종말)이시다. 하나님께서 만물의 주인이시며 창조주이심으로 그분은 처음이시다. 또한, 그렇게 위대한 일들을 제안하시고, 선언하시며, 약속하심으로 처음이시다. 그분은 여기서 계시된 것들 모두를 완전하고 영광스런 결론으로 이끄심으로 마지막이시다. 다시 성경에서 어떤 일의 처음과 마지막은 그것의

전체를 의미한다. 그러므로 하나님은 모든 것 되시는 하나시며 늘 동일하신 알파와 오메가, 즉 처음과 나중이시다

1:9 나 요한은 – 일을 위한 사도의 지시와 준비는 9절부터 20절까지 설명되어 있다. **너희 형제** – 공통의 신앙에서, **환난에 동반자**(역자주, 개역 개정에 없음) – 그들을 밧모섬으로 데려간 박해가 그들을 아시아로 몰아넣었기 때문이다. 이 책은 특별히 십자가 아래 있는 사람들에게 속해 있다. 이 책은 한 추방된 사람에게 주어졌고 고난 가운데 있는 사람들이 이것을 잘 이해하고 소중히 여긴다. 따라서 콘스탄틴 시대 이후 아시아 교회는 이 책을 저평가했지만, 하나님의 핍박받는 자녀들이 늘 그랬던 것처럼 모든 아프리카 교회들은 높이 평가했다. **예수의 환난과 나라와 참음에** – 그 나라는 한가운데 서 있다. 신앙이 그 왕국에서 역할을 얻는 것은 주로 다양한 고난들 아래에서이다. 그리고 이 왕국의 참여자는 그가 누구든지 예수를 위해서 고난받는 것을 두려워하지 않는다. (딤후 2:12) **하나님의 말씀과 예수를 증언하였음으로** – 하나님의 말씀을 설교하기 위해서 그리고 예수를 증언하기 위해서, 즉 그분이 예수라는 것을 증언하기 위해서 그는 그쪽으로 추방되었다. **밧모라 하는 섬에 있었더니** – 도미티안과 네르바의 통치 아래서. 그리고 그는 다음의 모든 것을 보고 기록했다. 이곳은 이러한 환상들을 보기 위한 아주 적절한 장소였다. 그는 멀지 않은 거리에 있는 아시아와 일곱 교회를 마주하고 있었다. 동쪽으로 가면 예루살렘과 가나안 땅이 있고 그 너머에 안디옥, 아니 아시아 대륙이 있다. 서쪽으로는 이를테면 바다에서 헤엄치고 있는 로마, 이탈리아 그리고 모든 유럽이 있다. 남쪽으로는 이집트와 아프리카 전체의 출구인 알렉산드리아와 나일이 있다. 북쪽으로는 유럽과 아시아 사이의 해협에 있는 나중에 콘스탄티노플로 불리는 곳이 있다. 그러므로 그는 자신의 눈앞에 있는 모든 기독교 세계와 함께 당시에 알려진 세계의 세 부분 모두를 대면하고 있었다. 즉, 마치 이 섬이 사도를 위해서 전망대 역할을 하는 이러한 목적을 위해 만들어진 것처럼 그의 앞에 지나가야 할 모든 다양한 장면들을 위한 큰 극장을 가지고 있었다.

1:10 주의 날에 – 이날에 우리 주께서 죽음에서 부활하셨다. 옛사람들은 이날에 주께서 심판하시기 위해서 오실 것이라고 믿었다. 그러므로 사도 요한이 이날에 그의 오심을 보고 묘사한 것은 가장 적절한 것이었다. **내가 성령에 감동되어** – 이것은 무아지경 가운데 받은 예언자적 환상이다. 성령의 권능에 압도되고 성령의 빛으로 충만해져서 외적인 일들에 대해서는 무감각해지고 영적이고 신적인 것에 전적으로 사로잡혔다. 그 뒤를 따른 것은 하나의 단일하고 연속된 환상으로 사도 요한이 하루에 본 것이었다. 그렇게 그것을 이해했던 그는 방해 없이 그 전체에 대한 자신의 생각을 똑바로 옮길 수 있었다. 다른 예언서들은 다양한 상황 속에서 주어진 구별된 예언들의 모음집들이다. 그러나 하나의 단일한 전문적 글이 여기에 있으며 모든 부분이 서로에게 정확하게 의존하고 있다. 4장 1절은 1장 19절과 연결된다. 그리고 4장에 기

록된 것은 직접적으로 22장에서 계속된다. **내 뒤에서 … 들으니** – 사도 요한은 그의 얼굴을 동쪽으로 향해 있었고 우리 주님도 사도가 기록했었던 아시아를 향해 이런 모양으로 동쪽을 보셨다. **나팔 소리 같은 큰 음성** – 이것은 위대한 왕의 오심과 그의 모든 적에 대한 승리를 선포하는데 특별히 적절했다.

1:11 이르되 네가 보는 것을 – 그리고 들은 것을. 그는 보고 들었다. 이 명령은 이 책 전체로 확대된다. 신약 성경의 모든 책은 하나님의 뜻에 따라 쓰였다. 그러나 어떤 책도 그렇게 분명하게 쓰라고 명령받은 것은 없다. **두루마리에 써서** – 그렇듯이 계시록 전체는 한 권의 책일 뿐이다. 그 편지는 그에게 속한 각 교회의 천사 혹은 그의 교회에만 보내진 것이 아니라 이 책 전체는 그들 모두에게 보내졌다. **에베소** – 1671년에 이 도시들 모두를 여행했던 토마스 스미스 씨의 관찰에 따르면 에베소로부터 서머나까지 46마일, 서머나에서 버가모까지 64마일, 버가모에서 두아디라까지 48마일, 두아디라에서 사데까지 33마일, 사데에서 빌라델비아까지 27마일, 빌라델비아에서 라오디게아까지는 약 42마일이다. **교회에** – 일곱 교회 그들을 통해서 모든 시대와 모든 나라의 모든 교회들에게.

1:12,13 몸을 돌이켜 … 음성을 알아 보려고 – 즉, 그것이 누구의 음성인지 보기 위해서. **돌이킬 때에** – 그 환상은 그 자체가 점진적으로 제시된 것으로 보인다. 먼저 한 음성을 들었고 뒤를 돌아본 그는 **황금 촛대**를 보았다. 그리고 그 다음에 한 원 안에 자리 잡은 촛대들의 중앙에 **인자 같은 이**, 즉 사람의 형태로 계신 분을 보았다. 이렇게 한 사람처럼 우리 주님이 하늘에서 틀림없이 나타나신다. 정확하게 이러한 상징적 모습으로가 아닐지라도 그곳에서 그는 자신을 교회의 머리로 소개한다. 그 다음에 그는 우리 주님께서 발끝까지 내려오는 긴 옷을 입고 가슴에 금띠를 띠고 있는 것을 본다. 유대의 대제사장이 이렇게 옷을 입었다. 그러나 여기서 이 둘 모두는 왕의 존엄성에 대한 표징들이다. **가슴에 금띠를 띠고** – 여행 중인 그는 허리를 졸라맨다. 가슴에 띠를 매는 것은 엄숙한 안식의 상징이었다. 이 모든 것을 본 사도가 우리 주님의 얼굴을 보기 위해 올려다본 것으로 보인다. 그러나 그분의 불꽃 같은 눈의 출현으로 일격을 맞았고 이것은 그로 하여금 그분의 발을 관찰하는 계기가 되었다. 눈을 다시 들어 올릴 정도로 힘이 회복된 그는 그분의 오른손에 있는 별들과 그분의 입에서 나오는 검을 보았으나 그분의 영광스러운 용모의 찬란함(이것은 아마도 사도가 그분의 용모를 처음 보았을 때보다 훨씬 더 커졌을 것이다)을 보고 그는 죽은 사람처럼 그분의 발 앞에 쓰러졌다. 사도 요한이 이러한 몇 가지 특이한 것들을 발견한 그 시간 동안 우리 주님은 말씀하고 계셨던 것으로 보인다. 그리고 그의 영광스러운 모습이 그렇게 했던 것처럼 그 정도로 견딜 수 없게 한 것은 아닐지라도 의심의 여지없이 처음부터 그분의 목소리는 하나님을 나타냈을 것이다.

1:14 그의 머리와 털 – 즉 그의 전체 머리가 아닌 그의 머리털. **흰 양털 같고** – 다니엘의 환상 가운데 나타난 태고의 날들처럼. (7:9) 양털은 보통 영원의 표징으로 여겨

졌다. **눈 같으며** – 그분의 흠 없는 순결을 나타낸다. **그의 눈은 불꽃 같고** – 모든 것들을 꿰뚫어 보는 전지함(omniscience)의 상징.

1:15 그의 발은 … 빛난 주석 같고 – 그분의 안정됨과 권능을 나타내는, **풀무불에 달련한** – 마치 녹고 정제된 것처럼 여전히 붉게 달아 있다. **그의 음성은** – 그의 친구들에게는 위로를 주고 그의 적들에게는 두려움이 된다. **많은 물 소리와 같으며** – 크게 소리치며 그들 앞에 있는 모든 것을 내리누르는.

1:16 그의 오른손에 일곱 별이 있고 – 그의 호의와 강력한 보호의 상징으로, **그의 입에서 좌우에 날선 검이 나오고** – 그의 공의와 의로운 분노를 의미하는데, 찌르기 위해 **날카롭고** 베기 위해 **쌍날**인 칼처럼 그의 적들을 겨눈다. **그 얼굴은 해가 힘있게 비치는 것 같더라** – 조금의 안개나 구름 없이.

1:17 내가 … 그의 발 앞에 엎드러져 죽은 자 같이 되매 – 인간의 본성은 그와 같은 영광스러운 모습을 견뎌낼 수 없다. 그러므로 그는 (그가 특별히 닮은 옛 다니엘처럼) 그처럼 중요한 예언을 받을 준비가 되어 있다. 본성의 두드러진 쇠약이 천상의 일들의 광범위한 전달에 선행된다. 우리 주님의 고난에 앞서서 사도 요한은 그분의 가슴에 기대고 그분의 품에 누울 정도로 그분과 아주 친밀했었다. 그러나 그 후 거의 70년이 지난 지금 그 연로한 사도는 한 번 훑어보는 것에 의해 땅바닥으로 쓰러졌다. 이것이 어떤 영광이겠는가? 너희 죄인들아 두려워하라! 너의 손을 씻고 너의 마음을 정결케하라! 너희 성도들아 겸손하라, 준비하라, 기뻐하라! 그러나 그를 경외함으로 기뻐하라. 이 무시무시한 위엄을 향한 경외의 증가가 너의 믿음에 어떤 손상이 될 수 없다. 이 일들을 생각하거나 읽고 있는 동안 모든 헛된 호기심과 함께하는 모든 안달을 멀리하라. **그가 오른손을 내게 얹고** – 일곱별을 잡은 그분의 손. 그때 사도 요한은 자신 안에서 무엇을 느꼈는가? **이르시되 두려워하지 말라** – 그의 모습은 무섭고 그의 말은 힘을 얻는다. (천사가 사가랴와 다른 사람들을 불렀던 것처럼) 그분은 요한을 이름으로 부르지 않았다. 그러나 그의 친숙한 주인인 양 말씀하신다. 뒤에 나오는 것 역시 그를 굳건하게 하고 용기를 주기 위한 말씀이다. **나는** – 굴욕의 상태에서 그가 그의 영광을 말했을 때 그는 자주 제삼자의 입장에서 말했다. (마태복음 26장 64절에서처럼) 그러나 이제 그분은 자신의 영광을 가리는 어떤 것 없이 분명하고 직접적인 용어들로 말씀하신다. **처음이요 마지막이니** – 즉, 한 분 하나님, 영원부터 영원까지 존재하시는 영원하신 하나님이다. (이사야 41장 4절)

1:18 곧 살아 있는 자라 – 하나님의 또 다른 독특한 호칭. **사망과 음부의 열쇠를 가졌노니** – 즉, 보이지 않는 세계. 중간 상태에서 육체는 죽음에 거하게 되고 영은 하데스(역자주, 웨슬리는 하데스를 지옥으로 사용하지 않는다. 하데스는 의로운 자들이 가는 낙원과 불의한 자들이 가는 타르투르스 그리고 이 둘 사이의 깊은 골로 구성되어 있다)에 거하게 된다. 그리스도는 이 둘에 대한 권세의 열쇠를 가지고 있다. 그가 기뻐하시는

대로 육체를 죽이거나 살리고 영을 치리하신다. 그는 사도 베드로에게 하늘 왕국의 열쇠를 주셨지만 죽음 혹은 하데스(음부)의 열쇠를 주시지 않으셨다. 그러면 로마에 있는 그분의 후계자로 상상하고 있는 자가 연옥의 열쇠를 어떻게 가지고 왔는가?

다음의 편지들, 특히 첫 네 개에서 그리스도께 주어진 칭호들은 대부분 앞에 있는 묘사로부터 취해진다.

1:19 그러므로 네가 본 것과 … 기록하라 – 이날. 따라서 기록된 것. (1: 11–18) **지금 있는 일과** – 일곱 교회의 현재 상태와 관련된 교훈들. 이것들은 1장 20절부터 3장 22절까지 기록되어 있다. **장차 될 일을** – 세상 끝 날까지의 일들로 4장 1절 이하에 기록되어 있다.

1:20 먼저 **비밀**을 기록하라 – **일곱 별**의 신비한 의미 – 사도 요한은 이 별들이 얼마나 많은 점에서 저 천사들의 적절한 표상이 되는지, 그들이 얼마나 밀접하게 서로 닮았는지, 그리고 그것들이 규모, 밝음, 그리고 그 밖의 상태에 있어서 얼마나 다른지에 대해 우리가 아는 것보다 더 많이 알았다. **일곱 별은 일곱 교회의 사자요** – 11절에 언급되었다. 각각의 교회마다 다른 모두를 그 아래에 두는 한 목회자 혹은 한 담임자가 있다. 목사, 감독, 혹은 감독관은 양 떼를 특별히 돌본다. 그 회중의 번영이 그에게 크게 의존하며 그리스도의 심판대에서 그는 이 영혼들 모두를 위해 대답해야 한다. **일곱 촛대는 일곱 교회니라** – 이것이 얼마나 중요한 상징인가? 왜냐하면, 금으로 만들어졌을지라도 등경은 그 자체로 빛이 없기 때문이다. 어떤 교회도 인간의 어떤 자녀도 그와 같다. 그러나 그들은 그리스도로부터 진리의 빛, 거룩, 위로를 받아, 그것이 그들 주위의 모든 사람에게 비치게 된다.

이 말이 들려지자마자 사도 요한은 그것을 기록했다. 그 모든 것이 이 1장에 포함되어 있다. 나중에 2장과 3장에 포함된 내용도 같은 방식으로 기록되었다.

요한계시록 2장

일곱 교회의 천사들에게 보낸 다음의 편지들에 대해 먼저 일반적으로 그리고 다음에 개별적으로 이야기할 필요가 있을 것이다.

일반적으로 우리가 살펴보아야 할 것은 이스라엘이 시내산에서 율법을 받았을 때 그들은 먼저 정화되어야 했다. 그리고 하나님 나라가 가까웠을 때 세례 요한은 회개로 사람들을 준비시켰다. 마찬가지로 우리는 이 영광의 계시에 대한 가치 있는 수신을 위해서 이 편지들에 의해 준비된다. 이 편지들에서 주어진 지시들을 따름으로, 어쩔 도리 없는 악한 사람들을 쫓아내고 모든 악을 멀리함으로 이 교회들은 이 귀중한 담보를 받을 준비가 된다. 그리고 어떤 시대에서든 이것을 유익하게 읽거나 듣고자 하는 자는 누구든지 훈계들을 동일하게 지켜야만 한다.

이 편지들은 이 책의 일종의 일곱 겹의 서문이다. 이제 그리스도는 인간의 형태로 나타나고 (아직 어린 양의 표상으로는 아니다) 비유적인 말이 아니라 대부분 적절한 말로 이야기한다. 사도 요한이 이 책의 나머지 부분을 차지하는 그 장엄한 비전을 시작하는 것은 4장 1절 이후다.

이 편지들의 각각 다음과 같은 것이 있다.

(1) 그 교회의 천사에게 쓰라는 명령

(2) 그리스도의 영광스러운 칭호

(3) 그 교회의 천사에게 주는 글

그의 선한 상태 혹은 악한 상태 혹은 섞여 있는 상태에 대한 증언

회개 혹은 확고함에 대한 권면

장차 일에 관한, 일반적으로 주님의 오심에 관한 선언이 포함된

(4) **들을 귀 있는 자는 들으라**는 권면과 함께 이기는 자에게 주는 약속

각 편지의 글은 평이한 말로 표현된다. 약속은 비유적으로 표현된다. 그 내용에서 우리 주님께서 당시에 존재했던 각 교회의 천사에게 말씀하신다. 직적접으로는 각 교회의 구성원들에게 말씀하신다. 반면에 약속에서는 어떤 교회에서건 혹은 어느 시대에서건 극복해야만 하는 모든 것들을 이야기하시고 이 책의 마지막 장에서 (예견의 방법으로) 귀한 약속 중의 하나를 그들에게 나눠주신다.

2:1 편지하라 – 그리스도께서 그로 하여금 모든 말을 받아쓰게 하셨다. **오른손에 있는 일곱 별을 붙잡고** – 그의 강력한 권능이 그와 같으시다. 그들에 대한 당신의 호의와 그들에 관한 관심이 그와 같으셔서 그들이 교리의 순수함과 삶의 성결로서 실로 별처럼 빛나게 하소서! **일곱 금 촛대 사이를** – 그들의 행동과 생각을 다 보시고 경고받은 자가 회개하지 않는다면 그 등경을 그 자리에서 제거할 준비가 되어 있는. 여기에서 주님 앞에서 언제나 타고 있도록 해야 하는 등을 책임지는 제사장의 직책에 대해 암시하고 있는 것으로 보인다. **거니시는 이** – **내가 세상 끝날까지 너희와 항상 함께 있으리라**라는 그의 약속을 따라서.

2:2 **내가 … 알고** – 예수는 그의 종들과 원수들이 겪고 행하는 모든 선과 모든 악을 아신다. 내가 알고라는 무거운 말! 하루는 그 말이 악한 자들에게 얼마나 두렵게 들리고 의로운 자들에게 얼마나 달콤하게 들리겠는가! 교회들과 그들의 천사들이 사도가 부재한 중에도 그렇게 정확하게 묘사된 그들의 몇 상태들을 발견하는 것으로 놀라게 될 것이 틀림없으며 그리스도와 그의 성령의 모든 것을 보는 눈을 인식하지 않을 수 없다. 우리에 관해서 그는 또한 우리 각 사람에게 **나는 네 행위를 안다**고 말씀하신다. 그리스도께서 그에 대해 아는 것보다 그 자신을 덜 좋게 인식하는 자는 행복하다! **네 … 수고와** – 세 가지 특별한 것들이 일반적인 것을 따라서 명명되었으며 그리고 나서 더 크게 역순으로 서술되었다.

(1) 너희 수고	(6) 너희는 내 이름을 위해 견디고 낙심하지 말라.
(2) 너희 인내	(5) 너희는 인내하라
(3) 당신은 악한 자들을 용납할 수 없다.	(4) 너희는 자칭 사도라고 말하지만, 아닌 자들을 시험해서 그들이 거짓말쟁이임을 밝혀야 한다.

네 인내 – 그리스도의 양 떼 속에 있는 그 악한 자들을 너희가 용납하지 않았음에도 불구하고. **자칭 사도라 하되 아닌 자들을 시험하여** – 왜냐하면 주님께서 그들을 보내지 않으셨기 때문이다.
2:4 그러나 너를 책망할 것이 있나니 너의 처음 사랑을 버렸느니라 – 사도 바울이 그의 편지를 그들에게 썼을 때 그렇게 탁월했었던 그 모든 교회의 그 사랑. 그는 그 사랑을 떠날 필요가 없었다. 그는 그것을 끝까지 온전하게 보유했어야 했다. 그런데 그는 그 사랑을 부분적으로 보유했거나 그에게 명령되었던 것만큼 남기지 못했다. 그는 (마땅히 그렇게 해야 했지만) 생기와 따듯함과 함께하는 그 처음 부드러운 사랑을 지키지 못했다. 독자들이여 당신들은 소유하고 있는가?
2:5 첫사랑을 회복하는 것이 누구에게나 불가능한 것은 아니지만 다음의 세 단계를 거쳐야 한다. 1. 생각하라. 2. 회개하라. 3 처음 행위를 가져라. **그러므로 어디서 떨어졌는지를 생각하고** – 비록 아마도 무의식이었을지라도 믿음, 사랑, 성결의 어떤 정도로부터. **회개하여** – 가장 낮은 의미에서 이것은 당신의 타락에 대해 깊고 생생한 확신을 암시한다. 일곱 천사 중에서 에베소와 버가모의 둘은 혼합된 상태에 있었고 사데와 라오디게아 둘은 매우 타락했었다. 이들 모두에게 회개가 권면 되었다. 두아디라의 이세벨의 추종자들에게도 마찬가지다. 서머나와 빌라델비아 둘은 번영하는 상태에 있었기에 굳게 설 것만이 권면 되었다.

어떤 목사, 교회, 혹은 개인이든지 간에 여기 교훈에 해당하지 않는 상태에 있을 수 없다. 모든 장소와 모든 시대에 있는 그들의 비밀스러운 적들 혹은 공개적인 적들과 함께하는 사람들은 그들이 목회자들이든지 듣는 사람들이든지 간에 필요한 자기 인식, 견책, 칭찬, 경고 혹은 확증을 이끌어낼 수 있다. 사대 교회의 천사처럼 죽어 있거나 혹은 필라델피아 교회의 천사처럼 살아 있든지 간에 이 책은 그에게 보내져서 주 예수께서 그것으로 그에게 어떤 것을 말씀하신다. 왜냐하면, 그들의 천사들과 함께 일곱 교회는 (어떤 사람들이 생각하는 것처럼) 어느 한 시대 후에 오는 한 시대에 존재하는 것이 아닌 모든 시대에 전 세계에 흩어져 있는 기독교의 전체 교회를 대표하기 때문이다. 이것은 매우 중요한 점이며 항상 기억될 필요가 있다. 이를테면 이 일곱 교회는 과거에 존재했던 것으로, 현재 존재하는 것으로, 그리고 모든 세대에 존재할 것으로서의 그리스도의 전체 교회의 표본이다. **처음 행위를 가지라** – 외적으로 그리고 내적으로, 그렇지 않으면 너는 그 첫사랑을 결코 회복할 수 없을 것이다. **만일 그리하지 아니하고** – 이 말씀에 의해서 회개하도록 부름을 받은 다섯 교회에 날카로운 경고가 주어진다. (에베소 교회가 경고를 받았다면 사데와 라오디게아는 얼마나 더 두려워해야 할 것인가!) 그리고 그들이 이 부르심에 순종하느냐 아니냐에 따라서 약속 혹은 경고가 있다. (계 2:5, 16, 22; 3:3, 20) 그러나 경고 가운데에도 참된 회개의 경우에는 약속이 포함된다. **내가 네게 가서 네 촛대를 그 자리에서 옮기리라** – 회개하지 않으면 현재 너의 돌봄 가운데 있는 양 떼를 다른 곳으로 옮길 것이다. 거기에서 그들은 더 좋은 돌봄을 받을 것이다. 그러나 이 일 후에 에베소 교회 번영의 상태로 보아 그 교회가 회개한 것으로 보인다.

2:6 오직 네게 이것이 있으니 – 하나님의 은총은 그의 지위를 회복하기 위해 쓰러진 그를 도울 수 있는 것은 무엇이든지 찾는다. **네가 니골라 당의 행위를 미워하는도다** – 아마도 일곱 집사들 중에 하나인 니골라로부터 이 이 명칭이 온 것으로 보인다. (행 6:5) 그들의 교리와 삶이 똑같이 부패했다. 그들은 우상에게 제사했을 뿐만 아니라 가장 가증한 음탕과 간통을 허락했다. 그들은 이 모든 것들을 중립적인 것(indifferent)으로 보았고 기독자에게 주어진 자유의 일부라고 변론했다.

2:7 귀 있는 자는 … 들을지어다 – 들을 수 있는 사람은 누구든지 이것을 주의하여 들어야만 한다. **성령이 … 하시는 말씀을** – 이러한 위대하고 귀중한 약속 안에서. **교회들에게** – 그리고 교회들 안에서 승리한 모든 사람에게, 즉 믿음에서 믿음으로 나아가서 믿음에 의해 세상, 그리고 육체와 악마에 대해 완전한 승리로 나아가는 교회 안의 승리한 모든 사람에게.

이 일곱 편지에 열두 개의 약속이 포함되어 있으며 이것들은 하나님의 모든 약속의 초록이다. **감추인 만나**, **새 예루살렘의 이름**이 새겨진 비문, **보좌에 앉으신**처럼 그것들 중에 어떤 것들은 이 책에서 다시 명확하게 언급되지 않는다. **감추인 이름**(계 19:12), **모든 나라를 다스리는**(계 19:15), **새벽별**(계 22:16)처럼 어떤 것은 후에 언급되는 것과 유사하다. 그리고 **생명나무**(계22:2), **둘째 사망**으로부터의 자유(계 20:6), **생명책**에 있는 이름(계 20:12, 21:27), **하나님의 성전에 남아 있는 일**(계 7:15), **하나님과 어린 양의 이름**이 새겨진 비문(계 14:1, 22:4)처럼 어떤 것들은 분명하게 언급된다. 이러한 약속들 가운데 때때로 최고선을 누림이 혹은 때때로 가장 큰 악에서부터의 구원이 언급되고 있다. 그리고 각각이 다른 쪽도 포함하고 있기에 어느 한 쪽이 설명되더라도 전체가 이해될 수 있다. 앞선 편지에서 이야기된 그의 덕과 행위들과 가장 닮아 있는 부분이 표현되어 있다. **하나님의 낙원에 있는** – 낙원이라는 말은 기쁨의 동산을 의미한다. 지상의 낙원에 생명나무가 있었다. 그리고 하나님의 낙원에 다른 나무들은 없다. **생명나무의 열매를 주어 먹게 하리라** – 이 편지에서 약속된 첫 번째 것이 성취에 있어서 최후와 최고의 것이다. (계 22:2, 14, 19) 생명나무와 생명수는 함께 한다. (계 22:1, 2) 둘 다 하나님과 영원히 함께 산다는 의미를 내포하고 있다.

2:8 처음이며 마지막이요 죽었다가 살아나신 이가 이르시되 – 이 묘사가 죽음의 두려움에 대항하는 그를 얼마나 직접적으로 확증하고 있는가? (10–11) 사도 바울 자신

이 위로받았던 그 위로(계 1:17–18)로 이 교회의 천사도 위로를 받을 것이다.

2:9 내가 네 환난과 궁핍을 알거니와 – 세상의 눈으로 보면 빈약한 특권! 빌라델비아의 천사도 마찬가지로 그들의 눈에는 작은 힘만을 가지고 있다. 그러나 주님의 눈으로 보면 이 둘은 가장 고귀한 것이다. **실상은 네가 부요한 자니라** – 믿음과 사랑 안에서, 지상의 모든 나라보다 더 많은 가치를 소유한. **자칭 유대인이라 하는 자들** – 하나님의 백성으로 자칭하는. **실상은 유대인이 아니요** – 그들은 내적으로 유대인이 아니며 마음의 할례를 받지 않았다. **사탄의 회당이라** – 처음부터 사탄은 그들처럼 거짓말쟁이며 살인자였다

2:10 이 구절의 처음과 마지막 말은 특별히 목회자에게 주어졌다. 그 때문에 그의 고난과 교회의 고통은 동시에 있었고 동일한 연속성의 것이었음을 우리는 알게 될 것이다. **너는 장차 받을 고난을 두려워하지 말라** – 아마도 거짓 유대인들 때문에. **볼지어다** – 이것은 고난이 가까움을 암시한다. 아마도 열흘 동안 서머나 교회에서 계시록이 읽히던 바로 그 날에 혹은 그렇지 않으면 적어도 바로 직후에 시작되었다. **마귀가** – 마귀가 모든 박해자가 일하도록 한다. 그리고 이들은 특히 더 그렇다. **장차 너희 가운데에서 몇 사람을 옥에 던져** – 1세기에 많은 순교자의 피가 흘렀던 서머나의 그리스도인들. **시험을 받게 하리니** – 말로 다 할 수 없는 너희의 유익으로(벧전 4:12,14) **너희가 ... 환난을 받으리라** – 너희 자신이 당할 일로 혹은 너희 형제들을 동정함으로. **십 일** – 문자적으로 보면 네르바 황제의 칙령에 따라 멈춰진 도미티안의 박해의 끝에. **네가 죽도록 충성하라** – 우리 주님은 (다른 편지들에서 하신 것처럼) 내가 오기까지라고 말하지 않으시고 죽도록 이라고 말씀하신다. 이것은 이 교회의 천사가 바로 직후에 그의 증언을 자신의 피로 확인해야 함을 의미한다. 이 일은 일부 오해하는 사람들이 있는 폴리캅이 순교하기 50년 전의 일이다. **그리하면 내가 생명의 관을 네게 주리라** – 죽기까지 충성한 그들에게 주는 특별한 보상.

2:11 둘째 사망 – 승리하지 못한 두려워하는 자의 몫인 불의 호수 (계 21:8)

2:12 좌우에 날선 검 – 이것으로 내가 회개하지 않는 자를 잘라낼 것이다. (16절)

2:13 거기는 사탄의 권좌가 있는 데라 – 버가모에는 엄청난 우상 숭배가 있었다. 그래서 사단은 그곳에 자신의 왕좌를 두었고 완전한 거주지로 삼았다. **네가 내 이름을 굳게 잡아서** – 사람들 앞에서 공개적으로 그리고 단호하게 나를 고백함으로. **내 충성된 증인 안디바가 너희 가운데 곧 사탄이 사는 곳에서 죽임을 당할 때에도 나를 믿는 믿음을 저버리지 아니하였도다** – 안디바는 도미티안 시절의 순교자였다. 예수께서 진실하고 참된 증인이라고 증거하는 그는 행복한 사람이다!

2:14 거기 네게 – 너희는 그들을 그 양 떼로부터 즉시 내쫓아야만 한다. **발람의 교훈을 지키는 자들이 있도다** – 그의 가르침과 매우 가까운 가르침. **발람이 발락을 가르쳐** – 그리고 그 밖의 모압 사람들. **이스라엘 자손 앞에 걸림돌을 놓아** – 보통은 자녀라는 말을 쓰는데 여기서는 발람이 꿰어서 간음과 우상 숭배를 하게 만든 모압

의 딸들과 대비되는 이스라엘의 자손이라고 했다. **우상의 제물을 먹게 하였고** – 버가모와 같은 그런 우상숭배의 도시에서 이것은 기독교에 가장 최고로 해로운 것이었다. **또 행음하게 하였느니라** – 이방인의 우상 숭배에 끊임없이 함께했다.

2:15 이와 같이 네게도 – 에베소 교회의 천사와 마찬가지로. **니골라 당의 교훈을 지키는 자들** – 그리고 당신께서 그들이 무리 가운데 남아 있게 하신다.

2:16 그리하지 아니하면 내가 네게 속히 가서 – 내가 그들을 벌할 때 그 누구도 완전히 도망칠 수 없을 것이다. **내 입의 검으로** – 나의 공평과 격렬한 불쾌감으로. 발람 자신이 처음에는 칼을 빼 손에 들고 선 주님의 천사와 마주했었고(신 22:23) 나중에는 칼로 죽임을 당했다. (신 31:8) **그들과 싸우리라** – 니골라 당이 아니라 발람의 추종자들과.

2:17 이기는 그에게는 – 그리고 이러한 희생제물을 먹지 않는다. **내가 감추었던 만나를 주고** – 요한복음 6장에 기록된. 그것은 이제 하나님 안에 그리스도와 함께 감추어져 있다고 새 이름이 이것에 대답한다. 유대의 만나는 옛 언약궤 안에 보관되었다. 하늘의 언약궤는 일곱 천사의 나팔 소리와 함께 나타나는데(계 11:19) 거기서 또한 감추인 만나가 다시 언급된다. 이것은 바로 하나님의 충만하고 영광스러운 영원한 결실을 의미하는 것으로 보인다. **또 흰 돌을 줄 터인데** – 많은 경우에 있어서 고대인들은 재판 가운데 작은 돌들로 그들의 표를 주었다. 검은 돌은 정죄를 흰 돌은 무죄를 의미했다. 어떤 때 그들은 또한 작고 매끄러운 돌 위에 쓰기도 했다. 여기서는 두 가지 모두를 암시하는 것으로 보인다. **새 이름을** – 승리한 후에 야곱이 이스라엘이라는 새 이름을 얻은 것과 같은 의미다. 당신의 새 이름이 무엇일지 당신은 알 수 있는가? 이것에 대한 방법은 평이하다. 승리하라. 그렇게 되기까지 당신의 탐색은 헛된 것이다. 승리한 후에 당신은 흰 돌 위에 있는 것을 읽게 될 것이다.

2:18 두아디라 교회의 사자에게 – 그곳의 신자들은 적은 무리에 불과했다. **그 눈이 불꽃 같고** – 뜻과 마음을 살피는. (23절) **그 발이 빛난 주석과 같은** – 그분의 엄청난 힘을 나타낸다. 욥은 나쁜 것을 분간하시는 그분의 지혜와 이를 보복하시는 그분의 권능 이 둘 모두를 한 문장으로 드러낸다. “주께서는 못 하실 일이 없사오며 무슨 계획이든지 못 이루실 것이 없는 줄 아오니”(욥 42:2) **하나님의 아들이 이르시되** – 사람의 아들처럼 보였던 그가 얼마나 위대한가를 보라!

2:19 사랑과 ... 아노니 – 에베소 교회의 천사에게 준 편지와 비교하면 이것은 얼마나 다른 성격을 가졌는지! 후자는 악인을 용납할 수 없었고 니골라당의 활동을 증오했다. 그러나 그들은 첫사랑과 처음 일들을 잃어버렸다. 전자는 첫사랑을 보유했고 많은 행위가 있었지만 악한 자들을 용납하고 적극적으로 그들에게 저항하지 못했다. 두 특성이 섞였다. 그러나 전자가 아니라 후자가 그의 타락으로 책망을 받았고 회개의 명령을 받았다. **믿음과 섬김과 인내를** – 하나님과 이웃을 섬김으로 사랑이 나타나고 활동하고 증진되듯이 믿음은 인내와 선행에 의해서 나타나고 활동하고 증

진된다.

2:20 이세벨을 네가 용납함이니 그가 내 종들을 가르쳐 – 버가모에는 발람의 추종자들이 많이 있었고 두아디라에는 엄청난 사기꾼 하나가 있었다. 많은 옛사람들은 이 사람이 목사 자신의 아내였다고 전하고 있다. 옛 이세벨은 하나님의 백성들을 공개적 우상숭배로 이끌었다. (그들이 행한 일들 사이의 유사성으로 그렇게 불리는 것이 적절한) 이 이세벨은 그들을 이방의 우상 숭배에 참여하도록 이끌었다. 발람이 했던 것처럼 이 여인은 처음에는 그들을 음란한 일에 유혹함으로 우상 숭배에 참여하도록 한 것으로 보인다. 반면에 버가모에서 그들은 먼저 우상 숭배에 유혹되었고 나중에 음행에 유혹되었다.

2:21 또 내가 그에게 회개할 기회를 주었으되 – 그리스도의 권능은 그처럼 위대하다. **자기의 음행을 회개하고자 하지 아니하는도다** – 이처럼 회개는 하나님의 은혜임에도 불구하고 사람은 그것을 거부하기도 한다. 하나님께서 강제하시지 않기 때문이다.

2:22 볼지어다 내가 그를 침상에 던질 터이요 또 그와 더불어 – 육체적으로나 정신적으로, **간음하는 자들도 만일 그의 행위를** – 그녀가 그들을 유혹하고 그녀가 그들과 함께 범한 행위. **회개하지 아니하면** – 그녀는 앞서 시간을 가졌다.

분명한 것을 두아디라 교회의 천사는 다만 그녀로 인해 발생한 병폐 때문에 책망을 받았을 뿐이다. 이 잘못은 하나님께서 그녀에게 되갚아 주셨을 때 끝났다. 그러므로 그는 물론 함축되어 있지만 회개하라고 명확하게 권고를 받지 않았다.

2:23 내가 사망으로 – 이 표현은 전염병에 의해서 혹은 하나님의 손에 의한 어떤 명백한 타격에 의한 죽음을 암시한다. 아마도 그녀의 자녀들에게 가해질 놀라운 보복은 나머지 모든 것의 확실성의 지표였다. **그의 자녀를 죽이리니** – 그녀가 음행으로 낳은 자녀들과 유혹한 사람들. **모든 교회가** – 이제 편지를 받는 교회들. **나는 사람의 뜻** – 욕망**과 마음** – 생각**을 살피는 자인 줄 알지라.**

2:24 이 교훈을 받지 아니하고 – 이세벨의, **소위 사탄의 깊은 것을 알지 못하는 너희에게** – 오 행복한 무지여! **말하노니** – 그들이 가르친 깊은 것을 끊임없이 자랑하고 있다. 우리 주님은 이것들이 깊다는 것을, 심지어 지옥처럼 깊다는 것을 인정하신다. 이것들은 바로 사탄의 깊은 것이기 때문이다. 이것들이 마틴 루터가 말한 것과 동일한 것들이었는가? 그것들을 너무 잘 알고 있는 그의 동포들이 없다면 좋은 일이다! **다른 짐으로 너희에게 지울 것은 없노라** – 당신은 이미 이세벨과 그의 추종자들로부터 고통을 받아왔다.

2:25 다만 너희에게 있는 것을 – 그 천사와 교회가 모두가 소유하고 있는 것.

2:26 내 일을 – 내가 명령한 것들, **그에게 만국을 다스리는 권세를 주리니** – 즉, 나는 아버지께서 나에게 약속하신 아직 나에게 저항하는 모든 나라를 이기게 하시는 그 영광의 승리를 그로 하여금 나와 함께 나누게 할 것이다. (시 2:8–9)

2:27 그가 … 그들을 다스려 – 즉 내가 이 일을 행할 때 나와 함께 할 것이다. **철장을 가지고** – 다른 방식으로는 굴복하지 않을 사람들에게만 적용된 저항할 수 없는 권세로. 이렇게 그들은 조각나게 된 것이다. **깨뜨리는** – 완전히 정복된.
2:28 내가 또 그에게 새벽 별을 주리라 – 새벽별이신 당신, 오 예수여. 나에게 당신을 주시옵소서! 그러면 나는 태양을 바라지 않고 오직 당신만 바랄 것입니다. 당신 역시 태양입니다. 이 별이 비추는 그에게는 언제나 아침이요 저녁이 없다. 여기서 의무와 약속은 서로에게 대답한다. 용감한 정복자는 완강한 나라들을 다스리는 권세를 가지고 있다. 그리고 그의 적들을 정복한 후에 그리스도의 업적을 끝까지 지킨 그는 그 안에 있는 말할 수 없는 밝음과 평화로운 지배인 새벽별을 소유하게 될 것이다.

요한계시록 3장

3:1 하나님의 일곱 영과 – 성령. 그분으로부터만 모든 영적 생명과 힘이 나온다. **일곱 별을** – 성령에게 종속된 것들, **네가 살았다 하는 이름은 가졌으나** – 좋은 평판, 훌륭한 외적 모습. 그러나 성령은 모든 것을 꿰뚫어 보시기에 모든 헛된 모습은 그분 앞에서 사라진다.
3:2 그 남은 바 – 네 영혼 안의 있는 진리에 대한 지식, 선한 욕구들 그리고 확신들, **죽게 된 것을** – 교만, 게으름, 혹은 경박함이 다시 살아나는 곳에서 성령의 모든 열매는 죽게 될 것이다.
3:3 그러므로 네가 어떻게 받았으며 – 전에 하나님의 은혜를, **어떻게 들었는지** – 그의 말씀을, **생각하고** – 겸손하고 열정적이며 진지하게, **지켜** – 받은 은혜를, **회개하라** – 네가 들은 말씀에 따라서
3:4 그 옷을 더럽히지 아니한 자 – 그들 자신들을 더럽히거나 다른 사람들의 죄에 동참하든지 간에, **몇 명이 네게 있어** – 즉 사람들, 그러나 몇 명일지라도 그들은 나머지 사람들과 그들 자신을 분리하지 않았다. 그렇지 않았다면 사데의 천사는 그들을 소유하지 못했을 것이다. 그러나 그들이 결백했다는 것은 그의 덕은 아니었다. 반면에 소수를 제외하고 옷을 더럽혔다는 것은 그의 잘못이었다. **흰 옷을 입고 나와 함께 다니리니** – 기쁨으로, 완전한 거룩으로, 영광 가운데, **그들은 합당한 자인 연고라** – 많은 나쁜 사람들 가운데 있는 몇몇 선한 사람들은 하나님께 두 배로 받아들여질 수 있다. 계시록 16장 6절에 언급된 것보다 이 가치는 얼마나 더 행복한 것인가!
3:5 흰 옷을 입을 것이요 – 승리, 기쁨, 그리고 성공의 색, **내가 그 이름을 생명책에서 결코 지우지 아니하고** – 사데 교회의 천사의 것과 같이, 그리고 그는 영원히 살 것이다. **그 이름을 내 아버지 앞과 그의 천사들 앞에서 시인하리라** – 나의 신실한

종들과 군사들 중에 하나로.

3:7 거룩하고 진실하사 – 두 가지 위대하며 영광스러운 이름, **다윗의 열쇠를 가지신 이** – 한 가정의 가장 혹은 왕자는 하나 혹은 그 이상의 열쇠를 가지고 있다. 그리고 그것을 가지고 그는 그 집이나 궁전의 모든 문을 열고 닫을 수 있다. 그렇게 다윗은 열쇠(의와 주권의 상징)를 가지고 있다. 이 열쇠는 나중에 엘리야김에게 전해졌다. (사 22:22) 다윗의 자손, 다윗의 영적 도시의 열쇠, 새 예루살렘인 그리스도는 그 자신의 집에서와 마찬가지로 더 많은 최고의 권리, 능력 그리고 권위를 가진다. 그는 승리하는 모든 이에게 열어주신다. **닫을 사람이 없고** – 두려워하는 모든 자에게 그것을 닫으면 열 사람이 없다. 마찬가지로 그가 이 땅에서 그의 일 혹은 그의 종들을 위하여 문을 열면 누구도 닫을 수 없다. 그리고 상처를 입힐 수 있거나 더럽게 할 수 있는 것에 대해 그가 문을 닫았을 때 누구도 열 수 없다.

3:8 내가 네 앞에 열린 문을 두었으되 – 주님의 기쁨에 들어가고 선한 일에 방해 없이 나아가도록 시간을 주기 위해, **네가 작은 능력을 가지고서도** – 그러나 외적 인간의 아주 작은 힘. 작고, 가난하고, 빈약하며, 무시받는 무리. **내 말을 지키며** – 판단과 실천 모두에 있어서.

3:9 보라 내가(역자주, 개역 개정에는 생략되어 있음) –그는 모든 권세를 가졌기에 그들은 따라야만 한다. **그들로 와서 네 발 앞에 절하게 하고** – 너에게 가장 낮은 경외를 표하게 하겠다. **알게 하리라** – 결국 모든 것이 나의 사랑에 의존한다는 것과 네가 그 안에 자리를 잡는다는 것을 알게 할 것이다. 오 주께서 그들을 살펴보실 때, 얼마나 자주 인간들의 판단이 뒤집히고 있는가! (욥 42:7)

3:10 네가 나의 인내의 말씀을 지켰은즉 – 그리스도의 말씀은 사실 인내의 말씀이다. **내가 또한 너를 지켜** – 그 확산하는 재앙으로부터 행복한 면제, **시험의 때를** – 그러므로 너희는 시험에 들지 않을 것이고 그것이 너희를 지나갈 것이다. 때(시간)는 한 장소에서 그것의 지속 시간이 짧다는 것을 의미한다. 짧은 시간임에도 불구하고 시험의 시간은 모든 사람에게 매우 날카롭다. 엄청난 유혹자는 그때 게으름을 피우지 않는다. (계 2:10) **장차 온 세상에 임하여** – 전체 로마 제국. 매우 다른 방법이지만 시험의 때가 기독교인들에게 왔다. 그리고 유대인과 이방인에게도 왔다. 이것은 겉으로 보면 덕이 있는 트라얀 황제 치하의 박해 시기이다. 먼저 있었던 박해는 잔인한 괴물 네로와 도미티안 치하에서였다. 반면에 트라얀은 그의 선함 때문에 존경받았다. 그의 박해는 그의 본성과 같았다. 사실 그것은 유혹이었고 **땅에 거하는 자들을** 철저히 시험했다.

3:11 네 면류관 – 만일 네가 끝까지 참고 인내한다면 너를 위해 준비될 것.

3:12 이기는 자는 내 하나님 성전에 기둥이 되게 하리니 – 나는 그를 하나님의 교회 안에 있는 기둥처럼 아름답게, 유용하게, 그리고 확고부동하게 고정할 것이다. **그가 결코 다시 나가지 아니하리라** – 그러나 영원히 거룩하고 행복하게 될 것이다. **내가**

하나님의 이름과 … 위에 기록하라– 그래서 하나님의 본질과 형상이 너에게 보이는 것으로 드러나게 될 것이다. **하나님의 성 … 이름과** – 새 예루살렘에서 살도록 그에게 자격을 준다. **나의 새 이름을** – 나의 모든 적에게 승리한 후 내가 들어갔던 기쁨에의 참여.

3:14 라오디게아 교회의 사자에게 – 사도 바울은 이 일에 대해 엄청난 관심이 있다(골 2:1) **아멘이시요** – 즉 참되신 한 분, 진리의 하나님, **하나님의 창조의** – 모든 피조물의 시작 혹은 창조자. 그로 인해 하나님께서 모든 것을 창조하셨다. **근본이신 이가** – 창조자, 왕자, 그리고 통치자.

3:15 내가 네 행위를 아노니 – 비록 네가 알지 못할지라도 나는 너의 경향과 행위를 안다. **네가 차지도 아니하고** – 하나님에 관한 관심도 없고 생각도 하지 않으면서 하나님의 일에 완전히 낯선, **뜨겁지도 아니하도다** – 끓는 물처럼 뜨겁지 않은 그래서 사랑의 불에 의해 관통되고 뜨거워져야만 한다. **네가 … 하기를 원하노라** – 우리 주님의 이 소원은 불이 물을 데우듯이 우리에게 강제로 역사하지 않는다는 것을 명백히 암시한다. **차든지 뜨겁든지** – 만일 네가 종교(경건)에 어떤 생각이나 고백 없이 차기만 했다면 너의 회복에 더 많은 희망이 있었을 것이다.

3:16 네가 이같이 미지근하여 – 미지근한 물의 효과는 잘 알려져 있다. **내 입에서 너를 토하여 버리리라** – 만일 네가 회개하지 않으면 나는 너를 내게서 완전히 쫓아낼 것이다.

3:17 네가 말하기를 – 그러므로 내가 너에게 충고한다 등, **나는 부자라** – 세상적 물질뿐만 아니라 은총과 은사에 있어서도, **네 … 못하는도다** – 하나님 보시기에 비참하고 불쌍한.

3:18 내가 너를 권하노니 – 가난하고 눈멀고 헐벗은 너에게, **내게서 … 사서** – 돈 없이 혹은 값을 치르지 않고, **불로 단련된 금** – 시련의 용광로에서 정제된 참되고 살아있는 믿음, **흰 옷** – 참된 성결, **안약** – 모든 것을 가르쳐주시는 거룩하신 분의 기름 부으심인 영적 조명.

3:19 무릇 내가 사랑하는 자를 – 너희까지도, 너희 가난한 라오디게아도!, **책망하여** – 지나간 일로 인하여, 오 그의 지치지 않는 사랑을 얼마나 많이 해야만 하는가? **징계하노니** – 장차 올 시간을 위해 그들이 수정할 수 있도록.

3:20 내가 문 밖에 서서 두드리노니 – 비록 이 순간일지라도, 그분이 누구든지 문을 열면이라고 말씀하시는 동안, **누구든지 … 문을 열면** – 기쁜 마음으로 나를 받아들이면, **그와 더불어 먹고** – 나의 은혜와 은총으로 그를 새롭게 하고 내가 준 것으로 인해 나 자신을 기쁘게 하는, **그는 나와 더불어 먹으리라** – 영원한 생명 안에서.

3:21 내가 내 보좌에 함께 앉게 하여 주기를 – 말로 할 수 없는 행복과 영광 가운데. 다른 곳에서는 하늘 자체가 하나님의 보좌로 언급되었다. 그러나 이 보좌는 하

늘에 있는 것이다.

3:22 귀 있는 자는 성령이 교회들에게 하시는 말씀을 들을지어다 – 이 말은 앞의 세 편지에서는 약속 이전에 있고 뒤의 네 편지에서는 약속 이후에 있다. 이 구절이 일곱 편지를 두 부분으로 나눈다. 첫 번째 부분은 세 편지를 포함하고 두 번째 부분은 네 편지를 포함하고 있다. 앞의 세 편지에서 주님께 주어진 명칭들은 특별히 부활과 승천 이후에 교회 위에 있는 그의 권세와 관련되어 있다. 네 편지에 있는 명칭들은 그의 거룩한 영광 그리고 성부와 성령과 그의 연합과 관련되어 있다. 앞에 있는 세 편지에 있는 약속 이전에 있는 이 말은 에베소 교회의 거짓 사도들, 서머나 교회의 거짓 유대인들, 그리고 버가모 교회의 이방인들과 짝하는 사람들을 제외시킨다. 나중의 네 편지에서 이 말이 약속 이후에 있는 것은 이 일들의 완성이 가까웠으며 반면에 다른 것들은 세상의 종말을 넘어선다는 것을 보여주기 위해서이며 교회의 천사에게 주신 그리스도의 담화와 직접적으로 연결되는 약속들을 남겨놓았다. 알아야 하는 것은 그 극복 혹은 승리는 모든 신자가 얻을 수 있는 일반적 승리가 아니라 크고 특별한 유혹들에 대한 신앙이 강한 사람들의 특별한 승리를 말하는 것이다.

요한계시록 4장

이제 우리는 주요 예언에 들어간다. 전체 계시는 다음과 같이 구분된다. 1장, 2장, 3장은 서론이고 4장과 5장은 명제이며, 6장, 7장, 8장 그리고 9장은 이미 성취된 일들을 설명한다. 10장부터 14장은 지금 성취되고 있는 일들을 말하고 있으며 15장부터 19장은 조만간 성취될 일들을 묘사하고 있다. 20장, 21장, 22장은 더 먼 미래의 일들을 말하고 있다.

4:1 이 일 후에 – 마치 그가 말했던 것처럼 내가 주님의 입에서 나온 이 편지들을 기록한 후에. 접속사 '**그리고**(and)'에 의해 이 예언의 몇몇 부분들이 보통은 연결되고 '**이 일 후에**'라는 표현으로 이것들은 서로 구분된다. (계 7:9; 19:1) '**그리고 이 일 후에**'라는 표현에 의해서는 이것들이 구분되지만 연결된다. (계 7:1, 15:5, 18:1) 사도 요한은 늘 보고 듣고 난 즉시 한 구절 한 구절을 기록했다. 그래서 이러한 표현 중에 어떤 하나에 의해서 한 부분이 다른 부분과 끊임없이 구별된다. **내가 보니** – 여기에서 전반적으로 연결된 주요 환상의 관계가 시작된다. 옥좌와 그 위에 앉으신 분으로 시작되어서, 어린양 (지금까지는 사람의 모습으로 나타나셨던 분), 네 생물, 그리고 이십 사 장로가 지금부터 끝까지 그려져 있다. 일람표에 있는 것처럼 이곳에서부터 본문의 실제 순서를 염두에 두는 것이 절대적으로 필요하다. **하늘에 열린 문이 있는데** – 몇몇 이러한 첫 머리말이 잇달아 언급되었다. 여기서 문 하나가, 후에는 하늘 하나님의 성전이(계 11:19, 15:5), 마지막에는 하늘 자체가(계 9:11) 열렸다. 이러한 것들에 의해 사도 요한은 새롭고 더욱 광범위한 전망을 얻는다. **내가 들은 바 처음에 … 그 음성**

이 – 즉, 그리스도의 음성. (후에 그는 많은 다른 이들의 음성도 들었다) **이리로 올라오라** – 육으로가 아니라 영으로, 이것이 즉시 되었다.

4:2 내가 곧 성령에 감동되었더니 – 이전보다 더 높은 정도로. (계 1:10) **보라 하늘에 보좌를 베풀었고** – 사도 요한은 이루어질 일들을 기록한 것이다. 그리고 그것을 위해 그는 선한 것이든 악한 것이든 그것이 어떻게 보이지 않는 샘에서 하늘의 방법을 따라 흘러나오는지를 본다. 그리고 교회와 세상의 보이는 공연장에서 행해진 후에 그것이 적절하고 최종적인 곳으로서의 보이지 않는 세계로 어떻게 돌아가는지 보게 되었다. 여기서 주석가들이 나뉜다. 어떤 사람들은 신학적으로 진행하고 다른 사람들은 역사적으로 진행한다. 그러나 올바른 방법은 두 견해를 합치는 것이다.

하늘의 궁전이 여기에 펼쳐진다. 그리고 하나님의 옥좌가 이를테면 중앙에 있다. 보이는 세계의 모든 것이 여기로부터 나오고 모든 것이 여기로 되돌아온다. 여기서 또한 사단의 왕국이 나타난다. 그래서 우리는 가장 포괄적인 것으로부터 가장 중요한 일들을 끄집어내야 하며 동시에 지옥 왕국과 천국 왕국의 가장 비밀스러운 역사를 캐내야 한다. 그러나 우리는 이 책에서 명백하게 계시된 것을 아는 것으로만 만족해야 한다. 이것은 단지 선과 악이 지상에서 연속적으로 어떻게 처리되는가 뿐만 아니라 각자가 빛과 어둠의 왕국에서 어떻게 나와서 그것이 나온 그 근원으로 어떻게 끊임없이 향하는지를 묘사한다. 그러므로 어떤 사람도 호전적 교회의 역사로만 거기에 포함된 모든 일을 설명할 수 없다.

그러나 이 책이 정확하게 예언적이기에 과거 시대의 역사는 그대로 유용하다. 그러므로 우리가 그 일의 성취를 관찰하면 할수록 그분의 진리, 지혜, 공의, 그리고 권능에 대해 하나님을 찬양하게 될 것이고 그 예언에 있는 주목할 만한 지시에 따라서 우리 자신을 그 시간에 적응시키는 법을 배우게 될 것이다. **그 보좌 위에 앉으신 이가 있는데** – 왕, 통치자, 그리고 심판자로서. 여기서 하나님은 그의 위엄, 영광, 그리고 주권에 있어서 전능자와 하늘의 아버지로 묘사되고 있다.

4:3 앉으신 이의 모양이 – 옛 시대의 대제사장의 가슴받이에 있었던 돌들의 그것과 같이 그리고 새 예루살렘의 토대로 놓인 빛나는 귀중한 돌들(계 21: 19–20)의 그것과 같이 빛나는 광채로 빛나는. 이 돌들의 색 안에 상징적인 어떤 것이 있다면, 아름다운 빛깔들의 혼합과 함께하는 투명하고 빛나는 흰색을 가진 **벽옥**은 다양한 다른 완전들과 함께 그분의 모든 시대를 비추는 하나님의 순결을 상징하는 것일 것이다. 피처럼 붉은색을 가진 **홍옥**은 그의 공의와 그의 적들에게 막 실행하는 복수의 상징일 것이다. 녹색인 **비취(에메랄드)**는 선에 관한 호의를 표시하는 것일 것이다. **무지개**는 영원한 계약을 상징한다. (창 9장 9절을 보라) 그리고 보좌의 전체 둘레를 두르고 있는 이것은 그 주위에 서 있거나 앉아 있는 사람들의 거리를 고정했다.

4:4 또 보좌에 둘려 – 원으로, **이십사 보좌들이 있고 그 보좌들 위에 이십사 장로들이** – 성도들 전체를 대표하는 이전 모든 시대의 가장 경건한 사람들(이사야 24: 23,

히 12:1). **흰 옷을 입고** – 흰 옷과 그들의 금관은 그들이 자신들의 일을 끝내고 하늘의 백성들 가운데 자리를 잡았다는 것을 알려준다. 그들은 결코 영혼들로 불리지 않는다. 그러므로 아마도 그들은 이미 영광의 몸을 가졌을 것이다. 마태복음 27장 52절과 비교하라. **앉았더라.** – 일반적으로 그러나 그들이 예배할 때는 엎드린다.

4:5 보좌로부터 번개와 – 이것은 보는데 영향이 있다. **음성과** – 이것은 듣는데 영향이 있다. **우렛소리가 나고** – 이것은 온몸을 떨게 만든다. 연약한 사람들은 이 모든 일을 두렵게 생각하지만, 이것은 하늘의 거민들에게 하나님의 위엄에 대한 존경과 함께하는 기쁨과 즐거움의 단순한 근원이다. 이것들은 지상의 성도들에게도 빛과 보호를 전하지만 그들의 대적자들에게는 공포와 파괴를 전한다.

4:6 보좌 앞에 수정과 같은 유리 바다가 있고 – 넓고 깊은, 순수하고 깨끗한, 투명하고 고요한. **일곱 횃불**과 이 바다 둘 다 **보좌** 앞에 있다. 그리고 이 둘은 **하나님의 일곱 영,** 즉 성령을 의미한다. 그 능력과 역사는 불과 물의 상징으로 자주 표현된다. 우리는 다시 계시록 15장 2절에서 **유리 바다**를 읽는다. 거기에는 **일곱 횃불**이 언급되어 있지 않지만, 대조적으로 그 바다 자체가 불과 섞여 있다. 우리는 또한 계시록 22장 1절에서 **수정같이 맑은 생명수의 강**을 읽는다. 현재 보좌 앞에 있는 바다와 보좌로부터 흘러나오는 강 이 둘 모두 같은 것, 즉 하나님의 영을 의미하는 것이다. **보좌 가운데와** – 그것의 높이와 관련해서, **보좌 주위에** – 즉, 동, 서, 남, 북의 사방을 향해서, **네 생물이 있는데** – (짐승도 새도 아닌) 이것들은 이사야와 에스겔의 환상에서 혹은 지성소의 케루빔에서 가져온 것 같다. 이것들은 틀림없이 하나의 주요 권세들 중에 몇몇으로 그 순서를 결정하기 쉽지 않다. 이십사 장로들이 유대인의 교회를 의미한다는 것은 매우 그럴듯하다. 그들의 수금은 그들이 옛 성막 제사에 속해 있음을 암시해 주는 것으로 보인다. 성막 제사에서 이 수금들이 사용되었다. 만일 그렇다면 생물들은 기독교 교회를 상징하는 것일 수 있다. 그들의 숫자는 또한 보편성을 상징하는 것이고 하늘 아래 열국들에 확장된 복음의 시대와 일치한다. 그리고 그들 모두가 **각 족속과 방언과 백성과 나라 가운데에서 사람들을 피로 사서**라고 말하며 부르는 새 노래는 기독교 교회 없이 유대인들에게 적절한 것이 아니다. **그 첫째 생물은 사자 같고** – 대담한 용기를 나타내기 위해. **그 둘째 생물은 송아지 같고** – 혹은 소(겔 1:10). 피곤을 모르는 인내를 나타내기 위해. **그 셋째 생물은 얼굴이 사람 같고** – 현명함과 긍휼을 나타내기 위해, **그 넷째 생물은 날아가는 독수리 같은데** – 용기와 활동성을 나타내기 위해. **앞** – 보좌에 앉으신 분의 얼굴을 보기 위해, **뒤에** – 피조물들 사이에서 행해진 일을 보기 위해, **눈들이 가득하더라** – 지혜와 지식을 표시하기 위해.

4:7 그 첫째 – 에스겔에 나오는 하나님의 움직이는 보좌를 받들고 있는 네 케루빔(그룹들)이 그와 같았다. 또한, 지성소의 속죄소를 덮어주는 그룹들 모두가 이러한 네 얼굴 모두를 가졌다. 그런 까닭에 한 저명한 인사는 그들이 삼위일체와 두 번째

인격의 성육신을 상징한다고 가정한다. **날아가는 독수리** – 즉, 펼쳐진 날개로.

4:8 네 생물은 각각 여섯 날개를 가졌고 – 이사야의 환상 속의 세라핌들(그룹들) 모두가 가지고 있듯이. 겸손과 존경의 표징으로 두 날개로 얼굴을 가리고, 하나님의 명령을 수행하기 위한 준비와 근면의 표상으로서의 그의 두 다리. **그 안과** – 그들이 서로 만들고 있는 원의 내부에는. **주위에는** – 그들이 그들 자신보다 보좌로부터 멀리 떨어져 있는 모든 것을 보기 위해, **눈들이 가득하더라** – 우선 그들은 중앙에서 주변을 본 다음에 주변에서부터 중앙을 본다. **그들이 밤낮** – 우리가 이 땅에서 말하는 것으로. 그러나 천국에 밤은 없다. **쉬지 않고** – 오 불행한 쉼이여! **이르기를 거룩하다 거룩하다 거룩하다** – 삼위 하나님이시다.

원문에는 서로 다른 두 단어가 있다. 우리는 이 두 단어 모두를 거룩으로 번역한다. 한 단어의 바른 의미는 '자비로운'이고 여기에서 사용된 다른 단어는 보다 많은 의미를 함축하고 있다. 새 노래가 그것과 함께 영광의 새로운 문제를 가져올 때까지 그가 그 자신에 관해서 행하시고 계시하신 모든 것 때문에 이 거룩은 전능하신 창조자에게 드리는 모든 찬양의 총합이다.

이 단어는 히브리어와 다른 언어들 모두에서 적절한 의미는 '구별된'이다. 그리고 하나님께서 거룩하시다고 말해질 때 그것은 전적으로 하나님 고유의 탁월성과 결합된 그의 모든 특성으로부터 나오고 그의 모든 사역을 빛나게 하며 그 외의 모든 것을 어둡게 하는 영광을 뜻한다. 그로 인해 하나님은 이해할 수 없는 방식으로 불순한 모든 것들뿐만 아니라 창조된 모든 것들로부터 구별되어 멀리 떨어져 있으며 영원히 그렇게 계신다.

하나님께서는 모든 것들에게서 떨어져 계신다. 하나님은 자신에게서, 자신으로부터, 자신 안에서, 자신을 통해서, 자신을 위해서 존재하시며 일하신다. 그러므로 그분은 처음이자 마지막이고, 유일한 한 분이시며 영원이시다. 그분은 살아계시며 행복하시고, 끝이 없으시며 변함이 없으시고, 전능이시며, 전지하시고, 지혜로우시며 참되시고, 공의로우며 신실하시고, 은혜로우시며 자비하시다.

그러므로 '거룩한'과 '거룩'은 하나님과 삼위일체처럼 동일한 것을 의미한다. 우리가 왕, 그의 위엄(국왕폐하)이라고 말하는 것처럼 성경은 하나님, 그의 거룩이라고 말한다. (히 12: 10) 성령은 하나님의 영이다. 하나님이 이야기될 때 그분은 거룩하신 분으로 자주 불린다. 그리고 자신의 이름으로 맹세할 때 하나님은 그의 거룩함으로, 즉 그 자신이 그렇게 한다.

이 거룩은 자주 영광으로 불린다. 자주 그의 거룩과 영광이 함께 찬양받는다. (레 10:3, 사 6:3) 왜냐하면 거룩이란 덮인 영광이며 영광은 밝혀진 거룩이기 때문이다. 성경은 성부, 성자와 성령의 거룩과 영광을 아주 많이 이야기한다. 그리고 이것에 의해 성 삼위의 신비는 확실하게 확인된다.

또한 이것은 하나님께 성별되고 그 목적을 위해서 다른 것들로부터 분리된 것으로 거룩한이라고 불린다. 그리고 그렇게 그 거룩 안에서 우리는 하나님처럼 될 것이고 그와 연합하게 될 것이다.

이사야 6장 3절에 기록된 이와 유사한 찬송에 **그의 영광이 온 땅에 충만하도다**가 더 있다. 그러나 계시록에서 이것은 주님의 영광이 (그의 적들이 파괴됨이) 이 땅에 가득하게 될 때까지 연기된다.

4:9,10 그 생물들이 ... 영광과 존귀와 감사를 돌릴 때에 – **이십사 장로들이 … 엎드려** – 그 생물들이 영광을 자주 돌리는 만큼 장로들은 그 즉시 엎드린다. 이 표현은 그들이 동일한 순간에 그렇게 했다와 그들 모두 이것을 자주 했다는 것을 암시한다. 그 생물은 **거룩하다 거룩하다 거룩하다 만군의 여호와여** 라고 직접 말하지 않고 깊은 공경에서 약간 변형시켜 **거룩하다 거룩하다 거룩하다 주 하나님**이라고 말한다. 그러나 장로들은 그들이 엎드릴 때 **우리 주 하나님이여 영광과 존귀와 권능을 받으시는 것이 합당하십니다**라고 말할 것이다.

4:11 우리 주 하나님이여 영광과 존귀와 권능을 – 9절에서 생물들이 세 번 거룩하다고 말한 것에 대한 대답으로, **받으시는 것이 합당하오니** – 그분은 자신이 그렇게 찬양받으실 때만이 아니라 자신의 적들을 멸망시키시고 그 자신을 새롭게 영화롭게 하실 때에도 이것을 받으신다. **주께서 만물을 지으신지라** – 창조는 하나님의 모든 사역의 근거다. 그러므로 그의 다른 사역들을 위해서 뿐만 아니라 이것을 위해서 그는 영원토록 찬양을 받으실 것이다. **만물이 주의 뜻대로 있었고** – 만물이 존재하기 시작했다. 만물이 그들의 첫 번째 존재에게 빚지고 있다는 것은 어떤 것도 필요로 할 수 없는 그분께서 값없이 주시고, 은혜로우시며 권능으로 역사하시는 그분의 뜻에 달려있다. **또 지으심을 받았나이다** – 즉, 만물이 창조된 이래로 존재가 계속된다.

요한계시록 5장

5:1 내가 보매 – 이것은 같은 이야기의 반복이다. **보좌에 앉으신 이의 오른손에** – 그의 모든 통치 권력의 상징. 가치가 있는 그에게 주기 위해서 그분께서 자신의 오른손에 책을 공개적으로 들고 계셨다. 하늘에 양피지나 종이로 된 실제 책이 없다거나 사자 혹은 양의 모양으로 그리스도께서 거기에 실제로 서서 계시지 않는다는 것이 관찰될 필요는 거의 없다. 또한, 일곱 개의 머리와 열 개의 뿔을 가진 괴물 같은 짐승도 지구상에는 없다. 그러나 그 종류로 그와 같은 표상에 대답하는 어떤 것이 이 땅에 있는 것처럼 하늘에는 이러한 비유적 표현들에 대답 가능한 신적 권고들과 회의록들이 있다. 이 모든 것들이 밧모섬에 있었던 사도 요한에게 단 하루 동안 환상의 방법으로 알려졌다. 그러나 이 일의 성취는 이때부터 모든 시대로 확대된다. 기록들은 우리에게 멀리 떨어진 일들과 미래의 일들을 알려주는 역할을 한다. 그러므로 아직 오지 않은 일들은 **하나님의 책에 쓰여져 있다**고 비유적으로 말해진다. 그러므

로 당시에 이 책 안에 있는 내용들은 중대한 예언이었다. 그러나 그 책은 인봉되었다. 이제 이를테면 이 책에 기록된 위대한 일들의 시작과 성취가 다가온다. **두루마리가 있으니 안팎으로 썼고** – 빈 부분이 없이 사건이 가득 차 있다. **일곱 인으로 봉하였더라.** – 그 안에 포함된 각각의 바깥 부분에 하나씩 있는 일곱 주요 부분에 따라서. 고대의 일반적 책들은 우리의 것과 같지 않고 우리가 흔히 실크를 말듯이 긴 막대기로 말려진 양피지의 긴 조각이나 양피지 두루마리들이었다. 설명된 것이 그와 같은 것으로 일곱 인을 찍어 봉인한 것이었다. 사도가 일곱 인을 한꺼번에 본 것 같지는 않다. 왜냐하면 일곱 권이 서로 쌓여있었고 각각 봉인되어 있었기 때문이다. 그래서 첫 번째 것을 열고 폈을 때 두 번째 것이 열릴 때까지 봉인된 채 준비되었으며 일곱 번째까지 그렇게 했다. 그 책과 인봉은 그리스도께 주어진 하늘과 땅의 모든 권세를 의미한다. 이 책의 복사본이 다음 장부터 포함되어 있다. (일곱 인봉 아래 포함된) 나팔소리에 의해 세상의 왕국은 흔들리고 마침내 그것은 그리스도의 왕국이 될 것이다. (일곱 나팔소리 아래 포함된) 대접에 의해 짐승의 힘과 그것과 연관된 것은 무엇이든 파괴된다. 우리는 우리 눈앞에 이 모든 것을 끊임없이 가지고 있어야만 한다. 그러면 전체 계시가 그것의 자연적 순서로 흘러나온다.

5:2 또 보매 힘있는 천사가 – 모든 피조물을 향한 이 선언은 한 사람이 만들기에는 너무 컸다. 그리고 어린 양 그 자신도 아직은 아니었다. 그러므로 이것은 한 천사에 의해 행해졌으며 그는 흔치않은 탁월한 천사들 중에 하나였다.

5:3 하늘 위에나 땅 위에나 땅 아래에 – 즉, 우주 안에 없다. 왜냐하면, 이것들은 전 창조가 나누어지는 큰 세 영역이기 때문이다. **능히 그 두루마리를 펴거나** – 하나님의 권고를 선언하기 위하여, **보거나 할** – 그 책의 어떤 부분이라도 이해하도록, **자가 없더라** – 어떤 생물도 없다. 없다. 마리아 자신도 아니다.

5:4 내가 크게 울었더니 – 마음의 위대함으로부터 나오는 울음. 그가 항상 가졌던 마음의 부드러움이 더욱 분명하게 나타났고 이제 그는 자신의 능력을 잃었다. 계시록은 눈물 없이 기록된 것이 아니다. 또한, 눈물이 없다면 이해되지도 않을 것이다. 그들은 이 책의 내용 이상으로 어떤 것을 묻고 있는 사도 요한의 기질과 얼마나 멀리 떨어져 있는가? 그렇다. 그들을 조사하는 사람들을 용서한다고 그들 자신의 관용에 박수를 보내는 사람들은 누구인가?

5:5 장로 중의 한 사람이 – 아마도 그리스도와 함께 부활했고 후에 하늘로 승천했던 사람들 중에 하나. 아마도 족장들 중에 하나. 어떤 이들은 야곱이라고 생각한다. 야곱의 예언에서 사자의 이름이 그에게 주어졌다. (창 49: 9) **유대 지파의 사자** – 사자처럼 그의 모든 적을 찢어버릴 수 있는 능력이 있는 승리의 왕자, **다윗의 뿌리가** – 다윗 가계의 뿌리이신 하나님으로서. (사 11: 1,10) **그 두루마리와 그 일곱 인을 떼시리라** – 모든 방해를 극복하시고 하나님의 경륜을 드러내실 영광을 획득하셨다.

5:6 내가 또 보니 – 첫 번째는 보좌 가운데 혹은 보좌 안에 계신 그리스도, 두 번째

는 그 주위에 둘러서 안쪽 원을 만드는 네 생물, 그리고 주님과 네 생물 주위의 큰 원을 만드는 이십사 장로, **서 있는데** – 그는 더는 눕지 않으신다. 그는 더는 그의 얼굴을 떨어뜨리지 않으신다. 약함과 슬픔의 날들은 끝이 났다. 이제 그는 예언자, 제사장, 그리고 왕의 그의 직무들 모두를 실행할 준비 자세가 되어 있으시다. **죽임을 당한 것 같더라** – 의심의 여지없이, 그가 전에 받으셨던 상처들의 자국과 함께. 그리고 도살당하셨기 때문에 그는 자기 백성들의 기쁨 그리고 그의 적들의 공포로 그 책을 여실 자격이 있다. **그에게 일곱 뿔과** – 왕으로서, 완전한 힘의 상징, **일곱 눈이 있으니** – 완전한 지식과 지혜의 상징, 이것들로, 즉 그의 권능과 모든 지혜의 영으로 그가 그 책 안에 포함된 것을 성취하신다. 일곱 인봉과 칠중 찬양의 노래가(12절) 이러한 일곱 뿔과 일곱 눈에 대답한다. 이와 유사하게 스가랴 3장 9절과 4장 10절에서 온 세상을 두루 다니는 여호와의 일곱 눈이 언급되고 있다. **온 땅에 보내심을 받은 하나님의 일곱 영이더라** – 왜냐하면 하나님의 영의 효과적인 역사가 모든 창조를 관통하기 때문이다. 그리고 이것은 영적 세계뿐만 아니라 자연계에도 해당된다. 그러면 단지 그것이 생각하거나 말할 수 있는 만큼 단순한 물체가 행동하거나 움직일 수 있는가? 그것이 끌리거나 끌어당길 수 있는가?

5:7 그 어린 양이 나아와서 – 여기에 가장 영광스러운 방법 속에서 충족된 **내게 구하라**(시 2:8)가 있었다. **취하시니** – 이것은 우리 주님의 승천에서 영광중에 그분이 다시 오실 때까지 취하시는 높임의 한 상태이다. 그러나 이 상태는 다양한 정도들을 허용한다. 그가 승천하실 때 천사들, 주권자들과 권력들이 그에게 복종했다. 열흘 후에 그분은 아버지로부터 받으신 성령을 보내셨다. 이제 그가 **보좌에 앉으신 이의 오른손에서 두루마리를 취하시니라** – 보좌에 앉으신 이가 하늘과 땅의 모든 권세를 그에게 전하는 표징으로서의 그것(두루마리)을 그에게 주셨다.

5:8 그 두루마리를 취하시매 네 생물과 … 엎드려 – 이제 모든 생물이 어린 양에게 경의를 표한다. 이십사 장로들과 함께 이들이 시작하고 나중에(14절) 결론을 내린다. 그들은 천사들의 무리(11절)로 함께 둘러싸여 있고 전에 함께 하나님을 찬양했던 것처럼 (4: 8절 이하) 새 노래로 노래한다. **각각 … 가졌으니** – 생물이 아닌 장로들이, **거문고** – 이것은 성전 제사에서 추수 감사를 위해 사용된 주요 악기들 중에 하나다. 그들 마음의 곡조에 대한 적합한 상징, **금 대접** – 잔, 혹은 향로, **이 향은 성도의 기도들이라** – 장로 자신들의 기도가 아니라 아직 이 땅에 있는 다른 성도들의 기도들. 그들의 기도들은 하늘에서 상징적으로 그렇게 표현되었다.

5:9 그들이 새 노래를 불러 – 그들도 혹은 다른 어떤 누구도 이전에 불렀던 적 없던 노래. 이르되 두루마리를 가지시고 그 인봉을 떼기에 합당하시도다 **일찍이 죽임을 당하사 … 사람들을 피로 사서** – 그러므로 생물들 또한 구원받은 숫자에 들어갔다. 이것은 오래전에 있었던 구속의 행위를 그것의 열매들로 그렇게 많이 언급하지는 않는다. 그들의 삶의 여정을 끝낸 그리고 이 땅으로부터 구원받은 사람들을 좀 더 직

접적으로 언급한다. **각 족속과 방언과 백성과 나라 가운데에서** – 즉, 모든 인류로부터.

5:10 그들로 … 삼으셨으니 – 구원받은 자들. 그렇게 그들은 깊은 자기 낮춤에서 자신들을 3인칭으로 말한다. **그들이 땅에서 왕 노릇 하리로다 하더라** – 새 세계에서. 장로들의 금관이 이 방법으로 일치한다. 대체로 일곱 번째 천사의 나팔소리 아래서, 특별히 완전한 부활 이후에, 성도들의 통치가 역시 영원한 것으로 뒤따른다. (계 11:18, 15:7, 20:4, 22:5, 단 7: 27, 시 49: 14)

5:11 내가 또 보고 – 많은 천사들, **들으매** – 그들의 음성과 수, **장로들을 둘러 선** – 그러므로 세 번째 원을 형성하고 있는. 이 전체 환상을 통해 사람들이 어느 천사들보다 하나님께 더 가까이 있는 것으로 묘사되고 있는 것은 주목할 만하다. **그 수가** – 최소 이억, 그리고 이백만 이상. 그러나 이들은 거룩한 천사들의 일부였다. 후에(7장 11절) 사도 요한은 그들 모두에게서 들었다.

5:12 어린양은 … 합당하도다 – 장로들이 **합당하시도다**라고 말했다. (9절) 그들은 천사들보다 더 그분에게 가까이 연결되어 있었다. **능력과 부와 지혜와 힘과 존귀와 영광과 찬송을 받으시기에** – 이 일곱 가지 찬양은 일곱 봉인에 대한 답이다. 앞의 넷은 모든 보이는 것들을 묘사하고 뒤에 있는 것들은 보이지 않는 모든 것들을 묘사한다. 이것들 모두는 어린 양에게 복종했다. 그리고 이 일곱 단어 하나하나는 그것이 대답하고 있는 인봉과 닮아있다.

5:13 하늘 위에와 땅 위에와 땅 아래와 바다 위에와 또 그 가운데 – 네 가지 찬양의 말이 세상의 이러한 네 영역과 일치한다. 하늘에 있는 것은 찬송을, 땅 위에 있는 것은 존귀를, 땅 아래 있는 것은 영광을, 바다에 있는 것은 힘을 말한다. 이것들은 다 그분의 것이다. 모든 피조물로부터의 이 찬양은 첫 번째 인봉이 열리기 전에 시작한다. 그러나 각각의 역량에 따라 이것은 그때부터 영원까지 계속된다. 그의 원수들이 그의 영광을 인식한다. 그러나 하늘에 있는 이들은 하나님과 어린 양께 찬양을 돌릴지어다라고 말한다.

이러한 왕의 선언 이를테면 포고령은 그리스도께서 어떻게 땅에 있는 일만이 아니라 하늘에 있는 일과 땅 아래 있는 일, 모든 일들을 성취시키며 모든 무릎이 그에게 꿇는지를 보여준다. 이 책은 모든 일을 철저히 규명하고(고전 15: 27,28) 바다의 모래처럼 펼쳐진 마음에 적합하다. 이 책은 그와 같은 아량을 가진 주의력 깊고 지적인 독자에게 영감을 준다. 그는 이 세상에 있는 것은 어떤 것도 위대하게 생각하지 않는다. 여기서 보도록 부르심을 받은 자들은 유업으로 받을 것의 그 엄청난 광대함에 비교되는 눈에 보이는 자연의 전체 구조를 위대하게 여기지 않는다.

사도 요한은 다음의 환상 전체를 통해 그가 지금 묘사하고 있는 것들, 즉 네 생물, 장로들, 천사들과 모든 피조물을 생각하고 있다. 이 모든 것들은 일곱 봉인의 개봉을 함께 바라보고 있다. **모든 피조물이** – 선하든 악하든 온 우주에 있는.

요한계시록 6장

일곱 인봉은 그것들의 시간을 특정하므로 각각이 구분되지 않는다. 그들은 일곱 교회에 보내는 편지를 바로 뒤이으며 모두가 거의 동시에 시작한다. 앞의 네 개는 황제, 전쟁, 식량, 재난과 같은 모든 시대와 열방의 공개된 일들 모두가 그리스도에게 종속되었다는 것을 보여준다. 그리고 이 사건들이 공표되는데 첫 번째 것은 동쪽, 두 번째 것은 서쪽, 세 번째 것은 남쪽, 네 번째 것은 북쪽과 전 세계에서 공표된다.

향로와 나팔의 내용들처럼 이 인봉의 내용들은 그것들에 덧붙여진 찬양과 감사의 노래들에 의해 나타난다. 그러므로 이것들은 **능력과 부와 지혜와 힘과 존귀와 영광과 찬송을** 포함하고 있다. 앞의 네 개의 인봉들은 서로 특이하게 연결되어 있다. 그리고 뒤의 세 개의 인봉들도 그렇다. 전자는 네 생물들이 보는 네 방향에서 보이는 것들과 관계가 있다.

이것들을 살펴보기 전에 고찰해야 할 것이 있다. 1. 어떤 사람도 그 자신이나 다른 사람에게 이 책의 모든 것을 설명하도록 강요해서는 안 된다. 이해하는 만큼만 말하는 것이 적절하다. 2. 옛 예언자들은 이스라엘과 관련이 있었던 왕국들의 일들만을 기록했지만, 계시록은 기독교의 교회가 확장되고 있는 전 세계와 관련된 것을 포함하고 있음을 기억해야만 한다. 3. 이것 혹은 저것이 중요한지 중요하지 않은지 우리가 판단하는 것에 따라 이 역사 혹은 저 역사를 인정하거나 배제할 필요가 있는 양 예언에 관해 규정해서는 안 된다. 하나님께서는 사람이 보는 것처럼 보지 않으신다. 그러므로 우리가 위대하다고 생각하는 것이 자주 생략되고 우리가 작다고 생각하는 것이 성경 역사 혹은 예언에 삽입된다. 4. 이미 성취된 것을 간과하지 않고 주의를 기울여야 하며 아직 오고 있는 것을 성취된 것으로 묘사하지 않도록 조심해야 한다.

기수(말탄 사람) 자체는 상징적 의인법에 의해 신속한 능력을 상징하고 그들과 함께 1. 번영하는 국가, 혹은 2 피흘림, 혹은 3. 식량의 부족, 혹은 4. 공공의 재난 등을 가져온다. 말의 색깔은 이러한 기수들 각각의 특성과 일치한다. 네 번째 기수는 분명하게 죽음을 의미한다. 활과 왕관을 가진 첫 번째 기수는 정복자를 의미한다. 큰 칼을 가진 두 번째 기수는 전사 혹은 로마인들이 불렀듯이 전쟁의 신(Mars)를 의미한다. 저울을 들고 있는 세 번째 기수는 땅의 산물에 대한 권력을 가진다. 이 로마 황제 혹은 저 로마 황제의 치하에 있었던 특정한 사건들은 이러한 기수들 중 어느 누구에게 대답할 정도로 충분히 대단하지는 않았다.

각 기수의 행동은 1. 동쪽으로는 넓게 퍼진 제국 그리고 승리 위에 승리, 2. 서쪽으로는 많은 유혈사태, 3. 남쪽으로는 식량의 부족, 4. 북쪽으로는, 전염병과 각종 재난을 암시한다.

6:1 내가 들으니 네 생물 중의 하나가 – 첫 번째 생물이 동쪽을 향해 보고 있다.
6:2 이에 내가 보니 흰 말이 있는데 그 탄 자가 활을 가졌고 – 흰색, 그리고 멀리 화살을 쏘는 활은 제국의 승리, 정복, 번영, 영토확장 그리고 많은 사람에 대한 지배권을 상징한다.

사실 다른 한 기수, 상당히 종류가 다른 한 기수가 19장 11절에서 하얀 말을 타고 나타난다. 그러나 첫 번째 인봉 아래서 이야기되는 기수는 두 번째, 세 번째 그리고 네 번째 인봉의 기수에 비례해서 이해되어야만 한다.

네르바는 이 계시록이 기록된 해인 주후 96년에 도미티안 황제의 뒤를 이었다. 그는 1년을 혼자 통치했다. 죽기 석 달 전에 그는 트라잔을 그의 동료와 계승자로 임명했고 주후 98년에 사망했다. 제국을 트라잔이 계승한 것은 일곱 인봉의 서막인 것으로 보인다. **면류관을 받고** – 그의 전력을 고려하면 트라잔은 면류관을 얻을 희망이 없었다. 그러나 하나님께서 네르바의 손으로 그것을 트라잔에게 주셨다. 그리고 그 후에 동부는 곧 트라잔의 권력 아래로 들어갔다. **나아가서 이기고 또 이기려고 하더라** – 즉, 하나의 승리로부터 또 다른 승리로. 108년에 로마 제국의 국경을 전보다 훨씬 더 넓히면서 아르메니아, 앗시리아, 그리고 메소포타미아뿐만 아니라 티그리스강 너머의 나라들을 정복하려고 이미 승리하고 있는 트라잔은 동쪽으로 나아갔다. 우리는 정복에 관해서는 그와 같은 황제가 없다는 것을 발견하게 된다. 그는 다른 어떤 것도 목적한 바가 없다. 그는 단지 정복하기 위한 삶을 살았다. 그러는 동안 네 번째 제국에 대해 예언된 것이 그에게서 탁월하게 성취되었다. (단 2:40, 7:23) 그가 온 천하를 집어삼키고 짓밟으며 부셨음이 틀림없다.
6:3 둘째 인을 떼실 때에 내가 들으니 둘째 생물이 – 서쪽을 향해 보고 있던 생물, **말하되 오라 하니** – 각 인봉의 그 생물이 더 직접 관심을 가졌던 세계의 방위를 향해 도는 것이 필요했었다.
6:4 이에 다른 붉은 말이 나오더라 – 유혈에 적합한 색, **그 탄 자가 허락을 받아 땅에서 화평을 제하여 버리며** – 주후 75년에 베스파시아누스(Vespasian)는 평화를 위해 성전을 봉헌했다. 그러나 시간이 지나서 더는 평화에 대해 듣지 못하게 된다. 인간의 주요 일은 서로를 죽이는 일인 것으로 보이는 서쪽 세계에서 주로 모든 것이 전쟁과 유혈로 가득했다.

이 기수가 **큰 칼을 받았더라** – 그리고 그는 그 칼로 많은 일을 했다. 왜냐하면, 트라잔이 황제의 위를 계승하자마자 평화는 지상에서 사라졌다. 밧모섬 서쪽에 있는 다시아의 왕 데세발루스(Decebalus)는 로마인들을 적지 않은 문제에 빠트렸다. 전쟁은 5년 동안 지속했고 양측 모두 막대한 인명피해를 입었다. 그러나 이것은 오랫동안 뒤이었던 다른 많은 유혈의 서막에 불과했다. 이 모든 것이 **큰 칼**로 상징되었다. 활이 먼 거리에 있는 사람들을 공격하듯이 큰 칼은 근거리에 있는 사람들을 공격한다.

6:5 셋째 인을 떼실 때에 내가 들으니 셋째 생물이 남쪽을 향해서 **말하되 오라 하기로 내가 보니 검은 말이 나오는데** – 비탄과 곤란에 적합한 상징. 고대의 시인들이 그렇게 명명한 것처럼 특별히 검은색은 기근에 적합한 상징. **그 탄 자가 손에 저울을 가졌더라** – 풍요로울 때 사람들은 모든 것에 무게를 재고 측정하는 동안 그들의 저울들이 가치가 있다고 거의 생각하지 않는다. (창 41:49) 그러나 궁핍할 때 그들은 무게를 재고 측정하면서 그것들을(식량) 전해 주어야만 한다. (겔 4:16) 따라서 이 저울은 궁핍을 의미한다. 이것은(저울은) 또한 지상의 모든 열매와 결과적으로 그들의 행로들과 영향력들과 함께하는 전체 하늘들, 그리고 생산한 것과 함께 그해의 계절들 모두 그리스도께 속한 것임에 대한 하나의 표상의 역할을 한다. 따라서 전쟁들과 승리들에서 뿐만 아니라 자연의 모든 행로에서 그의 손길은 놀라운 것이다.
6:6 나는 듯한 음성을 들으니 – 이것은(이 음성은) 하나님에게서 온 것으로 보인다. **이르되** – 기수에게, 너는 여기까지만 올 것이요 더는 안 된다. **한 데나리온에 밀 한 되요** – **되**로 번역된 단어는 그리스의 측정 단위로 쿼트(quart; 액체의 질량을 재는 단위로 0.946리터다)와 거의 같다. 이것은 노예의 하루 치 식량이다. (하루에 벌 수 있는 노동자의 품값으로) 로마의 한 페니는 영국 돈으로 약 7펜스 반 페니다. 이것에 따르면 밀은 한 부셀(bushel, 곡물, 과일 등의 중량 단위로 8 갤런 혹은 약 36 리터 정도 된다)에 거의 20실링 정도다. 그리스 측정 단위가 일반 측정 단위로 그리고 로마의 돈이 통용되는 주화로서 이 측정 단위와 이 돈이 여전히 통용되는 동안에, 이것이 성취되어야만 했다. 트라잔 치하의 이집트에서도 마찬가지였다. **데나리온에 보리 석 되로다** – 고대인들 사이에서 밀보다 보리가 일반적으로 더 값이 저렴했거나 아니면 예언이 특별한 어떤 것으로 이것을 언급한 것이다. **감람유와 포도주는 해치지 말라** – 모든 것을 부족하게는 하지 말자. 나머지의 부족분을 공급하기 위해 비축품은 남겨두자.

이것은 또한 트라잔 치하에서, 특별히 밧모섬 남쪽에 있는 이집트에서 이루어졌다. 제국의 식량 창고로 사용되었던 이 나라에서 그의 통치 초기에 일반적이지 않은 기근이 있었다. 그래서 그는 다른 나라들로부터 가져온 옥수수를 이집트에 공급해야만 했다. 그의 재위 13년째에 동일한 식량 결핍이 있었다. 나일강의 홍수로 흉년이 들었다. 이 흉년은 이집트뿐만 아니라 나일강이 흐르는 아프리카의 다른 나라들에서도 발생했다.
6:7 내가 넷째 생물의 음성을 들으니 – 북쪽을 향해.
6:8 내가 보매 청황색 말이 나오는데 – 그의 기수인 창백한 죽음에 적합한 말. **음부가** – 분리된 영혼들의 상태를 대표함. **그 뒤를 따르더라** – 처음의 네 인봉은 산 사람들과 관련이 있다. 그러므로 여기서 죽음이 적절하게 소개된다. 음부는 단지 때에 따라서 죽음의 동반자로 언급된다. 그래서 네 번째 인봉은 후반부의 세 인봉에 포함되어 있는 보이지 않는 것들의 경계선까지 이른다. **그들이 땅 사분의 일의 권세를 얻어** – 전에는 홀로 혹은 낮은 정도로 왔던 것이 이제는 함께 그리고 더욱

더 강렬하게 온다. 첫 번째 인봉은 승리를 가져왔고 두 번째 것은 큰 칼 그러나 여기서는 시미터였다. 세 번째에서는 적당한 부족함, 여기서는 기근과 역병, 그리고 야수들이 있었다. 트라잔의 시대부터 땅 위의, 즉 로마 제국 내에 있던 사 분의 일의 사람들이 칼, 기근, 역병, 그리고 야수들에 의해 죽었다고 말해도 될 정도다. 그 당시에 아우렐리우스 빅토르가 "네르바 치하에서보다도 그 시절에 테베레 강(Tiber)이 훨씬 더 치명적으로 범람해서 집들이 엄청나게 파괴되었다. 그리고 많은 지방에 걸쳐서 무시무시한 지진이 있었고 무서운 역병과 기근이 있었으며 화재에 의해 많은 곳이 소실되었다."라고 말했다. **사망과** – 즉, 역병에 의해서. **땅의 짐승들** – 몇 번에 걸쳐 땅의 짐승들이 많은 사람을 죽였다. 이 당시에 비정상적 잔인함과 강력함이 이 짐승들에게 주어졌음이 분명하다. 전쟁이 식량난을 가져오고 식량난은 (균형 잡힌 영양 공급의 결핍을 통하여) 역병을 가져오고 역병은 나라에 소수의 생존자만을 남겨놓는 인구감소로 짐승들의 손쉬운 먹이가 되게 했다는 것이 관찰될 수 있다. 그리고 이러한 심판들은 여기에 표현된 그 순서대로 서로에게 길을 열어준다.

이미 지금까지 관찰된 것이 사중의 증명이 될 수 있을 것이다. 즉 (결코, 그 첫 네 개의 인봉의 내용물을 소진하지 않는) 트라잔의 통치시기에 있었던 그것들의 첫 번째 입구와 마찬가지로 다음 세대의 모든 그것의 입구들 그리고 세계와 보이는 자연의 전체 과정과 함께 네 기수는 모든 시대에 그리스도께 복종하며 악한 자들에 대항하고 의로운 자들을 보호하는 데 있어 그의 권능으로 존재하고 그의 뜻을 섬긴다. 마찬가지로 이것과 함께 나팔 소리를 위한 한 길이 포장된다. 그리고 그것들은 서로를 정기적으로 계승한다. 그리고 미래의 것으로 전체 예언이 이 부분의 분명한 성취로 확증된다.

6:9 다섯째 인을 떼실 때에 – 앞선 네 개의 인봉처럼 그렇게 뒤의 세 개의 인봉도 서로 밀접하게 관련이 있다. 이것들 모두는 보이지 않는 세계와 관계된다. 다섯 번째는 행복한 죽음, 특히 순교자들, 여섯 번째는 불행한 죽음, 그리고 일곱 번째는 천사들, 특별히 나팔이 주어진 천사들과 관련이 있다. **내가 보니** – 그리스도 아래서 싸우는 교회와 사탄 아래서 싸우는 세상뿐만 아니라 천국과 지옥 모두의 보이지 않는 주민들이 이 책에서 묘사되고 있다. 또한, 땅 위에 이들 양자 모두의 군대들의 행위들뿐만 아니라 땅으로부터 수차례 서로의 뒤를 이어서 더 행복한 상태로 혹은 더 불행한 상태로의 그들 각각의 이동을 기술하고 있다. 이것은 여러 가지 정도로 구별되며 다양한 감사에 의해 축하받는다. 그리고 또한 하늘에서는 기대와 나팔소리가 점진적으로 커졌으며 지옥에서는 두려움과 비참함이 점차 커졌다. **제단 아래에** – 즉, 제단의 다리 부분에. 계시록에는 두 개의 재단이 언급된다. 9장 13절의 향을 피우는 금으로 된 제단으로 여기서 언급되고 8장 5절, 14장 18절, 16장 7절에서 언급된 제단은 제물을 불사르는 제단이다. 이 제단에서 순교자의 영혼들이 지금 엎드려 있다. 계속해서 그들의 피가 바빌론에 복수할 것이다. 그러나 아직은 아니다. 네 번째

인봉의 역병들은 특별히 로마와 관련되지 않는다는 것이 여기서 드러난다.

6:10 큰 소리로 불러 이르되 – 이 부르짖음은 지금 시작된 것이 아니라 로마의 첫 번째 박해에서 시작되었다. 온 나라에서 로마인들이 유대인들에게 죽임당한 순교자들에게 이미 복수했다. **거룩하고 참되신** – 하나님의 거룩과 진리 모두는 그분께 심판과 복수를 행하시도록 요구한다. **대주재여** – 이 헬라어는 한 가족의 가장을 적절하게 의미한다. 그러므로 이것은 하나님의 집에 특별하게 속한 사람들에 의해 아름답게 사용된다. **심판하여 우리 피를 갚아 주지 아니하시기를** – 하늘에 순수하지 않은 애정이란 없다. 그러므로 그들의 이러한 갈망은 순결하고 하나님의 뜻에 적합하다. 순교자들은 그들의 주인에 대한 그리고 그분의 거룩과 진리에 대한 찬양에 관심을 가진다. 그리고 계시록 19장 2절에서 그 찬양이 그분께 드려진다. 그리고 거기서 순교자들의 기도가 감사로 바뀐다.

당신은 거룩하신 하나이시며 참되십니다. 언제까지 당신은 우리의 피를 심판하지 않으시고 복수하지 않으실 것입니까?	당신의 심판은 참되고 공평하십니다. 그분은 엄청난 탕녀를 심판하셨고 그분 종들의 피에 복수하셨다.

어느 때까지 – 그들은 그들의 피가 보복 될 것임을 알았다. 그러나 지금 그들에게 보인 것처럼 즉시는 아니었다.

6:11 각각 그들에게 흰 두루마기를 주시며 – 명예와 호의적 받아들임의 표시로서 순결, 기쁨, 그리고 승리의 상징. **이르시되** – 그들은 오랫동안 듣고 있었다. 그들은 그 불확실성에 남겨져 있지는 않았다. **잠시 동안** – 우리가 본래 단어인 크로노스를 기억한다는 것을 암시하기 위해서 이 책에서 이 단어는 특별한 의미를 지닌다. 여기에 특정된 두 계층의 순교자들이 있다. 전자는 이방 로마의 지배하에 죽임당한 사람들이고 후자는 로마 교회의 치하에서 죽임당한 사람들이다. 전자는 후자가 그들에게 함께하게 될 때까지 안식을 명령받았다. 요한의 시대에 전자에 속하는 많은 사람들이 있었다. 후자의 첫 번째 열매는 13세기에 죽은 사람들이다. 이제 이때 혹은 크로노스는 1111년이다. 이 크로노스는 주후 98년에 시작돼서 1209년까지 지속하였다. 혹은 트라잔의 박해부터 발도파를 박해한 첫 번째 십자군 시기까지였다. **쉬되** – 부르짖는 것을 그만두어야 했다. 그들은 전에 당한 고통으로부터 쉼을 얻었다. **까지** – 이 시기가 끝난 직후에 보복이 실행될 것이라고 말하는 것은 아니다. 그러나 단지 이 시기 직후에 그들의 형제들과 동료 종들이 그들에게 오게 될 것이다. 이 사건은 다른 사건에 선행될 것이고 그사이에 어떤 간격이 있을 것이다.

6:12 내가 보니 – 이 여섯 번째 인봉은 특별히 죽어 있는 악한 자들에 대한 하나님의 심판을 가리키고 있는 것으로 보인다. 사도 요한은 이 세상의 종말이 이러한 불행한 영들 앞에 어떻게 설정되어 있는가를 보았다. 이 표현은 이 땅에서 그것에 대해

전혀 인식됨 없이 그들에게 적용될 수 있다. 이와 유사한 표현이 하늘에서 만들어진다. (계 11:18) 그리고 단지 지상에서만이 아니라 하늘에서도 큰 지진 혹은 흔들림이 있었다. 이것은 이러한 불행한 영혼들에 대한 표현의 더 깊은 묘사이다.

6:13 하늘의 별들이 … 떨어지며 – 땅에 혹은 땅을 향하여, **무화과나무가 대풍에 흔들려 설익은 열매가 떨어지는 것 같이** – 이렇게 비유로 표현된 그 흔들림의 폭력성이 얼마나 놀라운가! **땅에** – 그렇다. 그것들은 확실히 그렇게 될 것이다. 천문학자들이 원하는 대로 그것들의 크기를 결정하게 하자.

6:14 하늘은 두루마리가 말리는 것 같이 떠나가고 – 성경이 매우 큰 어떤 것과 작은 것을 비교할 때, 하나님의 위엄과 전능을 매우 높이고 하나님의 위엄과 전능 앞에서 큰 것들은 아무것도 아닌 것이 된다. **각 산과 섬이** – 산이 육지에 대한 관계는 섬이 바다에 대한 관계와 같다.

6:15 땅의 임금들과 – 그들의 시절에 그렇게 왕으로 살았던 사람들, **왕족들과 장군들과** – 장군들과 귀족들, **산들의 바위 틈에** – 평원에 바위들 또한 있다. 그러나 이 바위들은 그들 위에 떨어지기를 간절히 원했던 높은 곳에 있는 바위들이었다. **숨어** – 그들의 힘이 미치는 한.

6:16 산들과 바위에게 – 이미 비틀거리고 있었다. (12절) **보좌에 앉으신 이의 얼굴에서와 그 어린 양의 진노에서 우리를 가리라** – 그분의 얼굴이 사악한 자들을 향하신다. (시 34:16)

요한계시록 7장

7:1 이 일 후에 – 뒤따르는 것은 일곱 번째 인봉에 대한 준비이다. 이 일곱 번째 인봉이 가장 무거웠다. 이것은 접속사 그리고(and)에 의해 여섯 번째 인봉과 연결된다. 반면에 9절에 첨가된 것은 자유롭게 있으며 연결되어 있지 않다. **내가 네 천사가 … 보니** – 아마도 악한 천사들. 다른 악한 천사들이, 즉, 그들은 심연의 천사, 유브라데스강에 묶여 있는 넷, 그리고 사탄 자신이 나중의 세 나팔소리를 자기 일로 가지고 있는 것처럼 첫 네 나팔소리를 자기 일로 가지고 있다. 네 천사들은 지체 없이 뒤따르는 모든 재난을 기꺼이 가져오려고 했을 것이다. 그러나 그들은 하나님의 종들이 인침을 받을 때까지 그리고 일곱 천사들이 소리를 낼 준비를 할 때까지 제지를 당했다. 다섯째, 여섯째, 일곱째 천사들이 여러 번 소리를 낼 때까지 그 혼돈의 천사가 아직 풀려나지 않았고 유프라테스 강의 천사들도 결박이 풀리지 않았던 것처럼 사단도 이 땅에 던져지지 않았다. **땅 네 모퉁이에 선 것을** – 동, 서, 남, 북. 첫 네 나팔소리가 이 순서대로 진행된다. **사방의 바람을 붙잡아** – 첫 번째, 두 번째, 세 번째 나팔소리 아래서 맹렬한 열기를 부드럽게 만들었을 수도 있었다. **바람으로 하여금 땅에나 바다에나 각종 나무에 불지 못하게 하더라** – 이 표현들은 세계의 여러 지역

들(방위들)을 상징하는 것처럼 보인다. **땅**은 밧모섬 동쪽에 있는 땅, 아시아를 상징한다. 이곳은 사도 요한에게 가장 가까운 곳이었고 첫 번째 천사의 나팔 소리가 수행되었던 방향이다. 유럽은 이 방향에 반대로 **바다**를 헤엄쳐 가야 하므로, 예언자들에 의해서 섬들로 불렸다. 셋째 부분인 아프리카는 **강물줄기** 혹은 **나무들**(계 8: 7,8,9)로 의미 되는 것으로 보인다. 거기서는 강물 줄기들에 의해서 나무들이 풍부하게 있다.

7:2 **또 보매 다른 천사가** – 선한 천사가, **해 돋는 데로부터 올라와서** – 역병들이 동쪽에서 시작하듯이 유일하게 살아계시고 참된 하나님의 인장을 가지고 인봉하는 것도 동쪽에서 시작한다. **땅과 바다를 해롭게 할 권세를 받은** – 처음에는 땅과 바다를 해롭게 하고 나중에는 나무들도 해롭게 하는, **네 천사를 향하여 큰 소리로 외쳐** – 그들은 자신들의 임무를 수행하기 위해 서두르고 있었다.

7:3 **이르되 우리가 … 까지 … 해하지 말라** – 다른 천사들이 그와 함께 대사명에 참여하게 되었다. **우리 하나님의 종들의 이마에 인치기까지** – 열두 지파 하나님의 종들을 임박한 재난에서 보호하시는. 마치 그들의 이마에 눈에 보이도록 표적을 낸 것처럼 이것으로 그들은 나머지 사람들과 명확하게 구별될 것이다.

7:4 **이스라엘 자손의** – 나중에 이들에게 열국으로부터 큰 무리가 함께하게 될 것이다. 그러나 이것은 아브라함 혹은 모세로부터 종말에 이르기까지 구원받은 모든 이스라엘의 숫자가 아니라 지상에 내려지기로 했던 역병들로부터 보호받았던 사람들의 숫자라는 것이 관찰될 것이다. 여러 곳에서 이 책이 이스라엘 백성에 대한 특별한 관점을 가졌던 것처럼 보인다.

7:5 그 왕국과 관련해서 **유다**가 처음으로 언급된다. 그리고 메시아가 유다 지파에서 탄생했다.

7:7 레위의 제사들이 폐지된 후에 **레위**는 다시 그의 형제들과 같은 수준이 되었다.

7:8 **요셉 지파** – 혹은 모든 지파 중에 가장 우상숭배가 심했던 단처럼 이름이 언급되지 않았던 에브라임. 단 지파에 대해서 더 알아야 할 것은 단 지파는 아주 일찍 단일한 가계로 축소되었다. 그리고 그 가계 자체도 에스라 시대 이전에 전쟁 중에 가계가 끊어진 것으로 보인다. 왜냐하면, 족장들의 자손들이 열거되고 있는 역대기서들에서 단 지파는 완전히 누락되어 있기 때문이다.

7:9 **큰 무리** – 그들의 삶을 행복하게 마친 사람들의 큰 무리. 이후에 무리들이 그렇게 묘사되었는데 격렬한 싸움과 장엄한 승리 후 그들이 얻게 되는 여전히 더 높은 수준의 영광이 묘사되었다. (계 14:1, 15:2, 19:1, 20:3) 저세상에서 보상의 종류에 있어서 상상할 수 없을 만큼 다양함이 있다. 어떤 태만한 자가 "만일 내가 천국에 가기만 하면 나는 만족할 것이다"라고 말하게 하지 말자. 그와 같은 사람은 천국을 완전히 떠나게 될지도 모른다. 세상적인 일에 있어서 사람들은 그들이 할 수 있는 한 높은 것을 얻으려는 야심이 있다. 세상에서 가장 높은 상태와 가장 낮은 상태의 차이는 영광의 수준 사이에 가장 작은 차이에 비하면 아무것도 아니다. 그러나 누가 시

간을 들여서 이것을 생각하고 있는가? 누가 그것에 대해 전적인 관심이 있는가? **손에 종려 가지를 들고** – 기쁨과 승리의 상징들. **보좌 앞과 어린 양 앞에 서서** – 하나님의 온전한 비전 가운데

7:10 구원하심이 … 우리 하나님 – 모든 악으로부터 하늘의 모든 행복으로 우리를 구원하시는 분. 그들로 하여금 하나님을 찬양하게 하는 그 구원이 15절에서 묘사된다. 14절에서는 그들이 그 구원으로 인해 어린양을 찬양한다. 16절과 17절에서는 하나님과 어린양 모두를 찬양한다.

7:11 모든 천사가 보좌와 장로들과 네 생물의 주위에 기다리며 **서 있다가** – 즉 보좌 옆에 생물들, 생물들 주위에 장로들, 그리고 이 둘 주위에 천사들, **엎드려 얼굴을 대고** – 장로들은 단 한 번 그렇게 한다. (계 11: 16) 하늘의 의식은 그것의 고정된 순서와 방법이 있다.

7:12 아멘 – 이 말로 모든 천사들이 군중의 말들을 확인한다. 그러나 그들은 더 높은 찬양을 드린다. **찬송과 영광과 지혜와 감사와 존귀와 권능과 힘이 우리 하나님께 세세토록 있을지어다** – 어린 양이 일곱 인봉을 여는 것을 시작하시기 전에 찬양의 칠중 찬송이 많은 천사들에 의해 그분에게 드려진다. (계 5:12) 이제 그가 마지막 인봉을 떼고 계신다. 그리고 세상 왕국들을 하나님께 복종시키기 위해 일곱 천사가 일곱 나팔을 받으려고 한다. 모든 천사들은 하나님께 칠중 찬송을 드린다.

7:13 장로 중 하나가 – 13절부터 15절은 10절에서 직접 연결된 것일 것이다. 그러나 큰 무리들의 찬양과 동시에 있었던 천사들의 찬양이 그 중간에 있다. **응답하여** – 그가 어떤 말을 한 것이 아니라 알고자 하는 사도 요한의 소망에 대답했다.

7:14 내 주여 – 혹은, 나의 주님. 존경을 나타내는 일반적 용어. 그래서 스가랴도 천사에게 같은 말을 했다. (슥 1:9, 4:4, 6:4) **당신이 아시나이다** – 즉, 나는 알지 못하지만 당신은 아신다. **이는 … 자들인데** – 순교자들은 아니다. 왜냐하면, 이들은 어떤 사람도 셀 수 없는 그런 무리가 아니기 때문이다. 그러나 모든 천사들이 여기에 나타난 것처럼 세상의 시작부터 살던 모든 의로운 자들의 영혼들이 나타난다. **큰 환난에서** – 하나님에 의해 그의 자녀들 모두에게 지혜롭고 은혜롭게 할당된 다양한 종류의 큰 환난에서, **나오는 자들인데** – 그는 나왔던 자들이라고 말하지 않는다. 현재 나오는 자들로 여기에는 앞으로 나올 자들 모두를 포함한다. **어린 양의 피에** – 이것은 우리를 깨끗하게 할 뿐만 아니라 장식한다. **그 옷을 씻어** – 모든 죄책으로부터, **희게 하였느니라** – 모든 거룩함으로.

7:15 그러므로 – 왜냐하면, 그들이 큰 환난에서 나와서 그의 피로 그들의 옷을 씻어기 때문에, **그들이 하나님의 보좌 앞에 있고** – 천사들보다도 더 가까이 있는 것으로 보인다. **그의 성전에서** – 이 성전은 하늘에 있다. **밤낮 하나님을 섬기매** – 인간의 방법에 따라서 말하는, 즉, 계속해서, **보좌에 앉으신 이가 그들 위에 장막을 치시리니** – 그분의 영광이 마치 덮개처럼 그들 위에 펼쳐질 것이다.

7:16 해나 … 상하지도 아니하리니 – 거기에서는 하나님께서 그들의 태양이 되시기 때문이다. **아무 뜨거운 기운** – 고통스러운 열 혹은 계절의 변덕스러움.
7:17 어린 양이 그들의 목자가 되사 – 영원한 평안과 기쁨으로, 그러므로 그들은 더는 배고프지 않을 것이다. **생명수 샘으로 인도하시고** – 성령의 위로, 그러므로 그들은 더 이상 목마르지 않을 것이다. 그들은 더는 고난받지도 슬픔을 당하지도 않을 것이다. 왜냐하면, **하나님께서 그들의 눈에서 모든 눈물을 씻어 주실 것임이라**

요한계시록 8장

8:1 일곱째 인을 떼실 때에 하늘이 … 고요하더니 – 이와 같은 침묵은 이 한 곳에서만 언급된다. 이런 침묵은 드문 일이기에 매우 주목할 만하다. 왜냐하면, 하늘에서는 밤낮으로 찬양 소리가 울리기 때문이다. 특별히, 이 침묵 바로 전에 모든 천사와 그들 앞에 있는 수많은 무리가 큰소리로 외치고 있었다. 그런데 지금 모든 것이 단번에 조용해졌다. 우주적인 일시 멈춤이 있다. 이것에 의해서 일곱 번째 인봉은 앞선 여섯 개의 인봉들과 확연하게 구별된다. 하나님 앞에서의 이러한 침묵은 그분을 둘러싸고 있던 존재들이 깊은 경외심을 가지고 대주제께서 더 펼치시고 지시하실 큰일들을 기대하고 있었다는 것을 알려준다. 잠시 후 일곱 나팔 소리가 들리고 그 소리는 그 어느 때보다 장엄한 것이다. 침묵은 단지 하나의 준비이다. 중요한 것은 나팔을 불어 하나님을 찬양하는 것이다. **반 시간쯤** – 환상 가운데 있던 사도 요한에게 그것은 반 시간쯤으로 여겨졌던 것 같다.
8:2 내가 보매 – 일곱 향로가 일곱 나팔에 속해있는 것처럼 일곱 나팔은 일곱 인봉에 속해있다. 우리는 서로를 뒤따르는 그 시간들을 합치면 안 된다는 것이 주의하여 기억해야만 한다. 그럼에도 불구하고 이 책에서 언급된 사건들의 시기에 관련되어 일반적으로 관찰되는 것이 있을 수 있다. 본문의 각 부분이 다음 부분의 완성이 시작되기 전에 완전히 성취된다는 것이 확실한 규칙은 아니다. 편지들에서 언급된 모든 것이 인봉들이 떼어지기 전에 완전히 성취되지 않는다. 그 인봉에서 언급된 모든 것들이 나팔 소리가 시작되기 전에 성취되는 것 또한 아니다. 또한, 향로가 쏟아지기 전에 일곱 번째 나팔소리가 끝나는 것도 아니다. 단지 각 부분의 시작은 다음 부분의 시작 전에 시작된다. 그러므로 인봉 전에 편지들이 시작된다. 나팔소리 전에 인봉들이 시작된다. 향로 전에 나팔소리들이 시작된다. 한 편지는 다른 편지 전에 시작된다. 한 인봉은 다른 인봉 전에 시작된다. 한 나팔소리는 특별히 다른 나팔 소리 전에 시작된다. 한 향로는 다른 향로 전에 시작된다. 그러나 이따금 나중에 시작된 것이 먼저 시작된 것보다 일찍 끝이 나며 다른 것보다 일찍 시작한 것이 나중에 끝이 난다. 이렇듯 일곱 번째 나팔소리는 향로들보다 더 일찍 시작하지만 모든 향로들보다 더 나중까지 지속한다. **하나님 앞에 일곱 천사가 서 있어** – 가장 높은 존재, **일곱 나**

팔을 받았더라 – 사람들이 세간의 관심사를 공개적으로 알리기를 원할 때, 그들은 멀리 그리고 널리 보이며 들리는 증표를 준다. 그러한 것들 중에서 나팔보다 더 오래된 것은 없다. (레 25:9, 민 10:2, 암 3:6) 특별히 이스라엘 백성들은 하나님을 예배 할 때 그리고 전쟁 중에 이 두 경우 모두에서 나팔들을 사용했다. 그것으로 전투 전에, 전투 후에, 그리고 전투의 와중에 하나님의 권능을 공개적으로 찬양했다. (수 6:4, 대하 13장 14절 이하) 그리고 여기서 천사들은 이러한 나팔소리에 의해 하나님의 놀라운 역사를 알게 했고 그렇게 함으로 세상의 왕국이 하나님의 왕국과 그의 기름 부은 받은 분의 왕국이 될 때까지 모든 반대되는 힘들을 성공적으로 흔든다.

이러한 나팔 소리들은 거의 사도 요한의 시대로부터 세상의 종말까지 이른다. 그리고 이것들은 명확한 증거들에 의해 구분된다. 첫 네 개의 장소, 즉 동, 서, 남, 북이 연속적으로 지정된다. 나중의 세 개에서도 이와 유사하게 각각의 시간 직후에 장소가 지정된다.

일곱 번째 천사는 두 번째 재난이 지나간 후까지도 나팔 소리를 내지 않았다. 그러나 그에게 나팔이 주어졌고 다른 여섯에게도 함께 주어졌다. (마치 나중에 향로가 일곱 천사에게 주어졌던 것처럼) 그리고 따라서 그 일곱 천사 모두에 대해 그들이 나팔을 불 준비가 되었다고 이야기됐다. 그러므로 이들은 어떤 사람들이 생각했던 것처럼 사람들이 아니라 소위 천사들이었다.

8:3 또 – 2절에서 일곱 천사에게 나팔이 주어졌고 6절에서 그들은 나팔을 불 준비를 했다. 그러나 이 사이에 천사의 향과 성도들의 기도가 언급된다. 이러한 삽입은 성도들의 기도와 천사들의 나팔소리가 함께한다는 것을 보여준다. 그리고 이것들의 영향과 함께하는 이러한 기도들은 일곱 모두를 통해서 확대된다고 추측할 수 있다. **다른 천사가** – 피조된 또 다른 천사. 여기서 이야기되는 모든 천사는 다 그와 같다. 계시록의 이 부분에서 그리스도는 결코 천사가 아니라 어린 양으로 칭해진다. **와서 제단 곁에 서서** – 번제단, **금 향로를 가지고** – 향로는 쟁반이나 접시 위에 놓는 컵이다. 이것은 그 직무의 상징 혹은 업무다. **많은 향을 받았으니** – 향은 일반적으로 기도를 상징한다. 여기서 향은 하나님의 거룩한 가르침이 성취되는 것에 대한 천사들의 갈망하는 소원을 의미한다. 그리고 많은 향이 있었다. 왜냐하면, 하늘과 땅에 있는 성도들 모두의 기도가 여기에 함께 더해지는 것처럼 이 천사가 가져온 모든 천사의 소원들이 함께 더해지기 때문이다. **이는 모든 성도의 기도와 합하여** – 동시에, 그러나 성도들을 위해서가 아니다. 천사들은 성도들의 중보자들이 아니라 동료 종들이다. **드리고자 함이라** – (역자주, KJV에는 놓고자 함이라, he might place it이라고 되어 있다). 그것을 봉헌하는 것이 아니다. 왜냐하면, 그는 제사장의 직무가 아니라 천사의 직무를 수행했기 때문이다.

8:4 향연이 성도의 기도와 함께 천사의 손으로부터 하나님 앞으로 올라가는지라 – 두 가지 모두가 열납되었다는 징표.

8:5 우레와 음성과 번개와 지진이 나더라 – 특별히, 불과 함께 할 때 이것들은 즉시 뒤따르는 하나님의 두려운 심판들에 대한 상징들이었다.
8:6 일곱 나팔을 가진 일곱 천사가 나팔 불기를 준비하더라 – 각 천사는 자기 차례가 왔을 때 바로 소리를 내야 한다. 그러나 소리를 내는 동안 그들은 여전히 하나님 앞에 서 있다.
8:7 첫째 천사가 나팔을 부니 – 나팔소리가 초래한 모든 것들이 성취될 때까지 그리고 다음이 시작할 때까지 모든 천사는 계속해서 소리를 냈다. 세 재난 사이에는 간격이 있지만, 첫 네 나팔소리 사이에는 간격이 없다. **피 섞인 우박과 불이 나와서 땅에 쏟아지매** – 땅은 아시아를 가리키는 것으로 보인다. 특히 팔레스타인으로 보인다. 이 계시가 주어진 지 얼마 안 되어 아드리안 통치하에서 유대인들의 박해가 시작되었다. 그리고 트라잔 즉위 직전에 끝이 났다. 114년에 유대인들이 가장 무서운 분노로 반란을 일으켰다. 이집트와 구브로의 구레네 근방지역에서 46만 명을 살해했다. 그러나 그들은 트라잔의 세력에 의해 진압되었고 나중에 거대한 군중들이 보는 앞에서 살해당했다. 이 경고는 또한 메소포타미아로 퍼졌고 거기서 루시우스 퀸티우스(Lucius Quintius)가 많은 수의 유대인을 죽였다. 그들은 아드리안 치세 제 2년에 유대에서 다시 봉기했으나 얼마 지나지 않아 진압되었다. 그러나 133년에 그들은 그들의 거짓 메시아 바로캅(Barochab)의 지도 아래서 전보다 더욱 폭력적으로 봉기했고 전쟁은 거의 모든 유대 지역이 황폐하게 된 135년까지 지속하였다. 또한, 애굽의 역병에 우박과 불이 함께했다. 그런데 여기서 또한 피처럼 우박은 맹렬하고 도발적이며 강력하고 해를 주는 침략을 말하고 있는 것으로 비유적으로 이해되어야 한다. 그리고 불은 황폐함을 가져오는 분노한 적들에 대한 보복을 상징한다. **땅에 쏟아지매** – 즉, 불, 우박, 피. 그러나 이것들은 땅에 쏟아지기 전에도 존재했다. 그것들이 유대와 메소포타미아에 도달하기 전에 애굽과 구브로에 있는 구브레 주위에 폭풍이 불고 피가 흘렀으며 화염이 치솟았다. **땅의 삼분의 일이 타 버리고** – 잘 방비된 50개의 유대 도시들과 985개의 거주하기 좋은 유대인 마을들이 이 전쟁 중에 완전히 파괴되었다. 땅의 거대한 면적이 거주하는 사람 없이 황폐해졌다. **수목의 삼분의 일도 타 버리고 각종 푸른 풀도 타 버렸더라** – 어떤 사람들은 나무가 유대인들 중에서 저명한 사람들을 그리고 풀은 일반 사람들을 의미한다고 생각한다. 로마인들이 저명한 사람들 중에 많은 사람들은 남겨두었다. 일반인들은 거의 다 죽었다.

이렇게 기독교 왕국의 유대인 대적자들에게 보복이 시작되었다. 그때까지도 로마인들은 도망치지 않았다. 그러나 그 후에 보복이 그들에게 더욱더 격렬하게 임했다. 둘째 나팔소리는 특별히 로마의 이교도들에게 영향을 미친다. 세 번째 나팔소리는 죽은 자들과 불경건한 그리스도인들에게 그리고 네 번째 나팔소리는 제국 자체에 영향을 미친다.
8:8 둘째 천사가 나팔을 부니 불 붙는 큰 산과 같은 것이 바다에 던져지매 – 특별히,

여기서는 땅과 대조되는 것으로 바다는 서방 세계 혹은 유럽 그리고 주로 유럽의 중앙부인 거대한 로마 제국으로 이해될 수 있다. 여기서 산은 한 거대한 세력 혹은 많은 사람을 의미하는 것으로 보인다. (렘 52:25) 그래서 이것은 로마 제국에 야만 민족들의 침입을 가리키는 것일 것이다. 호전적 고트족이 250년경에 로마 제국을 침입하기 시작했다. 그때부터 로마 제국의 바로 그 형태와 이름을 제외한 모든 것을 잃기 전까지 한 민족의 침입에 이어 다른 민족의 침입이 끊이지 않았다. 불은 전쟁의 불 그리고 이러한 야만 민족들의 맹위를 의미하는 것일 것이다. **바다의 삼분의 일이 피가 되고** – 이것으로 로마 제국의 삼분의 일이 도살되었다는 것을 의미할 필요는 없다. 그러나 모든 이러한 침입 가운데 상상할 수 없을 정도로 많은 피가 흘렀다는 것은 확실하다.

8:9 바다 가운데 생명 가진 피조물들의 삼분의 일이 – 모든 종류의 사람들의, 모든 신분과 계층의 삼분의 일, **죽고** – 이러한 무자비한 침략자들에 의해서, **배들의 삼분의 일이 깨지더라** – 많은 사람이 함께 승선해서 같은 위험을 분담한다는 점에서 국가나 공화국이 배를 닮았다고 하는 것은 자주 있는 일이다. 그리고 이러한 비인간적인 정복자들에 의해서 완전히 파괴된 국가가 얼마나 많은가? 이와 같은 일들이 문자 그대로 많이 이루어졌다. 바다가 피로 물들여졌던 것이 얼마나 자주 있는가? 그 위에 있는 사람 중에 얼마나 많은 사람이 죽임을 당했는가? 그리고 얼마나 많은 배가 파괴되었는가?

8:10 셋째 천사가 나팔을 부니 … 큰 별이 하늘에서 떨어져 강들의 삼분의 일과 – 강이라고 한 것은 아프리카를, 특별히 나일강이 매년 멀리 그리고 넓게 범람하는 애굽을 의미하는 것으로 보인다. (특별한 방식으로 세계의 이러한 불붙은 부분이 강들에 풍부하다) 야만족의 로마 제국 침공과 발레티니안 3세 사후 서방 제국의 몰락 사이에서의 아프리카 전체 역사에 있어서 315년에 발생했던 아리안 재난보다 더 중대한 것은 없다. 이집트 전역과 그 주변 국가들에서, 특별히 알렉산드리아에서 얼마나 많은 사람이 아리안족의 침공으로 죽었는지 말하는 것이 불가능할 정도다. 그러나 아프리카 통치자의 아내가 질투 많은 아리안으로 반달족의 왕인 겐세릭의 이모였는데 그 핑계로 겐세릭이 황후 플라시이아 앞에서 부당하게 고발당하기 전까지 아프리카는 야만족들과 관련해서 제국의 다른 부분들보다는 더 잘 헤쳐 나갔다. 그래서 그는 반달족들을 아프리카로 초대하도록 설득 당했다. 겐세릭의 통치하에 있던 반달족들이 428년에 그들만의 왕국을 그곳에서 세웠고 그 나라는 533년까지 지속되었다. 이러한 반달의 왕들 아래서 살았던 신자들이 모든 방식의 고난과 박해를 견뎠다. 이렇게 아리안주의는 모든 이단과 재난들의 입구였으며 결국에는 마호메트주의의 입구가 되었다.

이 **큰 별**은 천사가 아니라(천사들은 앞선 두 나팔 혹은 뒤따르는 나팔의 대행자들이 아니다) 그리스도의 오른손에 있는 별들 가운데 하나인 교회의 교사였다. 아리우스가 그런 사람이었다. 그는 높은 곳에서부터 이를테면 하늘에서부터 가장 사악한 교리들로 떨어졌고 모든 면에서 응시하도록 그의 타락을 아주 크게 만들었으며 지금은 횃불처럼 타게 되었다. 그는 강들의 삼분의 일로 떨어졌으며 그의 교리는 더 멀리 그리고 더 넓게 퍼졌는데, 특히 이집트에서 그러했다. **여러 물샘에 떨어지니** – 아프리카에 많이 있다.

8:11 이 별 이름은 쓴 쑥이라 – 아리우스 자신과 그의 추종자들 모두의 비교 불가능한 쓴맛은 이 칭호의 명백한 적절성을 보여준다. **물의 삼분의 일이 쓴 쑥이 되매** – 아프리카의 매우 중요한 부분이 이 쓴 교리와 정신에 감염되었다. **많은 사람이 죽더라** – 아리안족의 잔혹함으로.

8:12 넷째 천사가 나팔을 부니 해 삼분의 일과 … 타격을 받아 (혹은 **맞아서**) – 데오도시우스 황제가 죽고 제국이 동과 서로 나뉜 후에 야만족들이 홍수처럼 밀려왔다. 403년과 405년에 고트족과 훈족이 맹렬한 힘으로 이탈리아를 함락시켰다. 410년에 고트족이 급습해서 로마를 정복하고 무자비하게 약탈했다. 452년에는 아틸라가 같은 방식으로 이탈리아 북부를 다뤘다. 455년에 발렌티안 3세가 살해당했으며 겐세릭이 아프리카에서 초대받았다. 그는 모두 14일 동안 로마를 약탈했다. 472년에 레시머가 다시 로마를 약탈했다. 476년에 오도아케르가 로마를 탈취하고 황제를 폐위시켜 제국 자체에 종말을 가져오기까지 이 모든 소동 가운데서 로마 영토의 주들이 연이어 소실되었다.

일식 혹은 월식은 히브리인들에 의해 타격이라고 불린다. 이제 그와 같은 어둠이 단번에 가 아니라 점차 오는 것처럼 로마 제국, 특별히 서로마 제국에 떨어진 어둠이 이와 같았다. 왜냐하면, 그 타격은 오도아케르 훨씬 이전에, 즉 야만인들이 수도를 처음 정복했을 때 시작됐기 때문이다. **달 삼분의 일과 별들의 삼분의 일이 … 그 삼분의 일이 어두워지니** – 첫 번째, 두 번째, 그리고 세 번째 나팔소리들 가운데 땅, 바다, 그리고 강들은 거기에 거주하는 사람들로 이해되어야 하는 것처럼 여기서 태양, 달, 그리고 별들은 그것들 아래서 사는 사람들로 이해되어야 한다. 어둠의 이러한 날들 가운데 있는 재난들에 그렇게 압도되어 살해되는 것을 암시한다고 생각하면 더는 하늘의 빛을 즐길 수 없었던 사람들로 이해되어야 할 것이다. 그래서 해, 달, 그리고 별들이 그들을 더는 비추지 않는다. 이와 같은 표현을 우리는 에스겔 32장 8절에서 **하늘의 모든 밝은 빛을 내가 네 위에서 어둡게 하여**를 발견한다. 그래서 네 번째 인봉이 앞의 세 인봉들을 능가한 것처럼, 네 번째 나팔이 앞의 세 나팔을 능가한다. 왜냐하면, 여기에서 땅 혹은 바다 혹은 강의 삼분의 일만이 아니라 태양 아래 있는 모든 사람이 영향을 받기 때문이다. **낮 삼분의 일은 비추임이 없고 밤도 그러하더라** – 즉, 낮의 일반적 밝음의 삼분의 일을 잃었고 밤도 그러했다. 달과 별들은 자신들의 광체의 삼분의 일을 잃어버렸고, 죽은 자들은 그것들을 더 이상은 보지 못했고 그것들을 본 사람들에게는 만족이 없었다.

나중의 세 나팔소리는 그들의 지속 시간이 고정되었으며 각각의 그 소리들 사이에 주목할 만한 멈춤이 있다. 반면에 앞의 네 나팔소리 사이에는 멈춤이 없었고 그들의 지속 시간도 언급되어 있지 않다. 그러나 이들 넷 모두는 4백 년도 채 걸리지 않은 것 같다.

8:13 내가 또 보고 들으니 … 독수리가 … 날아가는 – 네 번째 천사와 다섯 번째 천사의 나팔 소리 사이에, **공중에 날아가는** – (우리가 보게 될 것처럼) 세 화가 동쪽으로는 페르시아부터 서쪽으로는 이탈리아를 넘어 땅 위로 퍼진다. 이 모든 지역은 사도들에 의해 복음으로 채워졌다. 밧모섬이 이 중앙에 있다. 거기에서 사도 요한은 이 천사가 외치는 것을 보았다. **이르되 … 화, 화, 화가 있으리니** – 5세기 말엽에 땅에 사는 사람들에게 임할 재난들이 다가온다는 것을 알려주는 많은 전조가 있었다. **땅에 사는 자들에게** – 예외 없이 모든 사람에게. 그들 모두에게 혹독한 시험들이 다가왔다. 천사가 이것을 선포하고 있는 동안에조차 이러한 세 가지 화는 이미 작동하기 시작했다. 이러한 재난들은 특별히 유대인들에게 더 많이 내려졌다. 페르시아에서 첫 번째 화의 전조로서, 454년에 이스데가드 2세가 안식일 폐지를 결정했으며 이것은 랍비 마르에 의해 그가 자신의 목적을 바꿀 때까지 계속되었다. 474년에 피루즈는 이와 유사하게 유대인들을 많이 괴롭혔으며 많은 유대인으로 하여금 배교하도록 강요했다. 두 번째 화의 전조는 510년에 아랍과 팔레스틴을 함락시켰던 사라센의 발흥이었다. 세 번째 화를 준비하기 위해 이노센트 1세와 그의 후계자들은 모든 경계선을 넘어서 자신들의 주교 관할권뿐만 아니라 아직은 절대 왕정의 도상에 있는 제국을 잠식하려는 모든 노력을 다함으로 그들의 세속 권력도 확대하려고 노력했다.

요한계시록 9장

9:1 다섯째 천사가 나팔을 불매 내가 보니 ... 별 하나가 있는데 – 계시록 8장 11절에 언급된 것과는 아주 다른, 이 별은 보이지 않는 세계에 속한다. 세 번째 화는 하늘에서 쫓겨난 용에 의해 발생했다. 두 번째 화는 유프라테스 강에 결박된 네 천사들이 풀려남으로 발생한다. 여기 첫 번째 화는 심연의 천사가 가져왔다. 이 심연은 이 별 혹은 거룩한 천사에 의해 열렸다. **땅에 떨어진** – 재빠르게 그리고 큰 세력을 가지고 오는, **그가 … 받았더라** – 그가 왔을 때, **무저갱의 열쇠** – 깊고 무시무시한 감옥 그러나 “불의 호수”와는 다르다.

9:2 그 구멍에서 … 연기가 올라오매 – 이후에 우리가 보게 될 그 구멍에서 나오는 황충들은 페르시아인들을 의미하는 것으로 보인다. 이 연기는 그들의 혐오스러운 우상숭배의 교리이고 이것을 향한 잘못된 열정인데 지금 드물게 보는 발작으로 분출되었다는 것에 동의할 만한 것으로 여겨진다. **큰 화덕의 연기 같은** – 그것의 구름이 점점 더 두꺼워지고 널리 퍼지며 서로를 눌러서 어둠이 끊임없이 증가하는 곳, **해**

와 공기가 … 어두워지며 – 무거운 고난을 암시하는 비유적 표현. 이 연기는 페르시아에 있는 유대인들에게 그와 같은 어두움을 더욱더 많이 일으켰다.
9:3 연기 가운데로부터 – 끝없이 깊은 구덩이에서가 아니라 거기에서 분출된 연기로부터, **황충이 … 나오매** – 황충은 수가 많으며 적대적이고 해로운 사람들의 상징으로 알려져 있다. 페르시아인들이 그와 같았는데 유대인들이 6세기에 그들로부터 말로 표현할 수 없을 정도의 고난을 받았다. 540년에는 유대인 아카데미들이 폐쇄되었고 거의 50년 동안 한 사람의 총장도 허용되지 않았다. 589년에 이 고난이 끝났다. 그러나 이 고난은 540년 훨씬 이전에 시작되었다. 이 고난의 서곡은 455년 혹은 474년이었다. 그 주요 폭풍은 카데바스 통치하에서 불기 시작했는데 483년부터 532년까지 지속했다. 6세기 초에는 아카데미의 총장 마르 랍 이삭이 처형되었다. 이후 유대인의 폭동이 뒤따랐는데 이 폭동은 그들이 페르시아인들에 의해 정복당하기 전에 7년 동안 지속하였다. 그들 중에 일부는 사형을 당했는데 그렇게 많은 수는 아니었다. 나머지는 투옥되었다. 그리고 이때부터 페르시아인들이 유대인들을 뿌리 뽑을 때까지 유대민족은 페르시아인들에 의해서 미움과 박해를 받았다. **땅에 있는 전갈** – 가장 유해한 종류. 공중에 있는 전갈은 날개를 가지고 있다.
9:4 그들에게 이르시되 – 하나님의 비밀스러운 권능에 의해서, **땅의 풀이나 푸른 것이나 각종 수목은 해하지 말고** – 낮은 것도, 중간 것도, 높은 것도 해하지 말고, **인침을 받지 아니한 사람들만** – 원칙적으로 믿지 않는 이스라엘 사람들. 그러나 기독교인이라고 불리는 많은 사람이 그들과 함께 고난당했다.
9:5 그들을 죽이지는 못하게 하시고 – 그들 중에 극소수만 살해당했다. 그들은 투옥되어 다양한 방법으로 고문받았던 것이 일반적이었다.
9:6 사람들이 – 즉, 그렇게 고문받았던 사람들.
9:7 황충들의 … 말들 같고 – 기수들과 함께한 말들. 페르시아인들은 기마술이 뛰어났다. **모양은** – 이 묘사는 철저하게 문명화된 사람들에게도 완전히 야만적인 사람들에게도 적합하지 않다. 그와 같은 사람들이 그 시대의 페르시아인들이었다. **금 같은 관 비슷한 것을 썼으며** – 터번. **그 얼굴은 사람의 얼굴 같고** – 친절하고 상냥한.
9:8 또 여자의 머리털 같은 머리털이 있고 – 옛 페르시아인들은 긴 머리카락을 자랑했다. **그 이빨은 사자의 이빨 같으며** – 모든 것을 찢고 산산조각 내는.
9:9 그 날개들의 소리는 병거와 많은 말들이 전쟁터로 달려 들어가는 소리 같으며 – 많은 말들이 끄는 전투 마차를 가지고 그들은 말 그대로 이리저리 날아다녔다.
9:10 또 전갈과 같은 꼬리와 – 즉 전갈의 꼬리 같은 것이 아니라 각 꼬리가 전갈과 같은 것이다. **다섯 달 동안 사람들을 해하는** – 일반적 햇수로는 79년에 해당하는 예언적인 다섯 달. 이 재앙들은 그렇게 오래 지속되었다.

9:11 그들에게 왕이 있으니 – 한 왕에 의해서 그들은 특별하게 지시받고 통치 받는다. **그 이름이 아바돈이요** – 이 이름과 아볼루온 둘 다 파괴자를 의미한다. 이것으로 그는 적절한 이름이 사단인 그 용과는 구별된다.

9:12 첫째 화는 지나갔으나 보라 아직도 이 후에 화 둘이 이르리로다 – 첫 번째 화가 페르시아의 권력 하에 있었는데 이제 사라센에 의해 파괴되었다. 이때부터 첫 번째 멈춤이 뒤따르는 두 재앙들을 위해 넓은 길을 만들었다. 첫 번째 화가 끝난 589년에 모하메드는 20살이었고 그리스도인들 서로 간의 논쟁들이 엄청나게 컸다. 황제 사후 동방에서 무서운 불안을 일으킨 코스로에스 2세(Chosroes II)가 591년에 페르시아를 통치했다. 그래서 마호메트는 그의 새 종교와 제국을 위한 열린 문을 발견했다. 그리고 606년에 강탈자 포카스(Phocas)는 로마의 주교 보니페이스 3세를 보편 주교로 선언했을 뿐만 아니라 로마 교회가 모든 교회의 머리임을 선언했다. 이것은 교황권을 최대한 높이는 확실한 걸음이었다. 따라서 첫 번째 화가 지나간 후에 두 번째와 세 번째 화가 즉시 뒤따랐다. 실제로 첫 번째 화가 효과적으로 시작되기 전에 이 두 개의 화는 첫 번째 화와 함께 진행 중이었다.

9:13 여섯째 천사가 나팔을 불매 – 이 천사에게서 두 번째 재앙이 공표된다. **내가 들으니 하나님 앞 금 제단 네 뿔에서 한 음성이 나서** – 이 황금 제단은 레위에 의해 쓰인 향 제단의 하늘 모형이다. 이 음성은 20절과 21절에 언급된 하나님의 분노의 실행이 더 이상 중보기도 없이 연기되어야 함을 의미한다.

9:14 네 천사를 놓아 주라 – 그들을 모든 방향으로, 사방으로 가도록. 이들은 사악한 천사들이었다. 그렇지 않았다면 그들은 묶이지 않았을 것이다. 그들이 왜 그리고 얼마나 오래 동안 묶였는지 우리는 알지 못한다.

9:15 네 천사가 놓였으니 … 준비된 자들이더라 – 그들의 힘과 분노뿐만 아니라 그들을 잃어버림으로써. **그 년 월 일 시에 이르러** – 이 모든 것은 마호메트가 죽은 후 오랫동안 사라센인들에 의해 벌어졌던 학살과 일치한다. 그리고 풀려난 천사의 수가 그들의 초기의 그리고 가장 유명한 칼리프들의 수와 일치한다. 이들은 알리(알리 으븐 아비 탈리브, Ali), 아부베커(아부 바르크, Abubeker), 오마르(우마르 이븐 알-카다브, Omar), 그리고 오스만(우스만 이븐 아판, Osman)이었다. 모하메드는 그의 사촌이면서 동시에 사위인 알리를 자신의 후계자로 지명했다. 그러나 이들이 차례대로 죽은 후에 그를 위한 자리가 생겼다. 자리를 이을 때까지 그는 나머지 사람들에 의해 쫓겨났다. 그들은 서로의 뒤를 이었고 각각의 칼리프는 수많은 사람들을 죽였다. 여기에 예언자적 연월일시가 있다.

	일반적인 년 (common years)	일반적인 일 (common days)	

시		8	다해서 212년 안에
일		196	
월	15	318	
연	196	117	

이제 두 번째 화가 세 번째 화의 시작과 마찬가지로 메뚜기가 멈추고 바다로부터 짐승의 출현 사이에 자리 잡는다. 주로 기병이었던 사라센에 의해 행해진 학살이 최고조에 이르렀을 때에서였다. 그들의 첫 번째 칼리프 아부베커로부터 시작해서 레오 4세의 로마 제국에게 그들이 격퇴되었을 때까지였다. 따라서 이 212년은 634년부터 847년까지로 계산된다. 시로 시작해서 년으로 끝나는 시간 계산의 점진적 이행은 그들의 작은 시작과 광대한 증가와 일치한다. 마호메트가 죽기 전후에 그들은 그들의 내부적인 일들을 해결하기 충분했다. 이후에 아부베커는 멀리 나아갔고 634년에는 시리아에 있는 페르시아인들과 로마인들보다 더 큰 이득을 얻었다. 오마르 치하에서 메소포타미아, 팔레스타인, 그리고 이집트가 정복되었다. 오스만 치하에서 아프리카 정복, (647년 로마 정부의 전체적인 압제와 함께) 사이프러스 정복, 그리고 651년 전 페르시아의 정복이 이루어졌다. 알리가 사망한 후에, 평화로운 왕자인 그의 아들 알리 하산이 무아비아에 의해 축출되었다. 그와 그의 후계자들의 치하에서 사라센의 세력이 증가했다. 마호메트 사후 40년 내로 그들은 호전적인 로마가 400년 동안 했던 것보다 더 많은 정복을 했다. **사람 삼분의 일을 죽이기로** – 즉, 엄청나게 많은 숫자의 사람들.

9:16 마병대의 수는 이만 만이니 – 그렇게 많은 수가 한 번에 전쟁터로 몰려왔다는 것이 아니라 "시와 날, 그리고 월과 연"의 진행 과정에서 그렇게 했다. 그러므로 한 번에 사람들의 삼분의 일이 살해되었던 것이 아니라 그 세월 동안에 그렇게 되었다는 것이다.

9:17 이같은 환상 가운데 그 말들과 그 위에 탄 자들을 보니 – 우리가 이 묘사를 단지 문자적으로 취해서는 안 된다는 것을 암시하기 위해서 사도 요한이 이 환상에다 이러한 말들을 덧붙인 것으로 보인다. **불빛 … 호심경** – 불타는 것과 같은 붉은 색, **자줏빛** – 회갈색의 파란색, **유황빛** – 희미한 노란색. 불, 연기, 유황과 같은 색이 그들의 말들의 입에서 나온다. **말들의 머리는 사자 머리 같고** – 즉, 사납고 무서운, **그 입에서는 불과 연기와 유황이 나오더라** – 이 비유적 표현은 이 기수들의 소모적이고, 맹목적이며, 모든 것을 찌르는 분노, 사나움, 그리고 무력을 암시한다.

9:18 이 세 재앙 – 불가분리적으로 연결된 세 재앙, **사람 삼분의 일이** – 그들이 침략했던 나라들에서, **죽임을 당하니라** – 오마르 혼자서 칠년 반 동안 삼만 육천 개의 도시들과 요새들을 점령했다. 그 가운데 얼마나 많은 사람이 살해되었겠는가!

9:19 이 말들의 힘은 입과 꼬리에 있으니 – 그들의 기수들은 전진할 때뿐만 아니라

후퇴할 때도 싸운다. 그래서 그들의 후방은 그들의 전방만큼 끔찍하다. **꼬리는 뱀 같고 또 꼬리에 머리가 있어** – 단지 뱀의 꼬리 같은 것만은 아니다. 이것들은 뱀의 일종인 암피스바이나(역자주, amphisbaena는 그리스어로 양방향을 향해 나아가는 자라는 뜻이며 양 끝에 머리를 가진 쌍두의 뱀을 가리킨다.)와 적절하게 비교될 것이다. 이 뱀은 마치 머리를 두 개 가진 것처럼 독을 뿜어내는 머리와 같은 짧은 꼬리를 가진다.

9:20 이 재앙에 – 여기서 두 번째 화의 묘사가 끝이 난다. **죽지 않고 남은 사람들은** – 사라센인들이 죽이지 않았던 사람들. 그들이 침공했던 나라들 대부분이 복음이 전파되었던 나라들이라는 것을 알 수 있을 것이다. **손으로 행한 일을** – 현재 상세히 기술된, **회개하지 아니하고** – 비록 그들이 기독교인들이라고 불렸을지라도. **여러 귀신 … 절하고** – 참이든, 거짓이든, 의심스럽든 위조된 것이든 세상을 떠난 성도들의 혼을 불러내는 것이 기독교 교회에 일찍 잠입했으나 점점 더 퍼져 나왔다. 그리고 성도들로 불러냄을 받은 얼마나 많은 존재들이 선, 즉 천사들이 아닌 악 가운데서 왔는지, 혹은 악마들은 그와 같은 맹목적인 예배 그리고 이러한 경우에 발생하는 놀라운 일들에 얼마나 섞여 있는지 누가 압니까? **우상에게** – 500년경에 사람들이 형상들을 숭배하기 시작했다. 정직한 사람들이 그것에 열정적으로 반대했음에도 불구하고 조금씩 형상들이 명백한 우상들로 성장했다. 많은 논쟁 후에 동방과 서방 모두에서 787년에 이미지(형상)에 대한 예배가 제 2차 니케아 공의회에 의해서 제정되었다. 그러나 얼마 후에 데오필루스 황제가 이미지(형상) 예배를 강력하게 반대했다. 그러나 그가 842년에 사망했을 때 그의 미망인 테오도라가 그것을 다시 제정했다. 이것은 콘스탄티노플 공의회가 863년에 제정했고 871년에 다시 제정했던 것과 같다.

9:21 또 그 살인과 복술과 … 회개하지 아니하더라 – 7, 8, 9세기의 역사를 읽는 사람은 누구나 기독교 세계의 모든 곳에서 이러한 모든 일에 대한 수많은 예를 발견하게 될 것이다. 그러나 하나님께서 그렇게 많은 이러한 추문들을 기독교의 이름으로 잘라버리셨지만, 나머지는 동일한 과정을 겪었다. 그러나 그들 중에 일부는 뒤따르는 역병들 아래서 회개했을지도 모른다.

요한계시록 10장

본 장 1절부터 11장 13절까지 일곱 번째 천사의 중요한 나팔을 위한 준비로 되어 있다. 이 부분은 서로가 평행을 이루는 두 부분으로 구성된다. 전반부는 본 장 1절부터 7절까지고 후반부는 본 장 8절부터 11장 13절까지다. 또한, 본 장의 6절은 11절과 평행하다. 이 두 부분 모두가 언급하는 기간은 11장 14절에 나타난 것처럼 두 번째 화의 기간에 시작한다. 그러나 일단 시작된 이것은 일곱 번째 천사의 나팔에 이르기까지 계속해서 확장한다. 그러므로 오랫동안 성취되지 않은 것들이 여기에 제시된다. 그래서 즐거운 "하나님의 신비의 완성"이 본 장의 7절에서 이야기된다. 그러나 이것은 "하나님의 분노의 완성" 후까지도 아직 이루어지지 않는다. (계 15:1) 그래서 "끝없는 깊은 구렁"으로부터 짐승의 올라옴이 11장 7절에서 언급된다. 그런데 이 짐승은 여전히 올라오고 있다(계 17:9). 그리고 그렇게 지진에 의해서 그 큰 도시의 십분의 일이 무너지고 남은 자들이 회개하는데(계 11:13) 이것은 지진으로 그 도시가 "세 조각으로 분리되는"(계 16:19) 것보다 실제로 더 나중에 된다. 이것이 가장 필요한 관찰인데 이 관찰로 우리는 많은 큰 잘못들을 피할 수 있게 된다.

10:1 내가 또 보니 힘 센 다른 천사가 – 5장 2절에 언급된 힘 센 천사와는 또 다른 천사. 그러나 자기를 두고 맹세하지 않았기 때문에(6절) 그는 피조된 천사였다. **구름을 입고** – 그의 높은 존엄성의 표시로, **그 머리 위에 무지개가 있고** – 하나님의 호의에 사랑스러운 표상. 그런데도 이것은 피조물에게 너무 영광스러운 것은 아니다. 여인이 여전히 더 영광스럽게 묘사된다. (12장 1절) **그 얼굴은 해 같고** – 이것 역시 피조물에게 너무 과한 것은 아니다. 왜냐하면, 모든 의인은 "해같이 빛날 것이기" 때문이다. (마 13:43) **그 발은 불기둥 같으며** – 불꽃처럼 밝은.

10:2 그 손에는 펴 놓인 – 그의 왼손. 그는 오른손으로 서약을 했다. 그의 오른발로는 바다 위에서 서쪽을 향해 있고 왼발로는 땅 위에서 동쪽을 향해 있었다. 그러므로 그는 남쪽을 바라본 것이다. 그리고 그렇게 사도 요한은 (밧모섬이 아시아 근처에 있는 것처럼) 그의 왼손에서 그 책을 편리하게 꺼낼 수 있었다. 이 봉인된 책은 처음에는 왕좌에 앉아계신 그분의 오른손에 있었는데 어린 양께서 그것을 가져와 인봉을 개봉했다. 다른 책의 잔여분을 포함하고 있는 이 작은 책이 사도 요한에게 열린 채 있는 그대로 주어졌다. 여기서부터 계시록은 이전보다 더 분명하게 그리고 덜 비유적으로 이야기한다. **그 오른 발은 바다를 밟고** – 바다로부터 첫 번째 짐승이 나오게 되어 있었다. **왼 발은 땅을 밟고** – 땅으로부터 두 번째 짐승이 나오기로 되어 있었다. 이러한 큰일들의 주요 무대들인 바다는 유럽을, 땅은 아시아를 상징할 것이다.

10:3 큰 소리로 외치니 – 6절에 기록된 말들을 외치는, **그가 외칠 때에** – 같은 순간에, **일곱 우레가 그 소리를 내어 말하더라** – 다른 말들로 각각 차례대로, 이 말들을 했던 이들은 영광스러운 하늘의 권능이었고 그들의 음성은 가장 큰 천둥소리 같았다.

10:4 하늘에서 소리가 나서 – 의심의 여지없이 처음에 그에게 쓰라고 명령했고 현재 그에게 그 책을 취하라고 명령하는 그분으로부터. 즉, 예수 그리스도로부터. **일곱 우레가 말한 것을 인봉하고 기록하지 말라 하더라** – 이것은 그가 비밀을 지키라고 명령 받았던 유일한 것들이다. 그래서 이 책에 기록된 모든 비밀 외에도 특별한 어떤 비밀이 사랑받는 요한에게 계시가 되었다. 동시에 이 우레들이 말한 것이 무엇인지를 묻는 것이 우리에게 금지되었다. 공개된 책과 그 천사의 맹세의 모든 내용을 알 수 있는 것으로 충분하다.

10:5 천사가 – 일곱 번째 천사의 나팔 소리로 발생할 일들에 대한 명시는 두 가지 도입에서 드러난다. 먼저는 그 천사가 하나님을 위해 말한다. (7절) 그 다음에는 그리스도는 그 자신을 위해 말한다. (11:3) 천사는 이전 시대들의 예언들에 호소하고 그리스도께서는 그 자신의 두 증인에게 말한다. **내가 본 바 바다와 땅을 밟고 서 있는 천사가 하늘을 향하여 오른손을 들고** – 아직 용이 하늘에 있었으므로, 그가 던져질 때 가장 무서운 재앙인 세 번째 재앙을 땅과 바다로 가져온다. 그래서 재앙들이 끝나지 않을 것처럼 보인다. 그러므로 천사는 그의 자세와 맹세에서 하늘, 바다, 그리고 땅 모두를 포함하고 영원한 하나님 그리고 전능하신 창조주의 편에서 그분의 모든 적에 대항하여 그분의 왕적 권위를 주장하는 엄숙한 확언을 한다. **천사가 하늘을 향하여 오른손을 들고** – 다니엘서 12장 7절에 나오는 천사는(아마도 같은 천사일 수도 있다) 자신의 양손을 다 들었었다.

10:6 세세토록 살아 계신 이 – 그분 앞에서는 천년이 하루에 불과하다. **곧 하늘과 그 가운데에 있는 물건이며 땅과 그 가운데에 있는 물건이며 바다와 그 가운데에 있는 물건을 창조하신 이를** – 그리고 결과적으로 만물에 대한 주권적 권세를 가지고 계신다. 그러므로 그분의 모든 적이 하늘에서, 바다에서, 땅에서 잠시 동안 분노할지라도, 그들은 그분께 자리는 내주어야만 한다. **맹세하여** – 앞선 여섯 나팔소리는 그런 엄숙함 없이 지나간다. 그렇게 높은 한 맹세로 확증된 것은 일곱 번째 천사의 나팔소리뿐이다. **이르되 지체하지 아니하리니** – "그러나 일곱 번째 천사의 소리가 나는 날에는 하나님의 신비가 완성될 것이다." 즉, 시간, 크로노스(chronos)는 그 신비가 완성되기 전까지 끝나지 않을 것이다. 한 크로노스(1111년)는 그때 이전에 거의 지나갈 것이지만 완전히 끝나는 것은 아니다. 그래서 우리가 비연대(non-chronos, 전체 시간이 아닌)라고 부르는 기간은 이것(크로노스의 시간)보다 조금 짧아야 한다. 여기서 언급된 비연대(non-chronos)는 (찰스 대제가 서방 세계에 황제들의 혹은 많은 왕들의 새로운 계통을 제정했던 시기인) 800년에 시작해서 1863년에 끝난 것으로 보인다. 그리고 다른 것 중에서 세 번째 재앙의 "짧은 시간", 광야여인의 "세 때 반", 그리고 짐승의 "기간"을 포함하는 것으로 보인다.

10:7 일곱째 천사가 소리 내는 날 – 이 날들이 시작뿐만이 아니라 시작부터 끝까지 소리를 내는 천사. **하나님이 그의 종 선지자들에게 전하신** – 그 예언에 정확하게 응답하는 성취. 옛 예언들은 그리스도 탄생에서부터 예루살렘 파괴까지의 그 중요한 시기에 부분적으로 관련이 있다. 그 예언들이 완전히 성취될 일곱째 천사의 시기와 부분적으로 관련이 있다. 11장 15절부터 22장 5절에서 발생하는 모든 일이 일곱 번째 나팔소리에 속한다. 그리고 동일한 상황에서 발생하는 세 번째 재앙이 적절하게 서 있다. (12장 12절, 13장 1절부터 18절) **하나님의 그 비밀이 이루어지리라** – 계시록 17장 17절에 **하나님의 말씀이 응하기까지 하시느니라**라고 기록되었다. 하나님의 그 말씀은 그 짐승의 파괴로 성취되고 하나님의 신비는 그 용의 제거로 성취된다. 그

러나 이 큰 사건들은 너무도 가깝기에 여기서 이것들은 하나로 언급된다. 일곱 번째 나팔소리가 울리자마자 그것들의 시작이 하늘에서 있고 그 끝은 땅과 바다에서 있다. 세 번째 재앙이 땅과 바다에 남아 있는 동안에는 하나님의 신비가 성취되지 않는다. 그리고 천사가 맹세하는 일은 특별히 그 재앙 가운데 고난받는 거룩한 사람들의 위로를 위한 것이다. 사실 하나님의 분노가 향로를 쏟아 부음으로써 먼저 성취됨이 틀림없다. 그리고서 하나님의 신비의 즐거운 완성이 온다.

10:8 그리고 (역자주, KJV이 이 구절의 시작을 and로 시작하는데 개역 개정에는 명시적으로 번역하지 않았다) **–** 이 구절부터 11장 17절까지 이어지는 것은 일곱 번째 천사의 나팔소리에서 뒤따라 온 것처럼 천사의 맹세와 하나님의 신비를 성취하는 것과 평행을 이룬다. 사도 요한의 "다시 예언하는 일"에 대해 11절에서 이야기하는 것이 바로 후에 펼쳐진다. 하나님 신비의 성취에 대해 7절에서 말하는 것이 11장 15절부터 19절과 다음 장에서 전개된다.

10:9 먹어 버리라 – 이와 같은 명령이 에스겔에게도 주어졌다. 이것은 철저히 생각하고 소화하는 것에 대한 상징이다. **네 배에는 쓰나 네 입에는 꿀 같이 달리라 하거늘** – 달콤함은 뒤따르는 많은 좋은 일들을 상징하며(계 11:1, 15 이하) 쓴 것은 세 번째 재앙으로 인한 나쁜 일들을 상징한다.

10:11 그가 내게 말하기를 – 하나님의 신비에 대해서, 옛 예언자들이 이전에 예언했던 것에 대해서. 그리고 예언은 말로든 혹은 행동으로든 전달될 수 있으므로 그는 성전을 측량함으로 예언을 했다. (계 11:1) **네가 많은 백성과 나라와 방언과 임금에게** – 백성들, 나라들, 그리고 방언들은 당시의 일이지만 많이 존재하는 왕들은 대를 이어 계승한다. 이러한 왕들은 그들 자신 때문에 언급된 것이 아니라 "거룩한 도성"(계 11:2)에 대한 견해와 함께 언급된다. 8세기부터 시작된 스페인, 영국, 이탈리아 등의 위대한 왕국들, 혹은 특별히 영국과 프랑스와 같이 적어도 위대한 변화를 겪었던 나라들에 대한 언급이 있다. 동방의 기독교 제국 후에는 터키 제국에 대한 언급이 있고 특별히 연속해서 예루살렘을 통치했고 현재 적어도 명목상으로 그곳을 통치하는 여러 유력자에 대한 언급이 있다.

요한계시록 11장

본 장에서는 하나님의 신비가 성취될 때까지 그것이 "거룩한 도시"와 어떻게 조화될 것인가를 보여준다. 12장에서는 남자아이를 출산한 그 여인에게 무슨 일이 일어날 것인지를 13장에서는 두 짐승이 권세 잡은 동안 그리스도의 왕국이 어떻게 될 것인지를 보여준다.

11:1 또 내게 지팡이 같은 갈대를 주며 – 3절에서 드러난 것처럼 그리스도에 의해, **말하기를 일어나서** – 그는 아마도 글을 쓰느라고 앉아 있었을 것이다. **하나님의 성전**

… 측량하되 – 환상 속에서 그가 머물렀던 곳인 예루살렘에서. 이것에 대해 다음과 같은 것들을 관찰할 수 있는 에스겔에 많은 묘사가 있다. (겔 40장–48장) 1. 에스겔의 예언은 바벨론 포로 귀환에서 성취되지 않았다. 2. 그러나 이것이 "새 예루살렘"을 언급하는 것은 아니다. 새 예루살렘은 훨씬 더 영광스럽게 묘사된다. 3. 그들이 행한 일로 부끄러워할 때 이것은 반드시 성취되어야만 한다. (겔 43:11) 4. 에스겔은 여기서 말하고 있는 성전과 동일한 성전을 이야기하고 있다. 5. 모든 것이 그렇게 자세히 묘사되었기에 사도 요한은 짧게 말하고 에스겔이 묘사한 성전을 언급한다.

11:2 성전 바깥 마당은 – 옛 성전에는 이스라엘의 하나님을 예배하는 이방인들을 위한 야외 뜰이 있었다. **측량하지 말고** – 그렇게 높은 정도로 거룩하지 않기에, **그냥 두라** – 너희의 것에서 제하라. **그들이 … 짓밟으리라** – 거룩한 성, 예루살렘(마 4:5)에서 거주하라. 그러므로 사도 요한이 기록하기 전부터 그들이 그렇게 하기 시작했다. 이후로 예루살렘은 로마, 페르시아, 사라센 그리고 터키에 의해 거의 계속해서 짓밟혀 왔다. 그러나 여기서 특별하게 말하고 있는 가혹한 종류의 짓밟힘은 일곱 번째 천사의 나팔 소리 아래서 그리고 환난의 시대가 끝날 때까지는 이루어지지 않을 것이다. 이것은 42개월 혹은 1260일간 지속될 것이다. 그러나 이것은 비연대(non-chronos)의 작은 부분일 뿐이다.

11:3 내가 – 그리스도, **나의 두 증인에게 … 주리니** – 이들은 두 명의 선지자들, 두 명의 선택받은 저명한 도구들인 것 같다. 어떤 사람들은 (근거가 없음에도 불구하고) 이들이 몇 가지 면에서 닮은 모세와 엘리야라고 추측한다. **그들이 굵은 베옷을 입고** – 사람들을 위한 슬픔과 관심으로부터 나오는 가장 깊은 애도의 관습. **천이백육십일을 예언하리라** – 보통의 날들, 즉 백 팔십 주간. (그 거룩한 도시에 대한 최후의 맹렬한 침략이 지속되는 동안에도) 그들은 예수가 하나님의 아들이며 만물의 상속자라는 것을 증언하고 모든 사람에게 회개하고 하나님을 두려워하고 영화롭게 하라고 권면하면서 그렇게 오랫동안 말과 행동으로 예언할 것이다.

11:4 그들은 이 땅의 주 앞에 서 있는 – 사람의 도움 없이 항상 하나님을 기다리고 있으며 땅과 그 안에 있는 만물에 대한 그의 권리를 주장하는, **두 감람나무와** – 즉, 스가랴에 의해 언급된(슥 3:9, 4:10) 스룹바벨과 여호수아로서 두 올리브 나무는 하나님의 손에 있는 선택된 두 도구였으며 그들의 계절에 있게 될 것이었다. 거룩한 분에게 충만히 기름 부음 받은 그들은 또한 다른 사람들에게도 똑같은 것을 끊임없이 전할 것이다. **두 촛대니** – 불타며 빛나는 빛들.

11:5 누구든지 그들을 해하고자 하면 – 이스라엘 백성들이 모세와 아론에게 행했던 것처럼(민 16:41). **반드시 그와 같이 죽임을 당하리라** – 그 맹렬한 불길에 의해서

11:6 그들이 권능을 가지고 – 그리고 그들은 그 힘을 사용한다. 10절을 참조하라. **하늘을 닫아 그 예언을 하는 날 동안 비가 오지 못하게 하고** – 이 1260일 동안에, **또 권능을 가지고** – 예루살렘과 그 근처에. **물을 피로 변하게 하고** – 모세가 애굽에서

그렇게 했던 것처럼. **아무 때든지 원하는 대로 여러 가지 재앙으로 땅을 치리로다** – 이것은 모세나 엘리야 혹은 다른 어떤 사람에 대해서도 말하는 것이 아니다. 이들을 별개의 두 사람들로 이해하는 것 외에 다르게 이해하는 것이 어떻게 가능하겠는가?
11:7 그들이 그 증언을 마칠 때에 – 그때까지 그들은 무적이다. **올라오는** – 먼저 바다로부터(13장 1절) 그리고 다음에는 무저갱으로부터(17장 8절), **짐승이** – 이후에 묘사될, **그들과 더불어 전쟁을 일으켜** – 짐승이 두 증인들과 전쟁을 하는 것은 바다로부터가 아닌 무저갱에서부터의 마지막 올라옴의 시점이다. 그리고 심지어 여기서도 거룩한 도시를 짓밟는 시간과 두 증인의 시간이 고정되어 있다. 그 시간은 심연으로부터 짐승이 올라온 후 그리고 신비가 성취되기 전에 끝이 난다. **그들을 이기고** – 그들이 자신들의 일을 마치면 불이 더 이상 그들의 입에서 나오지 않는다. **그들을 죽일 터인즉** – 이들이 비록 최후의 순교자는 아닐지라도 마지막 순교자들 가운데 있을 것이다.
11:8 그들의 시체가 – 아마도 십자가에 매달려서, **큰 성 길에 있으리니** – 이 지역들 중에 다른 어떤 도시보다도 더 큰 도시인 예루살렘의. 이것은 영적으로 그리고 역사적으로 묘사된다. 영적으로 애굽과 소돔에서 한 번 그랬던 것처럼 거기서 넘쳐나는 동일한 가증한 행위들 때문에 그곳은 소돔(이사야 1장)과 애굽으로 불린다. 역사적으로는 **그들의 주께서 십자가에 못 박히신 곳이라** – 이것은 그의 십자가가 서 있었던 바로 그 장소를 언급하는 것일 것이다. 콘스탄틴 대제가 도시의 성벽으로 이곳을 둘러쌌다. 아마도 그들의 몸이 바로 그 자리에서 노출될 것이다.
11:9 사흘 반 동안을 – 이 예언에서 정해진 시간이 그렇게 정확하다. 만일 우리가 이 시간이 저녁에 시작됐다면 아침에 끝날 것이고 터키인들, 유대인들 그리고 기독교인들의 주간 축제인 금, 토, 일요일을 포함한다고 (불가능한 방법은 아니다) 가정한다면 이방인들과 함께 이들 모두가 그들의 시체를 바라보며 즐기면서 충분한 여가를 가질 것이다.
11:10 이 두 선지자가 땅에 사는 자들을 괴롭게 한 고로 – 아마도 이 표현은 세속적인 사람들을 특별하게 지칭하는 것일 것이다. **즐거워하고 기뻐하여** – 팔레스타인 사람들이 삼손에게 했던 것처럼, **서로 예물을 보내리라 하더라** – 터키인, 유대인, 이방인, 거짓 그리스도인 모두.
11:11 구경하는 자들이 크게 두려워하더라 – 그리고 그들은 이제 하나님께서 저들의 편이라는 것을 알게 되었다.
11:12 하늘로부터 큰 음성이 있어 – 모두가 들을 수 있도록 계획된. **하늘로 올라가니 그들의 원수들도 구경하더라** – 그들이 다시 살아난 것을 주목하지 않았던 사람들. 몇몇 사람은 전에 그들이 부활한 것을 알고 있었다.
11:13 그 때에 큰 지진이 나서 성 십분의 일이 무너지고 – 우리는 이 도시가 바벨론이나 로마가 아니라 예루살렘이라는 것에 대한 반론할 수 없는 증거를 여기에서 가

진다. 왜냐하면 바벨론은 하나님의 신비가 성취되기 전에 완전히 불에 탈 것인데 이 도시는 전혀 불에 타지 않았기 때문이다. 반대로 이 신비가 성취될 때, 이 도시의 십 분의 일이 지진에 의해서 파괴되고 나머지 십 분의 구가 회개한다. **지진에 죽은 사람이 칠천이라** – 거주자의 십 분의 일이기에 전체는 칠만 명이었다. **그 남은 자들이** – 나머지 육만 삼천 명이 회개했다. 이것은 하나님의 신비를 성취하기 위한 위대한 걸음이었다. 다른 어떤 곳에서도 우리는 그와 같은 회심을 읽지 못한다. 그래서 예루살렘에 전보다 더 클 뿐만 아니라 거룩한 교회가 존재하게 될 것이다. **두려워하여** – 축복받은 공포! **영광을 … 돌리더라** – 참된 회심의 특징(렘 13:16). **하늘의 하나님께** – 두 증인을 통해 땅에 대한 그의 권리를 선포할 때 그는 4절에서 땅의 주라고 불린다. 그리고 가장 고통스러운 가뭄 후에 하늘로부터 비를 주시고 그의 증인들을 하늘로 데려 올림으로 그의 위엄을 선언할 때 그분은 하늘의 하나님으로 불린다. 온 무리가 하늘의 하나님께 영광을 돌릴 때, 거룩한 도시를 짓밟는 것이 멈춰진다. 이것은 하나님의 약속들이 그렇게 엄청난 고난을 겪은 사람들에게 그토록 풍성하게 성취될 때 그토록 오랫동안 목표로 삼았던 요점인 소망하는 하나님의 신비를 성취하는 것이다. 여기서 이 모든 것이 함께 연관된다. 첫 번째와 두 번째 재앙은 동쪽으로 나아갔고 나머지 동부의 문제들이 즉시 추가됐지만, 서부에 대한 묘사는 이후에도 온전히 남아 있게 된다. 여기서 말하는 것들과 앞으로 설명되는 것들이 그들의 순서 가운데 어떻게 서로 이어지는가를 살펴보는 것이 유용할 것이다. 1. 천사가 맹세하고 비연대(non–chronos)가 시작하며 요한이 이 책을 먹고 많은 왕들이 일어난다. 2. 비연대와 많은 왕들이 쇠퇴하고 그 짓밟음이 시작되고 두 증인이 출현한다. 3. 열 명의 왕들과 함께 한 후에 짐승이 바벨론을 멸망시키고 그들과 전쟁을 해서 죽인다. 사흘 반이 지난 후에 그들이 부활하고 하늘로 올라간다. 거룩한 도성에 큰 지진이 발생한다. 칠천 명이 사망하고 나머지는 회개한다. 이방인들이 그 도시를 짓밟는 것이 끝이 난다. 4. 짐승과 땅의 왕들과 그들의 군대가 위대한 왕과 싸우기 위해 모인다. 5. 수많은 그의 원수들이 죽임을 당하고 짐승과 거짓 선지자는 살아서 불의 호수로 던져진다. 6. 요한이 예배자들과 함께 하나님의 성전과 제단을 측량하는 동안 하나님에 대한 참된 예배가 세워진다. 거룩한 도성을 짓밟았던 민족들이 회심한다. 이로써 하나님의 신비가 성취된다. 7. 사단이 감옥에 갇힌다. 잠시 석방된 그는 곡과 마곡과 함께 예루살렘에 대한 마지막 공격을 한다.

11:14 둘째 화는 지나갔으나 – 사라센인들에 의해 행해진 도살은 그들의 힘이 찰스 대제에 의해 깨지고 다시는 회복되지 못했던 약 847년경에 멈췄다. **보라 셋째 화가 속히 이르는도다** – 로마인들이 자신들이 사랑하는 보편성에 대해 주장하고 그것의 힘과 웅장함을 확대하는 모든 기회들을 가졌다고 생각하는 동안에 세 번째 재앙의 서곡이 왔다. 그리고 755년에 페핀(Pepin)왕이 로마의 주교에게 롬바르디(Rombardy)의 관할권을 줌으로 그는 세속 군주가 되었다. 세 번째 재앙의 시작은 그 자체로 서

있다. (계 13:12)

11:15 일곱째 천사가 나팔을 불매 – 이 나팔 소리는 가장 중요하고 즐거운 사건들을 포함하고 이전의 모든 나팔 소리들을 하늘의 모든 거주자들에게 기쁨의 문제로 만들어준다. 그러므로 이 나팔 소리와 모든 나팔 소리 가운데 있는 암시는 축제의 엄숙함 가운데 사용된 것들에게 해당된다. 이 모든 일곱 나팔 소리가 하늘에서 들렸기에 아마도 일곱 번째 나팔 소리도 땅에서 언젠가는 들릴 것이다.(살전 4:16) **큰 음성들이 나서** – 하늘의 여러 시민들로부터. 일곱 번째 인봉이 열릴 때 하늘에 침묵이 있었던 반면에 일곱 번째 나팔소리가 울릴 때 큰 음성들이 들렸다. 이것만으로도 일곱 인봉들과 일곱 나팔 소리들이 서로 평형을 이루지 않는다는 것을 보여주기에 충분하다. 일곱 번째 천사가 나팔소리를 내자마자 그 왕국이 하나님과 그리고 그의 그리스도에게 넘어간다. 이것이 즉시 하늘에서 나타나고 즐거운 찬양으로 축하를 받는다. 그러나 땅에서는 몇 가지 두려운 일들이 먼저 나타나게 될 것이다. 이 나팔은 이 소리에서부터 13장 5절까지 이어지는 모든 일들로 구성된다. **세상 나라가** – 즉 전 세계를 지배하는 정부와 그것의 모든 왕국들(슥 19:9). **우리 주 ... 나라가 되어** – 이 땅은 원수의 손에 있었지만, 지금은 이 땅의 정당한 주인에게로 돌아온다. 구약에서 모세에서 사무엘에 이르기까지 하나님께서 그 자신의 백성들의 왕이셨다. 그리고 똑같은 일이 신약에서 이루어 질 것이다. 그분 자신이 하나님의 이스라엘을 다스리실 것이다. **그의 그리스도의** – 이 책이 소개된 이후에 일곱 번째 나팔소리 아래서 그에게 양도된 왕국에 대한 언급에서 이 호칭이 처음으로 그에게 주어졌다. 예언자들과 제사장들도 기름 부음 받았지만 특별히 왕들이 기름 부음 받았다. 그런데 기름 부음받은 이라는 용어의 기원은 오직 왕에게만 적용된다. 따라서, 성경에서 메시아가 언급될 때에는 항상 그의 왕국이 내포되어 있다. **하시리로다** – 사실 모든 시대에 모든 것들이 (그리고 그렇게 세상의 왕국이) 하나님의 것이다. 그러나 사단과 (왕들과 군주들과 함께하는) 현재 세계가 주님과 그의 기름 부음받은 분에 대적해서 일어난다. 이제 하나님께서 이 거대한 반역을 끝장내시고 만물에 대한 당신의 권위를 지키신다. 그리고 일곱 번째 천사가 소리를 내자마자 이 일은 완전히 새로운 방식으로 드러난다.

11:16 하나님 앞에서 자기 보좌에 앉아 있던 – 천사에 대한 기록은 없다. **이십사 장로가** – 이들이 땅을 지배할 것이다. (계 5:1)

11:17 옛적에도 계셨고 지금도 계신 – 하나님은 **이제도 계시고 전에도 계셨고 장차 오실 이**라고 자주 불리신다. 그러나 이제 그분이 실제로 오셨으며 있는 그대로 장차 오실 이라는 말은 그대로 삼켜졌다. **감사하오니 … 친히 큰 권능을 잡으시고**라고 말할 때 이것은 당신이 오신 것을 감사합니다와 같은 말이다. 이 온전한 감사는 15절에서 언급된 두 가지 중요한 사실에 대한 부분적 확대이다. 이후는 더 분명하게 관련되는 것에 대한 부분적 요약이다. 여기서 언급된 것은 그 왕국이 어떻게 주님

의 것인지와 이후에는 그 분의 그리스도의 왕국이 어떠한지다. **전능하신 이여** – 만물에 대한 유일한 통치자로서 자신의 권세 안에 만물을 소유하신 분. **친히 큰 권능을 잡으시고** – 이것은 일곱 번째 천사의 나팔 소리 아래서 행해지는 일들의 시작이다. 하나님은 그분의 권능을 사용하는 것을 중단하신 적이 없으시다. 그러나 그는 대적하기 위해서 그의 적들로부터 고난을 받으셨지만 이제 그는 더는 고난 받지 않으신다.

11:18 이방들이 분노하매 – 하나님의 권능과 왕국을 빠져나올 때. 이제 이방인들의 이러한 분노가 가장 크게 일어나지만, 하나님의 분노를 만나 녹아버린다. 몇 시대를 함께 차지하는 하나님의 진노의 과정과 끝이 이 구절에서 묘사되고 있다. **주의 진노가 내려 죽은 자를** – 산 자와 죽은 자 모두. 그들 중 이미 죽은 자들이 수적으로 훨씬 더 많다. **심판하시며** – 이것은 절대적으로 확실한 것이기에 그들은 이미 현재로 이야기한다. **작은 자든지 큰 자든지** – 젊은 사람과 늙은 사람, 높은 사람과 낮은 사람, 부자와 가난한 사람 모두 다. **상 주시며** – 그리스도께서 재림하실 때에(계 22:12) 그러나 이것은 빚이 아닌 1그의 종들인 예언자들에게, 2. 그의 성도들, 즉 탁월하게 거룩한 그들에게, 3. 가장 낮은 급에 속하는 사람들인 그의 이름을 두려워하는 자들에게 값없이 주시는 은혜다. 하나님을 두려워하기조차 않는 사람들은 하나님께 상을 받지 못할 것이다. **땅을 망하게 하는 자들을 멸망시키실** – 땅은 특별히 **큰 음녀**에 의해 멸망당한다. (계 19:2, 17:2, 5) 그러나 일반적으로는 선한 모든 것에 대항하는 사악한 사람들의 공개적인 분노와 증오로 멸망한다. 전쟁과 그것에서 자연적으로 흘러나오는 다양한 파괴와 황폐함에 의해서 멸망한다. 많은 선을 방해하고 많은 범법과 재난들을 일으키는 그와 같은 법들과 헌법들에 의해서 멸망한다. 모든 방종과 불의의 문을 여는 공개적 스캔들 때문에 멸망한다. 세속적 힘들과 영적 힘들의 남용으로 멸망한다. 사악한 교리들, 격언들, 그리고 권고들 때문에 멸망한다. 공개적 폭력과 박해로 인해서 멸망한다. 그리고 이 땅에 재앙들을 보내라고 하나님께 소리치는 죄들에 의해서 멸망한다. 일곱 번째 천사의 나팔소리 가운데 멸망자들을 멸망시키는 하나님의 이러한 위대한 사역은 세 번째 재앙이 아니라 장로들이 엄숙하게 감사하는 기쁨의 일이다. 모든 재앙 그리고 특별히 세 번째 재앙은 땅에 거하는 이들을 향해 있지만, 이 파괴는 땅을 파괴했으며 이 재앙의 도구들이었던 자들을 향해 있다.

11:19 하나님의 성전이 – 이것의 가장 안쪽 부분. **이에 하늘에 있는 … 열리니** – 여기에서 가장 중요한 일들의 새로운 국면이 열린다. 여기서 우리는 일곱 번째 나팔소리의 내용들이 어떻게 실행되는지를 알게 될 것이다. 그리고 가장 엄청난 반대에도 불구하고 (특별히 세 번째 재앙에 의해서) 영광스러운 결론에 도달하게 된다. **성전 안에 하나님의 언약궤가 보이며** – 모세에 의해 만들어졌던 언약궤는 갈데아인들에 의해서 첫 번째 성전과 함께 아마도 불탔던 두 번째 성전에 있지 않았다. 그

러나 여기에 영원한 언약의 하늘 법궤가 있다. 이 법궤의 그림자가 구약의 법궤였다.(히 9:4) 하나님께서 약속하셨던 것은 궁극에는 성취될 것이 틀림없다는 것에 대한 증거로 천국의 거주자들이 전에 그 법궤를 보았다. 이제는 사도 요한 또한 그것을 보았다. **또 번개와 음성들과 우레와 지진과 큰 우박이 있더라** – 일곱 번째 천사가 그의 대접을 쏟아 부었을 때 동일한 순서로 똑같은 일들이 있으며(계 16:7–21) 하나가 다른 것에 응답한다. 여기서 나팔소리가 하늘에서 알려주는 것은 대접에 의해서 이 땅에서 실행되는 것이다. 먼저 행해질 것이 보인다. 그리고 후에 그 일이 행해진다.

요한계시록 12장

이 책의 위대한 환상은 4장부터 22장까지 쭉 이어진다. 11장의 일부와 함께 10장은 일곱 번째 천사의 나팔에 대한 일종의 서론이다. 그 후에 **둘째 화가 지나갔으니 보라 셋째 화가 속히 이루리라**고 말씀한다. 즉시 일곱 번째 천사가 소리를 내고 그 소리 아래서 세 번째 재앙이 진행된다. 그리고 이 책의 마지막과 연관 있는 모든 것들이 이 나팔 소리에 속한다.

12:1 하늘에 큰 이적이 보이니 – 사도 요한뿐만 아니라 많은 하늘의 무리가 환상에 표현되었다. 이적은 일반적이지 않은 외형을 가진 어떤 것을 의미하며 이것으로부터 우리는 어떤 특이한 것이 뒤따를 것이라고 추론한다. **한 여자** – 비록 이방 회심자들의 추가로 인해 모든 면으로 건축되고 확대되었음에도 원래는 이스라엘이 근간이 되는 것으로 그리고 모든 그녀의 자연적 가지들이 다시 접착될 때 앞으로 다시 나타날 것으로서의 그리스도의 교회에 대한 상징. 교회는 지상에 현존한다. 그렇지만 그리스도와 교회의 연합에 관련해서 교회는 하늘에 있다고 말할 수 있다. (엡 2:6) 따라서, 4절과 7절에서 교회가 하늘에서 공격을 당하고 보호받는 것으로 묘사된다. (계 12: 4,7) **해를 옷 입은 … 그 발 아래에는 달이 있고 그 머리에는 열두 별의 관을 썼더라** – 이런 비유적 표현들은 그들 사이에 적절한 비율을 유지하는 것으로 해석돼야만 한다. 그래서 요셉의 꿈에서 태양은 그의 아버지를 상징했고 달은 그의 어머니를, 별들은 그들의 자녀들을 상징했다. 여기에 그와 같은 유사함이 있을 수 있다. 그래서 예언이 모든 족속에게 미치는 권세를 지적하는 것처럼 아마도 태양은 기독교 세계를 상징하고, 달은 그들의 휘장에 달을 사용하는 무슬림을 상징하며, 태양과 달보다 작은 열두 별의 관은 이스라엘 열두 족속을 의미한다. 이 장 전체는 9세기부터 현재까지의 교회의 상태에 답하는 것이다.

12:2 이 여자가 아이를 배어 해산하게 되매 아파서 애를 쓰며 부르짖더라 – 어떤 외적인 반대 없이 바로 그 고통이 산고 속에 있는 여인을 울부짖도록 한다. 전달될 이

러한 울음들, 고통, 그리고 아픔들은 하나님의 왕국이 임하기를 바라는 성도들의 고통스러운 갈망, 한숨, 그리고 기도였다. 여자가 열국의 목자와 왕으로서의 그리스도께서 나타날 수 있도록 신음하며 영으로 산고를 겪었다.

12:3 보라 한 큰 붉은 용이 있어 – 이 용의 성격을 나타내는 불타는 붉은 색, **머리가 일곱이요** – 광대한 지혜를 암시하는, **뿔이 열이라** – 아마도 일곱 번째 머리 위에. 그가 여전히 보유하고 있는 강력한 권능과 힘의 상징들. **그 여러 머리에 일곱 왕관이 있는데** – 제대로 된 왕관이 아니라 고대의 왕들이 썼던 것과 같은 값비싼 머리띠. 비록 넘어졌지만, 그는 여전히 위대한 유력자였고 심지어 '이 세상의 왕자'였다.

12:4 그 꼬리가 – 그의 거짓과 속임수. **하늘의 별** – 기독교인들과 그들의 스승들. 그들은 전에 예수 그리스도와 함께 천국에 앉아 있었다. **삼분의 일을** – 매우 많은 수를. **끌어다가** – 기차처럼. **땅에 던지더라** – 궁극적으로 그들에게서 이러한 하늘의 축복들 모두를 빼앗는다. 이 부분은 아직 땅에 있지 않고 하늘에 있는 용을 적절하게 묘사하고 있다. 결과적으로 그들을 아래로 내던지는 것은 일곱 번째 나팔소리의 시작과 세 번째 재앙의 시작 혹은 847년과 947년 사이에 있었다, 그 당시 유해한 교리들, 특별히 동쪽의 마니교의 교리가 많은 사람들을 진리에서 떠나게 했다. **용이 해산하려는 여자 앞에서 그가 해산하면 그 아이를 삼키고자 하더니** – 나팔 소리 아래서 행하는 것처럼 그가 그리스도의 왕국이 퍼져나가는 것을 방해할 수도 있다.

12:5 여자가 아들을 낳으니 – 그의 인격이 아닌 그의 왕국 가운데 고려된 그리스도. 아홉 번째 시대(9세기)에 그들의 군주들과 함께 많은 나라가 기독교 교회에 더해졌다. **만국을 다스릴 남자라** – 그의 시대가 올 때, **그 아이를** – 여자와 용이 있었던 것처럼 하늘에 이미 있었다. **하나님 앞과 … 올려가더라** – 그의 손이 닿지 않는 곳으로 완전히 데려갔다.

12:6 그 여자가 광야로 도망하매 – 이 광야는 분명히 땅 위에 있으며 여자가 지금 거처할 곳이다. 이곳은 땅의 한 부분을 상징하는 것으로, 아이를 낳은 후 그녀가 발견한 새 거처였다. 그리고 아시아와 아프리카는 전적으로 터키인들과 사라센의 손안에 있었고 그 여자가 전에 한 번도 있었던 적이 없었던 곳이기에 이곳은 유럽임이 틀림없다. 이 광야에서 하나님께서 장소를 예비해놓으셨다. 즉, 그녀에게 안전하고 편리하게 만드셨다. 광야는 다뉴브강 쪽에 있는 유럽의 국가들이다. 왜냐하면, 그 너머에 있는 나라들은 이전에 기독교를 받아들였었다. **천이백육십 일 동안** – 그렇게 많은 예언의 날들은 몇몇 사람들이 생각했던 것처럼 1260일이 아니라 777년이다. 벵겔리우스가 그의 『독일인 소개(German Introduction)』에서 대략적으로 보여주었다. 847년부터 1524년으로 계산할 수 있다. 그 여자는 유럽의 안전하고 편안한 장소를 그렇게 오랫동안 누렸다. 그곳은 주로 보헤미아였으며 하나님께서 종교개혁에서 그녀에게 더 풍성하게 제공했을 때까지 그곳에서 그녀를 먹이셨다. **그를 양육하기 위하여** – (역자주, KJV은 **그들이 그녀를 먹여 살릴 수 있도록**, that they may feed her) 그곳

의 사람들이 그녀에게 필요한 모든 것들을 제공하도록.

12:7 하늘에 전쟁이 있으니 – 이제 사단이 하나님의 왕국에 큰 반역을 꾀하지만 이제 하나님 앞에서 그가 성도들을 고소하는 것은 끝이 난다. 명분이 그에게 불리해지고 (계 12: 10, 11) 미가엘이 형벌을 집행한다. 미가엘은 피조된 천사라는 것이 사단과의 논쟁에서 맹렬한 고소를 담대하게 하지 않고 "주께서 너를 꾸짖으신다."라고 말하는 것에서 드러난다. 그리고 이러한 겸손은 바로 그의 이름에 내포되어 있다. 왜냐하면, 미가엘의 이름은 하나님을 향한 깊은 존경과 모든 자기 높임과 거리가 먼 것을 포함하고 있는 "누가 그리스도와 같은가?"를 의미한다. 사단이 하나님과 같게 되고자 할 때 미가엘의 바로 그 이름이 "누가 하나님과 같은가?"라고 묻는다. 사단은 아니고 가장 높은 천사장도 아니다. 나중에 그 자랑의 영을 붙잡고 묶고 투옥하는 것을 위해 쓰이는 것이 바로 그(천사장)다.

12:8 이기지 못하여 – 용이 주로 언급되지만, 그의 천사들도 마찬가지로 이해되어야 한다. **다시 하늘에서 그들이 있을 곳을 얻지 못한지라** – 지금까지는 그렇게 천국에 그의 거처가 있었다. 이것은 얼마나 깊은 신비인가! 이것과 누가복음 10장 18절, 에베소서 2장 2절, 4장 8절, 6장 12절을 비교할 수 있다.

12:9 큰 용이 내쫓기니 – 아직 땅으로는 아니지만 그 용이 하늘에서 쫓겨났다. 그리고 하늘의 주민들이 이것으로 기뻐한다. 그는 여기서 그 모양대로 나타나듯이 그의 해로우며 잔인한 성향을 암시하기 위해 위대한 용으로 불린다. **옛 뱀** – 뱀의 형태로 그가 이브를 속인 것에 대한 암시로. 용은 일종의 큰 뱀이다. **곧 마귀라고도 하고 사탄이라고도 하며** – 이 말들은 정확하게 같의 의미의 단어들이다. 전자는 그리스어이고 후자는 히랍어다. 유대인에게든 이방인에게든 모든 성도의 대적임을 암시한다. **온 천하를 꾀는 자라** – 첫 부모들뿐만 아니라 모든 시대를 통해서 모든 나라를 불신앙과 모든 사악함으로, 신앙과 모든 선함을 증오하고 박해함으로. **그가 땅으로 내쫓기니** – 그는 하늘에서 쫓겨났고 거기서 내던져 졌으며 땅으로 왔다. 그의 일상의 거처가 하늘에 있었음에도 그가 땅에서 전에 일하지 않았던 것은 아니었다.

12:10 이르되 이제 – 그러므로 본 장이 일곱 번째 천사의 나팔소리에 속한다는 것은 분명하다. 11장의 15절부터 18절까지 광범위한 나팔 소리의 내용이 제시되어 있으며 그 내용의 실행이 본 장과 다음 장에서 충분히 묘사되어 있다. **구원** – 성도들의, **능력** – 그 능력에 의해 적이 쫓겨난다. **나라** – 여기에서 하나님의 위대하심이 나타난다. **또 그의 그리스도의 권세** – 그가 짐승에 대적하여 행사한 권능. 그리고 그가 또한 들리어 갈 때 그 왕국은 그리스도에게 속하게 될 것이다. (계 19:16, 20:4) **우리 형제들을 참소하던 자** – 그들이 이 땅에 있는 동안에. 그러므로 이 큰 소리는 단지 사람의 소리였다. **우리 하나님 앞에서 밤낮 참소하던 자** – 사단의 놀라운 악의와 하나님의 인내심!

12:11 또 우리 형제들이 … 이겼으니 – 악마에 대항하여 소송을 제기했다. **어린 양의 피와** – 이것은 모든 죄로부터 우리 영혼을 씻어 주기에 고발의 여지를 남지 않게 한다. **자기들이 증언하는 말씀으로써** – 그들이 죽을 때까지 믿고 증거했던 하나님의 말씀. 예를 들자면 자신의 신하들로부터 우상 숭배를 강요받은 스웨덴의 왕 올람(Olam)이 900년에 그렇게 죽었다. 그가 우상숭배를 거절하자 자신이 섬기지도 않는 우상에 대한 희생제물로 살해당했다. 916년에 많은 보헤미안 그리스도인들이 그렇게 죽었다. 드라호마이어(Drahomire) 여왕이 심각한 박해를 자행했을 때 많은 사람이 죽기까지 자신들의 생명을 아끼지 않았다.

12:12 땅과 바다는 화 있을진저 – 이것은 모든 사람에게 가장 슬픔이 되는 세 번째 재앙에 대한 네 번째이자 마지막 경고다. 첫 번째는 땅에서만 두 번째는 주로 땅에서, 즉 아시아에서였고, 세 번째는 땅과 바다, 즉 유럽에서였다. 땅이 먼저 언급된다. 왜냐하면, 짐승이 이 재앙을 유럽으로 가져오기 전에 그것이 아시아에서 시작했기 때문이다. **자기의 때가 얼마 남지 않은 줄을 알므로** – 이 시간은 하늘에서 쫓겨나 심연으로 던져지기까지 연장된다. 이제 우리는 가장 중요한 시기에 도달했다. 비연대(non–chronos)가 종말을 재촉한다. 우리는 사단이 큰 분노를 품고 있는 짧은 시간 속에 살고 있으며 이 짧은 시기는 현재 쇠퇴중이다. 우리는 **한 때와 두 때와 반 때를** 살고 있고 이 시간 가운데 그 여자는 광야에서 먹고 있다. 이 시기의 마지막인 **반 때**가 시작되었다. 앞으로 보일 것처럼, 우리는 짐승의 마흔 두 달의 종장에 와 있다. 그리고 그 숫자가 차면 슬픈 일들이 있을 것이다. 사단의 분노에 사로잡히는 것을, 일반적인 유혹에 무의식적으로 빠지는 것을, 가장 무서운 폭력에 의해 짐승과 그 형상에 숭배하는 것을 주의하지 않는 그가 결과적으로 하나님의 분노인 혼합되지 않은 포도주를 마시는 것과 불과 유황의 호수에서 영원히 밤낮으로 고통당하게 하자. 이 예언의 말씀이 가져오는 그와 같은 특별한 보존의 필요 없이 자신의 지혜와 힘으로 이 모든 일을 할 수 있다고 확신하는 그를 내버려 두자. 내가 말하건대 그를 거기로 가게 하자. 이러한 경고들을 무의미한 외침과 맹목적인 경고로 취하지 않는 그에게 하나님께 하나님의 천상의 빛을 여기에 주도록 모든 가능한 한 진지함으로 요청하게 하자. 하나님께서는 그의 교회에 대한 당신의 섭리를 보여주기 위해서만이 아니라 그의 종들이 그들이 어떤 특별한 시기에 있는지를 항상 알게 하도록 그렇게 엄숙한 방법으로 이 예언을 주신 것이다. 그리고 어떤 시기가 더 위험할수록 예언이 제공하는 도움이 더 크다. 그러면 그 짧은 시간의 시작과 끝을 어디로 정할 수 있을 것인가? 그것은 아마도 크로노스의 5분의 4이거나 혹은 888년을 어느 정도 넘어갈 것이다. 세 번째 재앙의 시기는 아마도 947년부터 1836년까지 일 것이다. 왜냐하면, 1. 두 번째 재앙의 짧은 간격(이 재앙은 840년에 끝이 났다)과 847년경에 시작되고 얼마 지나지 않아 하늘의 전쟁을 뒤따르는 여인의 777년은 864년을 얼마 지나지 않아 시작을 수정하고 그래서 세 번째 재앙은 900년부터 1000년에 이

르는 10세기가 되는데 어둠의 시대, 철의 시대, 불행의 시대로 불린다. 2. 만약 우리가 세 번째 재앙의 길이를 20장에 있는 이것을 계승하는 시기와 비교한다면 비연대(non-chronos)의 시작에서 세상의 종말까지 이르는 광대한 공간에 이르기에는 적은 시간일 뿐이다.

12:13 용이 자기가 땅으로 내쫓긴 것을 보고 – 더 이상 하늘에 있는 성도들을 비난할 수 없기에 그는 지상에 모든 가능한 피해를 주는 것으로 자신의 화를 표출했다. **남자를 낳은 여자를 박해하는지라** – 교회에 대한 오래전의 박해들은 계시록 1장 9절, 2장 10절, 7장 14절에 언급된다. 그러나 이 박해는 6절에 여자가 도망한 후 세 번째 화가 시작될 무렵이었다. 따라서, 10세기와 11세기에 교회는 몇몇 이교 세력들에 의해 심하게 박해를 받았다. 프러시아의 애덜버트 왕이 997년에 살해되었으며 1008년에는 브루너스 왕이 살해되었다. 스데판 왕이 헝가리에서 기독교를 장려했을 때 그는 격렬한 반대에 부딪혔다. 그가 죽은 후 헝가리의 이교도들은 기독교를 뿌리 뽑기 시작했고 몇 년 동안은 우세했다. 거의 같은 시기에 황제 헨리 3세의 군대는 반달족들에 의해 완전히 궤멸되었다. 이런 일들과 이 시대의 모든 이야기는 그 용이 어떠한 분노로 그 여인을 핍박했는지를 보여준다.

12:14 그 여자가 큰 독수리의 두 날개를 받아 광야 자기 곳으로 날아가 – 독수리는 큰 권력들의 일반적 상징이다. 그래서 에스겔 17장 3절의 큰 독수리는 바벨론의 왕을 의미한다. 여기서 큰 독수리는 로마 제국이고 두 날개는 제국의 동쪽 지역과 서쪽 지역을 의미한다. 광야에 있는 처소는 6절에서 언급되었다. 그러나 여기서 언급하는 곳은 동일한 장소가 아니다. 본문은 다음과 같은 내용으로 되어 있다. 1. 아이를 삼키기 위해 용이 기다림. 2. 아이의 출생과 아이가 하나님께 들려 올라감. 3. 여인이 광야로 도망감. 4. 천국에서의 전쟁과 용이 쫓겨남. 5. 세 번째 화(재앙)의 시작. 6. 여인에 대한 용의 박해. 7. 여인이 독수리 날개를 타고 날아감. 비슷한 방식으로 다음이 차례대로 이어진다. 1. 1260일의 시작. 2. 작은 때의 시작. 3. 한 때, 두 때, 그리고 반 때의 시작. 이 세 번째 시기는 첫 번째와 두 번째 모두와 일치한다. 1260일이 시작된 후에 또는 세 번째 재앙이 시작된 후에 기독교는 다양한 박해들 중에도 놀랍게 전파되었다. 948년경에 기독교는 덴마크에 다시 정착했고 965년에는 폴란드와 실레지아(Silesia)에, 980년에는 러시아 전역에 전파되었다. 997년에는 헝가리에 이르렀고 전후로 스웨덴과 노르웨이에도 전파되었다. 1000년경에 트란실바니아(Transylvania)가 기독교를 받아들였고 곧이어서 다키아(Dacia)의 다른 지역들이 받아들였다.

1260일의 시작과 용의 구속 사이에 기독교가 정착했던 모든 나라는 황야로 특별히 그녀의 처소로 이해될 수 있다. 이 처소는 많은 나라들을 포함했고 그 결과 기독교는 현재 탄탄대로를 따라 제국의 동부로부터 서부까지 이르렀다. 이제 두 황제가 그녀에게 그들의 날개들을 빌려주었고 그녀를 위해 안전한 거처를 제공했다. **거기서 … 양육 받으매** – 사람보다 하나님에 의해서. 사람의 도움은 거의 없다. **한 때와 두 때와 반 때를** – 여기서 말하는 몇몇 기간들의 길이는 거의 다음과 같다. 1. 비연대(non-chronos)는 1111년보다 적다. 2. 적은 시간 … 888년. 3. 한 때, 두 때, 그리고 반 때 … 777년. 4. 짐승의 시간 … 666년. 그리고 예언과 역사를 함께 비교하면 이 기간들은 거의 이렇게 시작하고 끝나는 것으로 보인다. 1. 비연대(non-chronos)는 800년에서 1836년에 이른다. 2. 여자의 1260일은 847년에서 1524년. 3. 적은 시간은 947년에서 1836년. 4. 한 때, 두 때, 그리고 반 때는 1058년부터 1836년. 5. 짐승의 시간은 세 번 반 때의 시작과 끝 사이다. 1058년에 제국들은 서로를 잘 이해했고 두 제국 모두 여인을 보호했다. 특별히 빅토르 2세(Victor II)같은 로마의 주교들은 황제에게 정식으로 종속되었다. 847년부터 1524년까지 여인의 1260일과 세 번 반 때는 동일한 황야를 가리킨다. 그러나 세 번 반 때가 시작하기 이전인 1260일의 앞부분에서, 즉 847년부터 1058년까지 그녀는 자기 자신을 거의 도울 수 없었기에 다른 이들이 그녀를 부양했다. 반면에 1058년부터 1524년까지 그녀는 다른 이들에 의해 부양받는 동시에 스스로를 부양했다. 동방으로부터 서방으로 이식된 과학이 이 일에 많은 기여를 했다. 원어 성경들이 유대인들과 그리스인들에 의해서 서유럽으로 더 많이 유입되어서 무엇보다도 종교개혁이 이러한 성경들에 근거했다.

12:15 물 – 물은 한 엄청난 민족의 상징이다. 특별히 이 물은 터키인들을 상징한다. 1060년경에 그들은 아시아의 기독교 지역에 몰려왔다. 이후에 그들이 많은 국가에 넘쳐흐를 때까지 유럽으로 쏟아져 들어 왔고 더욱더 멀리 퍼져나갔다.

12:16 땅이 여자를 도와 – 지상의 권세들. 그리고 사실 이 여인은 이 전체 기간에 도움이 필요했다. **한 때**는 1058년부터 1280년이었다. 이 기간에 터키인들이 비록 여인을 돕는 황제들 혹은 장군들에 의해 자주 진압되었지만 물밀 듯이 밀려 들어왔다. **두 때**는 1280년부터 1725년이었다. 유사하게 이 기간에 터키의 힘이 더 멀리 그리고 넓게 흘러왔다. 그러나 그녀가 그 힘에 의해서 휩쓸리지 않도록 때때로 지상의 권력자들이 여인을 도왔다. **반 때**는 1725년부터 1836년까지다. 이 기간의 초엽에 투르크인들이 페르시아의 내정에 간섭하기 시작했다. 그들이 이 간섭 가운데 그렇게 얽혀있었기에 남아 있는 두 기독교 제국에 승리할 수 있는 능력이 부족하게 되었다. 그러나 이 홍수는 여전히 자신의 처소에 있는 여인에게 도달했고 반 때가 거의 끝이 날 때 홍수 자체는 동방 제국 대신에 일어난 러시아를 통해서 아마도 삼켜지게 될 것이다.

12:17 용이 여자에게 분노하여 – 용이 그녀를 그 물줄기로 휩쓸리게 할 수 없었기 때문에 새롭게 분노했다. **돌아가서** – 다른 땅들로, **그 여자의 남은 자손 … 과 더불어 싸우려고** – 이방 혹은 터키 통치자들 아래서 생활하고 있는 진정한 그리스도인.

요한계시록 13장

13:1 바다의 모래 위에 서서 – (역자주, KJV은 And I stood on the sand of the sea로 시작하는데 개역 개정에는 번역이 되어 있지 않다) 이것 역시 환상 중에 본 것이다. **내가 보니** – 그 여인이 날아간 직후에. **바다에서** – 즉, 유럽. 그렇게 세 가지 재앙들(첫 번째는 페르시아에서였고 두 번째는 유프라테스 근방에서였다)은 동쪽에서 서쪽으로 움직인다. 이 짐승은 육백년 전에 시작되었던 로마 교황권을 의미하며 지금도 있으며 앞으로 당분간 더 존속할 것이다. 전체 본분과 모든 요점과 관련된 본분의 모든 부분이 지상의 다른 권력이 아니라 이것에 동의한다. 우리는 다음의 명제들로부터 가장 확실한 증거를 보게 될 것이다.

명제 1. 이것은 본 장과 17장에서 묘사된 일곱 머리와 열 개의 뿔을 가진 하나의 동일한 짐승이다. 결과적으로 같은 머리와 같은 뿔들을 가지고 있다.
명제 2. 이 짐승은 영적으로 그리스도의 왕국에 대적하는 세속적 권력이다. 권력은 단순히 영적이거나 교회적인 것 혹은 세속적인 것이나 정치적인 것이 아니라 이 둘의 혼합이다. 왕관과 나라가 그의 것이기에 그는 세속 군주다. 그리고 그는 또한 거짓 선지자이기에 단순히 세속적이지만은 않다.
명제 3. 그는 도시 로마와 굳건한 관계를 맺고 있다. 이것은 17장에 분명하게 드러난다.
명제 4. 짐승은 지금 존재한다. 로마가 지금도 존재하고 있고 짐승이 호수로 던져지는 것은 로마가 멸망한 후이기 때문에 그는 과거가 아니다. 짐승이 완전히 온 것은 아니다. 왜냐하면 두 번째 재앙은 오래 전부터 있었고 이어서 바로 세 번째 재앙도 왔기 때문이다. 그리고 이것이 시작된 후에 짐승이 바다에서 나왔다. 그러므로 그가 무엇이든지 간에 그는 지금 존재하고 있다.
명제 5. 이 짐승은 로마 교황제이다. 이것은 세 번째와 네 번째 명제들을 분명하게 따른다. 짐승은 도시 로마와 굳건한 관계를 맺고 있으며 지금 존재하고 있다. 그러므로 그 도시와 더 굳건한 관계를 맺고 있는 어떤 다른 권력이 있다거나 교황이 짐승이다.
명제 6. 교황제 혹은 교황의 왕국은 오래전에 시작되었다. 이와 관련된 가장 주목할 만한 사항들이 여기에 종속된다. 짐승의 출현을 충분히 보여주기 위해서 그렇게 높게 취해졌고 예언의 다음 부분에 빛을 비쳐주기 위해서 우리 자신의 시대에 그렇게 낮게 내려졌다.

주후 1033. 11살의 어린아이였던 베네딕토 9세가 로마의 주교가 되었고 약 20년 동안 심각한 무질서들을 초래했다.

주후 1048. 다마소 2세가 삼중관의 사용을 고안했다.

주후 1058. 오랜 반대 끝에 밀라노 교회가 로마에 종속된다.

주후 1073. 힐데브란트로 불리는 그레고리오 7세가 왕위에 오른다.

주후 1076. 그는 황제를 폐위하고 파문한다.

주후 1077. 그가 황제에게 수치를 주고 용서한다.

주후 1080. 그는 황제를 다시 파문하고 그의 경쟁자 로돌프(Rodulph)에게 왕관을 보냈다.

주후 1083. 로마가 함락되고 그레고리오는 도망간다. 클레멘스가 교황이 되고 황제에게 제관을 해준다.

주후 1085. 그레고리오 7세가 살레르노에서 사망한다.

주후 1095. 우르바노 2세가 첫 카톨릭 공의회를 클레멘트에서 개회하고 십자군을 일으킨다.

주후 1111. 파스칼 2세가 황제와 격렬하게 싸운다.

주후 1123. 라테란에서의 최초의 서방 총회(역자주, 제 1차 라테란 공의회) 개최. 성직자들의 결혼이 금지되다.

주후 1132. 인노첸시오 2세가 황제를 교황의 신하 혹은 봉신으로 선언하다.

주후 1143. 로마가 인노첸시오 2세에게 독립적인 그들 자신만의 통치자를 세우다. 인노첸시오 2세가 그들을 파문하고 죽는다. 첼레스티노 2세가 중요한 혁신으로 백성들의 투표 없이 교황에 선출되었다. 백성들이 교황 선출권리를 박탈당했고 후에는 사제들이 박탈당했다. 이 권리는 추기경들에게만 맡겨졌다.

주후 1152. 에우제니오 3세가 성인들을 시성하는 권능을 차지했다.

주후 1155. 하드리아노 4세가 교황의 세속 권력에 반대한다는 이유로 브릭시아의 아놀드를 처형했다.

주후 1159. 빅토르 4세가 선출되어 왕위에 오른다. 그러나 알렉산데르 3세가 그와 그의 후계자를 정복한다.

주후 1168. 알렉산데르 3세가 황제를 파문하고 그를 격하시킨다.

주후 1177. 황제가 교황이 발로 자신의 목을 밟도록 부복한다.

주후 1204. 인노첸시오 3세가 발도파(Vaudois People, Waldensians)를 종교재판에 회부한다.

주후 1208. 그는 발도파를 향해 십자군을 선포한다.

주후 1300. 보니파시오 8세가 희년을 선포하다.

주후 1305. 교황의 관저가 아비뇽으로 옮겨진다.

주후 1377. 로마로 다시 옮겨진다.

주후 1378. 50년간의 분열이 시작되다.

주후 1449. 마지막 반 교황파인 펠릭스 5세가 니콜라스 5세에게 항복하다.
주후 1517. 종교개혁이 시작되다.
주후 1527. 로마가 함락되고 약탈당한다.
주후 1557. 찰스 5세가 황제의 자리를 사임한다. 그리고 페르디난트 1세는 교황에 의한 제관이 불필요한 것으로 생각하다.
주후 1564. 비오 4세가 트리엔트 공의회를 승인한다.
주후 1682. 교황권을 매우 경멸하는 교리들이 프랑스에서 공공연하게 가르쳐진다.
주후 1713. 우니게니투스 대칙서(Unigenitus)
주후 1721. 그레고리오 7세가 새롭게 시성을 받는다.

위의 짧은 연대기록과 3절과 17장 10절에 관찰된 것을 비교한 사람은 바다로부터 짐승의 출현이 그 시작을 향해 고정되는 것이 필요하다는 것과 짐승이 그레고리오 7세보다 높지 않고 알렉산더 3세보다 낮지 않다는 것을 보게 될 것이다.

현재 세속 군주들이 그리스도의 왕국을 선호하고 있지만, 로마의 주교들은 격렬하게 반대했다. 우선 이들은 로마의 기독교 회중의 평범한 전도자 혹은 목사였지만 대략 그레고리오 7세 때부터 점차 그들의 모든 형제를 지배하는 권세와 명예를 얻었다. (그리고 그 이후로) 그들은 왕실의 모든 문장을 가져갔다. 그렇다. 지상의 다른 모든 권력자보다 훨씬 우월한 위엄과 힘을 가졌다.

여기서 우리는 그들의 거짓 교리가 아니라 그들의 제한 없는 권력을 살펴보고 있다. 우리가 이들을 생각할 때 우리는 땅에서 나오는 야수로 또한 불리는 거짓 선지자를 주목해야 한다. 그러나 몇 가지 전조 후에 교황이 황제 위에 군림했을 때 첫 번째 짐승이 정확하게 올라왔다.

명제 7. 힐데브란트 혹은 그레고리오 7세는 교황국의 적법한 창시자다. 교황제의 모든 후원자는 그가 교황권에 많은 상당한 추가들을 하는 것을 허용했고 영적 왕국을 성취함으로 바로 이 일이 짐승의 왕국을 형성했다. 그레고리오의 새로운 격언들과 새로운 행동들 모두가 이것을 선포한다. 그의 일부 격언들은 다음과 같다.

1. 로마의 주교만이 보편 주교다.
2. 그만이 주교들을 면직시키거나 다시 복직시킬 수 있다.
3. 그만이 교회의 새로운 법을 만들 힘을 가지고 있다.
4. 그만이 왕실 문장들을 사용해야만 한다.
5. 모든 군주는 그의 발에 입 맞추어야 한다.
6. 교황의 이름은 하늘 아래 유일한 이름이며 그의 이름만이 교회에서 낭송되어야 한다.
7. 그는 황제를 퇴위시킬 권력을 가지고 있다.

8. 그만이 종교 회의를 개최할 수 있다.
9. 그의 권위 없이는 어떤 책도 경전이 될 수 없다.
10. 지상에 어떤 사람도 그의 형벌을 무효로 할 수 없다. 그러나 오직 그만이 어떤 형벌도 폐지할 수 있다.
11. 그는 사람의 판단을 받지 않는다.
12. 어떤 권력도 교황에게 호소하는 사람에게 감히 형벌을 선고할 수 없다.
13. 각 처에서 이루어지는 중요한 모든 소송은 그에게 문의 되어야만 한다.
14. 로마 교회는 결코 실수가 없었고 영원히 없을 것이다.
15. 교회법에 따라 임명된 로마 주교는 사도 베드로의 공로에 의해 즉시 거룩해진다.
16. 그는 사람들의 죄 사함을 선언할 수 있다.

로마 가톨릭의 저명한 저자들이 이 말들이 그레고리오 7세의 진정한 격언임을 인정한다. 그리고 그의 언행이 일치한다. 그때까지 교황들은 비록 자의적인 것은 아닐지라도 황제들에게 종속됐지만 이제 교황은 영적 구실을 핑계로 자신이 전체 기독교 세계의 황제처럼 행동하기 시작했다. 즉각적인 분쟁은 각자가 자신의 것으로 주장한 권리인 주교 임명권에 대한 것에서 시작됐다. 그리고 그 당시가 교황이 자신의 제국을 포기하거나 영원히 세울 적합한 시기였다. 결정을 내리고 그레고리오는 황제 헨리 4세를 파문했다. 플라티나는 "우선 행해진 것은 그에게서 모든 존엄성을 박탈했던 것이다"고 말한다. 선고는 다음과 같다. "사도들의 수장이인 축복된 베드로여 제가 간구하오니 당신의 귀를 기울여 당신의 종인 저의 말을 들어주소서. 전능하신 하나님, 성부, 성자와 성령의 이름으로 저는 황제 헨리에게서 황권과 왕권 모두를 박탈하고 그의 신민인 모든 기독교인들에게 참된 왕들에게 충성을 맹세하게 했던 그 맹세에 대한 면책을 줍니다. 그리고 더욱이 그가 나의 권고들 아니 당신의 권고들을 무시했기 때문에 저는 그를 저주의 끈으로 결박합니다."

그는 로마에서 같은 선고를 다음의 말들로 되풀이했다. "사도들의 수장이신 축복된 베드로여 이방인의 스승이신 바울이여 내가 간구하오니 당신의 귀를 나에게 기울이시고 자비하심으로 나를 들으소서. 황제로 불리는 헨리가 교만하게 하나님의 교회에 대항해서 그의 뿔과 머리를 들었습니다. 그가 나에게 와서 그의 파문을 풀어줄 것을 간청했기에 나는 그를 교회로 다시 받아들였지만 그의 왕국을 회복시키지는 않았습니다. 또한, 나는 그의 신민들이 그에게 다시 충성을 되돌리는 것을 허용하지 않았습니다. 이 기회에 독일의 몇몇 주교들과 군주들이 정당하게 추방된 헨리를 대신해 로돌프 황제를 선택했습니다. 그는 나에게 대사들을 즉시 보내 왕국을 받아들이는 대신에 나에게 더 순종하겠으며 자신은 항상 하나님과 우리의 처분 앞에 있겠다고 나에게 알렸습니다. 그러자 헨리는 화를 내기 시작했고 처음에는 로돌프가 그의 왕국을 점령하는 것을 방해하기 위해 우리에게 간청했습니다. 나는 내가 그 권리가 누구에게 속해 있는지를 살펴보고 더 합당한 선고를 주겠다고 말했습니다. 헨리는 이것을 거절했습니다. 그러므로 나는 헨리와 그의 모든 지지자를 저주의 끈으로 묶었고 그에게서 모든 왕권을 빼앗았습니다. 나는 모든 기독교인을 그들의 충성 맹세에서 면제해주었으며 그들이 헨리에게 순종하는 것을 금지했고 로돌프를 그들의 왕으로 받아들일 것을 명령합니다. 그러므로 사도들의 가장 거룩한 수장들이여 당신들이 하늘에서 묶고 푸는 권세를 가지고 있는 것처럼 우리가 지상, 황제, 왕국, 원리들, 그리고 인간이 무엇을 가지고 있든지 간에 그것을 주고 빼앗을 권세를 가지고 있는 것을 당신들의 권위로 확언합니다."

헨리가 항복했고 그레고리우스는 제어 없이 통치하기 시작했다. 같은 해인 1077년 9월 1일에 그는 오늘날까지 로마에서 사용되는 Indiction(15년 주기)이라고 불리는 새로운 연대를 제정했다.

그러므로 교황은 모든 기독교 군주들에 대한 전적인 권위를 주장했다. 그렇게 그는 왕들의 왕으로서 왕국들과 제국들을 빼앗거나 수여했다. 그러나 그의 후계자들은 그의 발걸음을 뒤따르는 것에 실패했다. 다음 교황들은 왕들과 황제들 모두에게 같은 권력을 행사하는 것을 원하지 않았다. 그리고 후대 교황들은 이것을 부인하기에는 너무 멀었기에 이들 중 세 교황, 즉 클레멘스 8세, 바오로 3세, 그리고 베네딕토 8세는 바로 이 그레고리오를 시성했다. 그러므로 여기에 짐승, 즉 왕이 있다. 이름으로는 아니지만, 실제 그렇다. 벨라민 추기경의 주목할 만한 관찰에 따르면 "적그리스도는 로마 황제의 이름 없이 로마 제국을 지배할 것이다." 그의 영적 칭호는 그가 모든 권력을 행사하는 동안 이 이름을 취하는 것을 막았다. 이제 그레고리오는 이러한 신기함의 선두에 있었고 그래서 아벤티누스(Aventine)는 "그레고리오 7세는 교황 제국의 첫 창시자였다"고 말한다.

이렇게 짐승의 상승 시기는 명확하다. 배교와 불법의 신비가 모든 것 위에 그 자신을 올리고 대적하는 그(살후 2:4)가 일어날 때까지 점차 증가했다. 일곱 번째 나팔소리 전에 대적자는 더 은밀하게 일했다. 그러나 이 소리가 시작된 바로 직후 짐승은 그의 왕국으로 하여금 그리스도의 왕국에 공개적으로 대항하게 했다.

명제 8. 힐데브란트의 제국은 1077년에 제대로 시작되었다. 황제가 이탈리아를 떠남에 따라 그레고리오는 자신의 권력을 최대한 발휘했다. 같은 해 9월 1일에 그는 자신의 유명한 ephoca(새시대)를 시작했다.

이것은 다음의 관찰들로 더 확증되고 설명될 것이다.

관찰 1. 짐승은 로마 교황으로 수세기 동안 군림했다

관찰 2. 짐승은 일곱 머리와 열 개의 뿔을 가지고 있다.

관찰 3. 일곱 머리는 일곱 언덕이며 또한 일곱 왕이다. 머리들 중에 하나는 치명적인 상처를 입어 없어졌고 단지 언덕만이 남아있다.

관찰 4. 바다로부터 짐승의 나옴은 심연으로부터 짐승의 나옴과 다르다. 계시록은 자주 바다와 심연 모두를 언급하지만 그 용어들을 결코 혼동해서 사용하지 않는다.

관찰 5. 짐승의 머리들은 바다로부터 그가 나오기 전에 시작하는 것이 아니라 그것과 함께 시작한다.

관찰 6. 왕들로서 이 머리들은 서로를 계승한다.

관찰 7. 그들이 이 계승에서 차지하는 시간은 세 부분으로 나누어진다. 그러므로 왕들 중 다섯은 타락했음을 의미했고 하나는 있으며 다른 하나는 아직 오고 있음을 의미한다.

관찰 8. 하나는 있다. 즉 천사가 이것을 말하고 있을 때 하나는 있다. 그는 자신과 사도 요한을 시간의 중간에 둠으로 과거를 첫 번째 시간으로, 현재를 두 번째 시간으로, 미래를 세 번째 시간으로 더 편리하게 지적할 수 있었다.

관찰 9. 짐승의 존속은 같은 방식으로 나뉜다. 짐승은 **전에 있다가 지금은 없으나 장차 무저갱에서 올라올 것이다.** (계 17: 8,11) 이 두 구절들 사이에 **다섯은 망하였고 하나는 있고 다른 하나는 아직 이르지 아니하였으나**라는 것이 이 구절들과 평행을 이루는 것으로 삽입되었다.

관찰 10. 바빌론은 로마다. 계시록이 바빌론에 대해 말하는 모든 것이 로마인들과 로마와만 일치한다. 가장 큰 것을 시작했을 때 바벨론을 시작했다. 바벨론이 동쪽에서 가라앉을 때 그것은 서쪽에서 일어났다. 사도들의 시대에 존재했으며 그들의 심판은 그녀에게 보복하는 것이라고 말해진다.

관찰 11. 짐승은 바벨론의 통치 전과 후 모두를 다스린다. 우선 짐승이 다스린다. (계 13: 1 이하) 이후에 바벨론이 (17: 1 이하) 그리고 나서 짐승이 다시 통치한다. (계 17: 8 이하)

관찰 12. 머리들은 짐승의 본질에 속하지만, 뿔은 아니다. 머리 중에 하나의 상처는 그 자체로 짐승의 상처로 불린다. (3절) 그러나 뿔들 혹은 왕들은 짐승과 함께 왕국을 받는다. (계 17: 12) 17장 16절의 **열 뿔과 짐승**이라는 말만이 그에게 추가된 어떤 것이 있다는 것을 충분하게 보여준다.

관찰 13. 짐승의 마흔 두 달은 세 시기 중에 첫 번째 시기에 무너진다. 1077년에 짐승이 바다로부터 나왔다. 얼마 후, 마흔 두 달 동안 그에게 힘이 주어졌다. 이 힘은 여전히 존재한다.

관찰 14. 짐승이 지금은 없는 시기와 바벨론 통치는 함께 간다. 바다에서 나왔을 때 짐승은 다섯 번째 대접에 의해 그의 왕국이 어두워졌을 때까지 격노했었다. 그러나 이것은 여전히 왕국이었고 비록 어두워진 왕국이었지만 왕국을 여전히 짐승이 소유했다. 그리고 그 후에 짐승은 있었지만(짐승이었다. 즉 지배했다), 지금은 없다고 말해졌다. 짐승이 없다라는 것은 왕국을 잃어버리고 군림하지 않는다는 것을 의미한다. 왜인가? 심연에서 올라와 열 왕들을 취한 짐승이 갑자기 여왕의 자리에 앉은 여인을 멸망시킬 때까지 그녀는 땅의 왕들을 다스리며 짐승 위에 앉아 있기 때문이다.

관찰 15. 항상 있었던 로마와 교황 사이의 차이점은 그 때가 되면 명백해질 것이다. 교황과 구별되는 로마는 세 가지 의미를 가지고 있다. 그것은 도시 자체, 로마 교회, 그리고 로마의 시민들이다. 단어의 마지막 의미와 관련해서 토스카나와 캄파니아 일부를 포함했던 로마는 자신의 직할 영지와 함께 726년에 희랍 황제에 반란을 일으켰고 원로원의 통치를 받는 자유국이 되었다. 이때부터 교황이 아닌 원로원이 최고의 시민 권력을 누렸다. 그러나 796년에 교황으로 선출된 레오 3세가 찰스 대제에게 그가 와서 원로원과 로마시민들을 복종시키고 그들로 하여금 자신에게 충성을 맹세하도록 강제해 달라고 요청했다. 그래서 교황과 교황을 붙잡아 수도원으로 보냈던 로마시민들 사이에 극렬한 싸움이 발생했다. 그는 탈출해서 황제에게 달아났다. 황제는 재빨리 그를 위대한 국가로 되돌려 보냈다. 800년에 황제가 로마에 왔고 얼마 지나지 않아 그들 자신의 주교들을 선택했으며 자신들과 그들의 원로원을 로마의 옛 원로원으로 자신들을 옛 로마 시민들로 보았던 로마시민들은 옛 로마인들이 그들의 황제들에게 했던 그 방식대로 찰스를 그들의 황제로 선출했고 그에게 복종했다. 로마의 황제들에게 이전에 했던 것처럼 교황은 그에게 제관을 했고 무릎을 꿇고 경의를 표했다. 그리고 황제는 거룩한 로마 교회를 모든 유익함으로 지키겠다는 맹세를 했다. 황제는 또한 공회를 설치했으며 그때부터 그는 그 자신을 로마인들의 황제 아우구스투스라고 칭했다. 그 후에 그는 여전히 자신에게 복종하는 교황에게 도시 정부와 로마의 직할 영지를 주었다.

교황과 구별되는 것으로서 로마 교회가 드러나는 것은 1. 교황의 인준 전에 회의가 개최될 때, 2. 경쟁으로 참 교황이 누구인가에 관한 판단을 할 때, 3. 교황청이 비어 있을 때, 4. 교황 자신이 종교재판으로 조사받고 있을 때이다.

도시로서 로마가 교황과 어떻게 다른지는 설명할 필요는 없다.

관찰 16. 자신의 존속 기간에 첫 번째와 두 번째 시기에서 짐승은 사람의 몸이고 세 번째 시기에서는 개체이다. 일곱 머리를 가진 짐승은 여러 시대의 교황제도다. 일곱 번째 머리는 죄의 사람, 적그리스도다. 계시록 13장 1절부터 17장 7절까지 짐승은 사람의 몸이다. 계시록 17장 8절부터 11절에서 그것은 사람의 몸과 개체고 17장 12절부터 19장 20절까지는 개체이다.

관찰 17. 그 개체는 짐승의 일곱 번째 머리 혹은 다섯과 하나 후에 다른 왕이며 일곱 중에 하나임에도 불구하고 그 자신으로는 여덟 번째다. 그는 교황이기에 일곱 머리들 중에 하나다. 그러나 교황으로서가 아니라 심연에서 올라온 새롭고 독특한 성격을 지니고 있기에 그것은 여덟 번째 이거나 머리가 아니라 짐승 그 자체다. 비교를 통해 이것을 설명하자면 그 중에 하나가 나머지들보다 훨씬 큰 일곱 가지들을 가진 나무를 생각해보라. 만일 여섯 가지들이 잘리고 일곱 번째가 남아 있다면, 그것은 나무다.

관찰 18. 그는 보통 적그리스도라고 불리는 악한 자, 죄의 사람, 멸망의 아들이다.

관찰 19. 열 뿔들 혹은 왕들은 한 때에 짐승과 함께하는(계 17:12) 왕들로서의 권세를 받는다. 예전에 없었던 개체 짐승과 함께하는 왕들로서의 권세를 받는다. 그러나 그는 다시 자신의 힘을 받는다. 그리고 그것과 함께하는 왕들은 재빠르게 그들의 새 힘을 그에게 넘겨준다.

관찰 20. 열 개의 왕국으로 분리된 로마의 군주제의 전체 권력이 짐승에게 부여될 것이다. (계 17: 13, 16, 17)

관찰 21. 열 개의 뿔과 짐승은 음녀를 멸망시킬 것이다.(계 17:16)

관찰 22. 마침내 짐승, 열 개의 뿔, 그리고 지상의 다른 왕들은 그 큰 살육에 쓰러지게 될 것이다. (계 19: 19)

관찰 23. 다니엘의 네 번째 짐승은 개국에서부터 왕좌가 정해질 때까지의 로마 왕조를 의미한다. 그러므로 이것은 종말론적 짐승, 여자 그리고 많은 다른 것들 모두로 구성된다. 이 왕조는 그것의 근원에서 한 통로로 흐르는 강과 같지만 그 여정에서 이따금 다른 강들과 합쳐지고 이따금 몇몇 지류로 나뉘기도 하지만 여전히 계속되는 하나의 강이다. 처음에 로마의 권력은 분열되지 않았지만, 이후에 이것은 동방과 서방 제국들로의 대대적 분열의 시기까지 다양한 변화를 겪었던 몇 가지 갈래로 나눠졌다. 헤룰리(Heruli), 고트(Goths), 롬바르드(Lombards)의 왕들, 라베나(Ravenna)의 집정관들, 로마인 자신들, 황제들, 프랑스와 독일, 그 외에 다른 왕들이 로마 권력의 여러 부분을 장악했다. 이제 그레고리오 7세 이전에 로마인들이 어떤 권력을 가졌던지 간에 다니엘의 짐승이 그것을 담고 있다. 그레고리오 7세부터 교황제가 어떤 권력을 가지고 있던지 간에 그 종말론적 짐승이 이것을 대표한다. 그러나 바로 이 짐승이 (그리고 최후의 권위를 가진 로마가) 다니엘의 짐승으로 이해된다. **한 짐승이 나오는데** – 이 짐승은 두 차례 올라오는데 처음은 바다에서 그다음은 심연에서 올라온다. 일곱 대접에 앞서 그가 바다에서 나오고 음녀가 이들 뒤에 온다.

오 독자들이여, 이것은 또한 우리가 깊은 관심을 가져야 하는 주제들이며 호기심의 대상이 아니라 하나님께서 주시는 엄중한 경고로 다루어져야 하는 주제들이다. 위험이 가까이 왔다. 하나님의 전신갑주로 무장하고 폭력과 속임수에 대항하라. **그 머리들에는 신성 모독하는 이름들이 있더라** – 하나님께만 속한 것을 사람에게 돌리는 것은 신성모독이다. 짐승은 그와 같은 이름을 그의 뿔들에 혹은 한 머리에 가지고 있는 것이 아니라 전체에 가지고 있다. 짐승 자체가 그 이름을 가지며 사실 그의 전 기간을 통하여 그 이름을 가지고 있다. 이것은 이전에 모든 주교에게 주어진 무고한 의미가 아닌 로마의 주교 자신과 그의 추종자에 의해서 그에게 주어지는 높고 특별한 의미 가운데 있는 교황의 이름이다. 이 이름은 지구상에서 가장 높고 가장 거룩하며 완전한 탁월함을 포함하고 있다. 따라서 위에서 인용된 그레고리오의 격언 중에 다음의 두 개가 함께 서 있다. 그것들은 "그의 이름만이 교회에서 암송되어야만 한다"와 그것이 "세상에 있는 유일한 이름"이다. 그러므로 교회와 세상 모두 땅 위에서 다른 아버지를 명명하지 않기로 되어 있었다.

13:2 다니엘서의 첫 세 짐승은 표범, 곰, 사자와 비슷하다. 발과 입을 제외하고 이 짐승의 모든 부분은 표범 혹은 암컷 퓨마와 비슷했다. 이것은 사자 혹은 곰처럼 사나우면서 또한 재빠르고 세심하다. 교황제가 그와 같아서 부분적으로 세심함으로, 부분적으로 무력으로 그렇게 많은 나라 위에 서는 권력을 얻었다. 이와 유사하게 교황의 극단적으로 다양한 용법들, 방법들, 수단들은 표범의 반점들과 비교될 수 있다. **그 발은 곰의 발 같고** – 곰의 발은 매우 강하며 날카로운 발톱으로 무장하고 있다. 그리고 곰들이 서투르게 보이는 것처럼 그는 거기를 걷거나 똑바로 서거나 올라가지만 어떤 것이든 잡을 수 있다. 이 짐승은 그렇게 자신의 발톱의 거리 내로 온 것은 무엇이든지 그의 먹이로 잡아챈다. **그 입은 사자의 입 같은데** – 으르렁거리고 먹어치우기 위한. **용이** – 그의 신하와 대리인, **자기의 능력과 … 그에게 주었더라** – 그 자신의 힘과 수많은 무력들, **보좌와** – 위대하고 절대적인 권위를 가진 그가 원하는 것은 무엇이든지 명령하도록. 용은 우상숭배와 박해가 그곳을 지배하는 동안 이방 로마에서 자신의 보좌를 가지고 있었다. 그리고 소유하는 것을 방해 받은 이후에 그는 소위 기독교 로마 안에 있는 짐승에게 그 보좌를 주기까지 결코 완전히 물러나지는 않을 것이다.

13:3 하나가 – 혹은 첫 번째, **그의 머리 … 상하여 –** 그것이 일어나자마자 그렇게 된 것이 드러났다. 본 장과 17장에서 짐승은 처음에는 일반적으로 묘사되고 나중에는 더 구체적으로 묘사된다. 여기서 구체적 묘사는 그의 기간의 전반부와 관련이 있고 17장에서는 그의 기간의 후반부와 관련이 있다. 단지 전반부와 관련된 몇 상황들이 17장에서 반복된다. (계 17:1–18)

그의 첫 머리에 있는 이 치명적인 상처는 검에 의한 것이었다. (14절) 즉, 세속의 유력자들, 특별히 독일 황제들의 피의 저항에 의한 것이었다. 오랫동안 세속 권력자들이 그들의 관할로 주교와 함께 하는 로마의 도시를 소유해왔다. 그레고리오는 이러한 멍에를 던져버리고 멍에를 황제의 어깨에 얹기로 결정했다. 교황은 도망쳤고 무력으로 황제의 권리를 유지하며 자신에게 그런 타격을 준 황제를 파문했다. 올라오자마자 그 짐승이 타격에 의해 틀림없이 죽었을 것이라고 생각했을 것이다. 그러나 짐승은 회복했고 전보다 더 강해졌다. 짐승의 첫 번째 머리는 그레고리오 7세부터 적어도 이노첸시오 3세까지 이른다. 이 기간 동안 짐승은 황제들에 의해 많은 상처를 입었다. 그러나 그럼에도 불구하고 그 상처가 치유되었다.

이 상처에 두 가지 치명적인 증상이 나타났다. 1. 교회의 분열들과 공개적 파열들. 왜냐하면 황제들이 자신들의 권리를 주장하는 동안 불과 1080년부터 1176년까지 다섯 번의 공개적 분열들과 적어도 많은 반교황파들도 생겨났다. 사실 당시 교황들 중 몇몇은 정당한 교황들이었다. 이것은 교황의 왕국에 매우 위험한 일이었다. 그러나 여전히 더 위험한 증상이 있었다. 2. 자신들의 주교가 특별히 자신들을 통치하는 세속 군주가 되는 것을 인내하지 않았던 로마 귀족의 발흥. 이노첸시오 2세 치하에서 그들은 자신들의 요점을 관철시켰고 옛 공화국을 다시 세웠으며 도시 정부를 교황으로부터 분리시켜 놓았고 그에게 단지 교회의 권위만 남겨놓았다. 한 역사가는 "이 당시에 이노첸시오 2세와 첼레스티노 2세는 안달이 나서 사망했다. 손에 검을 들고 원로원이 있던 의사당을 공격했던 루치오 2세는 돌에 맞았고 며칠 만에 사망했다. 에우제니오 3세, 알렉산데르 3세, 그리고 루치오 3세는 도시에서 쫓겨났다. 우르바노 3세와 그레고리오 8세는 유배 생활을 했다. 마침내 그들은 로마인인 클레멘스 3세와 합의에 이르렀다."고 말한다. **온 땅이 –** 서구 세계 전체. **놀랍게 여겨 짐승을 따르고 –** 즉 그의 공의회에서, 십자군들에서, 그리고 희년선포에서 놀라움으로 그를 따르는. 이것은 첫 번째 머리뿐만 아니라 뒤따르는 넷도 언급하는 것이다.

13:4 용에게 경배하며 – 짐승을 경배하는데 그들이 이것을 알지 못했다. **짐승에게 경배하여 –** 어떤 세속 군주에게도 한 적이 없었던 그와 같은 명예를 그에게 돌리는. "우리의 가장 거룩한 주여"라는 바로 그 칭호는 지상의 어떤 다른 군주에게도 주어진 적이 없었다. **이르되 누가 이 짐승과 같으냐 –** 누가 그와 같은가는 하나님의 독특한 속성이다. 그러나 그의 모든 지지자들의 책들에서 이것이 끊임없이 그 짐승에게 돌려진다.

13:5 또 짐승이 … 받으니라 – 하나님의 허락 하에 용으로부터. **과장되고 신성 모독을 말하는 입** – 다니엘서의 네 번째 짐승의 작은 뿔에 대해서 같은 것이 이야기된다. 특별히 종교 개혁 이전에 교황들이 자신들에 대해 말했던 것보다 더 큰 불경으로 여겨질 수 있는 것은 없다. 또 **마흔두 달 동안 일할 권세를** – 마흔 두 달의 시작은 바다로부터 짐승이 나온 것으로 즉시 계산되면 안 되고 어느 정도 간격을 두어야 한다.

13:6 그의 이름과 … 비방하더라 – 많은 교황이 명시적으로 그리고 가장 가공할 방식으로 행했던 것. **그의 장막 곧 하늘에 사는 자들을** – (왜냐하면, 하나님께서 하늘에 거하시기 때문이다.) 많은 이들의 뼈를 파내고 가장 깊은 혐오로 그들을 저주하는.

13:7 또 권세를 받아 – 즉 하나님께서 허락하셨다. **성도들과 싸워 이기게 되고** – 발도파(Waldenses)와 알비파(Albigenses)와. 발도파가 리용의 피터 왈도로부터 그렇게 불린 것은 저속한 실수였다. 그들은 그보다 훨씬 더 오래되었는데 루체른과 아그로뉴 계곡에 그들이 거주하던 때부터 그들의 참된 이름은 발렌세스(Vallenses) 혹은 바우도이스(Vaudois)였다. 왈도가 1160년경에 등장한 후에 발렌세스라는 이름은 교황주의자들에 의해서 그들을 최근의 기원으로 표현하려는 목적으로 발도파로 변경되었다. 알비파는 본래 랑크도크 고지대의 일부인 알비지방 사람들을 의미했다. 그들은 그 지역에서 상당히 번성했으며 1200년에는 몇 개의 도시들을 가지고 있었다. 이들에 맞서서 많은 교황들이 공개적인 전쟁을 벌였다. 지금까지 그리스도인들의 피는 오로지 이교도들이나 아리안들에 의해서 흘렀다. 그러나 이 시기부터는 거의 교황청에 의해서 그리스도인들의 피가 흘렀다. 1208년에 이노첸시오 3세는 그들에 대항하여 십자군을 선포했다. 1209년 6월 툴루즈에 군대가 모였다. 그때부터 엄청난 피가 흘렀고 순교자의 두 번째 군대가 제단 아래에서 울었던 첫 번째 군대에 추가되기 시작했다. 그리고 그 이후 짐승은 성도들과 전쟁을 했고 강물처럼 그들의 피를 흘리게 만들었다. **각 족속과 백성과 … 다스리는 권세를 받으니** – 특별히 유럽에서. 그리고 동인도와 서방으로 가는 바닷길이 발견되었을 때, 이 지역들 또한 그의 권위 아래 속하게 되었다.

13:8 이 땅에 사는 자들은 다 그 짐승에게 경배하리라 – 참된 신자의 적은 무리 외에는 모든 것이 급류에 휩쓸리게 될 것이다. 이들의 이름만이 어린양의 생명책에 기록되어 있다. 그리고 이들 중에서 누구라도 신앙에 난파선을 만들면 비록 그들이 세계의 기초에서부터 (즉, 세계의 기초 이전에) 거기에 적혀있었더라도 그분은 그들을 자신의 책에서 지워버릴 것이다.

13:9 누구든지 귀가 있거든 들을지어다 – 귀 있는 자는 들을지어다라고 전에 말했다. 이 표현은 귀를 가지고 있는 사람이 적다는 것을 내포하고 있는 것으로 보인다. **들을지어다.** – 다음의 경고와 짐승에 대한 묘사 전부에 모든 주의를 기울이면서.

13:10 사로잡힐 자는 – 하나님께서 때가 되면 짐승의 추종자들에게 그들의 종류대

로 갚아 주실 것이다. 한편, 성도의 인내와 신실함이 여기에서 발휘된다. 포로됨 혹은 투옥을 견딤으로 그들의 인내가 발휘되고 피 흘리기까지 저항함으로 그들의 신실함이 발휘된다.

13:11 내가 보매 또 다른 짐승이 – 그래서 그는 한때 자신의 맹렬함과 강력함을 보여주기 위해 짐승으로 불렸지만 다른 모든 곳에서는 거짓 선지자로 불린다. 그는 첫 번째 짐승의 왕국을 확증하기 위해 온다. **땅에서** – 아시아로부터. 그 짐승은 첫 번째 짐승의 사십 이개월의 말미에 나타날 것이기에 그렇게 멀리 떨어져 있을 수 없음에도 불구하고 아직 오지는 않았다. **올라오니** – 다른 짐승이 오랫동안 그의 권위를 행사한 후에, **어린 양 같이 두 뿔이 있고** – 온화하고 순진무구한 외모. **용처럼 말을 하더라** – 독하며 불을 뿜고 무서운. 짐승에 열광하는 자들도 마찬가지다.

13:12 그가 먼저 나온 짐승의 모든 권세를 … 행하고 – 2절, 4절, 5절 그리고 7절에 묘사된(계 13: 2,3,5,7) **그 앞에서** – 왜냐하면 그 둘은 함께 있기 때문이다. **죽게 되었던 상처가 나은 자니라** – 두 번째 짐승에 의해 더욱 완전하게 회복된.

13:13 불이 – 실제 불. **내려오게 하고** – 악마의 힘으로.

13:14 짐승 앞에서 – 그의 찬탈의 위엄이 이렇게 놀라는 자들에 의해 확실하게 된다. **자들에게 이르기를** – 마치 그것이 하나님에게서 온 것처럼. **짐승을 위하여 우상을 만들라** – 느브갓네살의 우상처럼 금으로든, 은으로든 혹은 돌로든. 원본 형상은 짐승이 지정한 곳에 세워질 것이다. 그러나 수많은 복제품이 만들어질 것이고 이것들은 에베소에 있는 디아나(달의 여신)의 복제품들처럼 각 지역들로 가게 될 것이다.

13:15 그 짐승의 우상으로 말하게 하고 – 이러한 종류의 많은 예들이 이방인들뿐만 아니라 교황주의자들 사이에도 이미 있었다. **경배하지 아니하는 자는 몇이든지** – 사고파는 모든 것이 될 것으로서 이것이 그들에게 요구될 때, **다 죽이게 하더라** – 이것으로 교황은 자신이 그리스도에게 직접적으로 대적하는 적그리스도임을 분명히 증명한다. 그 자신의 피를 흘리신 분은 그리스도시지만 다른 사람의 피를 흘리는 자는 적그리스도다. 그러므로 최후의 가장 가혹한 박해가 올 것으로 보인다. 여러 성경의 말씀대로 이전의 모든 것과 반대로 이 박해는 주로 바깥마당의 예배자들, 즉 형식적 기독교인들에게 떨어질 것이다. 참되며 내적인 그리스도인들이 이것으로 소멸할 가능성은 거의 없다. 이와 반대로 늘 깨어 기도하는 신자들은 **장차 올 이 모든 일을 능히 피하고 인자 앞에 서**게 될 것이다.(눅 21: 36)

13:16 이마에 – 그의 추종자들 중에 가장 열성적인 사람들이 아마도 이마에 표를 받는 것을 선택할 것이다. 다른 사람들은 이것을 그들의 손에 받을 것이다.

13:17 매매를 못하게 하니 – 가난한 바우도이스(Vaudois)에 대항하여 그와 같은 칙령들이 오래전부터 공표되었다. **누구든지 이 표를 가진 자 … 이 표는 곧 짐승의 이름**

이나 그 이름의 수라 – 짐승의 이름은 그가 그의 전 기간 동안 지니고 있는 것이다. 즉 교황의 이름이다. 그의 이름의 수는 그가 이 이름을 품고 있는 전체 시간이다. 그러므로 짐승의 표를 받은 사람은 누구든지 그가 "나는 하나님에게서 온 것으로 현재 교황제를 인정한다."고 혹은 "나는 (베네딕토 8세에 의해 공인된) 그의 전설에 따라 성 그레고리오 7세가 행한 것과 오늘날까지 그의 후계자들에 의해서, 그 덕택에 유지된 것이 하나님으로부터 온 것이라고 인정한다."라고 분명히 말하고 있다. 전자에 의해서 사람은 표식으로서 짐승의 이름을 가지고 있고 후자에 의해서 사람은 그 이름의 수를 가지고 있다. 한마디로, 짐승의 이름을 가진다는 것은 교황 성하를 인정한다는 것이고 그의 이름의 수를 가지는 것은 교황의 계승을 인정한다는 것이다. 두 번째 짐승이 가장 가혹한 형벌들로 이 표를 강제로 받게 할 것이다.
13:18 지혜가 여기 있으니 – 연단되기 위한. 성도의 인내는 첫 번째 짐승의 힘에 대항하는 데 사용되었다. 하나님께서 그들에게 주신 지혜는 두 번째 짐승의 간교함에 대항하는 데 유용하다. **총명한 자는** – 총명은 하나님의 선물이며 그 지혜에 순종하는 것이다. **그 짐승의 수를 세어 보라** – 확실히 누구도 이 명령에 순종하려 하는 것으로 비난받을 수 없다. **그것은 사람의 수니** – 그와 같은 연수는 사람들이 일반적으로 쓰는 것과 같다. **그의 수는 육백육십육이니라** – 그는 자신의 첫 출현부터 그렇게 오랫동안 참을 것이다.

요한계시록 14장

14:1 또 내가 보니 보라 어린 양이 시온 산에 섰고 – 천상의 시온. **십사만 사천** – 모든 인류 중에서 가장 뛰어나게 거룩했던 사람들이거나 이스라엘 열두 지파 족속 중에 가장 거룩한 사람들이다. 이것은 7장 4절과 아마도 16장 2절에서 언급됐던 것과 같다. 그러나 그때 그들은 세상에 있었고 뒤따랐던 역병들로부터 그들을 보호하기 위해서 그들의 이마에 인침을 받았다. 이제 그들은 안전하게 있으며 하나님과 어린 양의 구원을 받은 존재로서, 양도할 수 없는 그분의 자산으로서, 그들의 이마에 어린 양과 성부의 이름을 가지고 있다. 이 예언은 천국 주민들을 아주 적합하고 우아한 일종의 합창단으로 소개한다. 이 책에서 예언된 위대한 일들에 대해 적절한 반추를 하고 있는 교회는 참된 그리스도인들의 주의를 환기시키고 그들이 자신들 안에 가지고 있는 높은 관심사를 가르치는 데 크게 이바지하고 있다. 지상의 교회는 천상에 있는 교회의 정서적 기질과 헌신에 의해 교훈을 얻고 활기차게 되면서 격려받는다.
14:2 내가 하늘에서 나는 소리를 들으니 – 더욱더 명확하게 들리는. 처음에는 많은 물 혹은 천둥소리처럼 멀리서. 그리고 그 후에 더 가까워진 그 소리는 하프 연주자가 하프를 연주하는 것처럼 들렸다. 목소리와 악기 소리가 동시에 들렸다.

14:3 그들이 – 십사만 사천 명이. 보좌 앞과 네 생물과 장로들 앞에서 **새 노래를 부르니 … 이 노래를 배울 자가 없더라** – 같은 방식으로 노래하고 연주하기 위한. **땅에서 속량함을 받은 십사만 사천** – 사람들 사이에서, 모든 죄로부터.

14:4 이 사람들은 여자와 더불어 더럽히지 아니하고 – 가장 심하게 더럽고 유혹하는 시험이 모든 다른 사람들에게 놓여 있는 것처럼 보인다. **순결한 자라** – 보편적 순결을 보존하고 있는 그와 같은 더럽혀지지 않은 영혼. **어린 양이 어디로 인도하든지 따라가는 자며** – 그에게 가장 가까운 사람들. **사람 가운데에서 속량함을 받아 처음 익은 열매로** – 영화롭게 된 영혼들. 누가 이 숫자에 속하기를 원하는가?

14:5 그 입에 거짓말이 없고 – (온전을 위한 부분) 진실하지 않은, 불친절한, 불경건한 것이 없다. **흠이 없는 자들이더라** – 영과 몸 모두의 신성한 동정의 순결을 보존하고 있는.

14:6 또 보니 다른 천사가 – 두 번째는 8절에 언급되고 세 번째는 9절에서 언급된다. 이 셋은 그들의 조수들과 함께하는 하나님의 큰 사자들을 의미하며 하나님의 말씀을 사람들에게 전하는 셋이다. 첫 번째 천사는 하나님을 두려워하고 경배할 것을 권면한다. 두 번째는 바빌론의 멸망을 선포한다. 세 번째는 짐승에 대해 경고를 한다. 이러한 신성한 메시지를 올바로 사용하는 자들은 행복하다! **공중에** – 가로로, **날아가는데** – 신속히 다니는. **모든 민족과 종족과 방언과 백성에게 전할** – 유대인과 이방인 모두에게, 심지어 짐승의 권위가 뻗어 있는 곳까지도. **영원한 복음을 가졌더라** – 적절하게 그렇게 불리는 복음이 아니라 모든 세대에 영향을 미치는 복음 혹은 기쁜 소식.

14:7 하나님을 두려워하며 그에게 영광을 돌리라 이는 그의 심판의 시간이 이르렀음이니 – 하나님의 심판 시간이 왔다는 기쁜 소식이 바로 이것이다. 그러므로 하나님을 두려워하고 그분께 영광을 돌리라는 훈계를 받는다. 이것을 행하는 자들은 짐승을 숭배하지 않을 것이며 어떤 형상, 그것이 무엇이 되었든 우상도 숭배하지 않을 것이다. **하늘과 땅과 바다와 물들의 근원** – 천사들이 그들의 대접을 땅, 바다, 물들의 근원에, 그리고 태양과 공중에 부을 때, 그를 예배하는 자들은 구원을 얻으리라. **만드신 이를 경배하라 하더라** – 그러므로 그는 모든 종류의 우상과 완전히 구별된다.

14:8 또 다른 천사 … 그 뒤를 따라 말하되 무너졌도다 – 바빌론의 멸망, 그리스도의 모든 적의 멸망, 그리고 결과적으로 행복한 시간이 연결되어 있다. **큰 성 바벨론이여** – 도시 로마는 여러 이유로 이렇게 불린다. 바빌론은 웅장하고, 강하고, 교만하고, 강력했다. 로마 역시 그렇다. 바빌론이 세계 황제들의 첫 번째 거주지였고 이후에는 로마였다. 바빌론이 옛 이스라엘에 행했던 것을 로마가 하나님의 문자적 이스라엘과 영적 이스라엘 모두에게 하고 있다. 그러므로 옛 유대인들의 자유는 바빌론 제국의 멸망과 연결되어 있다. 그리고 로마가 마침내 멸망할 때 하나님의 백성이 자유로워질 것이다.

바빌론이 이 책에서 언급될 때마다 위대함이 더해진다. 이것은 로마가 위대한 도시를 시작할 때, 그리스 왕조와 그 지역들, 특별히 시리아를 삼키고 이것의 결과로 그리스도의 탄생 전 약 60년 동안 예루살렘을 지배하게 되었을 때 로마가 바빌론을 시작했다는 것을 우리에게 가르쳐주기 위해서였다. 그리고 이 일이 시작되었지만, 로마가 마침내 멸망하기까지 바빌론이 되는 것을 멈추지 않을 것이다. 이것의 영적 위대함은 5세기에 시작되었고 시대가 지나감에 따라 증가했다. 최후의 멸망 직전에 최고조에 다다를 것으로 보인다.

그녀의 간음은 모든 외적 화려함과 맹렬한 피 묻은 열정과 함께 하는 그녀의 우상숭배, 성인들과 천사들에 대한 기원, 형상 숭배 그리고 인간 전통들을 의미한다. 이렇게 그녀는 하나님을 섬기는 척한다. 그러나 다른 곳과 마찬가지로 로마에서 육체적 간음이 영적 간음과 풍부하게 결합한다. 교황에 의해 허가받은 그곳에 있는 양식장들을 보라. 그것들은 그의 수입에 사소한 부분이 아니다. 이것은 중독 시키는 특징 때문에 포도주와 비교하는 것은 적절하다. 사실 그녀는 모든 민족이 이 포도주를 마시게 했는데 더 특별히 그녀의 나중 사명 때문에 그렇게 했다. 그들로 하여금 술 마시게 한 것은 짐승 탓이 아니라 바빌론 탓임을 관찰할 수 있다. 왜냐면 로마 자체, 로마의 종교 재판, 회중들 그리고 예수회는 그 자신이 그들의 비난에서 안전하지 않은 이 교황 혹은 저 교황의 승인과 함께 하던지 혹은 아니던지 간에 이 우상적 교리들과 실천들을 끊임없이 전파한다.

14:9 또 다른 천사 곧 셋째가 그 뒤를 따라 – 먼 시간적 간격이 아닌. **이르되 만일 누구든지 짐승과 그의 우상에게 경배하고** – 이 예배는 부분적으로 내적 복종으로 이루어진다. 이 내적 복종은 그리스도께 속한 모든 사람은 짐승에게 속해야만 하거나 그들은 신의 은총의 영향을 받을 수 없다거나 그들의 표현대로 그들의 교회를 벗어나서 구원은 없다는 설득이다. 이 예배는 부분적으로 짐승 자신과 결과적으로 그의 형상에 대한 적합한 외적 존경으로 되어있다.

14:10 그도 … 마시리니 – 바빌론과 함께. (계 16:19) **그 진노의 잔에** – 그리고 이 모든 것에 참된 분노가 함축되어 있지 않은가? 오 현명한 사람들조차도 가설을 세우기 위해 주장하지는 않을 것이다! **하나님의 진노의 … 섞인 것이 없이 부은** – 자비가 전혀 없는, 희망 없는. **고난을 받으리니** – 짐승과 함께. (계 20:10) 성경 전체에서 이처럼 무서운 위협이 없다. 그리고 하나님께서는 이보다 더 큰 두려움으로 짐승의 두려움에 대항하도록 그의 종들을 무장시키신다.

14:11 연기가 – 그들이 고통당하는 불과 유황으로부터 나오는. **세세토록 올라가리로다** – 하나님께서 당신과 내가 이 고통의 엄격하고 문자적인 영원을 시도하지 않는 것을 허락하신다.

14:12 성도들의 인내가 여기 있나니 – 이 표를 받기보다는 모든 일로 고난받는 것에서 보여지는, **그들은 하나님의 계명과 … 지키는 자니라** – 모든 참된 신자들의 성품,

그리고 특별히 예수를 믿으라는 위대한 명령.

14:13 또 내가 들으니 – 짐승이 그의 가장 큰 힘과 분노 가운데 있을 때 이것이 가장 적절하게 들린다. **하늘에서** – 아마도 죽은 성도로부터. **기록하라** – 처음에 그는 책 전체를 기록하라고 명령을 받았다. 이것이 반복될 때마다 특별히 관찰할 수 있는 어떤 것을 의미한다. **주 안에서** – 예수 그리스도에 대한 믿음 안에서, **죽는 자들은 복이 있도다** – 이후부터 특별히 1. 그들이 다가오는 재앙들을 피하기 때문에, 2. 그들이 이미 그렇게 가까이 온 영광의 접근을 즐기기 때문에. **그들이 수고를** – 그리고 그들의 삶이 더 수고로우면 수고로울수록, 그들의 휴식은 더 달콤하다. "낮과 밤에 쉼이 없는"(계 14:11) 사람들의 상태와 이 상태가 얼마나 다른가! 독자여 당신은 무엇을 선택할 것인가? **그치고 쉬리니** – 고통도 연옥도 뒤따르지 않는 순수하고 혼합되지 않은 행복. **그들의 행한 일이** – 각자의 독특한 일들. **따름이라** – 혹 그들과 동행하다. 즉, 그들이 일한 것의 열매. 이 일들이 즐거움에 참여하기 전에 먼저 가는 것이 아니라 오히려 참여할 때 따라가는 것이다.

14:14 다음 구절들에서 추수와 포도의 상징 아래서 두 가지 일반적 심판들을 상징한다. 첫 번째 많은 선량한 사람들이 추수에 의해 땅에서 추수되고 그 다음에 많은 죄인이 포도 수확기 동안에 추수된다. 두 번째는 형벌적 심판이다. 반면에 첫 번째 것은 전적인 은혜로 보인다. 심판의 날에 대한 언급이 여기에 없지만, 그때가 멀지 않았다는 언급이 있다. **흰 구름이 있고** – 자비의 상징, **구름 위에 인자와 같은 이가 앉으셨는데** – 포도 수확과 추수 모두의 주님이신 그리스도께서 보내신 사람 모양의 천사, **그 머리에는 금 면류관이 있고** – 그의 높은 존엄성의 표시로, **그 손에는 예리한 낫을 가졌더라** – 더 예리해지면 의인을 더 잘 환영한다.

14:15 또 다른 천사가 성전으로부터 나와 – 하늘에 있는 성전. (17절) 정해진 시기에 하나님의 심판이 이곳에서 온다.

14:16 하나님의 명령에 따라 외치며 **낫을 땅에 휘두르매 땅의 곡식이 거두어지니라** – 이것은 이러한 선한 사람들 안에 있는 높은 정도의 성결과 하나님과 함께하고자 하는 진지한 갈망을 내포한다.

14:18 또 불을 다스리는 – 물의 천사가 물을 다스리는 것처럼 (계 16:5), **다른 천사가 제단으로부터** – 번제 제물의 제단. 제단에서 순교자들이 복수를 외쳤다. **불러 이르되 … 땅의 포도송이를 거두라** – 모든 악인들이 한 몸을 구성하는 것으로 여겨진다.

14:20 성 밖에서 – 예루살렘. 사도 요한의 편지 수신자들은 한 남자가 도성이라고 말했을 때 이것을 즉시 이해했다. **그 틀이 밟히니** – 하나님의 아들에 의해서. (계 19:15) **틀에서 피가 나서 말 굴레에까지 닿았고** – 와인 틀에서 처음 흘러나오는 그렇게 짙은, **천육백 스다디온에 퍼졌더라** – 지금까지! 팔레스타인 전 지역을 통해 적어도 200마일.

요한계시록 15장

15:1 일곱 천사가 일곱 재앙을 가졌으니 – 그들이 이러한 전염병들을 운반할 도구로써 대접들을 소유하기 전에, **마지막 재앙이라 하나님의 진노가 이것으로 마치리로다** – 지금까지 하나님께서 그의 원수들이 오랫동안 고통받게 하셨다. 그러나 이제 그의 분노는 극에 달하게 되고 땅의 이 끝에서 저 끝까지 그리고 땅 전체에 전염병들을 쏟아부으신다. 그러나 이러한 전염병들 후에도 적들에 대한 하나님의 거룩한 분노는 멈추지 않는다. (계 20:15)

15:2 전염병들과 함께 천사들이 오는 동안에 노래가 불렸다. 그러므로 이 천사들은 이 노래(1–6) 전후에 언급된다. **또 내가 보니 불이 섞인 유리 바다 같은 것이 있고** – 이것은 전에 크리스털처럼 맑았지만(계 4:6), 지금은 적들을 집어삼키는 불과 뒤섞였다. **짐승과 그의 우상과 그의 이름의 수를 이기고** – 아직 오고 있는 더 많은 사람. 짐승의 표, 그의 이름의 표, 그리고 그의 이름의 수는 여기서 거의 같은 것을 의미하는 것으로 보인다. 벗어난 자들이 **유리 바다 가에 서서** – 보좌 앞에 있는 것. **하나님의 거문고를 가지고** – 그분에 의해서 주어진 것으로 그분을 찬양하기에 합당한.

15:3 모세의 노래, … 불러 – 소위, 부분적으로는 거의 일치하는 홍해를 건넌 후 그가 부른(출 15:11) 그 노래의 말들로 그리고 그가 죽기 얼마 전에 그가 이스라엘의 아이들에게 가르쳤던(신 32:3,4) 노래의 말들로. 그러나 주로 그리스도께서 보편 교회의 목자이며 대표자이신 것처럼 모세가 유대 교회의 목사이며 대표였기 때문에 어린 양 양의 노래로 불린다. 이 노래는 서로 화답하는 여섯 부분으로 되어 있다. 1. 능력이 많으신 주 하나님 당신의 일들은 위대하고 놀랍습니다. 2. 당신만이 은혜로우시기에. 3. 오 열국의 왕이시여. 당신의 길은 바르고 참되십니다. 4. 모든 족속이 당신 앞에 와서 경배 할 것입니다. 오 주님 누가 당신을 두려워하지 않고 당신의 이름을 영화롭게 하지 않겠습니까? 6. 당신의 심판이 명백하시기에. 모든 피조물 안에서 그리고 그들을 향한 하나님의 모든 역사가 위대하며 놀랍다는 것을, 그리고 선과 악의 사람의 모든 자녀와 함께 하는 주의 길이 의롭고 참되시다는 것을 우리는 알고 인정한다.

15:4 오직 주만 거룩하시니이다 –(역자주, KJV은 **오직 주만 은혜로우시다**고 되어 있다) 이 은혜는 이러한 모든 놀라운 일들의 근원이며 그가 자기 백성의 원수들을 멸하시는 일의 근원이다. 따라서 시편 136편 1절에서 26절까지 **그의 사랑 영원하시니**라는 구절은 그가 의로운 자를 구원하신 것뿐만 아니라 복수에 대한 감사에 종속되어 있다. **주의 의로우신 일이 나타났으매** – 그러므로 땅 위에 거하는 자들이 마침내 그를 두려워하는 것을 배우게 될 것이다. **만국이 와서 주께 경배하리이다** – 그들은 즐거운 경외심으로 하나님을 그들의 왕으로 섬겨야 한다. 이것이 모든 이방인의 미래 회심의 은혜로운 증거다. 현재 그리스도인들은 소수이며 하나님을 경배하지 않는 사람

들은 엄청난 다수다. 그러나 땅의 모든 곳에서 모든 족속이 와서 하나님을 경배하고 그의 이름을 영화롭게 할 것이다.

15:5 또 이 일 후에 내가 보니 하늘에 증거 장막의 성전이 – 모든 것 중에 가장 거룩한, **열리며** – 하나님의 심판이 다가오는 것에 대한 새로운 극장을 공개하는 것이 명백해졌다.

15:6 일곱 재앙을 가진 일곱 천사가 성전으로부터 나와 – 그들이 하나님의 예언으로부터 교훈을 얻은 것처럼 그들이 성전에 들어가기 전에 사도 요한이 그들을 하늘에서 보았다. (계 15:1) 그들은 하나님의 말씀을 간구하기 위해 가장 거룩한 곳으로 들어갔을 때 대 제사장이 입었던 것들과 같은 모습으로 나타났다. 여기에 하나님의 임재에 대한 눈에 보이는 증거가 있었다. **맑고** – 흠도 없고 더럽혀지지 않은, **빛난** – 혹은 순백의. 이것은 천진난만보다 훨씬 더 많은 것을 암시한다. **세마포 옷을 입고** – 세마포는 섬김과 참여의 복장이다. **가슴에 금 띠를 띠고** – 그들의 높은 존엄성과 영광의 안식의 표징으로.

15:7 네 생물 중의 하나가 ... 그 일곱 천사들에게 주니 – 그들이 성전에서 나온 다음에, **영원토록 살아 계신 하나님의 진노를 가득히 담은** – 하나님 분노의 무서움을 더 크게 하는 상황, **금 대접 일곱을** – 또는 그릇. 희랍어 단어는 바닥보다 위쪽이 넓은 그릇을 의미한다.

15:8 성전에 연기가 가득 차매 – 영광의 구름은 성막과 성전에 임재하신 하나님에 대한 가시적 표상이었다. 이것은 성막을 세우고 성전을 봉헌함에 있어서 보호의 표시였다. 그러나 주님의 영광이 고라와 그의 추종자들이 땅에 의해 삼켜질 때인 주님의 심판에서 드러났다. 하나님의 영광으로부터 혹은 영광의 구름으로부터 나오는 연기의 상징은 심판의 실행을 표현하는 것뿐만 아니라 호의를 표시가 된다고 보는 것은 적절하다. 이 둘 모두 하나님의 권능에 의한 것이다. 그리고 하나님께서 이 둘 모두로 영광을 받으신다. **일곱 천사의 일곱 재앙이 마치기까지는** – 일곱 나팔 소리들처럼, 일곱 재앙은 오래 걸리지 않고 서로를 재빠르게 뒤따른다. **성전에 능히 들어갈** – 즉, 성전의 가장 깊숙한 곳으로, **자가 없더라** – 평소에 하나님 앞에 서 있던 사람들조차도 그렇지 못했다.

요한계시록 16장

16:1 일곱 대접을 땅에 쏟으라 – 일곱 교회에 대한 서신들은 세 개와 네 개로 나뉜다. 일곱 인봉과 나팔들과 대접들은 네 개와 세 개로 나뉜다. 나팔소리들은 점진적으로 그리고 오랜 시간에 걸쳐서 세상 나라를 전복시킨다. 대접들은 신속하고 맹렬한 힘으로 주로 짐승과 그의 추종자들을 멸망시킨다. 첫 네 개는 땅, 바다, 강, 태양에 영향을 주고 나머지는 그 밖에 다른 곳에 떨어지며 훨씬 더 끔찍하다.

16:2 첫째 천사가 가서 – (역자주, KJV에서는 **첫째가 가서**라고 한다) 최대한의 신속함을 암시하기 위해서 천사를 붙이지 않고 둘째, 셋째 등으로 표현한다. 각 대접을 쏟는데 언급된 시간의 기간이 없다는 것 역시 이것을 상징하는 것이다. 히브리인들이 한 달은 서로서로 떨어져 지내야 한다고 일반적으로 생각한 이집트의 역병과 매우 흡사하다. 이마도 대접들도 그럴 것이지만 이것들은 모두 아직 오지 않았다. **그 대접을 땅에 쏟으매** – 문자 그대로 받아들여진, **그 우상에게 경배하는 자들에** – 그들 모두, 그리고 그들만. 이 모든 역병은 비유적인 말들이 아니라 적절한 말로 묘사된 것으로 보인다. **악하고 독한 종기가 나더라** – 이집트에서처럼 (출 9: 10,11)

16:3 둘째 천사가 그 대접을 바다에 쏟으매 – 마른 땅과 대조된 것으로, **바다가 곧 죽은 자의 피 같이 되니** – 두껍고, 응고되고, 부패한, **모든 생물이** – 바다 안에 있던 그 위에 있던 사람들, 짐승들, 물고기들이 죽었다.

16:4 셋째 천사가 그 대접을 강과 물 근원에 쏟으매 – 강과 물 근원이 온 땅 위에 있었다. **피가 되더라** – 그래서 그것을 아무도 마실 수 없었다.

16:5 거룩하신 이여 – (역자주, 웨슬리의 신약성서 주해에서는 은혜로우신이여, the Gracious one,로 되어 있다) 그분의 심판이 멀리 있을 때 하나님은 이렇게 불리며 이것은 독특한 타당성을 가진다. 이 책의 시작 부분에 하나님을 전능자라고 부른다. 그분이 인내하시는 시간에 그 권능에 대한 찬양을 받으신다. 그렇지 않았다면 그분의 권능은 덜 주목받았을 것이다. 복수의 시간에서 그분은 자비 때문에 찬양을 받으신다. 그러므로 그의 권능에 대해 의심의 여지가 있을 수 없다.

16:6 그들에게 피를 마시게 하신 것이 – 사람들은 바다가 아니라 샘들과 강들에서 마신다. 그러므로 이 구절이 적절하게 추가된 것이다. **합당하니이다** – 놀라운 갑작스러움과 결합되어 있다.

16:7 그러하다 – 물의 천사에게 대답하며 그리고 일반적으로는 하나님의 심판을 확인하면서 그는 하나의 특별한 심판에 대해 말하고 있다.

16:8 넷째 천사가 그 대접을 해에 쏟으매 – 유사하게 네 번째 나팔 소리에 의해 영향받았다. 또한 첫 번째, 두 번째와 세 번째 대접들과 첫 번째, 두 번째와 세 번째 나팔 소리 사이에 명백한 유사함이 있다. **권세를 받아** – 천사, **불로** – 또한, 태양의 광선으로. 이 네 대접들은 땅, 물, 불, 그리고 공기에 영향을 주었다. **사람들을 태우니** – 짐승의 표를 가지고 있는 사람들.

16:9 이 재앙들을 행하는 권세를 가지신 하나님의 이름을 비방하며 – 그들은 하나님의 손길을 인식했지만, 하나님께 대항해서 마음을 강퍅하게 가졌다.

16:10 첫 네 개의 대접은 서로 밀접하게 연결되어 있다. 다섯 번째는 짐승의 보좌에, 여섯 번째는 마호메트에, 일곱 번째는 주로 이방인들에 관여한다. 첫 네 개의 대접과 내 개의 나팔은 온 땅을 돌아다니지만, 나중 세 개의 대접과 세 개의 나팔은 일직선으로 지구 위를 세로로 가로질러 간다. **또 다섯째 천사가 그 대접을 짐승의 왕**

좌에 쏟으니 – 짐승과 그의 왕좌라고 말하지 않는다. 아마도 그때 바다는 비어 있을 것이다. **그 나라가 곧 어두워지며** – 일시적인 것이 아닌 지속적인 어두움으로. 그러나 아직 짐승이 그의 왕국을 소유하고 있다. 후에 여자가 짐승 위에 앉는다. 그러고 나서 짐승이 없다고 이야기된다. (계 17: 3,7,8) **사람들이** – 그의 추종자들, **자기 혀를 깨물고** – 격렬한 조바심 때문에

16:11 아픈 것과 종기로 말미암아 – 한꺼번에 그리고 복수로 언급된 것은 이것들이 엄청나게 증가하였다는 것을 드러내려는 것이다.

16:12 또 여섯째 천사가 그 대접을 큰 강 유브라데에 쏟으매 – 여섯 번째 나팔 소리에 영향받은, **강물이** – 그 안으로 흘러 들어가는 모든 강의 물, **말라서** – 터키 제국의 대부분이 이 유프라테스 강 쪽에 있다. 로마 가톨릭과 무슬림은 수 세기 동안 서로 거의 평행을 달렸다. 7세기에는 마호메트가 존재했고 그 바로 전에 보니파시오 3세가 그의 보편 감독회와 함께했다. 11세기에는 투르크인들과 그레고리오 7세 모두 그들 앞에 있는 모든 것을 빼앗았다. 1300년에는 보니파시오가 새롭게 제정된 희년에 그의 두 칼과 함께 등장했다. 같은 해 같은 날에 오스만 항구가 생겼다. 그리고 여기서 짐승의 보좌에 부어진 대접이 유프라테스에 부어진 대접의 뒤를 즉시 뒤따랐다. **동방에서 오는 왕들의 길이 예비되었더라** – 유프라테스강 동쪽에 있는 페르시아, 인도 등지의 사람들이 유프라테스 서쪽에 있는 성지를 향해서 맹목적으로 그들에게 준비된 재앙으로 돌진하고 있다.

16:13 개구리 같은 – 그들의 거처는 울타리 안, 늪, 그리고 다른 더러운 장소들이다. 같은 **세 더러운 영이 용의 입과 짐승의 입과 거짓 선지자의 입에서 나오니** – 용은 주로 하나님을 대적해서, 짐승은 그리스도를 대적해서, 거짓 선지자는 진리의 영을 대적해서 싸우는 것으로 보인다. 그들에게서 오며 정확하게 그들을 닮은 부정한 세 영들은 창조, 구속, 그리고 성화의 사역들을 먹칠하려고 노력하고 있다. **거짓 선지자** – 첫 번째 왕국이 어두워진 후에 두 번째 짐승이 이렇게 종종 불린다. 왜냐하면, 그는 더는 주요한 힘으로 이길 수 없기에 거짓말과 속임수로 일하기 때문이다. 마호멧이 첫 번째 거짓 선지자였고 후에 강력한 군주가 거짓 선지자였다. 이 짐승은 처음에는 군주처럼 강력했고 나중에는 거짓 선지자, 즉 거짓말의 스승이 되었다.

16:14 온 천하 왕들에게 – 마호멧과 이교도 둘 다, **그들을 모으더라** – 그들의 세 주요 인사들을 도우려고.

16:15 보라 내가 도둑 같이 오리니 – 갑작스럽게, 예상치 못하게 예수 그리스도께서 오시니 그분에게 들어라. 아름다운 갑작스러움을 관찰하라. **자기 옷을 지켜** – 잘 때는 벗는 옷. **벌거벗고 다니지 아니하며 자기의 부끄러움을 보이지 아니하는** – 그가 지키려고 주의를 기울이지 않는 은혜들을 그가 잃어버리지 않도록 그리고 다른 사람들이 그의 죄와 형벌을 보지 못하도록. **자는 복이 있도다** – 빨리 오시는 그분을 끊임없이 찾는 자는.

16:16 세 영이 … 아마겟돈이라 하는 곳으로 왕들을 모으더라 – 마겟돈 또는 므깃도는 구약 성서에 자주 언급되고 있다. 아마겟돈은 므깃도의 성 혹은 산을 의미한다. 므깃도의 골짜기가 인접해 있다. 이 장소는 많은 기억에 남을 만한 사건들 때문에 옛 시대에 잘 알려진 장소였다. 특별히 사사기 5장 19절에 기록된 가나안 왕들에 대한 학살과 관련이 있다. 여기서 이야기가 중단되고 계시록 19장 19절에 다시 시작된다.
16:17 일곱째 천사가 그 대접을 공중에 쏟으매 – 이것은 지구 전체를 포함한다. 이것은 모든 대접 중에서 가장 무거운 대접이고 앞선 어떤 것보다도 더 많은 시간이 소요되는 것으로 보인다. **되었다** – 1절에서 명령받은 것. 대접들이 부어진다.
16:18 또 **큰 지진이 있어 얼마나 큰지 사람이 땅에 있어 온 이래로 이같이 큰 지진이 없었더라** – 그러므로 이것은 비유적인 것이 아니라 문자 그대로 지진이었다.
16:19 큰 성이 – 즉, 여기서는 일반적으로는 이방 도시들에 반대한 그리고 특별히는 로마에 반대한 예루살렘. **만국의 성들도 무너지니** – 완전히 전복되었다. **큰 성 바벨론이 하나님 앞에 기억하신 바 되어** – 하나님께서는 심판이 늦춰졌음에도 불구하고 바빌론에 맞는 복수를 잊지 않으셨다.
16:20 모든 섬과 산이 그 자리에서 쫓겨났지만(계 6:14) 여기서 이것들 모두 도망간다. 육지와 물로 이루어진 지표면에 이것이 어떤 변화를 만드는가! 그러나 세계의 종말은 아직 오지 않는다.
16:21 큰 우박이 하늘로부터 … 내리매 – 방어가 없는 곳으로부터. 지진으로 사람들이 들판으로 날아갈 것이다. 그러나 여기서 그들은 또한 우박을 만나게 된다. 각 우박이 60파운드 무게면 그들이 집으로 들어간다고 하더라고 안전하지도 않을 것이다.

요한계시록 17장

17:1 또 일곱 대접을 가진 일곱 천사 중 하나가 와서 내게 말하여 이르되 이리로 오라 – 큰 음녀와 관련된 관계와 어린양의 신부에 관련된 관계는(계 21: 9,10) 그들이 서로 정확하게 반대되는 표상으로 같은 서론을 가지고 있다. **많은 물 위에** – 많은 국민과 국가들 (계 17:15), **앉은** – (KJV에서는 **여왕으로서 앉은**으로 되어있지만 개역 개정에는 **앉은**으로 되어있다) 화려함, 권력, 편안함, 그리고 사치 가운데, **큰 음녀가 받을 심판을 네게 보이리라** – 이것은 현재 정황적으로 묘사되고 있다.
17:2 땅의 임금들도 그와 더불어 – 고대와 지금 모두 여러 시대에 걸쳐서, **음행하였고** – 그녀의 우상 숭배와 여러 가지 사악함에 참여함으로, **땅에 사는 자들도** – 평범한 사람들, **그 음행의 포도주에 취하였다 하고** – 큰 음녀의 추종자들이 행한 거짓 열정보다 그들을 더 철저하게 취하게 하는 것은 없다.
17:3 나를 데리고 … 가니라 – 환상 중에, **광야로** – 로마를 둘러싼 나라를 이전과

비교해보면 거기는 현재 황무지다. **내가 보니 여자가** – 성경과 다른 작가들은 이 상징 아래서 도시를 자주 표현한다. **붉은 빛 짐승을 탔는데** – 13장에 묘사된 것과 동일한 것. (계 13:1–18) 그러나 그는 거기서 자신만의 계획을 실행한 것으로 묘사된다. 여기서는 그는 음녀와 관계있는 것으로 설명된다. 사실 그들 사이에는 매우 밀접한 관계가 있다. 짐승의 일곱 머리는 그 여인이 앉아 있는 일곱 언덕이다. 그럼에도 불구하고 그들, 즉 교황 권력과 로마 도시 사이에는 매우 주목할 만한 차이가 있다. 이 여인은 건물들과 거주민들, 특별히 귀족들을 가진 도시 로마다. (그 사람뿐만 아니라 그녀의 핏빛 제복을 입고 있는) 붉은빛 짐승이 이전과는 매우 다르게 나타난다. 그러므로 사도 요한은 처음 보고 나는 그 짐승이 아니라 한 짐승을 보았다고 말한다. **그 짐승의 몸에 하나님을 모독하는 이름들이 가득하고** – 짐승은 이전에 자신의 머리에 신성모독의 한 이름을 가지고 있었다. 현재 그는 많은 이름을 가지고 있다. 힐데브란트 시대로부터 교황의 신성 모독적인 칭호들이 엄청나게 증가되었다. **일곱 머리** – 바다로부터 그의 올라옴에서 불의 호수로 던져짐까지 연속적으로 도달한다. **열 뿔이 있으며** – 서로 동시대적이며 그의 마지막 시기에 속하는 것들.

17:4 그 여자는 … 꾸미고 – 최대한 화려하고 엄숙하게, **자주 빛과 붉은 빛 옷을 입고** – 이것들은 황실의 색깔들이었다. 자주색은 평화의 시대를, 붉은색은 전쟁의 시기를 나타낸다. **손에 금 잔을 가졌는데** – 고대 바빌론처럼 (렘 51:1) **가증한 물건과 … 가득하더라** – 가장 가증스러운 실천들뿐만 아니라 교리들.

17:5 그의 이마에 이름이 기록되었으니 – 반면에 성도의 이마에는 하나님과 어린 양의 이름이 쓰여 있다. **비밀이라** – 종교 개혁자들의 일부가 이것을 공개하기 전까지 바로 이 말이 교황의 미트라(역자주, 로마 가톨릭의 주교와 대수도원장, 성공회와 루터교의 주교가 의식 때 쓰는 모자) 앞면에 새겨져 있었다. **큰 바벨론** – 1725년 희년을 선포하면서 베네딕토 13세는 이것을 충분히 설명하고 있다. 그는 "그렇게 많은 거룩한 순교자들에 대한 기억으로 유명한 이 거룩한 도성에 종교적 민첩함으로 달려갑니다. 주님께서 택하신 곳으로 서둘러 가십시오. 주님의 법과 복음적 진리의 빛이 교회의 바로 그 첫 시작으로부터 열국으로 흘러나가는 곳인 이 새 예루살렘으로 올라가십시오. 이 도시는 모든 세대의 자랑이 되는 궁전, 주님의 도시, 이스라엘의 거룩한 분의 시온으로 불리는 것이 가장 합당합니다. 이 보편적이며 사도적인 로마 교회는 세상의 머리, 모든 신자의 어머니, 하나님에 대한 충실한 통역자이며 모든 교회의 여주인입니다."라고 말한다. 그러나 하나님께서 이 스타일을 어느 정도 바꾸신다. **땅의** – 모든 나라에서. 이 점에서 그녀는 진정으로 보편적이다. **음녀들과 … 어미라** – 많은 딸의 부모, 주모자, 후원자 그리고 양육자. 그 딸들이 그녀를 아주 잘 따라 하고 있다. **가증한 것들** – 영적으로 그리고 육체적으로 모든 종류의.

17:6 또 내가 보매 이 여자가 성도들의 피와 … 취한지라 – 그러므로 로마는 "순교자들의 살육장'이라고 불릴 것이다. 그녀는 모든 시대에 많은 그리스도인의 피를 흘리

게 했다. 그러나 마침내 이 환상이 언급하고 있는 시간에는 피에 취하기까지 한다. **예수의 증인들** – 주님의 말씀의 설교자들. **크게 놀랍게 여기니** – 그녀의 잔인함과 하나님의 인내심에.

17:7 내가 … 비밀을 네게 이르리라 – 이것의 숨겨진 의미를.

17:8 네가 본 짐승은(즉 3절) – 이것은 그 짐승에 대한 주목할 만하며 정확한 묘사이다.(계 17: 8,10,11) 여기서 그의 전체 기간은 세 시기로 나뉘고 네 가지 방식으로 표현되고 있다.

I. 그는 1. 있었다. 2. 그리고 있지 않다. 3. 그리고 끝없는 구덩이에서 올라올 것이고 지옥으로 갈 것이다.

II. 그는 1. 있었다. 2. 그리고 있지 않다. 3. 그리고 다시 있을 것이다.

III. 일곱 머리는 일곱 언덕이며 일곱 왕이다. 1. 다섯이 쓰러졌다. 2. 하나는 있다. 3. 나머지 하나는 오지 않았다. 그리고 그가 올 때 짧은 시간만을 지속한다.

IV. 그는 1. 있었다. 2. 그리고 있지 않다. 3. 그가 여덟 번째 일지라도 일곱 중의 하나이며 지옥으로 간다.

이 셋 중에 첫 번째는 13장에 설명되어 있다. (계 13:1–18) 천사가 사도 요한에게 말했을 때 이것은(첫 번째 화) 과거였다. 그 다음 두 번째는 과정 중에 있었고 세 번째 화(재앙)는 앞으로의 것이었다. **지금은 없으나** – 다섯 번째 대접이 그의 왕국에 어두움을 가져왔다. 여자는 그 위에 앉을 특권을 얻었다. 그리고 그는 지금은 없다고 말해질지도 모른다. **장차 무저갱으로부터 올라와** – 악마적 힘과 광포함으로 다시 일어선다. 그러나 그는 오래 지배하지 못할 것이다. 올라온 직후에 그는 영원히 지옥으로 가게 될 것이다.

17:9 지혜 있는 뜻이 여기 있으니 – 지혜 있는 자만이 이것을 이해할 것이다. 일곱 머리는 일곱 언덕이다.

17:10 또 일곱 왕이라 – 고대에는 로마의 일곱 언덕에 왕궁들이 있었다. 이 언덕들은 팔라티노 언덕, 카피톨리노 언덕, 첼리오 언덕, 에스퀼리노 언덕, 비미날레 언덕, 퀴리날레 언덕, 아벤티노 언덕이었다. 그러나 예언은 팔라티노 언덕이 황폐해지고 바티칸이 사용하던 때인 짐승의 시기에 일곱 언덕과 관련 있다. 일곱 머리는 왕들과 구별된 언덕들을 의미하는 것이 아니라 이것들은 둘(왕과 언덕들) 모두를 암시하는 복합적 의미를 지니고 있다.

아마도 짐승의 첫 번째 머리는 첼리오 언덕이고 그 위에 그레고리오 7세와 그의 후계자들이 함께한 라테란 궁전이 있다. 두 번째는 보니파시오 8세에 의해 선택된 성 베드로 성당이 있는 바티칸이다. 세 번째는 성 마가 성당과 바오로 2세가 건축한 퀴리날레 궁전이 있는 퀴리날레 언덕이다. 그리고 네 번째는 바오로 5세가 통치했던 산타 마리아 모조레 성당(Santa Maria Maggiore)이 있는 에스퀼리노 언덕이다. 다섯 번째는 이후에 추가될 것이다. 따라서 교황 기록부에서 그레고리오 7세 이후 네

시기는 주목할 만하다. 처음에는 그 도시 안에서 만들어진 거의 모든 대칙서들이 라테란에서였다. 두 번째는 성 베드로 성당에서, 세 번째는 성 마가 혹은 퀴리날레 궁전에서, 네 번째는 산타 마리아 모조레 성당에서였다. 그러나 다섯, 여섯, 혹은 일곱 번째 언덕은 아직 어떤 교황도 거주지로 삼고 있지 않았다. 다른 언덕이 교황의 거주지가 되면 그 언덕이 버려졌던 것이 아니라 새로운 하나가 다른 신성한 궁전들에 추가되었다.

지금까지 언급된 시기들은 다음과 같이 정리될 수 있을 것이다.

1058. 여인에게 날개가 주어지다.

1077. 짐승이 바다에서 올라오다.

1143. 마흔 두 달이 시작되다.

1810. 마흔 두 달이 끝나다.

1832. 짐승이 무저갱에서 올라오다.

1836. 짐승이 마침내 멸망하다.

이 다섯 왕의 몰락은 이러한 언덕들을 통치하는 교황들의 죽음뿐만 아니라 그들이 그곳에서 행했던 모든 일을 그렇게 무로 돌리는 것을 암시하는 것으로 보인다. 짐승은 있지 않지만 그렇게 오랫동안 교황에게 있었고 나중에 그 도시에 주어진 왕권이 있다고 이야기될 것이다. **하나는 있고 다른 하나는 아직 이르지 아니하였으나** – 이 둘은 차례대로 계승했던 앞선 다섯과 현저하게 구별된다. 전자는 후자에 대해서 말하는 것으로부터 모아진 것으로서 잠깐 지속되는 것이 아니다. 전자는 바빌론 정부 아래 있고 후자는 짐승과 함께 있다. 두 번째 기간에 짐승이 존재하지만 동시에 존재하지 않는다. 그의 전임자들이 가지고 있었던 권력을 가지고 있지는 못하겠지만 그때까지 교황은 존재할 것이다. 그리고 그는 자기의 후계자를 위해 일곱 번째 언덕은 남겨두고 나머지 언덕 중의 하나를 거주지로 삼을 것이다.

17:11 전에 있었다가 지금 없어진 짐승은 여덟째 왕이니 – 존재하지 않는 그의 시기가 끝날 때 말하자면 짐승은 여덟 부분으로 구성된다. 일곱 머리들은 일곱이고 여덟 번째는 그의 전체 몸 혹은 짐승 자신이다. 그러나 여덟 번째라고 불리는 의미에서라도 짐승 자체는 일곱에 속하고 그들 모두를 포함한다. 그레고리오 7세 이후 교황들의 모든 계승은 의심의 여지없이 적 그리스도적이다. 그러나 이것이 방해하는 것은 아니지만 이 계승에 있어서 마지막 교황은 더욱더 현저하게 그의 전임자들의 죄에다가 무저갱으로부터 온 특유의 사악함을 추가하는 적그리스도, 즉 죄의 사람이 될 것이다. 교황으로서 이 개인은 짐승의 일곱 번째 머리다. 죄의 사람으로서 그는 여덟 번째 혹은 짐승 자체다.

17:12 열 뿔은 열 왕이니 – 이 뿔들이 짐승이나 짐승의 머리에 있다는 말은 어디에도 없다. 짐승이 열 뿔을 가지고 있다고 말해지는데 일곱 중에 하나로서가 아니라 여덟 번째 짐승으로서 가지고 있다. 이들은 아마도 어떤 회의에서 짐승과 함께 왕으

로서의 권위를 받는 서로를 계승하지 않는 동시대의 열 명의 세속 군주들을 의미하는 것일 것이다. 이 권위를 받고 아주 짧은 시간이 지난 후에 그들은 이 권위를 짐승에게 넘겨줄 것이다. 그들의 짧은 임기 때문에 왕국이 아닌 왕으로서의 권위만 그들에게 속하게 된다. 그들이 짐승과 함께 이 권위를 유지하는 동안 짐승은 이전 어느 때보다 더 강해질 것이다. 그들의 권력이 그에게 이양될 때 그는 훨씬 더 강해질 것이다.

17:13 13절과 14절은 본 장과 다음 두 장에 나오는 뿔들과 짐승에 관해 이후에 언급되는 것의 요약이다. **그들이 한 뜻을 가지고 … 주더라** – 한 번의 동의와 함께 그들 모두는 호전적인 힘과 왕권을 짐승에게 건네준다.

17:14 그들이 – 짐승과 함께 하는 왕들. **만주의 주시요** – 만물의 정당한 주권자이시며 만물을 잘 다스리시는 분, **만왕의 왕이시므로** – 왕으로서 그분은 모든 그의 적들과 싸우시고 정복하신다. **그와 함께 있는 자들** – 육체 안에 거하는 동안에 말씀과 성령에 의해서 이루어지는 그와 같은 주님의 승리를 보면서, **택하심을 받은** – 그들이 그분을 믿을 수 있게 되었을 때 세상에서 건져내어 진, **진실한** – 죽기까지.

17:15 백성과 무리와 열국과 방언들 – 이스라엘은 특별히 로마와 아무 관련이 없으므로 족속이라고 말하지 않는다.

17:16 그의 살을 먹고 – 그녀의 놀라운 부를 탐닉한다.

17:17 이는 하나님이 자기 뜻대로 할 마음을 그들에게 주사 – 사실 전능자의 전능만이 그들 마음에 영향을 줄 수 있다. **하나님의 말씀이 응하기까지 하심이라** – 하나님의 말씀이 그의 모든 적의 멸망을 다루실 때 형벌의 집행이 성취될 것이다.

17:18 또 네가 본 그 여자는 땅의 왕들을 다스리는 큰 성이라 하더라 – 즉, 짐승이 있지 않은 동안 여자가 그 위에 앉아 있다.

요한계시록 18장

18:1 이 일 후에 다른 천사가 하늘에서 내려 오는 것을 보니 – 하늘에서 내려오는 천사(계 10:1)와 관련하여 다른 천사로 칭함. **그의 영광으로 땅이 환하여지더라** – 그의 오심을 더욱 두드러지게 하려고. 그와 같은 것이 종의 광채라면, 그에게 봉사하는 이러한 영광스러운 천 천의 천사들과 그 앞에 서 있는 만만을 소유하고 있는 주님의 위엄을 어떤 이미지들이 표현할 수 있겠는가?

18:2 힘찬 음성으로 외쳐 이르되 무너졌도다 무너졌도다 큰 성 바벨론이여 – 이 무너짐은 이 전에 언급되었다. (계 14:8) 그러나 이것이 지금 더 크게 선포된다. **귀신의 처소,** 무료숙박,**와 각종 더러운 영이 모이는 곳,** 감옥, … **되었도다** – 위대한 날의 심판 때까지 그들이 모든 부정을 한때 행했던 곳에 아마도 감금될 것이다. 악마들과 불결한 영들이라는 보이지 않는 존재들과 모든 불결한 짐승들과 각종 더럽고 가증

한 새들이라는 눈에 보이는 얼마나 많은 거주자가 바빌론을 황폐하게 했는가! 그러므로 바빌론이 이방 로마를 의미한다고 가정해보자. 로마인들이 얻은 것은 무엇인가? 그들이 과거라고 말하는 그 파괴의 시점으로부터 보자면 이들은 영원히 그곳의 유일한 거주자들이 될 것이다.

18:4 또 내가 들으니 … 다른 음성이 나서 – 그리스도의 음성. 비밀스럽게 그곳에 흩어져 있는 그의 백성들이 그녀의 다가오는 파멸에 대해 경고를 받는다. **그의 죄에 참여하지 말고** – 즉, 그 죄들의 열매에 참여하지 말고. 계시록이 종교개혁 전에 스페인 한복판에서 다국어 성경(Polyglot Bible)으로 인쇄된 것이 얼마나 놀라운 섭리인가? 교황주의자들이 이 놀라운 부분들을 회피하는 것보다 전체 책을 거부하는 것이 얼마나 쉬웠었겠는가?

18:5 하늘에 – 가장 높은 죄책을 암시하는 표현.

18:6 그가 준 그대로 – 다른 사람들에게, 특별히 하나님의 성도들에게, **그에게 주고** – 하나님께서 그의 복수의 집행자들에게 말씀하신다. **갑절을 갚아 주고** – 히브리어 격언에 따르면 이것은 단지 완전한 보복을 암시한다.

18:7 그가 얼마나 자기를 영화롭게 하였으며 – 교만과 거만과 오만한 자랑에 의해서, **사치하였든지** – 모든 종류의 우아함, 사치, 그리고 문란함으로. **그만큼 고통과 애통함으로 갚아 주라** – 죄에 비례하게 처벌함으로. **그가 마음에 말하기를** – 이사야서 47장 8, 9절에서 옛 바빌론이 했던 것처럼. **나는 … 앉은 자요** – 그녀의 평소 스타일. 여기에서 "의자, 로마의 전망, 그가 그렇게 수년을 앉아 있었다"라는 이런 표현들이 있다. **여왕으로** – 많은 왕 위에 군림하는 "다른 곳에는 구원이 없는 모든 교회의 안주인, 최고의 존엄, 무오한 자, 그리스도의 유일한 신부." **애통함을 당하지 아니하리라** – 자녀의 죽음 혹은 다른 재앙 때문에. 왜냐하면, 하나님께서 교회를 지키실 것이기 때문이다.

18:8 그러므로 – 이런 자랑할 만한 안전의 자연적 결과이며 법적 결과 모두로서, **그 재앙들이 이르리니** – 더는 감당할 수 없는 자녀의 죽음. **애통함** – 모든 종류의, **흉년이라** – 가장 안전하리라 그가 생각했던 바로 그 호화로운 풍요의 방에서. **그를 심판하시는 주 하나님은 강하신 자이심이라** – 그러므로 그분께 대항하는 그녀의 모든 힘이 엄청날지라도 그것은 아무 소용이 없게 될 것이다.

18:10 견고한 성 – 로마는 옛날에 그 거주자들로부터 발렌티나, 즉 강한으로 이름 불렸다. 그리고 그리스어로 로마라는 단어 자체는 강함을 의미한다. 이 이름은 그리스 이방인들에 의해 주어졌다.

18:12 그 상품은 금과 은과 보석과 진주와 – 이 모든 것의 대부분은 로마에서 그들의 우상적인 예배와 일상생활에서 여전히 사용된다. **세마포와** – 원문에서 언급된 종류의 세마포는 매우 비싸다. **각종 향목과** – 큰 궁전들을 장식하는데 사용되는 시트론(Citron)과 같은 달콤한 냄새가 나는 나무. **값진 나무와 … 만든 각종 그릇이요**

– 특별히 상아와 함께 자주 언급되는 흑단. 하나는 탁월한 흰색이고 다른 것은 탁월한 검은색이며 두 가지 모두 흔치 않은 부드러움을 가지고 있다.

18:13 계피 – 관목으로 그 나무가 좋은 향수가 된다. **수레** – 여기에 순수 라틴어가 그리스어에 삽입되어 있다. 로마의 사치를 묘사하기 위해 사도 요한이 이것을 의도적으로 사용했음이 틀림없다. **종들** – (역자주, KJV에는 시체들로 되어 있다.) 시체들은 종들을 가리키는 일반적 표현이었다. **사람의 영혼들이라** – 왜냐하면, 이들은 또한 끊임없이 로마에서 계속해서 사고 팔렸기 때문이다. 그리고 모든 다른 것 중에서 이것은 로마의 인신매매범들에게 가장 이득이 되는 상품이다.

18:14 과일이 – 그들은 수입된 것으로부터 로마의 별미를 만든다. 여기서 언급된 특별한 종류보다 더 크게 요청되는 것은 없었다. 이 단어는 배, 복숭아, 천도복숭아, 그리고 모든 종류의 사과 그리고 자두 종류를 의미한다. **맛있는 것들과** – 맛에 있어서, **빛난 것들이** – 옷, 건물, 가구와 같이 보기에.

18:19 티끌을 자기 머리에 뿌리고 – 애도자로서. 바빌론의 몰락을 묘사할 때 여기서 사용되는 표현들 대부분은 두로의 멸망에 대한 에스겔의 묘사에서 가져온 것이다. (겔 26장과 27장)

18:20 하늘과 성도들과 사도들과 선지자들아, 그로 말미암아 즐거워하라 – 즉, 하늘의 모든 거주자들. 그리고 더 특별히 너희 성도들, 그리고 성도 중에 더 뛰어난 너희 사도들과 예언자들.

18:21 이에 한 힘 센 천사가 큰 맷돌 같은 돌을 들어 바다에 던져 – 예레미야에서 갈데아 바빌론의 멸망을 미리 보여주었던 상징과 비슷한 것으로.(렘 51:63,64)

18:22 또 거문고 타는 자 – 현악기 연주자들. **풍류하는 자** – 특별히 숙련된 가수. **퉁소 부는 자** – 주로 애도의 날에 플루트를 연주하는 사람들. 반면에 나팔 연주자들은 기쁨의 때에 연주했다. 나팔 부는 자들의 소리가 **결코 다시 네 안에서 들리지 아니하고 어떠한 세공업자든지 결코 다시 네 안에서 보이지 아니하고** – 모든 종류의 예술, 특별히 음악, 조각, 그림, 그리고 조각상이 최고 정점에 도달했었다. **또 맷돌 소리가 결코 다시 네 안에서 들리지 아니하고** – 삶을 꾸미는 예술뿐만 아니라 그것 없이 존재할 수 없는 이러한 직업들까지 영원히 없어지게 될 것이다. 이 모든 표현은 절대적이고 영원한 황폐함을 표시한다. **거문고 소리** – 음악은 부유하고 위대한 사람들의 오락이었다. 무역은 중산층의 일이었고 가장 낮은 계층 사람들의 일은 빵과 필수품들을 준비하는 일이었다. 새로운 탄생이 죽은 사람들의 자리를 대치하는 것처럼 결혼은 도시를 번성시키는 수단이다. 결혼에서 등불과 노래는 예식으로 알려져 있었다. 그러므로 로마의 패망은 부자도 가난한 사람도 중산층도 하류층도 거기서 더는 살 수 없는 것과 같은 방식으로 묘사된다. 이 도시는 새로운 결혼으로 사람이 다시 채워지지 않을 것이고 영원히 황량하고 사람이 살지 않는 상태로 있을 것이다.

18:23 너의 상인들은 땅의 왕족들이라 – 그 자체로는 중립적이지만 그들을 교만, 사치, 그리고 수많은 다른 죄들로 이끄는 상황.

18:24 선지자들과 성도들과 … 피가 그 성중에서 발견되었느니라 – 동일한 천사가 여전히 말하지만, 그는 "당신 안에서"가 아니라 그녀 안에서라고 말한다. 이제 이 마지막 말들을 듣지 못할 정도로 가라앉아있다. **땅 위에서 죽임을 당한 모든 자의** – 그녀가 건축되기 전에도. 마태복음 25장 22절을 보라. 로마처럼 가톨릭의 유혈 죄에 대한 그렇게 분명한 칭호를 가지고 있는 도시는 해 아래 없다. 이교 황제들의 치하에서 흘린 피의 죄책이 교황들 아래서 없어진 것이 아니라 엄청나게 증가했다. 로마는 그 도시에서 흘린 피뿐만 아니라 온 땅에서 흘린 피에 대한 책임이 있다. 왜냐하면, 이교 황제 치하에서뿐만 아니라 교황 치하에서 피 묻은 명령과 칙령이 주어졌기 때문이다. 거룩한 사람들의 피가 흘러지는 곳에서는 그것을 엄청나게 기뻐했다. 그리고 그녀의 대리인들에 의해 얼마나 많은 양의 피를 흘렸는가! 그레고리오 8세에게 보낸 편지에서 프랑스의 찰스 9세는 파리 대학살 후 얼마 지나지 않아 자신이 칠천 명의 휴그노들을 죽였다고 자랑하고 있다. 어떤 사람의 계산에 의하면 1518년부터 1548년까지 천오백만 명의 개신교도들이 종교재판으로 죽었다. 이것은 과장된 것일 수 있지만 확실하게 그 이후뿐만 아니라 이 삼십 년 동안 죽은 사람들의 숫자는 믿을 수 없을 만큼 많은 숫자임에 틀림없다. 우리는 이 숫자에 고대, 중세와 현대의, 보헤미아, 독일, 폴란드, 프랑스, 아일랜드 그리고 유럽, 아프리카, 아시아의 많은 다른 지역들의 무수한 순교자들을 추가할 수 있다.

요한계시록 19장

19:1 내가 들으니 하늘에 허다한 무리의 큰 음성 같은 것이 있어 – 큰 음녀가 그들의 피를 흘리게 한다. **이르되 할렐루야** – 이 히브리어는 너희는 야훼를 혹은 존재하는 그분을 찬양하라는 의미다. 하나님께서는 모세에게 자신의 이름을 EHEIEH, 즉 스스로 있는 자라며 그리고 여호와, 즉 예전에 계셨고 지금도 계시고 장차 오실이라고 했다. 일곱 번째 천사가 나팔을 부는 동안 그는 장차 오실 분이 아니라 지금도 계시고 전에도 계셨던 분(계 16:5)으로 불린다. 왜냐하면, 오랫동안 고대한 그분의 오심이 이 나팔 소리 아래서 실제로 현재가 되었기 때문이다. 마침내 그는 야훼(Jah), 스스로 있는 자로 불린다. 미래와 함께 과거가 현재에 삼켜지고 전에 있던 것들은 현재 존재하는 것들의 위대함으로 인해 더는 언급되지 않는다. 이 칭호는 영원하신 하나님께 붙은 다른 모든 칭호들 중에 가장 특이한 것이다. **구원** – 큰 음녀가 지상에 가져오는 멸망에 반대한다. **영광과 능력이** – 그녀에게 임하는 심판으로부터 **드러나며** 모든 세대를 견디는 그의 왕국을 세움에서도 드러난다.

19:2 그의 심판은 참되고 의로운지라 – 그러므로 제단 아래 영혼들의 울부짖음이 찬양의 노래로 변한다.
19:4 또 이십사 장로와 네 생물이 엎드려 – 생물은 장로들보다 보좌에 더 가까이 있다. 따라서 찬송이 중심에서 주변으로 퍼져감으로 하나님께 드리는 찬송과 함께 네 생물이 이십사 장로 앞에 언급된다. 그러나 여기서 하나님의 심판이 성취되는 때에는 이 움직임이 주변부에서 중심으로 되돌아온다. 따라서 여기서는 이십사 장로가 생물에 앞서서 불린다.
19:5 보좌에서 음성이 나서 이르시되 – 아마도 네 생물로부터. **우리 하나님께 찬송하라 하더라** – 이 찬양의 계기와 내용들이 6절부터 즉시 뒤따라 나온다. (계 19:6절 이하) 음녀를 심판하신 것 때문에 하나님께서 1절부터 4절까지 먼저 찬양받으신다. (계 19:1–4) 이제는 심판 다음에 오는 것, 즉 전능하신 주 하나님께서 나라를 친히 취하시고 나머지 적들에게 원수를 갚으신 것으로 인해서 찬양받으신다. 하늘의 이러한 모든 거주민이 실수한 것인가? 만일 아니라면 하나님께 참되고 무서운 분노가 있으시다.
19:6 또 내가 들으니 허다한 무리의 음성과도 같고 – 그래서 모든 종이 그분을 찬양했다. **전능하신 이가 통치하시도다** – 이전 그 어느 때보다 더 현저하고 영광스럽게.
19:7 어린 양의 혼인 기약이 이르렀고 – 가까이 다가왔으며 신속하게 엄숙해졌다. 이것이 암시하는 것은 심지어 낙원에서도 의로운 영혼들 중에 그 누구도 아직 알지 못한다는 것이다. 오 아직 뒤에 있는 것들은 무엇인가! 그리고 이것을 묵상하기 위해서 얼마나 마음이 순수해야 하는가! **그의 아내가 자신을 준비하였으므로** – 땅 위에서도 그러나 훨씬 높은 의미에서 이 세상에서. 이것을 위해 허락된 시간 후에 준비되고 단장한 새 예루살렘이 내려온다. (계 21:2)
19:8 그에게 … 허락하셨으니 – 하나님에 의해서. 신부는 모든 성도이며 보이지 않는 교회 전체다. **빛나고 깨끗한 세마포 옷을 입도록** – 이것은 성도들의 의의 상징이다. **성도들의 옳은 행실이로다** – 그들의 칭의의 의와 성화의 의 모두.
19:9 천사가 내게 말하기를 기록하라 – 사도 요한은 이 영광스러운 광경에 너무 놀라 이것을 기억할 필요가 있다고 느낀 것으로 보인다. **어린 양의 혼인 잔치에 청함을 받은 자들은 복이 있도다** – 영광으로 부름을 받은. **또 내게 말하되** – 약간의 멈춤 후에.
19:10 내가 그 발 앞에 엎드려 경배하려 하니 – 그를 언약의 천사로 착각하고 있는 것으로 보인다. **그가 나에게 말하기를 … 삼가 그리하지 말고** – 원문에는 단지 현저한 무뚝뚝함으로 그리하지 말라라고 되어있다. 가장 높은 피조물에게 기도하거나 예배하는 것은 단순한 우상숭배다. **나는 너와 및 예수의 증언을 받은 네 형제들과 같이 된 종이니** – 현재 나는 옛 예언자들에게 영감을 준 영과 동일한 영에 의해 주 예수를 증거하는 너희의 동료 종이다.

19:11 또 내가 하늘이 열린 것을 보니 – 이것은 하늘의 새롭고 특별한 열림인데 큰 대적에게 대항하는 그리스도와 그의 추종자들의 엄청난 신속함을 보여주기 위한 것이다. **보라 백마** – 그리스도께서 나귀를 타고 미천한 모습으로 오셨을 때 많은 사람이 그에게 거의 관심을 기울이지 않았었지만, 그의 입에 검과 함께 백마를 타고 오실 때 그들은 이렇게 말할 것이다. **백(흰)** – 장군들이 장엄한 승리에서 사용하는 것과 같은. **그것을 탄 자가 있으니 그 이름은 충신과** – 그의 모든 약속을 이행함으로. **진실이라** – 그의 모든 위협을 실행함으로. **공의로** – 궁극의 정의로, **그가 … 심판하며 싸우더라** – 자주 선고와 실행이 함께 한다

19:12 그 눈은 불꽃 같고 – 전에 그 눈을 불꽃 같거나 비슷하다고 말했다. (계 1:14). 하나님의 전능에 대한 상징이다. **그 머리에는 많은 관들이 있고** – 왜냐하면 그분은 모든 나라의 왕이시기 때문이다. **또 이름 쓴 것 하나가 있으니 자기밖에 아는 자가 없고** – 하나님으로서 그분은 모든 피조물에게 불가해한 존재시다.

19:13 또 그가 피 뿌린 옷을 입었는데 – 그분께서 이미 정복한 적들의 피. (이사야 63:1절 이하)

19:15 그들을 … 다스리며 – 그의 검에 의해서 도살당하지 않은 자들. **철장으로** – 즉, 만일 그들이 그분의 황금 홀에 복종하지 않는다면, **친히 하나님 곧 전능하신 이의 맹렬한 진노의 포도주 틀을 밟겠고** – 즉 그분은 불경건한 자들에 대한 심판을 실행하신다. 열국의 이 통치자가 일곱 번째 천사가 나팔을 불기 시작한 직후에 태어났다. (혹은 그렇게 나타났다) 현재 그는 아이가 아니라 승리한 전사로 나타난다. 열국은 그렇게 오랫동안 그의 철장을 느낀다. 이것은 부분적으로는 그리스도인들에 대한 그들의 야만적 박해 후 로마 이방인들이 그분의 의로운 보복인 수많은 역병과 재앙들 아래서 신음하는 동안이며, 부분적으로는 다른 이방인들이 기독교의 이름을 지닌 사람들에 의해 산산이 조각나는 동안이다. 예를 들면 비록 아메리카에서 자행했던 스페인 사람들의 잔인함이 불의하고 가증스러운 것이지만 하나님께서 거기에서 믿지 않는 족속들에 대해 의로운 심판을 하셨다. 그들이 전에는 결코 경험하지 못했던 하나님의 철장을 경험하고 그들의 의로운 주님께 돌아오게 될 것이다.

19:16 그 옷과 그 다리에 – 즉, 의복의 허벅다리 부분에, **이름을 쓴 것이 있으니** – 동부 국가들에서 위대한 인물들이 웅장한 칭호를 그들의 의복에 써서 붙이는 것은 오래된 관습이다.

19:17 와서 하나님의 큰 잔치에 모여 – 하나님의 복수가 곧 제공할 위대한 만찬에. 이것은 계속되는 도살의 엄청남을 암시하는 (에스겔 39장 17절에서 가져온) 매우 강력한 비유적 표현이다.

19:19 또 내가 보매 그 짐승과 땅의 임금들과 – 계시록 17장 12절에서 언급된 열 왕. 그들은 이제 교황 주의자들이든, 마호멧주의자들이든 이교도들이든 지상의 다른 왕들을 끌어들였다. **그들의 군대들이 모여 그 말 탄 자와 그의 군대와 더불어 전쟁을**

일으키다가 – 선한 그리고 악한, 보이는 그리고 보이지 않는 모든 존재가 이 위대한 싸움에 관심을 두게 될 것이다. 스가랴 14장 1절 이하를 보라.

19:20 그 앞에서 표적을 행하던 거짓 선지자 – 그러므로 형벌을 함께 받는다. **이 둘이 산 채로 … 던져지고** – 육체적인 죽음을 겪지 않고, **유황불 붙는 못에** – 그리고 마귀 앞에 있는 것. (계 20: 10) 여기에 짐승의 마지막이 있다. 전능자의 몇 차례 반복된 타격 후에 짐승은 살아서 지옥으로 간다. 살아서 천국에 간 두 사람이 있었고 아마도 살아서 지옥으로 가는 자 둘이 있을 것이다. 에녹과 엘리야는 처음으로 낙원에서 기다리지 않고 즉시 영광에 들어갔을 것이다. 짐승과 거짓 선지자는 최후의 심판까지 어둠의 사슬 가운데 매여 있는 것이 아니라 즉시 극도의 고통에 들어가게 된다. 확실히, 로마의 짐승 외에 누가 자신이 경배하는 척하는 하나님께 마음을 강퍅하게 하거나 그와 같은 무섭고 반복적인 심판에도 회개를 거부하겠는가! 그의 육적이며 악한 애정들로 인해 짐승이라고 얼마나 잘 불리고 있으며 그의 야만적이고 잔인한 정신으로 인해 야수라고 얼마나 잘 불리고 있는가!

19:21 그 나머지는 … 죽으매 – 이후에 사단 그리고 곡과 마곡 사이에 유사한 차이가 발생한다. (계 20:9–10) 여기에 짐승과 그 추종자들의 멸망에 관한 매우 중요한 묘사가 있다. 특별히 한 절묘한 아름다움이 있는데 두 진영 군대와 전투를 위한 모든 장치를 보여준 후에 교전이나 전투에 대해 단 한마디도 하지 않고 즉시 승리에 관한 이야기가 뒤따른다. 여기에 가장 정확한 타당성이 있다. 전능자와 그분께 대항해 연합한 피조물 모두의 힘 사이에 어떤 싸움이 있을 수 있겠는가! 모든 묘사는 이 감탄할 만한 침묵에 미치지 못하는 것임이 틀림없다.

요한계시록 20장

20:1 또 내가 보매 천사가 … 하늘로부터 내려와서 – 하나님으로부터 대사명을 받아서 내려오는. 예수 그리스도께서 짐승을 쓰러뜨리셨다. 교만의 용은 그와 그의 천사들이 미가엘과 그의 천사들에 의해 하늘에서 쫓겨날 때처럼 천사에 의해 속박당할 것이다. **무저갱의 열쇠와** – 계시록 9장 1절에서 언급된. **큰 쇠사슬을 그의 손에 가지고** – 무저갱의 천사는 첫 번째 화(재앙)의 시작 전에 거기에 갇혔다. 그러나 세 번째 화를 일으킨 후에 사단은 이제 먼저 쇠사슬에 묶이고 감금당한다.

20:2 용을 잡으니 – 용과 함께 그의 천사들이 의심에 여지없이 무저갱으로 던져지고 마침내 영원한 불로 던져졌다.(마 25:41) **천 년 동안 결박하여** – 이 천년은 짐승의 시간을 앞서거나 함께 하는 것이 아니라 전적으로 뒤따른다는 것이 다음과 같은 점들에서 분명하게 드러날 수 있다. 1. 사건들의 하나의 지속적 연결들을 나타내고 있는 전체 책의 시리즈로부터. 2. 전에 있었던 상황들로부터. 여자의 출현은 용이 하늘로부터 땅으로 쫓겨난 일 이후다. 세 번째 화가 이것과 연결되며 세 번째 화에 의

해서 짐승을 통해서 용이 그리고 짐승과 함께 용이 엄청나게 격노한다. 세 번째 화가 끝날 때 짐승이 패망하고 불의 못으로 던져진다. 동시에 또 다른 대적인 용이 묶이고 갇히게 된다. 3. 이러한 천년은 악의 주인들이 제거되어 모든 외적 그리고 내적 악들로부터 새롭고, 온전하며, 지속적인 면역과 모든 축복의 넘침을 가져온다. 그러나 교회는 아직 그와 같은 시간을 보지 못한다. 그러므로 이것은 여전히 오고 있다. 4. 이러한 천년은 세계의 마지막 시대의 뒤를 따른다. 마지막 시대에 곡과 마곡을 모은 사단이 풀려나고 짐승과 거짓 선지자는 불 못으로 던져진다. 이제 사단이 하늘에서는 성도들을 비난하고 땅에는 그의 분노가 있으며 심연에 그가 갇히고 곡과 마곡을 유혹하며 이들이 불 못에 던져진다는 것은 확실하게 순차적으로 이어진다. 5. 계시록 20장 11절부터 22장 5절에서 일어나는 일은 분명히 19장에서 나오는 일들 뒤에 발생한다. 그 사이에 천년이 흘렀지만 만일 이 일들이 과거였다면 그 시작도 그리고 그 끝도 이 기간 내에 떨어지지 않을 것이다. 아주 잠깐 그 일들이 이제 곧 온다고 주장하는 사람들이 진리를 말하는 것처럼 보일 것이다. 그동안 그때 자신이 기대하는 그런 종류의 행복을 모든 사람이 생각하게 하자. 위험은 천 년이 아직 오직 않았다고 주장하는 데 있는 것이 아니라 과거이든 미래이든 이것들을 천박한 혹은 육체적인 의미에서 해석하는 데 있다. 하나님의 아들에 관한 교리는 신비다. 그분의 십자가도 그러하며 그분의 영광도 신비다. 이 모든 것에 그분이 반대되고 있다는 징조가 있다. 모든 것으로 그를 믿고 고백하는 사람은 행복하다!

20:3 그 위에 인봉하여 – 이러한 표현들을 어느 정도까지 문자적으로 취해야 하는지 아니면 단지 비유적으로 취해야 하는지 누가 말할 수 있겠는가. **다시는 만국을 미혹하지 못하게 하였는데** – 이것은 사단을 감금한 것의 결과로서의 한 가지 유익이다. 그러나 이것에 얼마나 많고 위대한 축복들이 포함되어 있는가! 대적이 제거되었기에 하나님의 왕국은 나라들 가운데 중단 없이 나아가며 짐승이 멸망하고 사단이 속박될 때 오래전에 예언된 하나님의 위대한 신비가 마침내 성취된다. 이 성취는 더 가까이 다가오고 있으며 극히 중요한 일, 즉 매일 더 뚜렷해지고 쉬워지는 지식을 포함하고 있다. 그 사이에 악마의 현재 분노와 교활함을 경계하는 것이 매우 필요하다. 마귀가 곧 묶일 것이다. 그러나 그가 다시 풀려날 때 순교자들이 그리스도와 함께 살고 다스릴 것이다. 그다음에 영광 중에 그분의 오심, 새 하늘, 새 땅, 그리고 새 예루살렘이 이어지게 된다. 무저갱은 사단의 감옥으로 적절하며 그 후에 그는 불의 못으로 던져진다. 2절에서 언급된 천년이 성취되기까지 그는 나라들을 더는 기만할 수 없다. **잠깐** – 비교적 잠깐. 그러나 전체적으로 보면 아주 잠깐일 수는 없다. 왜냐하면, 그 안에 처리되어야 할 일들은(계 20:8–9) 상당한 시간을 필요로 하기 때문이다. 두 번째 짐승에 의해 발생한 재앙, 추수와 포도 수확, 대접에서 쏟아져 나온 것, 바벨론 심판, 짐승의 마지막 격노와 파멸, 사단의 투옥 등을 순차적으로 곧 기대하게 된다. 이것이 얼마나 위대한 일들인가! 시간은 얼마나 짧은가! 우리에게 필요한

것은 지혜, 인내, 성실, 주의 깊음이다. 우리의 앙금을 처리할 시간이 없다. 만약 올바르게 이해된다면 이것은 이 세상의 지혜로운 사람, 힘 있는 사람, 명예로운 사람에게 받아들여질 만 한 메시지가 아니다. 그러나 행해져야 하는 일은 행해져야만 한다. 주님을 거스르는 조언은 없다. **놓이리라** – 하나님의 신비한 지혜가 그렇게 허락하신다.

20:4 또 내가 보좌들을 보니 – 사도들에게 약속된 것과 같은(마 19:28, 눅 22:30) **거기에 앉은 자들이** – 즉, 사도 요한이 동시에 보았던 성도들이(단 7:22) 거기에 앉아 있었고 심판이 그들에게 주어졌다.(고전 6:2) 이들이 누구인지, 얼마나 많은지는 기록되어 있지 않다. 그러나 이후에 즉시 언급된 영혼들 혹은 사람들과 구별되며 이미 부활한 성도들과도 구별된다. **내가 보니 … 목 베임을 당한 자들의 영혼들** – 도끼로. 원문이 이렇게 의미하고 있다. 특별히 로마에서 가해진 죽음의 종류가 언급된다. **예수를 증언함과 하나님의 말씀 때문에** – 때때로 순교자들은 일반적으로 하나님의 말씀을 위해 살해되었다. 이따금 특별하게는 예수를 증언함으로 살해되었다. 전자는 우상숭배를 거절했기 때문이고 후자는 그리스도의 이름을 고백했기 때문이다. **짐승과 그의 우상에게 경배하지 아니하고** – 이들은 계시록 15장 2절에서 나타난 자들과 구별된 무리인 것으로 보인다. 이들은 다른 사람들이 당한 적 없는 그런 시련을 아마도 극복했을 것이다. 짐승의 숫자가 만료되기 전에 사람들은 그를 숭배하도록 무서운 폭력에 의해서 강요당했다. 그러나 짐승이 없었을 때 그들은 거짓 선지자의 책략에 의해 그를 숭배하도록 유혹받았다. **자들이 살아서** – 재결합된 그들의 영혼과 몸. **그리스도와 더불어 … 왕 노릇 하니** – 땅이 아니라 하늘에서. 계시록 11장 15절에 언급된 땅을 통치하는 것은 이것과 꽤 다르다. **천년동안** – 여기서 주목해야 할 것은 두 개의 상이한 천년이 이 구절 전체를 통해서 언급되고 있다는 점이다. 각각 세 번 언급된다. 사단이 묶여 있는 천년은 2절, 3절, 7절에서 언급된다. (계 20:2,3,7) 성도가 통치하는 천년은 4절에서 6절까지 언급된다. (계 20:4–6) 전자는 세상의 종말 전에 끝이 난다. 후자는 보편적 부활까지 이르게 된다. 그러므로 첫 번째 천년의 시작과 끝은 두 번째 천년의 시작과 끝 이전이다. 2절에서 첫 번째 천년의 처음 언급된 것처럼 두 번째 천년의 처음 언급인 4절에서 단지 일천 년이라고 이야기된다. 다른 곳에서(3, 5, 7절) 천년, 즉 전에 언급된 천년이다. 전자의 기간에 교회의 번성하는 상태에 대한 약속들이(계 10: 7) 성취될 것이다. 성도들이 그리스도와 함께 하늘에서 통치하는 후자의 기간에 땅 위의 사람들은 근심 없이 안전할 것이다.

20:5 (그 나머지 죽은 자들은 그 천 년이 차기까지 살지 못하더라) – 4절에 언급된 것이 끝났다. 사단이 묶여 있는 동안의 천년은 더 빨리 시작하고 끝이 난다. 적은 시간과 두 번째 천년은 같은 시점, 즉 첫 번째 천년 후에 즉시 시작한다. 그러나 사단의 감금과 놓임이 보이지 않는 세계에서 일어나기 때문에 첫 번째 천년의 시작도 두 번째 천년의 시작도 지상의 사람들에게 알려지지 않을 것이다.

구별되는 이러한 두 천년을 관찰함으로 많은 어려움을 피하게 된다. 모든 예언의 성취에 대한 충분한 여지가 있으며 이전에 충돌하던 것들이 화해한다. 특별히 한편으로 아직 오지 않은 교회의 가장 번성한 상태를 말하는 사람들이 있는 반면에 다른 한편으로는 세상의 마지막 날에 사람들의 파멸적 안전에 관해 이야기하는 사람들이 있다.

20:6 그들이 하나님과 그리스도의 제사장이 되어 – 그러므로 그리스도는 하나님이시다. **그리스도와 더불어 왕 노릇 하리라** – 그리스도와 함께 천 년 동안.

20:7 천 년이 차매 사탄이 그 옥에서 놓여 – 첫 부활이 시작함과 동시에. 이 구절과 계시록 12장 12절 사이에 엄청난 유사성이 있다. 용이 쫓겨날 때 하늘에 기쁨이 있었고 땅에는 재앙이 있었다. 사단이 풀려날 때 성도는 그리스도와 함께 다스리기 시작하지만, 땅의 나라들은 속임을 당한다.

20:8 나와서 땅의 사방 백성 … 미혹하고 – (이것은 온 땅에 있다) 그렇게 오랫동안 절제해왔고 적은 시간만이 있다는 것을 알고 있으므로 더욱 부지런하게. **곡과 마곡을** – 야벳의 둘째 아들인 마곡은 동쪽으로 향한 무수한 북방민족들의 조상이다. 그 군대의 대부분을 구성하고 있는 이러한 족속들의 군주를 에스겔은 곡이라고 불렀다. (겔 38:2) 곡과 마곡은 높은 혹은 들려 올라감을 의미하며 군주와 백성 모두에게 아주 적합한 이름이다. 많은 나라의 그 맹렬한 지도자가 나타날 때, 그의 이름이 알려지게 될 것이다. **모아** – 곡과 그의 군대 모두. 곡에 대해 조금 더 말하자면 일반적 도살에서 남은 사람들과 곧 뒤섞이게 된다. 이것이 에스겔에 의해 그렇게 특별하게 묘사되었기에 계시록은 이점을 더 짧게 말한다. **그 수가 바다의 모래 같으리라** – 엄청나게 많은. 속담의 표현이다.

20:9 그들이 지면에 널리 퍼져 – 온 땅을 채우는, **성도들의 진과 … 두르매** – 아마도 예루살렘 주위에 있는 이방인 교회들, **사랑하시는 성을** – 전도서 24장 11절에 이와 유사하게 이름 붙였다.

20:10 또 그들을 – 이 모든 무리들. **밤낮 괴로움을 받으리라** – 즉, 조금의 쉼도 없이. 엄밀히 말하면 거기에는 밤만이 있다. 낮도 없고, 태양도 없고, 소망도 없다!

20:11 또 내가 … 보니 – 주님의 그 위대한 날에 대한 표현. **크고 흰 보좌** – 얼마나 큰지 누가 말할 수 있겠는가? 하나님의 영광과 거기에 앉으신 분인 예수 그리스도의 영광으로서의 흰색. 사도는 여기서 그를 묘사하려고 하지 않는다. 단지 모든 묘사를 훨씬 넘어서는 그 환경에 대한 설명을 추가한다. **땅과 하늘이 그 앞에서 피하여** – 아마도 공간과 성좌가 있는 하늘로 이것이 큰소리를 내며 사라질 것이다. **간 데 없더라** – 그런데 바로 그 원소들이 엄청난 열에 의해 녹아서 이것들이 완전히 분해된다. 여기서 큰 소동에 휘말려 들어갔다고 말할 것이 아니라 완전히 사라져 버렸다고 말하고 있다. 그들이 그들의 기초에서 시작했다가 아니라 그들이 분해되었다는 것이다. 그들이 먼 곳으로 옮겨갔다는 것이 아니라 그들을 위한 장소가 없다는 것이다.

그들은 존재하는 것을 그만두어 더는 존재하지 않는다. 그리고 이 모든 것은 주 예수의 엄격한 명령, 그의 두려운 임재, 혹은 그의 격렬한 분노 앞에 있는 것이 아니라 엄숙하며 흠모할만한 위엄으로 보좌에 앉아계신 주님의 단순한 임재 앞에 있는 것이다.

20:12 또 내가 보니 죽은 자들이 큰 자나 작은 자나 – 모든 시대와 모든 조건. 이것은 또한 죽음과 거의 같은 정도의 변화를 겪은 사람들을 포함한다. (고전 15:51) **책들이** – 인간 판사는 그들의 책을 펜과 잉크로 기록한다. 이 책들의 본질이 얼마나 다른가! **펴 있고** – 오 얼마나 많은 숨겨진 일들이 밝혀질 것이며 얼마나 많은 것들이 인간의 눈에 전에 보였던 모습과 전혀 다르게 보이게 될 것인가! 하나님의 전지의 책과 함께 양심의 책에 정확하게 기록될 것이다. 계시된 법의 책뿐만 아니라 자연법의 책 또한 전시될 것이다. 그 책이 읽혀질 것이라고 말하고 있지는 않다. 그날의 빛이 그것들을 모두가 보게 만들 것이다. 그러므로 특별히 모든 사람은 자기 자신을 알게 되며 최후의 정확성과 함께 알게 될 것이다. 이것이 최초의 참되고 온전하며, 공평하고 보편적인 역사가 될 것이다. **또 다른 책이** – 이 책에는 주님을 통해 받아들여지고 사랑으로 역사하는 믿음 안에서 살고 죽은 모든 사람들이 등록되어 있다. **펴졌으니 곧 생명책이라** – 전체 이슈에 관련해서 어떤 종류의 기대가 있어야 하겠는가! (말 3:16 절 이하)

20:13 사망과 음부도 그 가운데에서 죽은 자들을 내주매 – 죽음은 인간의 모든 육체를 포기했고 분리된 영혼들의 수용소인 하데스는 그들의 육체들이 재결합되도록 그것들을 포기했다.

20:14 사망과 음부도 불못에 던져지니 – 즉, 영원히 폐기되었다. 왜냐하면, 의인도 악인도 더는 죽지 않으며 그들의 영혼과 육체들도 더는 분리되지 않기 때문이다.

요한계시록 21장

21:1 또 내가 … 보니 – 연속적으로 나타난다.(계 19:11, 20: 1, 4, 11) 이 모든 몇 가지 표현들은 순서대로 이어진다. 그래서 그 환상은 영원까지 도달한다. **새 하늘과 새 땅을** – 부활과 보편적 심판 이후에. 이제 사도 요한은 교회의 번성하는 상태가 아니라 만물의 새롭고 영원한 상태를 묘사하고 있다. **처음 하늘과 처음 땅이** – 하늘의 가장 아래 부분과 태양계 뿐만 아니라 고정된 별들이든 혹은 행성이든 그 모든 것들과 함께하는 천상의 하늘 전체. (사 34:4, 마 24:29) 이전의 모든 것들은 사라질 것이고 모두가 새롭게 될 것이다. (계 21:4,5, 벧후 3:10,12) **없어졌고** – 그러나 4절에서는 **다 지나갔음이러라**고 말한다. 죽음, 애도, 슬픔이 다 사라지기 때문에 더 강한 말이 사용된다. 이전의 땅과 하늘은 사라지고 새 하늘과 새 땅에 자리를 양보한다.

21:2 또 내가 보매 거룩한 성 – 새 하늘, 새 땅, 그리고 새 예루살렘은 밀접하게 연

결되어 있다. 이 세계에 속한 것도 아니고, 천년에 속한 것도 아닌 영원에 속한 이 도시는 완전히 새롭게 된다. 이것은 일련의 환상, 장엄한 묘사, 두 번째 죽음에 대한 이 도시의 반대로부터 드러난다. (계 20:11; 21:1,2; 22:5) **내려오니** – 내려오고 있는 바로 그 순간에.

21:3 하나님이 그들과 함께 계시리니 그들은 하나님의 백성이 되고 하나님은 친히 그들과 함께 계셔서 – 그러므로 하나님과 백성 사이의 언약이 가장 영광스러운 방법으로 실행되게 될 것이다.

21:4 다시는 사망이 없고 – 이것은 이 전체 묘사가 시간이 아닌 영원에 속한다는 온전한 증거다. **애통하는 것이나 곡하는 것이나 아픈 것이 다시 있지 아니하리니 처음 것들이 다 지나갔음이러라** – 이전 하늘 아래 그리고 이전 땅 위에 죽음과 슬픔, 울음과 고통이 있었다. 이 모든 것들이 많은 눈물을 초래했으나 이제 고통과 슬픔이 사라지고 성도는 영원한 생명과 기쁨을 누리게 된다.

21:5 보좌에 앉으신 이가 이르시되 – 단지 사도 요한에게만 이르신 것이 아니다. 계시록 4장 2절의 보좌에 앉으신 이에 대한 첫 번째 언급 이후 이것은 그분에게 명시적으로 귀속되는 첫 번째 말이다. **내가** – 천사. 만물을 새롭게 하노라 하시고 또 **이르시되 … 기록하라 하시고** – 다음과 같은 것을. **이 말은 신실하고 참되니** – 이것은 이전에 있었던 모든 것을 포함한다. 사도는 말씀하셨던 그분의 목소리에 황홀하게 압도되어 글쓰기를 다시 중단한 것처럼 보인다.

21:6 또 – 보좌에 앉으신 채, **내게 말씀하시되 이루었도다** – 선지자들이 예언한 모든 일 그리고 말씀된 모든 일.(계 4:1) 우리는 이 표현을 이 예언에서 두 번 읽는다. 먼저는 계시록 16장 17절에서 나오는 하나님의 진노 성취에서 그리고 여기 만물을 새롭게 하는 것에서다. **나는 알파와 오메가요 처음과 마지막이라** – 후자는 전자를 설명한다. 즉 영원함이다. **내가 생명수 샘물을 목마른 자에게 값없이 주리니** – 어린 양께서 계시록 22장 17절에서 동일한 것을 말씀하신다.

21:7 이기는 자는 – 목마른 자보다 더 좋은 것이다. **이것들을 상속으로 받으리라** – 내가 새롭게 만든 것들을. **나는 그의 하나님이 되고 그는 내 아들이 되리라** – 성경에 쓰인 히브리어와 희랍어 모두에서 우리가 shall과 will을 번역할 때 그것들은 하나이며 동일한 단어다. 단지 차이는 영어 번역에 있거나 혹은 이해하지 못하는 것을 번역하는 그의 지식의 부족에 있다.

21:8 그러나 두려워하는 자들과 믿지 아니하는 자들과 – 용기와 믿음의 부족으로 인해서 극복하지 못하는 사람들, **흉악한 자들과** – 즉, 소돔 사람들. **음행하는 자들과 점술가들과 우상 숭배자들과** – 이 세 가지 죄는 대게 함께 한다. 그들의 몫은 호수 안에 있다.

21:9 일곱 대접을 가지고 … 일곱 천사 중 하나가 나아와서 – 하나님 나라를 위하여 한 공간이 만들어졌다. **내게 말하여 이르되 이리 오라 내가 신부 곧 어린 양의 아내**

를 네게 보이리라 – 이 천사가 전에 그에게 새 예루살렘과 직접 반대되는 바빌론을 보여주었다. (계 17:1)

21:10 성령으로 나를 데리고 – 계 17장 3절에 나온 것과 같은 표현. **거룩한 성 예루살렘을 보이니** – 옛 도시는 이제 잊혔다. 그래서 이것은 더는 새 예루살렘이 아니라 절대적으로 예루살렘으로 불린다. 오 사도 요한이 들어가기를 얼마나 갈망했는가! 그러나 시간이 아직 오지 않았었다. 에스겔 또한 거룩한 도시와 그와 관련된 것들을 설명한다. (겔 40:1–48:35) 그러나 이것은 바벨론 포로 전후의 옛 예루살렘과는 완전히 다른 도시다. 그 선지자와 사도의 묘사들은 많은 점에서 일치한다. 그러나 더 많은 점에서 다르다. 에스겔은 성전과 레위 제사를 밀접하게 암시하는 성전에서의 하나님에 대한 경배를 명시적으로 묘사한다. 그러나 사도 요한은 성전을 보지 못했으며 예언자보다 그 도시를 더 크고 영광스러우며 천상적으로 묘사하고 있다. 그러나 그가 묘사한 도시는 같은 도시이지만 짐승의 멸망 후에 곧 살아남은 것이다. 양 예언들이 관찰된 이것에 함께 동의하고 있으며 하나가 나머지 하나를 설명할 수 있다.

21:11 하나님의 영광이 있어 – 그 성의 빛을 위해서 (계 21:23, 사 60:1–2, 슥 2:5) **그녀의 창문** – (역자주, 개역 개정에는 없다.) 창문은 오직 하나만 있었는데 그 도시 전체를 둘러싸고 있었다. 하나님의 영광이 도시 안에 있었기에 이 빛은 이 창문을 통하지 않고는 비치지 못했다. 그러나 이 빛은 안에서 밖으로 멀리 비친다. (계 21: 23,24)

21:12 열두 천사 – 아직도 구원의 상속자들을 기다리고 있는.

21:14 성의 성곽에는 열두 기초석이 있고 그 위에는 어린 양의 열두 사도의 열두 이름이 있더라 – 도시의 거주민들이 사도들이 한때 성도들에게 전해 주었던 그 믿음 위에만 세워졌음을 비유적으로 보여주고 있다.

21:16 그 성을 측량하니 만 이천 스다디온이요 – 둘레가 아니라 네 면의 한쪽 길이가. 예루살렘은 둘레가 33 스다디온이었으며 알렉산드리아는 길이가 30 스다디온이고 폭이 10 스다디온이었다. 니느웨는 둘레가 400 스다디온이었고 바빌론은 480 스다디온이었다고 기록되어 있다. 그러나 새 예루살렘에 비하면 이 모두가 얼마나 하찮은 마을들인가! 이 측량에 의해서 정확한 질서와 각 부분의 올바른 비율로 이 도시의 엄청남을 이해하게 된다. 상징적으로 보여주는 것은 이 도시가 엄청난 숫자의 거주민을 위해 건설되었는데 실제 그리스도인의 숫자가 얼마나 적은지 드러내 주며 그리고 그 상태의 행복과 관련된 모든 것이 가장 큰 질서와 정확성으로 함께 준비되었다는 것을 드러낸다.

21:17 그 성곽을 측량하매 백사십사 규빗이니 사람의 측량 곧 천사의 측량이라 – 그 도시는 높이가 1200 스다디온이고 성벽은 144 규빗이다. 이것은 정확하게 같은 높이이고 단지 표현이 다를 뿐이다. 어떤 설명 없이 절대적으로 말해지고 있는 1200 스다디온은 보통 사람들이 말하는 스다디온이다. 144 규빗은 보통 사람들이 쓰는 길이가 아닌 천사의 척도이며 인간의 것보다 훨씬 크다. 사람의 측량 곧 천사의 측량

이라고 말한 것은 사도 요한이 인간 모양을 한 천사가 측량하는 것을 보았기 때문이다. 그러므로 규빗은 천사가 나타난 인간 형태의 키만큼 컸다. 이 모든 일을 하는데 깊은 경외심이 필요하다. 그리고 영적 지혜의 척도 역시 그렇다. 그러므로 우리는 지나치게 문자적으로 그리고 지나치게 이해하는 것도 안 되며 단어들의 자연스런 힘에서 너무 멀리 나가는 것도 안 된다. 도시 자체가 영광중에 있고 그 거주민들이 영적 몸을 가지고 있다는 것을 고려한다면 금, 진주, 보석들, 성벽들, 기초석들, 문들은 의심의 여지없이 비유적 표현들이다. 그러나 이러한 영적 몸들 또한 실제 몸이고 그 도시는 주민들과는 구별된 거처이며 유한하고 확정적인 공간을 차지하는 그들에게 비례한다. 그러므로 위에서 언급된 척도는 실제적이며 확정적이다.

21:18 그 성곽은 벽옥으로 쌓였고 – 즉 벽은 벽옥으로 지어졌다. **그 성은 정금인데** – 집들이 정금으로 만들어졌다.

21:19 기초석은 각색 보석으로 꾸몄는데 – 즉, 보석으로 아름답게 만들어진. 대제사장의 판결 흉패에 붙어 있는 보석들이 그들과 함께하시는 하나님의 임재 가운데 있으며 그분의 보호하심의 축복 가운데 있는 하나님의 교회의 행복을 표현하는 적절한 상징이다. 성벽의 기초들에 있는 유사한 장식들은 하나님의 가장 영광스러운 임재와 보호 가운데 있는 도시의 모든 거주민들의 완벽한 영광과 행복을 표현할 수 있다. 각각의 보석은 기초석의 장식이 아니라 기초 자체였다. 이것들의 색들은 놀랍게 혼합되어 있다. 벽옥은 녹색과 홍색의 밝은 색조와 함께하는 하얀 대리석의 색으로 되어있다. 남보석은 금색의 반점이 함께하는 하늘색이다. 옥수 혹은 석류석은 단쇠의 붉은색이고 녹보석은 연두색으로 되어있다.

21:20 홍마노는 흰색 줄이 있는 붉은색이고 홍보석은 진홍색이며, 황옥은 진노랑이고 녹옥은 바다 녹색이며, 담황옥은 연한 노랑이고 비취옥은 금색 얼룩이 있는 녹색 투명이며 청옥은 붉은 보라며 자수정은 보랏빛 자주색이다.

21:22 주 하나님 곧 전능하신 이와 및 어린 양이 그 성전이심이라 – 그분께서 새 하늘과 새 땅을 채우신다. 그 도시를 둘러싸시고 도시와 그 안에 있는 모든 것들을 성화시키신다. 그분은 모든 것 중에 모든 것 되신다.

21:23 하나님의 영광이 – 태양 빛 보다 무한히 더 빛나는.

21:24 만국이 – 전체 구절은 이사야 60장 3절에서 가져온 것이다. **그 빛 가운데로 다니고** – 도시로부터 멀고 가까운 곳들로 자기 자신을 던진다. **땅의 왕들이** – 그곳에 분깃을 가진 사람들. **자기 영광을 가지고 그리로 들어가리라** – 현재 소멸한 옛 영광이 아니라 새 땅이 되고 그 도시에 들어감으로 엄청나게 더해서 받게 되는 그와 같은 영광.

21:26 사람들이 만국의 영광과 존귀를 가지고 그리로 들어가겠고 – 각 나라에서 선택된 부분으로 보인다. 즉, 전 세계의 부유하고 귀중한 모든 것들이 한 도시로 옮겨진 것처럼 이 도시를 영예롭고 영광스럽게 만드는데 기여하는 모든 것들이 그 도시

안에서 발견될 것이다.
21:27 속된 것이나 – 즉, 불경건한 것. **어린 양의 생명책에 기록된 자들** – 참되고 거룩하며 인내하는 신자들. 이 축복은 단지 이들만이 누리게 된다. 그리고 영원한 생명을 상속받을 자들 가운데서 그들이 그처럼 기록된다.

요한계시록 22장

22:1 또 그가 수정 같이 맑은 생명수의 강을 내게 보이니 – 영원토록 참신하고 유익한 성령의 유출. 에스겔 47장 1절부터 12절을 보라. 여기에서 또한 매달마다, 즉 영원히 열매를 맺는 나무들이 언급된다. **하나님과 및 어린 양의 보좌로부터 나와서** – 하나님의 아들이 아버지께서 가지고 계신 모든 것이, 그의 영광의 보좌까지도 내 것이라고 말씀하셨다.
22:2 길 가운데로 – 계시록 2장 7절에 언급된 하나님의 낙원이 여기에 있다. **생명나무가 있어** – 나무 하나가 아니라 여러 그루가 있다. **달마다** – 즉 말로 표현할 수 없는 풍성함 가운데. 성령의 열매의 풍성함뿐만 아니라 다양성이 여기에서 암시될 수 있다. **그 나무 잎사귀들은 만국을 치료하기 위하여 있더라** – 그곳에서는 질병이 없으므로 건강의 회복이 아닌 유지를 위해서.
22:3 다시 저주가 없으며 – 죄로 인해 하나님께서 불쾌해하시는 모든 효과가 이제 완전히 제거되어 청결한 삶과 축복만이 있다. **하나님과 그 어린 양의 보좌가 그 가운데에 있으리니** – 즉, 하나님의 영광의 임재와 통치. **그의 종들이** – 우주에게 가장 높은 영예, **그를 섬기며** – 가장 존귀한 업무.
22:4 그의 얼굴을 볼 터이요 – 이것은 모세에게 허락되지 않은 것이었다. 그들은 가장 가까이 다가갈 수 있을 것이기에 하나님을 가장 닮게 될 것이다. 이것은 천상의 가장 완벽한 행복을 암시하기 위한 성경 언어 가운데 최고의 표현이다. (요일 3:2) **그의 이름도 그들의 이마에 있으리라** – 그들 각자는 하나님의 소유로 공개적으로 인정될 것이고 그분의 영광스러운 본질이 그들 안에서 가장 눈에 띄게 빛날 것이다.
22:5 그들이 세세토록 왕 노릇 하리로다 – 그러면 누가 이 왕들의 신하들인가? 새 땅의 다른 거주민들이다. 왜냐하면, 이 땅에 있을 때 덕이 뛰어났던 이들과 불에 의해서 단지 구원받았던 비교적 게으르고 무익한 종들이었던 이들 사이에 영원한 차이가 있어야 할 필요가 있기 때문이다. 하나님의 나라를 침노하는 자가 얻지만, 그 상급은 모든 수고에 따라 주어진다. 지상의 모든 군주에게 있는 높음, 사랑스러움, 혹은 탁월함이 무엇이든지 간에 그것을 하나님 자녀의 영광과 비교하면 한 알의 먼지보다도 못한다. 이 도성에 예비된 사람들에게 하나님께서 그들의 하나님이라고 불리는 것을 부끄러워하지 않으신다. 그러나 누가 그의 거룩한 곳에 올라갈 자인가? 그분의 명령을 지키는 자들이다. (14절)

그들의 고난이 무엇이든지 간에 영원한 영광의 무게를 감당하는 성도들의 인내와 성실에 이것이 얼마나 격려가 되겠는가! 그러므로 이 계시록의 교리는 모든 믿음의 사람들의 영원한 행복으로 결말지어진다. 섭리의 신비로운 일들이 마무리되고, 영원한 안식 가운데 있는 모든 일과 완전한 평화와 행복의 영원한 상태가 끝까지 인내한 사람들을 위해 준비되었다.

22:6 또 그가 내게 말하기를 – 여기에서 이 책의 결론이 시작된다. 이 결론은 서론과 정확하게 일치하고(계 1: 1,3,6,7,10) 이 책이 전체 성경에 주는 것과 같은 빛을 이 책 전체에 준다. **이 말은 신실하고 참된지라** – 너희가 듣고 본 모든 것들이 충실하게 차례대로 성취될 것이고 이것들은 진정으로 참된 것들이다. **주 곧 선지자들의 영의 하나님이** – 옛 예언자들에게 영감을 주시고 권위를 부여해주신 분. **그의 종들에게 … 보이시려고 그의 천사를 보내셨도다** – 그분에 의해서. **반드시 속히 되어질 일을** – 즉시 실행되기 시작할 일들.

22:7 보라 내가 속히 오리니 – 이 일들을 이루시기 위해 우리 주님께서 친히 말씀하신다. **지키는 자는 복이 있으리라** – 이 책의 말들을 더하거나 빼지 않고 (18절, 19절)

22:8 천사의 발 앞에 경배하려고 엎드렸더니 – 계시록 19장 10절에 같은 말이 있다. 보라 나는 너의 동료이니 너는 그것을 하지 말라는 천사의 책망도 이전과 똑같은 말로 표현되고 있다. 바로 그 동일한 사건이 여기서 다시 연관된 것은 아니지 않을까? 사도가 잘못을 다시 저지르는 것보다 그가 전에 그렇게 엄숙하게 경고를 받았다는 것이 더 그럴듯하지 않는가?

22:9 그리하지 말고 – 원문의 표현은 격렬한 혐오감을 보여주는데 일반적인 짧고 생략적 표현을 사용한다.

22:10 또 내게 말하되 – 잠깐의 멈춤 후에. **이 두루마리의 예언의 말씀을 인봉하지 말라** – 봉인된 것들처럼 이것들을 감추지 말라. **때가 가까우니라** – 그들은 이제 막 시작할 것이다.

22:11 불의를 행하는 자는 – 그가 말할 것처럼, 최후의 심판이 가까이 왔다. 이후에 인류의 상태는 영원히 변하지 않을 것이다. **불의를** – 의롭다함을 받지 못한. **더러운** – 성화되지 못한, 거룩하지 못한.

22:12 내가 – 예수 그리스도. **속히 오리니** – 세상을 심판하기 위해서. **내가 줄 상이 내게 있어** – 나의 재림 때에 의인과 악인 모두에게 보상들이 주어질 것이다. **각 사람에게 그가 행한 대로 갚아 주리라** – 그의 모든 내적 그리고 외적 행위에 따라 갚아 줄 것이다.

22:13 나는 알파와 오메가요 처음과 마지막이요 – 영원부터 영원까지 존재하시는 분. 우리 주님께서 그분의 신성한 영광에 대한 얼마나 분명하고 반박할 수 없는 증거를 주시는가!

22:14 자기 두루마기를 빠는 자들은 복이 있으니 – (역자주, KJV은 **그분의 계명들을 행**

하는 자들은 복이 있나니로 되어 있다.) 내가 온다라고 말씀하시는 그분의. 그는 자기 자신에 대해 말씀하신다. **이는 그들이 … 나아가며** – 그분의 은혜로운 언약을 통해서. **생명나무에** – 이 나무에 의해 의미되는 모든 축복들을 위해. 아담이 계명을 어겼을 때 그는 생명나무가 있는 곳에서 쫓겨났다. 그분의 계명들을 지키는 자들은 이것으로부터 먹게 될 것이다.

22:15 개들과 … 밖에 있으리라 – 원문에 있는 문장은 갑작스런 혐오를 표현한다. 문들은 항상 열려 있지만 개들, 즉 사납고 탐욕스런 사람들을 위한 것은 아니다.

22:16 나 예수는 … 내 사자를 보내어 이것들을 너희에게 증언하게 하였노라 – 주로 교회의 일곱 천사들인 너희에게, 다음으로 이 교회들에게 그 후에 앞으로 오는 세대들의 다른 모든 교회들에게. 하나님으로서 나는 다윗의 가계와 다윗 왕국의 뿌리이며 근원이고 사람으로서는 그의 허리에서 나온 자손이다. 무지, 죄, 슬픔의 밤을 끝내고 빛, 순결과 기쁨의 영원한 날로 인도하는 빛나는 새벽별과 같은 나는 야곱에게서 나온 한 별이다.(민 24:17)

22:17 성령과 신부가 – 신부 안에, 모든 참된 신자의 마음 안에 있는 양자의 영. **말씀하시기를** – 간절한 소망과 기대를 가지고. **오라 하시는도다** – 그리고 이 예언의 모든 말씀을 성취하라. **목마른 자도 올 것이요** – 여기에서 멀리 떨어져 있는 사람들 또한 초대된다. **또 원하는 자는 값없이 생명수를 받으라 하시더라** – 가장 일반적인 다과를 이용하듯 자유롭게 그리고 그가 흐르는 냇물에서 마시는 것처럼 자유롭게 그는 말할 수 없는 영적 축복에 참여하게 될 것이다.

22:18, 19 내가 이 두루마리의 예언의 말씀을 듣는 모든 사람에게 증언하노니 만일 누구든지 이것들 외에 더하면 하나님이 이 두루마리에 기록된 재앙들을 그에게 더 하실 것이요 만일 누구든지 이 두루마리의 예언의 말씀에서 제하여 버리면 하나님이 이 두루마리에 기록된 생명나무와 및 거룩한 성에 참여함을 제하여 버리시리라 – 마음의 충만함으로 사도는 이 증언, 이 중요한 훈계를 아시아의 교회만이 아니라 이 책을 읽는 모든 사람에게 말한다. 더하는 자에게 모든 재앙들이 그에게 더해질 것이고 제하는 자에게는 모든 축복이 제해질 것이다. 그리고 의심의 여지없이 이 죄책은 믿음의 길에 방해물을 놓는 모든 사람에 의해 발생한다. 이 방해물들은 그들로 하여금 그들의 주님께서 "내가 오리라"라고 말씀하시는 것을 듣는 것과 "오시옵소서 주 예수여"라고 대답하는 것을 방해한다. 마찬가지로 이것은 모세가 율법을 지켰던 방식(신 4:2, 12:32)과 하나님께서 구약 정경을 마무리하면서 하셨던 것(말 4:4)과 같은 방식으로 신약성서 전체에 주어진 무서운 처벌로 여겨질 것이다.

22:20 이것들을 증언하신 이가 – 이 책에 담겨있는 모든 것들을. **이르시되** – 모든 고난 가운데 있는 교회를 격려하기 위해서. **내가 진실로 속히 오리라 하시거늘** – 모든 적을 멸망시키고 완전하고 영원한 행복의 상태로 그녀를 세우기 위해서. 사도는 아멘 주 예수여 오시옵소서라고 대답하며 그의 간절한 바람과 소망을 표현하

다. **아멘** – 성령과 신부의 부름에 응답하는 것.
22:21 주 예수의 – 그리고 그의 모든 열매들, **은혜가** – 값없이 주시는 사랑. **모든 자들에게 있을지어다** – 누가 그분의 오심을 그렇게 갈망하는가!

이 책의 전체 내용을 짧게 개관해서 여기에 첨부하는 것이 적절할 것이다.

년도

3940. 예수 그리스도는 일반적 계산 3년 전에 출생했다. 통속적으로 말해서 우리 주님의 서른 번째 해에 예수 그리스도께서 죽으시고 부활하시고 승천하셨다.

A.D. 96. 계시록이 주어진다. 우리 주님의 재림이 아시아 일곱 교회와 그들의 천사들에게 선포된다. 계 1장, 2장, 3장.

97, 98. 일곱 인봉이 개봉되고 다섯 번째 인봉 아래서 연대(chronos)가 선포된다. 계 4장 – 6장.

일곱 나팔이 일곱 천사에게 주어진다. 계 7장, 8장.

2, 3, 4, 5세기에 첫째, 둘째, 셋째, 넷째 천사의 나팔. 계 8장.

510–589 첫 번째 재앙. 계 9장.

589–634 첫 번째 재앙 후의 휴식. 계 9장.

634–840 두 번째 재앙. 계 9장.

800 비연대(non–chronos)의 시작: 많은 왕들. 계 9장, 10장.

840–947 두 번째 재앙 후의 휴식, 계 9장, 10장

847–1521 아들을 낳은 후 여인의 1260일. 계 12:6

947–1836 세 번째 재앙. 계 12:12

1058–1836 한 때, 두 때, 반 때, 그리고 그 기간 내, 짐승, 짐승의 42개월, 짐승의 숫자 666. 계 13장 5절까지.

1209 성도들과의 전쟁. 연대의 끝. 7절

1614 공표된 영원한 복음. 계 14장 6절

1810 짐승의 42개월의 끝. 그 후에 대접이 부어짐. 그가 있지 않고 바벨론이 여왕을 다스린다. 계 15장, 16장.

1832 짐승이 무저갱에서 올라온다. 계 17장, 18장.

1836 비연대(non–chronos)의 끝과 열 왕의 종말, 말씀과 하나님 신비의 성취, 위대한 도성 안에 있는 생존자들의 회개. 적은 시간과 세 때 반이 끝남, 짐승의 멸망. 사단의 감금. 계 19장, 20장.

이후 사단이 잠시 놓임 받음, 성도들이 다스리는 천년의 시작, 적은 때의 끝. 계

20.
세상의 종말. 만물의 새로워짐. 계 20장–22장.

밧모섬에 있었던 사도 요한의 시기로부터 현재에 이르기까지 수 세기가 계시록에 언급된 주요 사건에 따라서 다음과 같이 분류된다.

2세기. 아리안에 의한 유대의 멸망. 계 8:7
3세기. 야만족들의 침입. 8절
4세기. 아리안의 쓰라림. 10절
5세기. 서방제국의 종말. 12절
6세기. 페르시아에서 고통받는 유대인들. 계 9:1
7세기. 사라센 기병대. 13절.
8세기. 여러 왕들. 계 10:11
9세기. 열국의 통치자가 태어나다. 계 12:5.
10세기. 세 번째 화. 12절
11세기. 짐승이 바다에서 올라옴. 계 13:1.
12세기. 짐승에게 주어진 힘. 5절.
13세기. 성도들과의 전쟁. 7절.
14세기. 세 번째 재앙의 중간기,
15세기. 자신의 힘 한가운데 있는 짐승,
16세기. 종교개혁. 여인이 더 잘 먹는다. 9절.
17세기. 공표된 영원한 복음. 계 14:6.
18세기. 짐승과 그의 형상에 대한 숭배. 9절.

오 하나님, 서 있거나 넘어지는 것이 무엇이든 당신의 심판에 의해 서거나 넘어지게 하소서. 당신의 진리를 수호하소서! 저와 저의 독자들에게 자비를 베푸소서. 영원한 영광이 오직 당신에게만 있게 하소서!

웨슬리 신약성경주석

2022년 5월 26일 초판 발행

엮은이 | 한국웨슬리학회

펴낸이 | 이후정

펴낸곳 | 한국웨슬리학회

주 소 | 서울특별시 서대문구 독립문로 56 감리교신학대학교

전 화 | 02-3619-200

등 록 | 312-2009-000022

정 가 | 40,000원

ISBN : 978-89-962678-2-9 93230